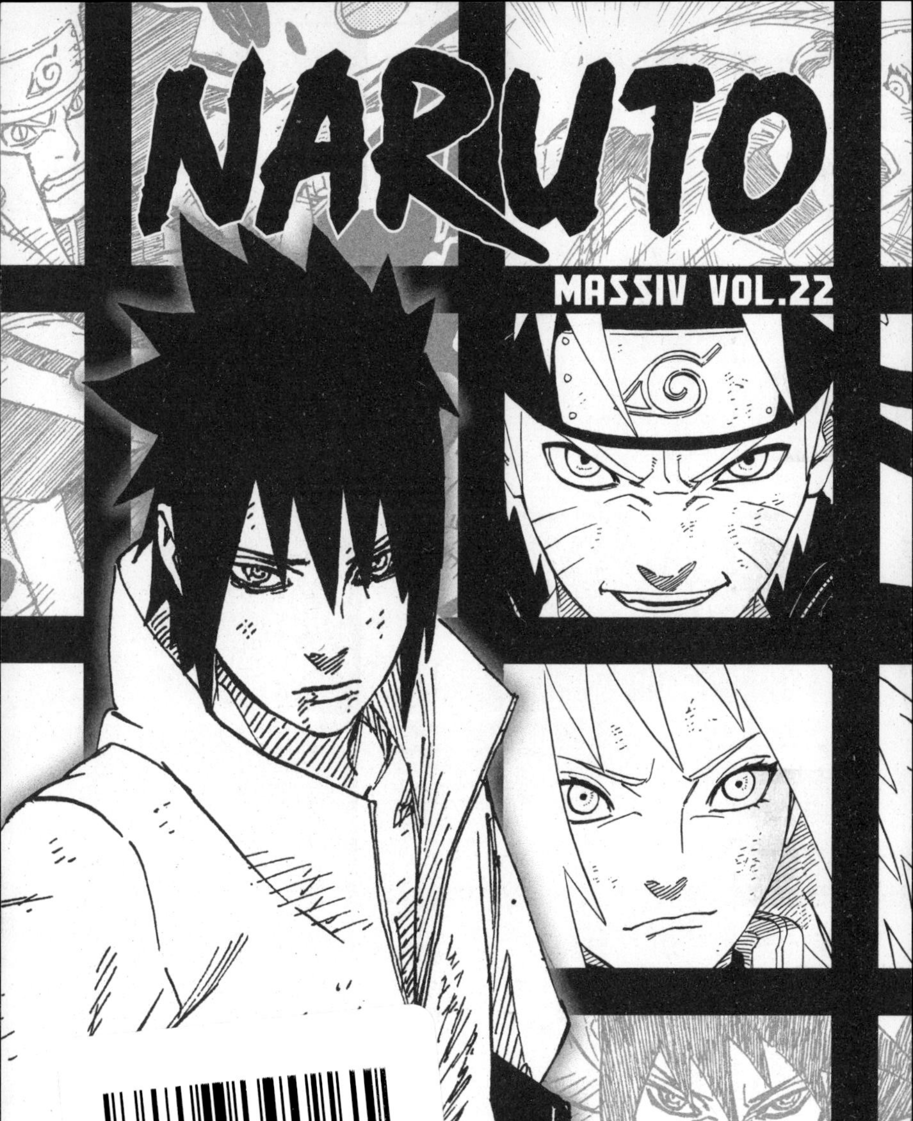

NARUTO

MASSIV VOL.22

SASUKES ANTWORT

MASASHI KISHIMOTO

CARLSEN MANGA!

NARUTO CHARACTERS

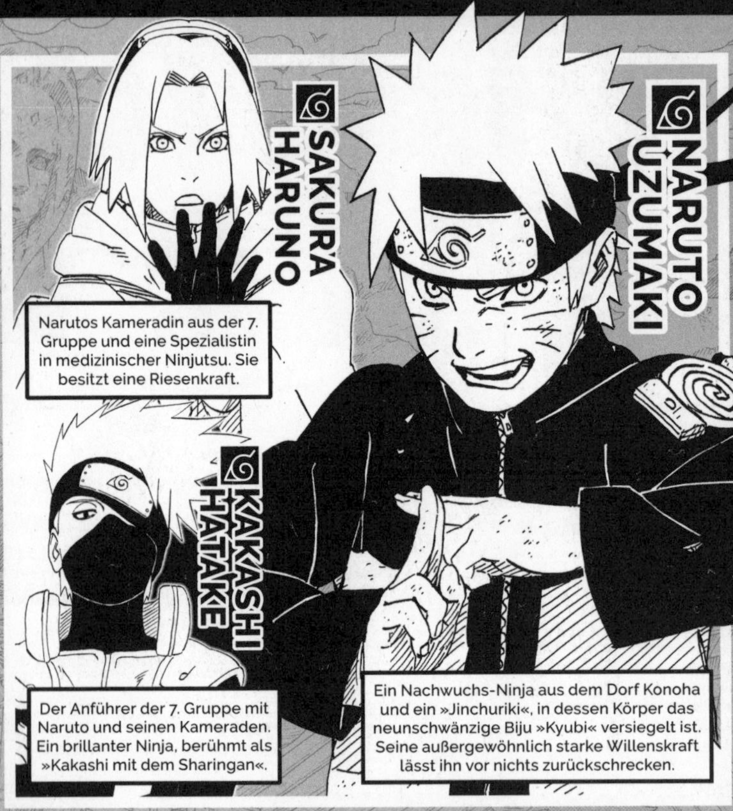

NARUTO UZUMAKI

Ein Nachwuchs-Ninja aus dem Dorf Konoha und ein »Jinchuriki«, in dessen Körper das neunschwänzige Biju »Kyubi« versiegelt ist. Seine außergewöhnlich starke Willenskraft lässt ihn vor nichts zurückschrecken.

SAKURA HARUNO

Narutos Kameradin aus der 7. Gruppe und eine Spezialistin in medizinischer Ninjutsu. Sie besitzt eine Riesenkraft.

KAKASHI HATAKE

Der Anführer der 7. Gruppe mit Naruto und seinen Kameraden. Ein brillanter Ninja, berühmt als »Kakashi mit dem Sharingan«.

STORY

火影を超す!!

»Ein Hokage zu werden, der alle früheren Hokages übertrifft« – für diesen Traum gibt Naruto alles. Zusammen mit Sasuke und Sakura und weiteren Kameraden trainiert und kämpft er und so wird aus dem ehemaligen Tunichtgut ein richtiger Ninja.Dann geht Sasuke, besessen von der Rache an seinem großen Bruder, zu Orochimaru, um stark zu werden. Zweieinhalb Jahre später – Naruto nimmt als durchtrainierter Ninja volle Fahrt auf! Seine Kameraden im Dorf zählen immer mehr auf ihn. Da erscheint die Verbrecherorganisation Akatsuki und erschüttert die Ninja-Welt. Schließlich bricht der Vierte Ninja-Weltkrieg aus! Naruto kämpft für die Zukunft der Ninja!!

1

Die Uchiha-Brüder kämpfen gemeinsam!! Und dann...

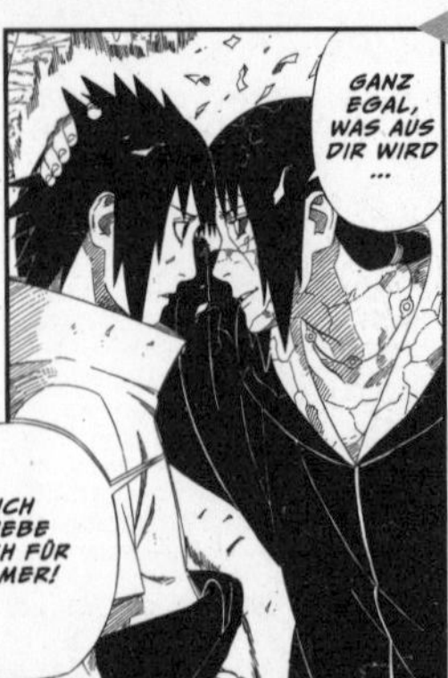

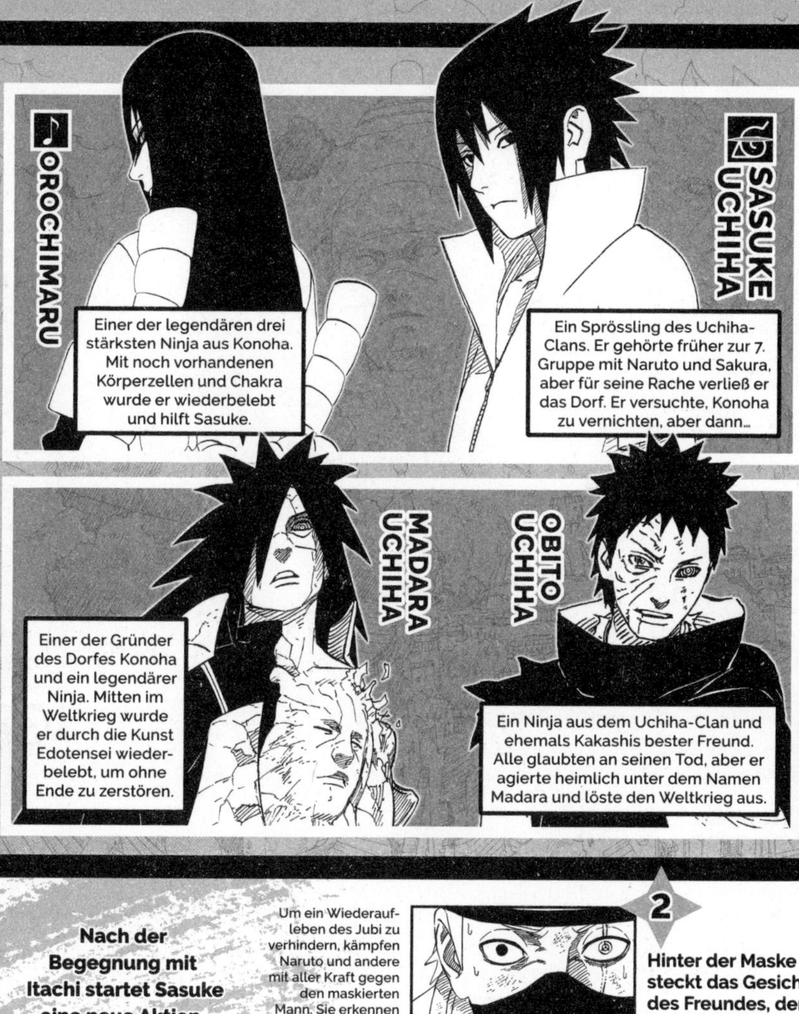

Nach der Begegnung mit Itachi startet Sasuke eine neue Aktion. Wird Obito auf dem Schlachtfeld im Chaos das Jubi wiederaufleben lassen…?!

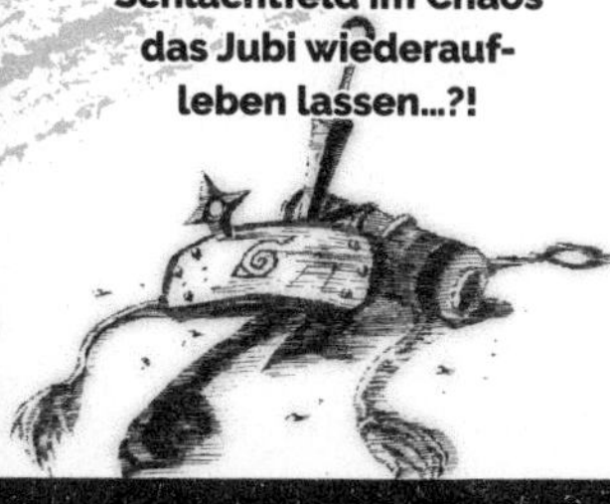

Um ein Wiederaufleben des Jubi zu verhindern, kämpfen Naruto und andere mit aller Kraft gegen den maskierten Mann. Sie erkennen schließlich den Schwachpunkt seiner Ninjutsu und schlagen ihn zurück! Die Maske zerbricht und sie stehen Kakashis früherem besten Freund Obito gegenüber, der sich völlig verändert hat!

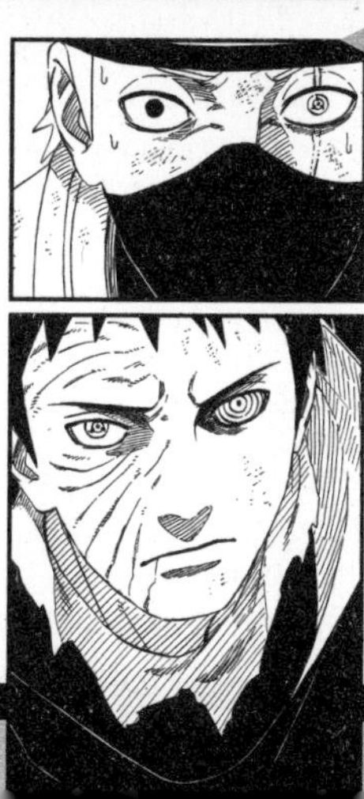

2

Hinter der Maske steckt das Gesicht des Freundes, den er tot glaubte!!

Auf dem Schlachtfeld angekommen, kämpft Sasuke gemeinsam mit dem wiederbelebten Itachi gegen Kabuto und besiegt diesen. Die Kunst Edotensei wird gelöst. Bevor Itachi erlöscht, erzählt er Sasuke die Wahrheit und erklärt ihm seine Liebe als großer Bruder. Um seinen Weg zu finden, will Sasuke daraufhin bestimmte Personen treffen…

NARUTO

704 SEITEN MASSIV 100% NARUTO

INHALT

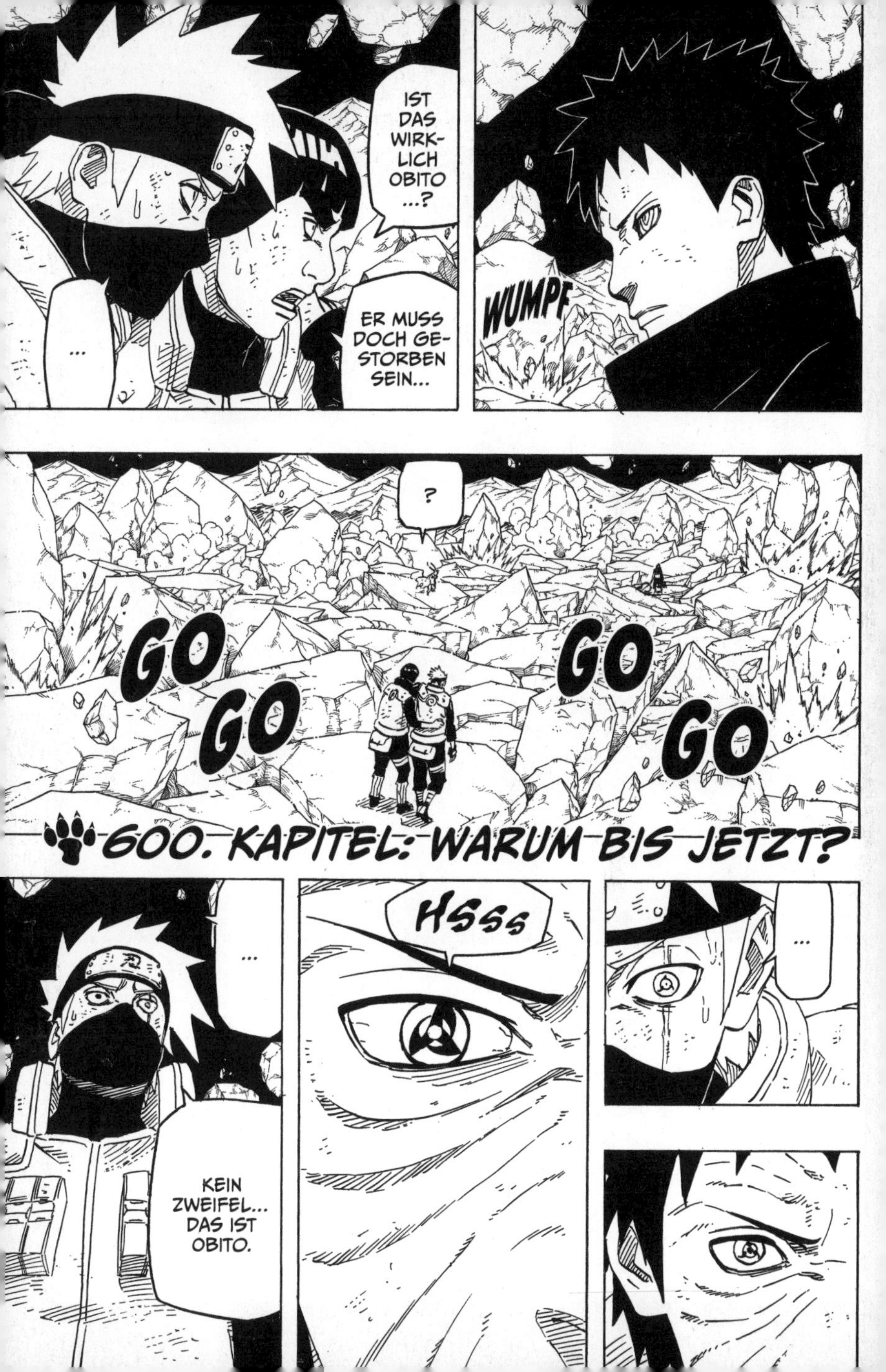
WUMPF
IST DAS WIRKLICH OBITO ...?
ER MUSS DOCH GESTORBEN SEIN...
...
?
GO GO GO GO
600. KAPITEL: WARUM BIS JETZT?
...
HSSS
...
KEIN ZWEIFEL... DAS IST OBITO.

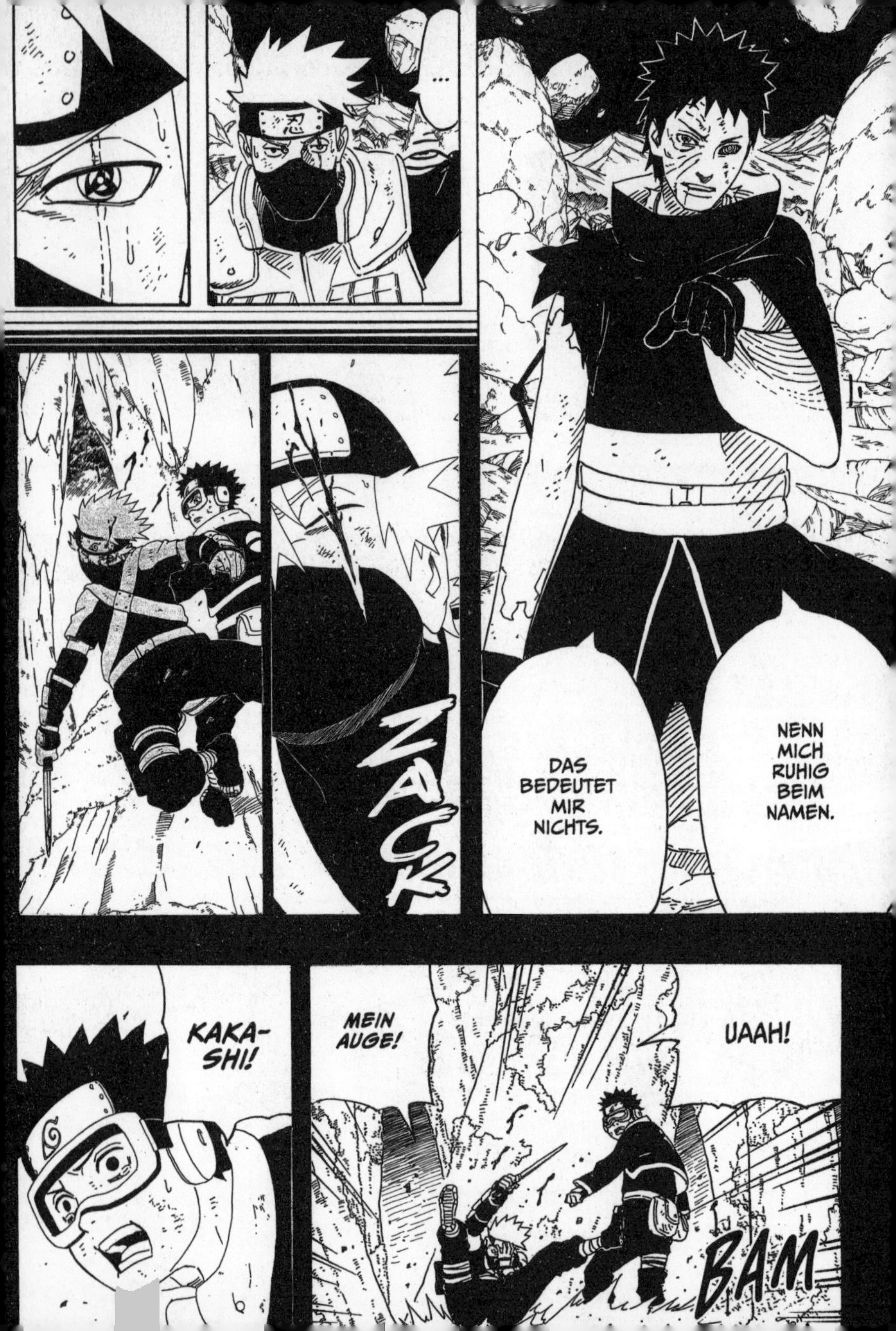
NENN MICH RUHIG BEIM NAMEN.
DAS BEDEUTET MIR NICHTS.
...
ZACK
UAAH!
MEIN AUGE!
BAM
KAKA-SHI!

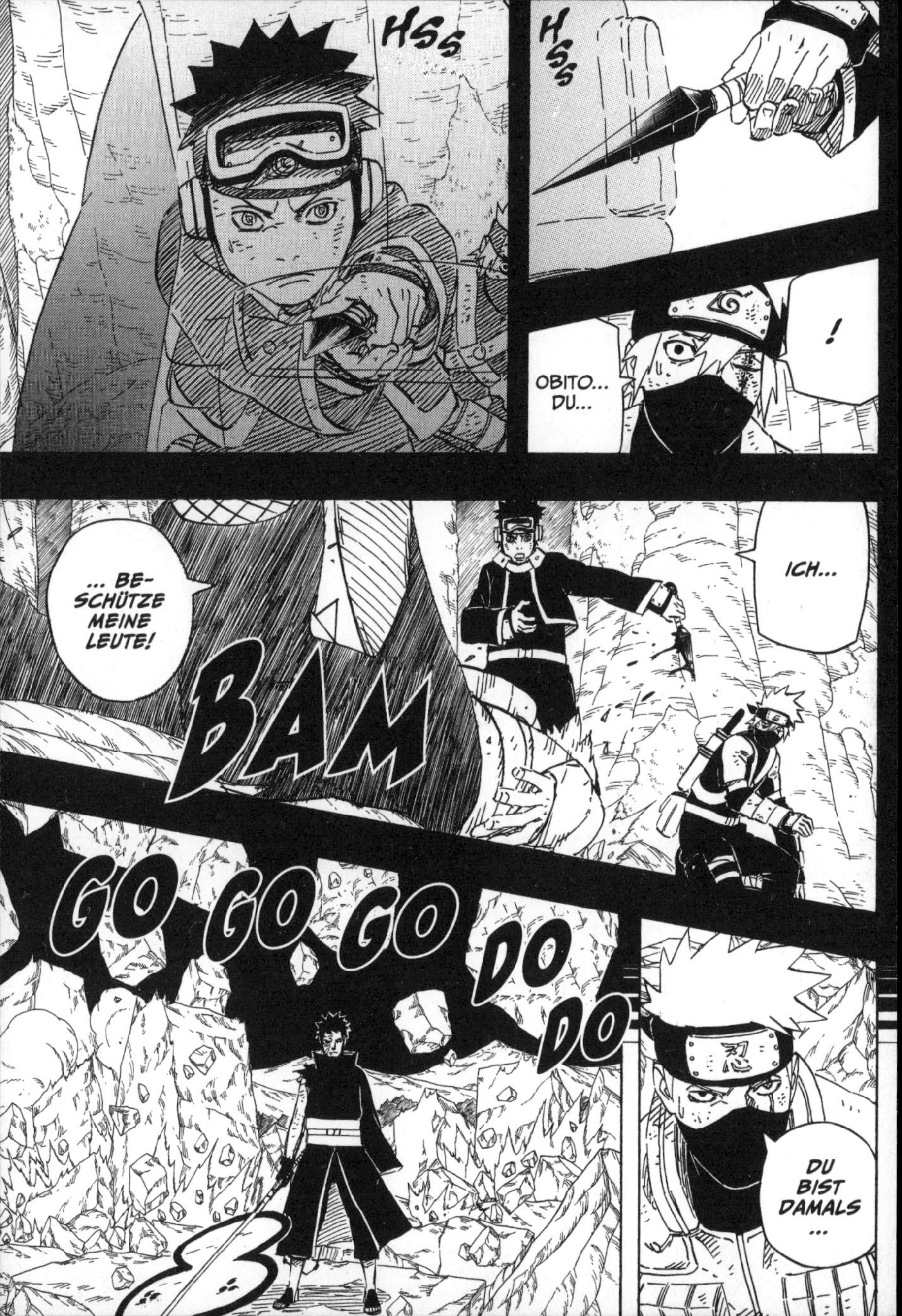
HSS
HSS
!
OBITO... DU...
ICH...
... BESCHÜTZE MEINE LEUTE!
BAM
GO GO GO GO DO DO DO
DU BIST DAMALS ...

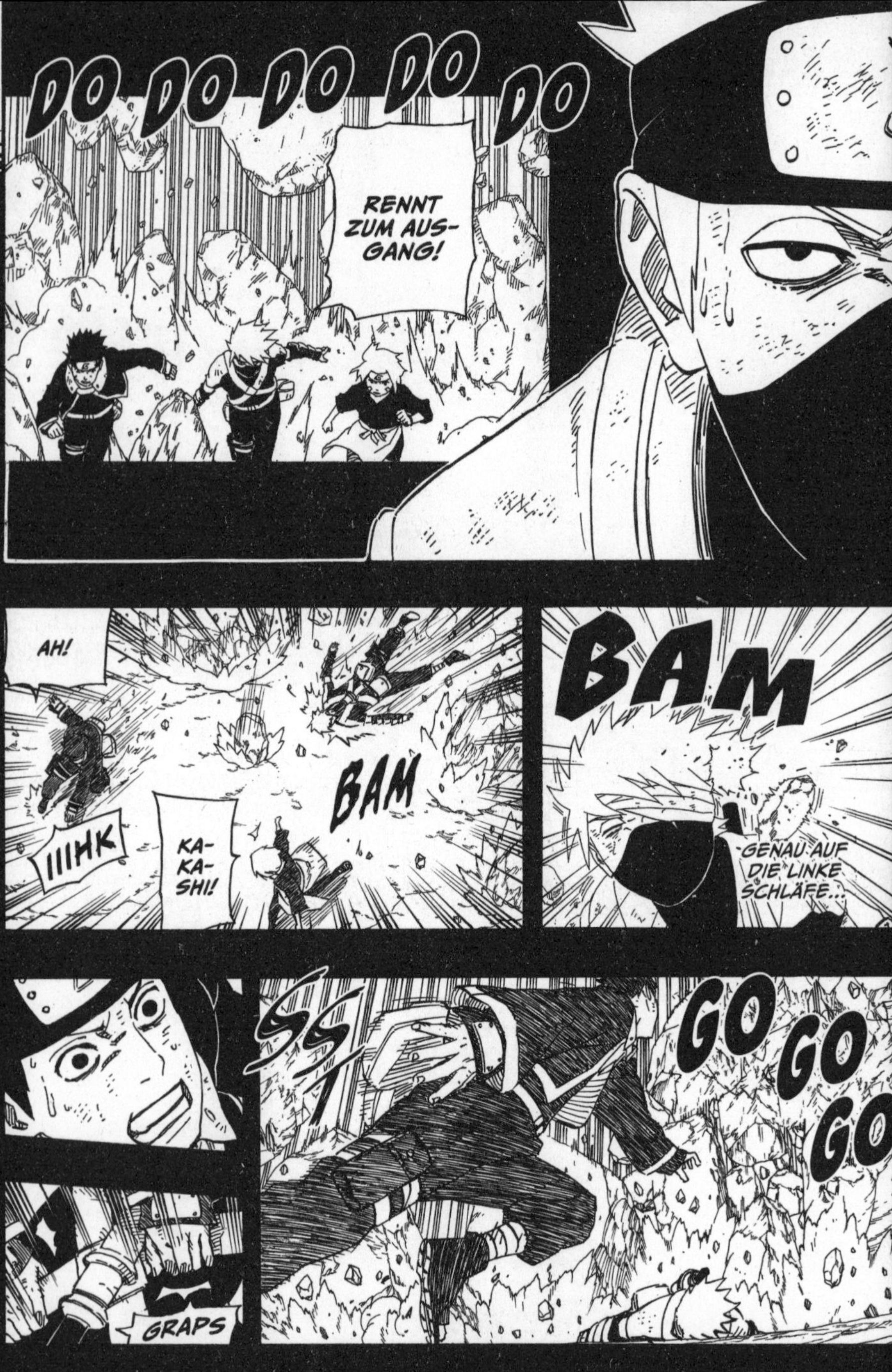

DO DO DO DO DO DO
RENNT ZUM AUS-GANG!
BAM
GENAU AUF DIE LINKE SCHLÄFE ...
BAM
AH!
KA-KA-SHI!
IIIIHK
GO GO GO
SS
GRAPS

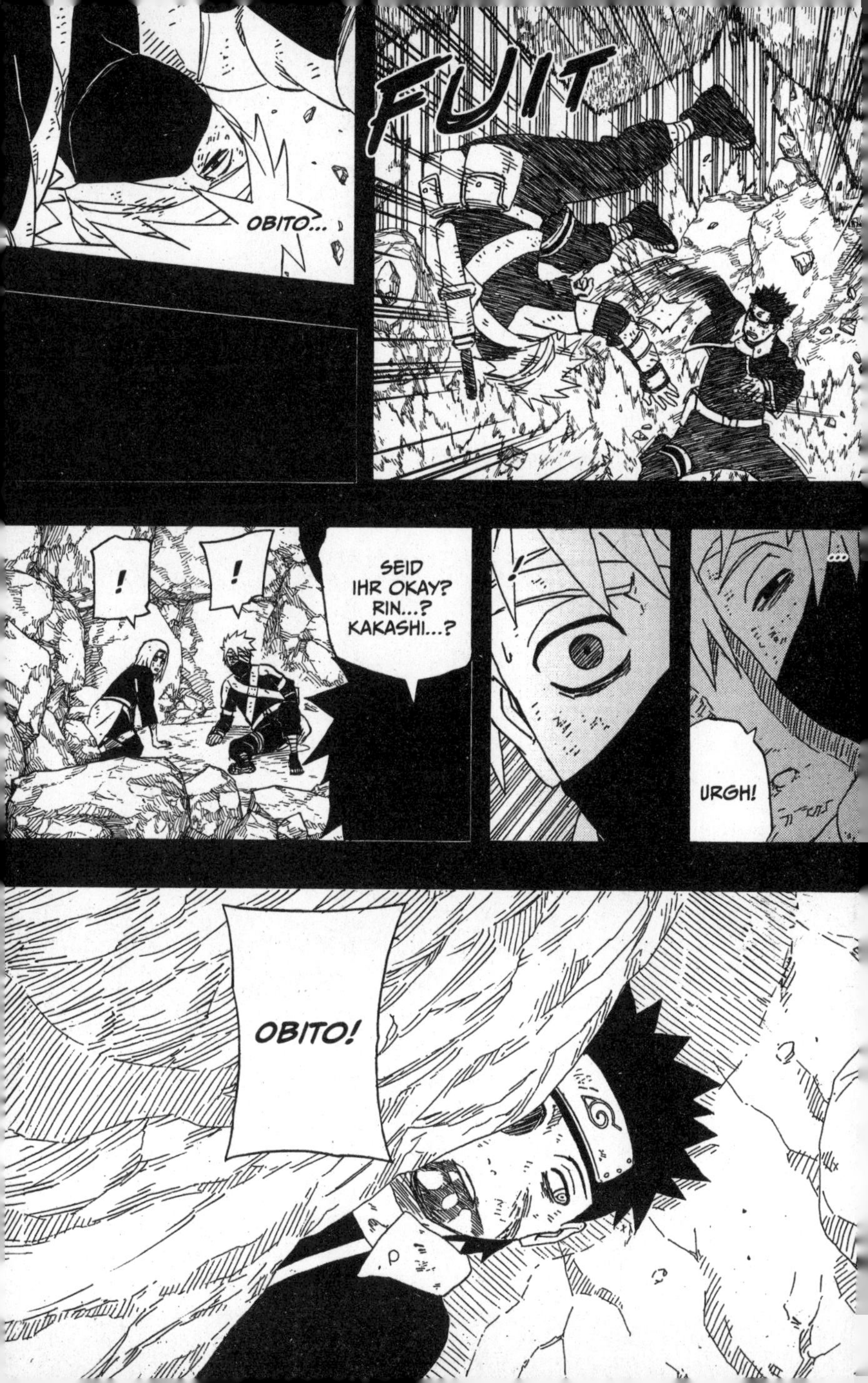

FUIT
OBITO...
...
!
SEID IHR OKAY? RIN...? KAKASHI...?
!
!
URGH!
OBITO!

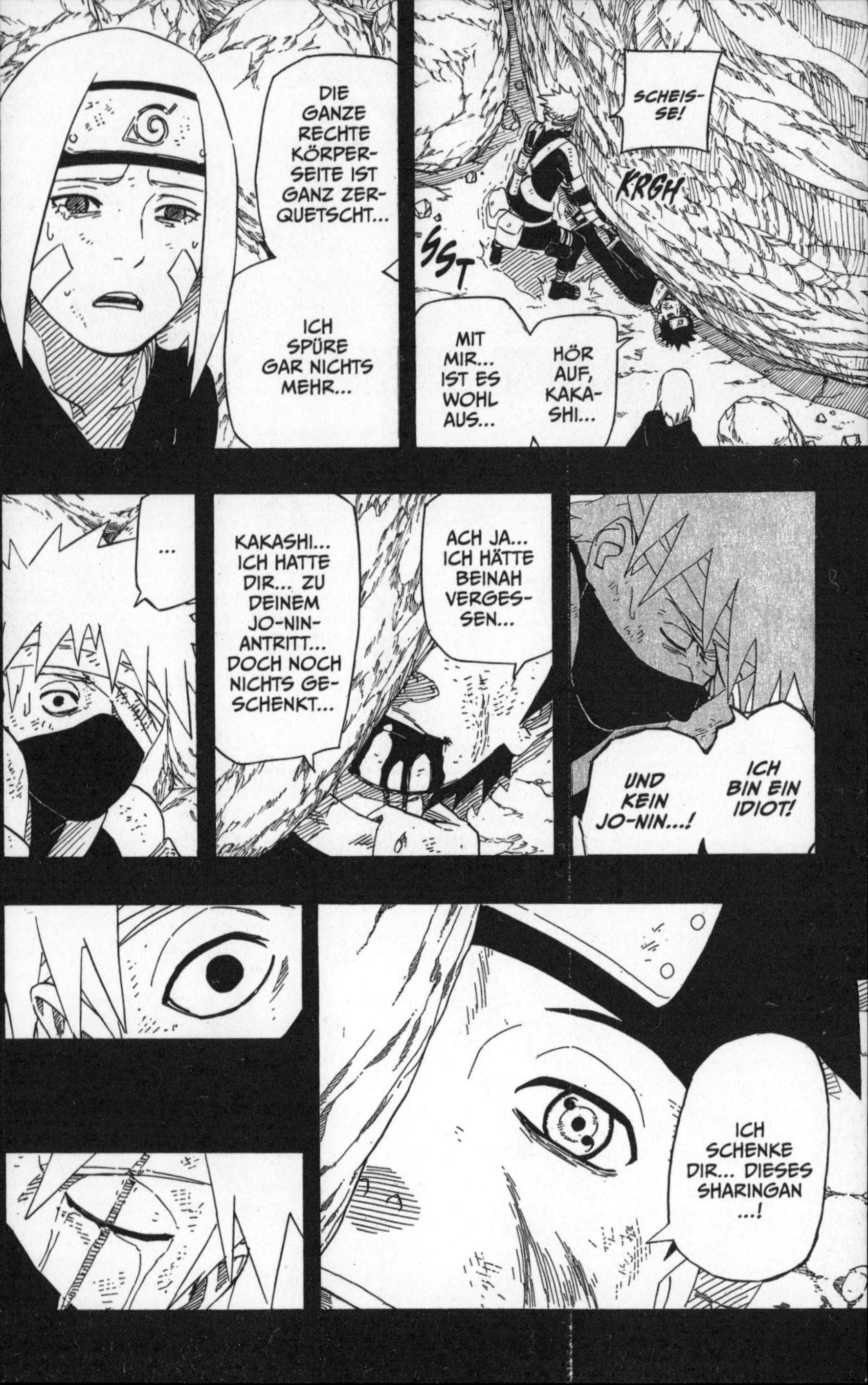
SCHEIS-SE!
KRGH
SST
HÖR AUF, KAKA-SHI...
MIT MIR... IST ES WOHL AUS...
DIE GANZE RECHTE KÖRPER-SEITE IST GANZ ZER-QUETSCHT...
ICH SPÜRE GAR NICHTS MEHR...
ICH BIN EIN IDIOT!
UND KEIN JO-NIN...!
ACH JA... ICH HÄTTE BEINAH VERGES-SEN...
KAKASHI... ICH HATTE DIR... ZU DEINEM JO-NIN-ANTRITT... DOCH NOCH NICHTS GE-SCHENKT...
...
ICH SCHENKE DIR... DIESES SHARINGAN ...!

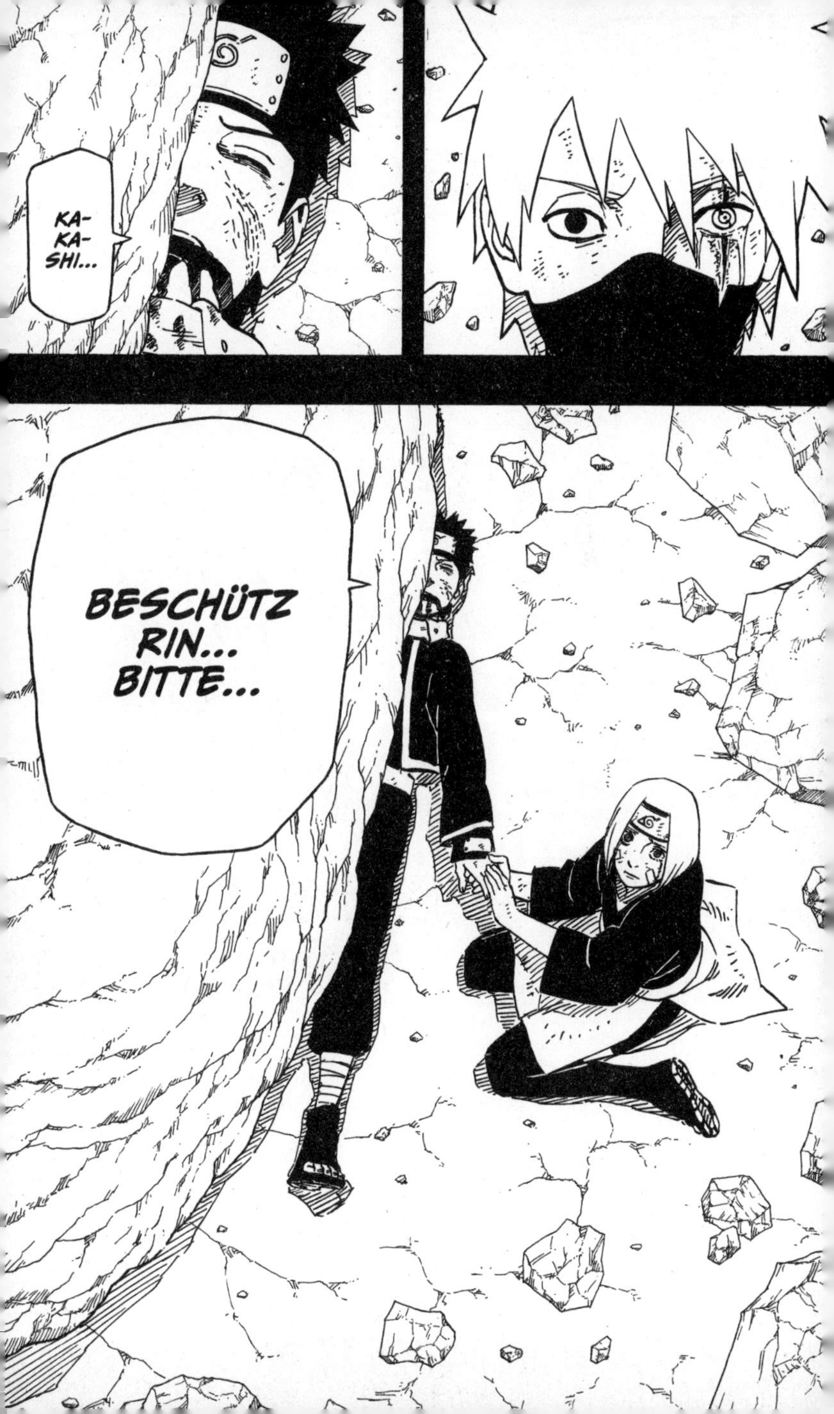
KA-
KA-
SHI...
BESCHÜTZ
RIN...
BITTE...

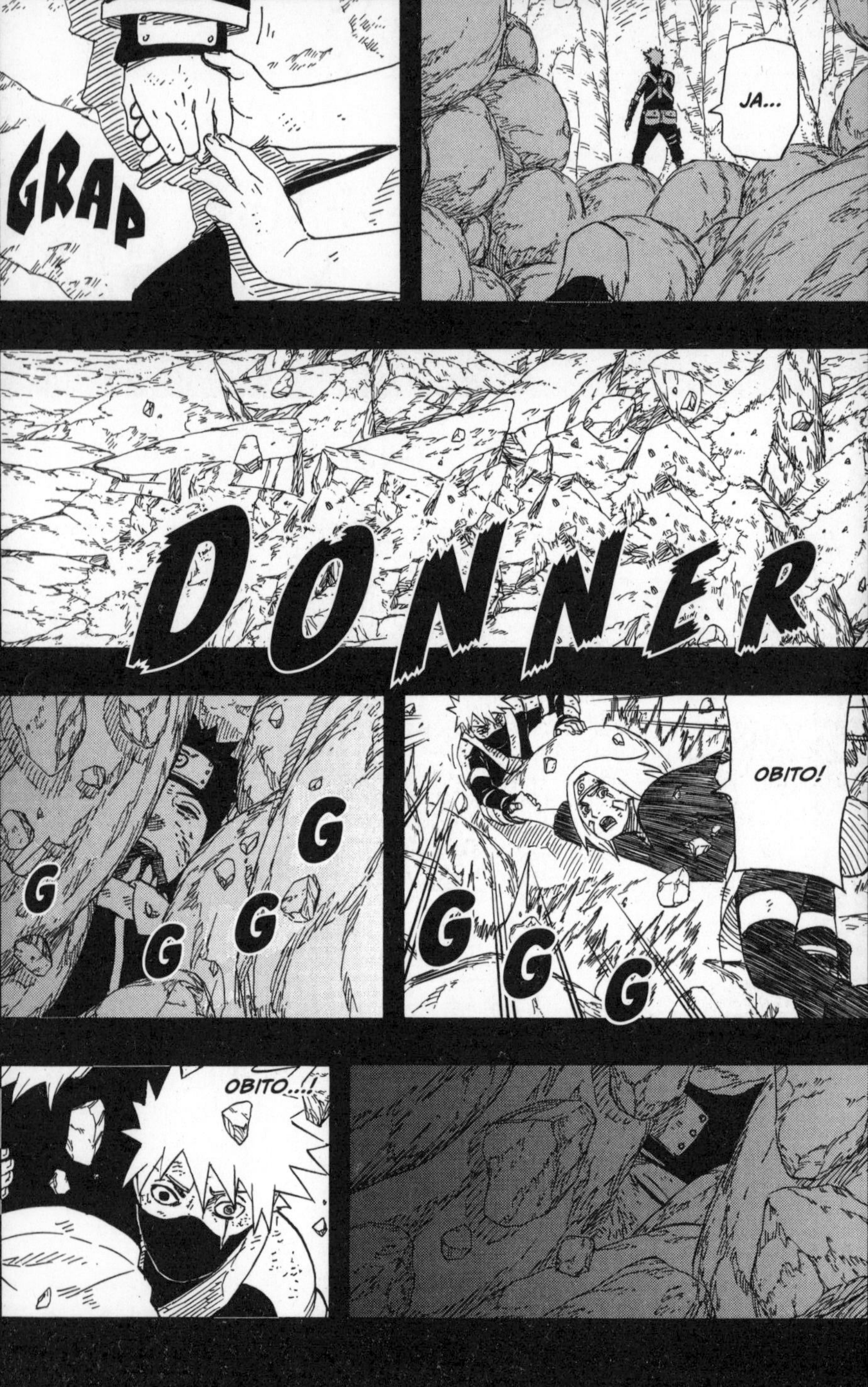
JA...
GRAP
DONNER
OBITO!
GGGG
GGGG
OBITO...!

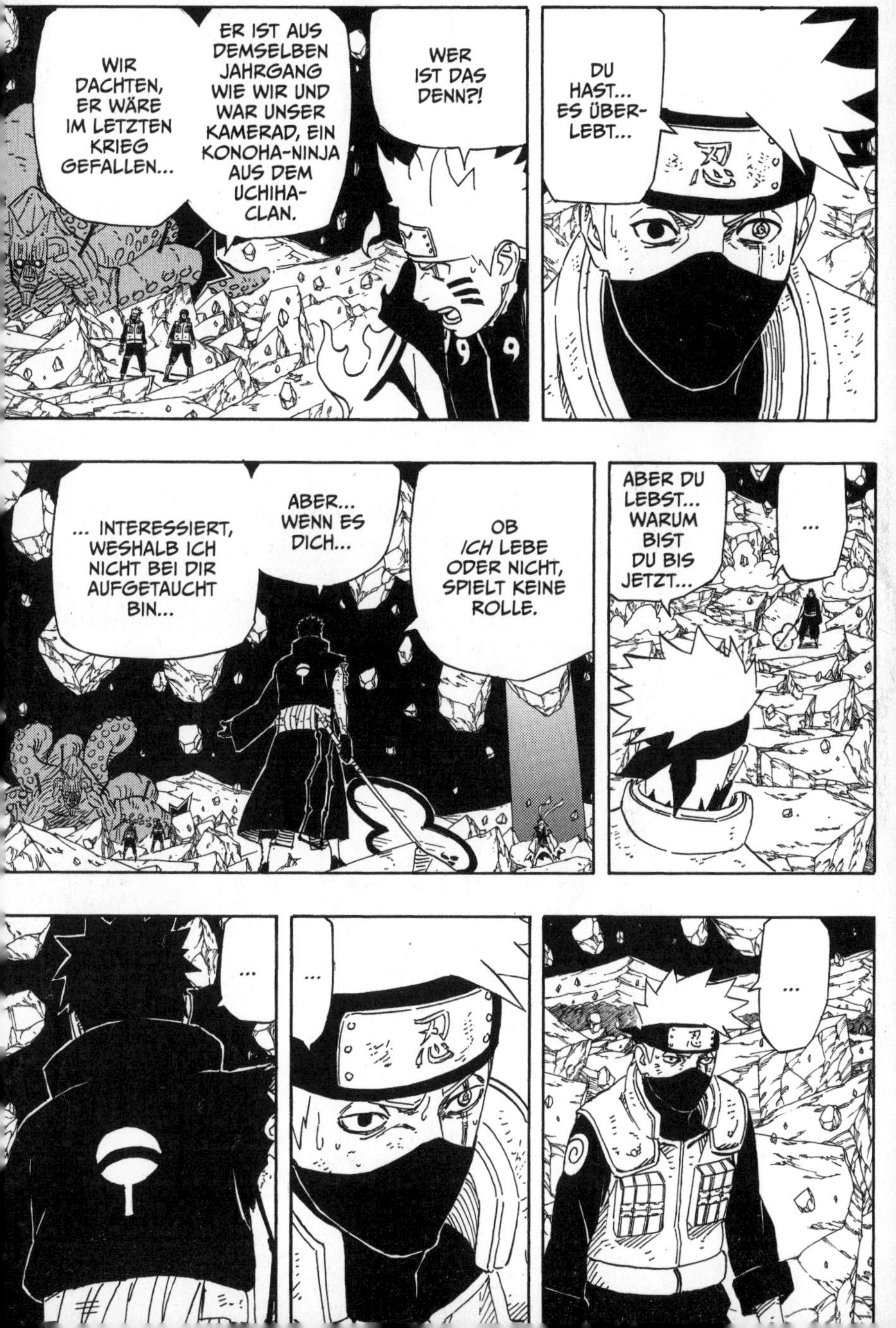

DU HAST... ES ÜBERLEBT...
WER IST DAS DENN?!
ER IST AUS DEMSELBEN JAHRGANG WIE WIR UND WAR UNSER KAMERAD, EIN KONOHA-NINJA AUS DEM UCHIHA-CLAN.
WIR DACHTEN, ER WÄRE IM LETZTEN KRIEG GEFALLEN...
...
ABER DU LEBST... WARUM BIST DU BIS JETZT...
OB *ICH* LEBE ODER NICHT, SPIELT KEINE ROLLE.
ABER... WENN ES DICH...
... INTERESSIERT, WESHALB ICH NICHT BEI DIR AUFGETAUCHT BIN...
...
...
...

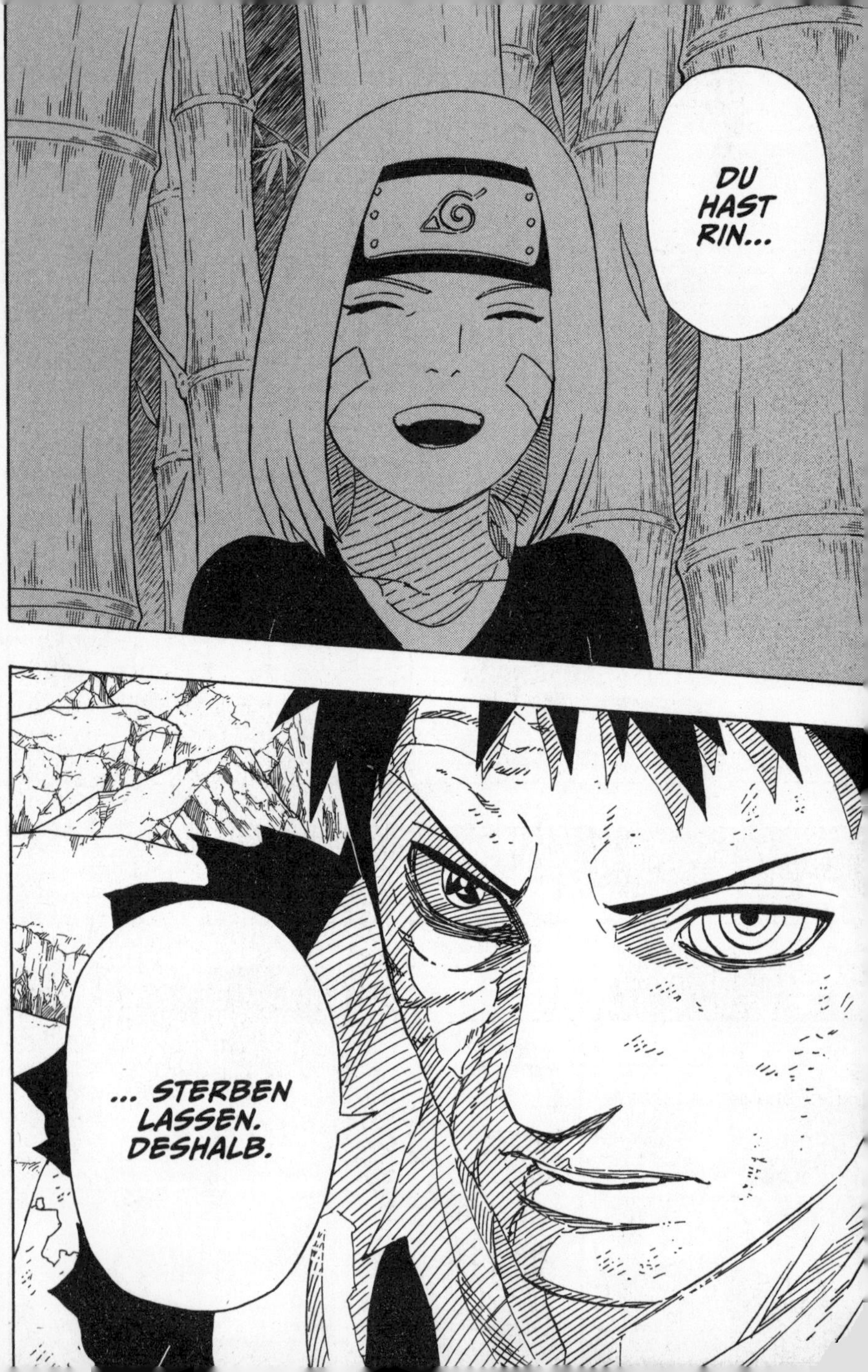
DU HAST RIN...
... STERBEN LASSEN. DESHALB.

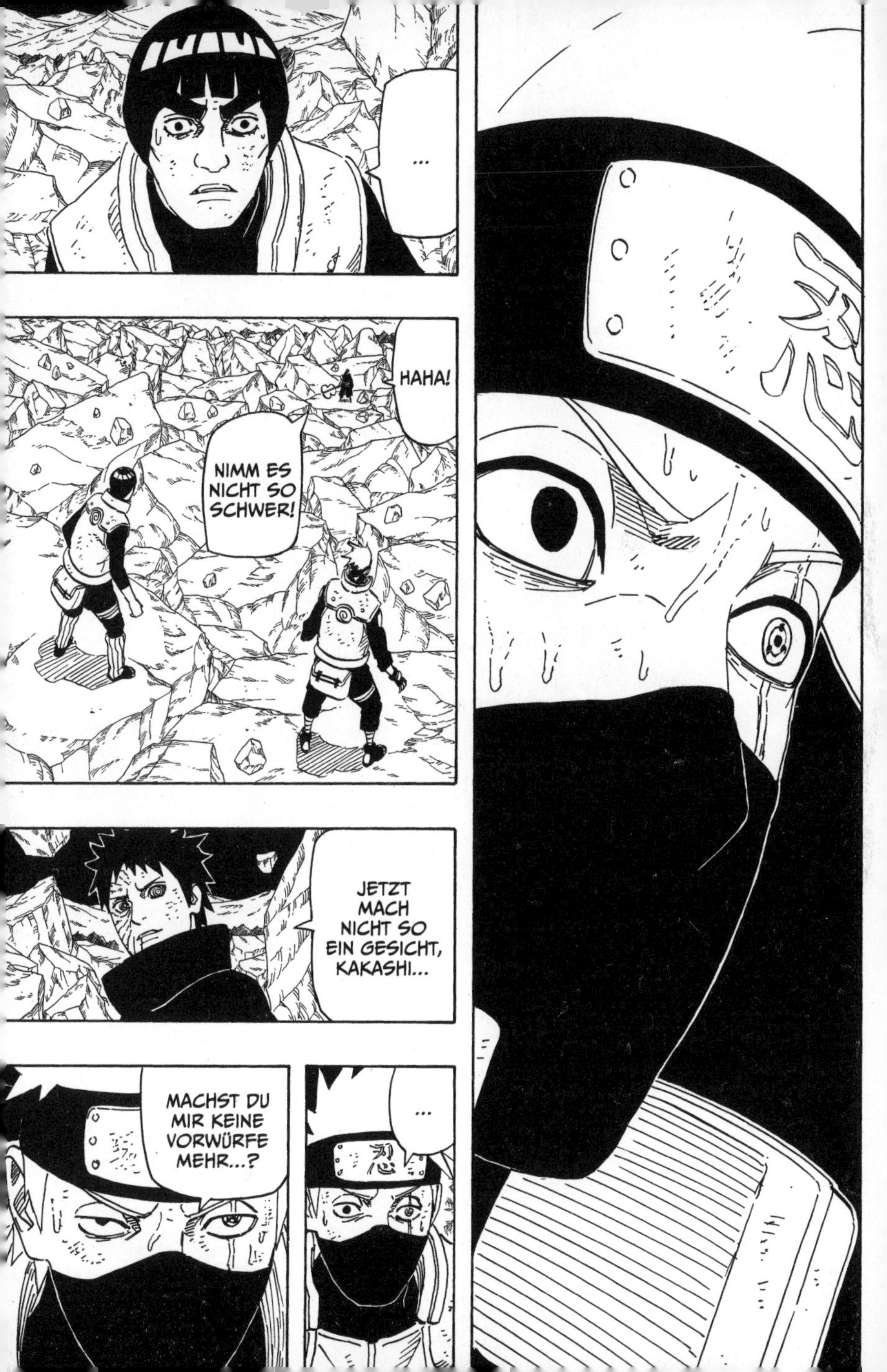
...
HAHA!
NIMM ES NICHT SO SCHWER!
JETZT MACH NICHT SO EIN GESICHT, KAKASHI...
...
MACHST DU MIR KEINE VORWÜRFE MEHR...?

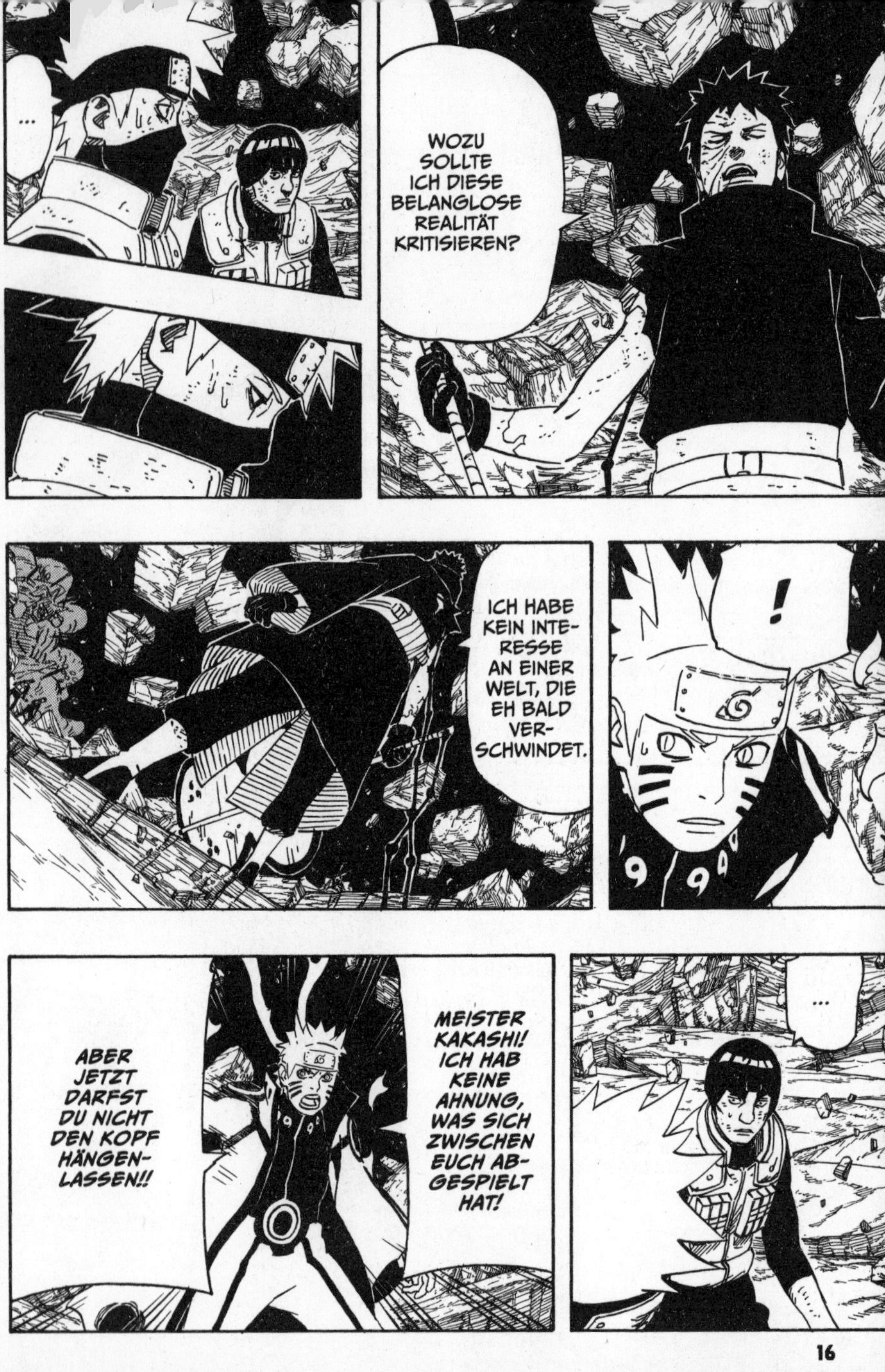

WOZU SOLLTE ICH DIESE BELANGLOSE REALITÄT KRITISIEREN?
...
ICH HABE KEIN INTE-RESSE AN EINER WELT, DIE EH BALD VER-SCHWINDET.
!
...
MEISTER KAKASHI! ICH HAB KEINE AHNUNG, WAS SICH ZWISCHEN EUCH AB-GESPIELT HAT!
ABER JETZT DARFST DU NICHT DEN KOPF HÄNGEN-LASSEN!!

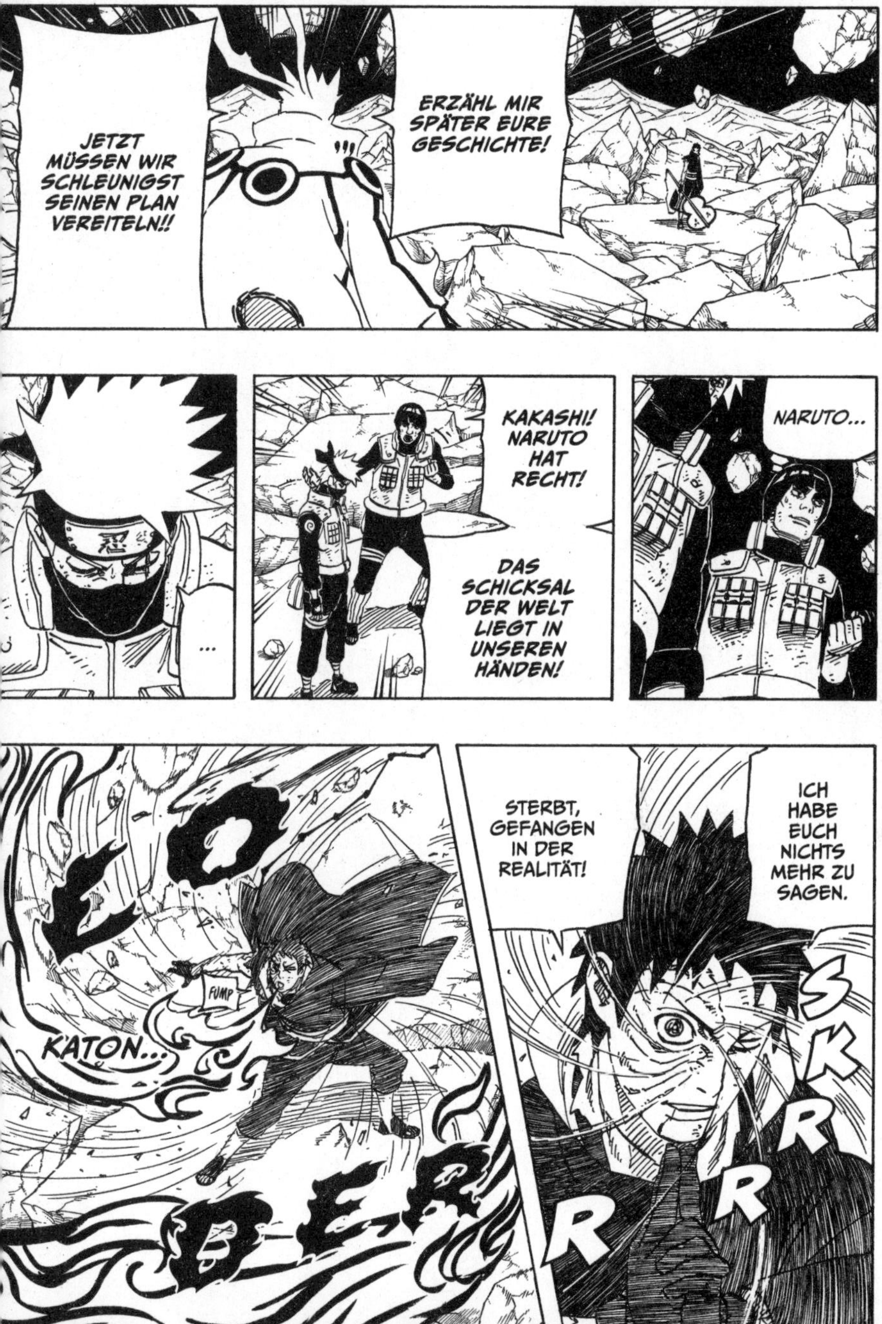
ERZÄHL MIR SPÄTER EURE GESCHICHTE!
JETZT MÜSSEN WIR SCHLEUNIGST SEINEN PLAN VEREITELN!!
NARUTO...
KAKASHI! NARUTO HAT RECHT!
DAS SCHICKSAL DER WELT LIEGT IN UNSEREN HÄNDEN!
...
ICH HABE EUCH NICHTS MEHR ZU SAGEN.
STERBT, GEFANGEN IN DER REALITÄT!
SKRRR
FUMP
KATON...

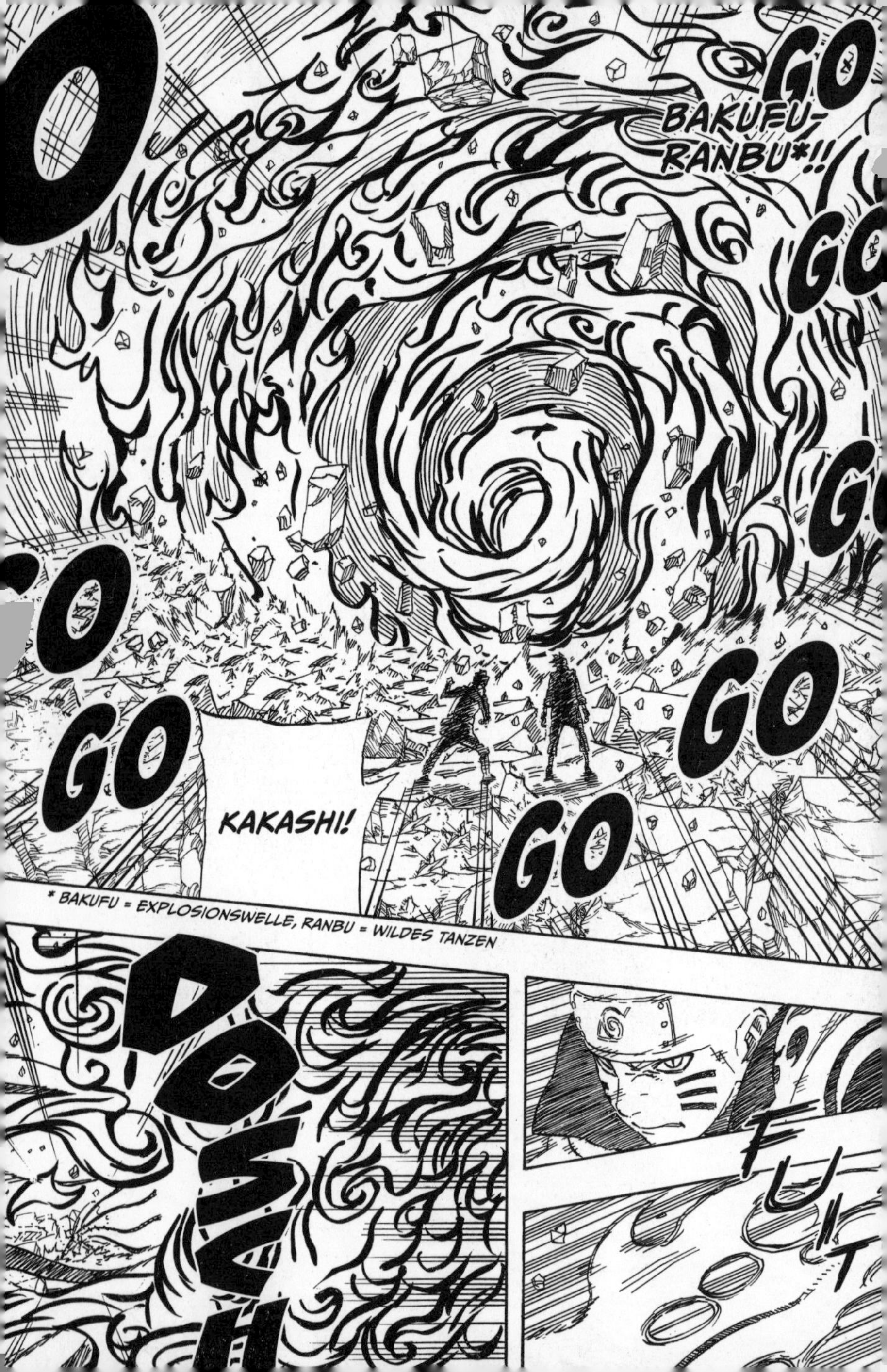

* BAKUFU = EXPLOSIONSWELLE, RANBU = WILDES TANZEN

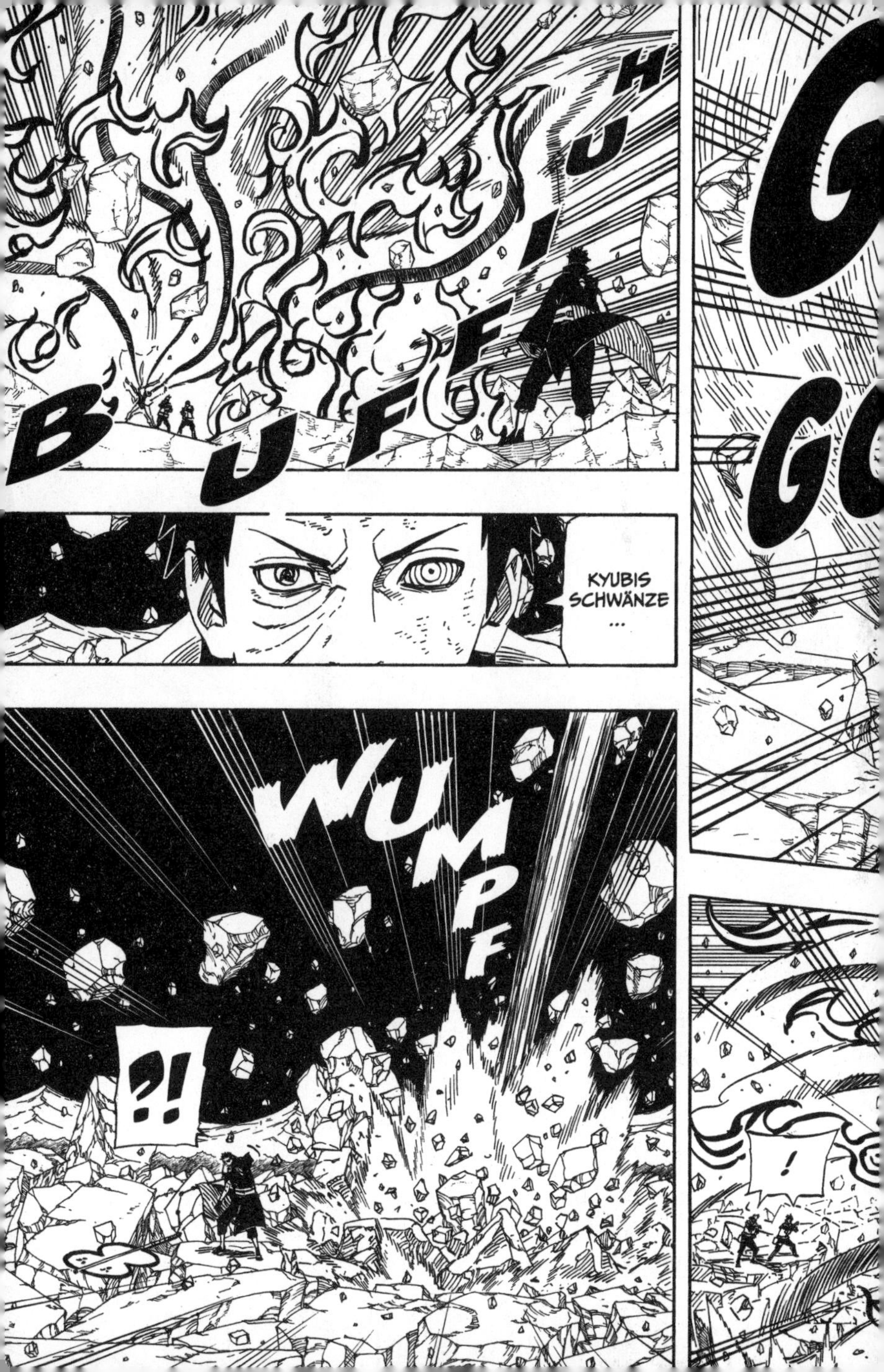

!
BUFFAH
KYUBIS SCHWÄNZE ...
WUMPF
?!

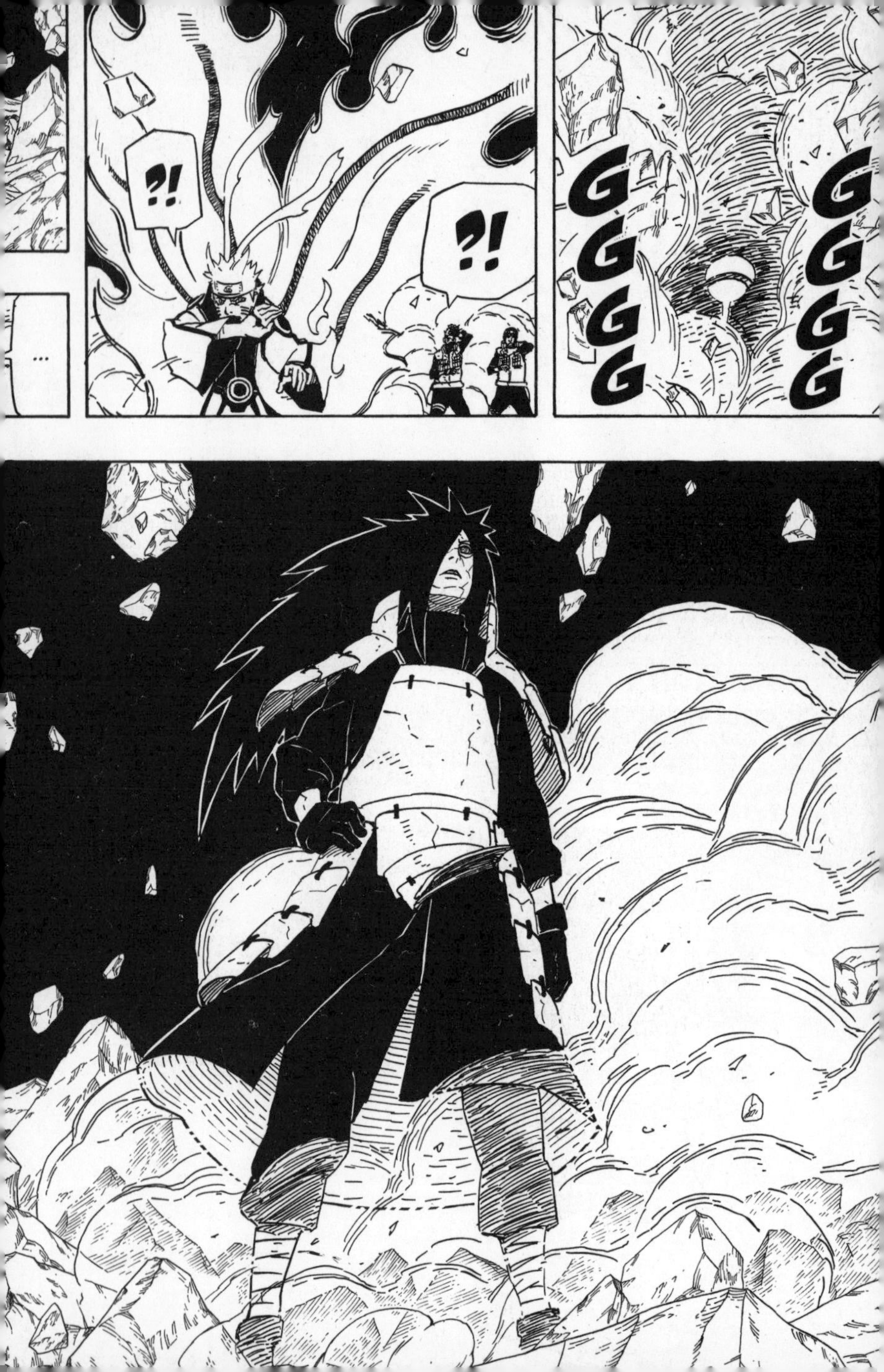

GGGG
GGGG
?!
?!
...

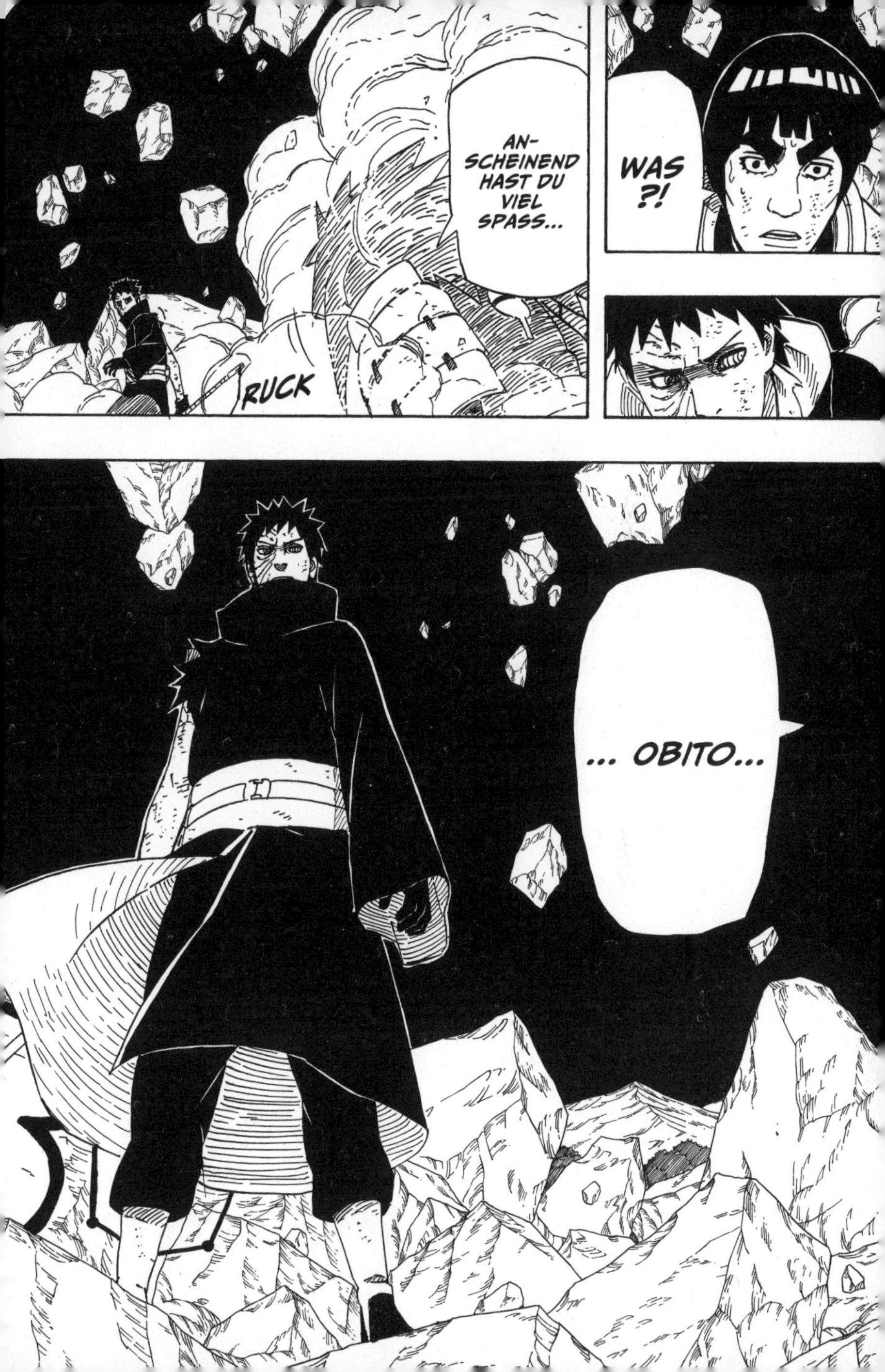
WAS ?!
AN-SCHEINEND HAST DU VIEL SPASS...
RUCK
... OBITO...

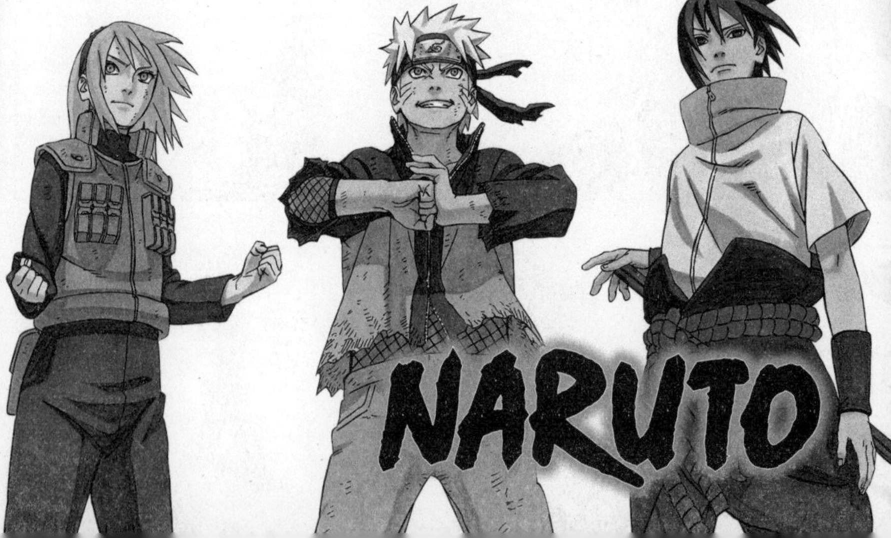
NARUTO

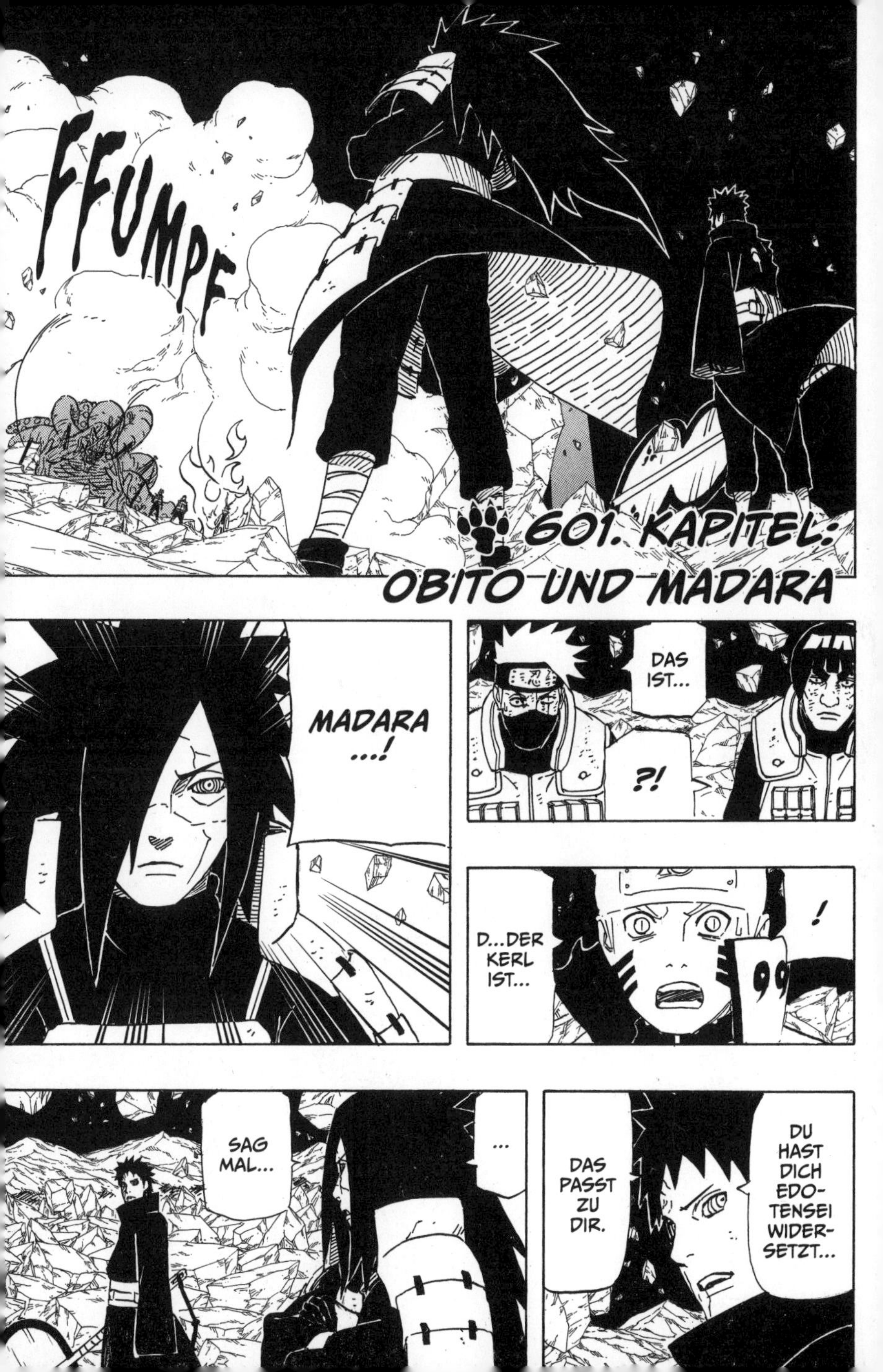
FFUMPF
601. KAPITEL: OBITO UND MADARA
DAS IST...
?!
D...DER KERL IST...
!
MADARA ...!
DU HAST DICH EDO-TENSEI WIDER-SETZT...
DAS PASST ZU DIR.
...
SAG MAL...

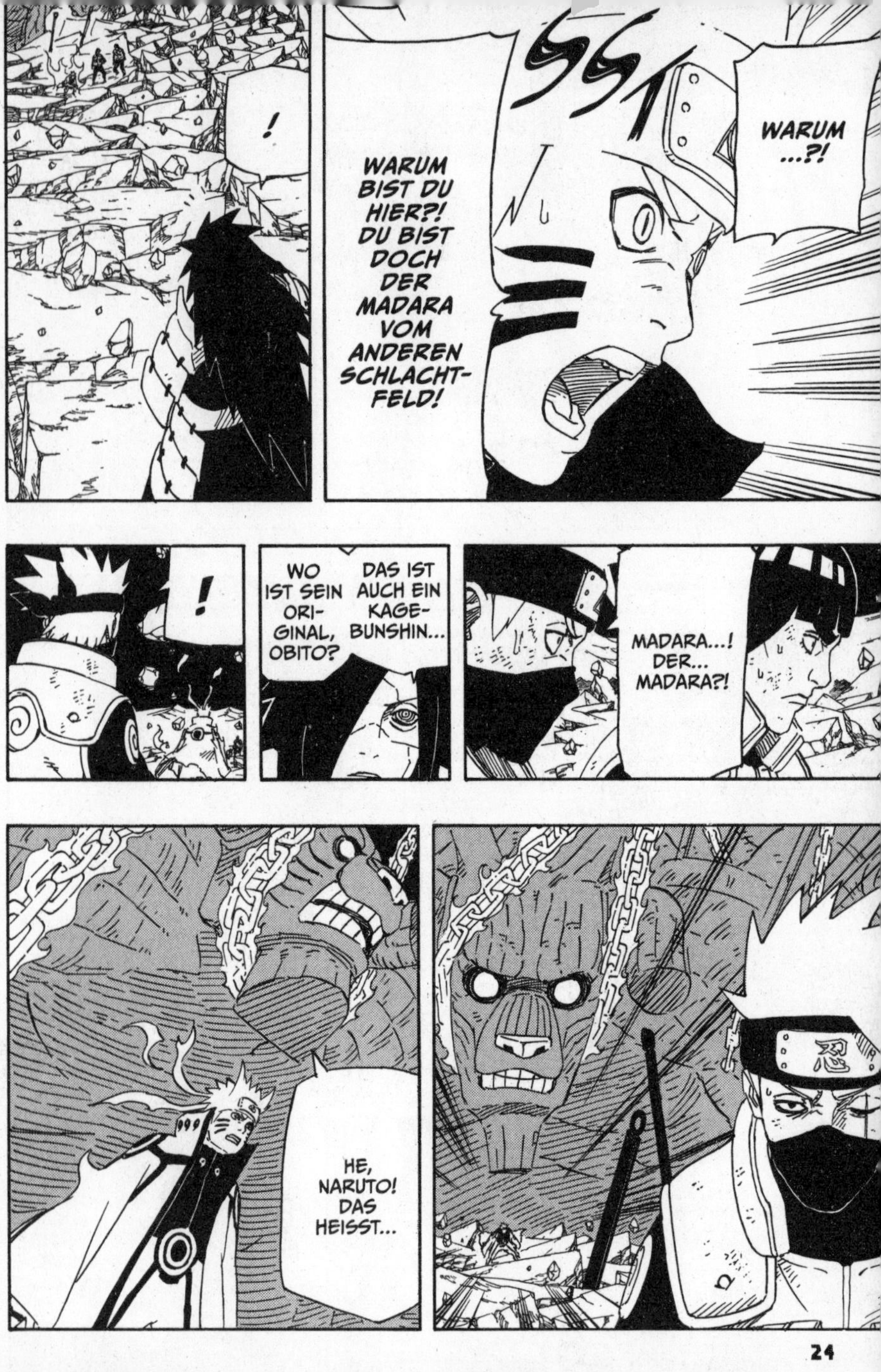

WARUM ...?!
SST
WARUM BIST DU HIER?! DU BIST DOCH DER MADARA VOM ANDEREN SCHLACHT-FELD!
!
MADARA...! DER... MADARA?!
DAS IST AUCH EIN KAGE-BUNSHIN...
WO IST SEIN ORI-GINAL, OBITO?
!
HE, NARUTO! DAS HEISST...

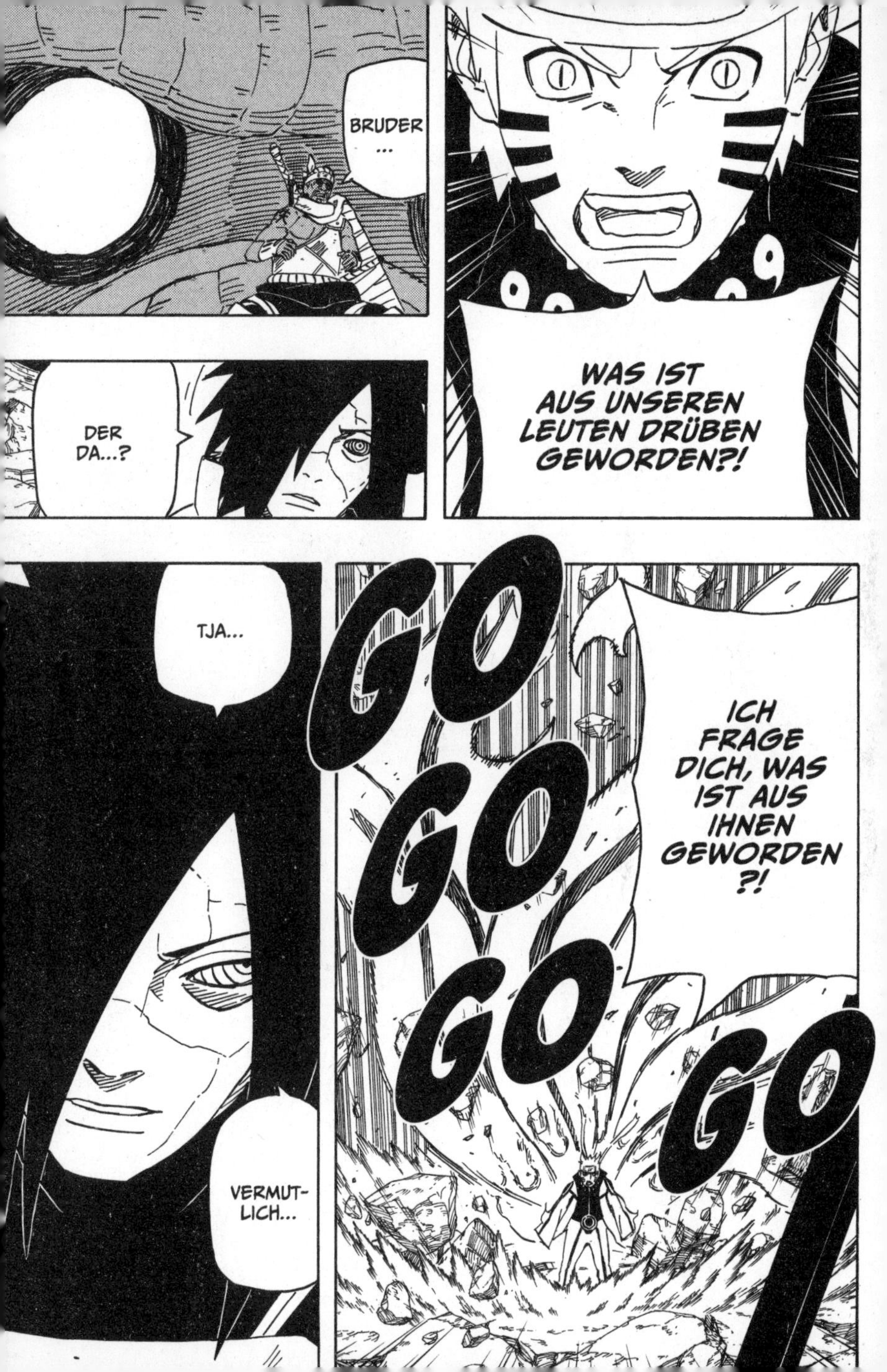
WAS IST AUS UNSEREN LEUTEN DRÜBEN GEWORDEN?!
BRUDER ...
DER DA...?
ICH FRAGE DICH, WAS IST AUS IHNEN GEWORDEN ?!
GO GO GO GO
TJA...
VERMUT-LICH...

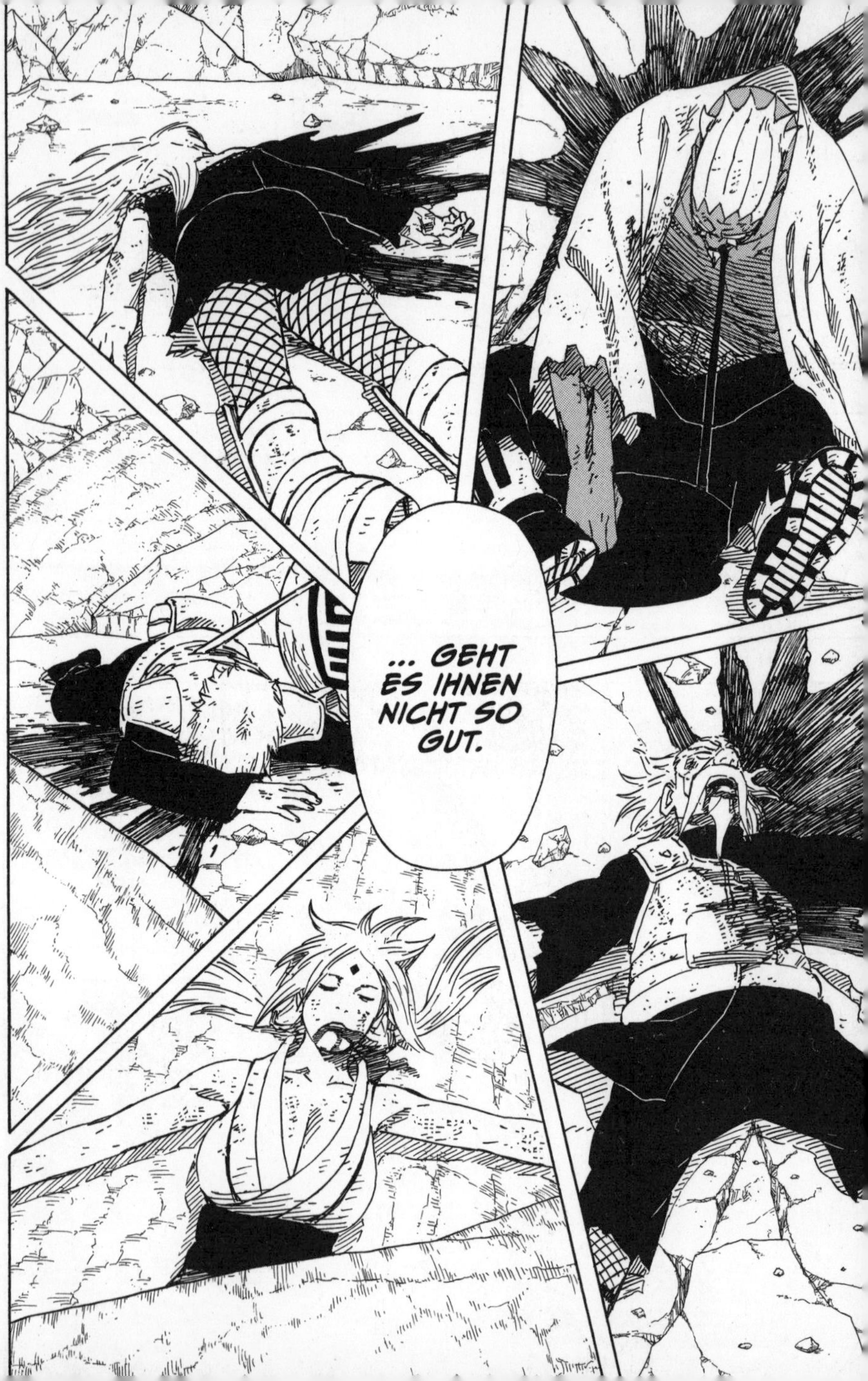
... GEHT ES IHNEN NICHT SO GUT.

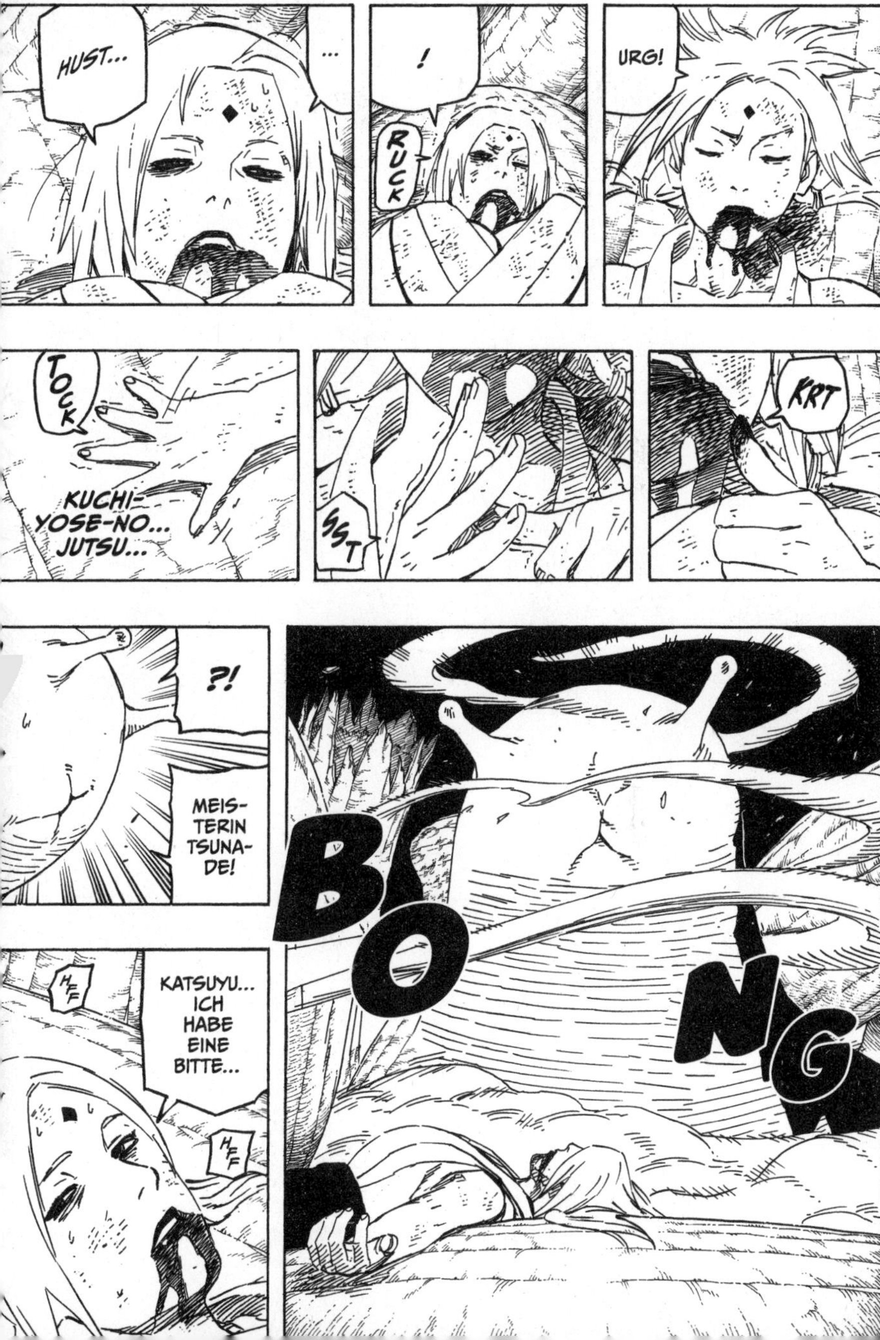
URG!
!
RUCK
...
HUST...
KRT
SST
TOCK
KUCHI-YOSE-NO... JUTSU...
BOONG
?!
MEISTERIN TSUNADE!
HFF
KATSUYU... ICH HABE EINE BITTE...
HFF

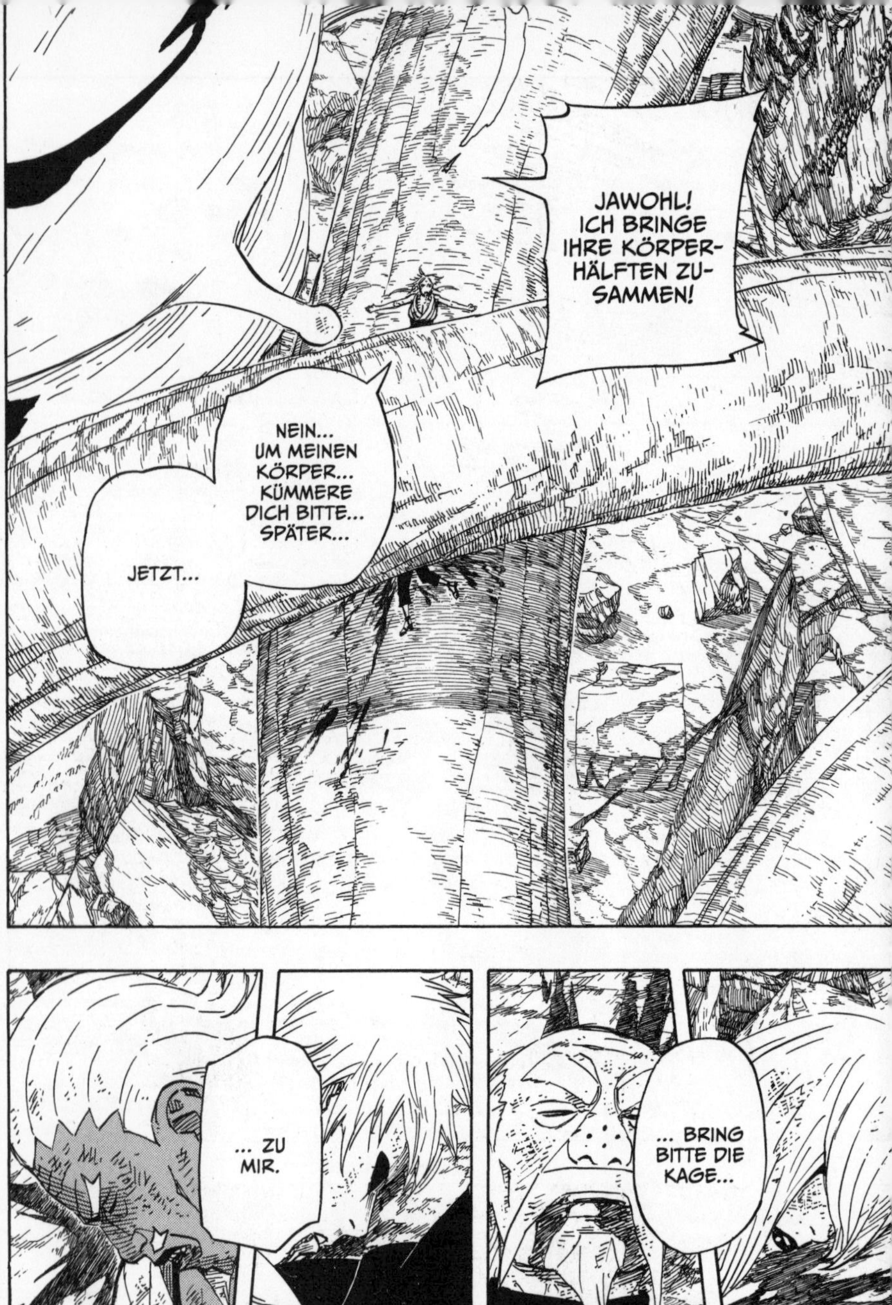
JAWOHL! ICH BRINGE IHRE KÖRPERHÄLFTEN ZUSAMMEN!
NEIN... UM MEINEN KÖRPER... KÜMMERE DICH BITTE... SPÄTER...
JETZT...
... BRING BITTE DIE KAGE...
... ZU MIR.

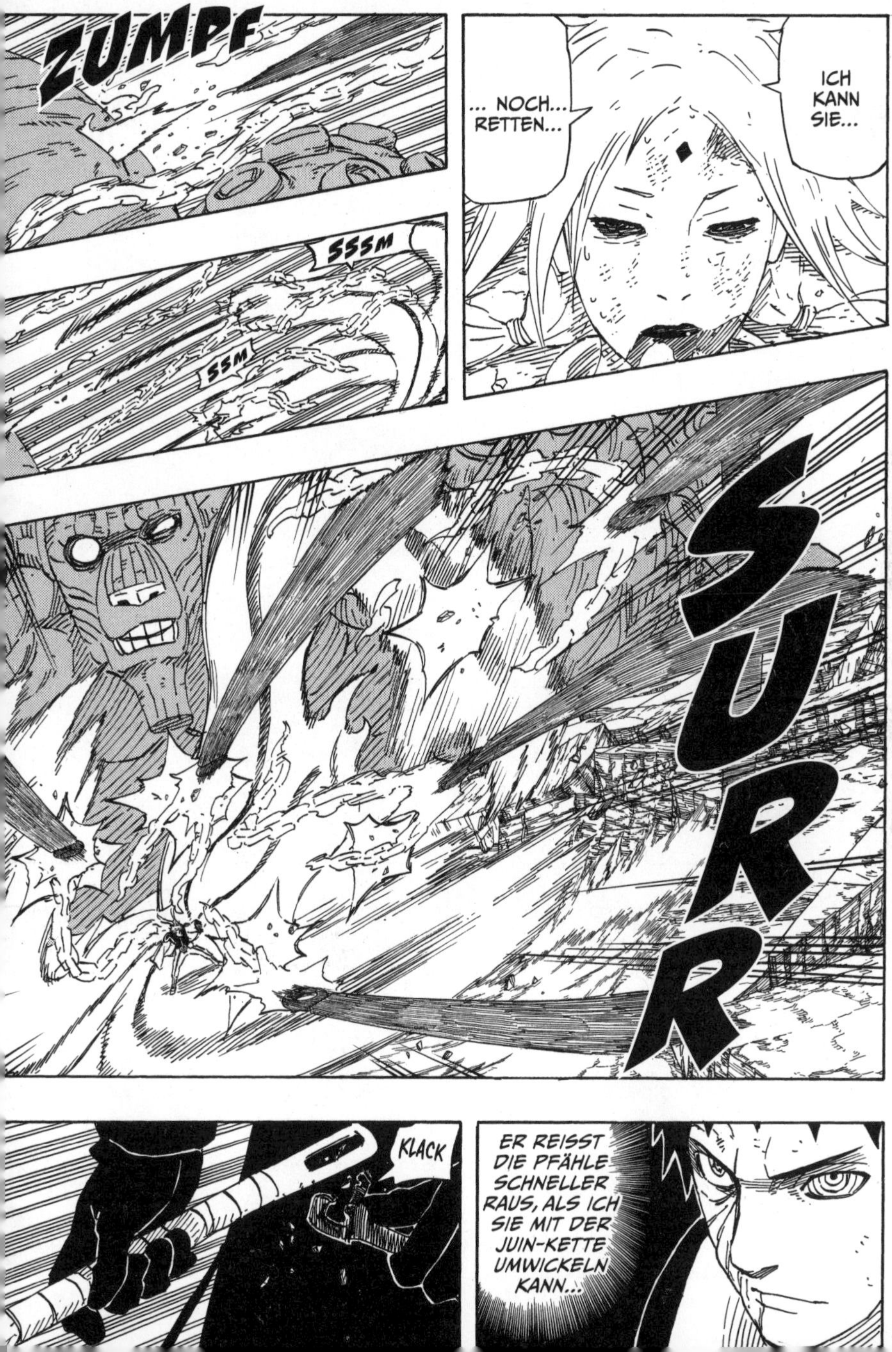
ICH KANN SIE...
... NOCH... RETTEN...
ZUMPF
SSSM
SSM
SURR
KLACK
ER REISST DIE PFÄHLE SCHNELLER RAUS, ALS ICH SIE MIT DER JUIN-KETTE UMWICKELN KANN...

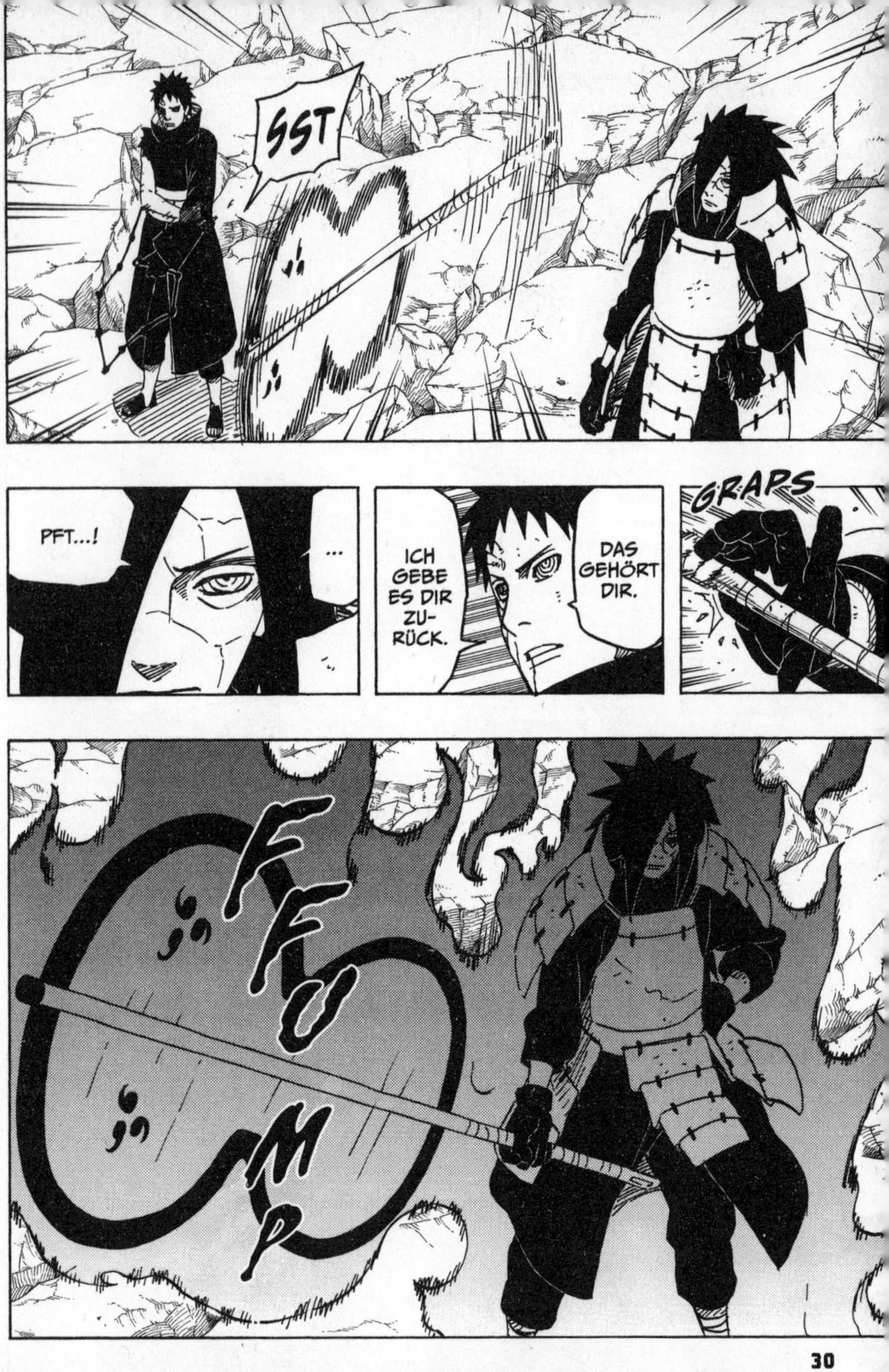
SST
GRAPS
DAS GEHÖRT DIR.
ICH GEBE ES DIR ZURÜCK.
...
PFT...!
FFUMP

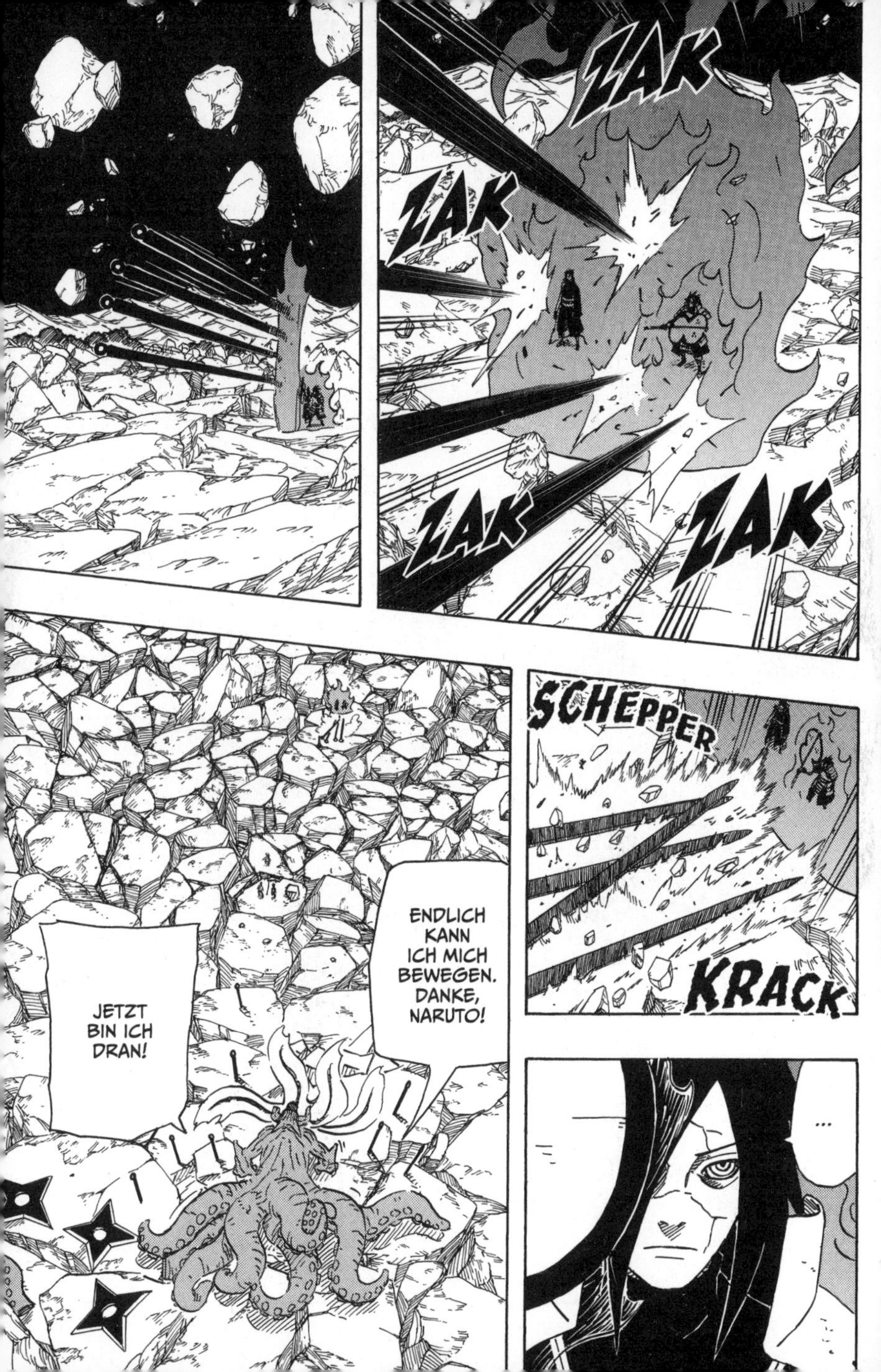
ZAK
ZAK
ZAK
ZAK
SCHEPPER
KRACK
...
ENDLICH KANN ICH MICH BEWEGEN. DANKE, NARUTO!
JETZT BIN ICH DRAN!

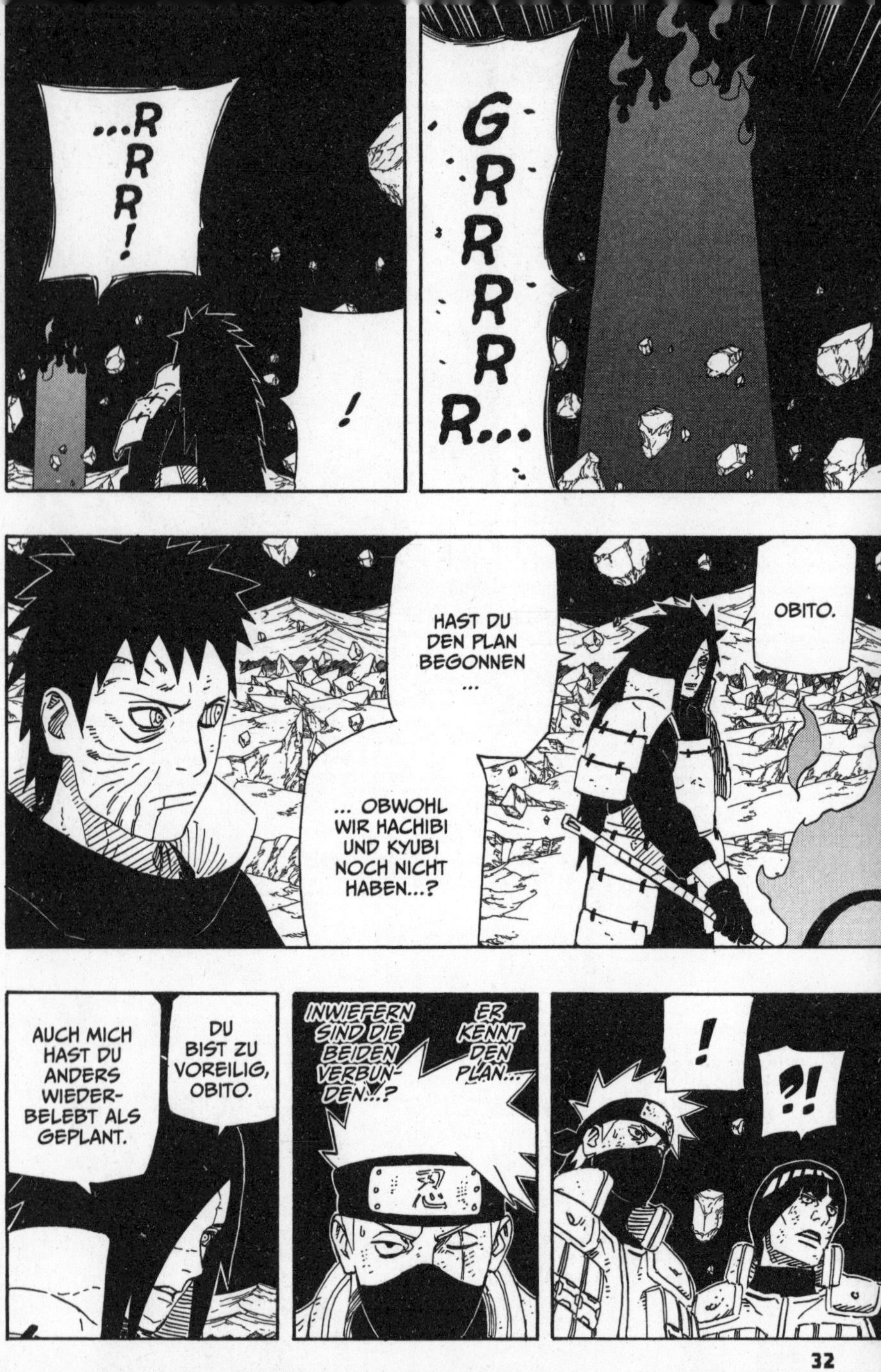
G R R R R R...
...R R R!
!
OBITO.
HAST DU DEN PLAN BEGONNEN ...
... OBWOHL WIR HACHIBI UND KYUBI NOCH NICHT HABEN...?
!
?!
ER KENNT DEN PLAN...
INWIEFERN SIND DIE BEIDEN VERBUN-DEN...?
DU BIST ZU VOREILIG, OBITO.
AUCH MICH HAST DU ANDERS WIEDER-BELEBT ALS GEPLANT.

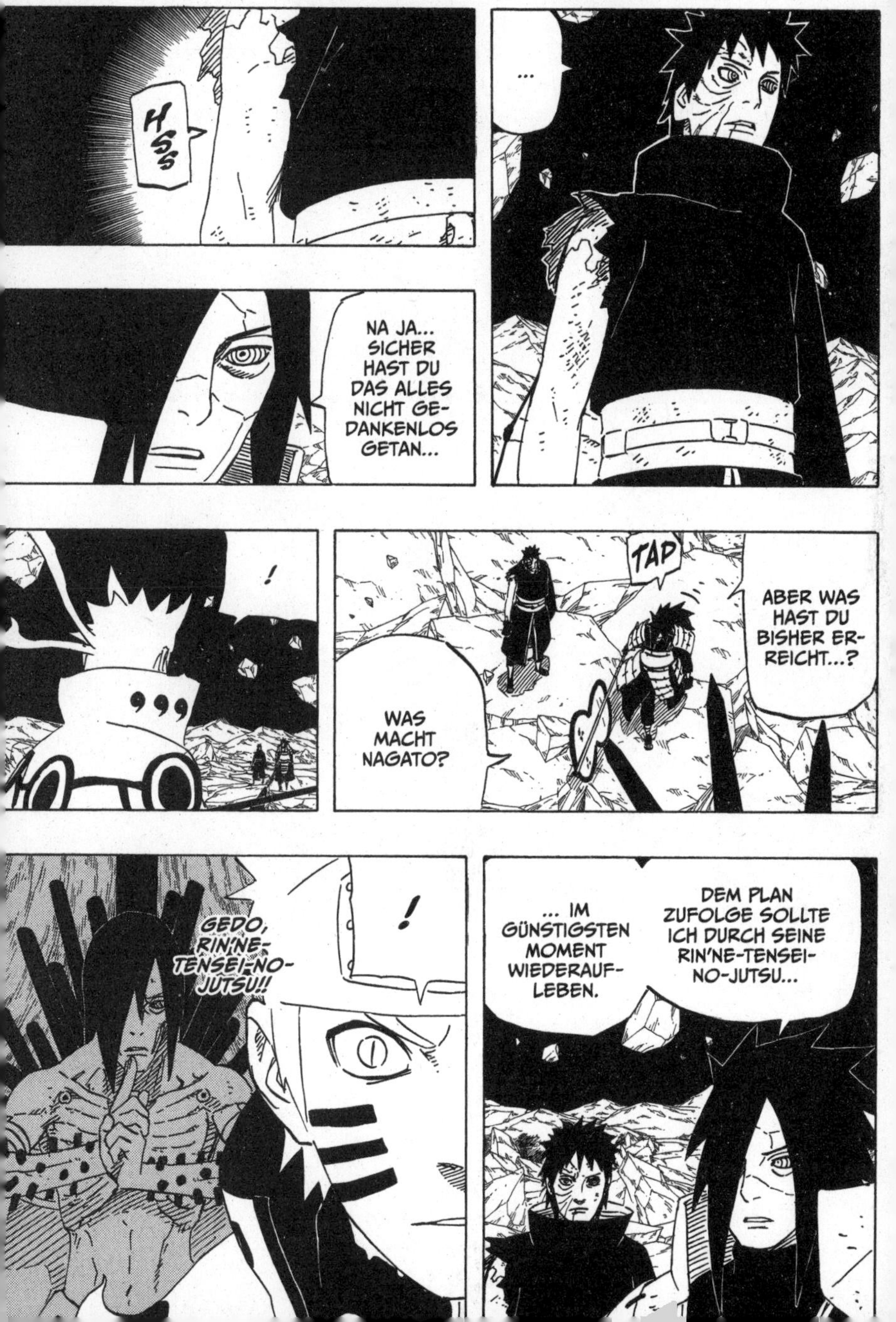
...
HSS
NA JA... SICHER HAST DU DAS ALLES NICHT GE-DANKENLOS GETAN...
TAP
ABER WAS HAST DU BISHER ER-REICHT...?
WAS MACHT NAGATO?
!
DEM PLAN ZUFOLGE SOLLTE ICH DURCH SEINE RIN'NE-TENSEI-NO-JUTSU...
... IM GÜNSTIGSTEN MOMENT WIEDERAUF-LEBEN.
!
GEDO, RIN'NE-TENSEI-NO-JUTSU!!

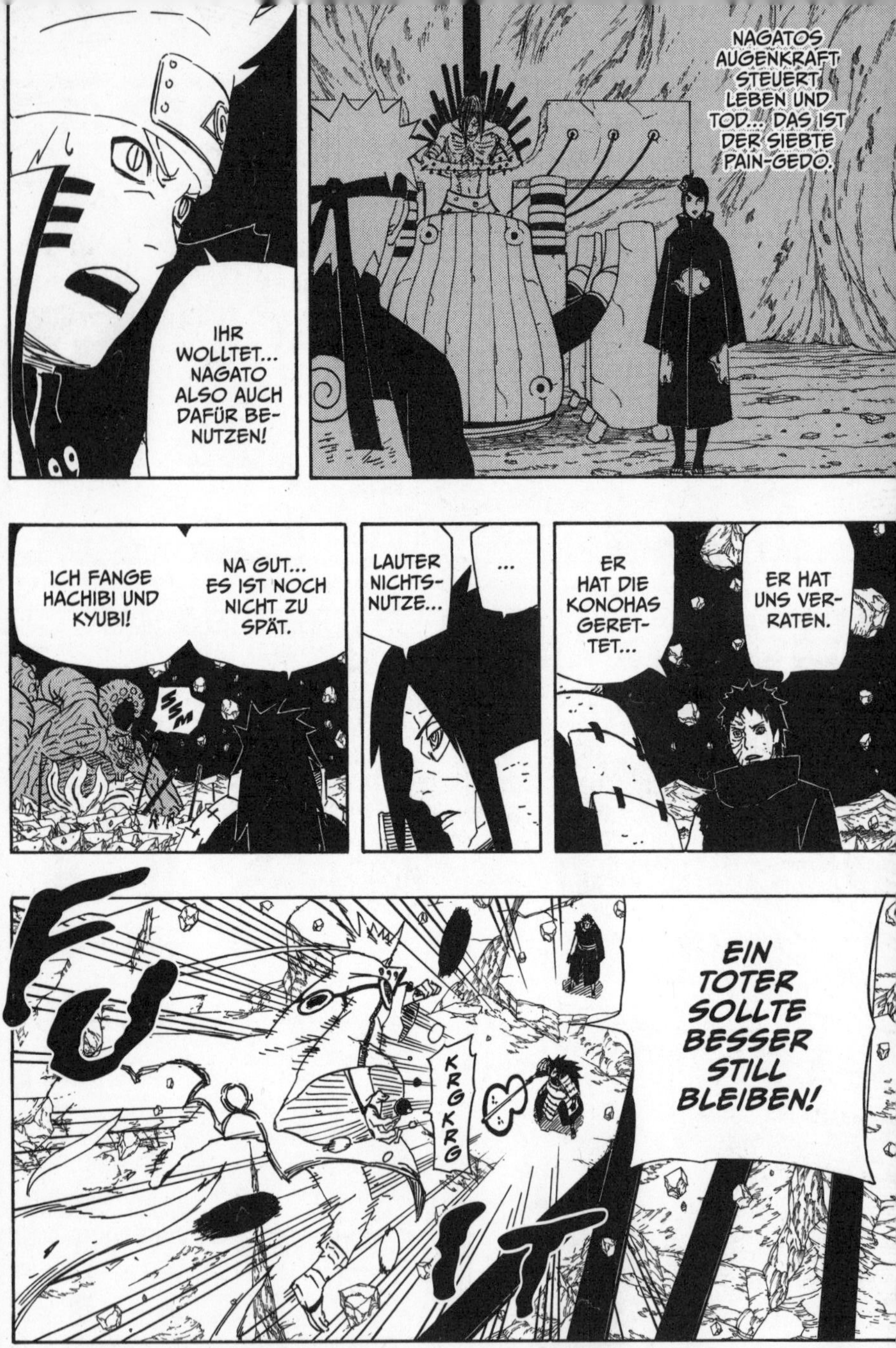
NAGATOS AUGENKRAFT STEUERT LEBEN UND TOD... DAS IST DER SIEBTE PAIN-GEDO.
IHR WOLLTET... NAGATO ALSO AUCH DAFÜR BENUTZEN!
ER HAT UNS VERRATEN.
ER HAT DIE KONOHAS GERETTET...
...
LAUTER NICHTSNUTZE...
NA GUT... ES IST NOCH NICHT ZU SPÄT.
ICH FANGE HACHIBI UND KYUBI!
EIN TOTER SOLLTE BESSER STILL BLEIBEN!
KRG KRG

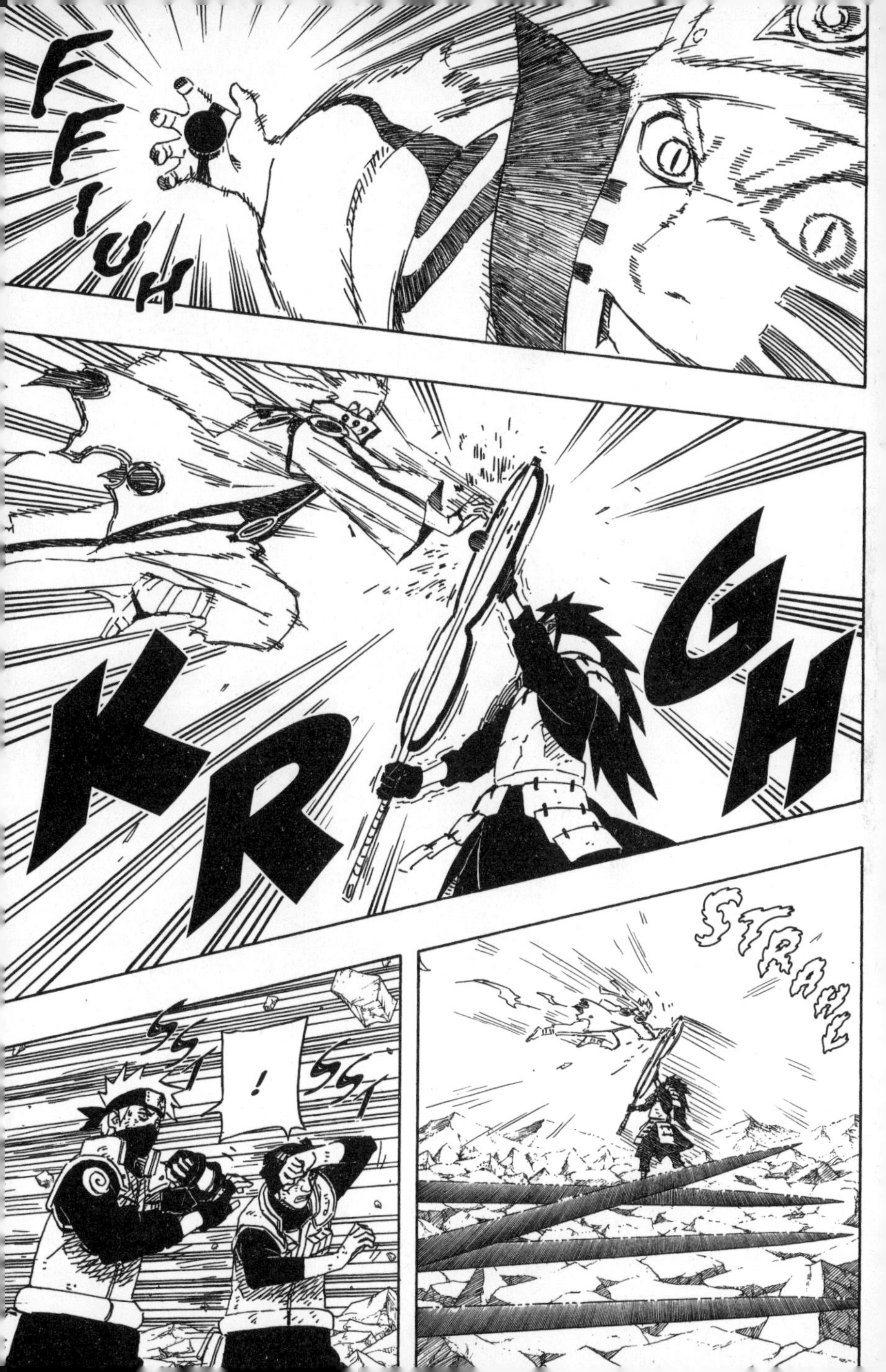
FFIUH
KR
GH
STRAHL
!

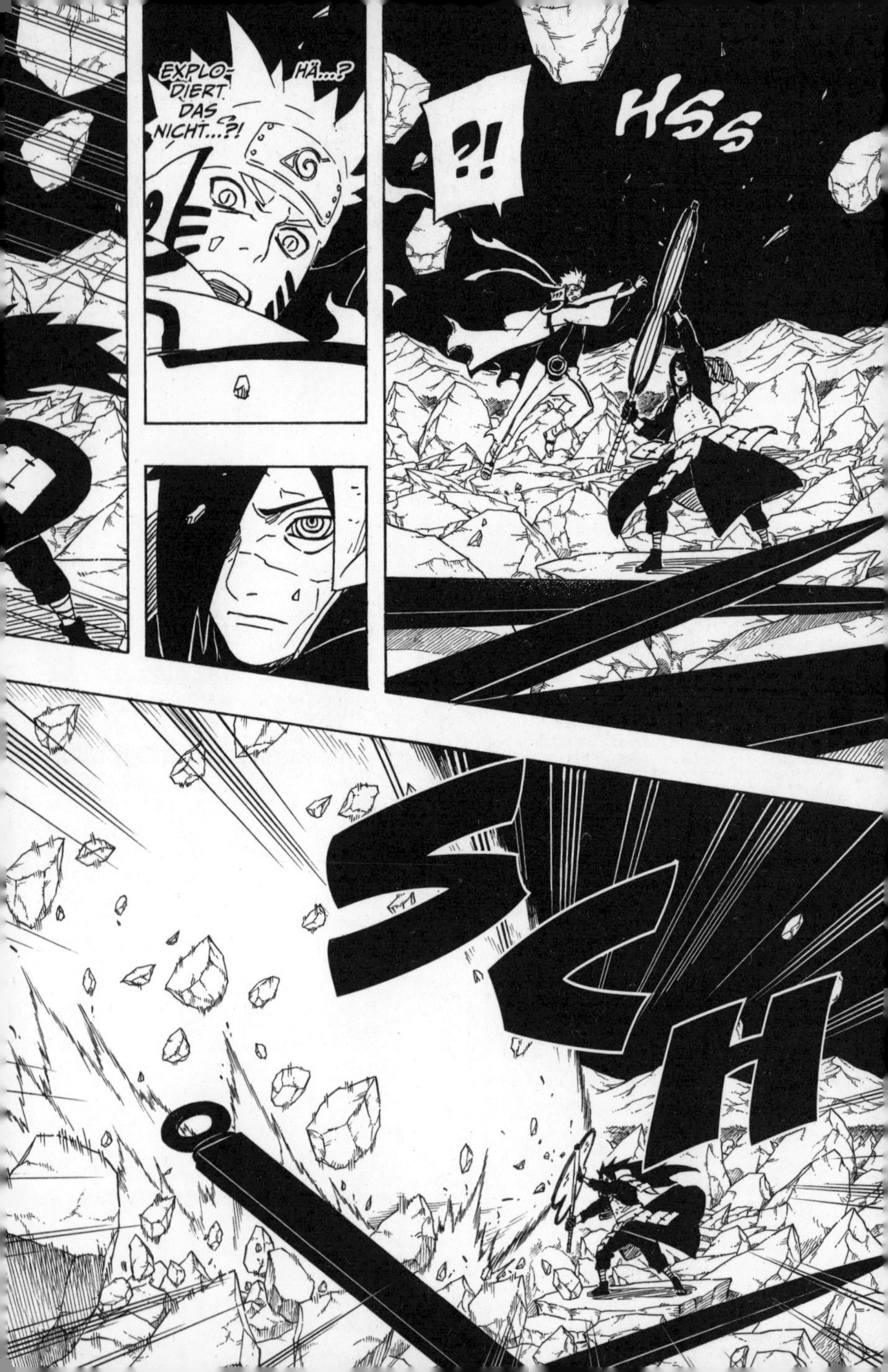
HÄ...?
EXPLO-DIERT DAS NICHT...?!
?!
HSS
SCHH

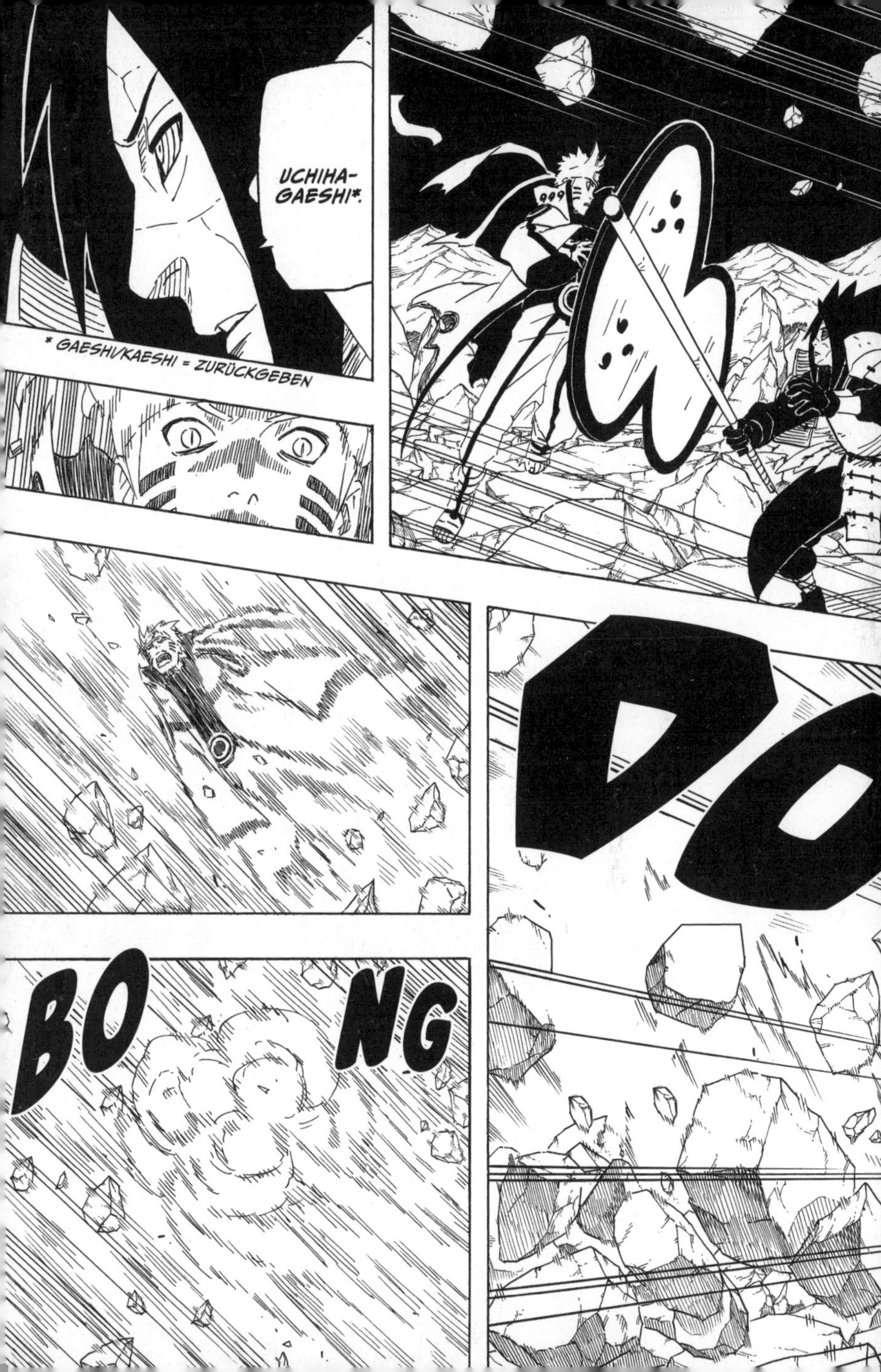
UCHIHA-GAESHI*.
* GAESHI/KAESHI = ZURÜCKGEBEN
DO
BONG

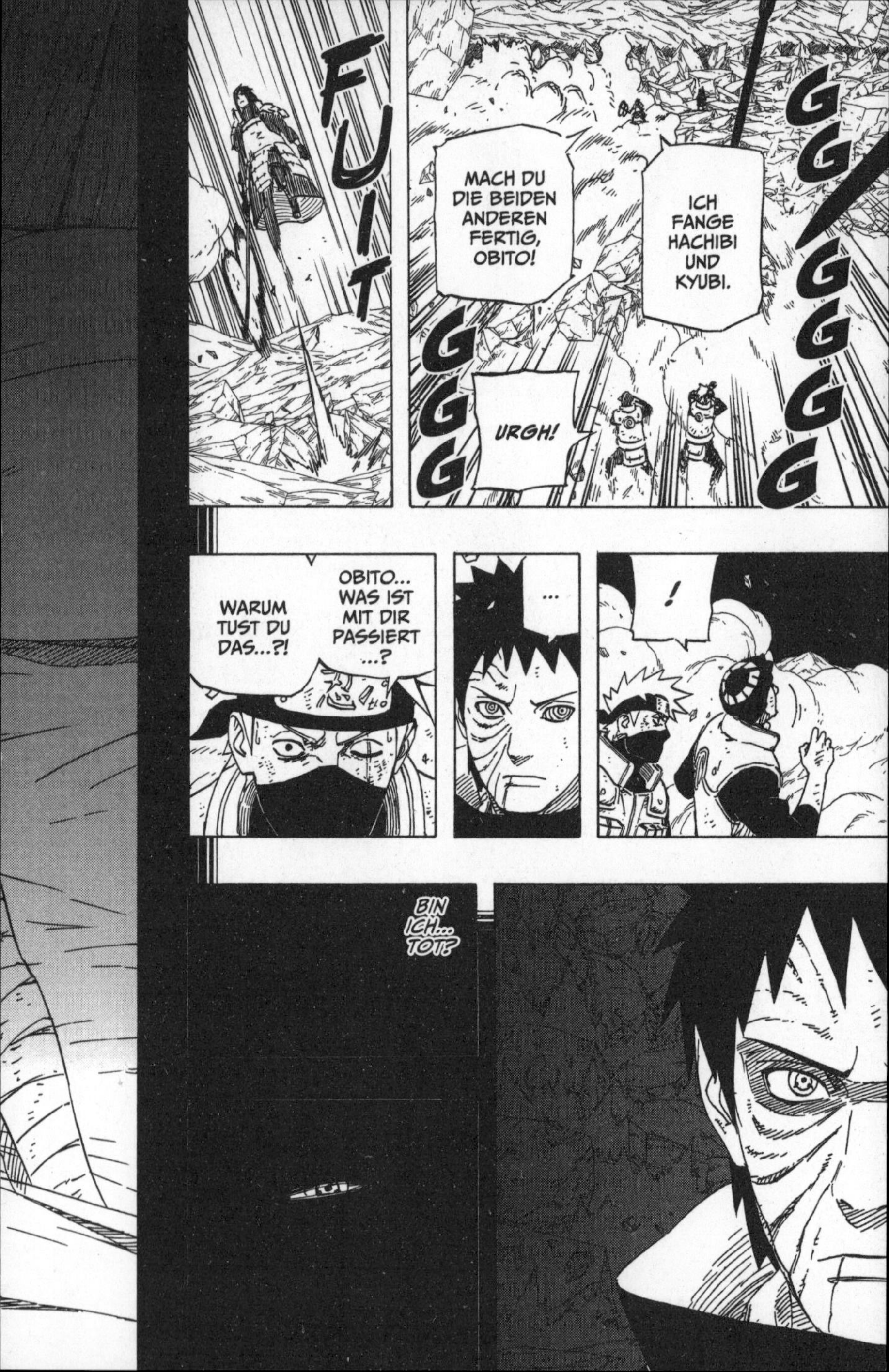
GGGGGG
ICH FANGE HACHIBI UND KYUBI.
MACH DU DIE BEIDEN ANDEREN FERTIG, OBITO!
URGH!
GGG
FUIT
!
...
OBITO... WAS IST MIT DIR PASSIERT ...?
WARUM TUST DU DAS...?!
BIN ICH... TOT?

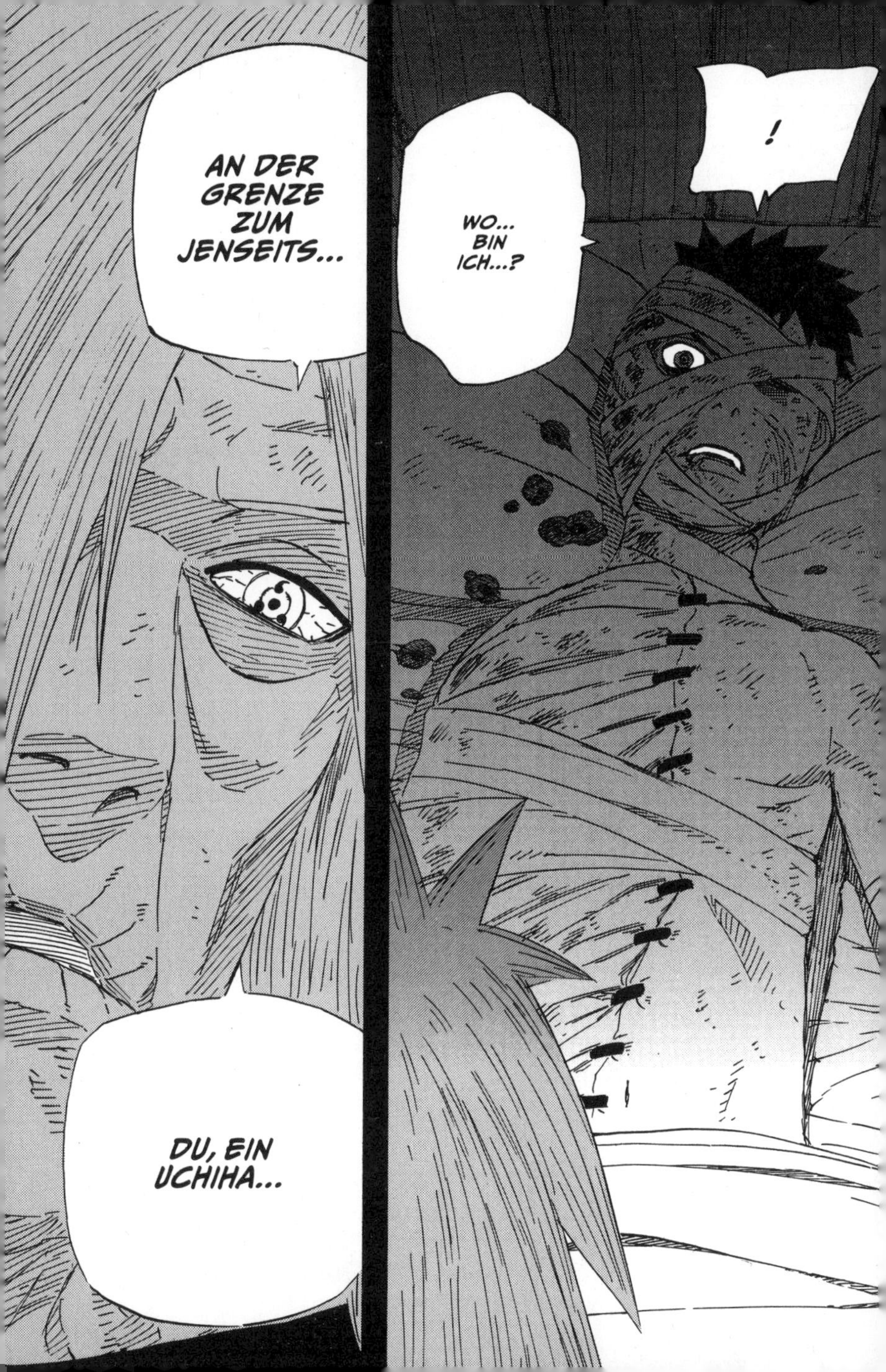
!
WO... BIN ICH...?
AN DER GRENZE ZUM JENSEITS...
DU, EIN UCHIHA...

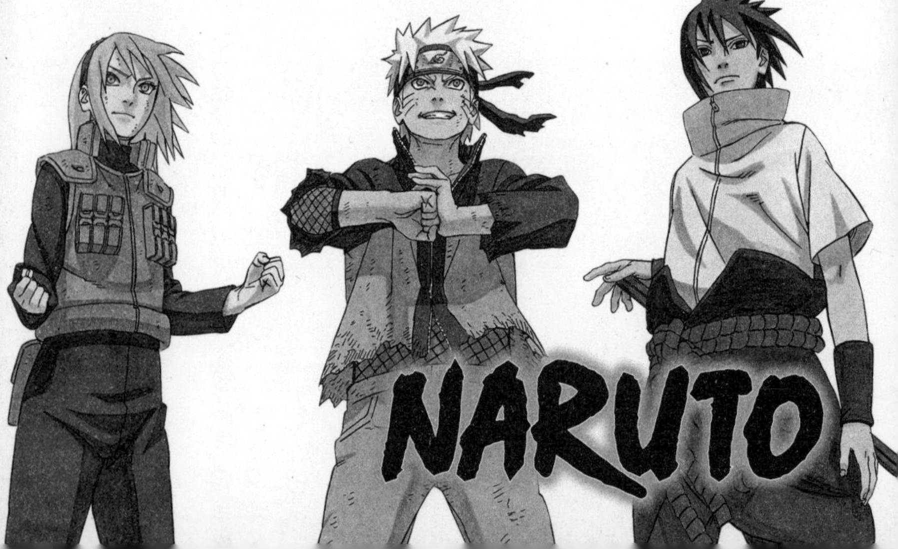
NARUTO

602. Kapitel: Ich bin am Leben!

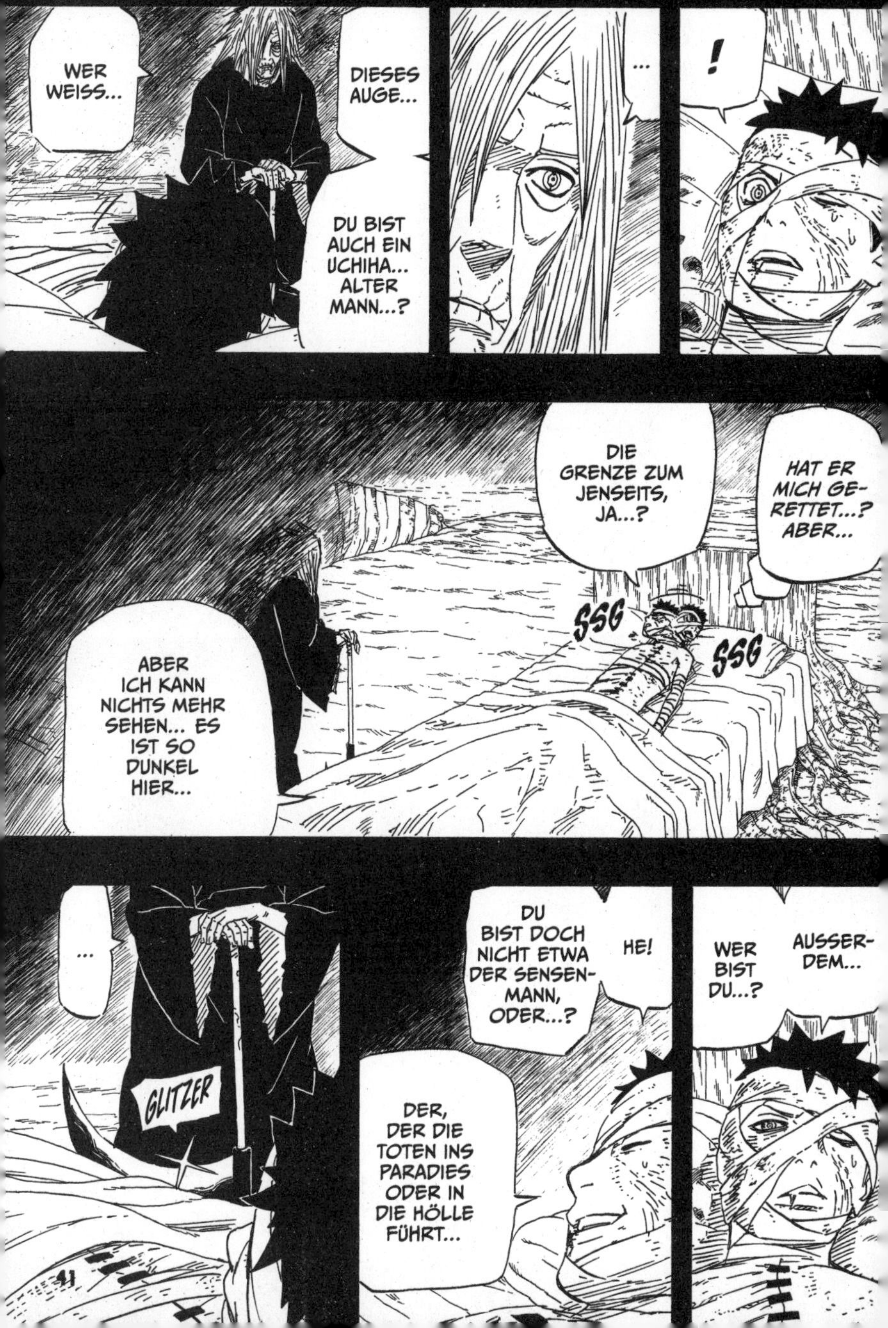

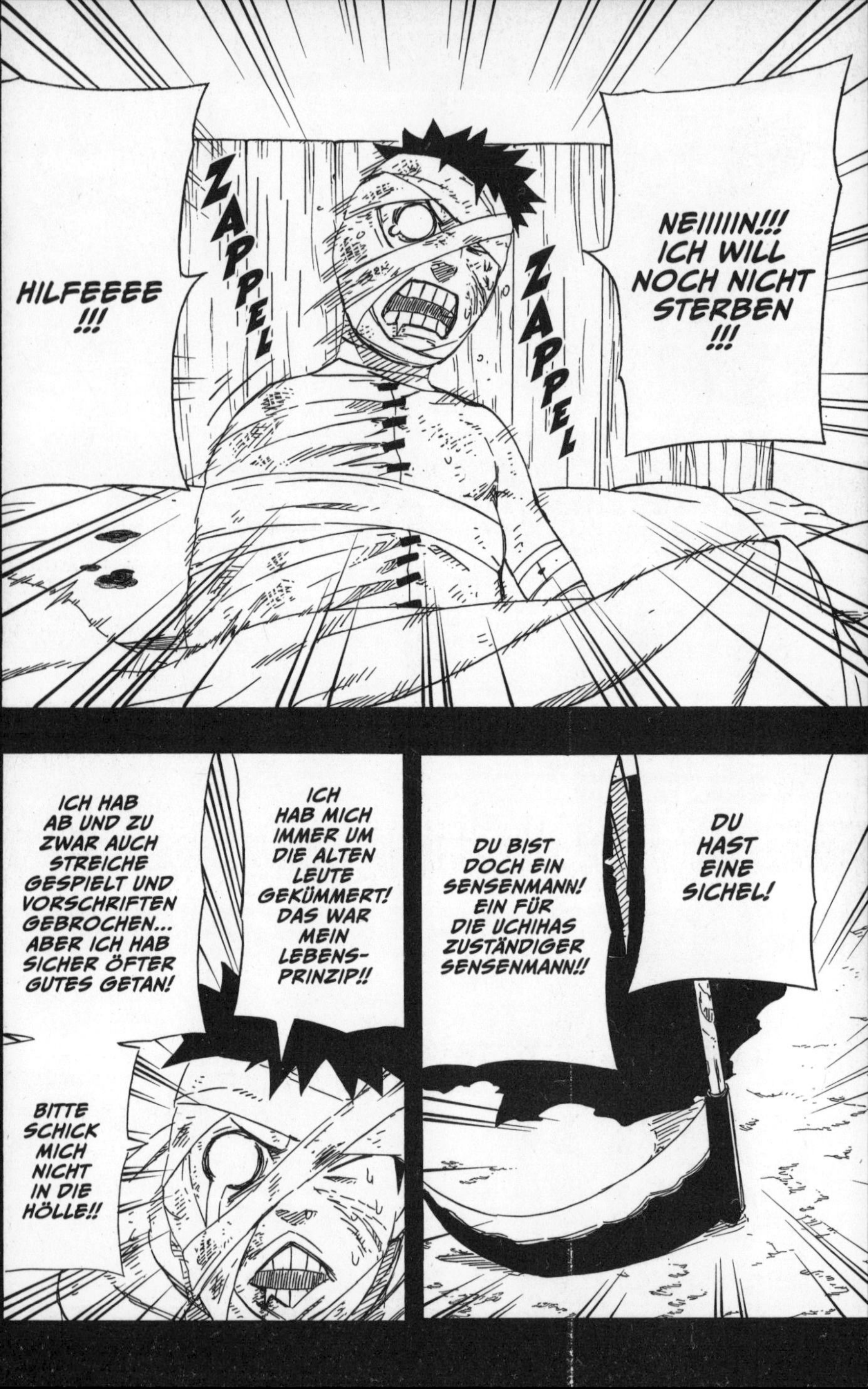
NEIIIIIN!!! ICH WILL NOCH NICHT STERBEN!!!
ZAPPEL
ZAPPEL
HILFEEEE!!!
DU HAST EINE SICHEL!
DU BIST DOCH EIN SENSENMANN! EIN FÜR DIE UCHIHAS ZUSTÄNDIGER SENSENMANN!!
ICH HAB MICH IMMER UM DIE ALTEN LEUTE GEKÜMMERT! DAS WAR MEIN LEBENS-PRINZIP!!
ICH HAB AB UND ZU ZWAR AUCH STREICHE GESPIELT UND VORSCHRIFTEN GEBROCHEN... ABER ICH HAB SICHER ÖFTER GUTES GETAN!
BITTE SCHICK MICH NICHT IN DIE HÖLLE!!

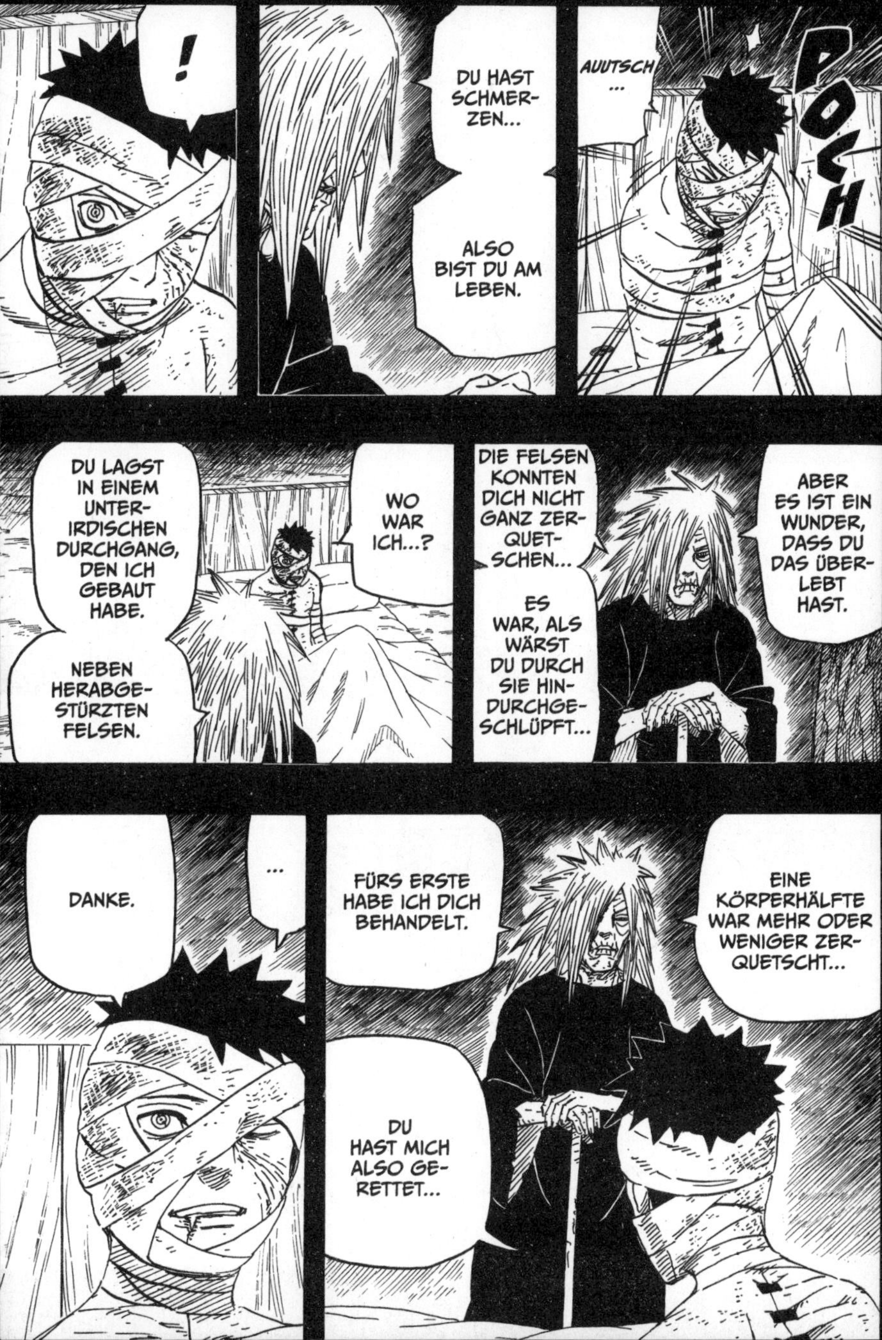
AUUTSCH ...
POCH
DU HAST SCHMERZEN...
ALSO BIST DU AM LEBEN.
!
ABER ES IST EIN WUNDER, DASS DU DAS ÜBERLEBT HAST.
DIE FELSEN KONNTEN DICH NICHT GANZ ZERQUETSCHEN...
ES WAR, ALS WÄRST DU DURCH SIE HINDURCHGESCHLÜPFT...
WO WAR ICH...?
DU LAGST IN EINEM UNTERIRDISCHEN DURCHGANG, DEN ICH GEBAUT HABE.
NEBEN HERABGESTÜRZTEN FELSEN.
EINE KÖRPERHÄLFTE WAR MEHR ODER WENIGER ZERQUETSCHT...
FÜRS ERSTE HABE ICH DICH BEHANDELT.
DU HAST MICH ALSO GERETTET...
...
DANKE.

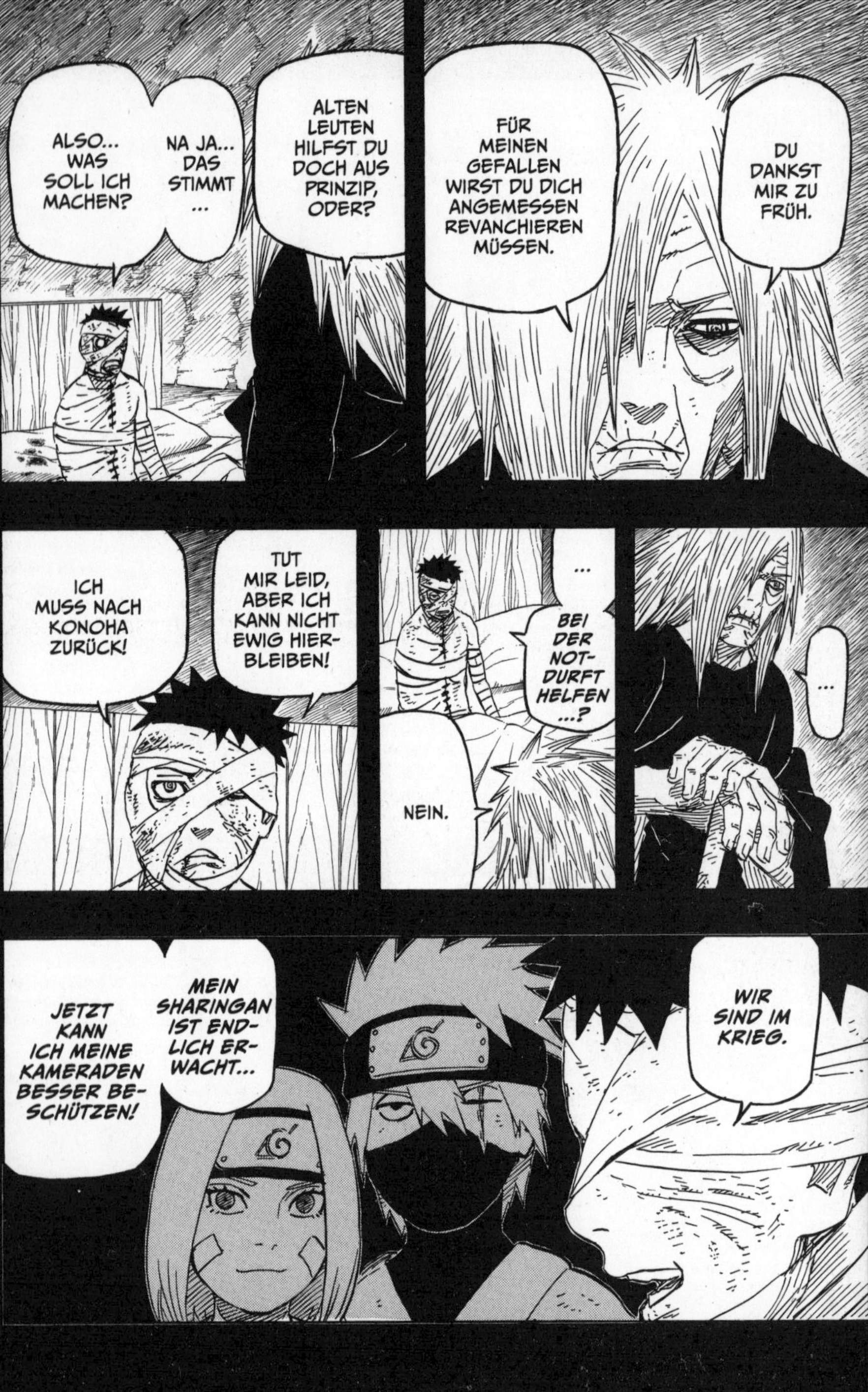
DU DANKST MIR ZU FRÜH.
FÜR MEINEN GEFALLEN WIRST DU DICH ANGEMESSEN REVANCHIEREN MÜSSEN.
ALTEN LEUTEN HILFST DU DOCH AUS PRINZIP, ODER?
NA JA... DAS STIMMT ...
ALSO... WAS SOLL ICH MACHEN?
...
...
BEI DER NOT-DURFT HELFEN ...?
NEIN.
TUT MIR LEID, ABER ICH KANN NICHT EWIG HIER-BLEIBEN!
ICH MUSS NACH KONOHA ZURÜCK!
WIR SIND IM KRIEG.
MEIN SHARINGAN IST END-LICH ER-WACHT...
JETZT KANN ICH MEINE KAMERADEN BESSER BE-SCHÜTZEN!

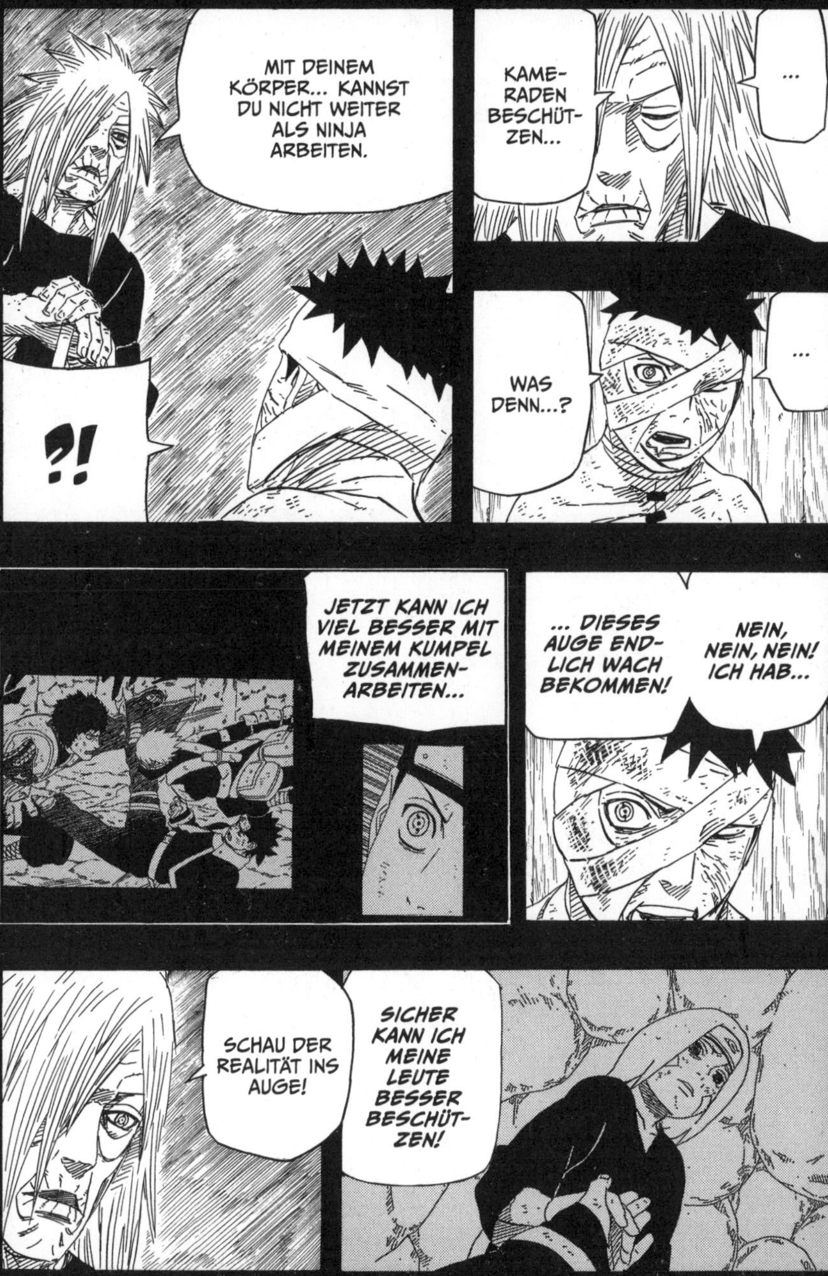
...
KAMERADEN BESCHÜTZEN...
MIT DEINEM KÖRPER... KANNST DU NICHT WEITER ALS NINJA ARBEITEN.
?!
...
WAS DENN...?
NEIN, NEIN, NEIN! ICH HAB...
... DIESES AUGE ENDLICH WACH BEKOMMEN!
JETZT KANN ICH VIEL BESSER MIT MEINEM KUMPEL ZUSAMMENARBEITEN...
SICHER KANN ICH MEINE LEUTE BESSER BESCHÜTZEN!
SCHAU DER REALITÄT INS AUGE!

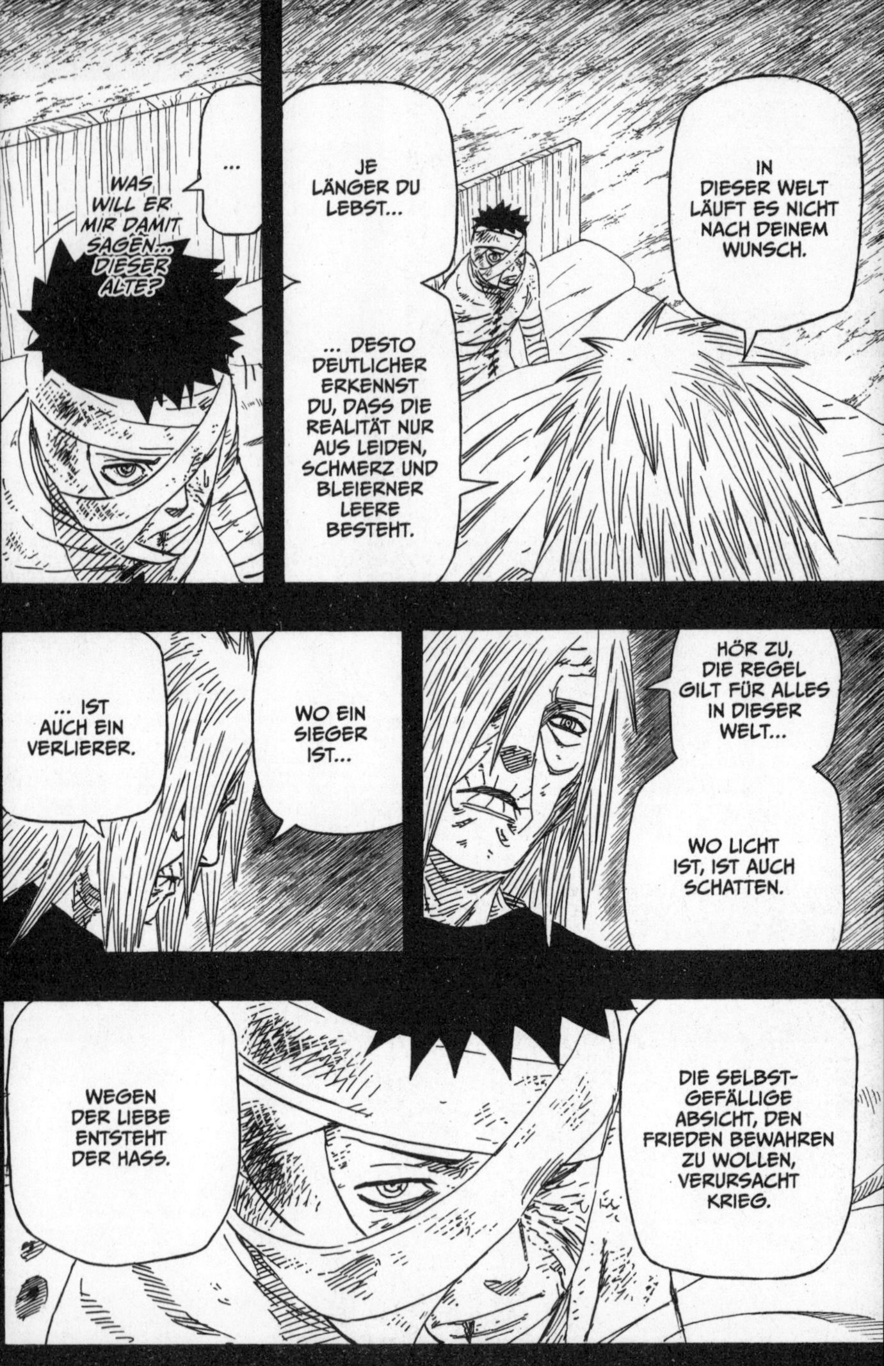
IN DIESER WELT LÄUFT ES NICHT NACH DEINEM WUNSCH.
JE LÄNGER DU LEBST...
... DESTO DEUTLICHER ERKENNST DU, DASS DIE REALITÄT NUR AUS LEIDEN, SCHMERZ UND BLEIERNER LEERE BESTEHT.
...
WAS WILL ER MIR DAMIT SAGEN... DIESER ALTE?
HÖR ZU, DIE REGEL GILT FÜR ALLES IN DIESER WELT...
WO LICHT IST, IST AUCH SCHATTEN.
WO EIN SIEGER IST...
... IST AUCH EIN VERLIERER.
DIE SELBST-GEFÄLLIGE ABSICHT, DEN FRIEDEN BEWAHREN ZU WOLLEN, VERURSACHT KRIEG.
WEGEN DER LIEBE ENTSTEHT DER HASS.

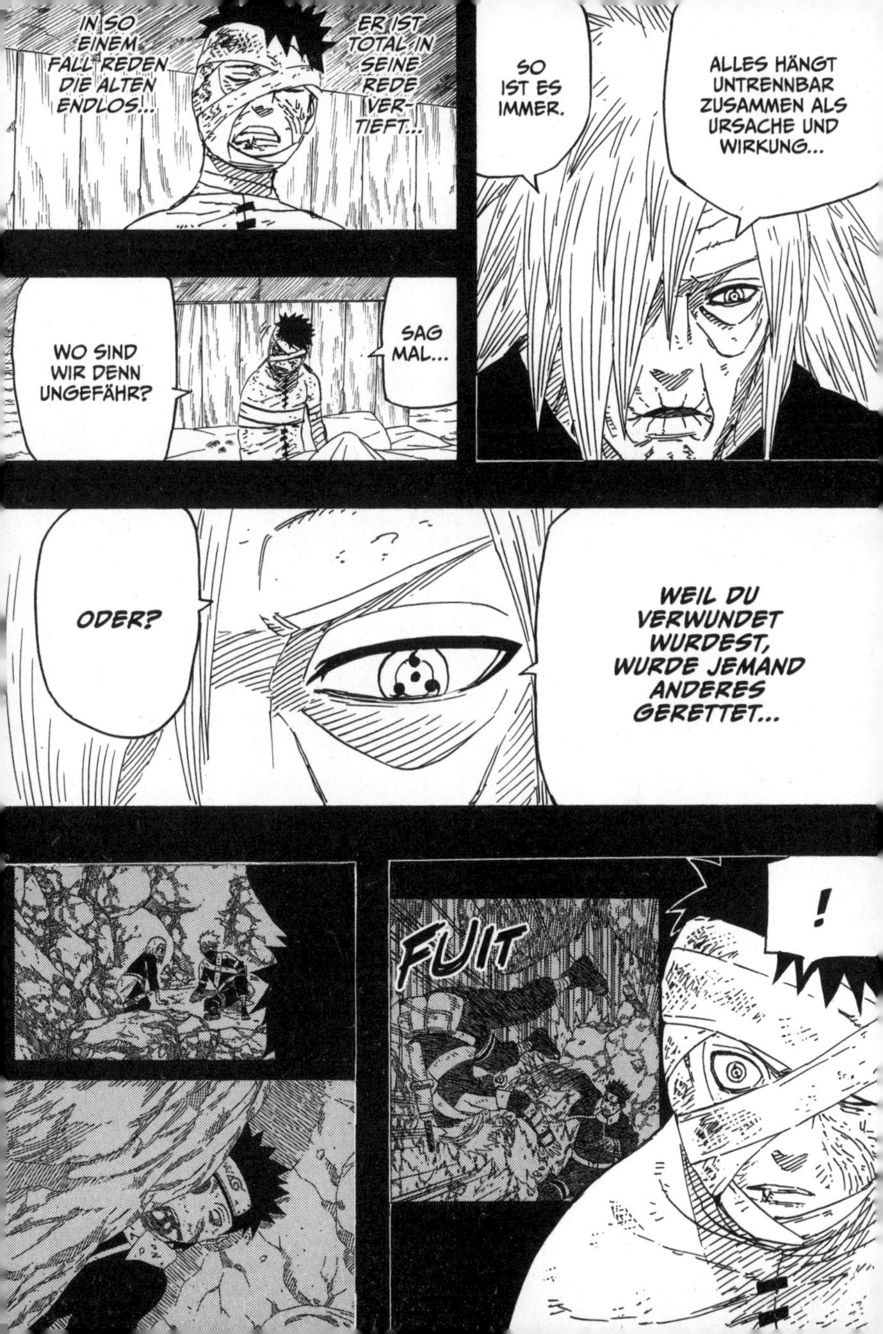
ALLES HÄNGT UNTRENNBAR ZUSAMMEN ALS URSACHE UND WIRKUNG...
SO IST ES IMMER.
ER IST TOTAL IN SEINE REDE VERTIEFT...
IN SO EINEM FALL REDEN DIE ALTEN ENDLOS...
SAG MAL...
WO SIND WIR DENN UNGEFÄHR?
WEIL DU VERWUNDET WURDEST, WURDE JEMAND ANDERES GERETTET...
ODER?
!
FUIT

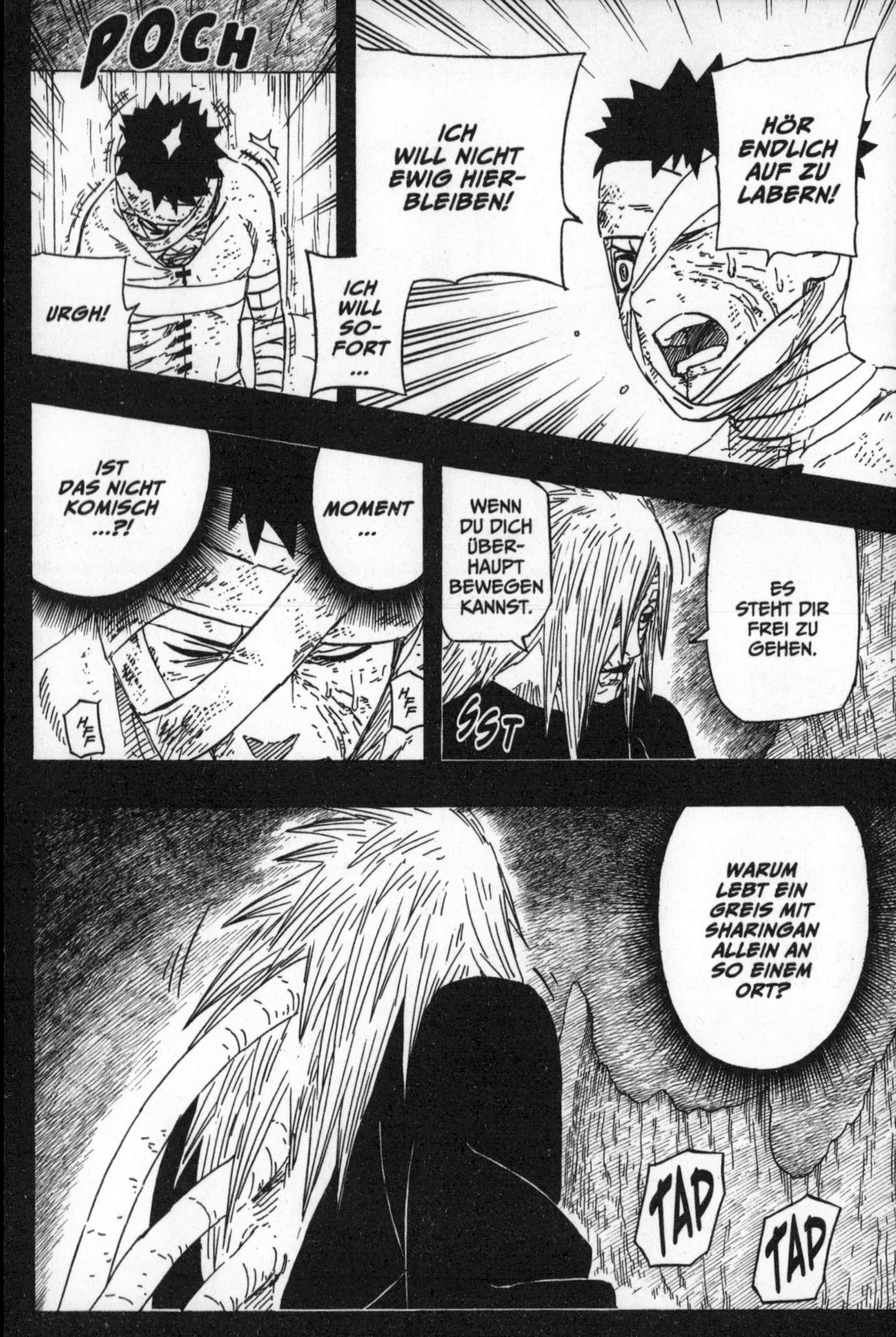
POCH
URGH!
HÖR ENDLICH AUF ZU LABERN!
ICH WILL NICHT EWIG HIERBLEIBEN!
ICH WILL SOFORT ...
ES STEHT DIR FREI ZU GEHEN.
WENN DU DICH ÜBERHAUPT BEWEGEN KANNST.
SST
MOMENT ...
IST DAS NICHT KOMISCH ...?!
HEF
HEF
WARUM LEBT EIN GREIS MIT SHARINGAN ALLEIN AN SO EINEM ORT?
TAP
TAP

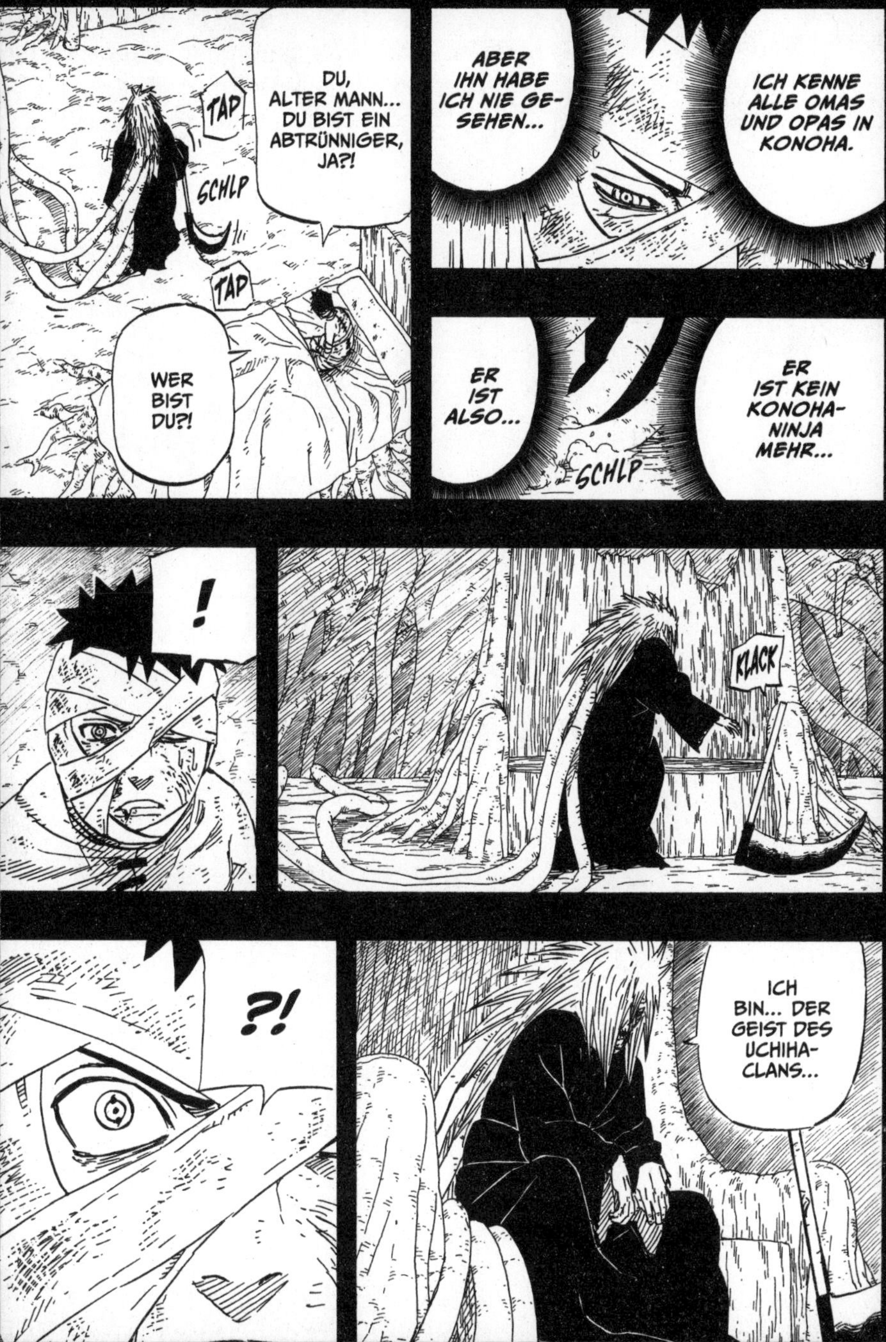

ICH KENNE ALLE OMAS UND OPAS IN KONOHA.
ABER IHN HABE ICH NIE GESEHEN...
ER IST KEIN KONOHA-NINJA MEHR...
SCHLP
ER IST ALSO...
DU, ALTER MANN... DU BIST EIN ABTRÜNNIGER, JA?!
TAP
SCHLP
TAP
WER BIST DU?!
KLACK
!
ICH BIN... DER GEIST DES UCHIHA-CLANS...
?!

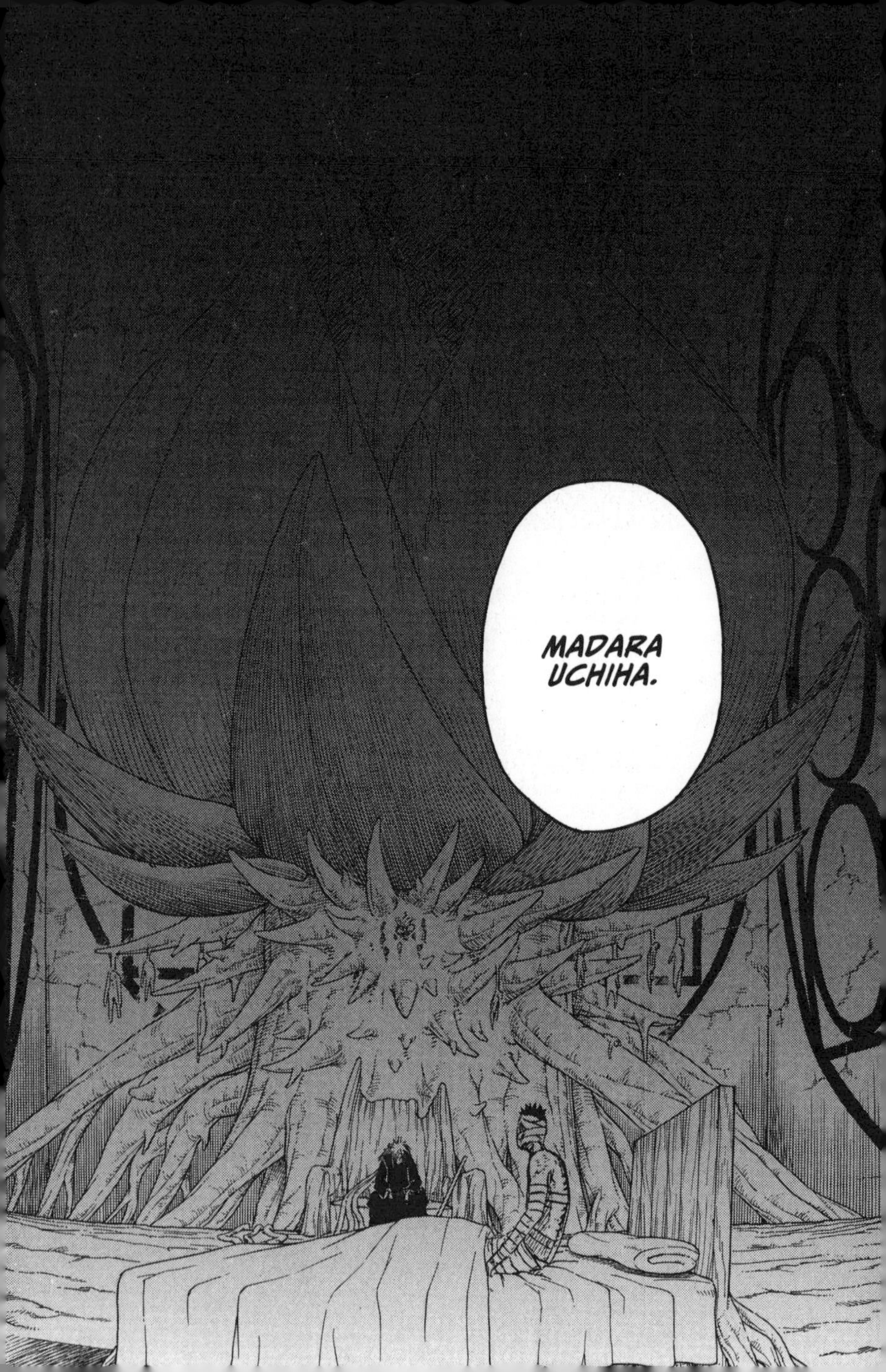
MADARA UCHIHA.

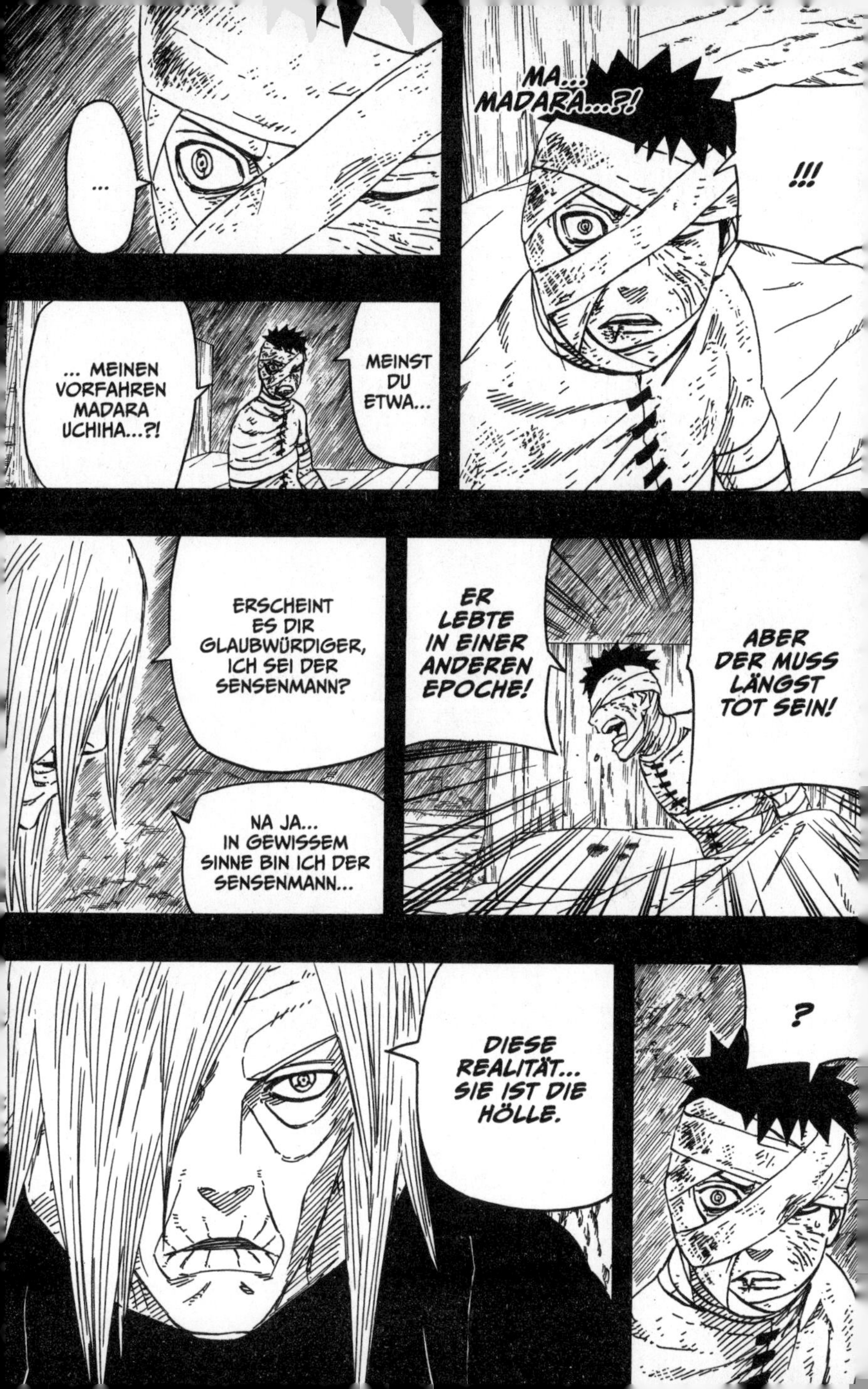

MA... MADARA...?!
!!!
...
MEINST DU ETWA...
... MEINEN VORFAHREN MADARA UCHIHA...?!
ABER DER MUSS LÄNGST TOT SEIN!
ER LEBTE IN EINER ANDEREN EPOCHE!
ERSCHEINT ES DIR GLAUBWÜRDIGER, ICH SEI DER SENSENMANN?
NA JA... IN GEWISSEM SINNE BIN ICH DER SENSENMANN...
?
DIESE REALITÄT... SIE IST DIE HÖLLE.

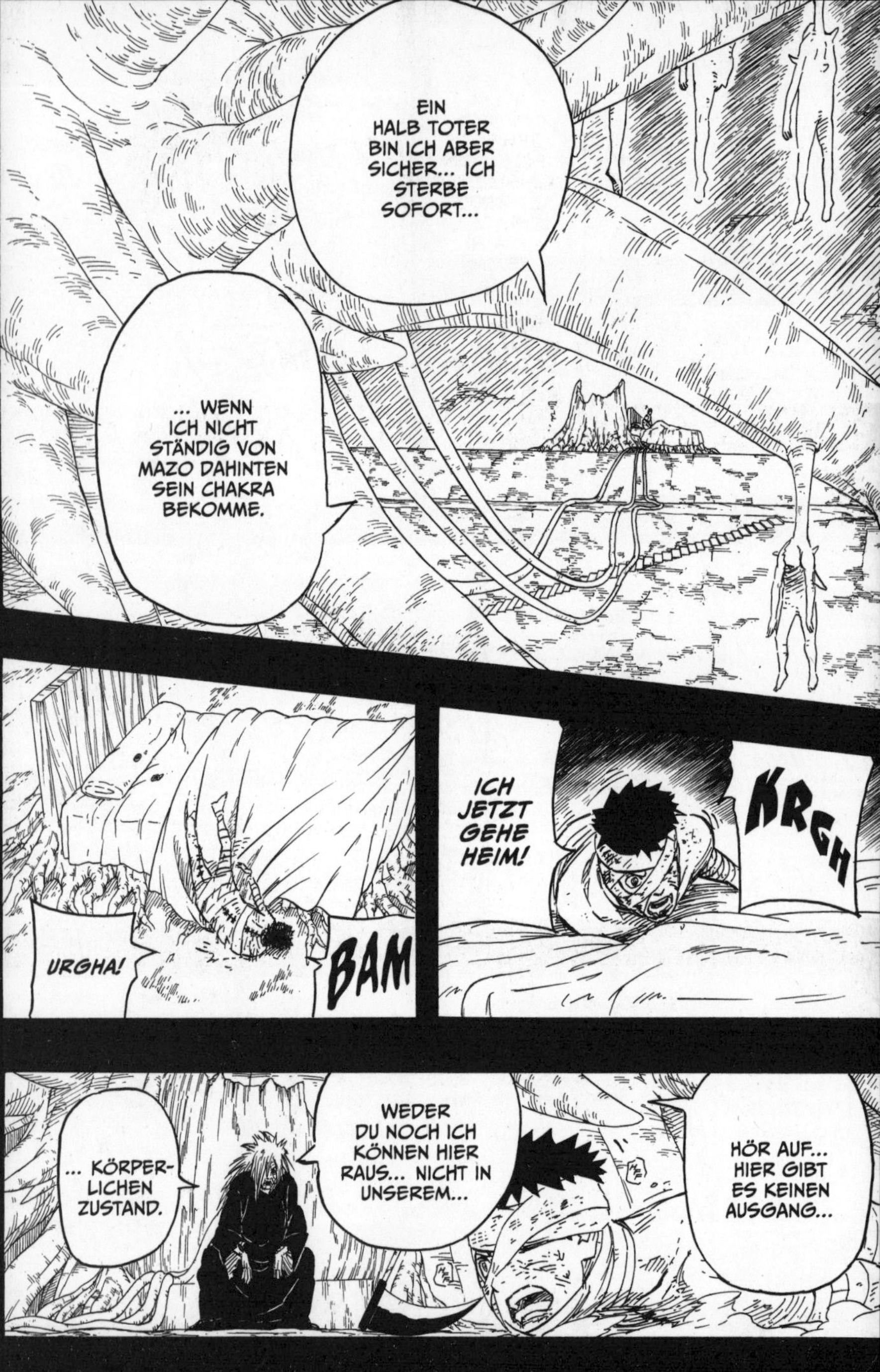

EIN HALB TOTER BIN ICH ABER SICHER... ICH STERBE SOFORT...
... WENN ICH NICHT STÄNDIG VON MAZO DAHINTEN SEIN CHAKRA BEKOMME.
KRGH
ICH JETZT GEHE HEIM!
BAM
URGHA!
HÖR AUF... HIER GIBT ES KEINEN AUSGANG...
WEDER DU NOCH ICH KÖNNEN HIER RAUS... NICHT IN UNSEREM...
... KÖRPERLICHEN ZUSTAND.

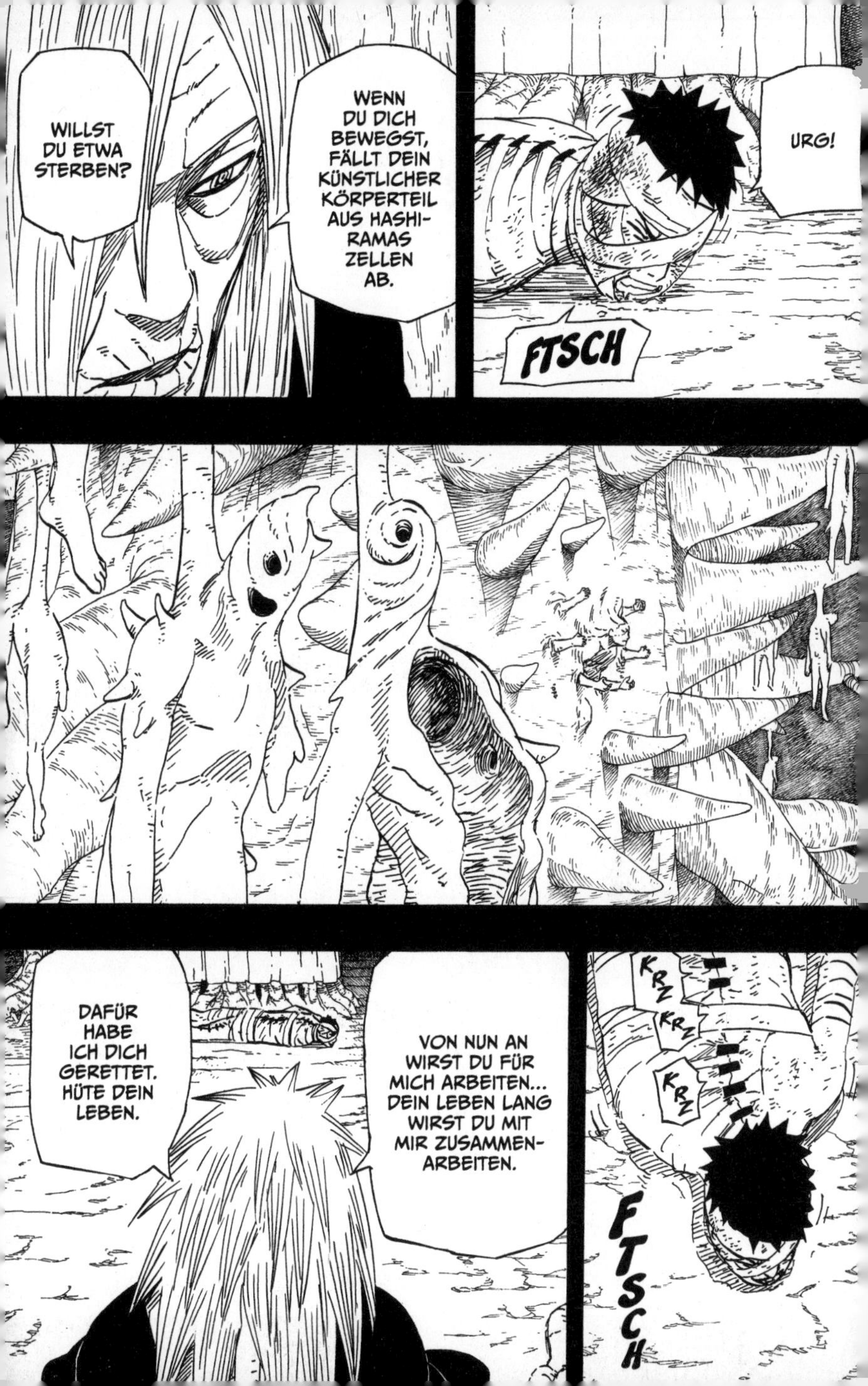
URG!
FTSCH
WENN DU DICH BEWEGST, FÄLLT DEIN KÜNSTLICHER KÖRPERTEIL AUS HASHIRAMAS ZELLEN AB.
WILLST DU ETWA STERBEN?
KRZ KRZ KRZ
FTSCH
VON NUN AN WIRST DU FÜR MICH ARBEITEN... DEIN LEBEN LANG WIRST DU MIT MIR ZUSAMMENARBEITEN.
DAFÜR HABE ICH DICH GERETTET. HÜTE DEIN LEBEN.

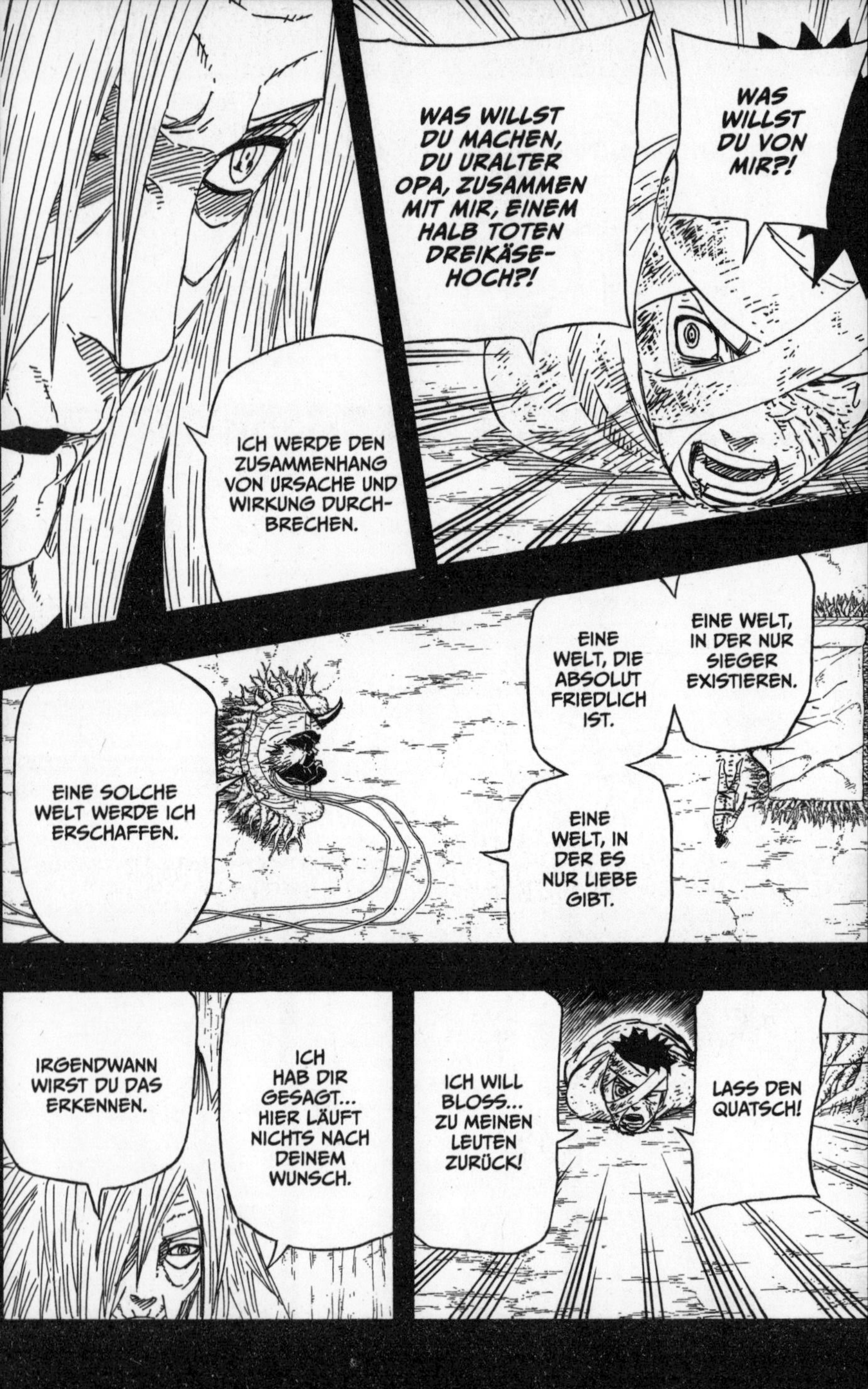
WAS WILLST DU VON MIR?!
WAS WILLST DU MACHEN, DU URALTER OPA, ZUSAMMEN MIT MIR, EINEM HALB TOTEN DREIKÄSE-HOCH?!
ICH WERDE DEN ZUSAMMENHANG VON URSACHE UND WIRKUNG DURCH-BRECHEN.
EINE WELT, IN DER NUR SIEGER EXISTIEREN.
EINE WELT, DIE ABSOLUT FRIEDLICH IST.
EINE WELT, IN DER ES NUR LIEBE GIBT.
EINE SOLCHE WELT WERDE ICH ERSCHAFFEN.
LASS DEN QUATSCH!
ICH WILL BLOSS... ZU MEINEN LEUTEN ZURÜCK!
ICH HAB DIR GESAGT... HIER LÄUFT NICHTS NACH DEINEM WUNSCH.
IRGENDWANN WIRST DU DAS ERKENNEN.

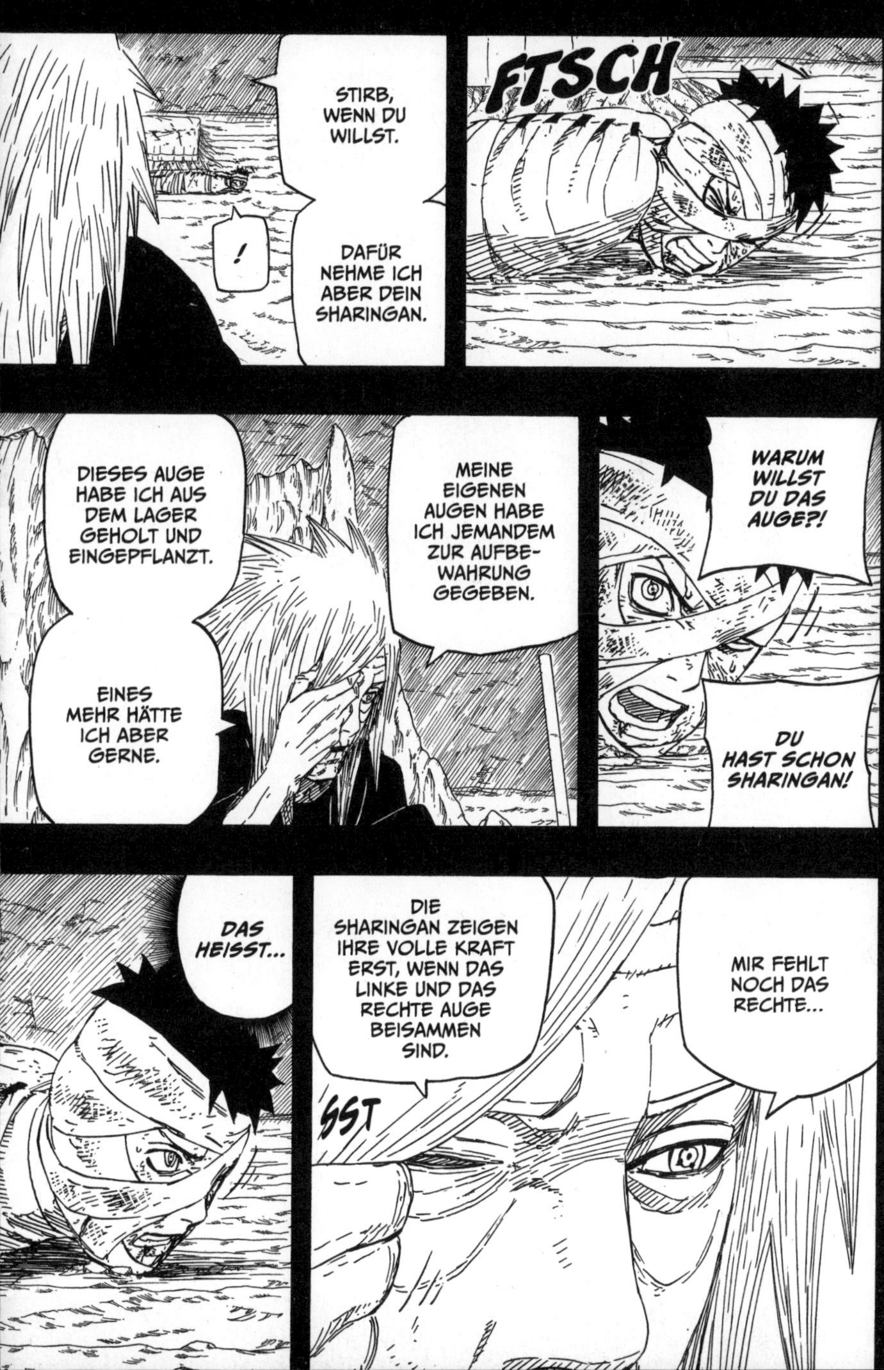
FTSCH
!
STIRB, WENN DU WILLST.
DAFÜR NEHME ICH ABER DEIN SHARINGAN.
WARUM WILLST DU DAS AUGE?!
DU HAST SCHON SHARINGAN!
MEINE EIGENEN AUGEN HABE ICH JEMANDEM ZUR AUFBEWAHRUNG GEGEBEN.
DIESES AUGE HABE ICH AUS DEM LAGER GEHOLT UND EINGEPFLANZT.
EINES MEHR HÄTTE ICH ABER GERNE.
MIR FEHLT NOCH DAS RECHTE...
DIE SHARINGAN ZEIGEN IHRE VOLLE KRAFT ERST, WENN DAS LINKE UND DAS RECHTE AUGE BEISAMMEN SIND.
SST
DAS HEISST...

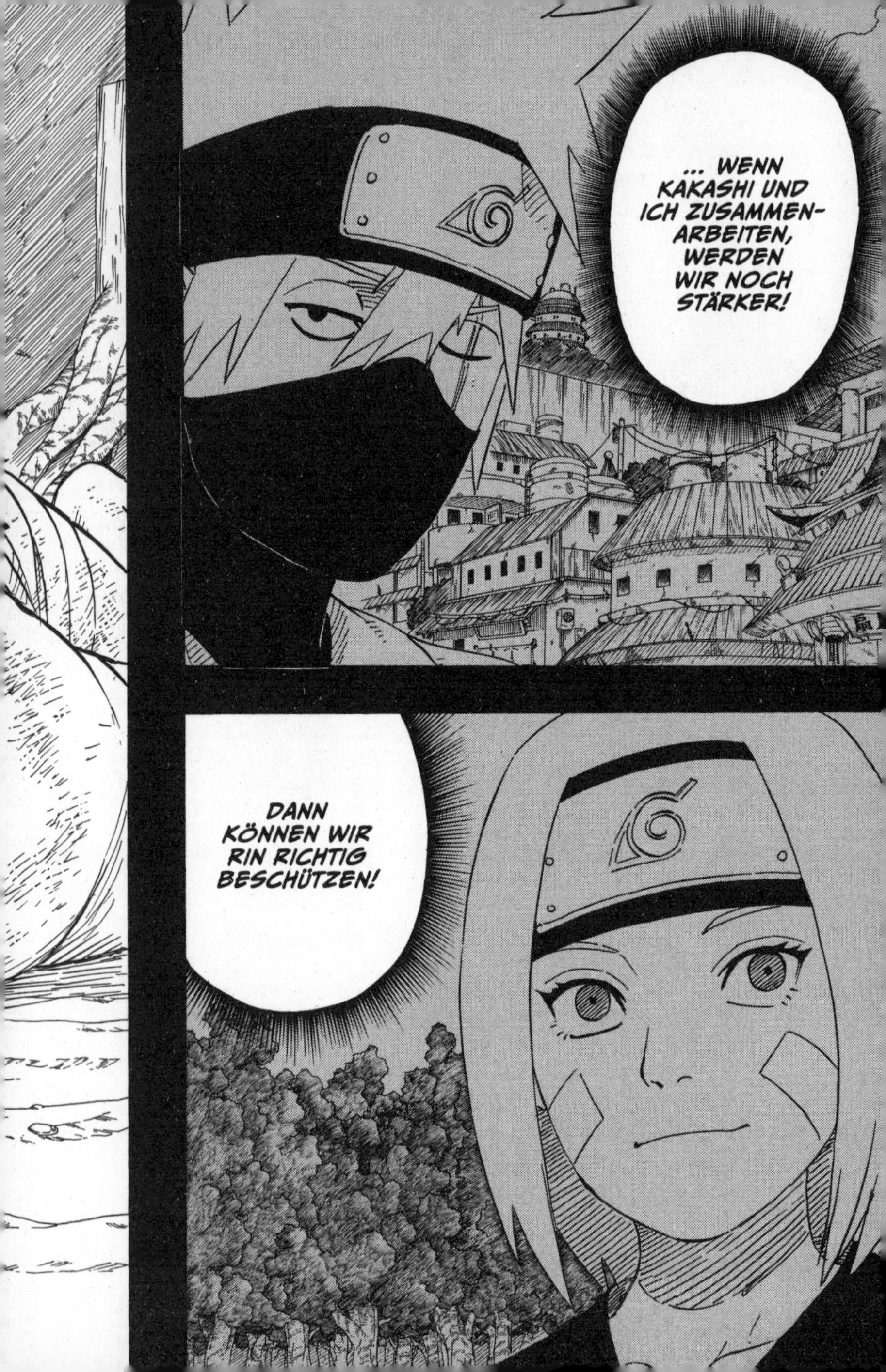
... WENN KAKASHI UND ICH ZUSAMMEN-ARBEITEN, WERDEN WIR NOCH STÄRKER!
DANN KÖNNEN WIR RIN RICHTIG BESCHÜTZEN!

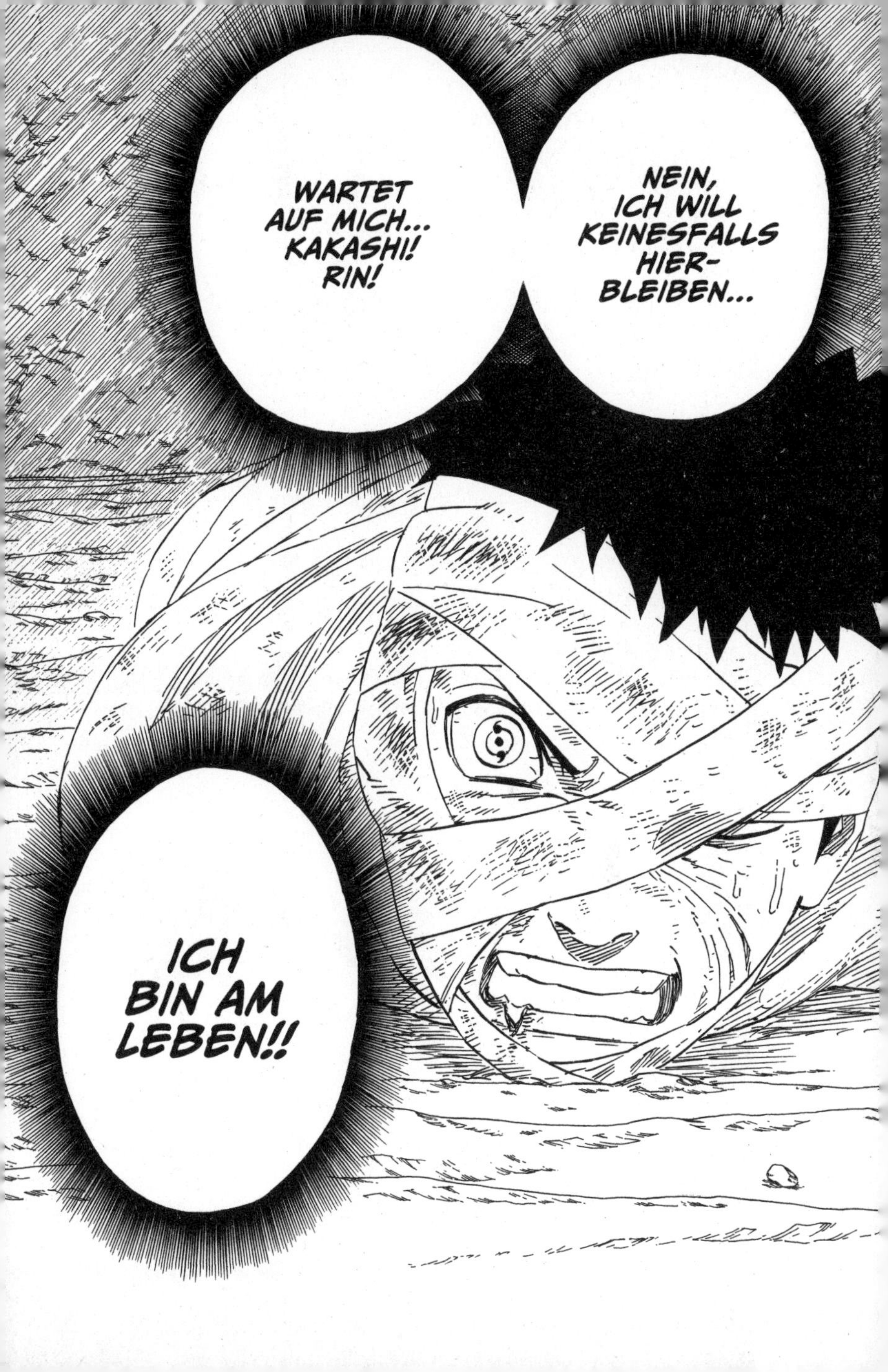
NEIN, ICH WILL KEINESFALLS HIER-BLEIBEN...
WARTET AUF MICH... KAKASHI! RIN!
ICH BIN AM LEBEN!!

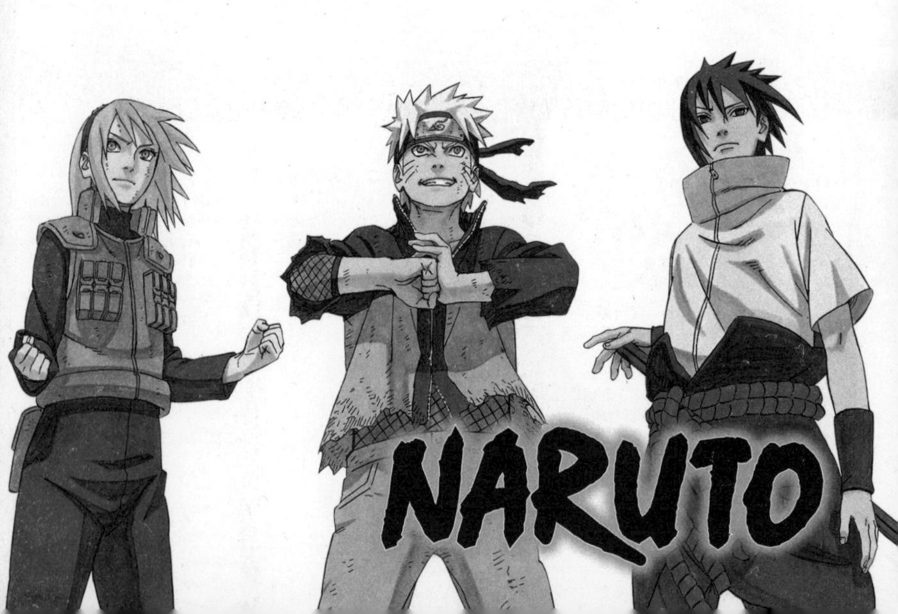
NARUTO

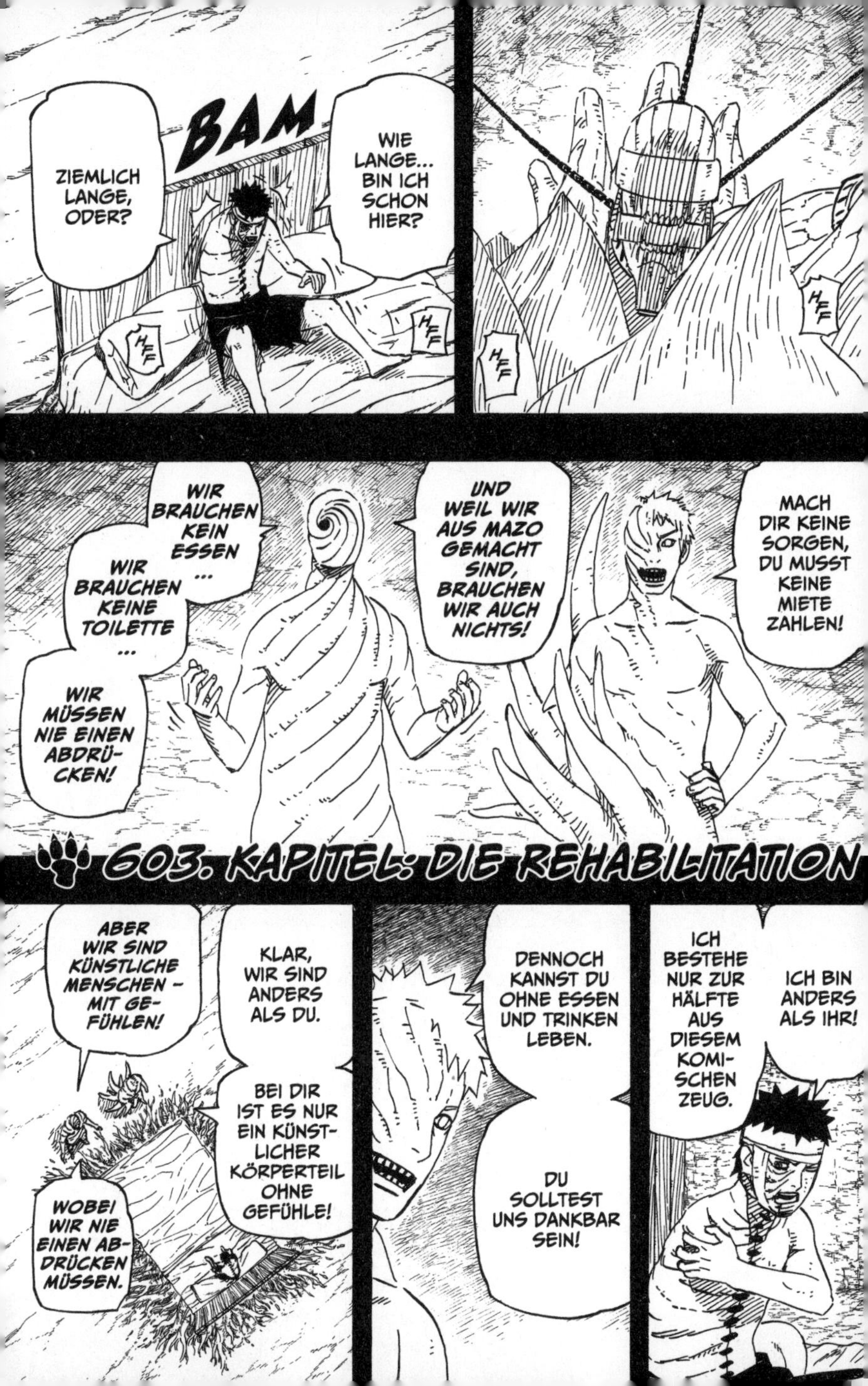
HFF
HFF
BAM
WIE LANGE... BIN ICH SCHON HIER?
ZIEMLICH LANGE, ODER?
HFF
HFF
MACH DIR KEINE SORGEN, DU MUSST KEINE MIETE ZAHLEN!
UND WEIL WIR AUS MAZO GEMACHT SIND, BRAUCHEN WIR AUCH NICHTS!
WIR BRAUCHEN KEIN ESSEN ...
WIR BRAUCHEN KEINE TOILETTE ...
WIR MÜSSEN NIE EINEN ABDRÜCKEN!
603. KAPITEL: DIE REHABILITATION
ICH BIN ANDERS ALS IHR!
ICH BESTEHE NUR ZUR HÄLFTE AUS DIESEM KOMISCHEN ZEUG.
DENNOCH KANNST DU OHNE ESSEN UND TRINKEN LEBEN.
DU SOLLTEST UNS DANKBAR SEIN!
KLAR, WIR SIND ANDERS ALS DU.
ABER WIR SIND KÜNSTLICHE MENSCHEN – MIT GEFÜHLEN!
BEI DIR IST ES NUR EIN KÜNSTLICHER KÖRPERTEIL OHNE GEFÜHLE!
WOBEI WIR NIE EINEN ABDRÜCKEN MÜSSEN.

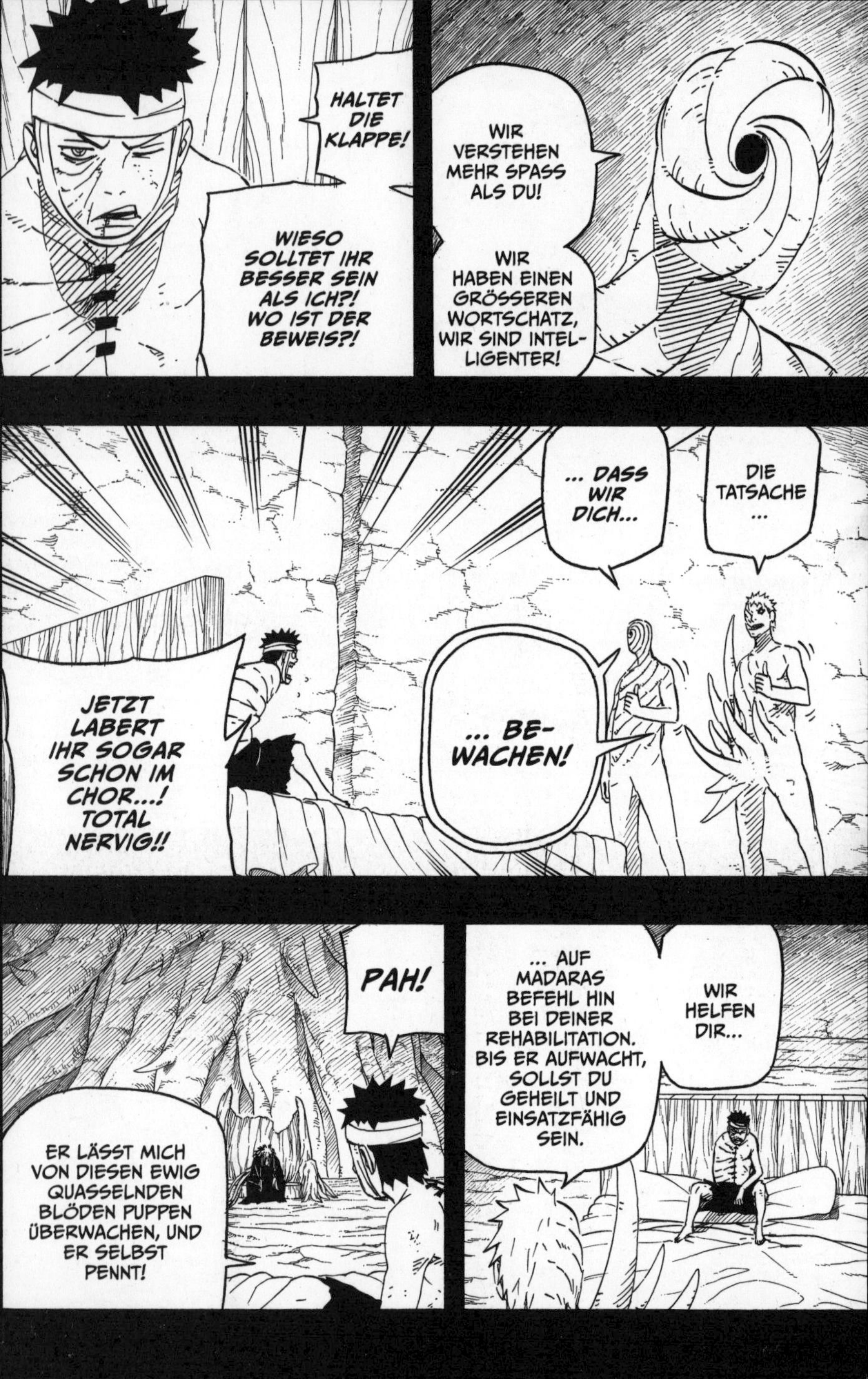
WIR VERSTEHEN MEHR SPASS ALS DU!
WIR HABEN EINEN GRÖSSEREN WORTSCHATZ, WIR SIND INTEL-LIGENTER!
HALTET DIE KLAPPE!
WIESO SOLLTET IHR BESSER SEIN ALS ICH?! WO IST DER BEWEIS?!
DIE TATSACHE ...
... DASS WIR DICH...
... BE-WACHEN!
JETZT LABERT IHR SOGAR SCHON IM CHOR...! TOTAL NERVIG!!
WIR HELFEN DIR...
... AUF MADARAS BEFEHL HIN BEI DEINER REHABILITATION. BIS ER AUFWACHT, SOLLST DU GEHEILT UND EINSATZFÄHIG SEIN.
PAH!
ER LÄSST MICH VON DIESEN EWIG QUASSELNDEN BLÖDEN PUPPEN ÜBERWACHEN, UND ER SELBST PENNT!

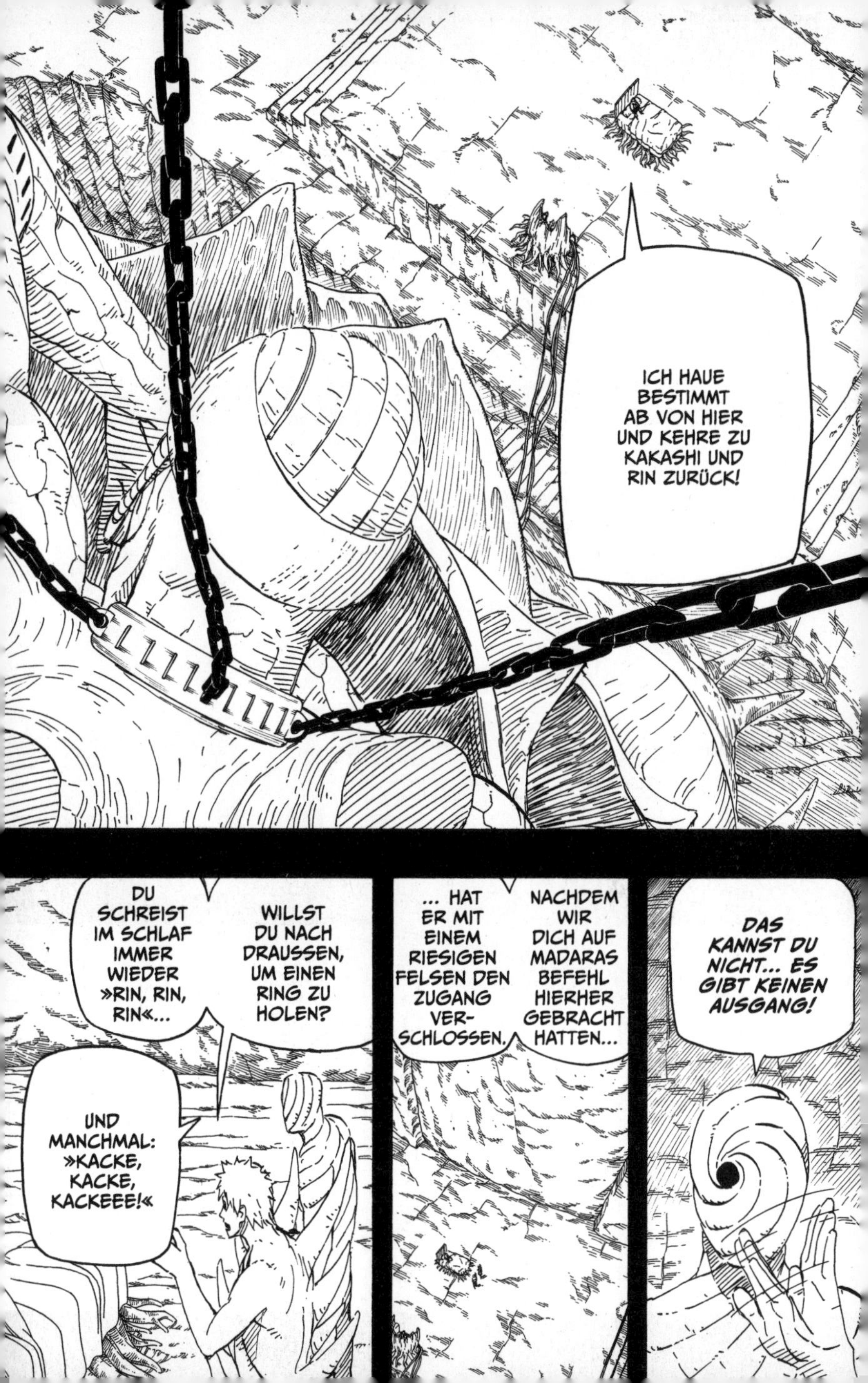
ICH HAUE BESTIMMT AB VON HIER UND KEHRE ZU KAKASHI UND RIN ZURÜCK!
DAS KANNST DU NICHT... ES GIBT KEINEN AUSGANG!
NACHDEM WIR DICH AUF MADARAS BEFEHL HIERHER GEBRACHT HATTEN...
... HAT ER MIT EINEM RIESIGEN FELSEN DEN ZUGANG VER-SCHLOSSEN.
WILLST DU NACH DRAUSSEN, UM EINEN RING ZU HOLEN?
DU SCHREIST IM SCHLAF IMMER WIEDER »RIN, RIN, RIN«...
UND MANCHMAL: »KACKE, KACKE, KACKEEE!«

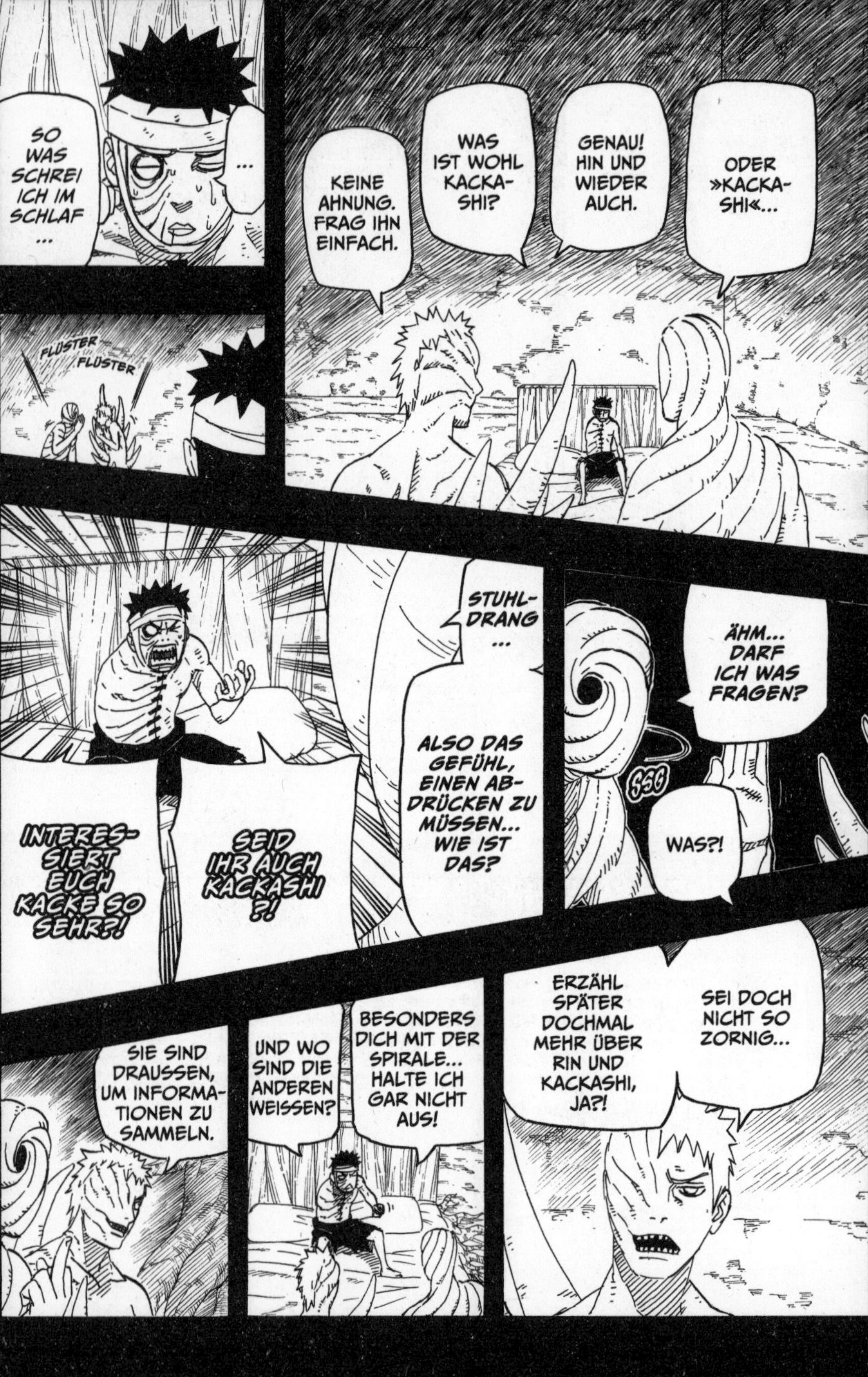
ODER »KACKA-SHI«...
GENAU! HIN UND WIEDER AUCH.
WAS IST WOHL KACKA-SHI?
KEINE AHNUNG. FRAG IHN EINFACH.
...
SO WAS SCHREI ICH IM SCHLAF ...
FLÜSTER
FLÜSTER
ÄHM... DARF ICH WAS FRAGEN?
SSG
WAS?!
STUHL-DRANG ...
ALSO DAS GEFÜHL, EINEN AB-DRÜCKEN ZU MÜSSEN... WIE IST DAS?
SEID IHR AUCH KACKASHI ?!
INTERES-SIERT EUCH KACKE SO SEHR?!
SEI DOCH NICHT SO ZORNIG...
ERZÄHL SPÄTER DOCHMAL MEHR ÜBER RIN UND KACKASHI, JA?!
BESONDERS DICH MIT DER SPIRALE... HALTE ICH GAR NICHT AUS!
UND WO SIND DIE ANDEREN WEISSEN?
SIE SIND DRAUSSEN, UM INFORMA-TIONEN ZU SAMMELN.

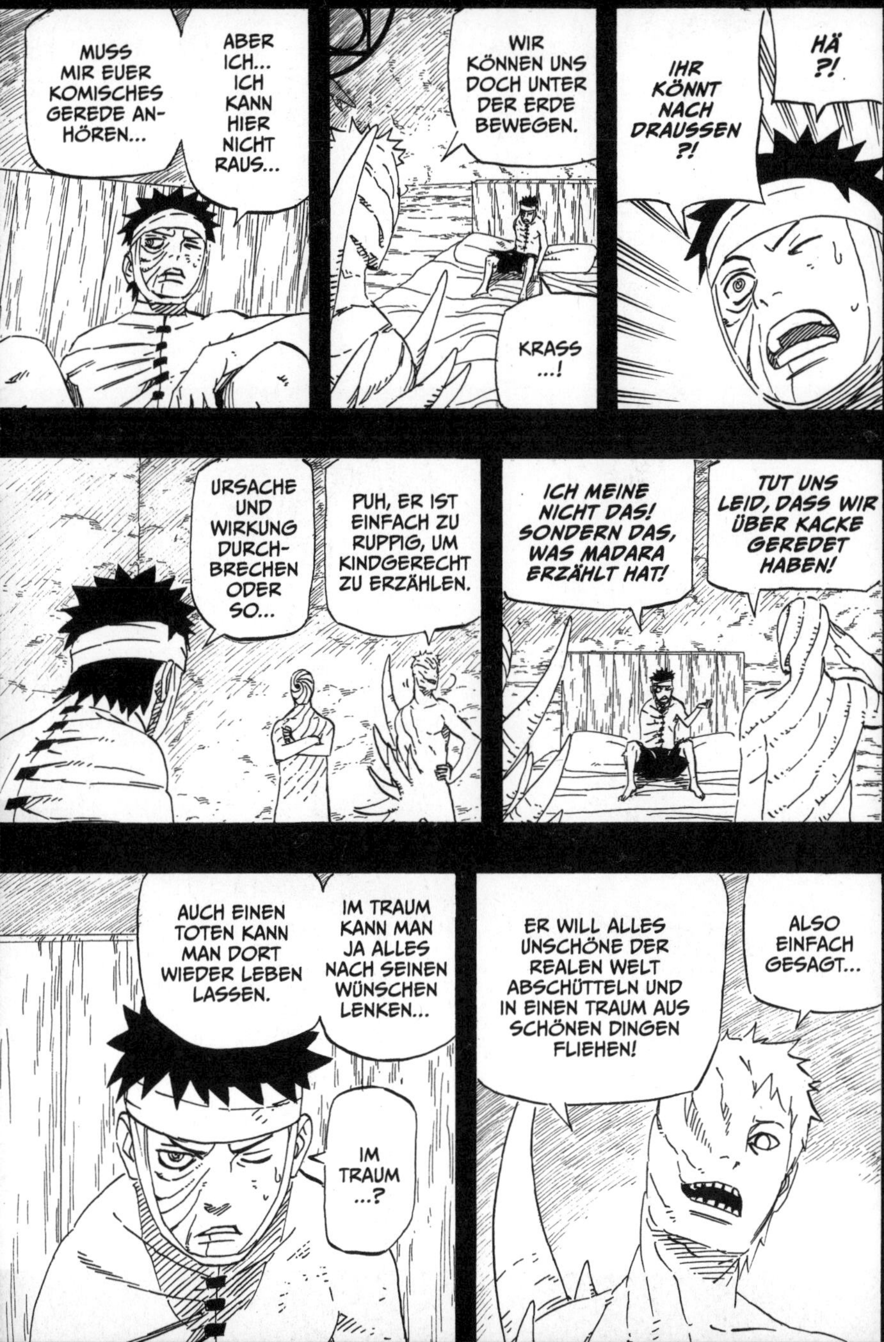
HÄ ?!
IHR KÖNNT NACH DRAUSSEN ?!
WIR KÖNNEN UNS DOCH UNTER DER ERDE BEWEGEN.
KRASS ...!
ABER ICH... ICH KANN HIER NICHT RAUS...
MUSS MIR EUER KOMISCHES GEREDE ANHÖREN...
TUT UNS LEID, DASS WIR ÜBER KACKE GEREDET HABEN!
ICH MEINE NICHT DAS! SONDERN DAS, WAS MADARA ERZÄHLT HAT!
PUH, ER IST EINFACH ZU RUPPIG, UM KINDGERECHT ZU ERZÄHLEN.
URSACHE UND WIRKUNG DURCHBRECHEN ODER SO...
ALSO EINFACH GESAGT...
ER WILL ALLES UNSCHÖNE DER REALEN WELT ABSCHÜTTELN UND IN EINEN TRAUM AUS SCHÖNEN DINGEN FLIEHEN!
IM TRAUM KANN MAN JA ALLES NACH SEINEN WÜNSCHEN LENKEN...
AUCH EINEN TOTEN KANN MAN DORT WIEDER LEBEN LASSEN.
IM TRAUM ...?

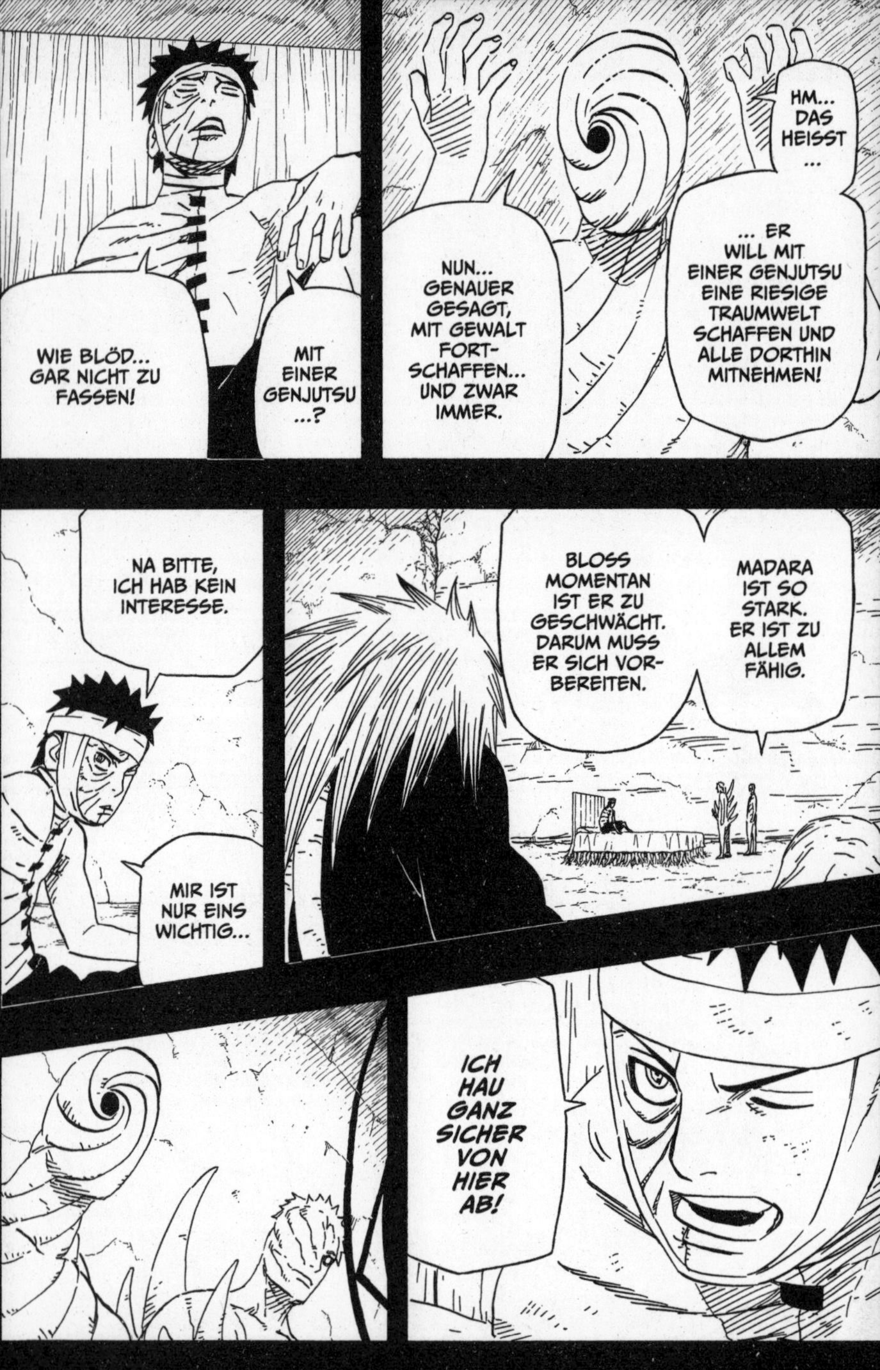
HM... DAS HEISST ...
... ER WILL MIT EINER GENJUTSU EINE RIESIGE TRAUMWELT SCHAFFEN UND ALLE DORTHIN MITNEHMEN!
NUN... GENAUER GESAGT, MIT GEWALT FORT-SCHAFFEN... UND ZWAR IMMER.
MIT EINER GENJUTSU ...?
WIE BLÖD... GAR NICHT ZU FASSEN!
MADARA IST SO STARK. ER IST ZU ALLEM FÄHIG.
BLOSS MOMENTAN IST ER ZU GESCHWÄCHT. DARUM MUSS ER SICH VOR-BEREITEN.
NA BITTE, ICH HAB KEIN INTERESSE.
MIR IST NUR EINS WICHTIG...
ICH HAU GANZ SICHER VON HIER AB!

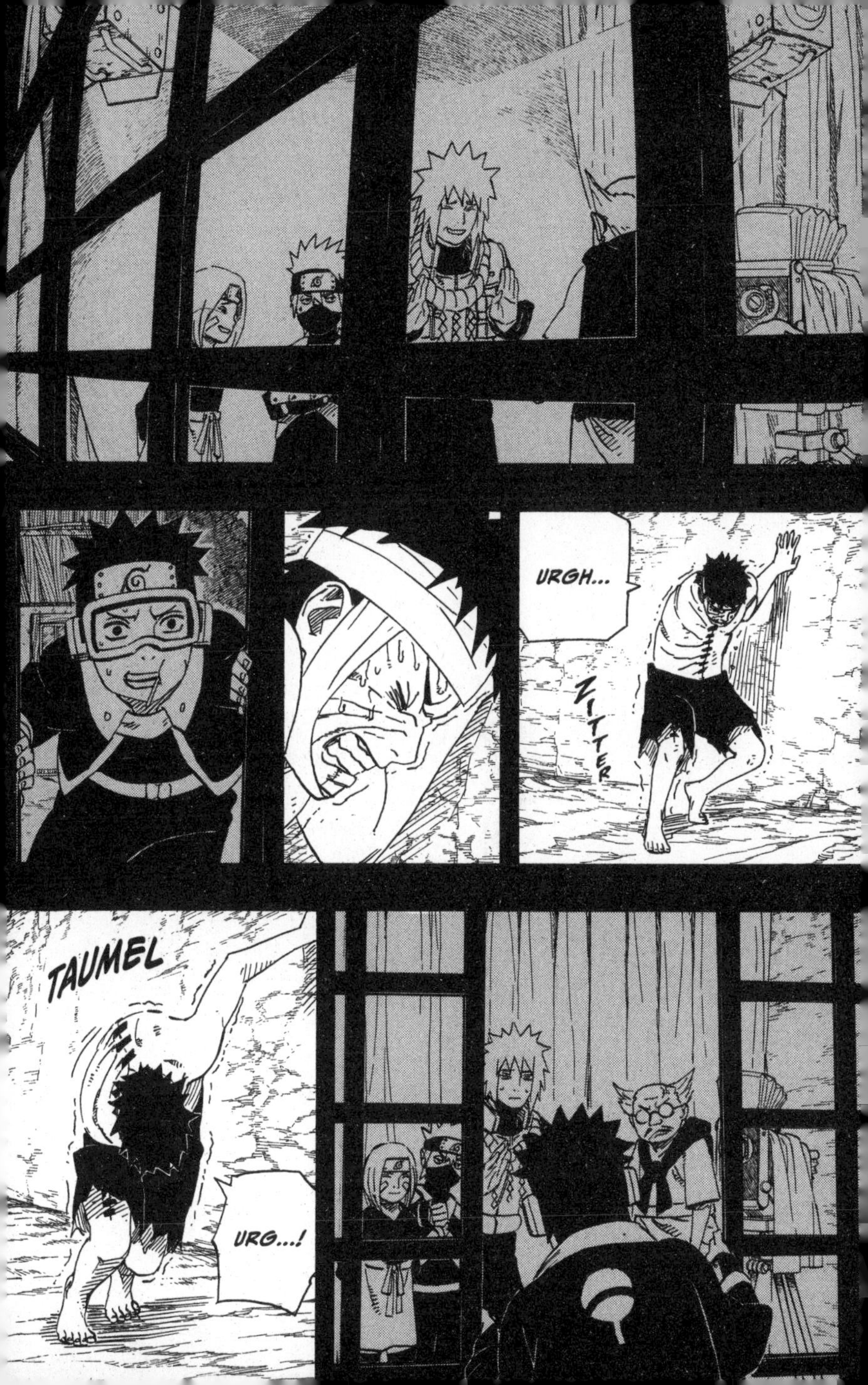
URGH...
ZITTER
TAUMEL
URG...!

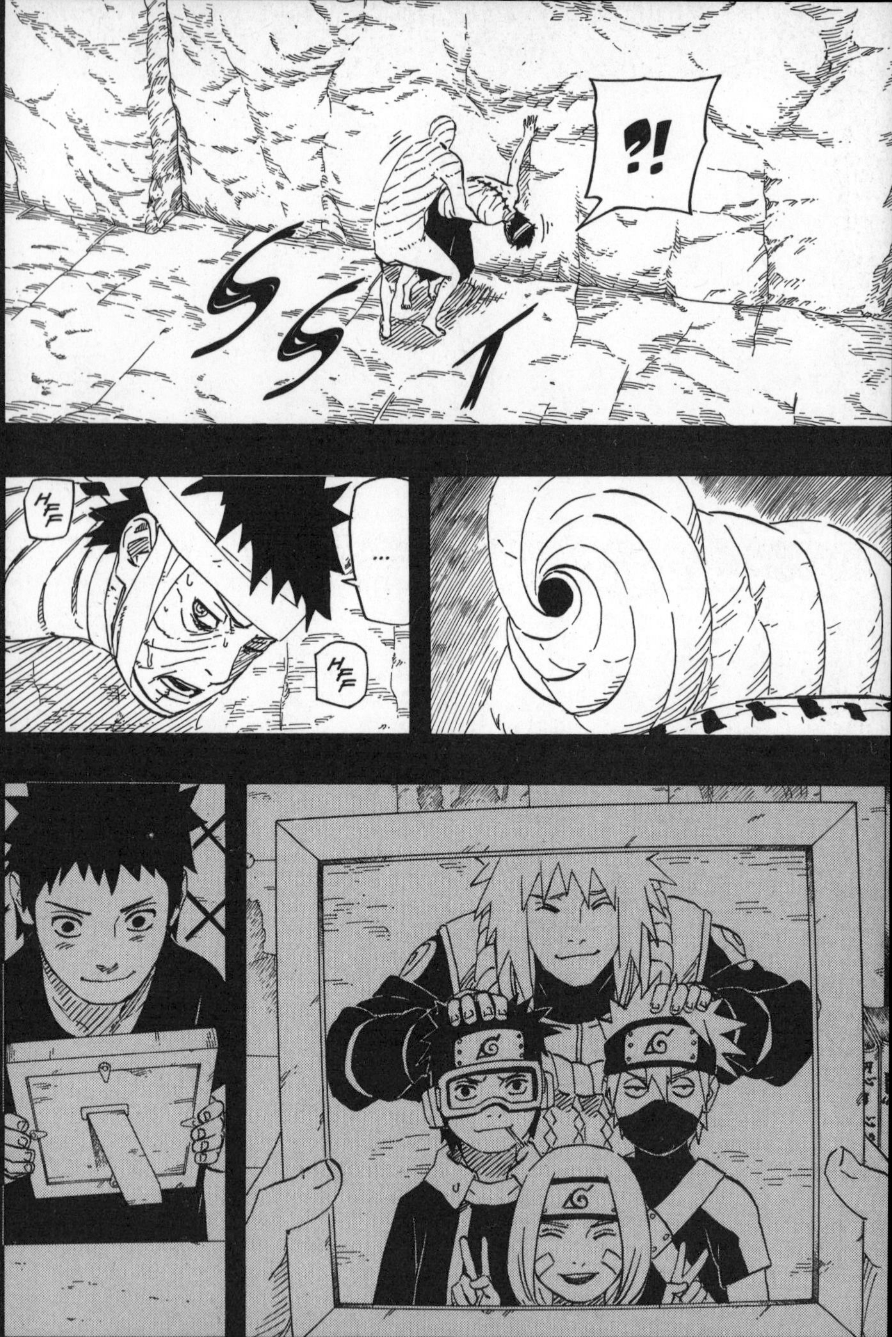
?!
HFF
...
HFF

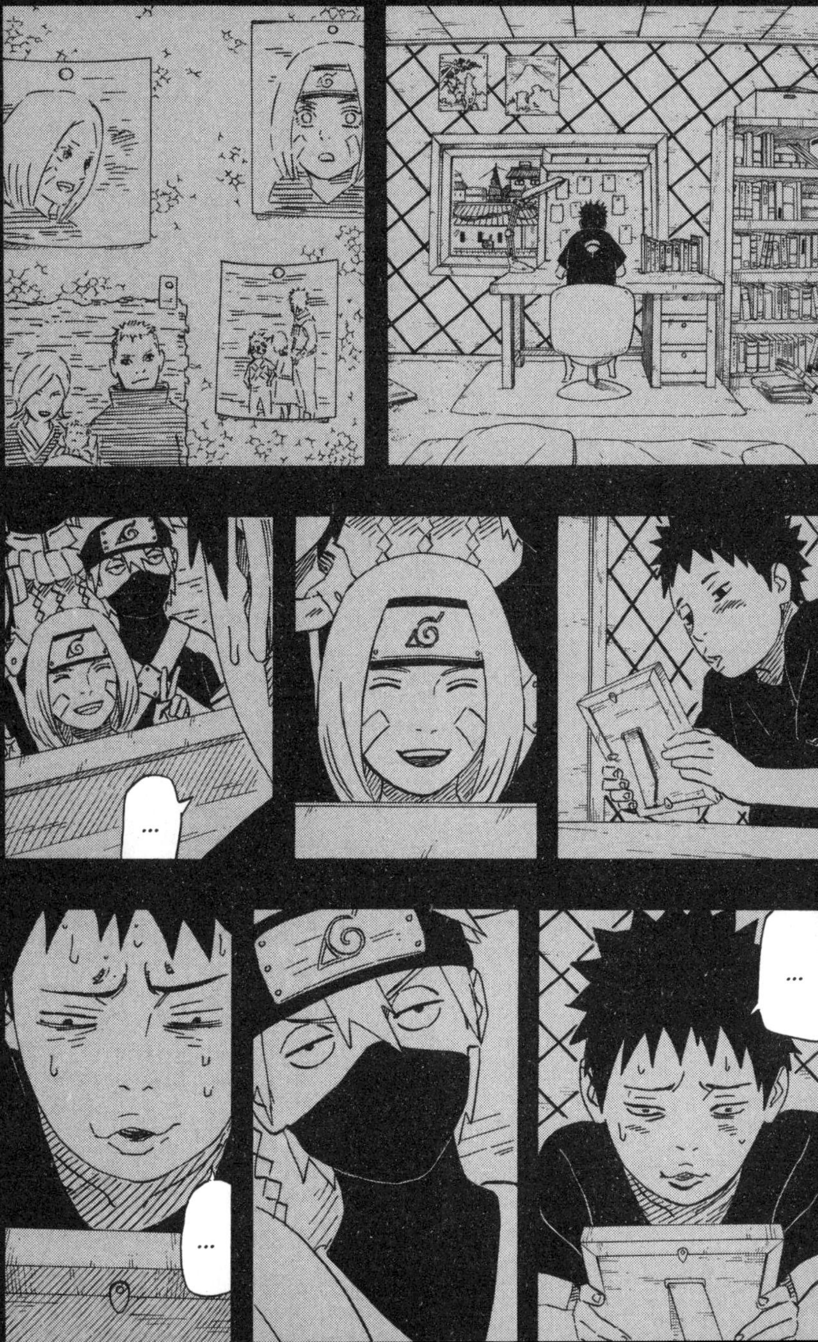

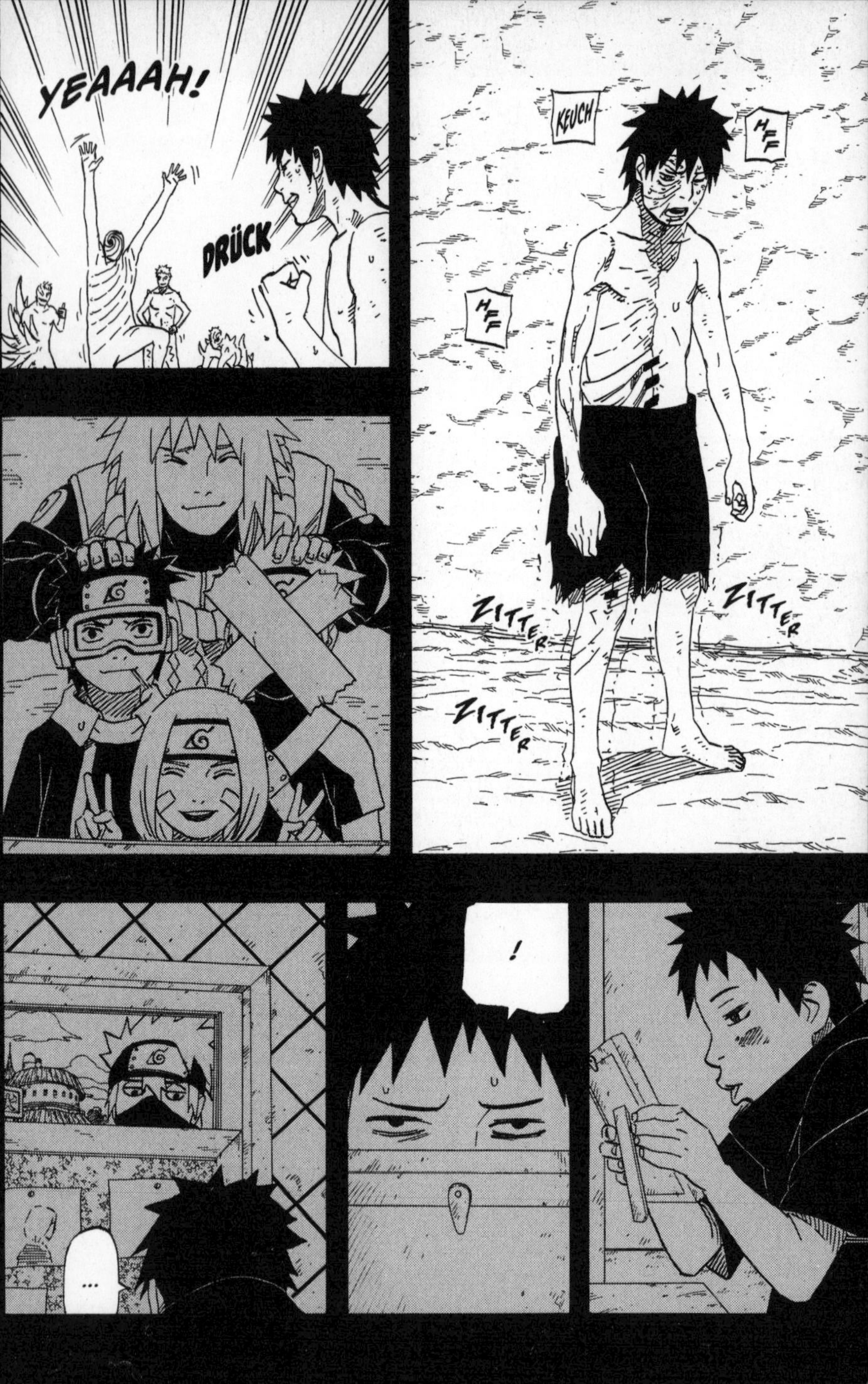
KEUCH
HFF
HFF
ZITTER
ZITTER
ZITTER
YEAAAH!
DRÜCK
!
...

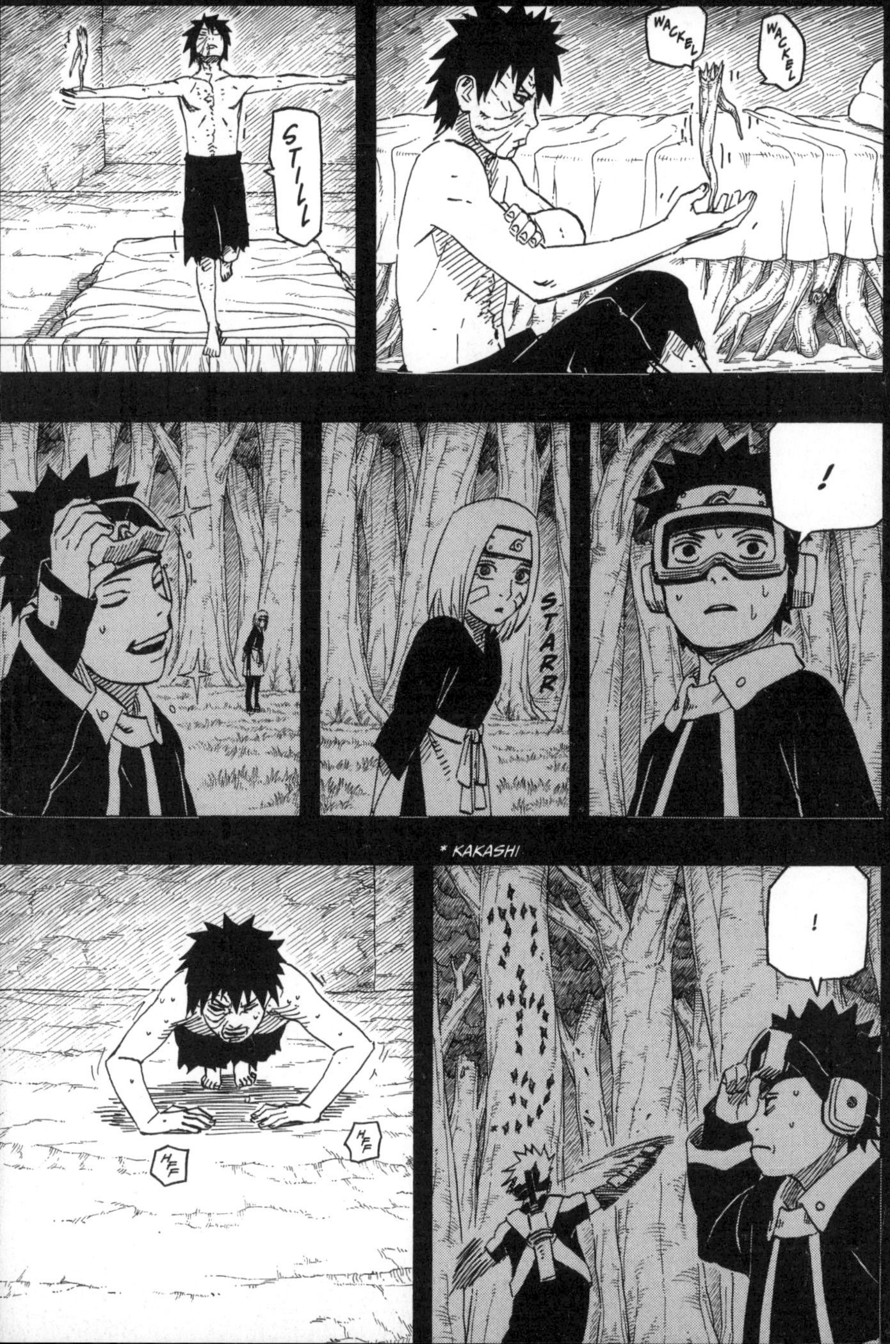
WACKEL
WACKEL
STILL
!
STARR
* KAKASHI
!
HFF
HFF

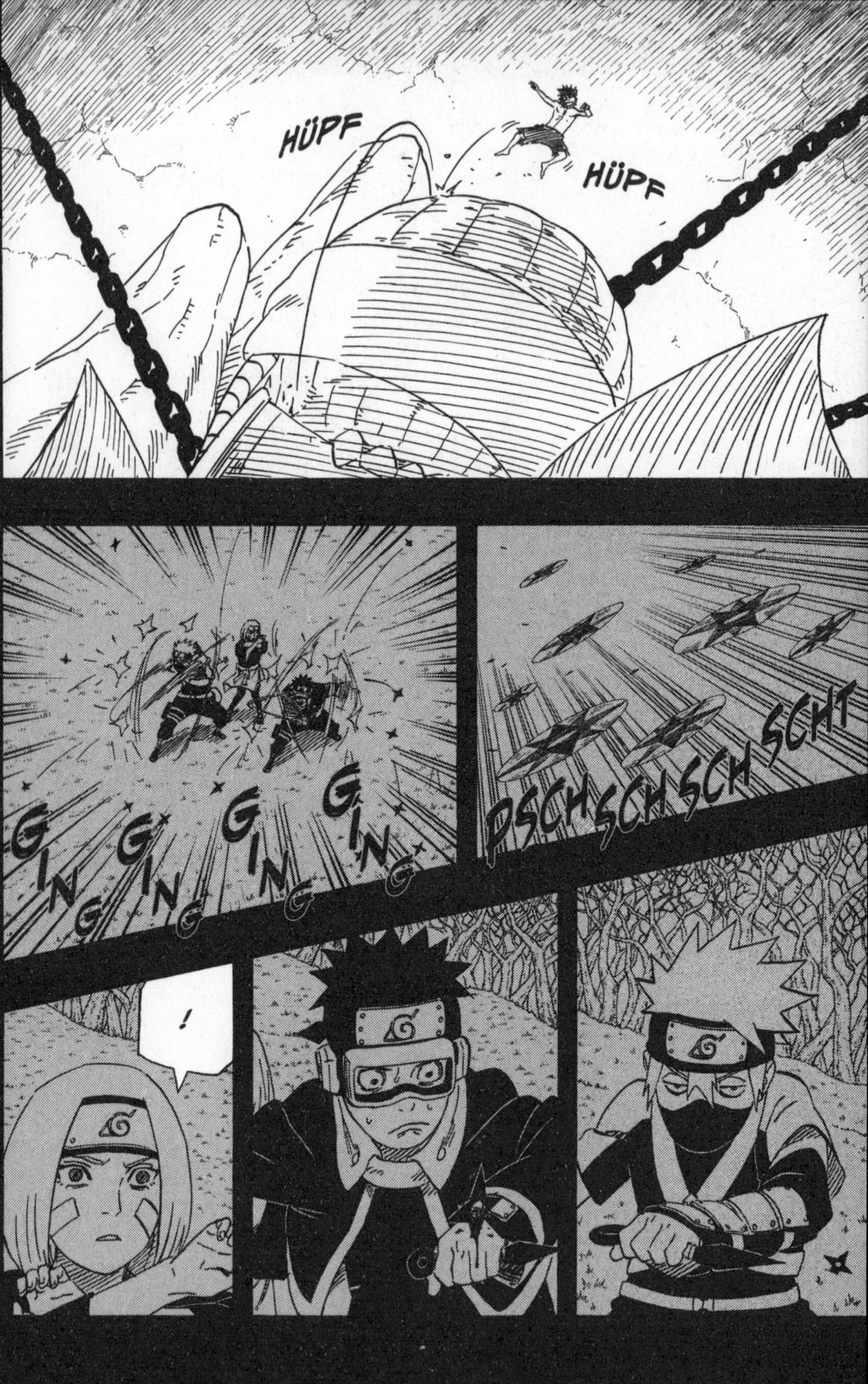
HÜPF
HÜPF
GING GING GING GING
PSCH SCH SCH SCHT
!

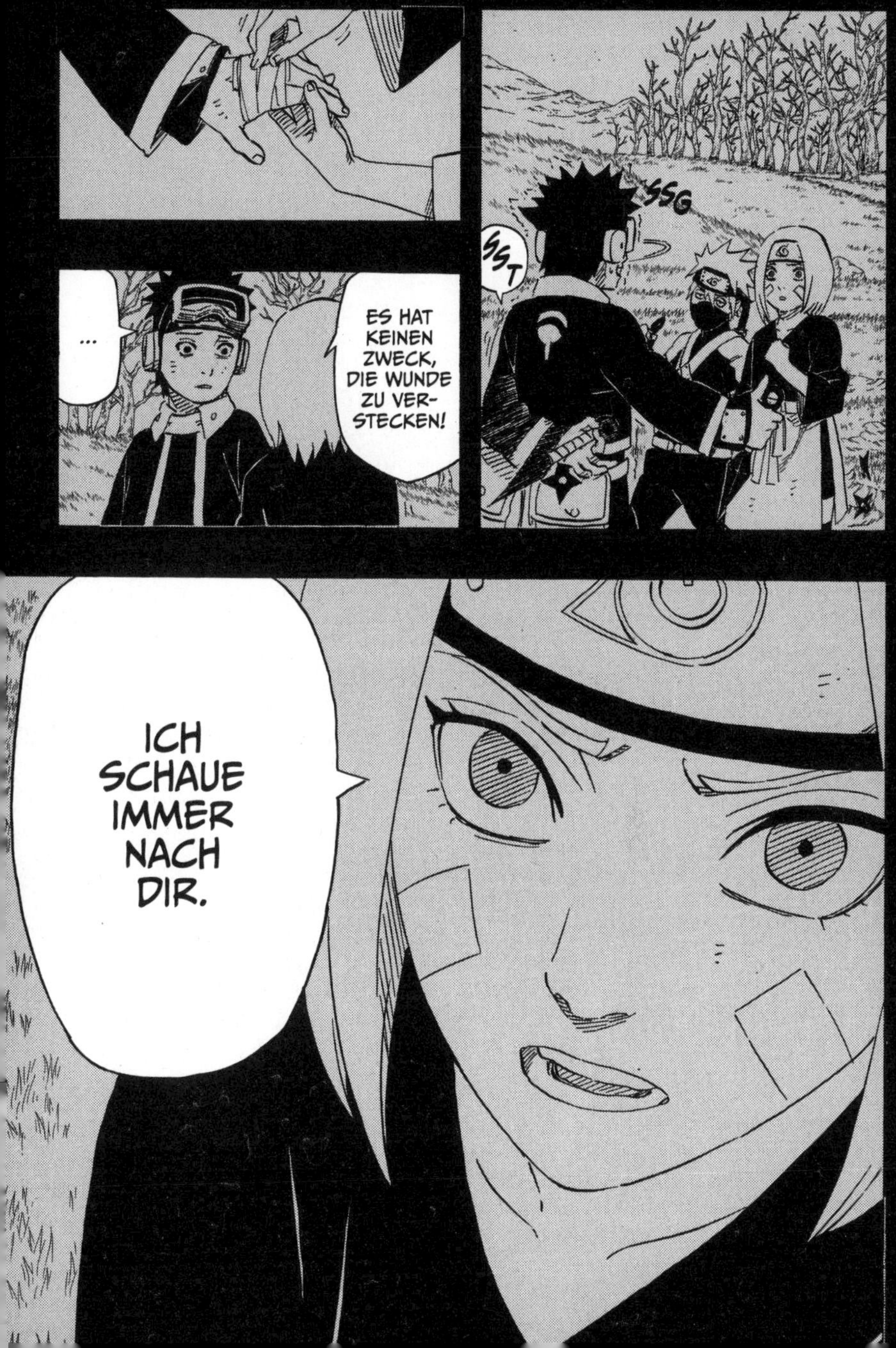
SSG
SST
ES HAT KEINEN ZWECK, DIE WUNDE ZU VERSTECKEN!
...
ICH SCHAUE IMMER NACH DIR.

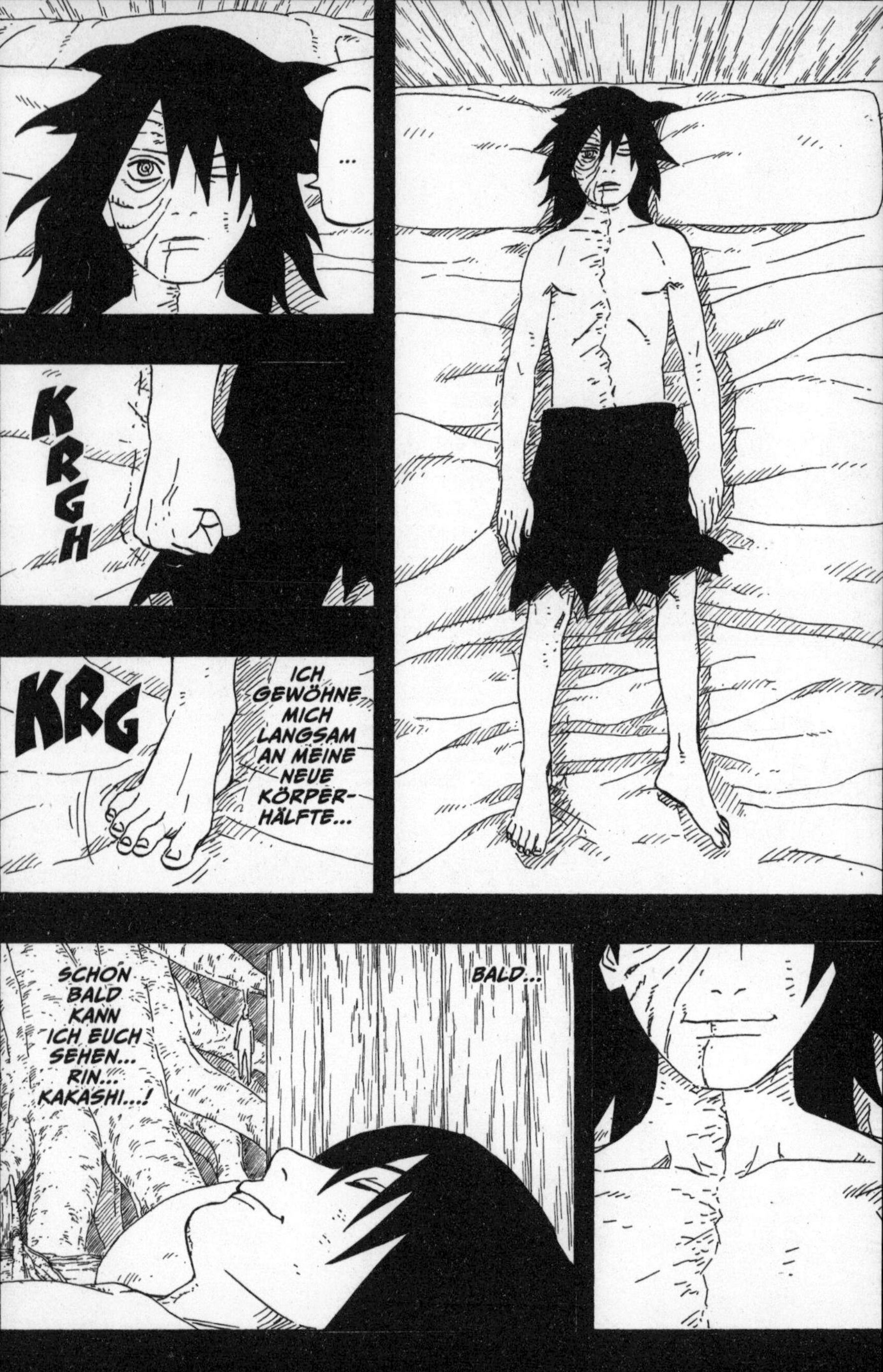

...
KRGH
KRG
ICH GEWÖHNE MICH LANGSAM AN MEINE NEUE KÖRPERHÄLFTE...
BALD...
SCHON BALD KANN ICH EUCH SEHEN... RIN... KAKASHI...!

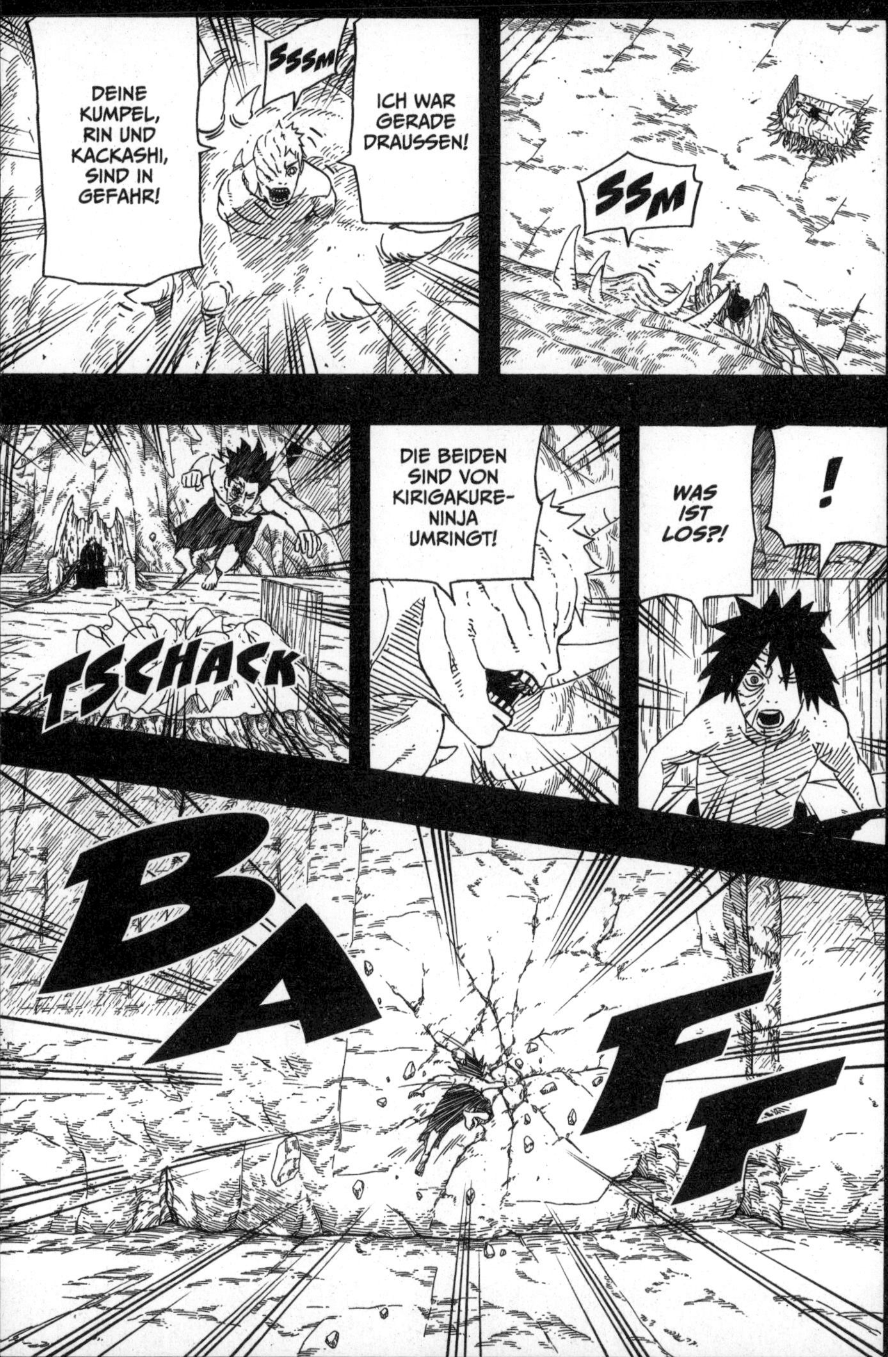
SSM
ICH WAR GERADE DRAUSSEN!
SSSM
DEINE KUMPEL, RIN UND KACKASHI, SIND IN GEFAHR!
!
WAS IST LOS?!
DIE BEIDEN SIND VON KIRIGAKURE-NINJA UMRINGT!
TSCHACK
BAFF

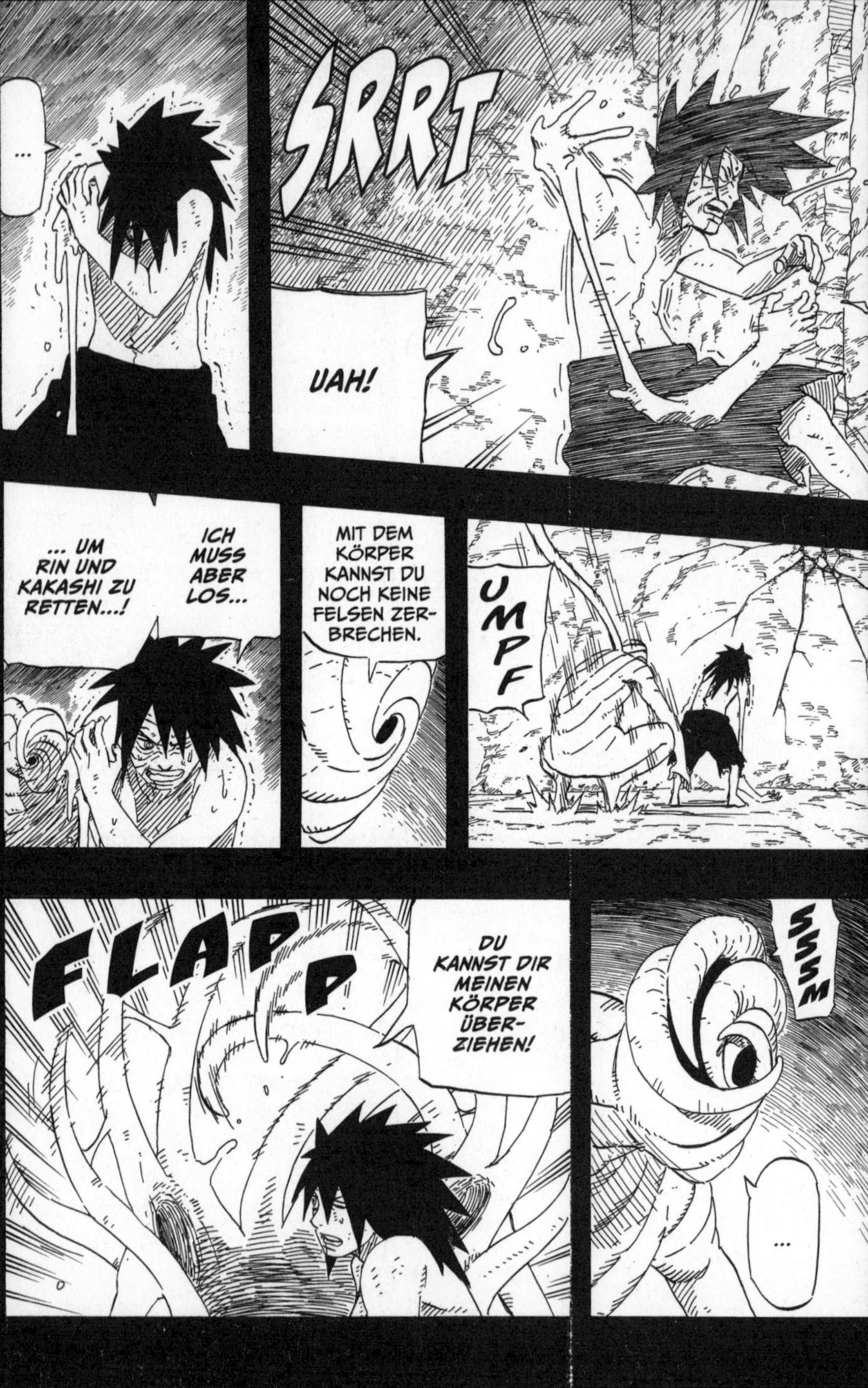
SRRT
UAH!
...
UMPF
MIT DEM KÖRPER KANNST DU NOCH KEINE FELSEN ZERBRECHEN.
ICH MUSS ABER LOS...
... UM RIN UND KAKASHI ZU RETTEN...!
SSSM
...
DU KANNST DIR MEINEN KÖRPER ÜBERZIEHEN!
FLAPP

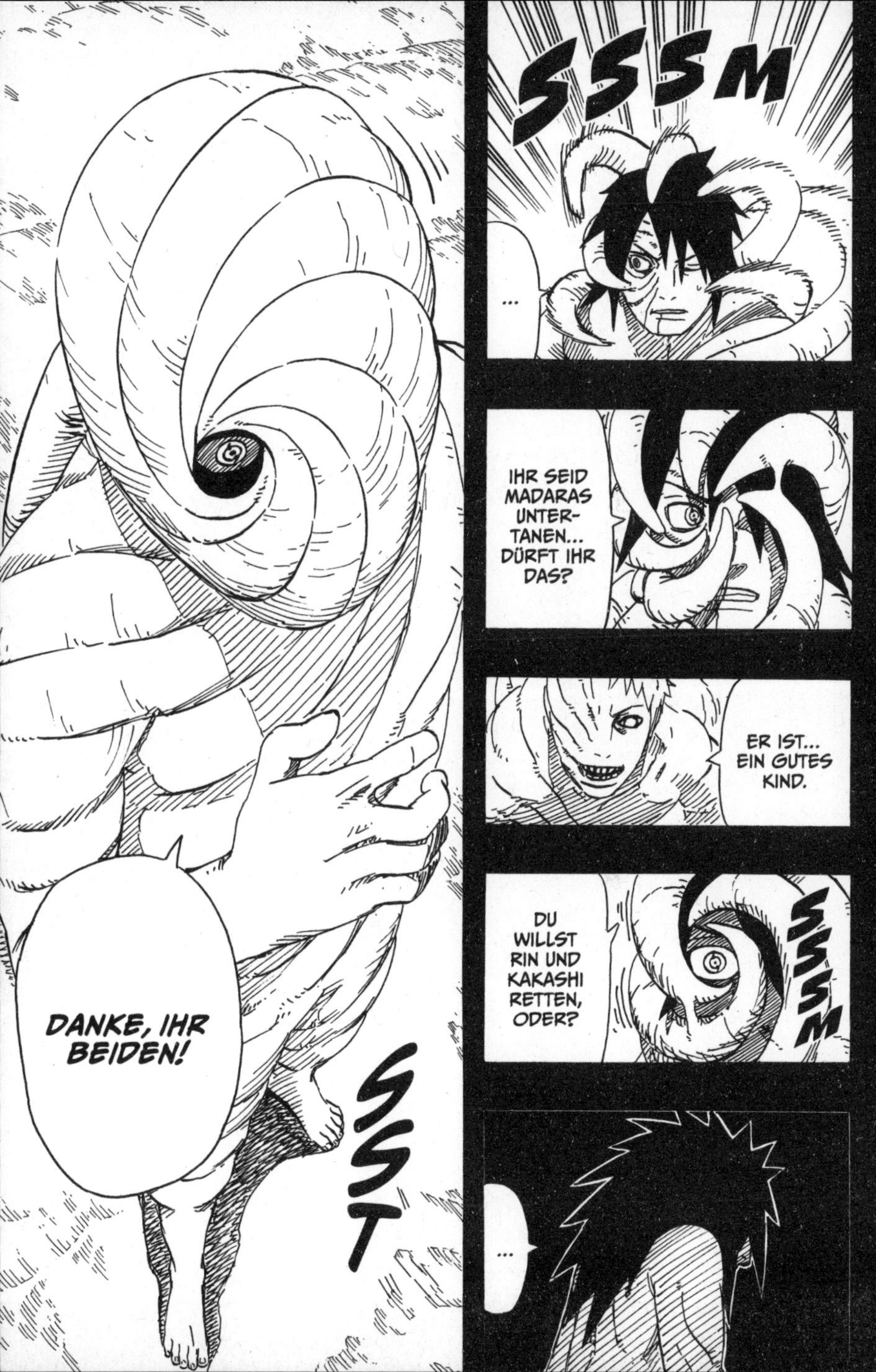

SSSM
...
IHR SEID MADARAS UNTER-TANEN... DÜRFT IHR DAS?
ER IST... EIN GUTES KIND.
DU WILLST RIN UND KAKASHI RETTEN, ODER?
SSSM
...
DANKE, IHR BEIDEN!
SST

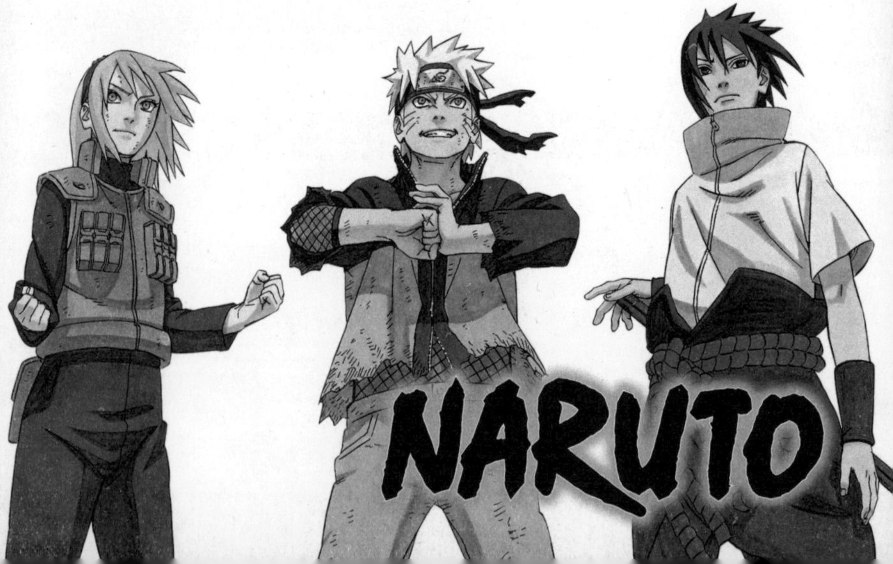
NARUTO

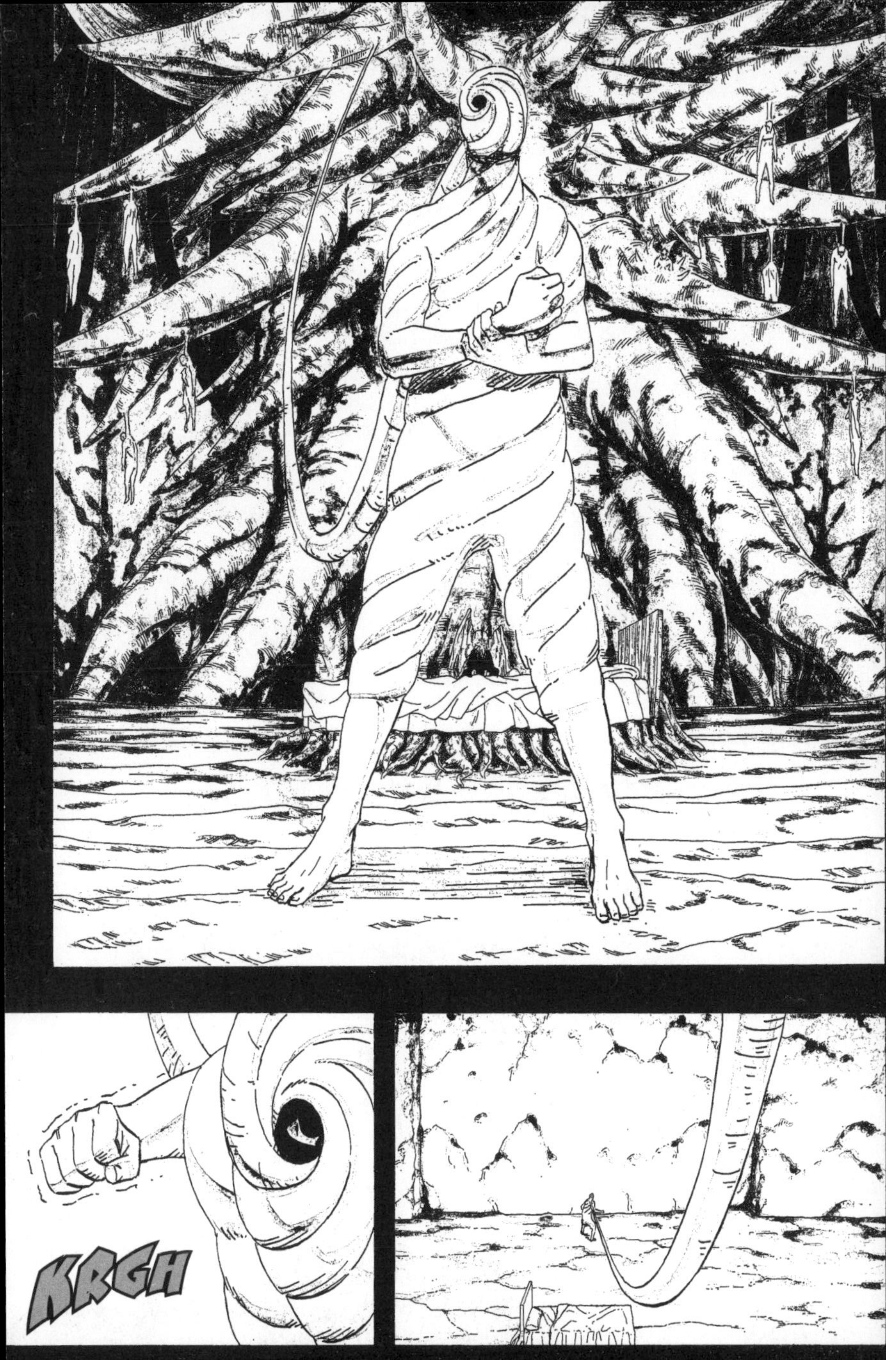
KRGH

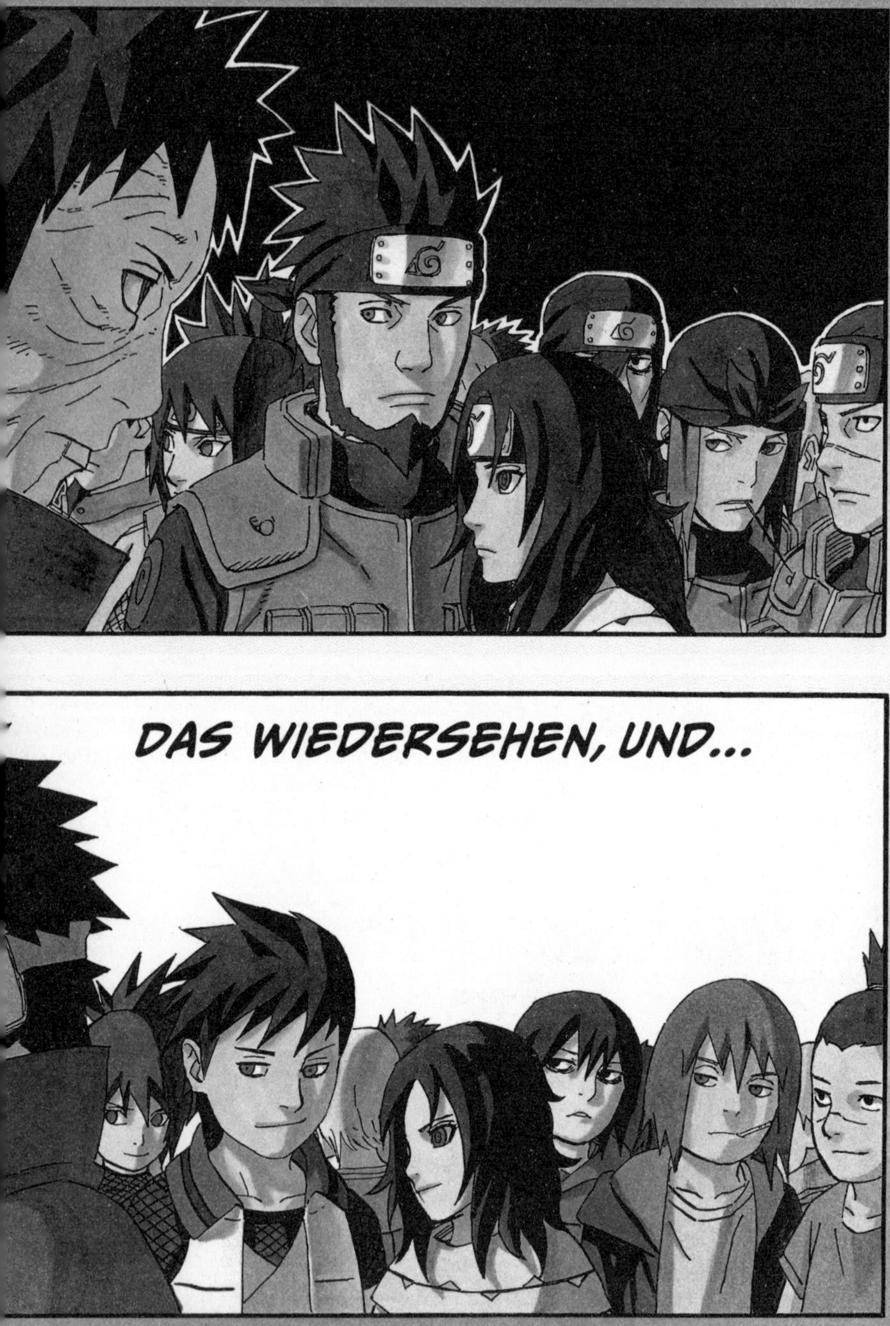
DAS WIEDERSEHEN, UND...

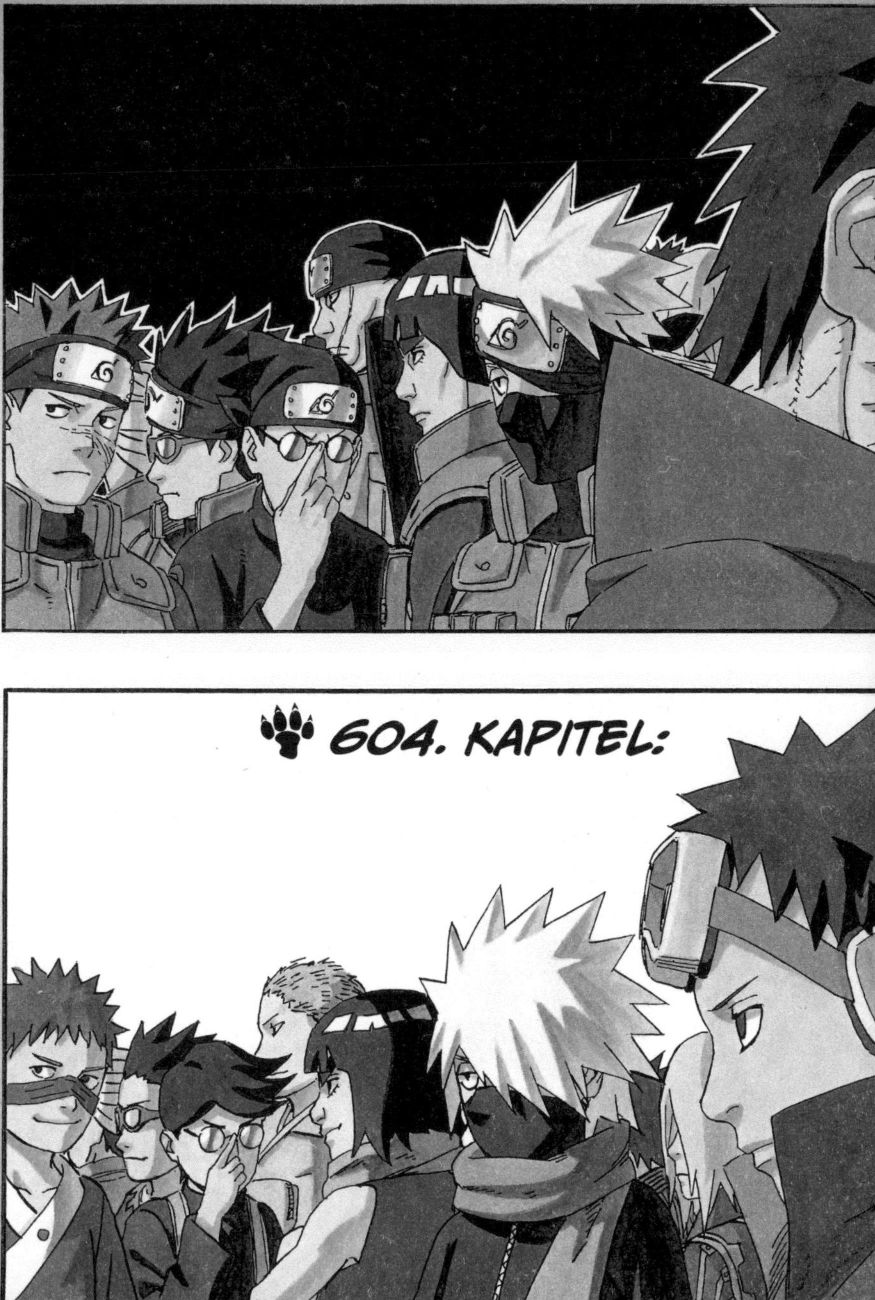
604. KAPITEL:

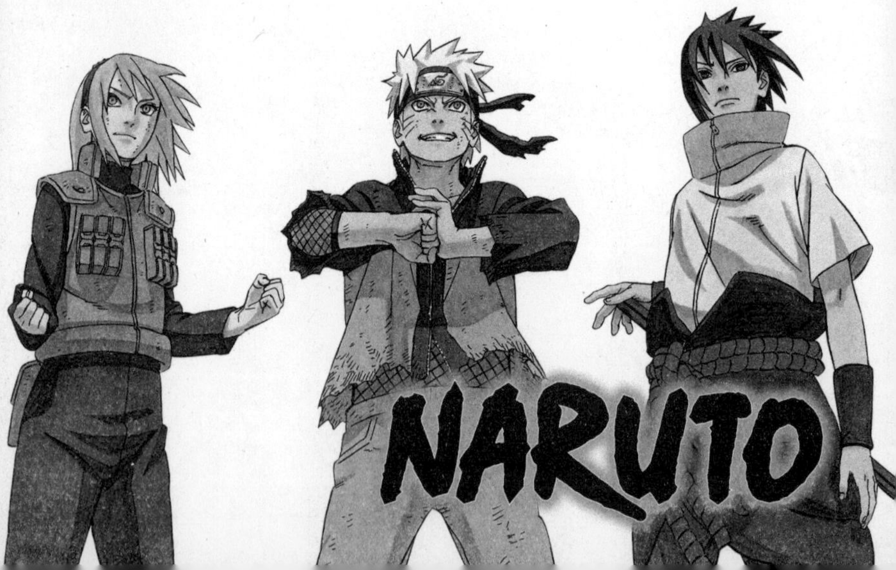
NARUTO

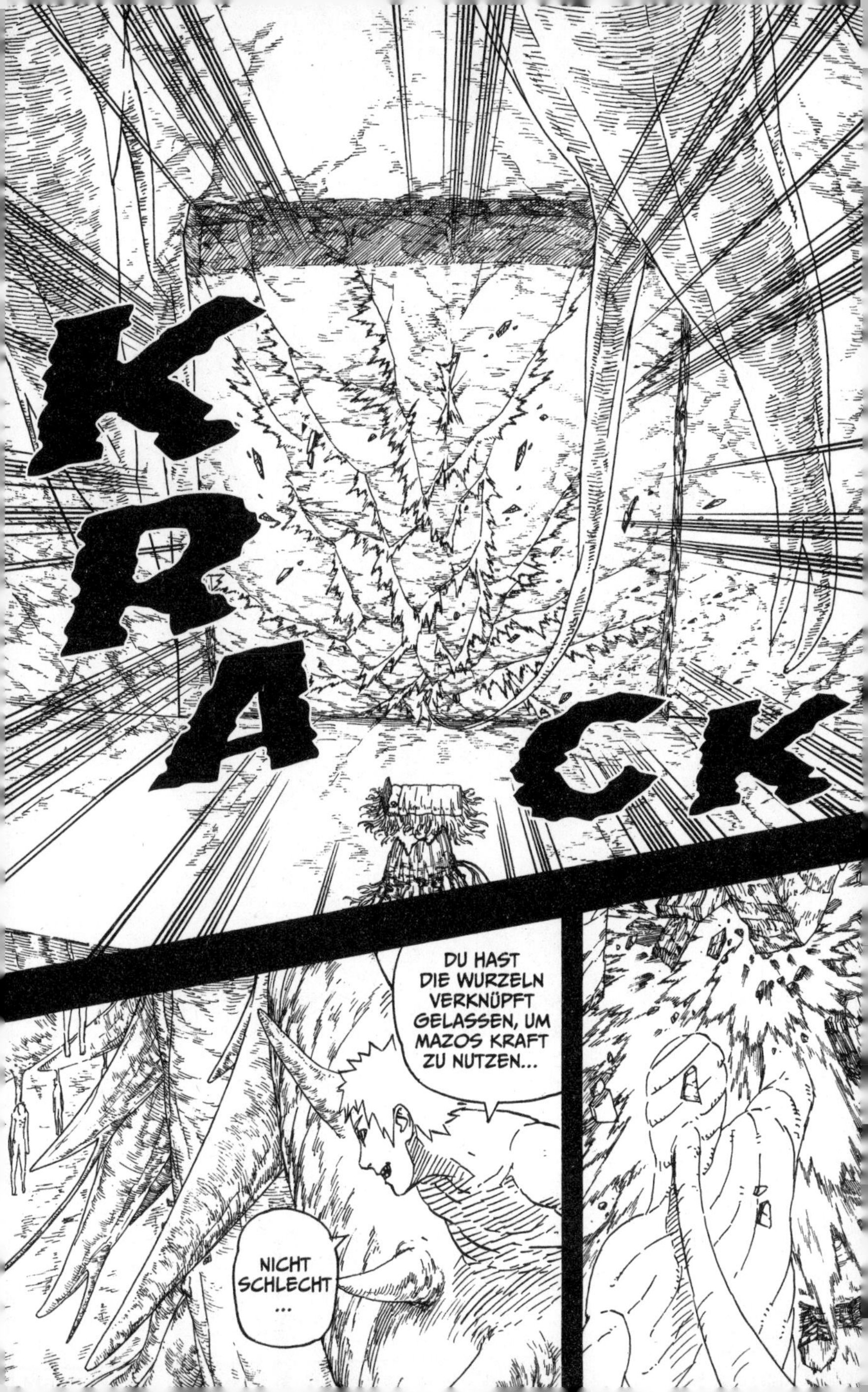
KRACK
DU HAST DIE WURZELN VERKNÜPFT GELASSEN, UM MAZOS KRAFT ZU NUTZEN...
NICHT SCHLECHT ...

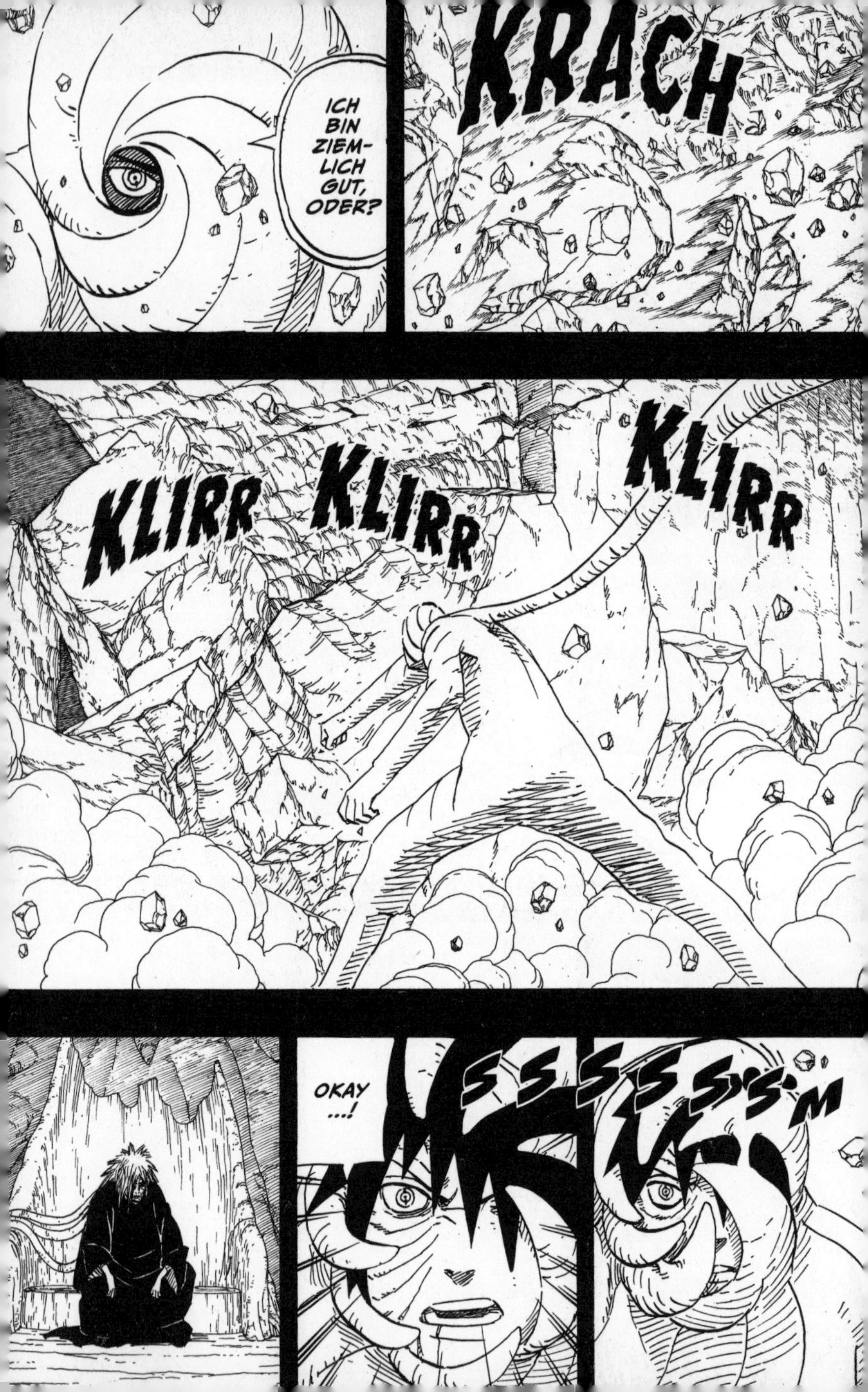
KRACH
ICH BIN ZIEMLICH GUT, ODER?
KLIRR
KLIRR
KLIRR
SSSSSSM
OKAY ...!

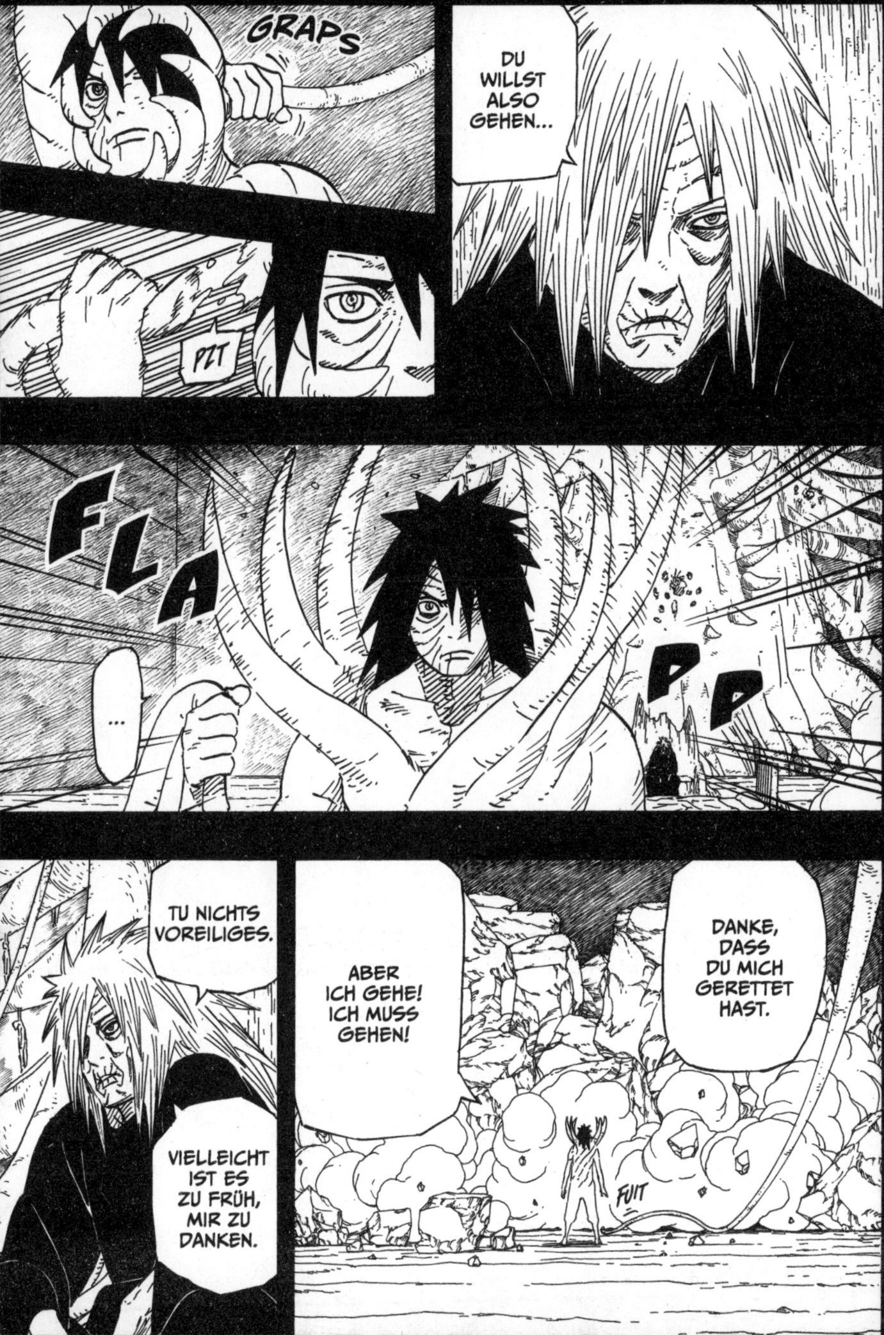
DU WILLST ALSO GEHEN...
GRAPS
PZT
PP
FLA
...
DANKE, DASS DU MICH GERETTET HAST.
FUIT
ABER ICH GEHE! ICH MUSS GEHEN!
TU NICHTS VOREILIGES.
VIELLEICHT IST ES ZU FRÜH, MIR ZU DANKEN.

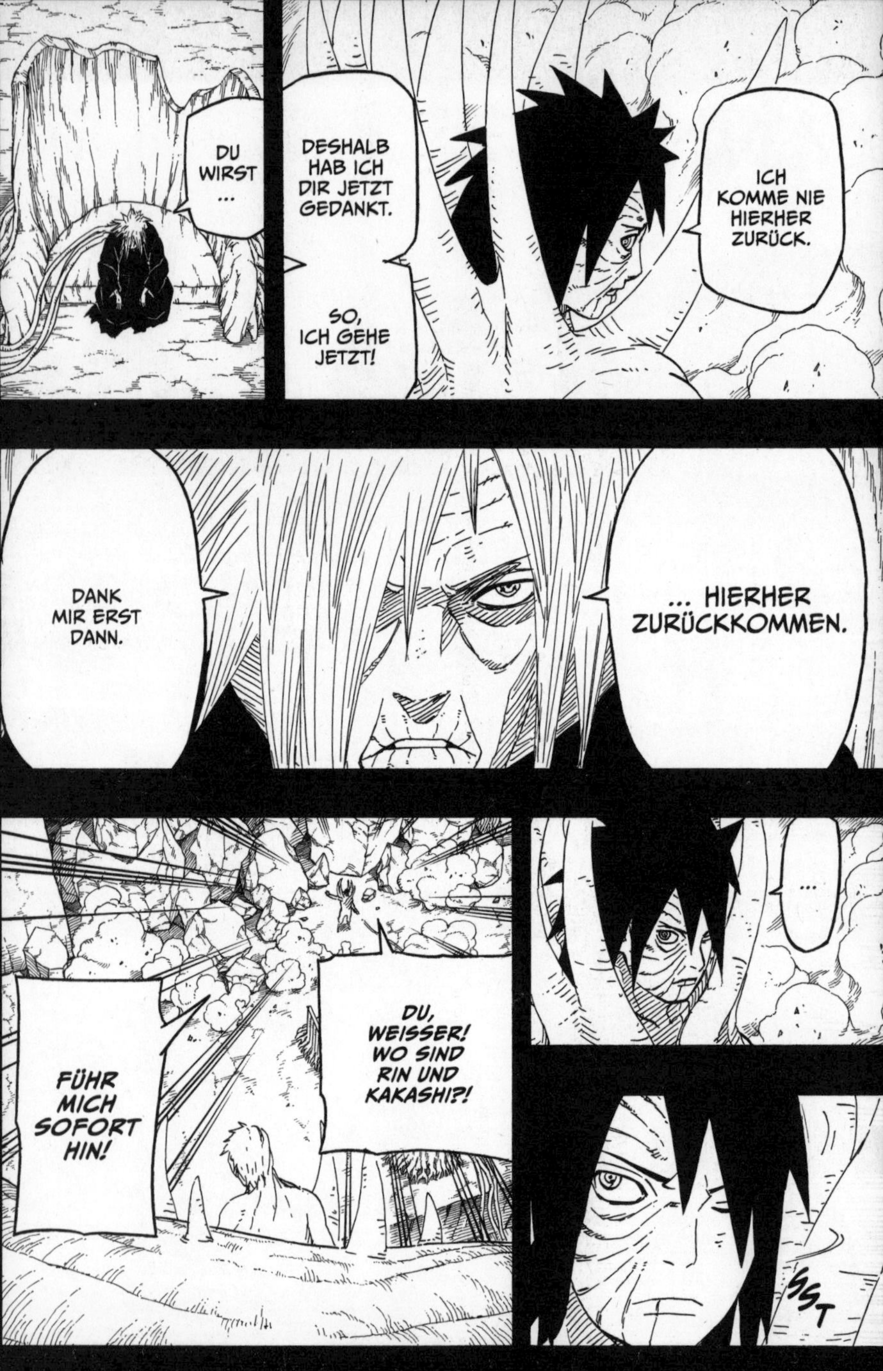
ICH KOMME NIE HIERHER ZURÜCK.
DESHALB HAB ICH DIR JETZT GEDANKT.
SO, ICH GEHE JETZT!
DU WIRST …
… HIERHER ZURÜCKKOMMEN.
DANK MIR ERST DANN.
…
DU, WEISSER! WO SIND RIN UND KAKASHI?!
FÜHR MICH SOFORT HIN!
SST

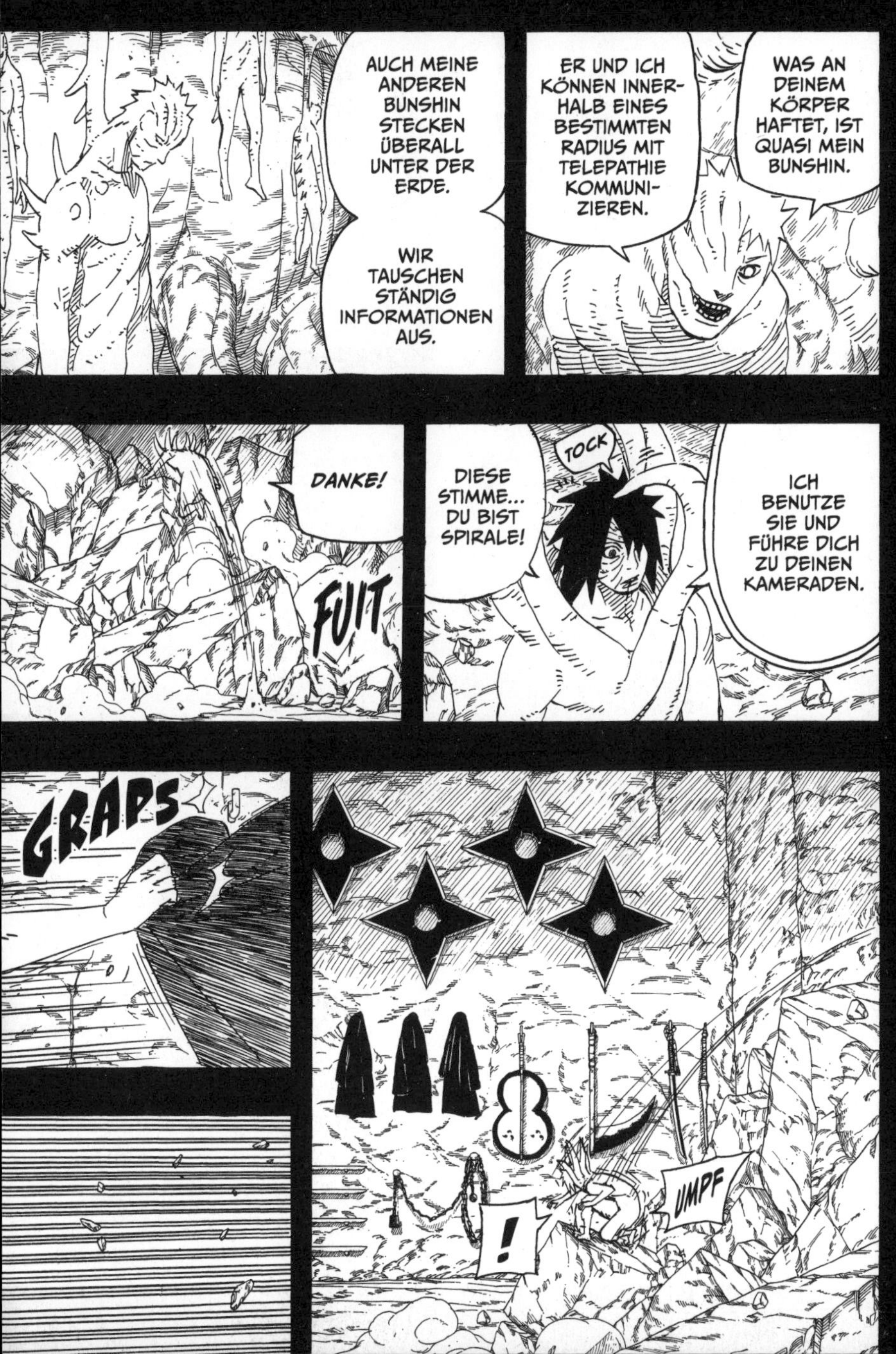

WAS AN DEINEM KÖRPER HAFTET, IST QUASI MEIN BUNSHIN.
ER UND ICH KÖNNEN INNERHALB EINES BESTIMMTEN RADIUS MIT TELEPATHIE KOMMUNIZIEREN.
AUCH MEINE ANDEREN BUNSHIN STECKEN ÜBERALL UNTER DER ERDE.
WIR TAUSCHEN STÄNDIG INFORMATIONEN AUS.
ICH BENUTZE SIE UND FÜHRE DICH ZU DEINEN KAMERADEN.
TOCK
DIESE STIMME... DU BIST SPIRALE!
DANKE!
FUIT
UMPF
!
GRAPS

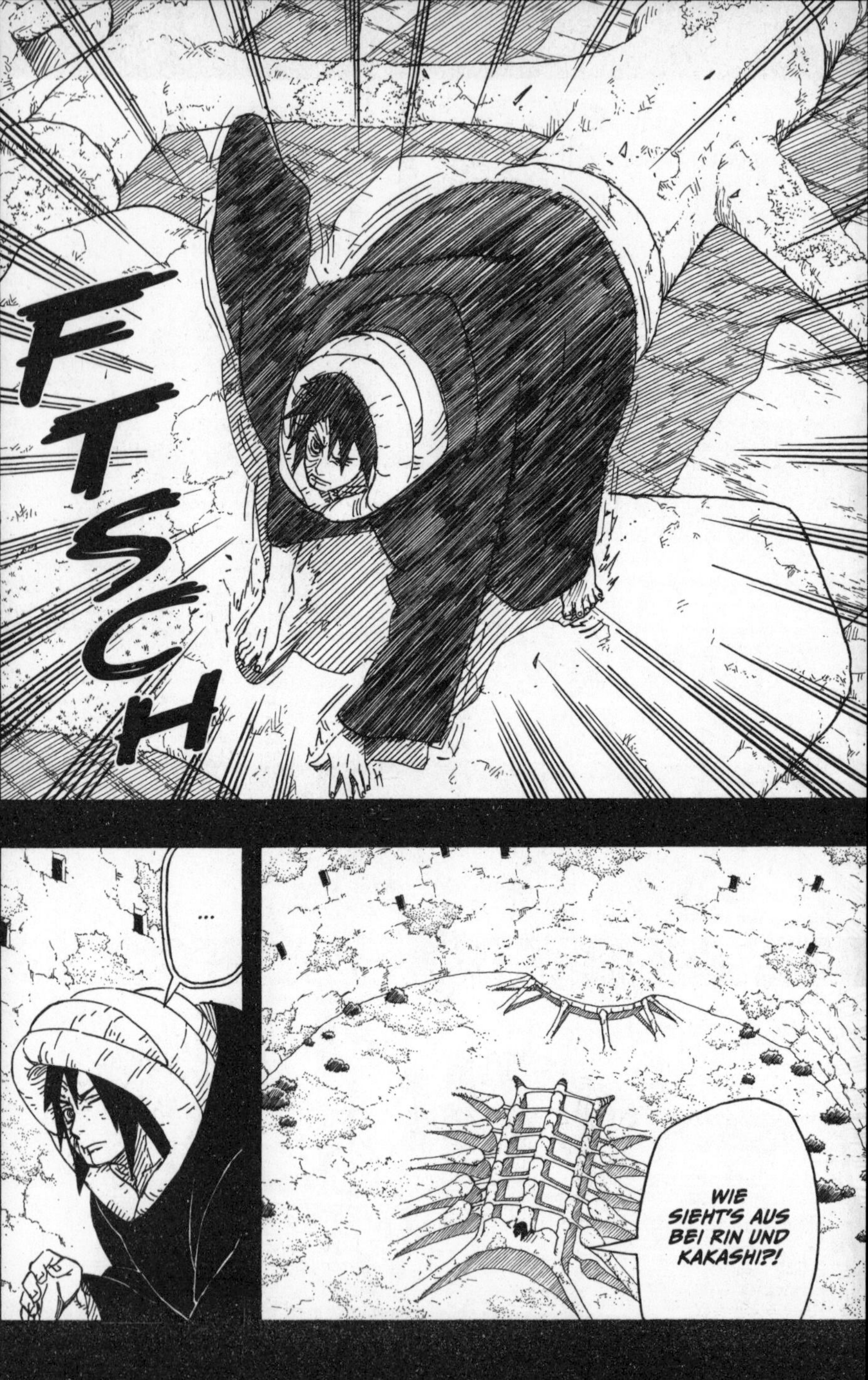
FTSCH
WIE SIEHT'S AUS BEI RIN UND KAKASHI?!
...

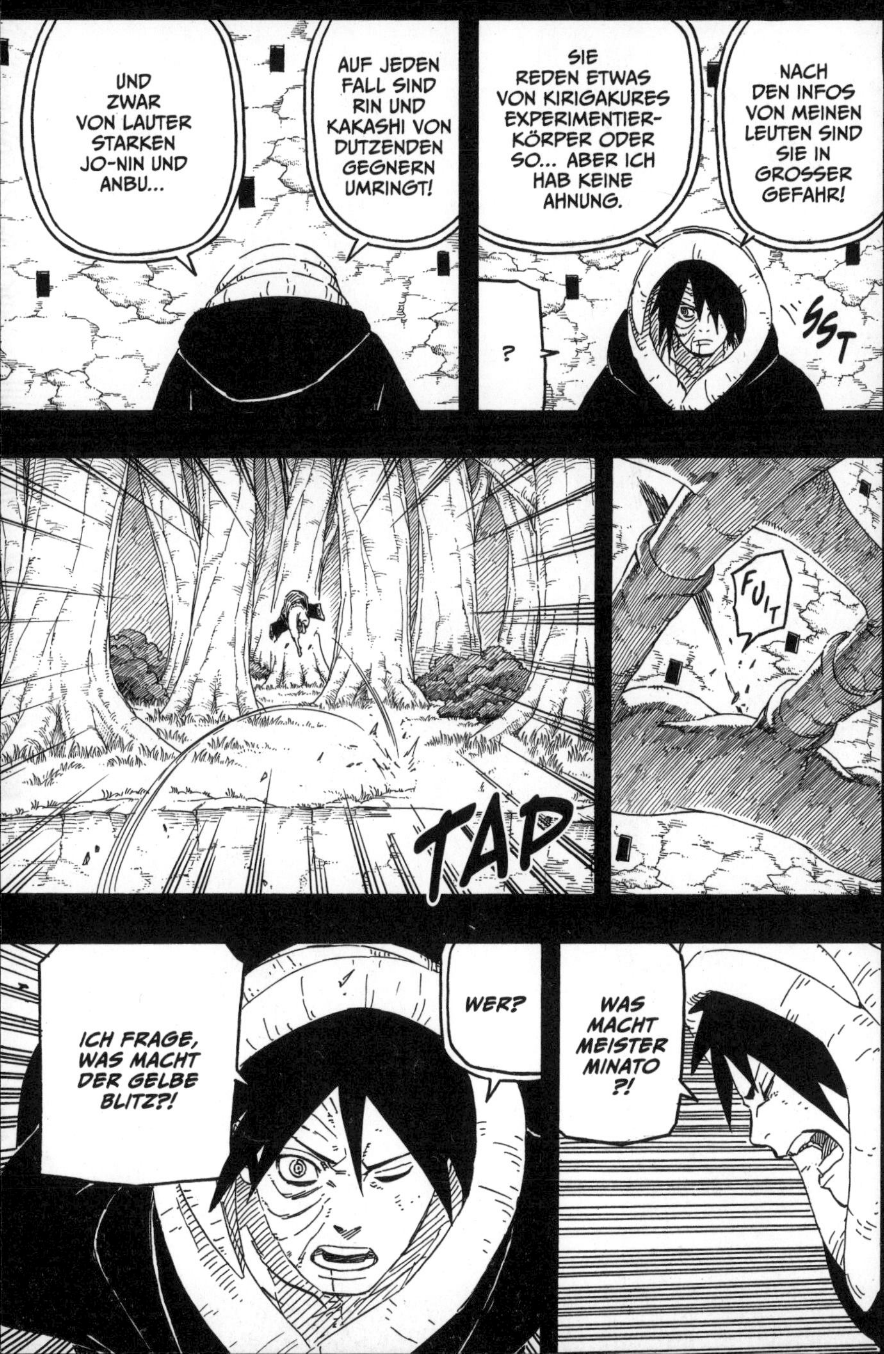

NACH DEN INFOS VON MEINEN LEUTEN SIND SIE IN GROSSER GEFAHR!
SIE REDEN ETWAS VON KIRIGAKURES EXPERIMENTIER-KÖRPER ODER SO... ABER ICH HAB KEINE AHNUNG.
SST
?
AUF JEDEN FALL SIND RIN UND KAKASHI VON DUTZENDEN GEGNERN UMRINGT!
UND ZWAR VON LAUTER STARKEN JO-NIN UND ANBU...
FUIT
TAP
WAS MACHT MEISTER MINATO ?!
WER?
ICH FRAGE, WAS MACHT DER GELBE BLITZ?!

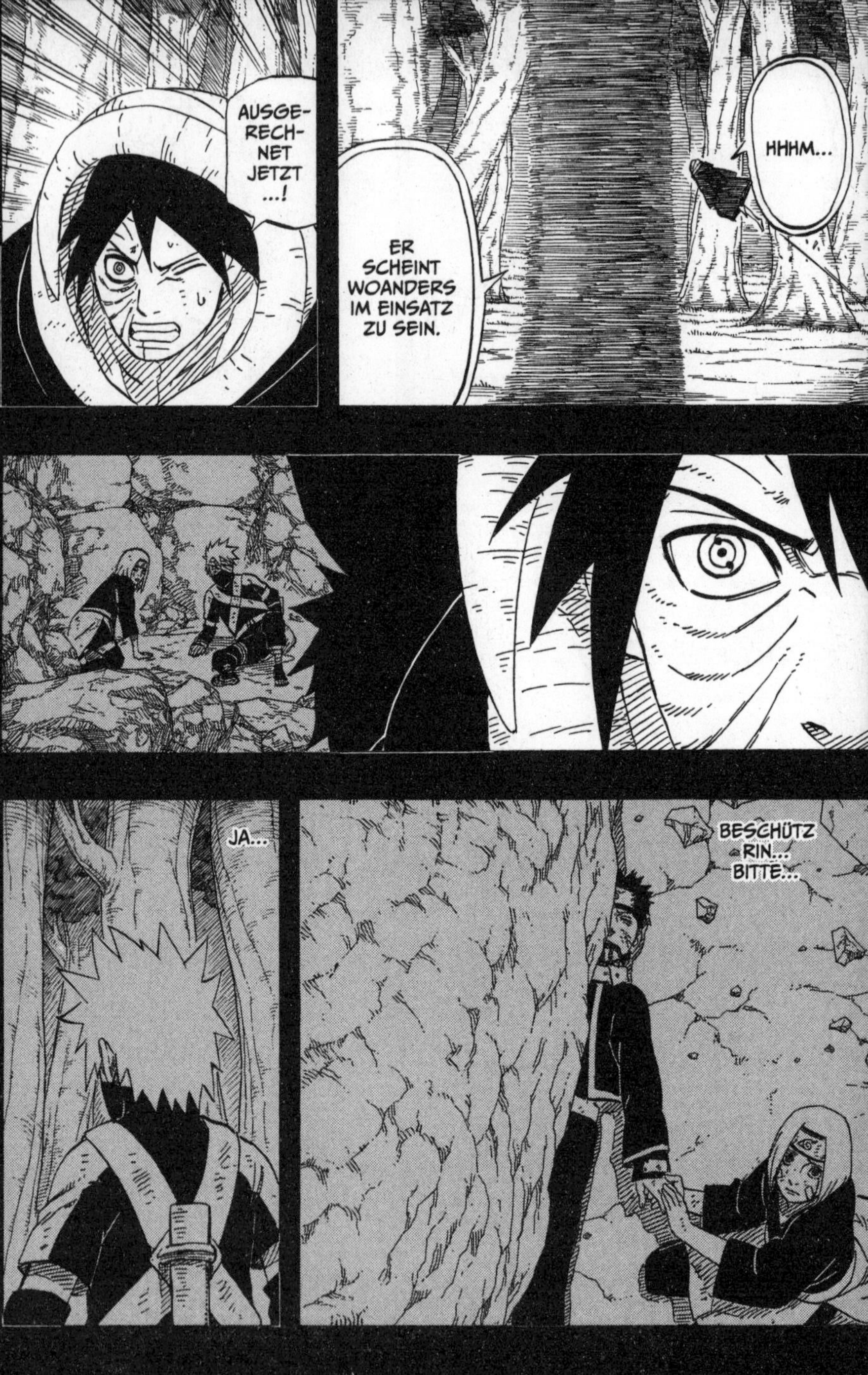
HHHM...
ER SCHEINT WOANDERS IM EINSATZ ZU SEIN.
AUSGE-RECH-NET JETZT ...!
BESCHÜTZ RIN... BITTE...
JA...

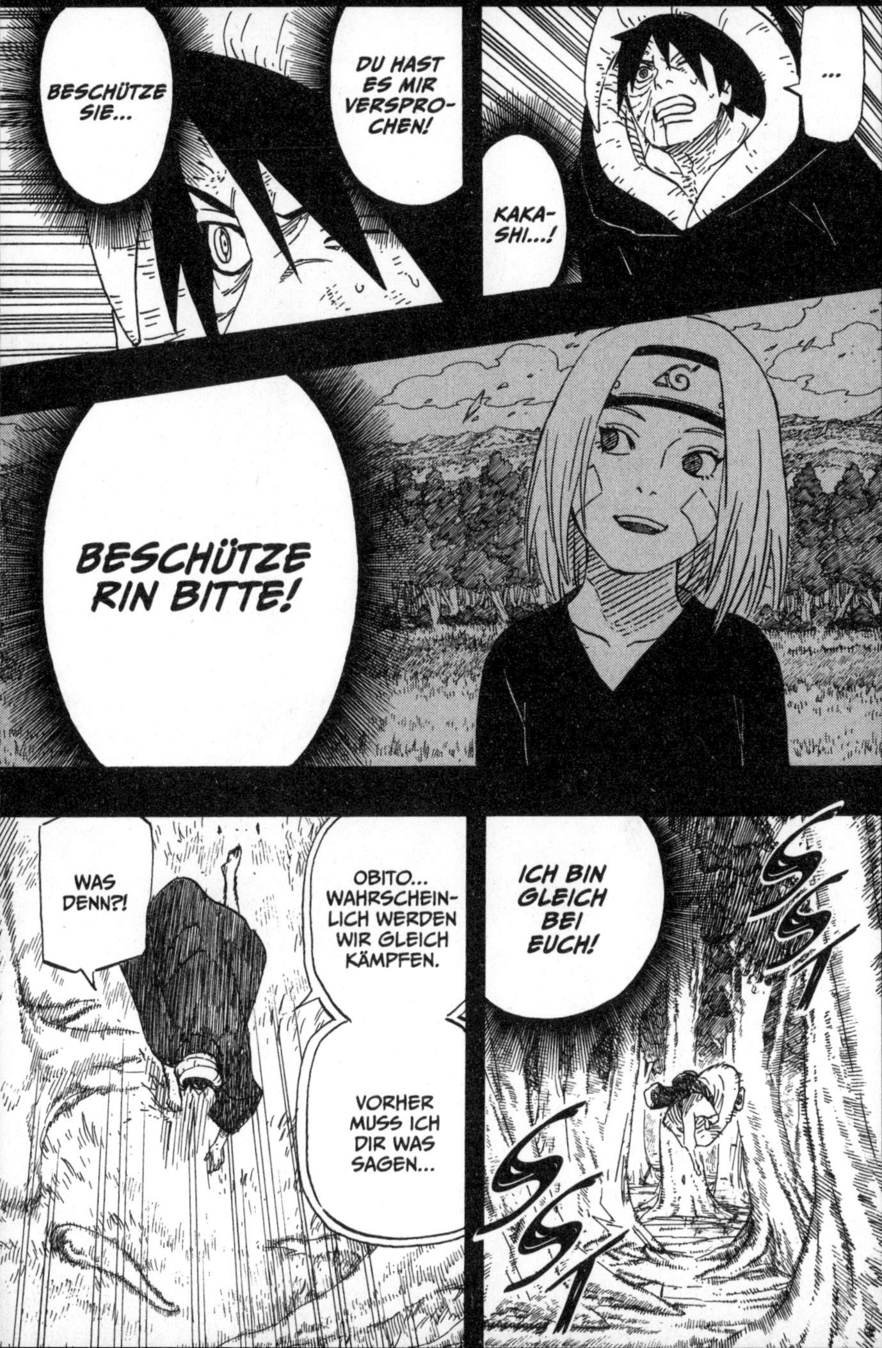
...
KAKA-SHI...!
DU HAST ES MIR VERSPRO-CHEN!
BESCHÜTZE SIE...
BESCHÜTZE RIN BITTE!
ICH BIN GLEICH BEI EUCH!
OBITO... WAHRSCHEIN-LICH WERDEN WIR GLEICH KÄMPFEN.
VORHER MUSS ICH DIR WAS SAGEN...
WAS DENN?!
...
SST
SST

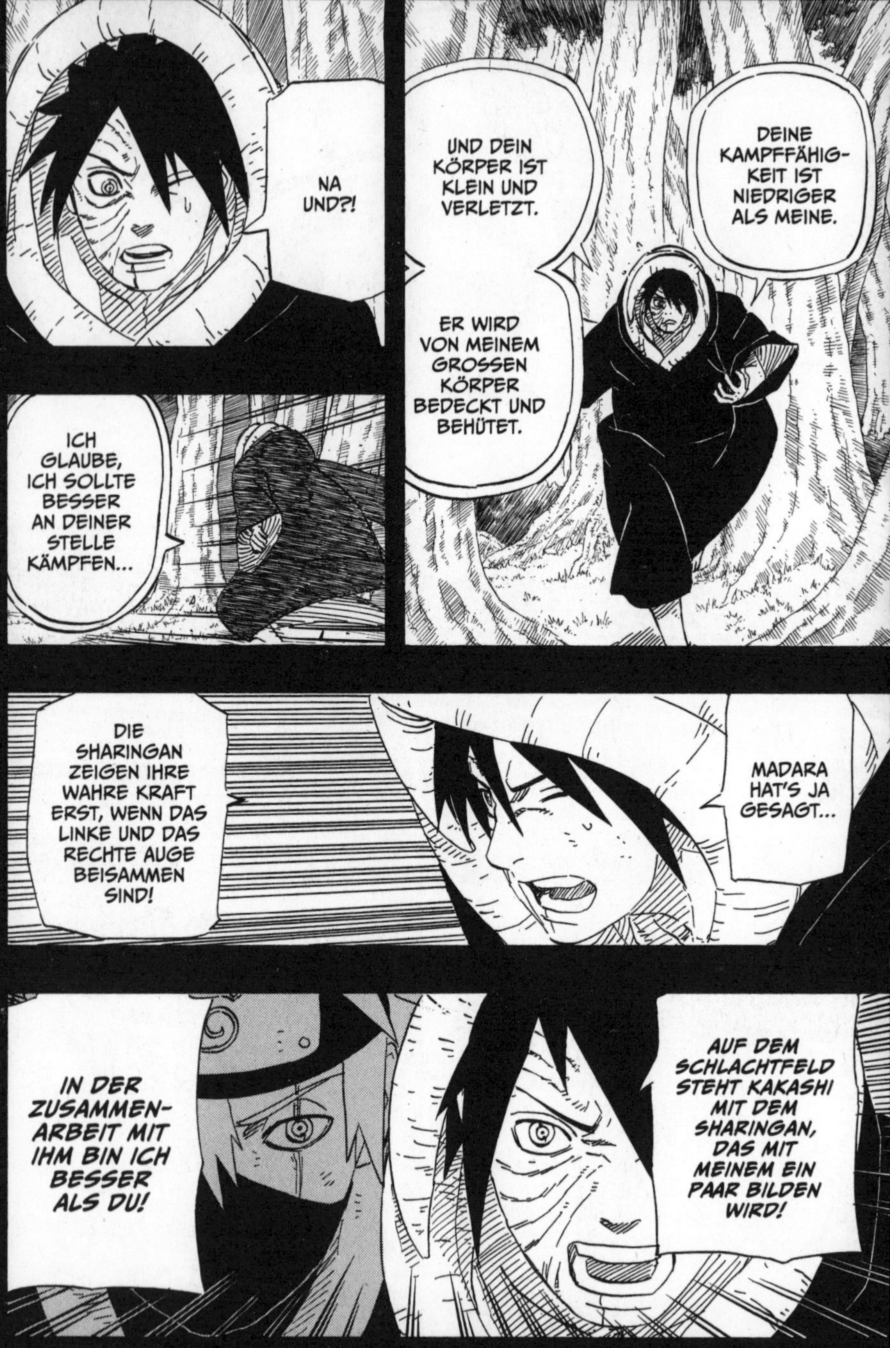
DEINE KAMPFFÄHIGKEIT IST NIEDRIGER ALS MEINE.
UND DEIN KÖRPER IST KLEIN UND VERLETZT.
ER WIRD VON MEINEM GROSSEN KÖRPER BEDECKT UND BEHÜTET.
NA UND?!
ICH GLAUBE, ICH SOLLTE BESSER AN DEINER STELLE KÄMPFEN...
MADARA HAT'S JA GESAGT...
DIE SHARINGAN ZEIGEN IHRE WAHRE KRAFT ERST, WENN DAS LINKE UND DAS RECHTE AUGE BEISAMMEN SIND!
AUF DEM SCHLACHTFELD STEHT KAKASHI MIT DEM SHARINGAN, DAS MIT MEINEM EIN PAAR BILDEN WIRD!
IN DER ZUSAMMENARBEIT MIT IHM BIN ICH BESSER ALS DU!

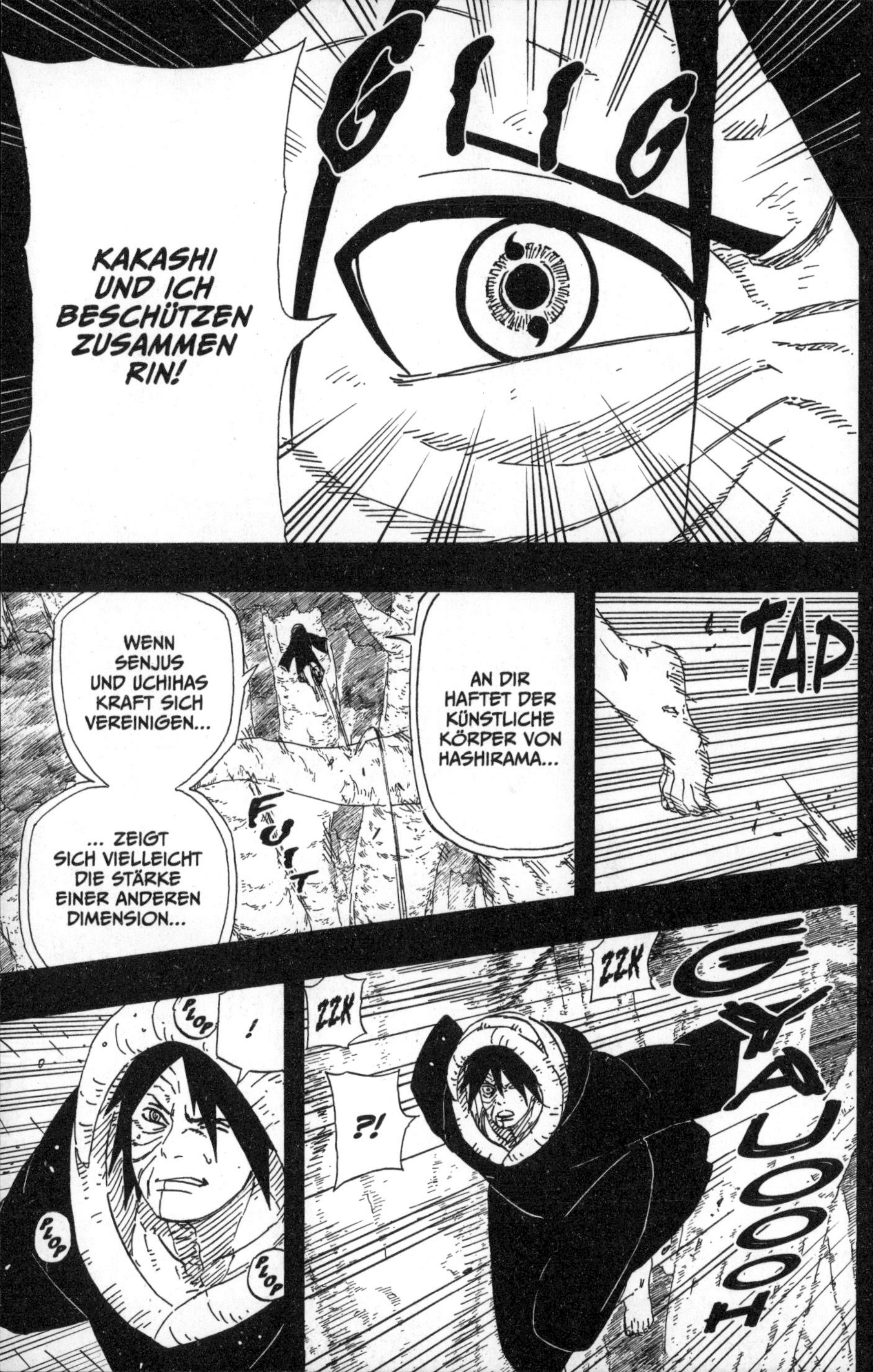
GIIG
KAKASHI UND ICH BESCHÜTZEN ZUSAMMEN RIN!
TAP
AN DIR HAFTET DER KÜNSTLICHE KÖRPER VON HASHIRAMA...
WENN SENJUS UND UCHIHAS KRAFT SICH VEREINIGEN...
... ZEIGT SICH VIELLEICHT DIE STÄRKE EINER ANDEREN DIMENSION...
FUIT
GYAUOOOH
ZZK
ZZK
?!
!
PLOP
PLOP
PLOP

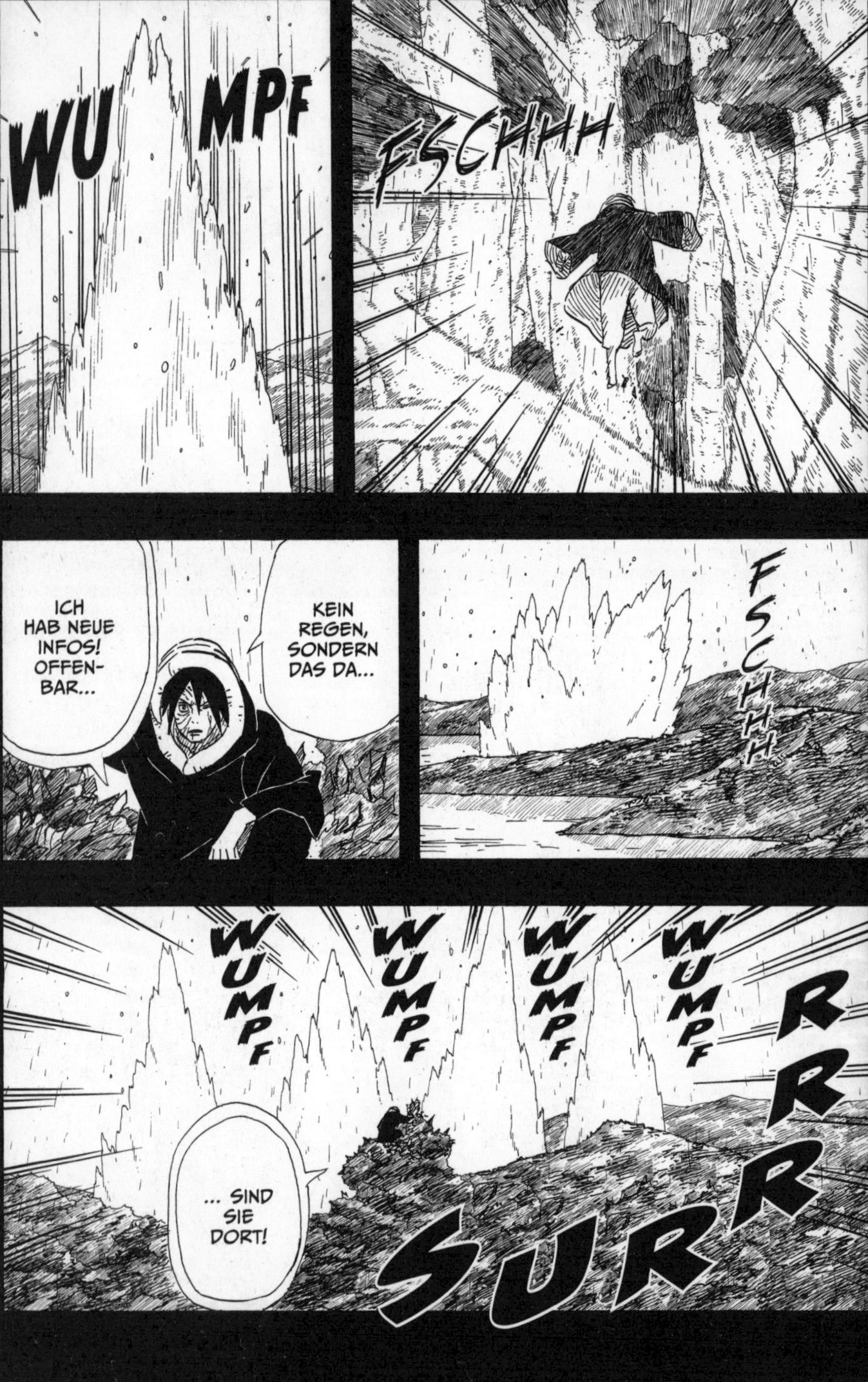
FSCHHH
WU MPF
FSCHHH
KEIN REGEN, SONDERN DAS DA...
ICH HAB NEUE INFOS! OFFEN-BAR...
SURRR
WUMPF
WUMPF
WUMPF
WUMPF
... SIND SIE DORT!

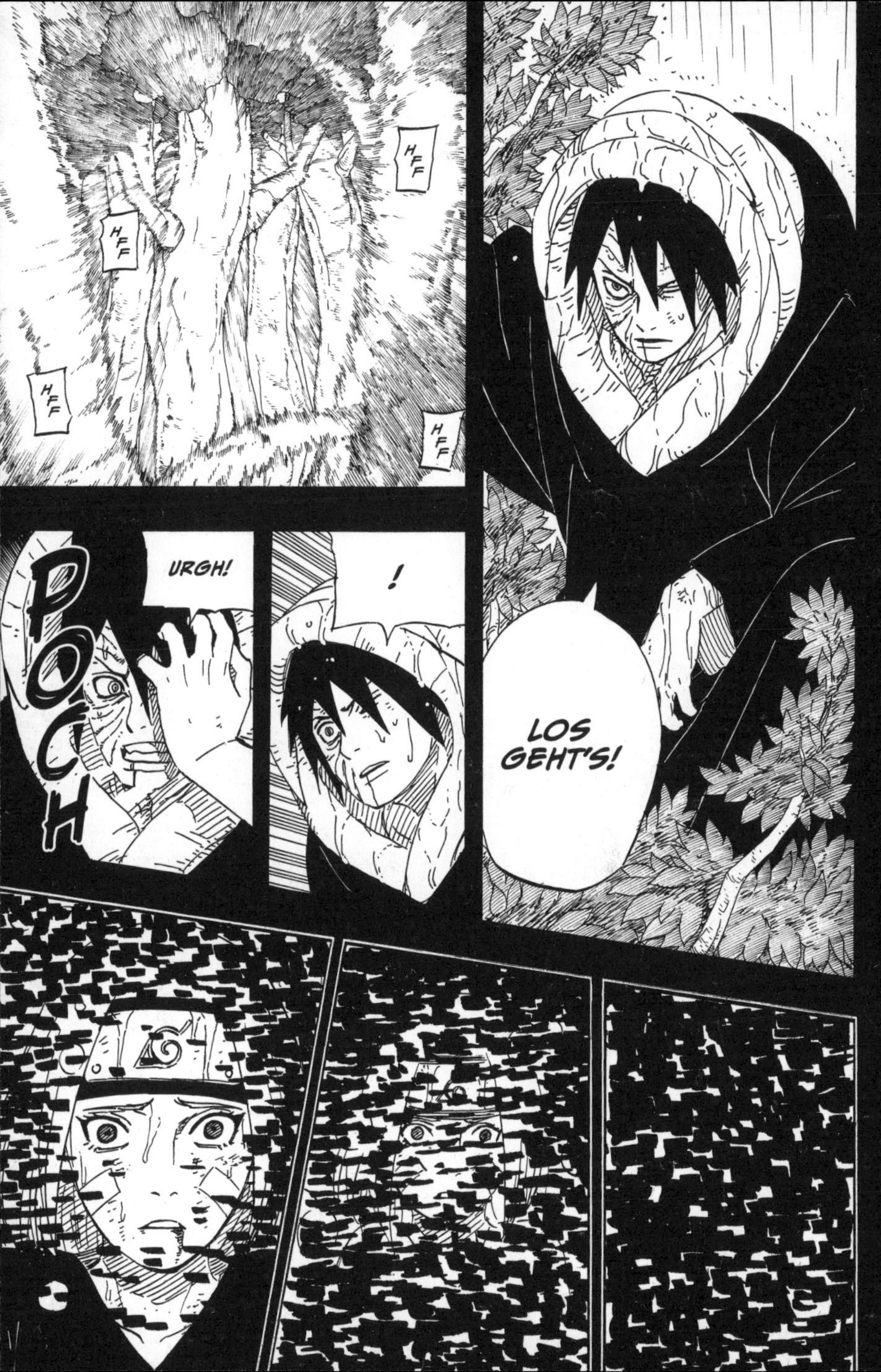
HFF
HFF
HFF
HFF
LOS GEHT'S!
!
URGH!
POCH

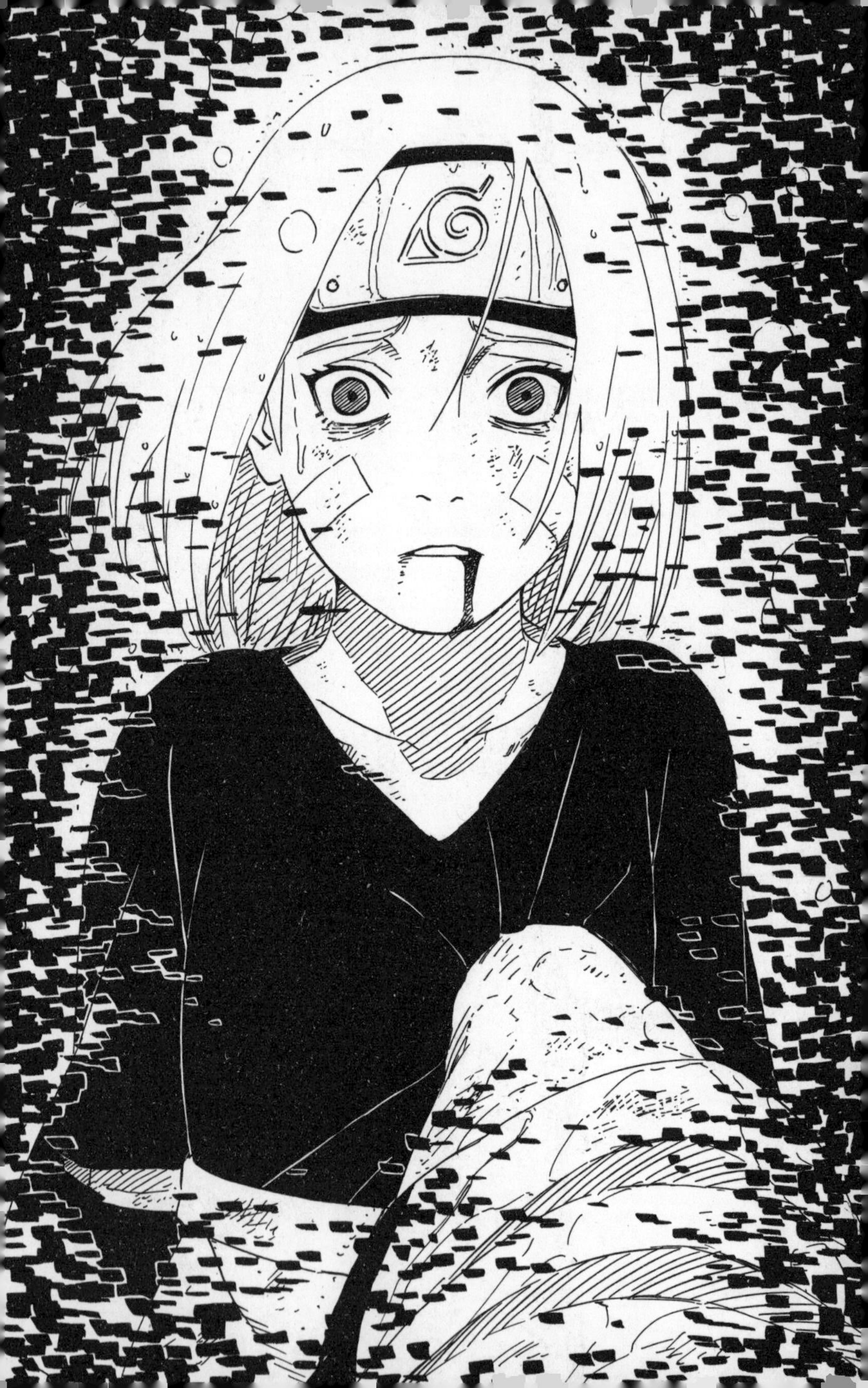

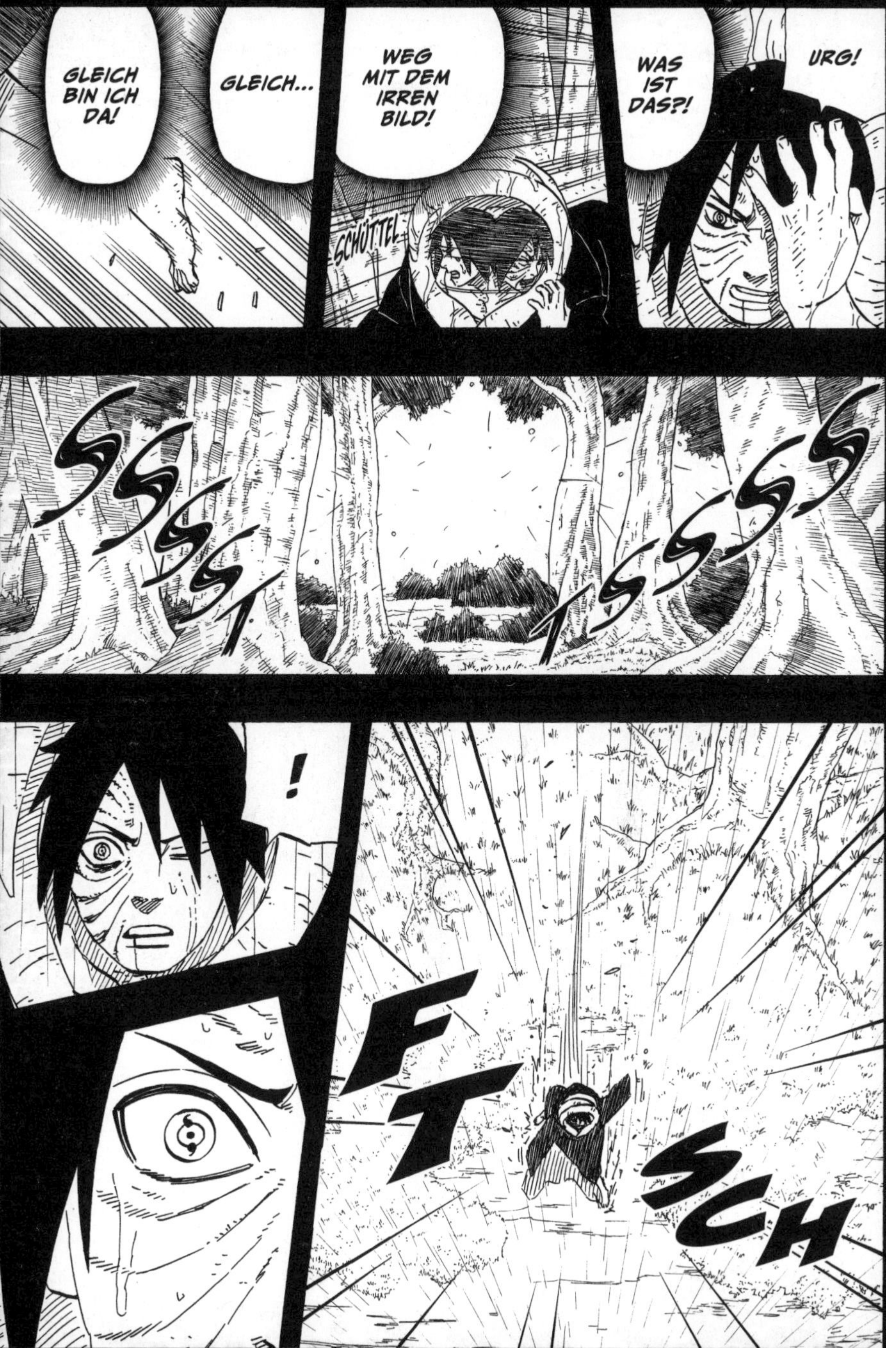
URG!
WAS IST DAS?!
WEG MIT DEM IRREN BILD!
SCHÜTTEL
GLEICH...
GLEICH BIN ICH DA!
SSSSST
SSSSST
!
FFTSCH

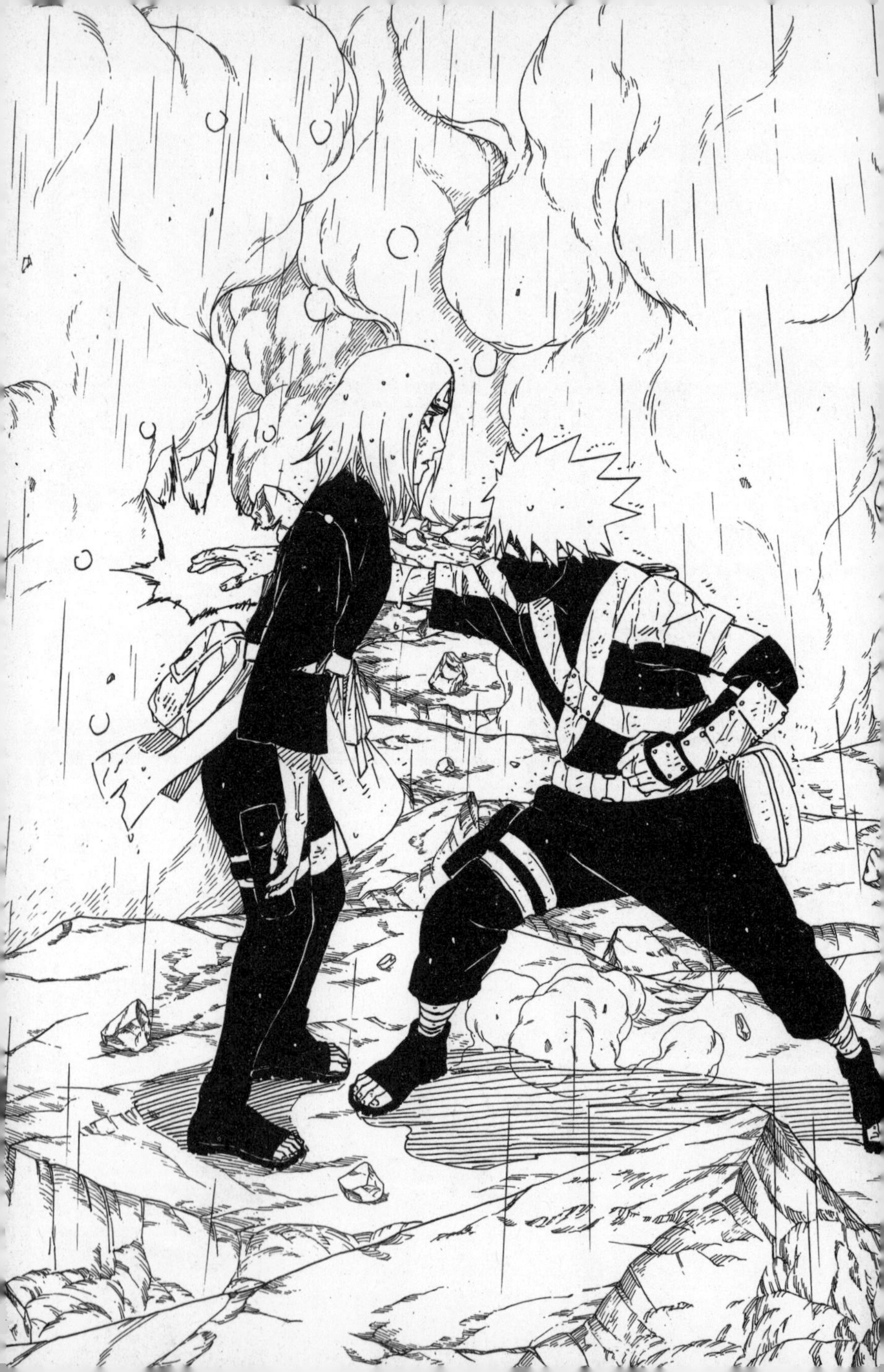

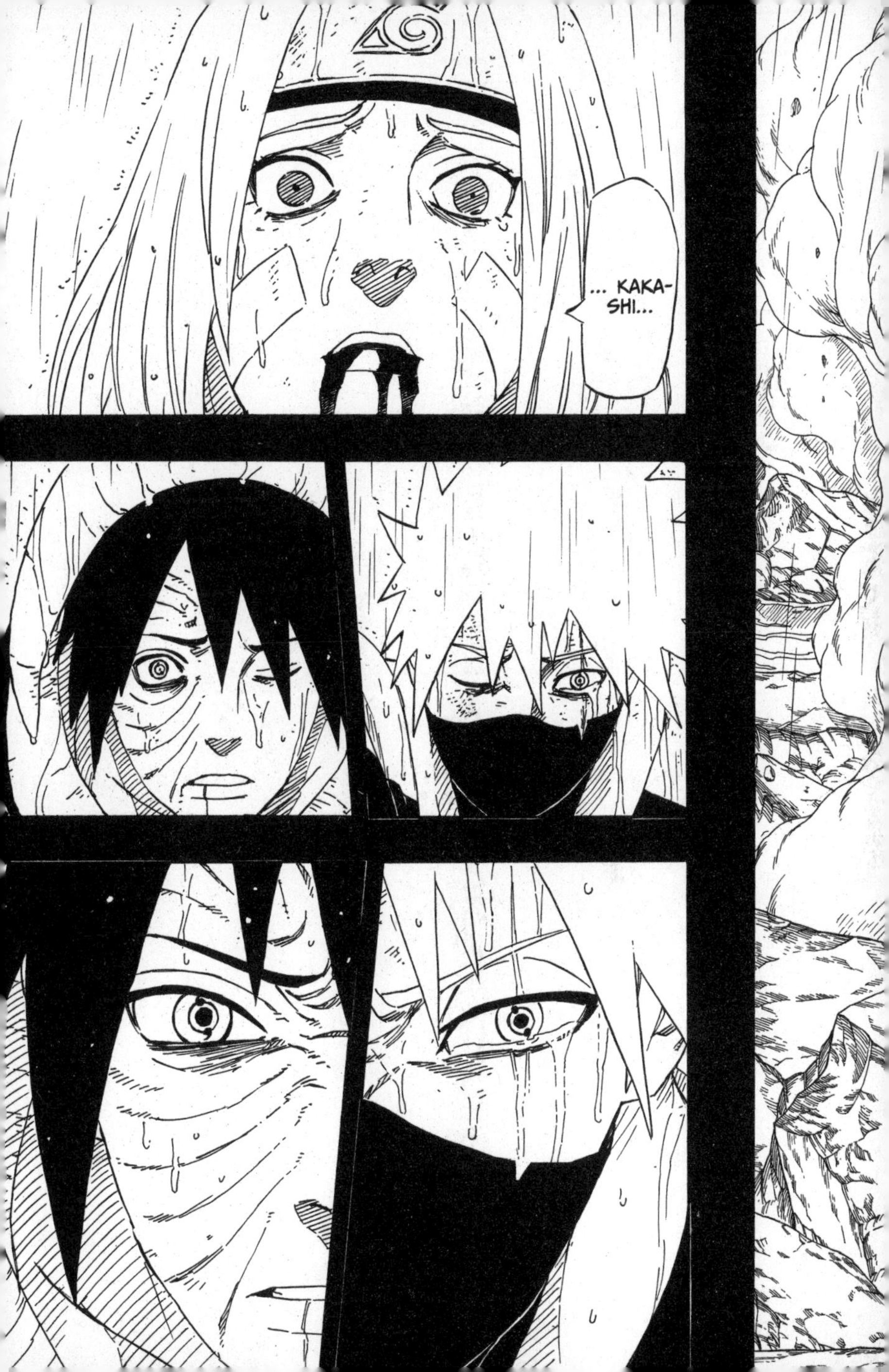
... KAKA-SHI...

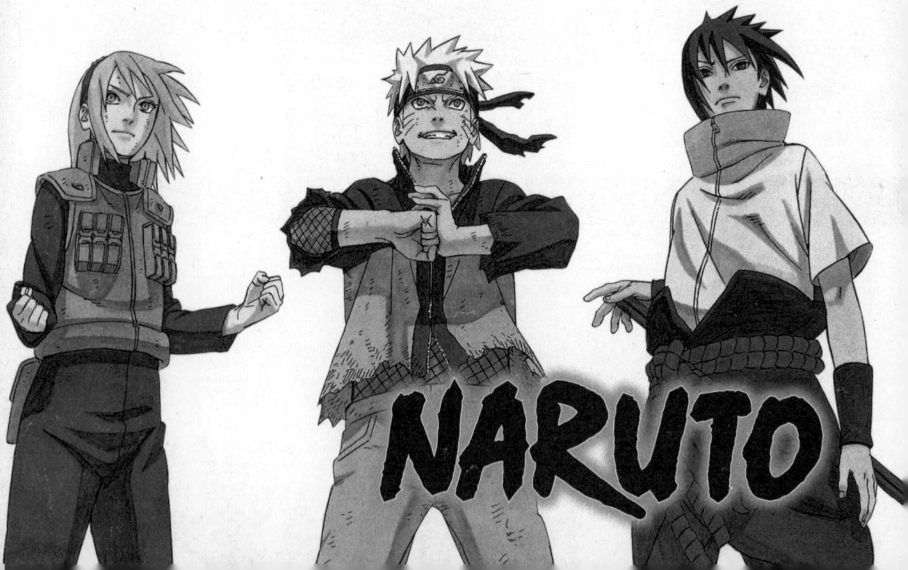
NARUTO

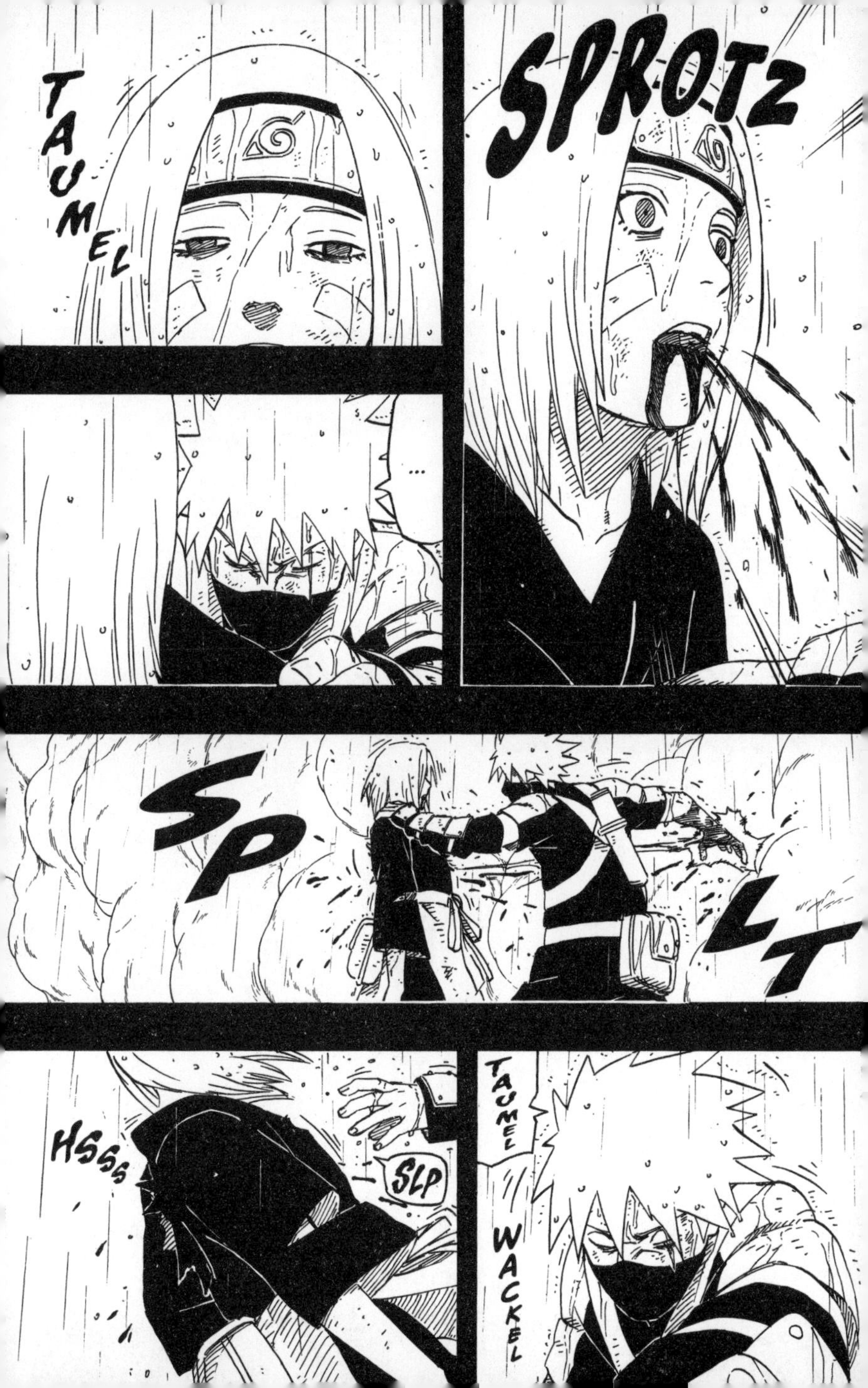
SPROTZ
TAUMEL
...
SPLT
TAUMEL
WACKEL
HSSS
SLP

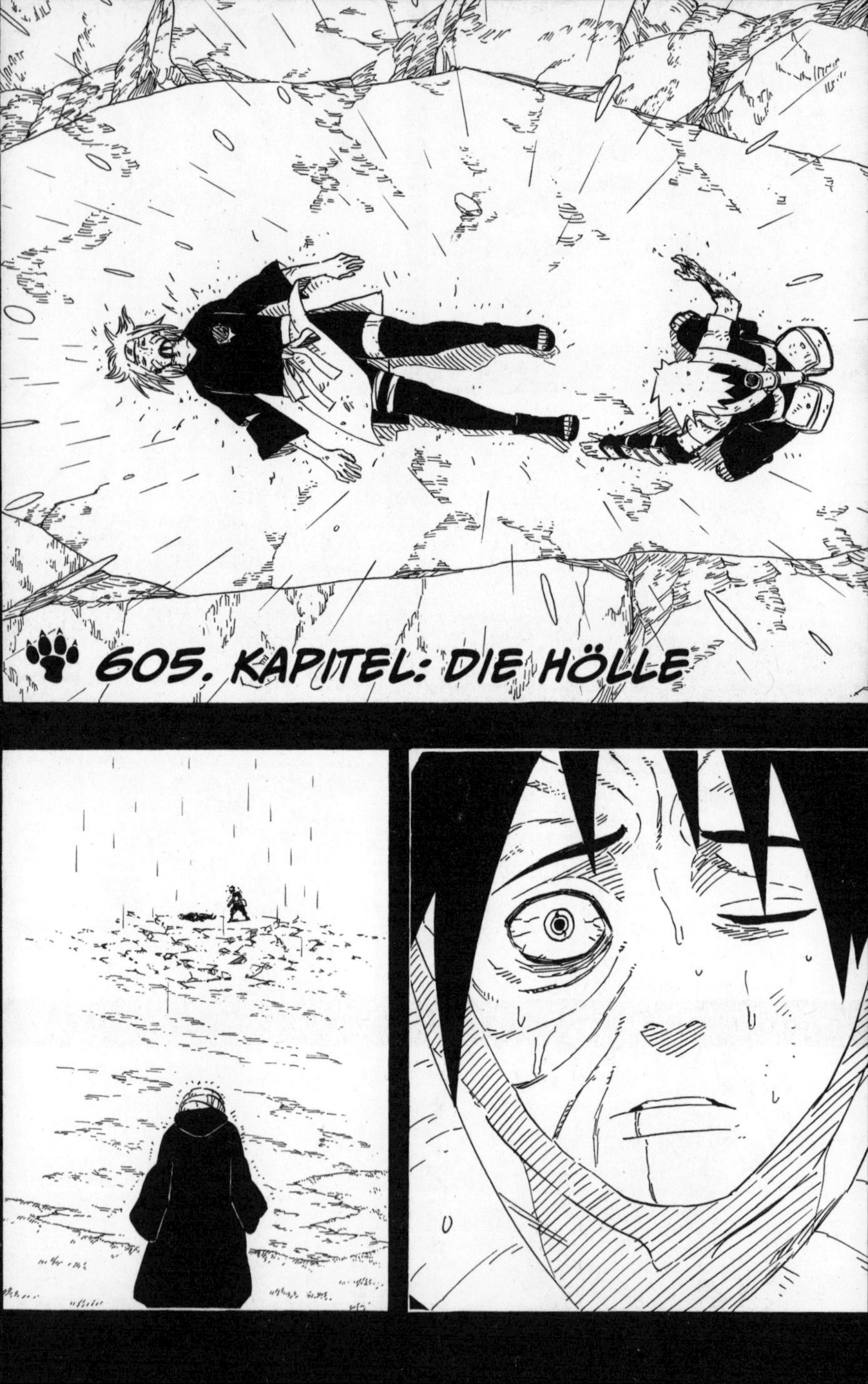
605. KAPITEL: DIE HÖLLE

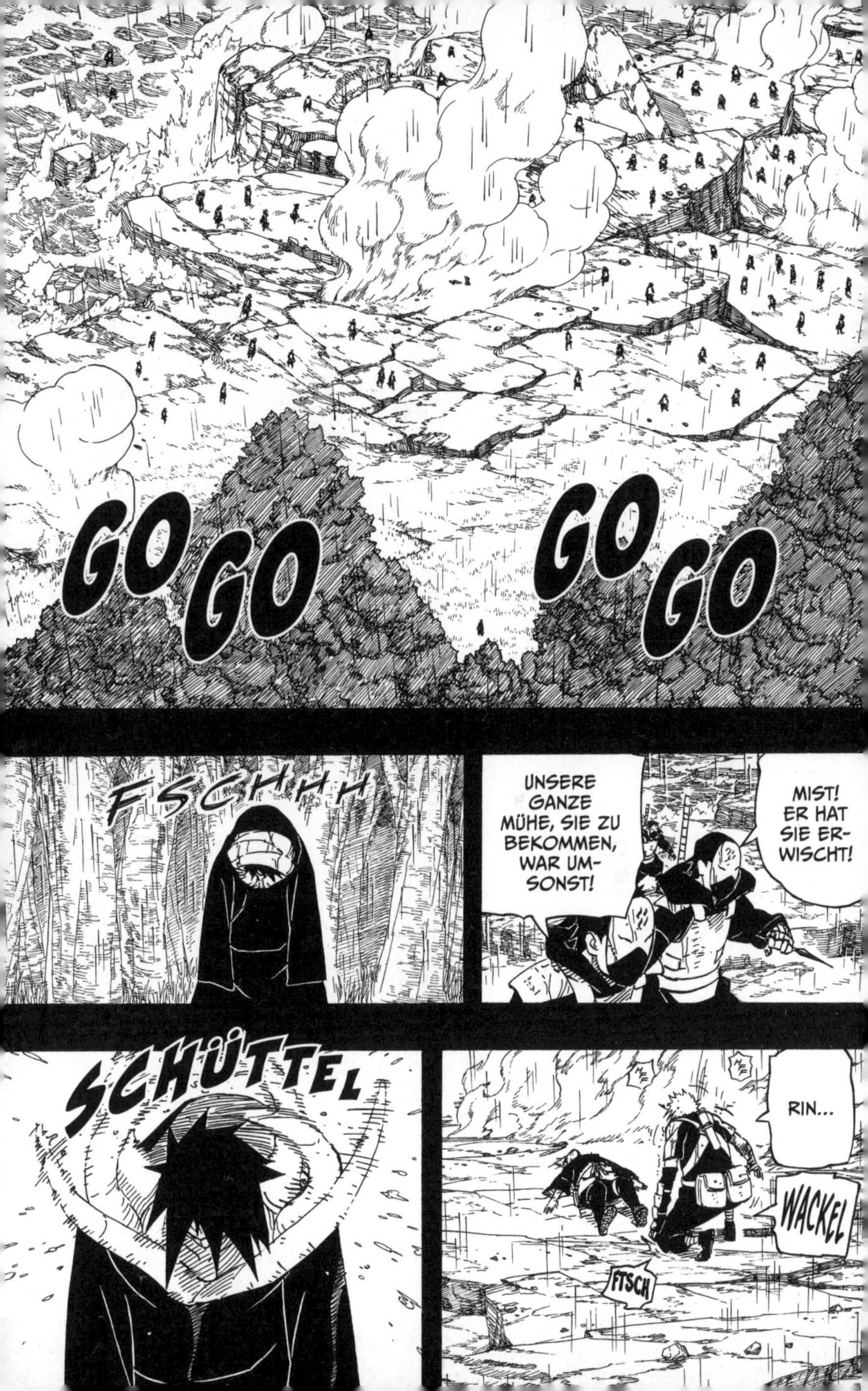
GOGO
GOGO
MIST! ER HAT SIE ER-WISCHT!
UNSERE GANZE MÜHE, SIE ZU BEKOMMEN, WAR UM-SONST!
FSCHHH
RIN…
WACKEL
FTSCH
SCHÜTTEL

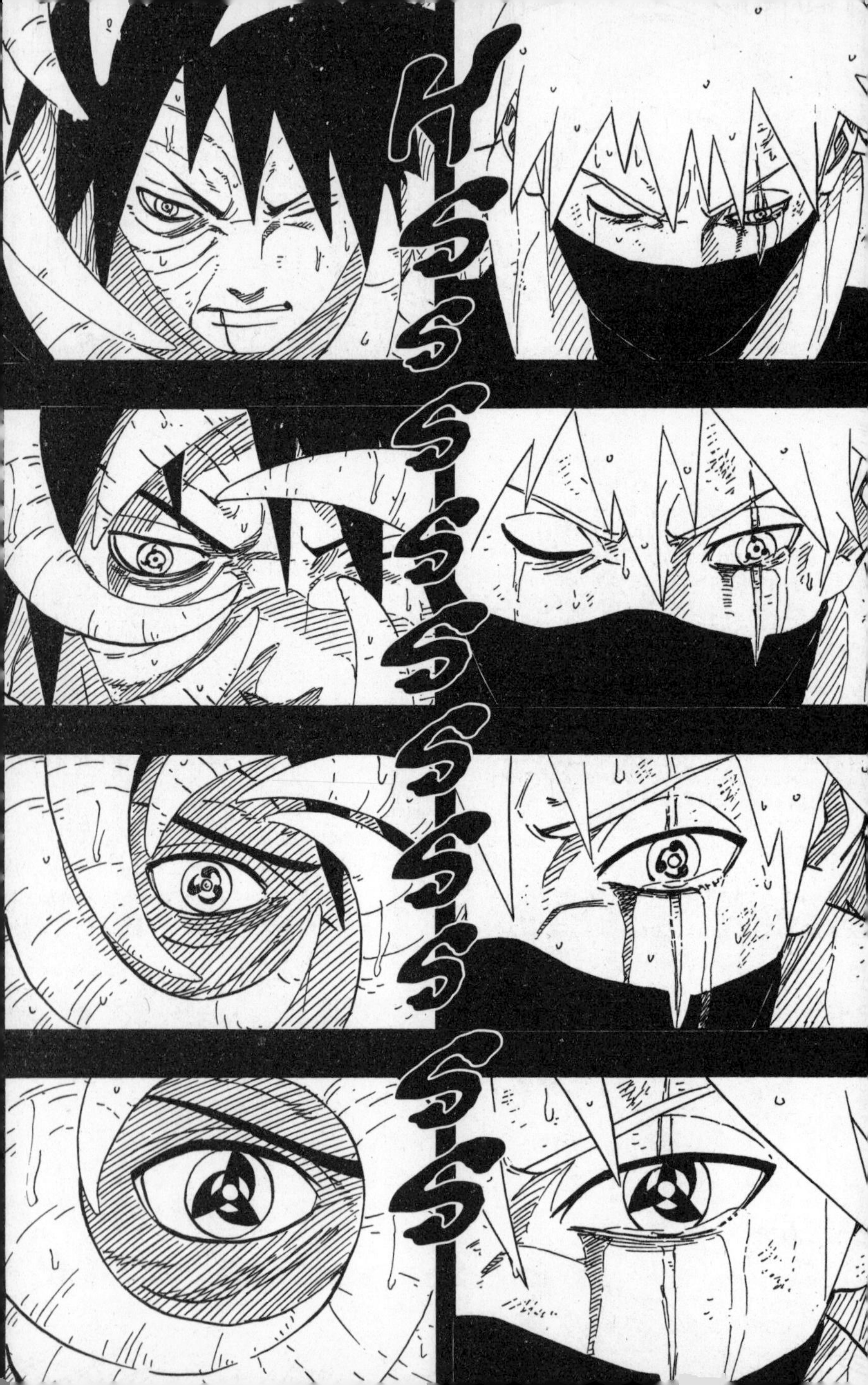
HISSSSSSSSSS

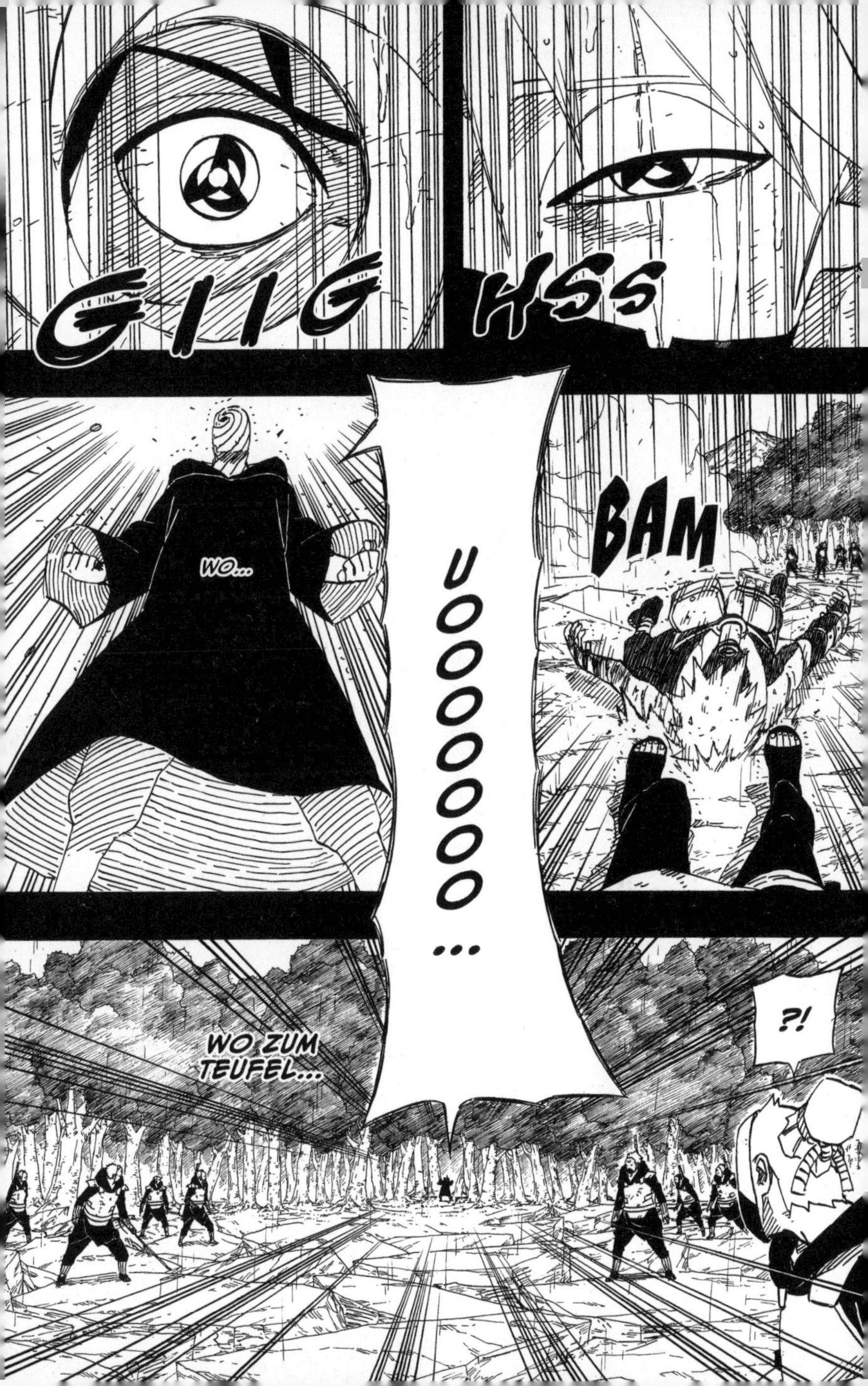
HSS
GIIG
BAM
UOOOOOOO...
WO...
?!
WO ZUM TEUFEL...

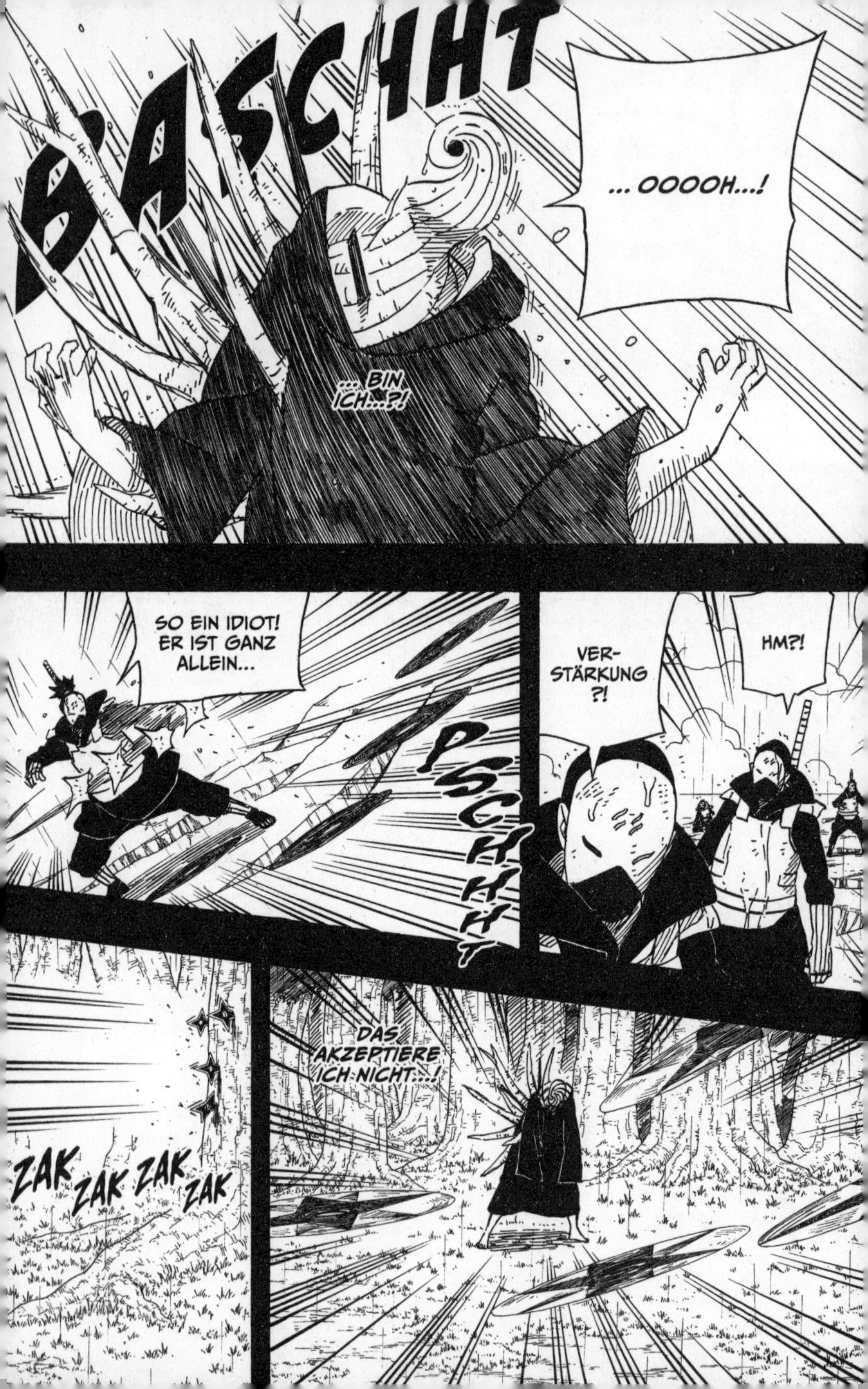
...OOOOH...!
BASCHHT
... BIN ICH...?!
HM?!
VER-STÄRKUNG?!
SO EIN IDIOT! ER IST GANZ ALLEIN...
PSCHHHT
DAS AKZEPTIERE ICH NICHT...!
ZAK ZAK ZAK ZAK

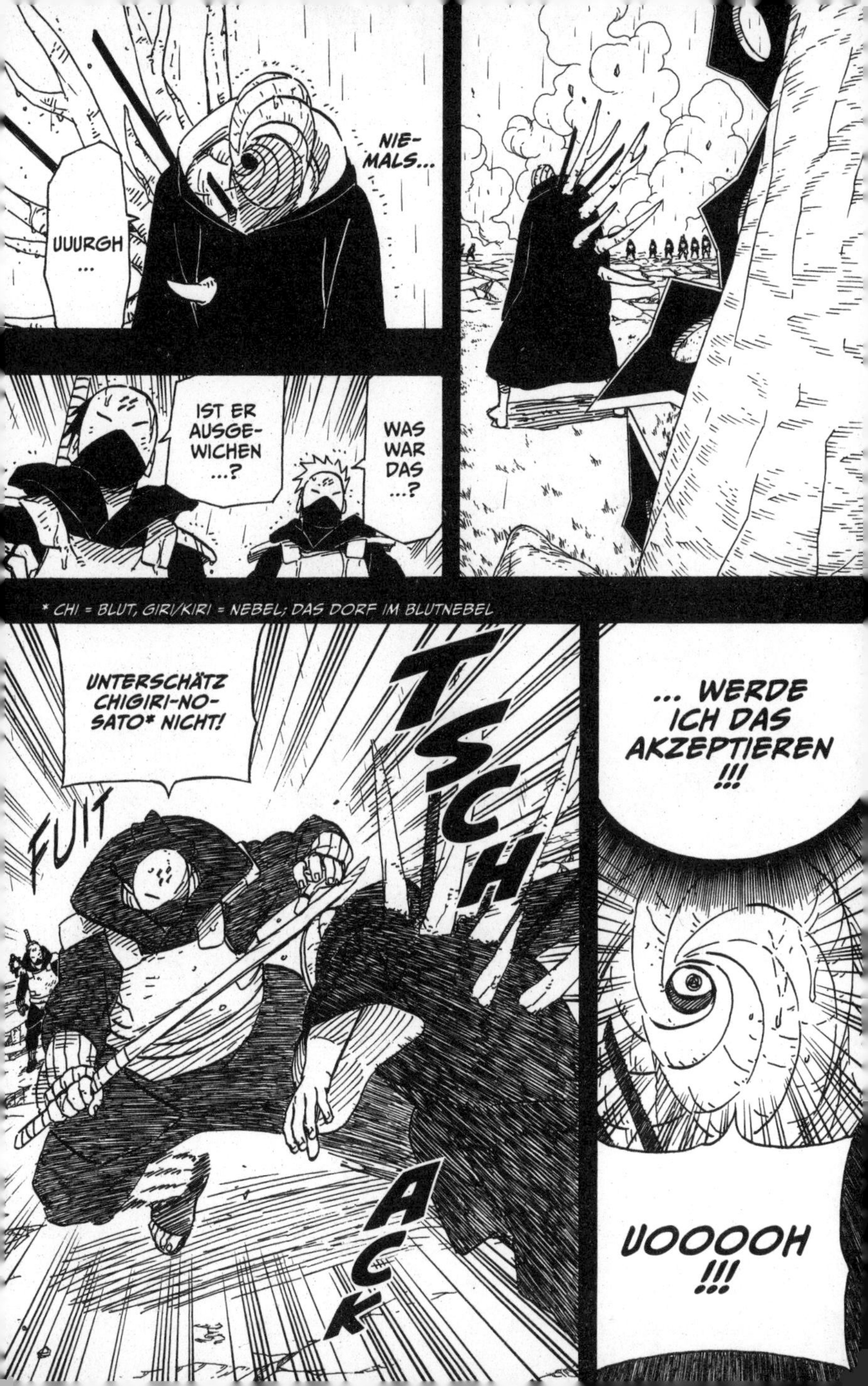

* CHI = BLUT, GIRI/KIRI = NEBEL; DAS DORF IM BLUTNEBEL

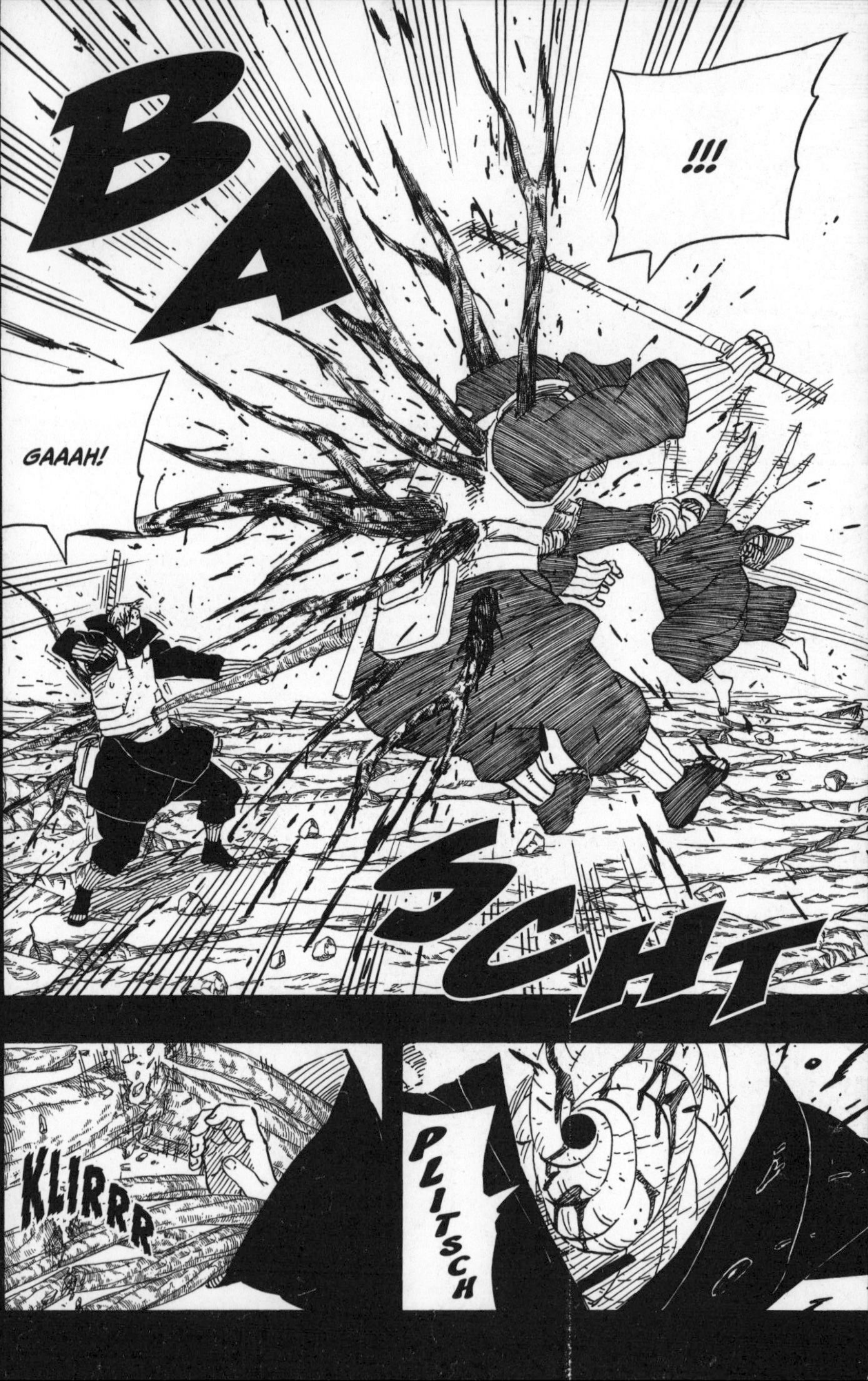

!!!
BA
GAAAH!
SCHT
PLITSCH
KLIRRR

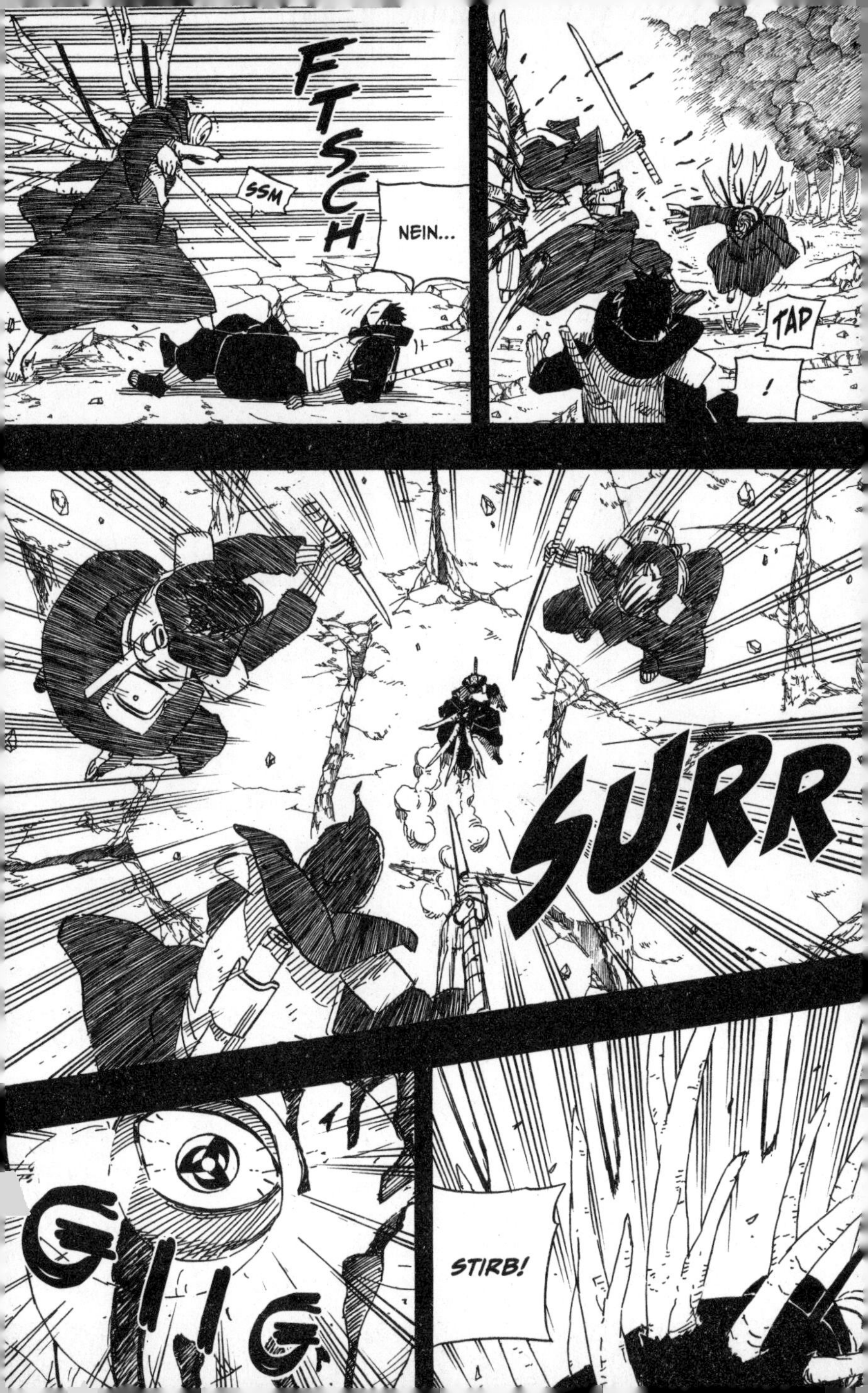
TAP
!
SSM
FTSCH
NEIN...
SURR
STIRB!
GIIG

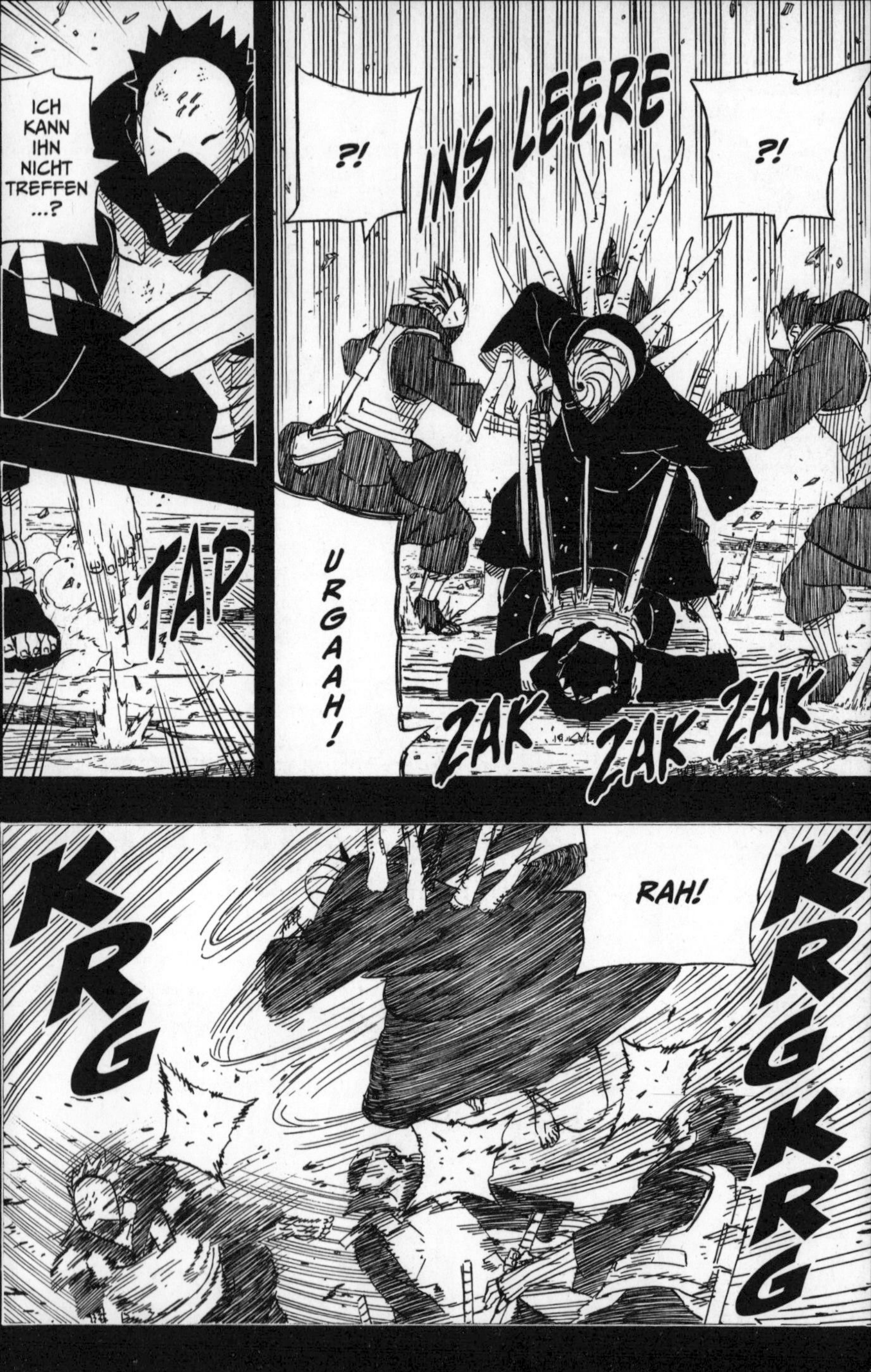
?!
INS LEERE
?!
ICH KANN IHN NICHT TREFFEN ...?
ZAK ZAK ZAK
URGAAH!
TAP
RAH!
KRGKRG
KRG

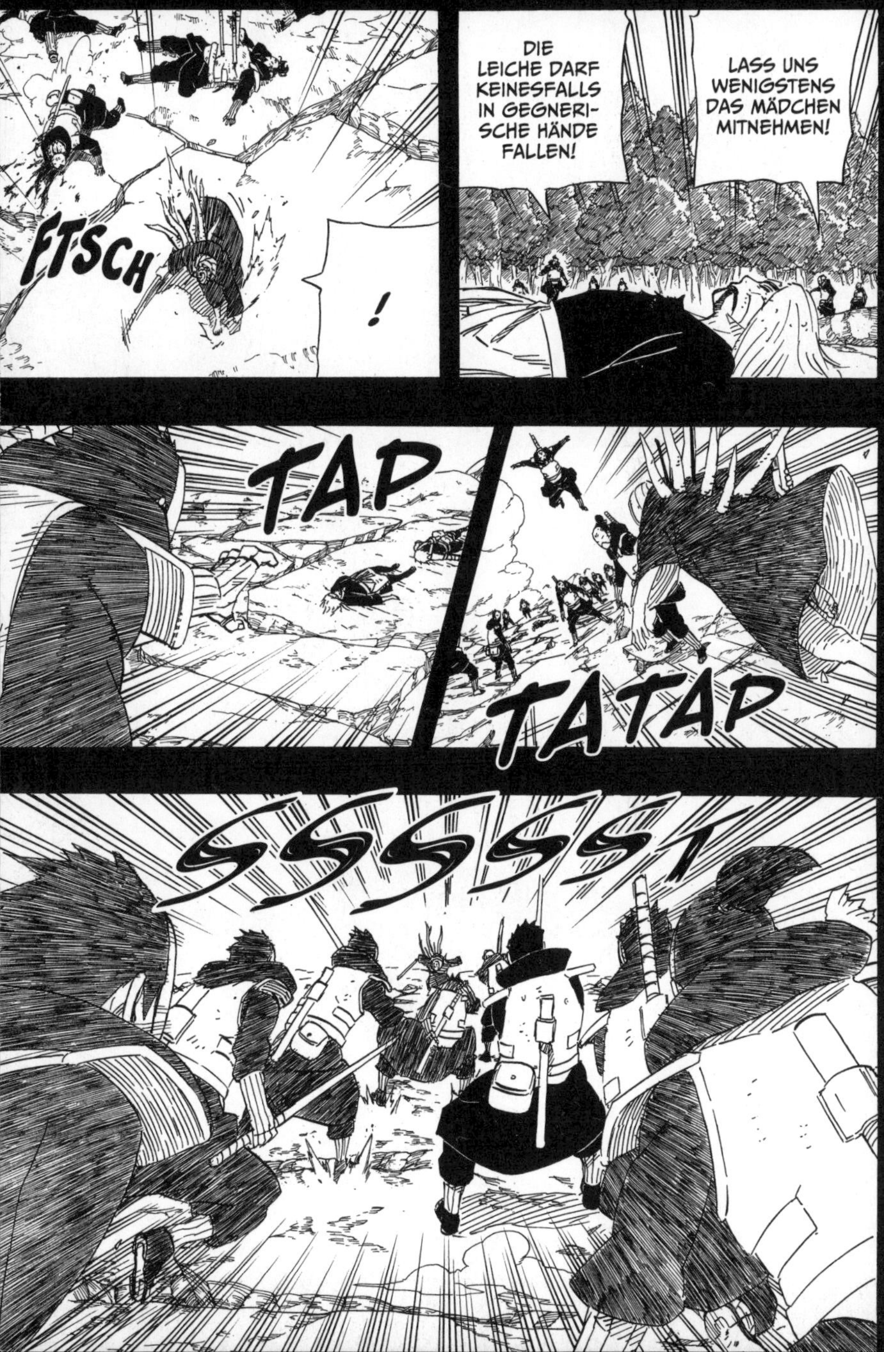
DIE LEICHE DARF KEINESFALLS IN GEGNERISCHE HÄNDE FALLEN!
LASS UNS WENIGSTENS DAS MÄDCHEN MITNEHMEN!
FTSCH
!
TAP
TATAP
SSSSSST

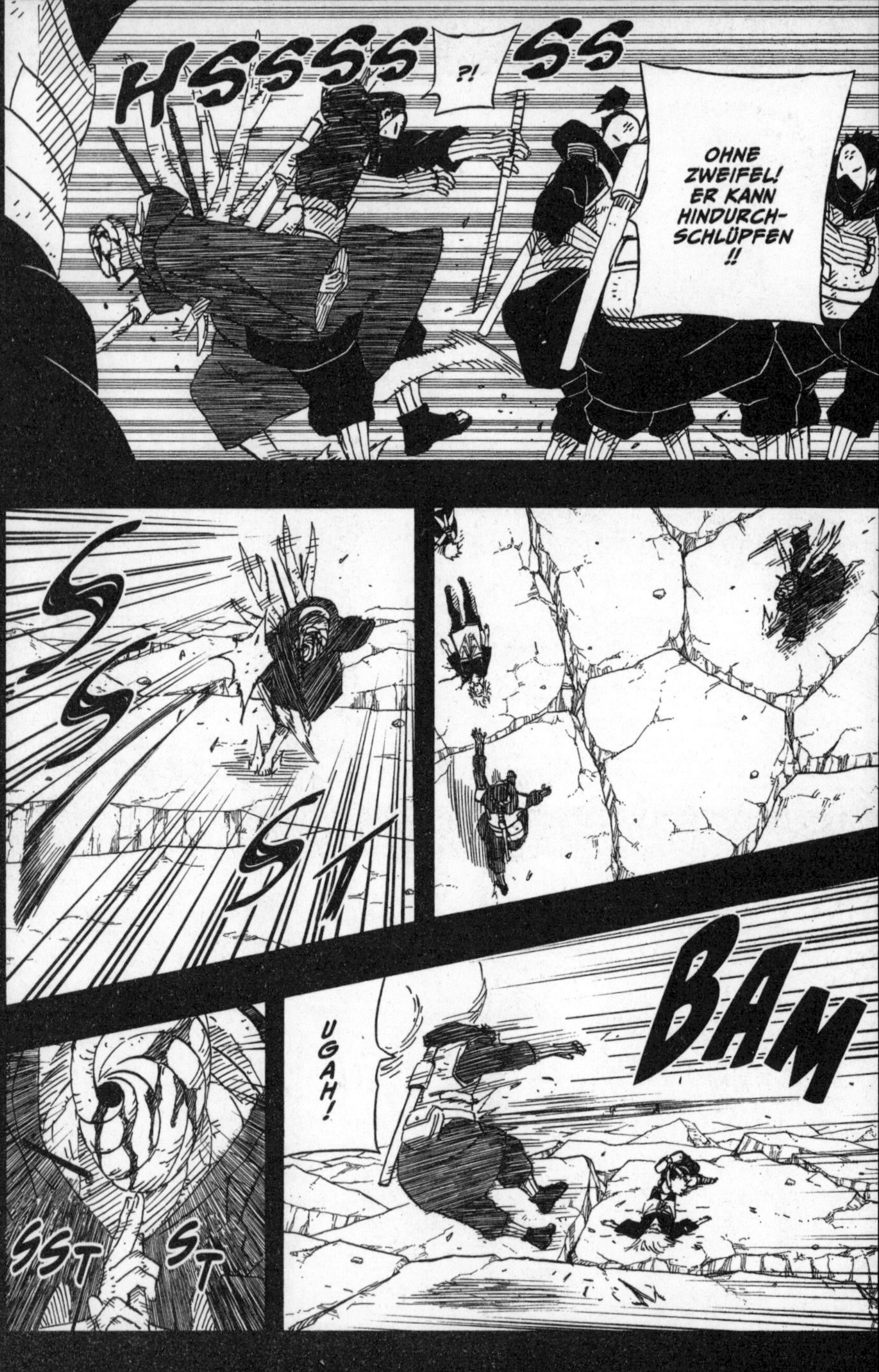
HSSSSS
?!
SS
OHNE ZWEIFEL! ER KANN HINDURCHSCHLÜPFEN!!
SS
ST
BAM
UGAH!
SST
ST

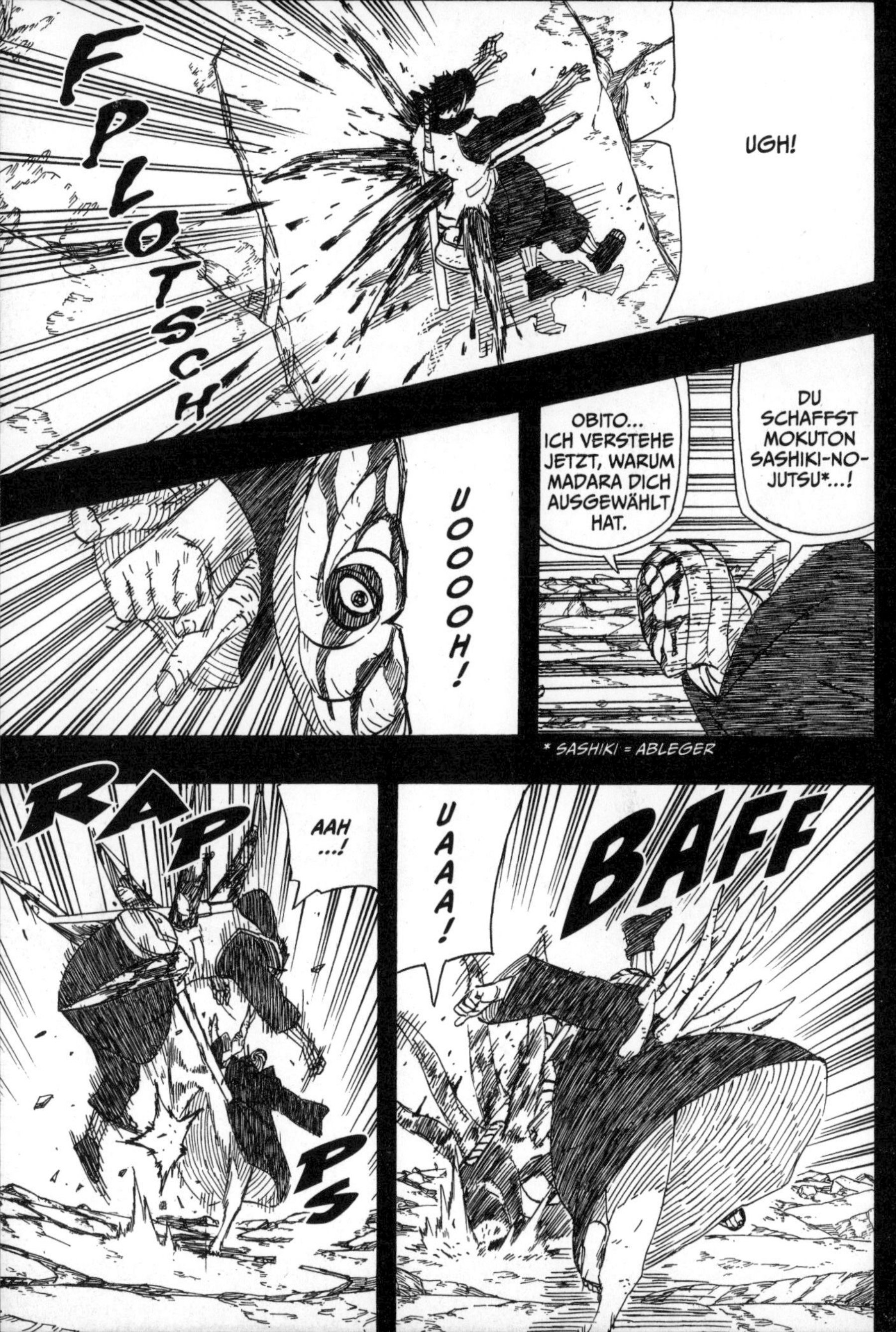
UGH!
FPLOTSCH
DU SCHAFFST MOKUTON SASHIKI-NO-JUTSU*...!
OBITO... ICH VERSTEHE JETZT, WARUM MADARA DICH AUSGEWÄHLT HAT.
UOOOOOH!
* SASHIKI = ABLEGER
BAFF
UAAAA!
AAH ...!
RAP PS

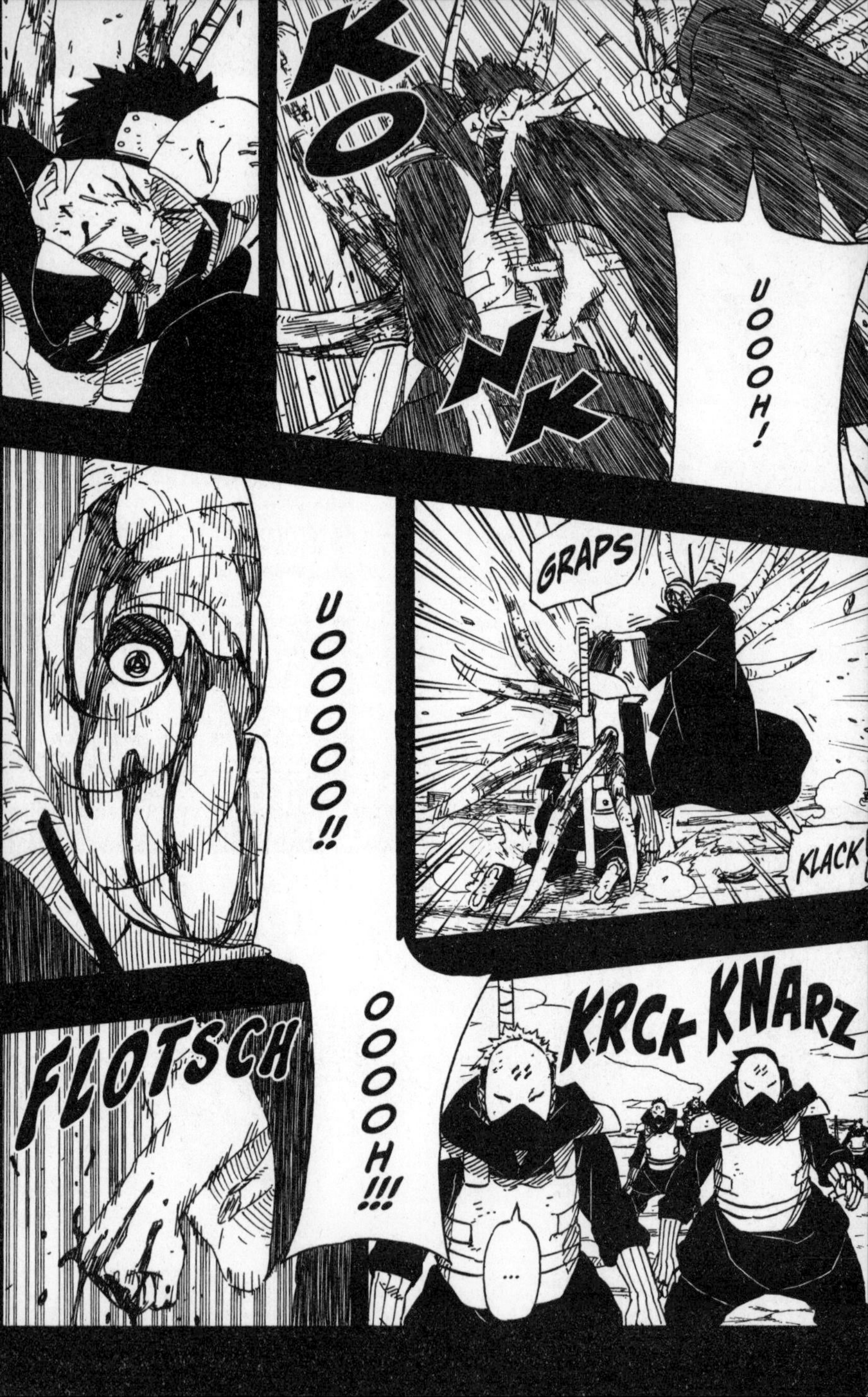

UOOOOH!
KONK
UOOOOOO!!
GRAPS
KLACK
OOOOOH!!!
FLOTSCH
KRCK KNARZ
...

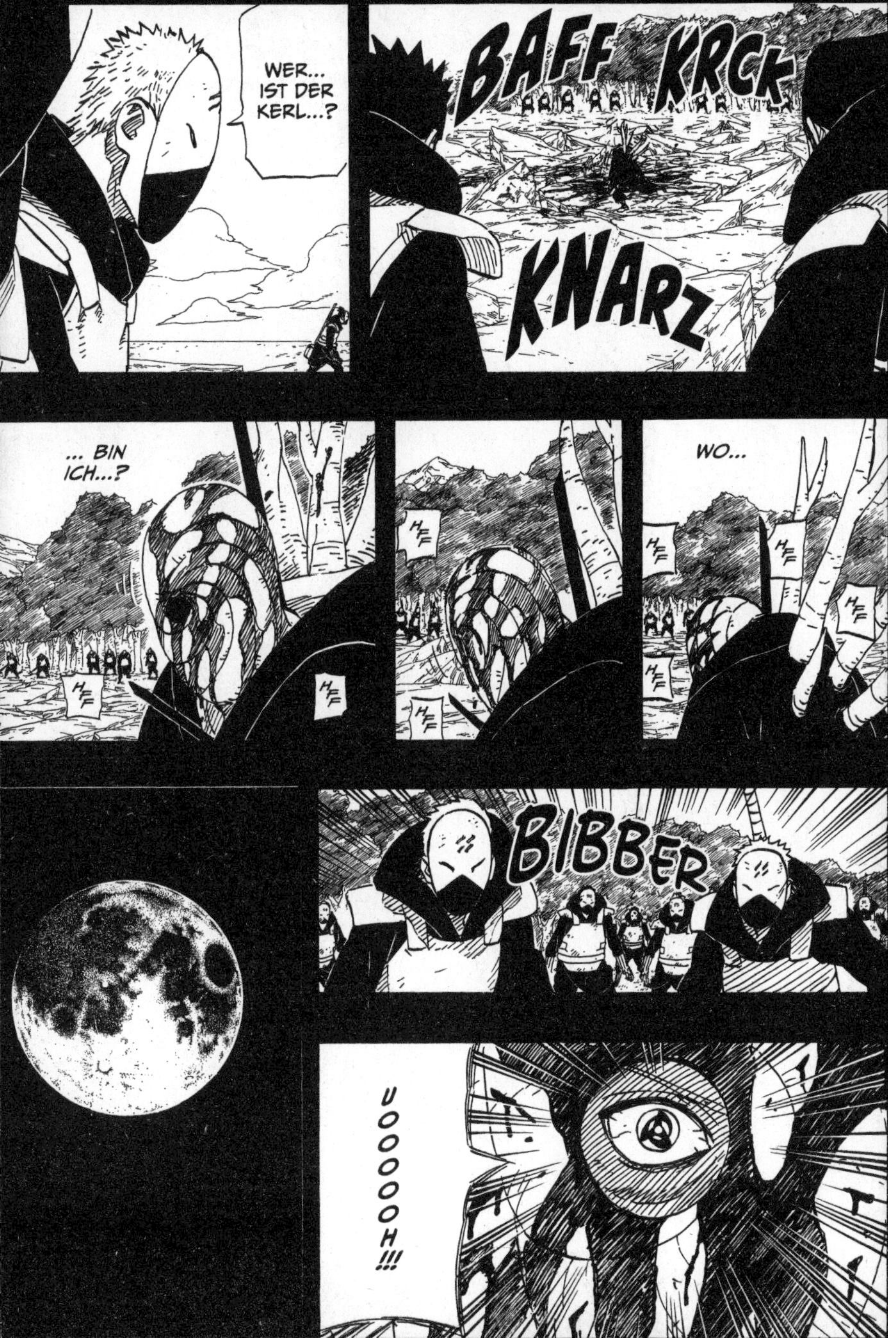
BAFF KRCK
KNARZ
WER... IST DER KERL...?
WO...
HEF
HEF
HEF
HEF
HEF
HEF
... BIN ICH...?
HEF
HEF
BIBBER
UOOOOOOH!!!

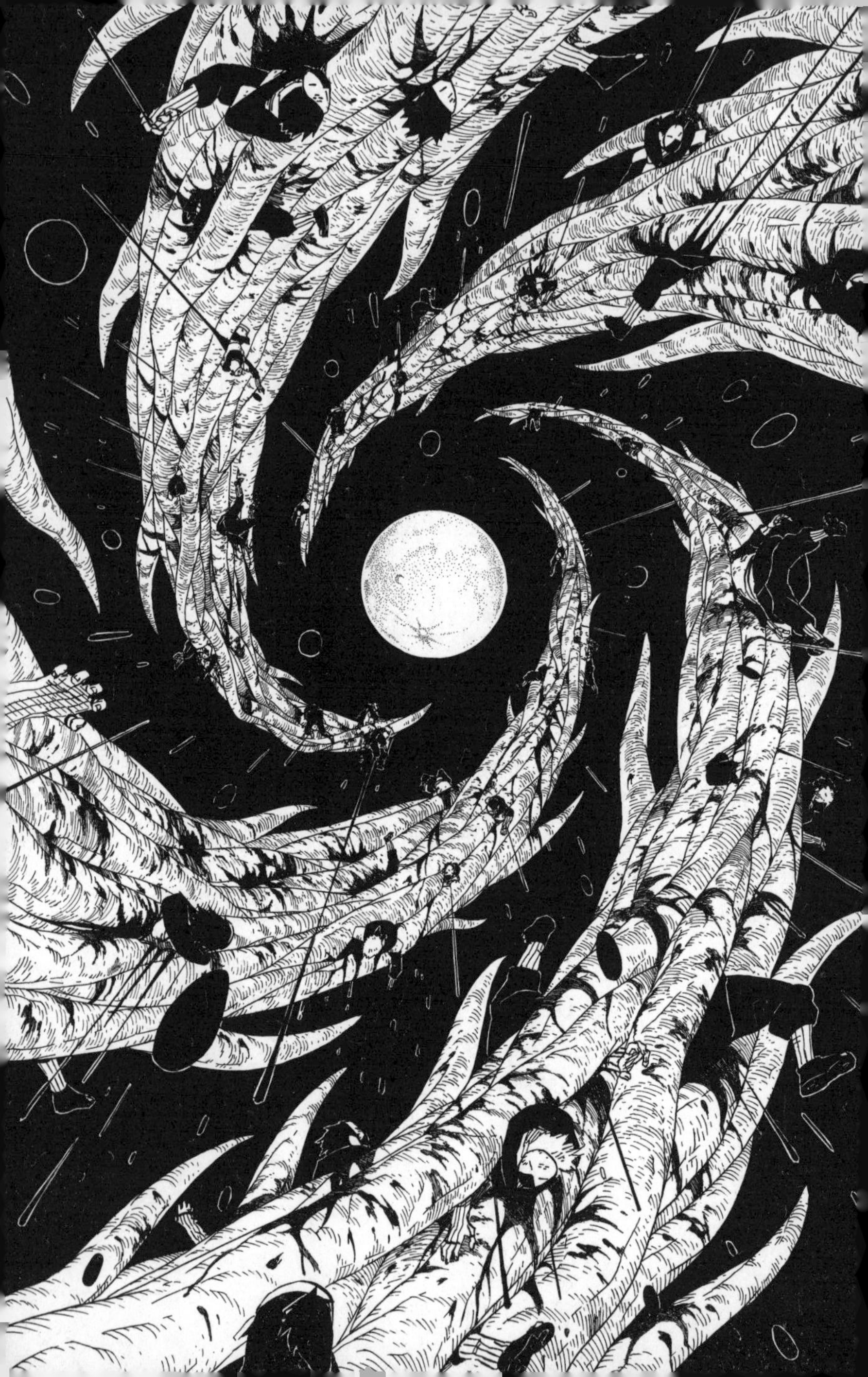

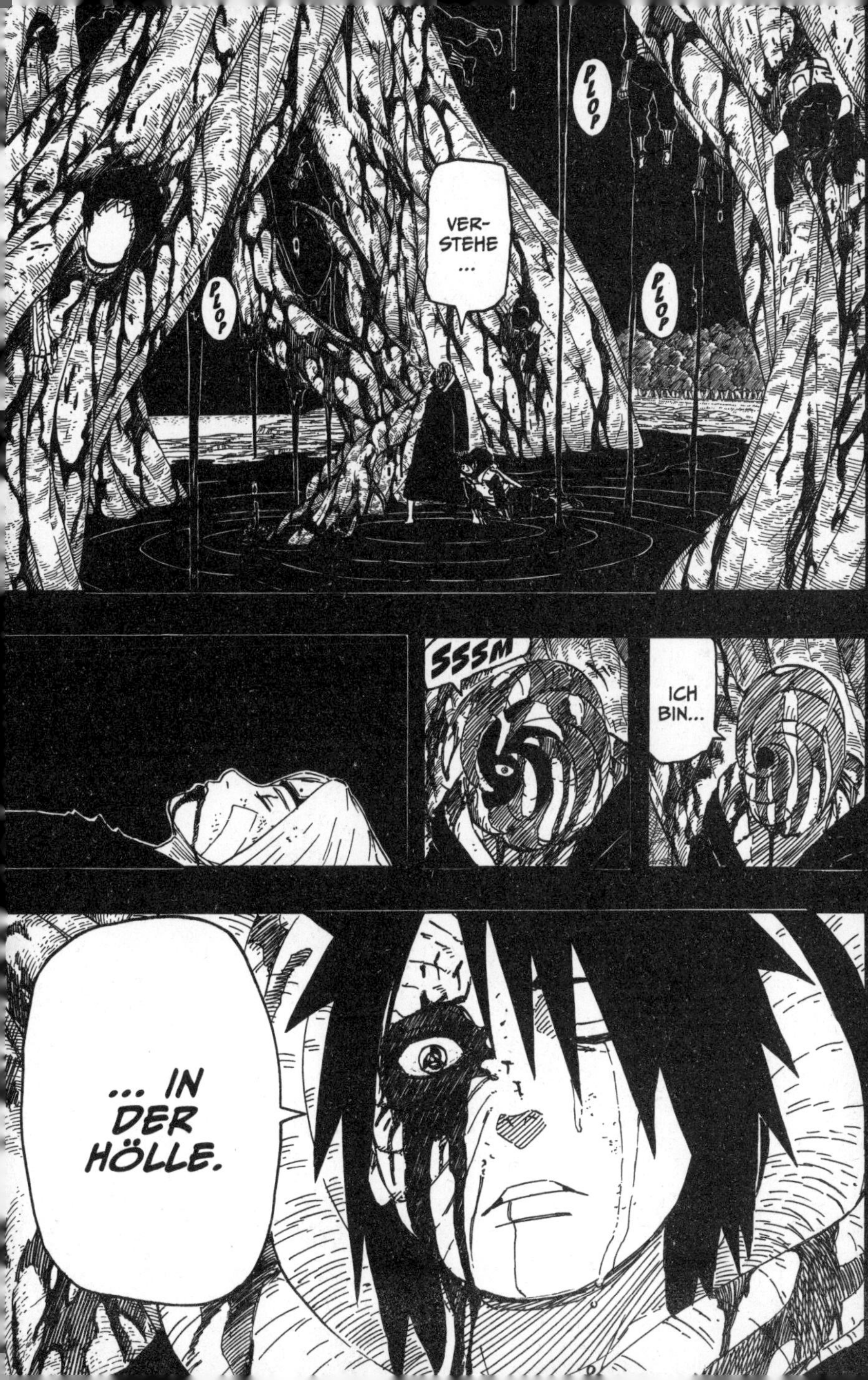
PLOP
VER-
STEHE
...
PLOP
PLOP
ICH
BIN...
SSSM
... IN
DER
HÖLLE.

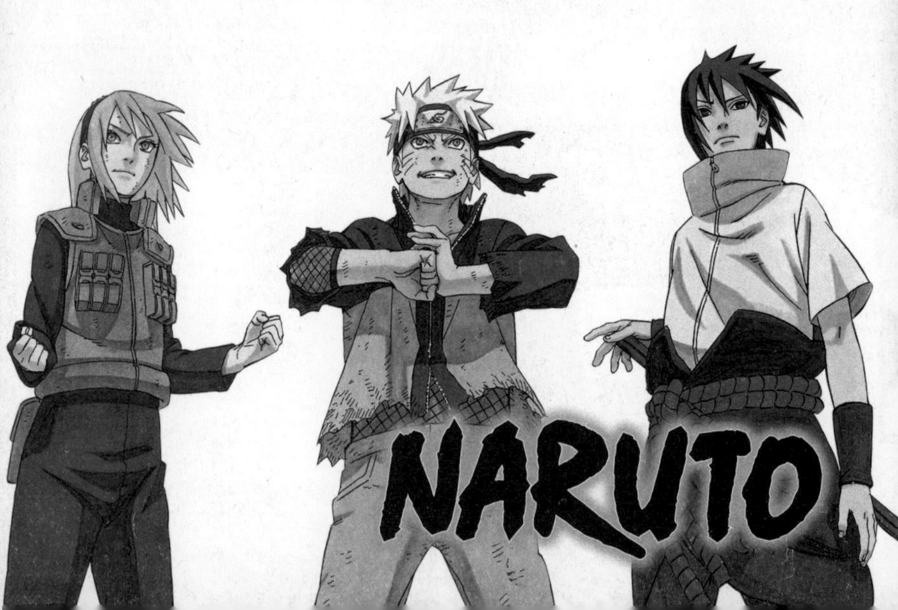
NARUTO

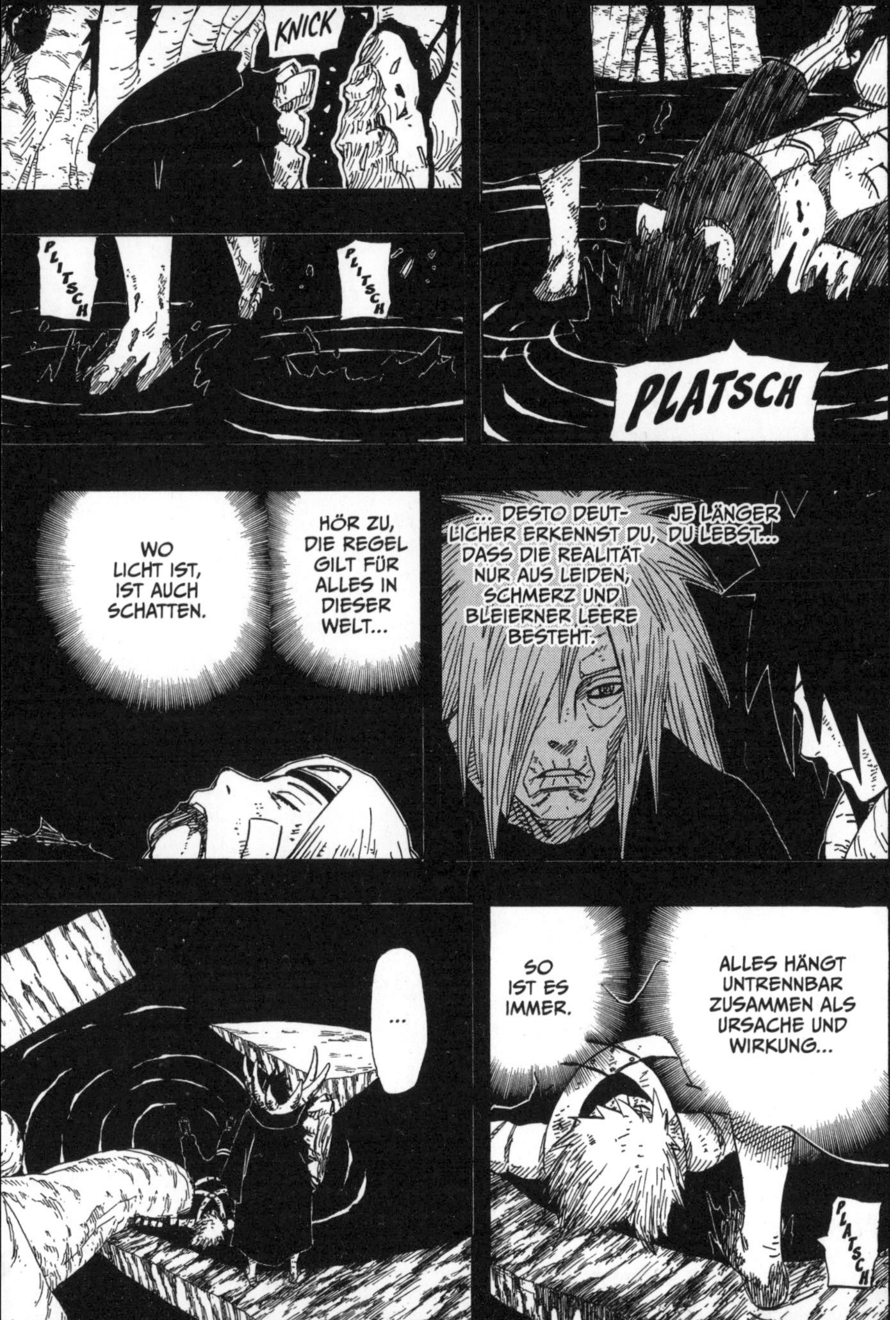
KNICK
PLITSCH
PLITSCH
PLATSCH
JE LÄNGER DU LEBST...
... DESTO DEUTLICHER ERKENNST DU, DASS DIE REALITÄT NUR AUS LEIDEN, SCHMERZ UND BLEIERNER LEERE BESTEHT.
HÖR ZU, DIE REGEL GILT FÜR ALLES IN DIESER WELT...
WO LICHT IST, IST AUCH SCHATTEN.
ALLES HÄNGT UNTRENNBAR ZUSAMMEN ALS URSACHE UND WIRKUNG...
SO IST ES IMMER.
PLATSCH
...

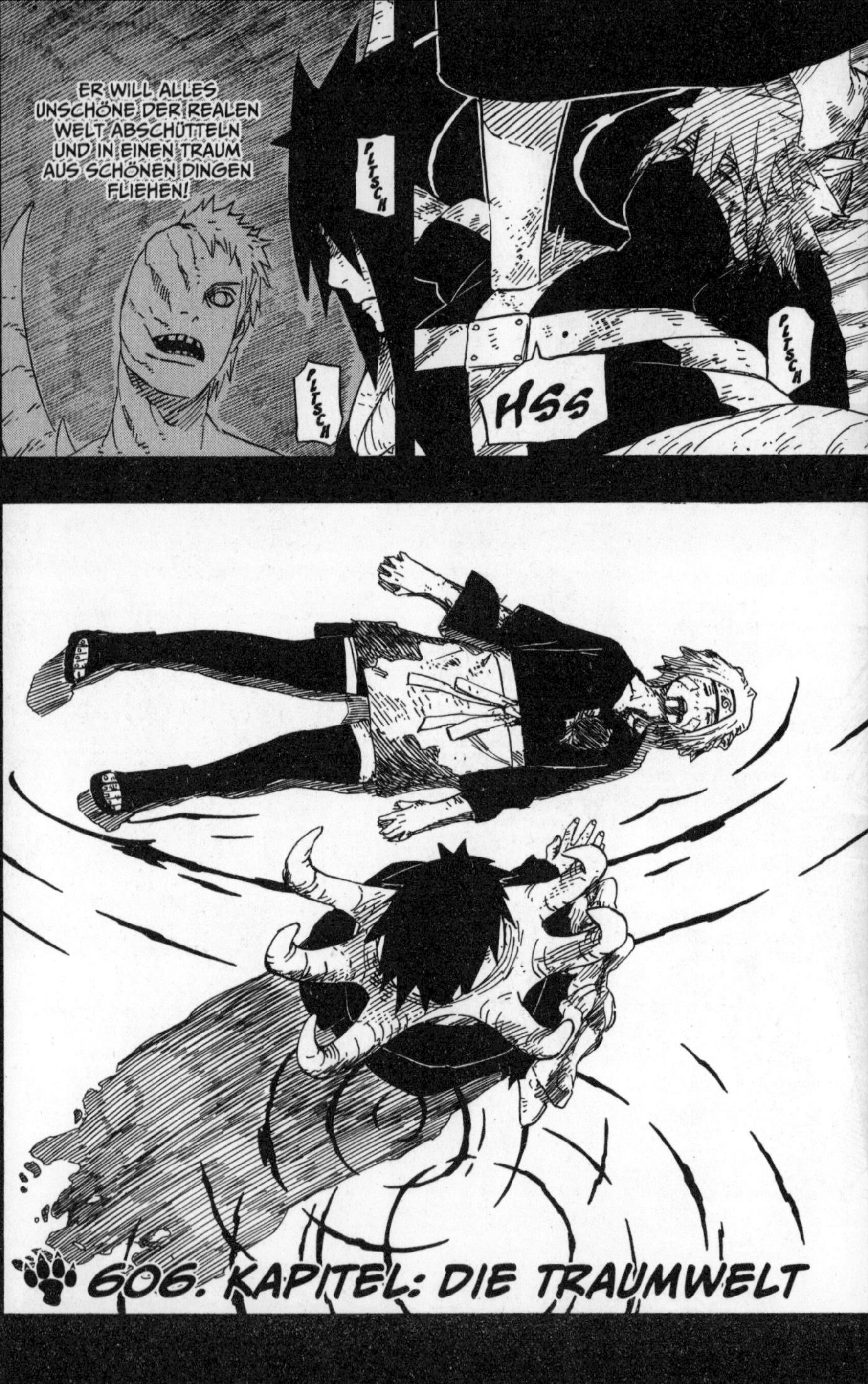
PLTSCH
HSS
PLTSCH
ER WILL ALLES UNSCHÖNE DER REALEN WELT ABSCHÜTTELN UND IN EINEN TRAUM AUS SCHÖNEN DINGEN FLIEHEN!
PLTSCH
606. KAPITEL: DIE TRAUMWELT

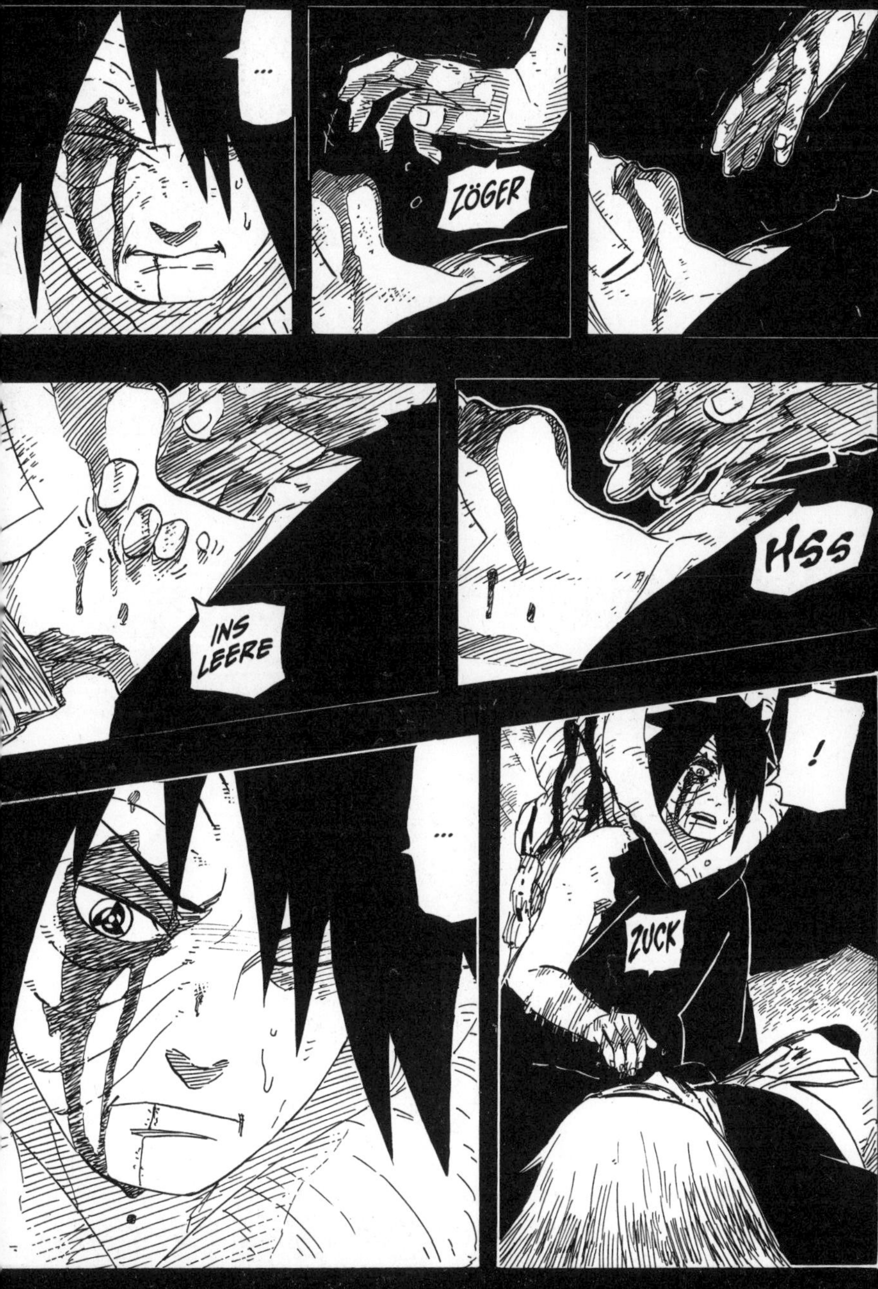
ZÖGER
...
HSs
INS LEERE
!
ZUCK
...

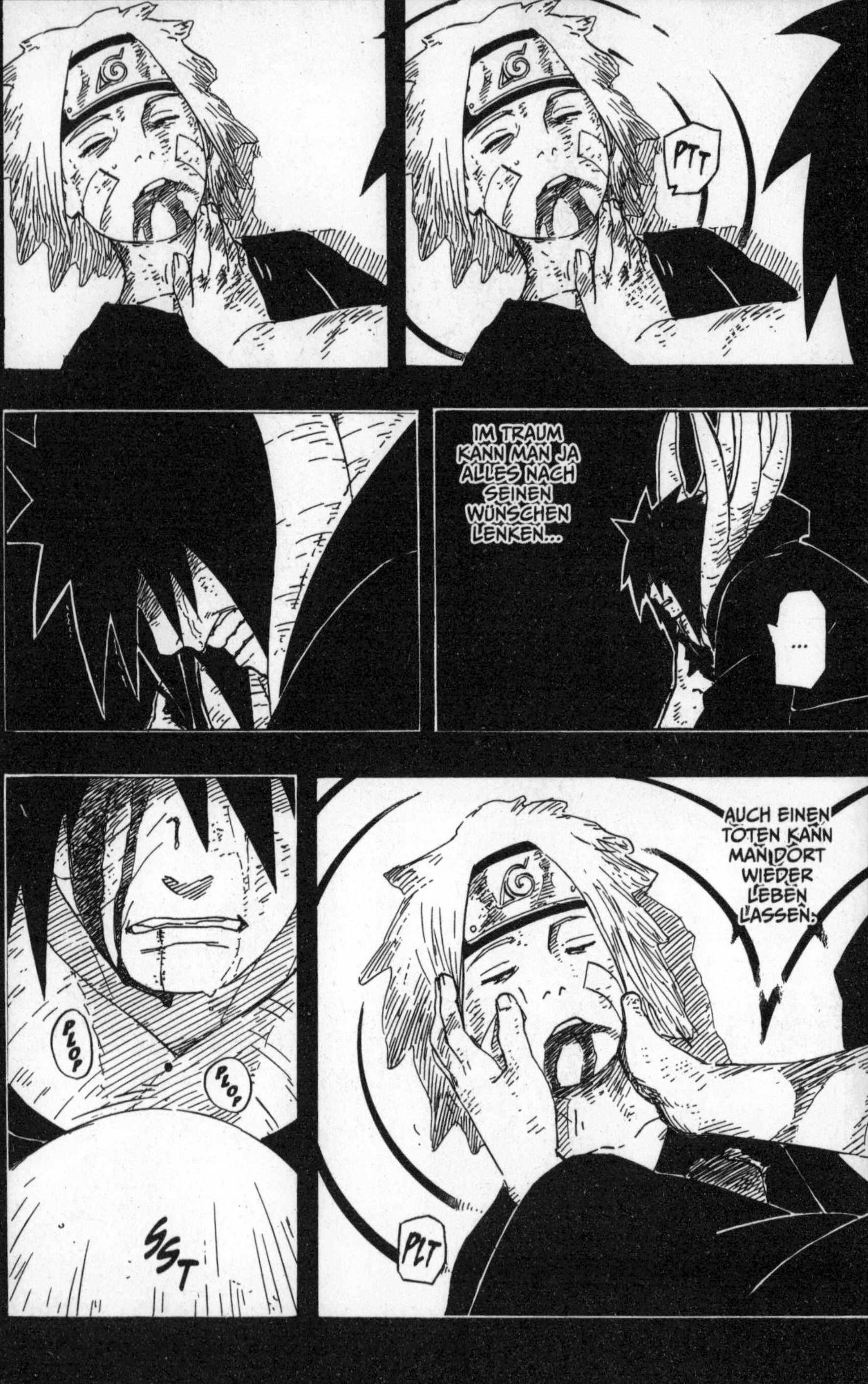
PTT
IM TRAUM KANN MAN JA ALLES NACH SEINEN WÜNSCHEN LENKEN...
...
AUCH EINEN TOTEN KANN MAN DORT WIEDER LEBEN LASSEN.
PLT
PLOP
PLOP
SST

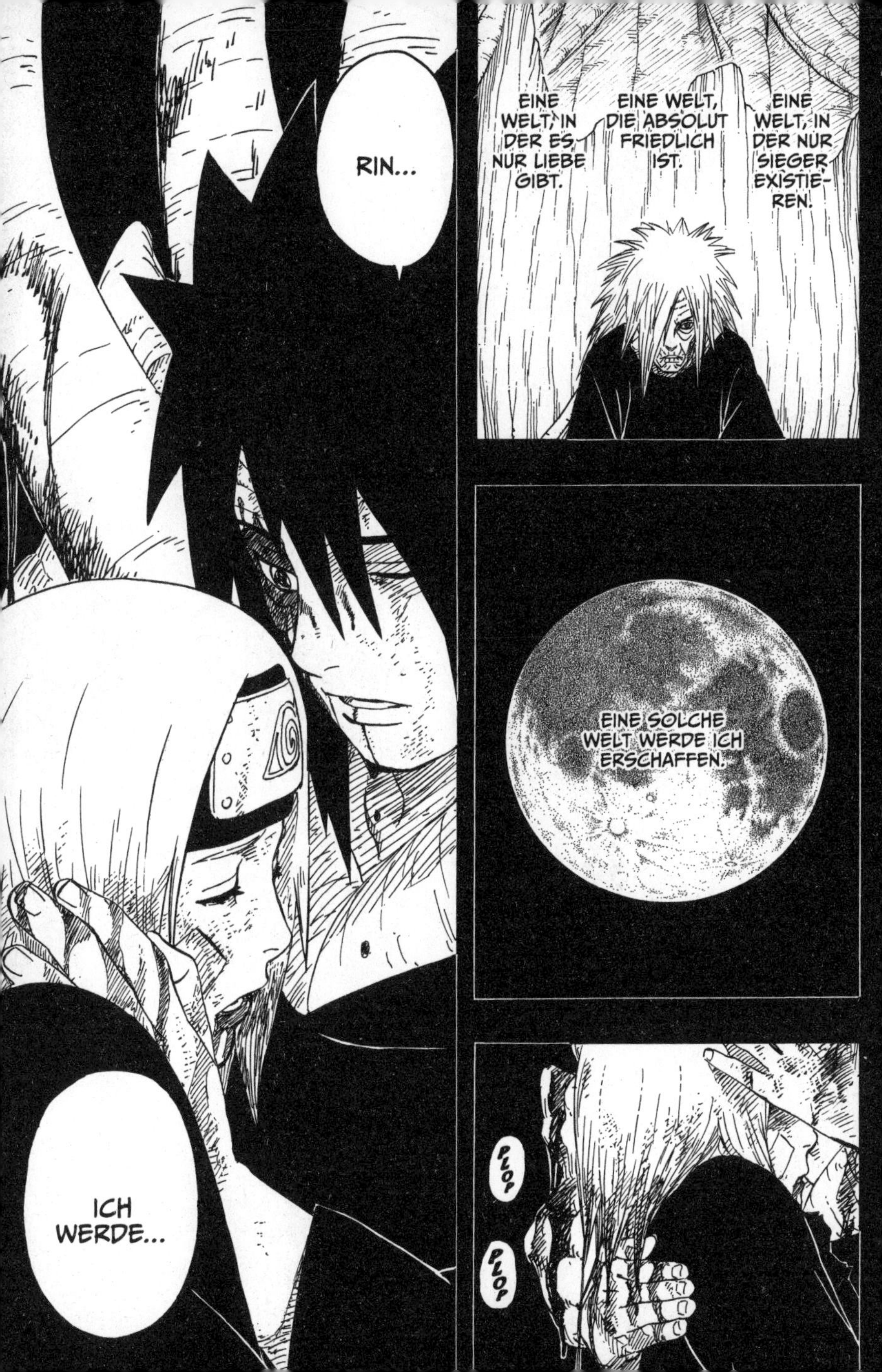
EINE WELT, IN DER NUR SIEGER EXISTIEREN.
EINE WELT, DIE ABSOLUT FRIEDLICH IST.
EINE WELT, IN DER ES NUR LIEBE GIBT.
EINE SOLCHE WELT WERDE ICH ERSCHAFFEN.
PLOP
PLOP
RIN...
ICH WERDE...

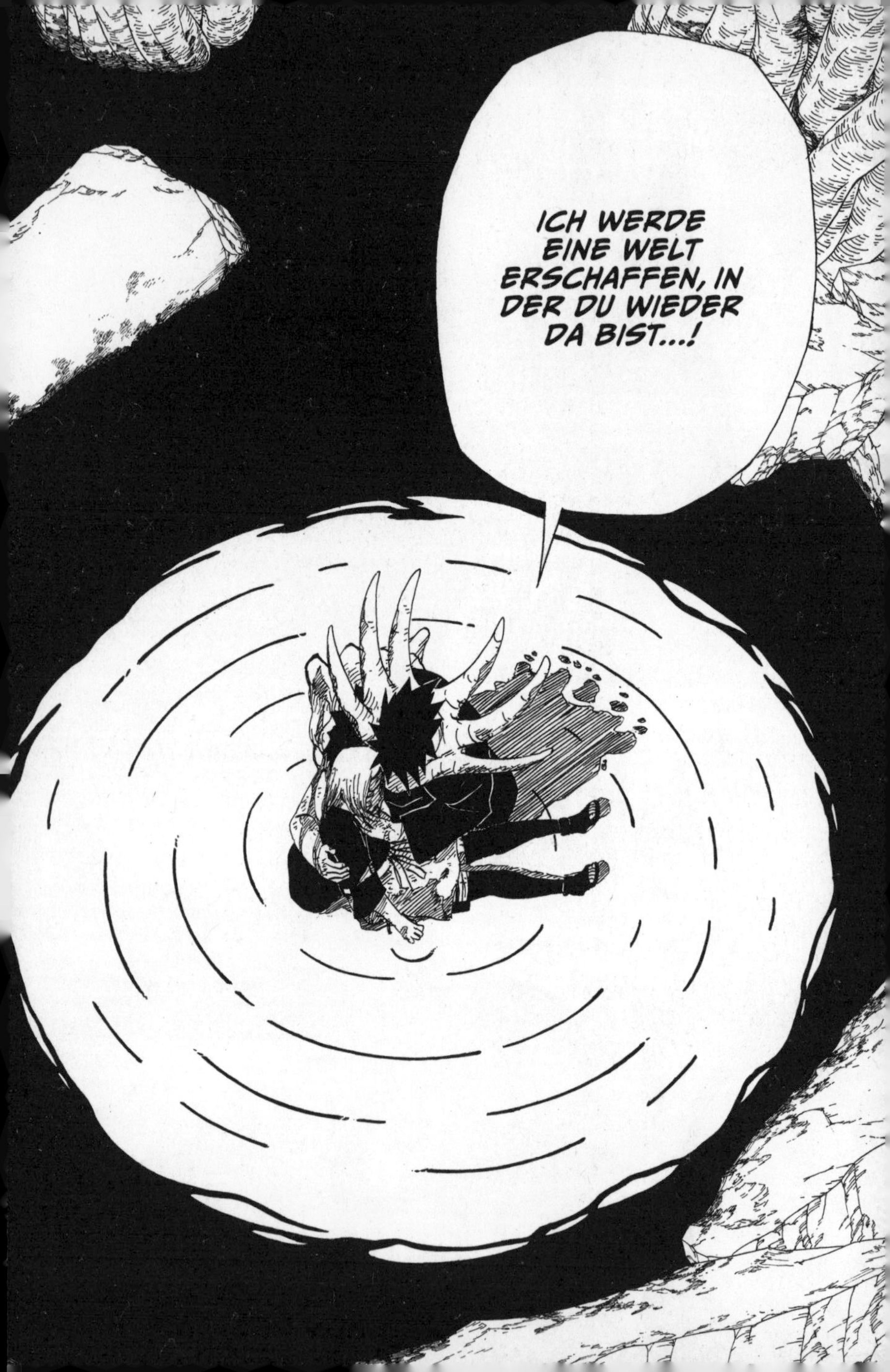
ICH WERDE EINE WELT ERSCHAFFEN, IN DER DU WIEDER DA BIST...!

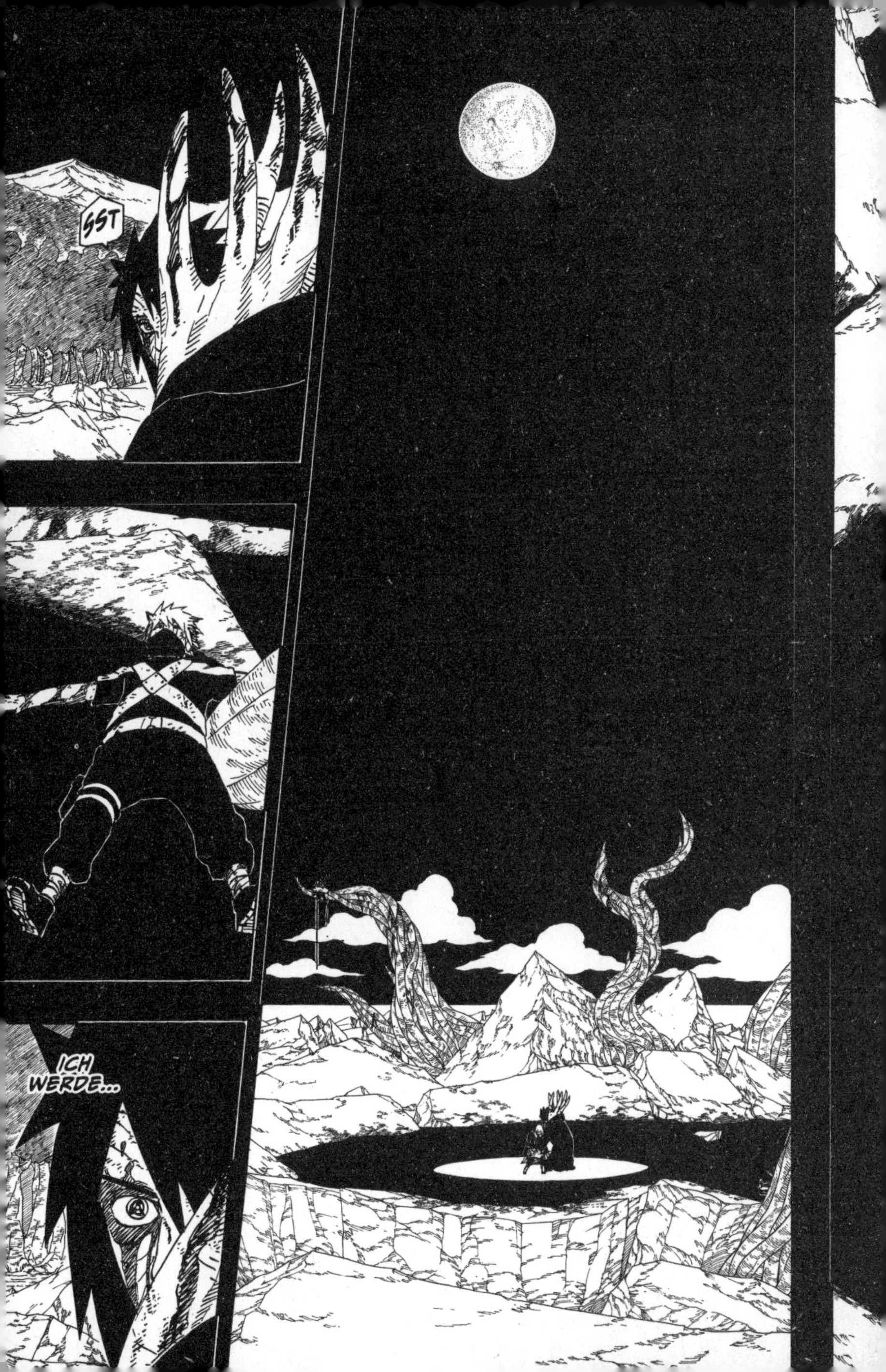
SST
ICH WERDE...

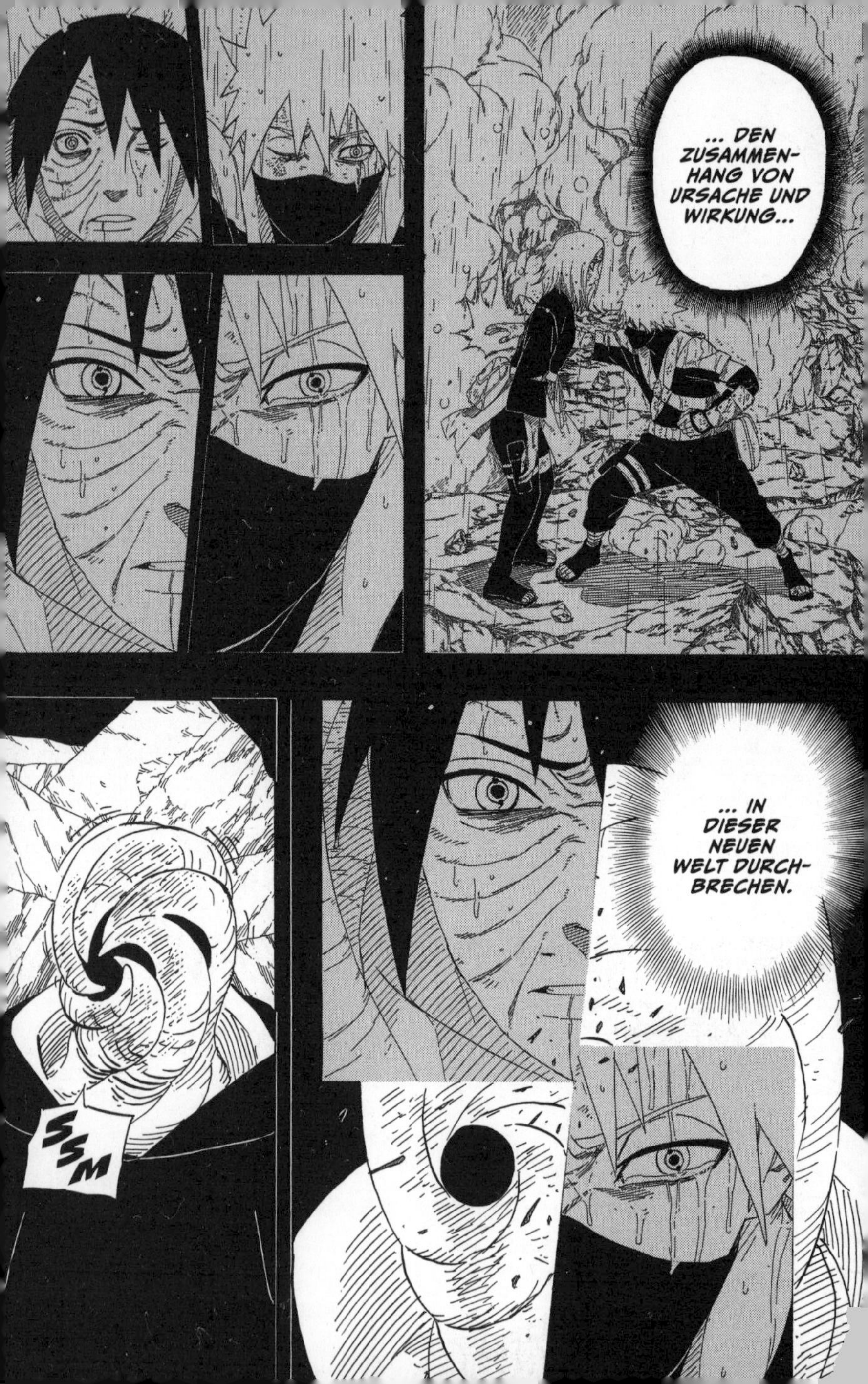
... DEN ZUSAMMEN-HANG VON URSACHE UND WIRKUNG...
... IN DIESER NEUEN WELT DURCH-BRECHEN.
SSM

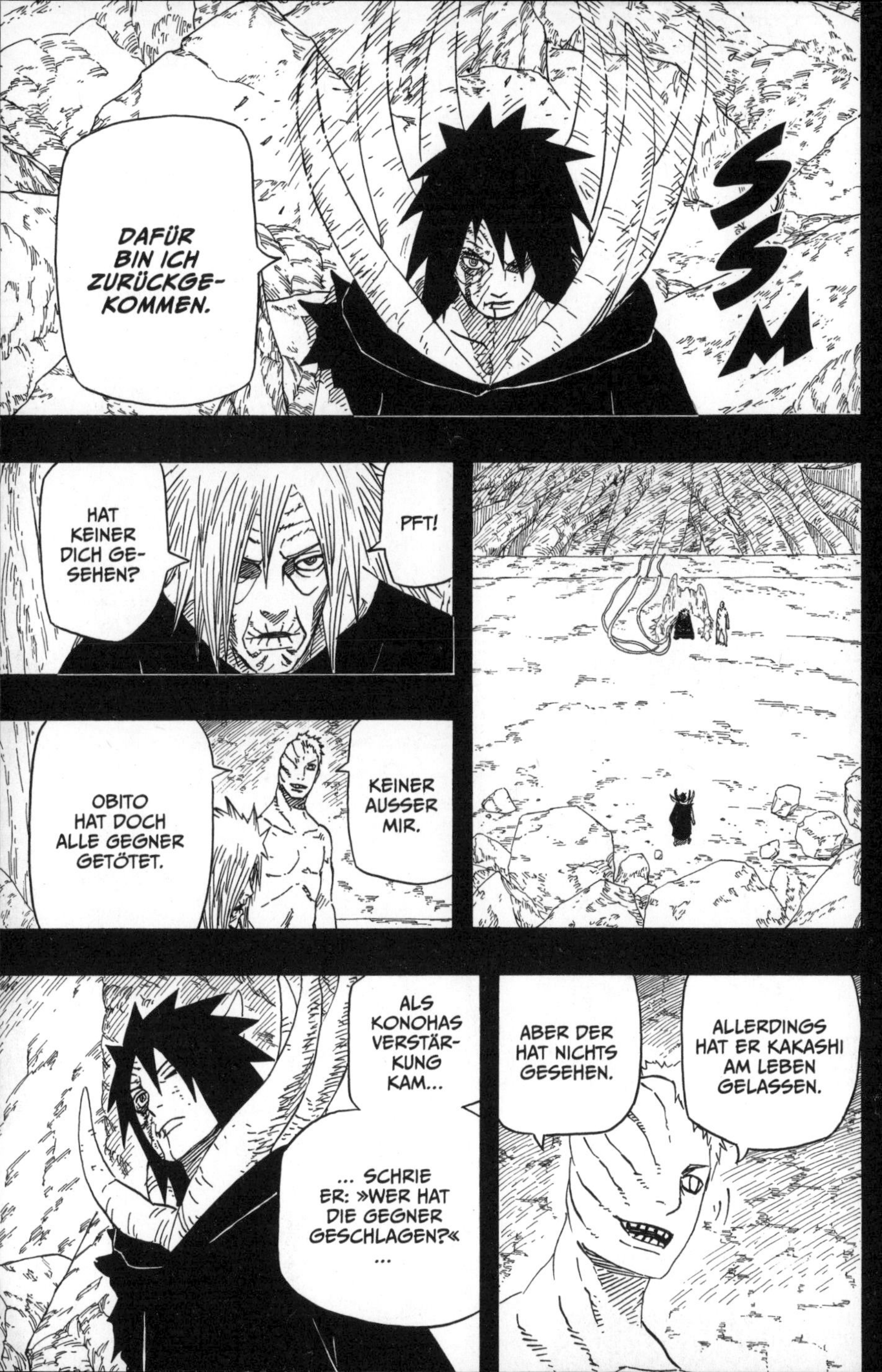
SSM
DAFÜR BIN ICH ZURÜCKGE-KOMMEN.
PFT!
HAT KEINER DICH GE-SEHEN?
KEINER AUSSER MIR.
OBITO HAT DOCH ALLE GEGNER GETÖTET.
ALLERDINGS HAT ER KAKASHI AM LEBEN GELASSEN.
ABER DER HAT NICHTS GESEHEN.
ALS KONOHAS VERSTÄR-KUNG KAM…
… SCHRIE ER: »WER HAT DIE GEGNER GESCHLAGEN?« …

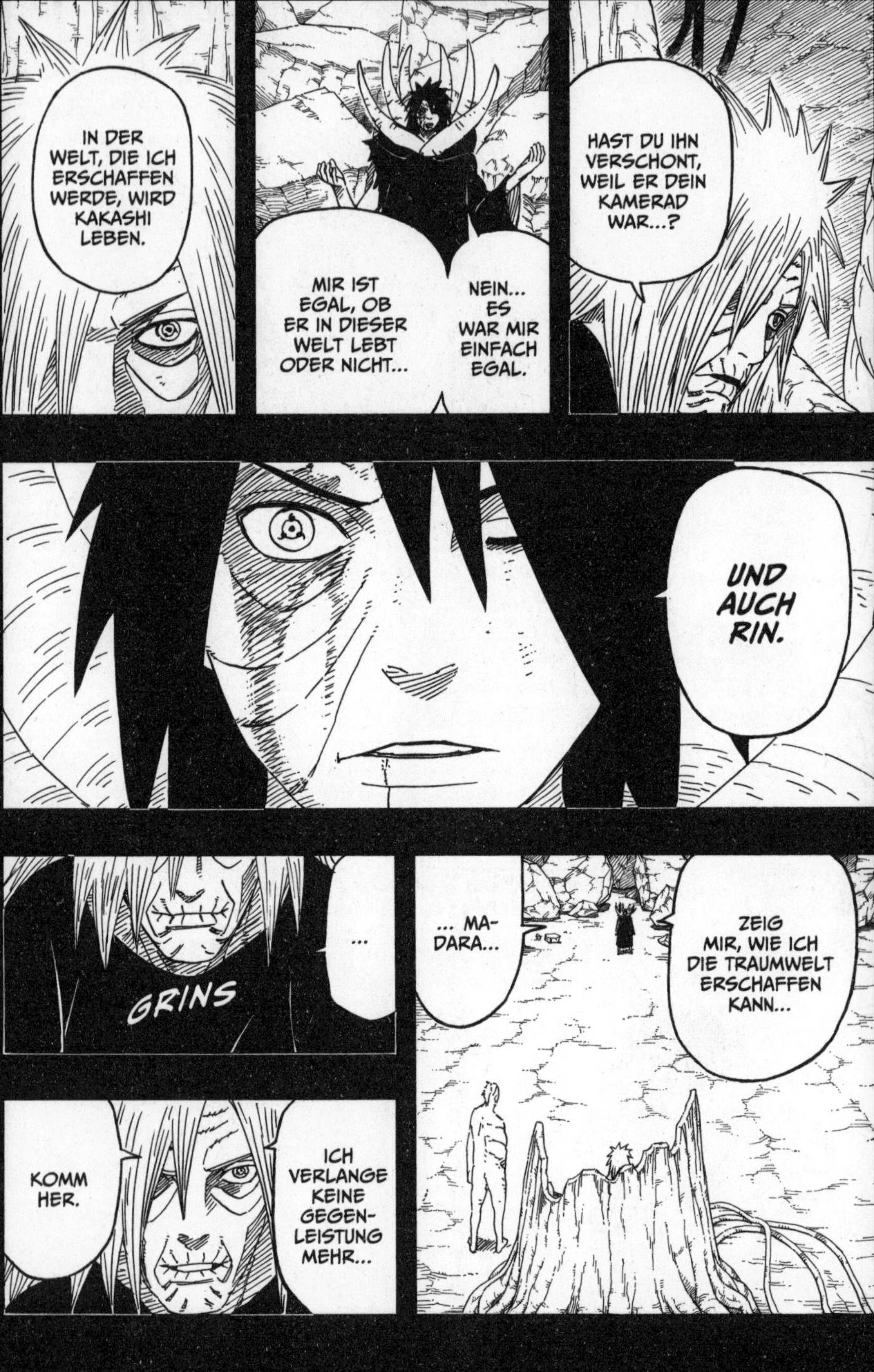
HAST DU IHN VERSCHONT, WEIL ER DEIN KAMERAD WAR...?
NEIN... ES WAR MIR EINFACH EGAL.
MIR IST EGAL, OB ER IN DIESER WELT LEBT ODER NICHT...
IN DER WELT, DIE ICH ERSCHAFFEN WERDE, WIRD KAKASHI LEBEN.
UND AUCH RIN.
ZEIG MIR, WIE ICH DIE TRAUMWELT ERSCHAFFEN KANN...
... MA-DARA...
...
GRINS
ICH VERLANGE KEINE GEGEN-LEISTUNG MEHR...
KOMM HER.

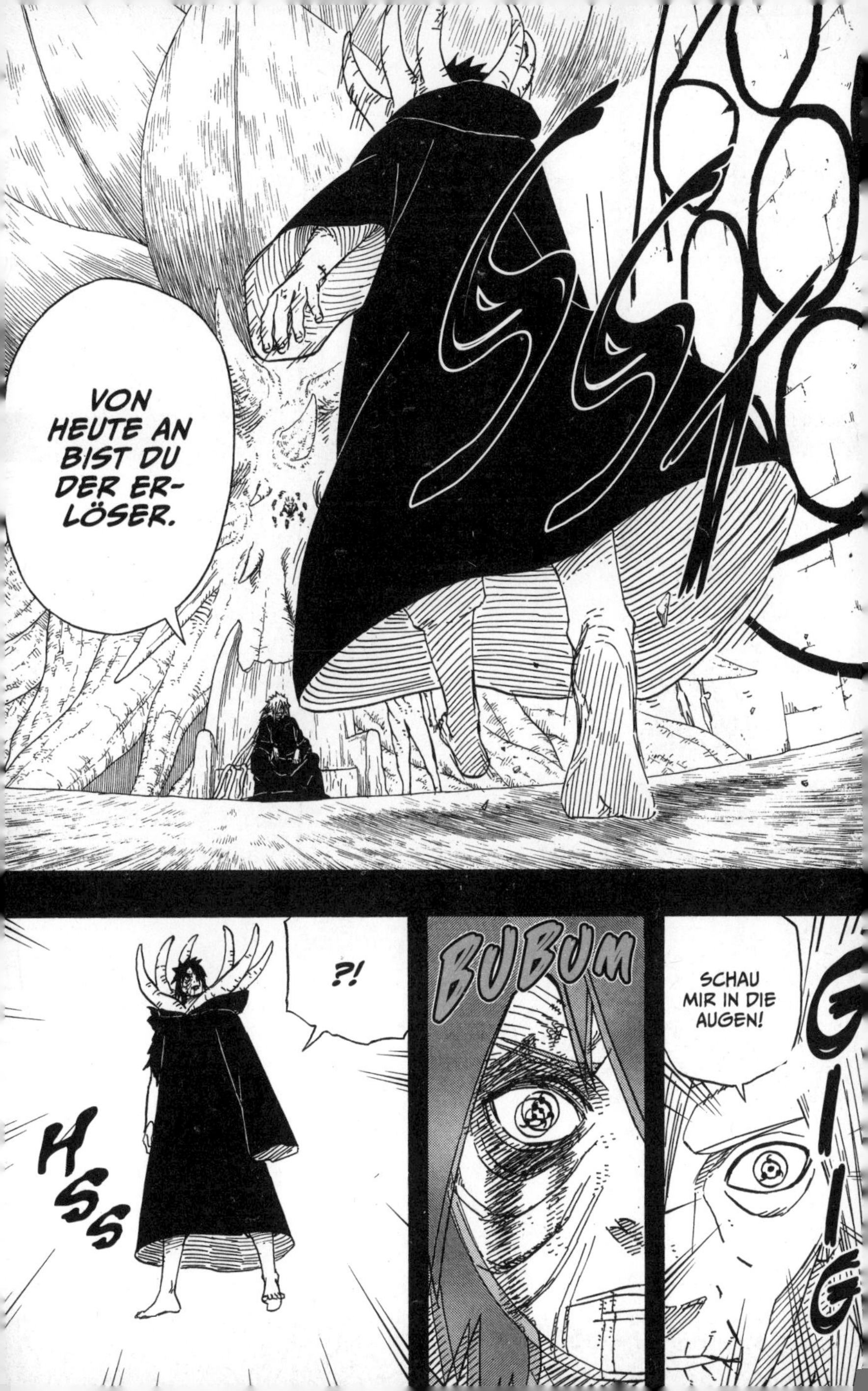

SSSH
VON HEUTE AN BIST DU DER ER-LÖSER.
SCHAU MIR IN DIE AUGEN!
GIGIG
BUBUM
?!
HSS

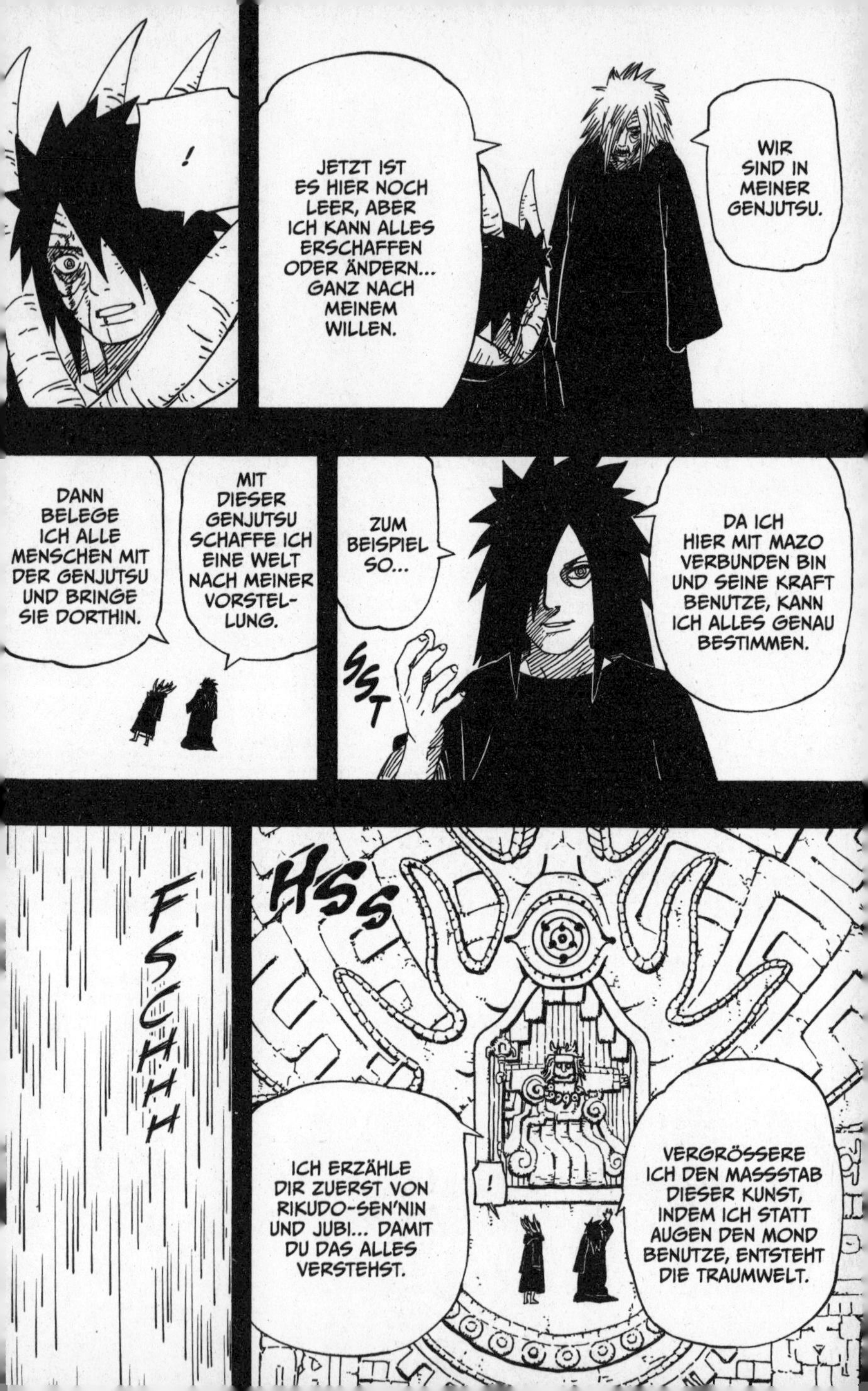
WIR SIND IN MEINER GENJUTSU.
JETZT IST ES HIER NOCH LEER, ABER ICH KANN ALLES ERSCHAFFEN ODER ÄNDERN... GANZ NACH MEINEM WILLEN.
!
DA ICH HIER MIT MAZO VERBUNDEN BIN UND SEINE KRAFT BENUTZE, KANN ICH ALLES GENAU BESTIMMEN.
ZUM BEISPIEL SO...
SST
MIT DIESER GENJUTSU SCHAFFE ICH EINE WELT NACH MEINER VORSTEL-LUNG.
DANN BELEGE ICH ALLE MENSCHEN MIT DER GENJUTSU UND BRINGE SIE DORTHIN.
HSS
VERGRÖSSERE ICH DEN MASSSTAB DIESER KUNST, INDEM ICH STATT AUGEN DEN MOND BENUTZE, ENTSTEHT DIE TRAUMWELT.
!
ICH ERZÄHLE DIR ZUERST VON RIKUDO-SEN'NIN UND JUBI... DAMIT DU DAS ALLES VERSTEHST.
FSCHHH

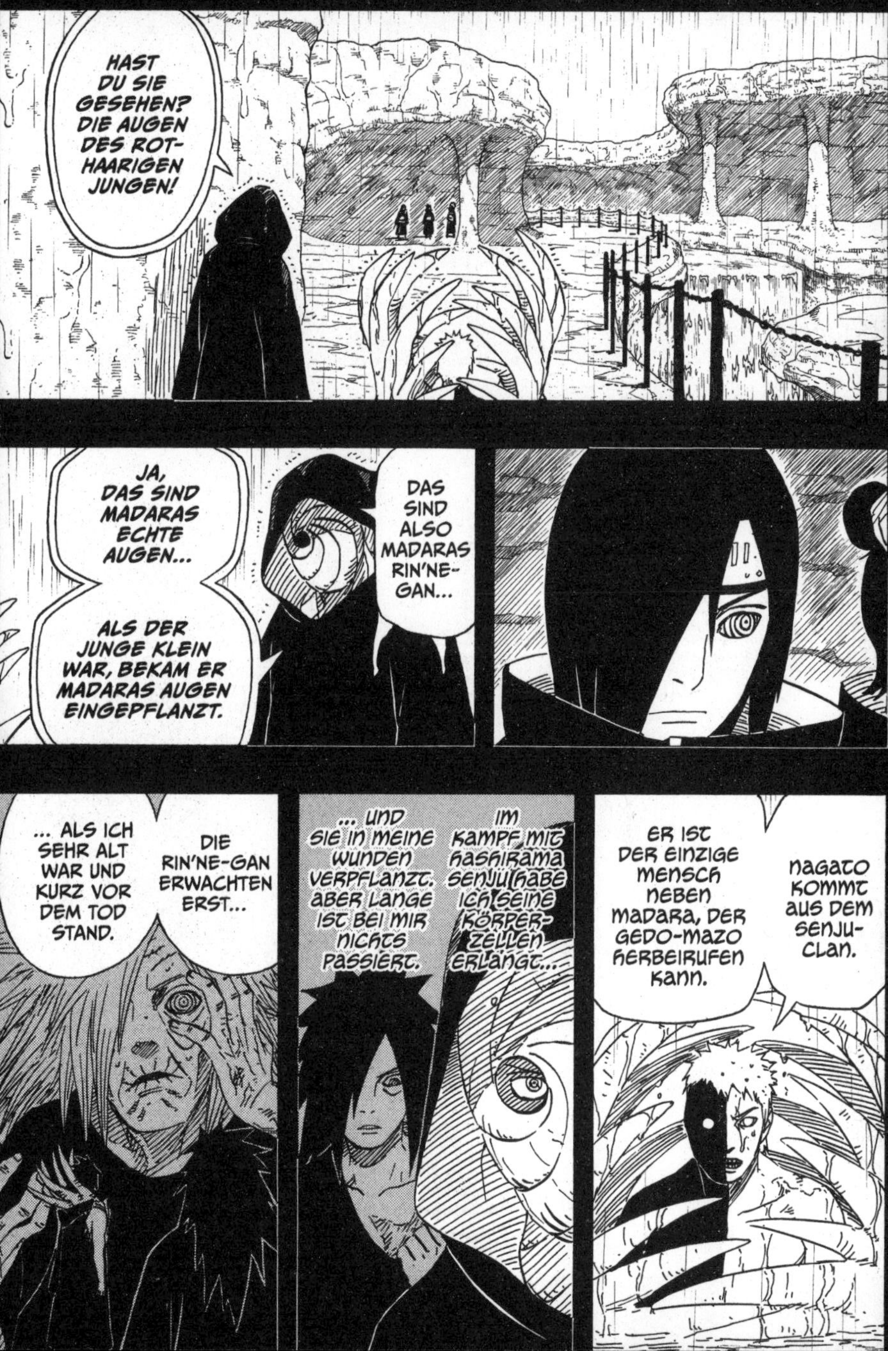
HAST DU SIE GESEHEN? DIE AUGEN DES ROT-HAARIGEN JUNGEN!
DAS SIND ALSO MADARAS RIN'NE-GAN...
JA, DAS SIND MADARAS ECHTE AUGEN...
ALS DER JUNGE KLEIN WAR, BEKAM ER MADARAS AUGEN EINGEPFLANZT.
NAGATO KOMMT AUS DEM SENJU-CLAN.
ER IST DER EINZIGE MENSCH NEBEN MADARA, DER GEDO-MAZO HERBEIRUFEN KANN.
IM KAMPF MIT HASHIRAMA SENJU HABE ICH SEINE KÖRPER-ZELLEN ERLANGT...
... UND SIE IN MEINE WUNDEN VERPFLANZT. ABER LANGE IST BEI MIR NICHTS PASSIERT.
DIE RIN'NE-GAN ERWACHTEN ERST...
... ALS ICH SEHR ALT WAR UND KURZ VOR DEM TOD STAND.

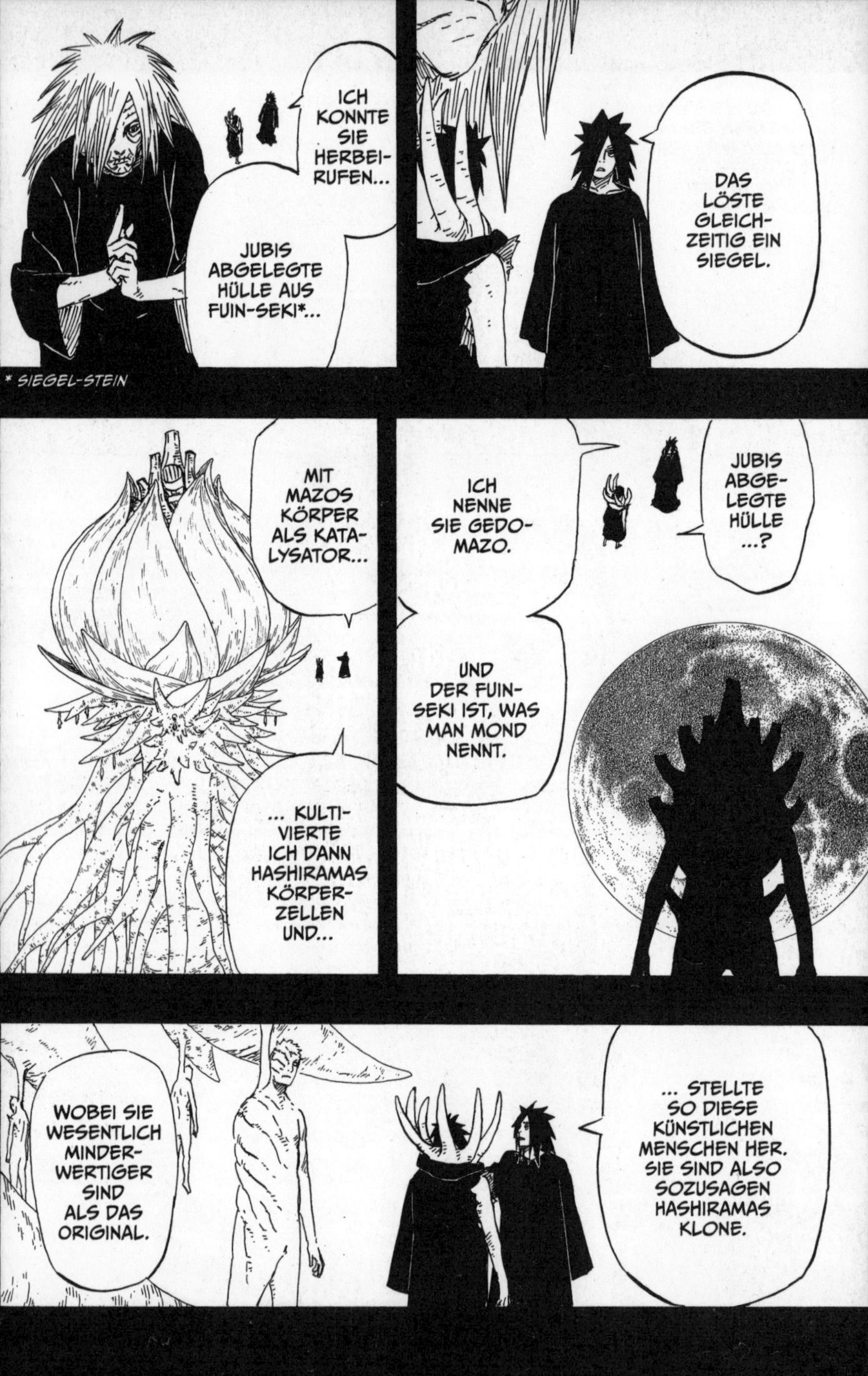
ICH KONNTE SIE HERBEIRUFEN...
JUBIS ABGELEGTE HÜLLE AUS FUIN-SEKI*...
DAS LÖSTE GLEICHZEITIG EIN SIEGEL.
* SIEGEL-STEIN
JUBIS ABGELEGTE HÜLLE ...?
ICH NENNE SIE GEDOMAZO.
UND DER FUIN-SEKI IST, WAS MAN MOND NENNT.
MIT MAZOS KÖRPER ALS KATALYSATOR...
... KULTIVIERTE ICH DANN HASHIRAMAS KÖRPERZELLEN UND...
... STELLTE SO DIESE KÜNSTLICHEN MENSCHEN HER. SIE SIND ALSO SOZUSAGEN HASHIRAMAS KLONE.
WOBEI SIE WESENTLICH MINDERWERTIGER SIND ALS DAS ORIGINAL.

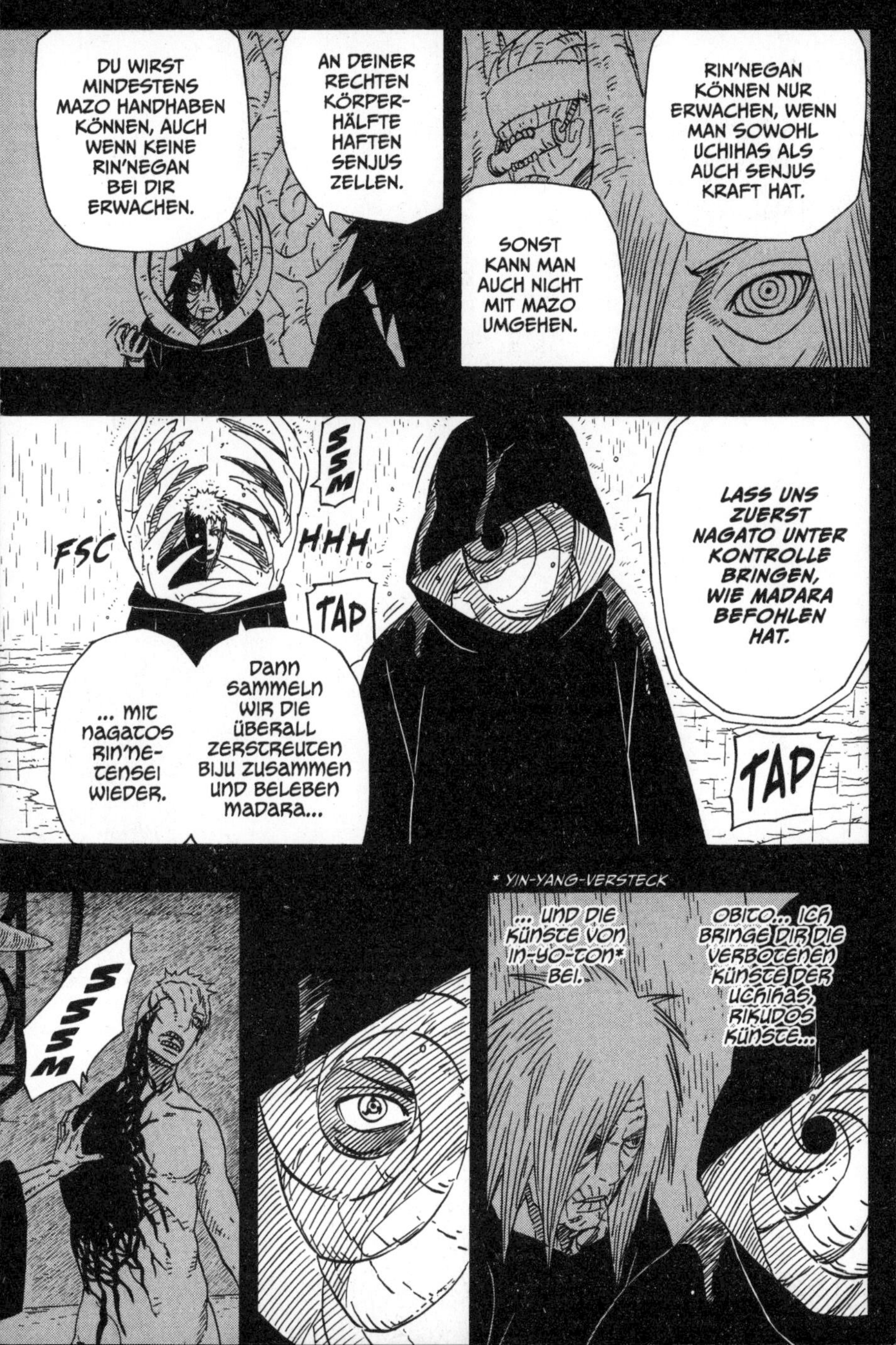
RIN'NEGAN KÖNNEN NUR ERWACHEN, WENN MAN SOWOHL UCHIHAS ALS AUCH SENJUS KRAFT HAT.
SONST KANN MAN AUCH NICHT MIT MAZO UMGEHEN.
AN DEINER RECHTEN KÖRPER-HÄLFTE HAFTEN SENJUS ZELLEN.
DU WIRST MINDESTENS MAZO HANDHABEN KÖNNEN, AUCH WENN KEINE RIN'NEGAN BEI DIR ERWACHEN.
SSM
FSCHHH
TAP
LASS UNS ZUERST NAGATO UNTER KONTROLLE BRINGEN, WIE MADARA BEFOHLEN HAT.
TAP
DANN SAMMELN WIR DIE ÜBERALL ZERSTREUTEN BIJU ZUSAMMEN UND BELEBEN MADARA...
... MIT NAGATOS RIN'NE-TENSEI WIEDER.
SSSM
OBITO... ICH BRINGE DIR DIE VERBOTENEN KÜNSTE DER UCHIHAS, RIKUDOS KÜNSTE...
... UND DIE KÜNSTE VON IN-YO-TON* BEI.
* YIN-YANG-VERSTECK

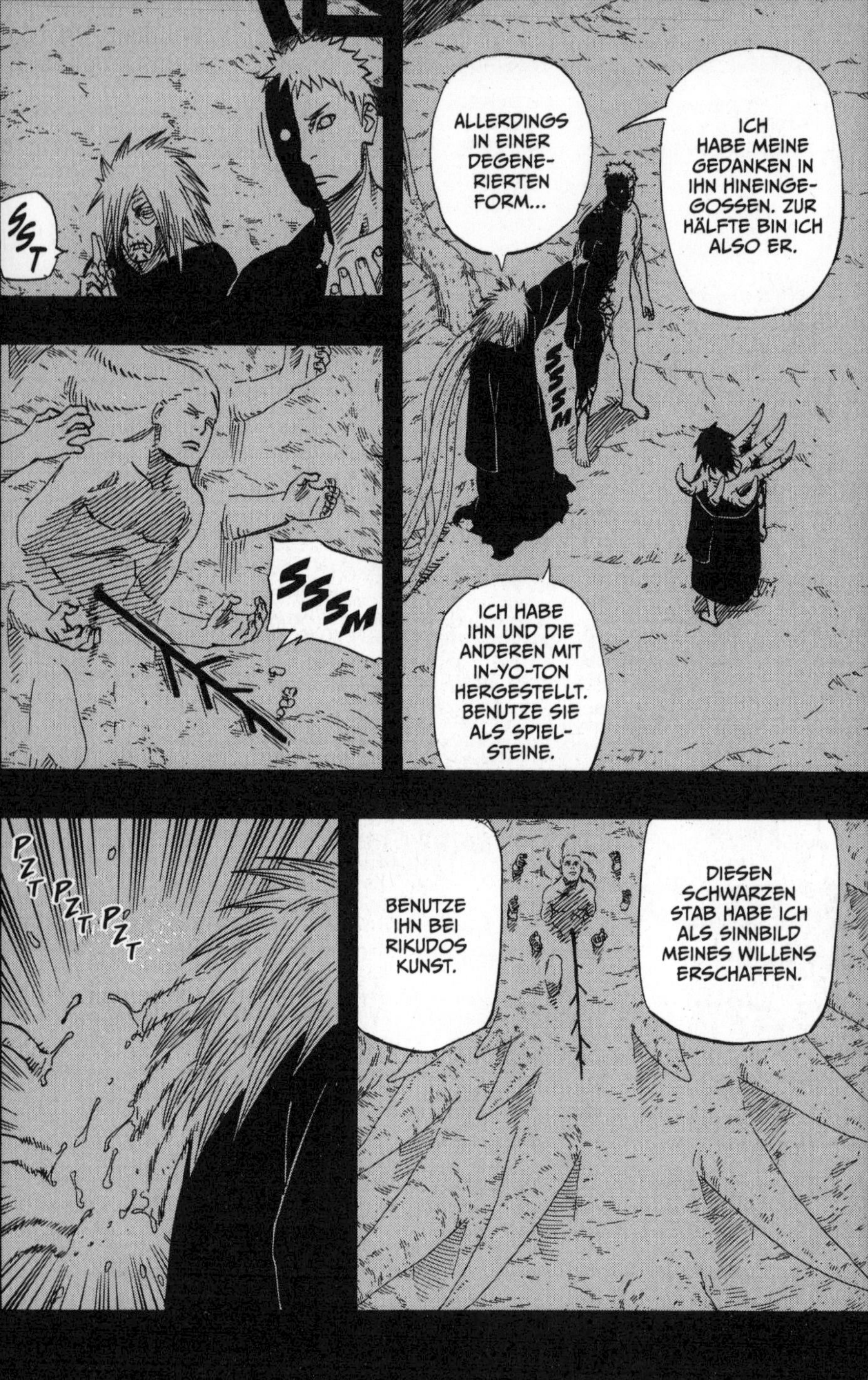
ICH HABE MEINE GEDANKEN IN IHN HINEINGEGOSSEN. ZUR HÄLFTE BIN ICH ALSO ER.
ALLERDINGS IN EINER DEGENERIERTEN FORM...
SST
ICH HABE IHN UND DIE ANDEREN MIT IN-YO-TON HERGESTELLT. BENUTZE SIE ALS SPIELSTEINE.
SSSM
SSSM
DIESEN SCHWARZEN STAB HABE ICH ALS SINNBILD MEINES WILLENS ERSCHAFFEN.
BENUTZE IHN BEI RIKUDOS KUNST.
PZT PZT PZT

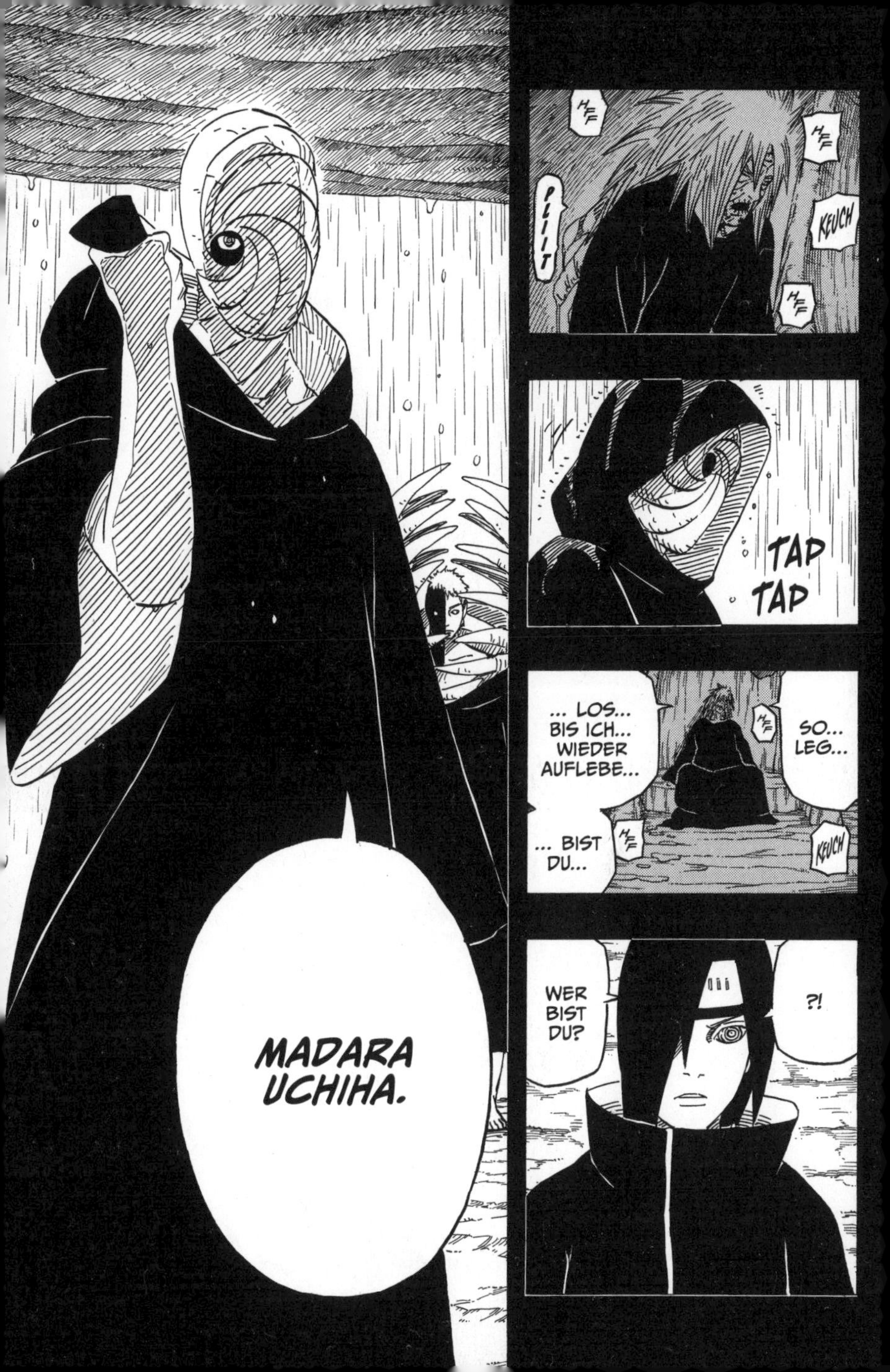
HEF
KEUCH
HEF
PLIIIT
HEF
TAP TAP
SO... LEG...
HEF
... LOS... BIS ICH... WIEDER AUFLEBE...
KEUCH
HEF
... BIST DU...
?!
WER BIST DU?
MADARA UCHIHA.

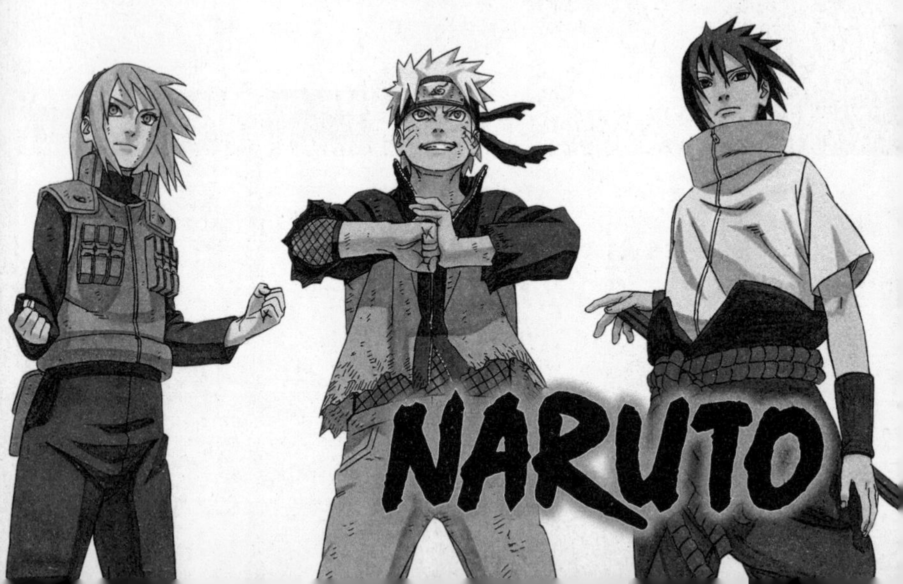
NARUTO

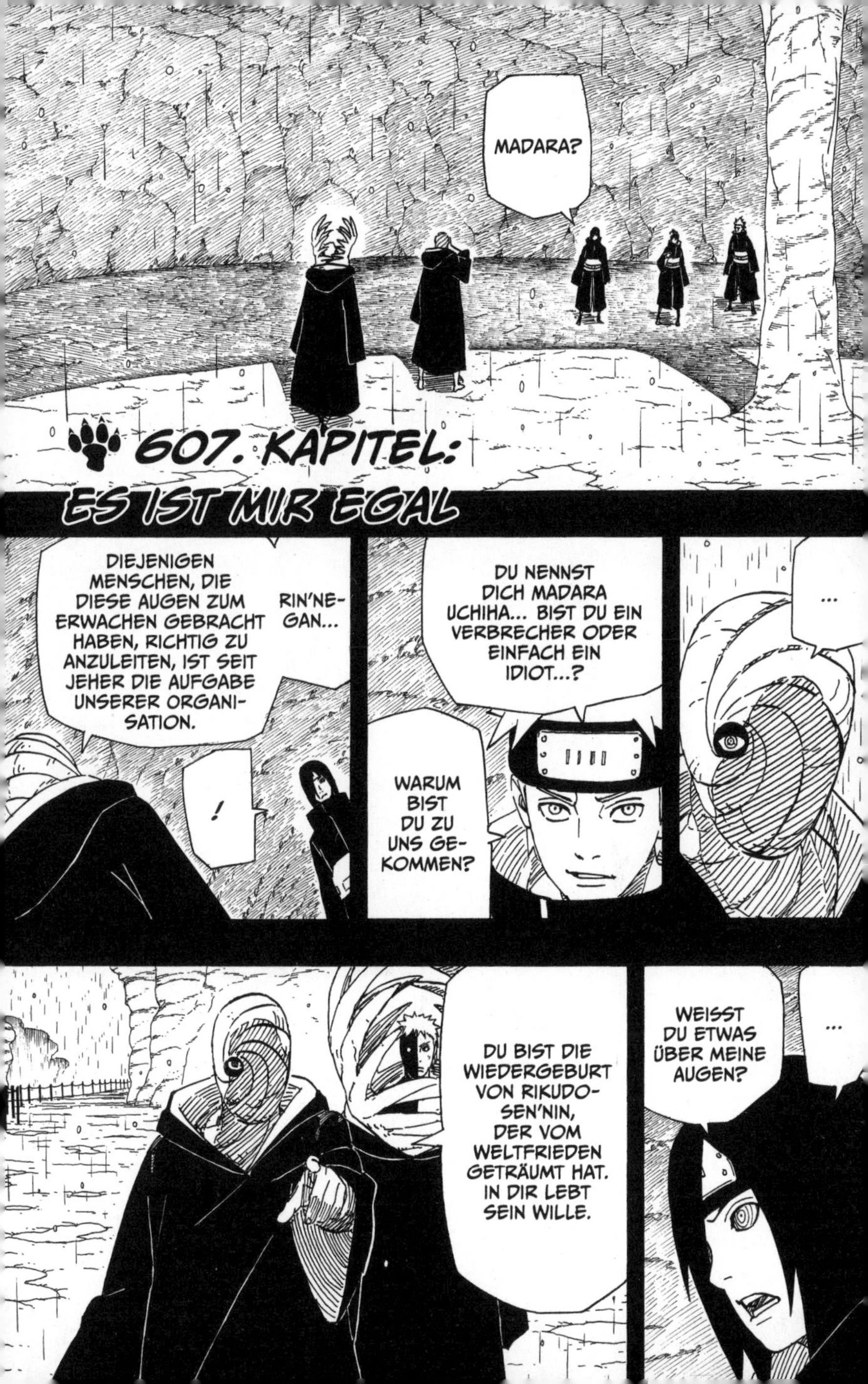
MADARA?
607. KAPITEL:
ES IST MIR EGAL
...
DU NENNST DICH MADARA UCHIHA... BIST DU EIN VERBRECHER ODER EINFACH EIN IDIOT...?
WARUM BIST DU ZU UNS GEKOMMEN?
RIN'NEGAN...
DIEJENIGEN MENSCHEN, DIE DIESE AUGEN ZUM ERWACHEN GEBRACHT HABEN, RICHTIG ZU ANZULEITEN, IST SEIT JEHER DIE AUFGABE UNSERER ORGANISATION.
!
...
WEISST DU ETWAS ÜBER MEINE AUGEN?
DU BIST DIE WIEDERGEBURT VON RIKUDO-SEN'NIN, DER VOM WELTFRIEDEN GETRÄUMT HAT. IN DIR LEBT SEIN WILLE.

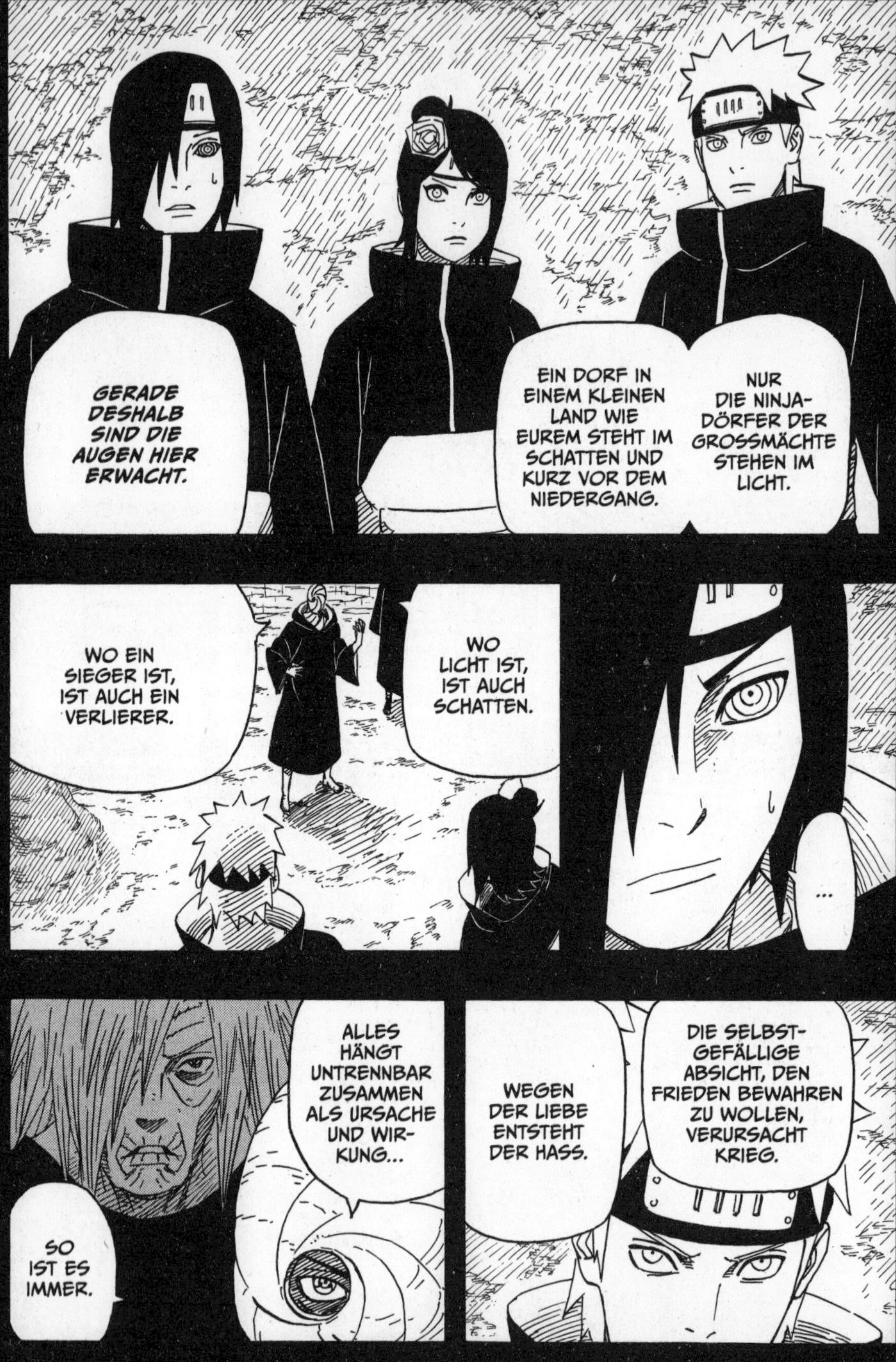
NUR DIE NINJA-DÖRFER DER GROSSMÄCHTE STEHEN IM LICHT.
EIN DORF IN EINEM KLEINEN LAND WIE EUREM STEHT IM SCHATTEN UND KURZ VOR DEM NIEDERGANG.
GERADE DESHALB SIND DIE AUGEN HIER ERWACHT.
...
WO LICHT IST, IST AUCH SCHATTEN.
WO EIN SIEGER IST, IST AUCH EIN VERLIERER.
DIE SELBSTGEFÄLLIGE ABSICHT, DEN FRIEDEN BEWAHREN ZU WOLLEN, VERURSACHT KRIEG.
WEGEN DER LIEBE ENTSTEHT DER HASS.
ALLES HÄNGT UNTRENNBAR ZUSAMMEN ALS URSACHE UND WIRKUNG...
SO IST ES IMMER.

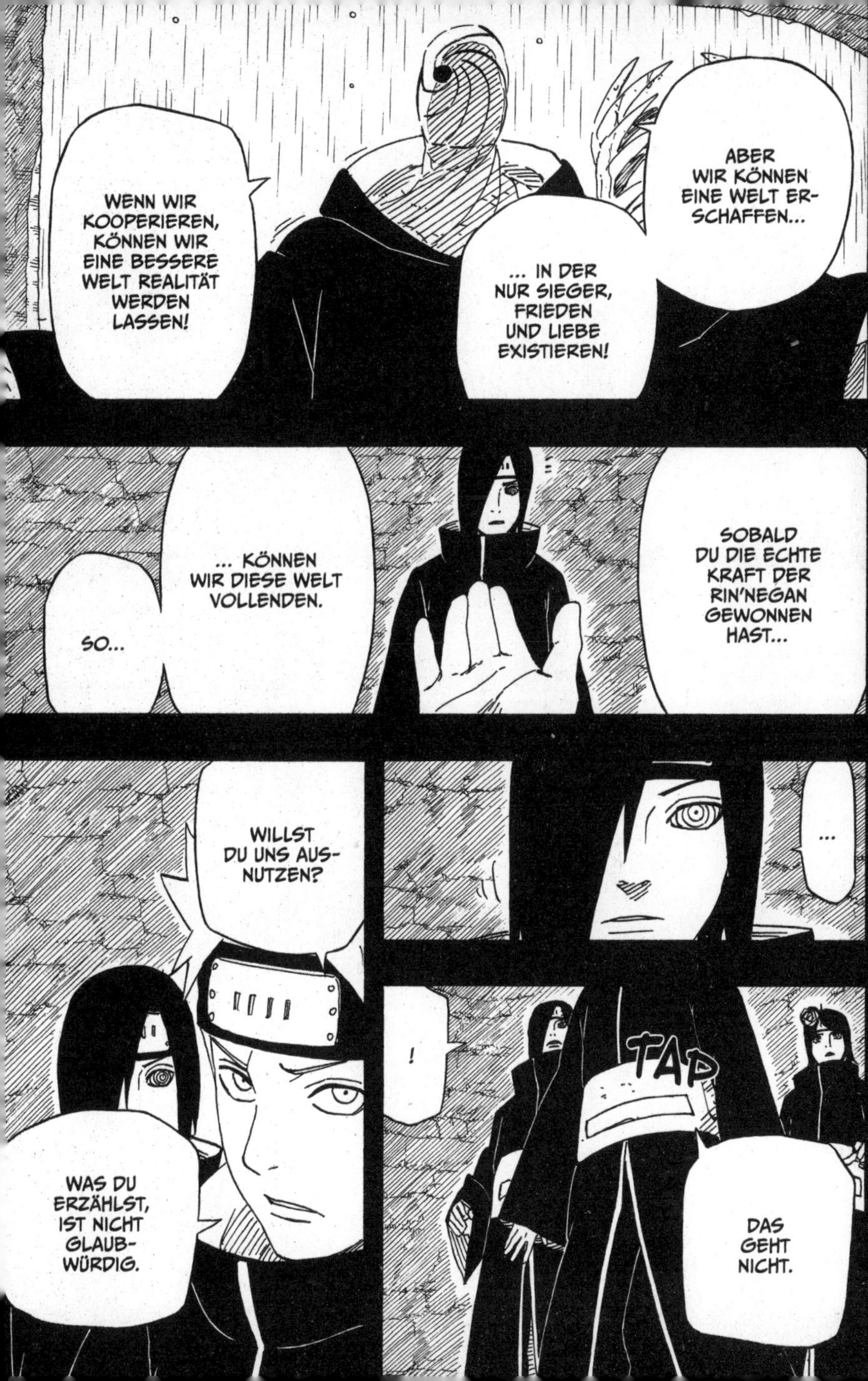
ABER WIR KÖNNEN EINE WELT ER-SCHAFFEN...
... IN DER NUR SIEGER, FRIEDEN UND LIEBE EXISTIEREN!
WENN WIR KOOPERIEREN, KÖNNEN WIR EINE BESSERE WELT REALITÄT WERDEN LASSEN!
SOBALD DU DIE ECHTE KRAFT DER RIN'NEGAN GEWONNEN HAST...
... KÖNNEN WIR DIESE WELT VOLLENDEN.
SO...
...
WILLST DU UNS AUS-NUTZEN?
WAS DU ERZÄHLST, IST NICHT GLAUB-WÜRDIG.
!
TAP
DAS GEHT NICHT.

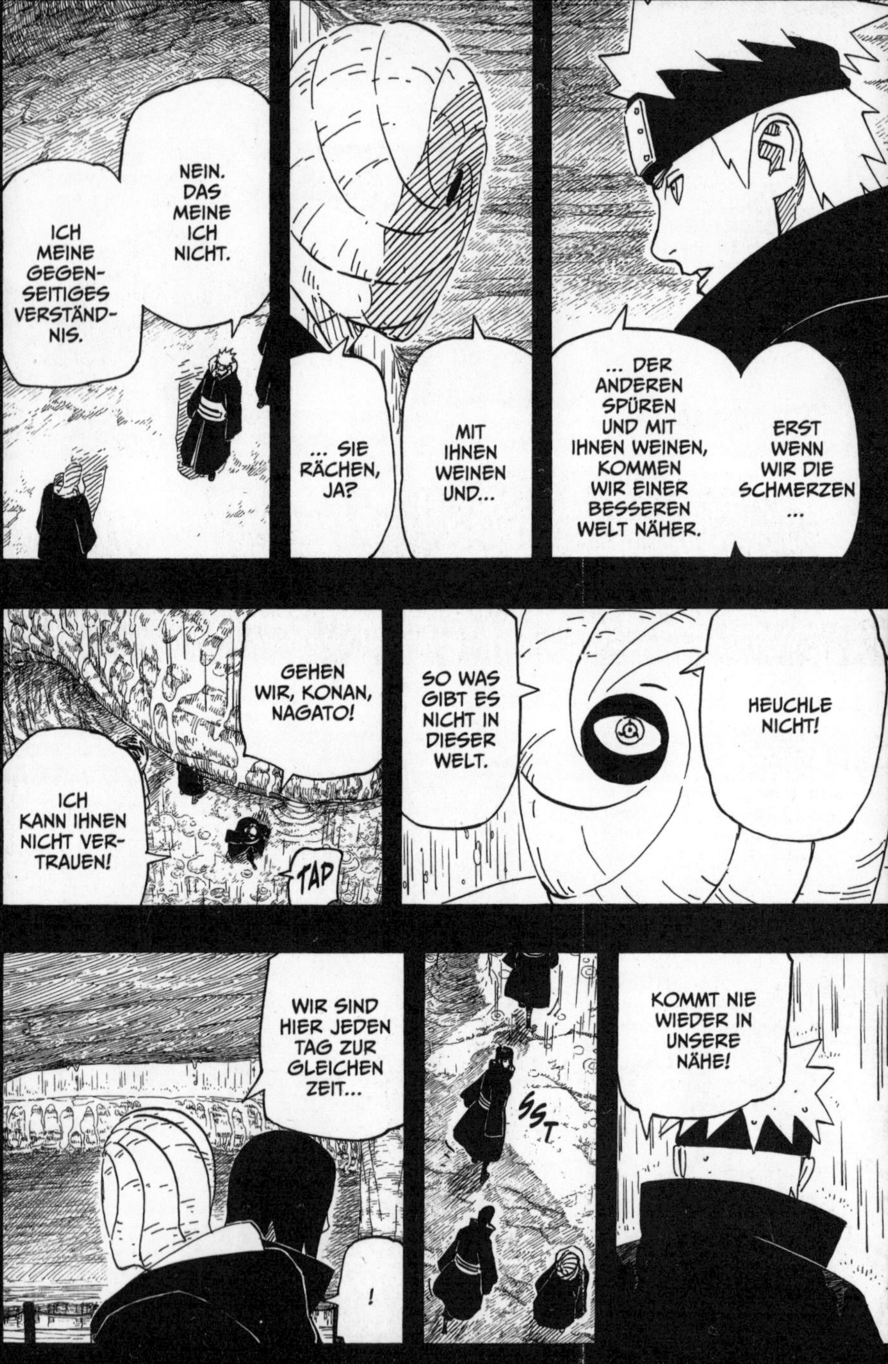
ERST WENN WIR DIE SCHMERZEN ...
... DER ANDEREN SPÜREN UND MIT IHNEN WEINEN, KOMMEN WIR EINER BESSEREN WELT NÄHER.
MIT IHNEN WEINEN UND...
... SIE RÄCHEN, JA?
NEIN. DAS MEINE ICH NICHT.
ICH MEINE GEGEN-SEITIGES VERSTÄND-NIS.
HEUCHLE NICHT!
SO WAS GIBT ES NICHT IN DIESER WELT.
GEHEN WIR, KONAN, NAGATO!
ICH KANN IHNEN NICHT VER-TRAUEN!
TAP
KOMMT NIE WIEDER IN UNSERE NÄHE!
SST
WIR SIND HIER JEDEN TAG ZUR GLEICHEN ZEIT...
!

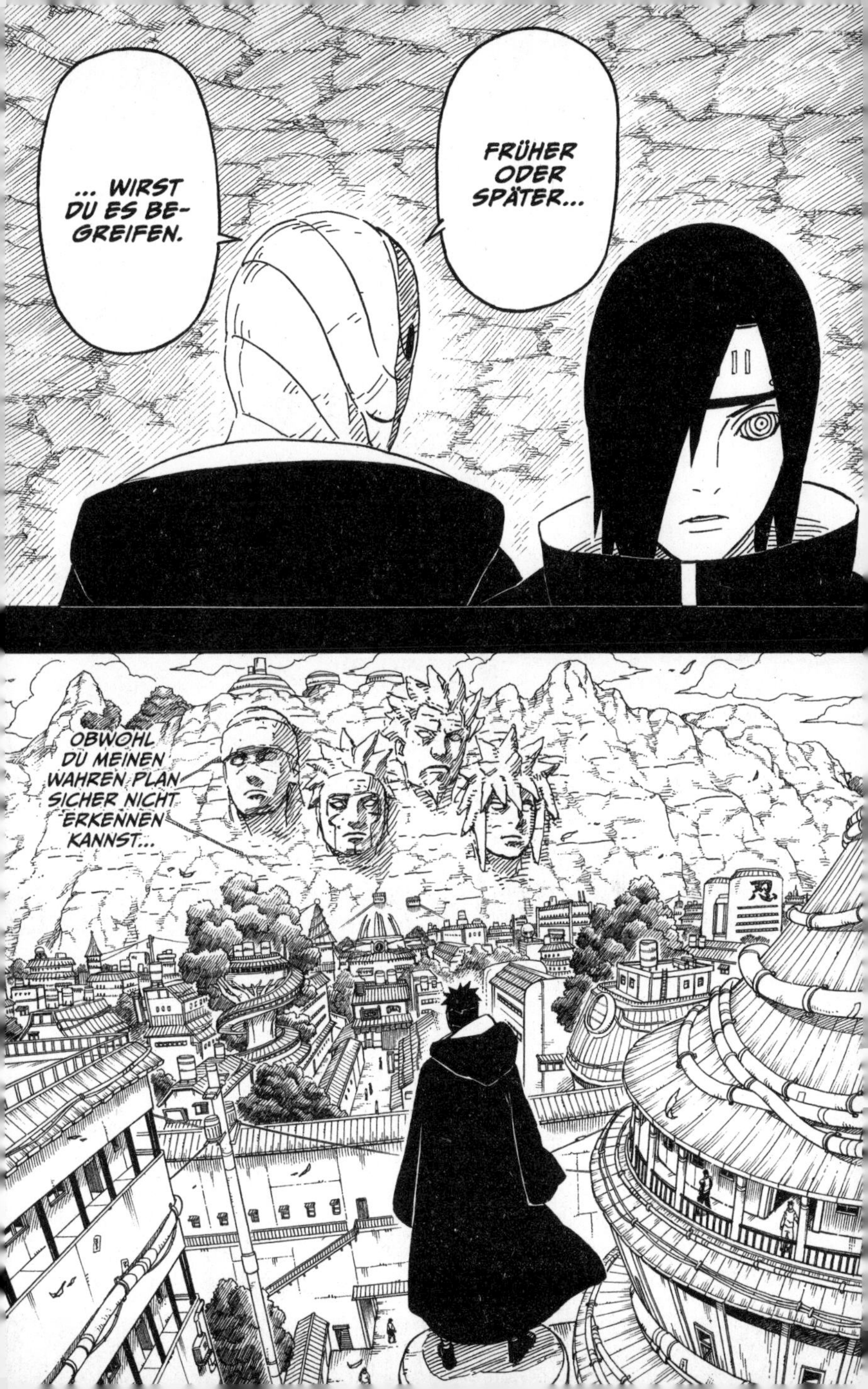
FRÜHER ODER SPÄTER...
... WIRST DU ES BE-GREIFEN.
OBWOHL DU MEINEN WAHREN PLAN SICHER NICHT ERKENNEN KANNST...

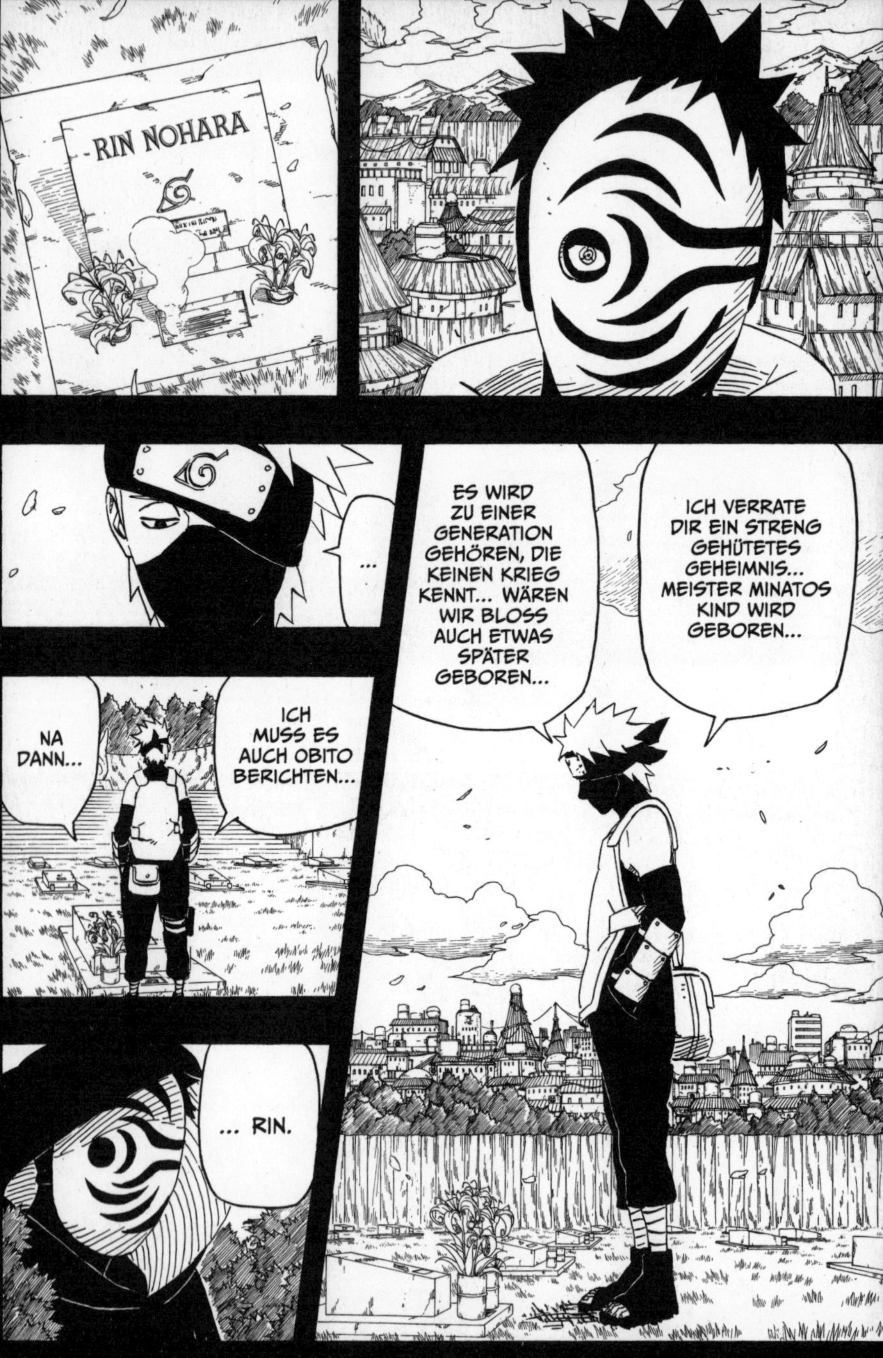
RIN NOHARA
ICH VERRATE DIR EIN STRENG GEHÜTETES GEHEIMNIS... MEISTER MINATOS KIND WIRD GEBOREN...
ES WIRD ZU EINER GENERATION GEHÖREN, DIE KEINEN KRIEG KENNT... WÄREN WIR BLOSS AUCH ETWAS SPÄTER GEBOREN...
...
ICH MUSS ES AUCH OBITO BERICHTEN...
NA DANN...
... RIN.

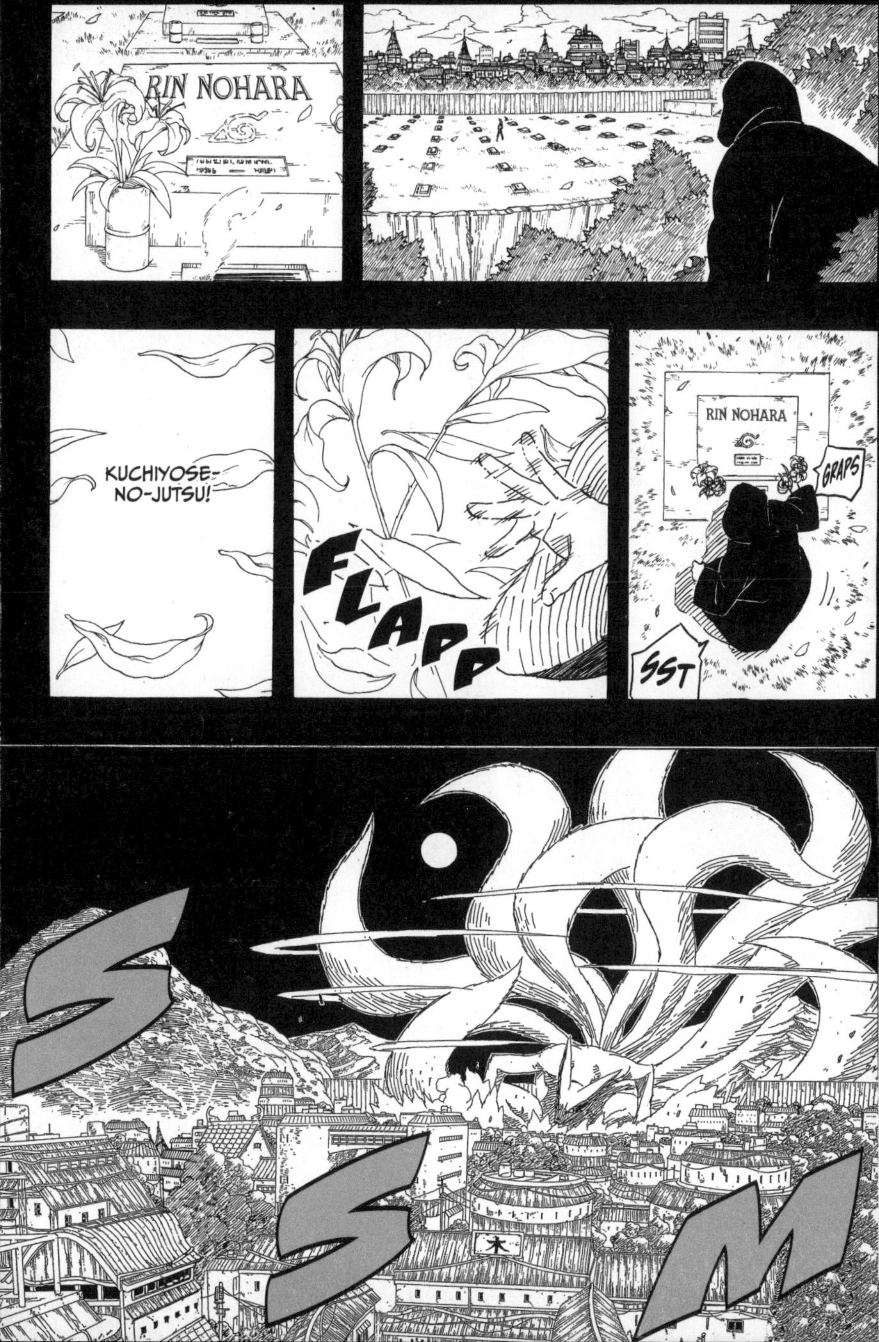
RIN NOHARA
KUCHIYOSE-NO-JUTSU!
FLAPP
RIN NOHARA
GRAPS
SST
SSM

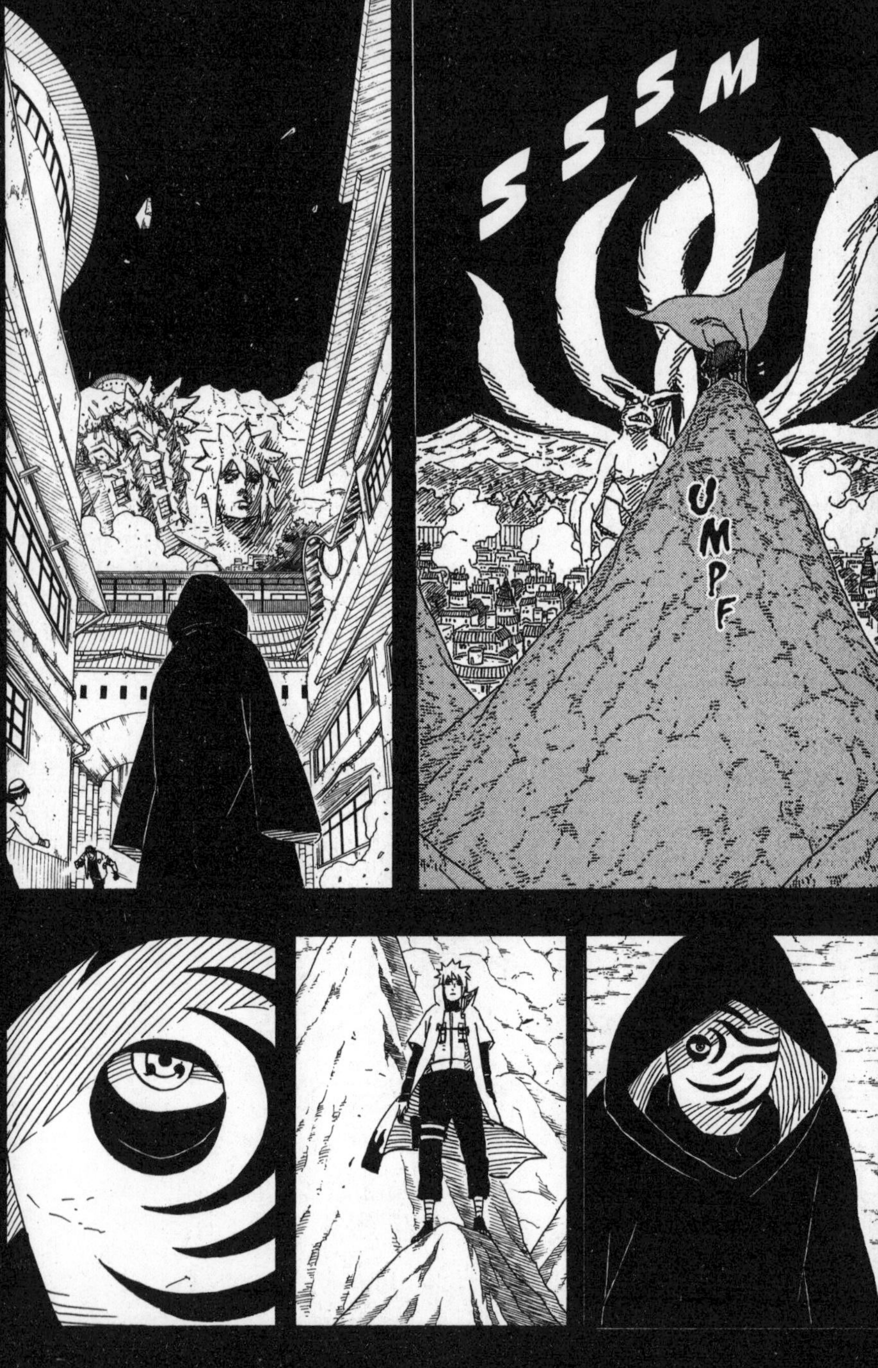
SSSM
UMPF

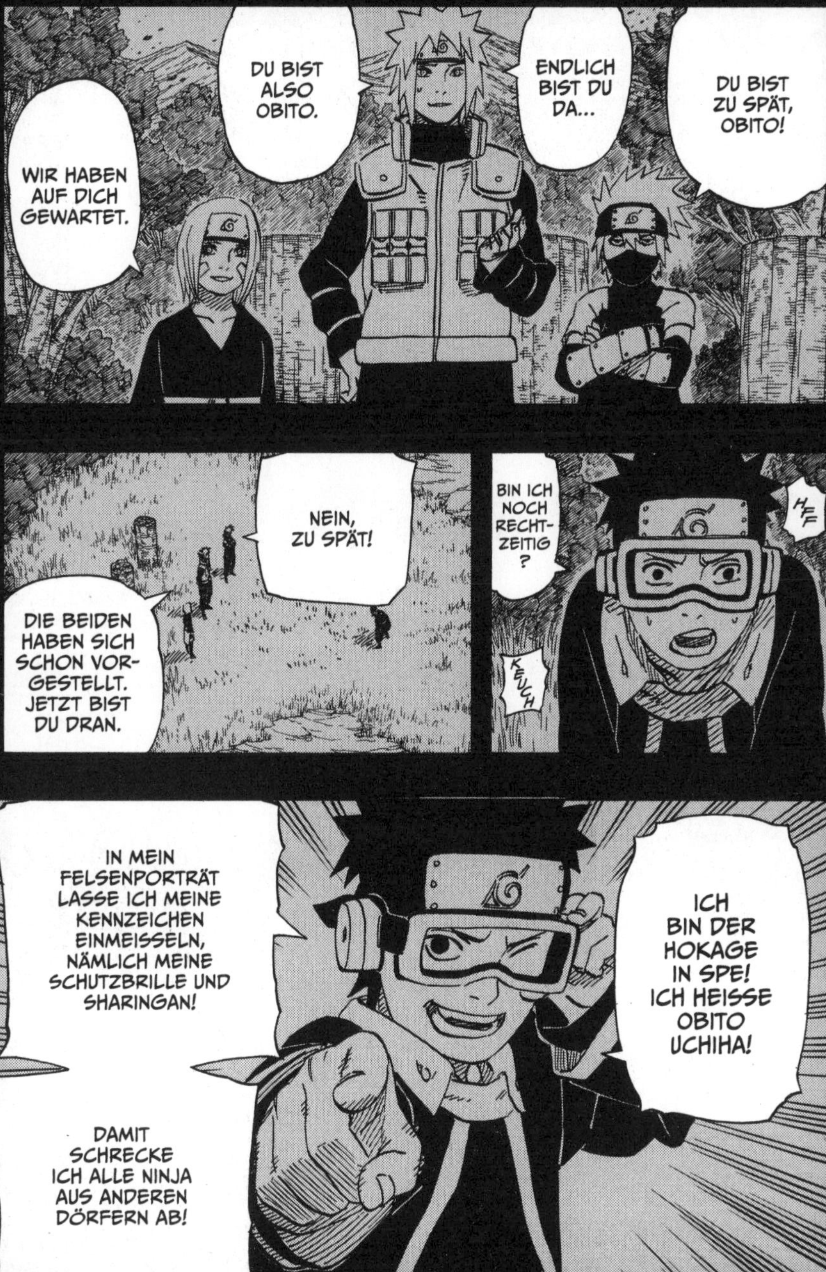
DU BIST ZU SPÄT, OBITO!
ENDLICH BIST DU DA…
DU BIST ALSO OBITO.
WIR HABEN AUF DICH GEWARTET.
HFF
BIN ICH NOCH RECHT-ZEITIG?
KEUCH
NEIN, ZU SPÄT!
DIE BEIDEN HABEN SICH SCHON VOR-GESTELLT. JETZT BIST DU DRAN.
ICH BIN DER HOKAGE IN SPE! ICH HEISSE OBITO UCHIHA!
IN MEIN FELSENPORTRÄT LASSE ICH MEINE KENNZEICHEN EINMEISSELN, NÄMLICH MEINE SCHUTZBRILLE UND SHARINGAN!
DAMIT SCHRECKE ICH ALLE NINJA AUS ANDEREN DÖRFERN AB!

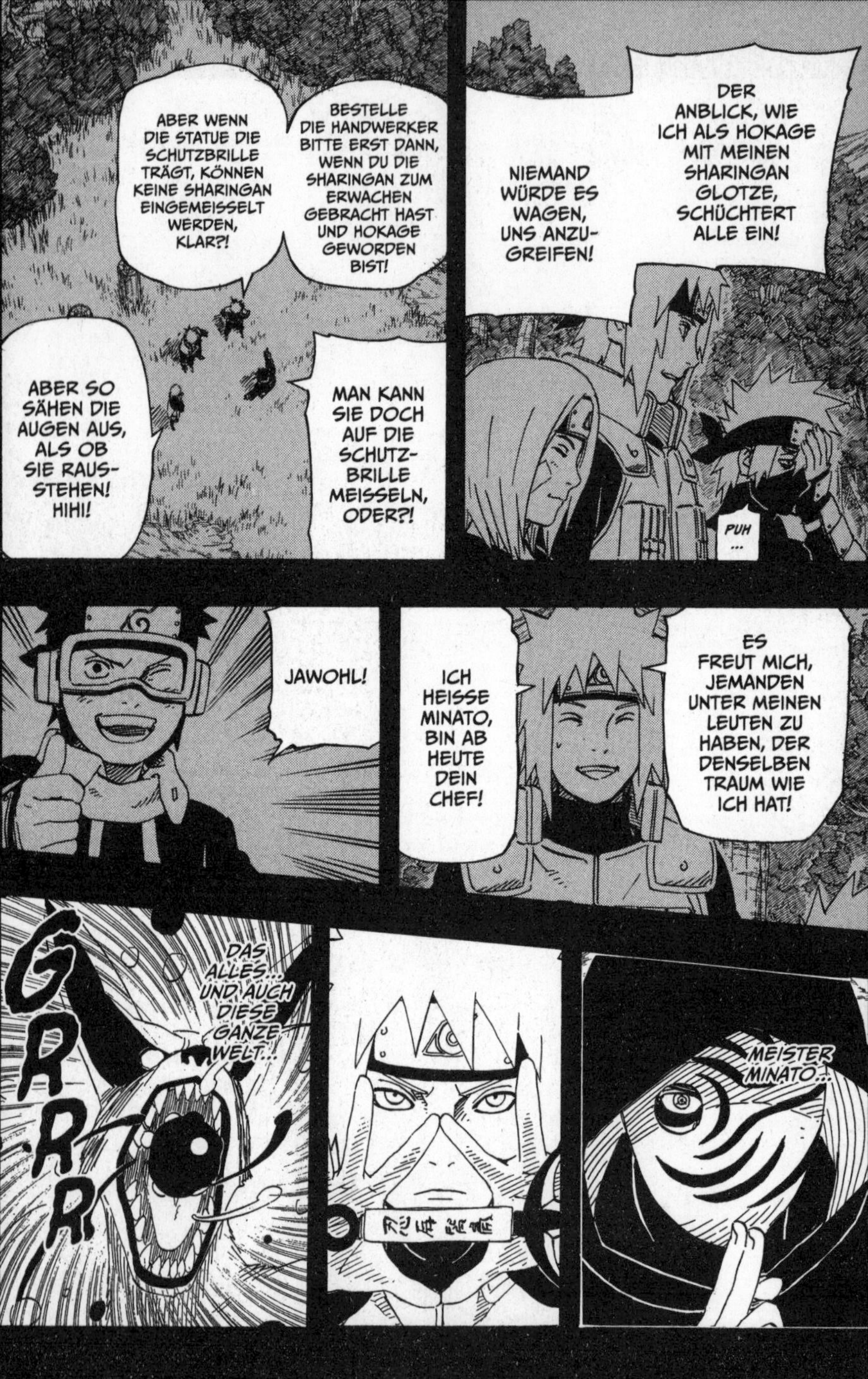
DER ANBLICK, WIE ICH ALS HOKAGE MIT MEINEN SHARINGAN GLOTZE, SCHÜCHTERT ALLE EIN!
NIEMAND WÜRDE ES WAGEN, UNS ANZU-GREIFEN!
PUH ...
BESTELLE DIE HANDWERKER BITTE ERST DANN, WENN DU DIE SHARINGAN ZUM ERWACHEN GEBRACHT HAST UND HOKAGE GEWORDEN BIST!
ABER WENN DIE STATUE DIE SCHUTZBRILLE TRÄGT, KÖNNEN KEINE SHARINGAN EINGEMEISSELT WERDEN, KLAR?!
MAN KANN SIE DOCH AUF DIE SCHUTZ-BRILLE MEISSELN, ODER?!
ABER SO SÄHEN DIE AUGEN AUS, ALS OB SIE RAUS-STEHEN! HIHI!
ES FREUT MICH, JEMANDEN UNTER MEINEN LEUTEN ZU HABEN, DER DENSELBEN TRAUM WIE ICH HAT!
ICH HEISSE MINATO, BIN AB HEUTE DEIN CHEF!
JAWOHL!
MEISTER MINATO ...
DAS ALLES ... UND AUCH DIESE GANZE WELT ...
GRRR

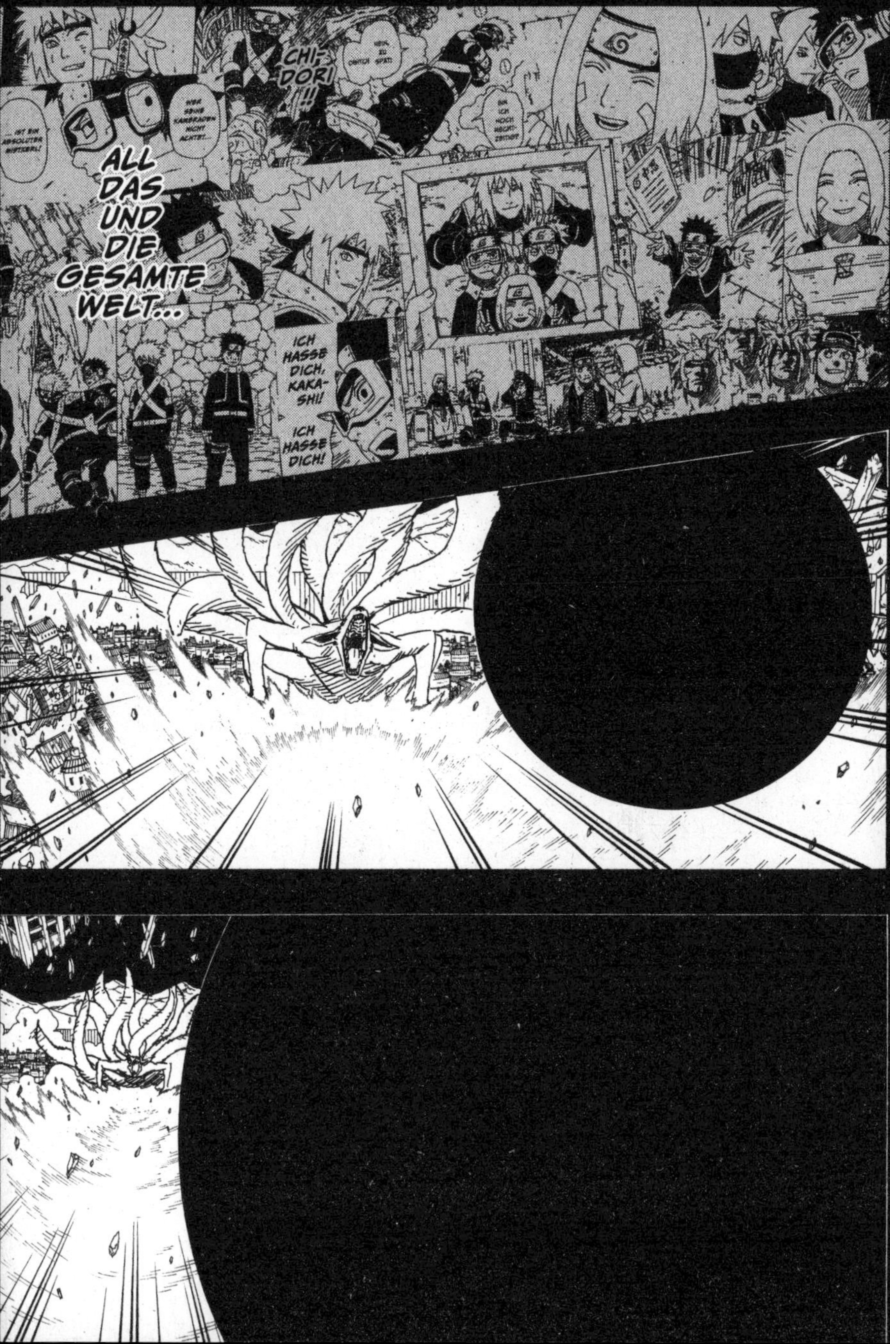
BIN ICH NOCH RECHTZEITIG?
NEIN, ZU SPÄT! OBITO!
CHIDORI!!
WER SEINE KAMERADEN NICHT ACHTET...
... IST EIN ABSOLUTER MISTKERL!
ICH HASSE DICH, KAKASHI!
ICH HASSE DICH!
ALL DAS UND DIE GESAMTE WELT...

ES
IST
MIR
EGAL.

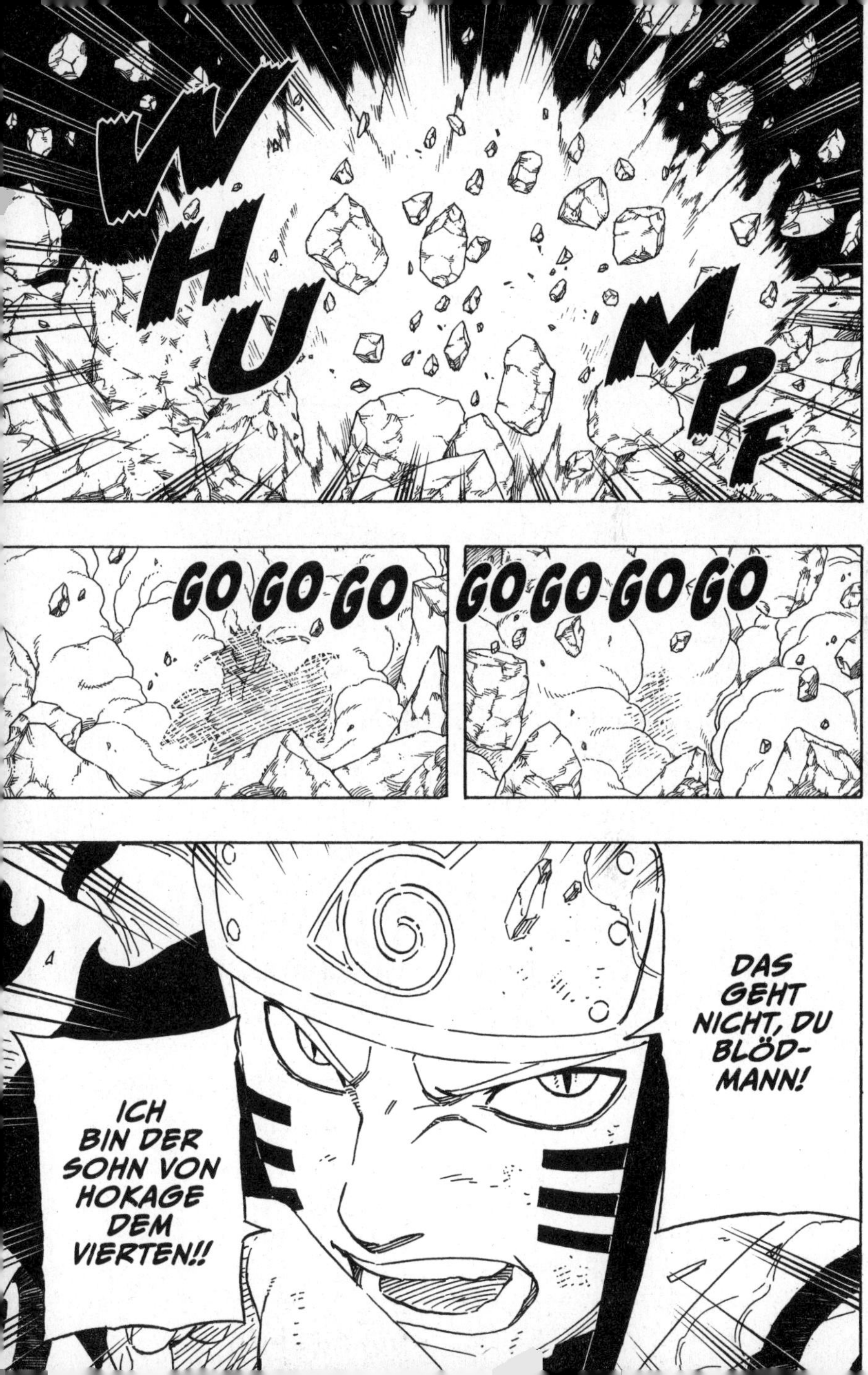
WHUMPF
GO GO GO
GO GO GO GO GO
DAS GEHT NICHT, DU BLÖD-MANN!
ICH BIN DER SOHN VON HOKAGE DEM VIERTEN!!

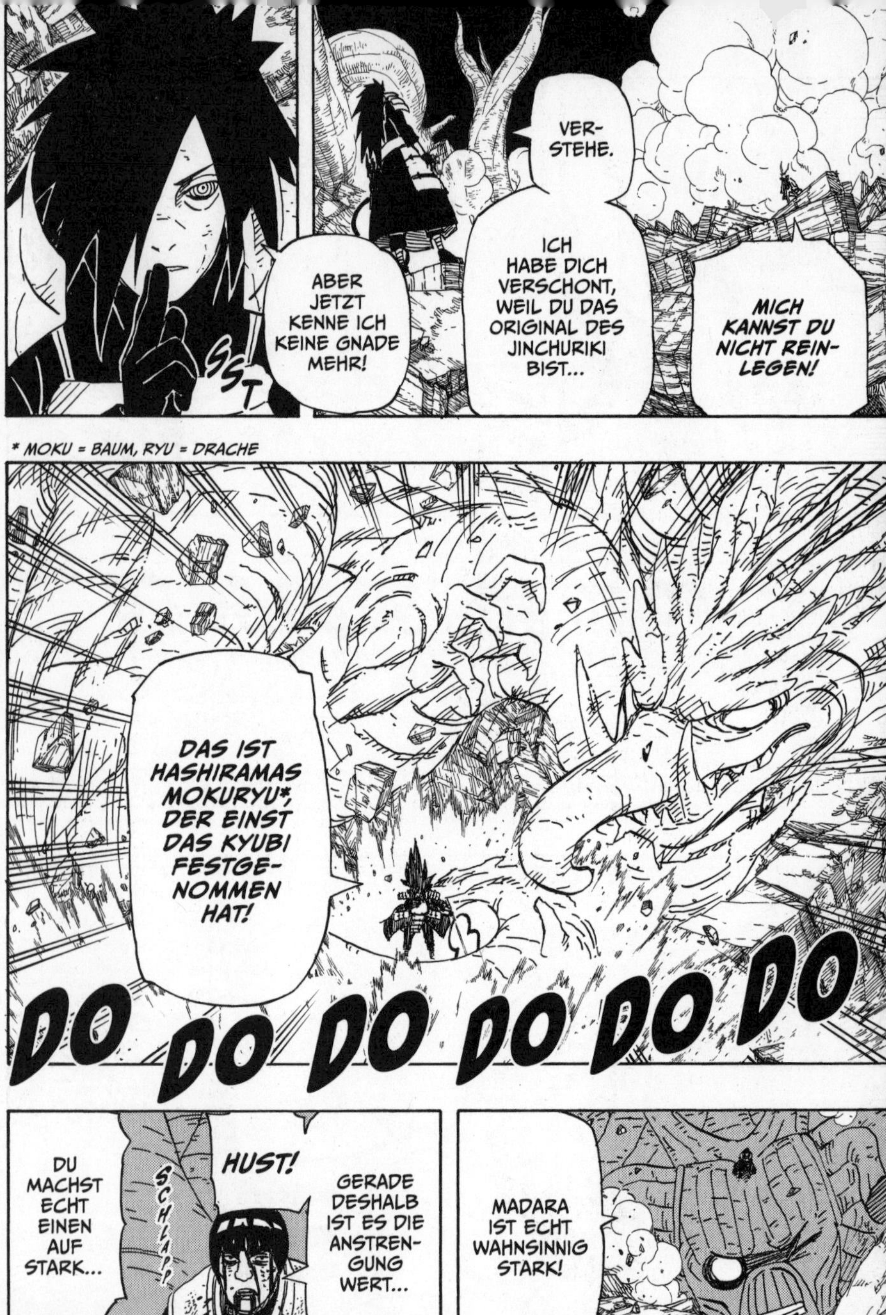

* MOKU = BAUM, RYU = DRACHE

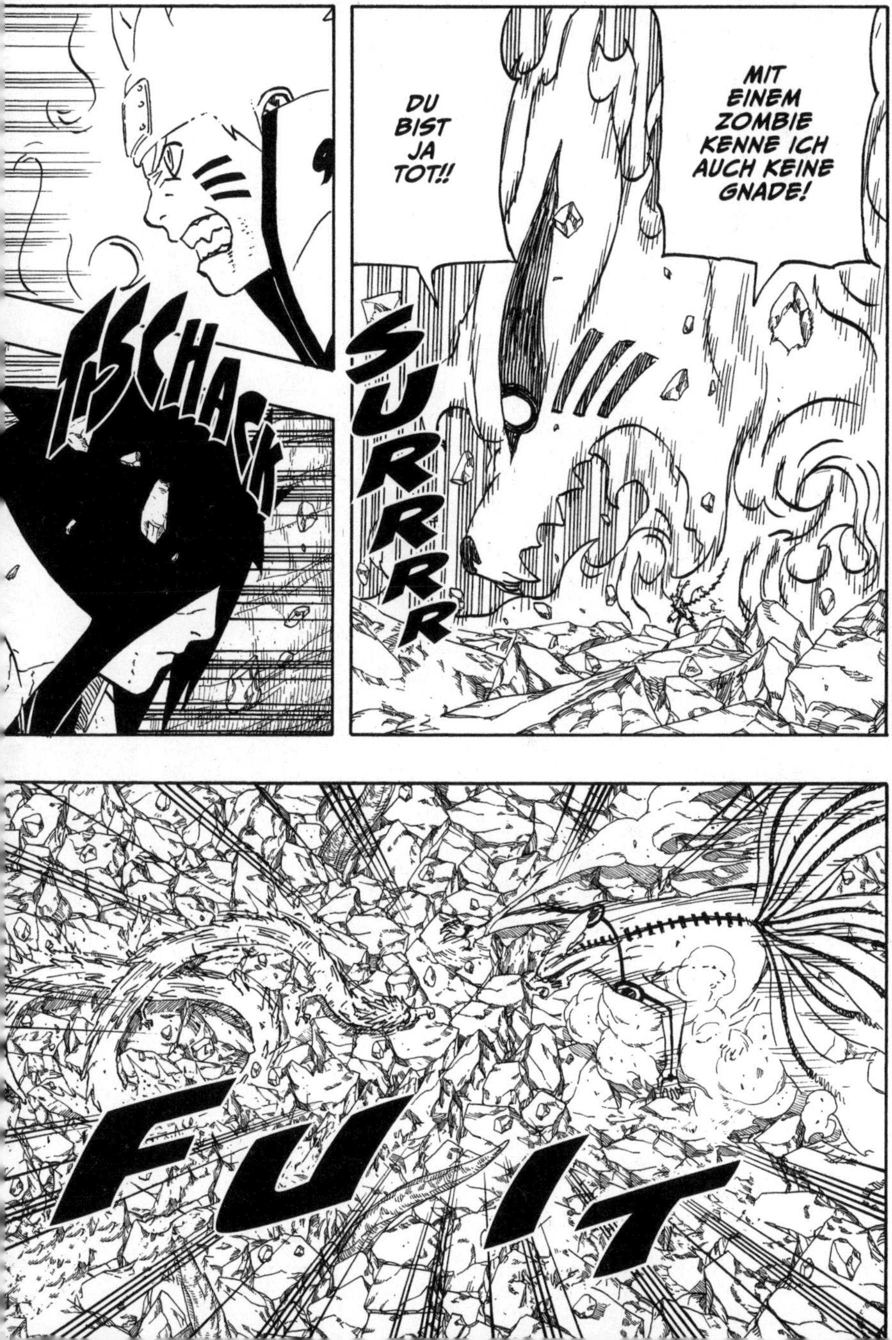
MIT EINEM ZOMBIE KENNE ICH AUCH KEINE GNADE!
DU BIST JA TOT!!
SURRRR
FTSCHACK
FUIIT

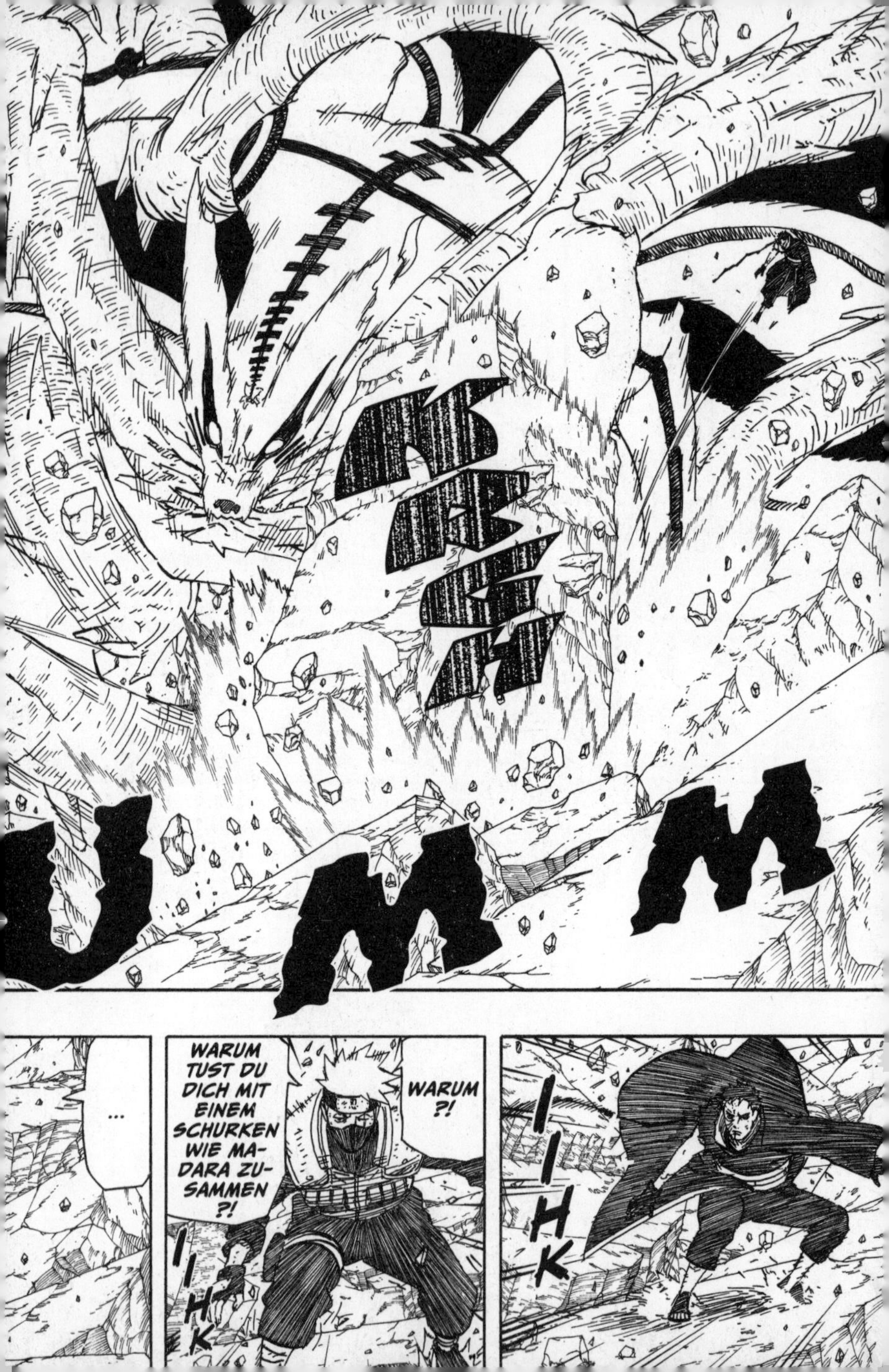
UMM
IIHK
WARUM ?!
WARUM TUST DU DICH MIT EINEM SCHURKEN WIE MADARA ZUSAMMEN ?!
IIHK
...

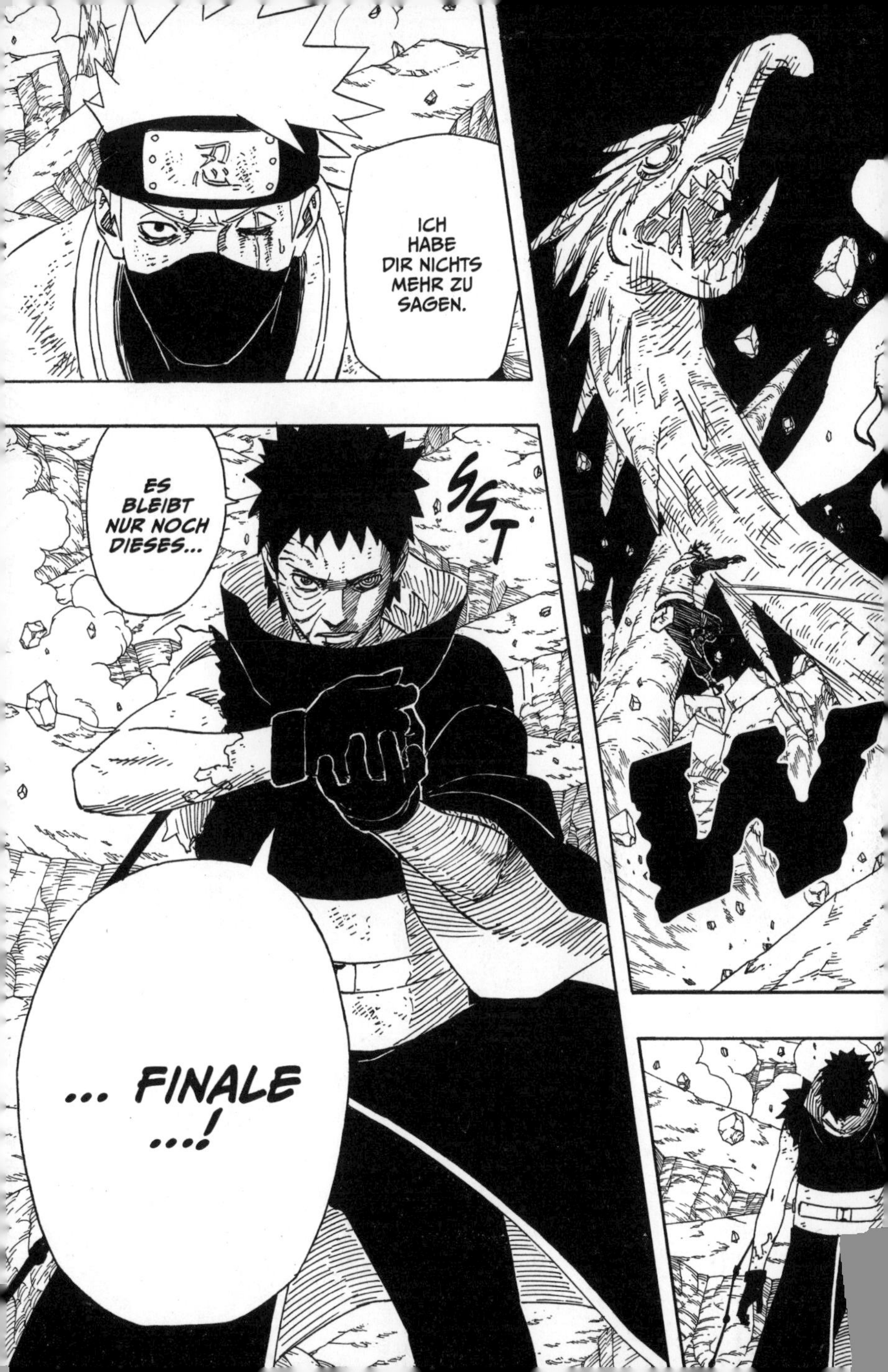
ICH HABE DIR NICHTS MEHR ZU SAGEN.
SST
ES BLEIBT NUR NOCH DIESES...
... FINALE ...!

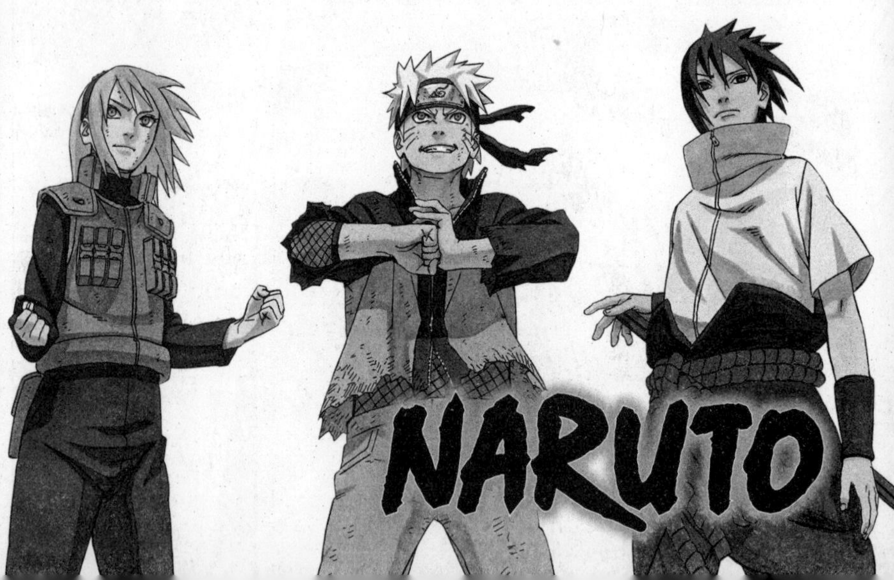
NARUTO

608. Kapitel: Kakashis Entscheidung!

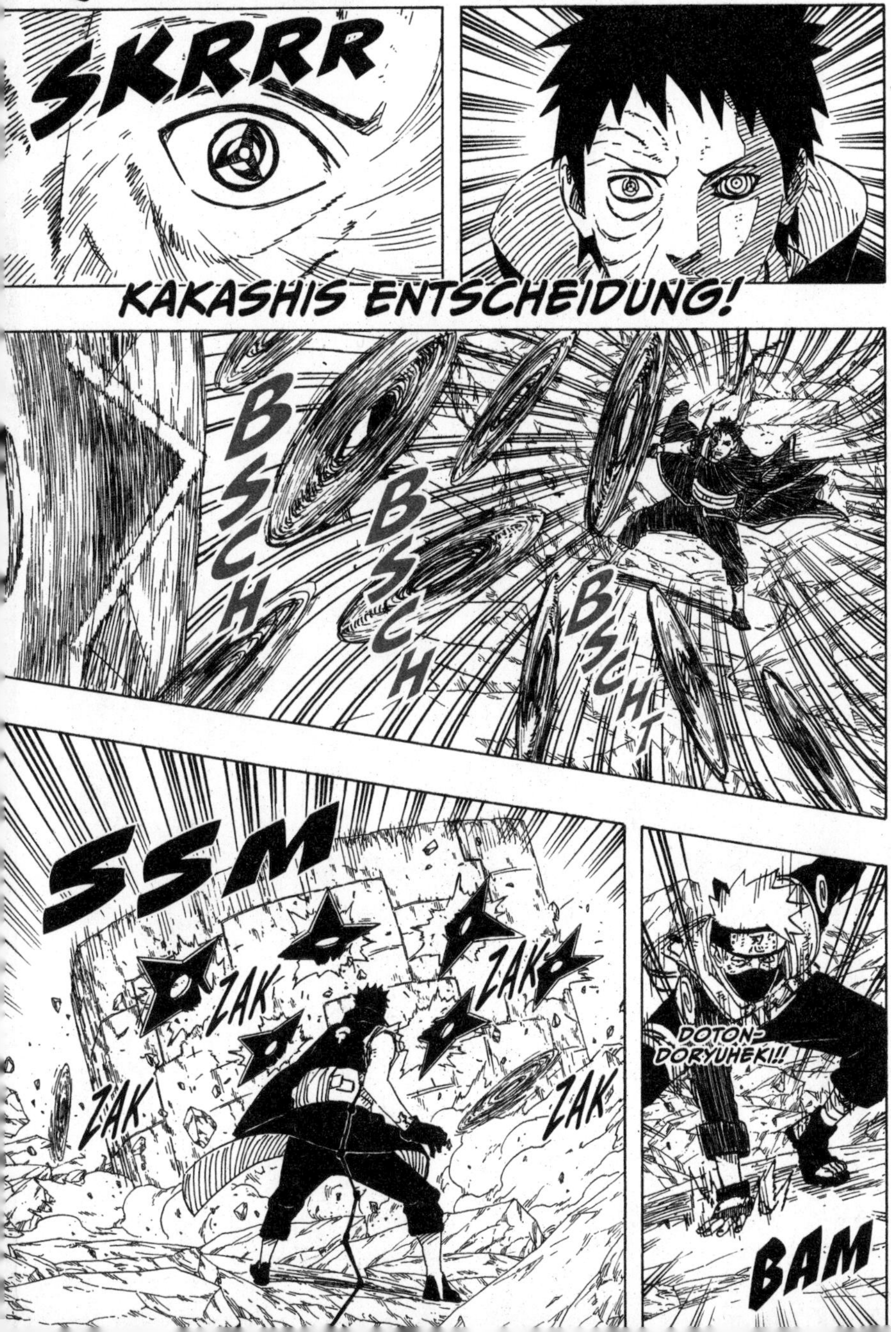

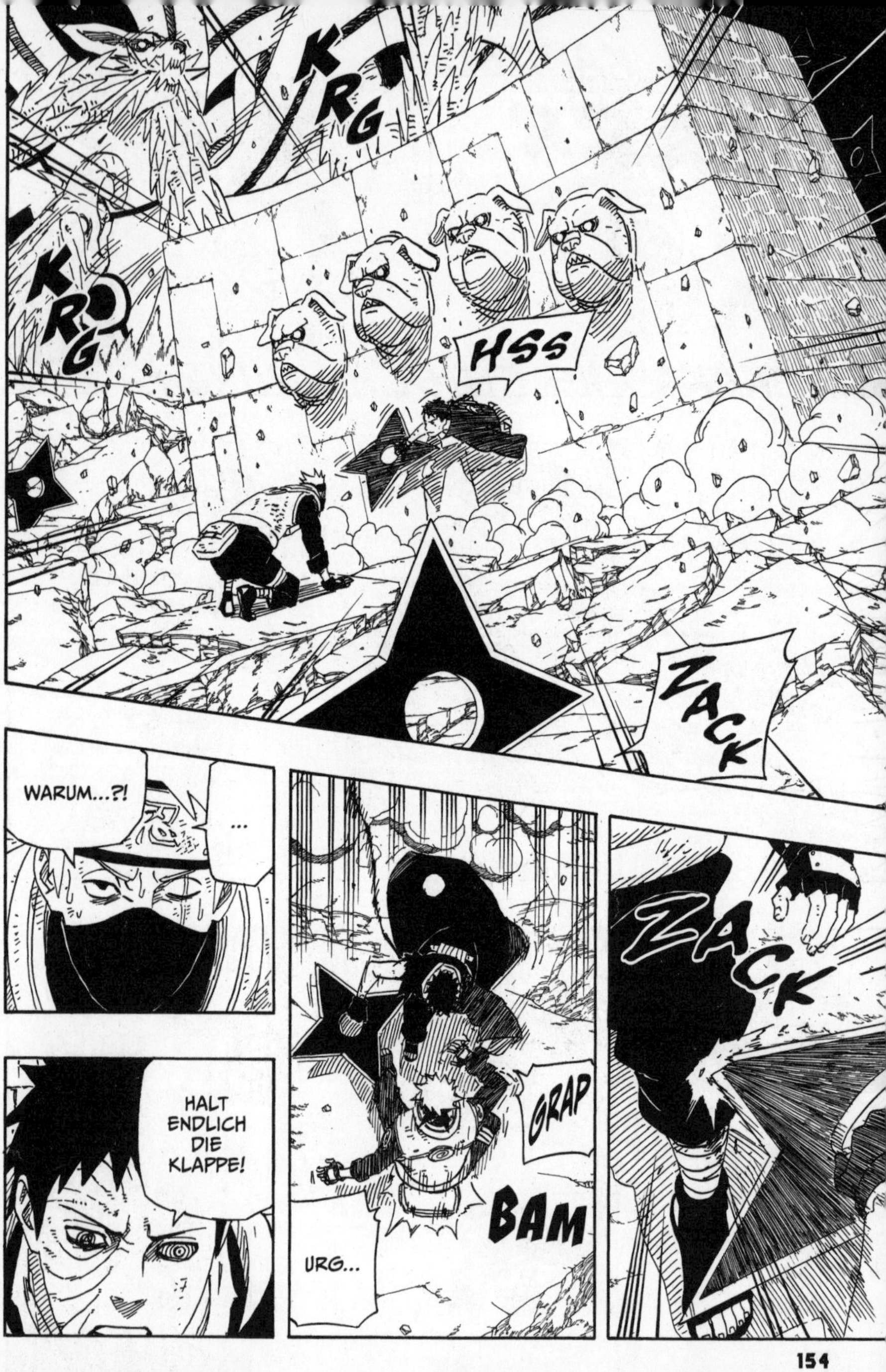
KRG
KRG
HSS
ZACK
ZACK
GRAP
BAM
URG...
WARUM...?!
...
HALT ENDLICH DIE KLAPPE!

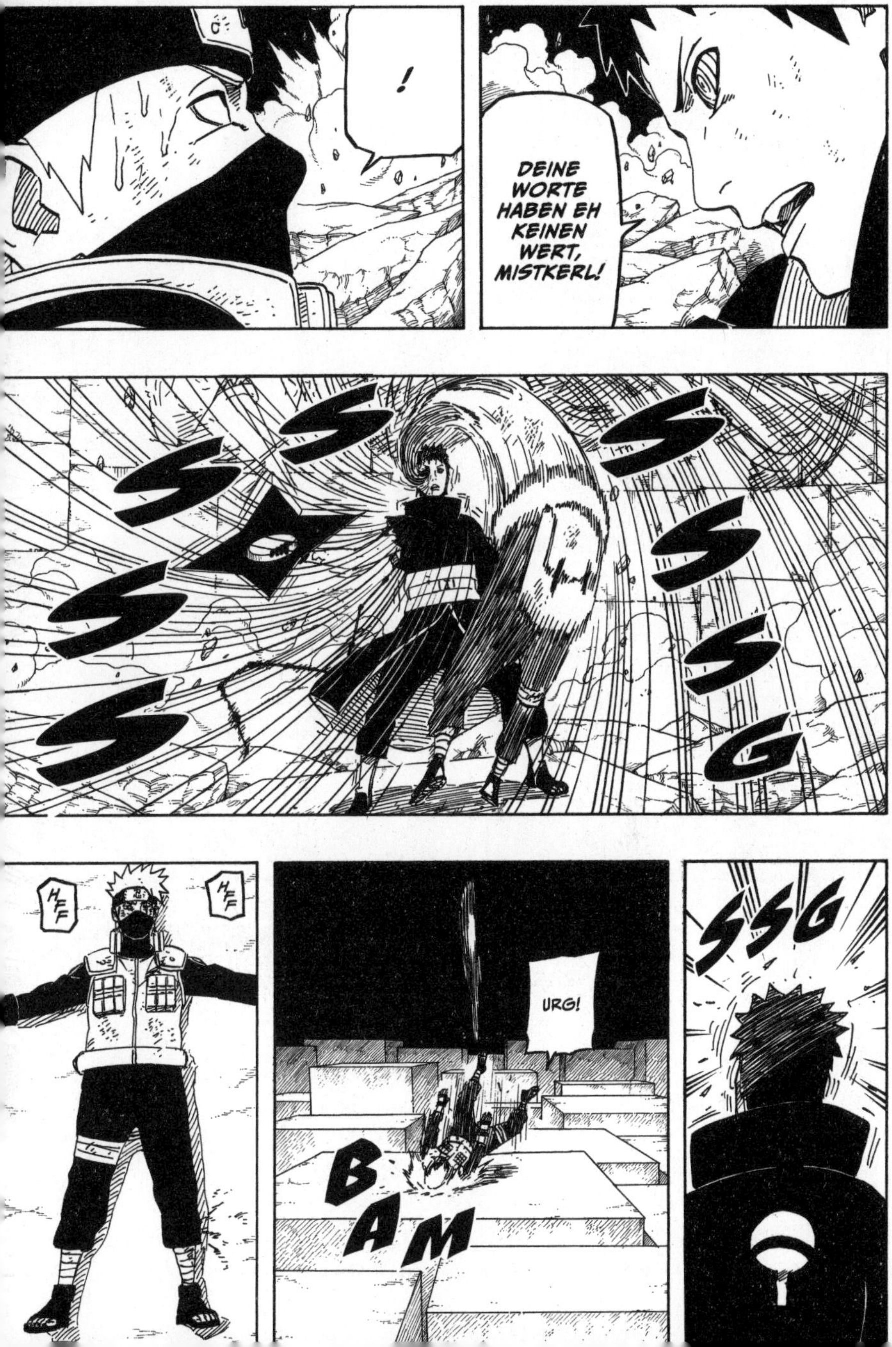
DEINE WORTE HABEN EH KEINEN WERT, MISTKERL!
!
SSSS
SSSSG
SSG
URG!
BAM
HFF
HFF

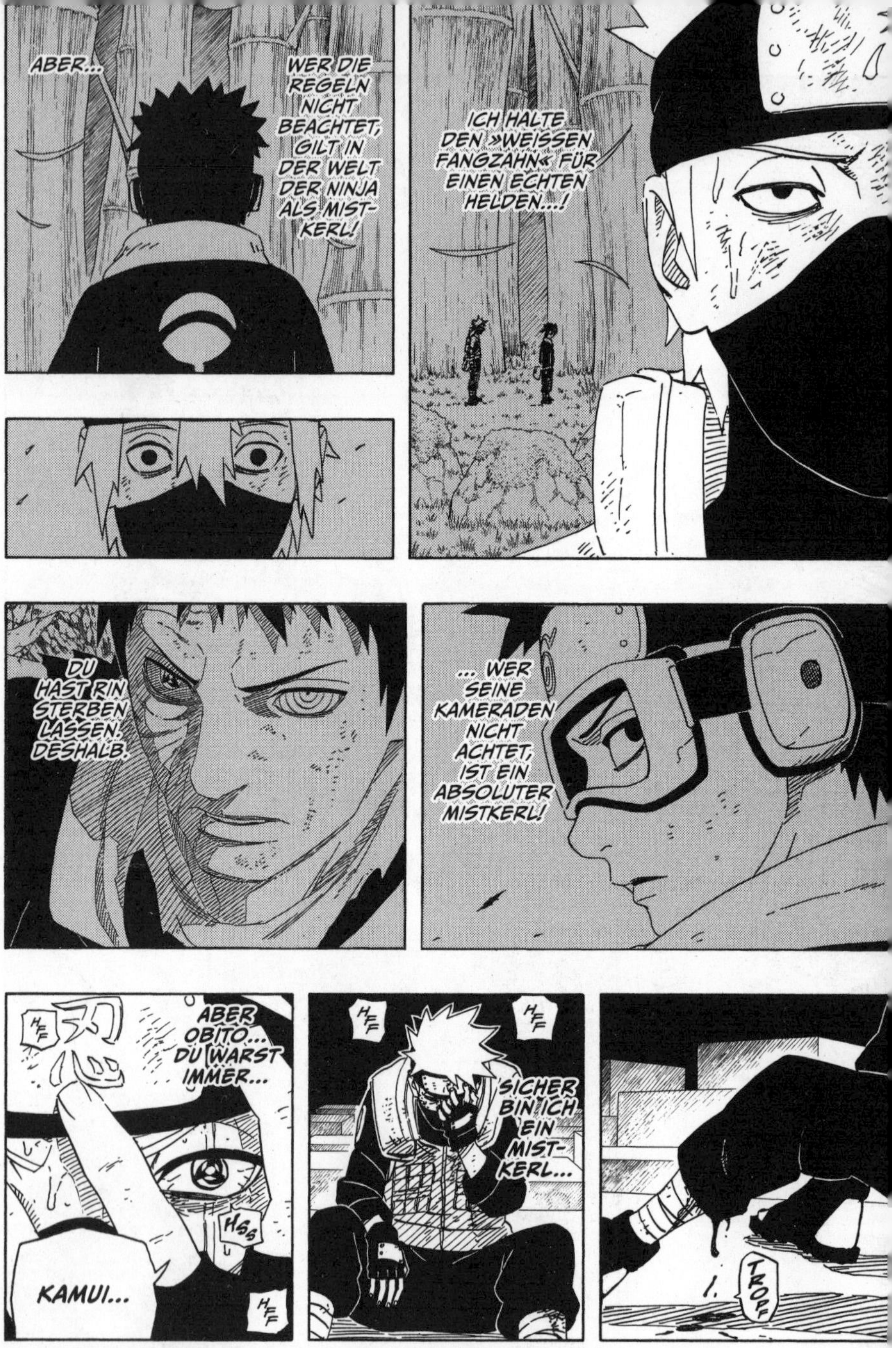
ICH HALTE DEN »WEISSEN FANGZAHN« FÜR EINEN ECHTEN HELDEN...!
WER DIE REGELN NICHT BEACHTET, GILT IN DER WELT DER NINJA ALS MIST-KERL!
ABER...
... WER SEINE KAMERADEN NICHT ACHTET, IST EIN ABSOLUTER MISTKERL!
DU HAST RIN STERBEN LASSEN. DESHALB.
SICHER BIN ICH EIN MIST-KERL...
HFF
HFF
TROPF
ABER OBITO... DU WARST IMMER...
HFF
HSS
KAMUI...
HFF

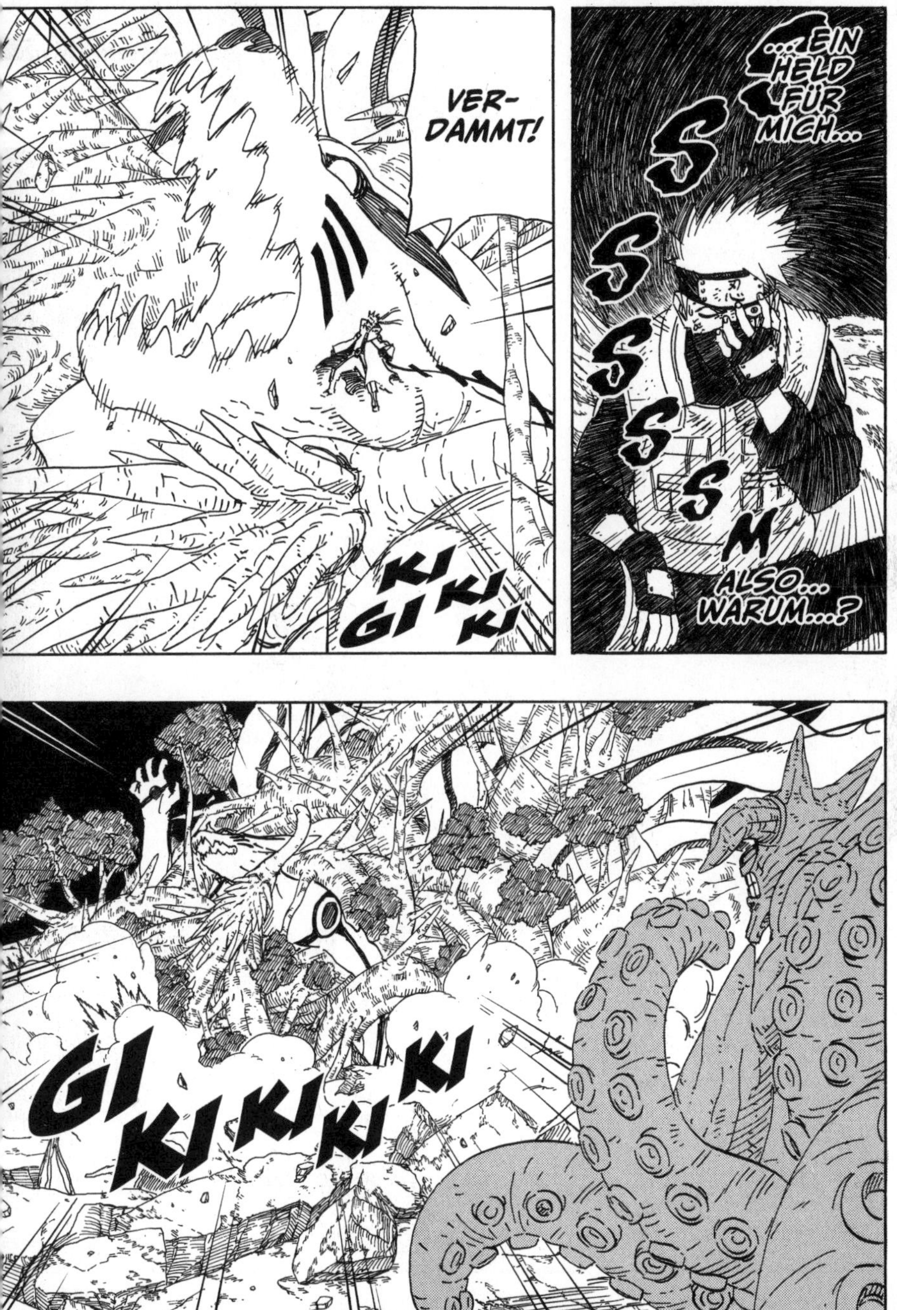

...EIN HELD FÜR MICH...
SSSSSSM
ALSO... WARUM...?
VER-DAMMT!
KI GI KI KI
GI KI KI KI KI KI

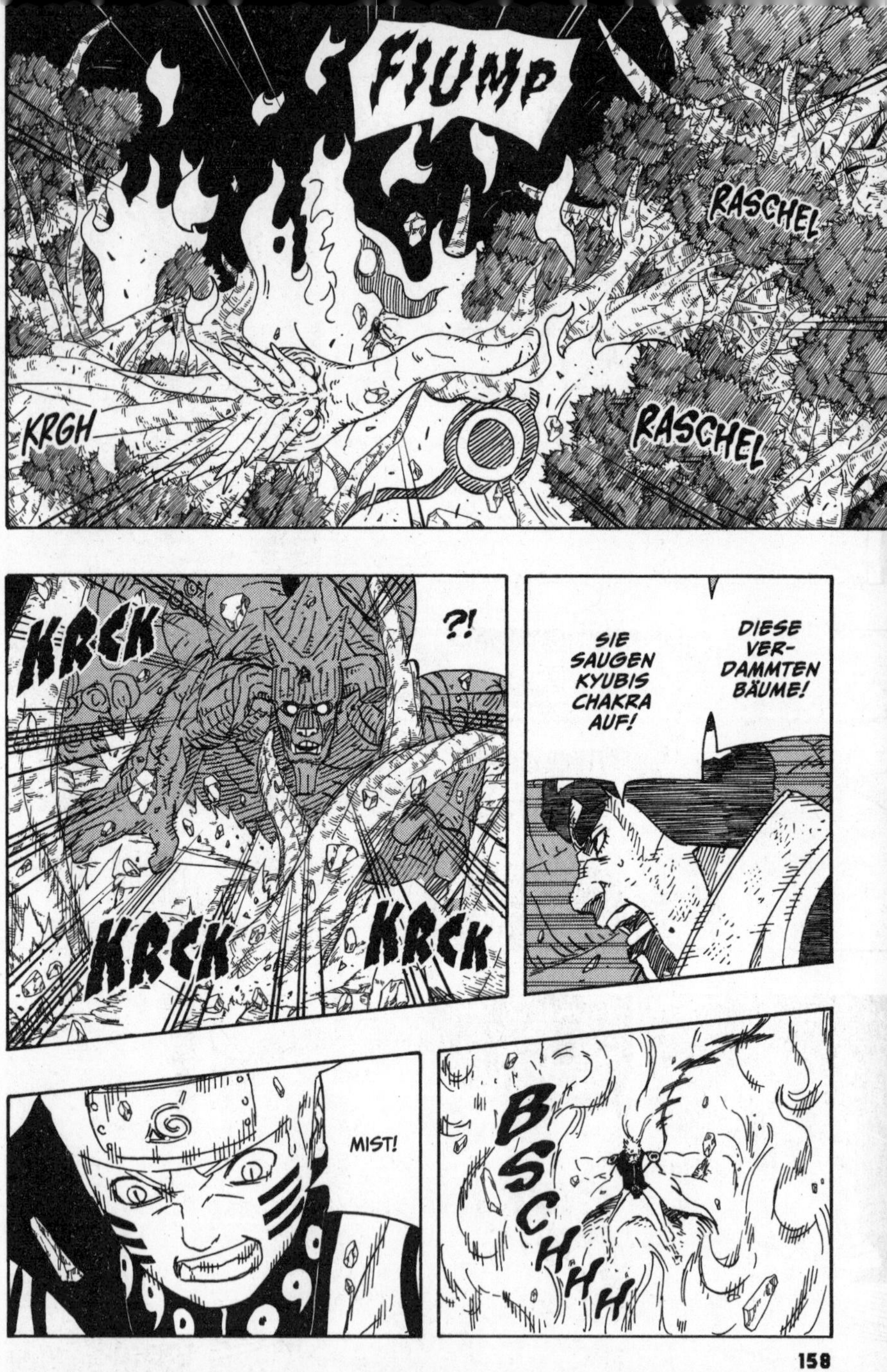
FIUMP
RASCHEL
RASCHEL
KRGH
DIESE VER-DAMMTEN BÄUME!
SIE SAUGEN KYUBIS CHAKRA AUF!
?!
KRCK
KRCK
KRCK
BSCHHH
MIST!

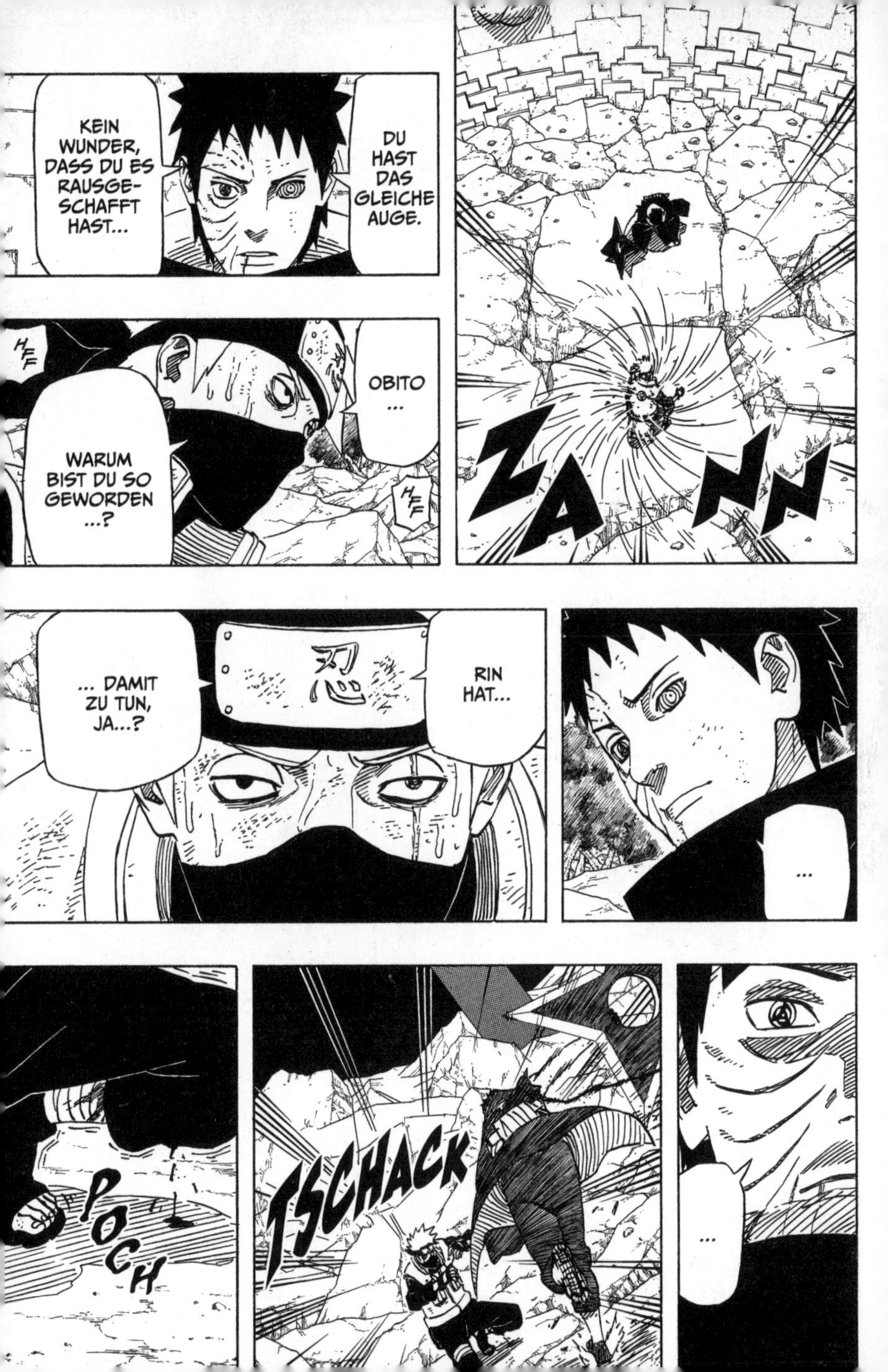

ZAHH
DU HAST DAS GLEICHE AUGE.
KEIN WUNDER, DASS DU ES RAUSGE-SCHAFFT HAST...
OBITO ...
HFF
HFF
WARUM BIST DU SO GEWORDEN ...?
...
RIN HAT...
... DAMIT ZU TUN, JA...?
...
TSCHACK
POCH

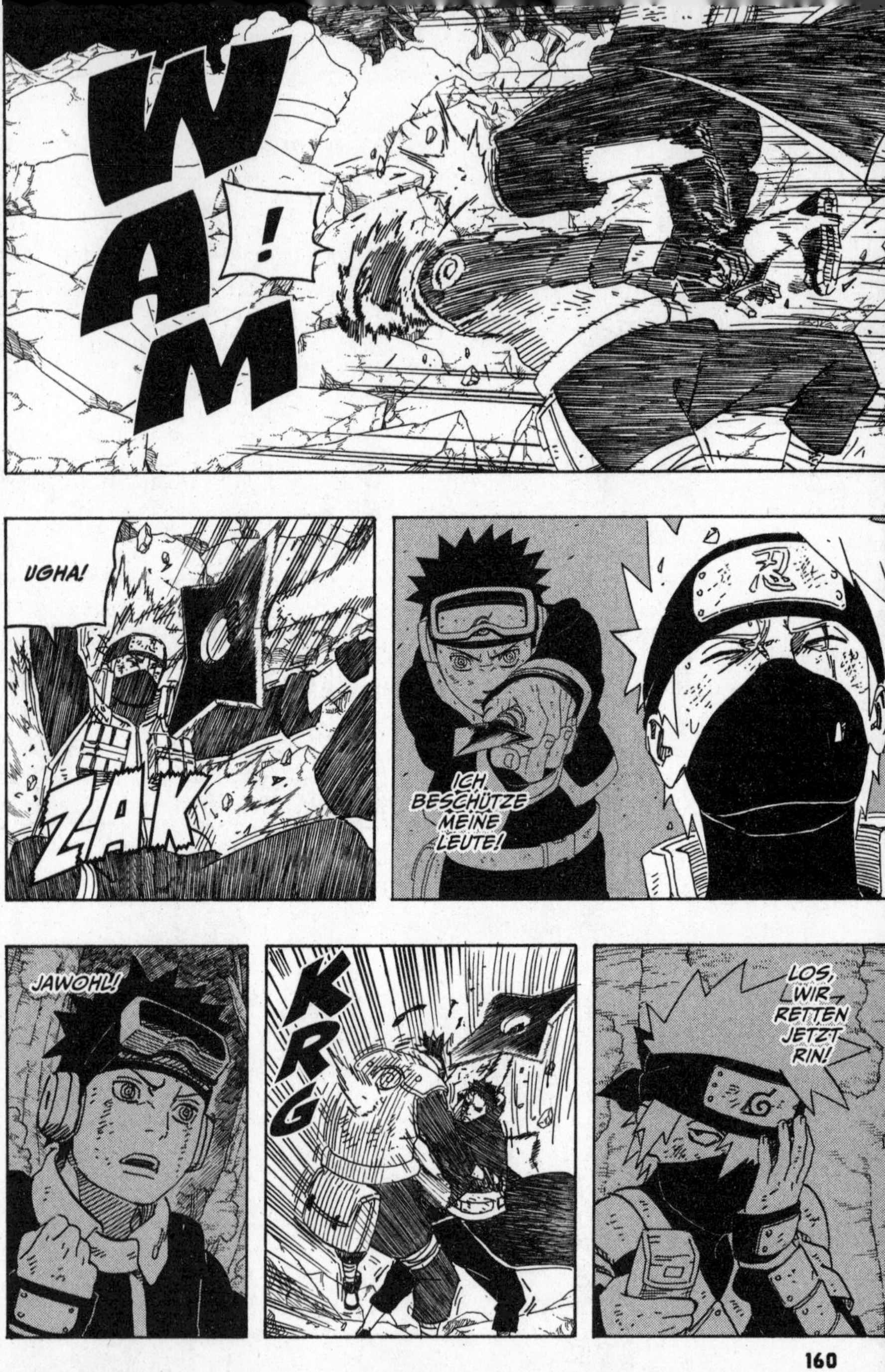
WAM!
UGHA!
ZAK
ICH BESCHÜTZE MEINE LEUTE!
LOS, WIR RETTEN JETZT RIN!
KRG
JAWOHL!

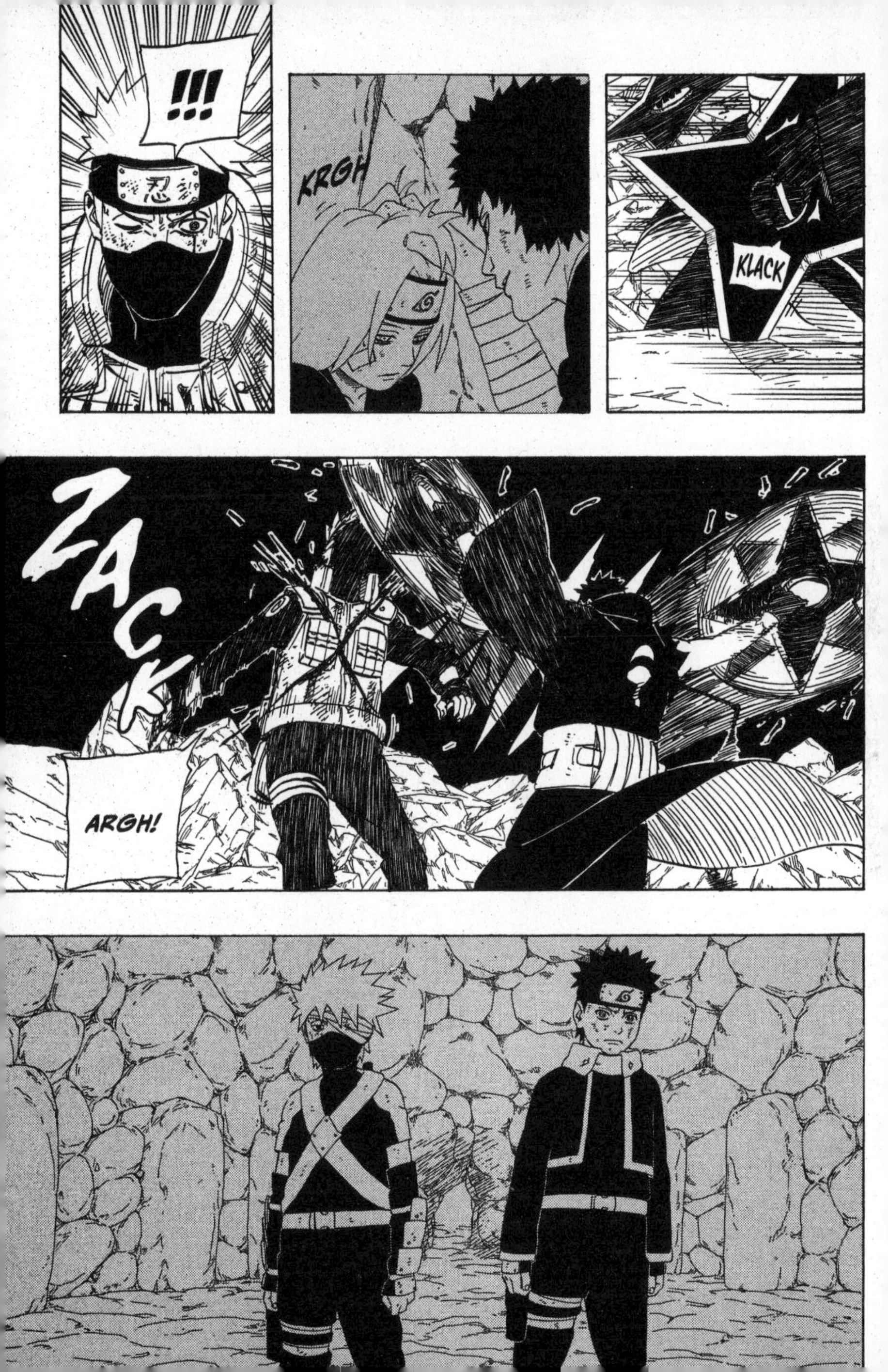
!!!
KRGH
KLACK
ZACK
ARGH!

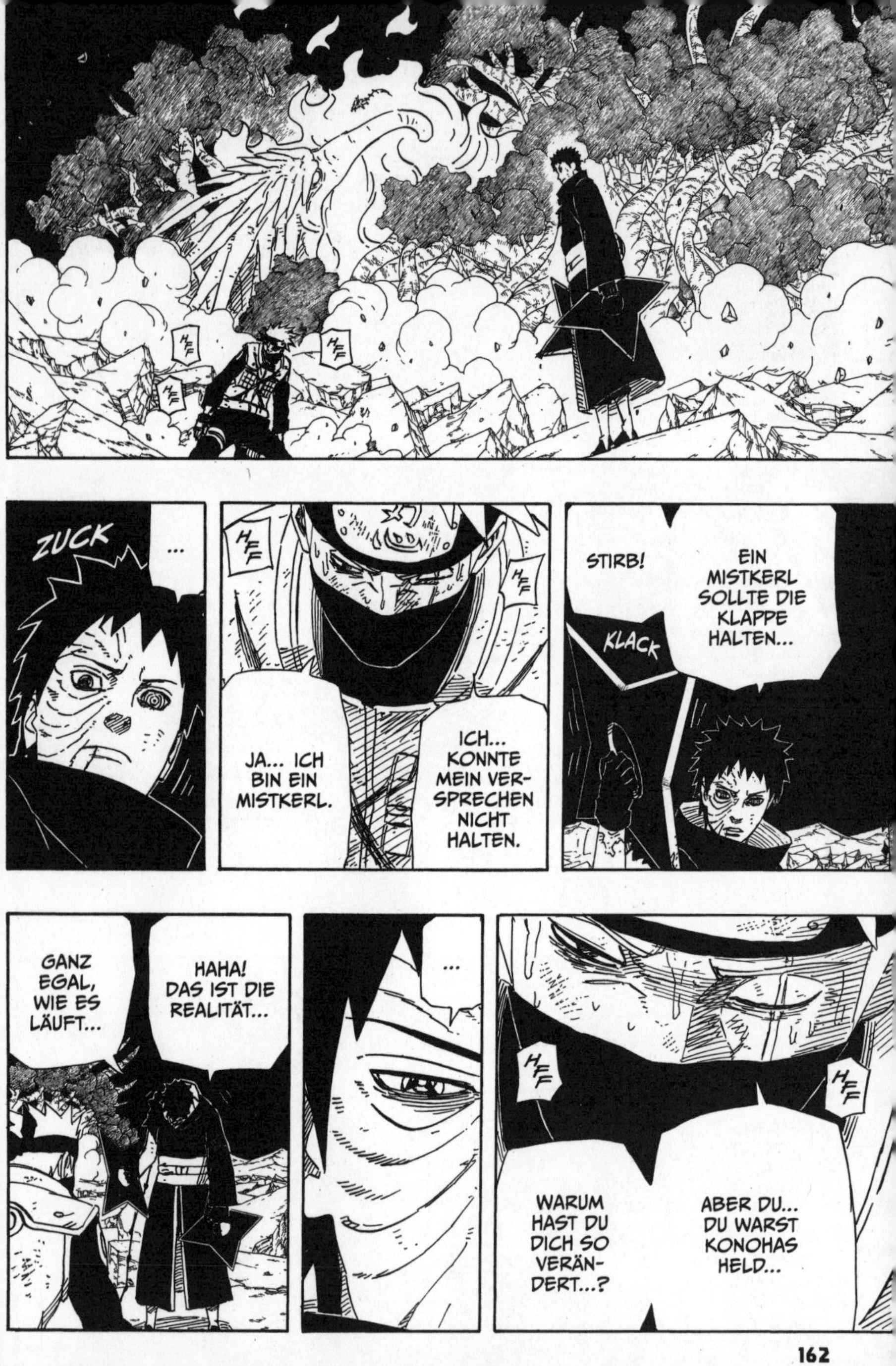
HEF
HEF
HEF
HEF
EIN MISTKERL SOLLTE DIE KLAPPE HALTEN...
STIRB!
KLACK
HEF
HEF
ICH... KONNTE MEIN VERSPRECHEN NICHT HALTEN.
JA... ICH BIN EIN MISTKERL.
ZUCK
...
HEF
HEF
ABER DU... DU WARST KONOHAS HELD...
WARUM HAST DU DICH SO VERÄNDERT...?
...
HAHA! DAS IST DIE REALITÄT...
GANZ EGAL, WIE ES LÄUFT...

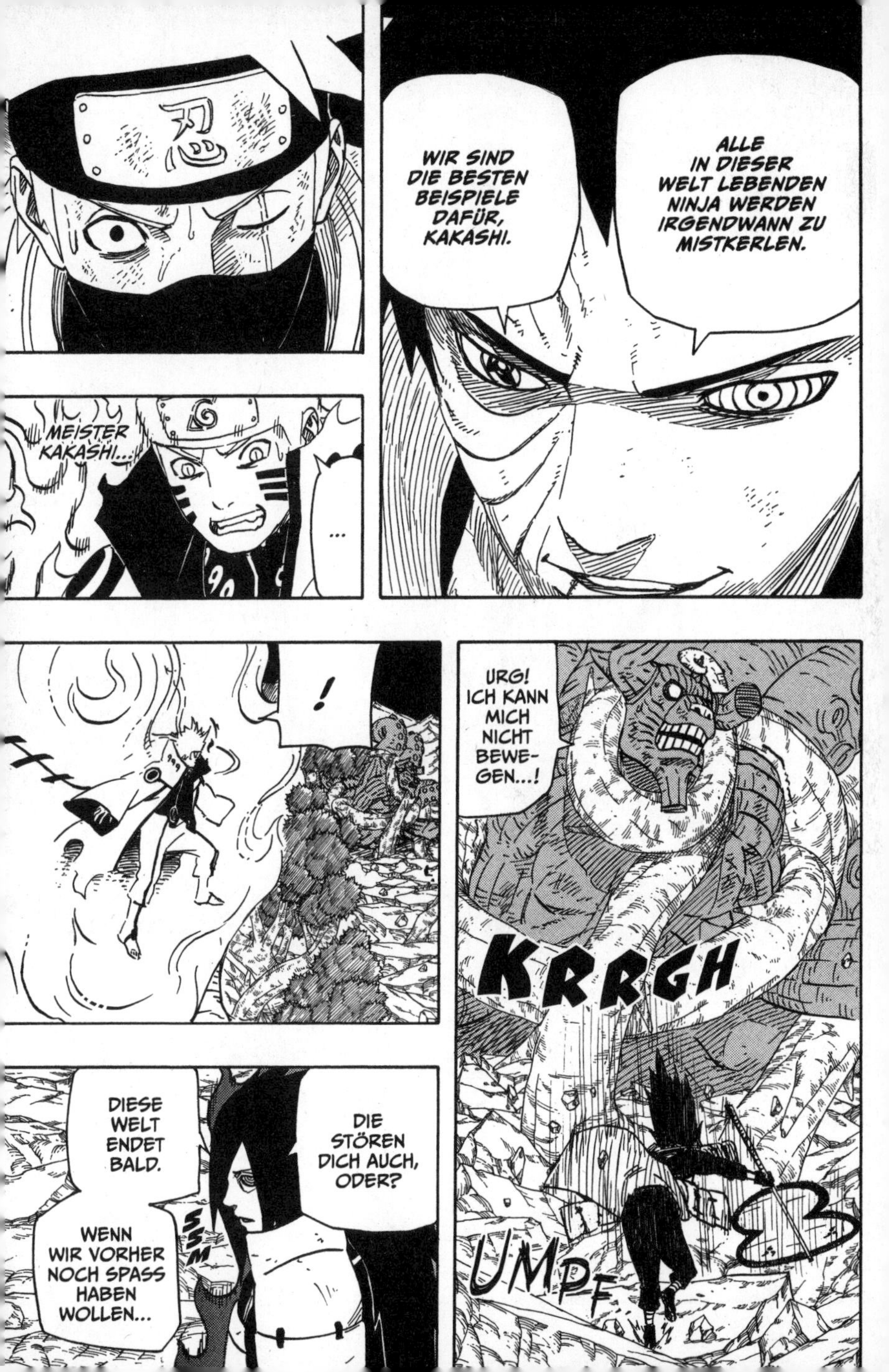
ALLE IN DIESER WELT LEBENDEN NINJA WERDEN IRGENDWANN ZU MISTKERLEN.
WIR SIND DIE BESTEN BEISPIELE DAFÜR, KAKASHI.
...
MEISTER KAKASHI...
URG! ICH KANN MICH NICHT BEWE-GEN...!
KRRGH
UMPF
!
DIE STÖREN DICH AUCH, ODER?
DIESE WELT ENDET BALD.
WENN WIR VORHER NOCH SPASS HABEN WOLLEN...
SSM

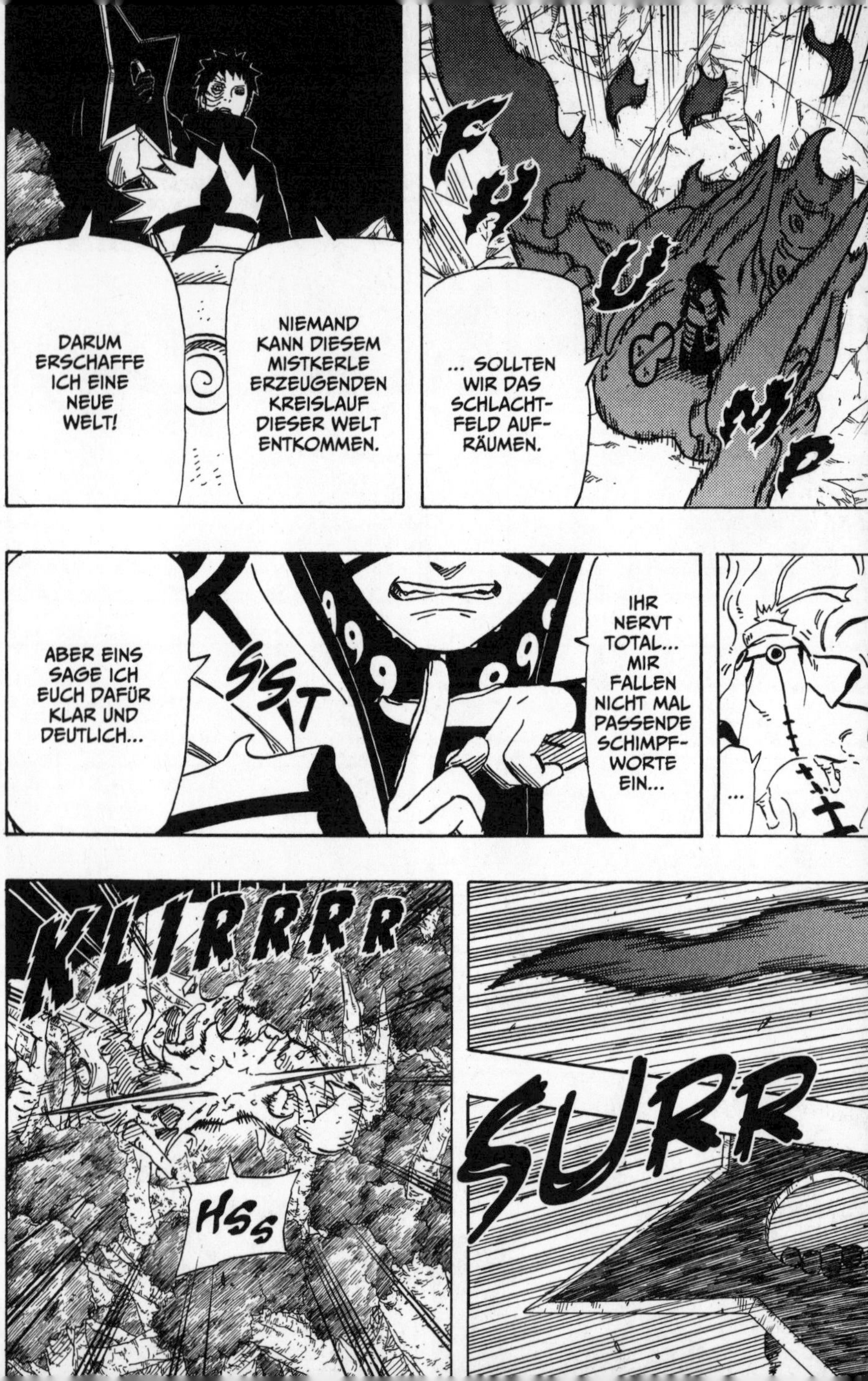
... SOLLTEN WIR DAS SCHLACHT-FELD AUF-RÄUMEN.
NIEMAND KANN DIESEM MISTKERLE ERZEUGENDEN KREISLAUF DIESER WELT ENTKOMMEN.
DARUM ERSCHAFFE ICH EINE NEUE WELT!
...
IHR NERVT TOTAL... MIR FALLEN NICHT MAL PASSENDE SCHIMPF-WORTE EIN...
SST
ABER EINS SAGE ICH EUCH DAFÜR KLAR UND DEUTLICH...
SURR
KLIRRRRR
HSS

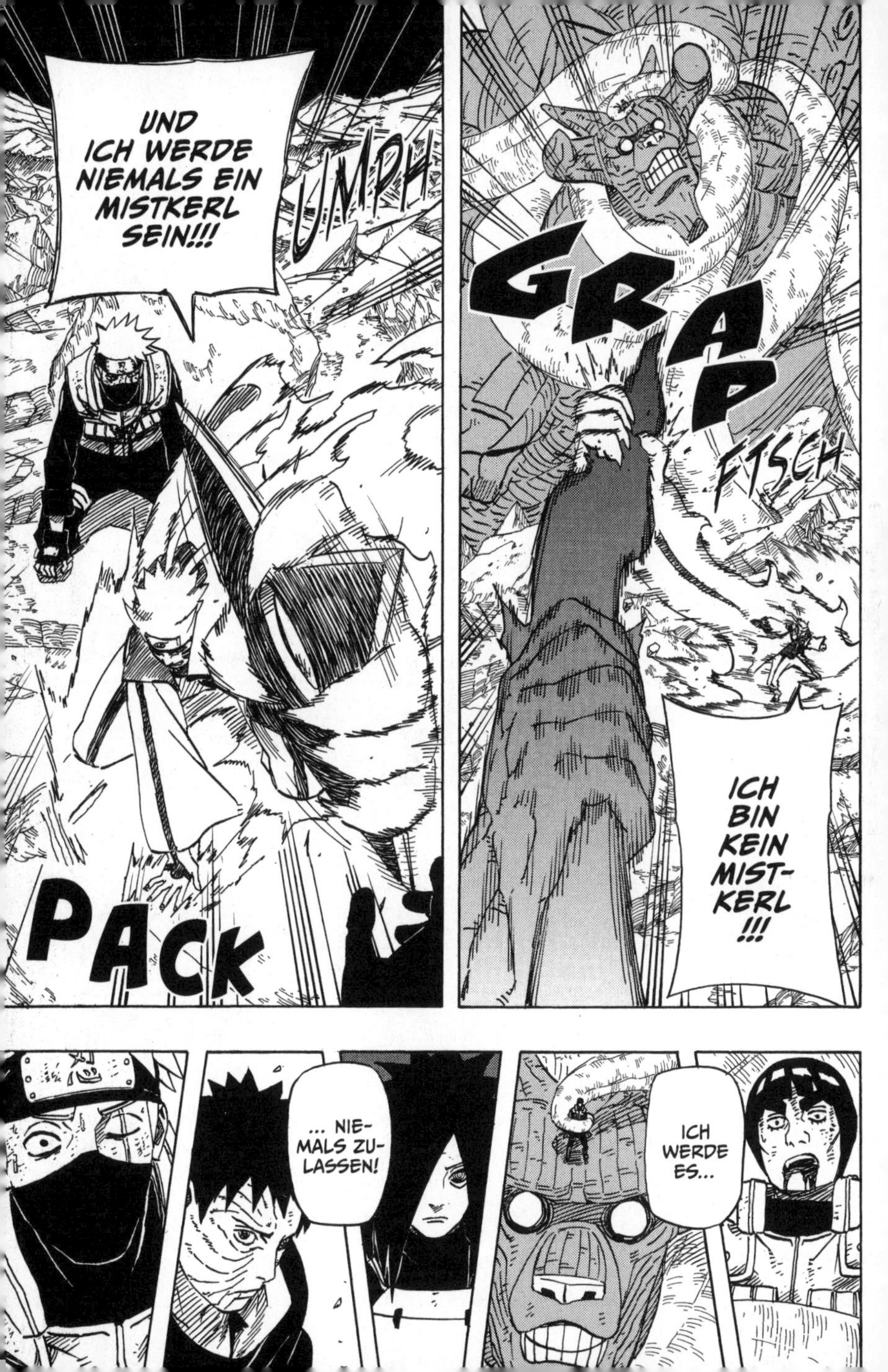
GRAP
FTSCH
ICH BIN KEIN MIST-KERL!!!
UMPH
UND ICH WERDE NIEMALS EIN MISTKERL SEIN!!!
PACK
ICH WERDE ES...
... NIE-MALS ZU-LASSEN!

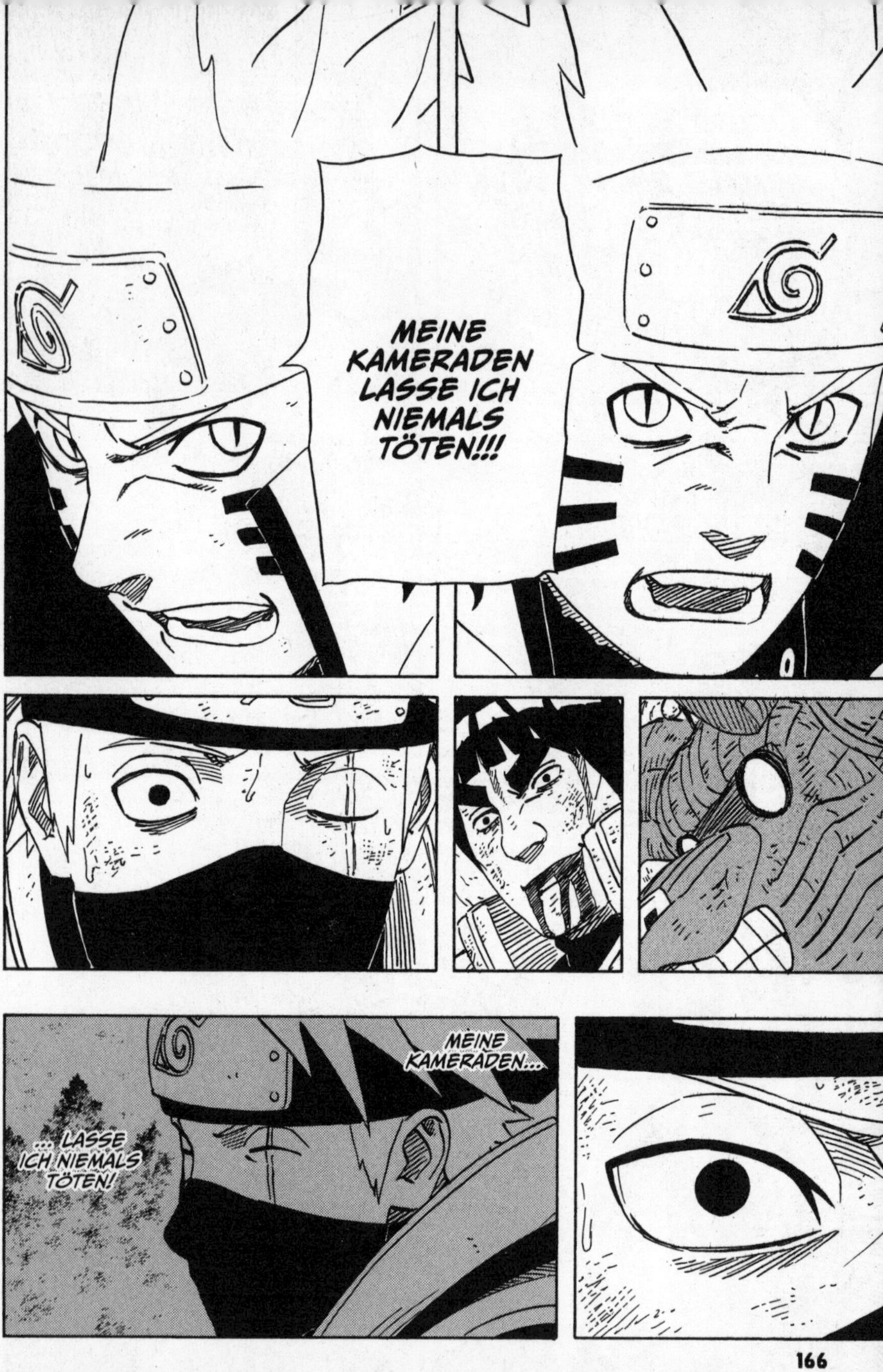
MEINE KAMERADEN LASSE ICH NIEMALS TÖTEN!!!
MEINE KAMERADEN...
... LASSE ICH NIEMALS TÖTEN!

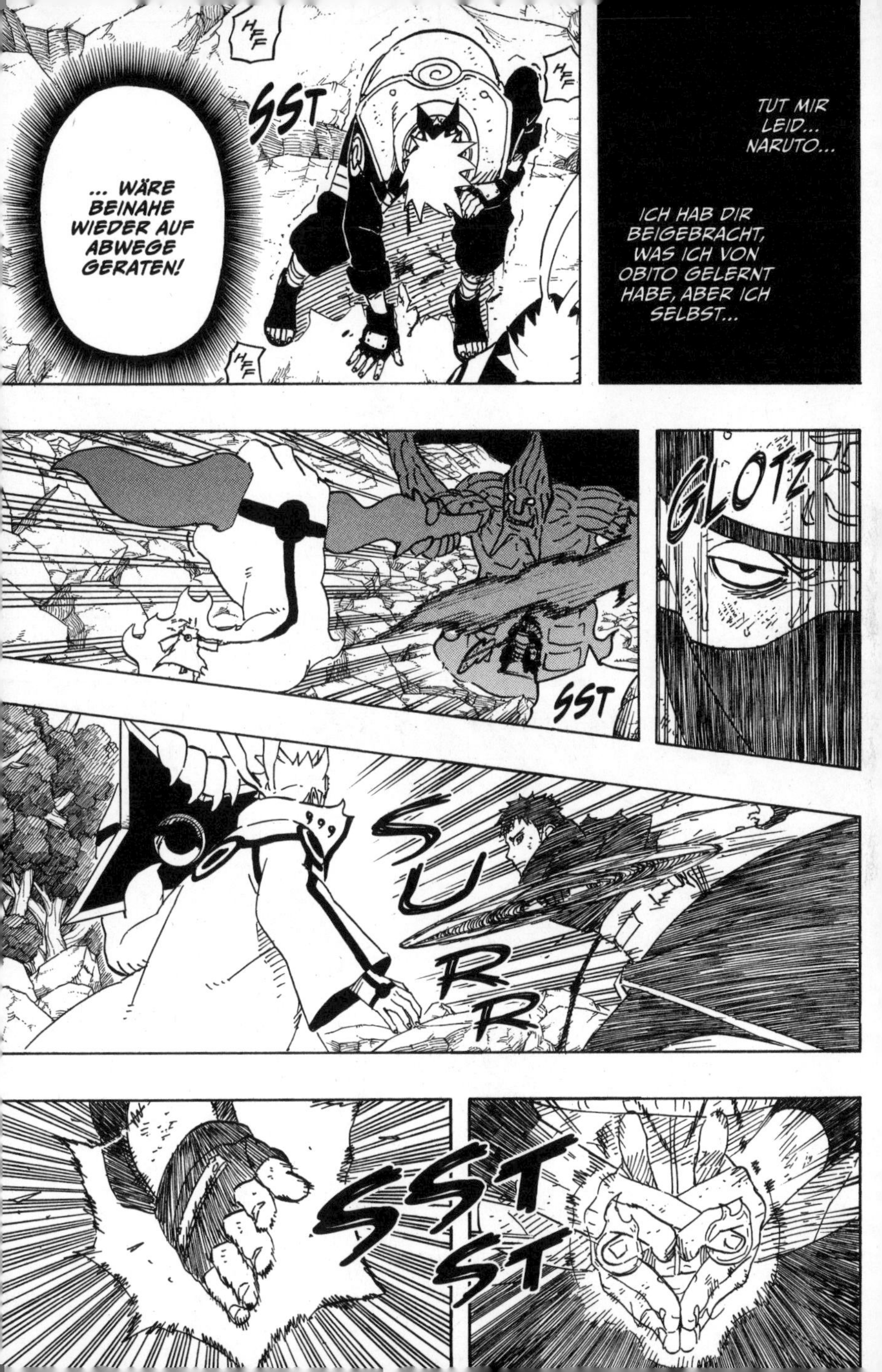
TUT MIR LEID... NARUTO...
ICH HAB DIR BEIGEBRACHT, WAS ICH VON OBITO GELERNT HABE, ABER ICH SELBST...
... WÄRE BEINAHE WIEDER AUF ABWEGE GERATEN!
HFF
SST
HFF
HFF
GLOTZ
SST
SURRR
SSTST

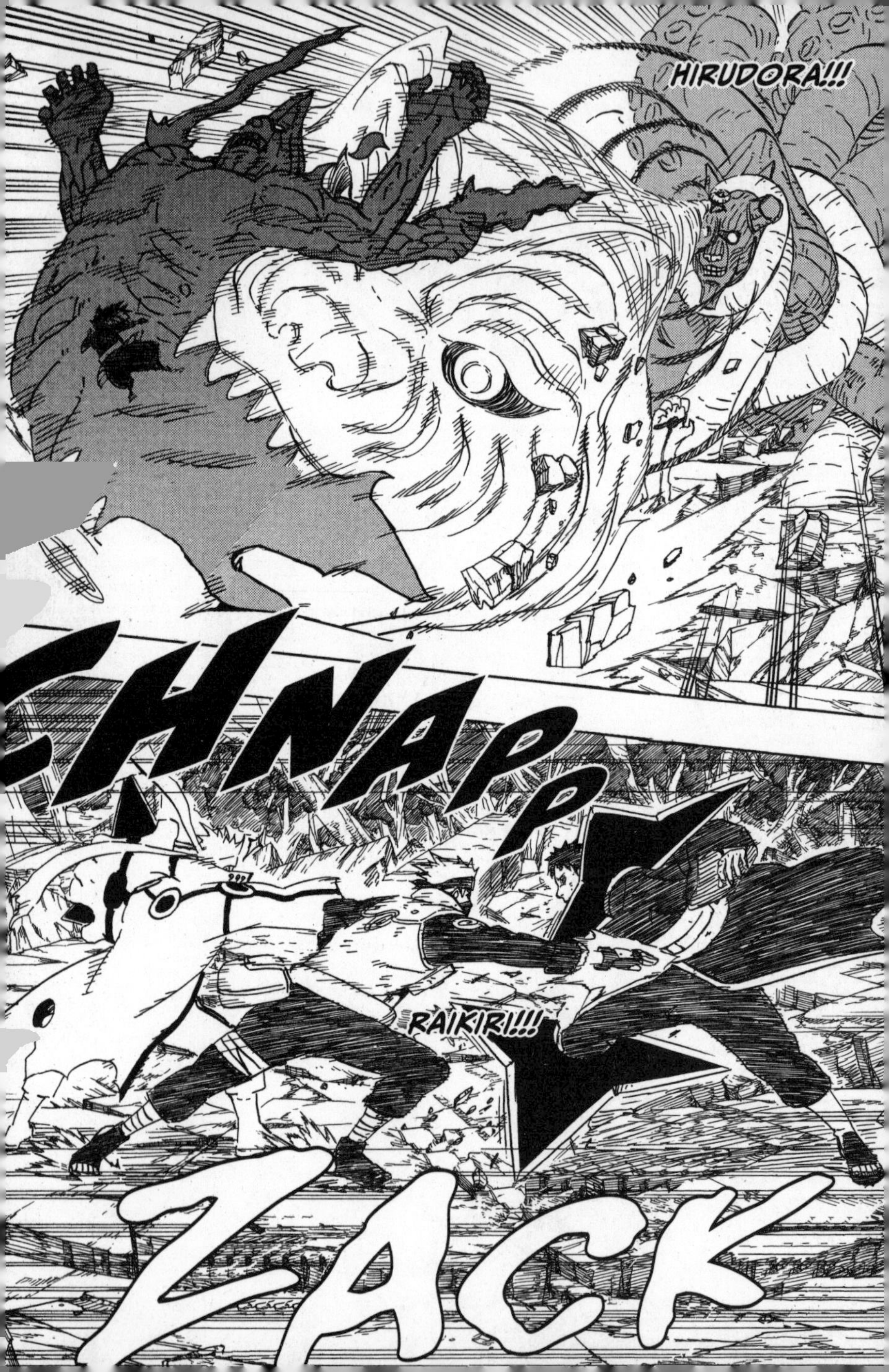
HIRUDORA!!!
CHNAPP
RAIKIRI!!!
ZACK

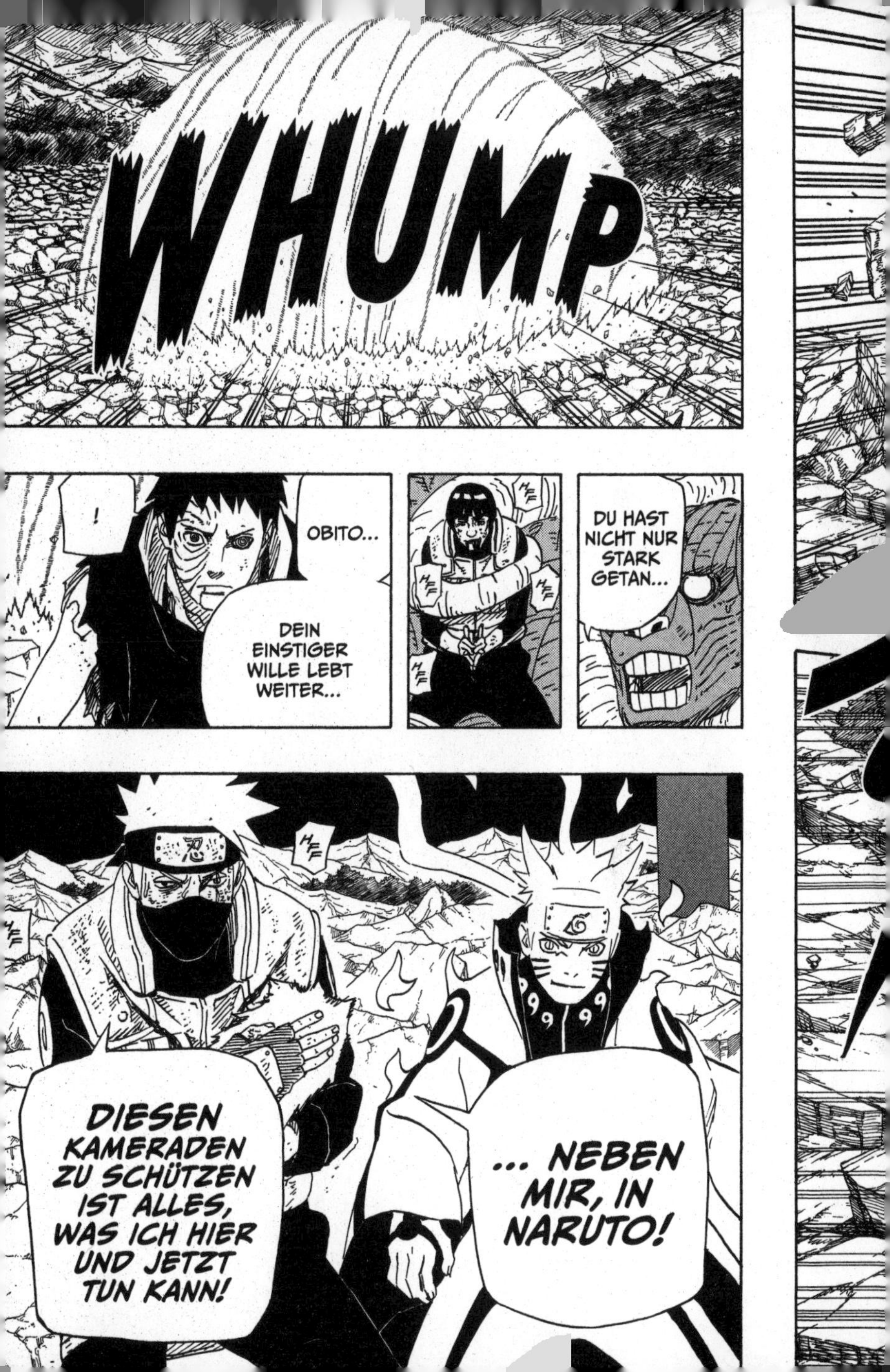
WHUMP
DU HAST NICHT NUR STARK GETAN...
HEF
HEF
HEF
HEF
!
OBITO...
DEIN EINSTIGER WILLE LEBT WEITER...
HEF
HEF
... NEBEN MIR, IN NARUTO!
DIESEN KAMERADEN ZU SCHÜTZEN IST ALLES, WAS ICH HIER UND JETZT TUN KANN!

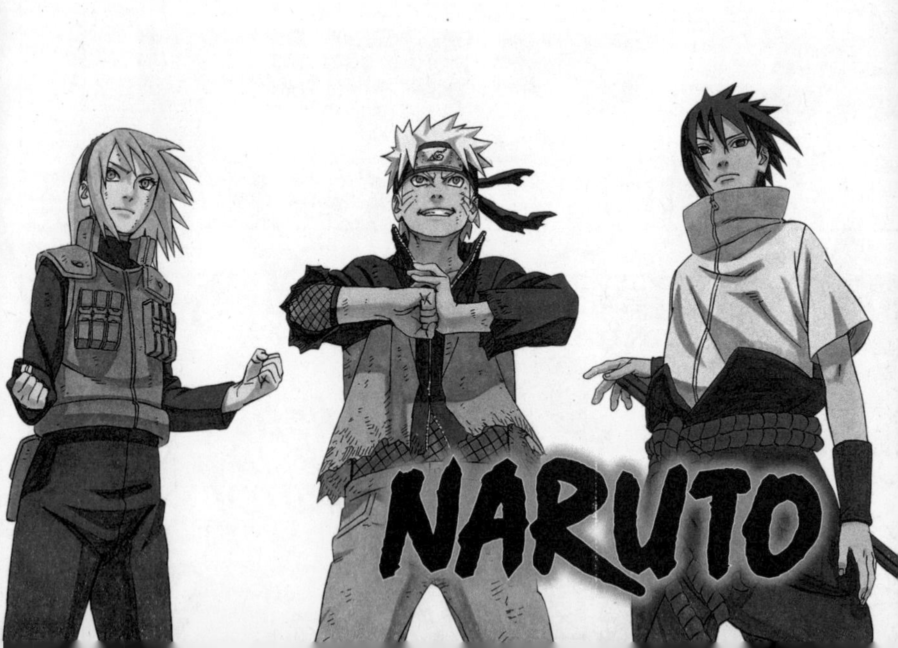
NARUTO

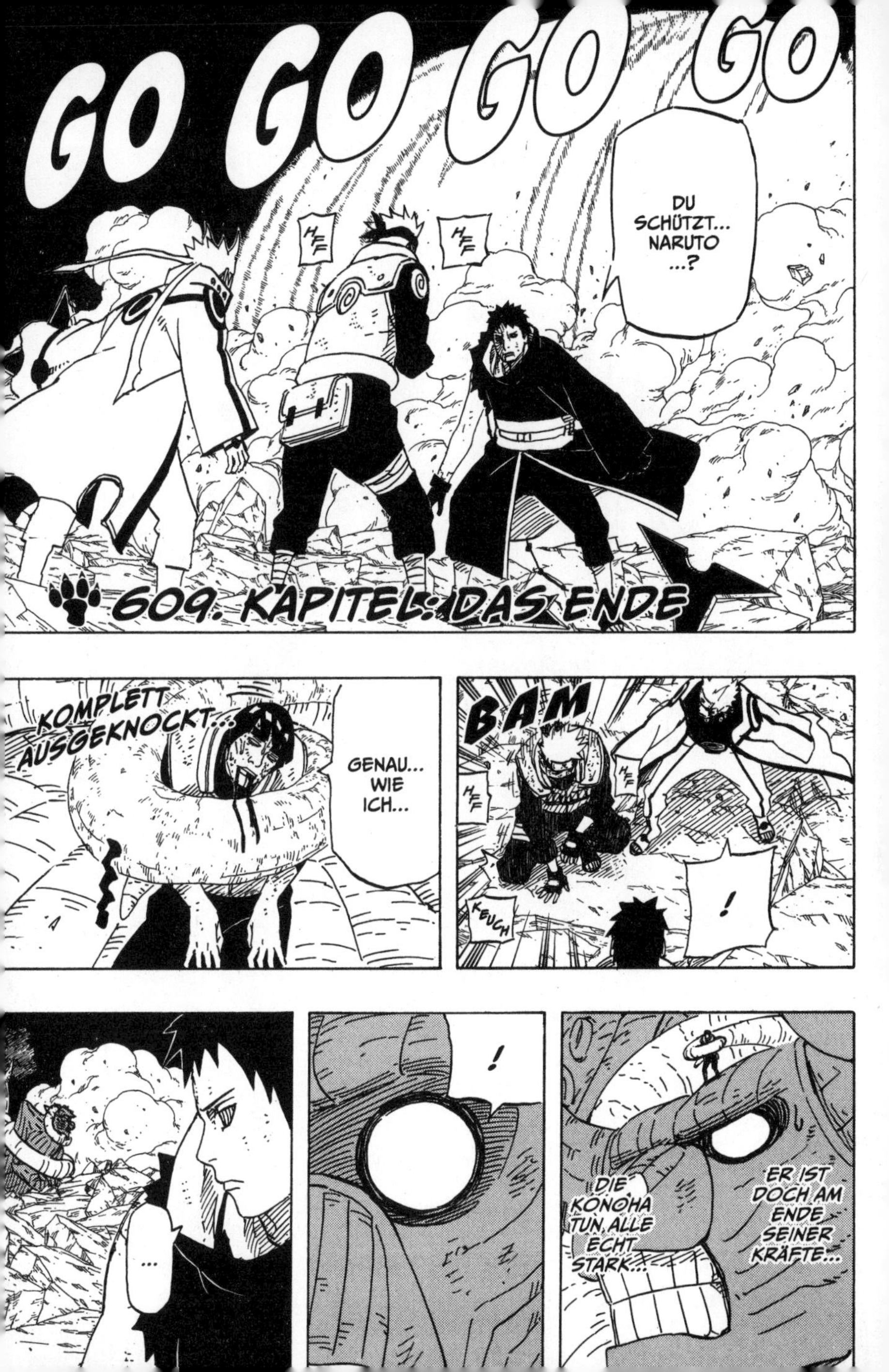
GO GO GO GO GO
HEF
HEF
DU SCHÜTZT... NARUTO ...?
609. KAPITEL: DAS ENDE
KOMPLETT AUSGEKNOCKT...
GENAU... WIE ICH...
BAM
HEF
HEF
KEUCH
!
...
!
ER IST DOCH AM ENDE SEINER KRÄFTE...
DIE KONOHA TUN ALLE ECHT STARK...

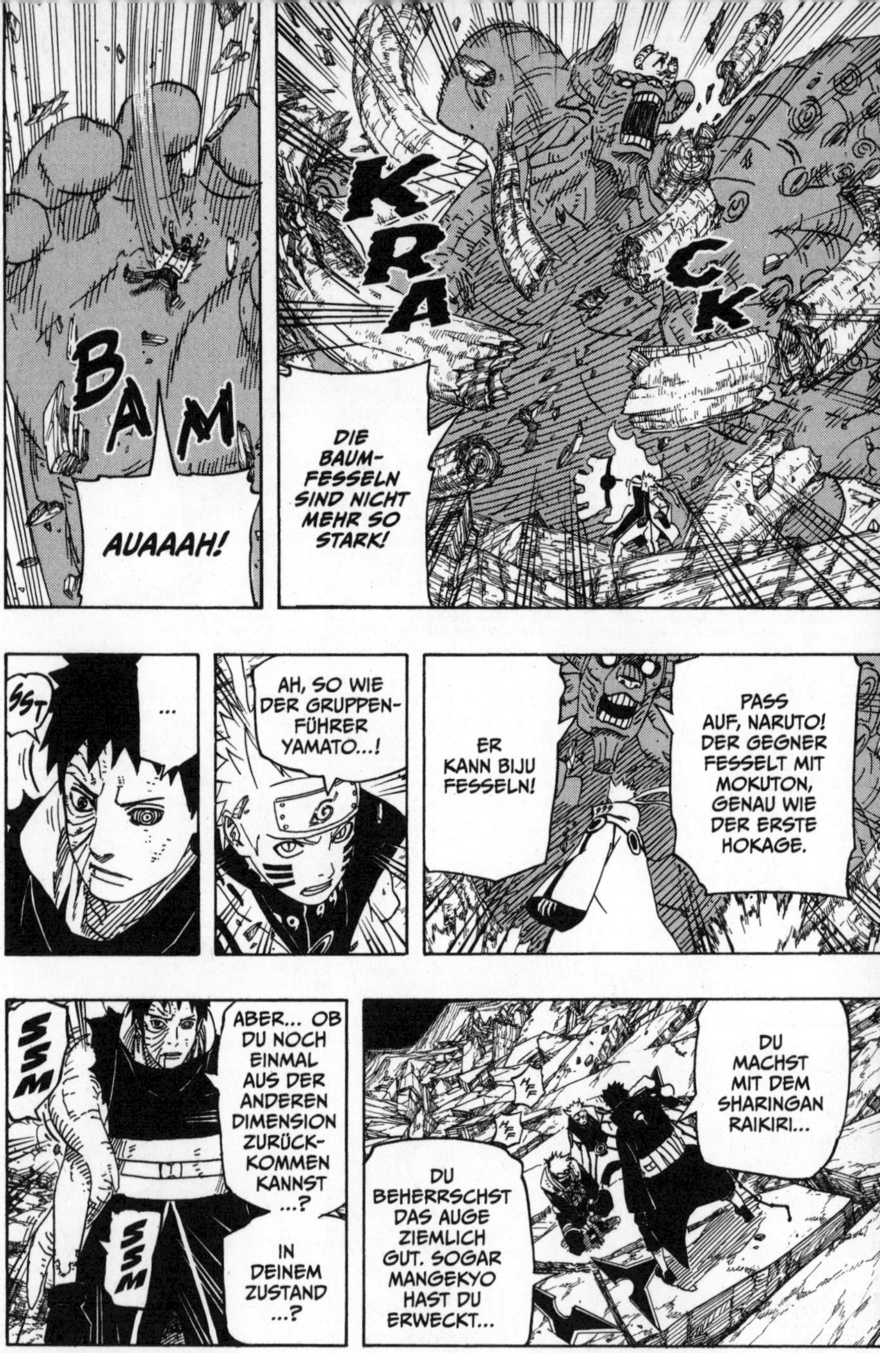
KRACK
DIE BAUM-FESSELN SIND NICHT MEHR SO STARK!
BAM
AUAAAH!
PASS AUF, NARUTO! DER GEGNER FESSELT MIT MOKUTON, GENAU WIE DER ERSTE HOKAGE.
ER KANN BIJU FESSELN!
AH, SO WIE DER GRUPPEN-FÜHRER YAMATO...!
SST
...
DU MACHST MIT DEM SHARINGAN RAIKIRI...
DU BEHERRSCHST DAS AUGE ZIEMLICH GUT. SOGAR MANGEKYO HAST DU ERWECKT...
ABER... OB DU NOCH EINMAL AUS DER ANDEREN DIMENSION ZURÜCK-KOMMEN KANNST ...?
IN DEINEM ZUSTAND ...?
SSM
SSM

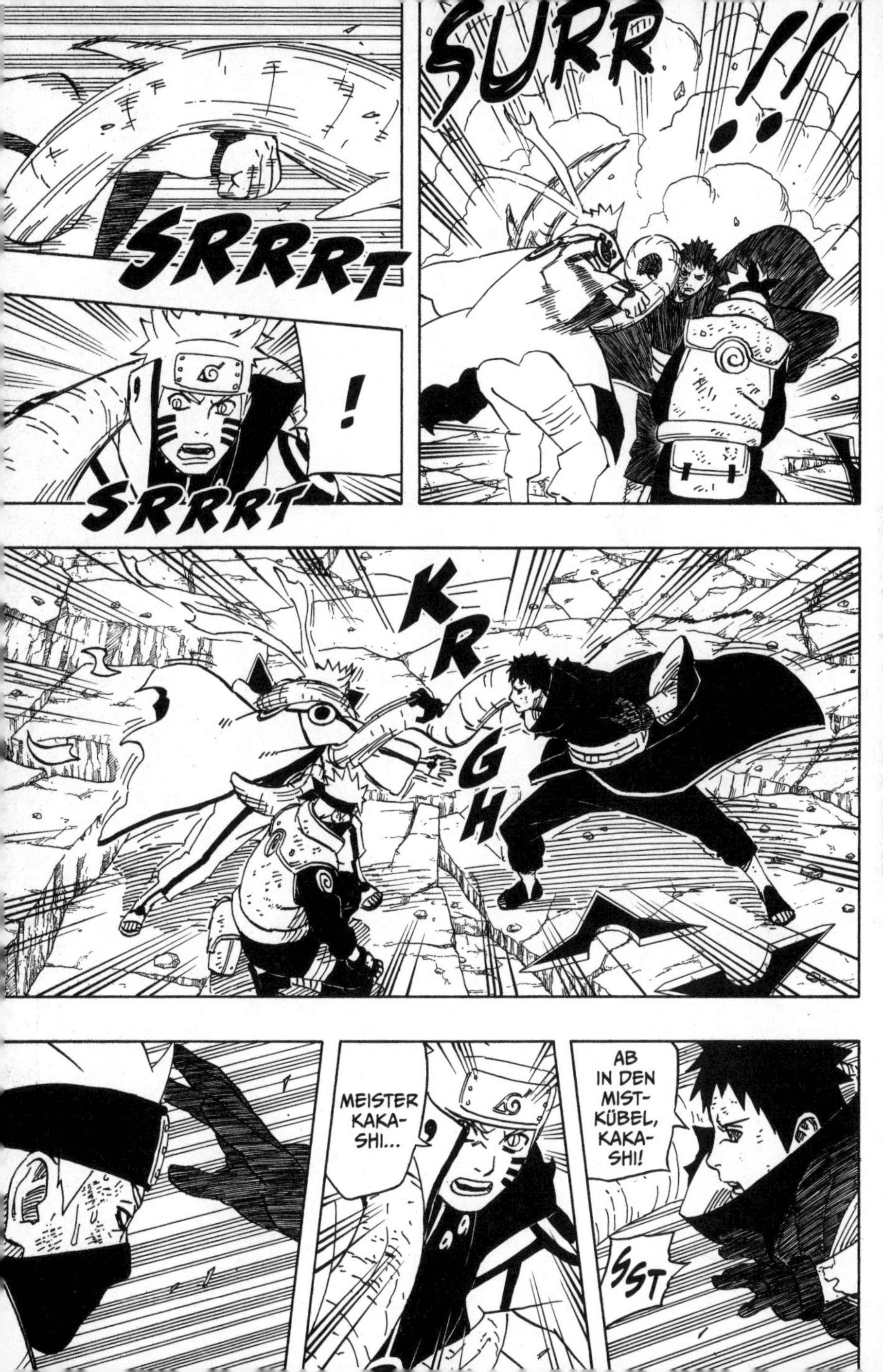
SURR!!
SRRRT
!
SRRRT
KRGH
AB IN DEN MIST-KÜBEL, KAKA-SHI!
SST
MEISTER KAKA-SHI...

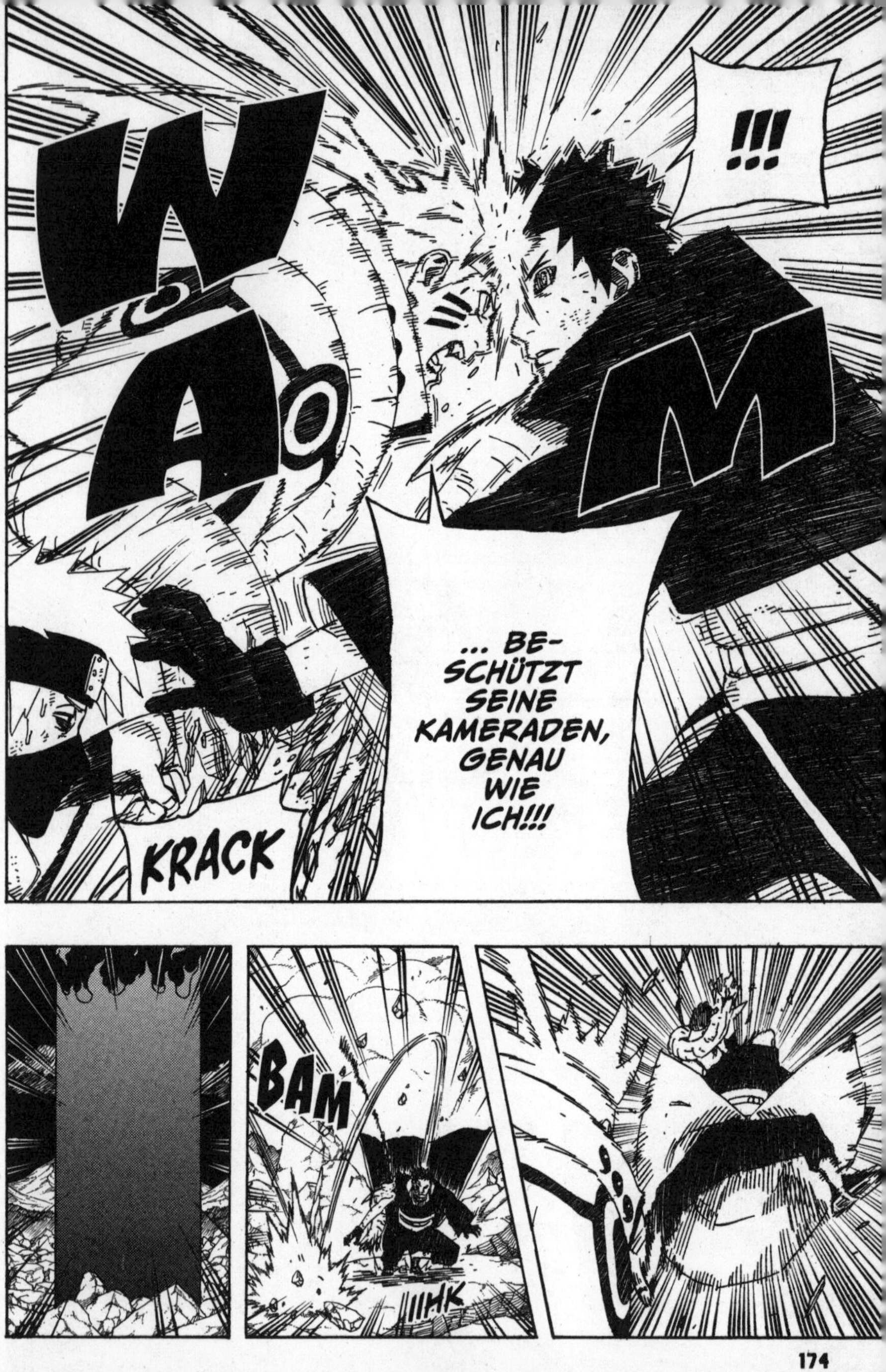
!!!
WAM
... BESCHÜTZT SEINE KAMERADEN, GENAU WIE ICH!!!
KRACK
BAM
!!!HK

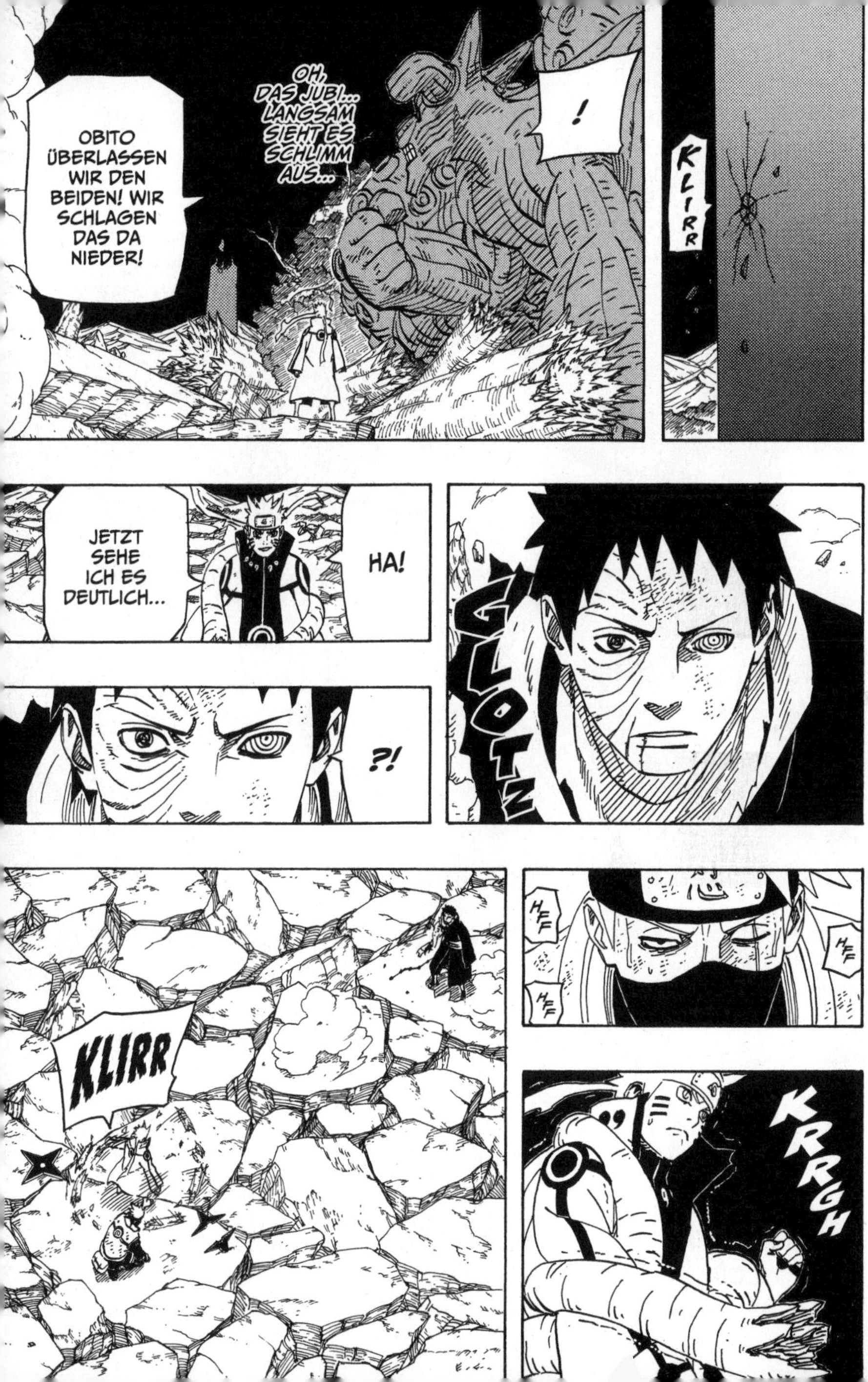
KLIRR
!
OH, DAS JUBI... LANGSAM SIEHT ES SCHLIMM AUS...
OBITO ÜBERLASSEN WIR DEN BEIDEN! WIR SCHLAGEN DAS DA NIEDER!
GLOTZ
HA!
JETZT SEHE ICH ES DEUTLICH...
?!
HFF
HFF
HFF
KRRGH
KLIRR

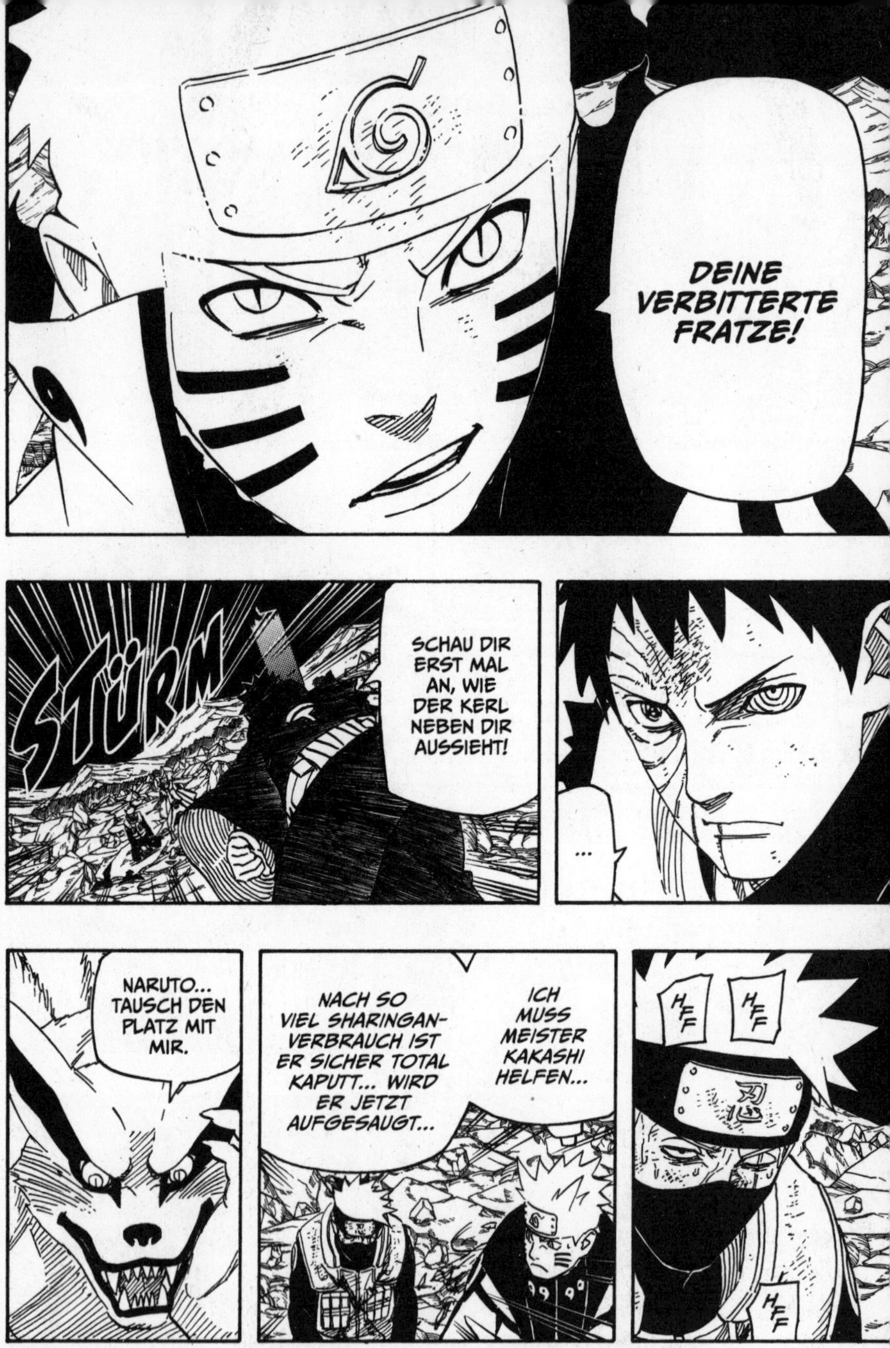
DEINE VERBITTERTE FRATZE!
STÜRM
SCHAU DIR ERST MAL AN, WIE DER KERL NEBEN DIR AUSSIEHT!
...
HFF
HFF
ICH MUSS MEISTER KAKASHI HELFEN...
NACH SO VIEL SHARINGAN-VERBRAUCH IST ER SICHER TOTAL KAPUTT... WIRD ER JETZT AUFGESAUGT...
NARUTO... TAUSCH DEN PLATZ MIT MIR.
HFF

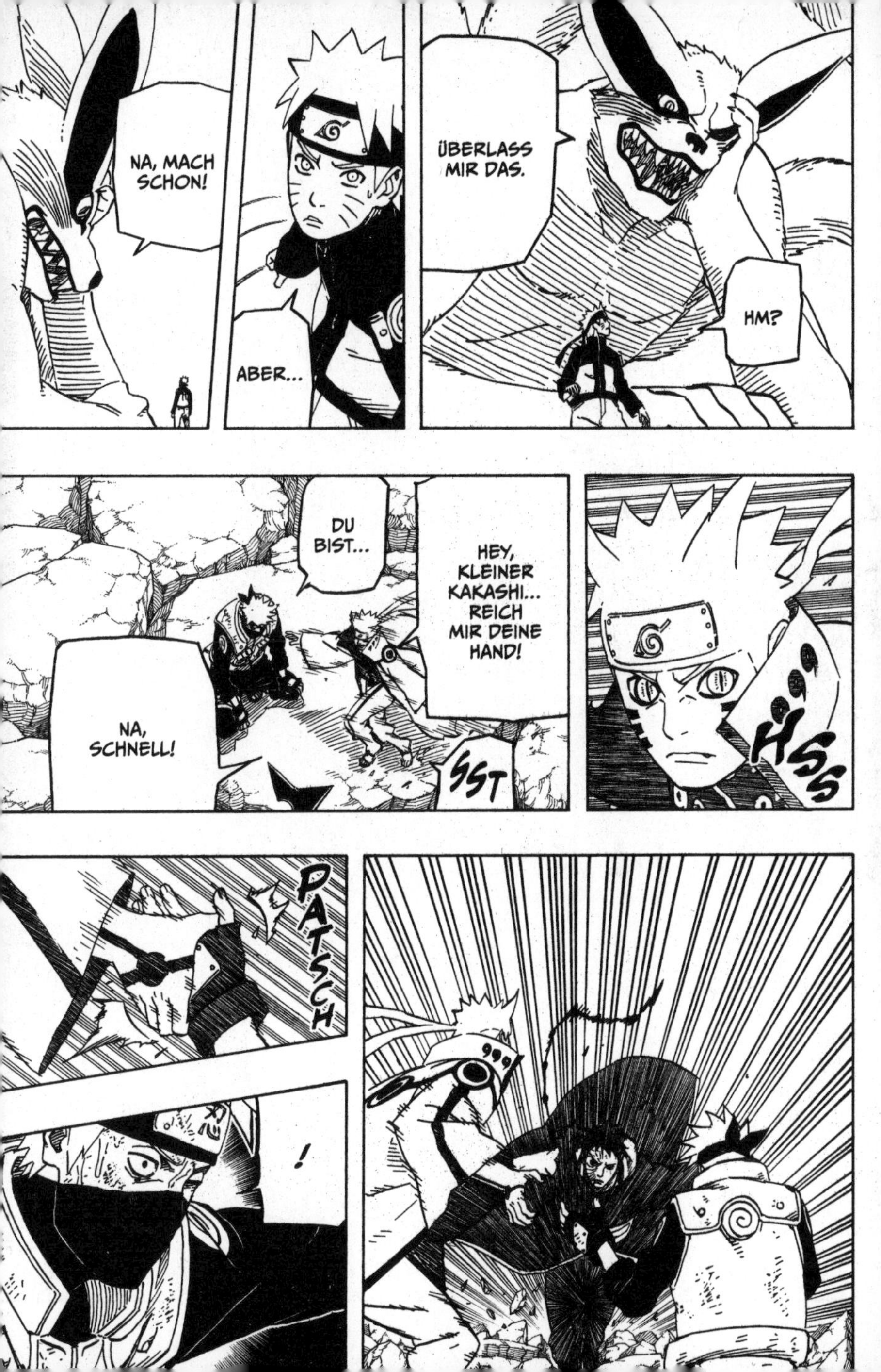
ÜBERLASS MIR DAS.
HM?
ABER...
NA, MACH SCHON!
HSS
HEY, KLEINER KAKASHI... REICH MIR DEINE HAND!
DU BIST...
NA, SCHNELL!
SST
PATSCH
!

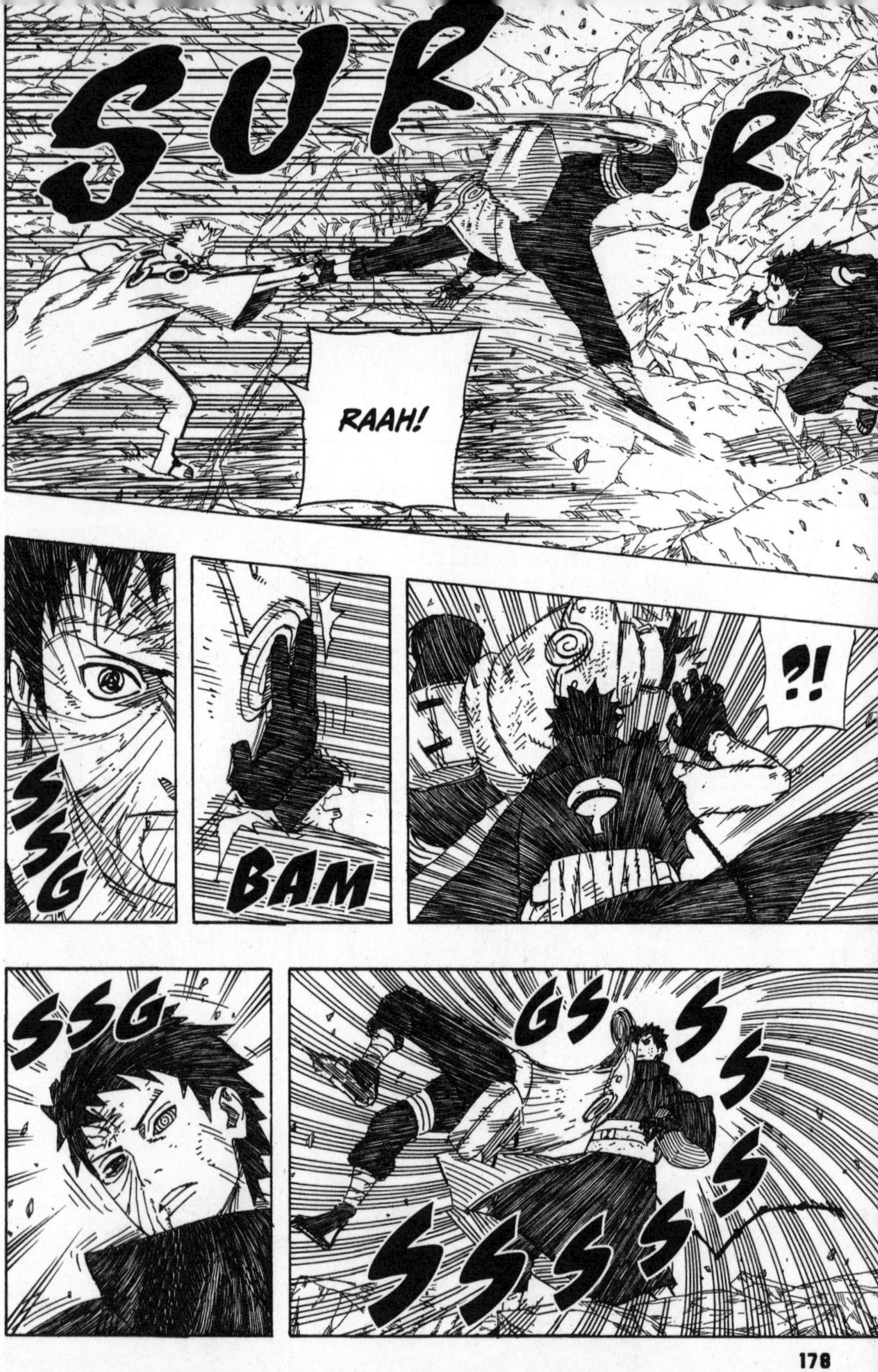
SURR
RAAH!
?!
BAM
SSG
GS
SSSSSSSS
SSG

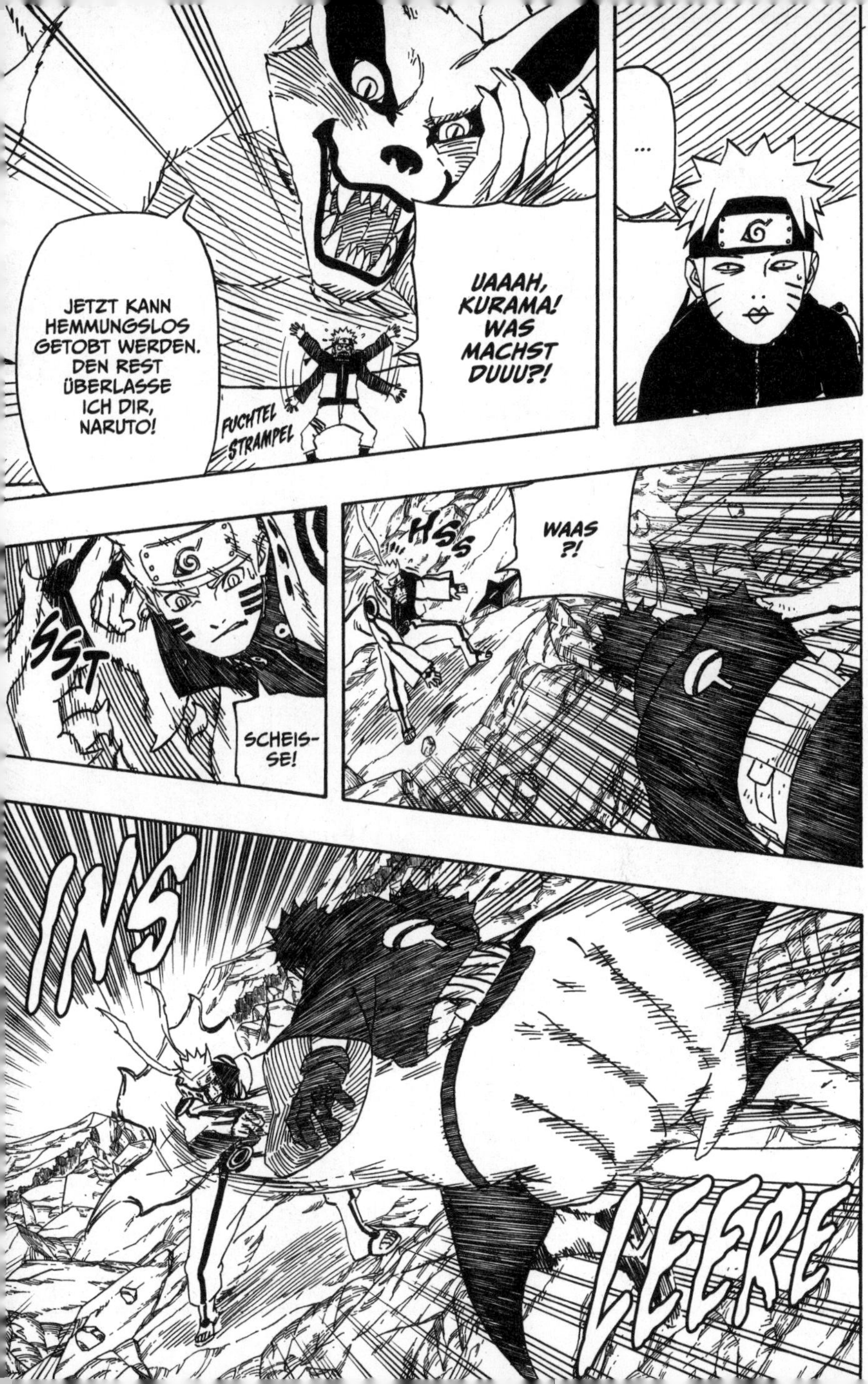
...
UAAAH, KURAMA! WAS MACHST DUUU?!
FUCHTEL STRAMPEL
JETZT KANN HEMMUNGSLOS GETOBT WERDEN. DEN REST ÜBERLASSE ICH DIR, NARUTO!
HSSS
WAAS?!
SSST
SCHEISSE!
INS LEERE

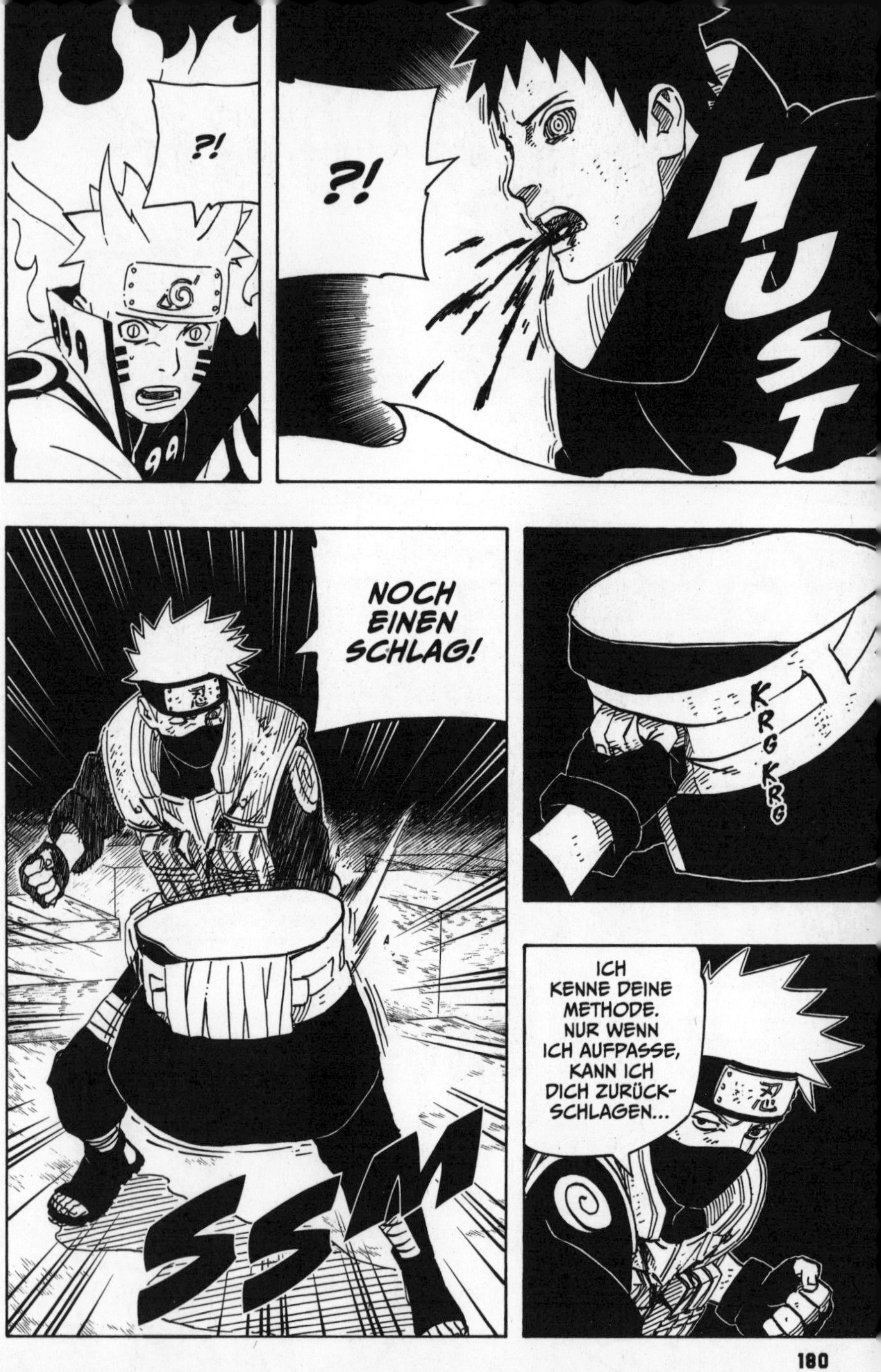
?!
HUST
?!
NOCH EINEN SCHLAG!
KRG KRG
SSM
ICH KENNE DEINE METHODE. NUR WENN ICH AUFPASSE, KANN ICH DICH ZURÜCK-SCHLAGEN…

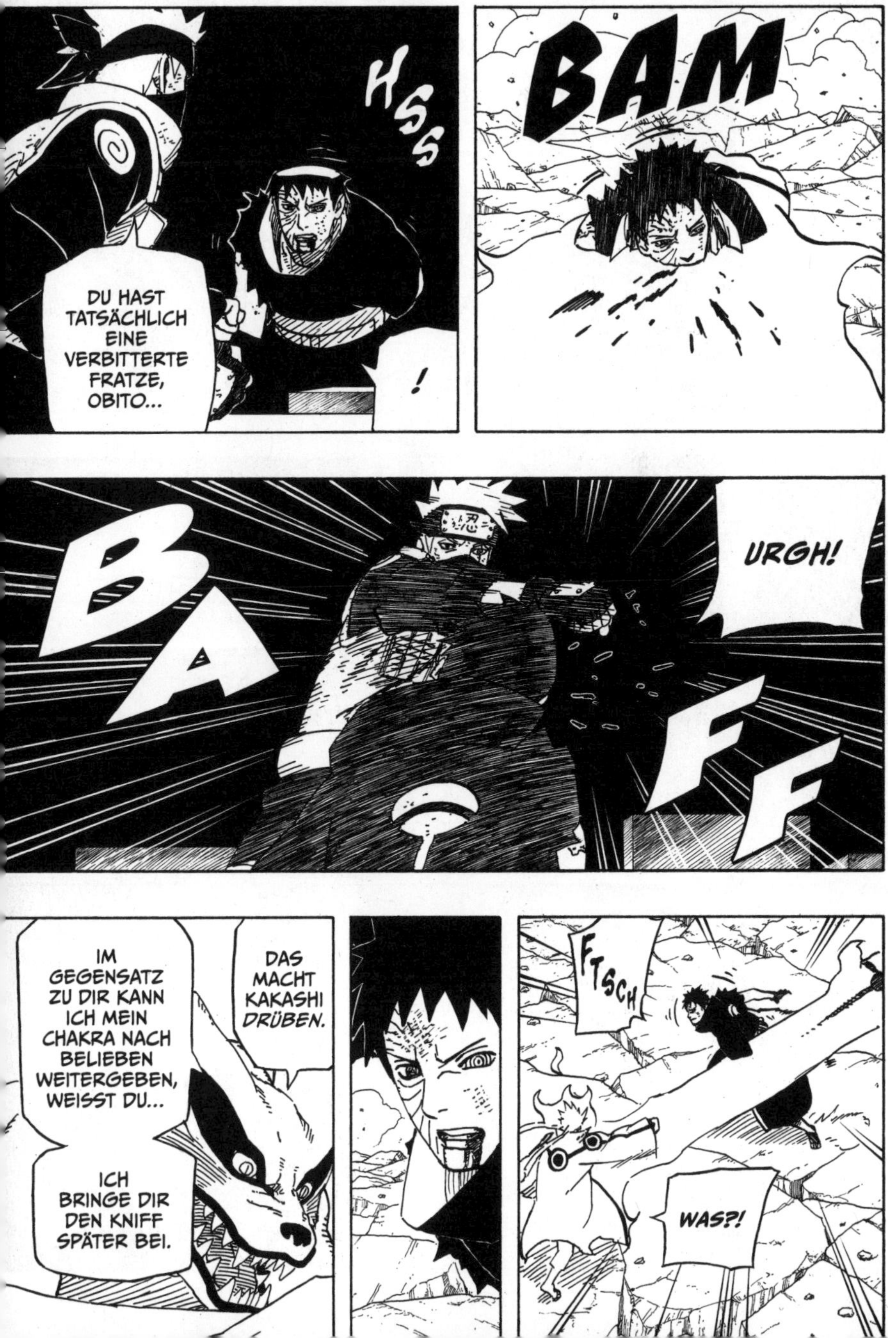
BAM
HSS
!
DU HAST TATSÄCHLICH EINE VERBITTERTE FRATZE, OBITO...
URGH!
BAFF
FTSCH
WAS?!
DAS MACHT KAKASHI *DRÜBEN*.
IM GEGENSATZ ZU DIR KANN ICH MEIN CHAKRA NACH BELIEBEN WEITERGEBEN, WEISST DU...
ICH BRINGE DIR DEN KNIFF SPÄTER BEI.

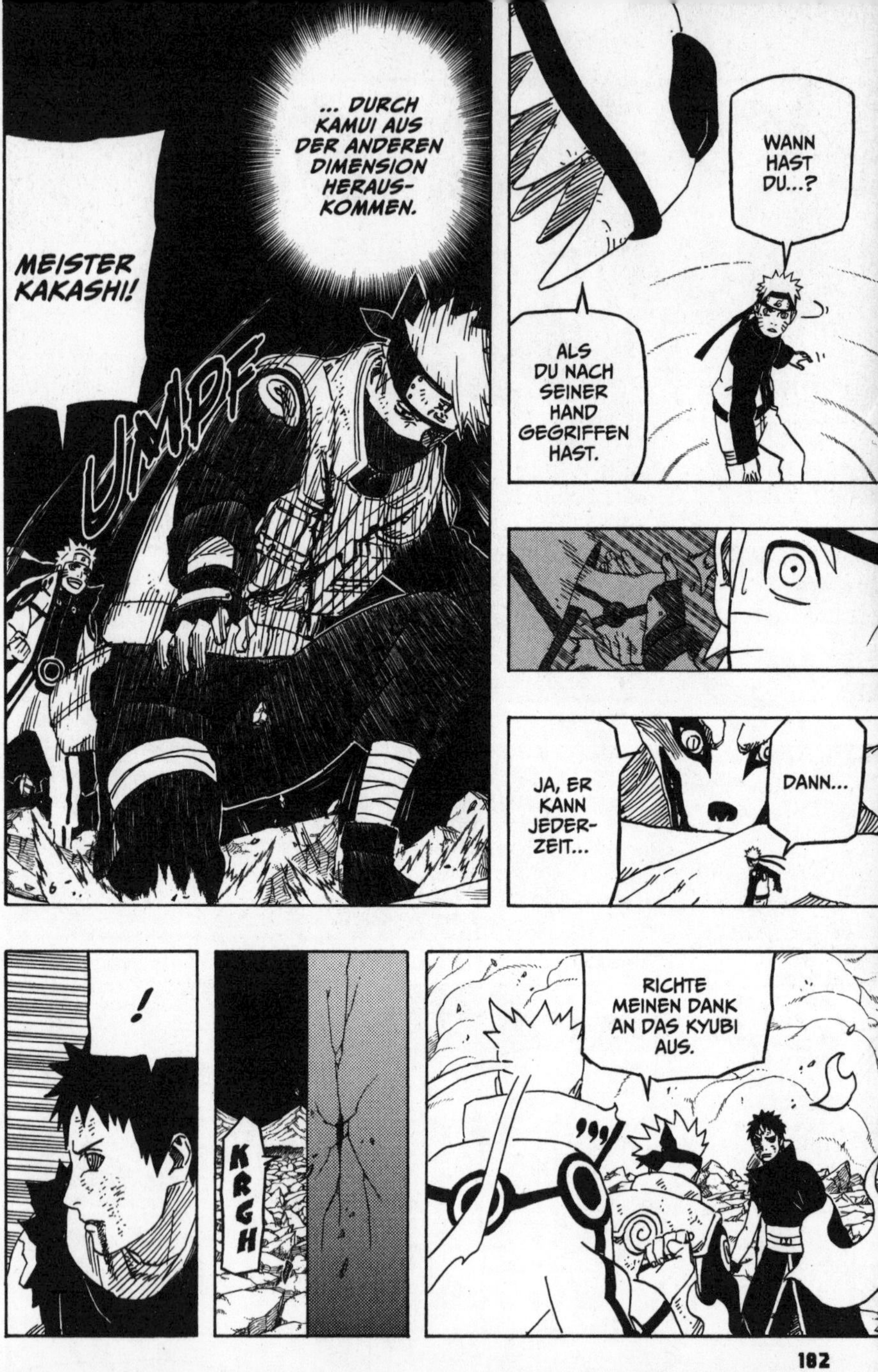
WANN HAST DU...?
ALS DU NACH SEINER HAND GEGRIFFEN HAST.
DANN...
JA, ER KANN JEDERZEIT...
... DURCH KAMUI AUS DER ANDEREN DIMENSION HERAUS-KOMMEN.
UMPF
MEISTER KAKASHI!
RICHTE MEINEN DANK AN DAS KYUBI AUS.
KRGH
!

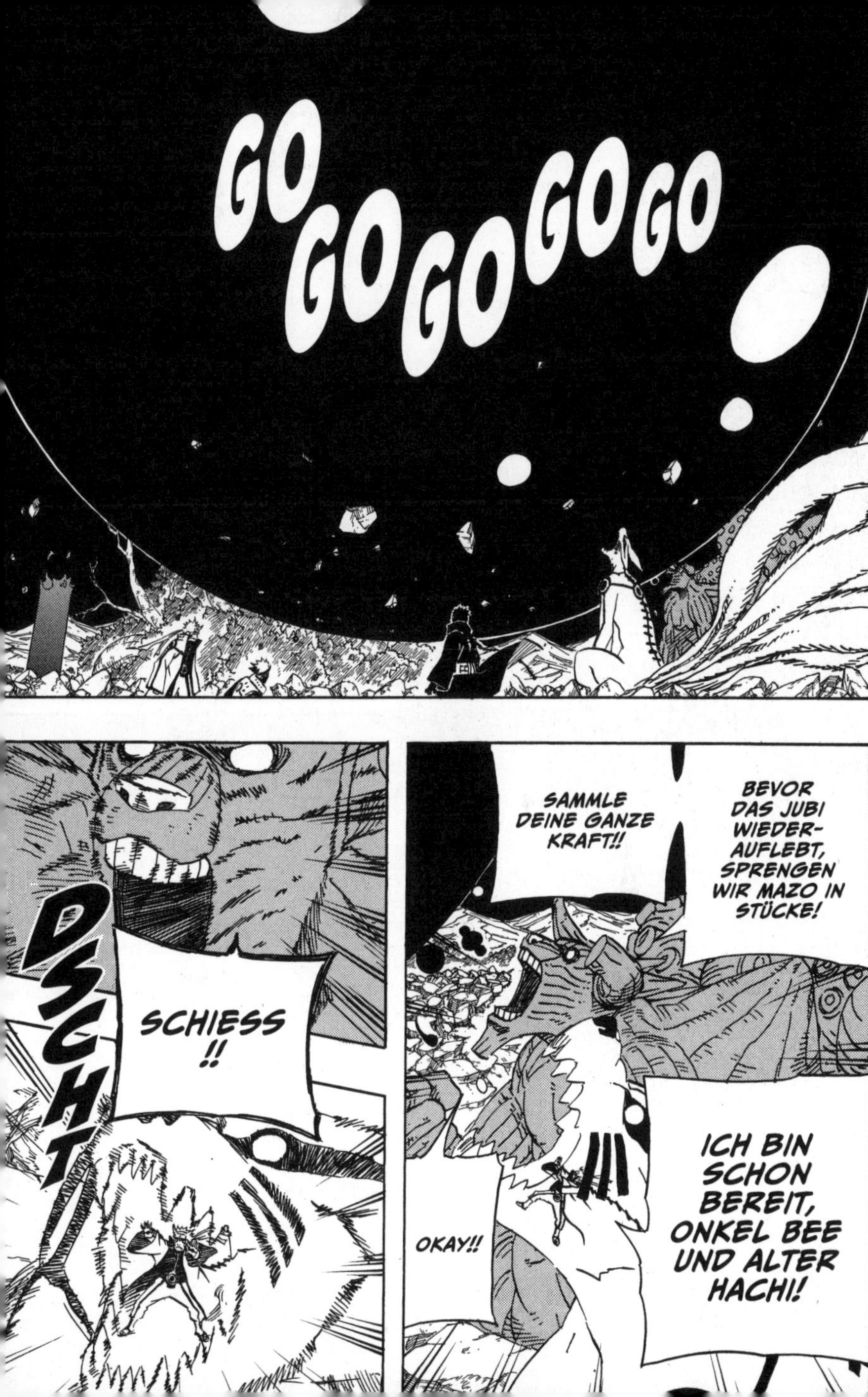
GO GOGOGOGO
BEVOR DAS JUBI WIEDER-AUFLEBT, SPRENGEN WIR MAZO IN STÜCKE!
SAMMLE DEINE GANZE KRAFT!!
ICH BIN SCHON BEREIT, ONKEL BEE UND ALTER HACHI!
OKAY!!
SCHIESS!!
DSCHT

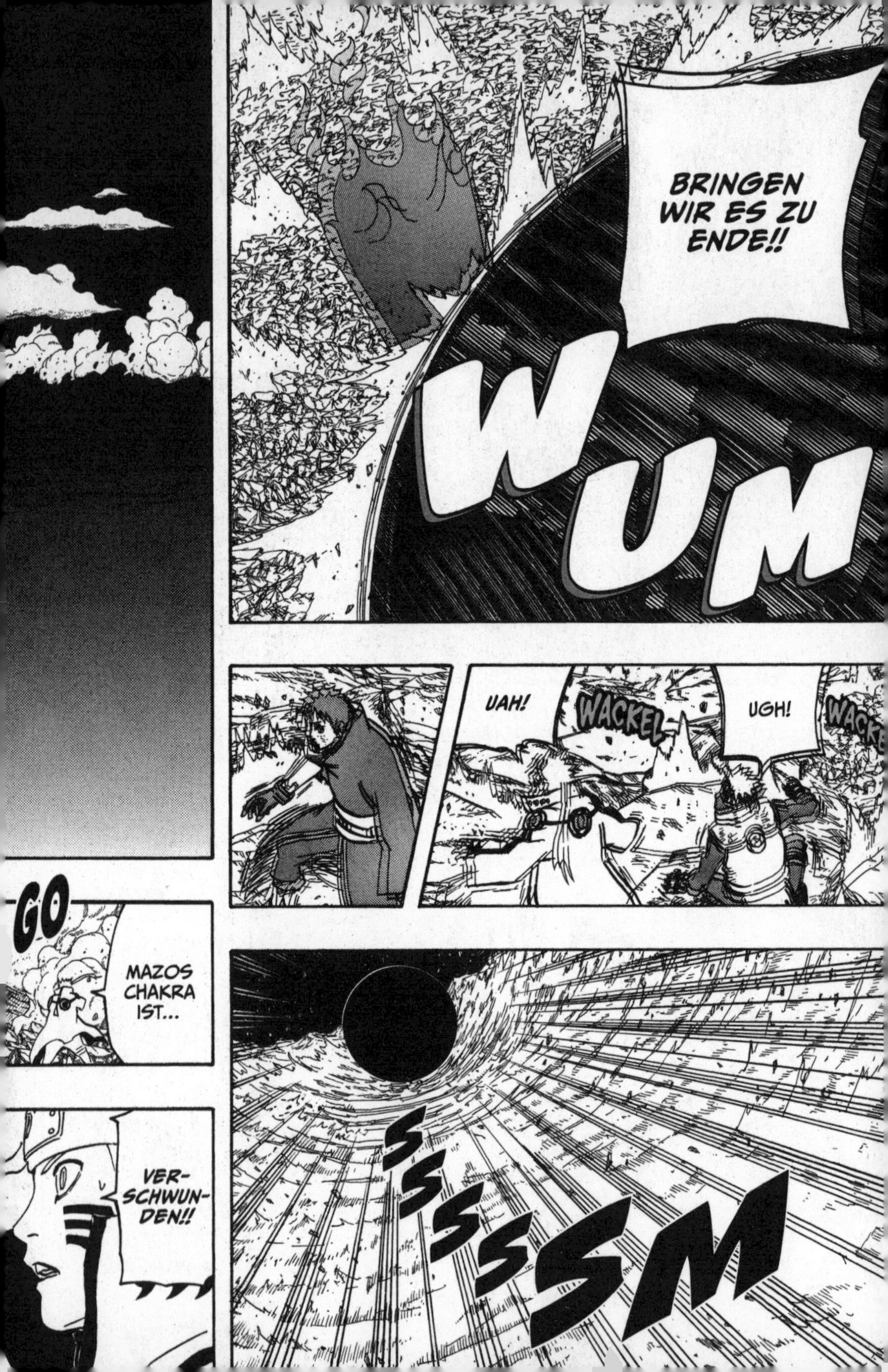
BRINGEN WIR ES ZU ENDE!!
WUM
UGH!
WACKEL
UAH!
WACKEL
MAZOS CHAKRA IST...
GO
SSSSSM
VER-SCHWUN-DEN!!

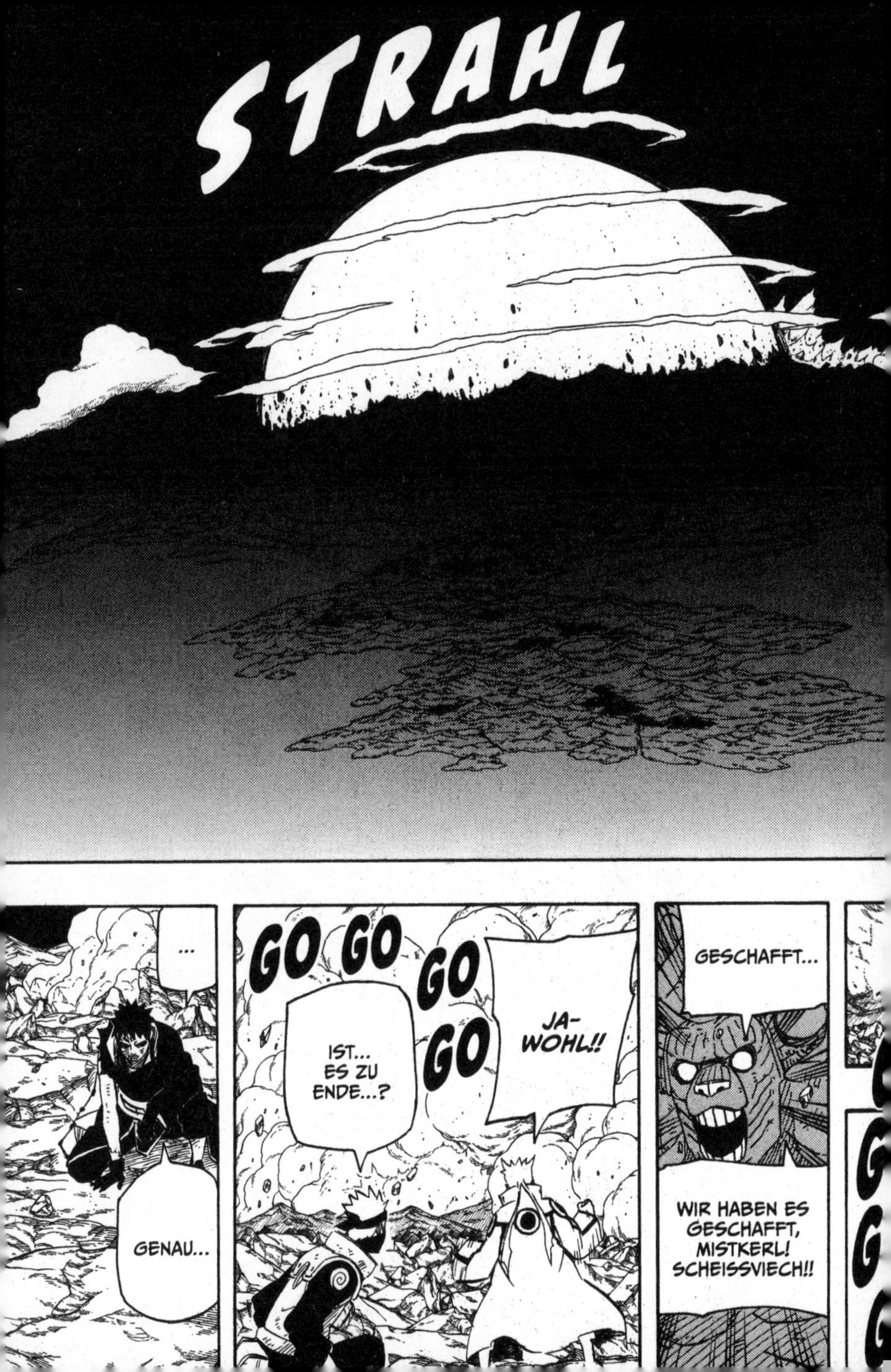
STRAHL
GESCHAFFT...
WIR HABEN ES GESCHAFFT, MISTKERL! SCHEISSVIECH!!
JA-WOHL!!
GO GO GO GO GO
IST... ES ZU ENDE...?
...
GENAU...

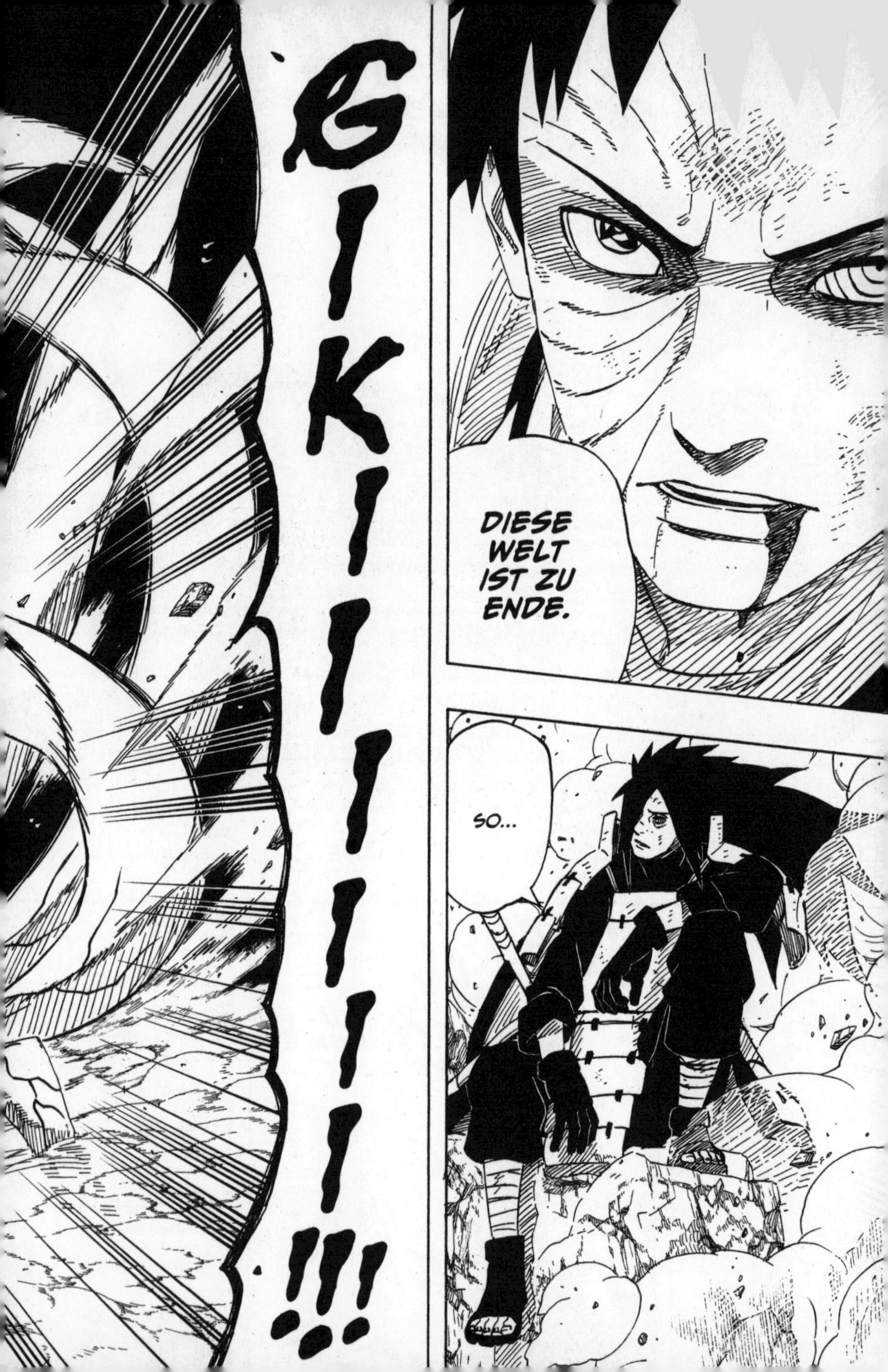
DIESE WELT IST ZU ENDE.
SO...
GIKIIIIII!!!

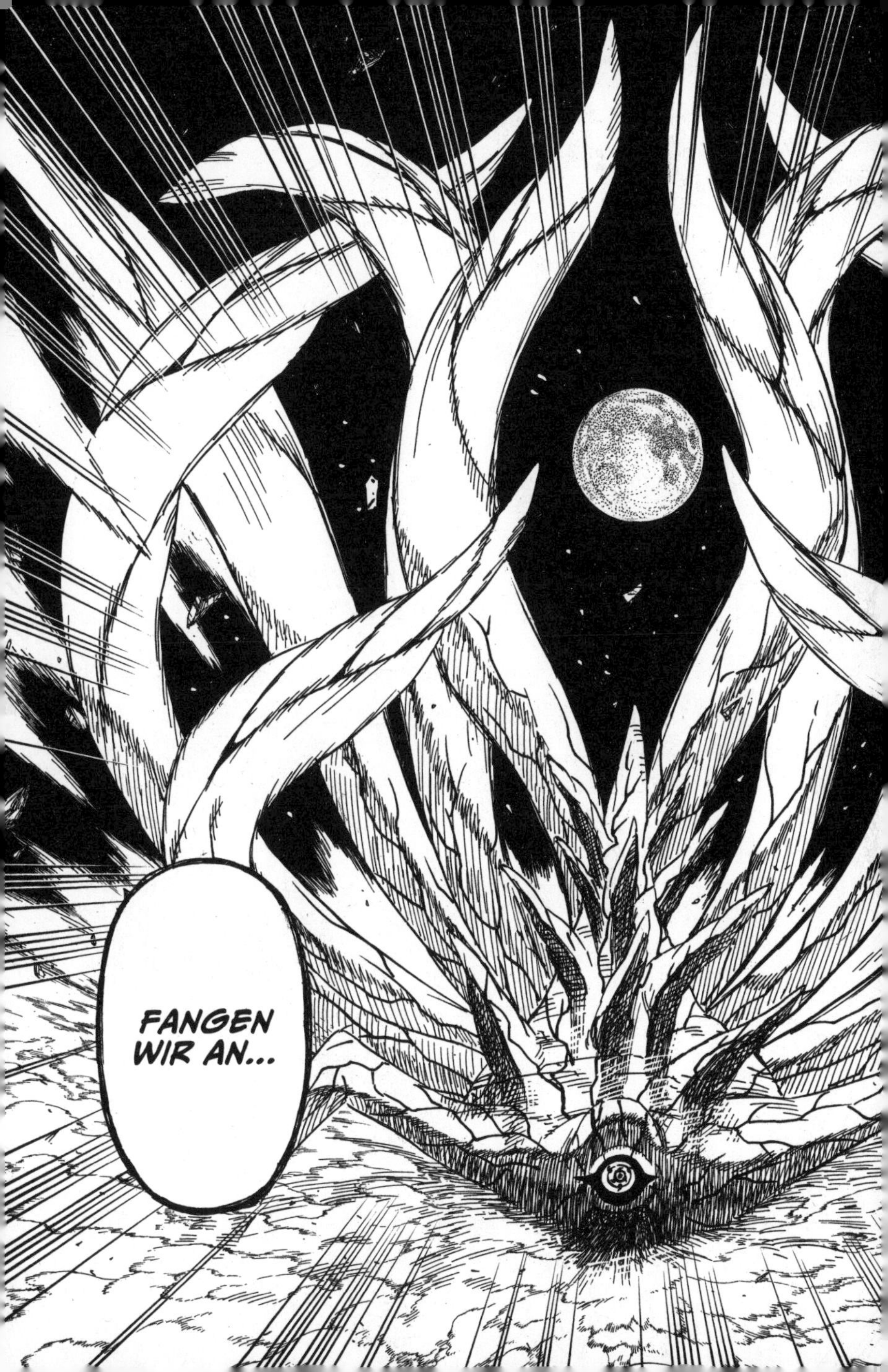
FANGEN WIR AN...

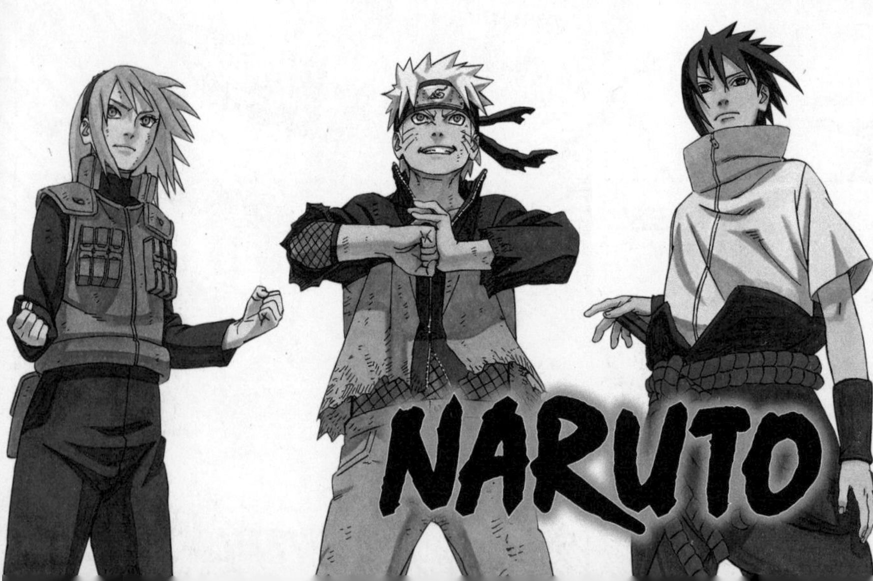
NARUTO

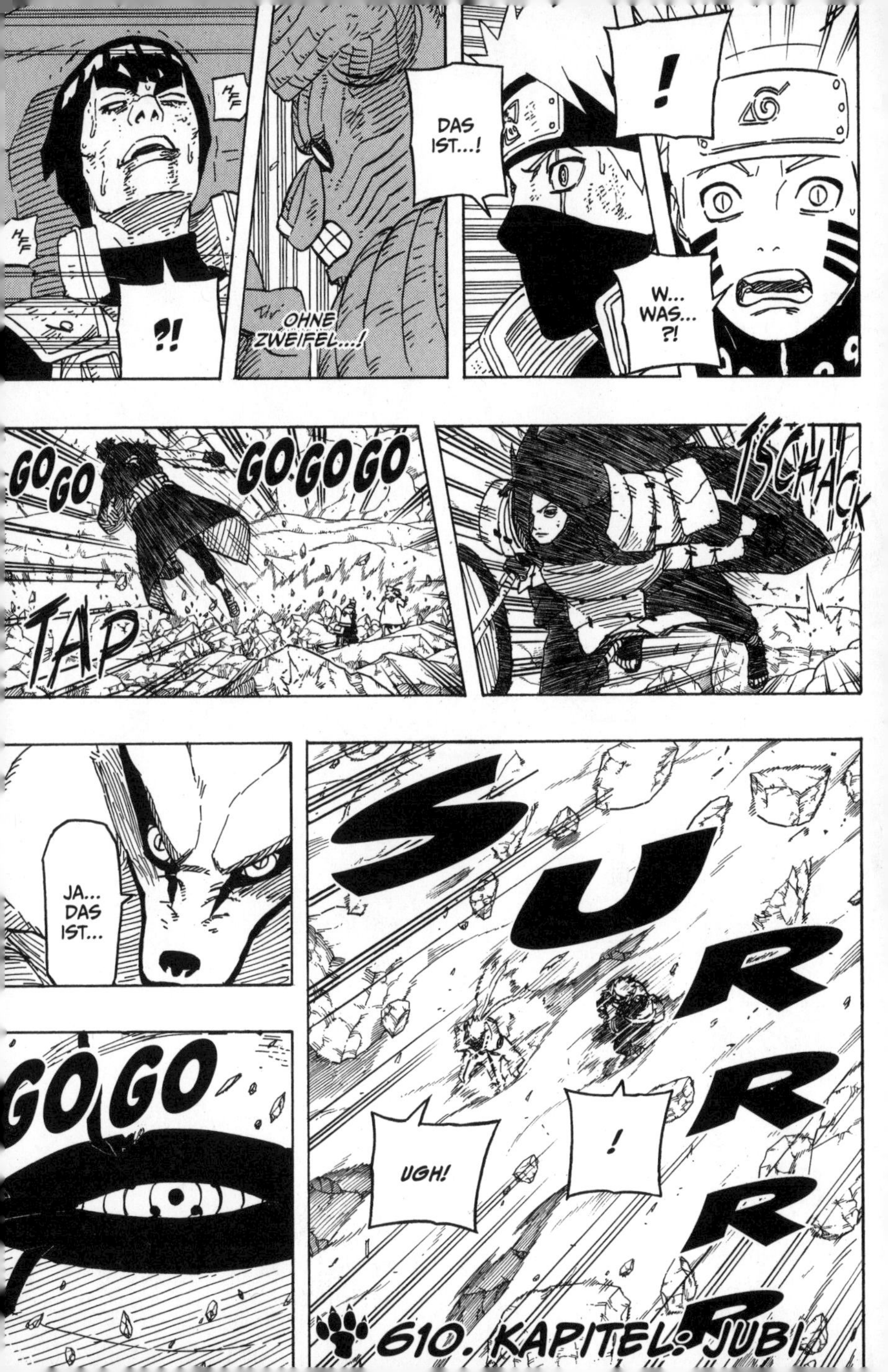
!
W... WAS... ?!
DAS IST...!
OHNE ZWEIFEL...!
HEF
HEF
?!
TSCHACK
GO GO GO
GO GO
TAP
SURRRR
!
UGH!
JA... DAS IST...
GO GO
610. KAPITEL: JUBI

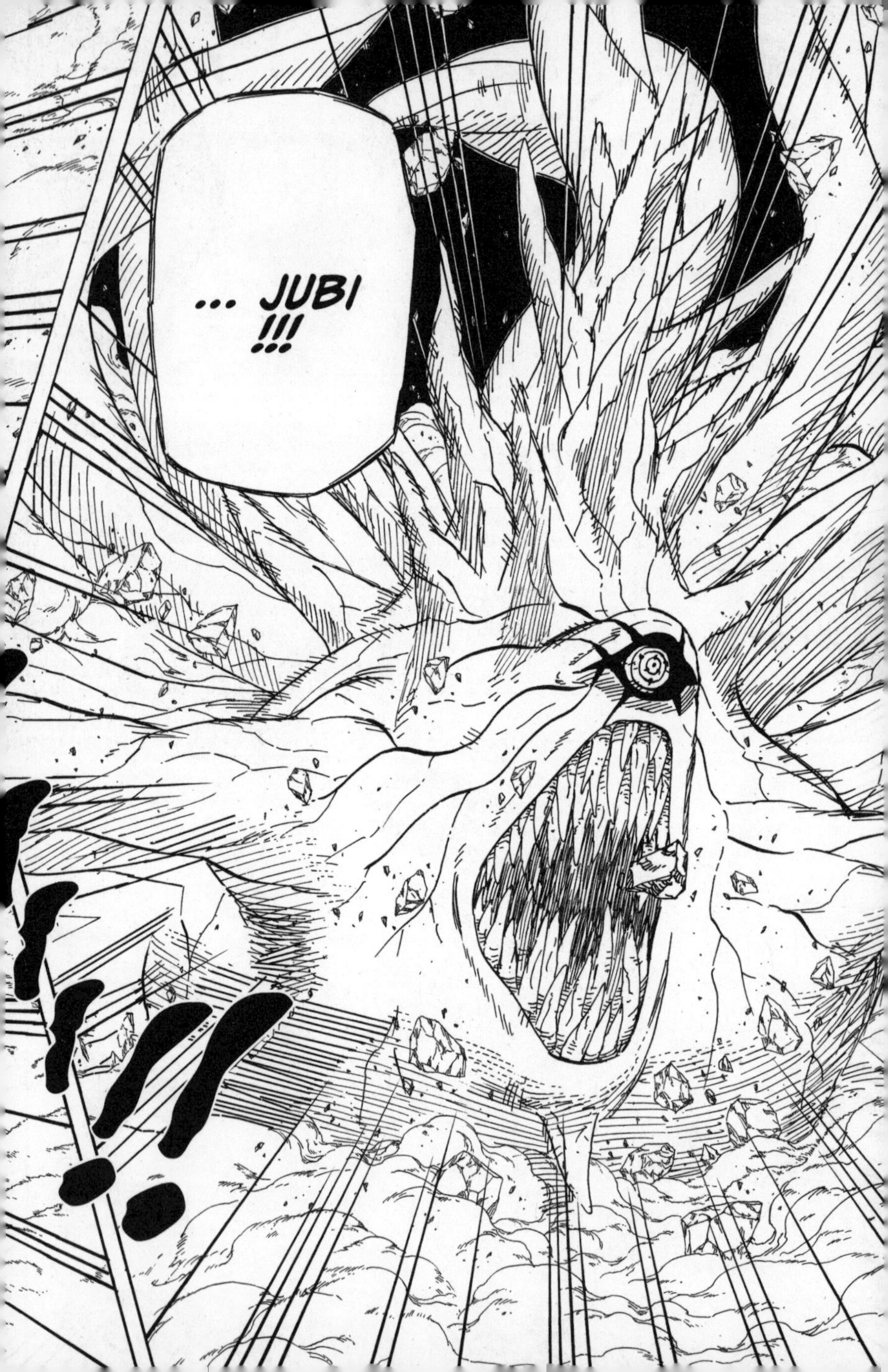
... JUBI
!!!

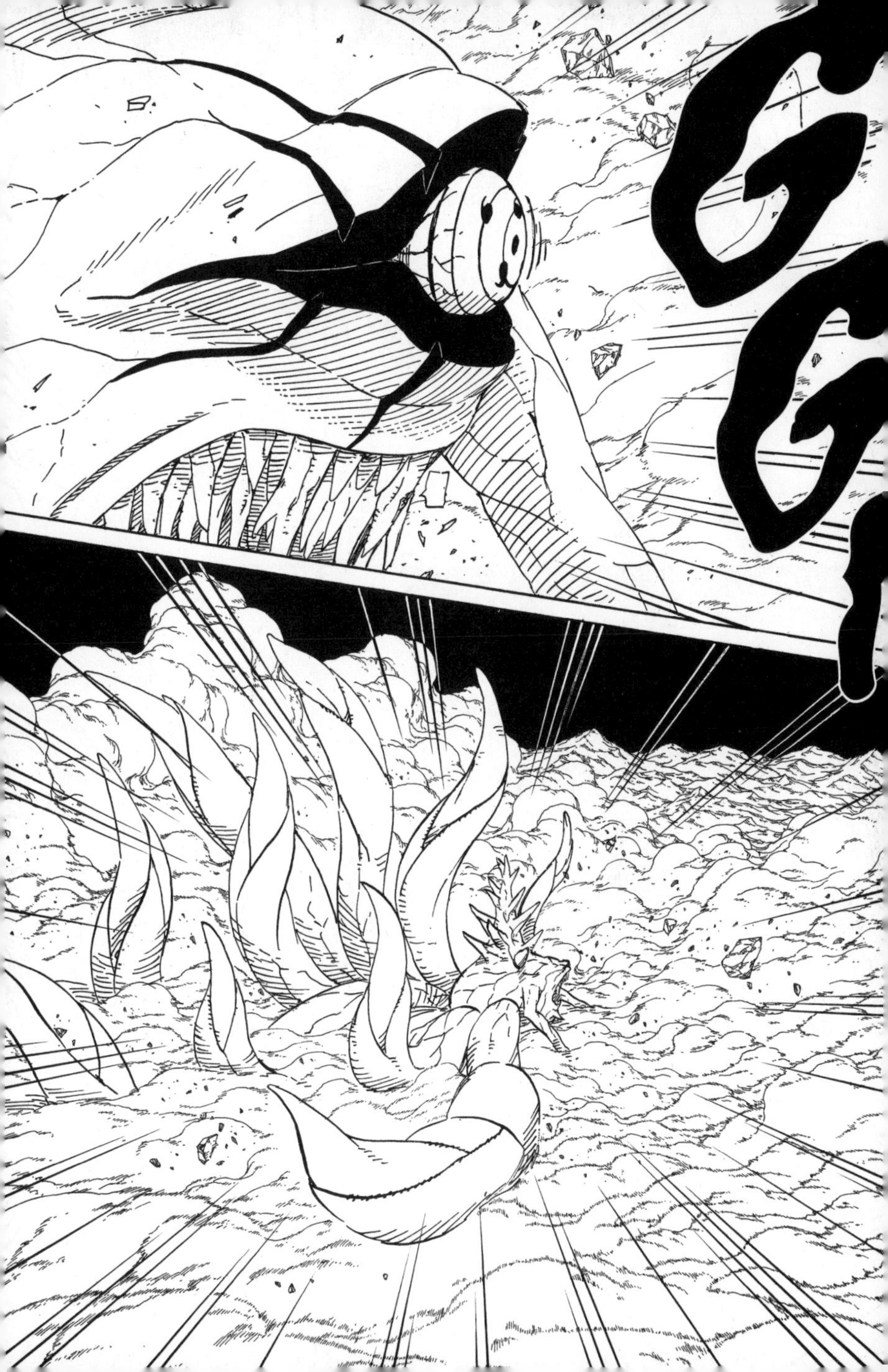
GGG

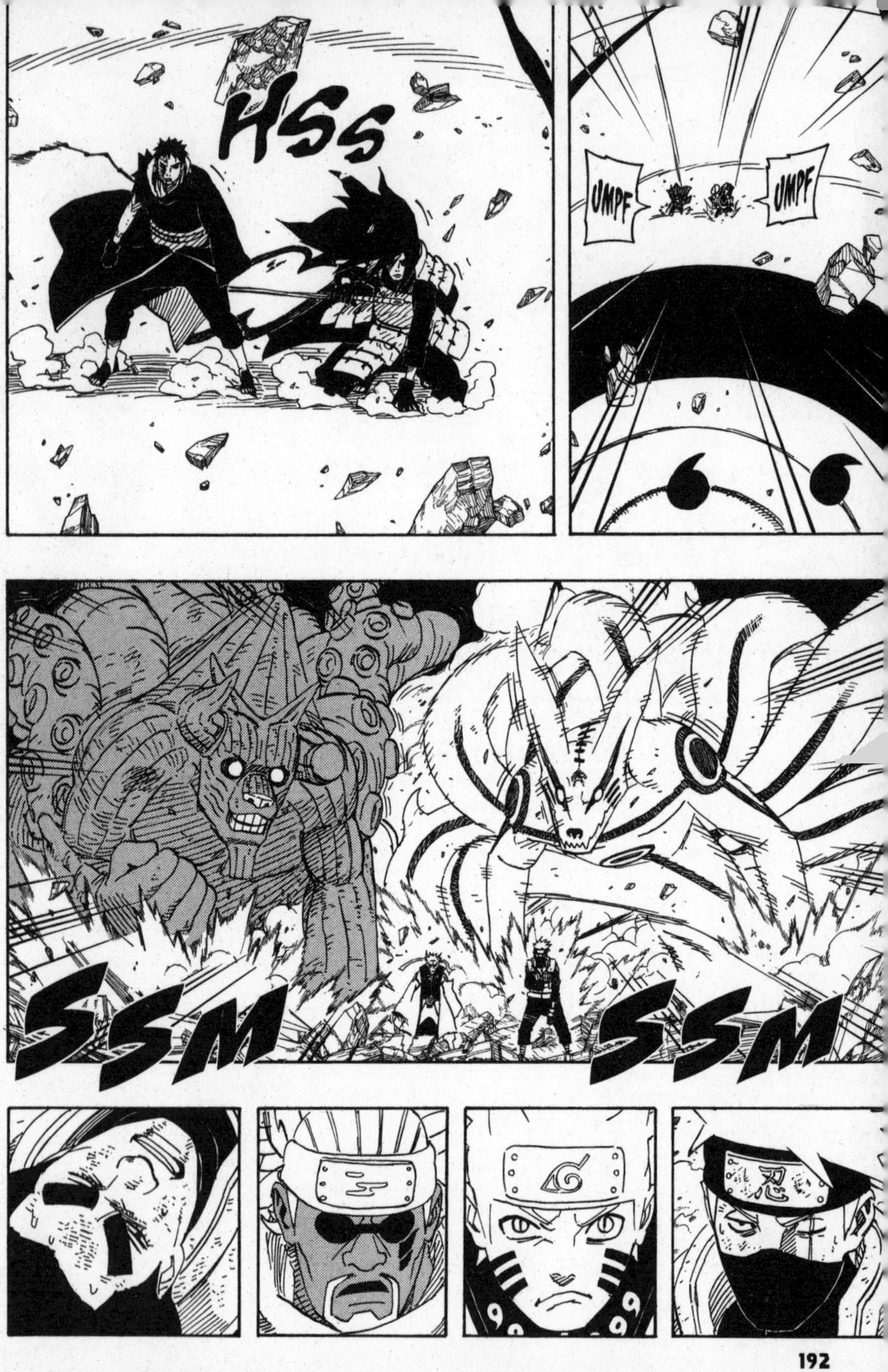

HSS
UMPF
UMPF
SSM
SSM

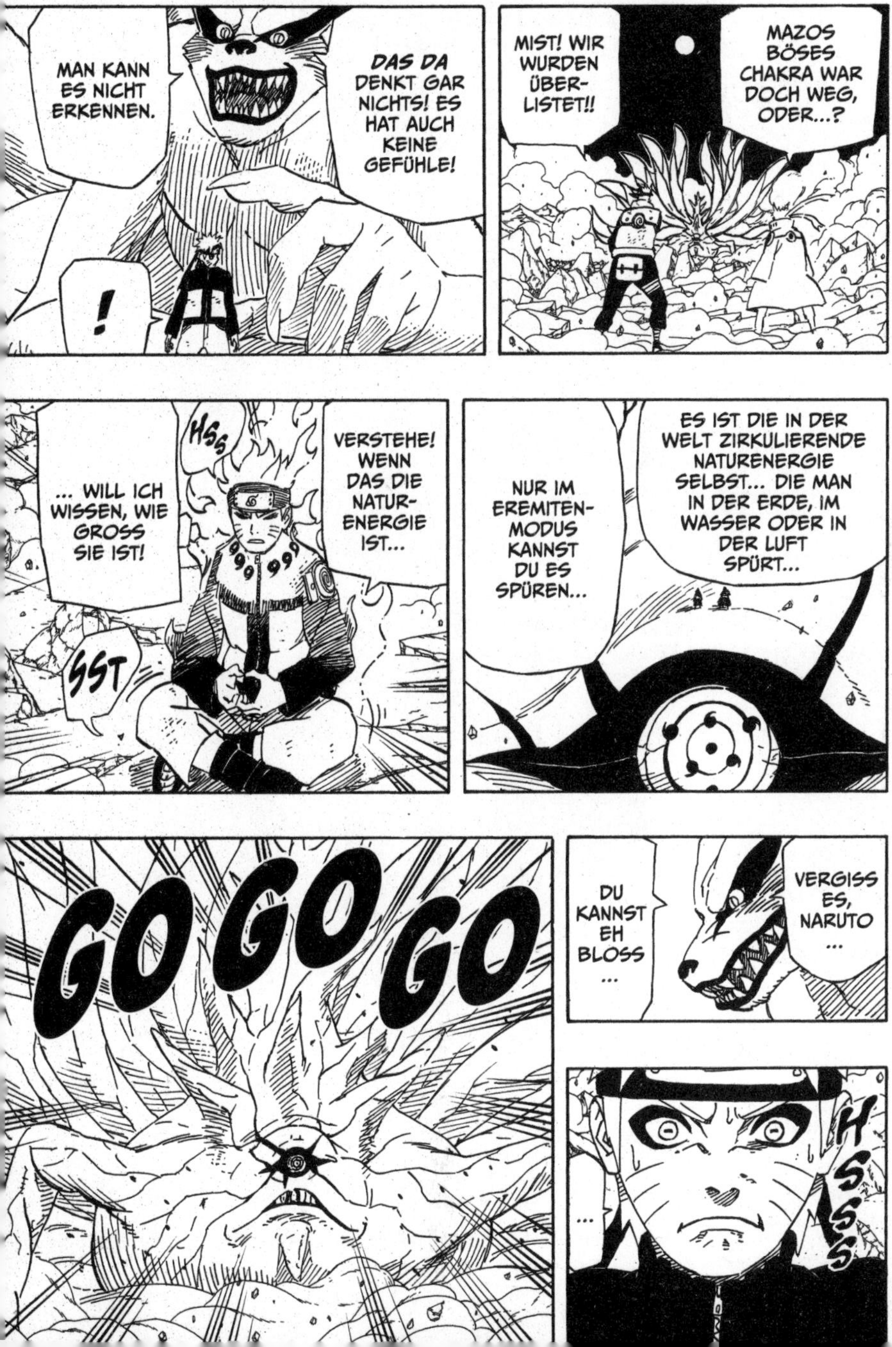
MAZOS BÖSES CHAKRA WAR DOCH WEG, ODER…?
MIST! WIR WURDEN ÜBERLISTET!!
DAS DA DENKT GAR NICHTS! ES HAT AUCH KEINE GEFÜHLE!
MAN KANN ES NICHT ERKENNEN.
!
ES IST DIE IN DER WELT ZIRKULIERENDE NATURENERGIE SELBST… DIE MAN IN DER ERDE, IM WASSER ODER IN DER LUFT SPÜRT…
NUR IM EREMITENMODUS KANNST DU ES SPÜREN…
VERSTEHE! WENN DAS DIE NATURENERGIE IST…
HSS
… WILL ICH WISSEN, WIE GROSS SIE IST!
SST
VERGISS ES, NARUTO …
DU KANNST EH BLOSS …
…
HSSS
GO GO GO GO

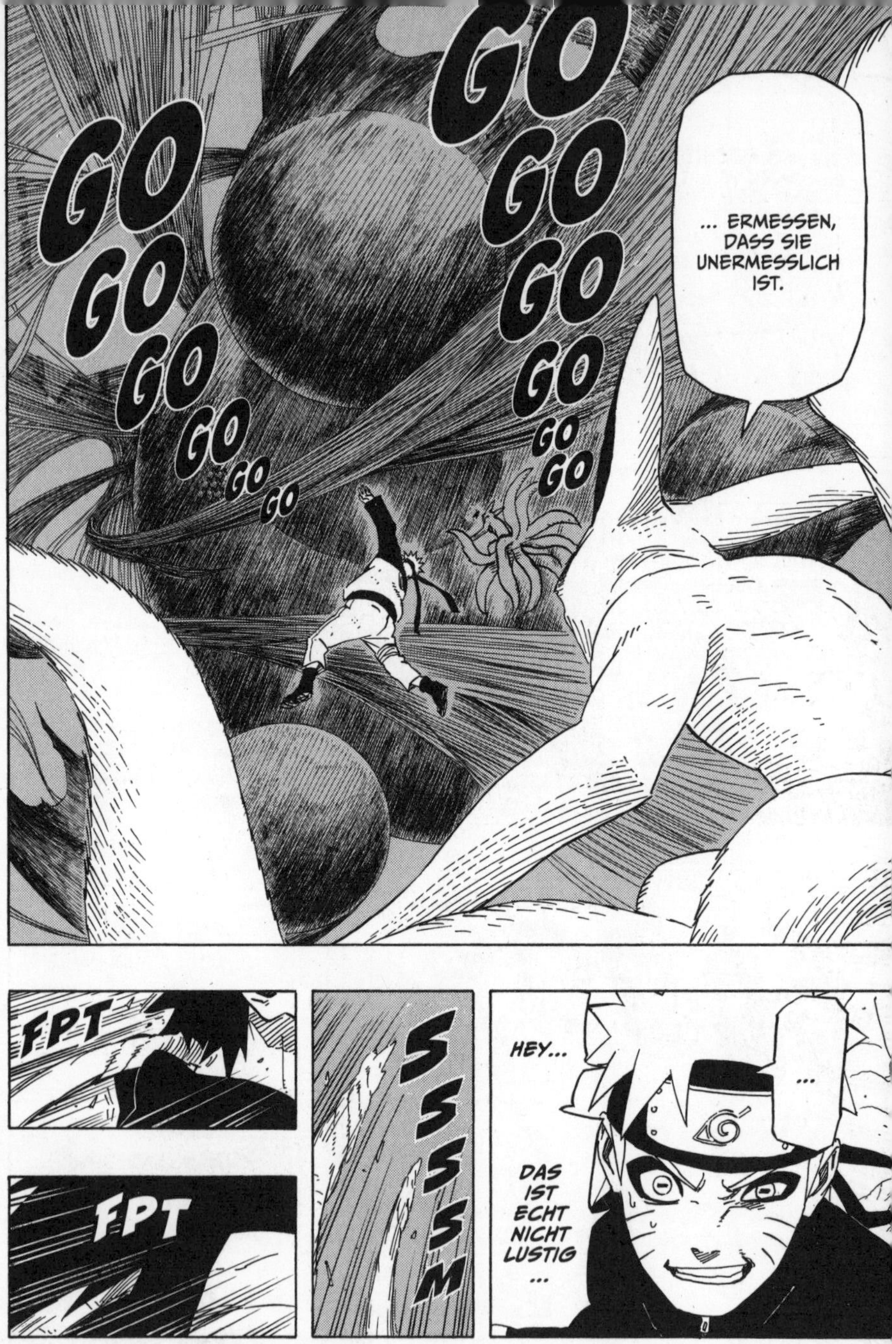
GO GO GO GO GO GO GO
GO GO GO GO GO GO GO
... ERMESSEN, DASS SIE UNERMESSLICH IST.
HEY...
...
DAS IST ECHT NICHT LUSTIG ...
SSSSM
FPT
FPT

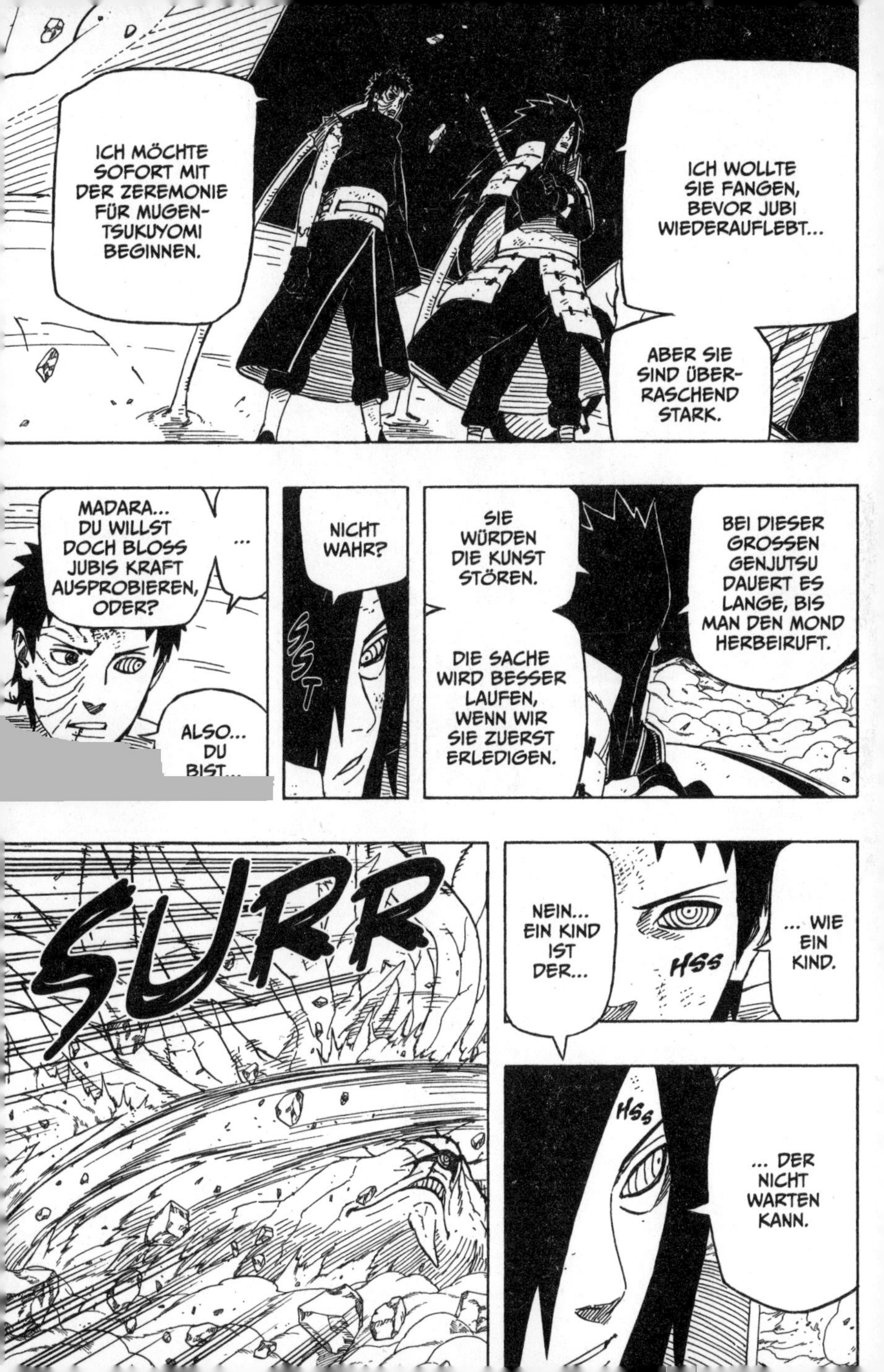
ICH WOLLTE SIE FANGEN, BEVOR JUBI WIEDERAUFLEBT...
ABER SIE SIND ÜBER-RASCHEND STARK.
ICH MÖCHTE SOFORT MIT DER ZEREMONIE FÜR MUGEN-TSUKUYOMI BEGINNEN.
BEI DIESER GROSSEN GENJUTSU DAUERT ES LANGE, BIS MAN DEN MOND HERBEIRUFT.
SIE WÜRDEN DIE KUNST STÖREN.
DIE SACHE WIRD BESSER LAUFEN, WENN WIR SIE ZUERST ERLEDIGEN.
NICHT WAHR?
SST
...
MADARA... DU WILLST DOCH BLOSS JUBIS KRAFT AUSPROBIEREN, ODER?
ALSO... DU BIST...
... WIE EIN KIND.
HSS
NEIN... EIN KIND IST DER...
HSS
... DER NICHT WARTEN KANN.
SURR

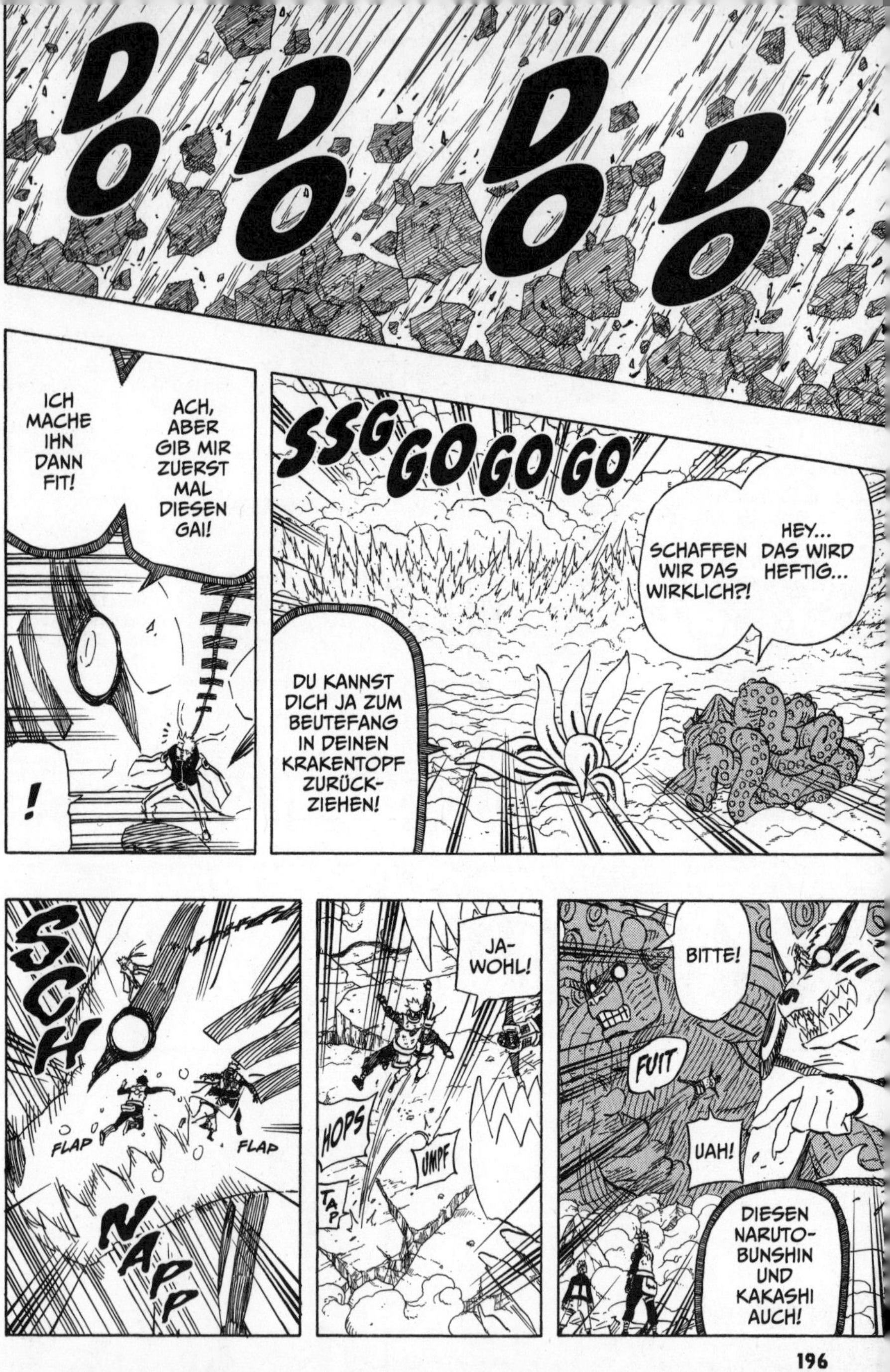
DO DO DO DO
HEY... DAS WIRD HEFTIG...
SCHAFFEN WIR DAS WIRKLICH?!
SSGGO GO GO
DU KANNST DICH JA ZUM BEUTEFANG IN DEINEN KRAKENTOPF ZURÜCK-ZIEHEN!
ACH, ABER GIB MIR ZUERST MAL DIESEN GAI!
ICH MACHE IHN DANN FIT!
!
BITTE!
FUIT
UAH!
DIESEN NARUTO-BUNSHIN UND KAKASHI AUCH!
JA-WOHL!
HOPS
UMPF
TAP
SCH
FLAP
FLAP
NAPP

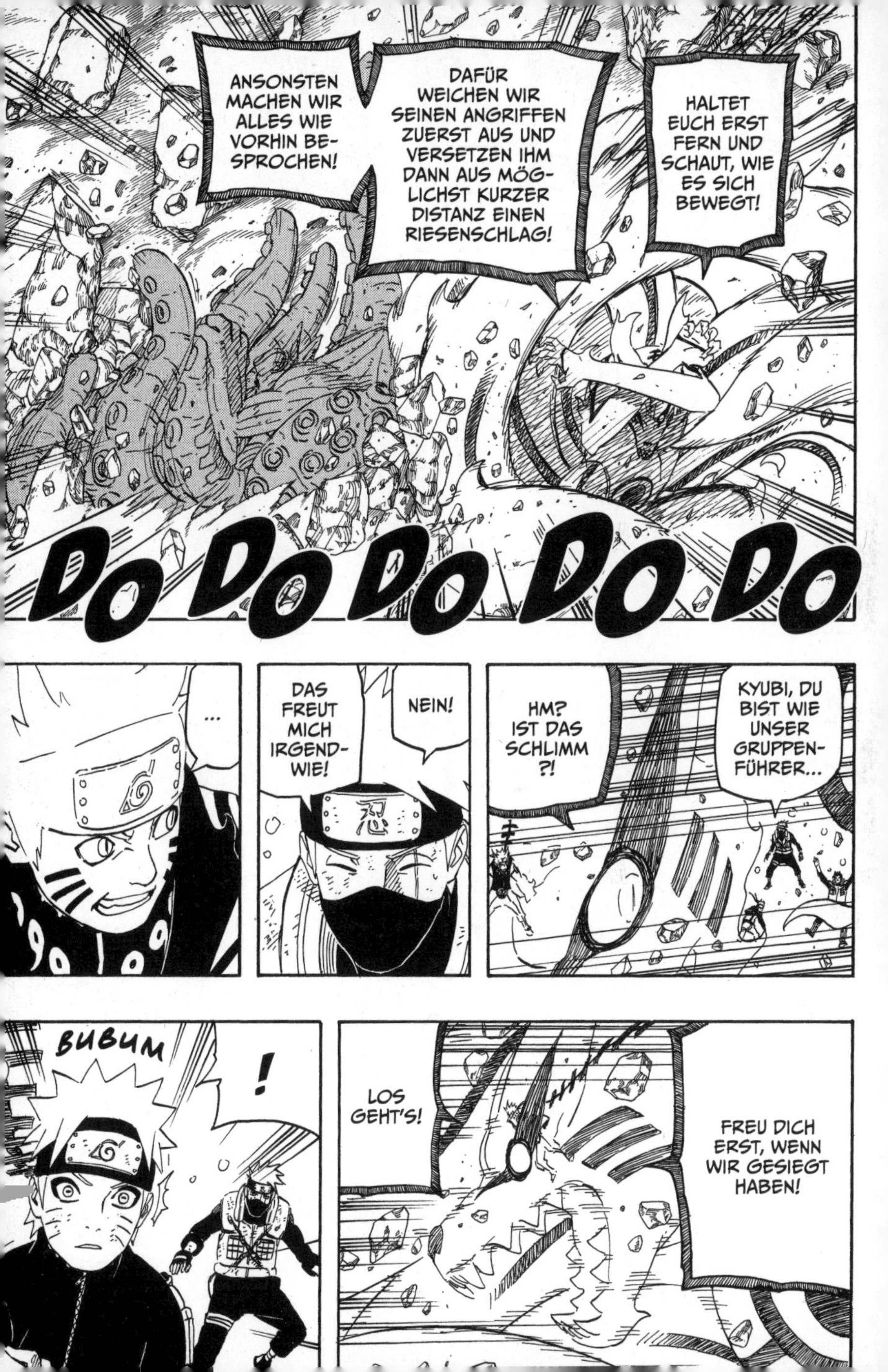
HALTET EUCH ERST FERN UND SCHAUT, WIE ES SICH BEWEGT!
DAFÜR WEICHEN WIR SEINEN ANGRIFFEN ZUERST AUS UND VERSETZEN IHM DANN AUS MÖG-LICHST KURZER DISTANZ EINEN RIESENSCHLAG!
ANSONSTEN MACHEN WIR ALLES WIE VORHIN BE-SPROCHEN!
DO DO DO DO DO
KYUBI, DU BIST WIE UNSER GRUPPEN-FÜHRER...
HM? IST DAS SCHLIMM ?!
NEIN!
DAS FREUT MICH IRGEND-WIE!
...
FREU DICH ERST, WENN WIR GESIEGT HABEN!
LOS GEHT'S!
!
BUBUM

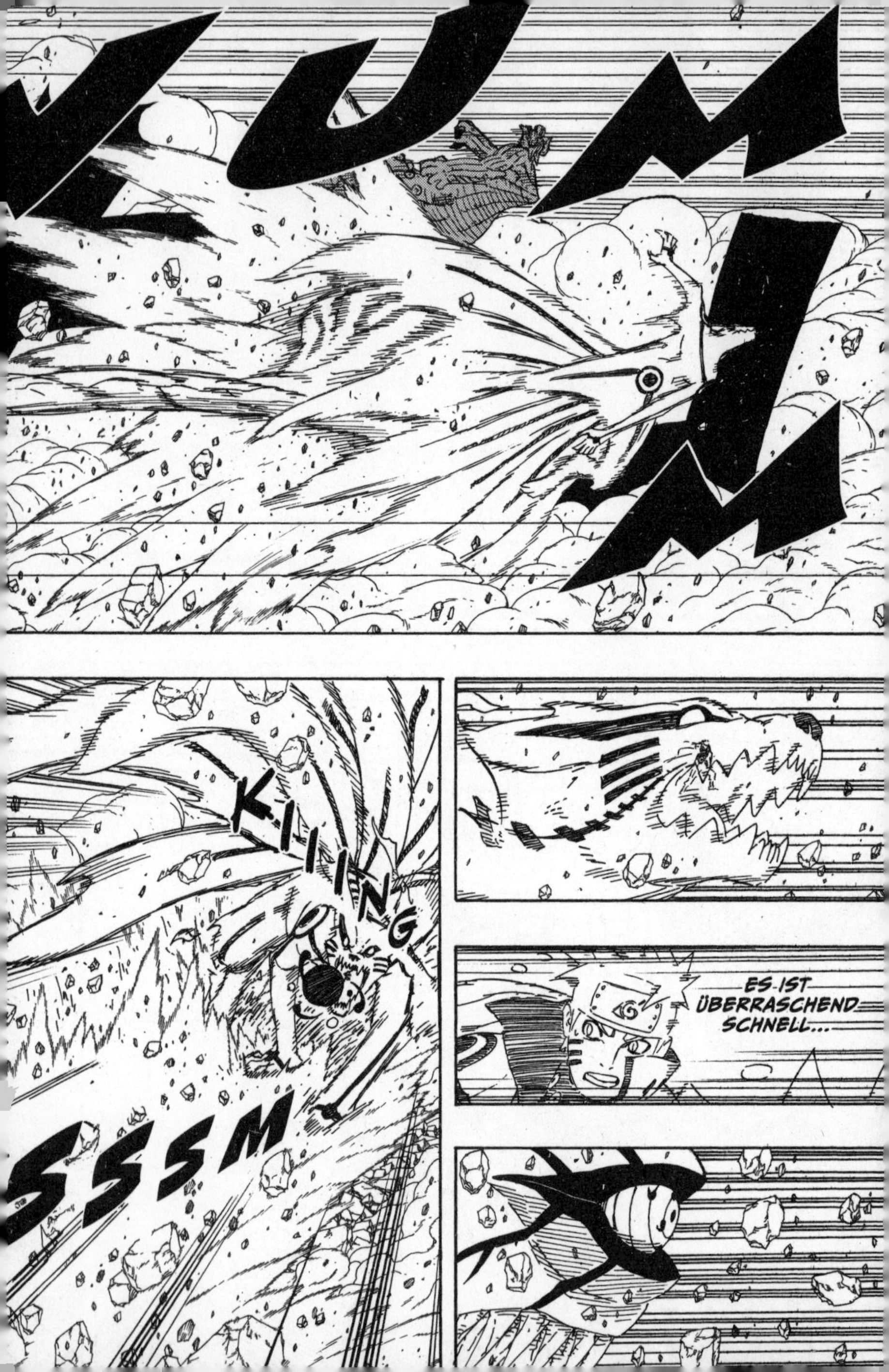

VUMM
KIIING
SSSM
ES IST ÜBERRASCHEND SCHNELL…

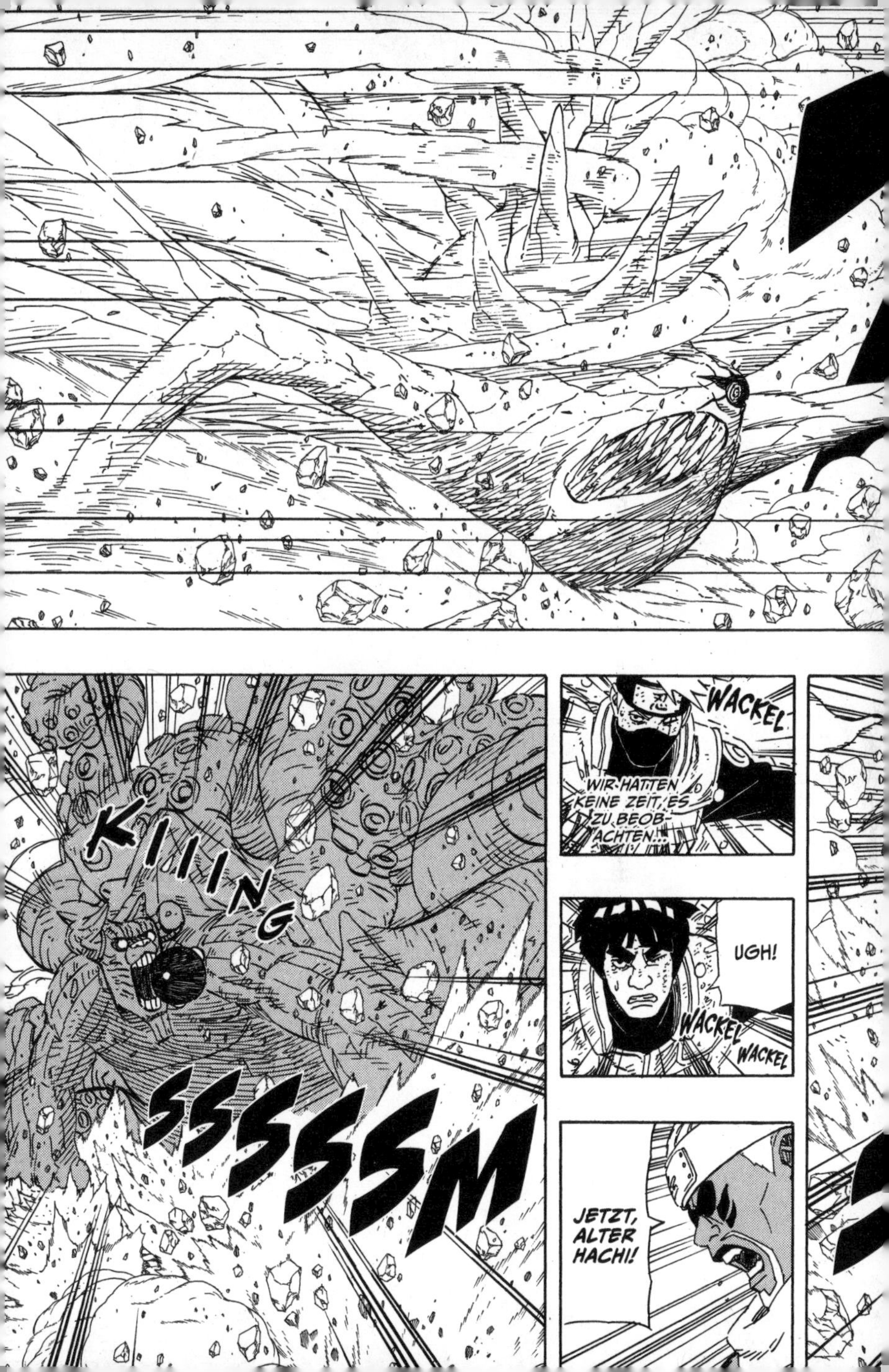
WACKEL
WIR HATTEN KEINE ZEIT, ES ZU BEOBACHTEN...
UGH!
WACKEL
WACKEL
JETZT, ALTER HACHI!
KIIING
SSSSSM

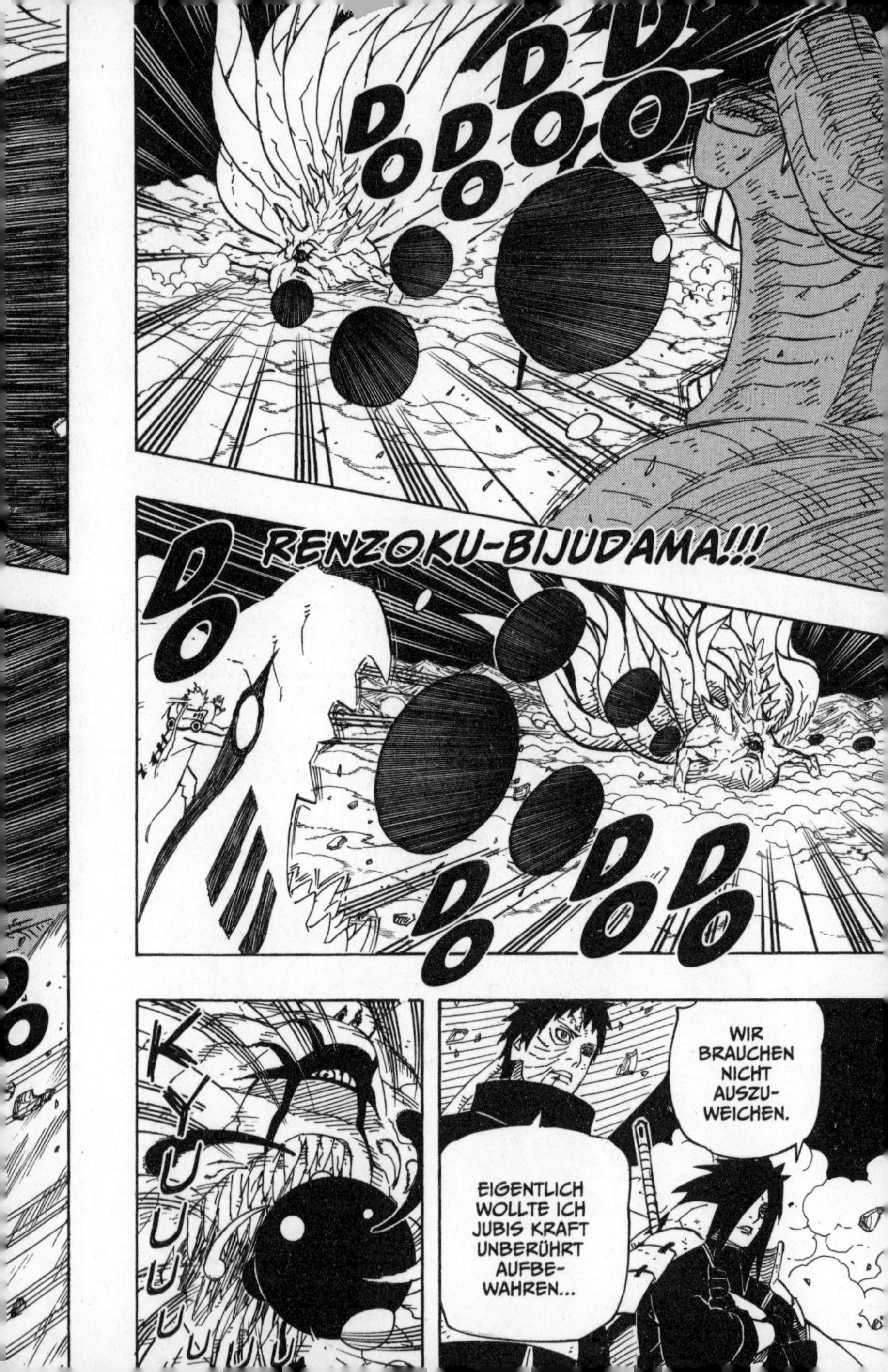
DODODODODODO
RENZOKU-BIJUDAMA!!!
DODODODO
WIR BRAUCHEN NICHT AUSZU-WEICHEN.
EIGENTLICH WOLLTE ICH JUBIS KRAFT UNBERÜHRT AUFBE-WAHREN...
KYUUUUU

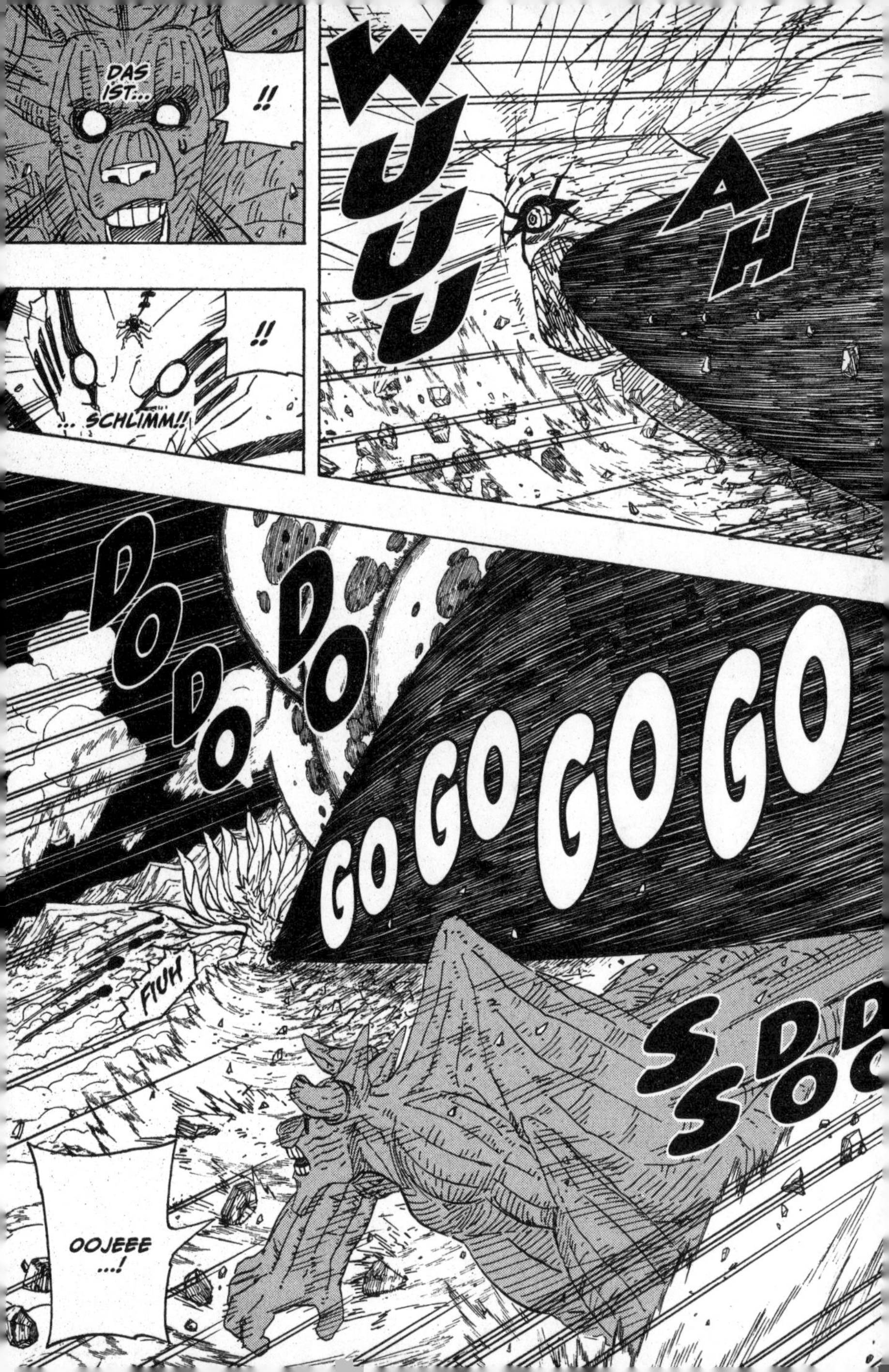

WUJUJU
AH
!!
DAS IST...
!!
... SCHLIMM!!
DODODO
DO
GOGOGOGOGO
FIUH
SDD
SOO
OOJEEE ...!

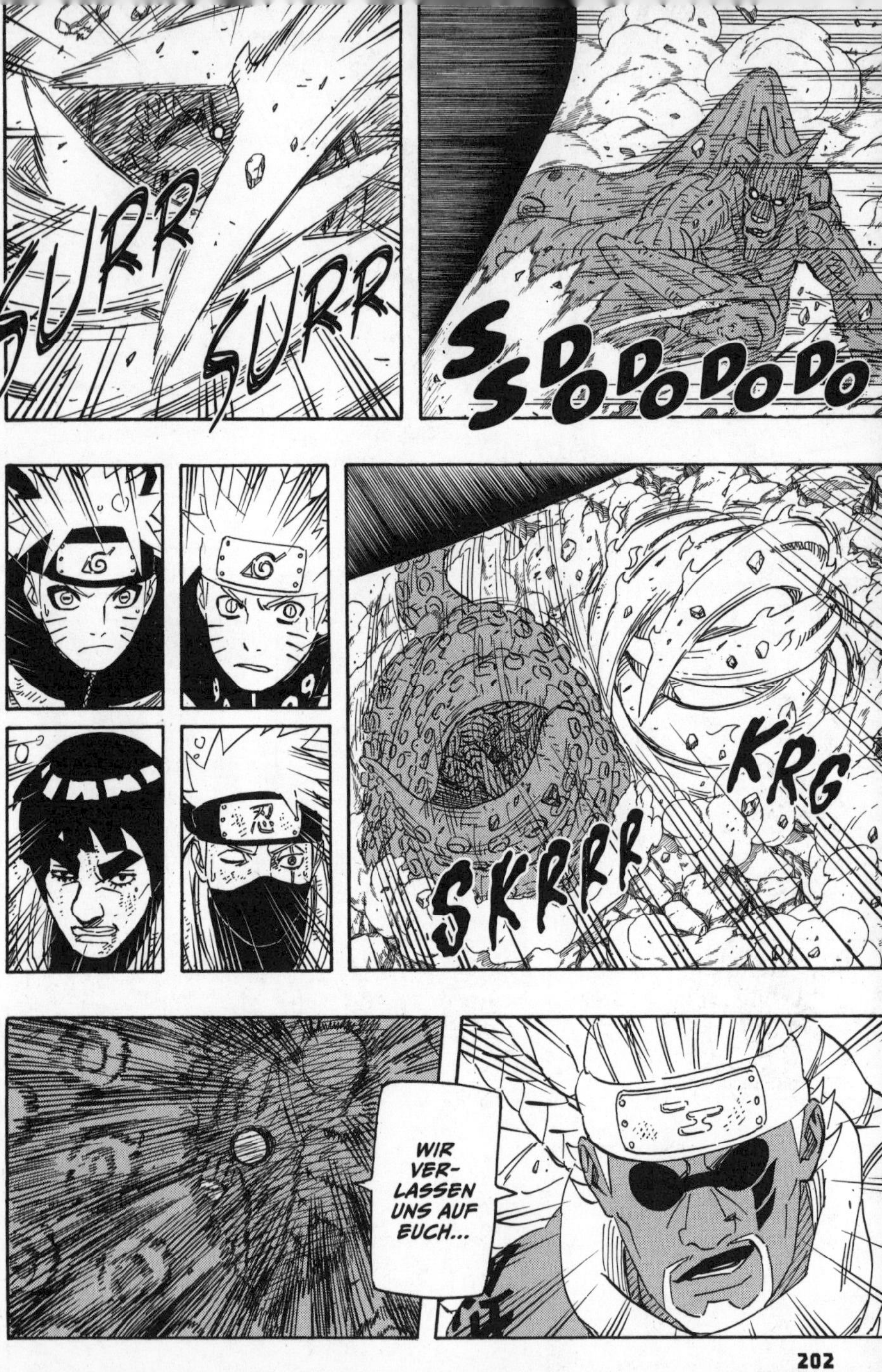

SSDODODODO
SURR
SURR
KRG
SKRRR
WIR VERLASSEN UNS AUF EUCH...

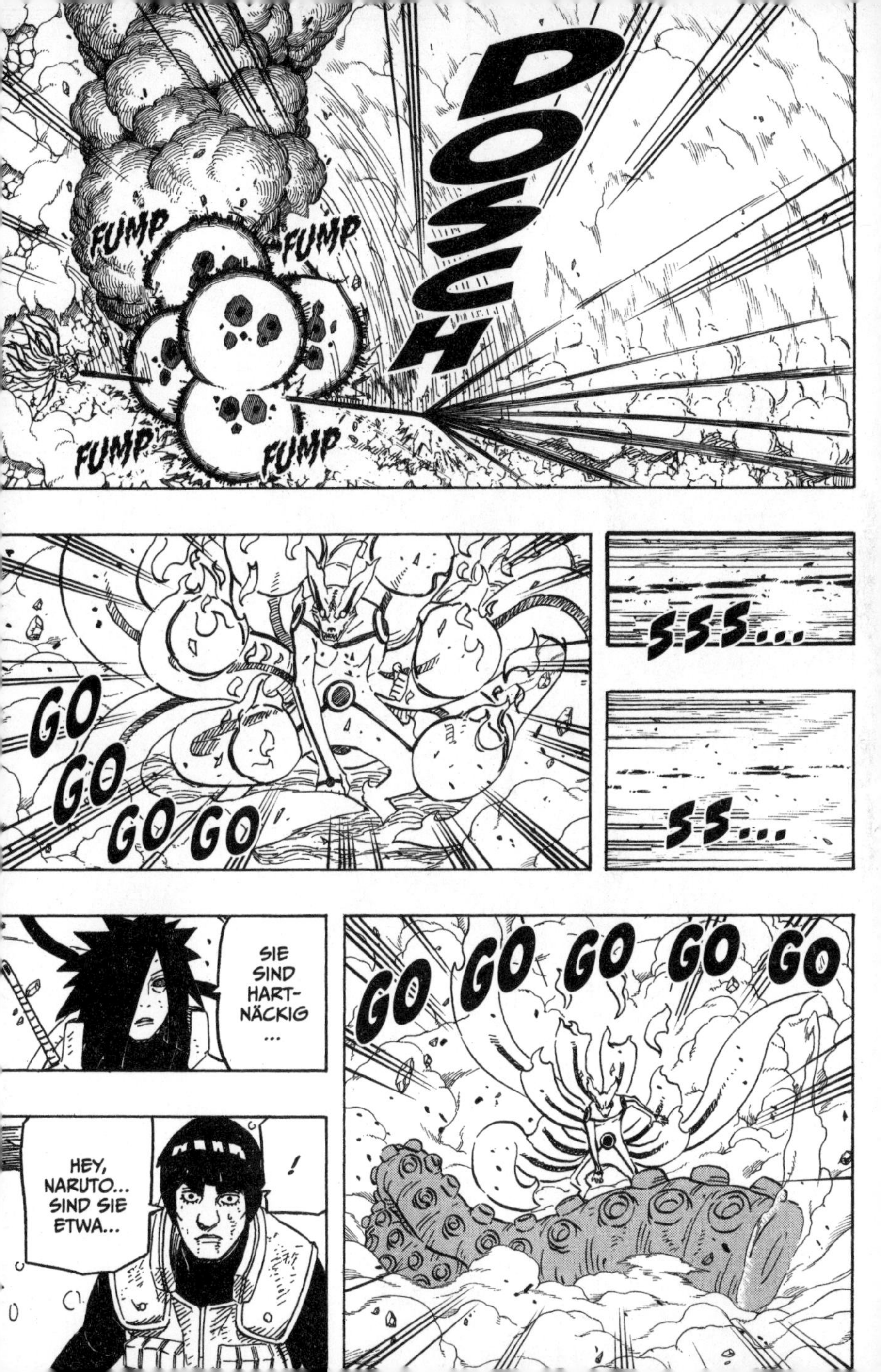

DOSCH
FUMP
FUMP
FUMP
FUMP
SSS...
SS...
GO GO GO GO
SIE SIND HART-NÄCKIG ...
GO GO GO GO GO
HEY, NARUTO... SIND SIE ETWA...
!

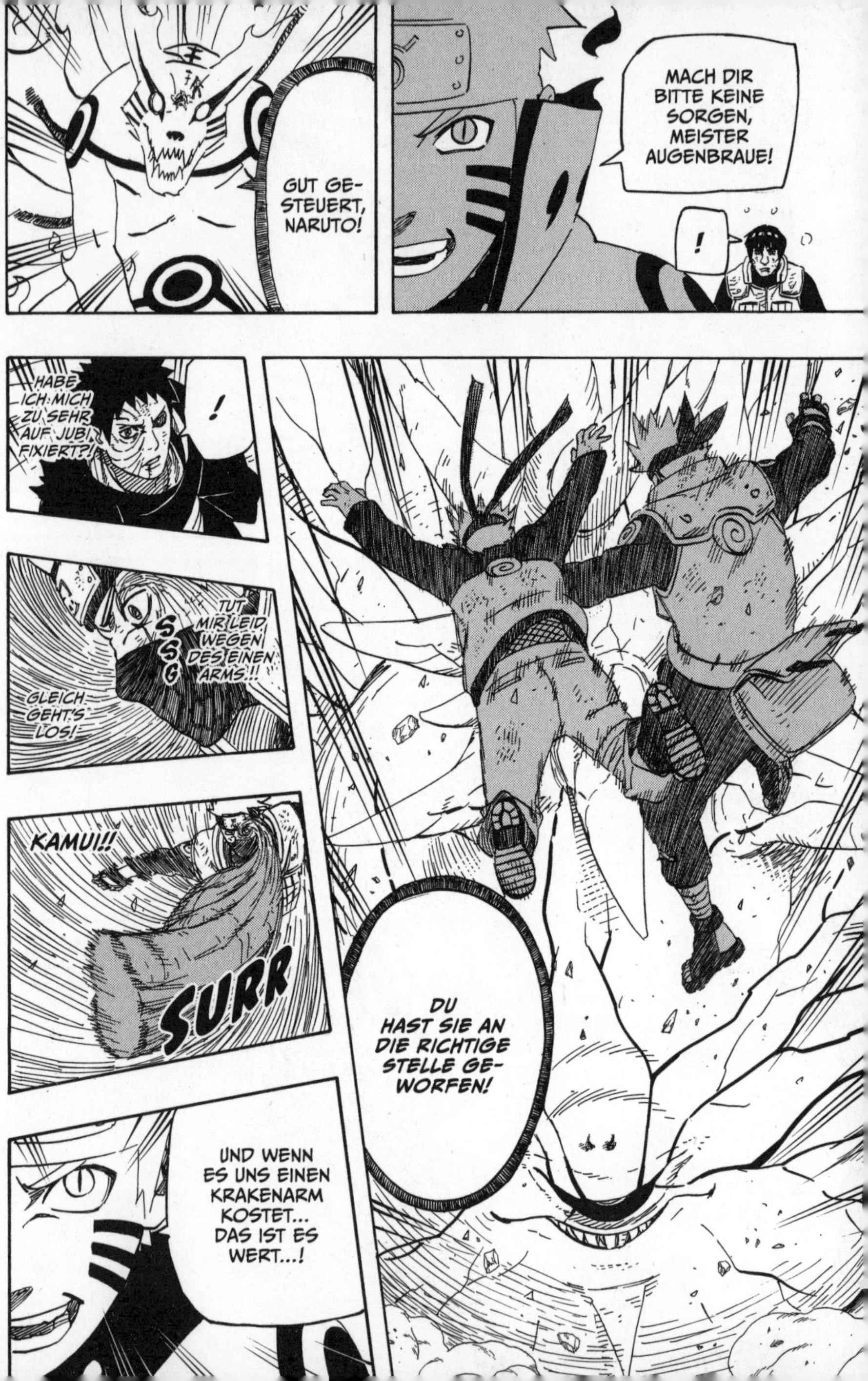
MACH DIR BITTE KEINE SORGEN, MEISTER AUGENBRAUE!
!
GUT GESTEUERT, NARUTO!
!
HABE ICH MICH ZU SEHR AUF JUBI FIXIERT?!
DU HAST SIE AN DIE RICHTIGE STELLE GEWORFEN!
TUT MIR LEID WEGEN DES EINEN ARMS!!
SSG
GLEICH GEHT'S LOS!
KAMUI!!
SURR
UND WENN ES UNS EINEN KRAKENARM KOSTET... DAS IST ES WERT...!

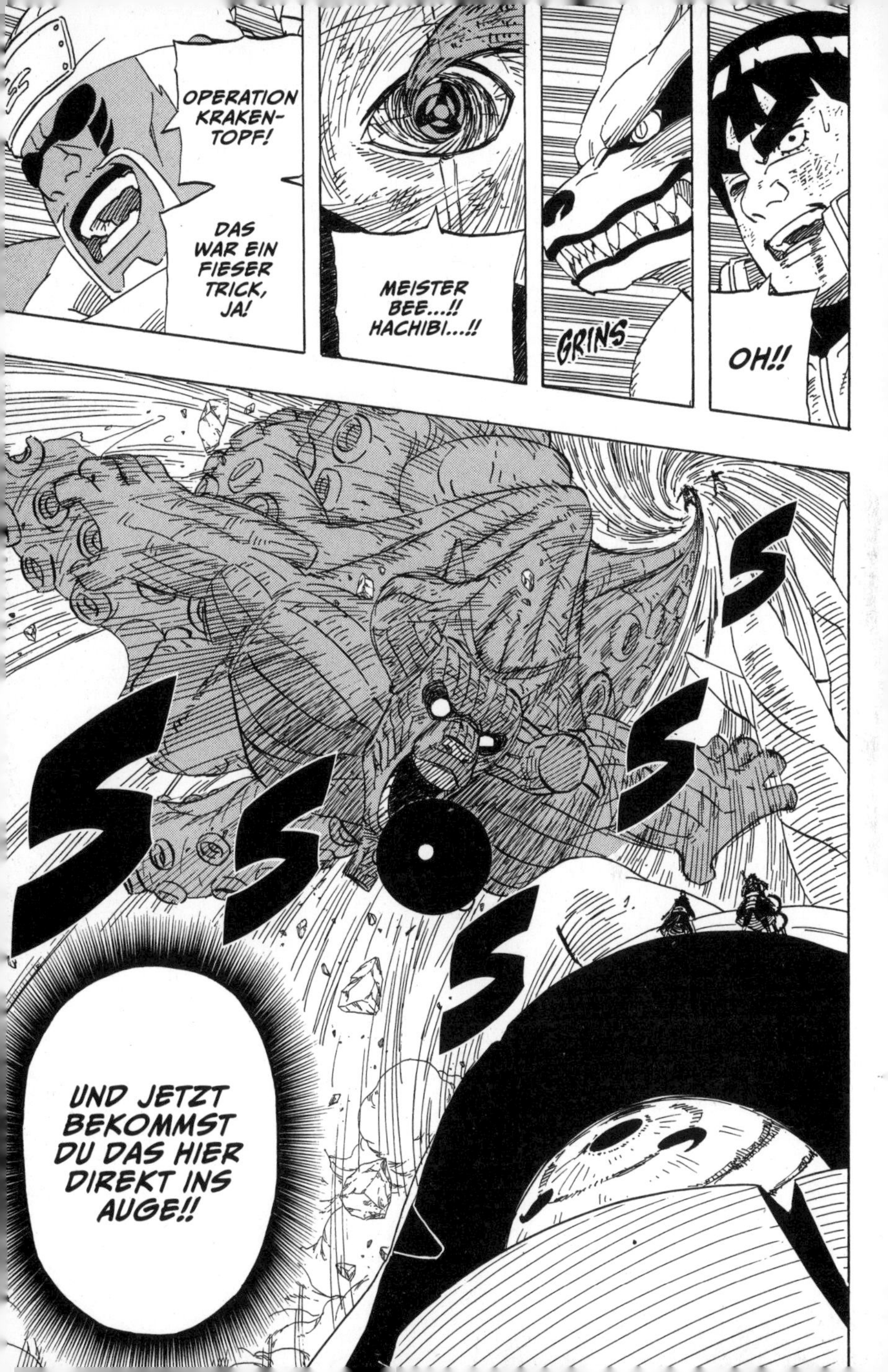
OH!!
GRINS
MEISTER BEE...!! HACHIBI...!!
OPERATION KRAKEN-TOPF!
DAS WAR EIN FIESER TRICK, JA!
UND JETZT BEKOMMST DU DAS HIER DIREKT INS AUGE!!

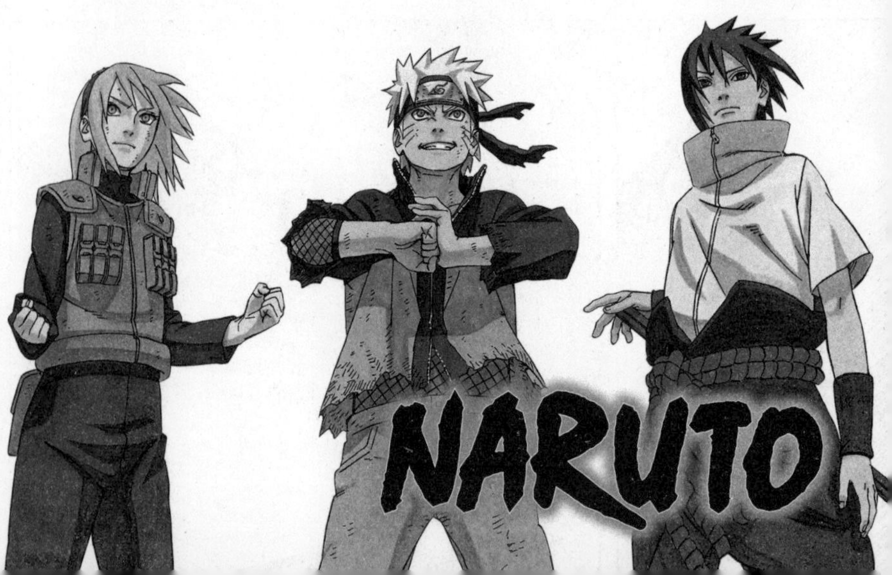
NARUTO

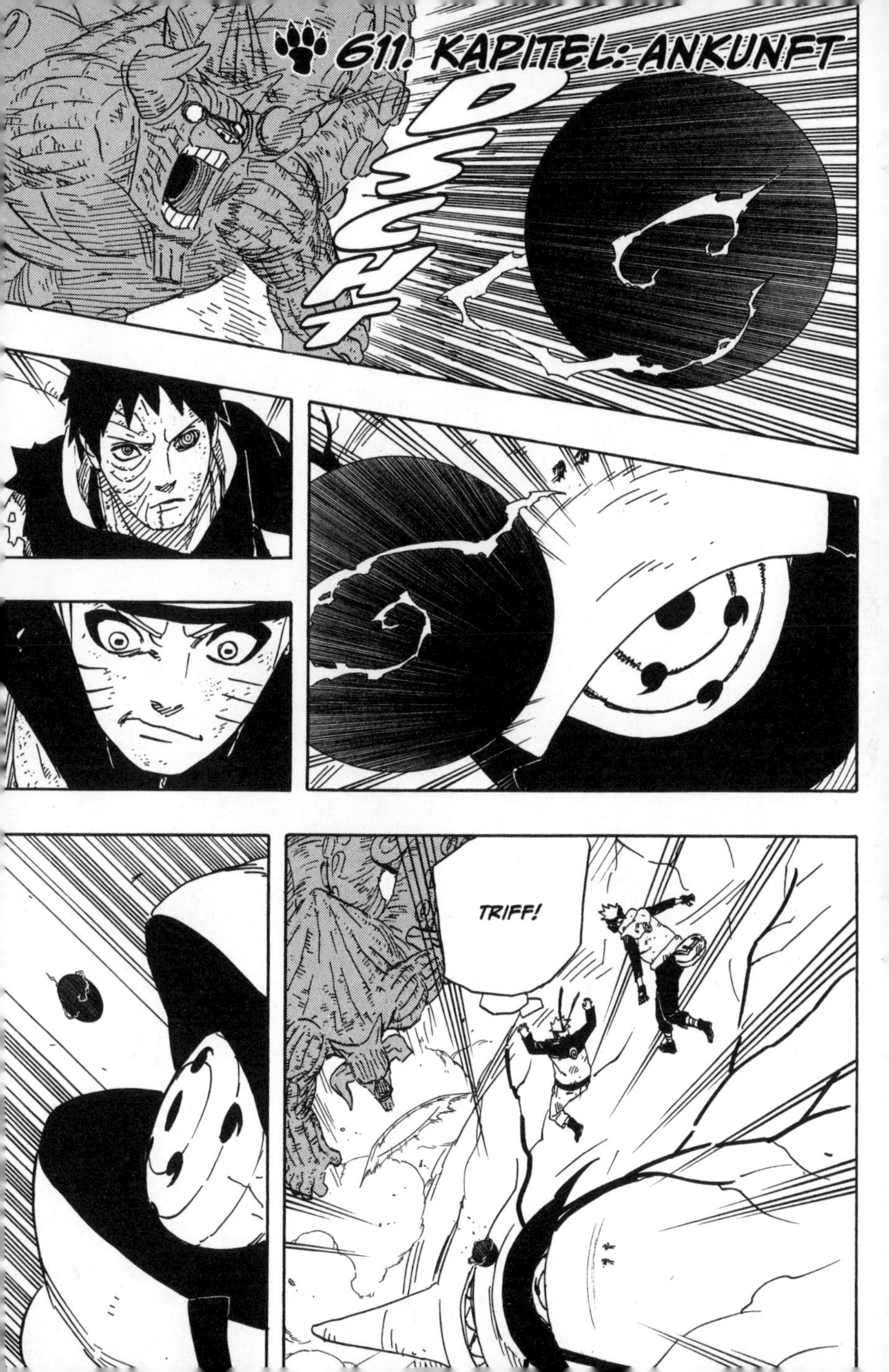
611. KAPITEL: ANKUNFT
TRIFF!

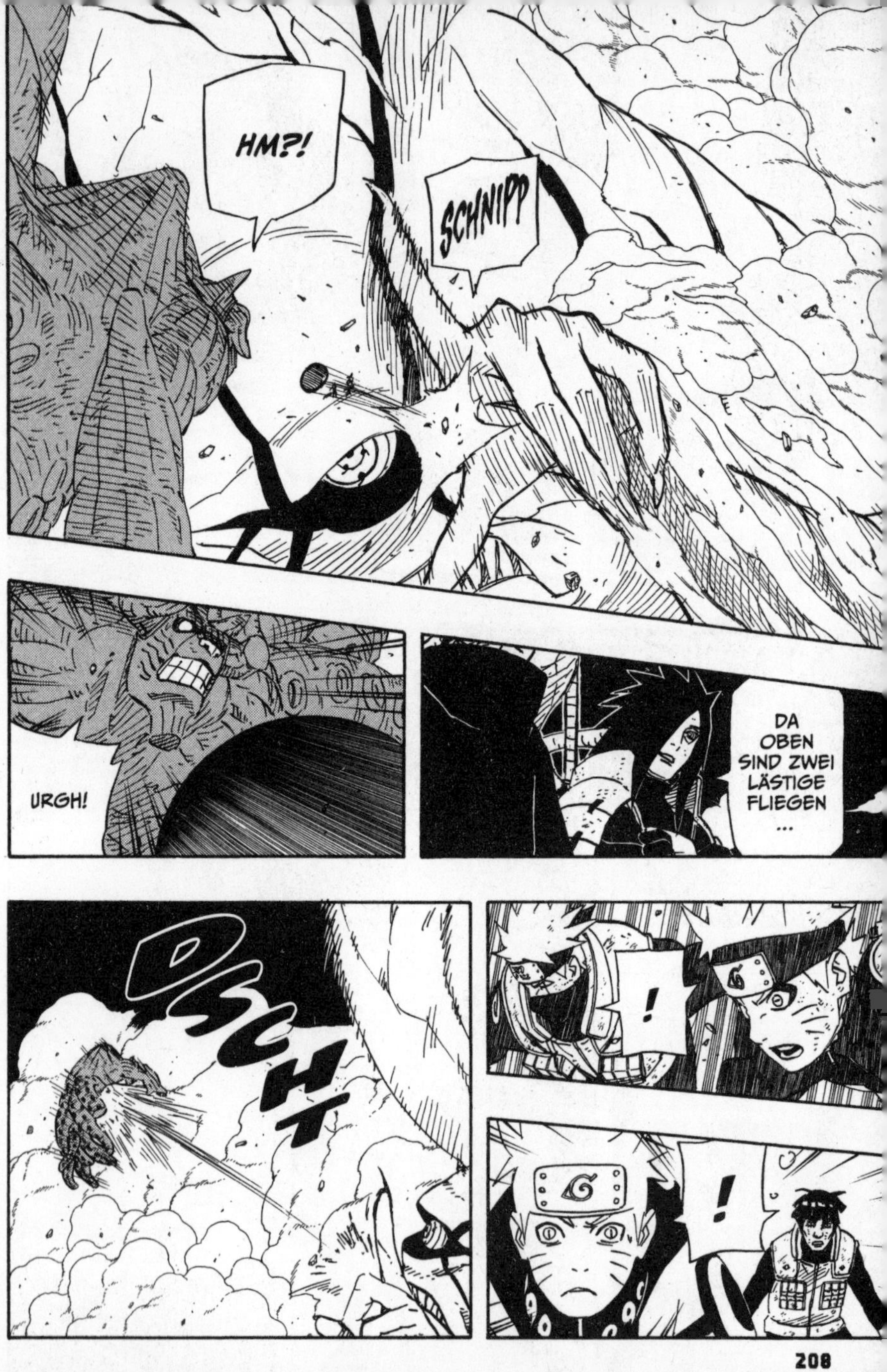
SCHNIPP
HM?!
DA OBEN SIND ZWEI LÄSTIGE FLIEGEN ...
URGH!
!
DSCHH
!

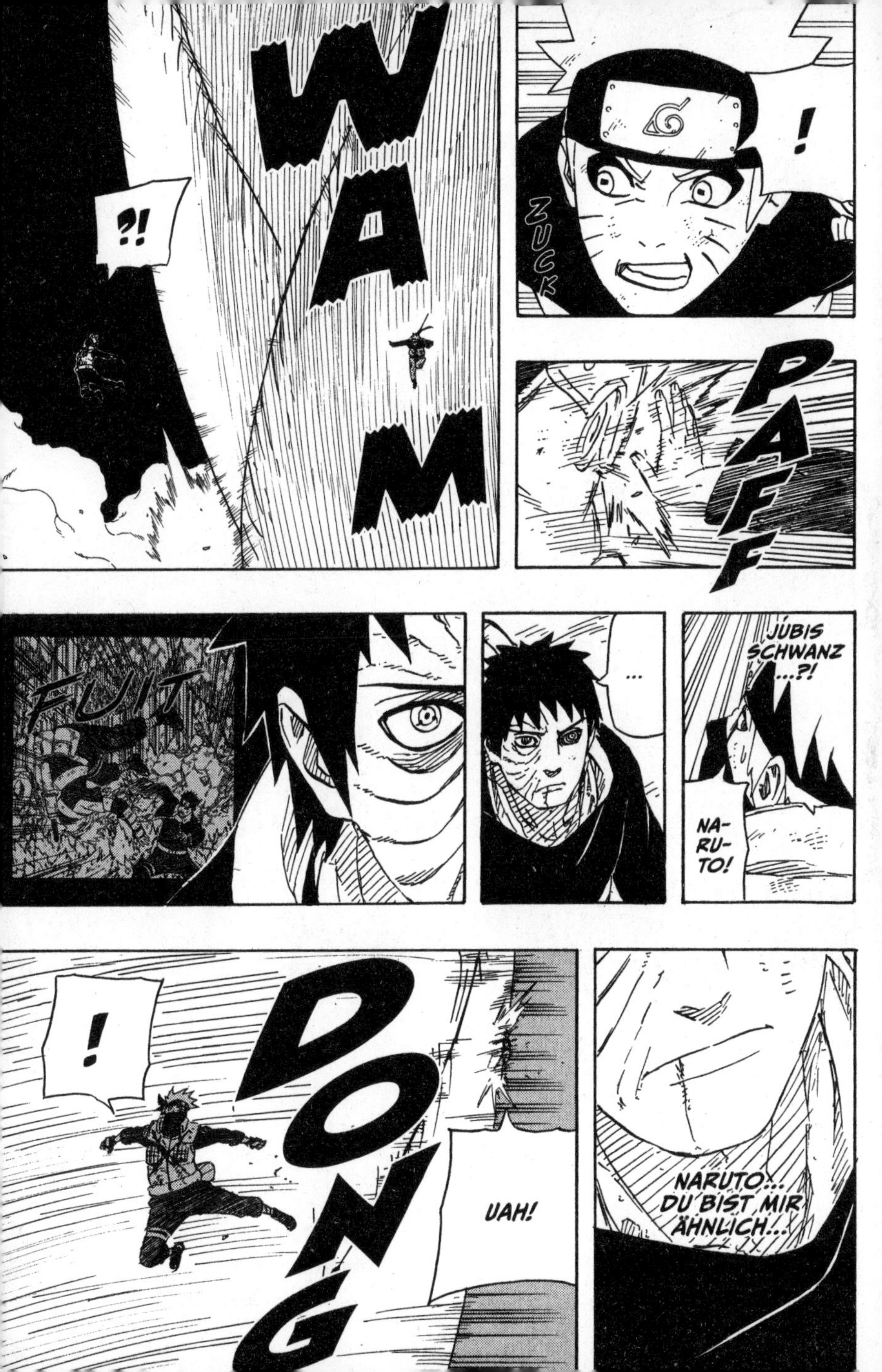
!
ZUCK
PAFF
WAM
?!
JÜBIS SCHWANZ ...?!
NA-RU-TO!
...
FUIT
NARUTO... DU BIST MIR ÄHNLICH...
!
DONG
UAH!

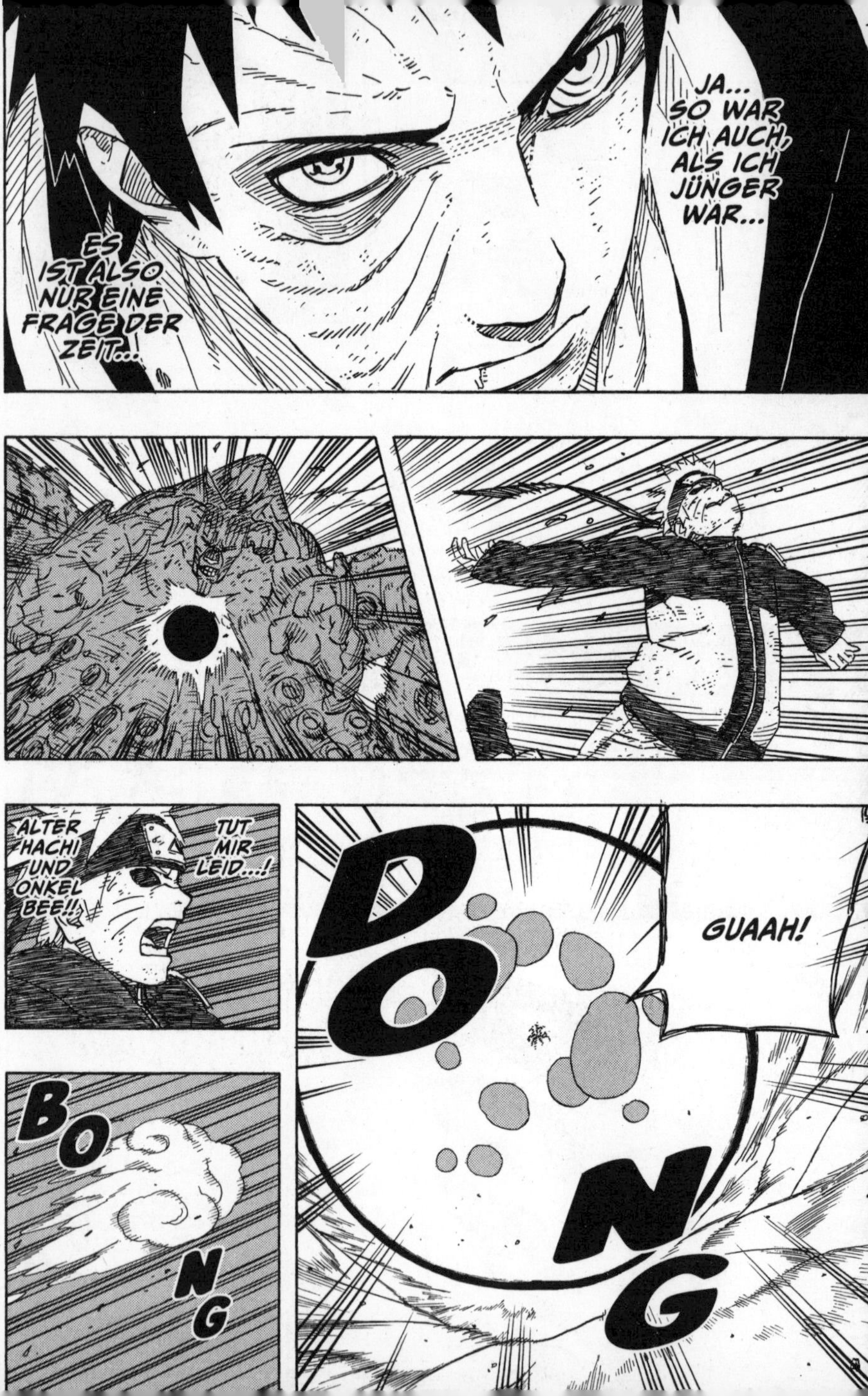
JA... SO WAR ICH AUCH, ALS ICH JÜNGER WAR...
ES IST ALSO NUR EINE FRAGE DER ZEIT...
TUT MIR LEID...!
ALTER HACHI UND ONKEL BEE!!
GUAAH!
DONG
BONG

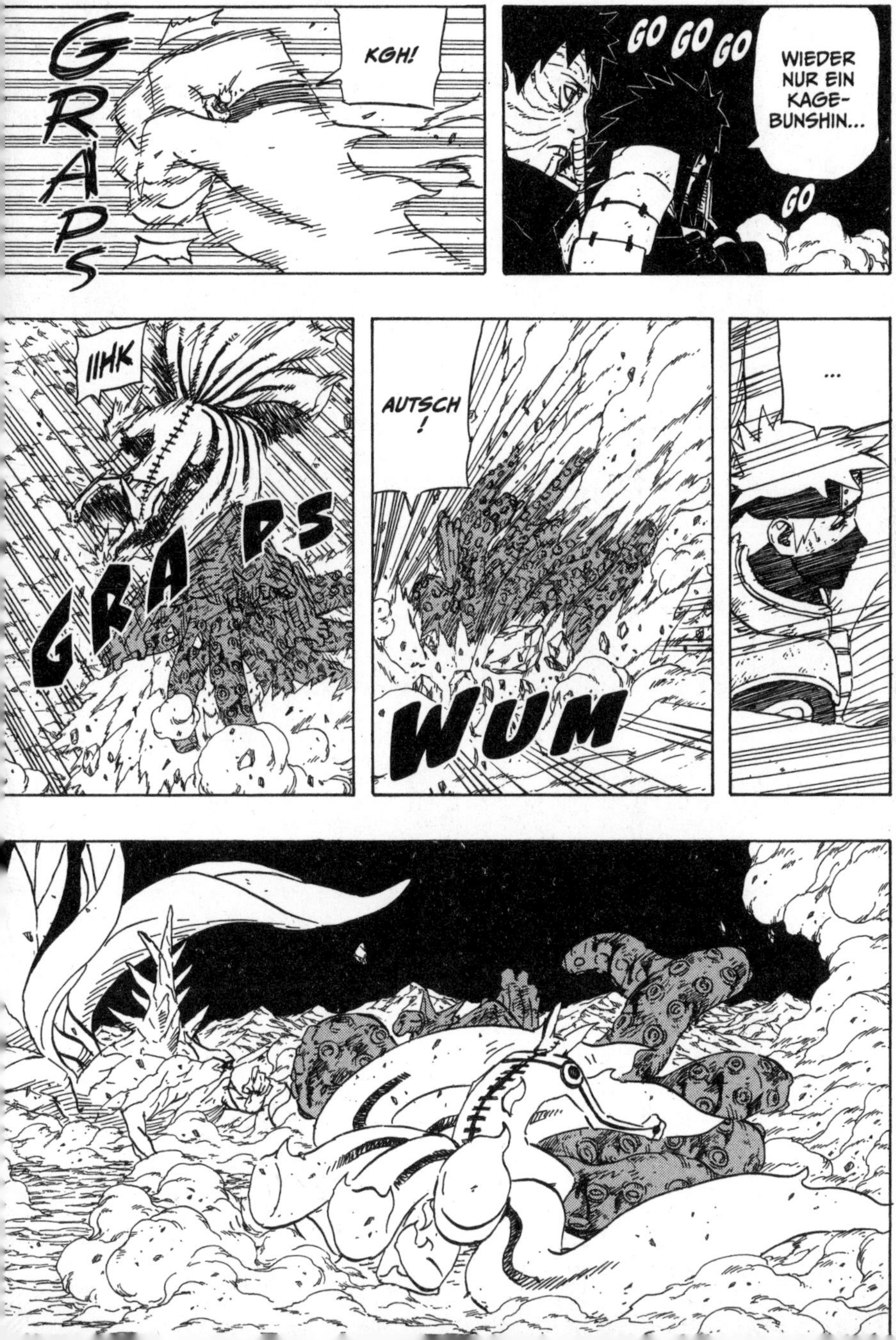
GO GO GO
WIEDER NUR EIN KAGE-BUNSHIN...
GO
GRAPS
KGH!
...
AUTSCH!
WUM
IIHK
GRAPS

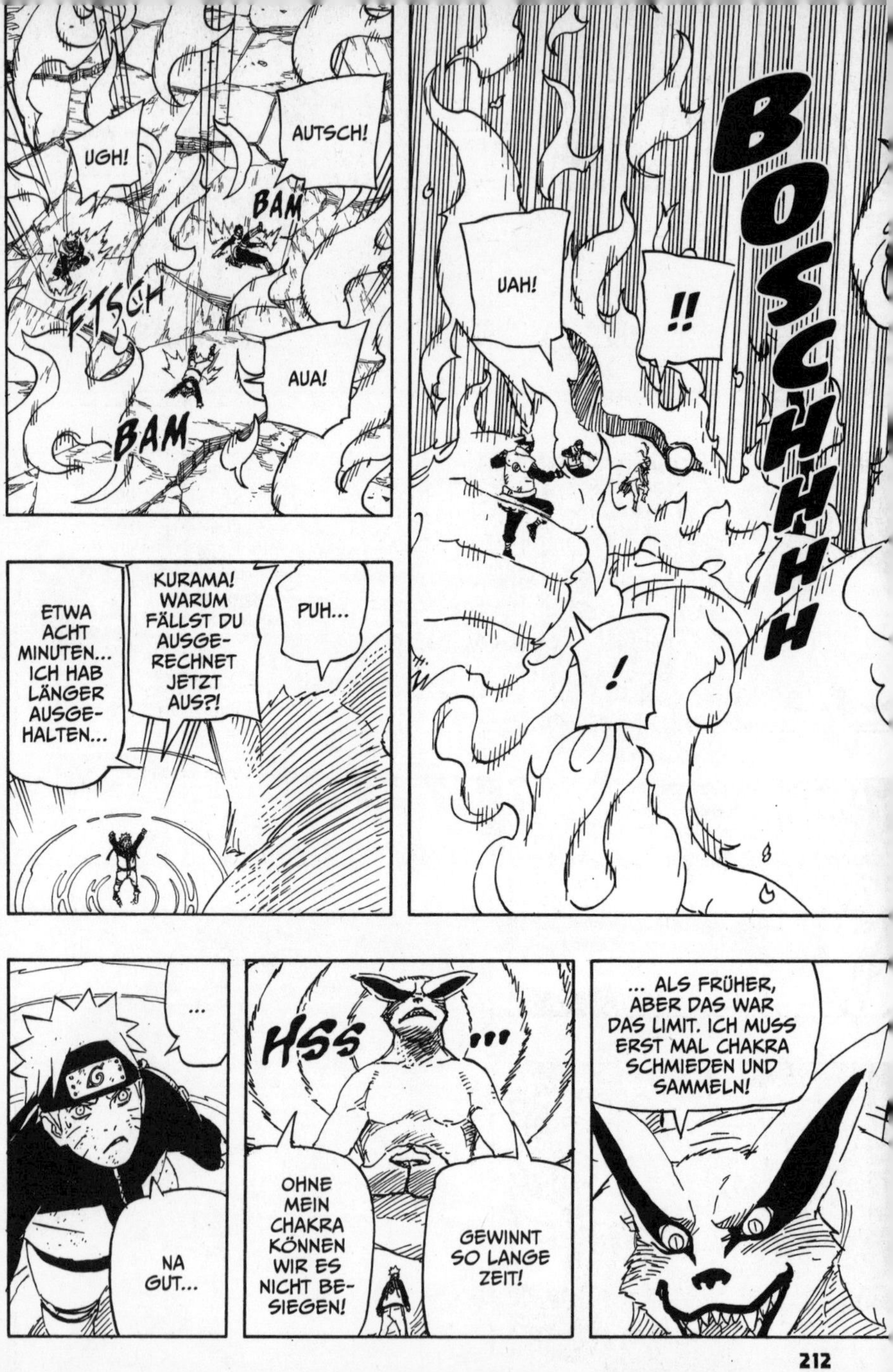
BOSCHHHHHH
UAH!
!!
!
AUTSCH!
UGH!
BAM
FTSCH
AUA!
BAM
PUH...
KURAMA! WARUM FÄLLST DU AUSGE-RECHNET JETZT AUS?!
ETWA ACHT MINUTEN... ICH HAB LÄNGER AUSGE-HALTEN...
... ALS FRÜHER, ABER DAS WAR DAS LIMIT. ICH MUSS ERST MAL CHAKRA SCHMIEDEN UND SAMMELN!
HSS
...
OHNE MEIN CHAKRA KÖNNEN WIR ES NICHT BE-SIEGEN!
GEWINNT SO LANGE ZEIT!
...
NA GUT...

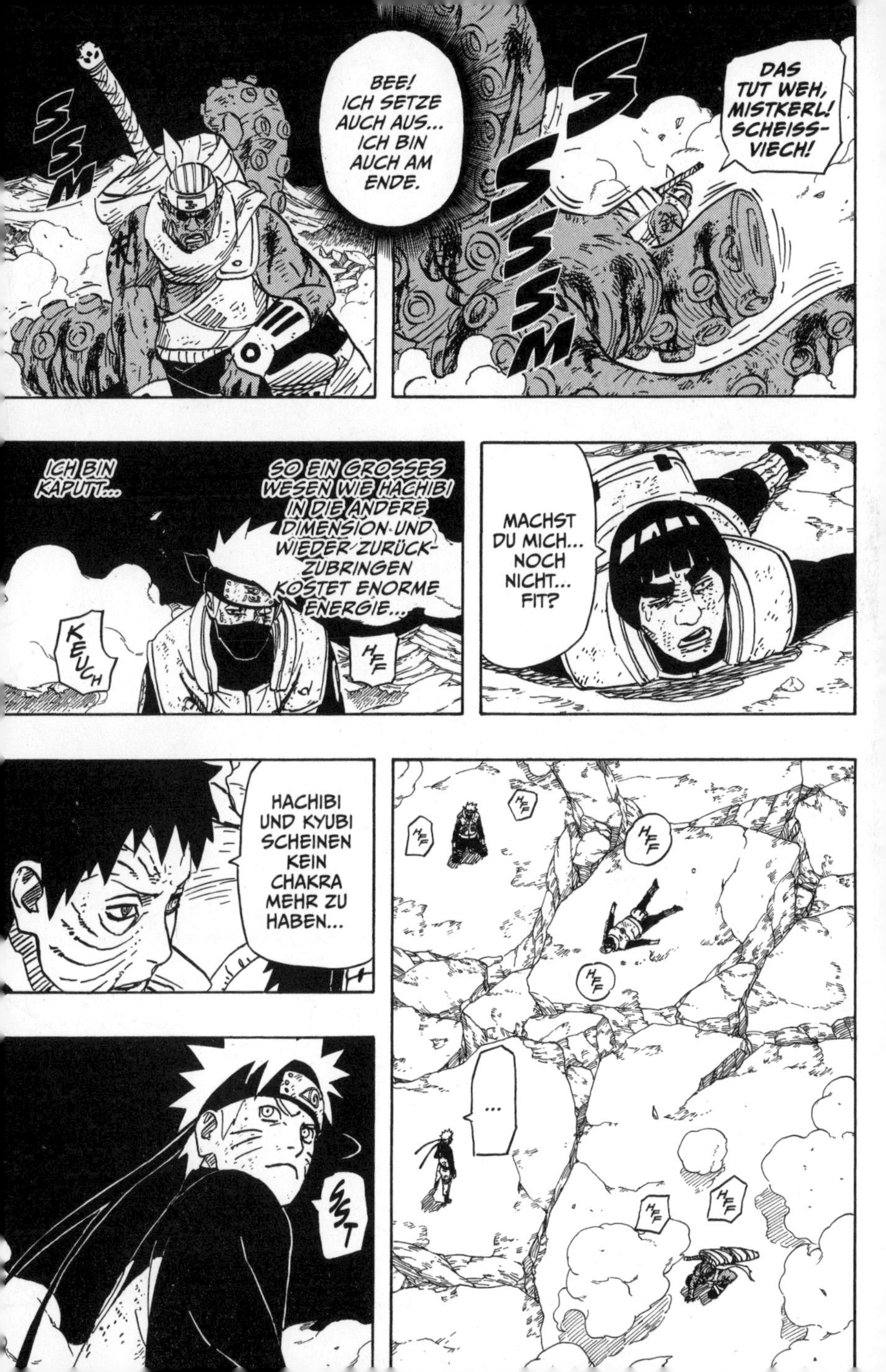
DAS TUT WEH, MISTKERL! SCHEISS-VIECH!
SSSM
BEE! ICH SETZE AUCH AUS... ICH BIN AUCH AM ENDE.
SSM
MACHST DU MICH... NOCH NICHT... FIT?
SO EIN GROSSES WESEN WIE HACHIBI IN DIE ANDERE DIMENSION UND WIEDER ZURÜCKZUBRINGEN KOSTET ENORME ENERGIE...
ICH BIN KAPUTT...
HFF
KEUCH
HFF
HFF
HFF
HFF
...
HFF
HFF
HACHIBI UND KYUBI SCHEINEN KEIN CHAKRA MEHR ZU HABEN...
SST

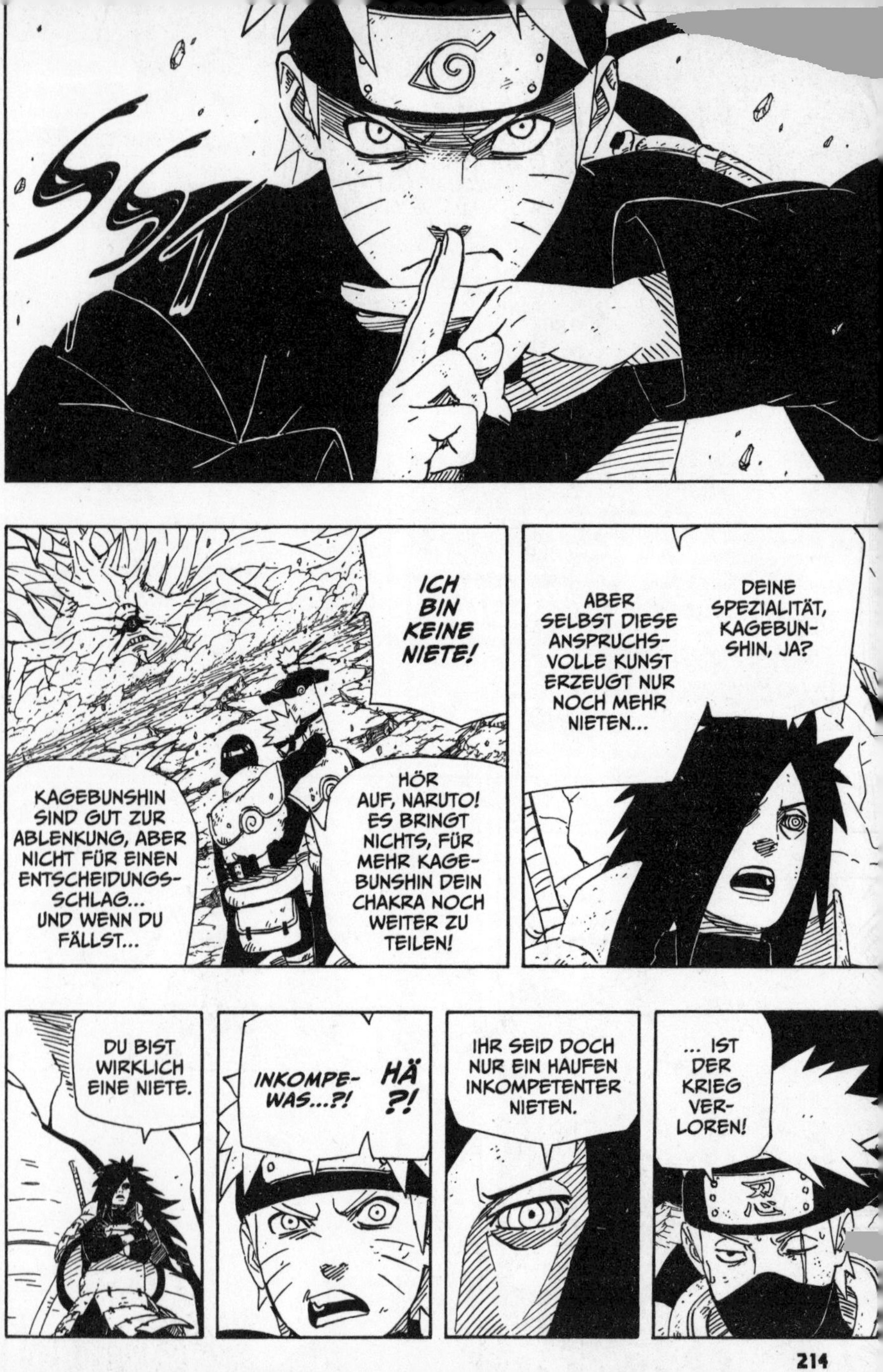
ICH BIN KEINE NIETE!
DEINE SPEZIALITÄT, KAGEBUNSHIN, JA?
ABER SELBST DIESE ANSPRUCHSVOLLE KUNST ERZEUGT NUR NOCH MEHR NIETEN...
HÖR AUF, NARUTO! ES BRINGT NICHTS, FÜR MEHR KAGEBUNSHIN DEIN CHAKRA NOCH WEITER ZU TEILEN!
KAGEBUNSHIN SIND GUT ZUR ABLENKUNG, ABER NICHT FÜR EINEN ENTSCHEIDUNGSSCHLAG... UND WENN DU FÄLLST...
... IST DER KRIEG VERLOREN!
IHR SEID DOCH NUR EIN HAUFEN INKOMPETENTER NIETEN.
HÄ ?!
INKOMPE-WAS...?!
DU BIST WIRKLICH EINE NIETE.

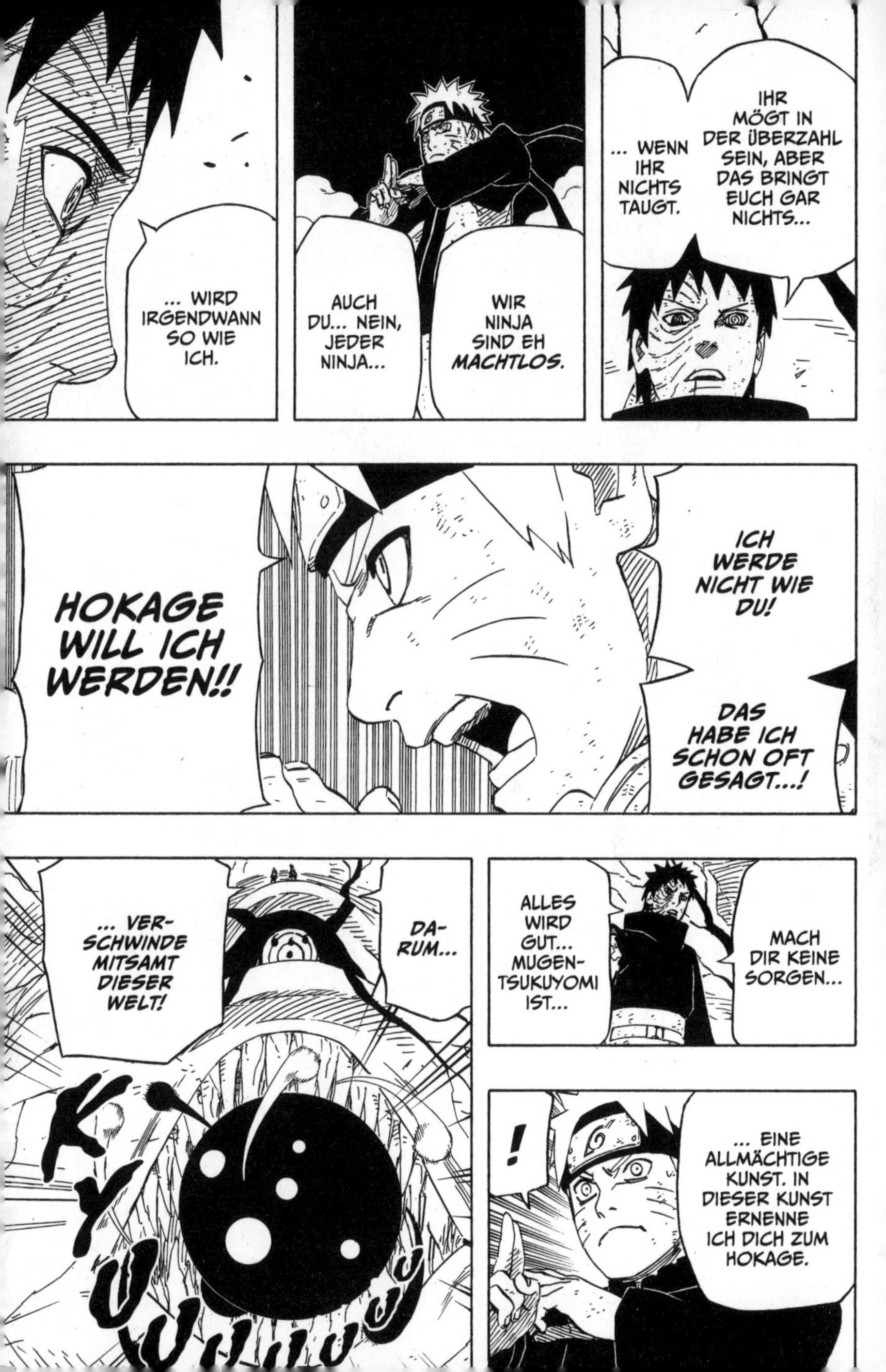
IHR MÖGT IN DER ÜBERZAHL SEIN, ABER DAS BRINGT EUCH GAR NICHTS...
... WENN IHR NICHTS TAUGT.
WIR NINJA SIND EH MACHTLOS.
AUCH DU... NEIN, JEDER NINJA...
... WIRD IRGENDWANN SO WIE ICH.
ICH WERDE NICHT WIE DU!
DAS HABE ICH SCHON OFT GESAGT...!
HOKAGE WILL ICH WERDEN!!
MACH DIR KEINE SORGEN...
ALLES WIRD GUT... MUGEN-TSUKUYOMI IST...
... EINE ALLMÄCHTIGE KUNST. IN DIESER KUNST ERNENNE ICH DICH ZUM HOKAGE.
!
DA-RUM...
... VER-SCHWINDE MITSAMT DIESER WELT!

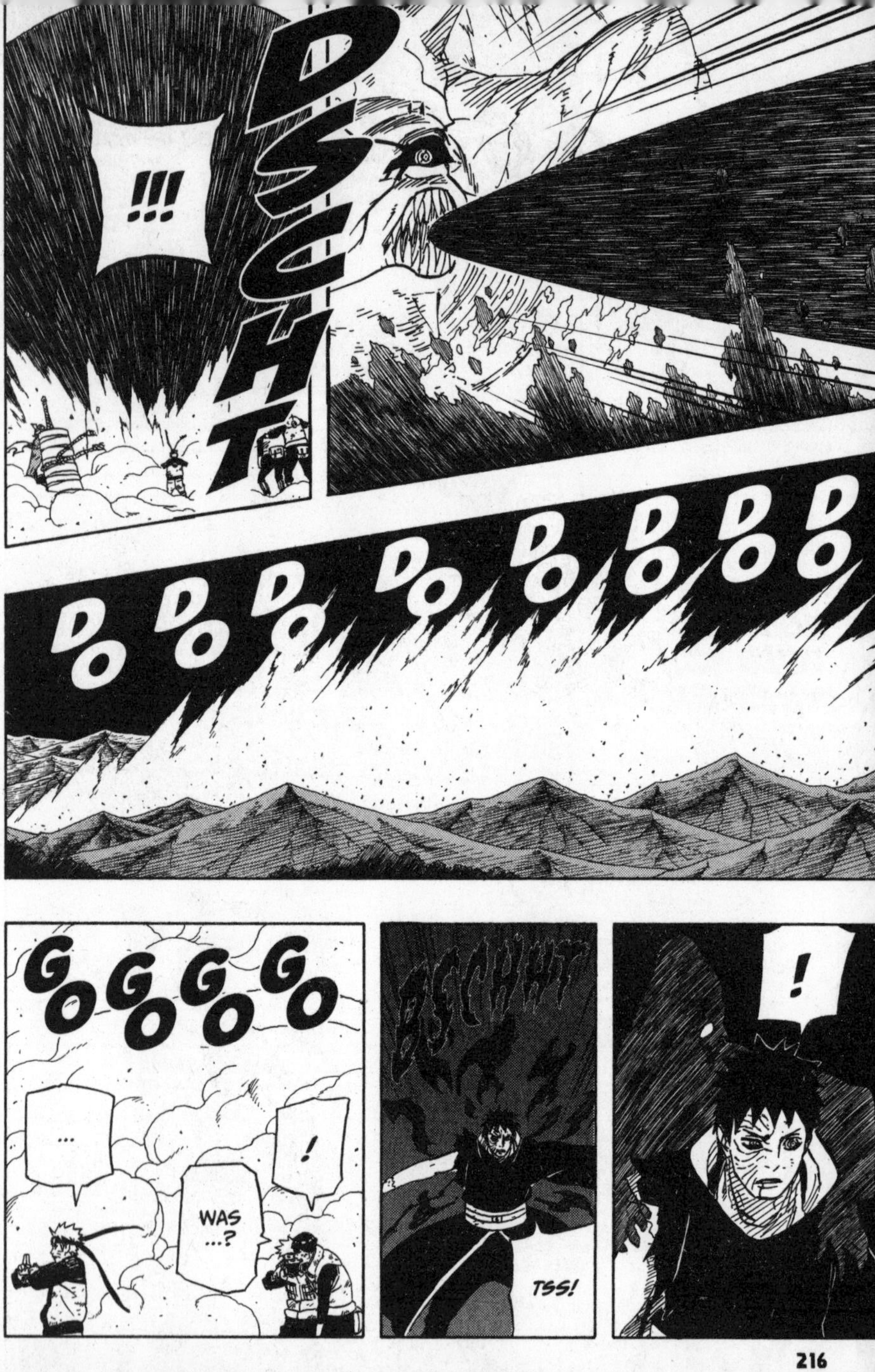
!!!
DO DO DO DO DO DO DO DO
!
TSS!
GO GO GO GO
!
WAS ...?
...

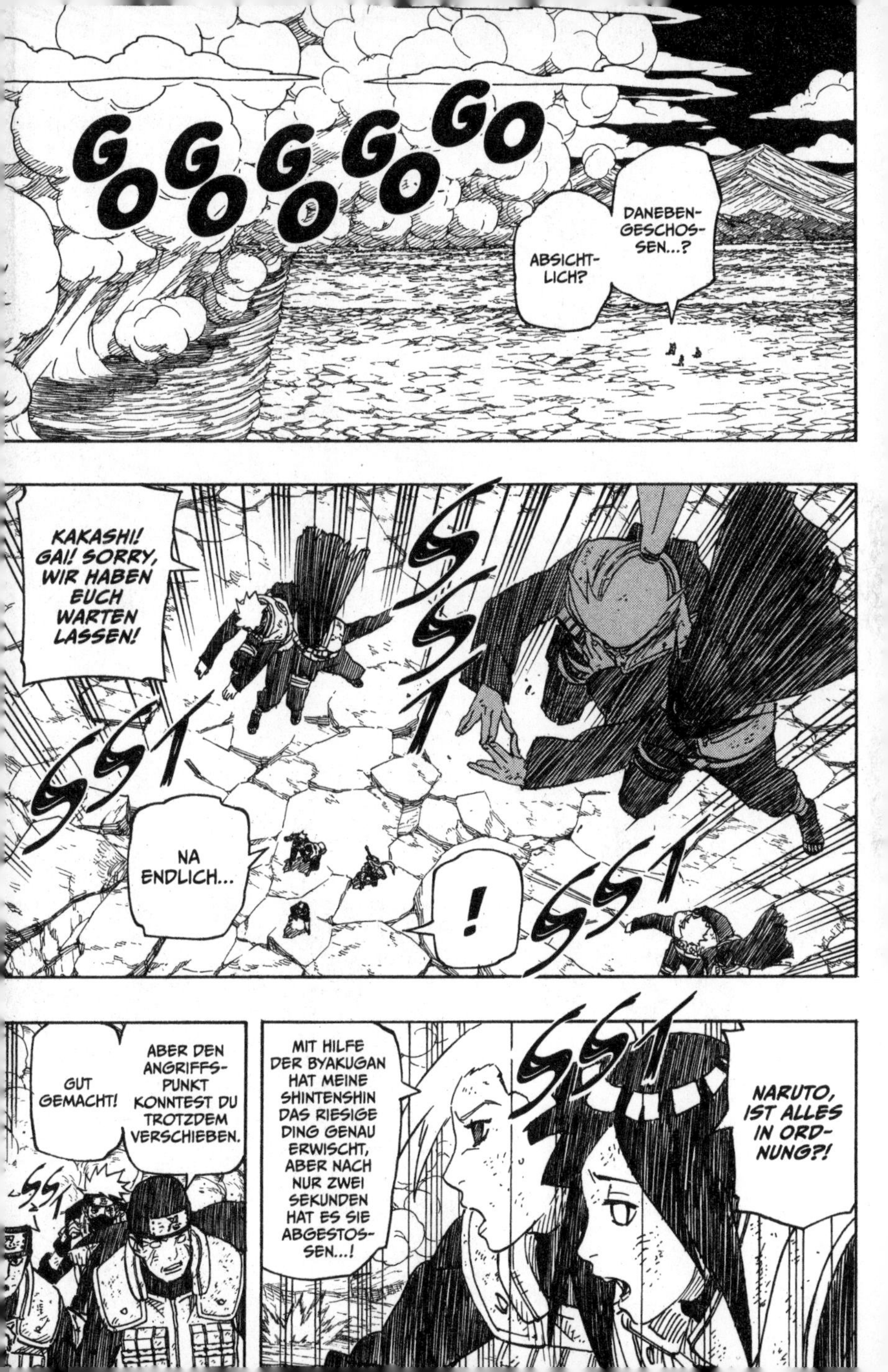
GOGOGOGOGOGOGO
DANEBEN-GESCHOSSEN...?
ABSICHTLICH?
KAKASHI! GAI! SORRY, WIR HABEN EUCH WARTEN LASSEN!
SST
SST
SST
!
NA ENDLICH...
SST
NARUTO, IST ALLES IN ORDNUNG?!
MIT HILFE DER BYAKUGAN HAT MEINE SHINTENSHIN DAS RIESIGE DING GENAU ERWISCHT, ABER NACH NUR ZWEI SEKUNDEN HAT ES SIE ABGESTOSSEN...!
ABER DEN ANGRIFFS-PUNKT KONNTEST DU TROTZDEM VERSCHIEBEN.
GUT GEMACHT!
SST

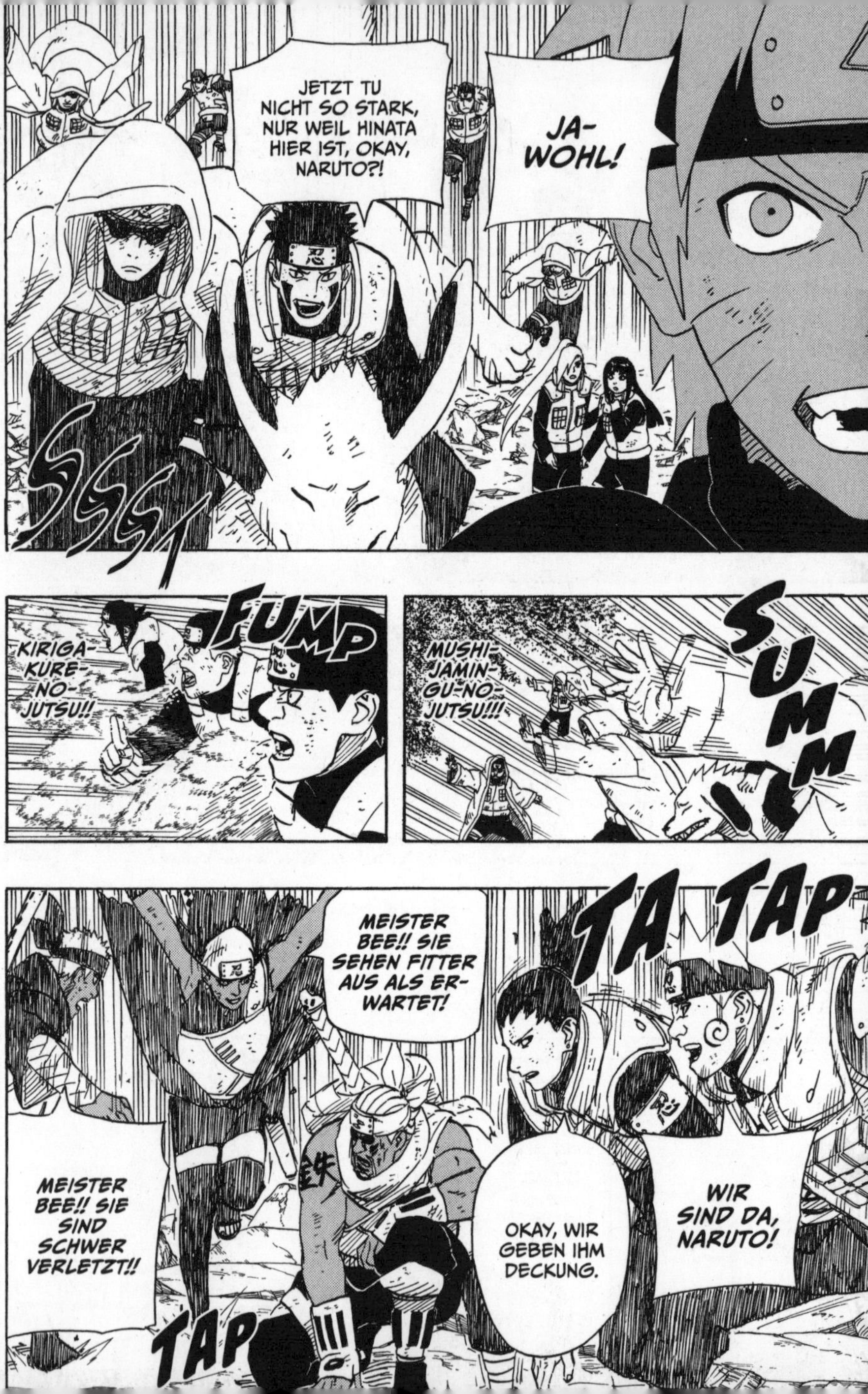
JETZT TU NICHT SO STARK, NUR WEIL HINATA HIER IST, OKAY, NARUTO?!
JA-WOHL!
SSSI
SUMM
MUSHI-JAMIN-GU-NO-JUTSU!!!
FUMP
KIRIGA-KURE-NO-JUTSU!!
TA TAP
WIR SIND DA, NARUTO!
OKAY, WIR GEBEN IHM DECKUNG.
MEISTER BEE!! SIE SEHEN FITTER AUS ALS ER-WARTET!
MEISTER BEE!! SIE SIND SCHWER VERLETZT!!
TAP

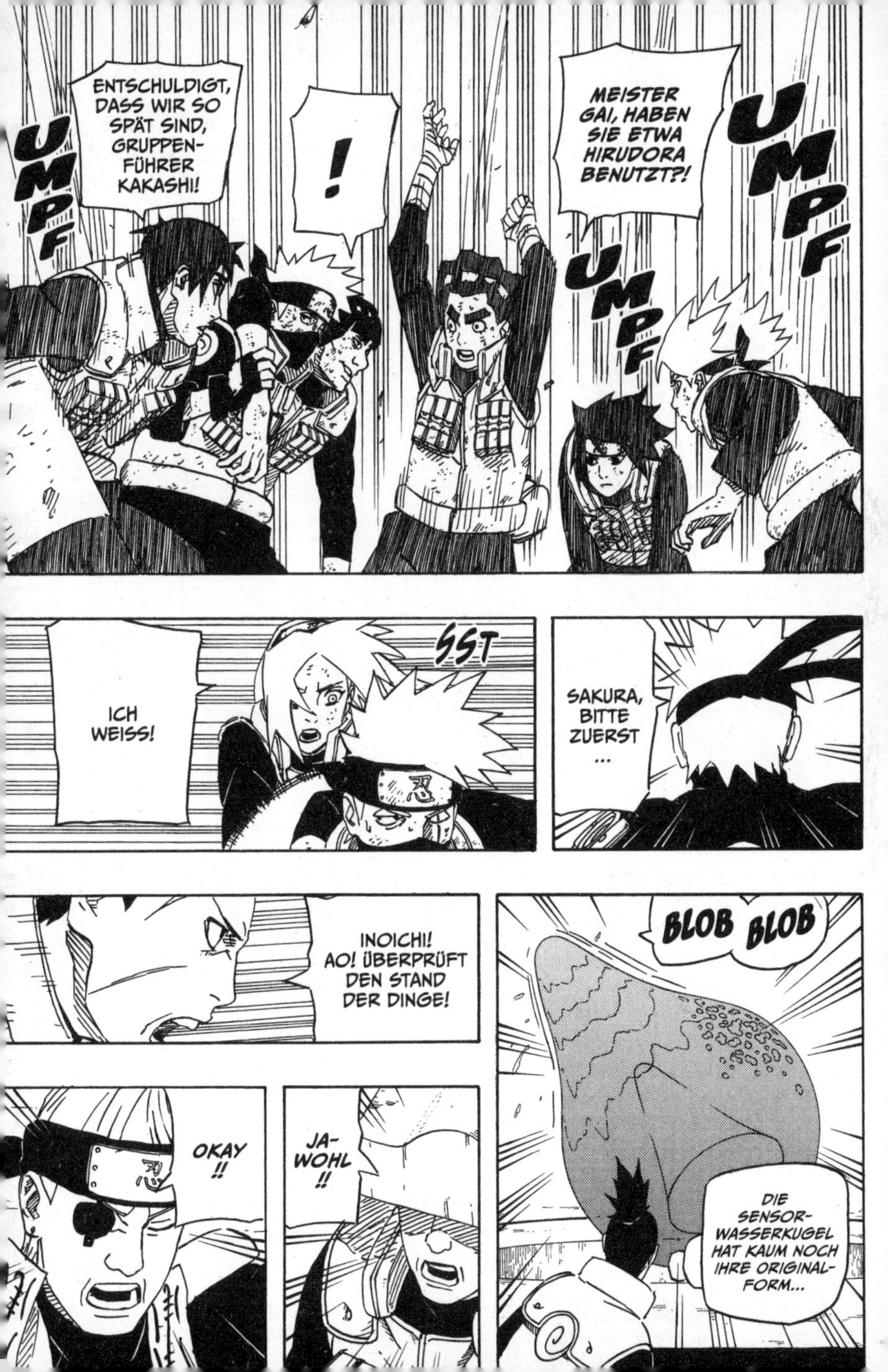
UMPF
MEISTER GAI, HABEN SIE ETWA HIRUDORA BENUTZT?!
UMPF
!
ENTSCHULDIGT, DASS WIR SO SPÄT SIND, GRUPPEN-FÜHRER KAKASHI!
UMPF
SAKURA, BITTE ZUERST ...
SST
ICH WEISS!
BLOB BLOB
DIE SENSOR-WASSERKUGEL HAT KAUM NOCH IHRE ORIGINAL-FORM...
INOICHI! AO! ÜBERPRÜFT DEN STAND DER DINGE!
JA-WOHL!!
OKAY!!

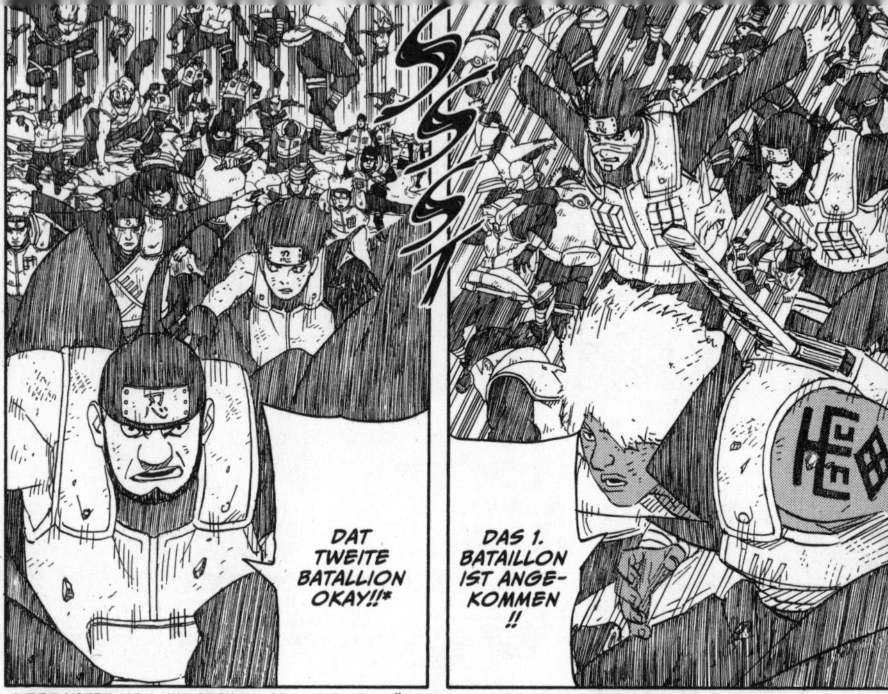

* DER VATER VON KUROTSUCHI SPICHT EINEN LÄNDLICH KLINGENDEN NORDJAPANISCHEN DIALEKT, BEI UNS PLATTDEUTSCH. AUF S.700 FINDET IHR EINE ÜBERSETZUNGSHILFE.

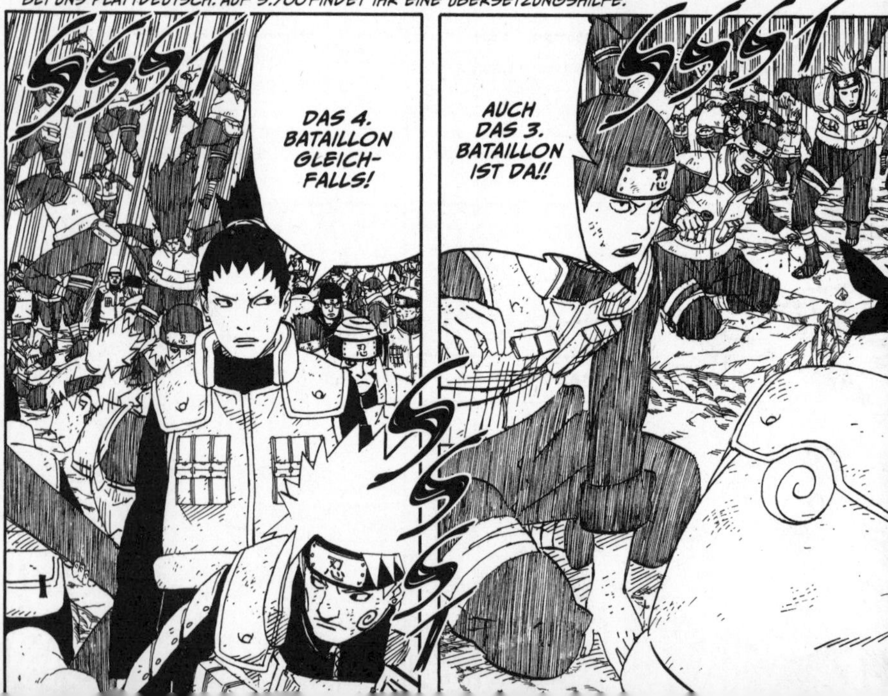

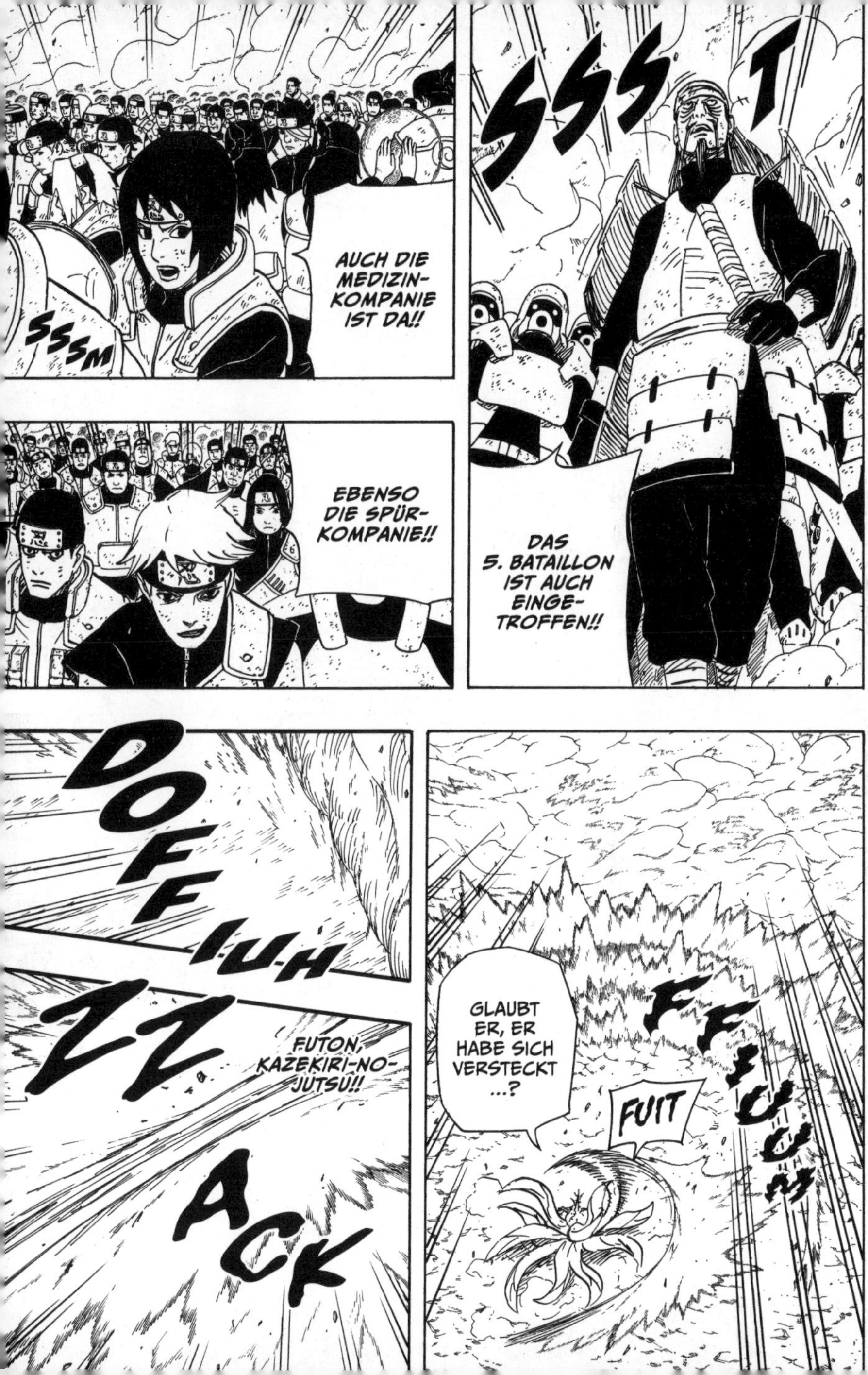

SSSST
DAS 5. BATAILLON IST AUCH EINGE-TROFFEN!!
AUCH DIE MEDIZIN-KOMPANIE IST DA!!
SSSM
EBENSO DIE SPÜR-KOMPANIE!!
GLAUBT ER, ER HABE SICH VERSTECKT ...?
FUIT
FFIUUH
DOFFIUH
FUTON, KAZEKIRI-NO-JUTSU!!
ZZ
ACK

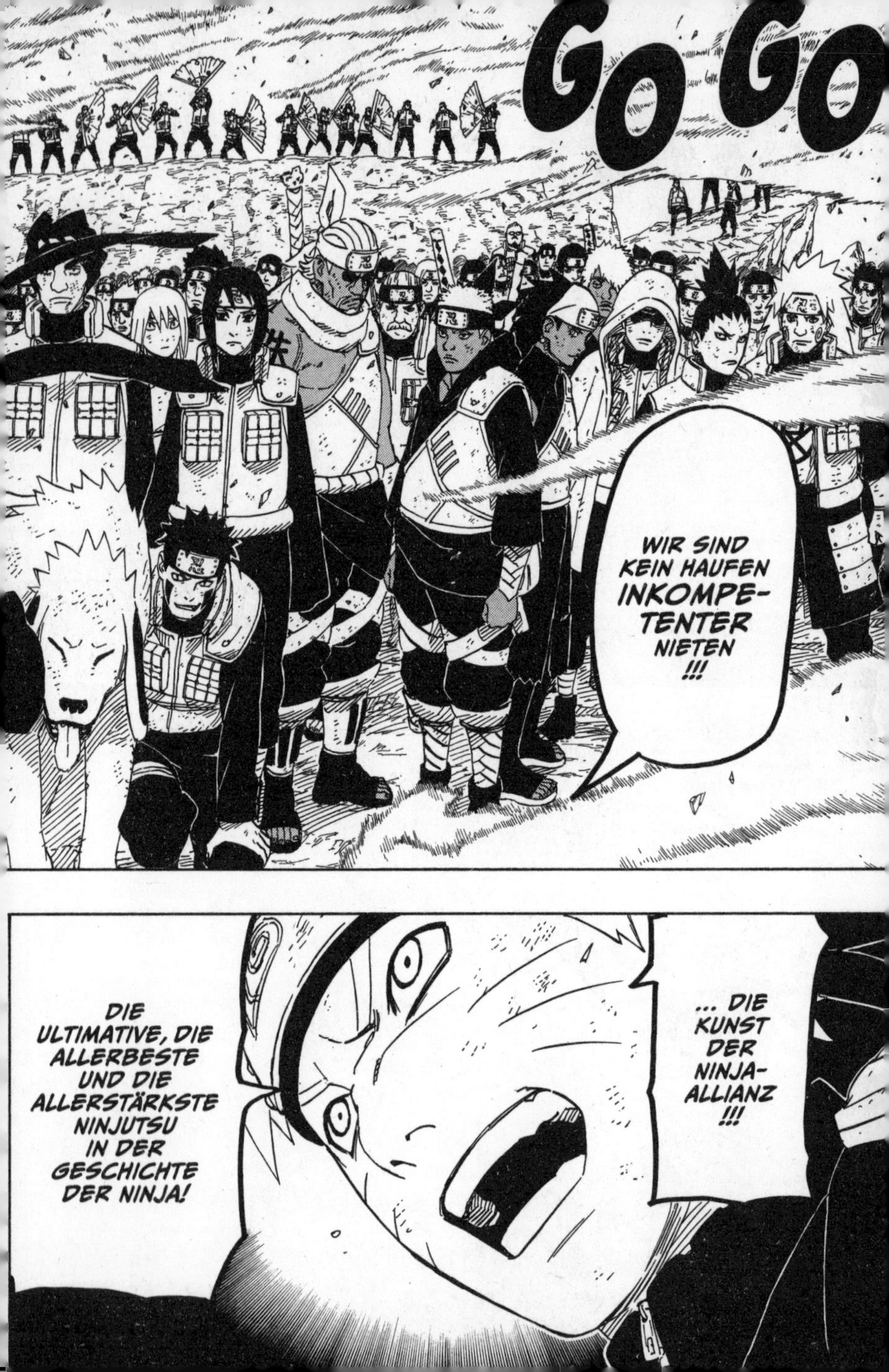
GO GO
WIR SIND KEIN HAUFEN INKOMPETENTER NIETEN!!!
DIE ULTIMATIVE, DIE ALLERBESTE UND DIE ALLERSTÄRKSTE NINJUTSU IN DER GESCHICHTE DER NINJA!
... DIE KUNST DER NINJA-ALLIANZ!!!

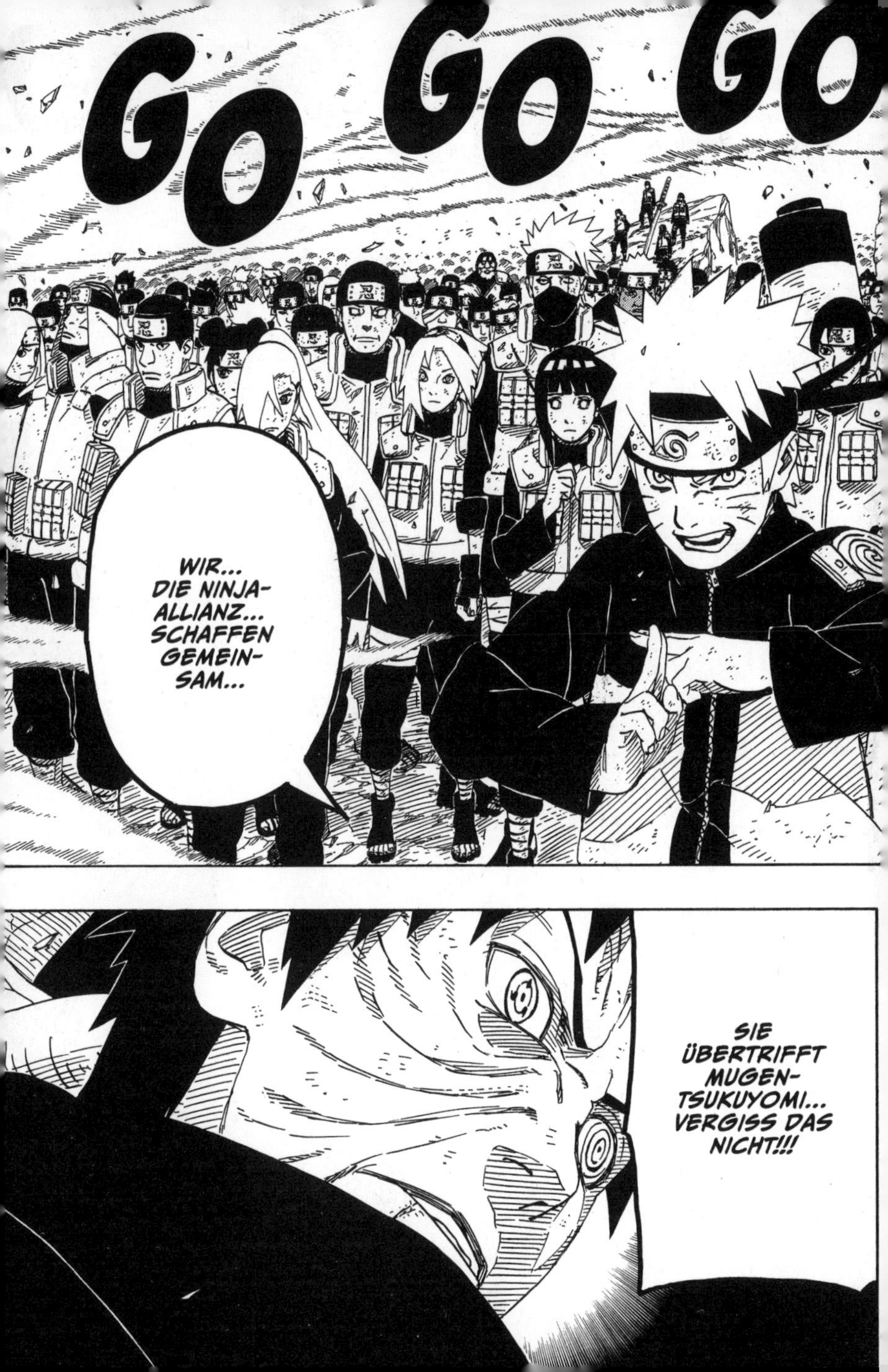
GO GO GO
WIR... DIE NINJA-ALLIANZ... SCHAFFEN GEMEIN-SAM...
SIE ÜBERTRIFFT MUGEN-TSUKUYOMI... VERGISS DAS NICHT!!!

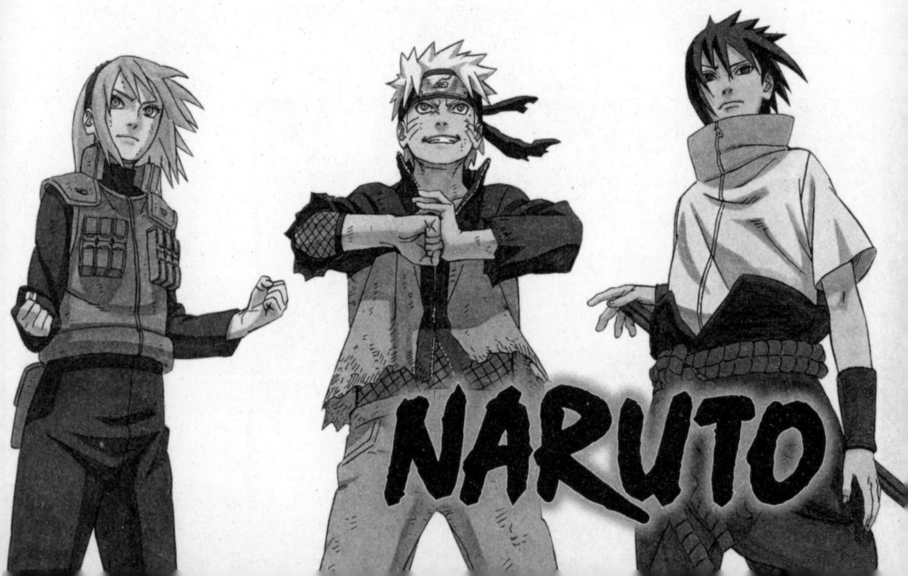
NARUTO

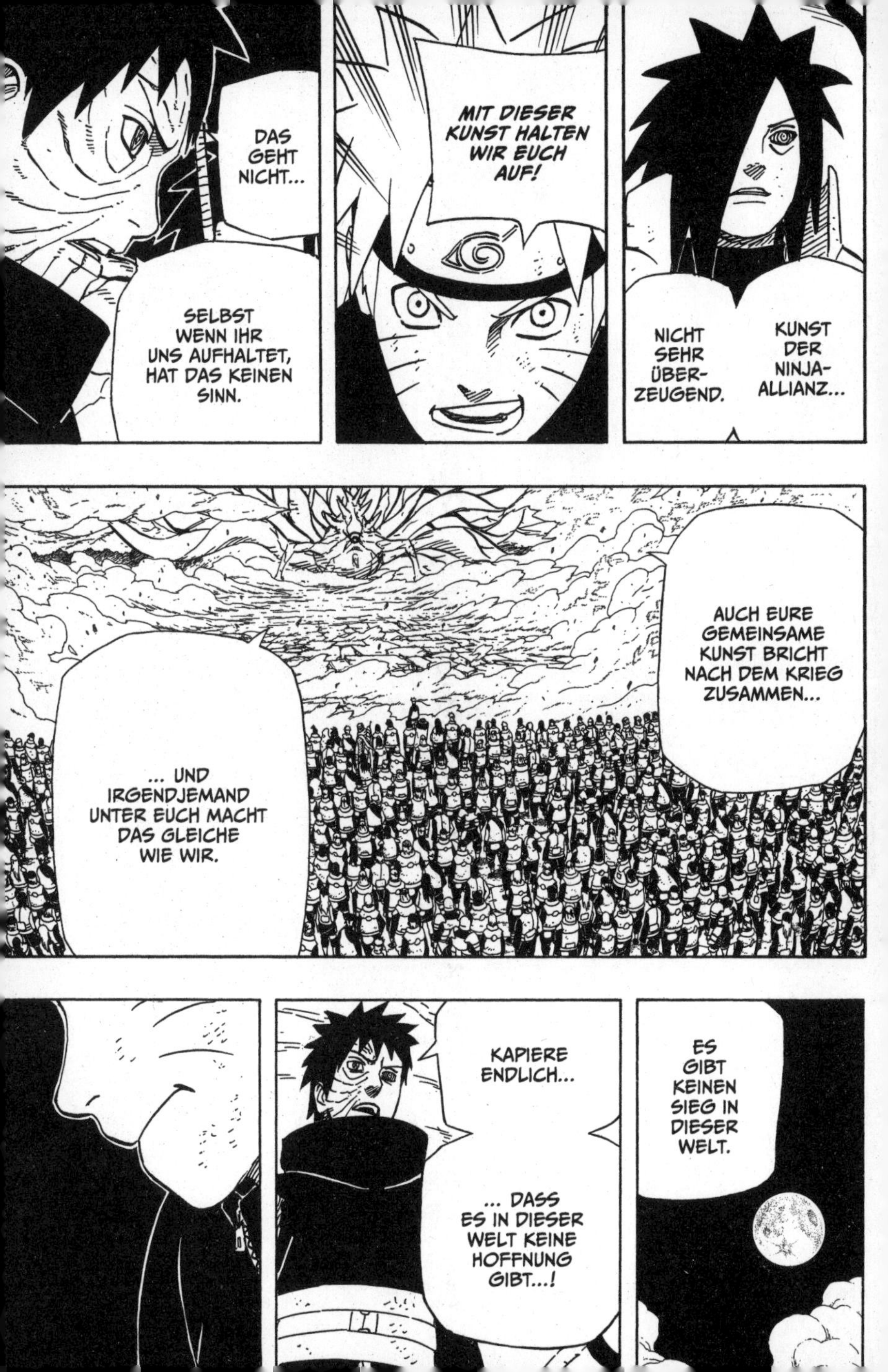
KUNST DER NINJA-ALLIANZ...
NICHT SEHR ÜBER-ZEUGEND.
MIT DIESER KUNST HALTEN WIR EUCH AUF!
DAS GEHT NICHT...
SELBST WENN IHR UNS AUFHALTET, HAT DAS KEINEN SINN.
AUCH EURE GEMEINSAME KUNST BRICHT NACH DEM KRIEG ZUSAMMEN...
... UND IRGENDJEMAND UNTER EUCH MACHT DAS GLEICHE WIE WIR.
ES GIBT KEINEN SIEG IN DIESER WELT.
KAPIERE ENDLICH...
... DASS ES IN DIESER WELT KEINE HOFFNUNG GIBT...!

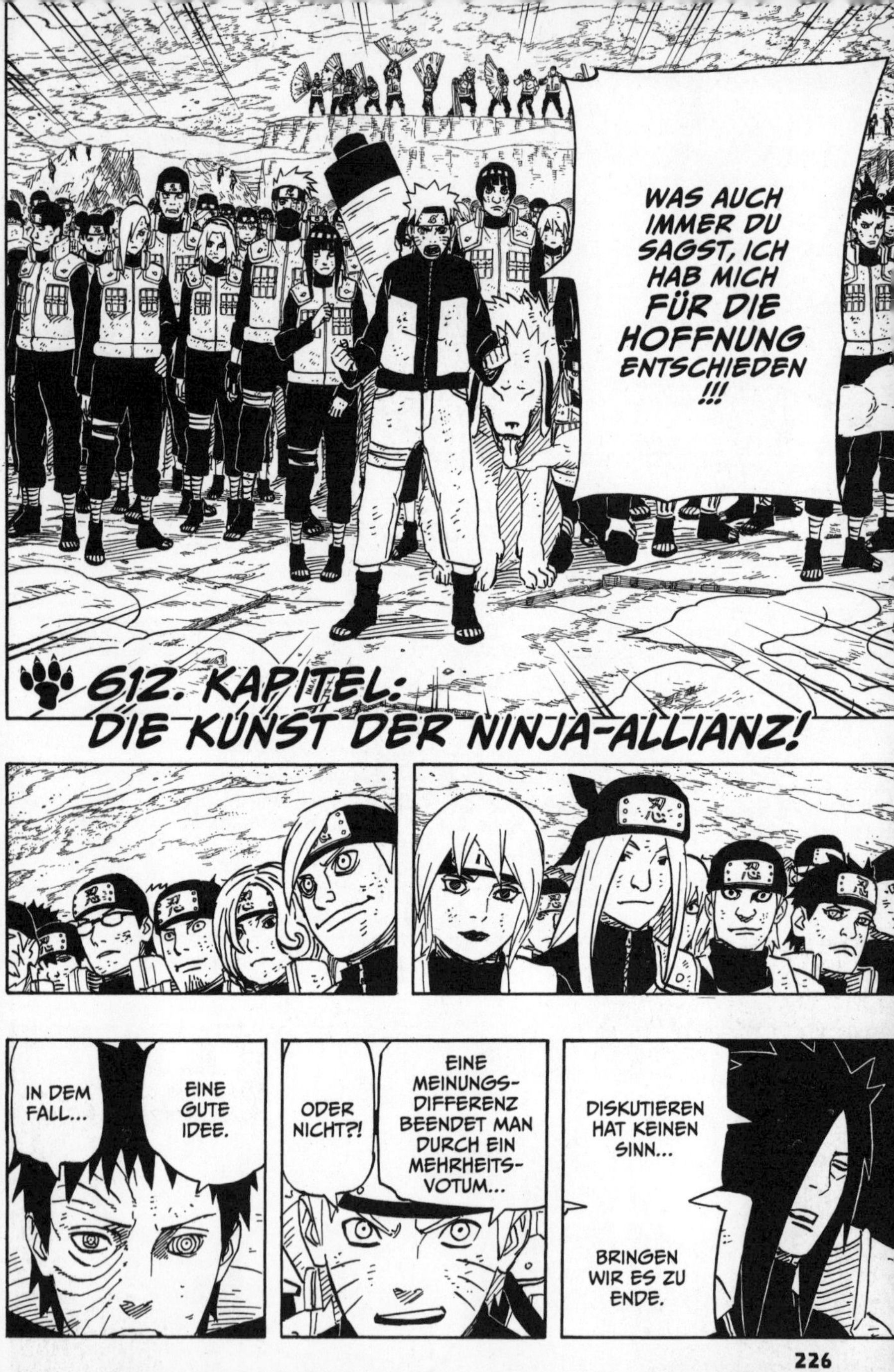
WAS AUCH IMMER DU SAGST, ICH HAB MICH FÜR DIE HOFFNUNG ENTSCHIEDEN !!!
612. KAPITEL: DIE KUNST DER NINJA-ALLIANZ!
DISKUTIEREN HAT KEINEN SINN...
BRINGEN WIR ES ZU ENDE.
EINE MEINUNGS-DIFFERENZ BEENDET MAN DURCH EIN MEHRHEITS-VOTUM...
ODER NICHT?!
EINE GUTE IDEE.
IN DEM FALL...

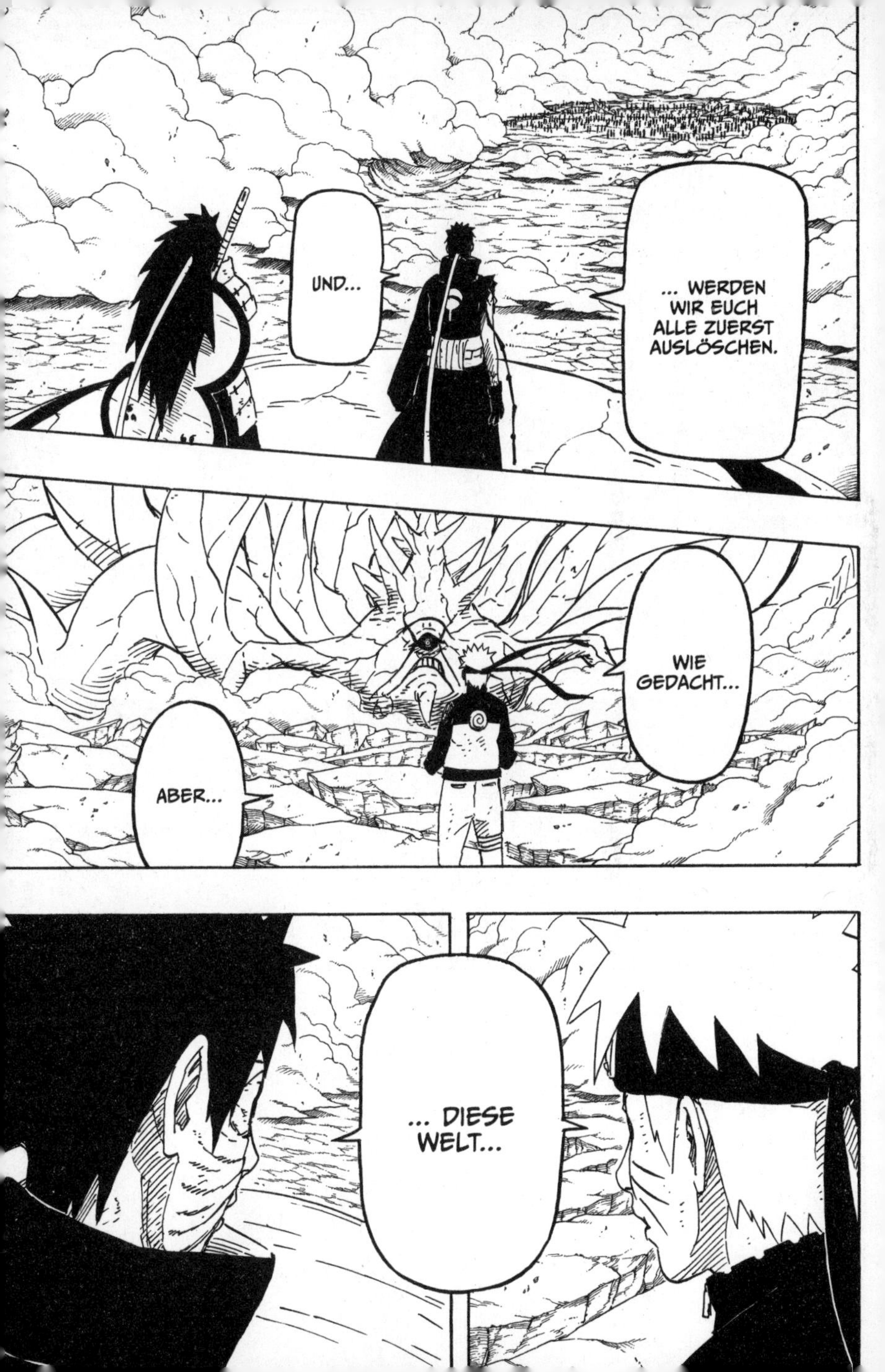
... WERDEN WIR EUCH ALLE ZUERST AUSLÖSCHEN.
UND...
WIE GEDACHT...
ABER...
... DIESE WELT...

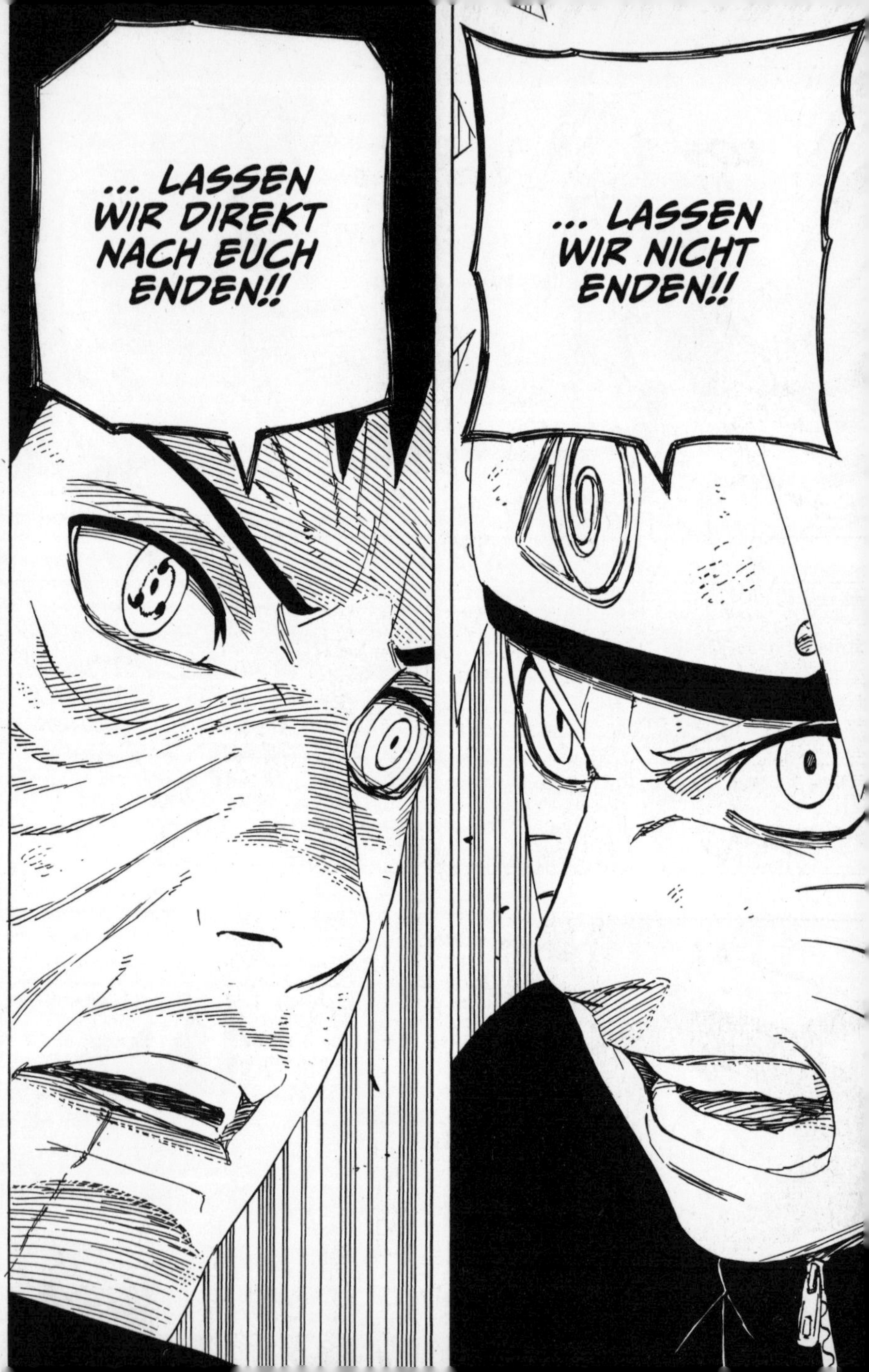
... LASSEN WIR NICHT ENDEN!!
... LASSEN WIR DIREKT NACH EUCH ENDEN!!

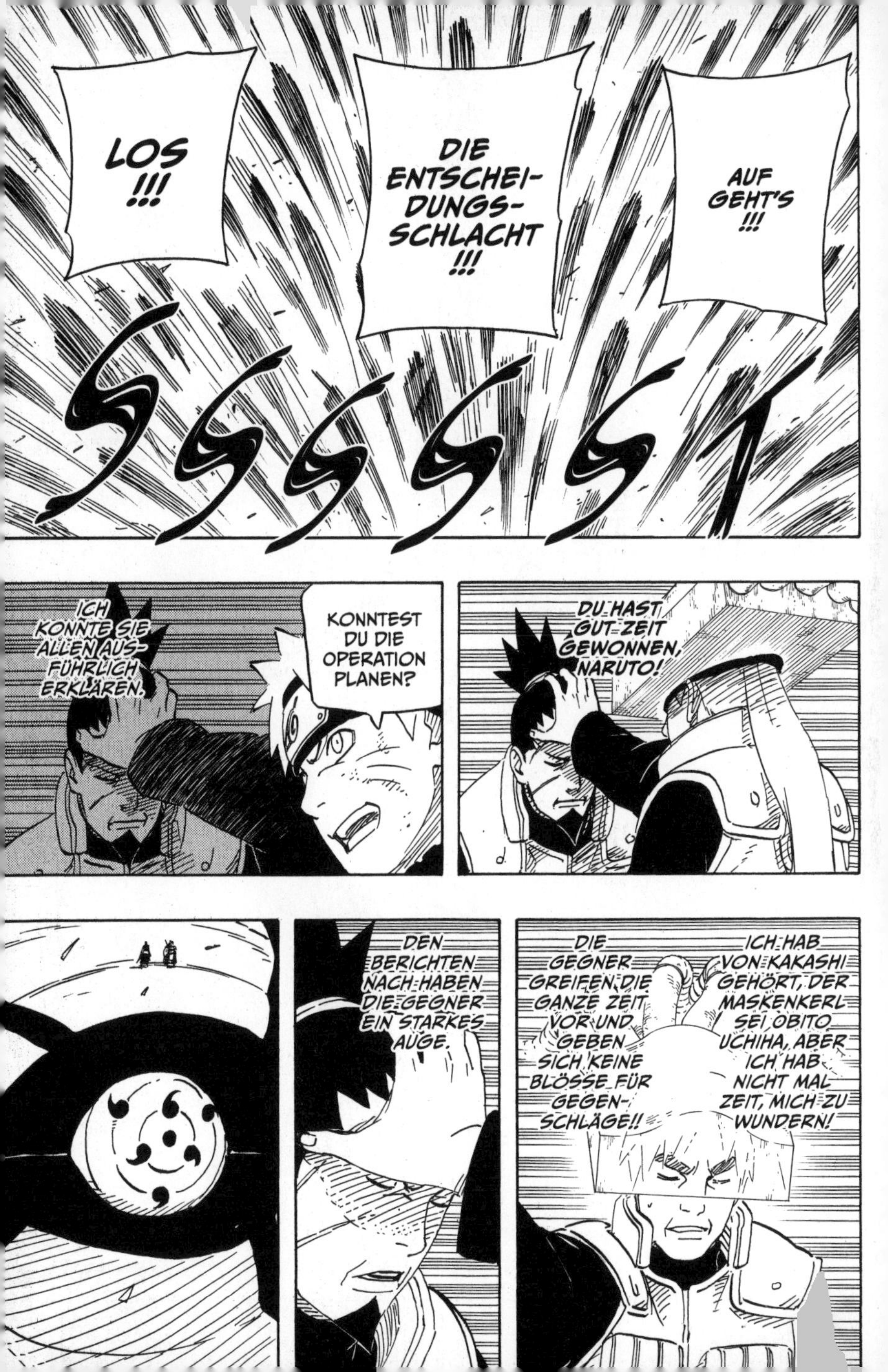
AUF GEHT'S !!!
DIE ENTSCHEI-DUNGS-SCHLACHT !!!
LOS !!!
SSSSST
DU HAST GUT ZEIT GEWONNEN, NARUTO!
KONNTEST DU DIE OPERATION PLANEN?
ICH KONNTE SIE ALLEN AUS-FÜHRLICH ERKLÄREN.
ICH HAB VON KAKASHI GEHÖRT, DER MASKENKERL SEI OBITO UCHIHA, ABER ICH HAB NICHT MAL ZEIT, MICH ZU WUNDERN!
DIE GEGNER GREIFEN DIE GANZE ZEIT VOR UND GEBEN SICH KEINE BLÖSSE FÜR GEGEN-SCHLÄGE!!
DEN BERICHTEN NACH HABEN DIE GEGNER EIN STARKES AUGE.

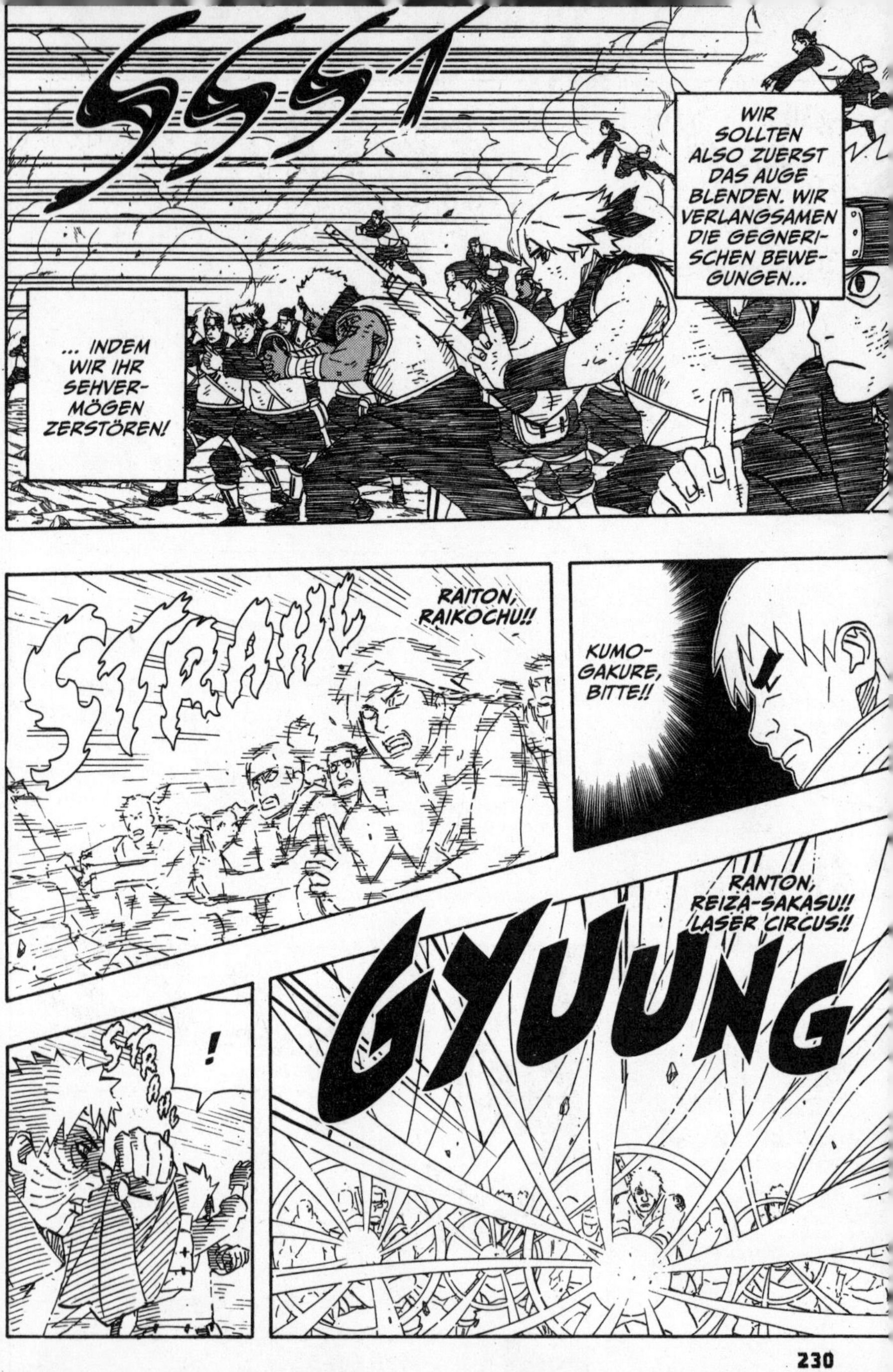
SSST
WIR SOLLTEN ALSO ZUERST DAS AUGE BLENDEN. WIR VERLANGSAMEN DIE GEGNERISCHEN BEWEGUNGEN...
... INDEM WIR IHR SEHVERMÖGEN ZERSTÖREN!
KUMOGAKURE, BITTE!!
RAITON, RAIKOCHU!!
STRAHL
RANTON, REIZA-SAKASU!! LASER CIRCUS!!
GYUUNG
!

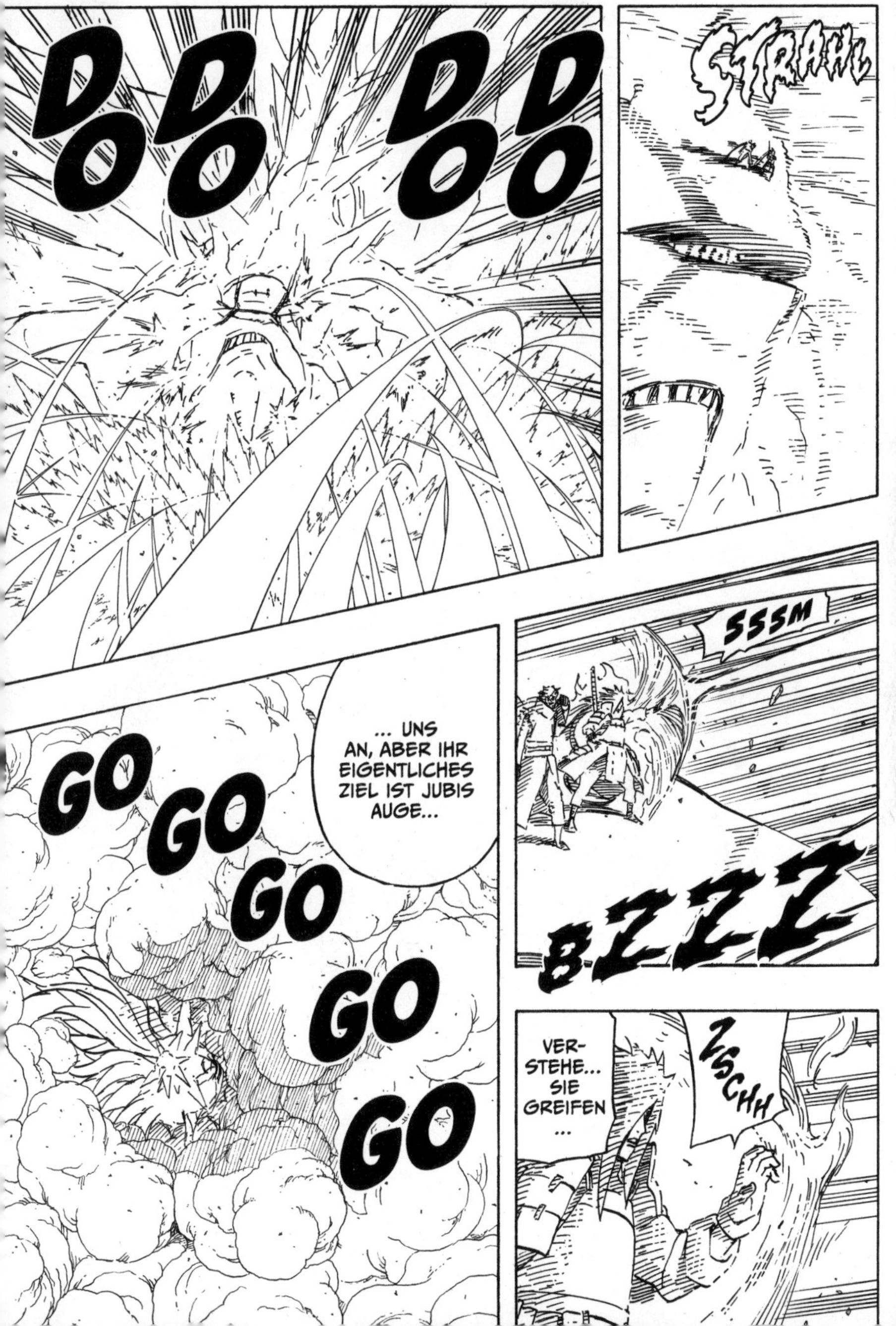
STRAHL
DOOO DOOO
SSSM
BZZZ
VER-
STEHE...
SIE
GREIFEN
...
ZSCHH
... UNS
AN, ABER IHR
EIGENTLICHES
ZIEL IST JUBIS
AUGE...
GO GO GO GO GO

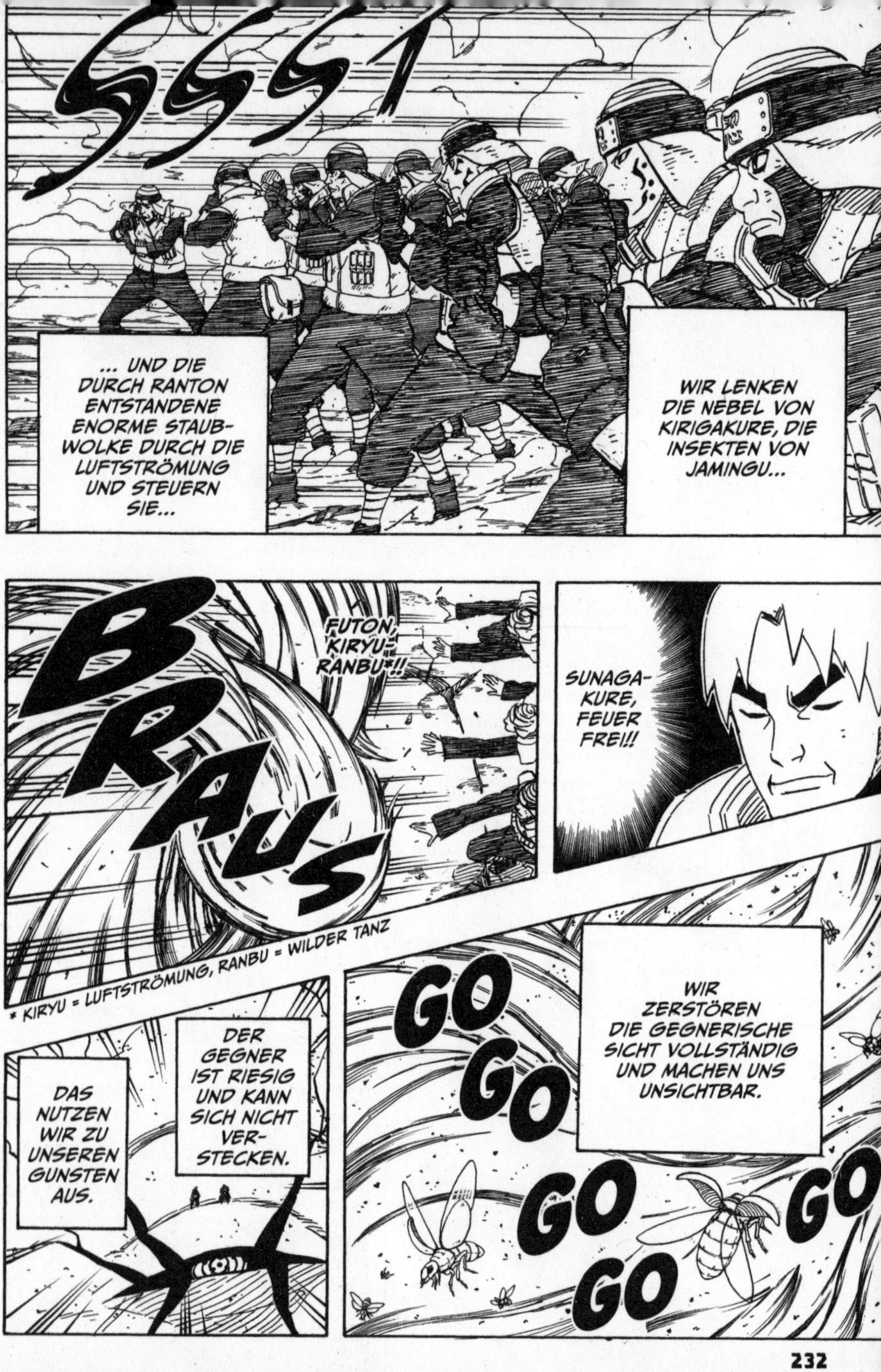
SSST
WIR LENKEN DIE NEBEL VON KIRIGAKURE, DIE INSEKTEN VON JAMINGU...
... UND DIE DURCH RANTON ENTSTANDENE ENORME STAUB-WOLKE DURCH DIE LUFTSTRÖMUNG UND STEUERN SIE...
SUNAGA-KURE, FEUER FREI!!
FUTON, KIRYU-RANBU*!!
BRAUS
* KIRYU = LUFTSTRÖMUNG, RANBU = WILDER TANZ
WIR ZERSTÖREN DIE GEGNERISCHE SICHT VOLLSTÄNDIG UND MACHEN UNS UNSICHTBAR.
GO GO GO GO GO GO
DER GEGNER IST RIESIG UND KANN SICH NICHT VER-STECKEN.
DAS NUTZEN WIR ZU UNSEREN GUNSTEN AUS.

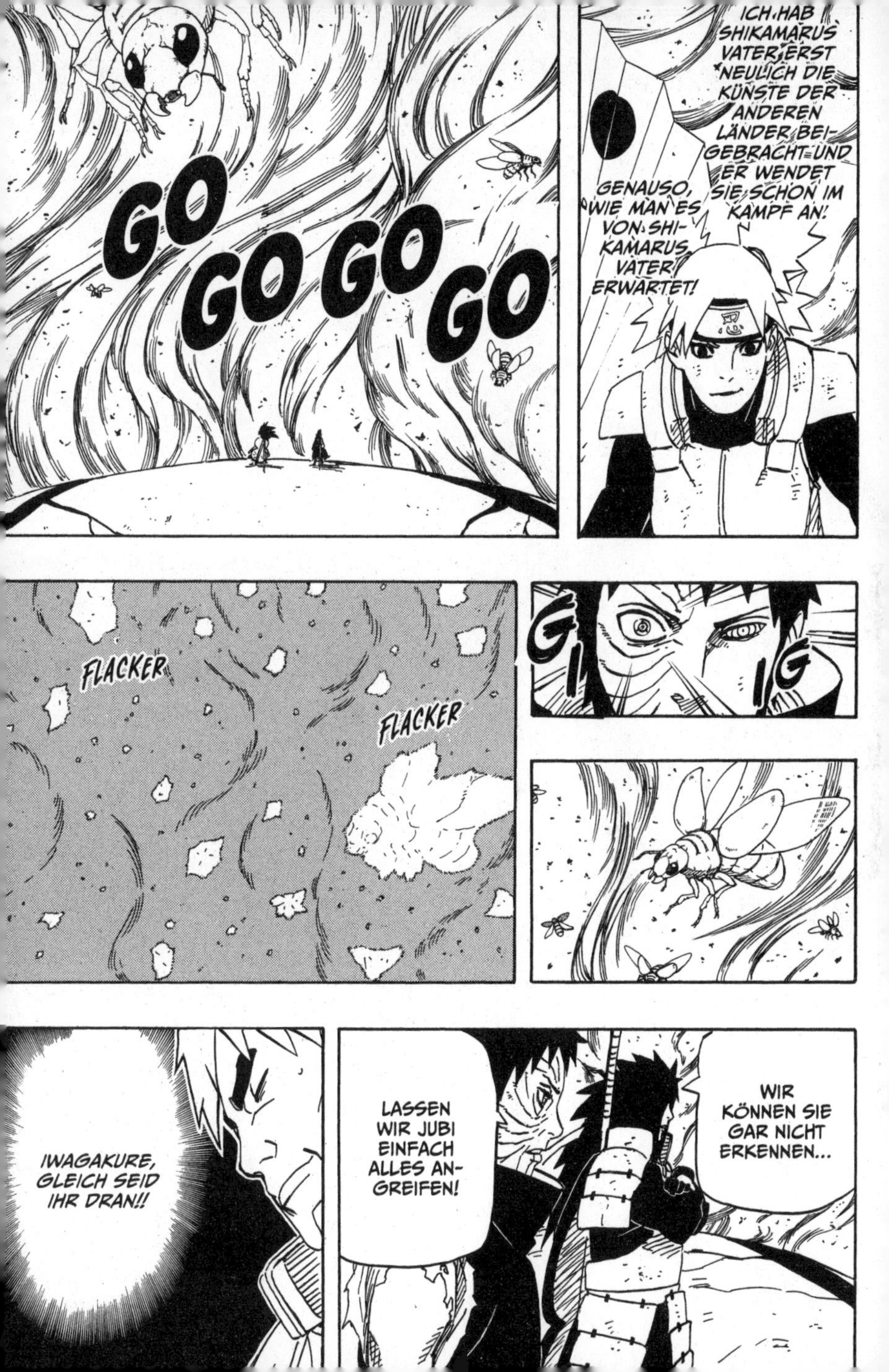
ICH HAB SHIKAMARUS VATER ERST NEULICH DIE KÜNSTE DER ANDEREN LÄNDER BEIGEBRACHT UND ER WENDET SIE SCHON IM KAMPF AN!
GENAUSO, WIE MAN ES VON SHIKAMARUS VATER ERWARTET!
GO GO GO GO GO
GI GI
FLACKER
FLACKER
WIR KÖNNEN SIE GAR NICHT ERKENNEN...
LASSEN WIR JUBI EINFACH ALLES ANGREIFEN!
IWAGAKURE, GLEICH SEID IHR DRAN!!

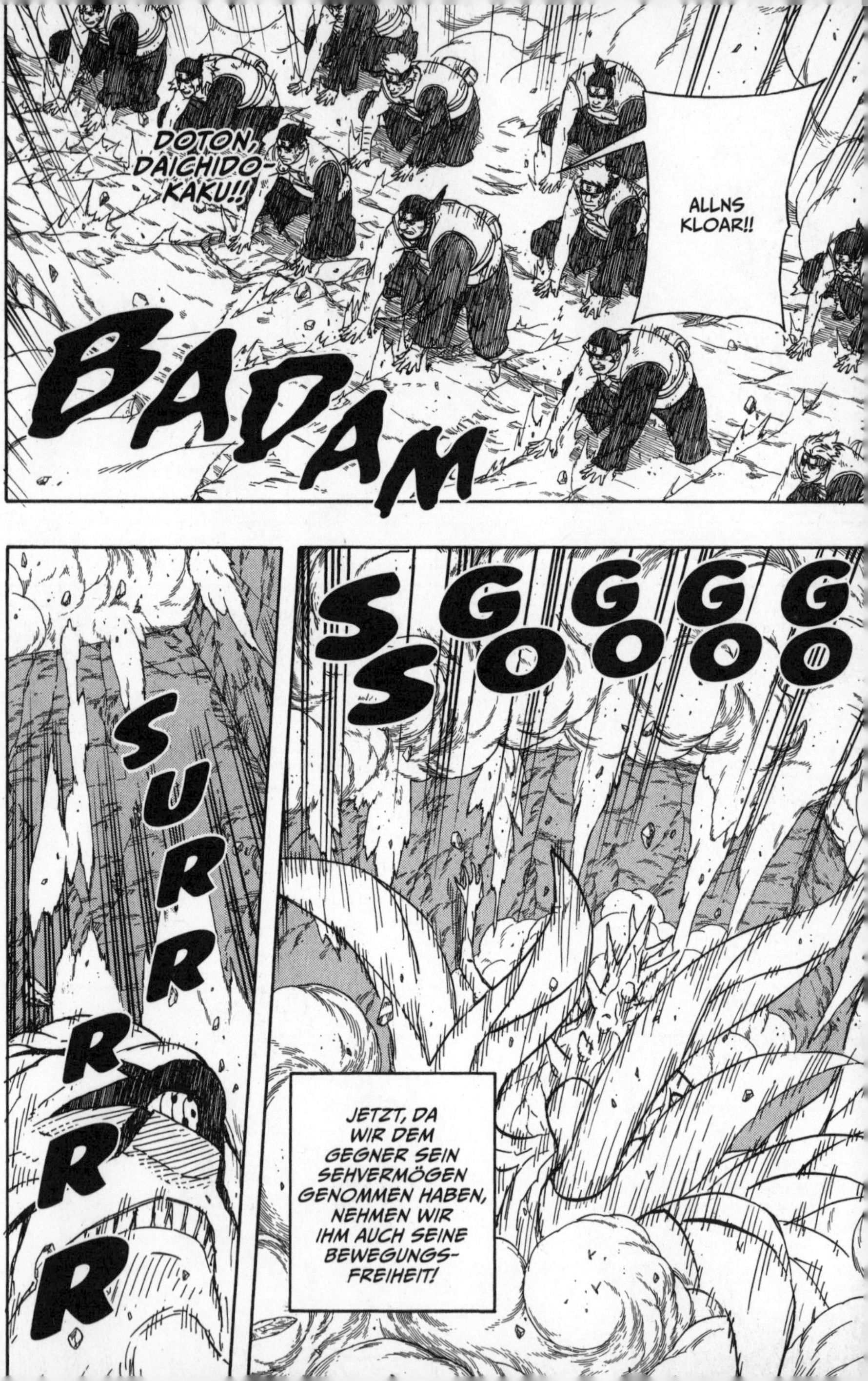
ALLNS KLOAR!!
DOTON, DAICHIDO-KAKU!!
BADAM
SGGGG
SOOOO
SURRRRR
JETZT, DA WIR DEM GEGNER SEIN SEHVERMÖGEN GENOMMEN HABEN, NEHMEN WIR IHM AUCH SEINE BEWEGUNGS-FREIHEIT!

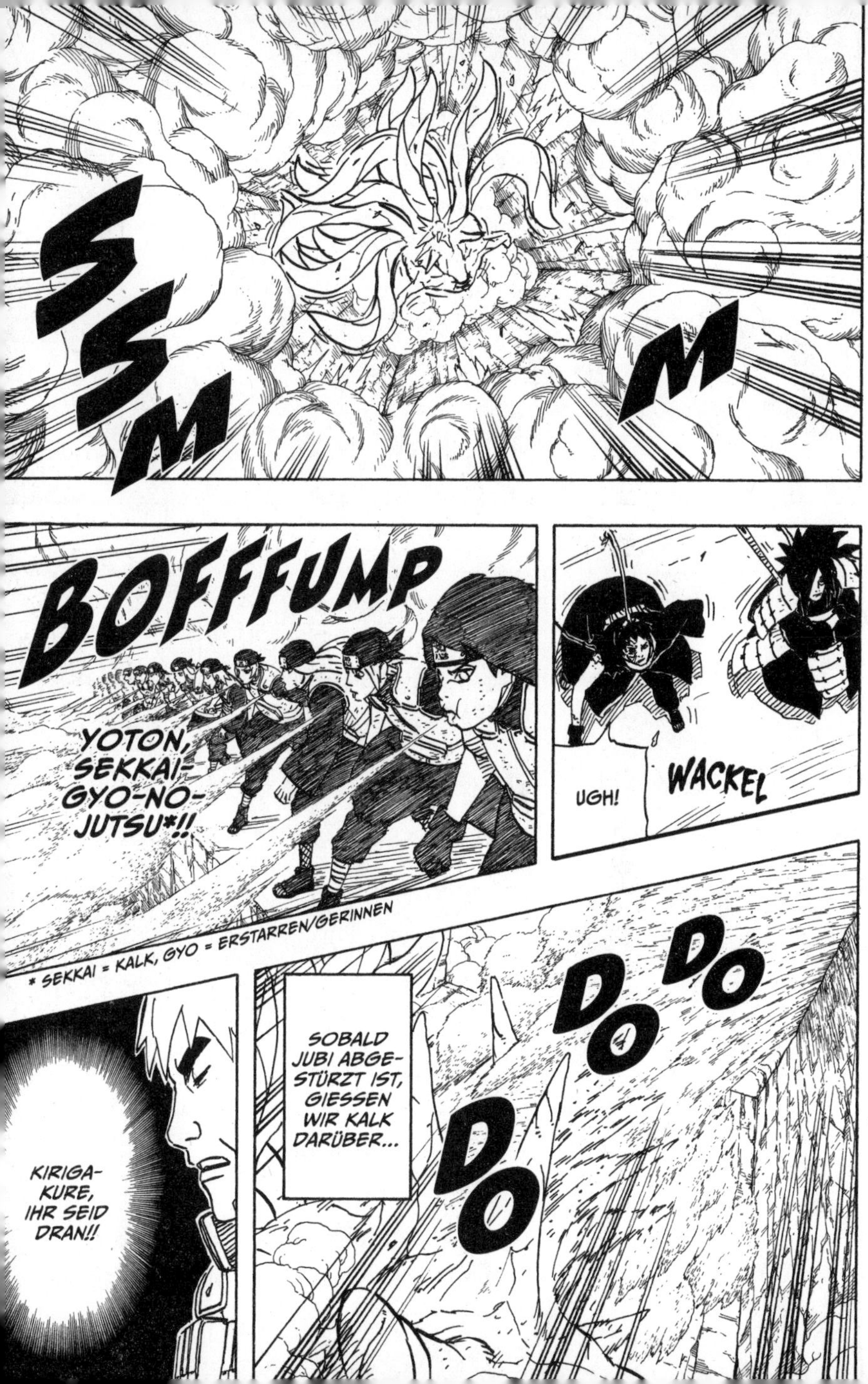

* SEKKAI = KALK, GYO = ERSTARREN/GERINNEN

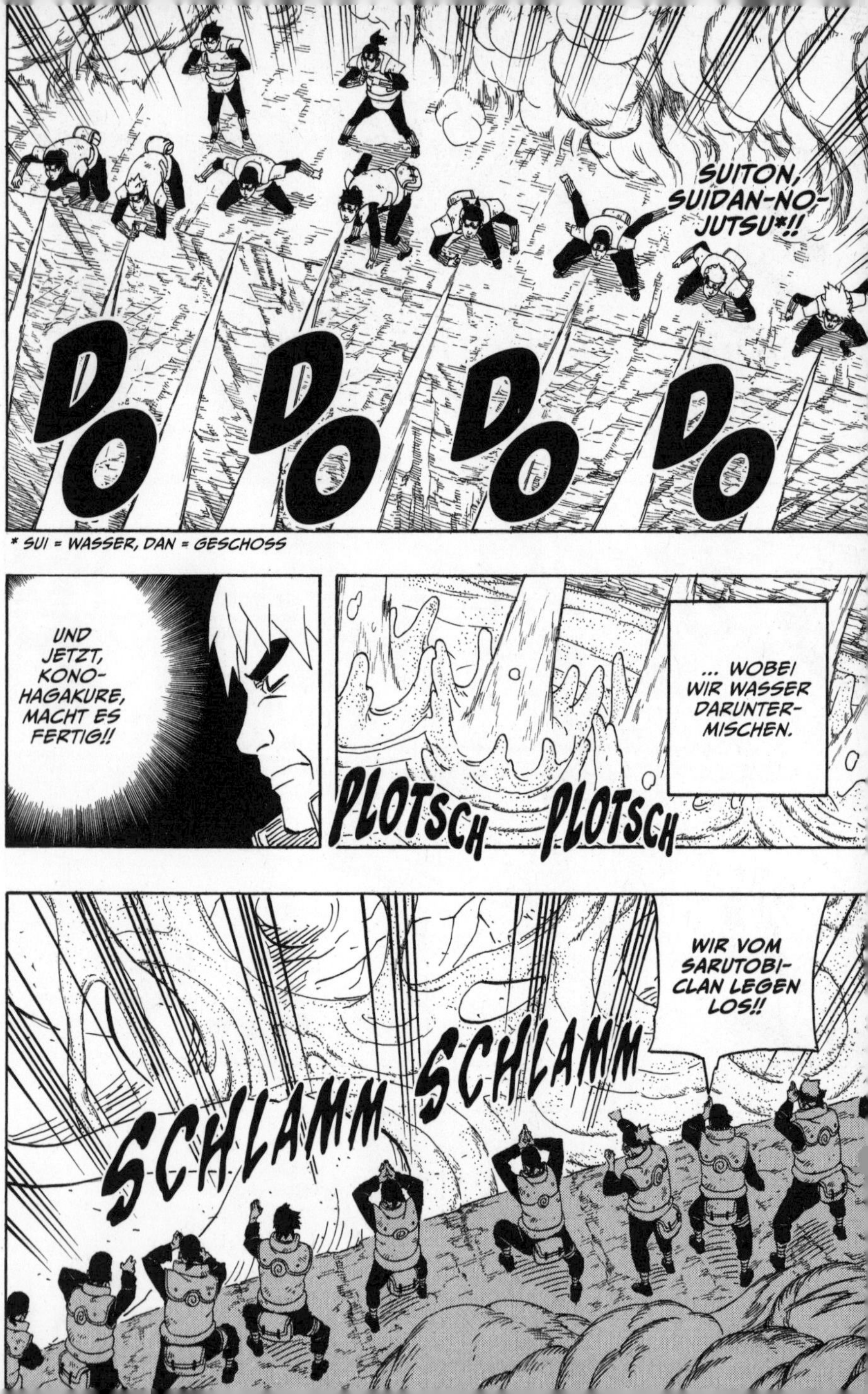
SUITON, SUIDAN-NO-JUTSU*!!
DO DO DO DO
* SUI = WASSER, DAN = GESCHOSS
... WOBEI WIR WASSER DARUNTER-MISCHEN.
PLOTSCH PLOTSCH
UND JETZT, KONO-HAGAKURE, MACHT ES FERTIG!!
WIR VOM SARUTOBI-CLAN LEGEN LOS!!
SCHLAMM SCHLAMM

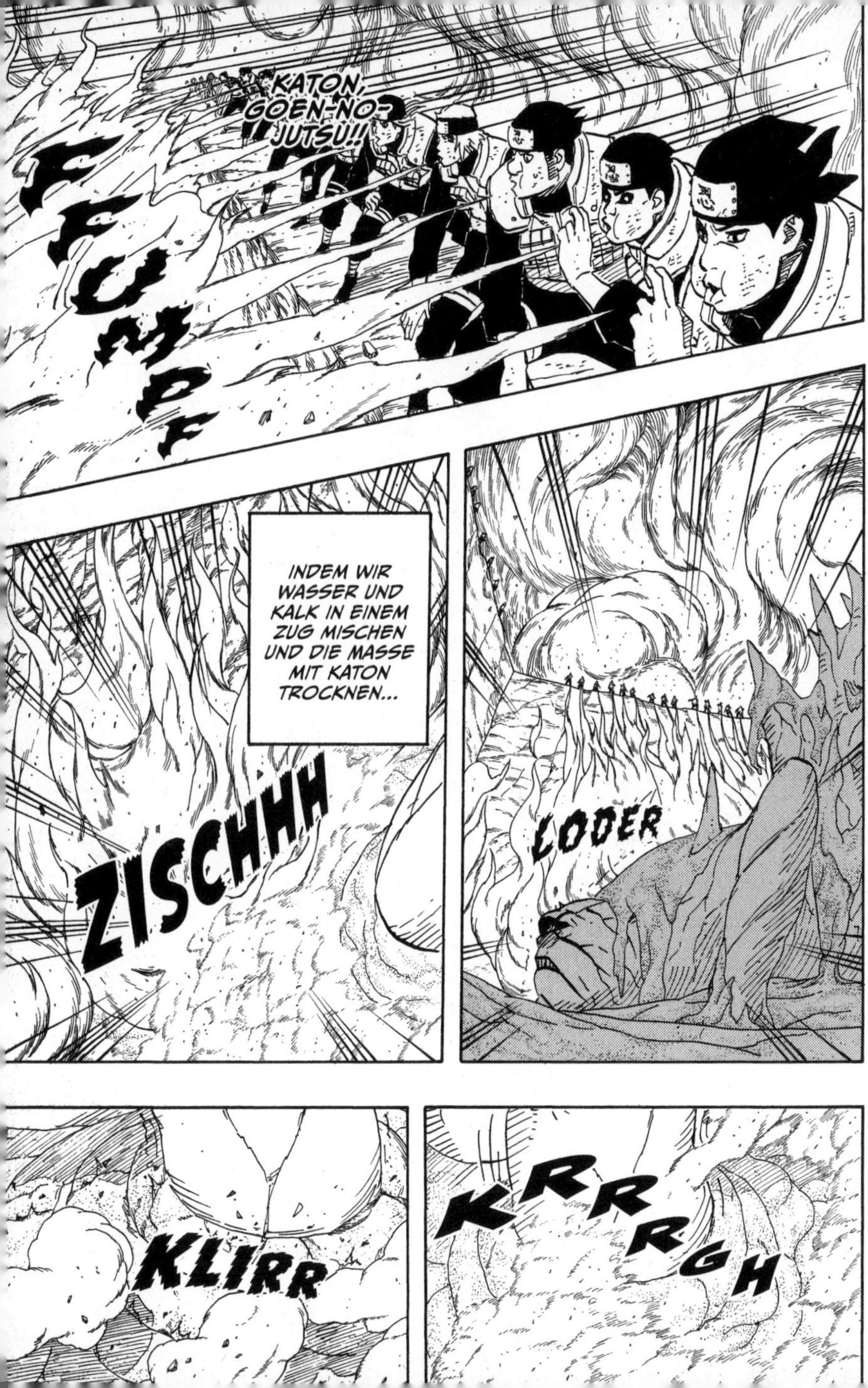
KATON, GOEN-NO-JUTSU!!
FUMPF
INDEM WIR WASSER UND KALK IN EINEM ZUG MISCHEN UND DIE MASSE MIT KATON TROCKNEN...
LODER
ZISCHHH
KRRRRGH
KLIRR

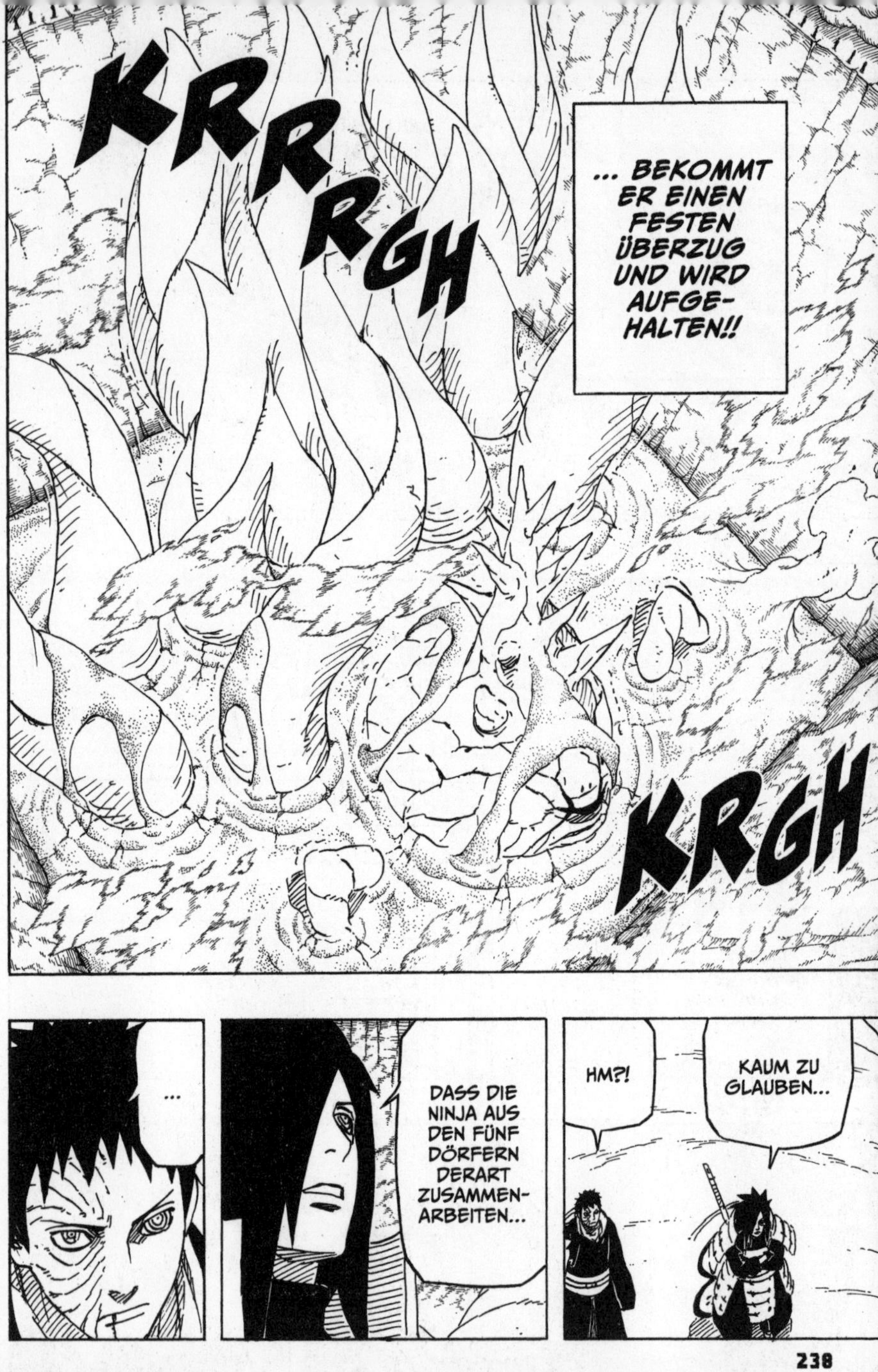
... BEKOMMT ER EINEN FESTEN ÜBERZUG UND WIRD AUFGE-HALTEN!!
KRRRGH
KRGH
KAUM ZU GLAUBEN...
HM?!
DASS DIE NINJA AUS DEN FÜNF DÖRFERN DERART ZUSAMMEN-ARBEITEN...
...

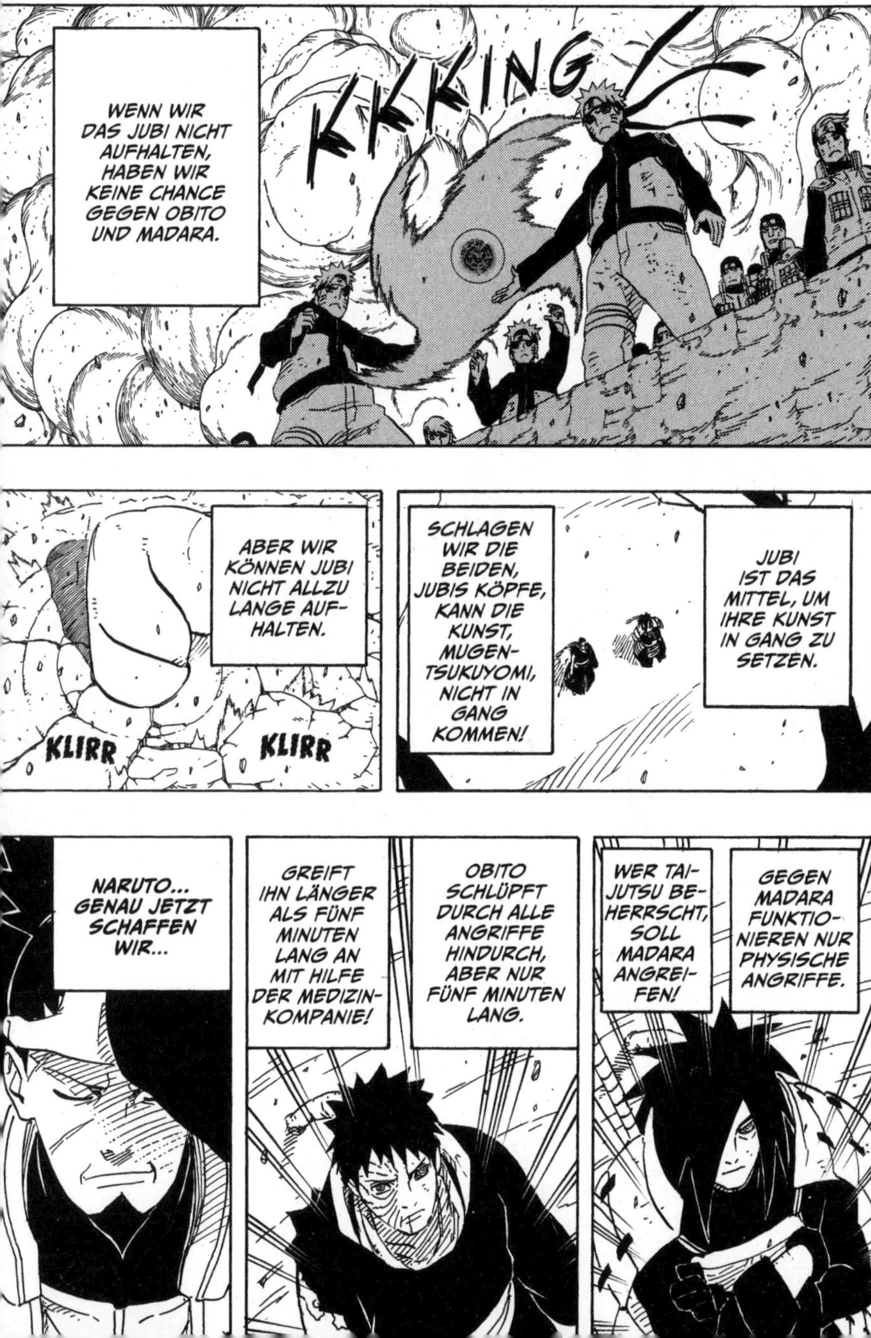
KKKING!
WENN WIR DAS JUBI NICHT AUFHALTEN, HABEN WIR KEINE CHANCE GEGEN OBITO UND MADARA.
JUBI IST DAS MITTEL, UM IHRE KUNST IN GANG ZU SETZEN.
SCHLAGEN WIR DIE BEIDEN, JUBIS KÖPFE, KANN DIE KUNST, MUGEN-TSUKUYOMI, NICHT IN GANG KOMMEN!
ABER WIR KÖNNEN JUBI NICHT ALLZU LANGE AUF-HALTEN.
KLIRR
KLIRR
GEGEN MADARA FUNKTIO-NIEREN NUR PHYSISCHE ANGRIFFE.
WER TAI-JUTSU BE-HERRSCHT, SOLL MADARA ANGREI-FEN!
OBITO SCHLÜPFT DURCH ALLE ANGRIFFE HINDURCH, ABER NUR FÜNF MINUTEN LANG.
GREIFT IHN LÄNGER ALS FÜNF MINUTEN LANG AN MIT HILFE DER MEDIZIN-KOMPANIE!
NARUTO... GENAU JETZT SCHAFFEN WIR...

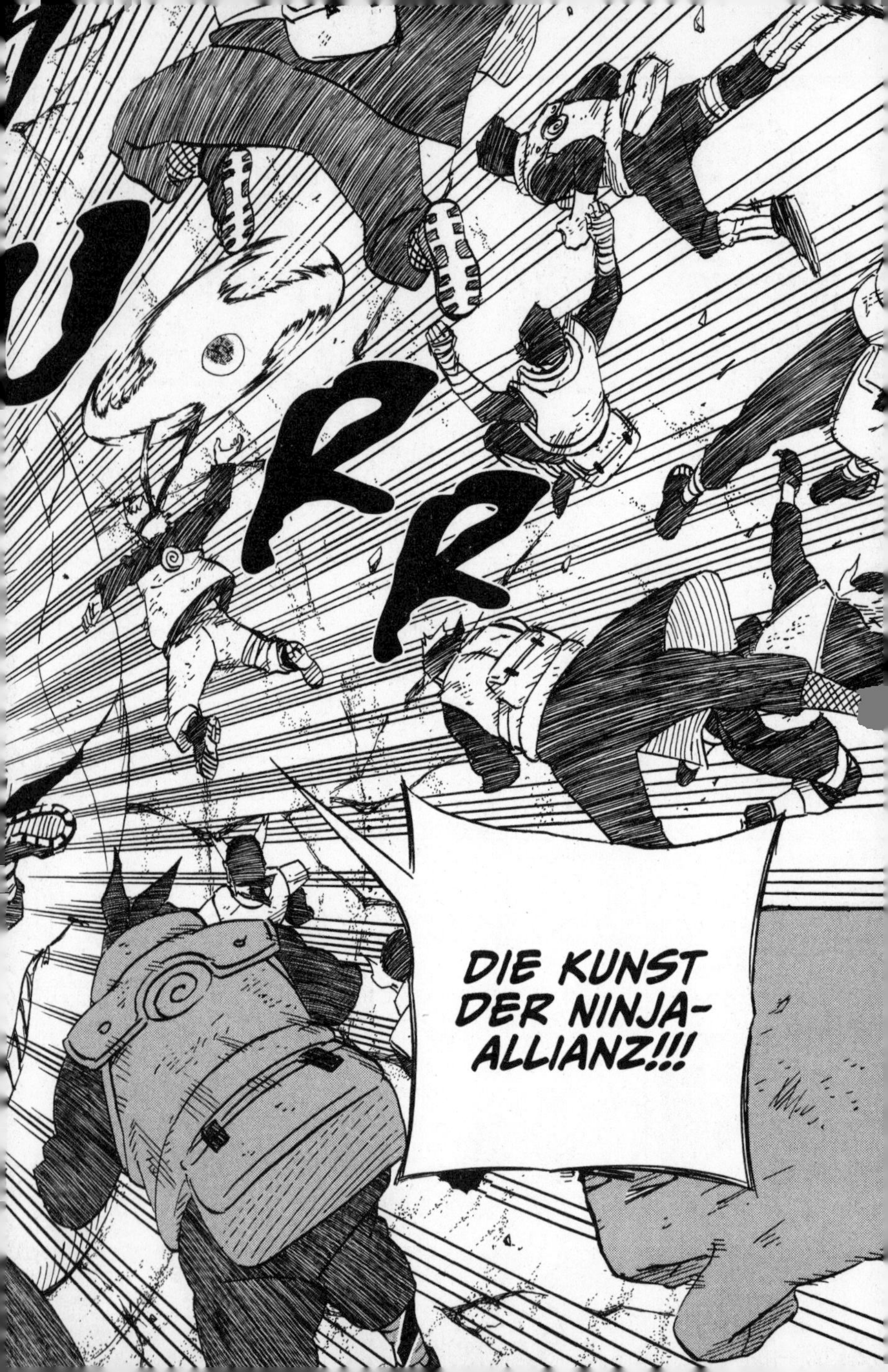
DIE KUNST
DER NINJA-
ALLIANZ!!!

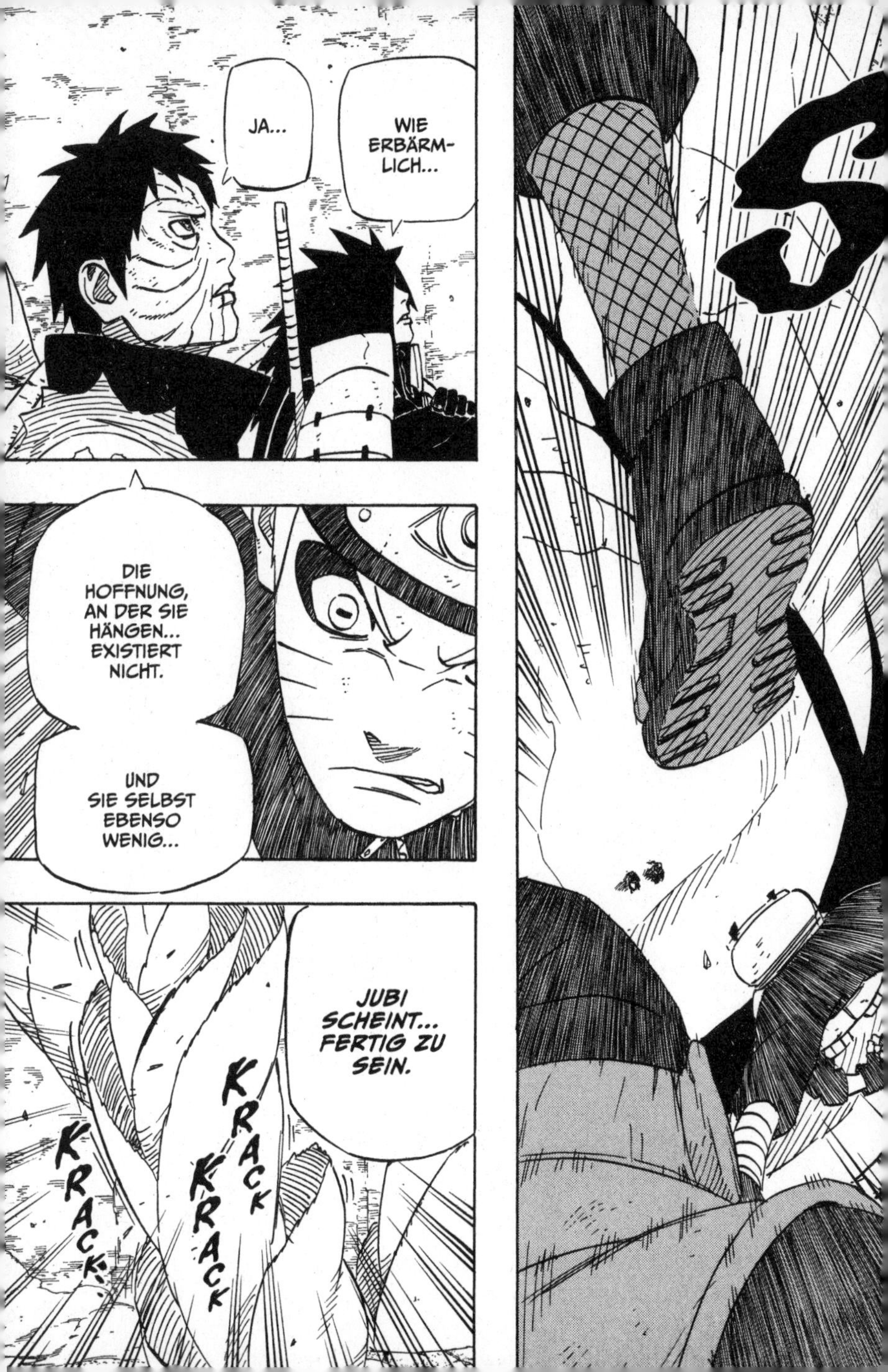

WIE ERBÄRMLICH...
JA...
DIE HOFFNUNG, AN DER SIE HÄNGEN... EXISTIERT NICHT.
UND SIE SELBST EBENSO WENIG...
JUBI SCHEINT... FERTIG ZU SEIN.
KRACK KRACK
KRACK

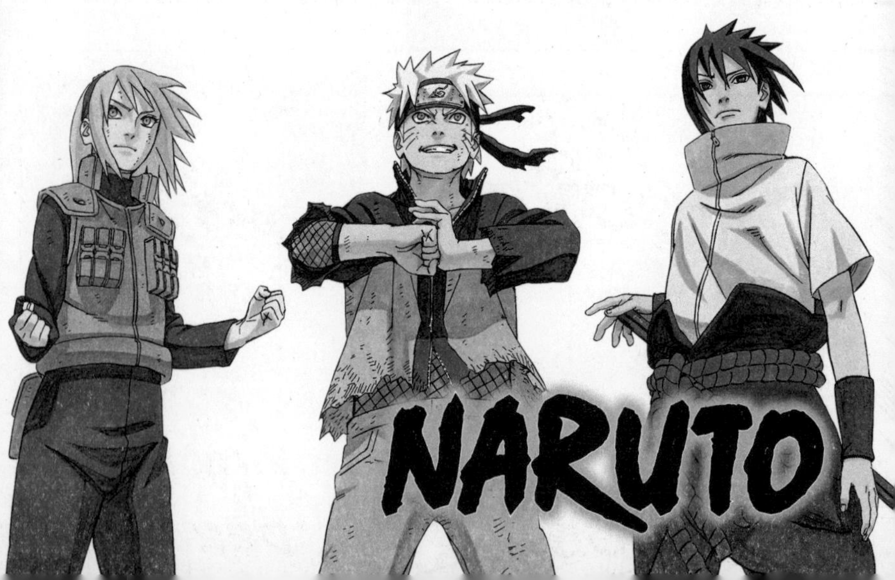
NARUTO

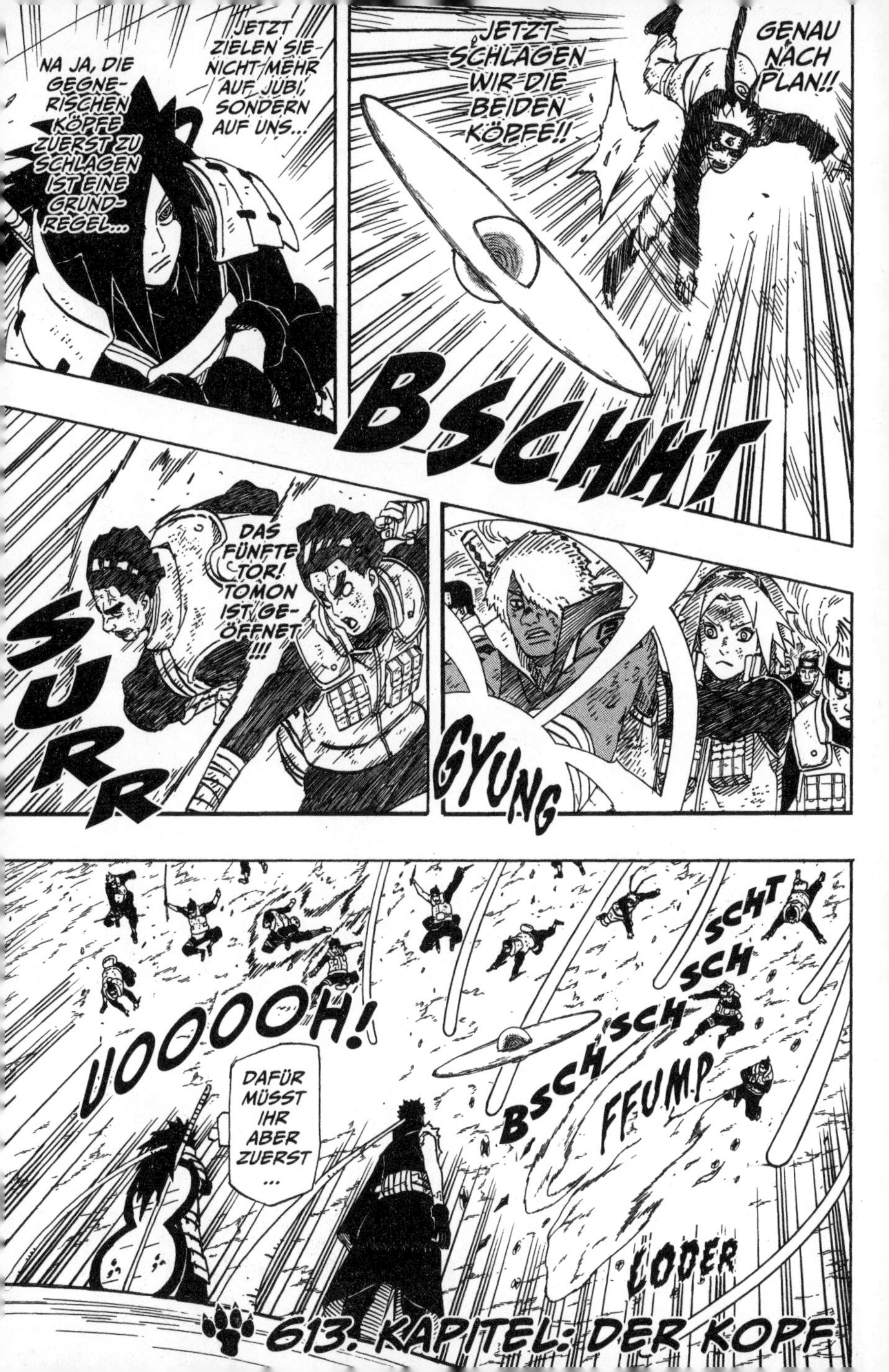
GENAU NACH PLAN!!
JETZT SCHLAGEN WIR DIE BEIDEN KÖPFE!!
JETZT ZIELEN SIE NICHT MEHR AUF JUBI, SONDERN AUF UNS...
NA JA, DIE GEGNERISCHEN KÖPFE ZUERST ZU SCHLAGEN IST EINE GRUNDREGEL...
BSCHHT
GYUNG
DAS FÜNFTE TOR! TOMON IST GEÖFFNET!!!
SURR
SCHT
SCH
SCH
BSCH
FFUMP
UOOOOOH!
DAFÜR MÜSST IHR ABER ZUERST ...
LODER
613. KAPITEL: DER KOPF

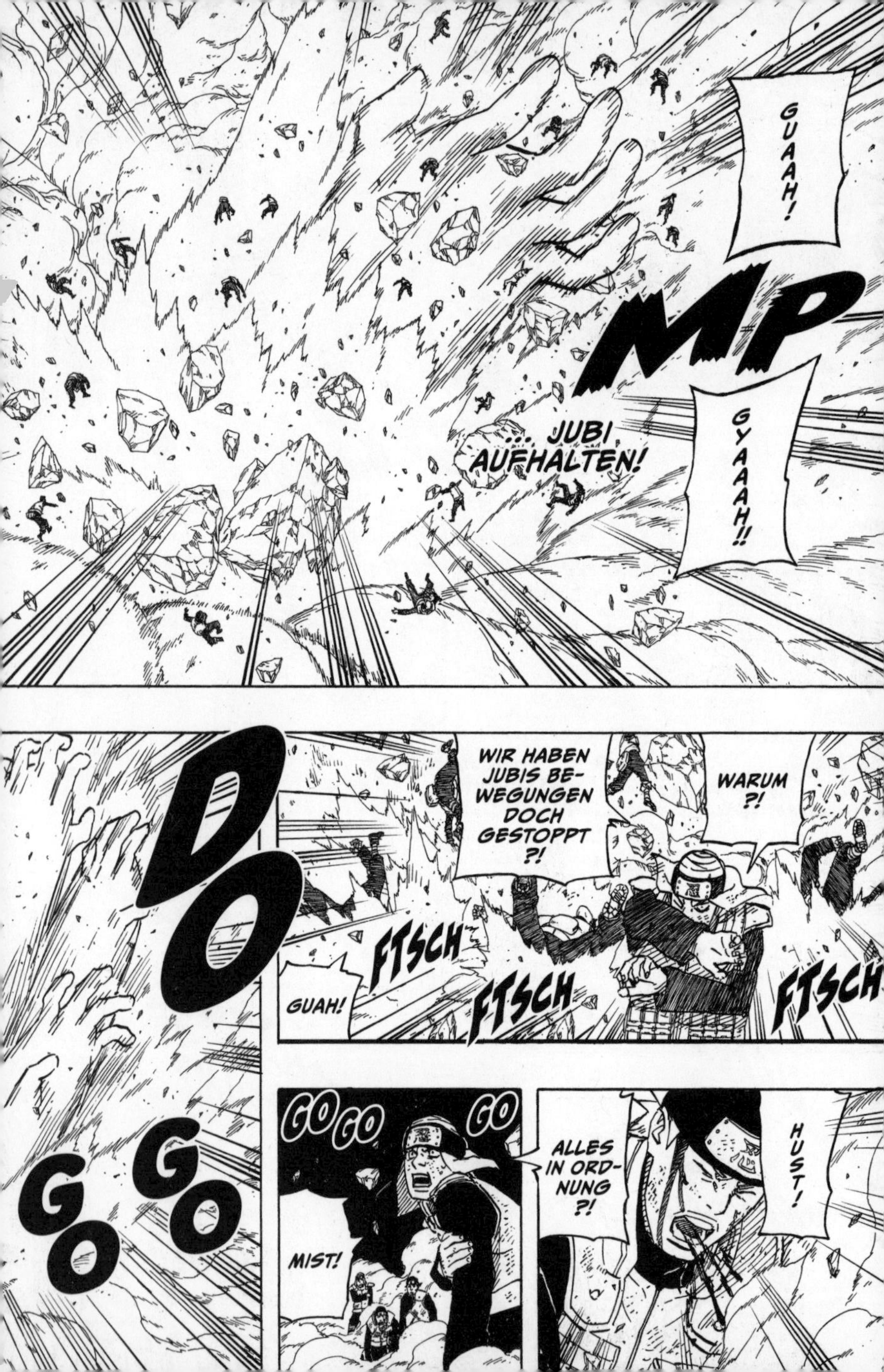
GUAAAH!
MP
GYAAAAH!!
... JUBI AUFHALTEN!
WARUM ?!
WIR HABEN JUBIS BE-WEGUNGEN DOCH GESTOPPT ?!
FTSCH
FTSCH
FTSCH
GUAH!
DO
GO GO GO
HUST!
ALLES IN ORD-NUNG ?!
GO GO GO
MIST!
GO GO GO

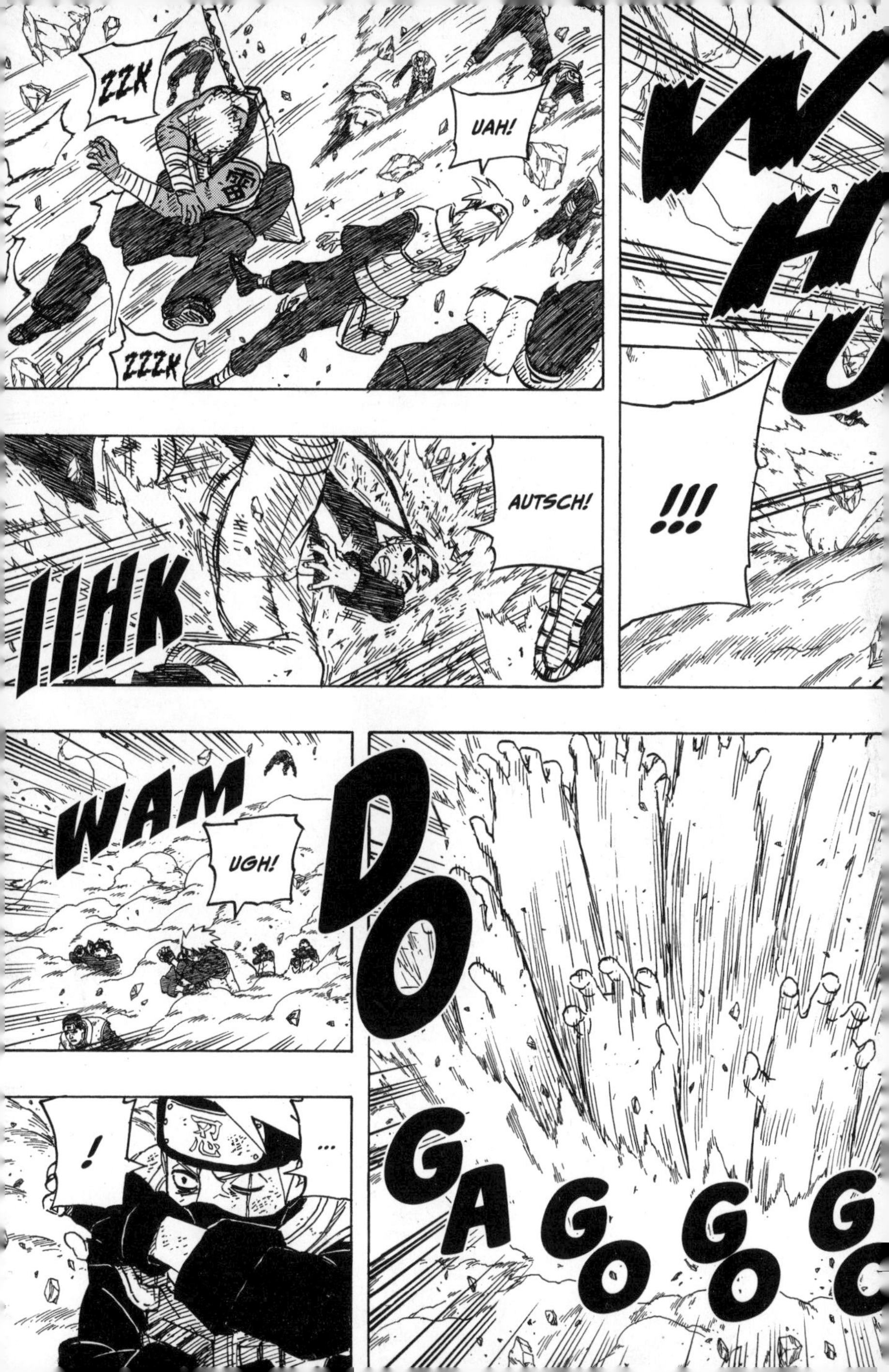
WHUU
ZZK
UAH!
ZZZK
!!!
AUTSCH!
IIHK
DOGAGOGOGO
WAM
UGH!
...
!

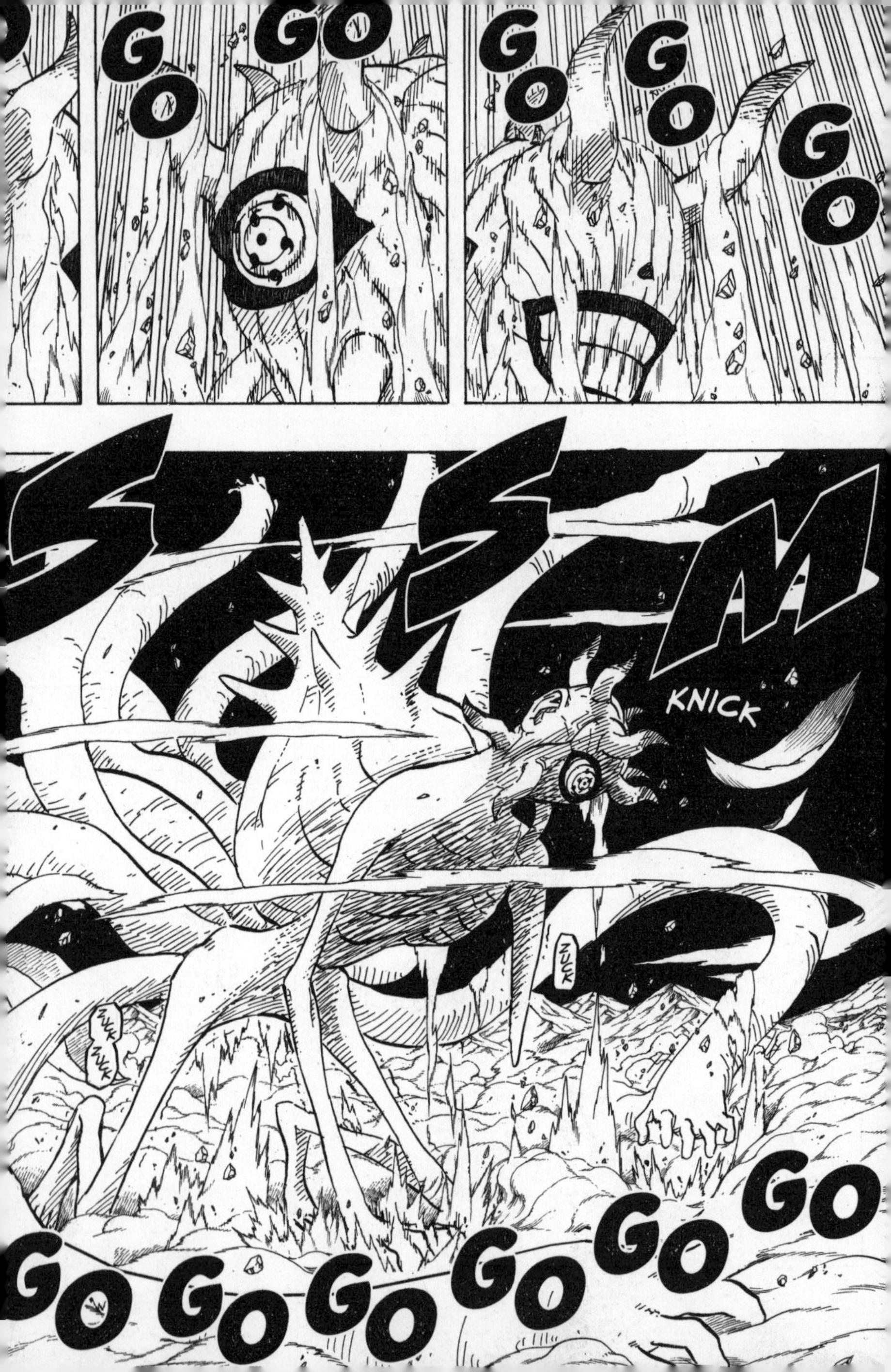
GO GO GO GO GO
GO GO GO
KNICK
ZUCK
ZUCK ZUCK
GO GO GO GO GO GO GO GO GO GO

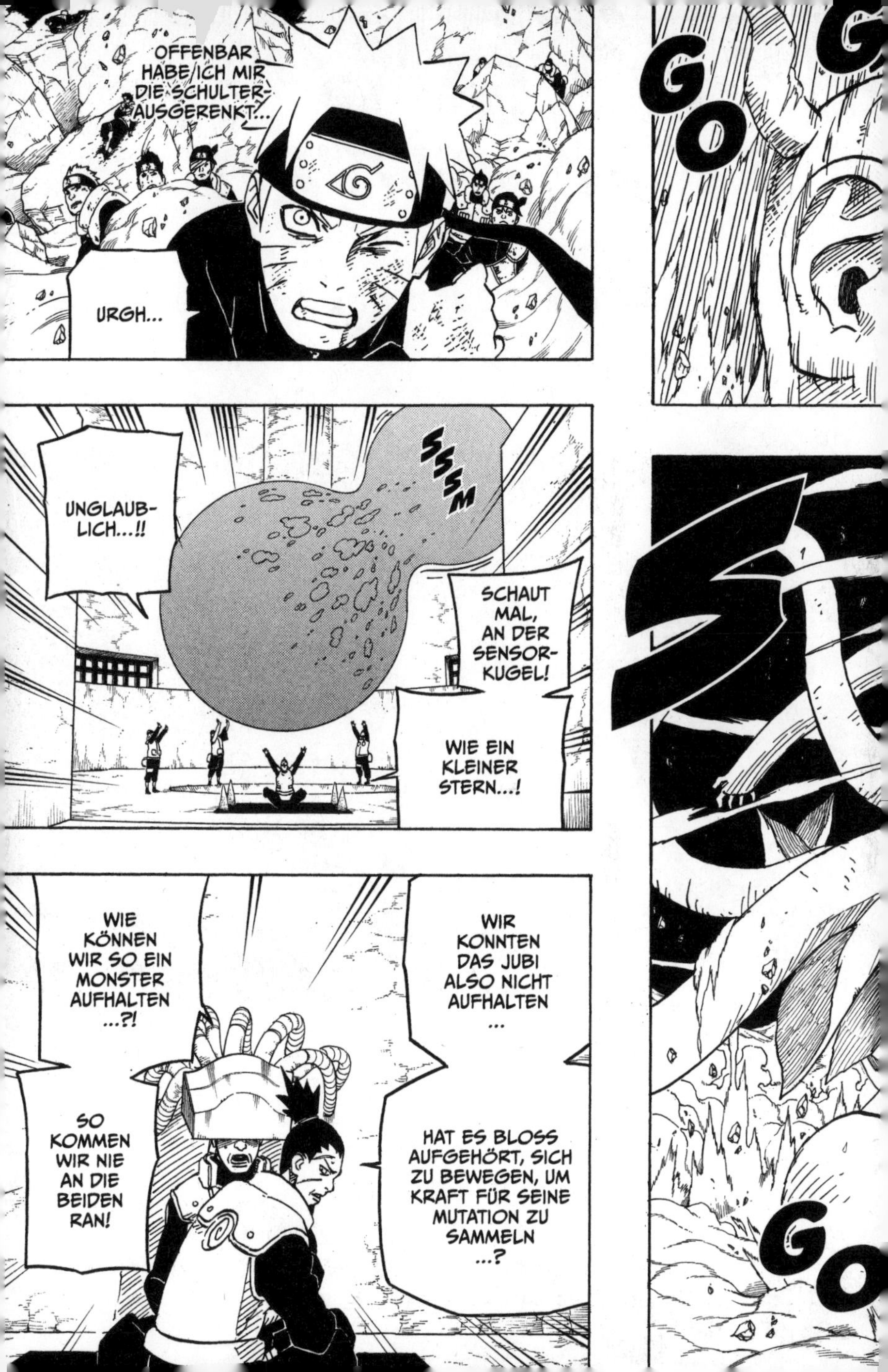
GO GO
OFFENBAR HABE ICH MIR DIE SCHULTER AUSGERENKT...
URGH...
SSSM
SCHAUT MAL, AN DER SENSORKUGEL!
WIE EIN KLEINER STERN...!
UNGLAUBLICH...!!
S
WIR KONNTEN DAS JUBI ALSO NICHT AUFHALTEN ...
HAT ES BLOSS AUFGEHÖRT, SICH ZU BEWEGEN, UM KRAFT FÜR SEINE MUTATION ZU SAMMELN ...?
WIE KÖNNEN WIR SO EIN MONSTER AUFHALTEN ...?!
SO KOMMEN WIR NIE AN DIE BEIDEN RAN!
GO GO

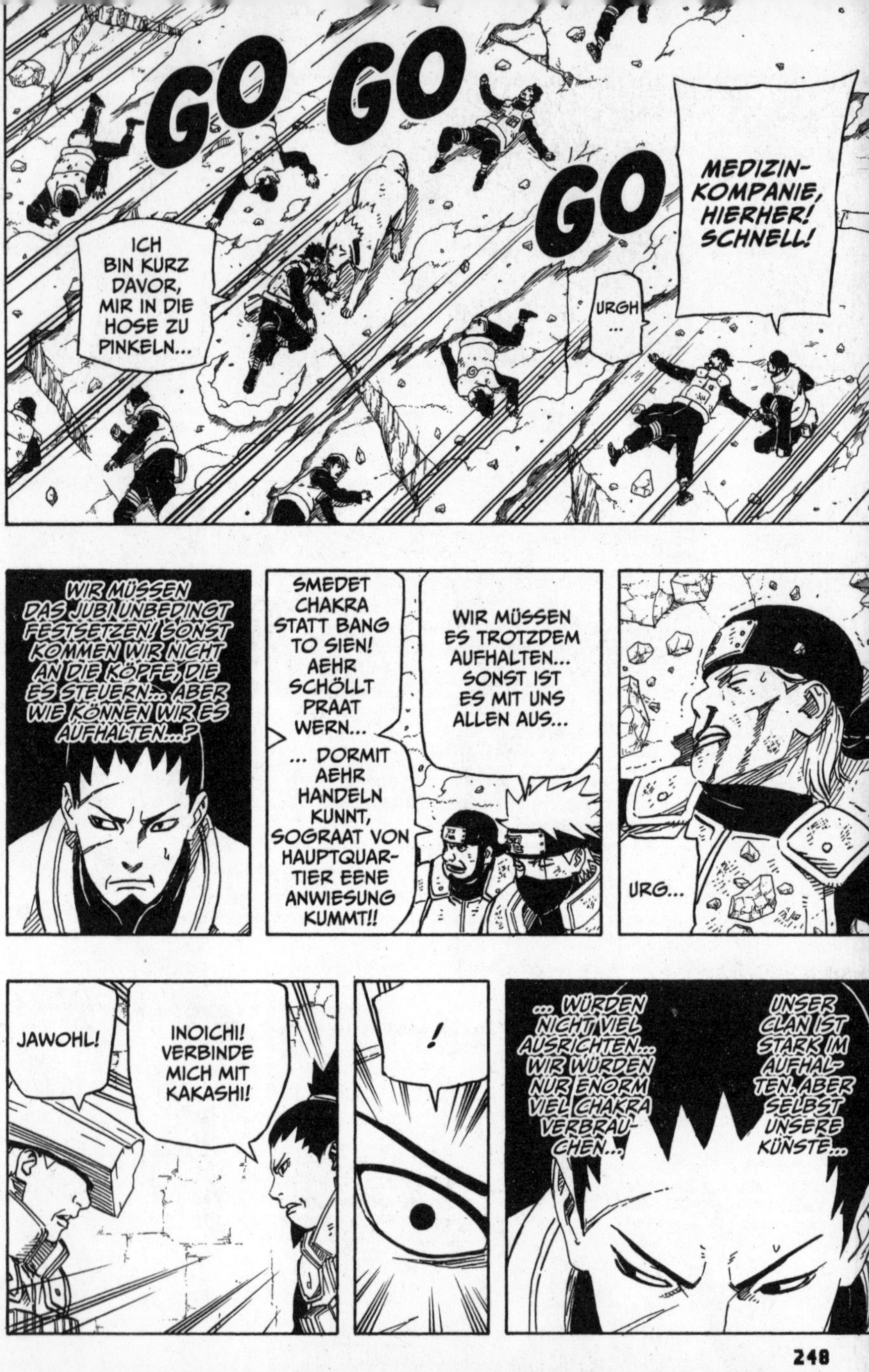
GO GO GO
MEDIZIN-KOMPANIE, HIERHER! SCHNELL!
URGH ...
ICH BIN KURZ DAVOR, MIR IN DIE HOSE ZU PINKELN...
URG...
WIR MÜSSEN ES TROTZDEM AUFHALTEN... SONST IST ES MIT UNS ALLEN AUS...
SMEDET CHAKRA STATT BANG TO SIEN! AEHR SCHÖLLT PRAAT WERN...
... DORMIT AEHR HANDELN KUNNT, SOGRAAT VON HAUPTQUARTIER EENE ANWIESUNG KUMMT!!
WIR MÜSSEN DAS JUBI UNBEDINGT FESTSETZEN! SONST KOMMEN WIR NICHT AN DIE KÖPFE, DIE ES STEUERN... ABER WIE KÖNNEN WIR ES AUFHALTEN...?
UNSER CLAN IST STARK IM AUFHALTEN. ABER SELBST UNSERE KÜNSTE...
... WÜRDEN NICHT VIEL AUSRICHTEN... WIR WÜRDEN NUR ENORM VIEL CHAKRA VERBRAUCHEN...
!
INOICHI! VERBINDE MICH MIT KAKASHI!
JAWOHL!

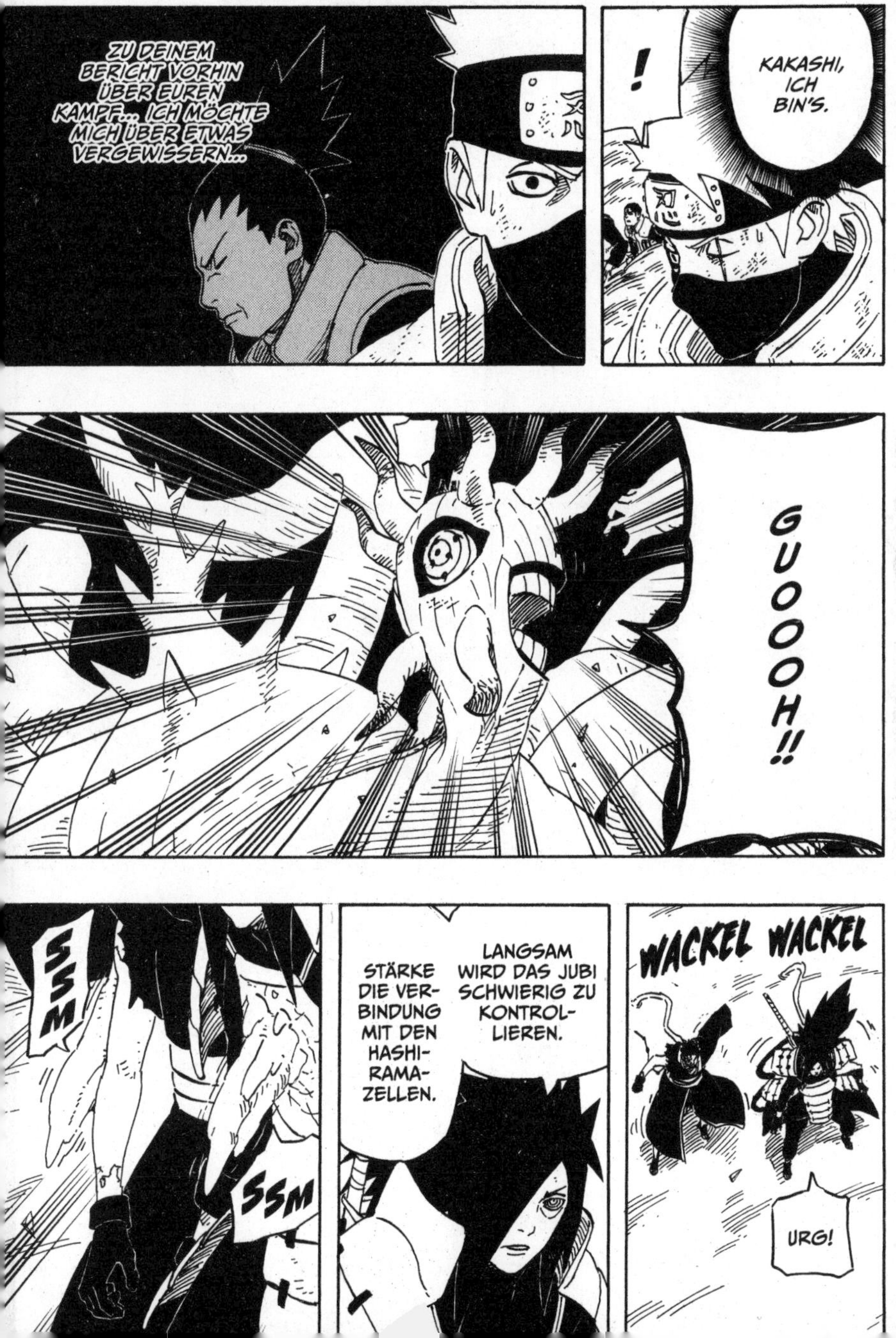
!
KAKASHI, ICH BIN'S.
ZU DEINEM BERICHT VORHIN ÜBER EUREN KAMPF... ICH MÖCHTE MICH ÜBER ETWAS VERGEWISSERN...
GUOOOOH!!
WACKEL WACKEL
URG!
LANGSAM WIRD DAS JUBI SCHWIERIG ZU KONTROL-LIEREN.
STÄRKE DIE VER-BINDUNG MIT DEN HASHI-RAMA-ZELLEN.
SSM
SSM

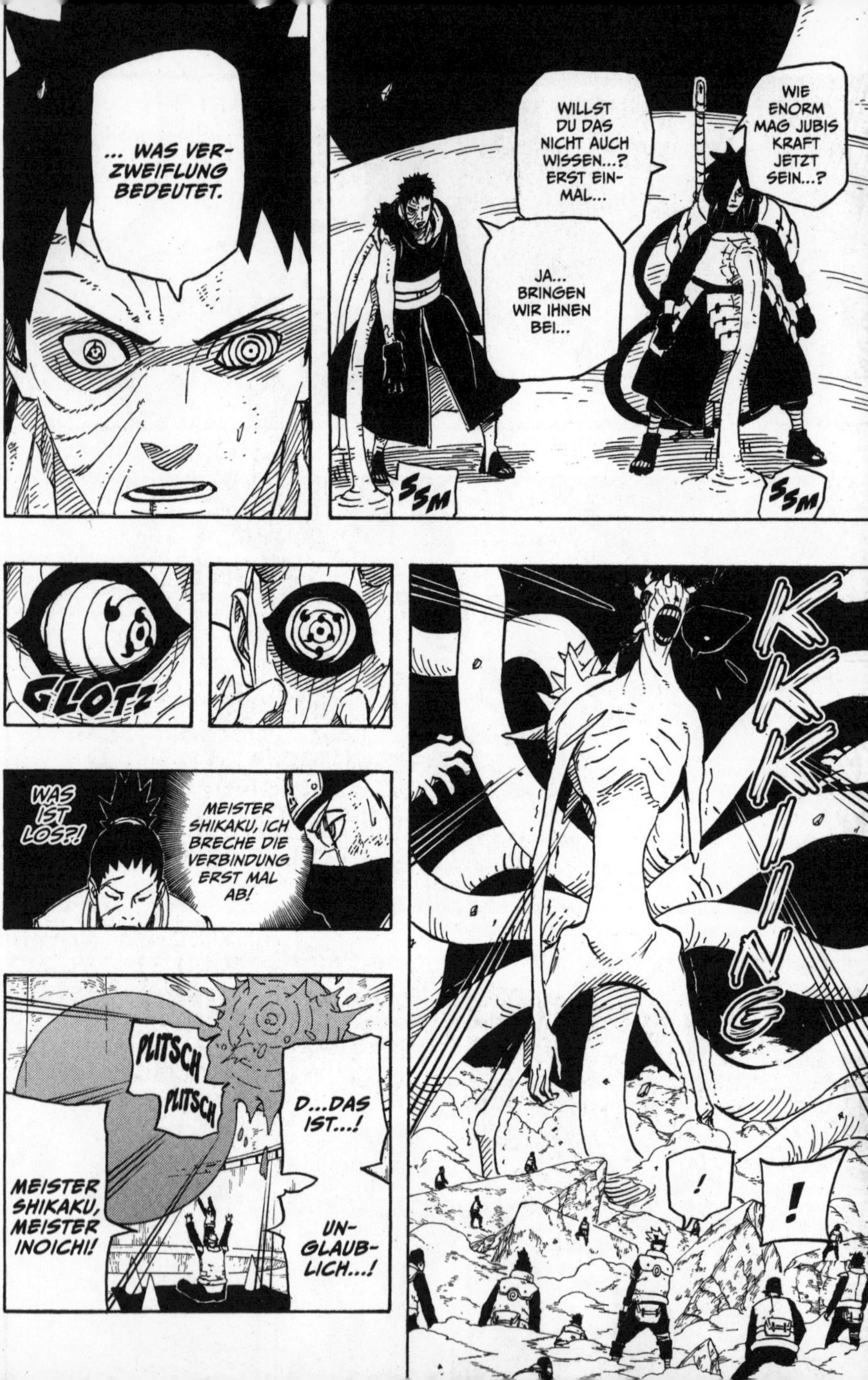
WIE ENORM MAG JUBIS KRAFT JETZT SEIN...?
WILLST DU DAS NICHT AUCH WISSEN...? ERST EINMAL...
JA... BRINGEN WIR IHNEN BEI...
SSM
SSM
... WAS VERZWEIFLUNG BEDEUTET.
KKKIING
!
!
GLOTZ
MEISTER SHIKAKU, ICH BRECHE DIE VERBINDUNG ERST MAL AB!
WAS IST LOS?!
PLITSCH
PLITSCH
D...DAS IST...!
UN-GLAUB-LICH...!
MEISTER SHIKAKU, MEISTER INOICHI!

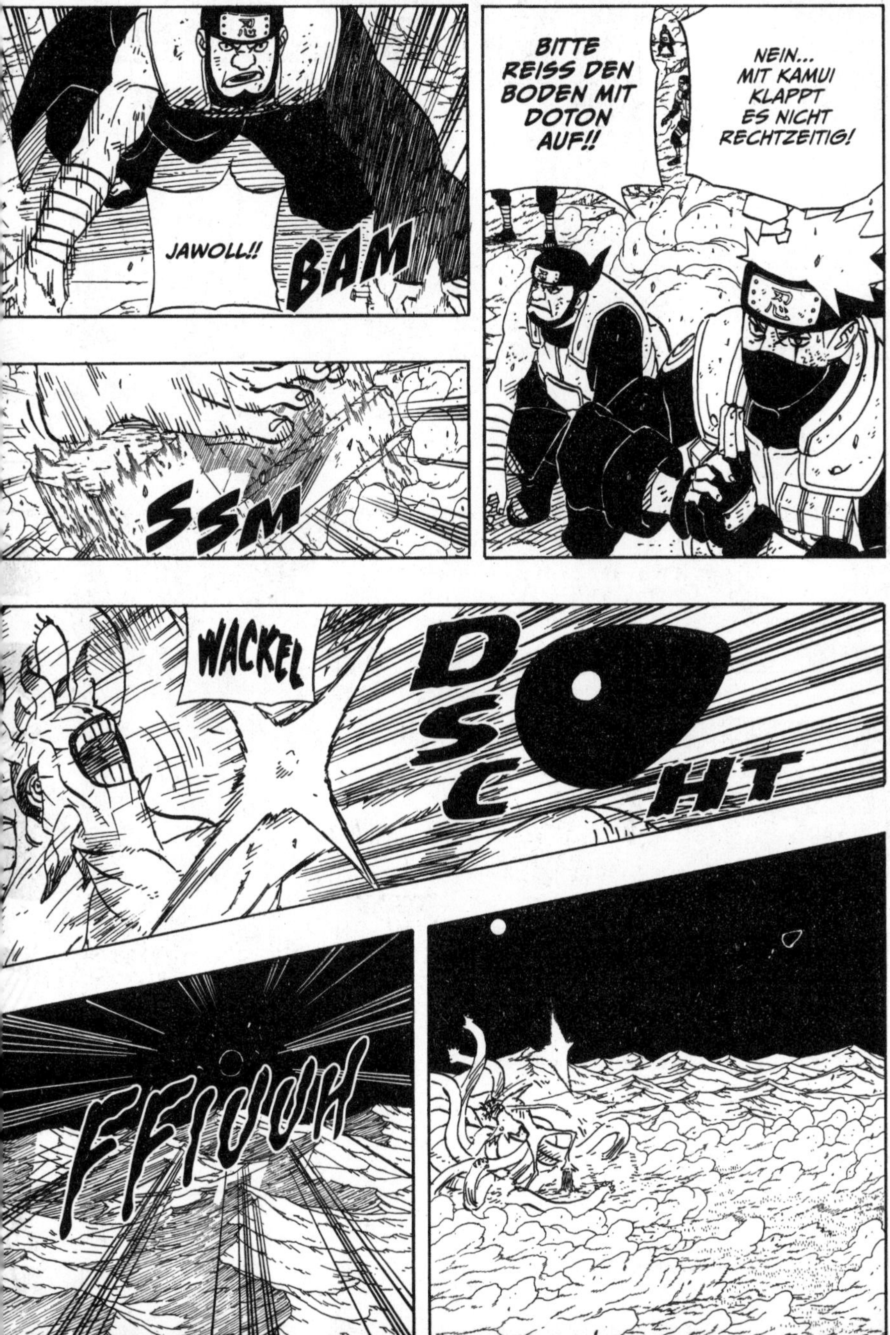
NEIN... MIT KAMUI KLAPPT ES NICHT RECHTZEITIG!
BITTE REISS DEN BODEN MIT DOTON AUF!!
JAWOLL!!
BAM
SSM
DOSCHT
WACKEL
FFIOOOH

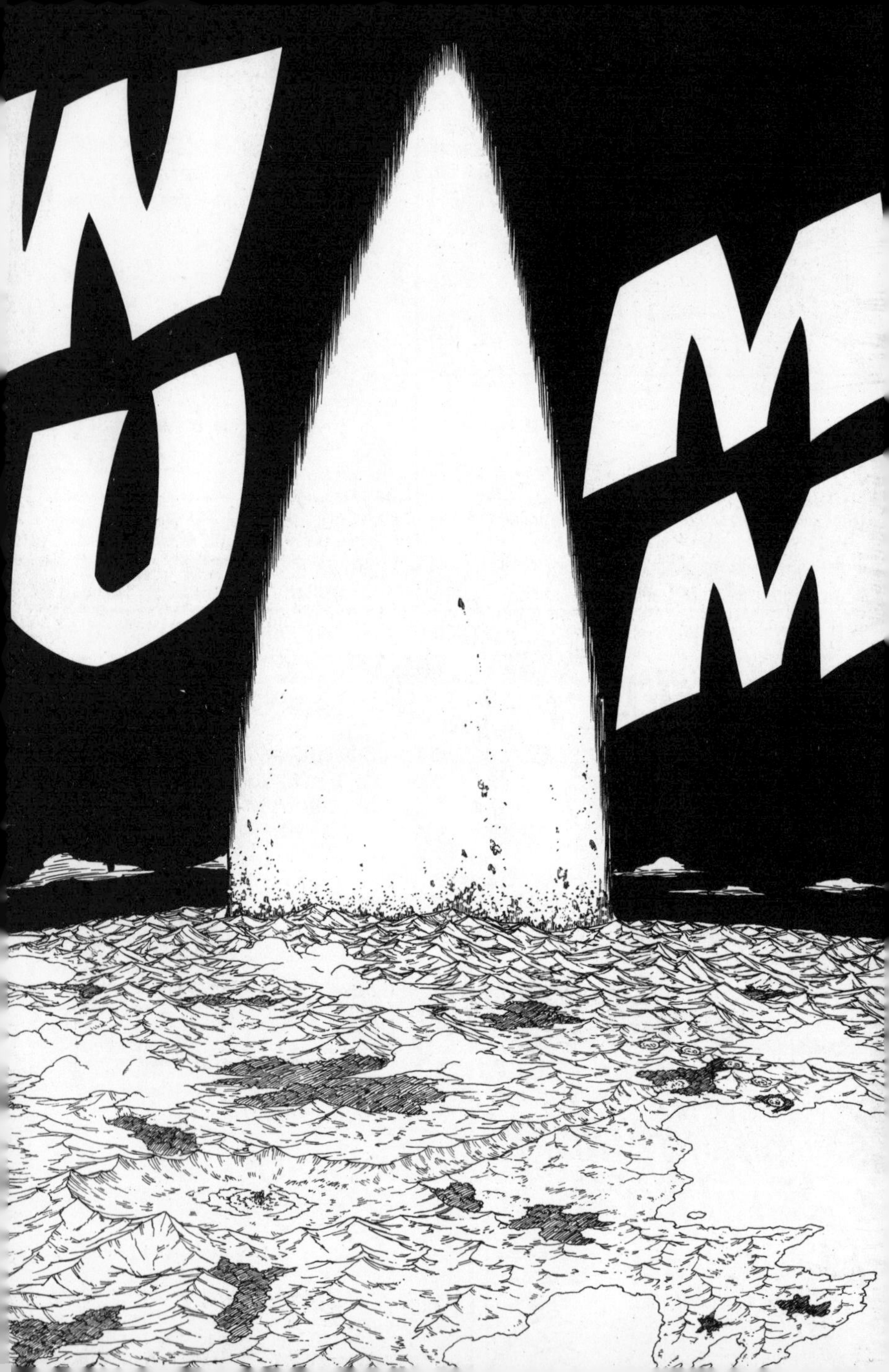
WUMM

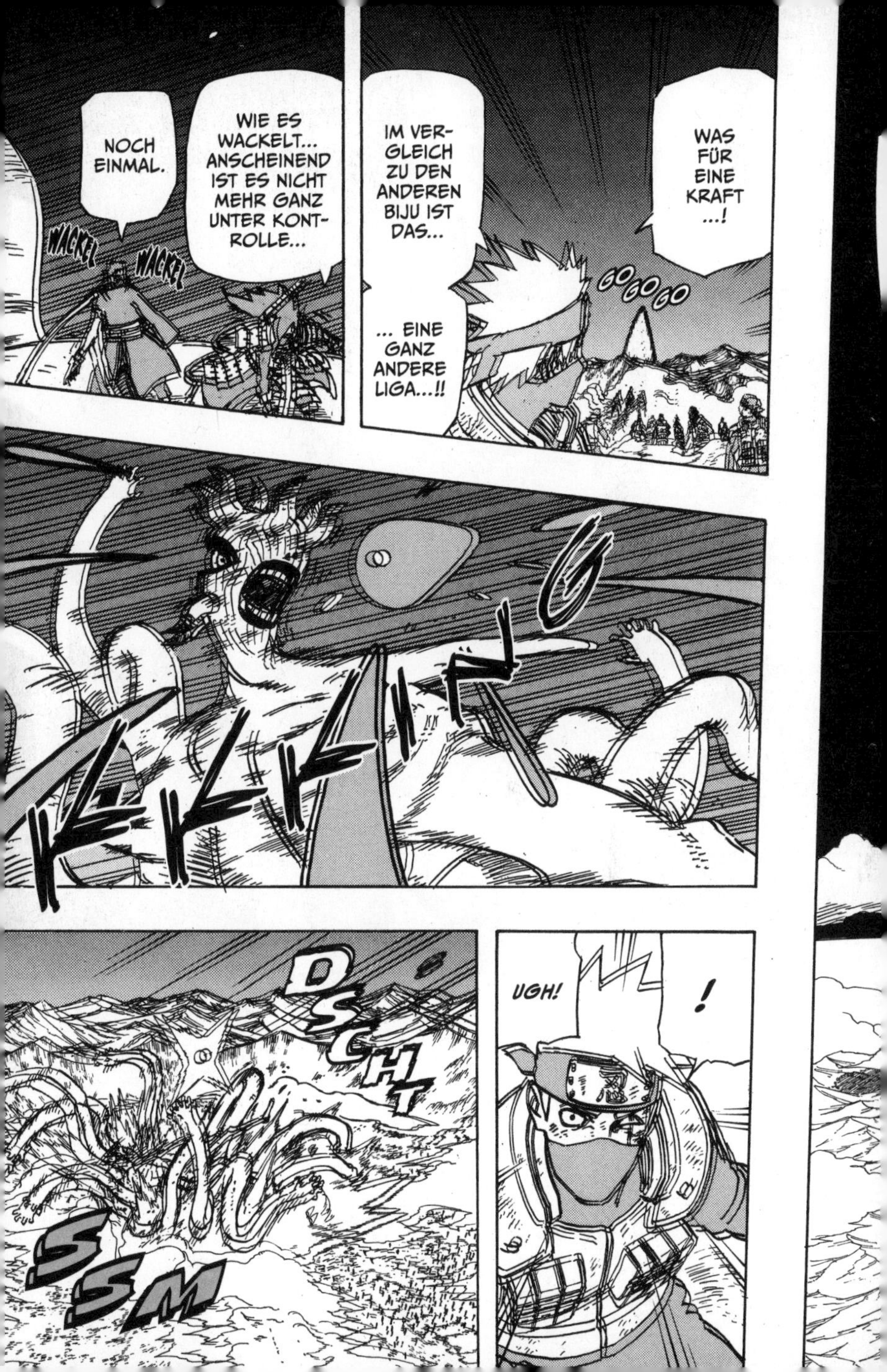
WAS FÜR EINE KRAFT ...!
GO GO GO
IM VERGLEICH ZU DEN ANDEREN BIJU IST DAS...
... EINE GANZ ANDERE LIGA...!!
WIE ES WACKELT... ANSCHEINEND IST ES NICHT MEHR GANZ UNTER KONTROLLE...
NOCH EINMAL.
WACKEL
WACKEL
!
UGH!
DSCHT
SSM

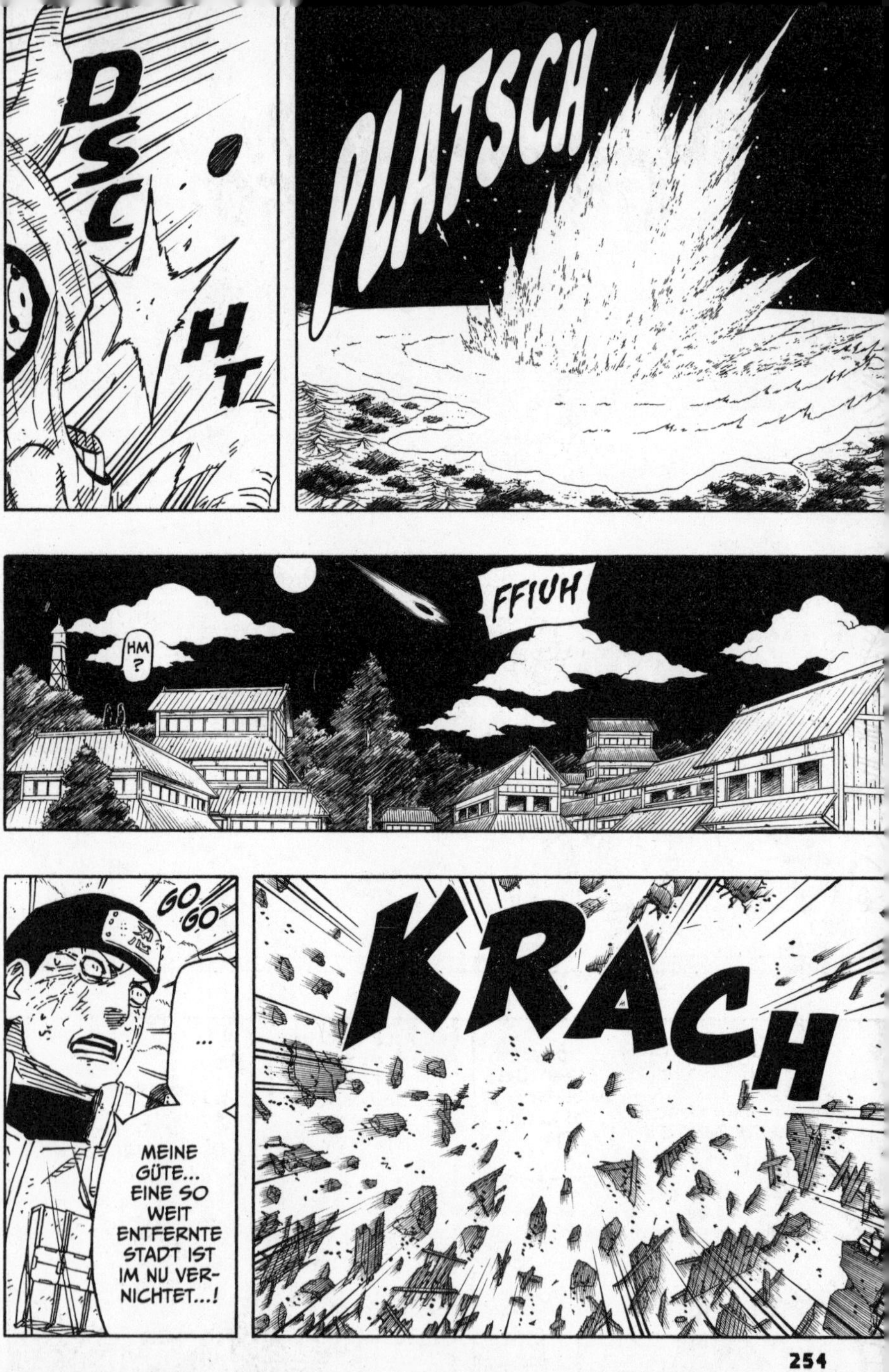
PLATSCH
DSCHT
FFIUH
HM?
KRACH
GO GO
...
MEINE GÜTE... EINE SO WEIT ENTFERNTE STADT IST IM NU VERNICHTET...!

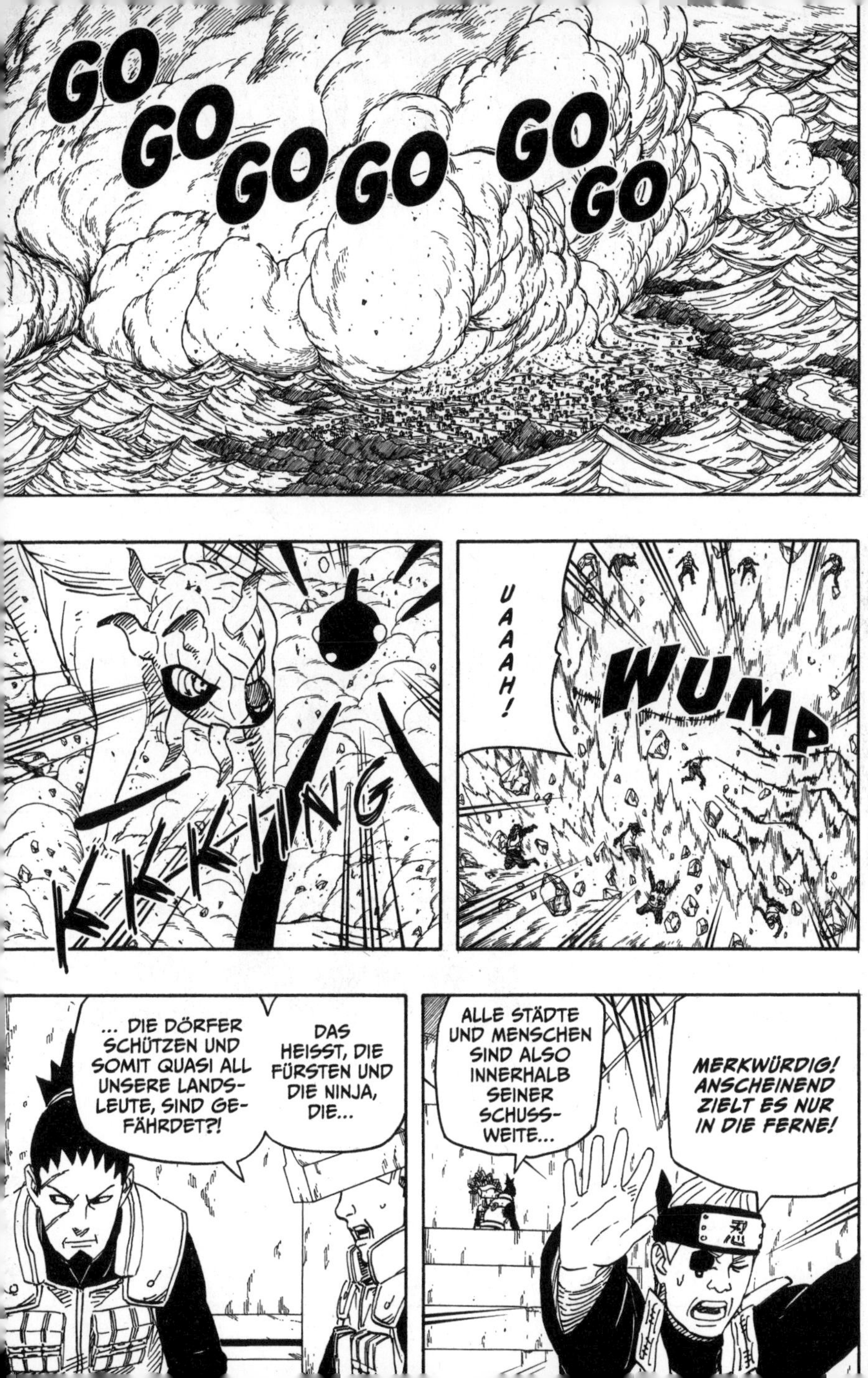
GO GO GO GO GO GO
UAAAAH!
WUMP
KKKKING
MERKWÜRDIG! ANSCHEINEND ZIELT ES NUR IN DIE FERNE!
ALLE STÄDTE UND MENSCHEN SIND ALSO INNERHALB SEINER SCHUSS-WEITE...
DAS HEISST, DIE FÜRSTEN UND DIE NINJA, DIE...
... DIE DÖRFER SCHÜTZEN UND SOMIT QUASI ALL UNSERE LANDS-LEUTE, SIND GE-FÄHRDET?!

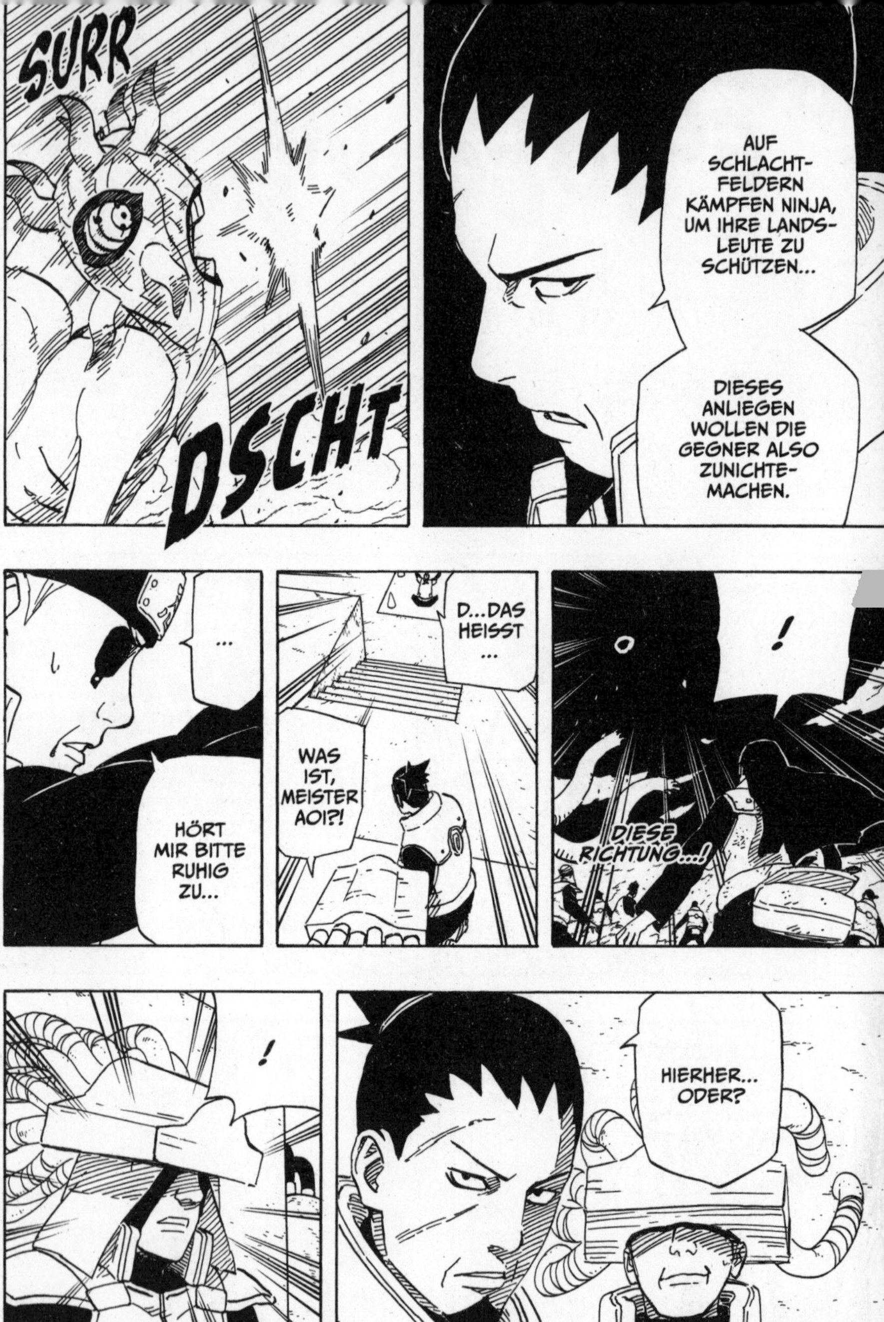
AUF SCHLACHT-FELDERN KÄMPFEN NINJA, UM IHRE LANDS-LEUTE ZU SCHÜTZEN...
DIESES ANLIEGEN WOLLEN DIE GEGNER ALSO ZUNICHTE-MACHEN.
SURR
DSCHT
!
DIESE RICHTUNG...!
D...DAS HEISST ...
WAS IST, MEISTER AOI?!
...
HÖRT MIR BITTE RUHIG ZU...
HIERHER... ODER?
!

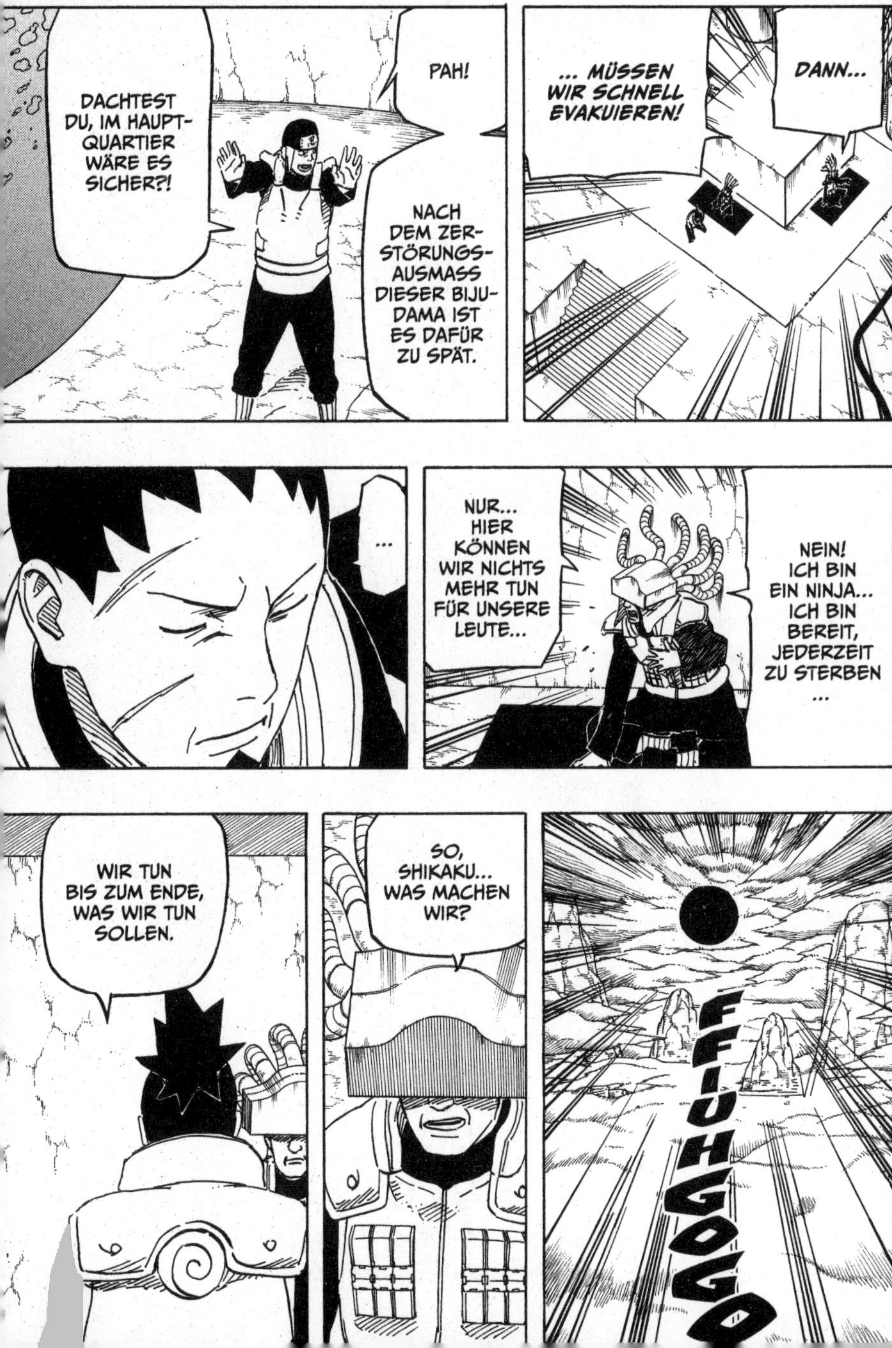
DANN...
... MÜSSEN WIR SCHNELL EVAKUIEREN!
PAH!
NACH DEM ZERSTÖRUNGSAUSMASS DIESER BIJUDAMA IST ES DAFÜR ZU SPÄT.
DACHTEST DU, IM HAUPTQUARTIER WÄRE ES SICHER?!
NEIN! ICH BIN EIN NINJA... ICH BIN BEREIT, JEDERZEIT ZU STERBEN ...
NUR... HIER KÖNNEN WIR NICHTS MEHR TUN FÜR UNSERE LEUTE...
...
FFIUHGOGO
SO, SHIKAKU... WAS MACHEN WIR?
WIR TUN BIS ZUM ENDE, WAS WIR TUN SOLLEN.

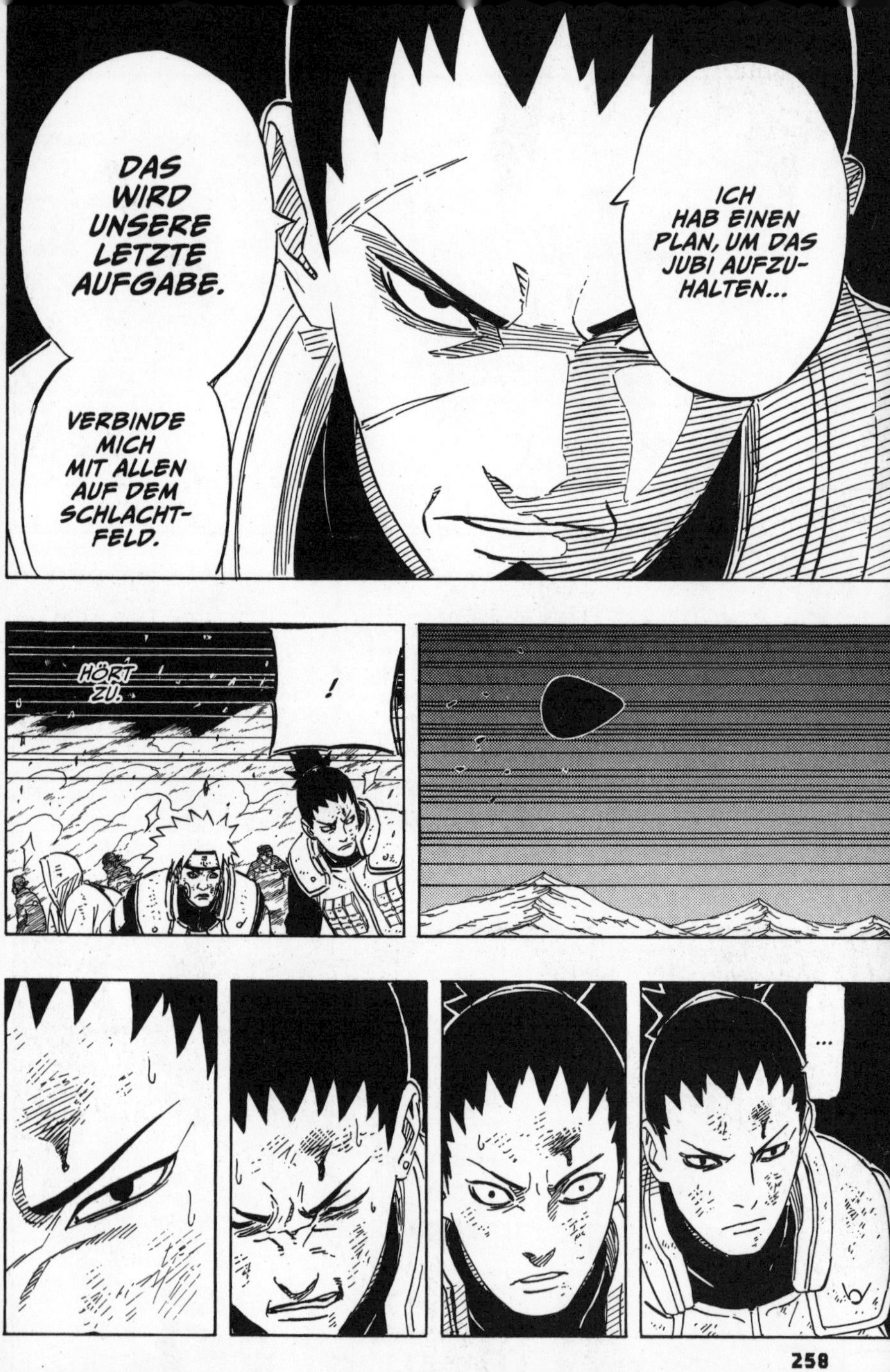
ICH HAB EINEN PLAN, UM DAS JUBI AUFZU-HALTEN...
DAS WIRD UNSERE LETZTE AUFGABE.
VERBINDE MICH MIT ALLEN AUF DEM SCHLACHT-FELD.
!
HÖRT ZU.
...

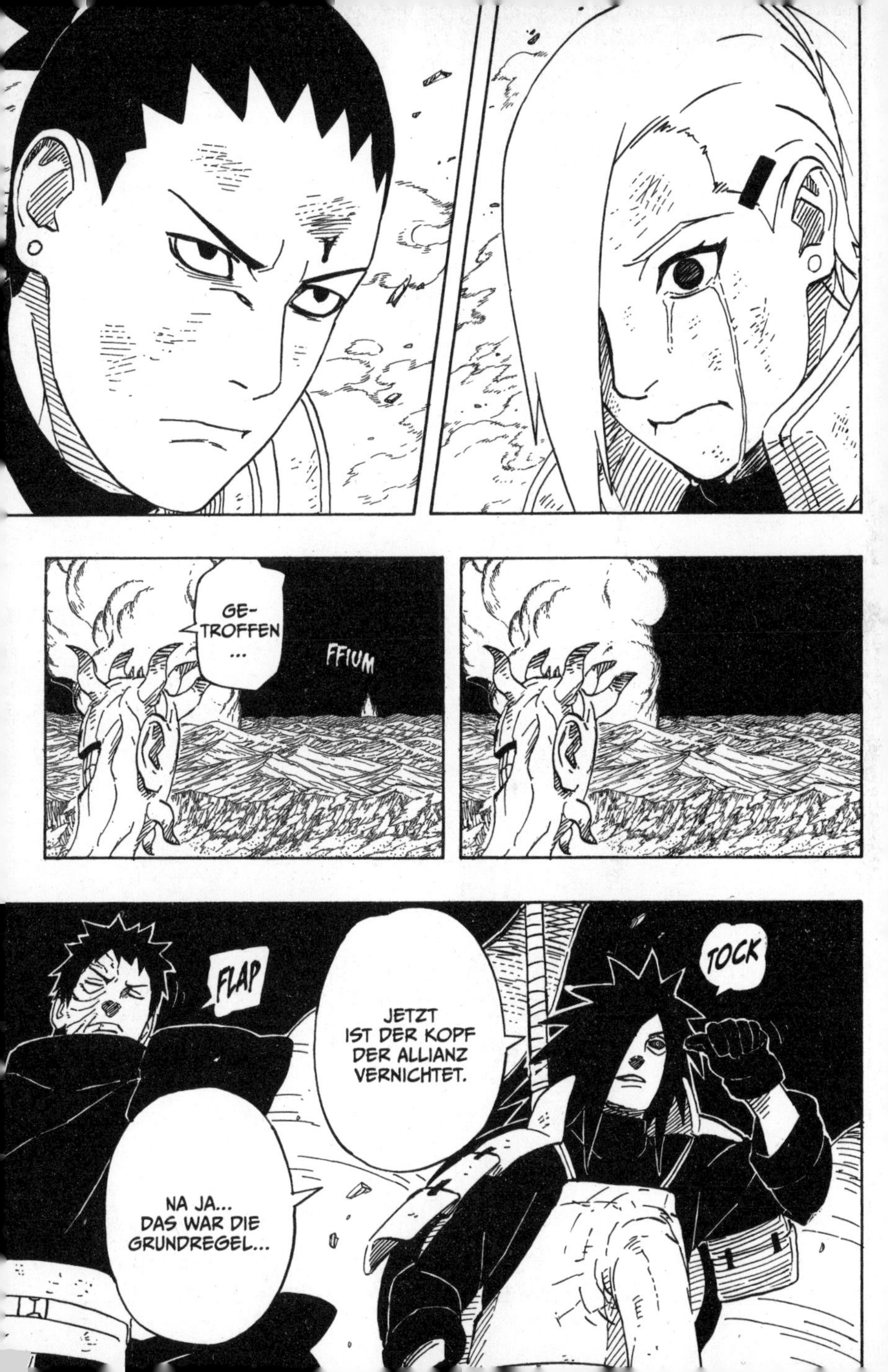
GE-
TROFFEN
...
FFIUM
TOCK
JETZT IST DER KOPF DER ALLIANZ VERNICHTET.
FLAP
NA JA... DAS WAR DIE GRUNDREGEL...

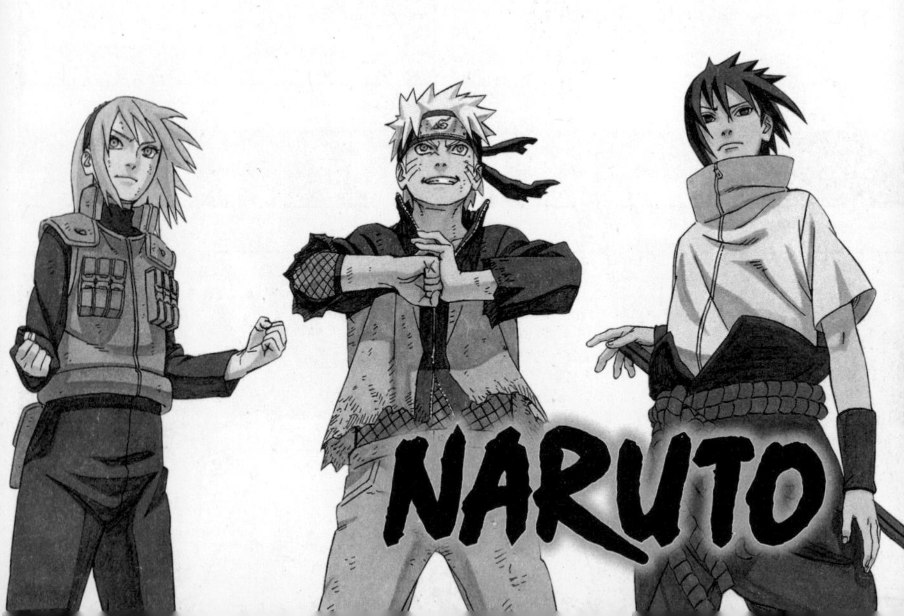
NARUTO

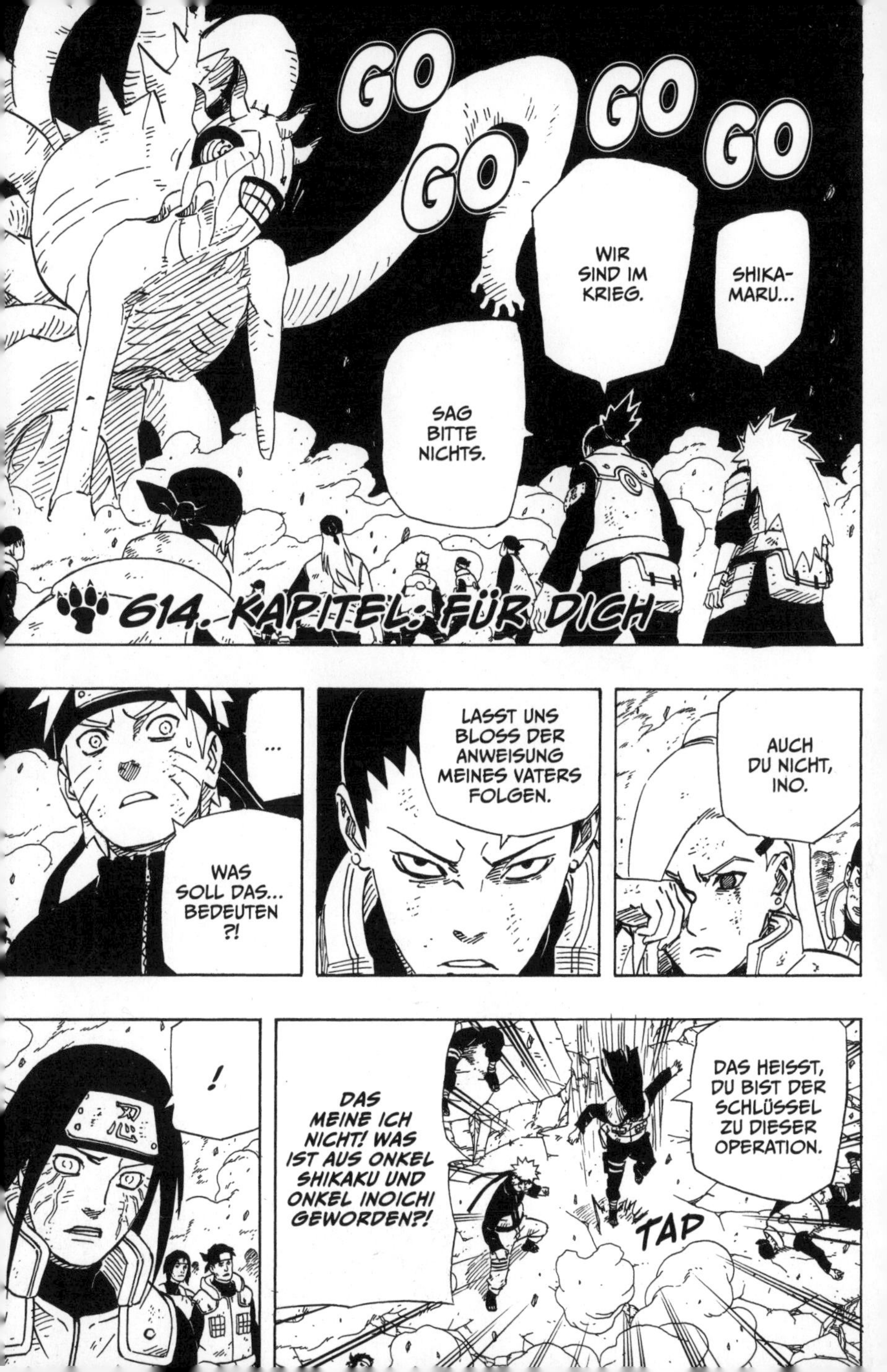
GO GO GO GO GO
SHIKA-MARU...
WIR SIND IM KRIEG.
SAG BITTE NICHTS.
614. KAPITEL: FÜR DICH
AUCH DU NICHT, INO.
LASST UNS BLOSS DER ANWEISUNG MEINES VATERS FOLGEN.
...
WAS SOLL DAS... BEDEUTEN?!
DAS HEISST, DU BIST DER SCHLÜSSEL ZU DIESER OPERATION.
TAP
DAS MEINE ICH NICHT! WAS IST AUS ONKEL SHIKAKU UND ONKEL INOICHI GEWORDEN?!
!

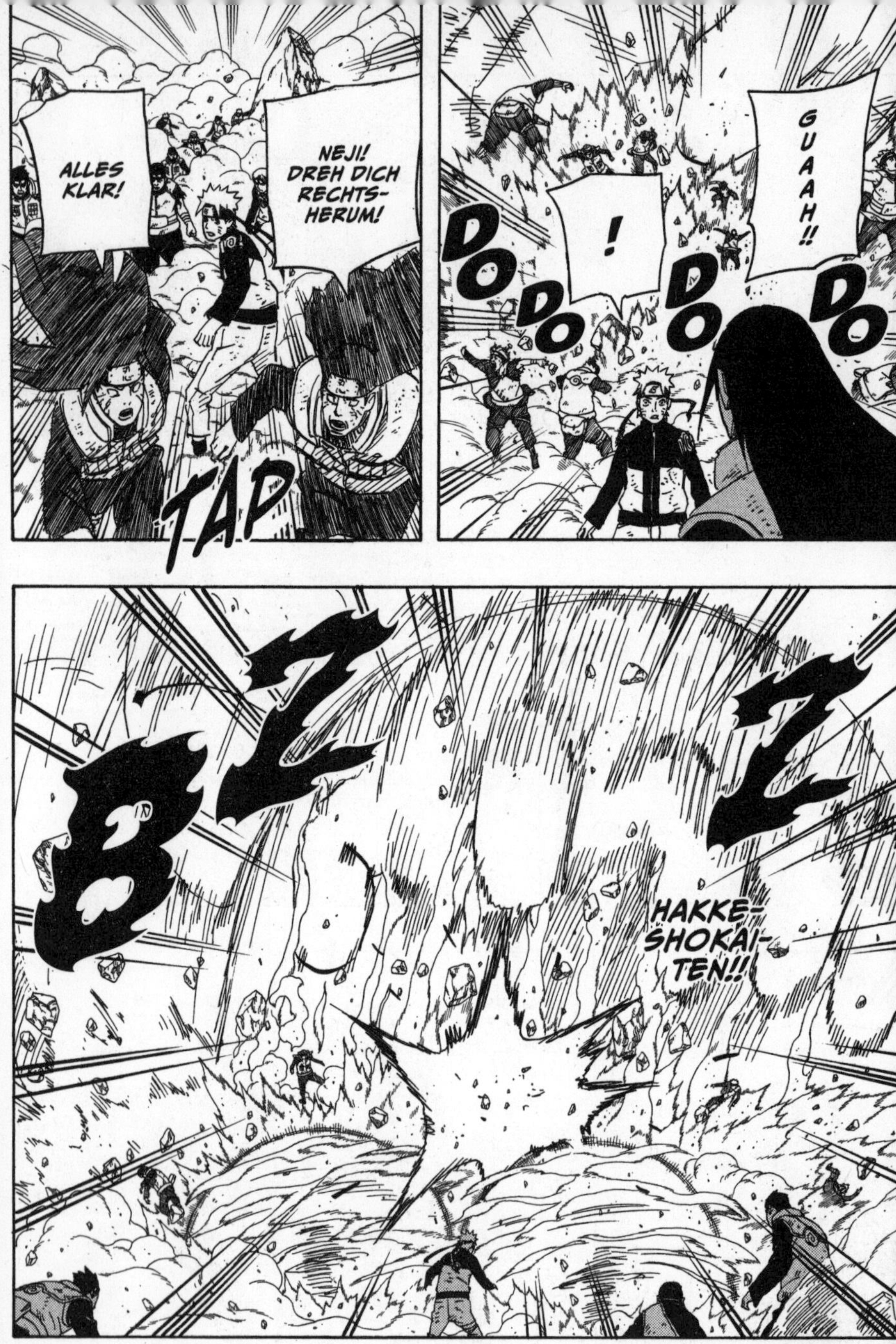
GUAAAH!!
!
DO DO DO DO DO DO
NEJI! DREH DICH RECHTS-HERUM!
ALLES KLAR!
TAP
HAKKE-SHOKAI-TEN!!

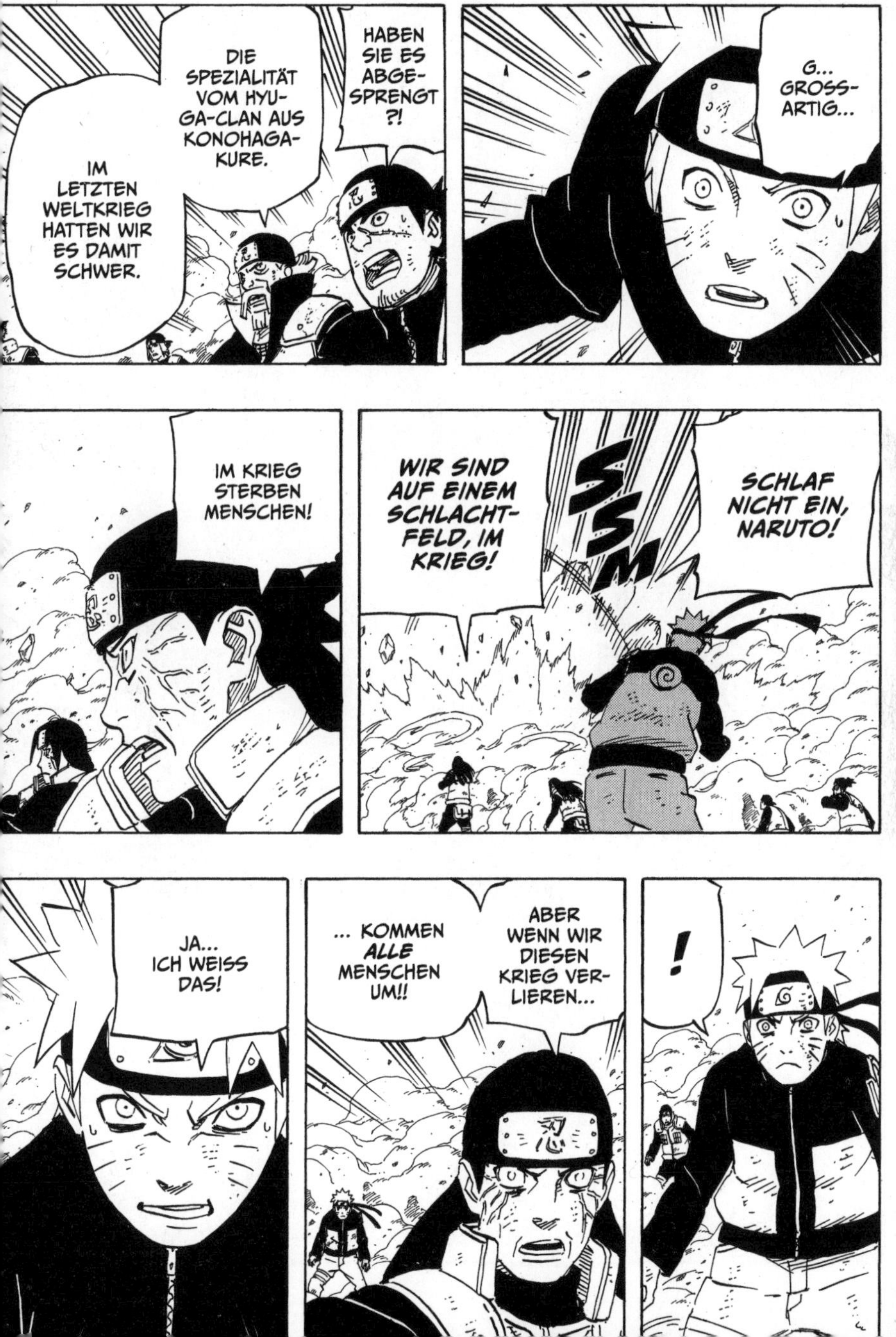
G... GROSS-ARTIG...
HABEN SIE ES ABGE-SPRENGT ?!
DIE SPEZIALITÄT VOM HYUGA-CLAN AUS KONOHAGAKURE.
IM LETZTEN WELTKRIEG HATTEN WIR ES DAMIT SCHWER.
SCHLAF NICHT EIN, NARUTO!
SSM
WIR SIND AUF EINEM SCHLACHTFELD, IM KRIEG!
IM KRIEG STERBEN MENSCHEN!
!
ABER WENN WIR DIESEN KRIEG VERLIEREN...
... KOMMEN ALLE MENSCHEN UM!!
JA... ICH WEISS DAS!

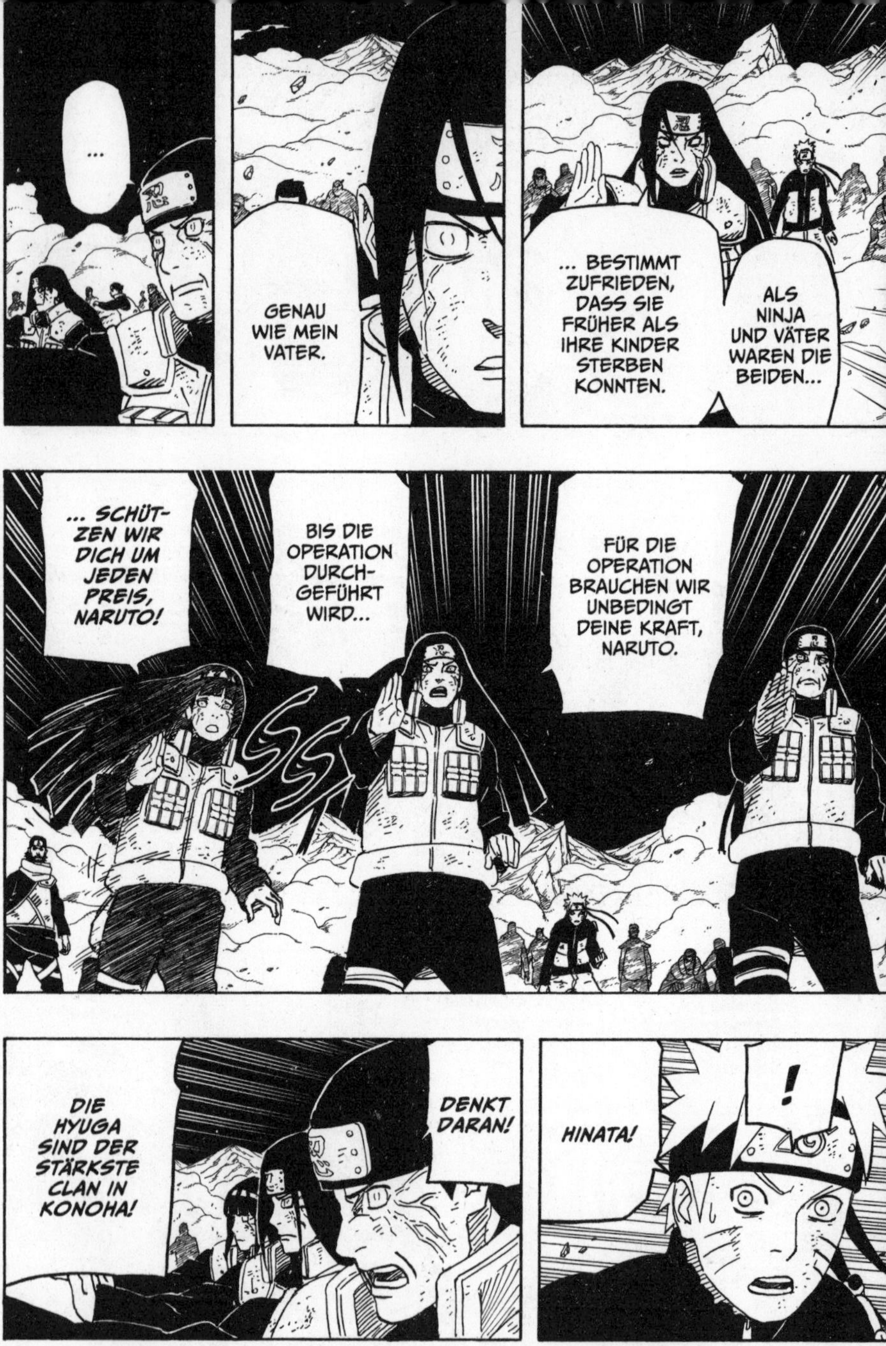
Als Ninja und Väter waren die beiden...
... bestimmt zufrieden, dass sie früher als ihre Kinder sterben konnten.
Genau wie mein Vater.
...
Für die Operation brauchen wir unbedingt deine Kraft, Naruto.
Bis die Operation durchgeführt wird...
... schützen wir dich um jeden Preis, Naruto!
!
Hinata!
Denkt daran!
Die Hyuga sind der stärkste Clan in Konoha!

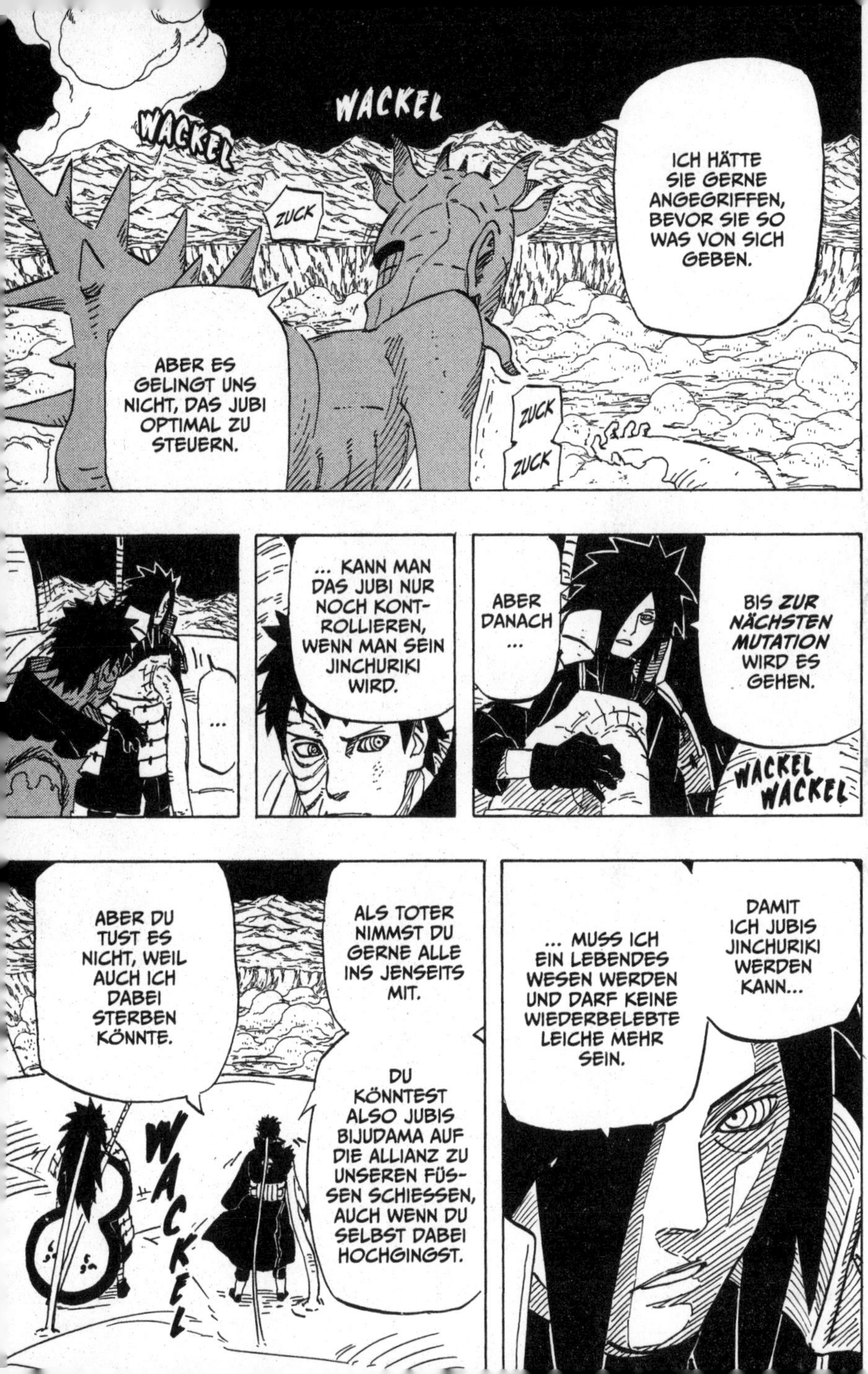
WACKEL
WACKEL
ICH HÄTTE SIE GERNE ANGEGRIFFEN, BEVOR SIE SO WAS VON SICH GEBEN.
ZUCK
ABER ES GELINGT UNS NICHT, DAS JUBI OPTIMAL ZU STEUERN.
ZUCK
ZUCK
BIS ZUR NÄCHSTEN MUTATION WIRD ES GEHEN.
ABER DANACH ...
WACKEL WACKEL
... KANN MAN DAS JUBI NUR NOCH KONTROLLIEREN, WENN MAN SEIN JINCHURIKI WIRD.
...
DAMIT ICH JUBIS JINCHURIKI WERDEN KANN...
... MUSS ICH EIN LEBENDES WESEN WERDEN UND DARF KEINE WIEDERBELEBTE LEICHE MEHR SEIN.
ALS TOTER NIMMST DU GERNE ALLE INS JENSEITS MIT.
DU KÖNNTEST ALSO JUBIS BIJUDAMA AUF DIE ALLIANZ ZU UNSEREN FÜSSEN SCHIESSEN, AUCH WENN DU SELBST DABEI HOCHGINGST.
ABER DU TUST ES NICHT, WEIL AUCH ICH DABEI STERBEN KÖNNTE.
WACKEL

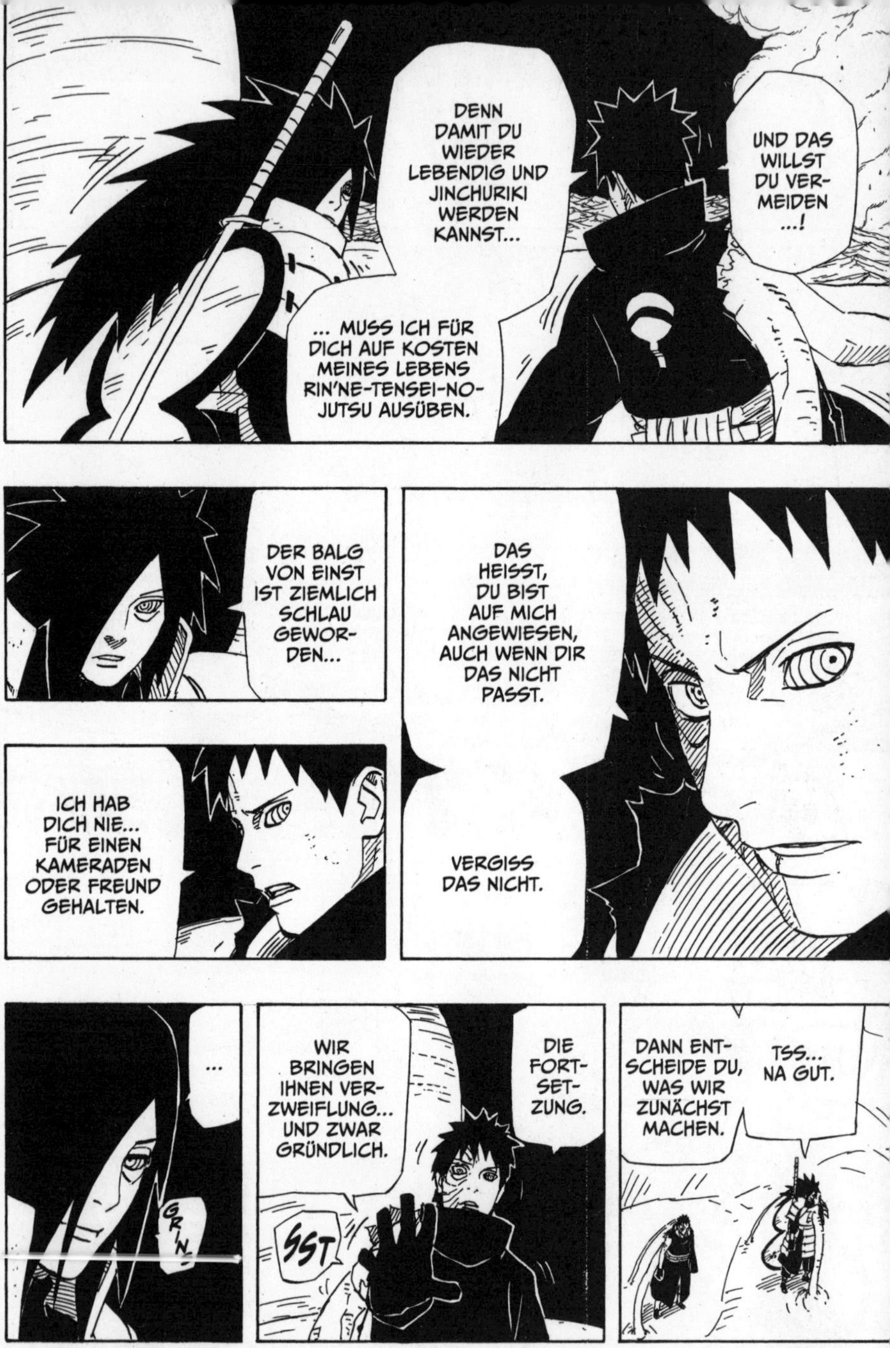
UND DAS WILLST DU VERMEIDEN ...!
DENN DAMIT DU WIEDER LEBENDIG UND JINCHURIKI WERDEN KANNST...
... MUSS ICH FÜR DICH AUF KOSTEN MEINES LEBENS RIN'NE-TENSEI-NO-JUTSU AUSÜBEN.
DAS HEISST, DU BIST AUF MICH ANGEWIESEN, AUCH WENN DIR DAS NICHT PASST.
VERGISS DAS NICHT.
DER BALG VON EINST IST ZIEMLICH SCHLAU GEWORDEN...
ICH HAB DICH NIE... FÜR EINEN KAMERADEN ODER FREUND GEHALTEN.
TSS... NA GUT.
DANN ENTSCHEIDE DU, WAS WIR ZUNÄCHST MACHEN.
DIE FORTSETZUNG.
WIR BRINGEN IHNEN VERZWEIFLUNG... UND ZWAR GRÜNDLICH.
SST
...
GRINS

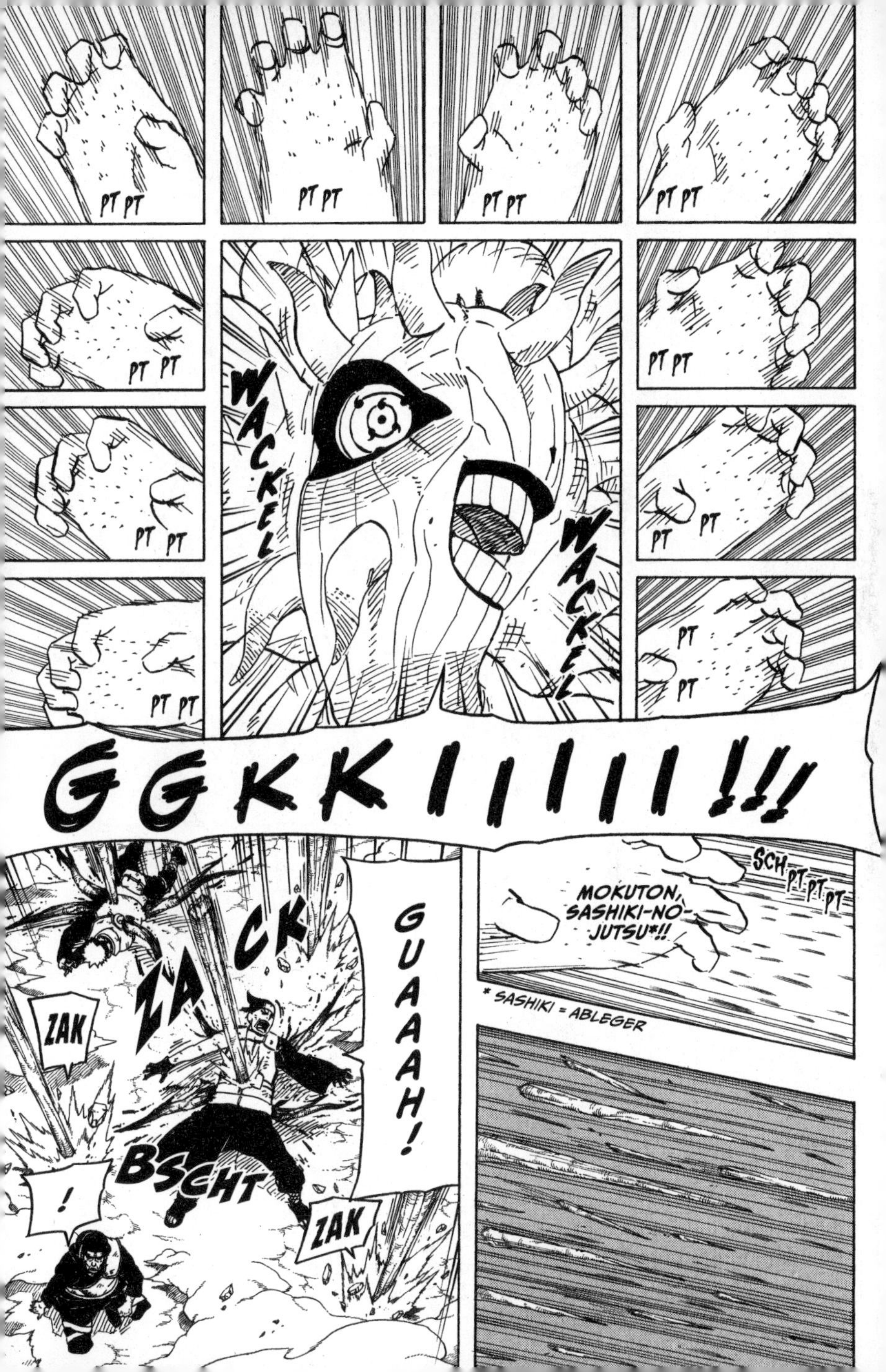

PT PT
PT PT
PT PT
PT PT
PT PT
PT PT
WACKEL
WACKEL
PT PT
PT PT
PT PT
PT PT
PT PT
GGKKIIIIII!!!
SCH PT PT PT
MOKUTON, SASHIKI-NO-JUTSU*!!
* SASHIKI = ABLEGER
GUAAAAH!
ZACK
ZAK
BSCHT
ZAK
!

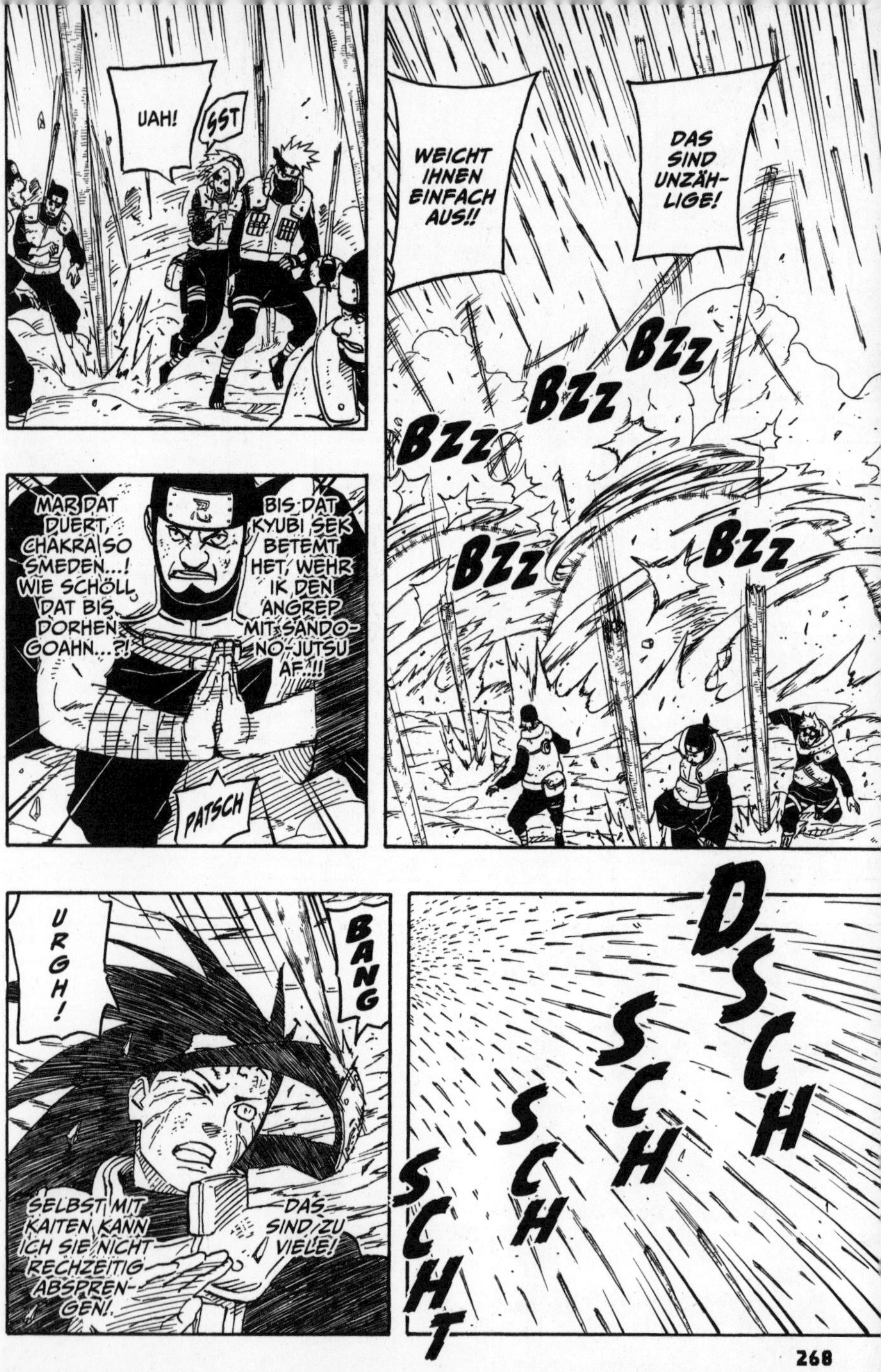
DAS SIND UNZÄHLIGE!
WEICHT IHNEN EINFACH AUS!!
UAH!
SST
BZZ
BZZ
BZZ
BZZ
BZZ
BIS DAT KYUBI SEK BETEMT HET, WEHR IK DEN ANGREP MIT SANDO-NO-JUTSU AF...!!
MAR DAT DUERT, CHAKRA SO SMEDEN...! WIE SCHÖLL DAT BIS DORHEN GOAHN...?!
PATSCH
DSCH
SCH
SCH
SCH
SCHT
BANG
URGH!
DAS SIND ZU VIELE!
SELBST MIT KAITEN KANN ICH SIE NICHT RECHZEITIG ABSPRENGEN!

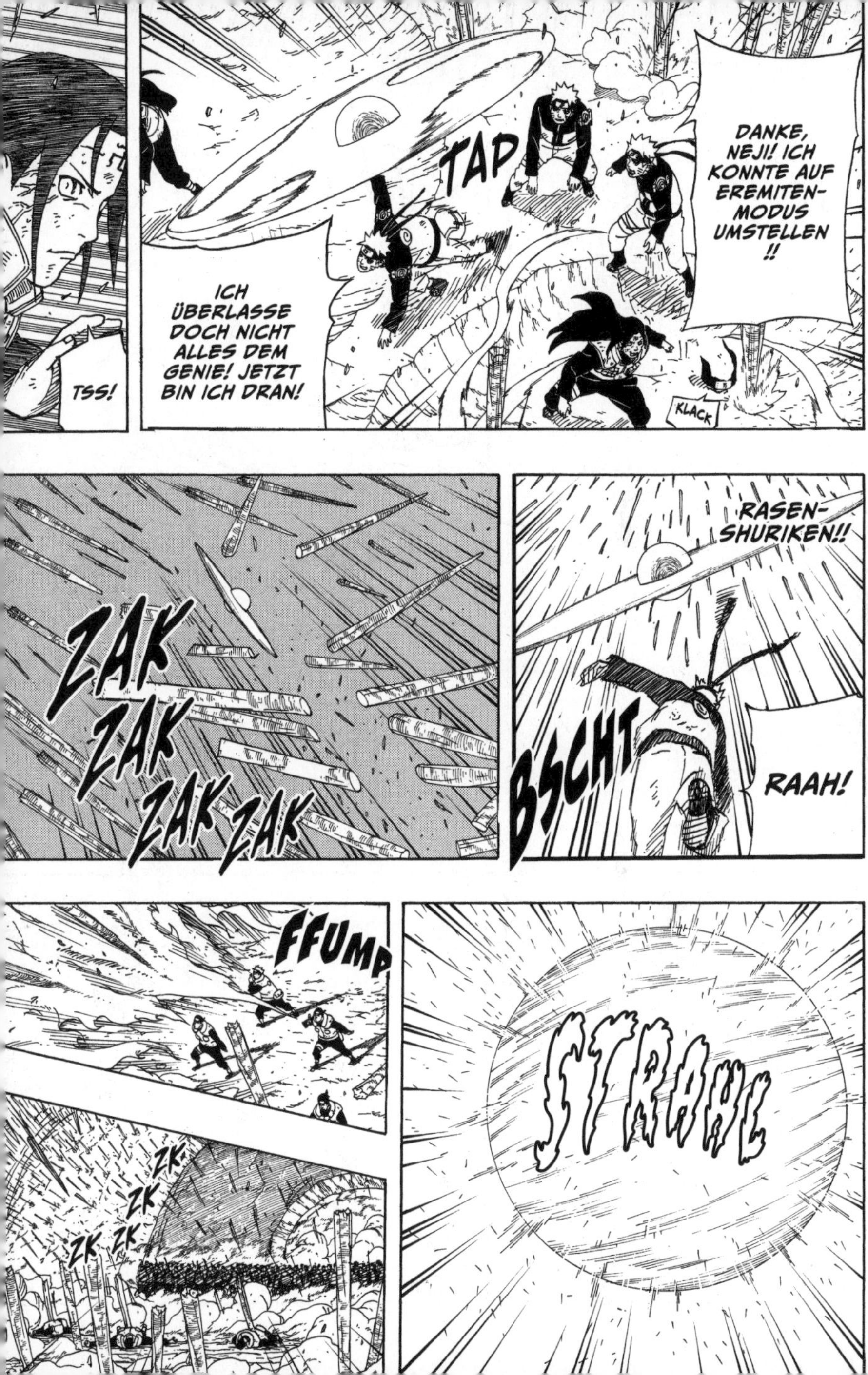
DANKE, NEJI! ICH KONNTE AUF EREMITEN-MODUS UMSTELLEN!!
KLACK
TAP
ICH ÜBERLASSE DOCH NICHT ALLES DEM GENIE! JETZT BIN ICH DRAN!
TSS!
RASEN-SHURIKEN!!
RAAH!
BSCHT
ZAK ZAK ZAK ZAK
STRAHL
FFUMP
ZK ZK ZK ZK

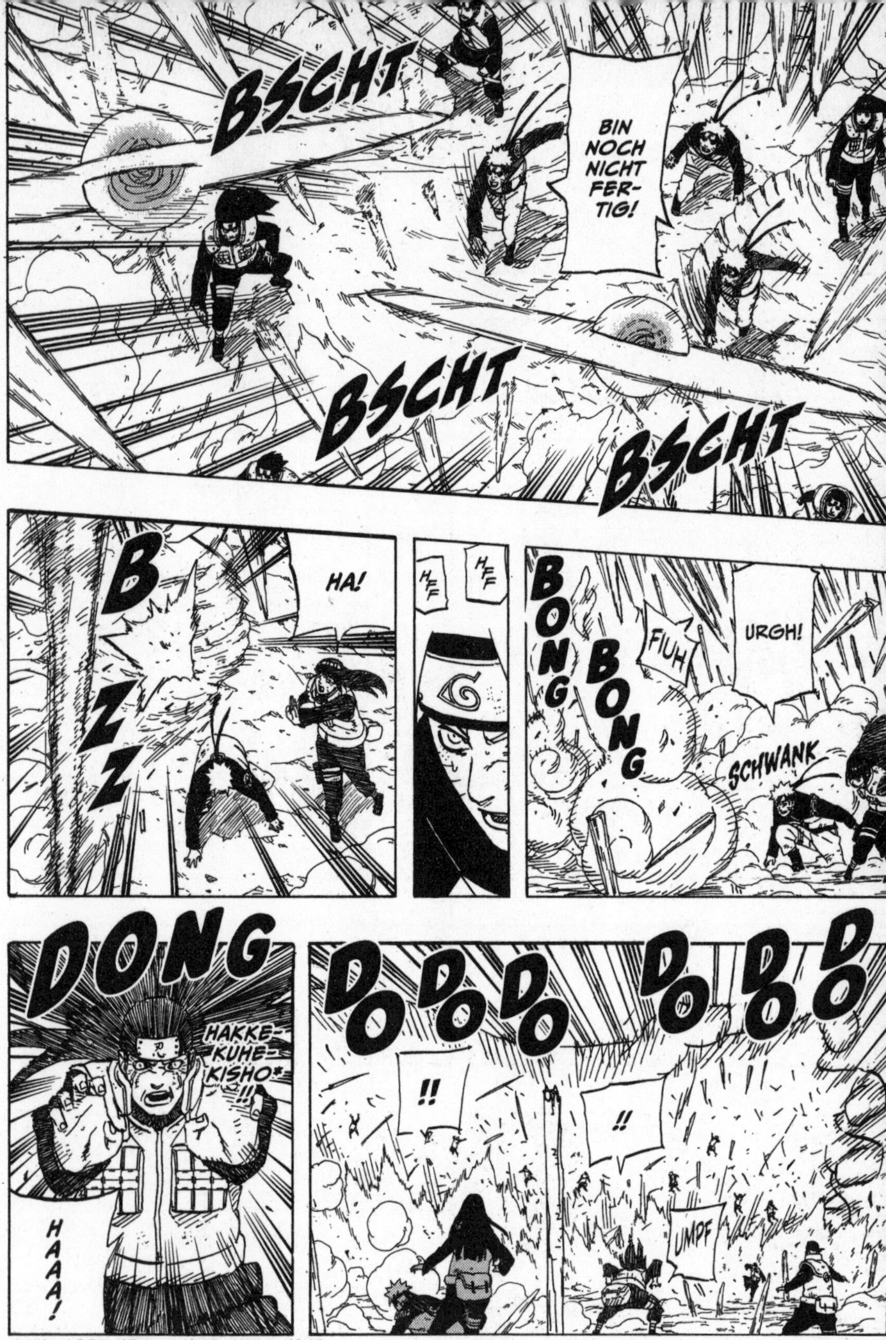

* KU = LEER, HEKI = WAND, SHO = HAND

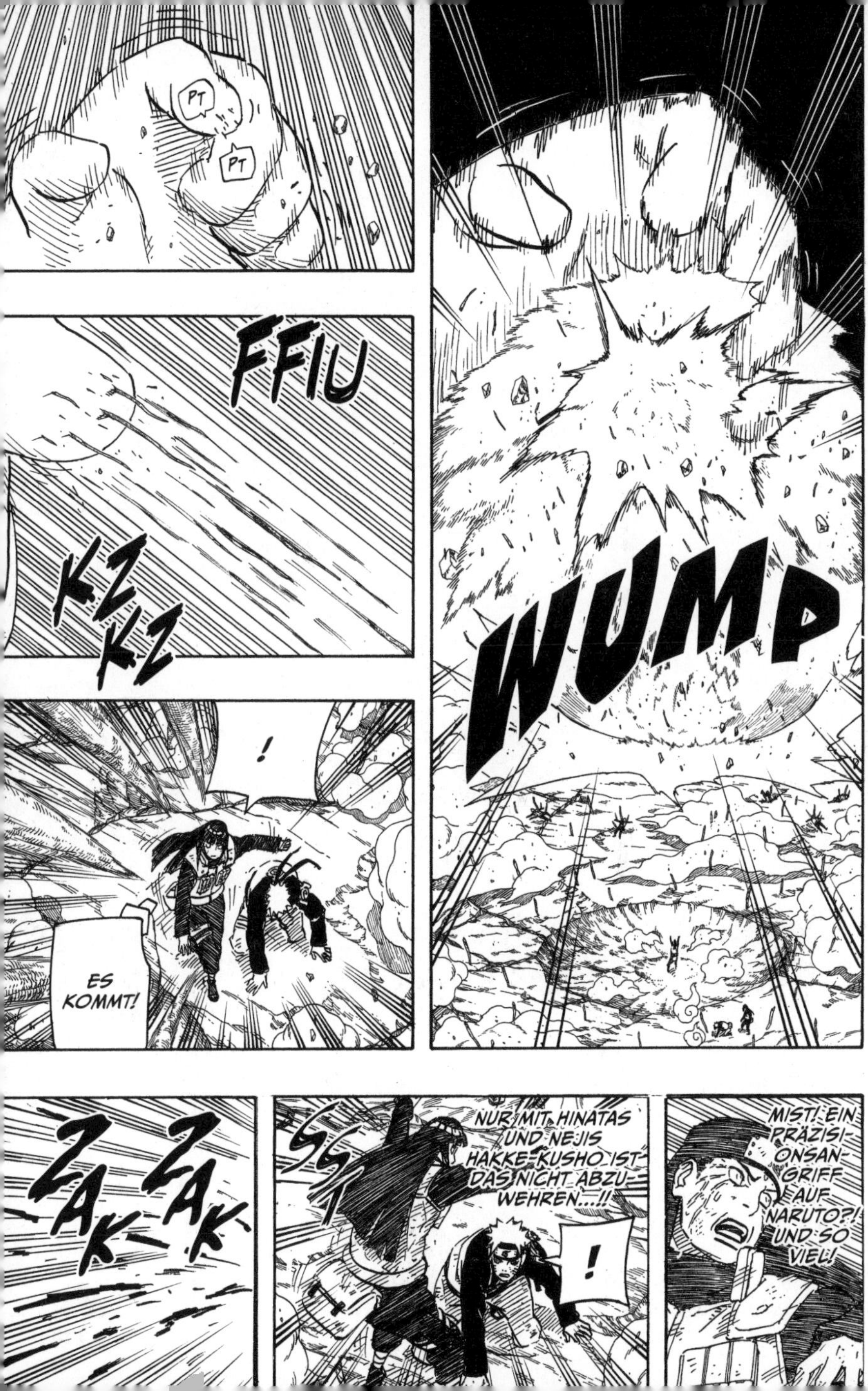

PT
PT
WUMP
FFIU
KZ KZ
!
ES KOMMT!
MIST! EIN PRÄZISIONSANGRIFF AUF NARUTO?! UND SO VIEL!
NUR MIT HINATAS UND NEJIS HAKKE-KUSHO IST DAS NICHT ABZUWEHREN...!!
!
ZAK ZAK

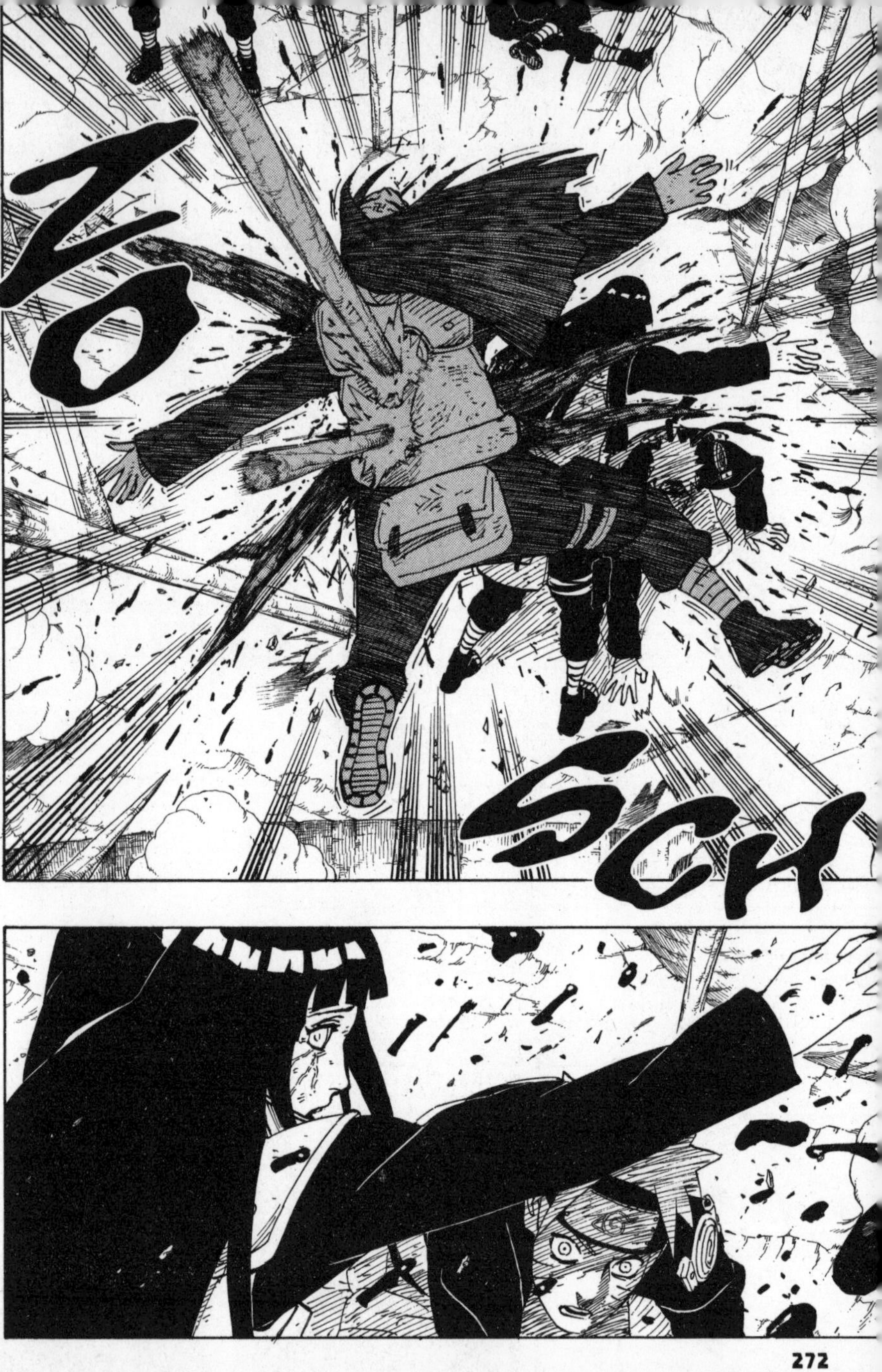
ZO
SCH

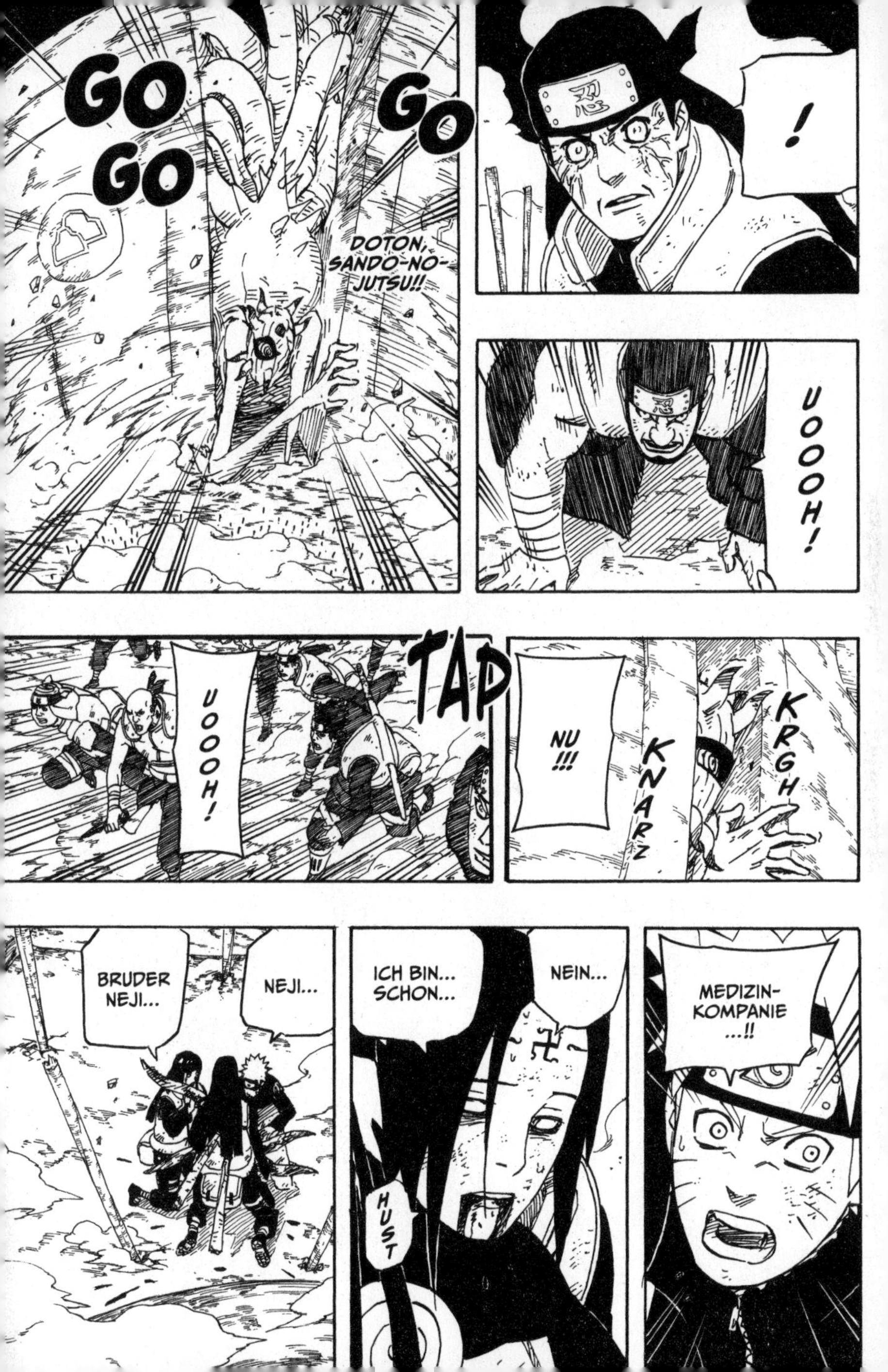
!
GO
GO
GO
GO
DOTON, SANDO-NO-JUTSU!!
UOOOOH!
KRGH
KNARZ
NU!!!
TAP
UOOOOH!
MEDIZIN-KOMPANIE ...!!
NEIN...
ICH BIN... SCHON...
HUST
NEJI...
BRUDER NEJI...

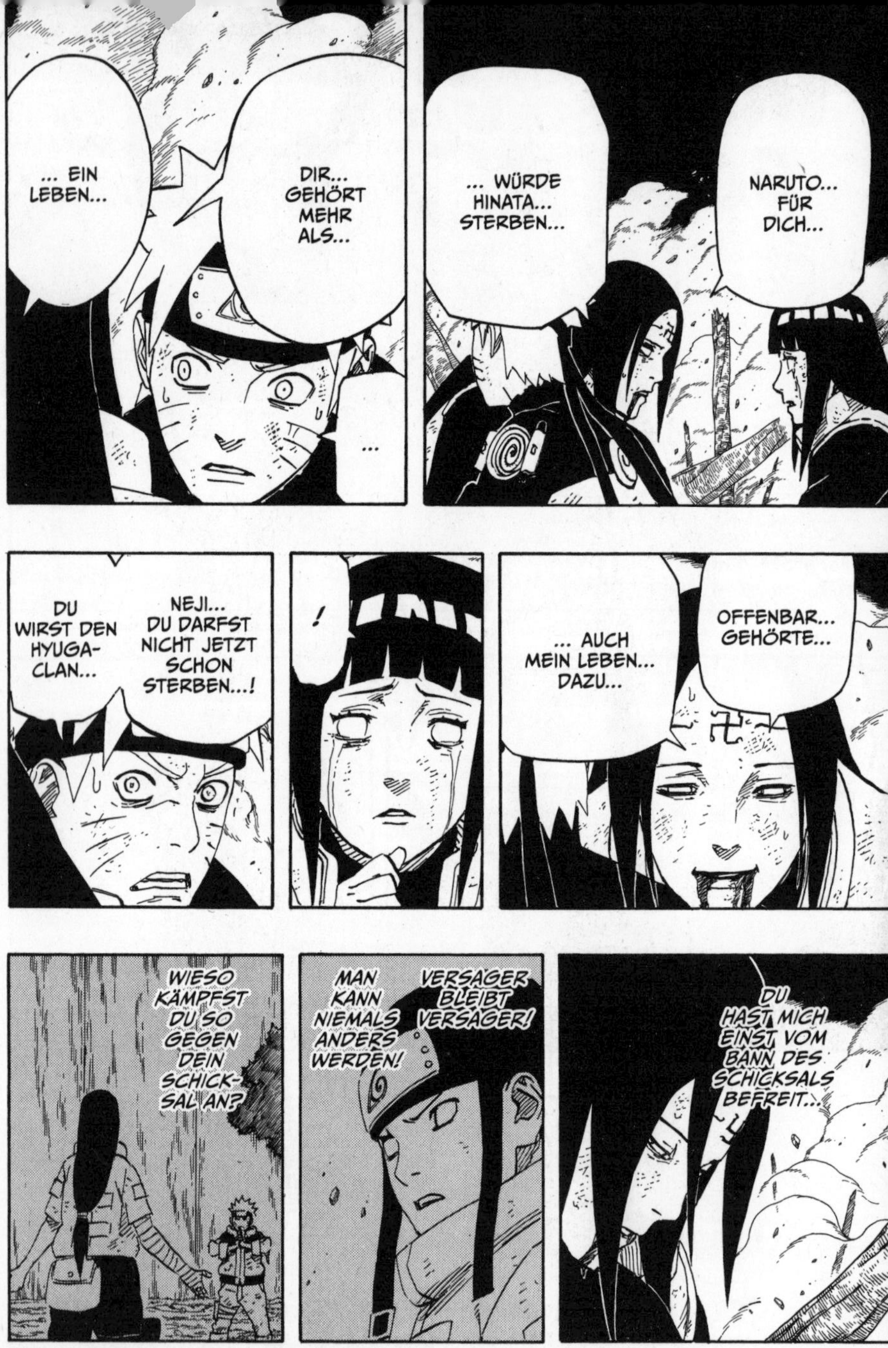
NARUTO... FÜR DICH...
... WÜRDE HINATA... STERBEN...
DIR... GEHÖRT MEHR ALS...
... EIN LEBEN...
...
OFFENBAR... GEHÖRTE...
... AUCH MEIN LEBEN... DAZU...
!
NEJI... DU DARFST NICHT JETZT SCHON STERBEN...!
DU WIRST DEN HYUGA-CLAN...
DU HAST MICH EINST VOM BANN DES SCHICKSALS BEFREIT...
VERSAGER BLEIBT VERSAGER!
MAN KANN NIEMALS ANDERS WERDEN!
WIESO KÄMPFST DU SO GEGEN DEIN SCHICKSAL AN?

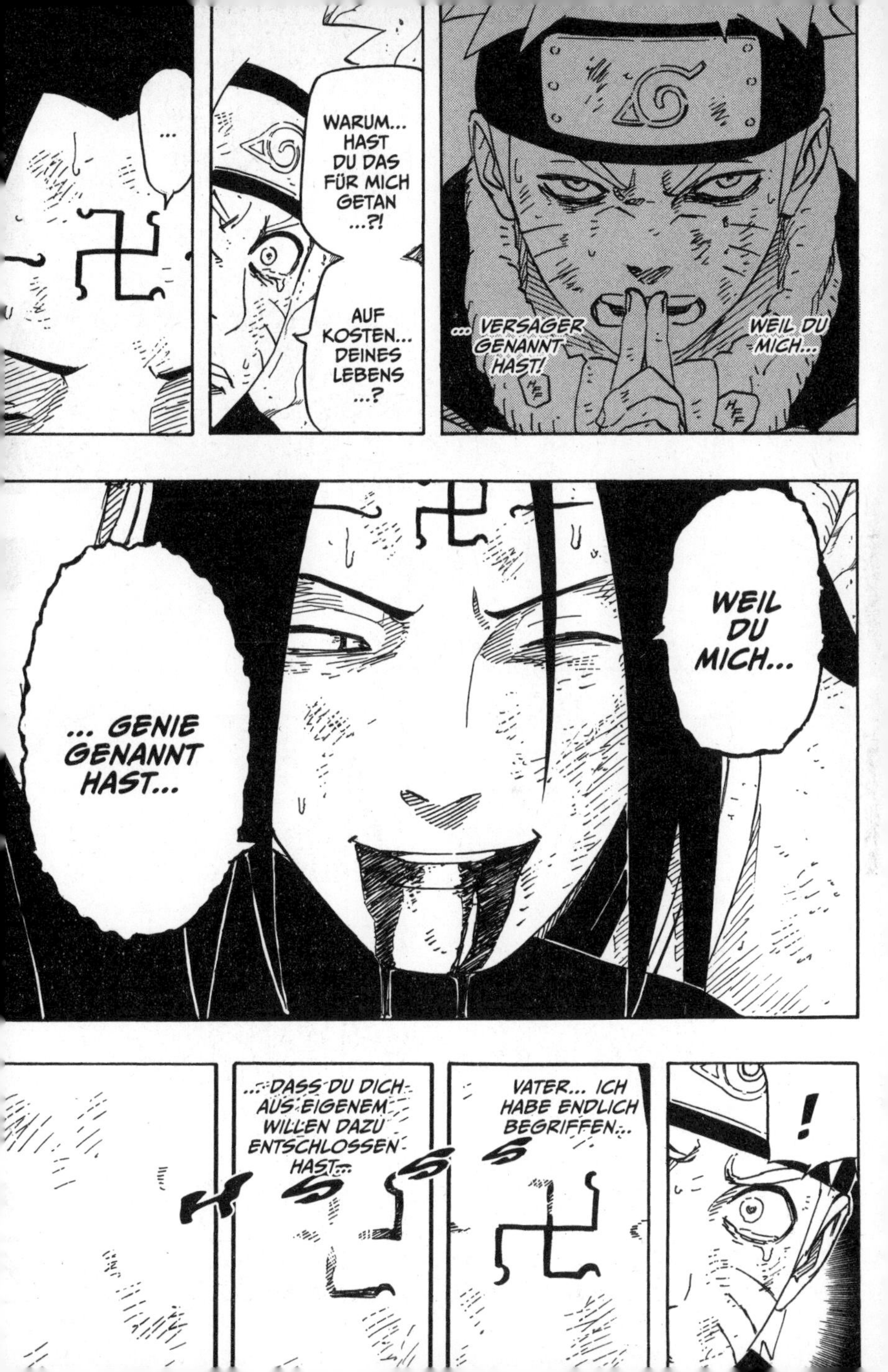
WEIL DU MICH...
... VERSAGER GENANNT HAST!
WARUM... HAST DU DAS FÜR MICH GETAN ...?!
AUF KOSTEN... DEINES LEBENS ...?
...
WEIL DU MICH...
... GENIE GENANNT HAST...
!
VATER... ICH HABE ENDLICH BEGRIFFEN...
... DASS DU DICH AUS EIGENEM WILLEN DAZU ENTSCHLOSSEN HAST...

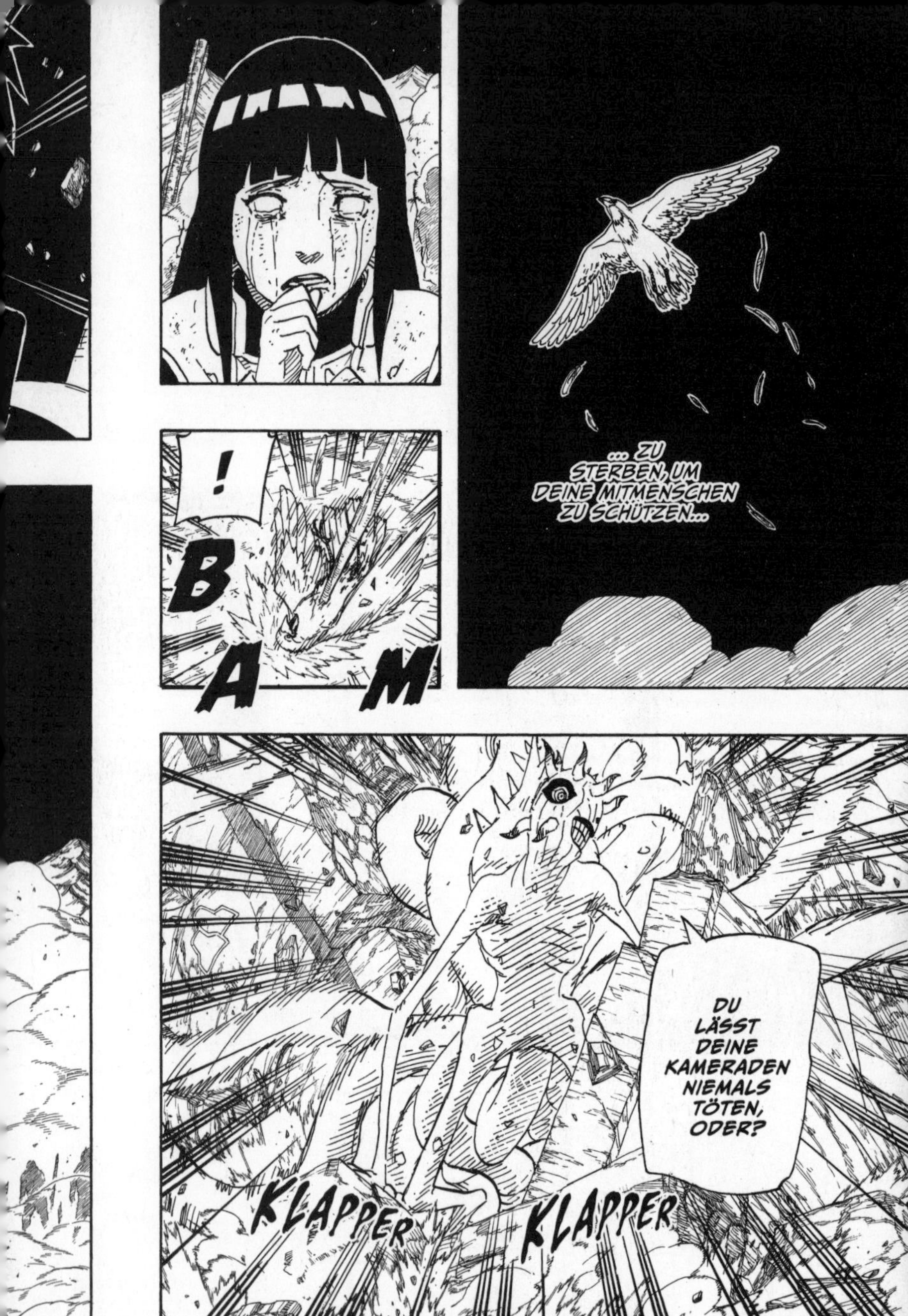
... ZU STERBEN, UM DEINE MITMENSCHEN ZU SCHÜTZEN...
!
BAM
DU LÄSST DEINE KAMERADEN NIEMALS TÖTEN, ODER?
KLAPPER KLAPPER

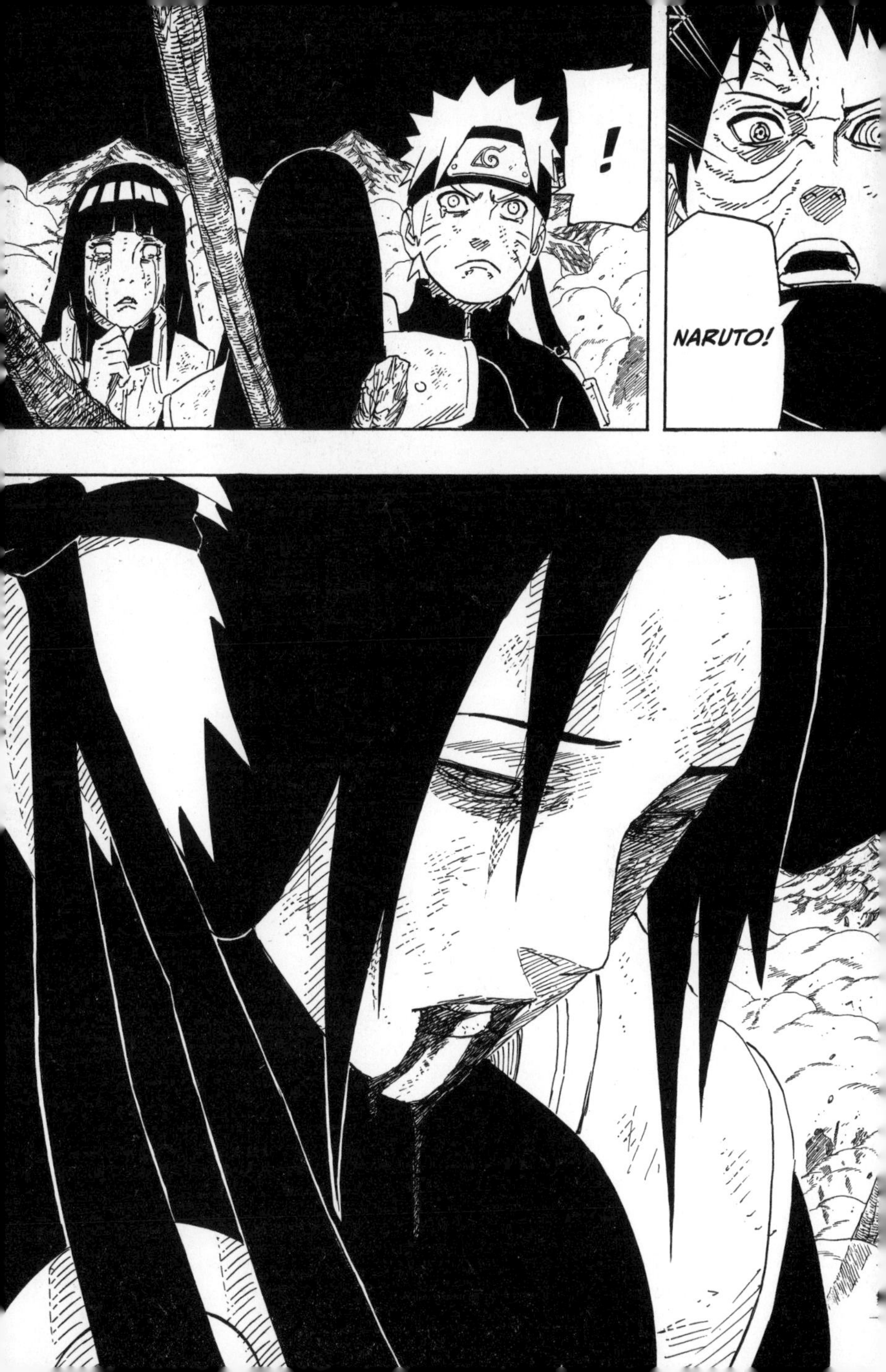

NARUTO!
!

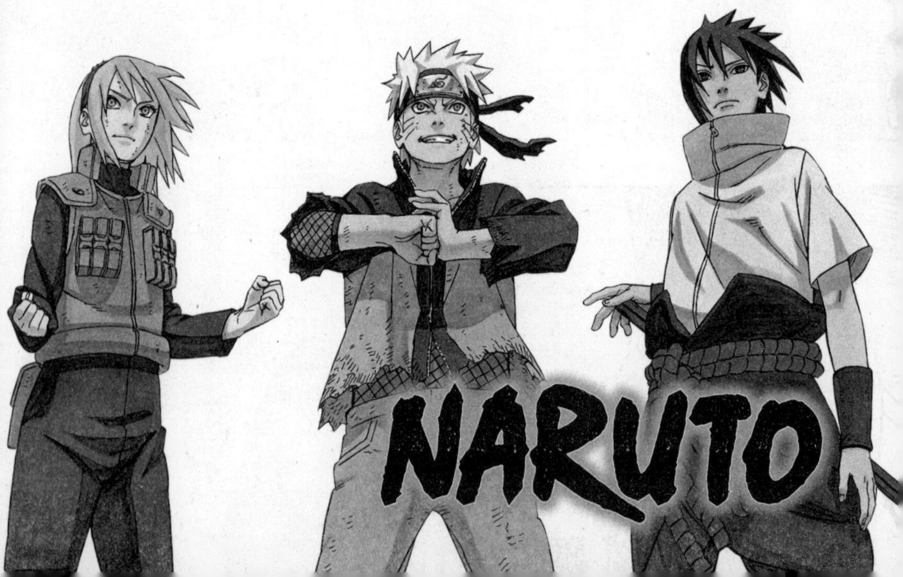
NARUTO

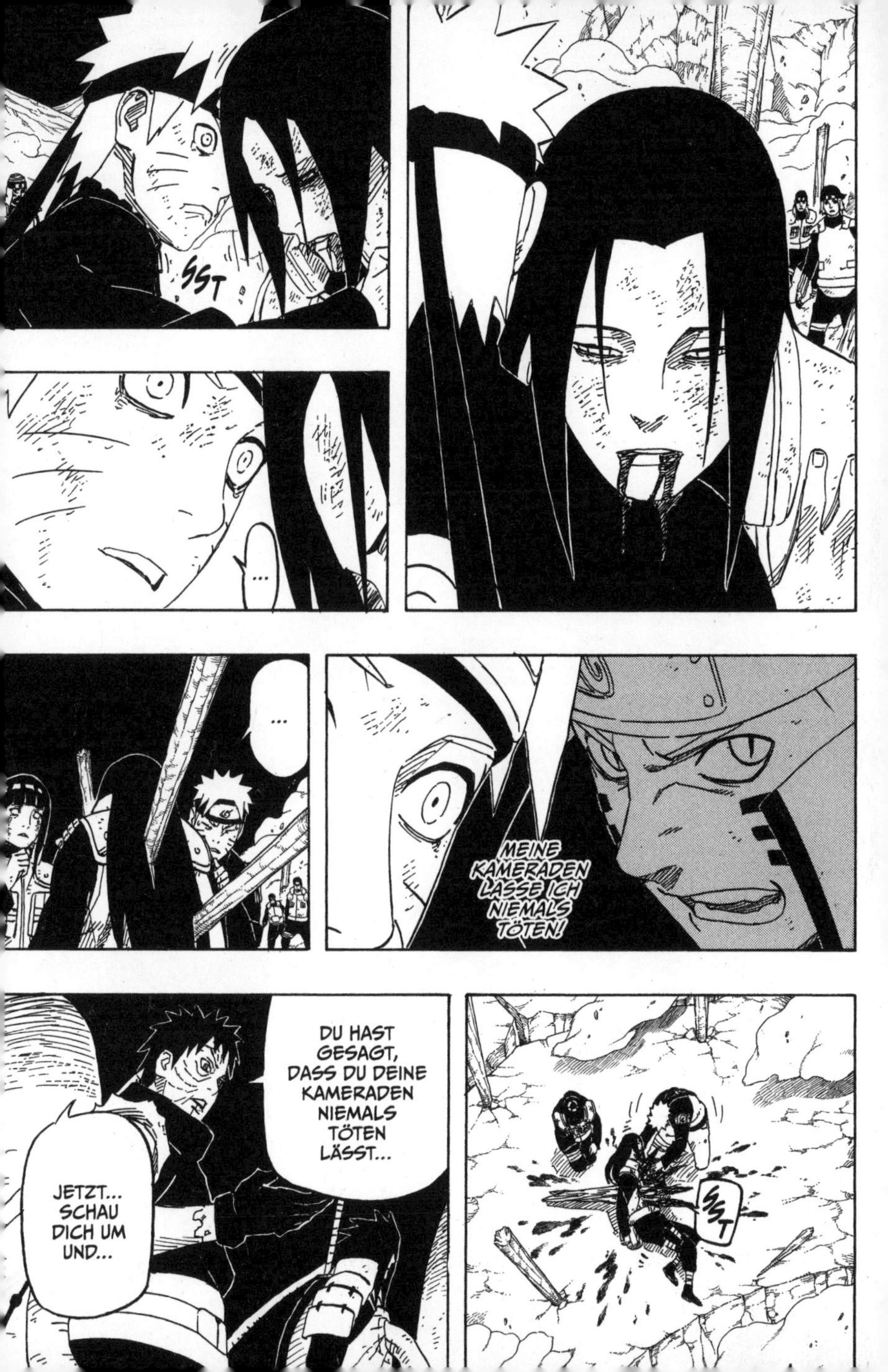

SST
...
...
MEINE KAMERADEN LASSE ICH NIEMALS TÖTEN!
DU HAST GESAGT, DASS DU DEINE KAMERADEN NIEMALS TÖTEN LÄSST...
JETZT... SCHAU DICH UM UND...
SST

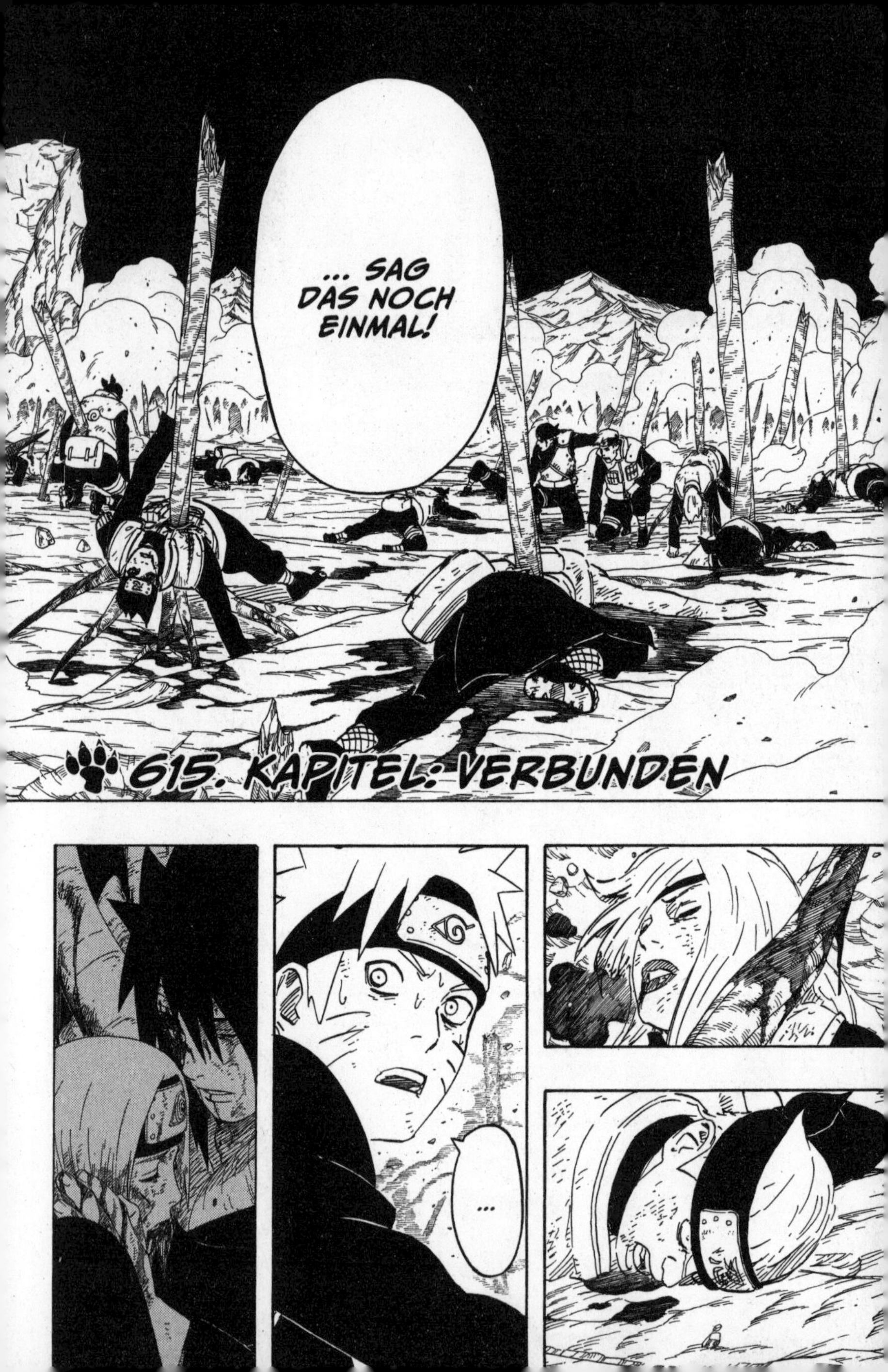
... SAG DAS NOCH EINMAL!
615. KAPITEL: VERBUNDEN
...

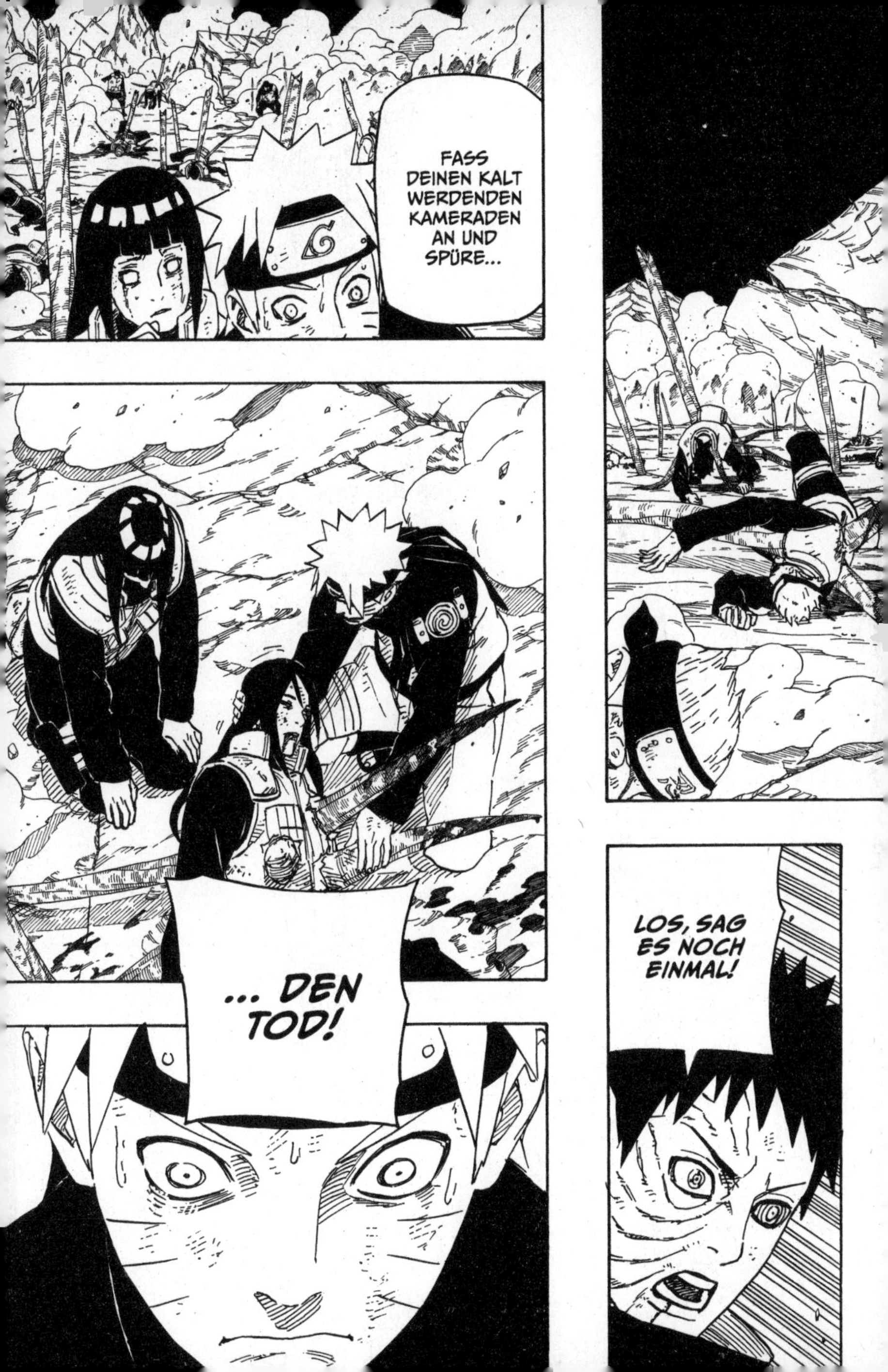
FASS DEINEN KALT WERDENDEN KAMERADEN AN UND SPÜRE...
... DEN TOD!
LOS, SAG ES NOCH EINMAL!

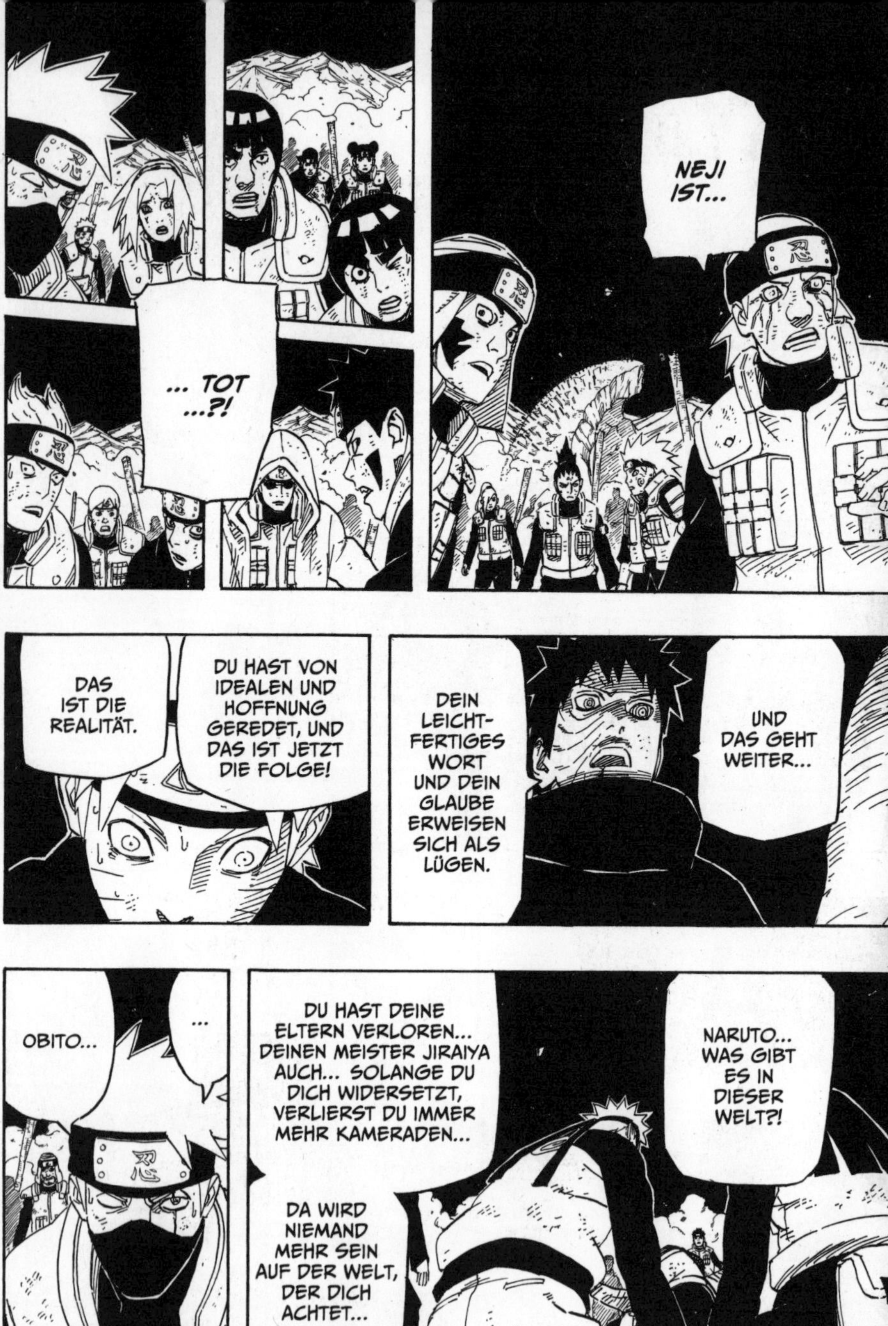
NEJI IST...
... TOT ...?!
UND DAS GEHT WEITER...
DEIN LEICHTFERTIGES WORT UND DEIN GLAUBE ERWEISEN SICH ALS LÜGEN.
DU HAST VON IDEALEN UND HOFFNUNG GEREDET, UND DAS IST JETZT DIE FOLGE!
DAS IST DIE REALITÄT.
NARUTO... WAS GIBT ES IN DIESER WELT?!
DU HAST DEINE ELTERN VERLOREN... DEINEN MEISTER JIRAIYA AUCH... SOLANGE DU DICH WIDERSETZT, VERLIERST DU IMMER MEHR KAMERADEN...
DA WIRD NIEMAND MEHR SEIN AUF DER WELT, DER DICH ACHTET...
...
OBITO...

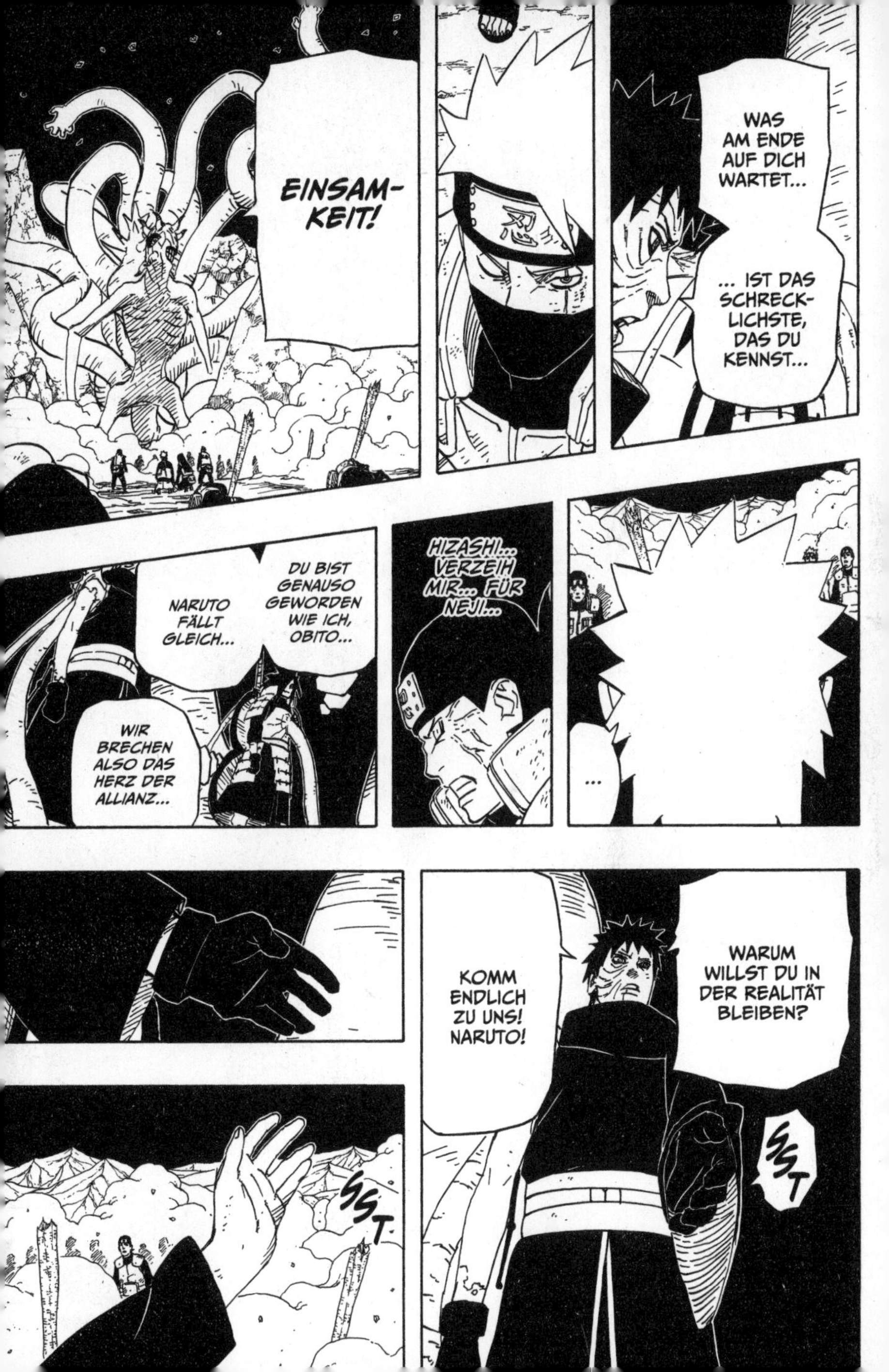
WAS AM ENDE AUF DICH WARTET...
... IST DAS SCHRECKLICHSTE, DAS DU KENNST...
EINSAMKEIT!
...
HIZASHI... VERZEIH MIR... FÜR NEJI...
DU BIST GENAUSO GEWORDEN WIE ICH, OBITO...
NARUTO FÄLLT GLEICH...
WIR BRECHEN ALSO DAS HERZ DER ALLIANZ...
WARUM WILLST DU IN DER REALITÄT BLEIBEN?
KOMM ENDLICH ZU UNS! NARUTO!
SST
SST

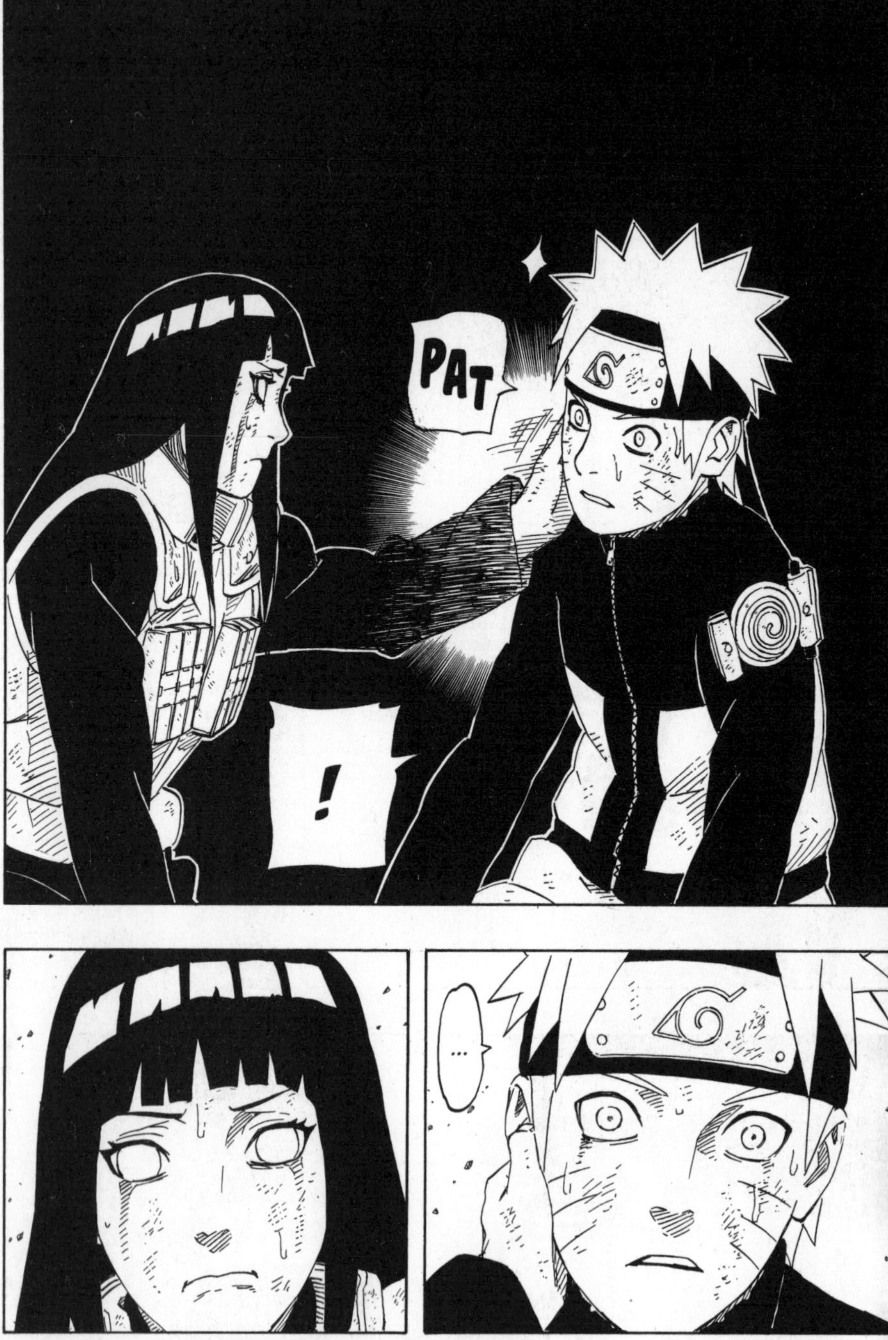
PAT
!
...

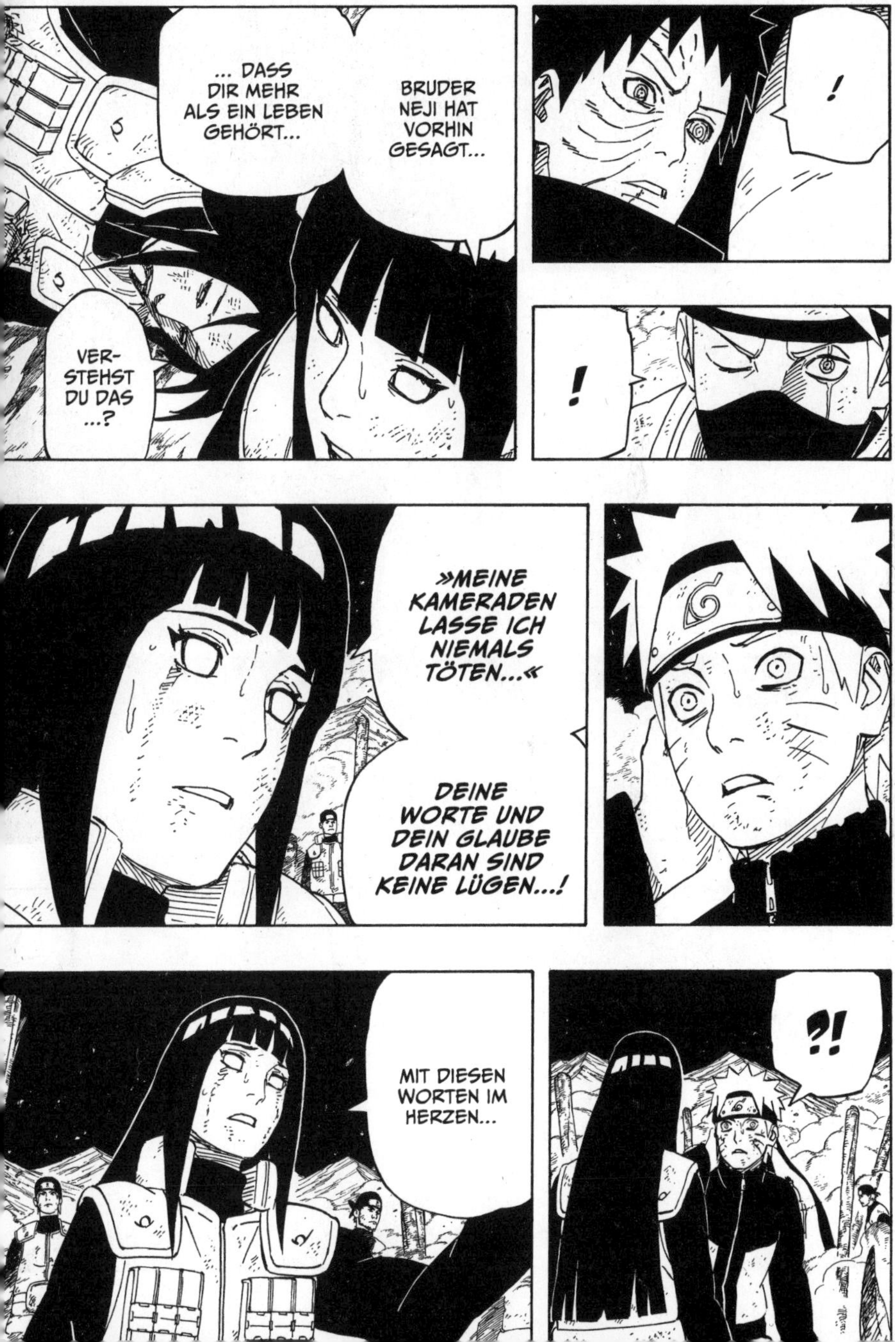
!
!
BRUDER NEJI HAT VORHIN GESAGT...
... DASS DIR MEHR ALS EIN LEBEN GEHÖRT...
VER-STEHST DU DAS ...?
»MEINE KAMERADEN LASSE ICH NIEMALS TÖTEN...«
DEINE WORTE UND DEIN GLAUBE DARAN SIND KEINE LÜGEN...!
?!
MIT DIESEN WORTEN IM HERZEN...

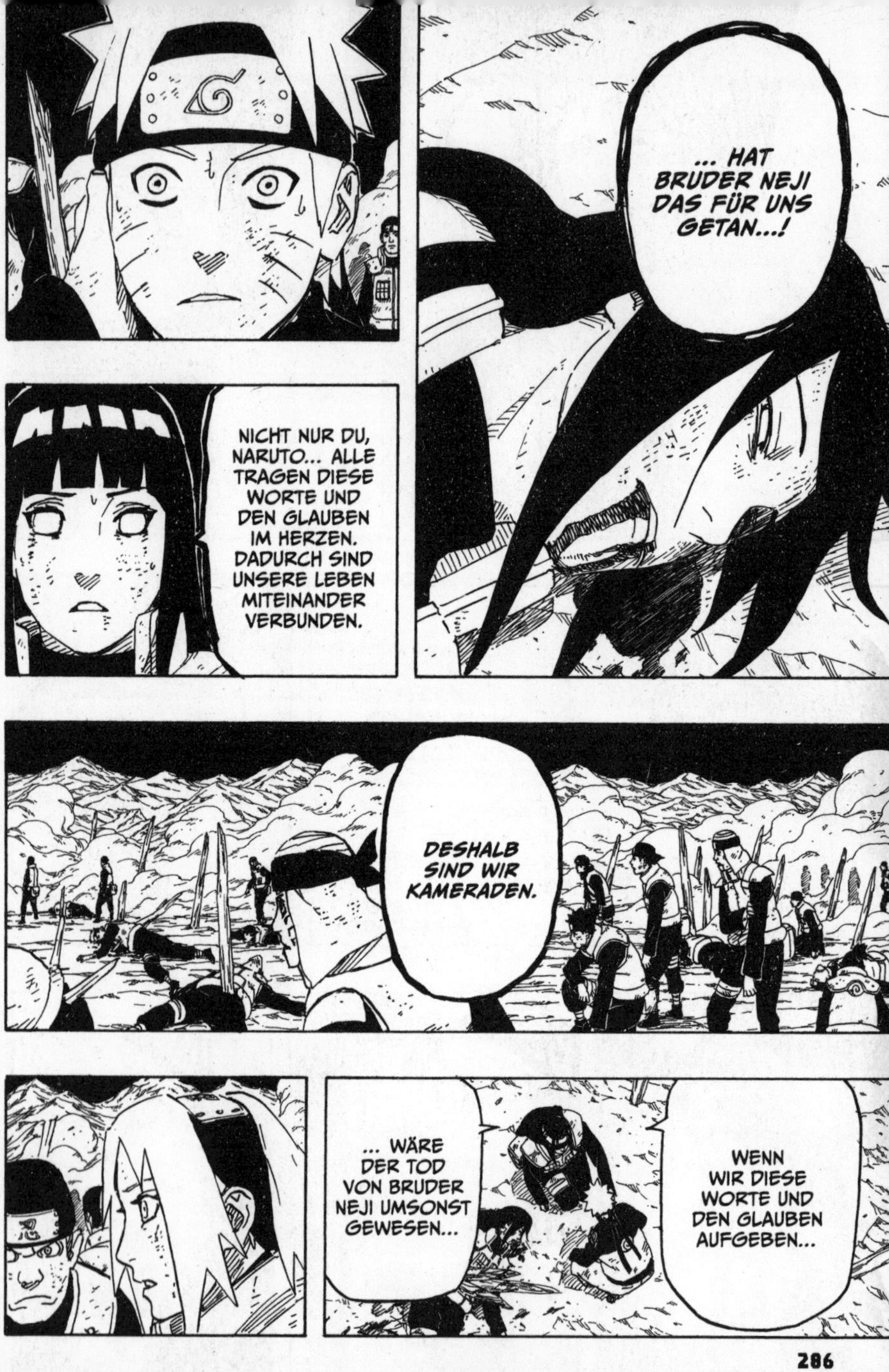
... HAT BRUDER NEJI DAS FÜR UNS GETAN...!
NICHT NUR DU, NARUTO... ALLE TRAGEN DIESE WORTE UND DEN GLAUBEN IM HERZEN. DADURCH SIND UNSERE LEBEN MITEINANDER VERBUNDEN.
DESHALB SIND WIR KAMERADEN.
WENN WIR DIESE WORTE UND DEN GLAUBEN AUFGEBEN...
... WÄRE DER TOD VON BRUDER NEJI UMSONST GEWESEN...

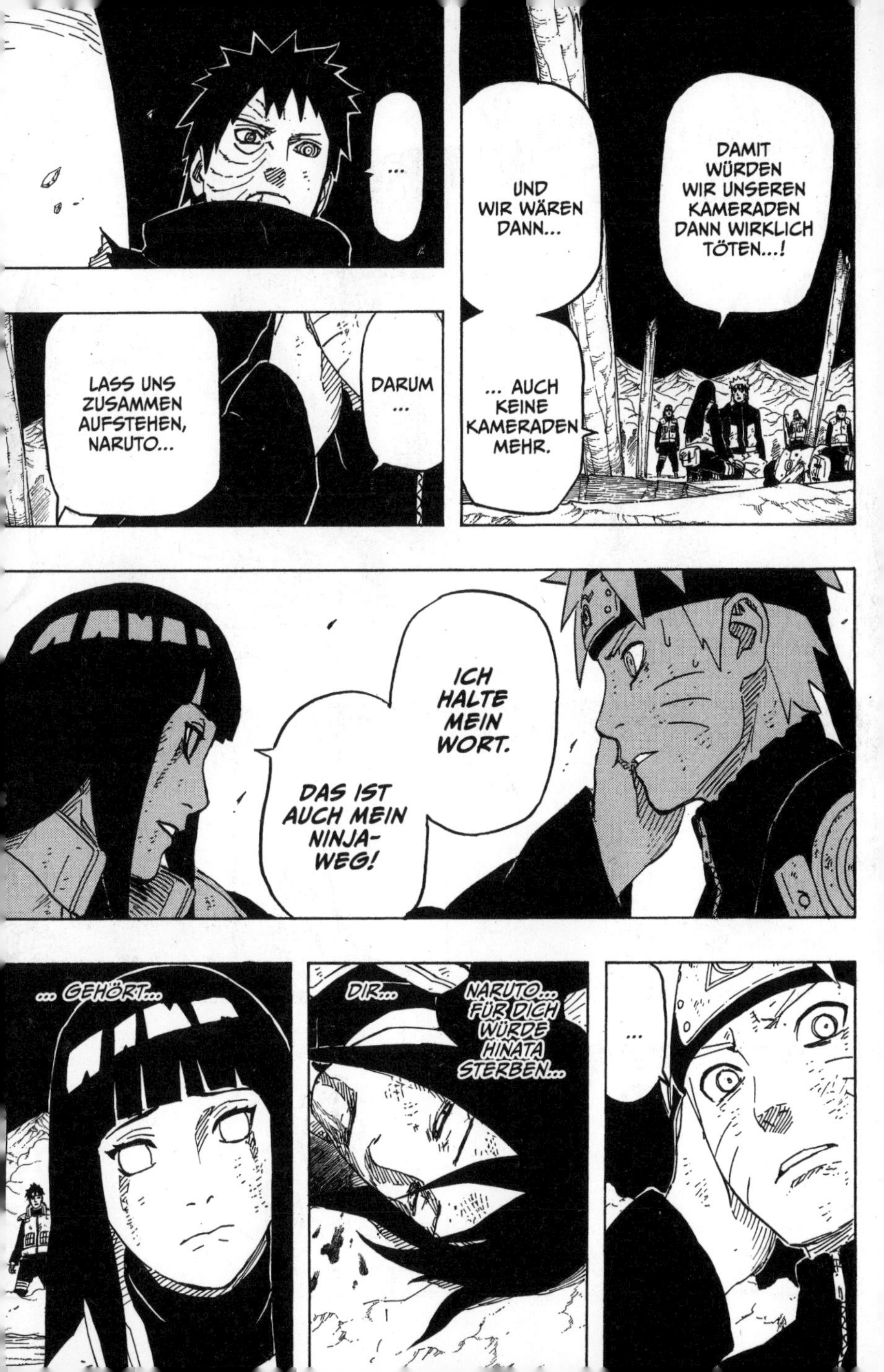
DAMIT WÜRDEN WIR UNSEREN KAMERADEN DANN WIRKLICH TÖTEN...!
UND WIR WÄREN DANN...
... AUCH KEINE KAMERADEN MEHR.
...
DARUM ...
LASS UNS ZUSAMMEN AUFSTEHEN, NARUTO...
ICH HALTE MEIN WORT.
DAS IST AUCH MEIN NINJA-WEG!
...
NARUTO... FÜR DICH WÜRDE HINATA STERBEN...
DIR...
... GEHÖRT...

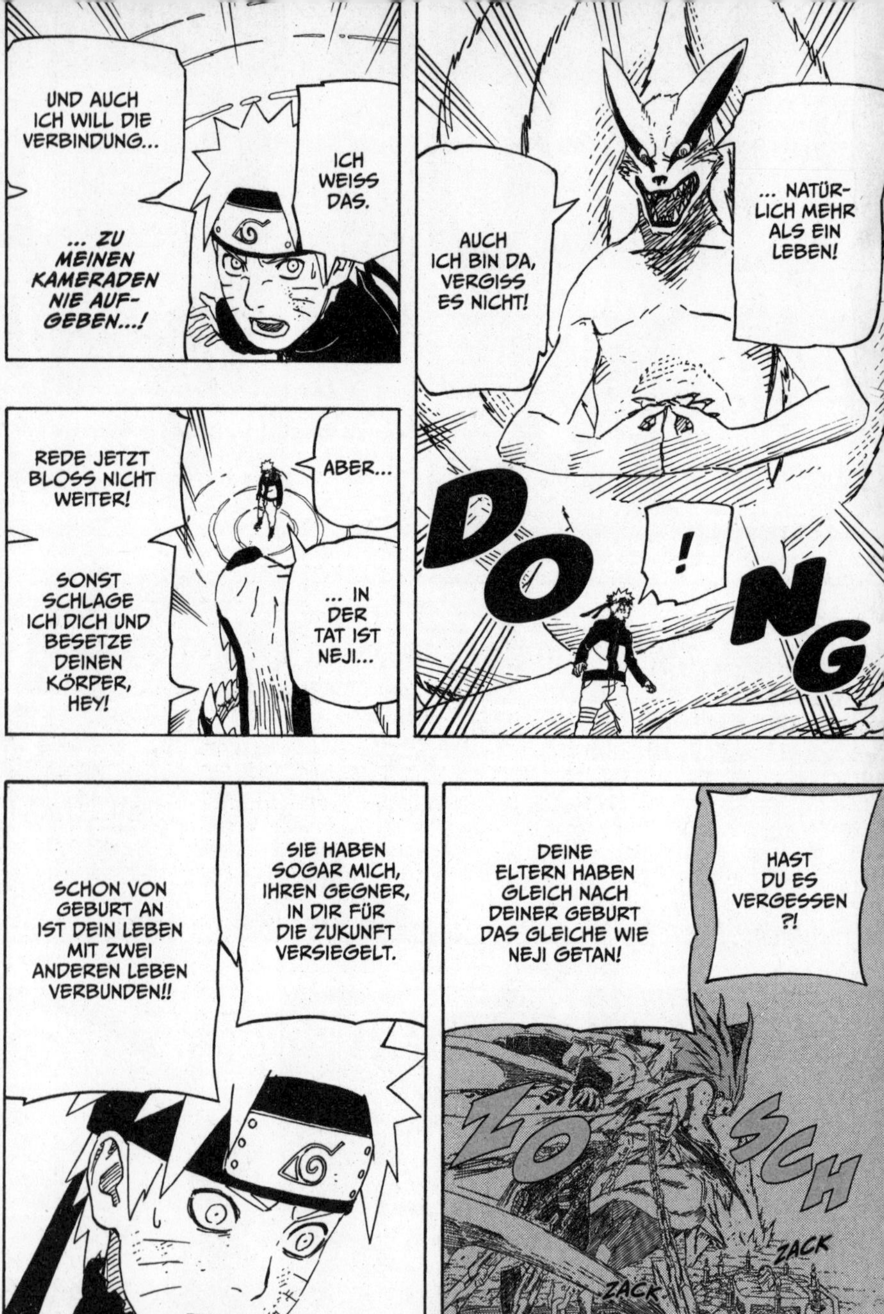
... NATÜR-
LICH MEHR
ALS EIN
LEBEN!
AUCH
ICH BIN DA,
VERGISS
ES NICHT!
!
DONG
ICH
WEISS
DAS.
UND AUCH
ICH WILL DIE
VERBINDUNG...
... ZU
MEINEN
KAMERADEN
NIE AUF-
GEBEN...!
ABER...
REDE JETZT
BLOSS NICHT
WEITER!
... IN
DER
TAT IST
NEJI...
SONST
SCHLAGE
ICH DICH UND
BESETZE
DEINEN
KÖRPER,
HEY!
HAST
DU ES
VERGESSEN
?!
DEINE
ELTERN HABEN
GLEICH NACH
DEINER GEBURT
DAS GLEICHE WIE
NEJI GETAN!
ZOSCH
ZACK
ZACK
SIE HABEN
SOGAR MICH,
IHREN GEGNER,
IN DIR FÜR
DIE ZUKUNFT
VERSIEGELT.
SCHON VON
GEBURT AN
IST DEIN LEBEN
MIT ZWEI
ANDEREN LEBEN
VERBUNDEN!!

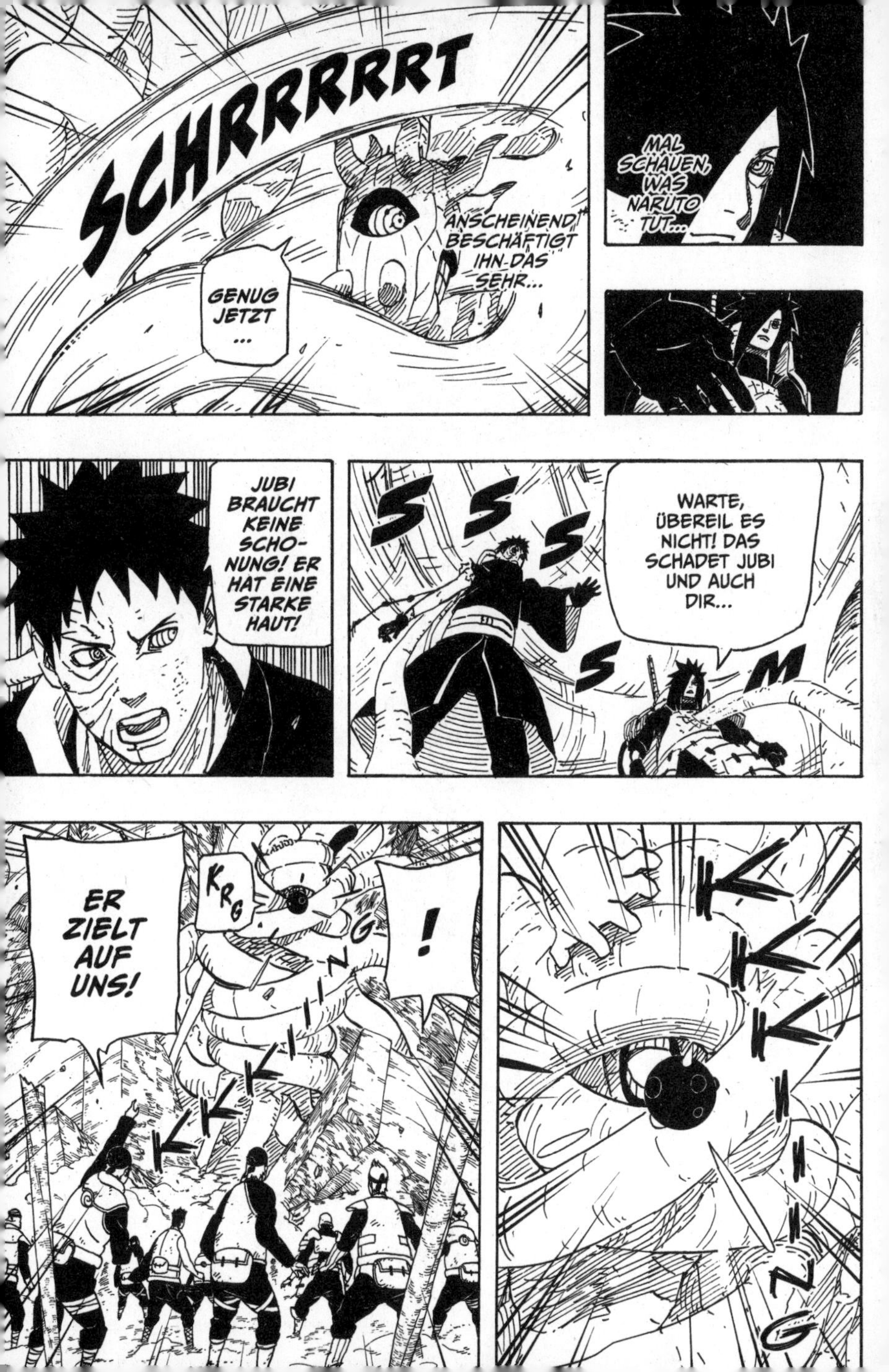

MAL SCHAUEN, WAS NARUTO TUT...
SCHRRRRRT
ANSCHEINEND BESCHÄFTIGT IHN DAS SEHR...
GENUG JETZT ...
WARTE, ÜBEREIL ES NICHT! DAS SCHADET JUBI UND AUCH DIR...
SSSS
M
JUBI BRAUCHT KEINE SCHONUNG! ER HAT EINE STARKE HAUT!
KKKIIIING
!
KRG
KKKKIIING
ER ZIELT AUF UNS!

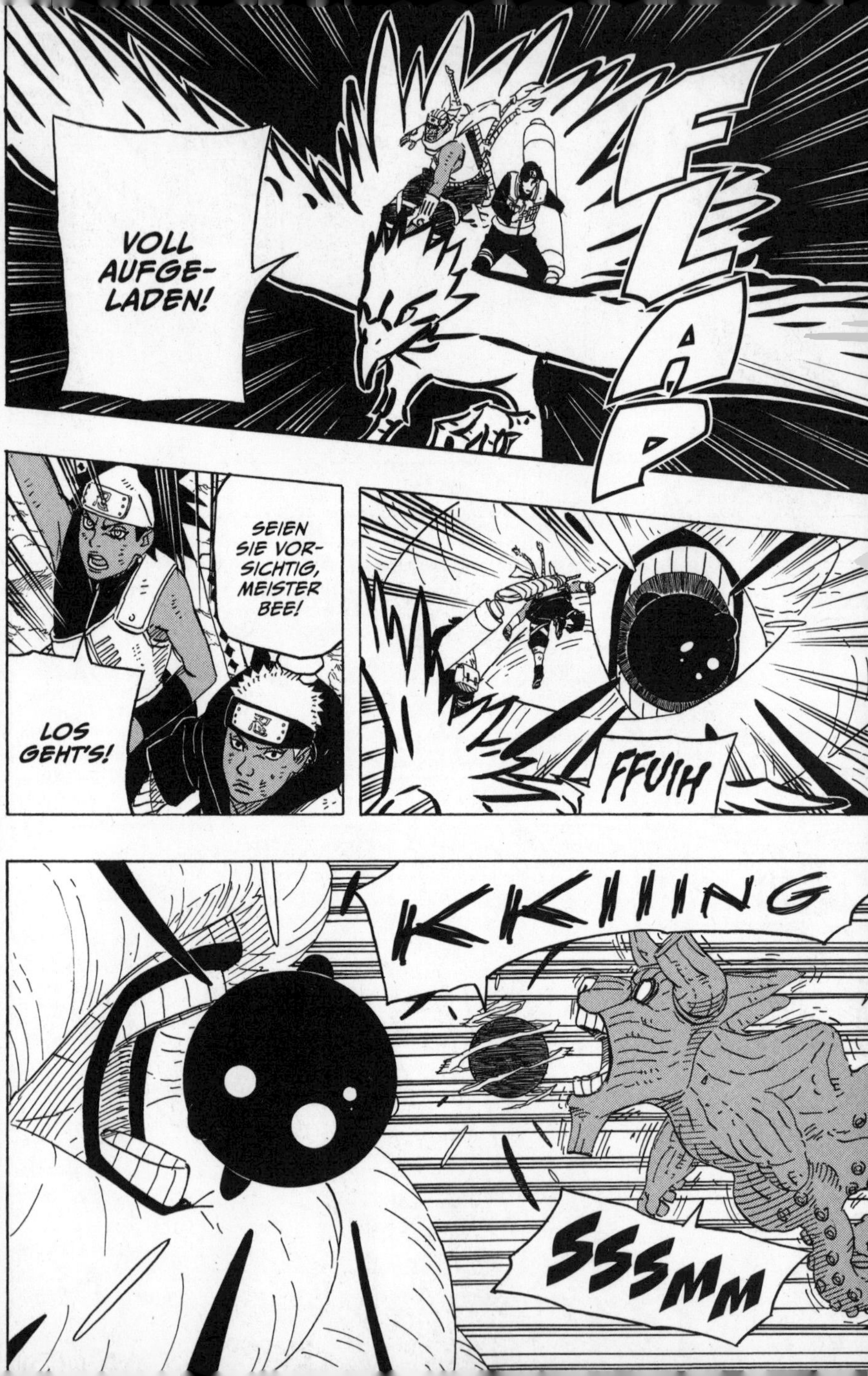
FLAP
VOLL AUFGELADEN!
FFUIH
SEIEN SIE VORSICHTIG, MEISTER BEE!
LOS GEHT'S!
KKIIING
SSSMM

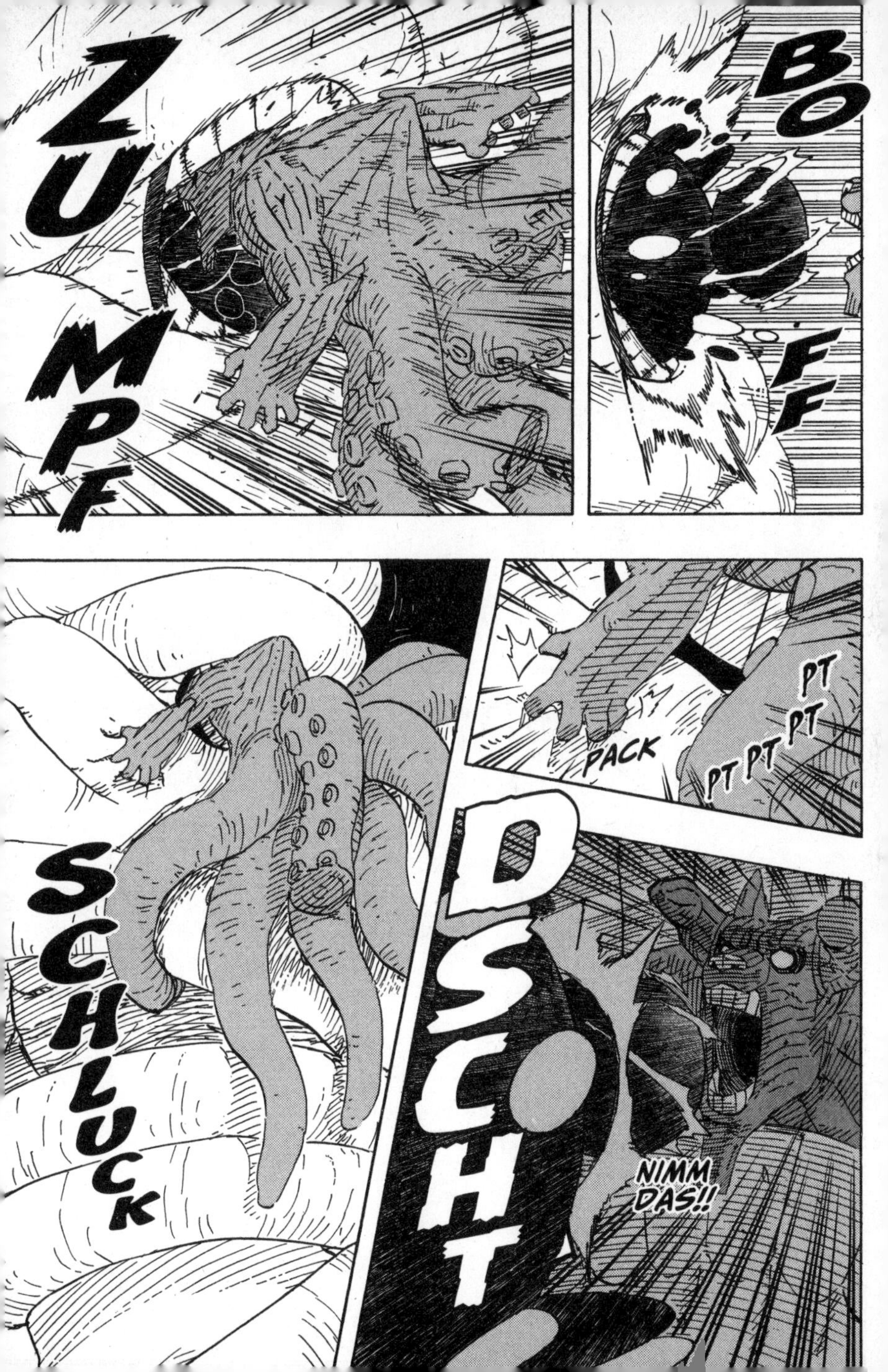

BOFF
ZUMPF
PT PT PT PT PT
PACK
SCHLUCK
DSCHT
NIMM DAS!!

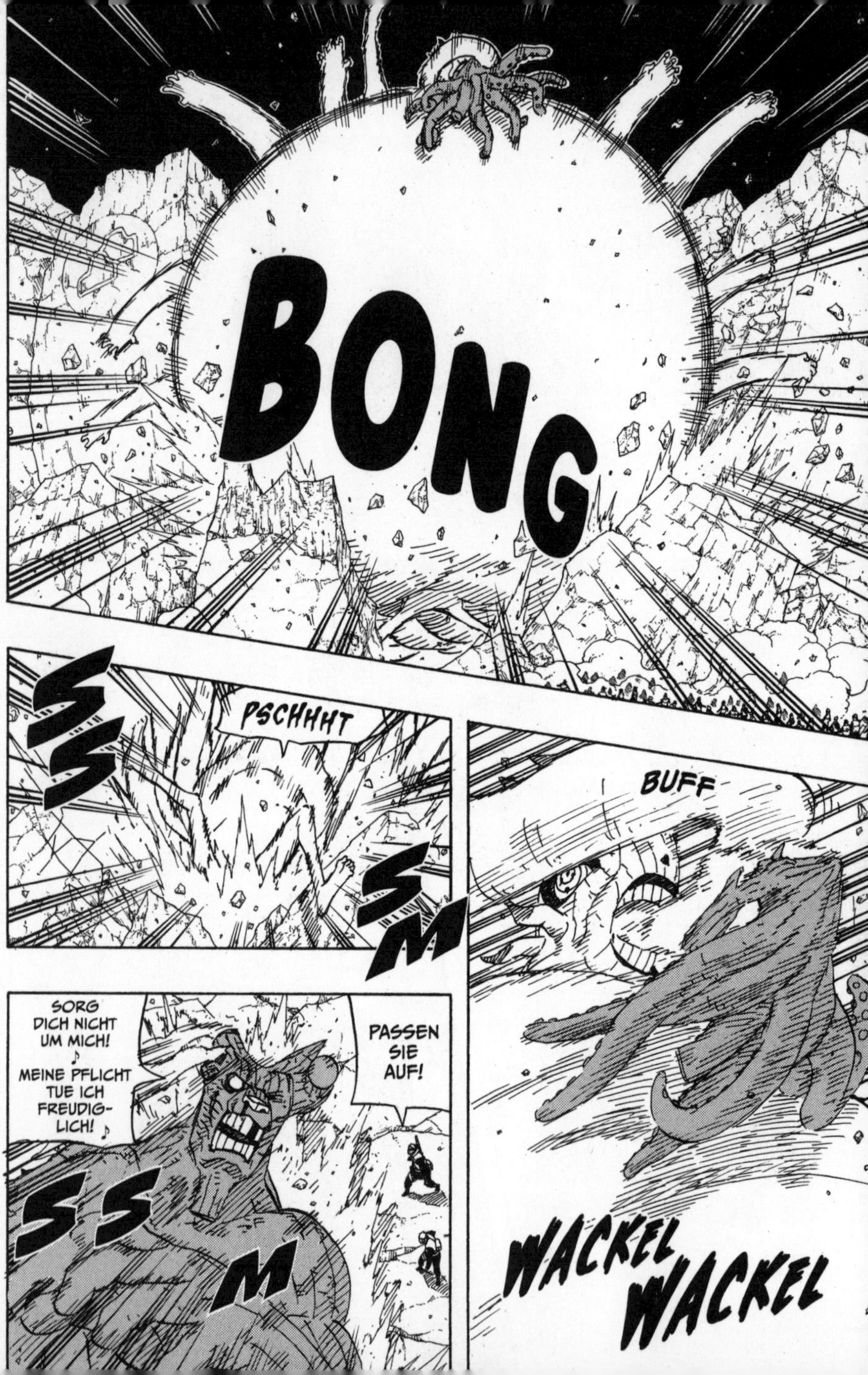
BONG
PSCHHHT
SSSSM
BUFF
WACKEL WACKEL
PASSEN SIE AUF!
SORG DICH NICHT UM MICH! ♪ MEINE PFLICHT TUE ICH FREUDIG-LICH! ♪
SSSM

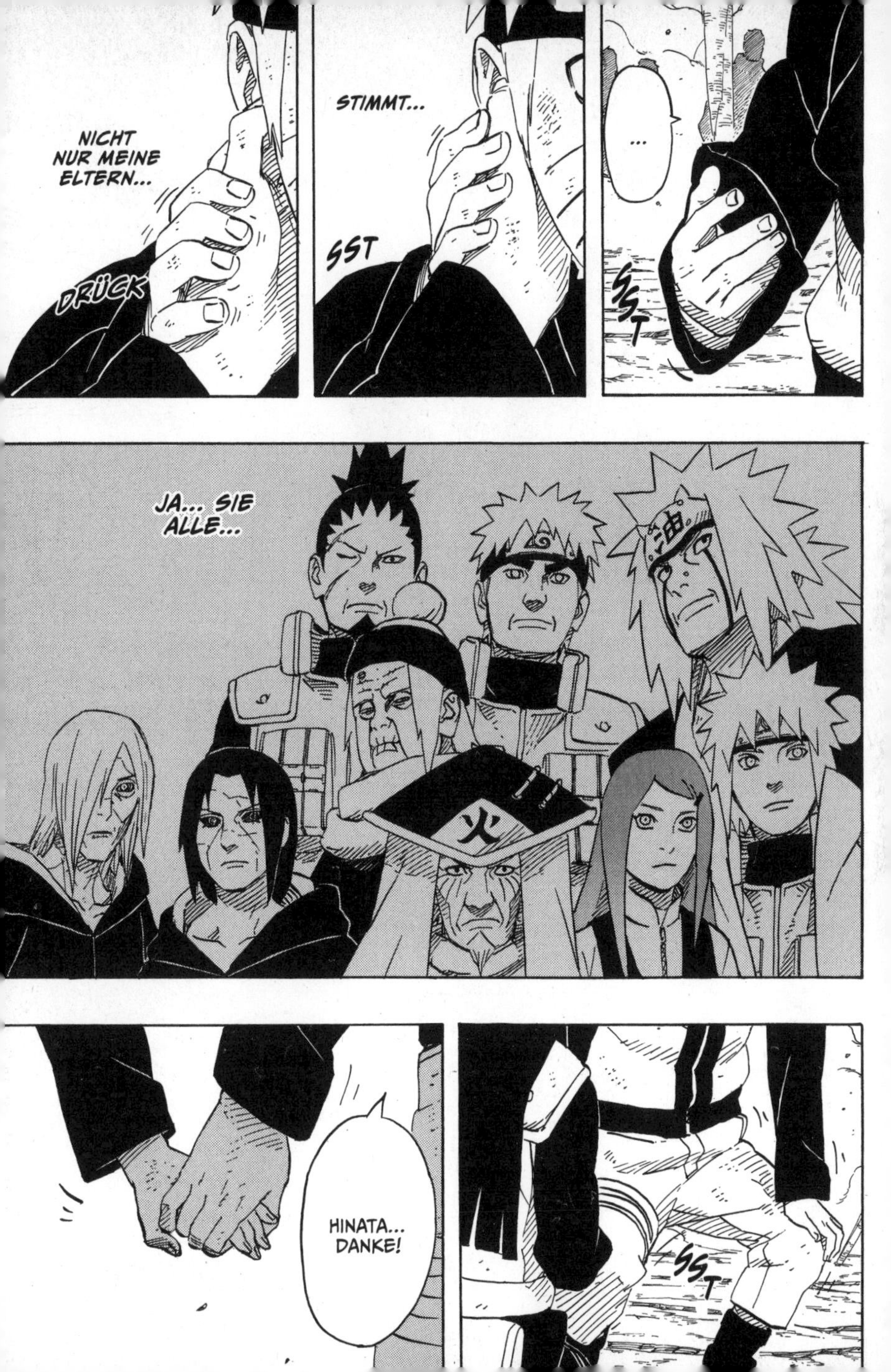
...
SST
STIMMT...
SST
NICHT NUR MEINE ELTERN...
DRÜCK
JA... SIE ALLE...
SST
HINATA... DANKE!

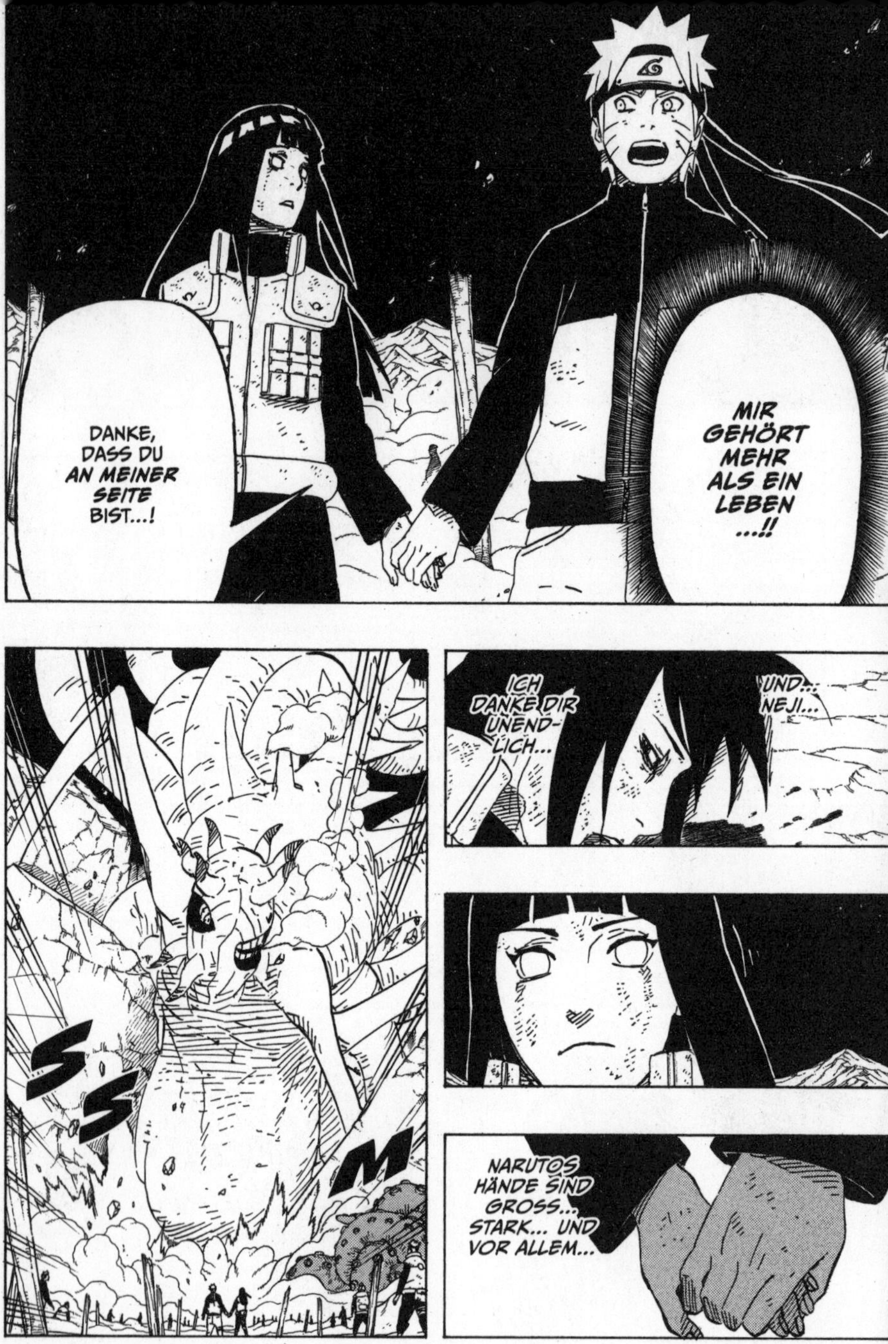
MIR GEHÖRT MEHR ALS EIN LEBEN ...!!
DANKE, DASS DU AN MEINER SEITE BIST...!
UND... NEJI...
ICH DANKE DIR UNEND-LICH...
SSM
NARUTOS HÄNDE SIND GROSS... STARK... UND VOR ALLEM...

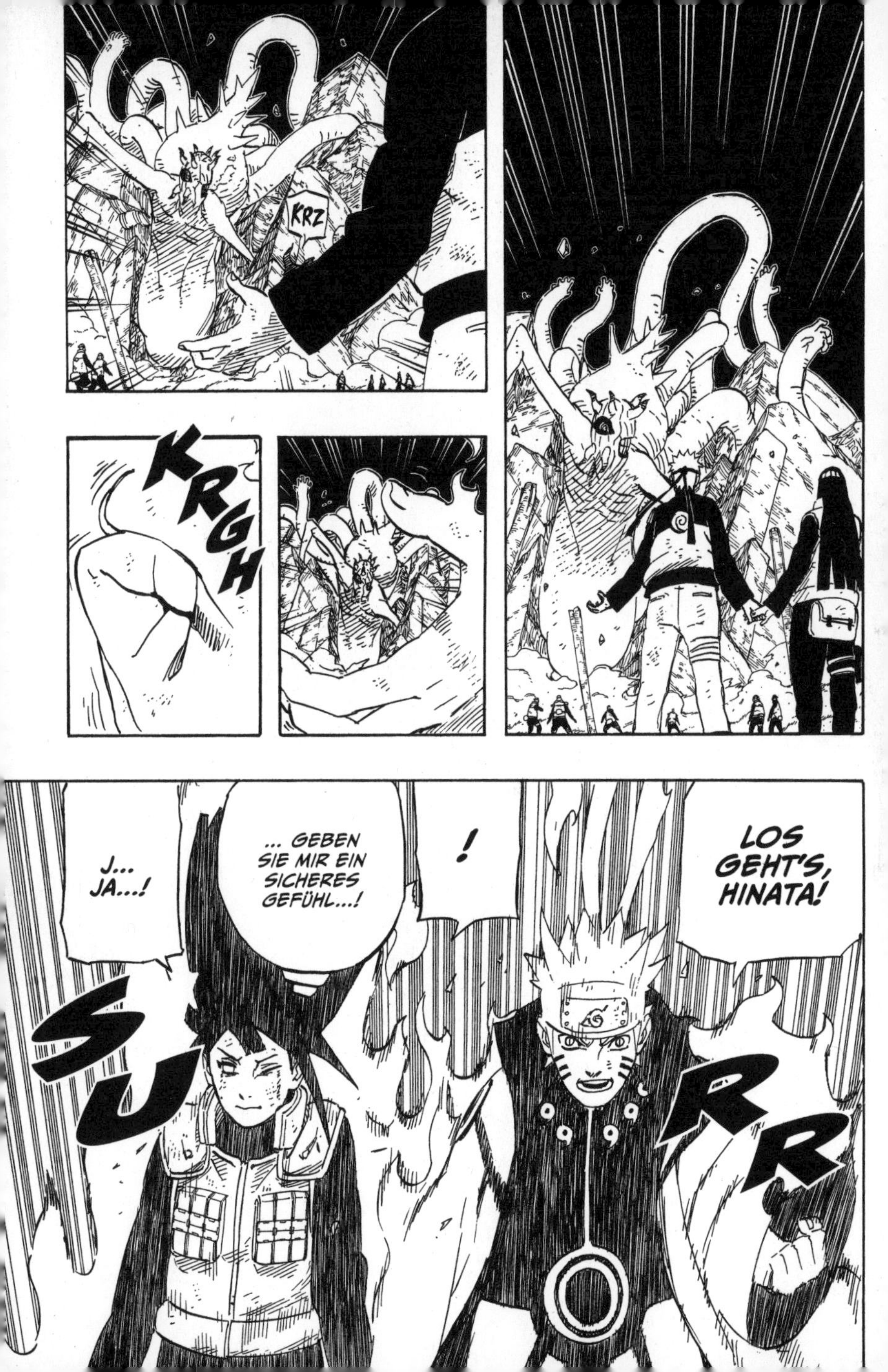
KRZ
KRGH
LOS GEHT'S, HINATA!
!
... GEBEN SIE MIR EIN SICHERES GEFÜHL...!
J... JA...!
RR
SU

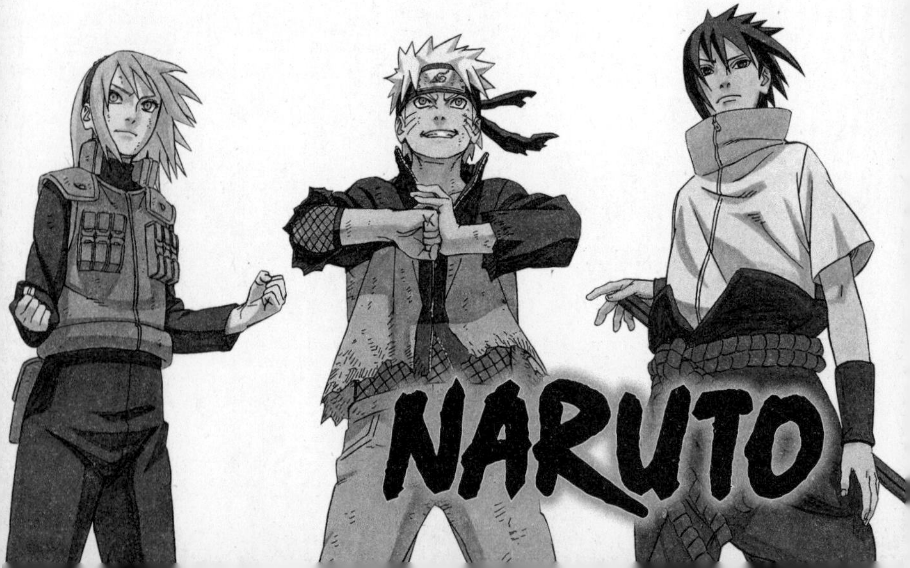
NARUTO

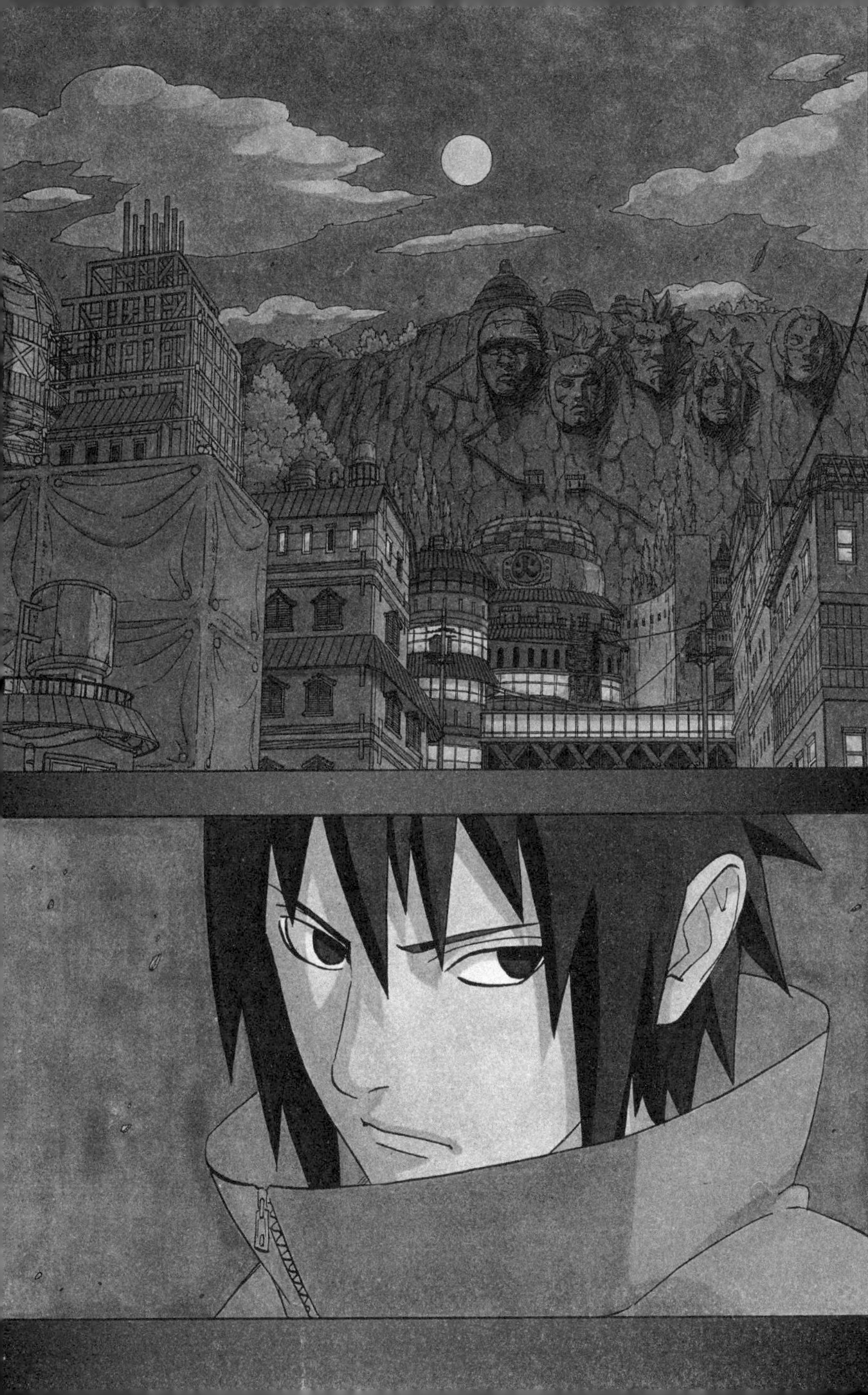

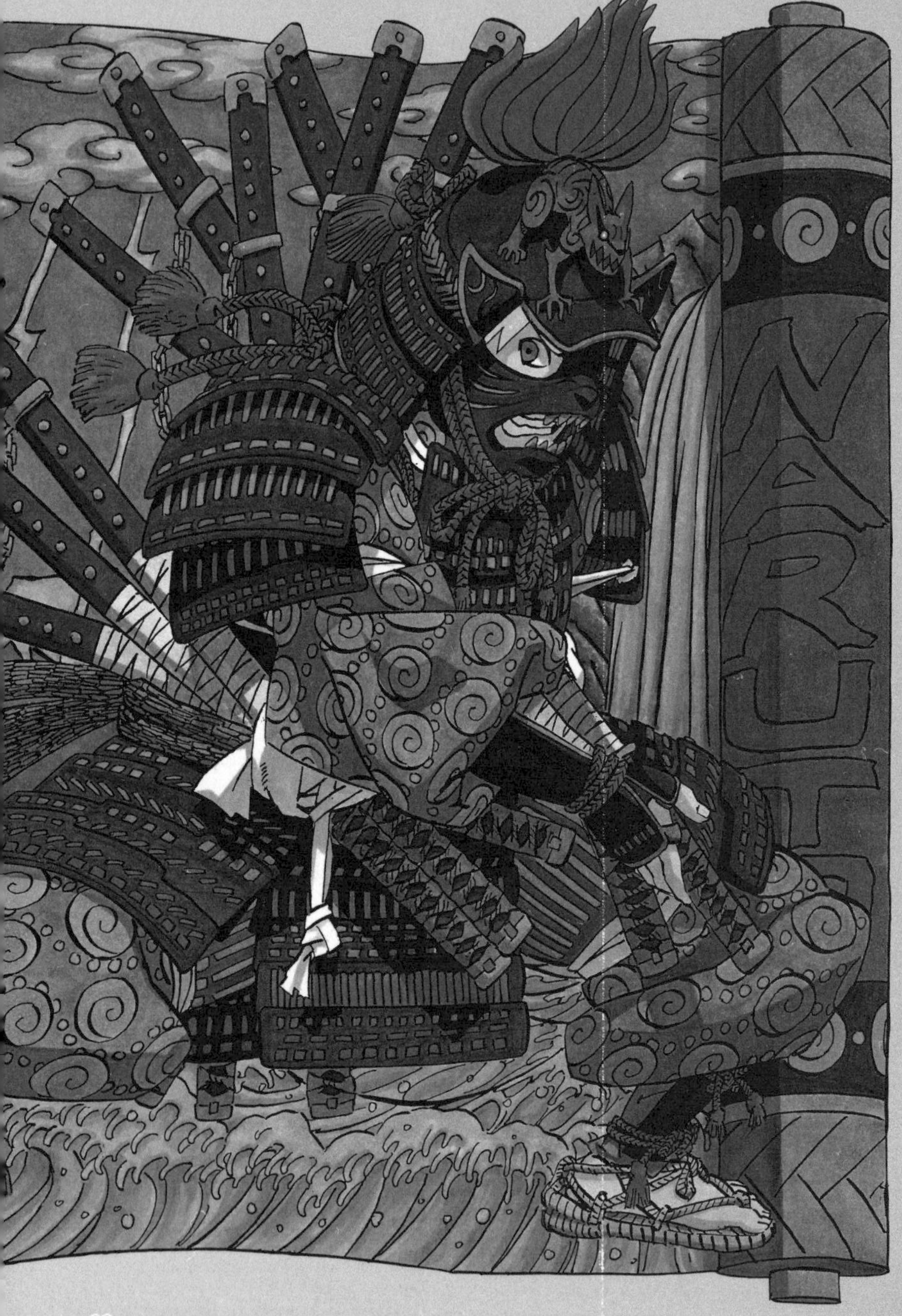

TÄNZER, DIE ES ERDULDEN

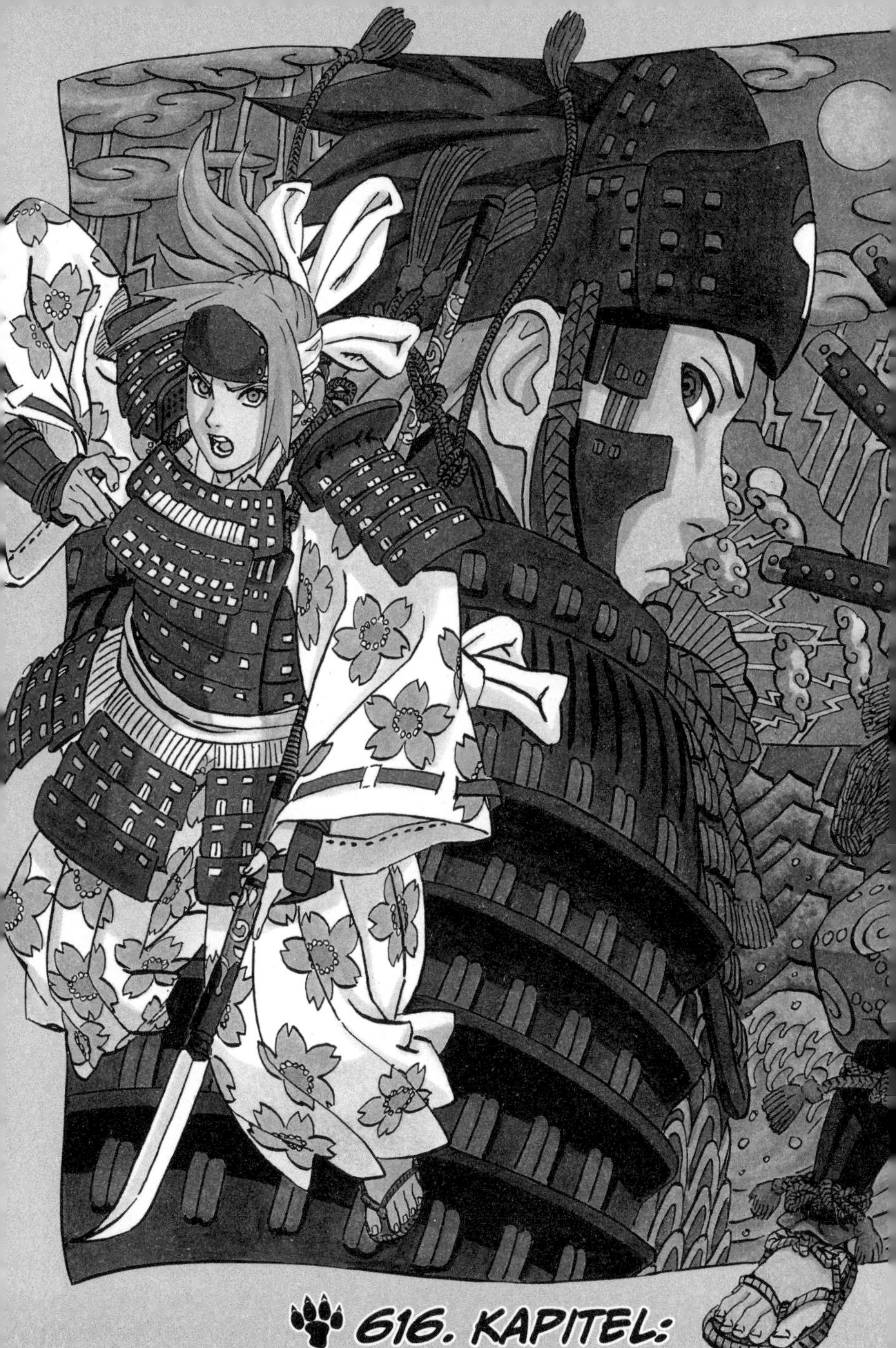

616. KAPITEL:

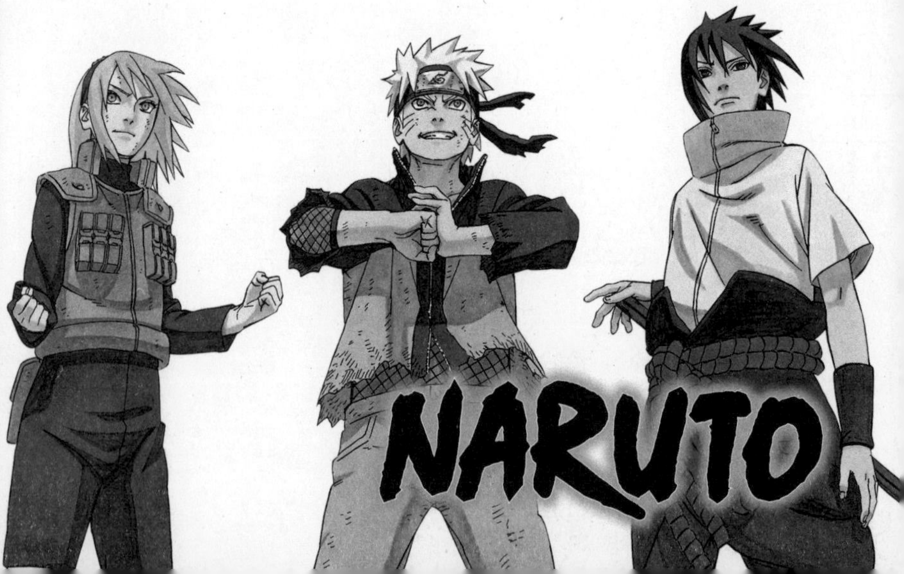
NARUTO

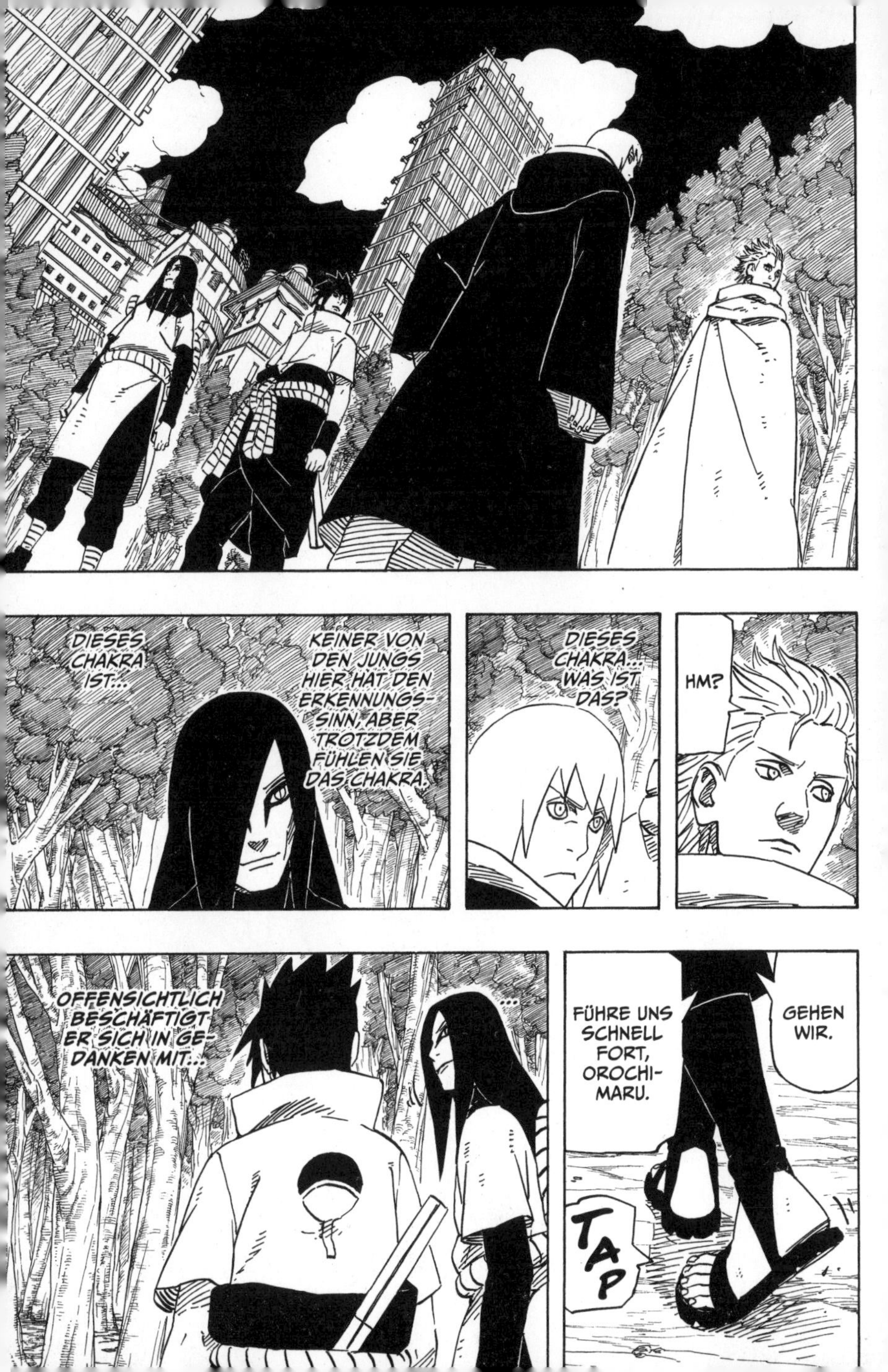
HM?
DIESES CHAKRA... WAS IST DAS?
KEINER VON DEN JUNGS HIER HAT DEN ERKENNUNGS-SINN, ABER TROTZDEM FÜHLEN SIE DAS CHAKRA.
DIESES CHAKRA IST...
GEHEN WIR.
FÜHRE UNS SCHNELL FORT, OROCHI-MARU.
TAP
...
OFFENSICHTLICH BESCHÄFTIGT ER SICH IN GE-DANKEN MIT...

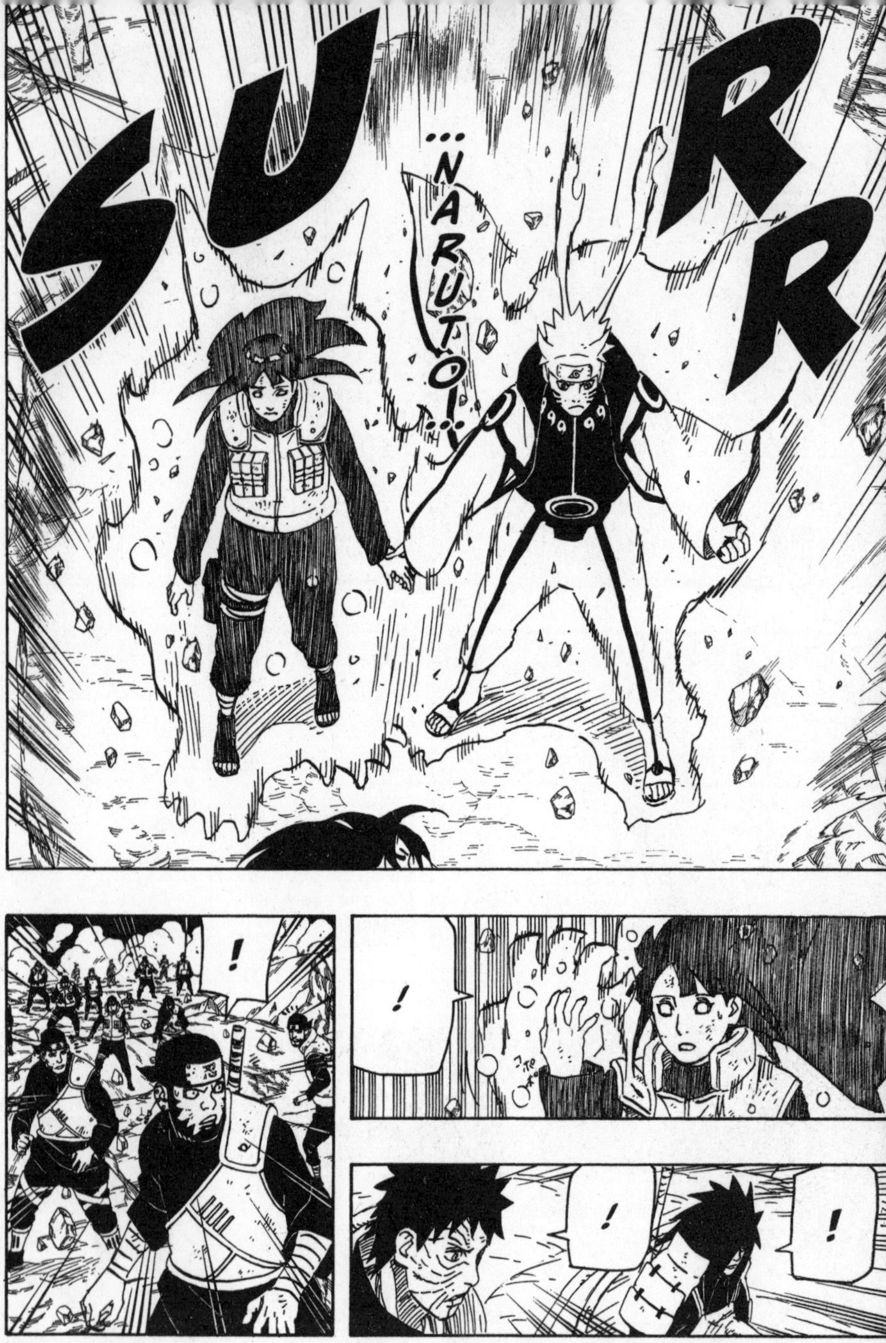
SURR
...NARUTO...!
!
!
!
!

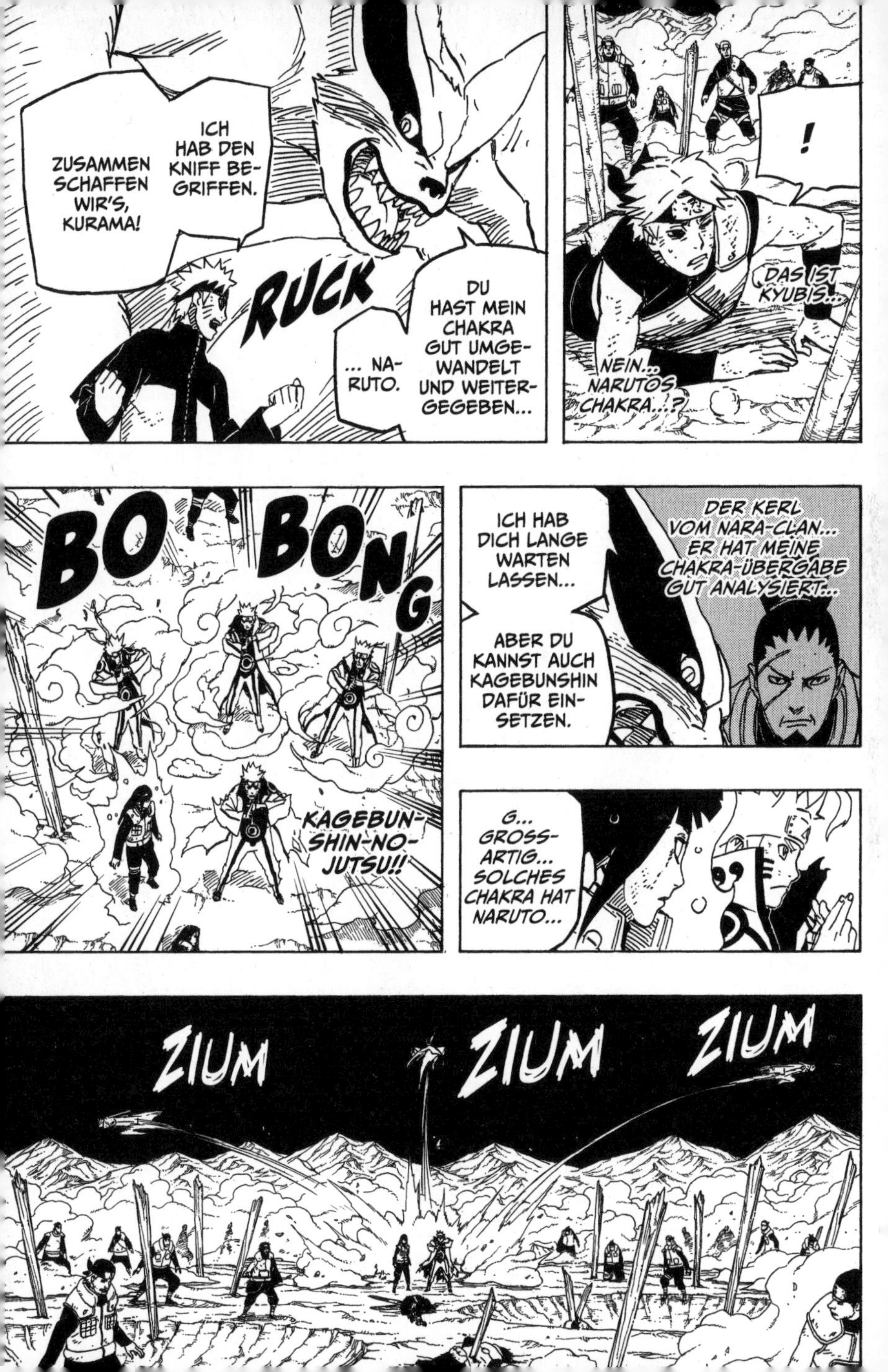
!
DAS IST KYUBIS...
NEIN... NARUTOS CHAKRA...?
DU HAST MEIN CHAKRA GUT UMGEWANDELT UND WEITERGEGEBEN...
... NARUTO.
RUCK
ICH HAB DEN KNIFF BEGRIFFEN.
ZUSAMMEN SCHAFFEN WIR'S, KURAMA!
DER KERL VOM NARA-CLAN... ER HAT MEINE CHAKRA-ÜBERGABE GUT ANALYSIERT...
ICH HAB DICH LANGE WARTEN LASSEN...
ABER DU KANNST AUCH KAGEBUNSHIN DAFÜR EINSETZEN.
BO BONG
KAGEBUNSHIN-NO-JUTSU!!
G... GROSSARTIG... SOLCHES CHAKRA HAT NARUTO...
ZIUM ZIUM ZIUM

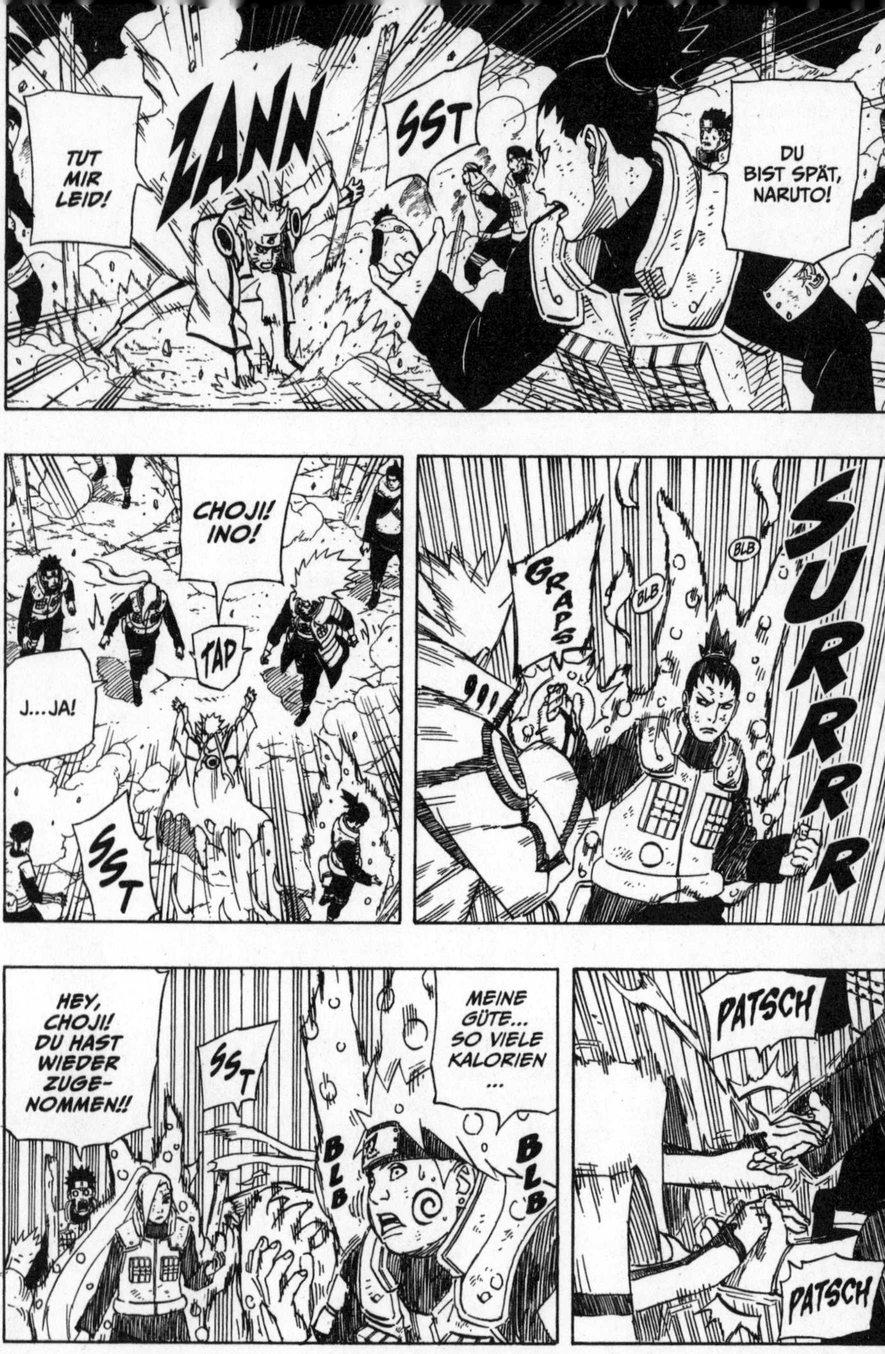
DU BIST SPÄT, NARUTO!
SST
ZANN
TUT MIR LEID!
SURRR
BLB
BLB
GRAPS
CHOJI! INO!
TAP
J...JA!
SST
PATSCH
PATSCH
MEINE GÜTE... SO VIELE KALORIEN ...
SST
BLB
BLB
HEY, CHOJI! DU HAST WIEDER ZUGE-NOMMEN!!

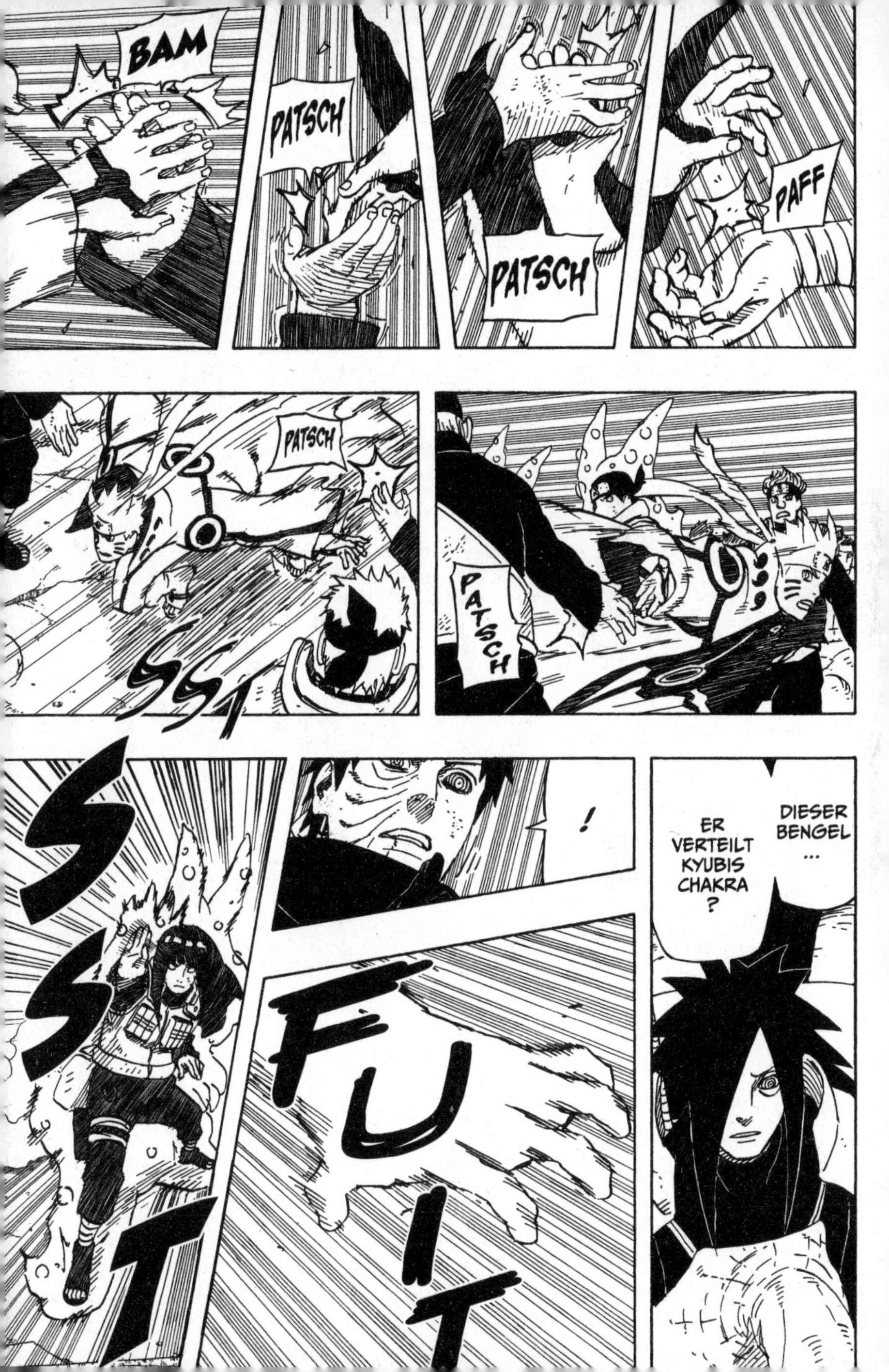
PAFF
PATSCH
PATSCH
BAM
PATSCH
PATSCH
SST
DIESER BENGEL ...
ER VERTEILT KYUBIS CHAKRA ?
!
FUIT
SSST

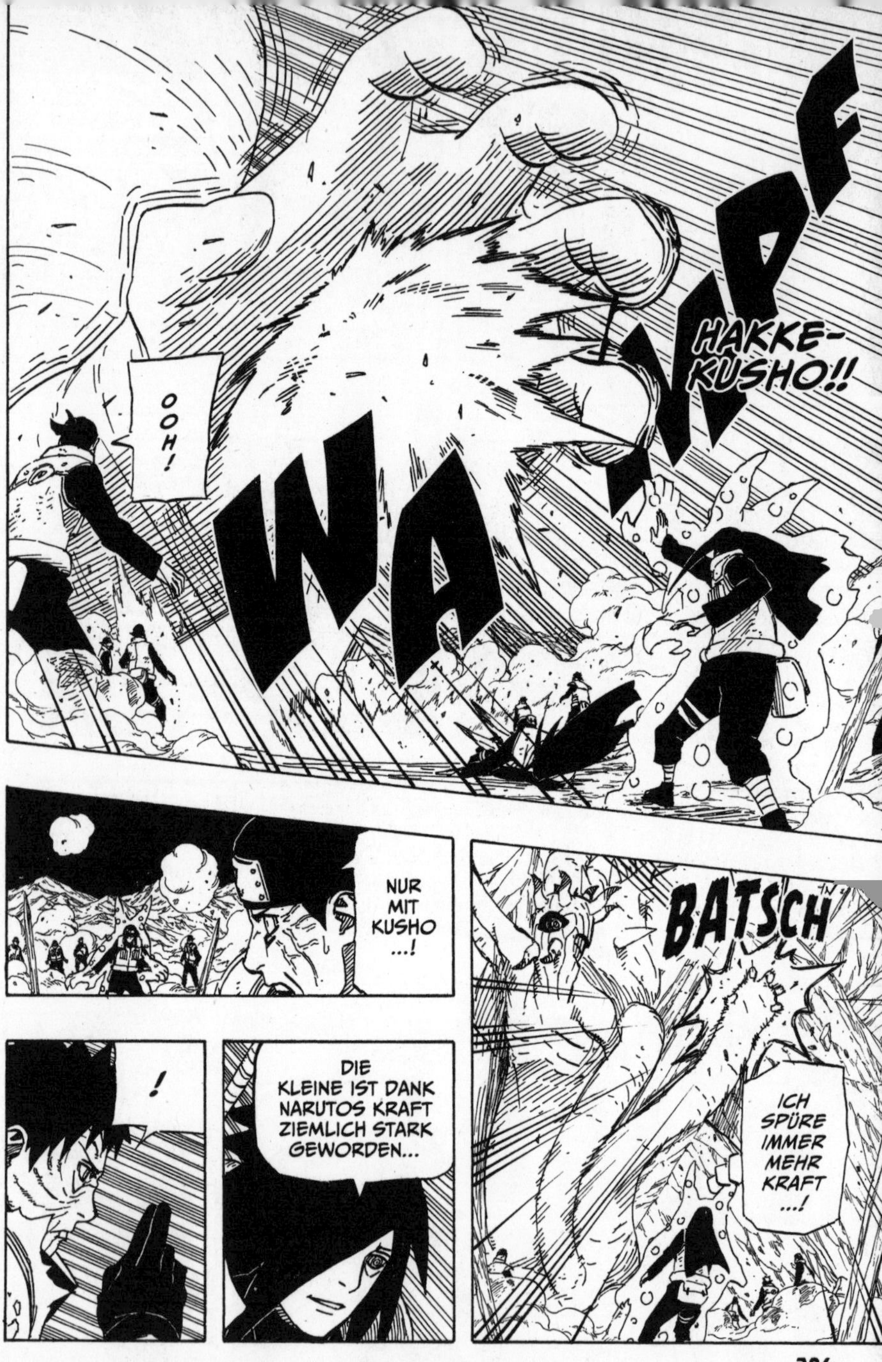

HAKKE-KUSHO!!
WAMPF
OOH!
NUR MIT KUSHO ...!
BATSCH
ICH SPÜRE IMMER MEHR KRAFT ...!
DIE KLEINE IST DANK NARUTOS KRAFT ZIEMLICH STARK GEWORDEN...
!

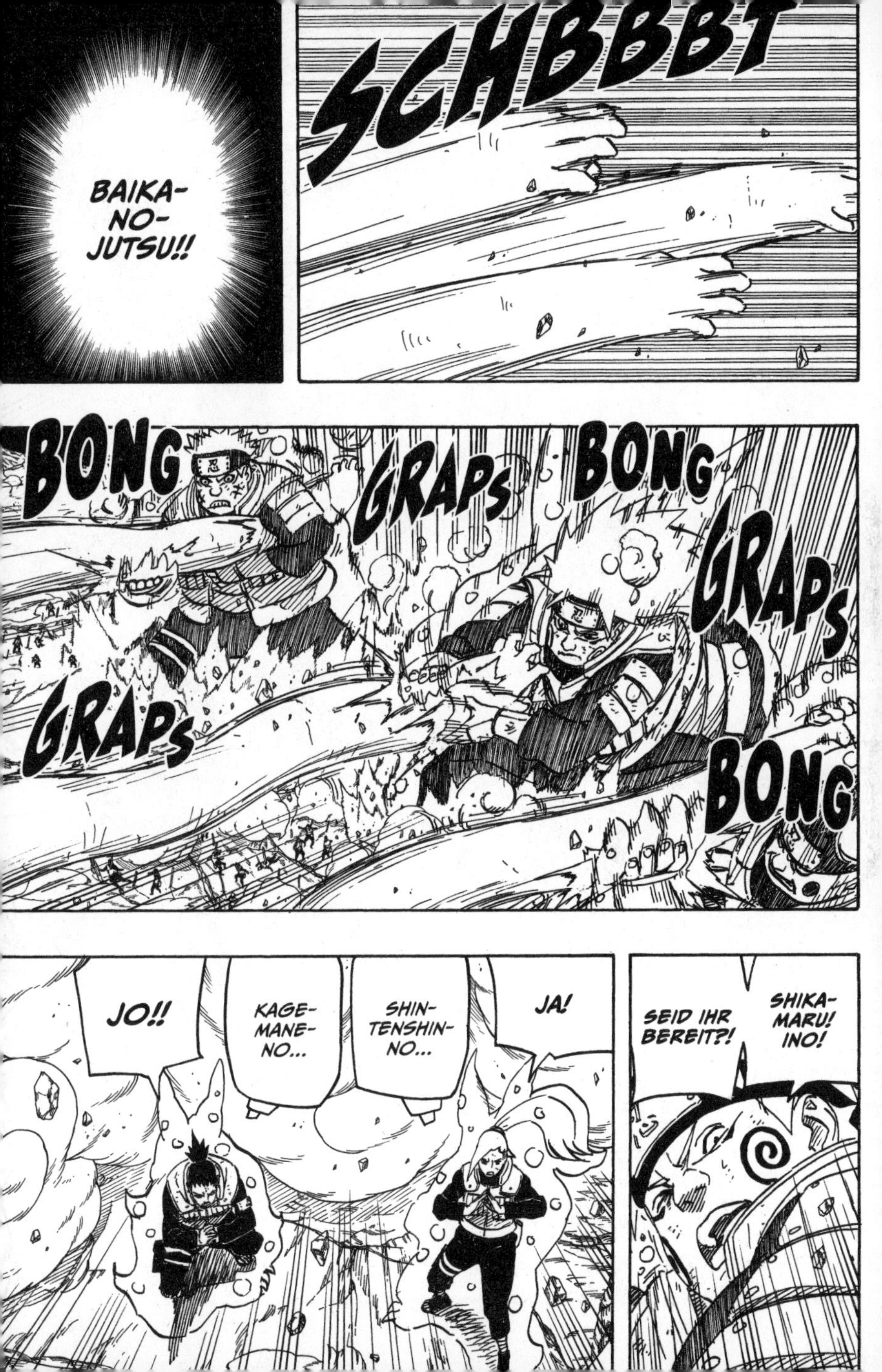
SCHBBBT
BAIKA-NO-JUTSU!!
BONG
GRAPS
BONG
GRAPS
BONG
GRAPS
SHIKA-MARU! INO!
SEID IHR BEREIT?!
JA!
SHIN-TENSHIN-NO...
KAGE-MANE-NO...
JO!!

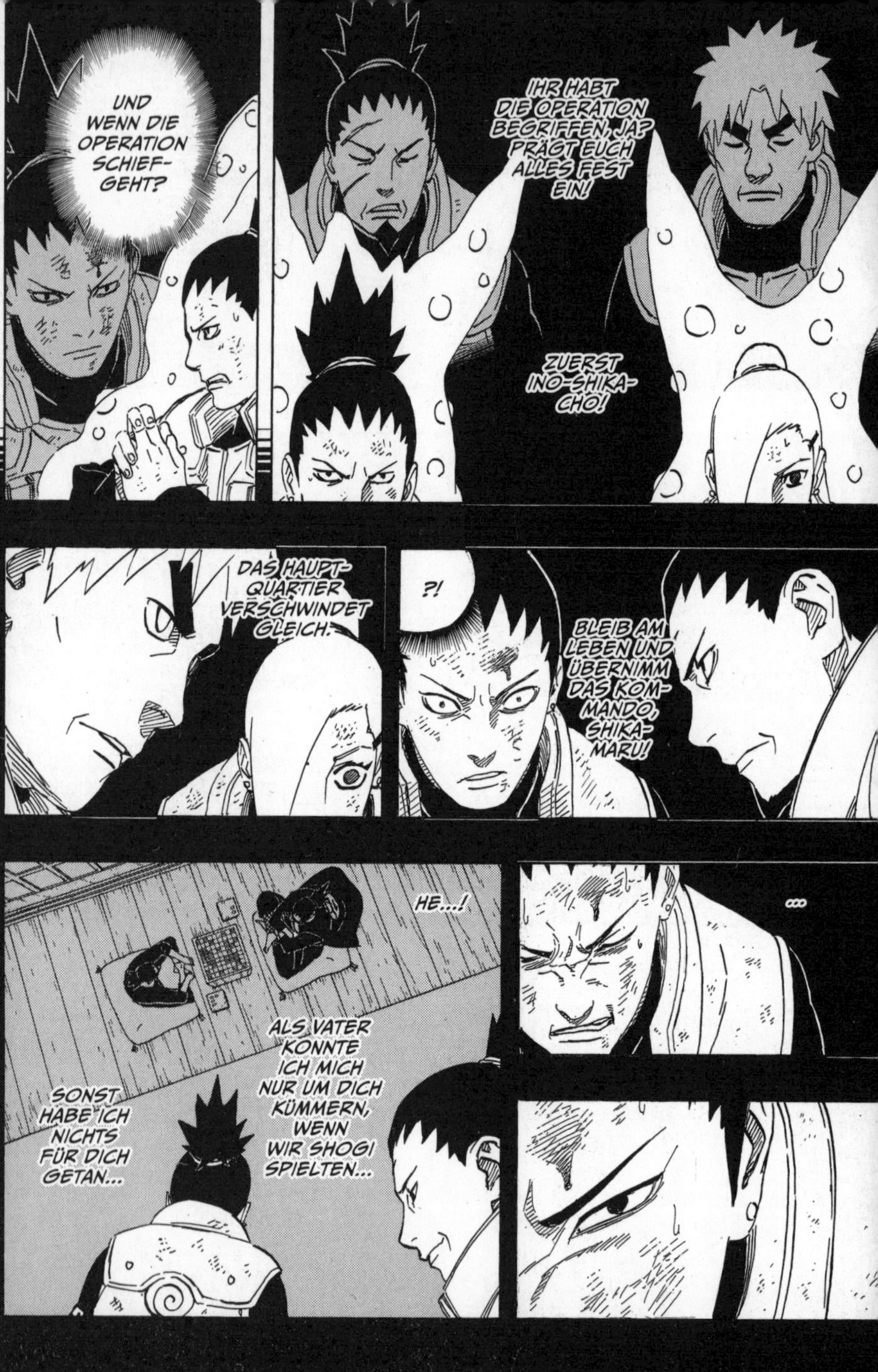
IHR HABT DIE OPERATION BEGRIFFEN, JA? PRÄGT EUCH ALLES FEST EIN!
ZUERST INO-SHIKA-CHO!
UND WENN DIE OPERATION SCHIEF-GEHT?
BLEIB AM LEBEN UND ÜBERNIMM DAS KOM-MANDO, SHIKA-MARU!
?!
DAS HAUPT-QUARTIER VERSCHWINDET GLEICH.
...
HE...!
ALS VATER KONNTE ICH MICH NUR UM DICH KÜMMERN, WENN WIR SHOGI SPIELTEN...
SONST HABE ICH NICHTS FÜR DICH GETAN...

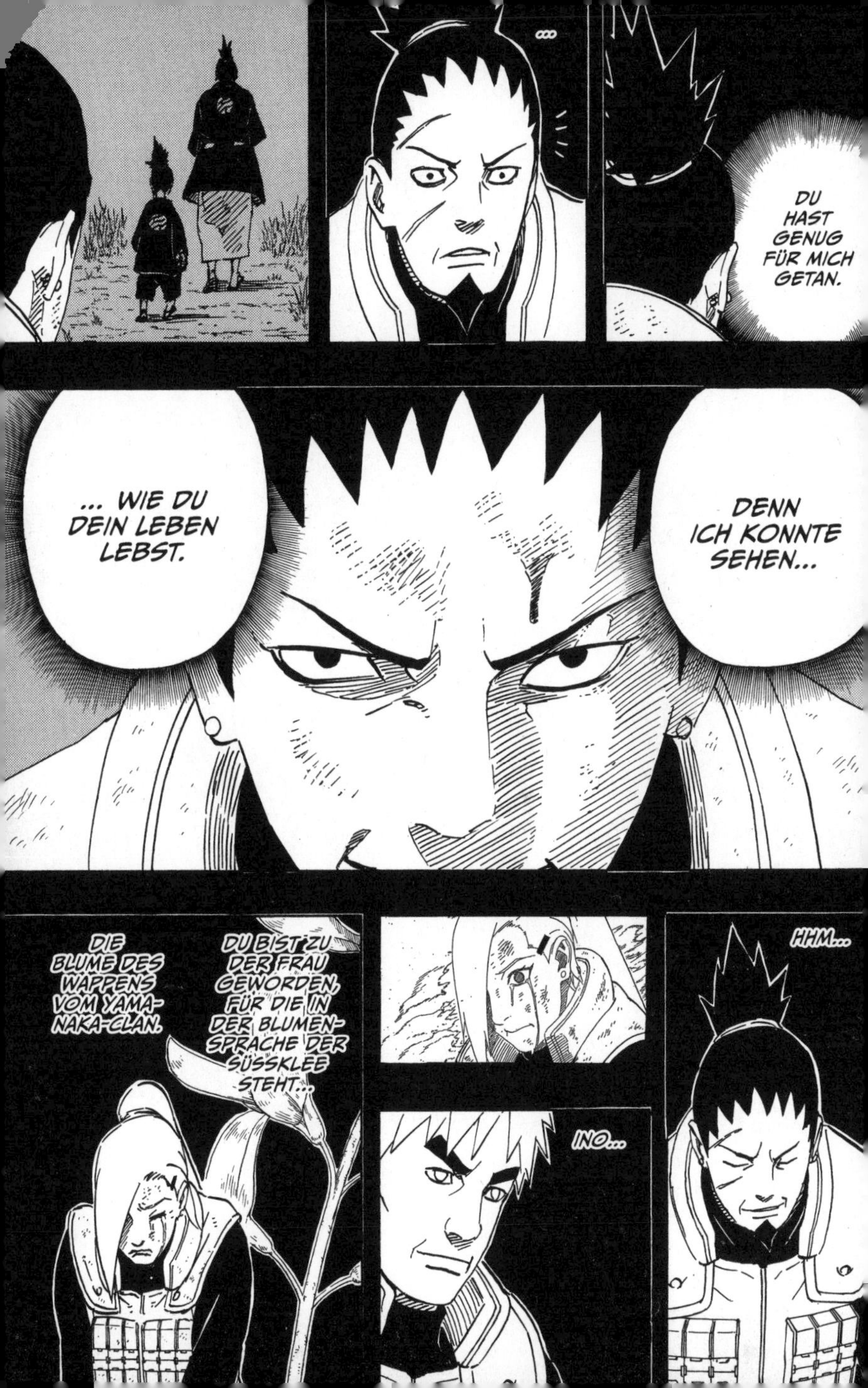
DU HAST GENUG FÜR MICH GETAN.
...
DENN ICH KONNTE SEHEN...
... WIE DU DEIN LEBEN LEBST.
HHM...
INO...
DU BIST ZU DER FRAU GEWORDEN, FÜR DIE IN DER BLUMEN-SPRACHE DER SÜSSKLEE STEHT...
DIE BLUME DES WAPPENS VOM YAMA-NAKA-CLAN.

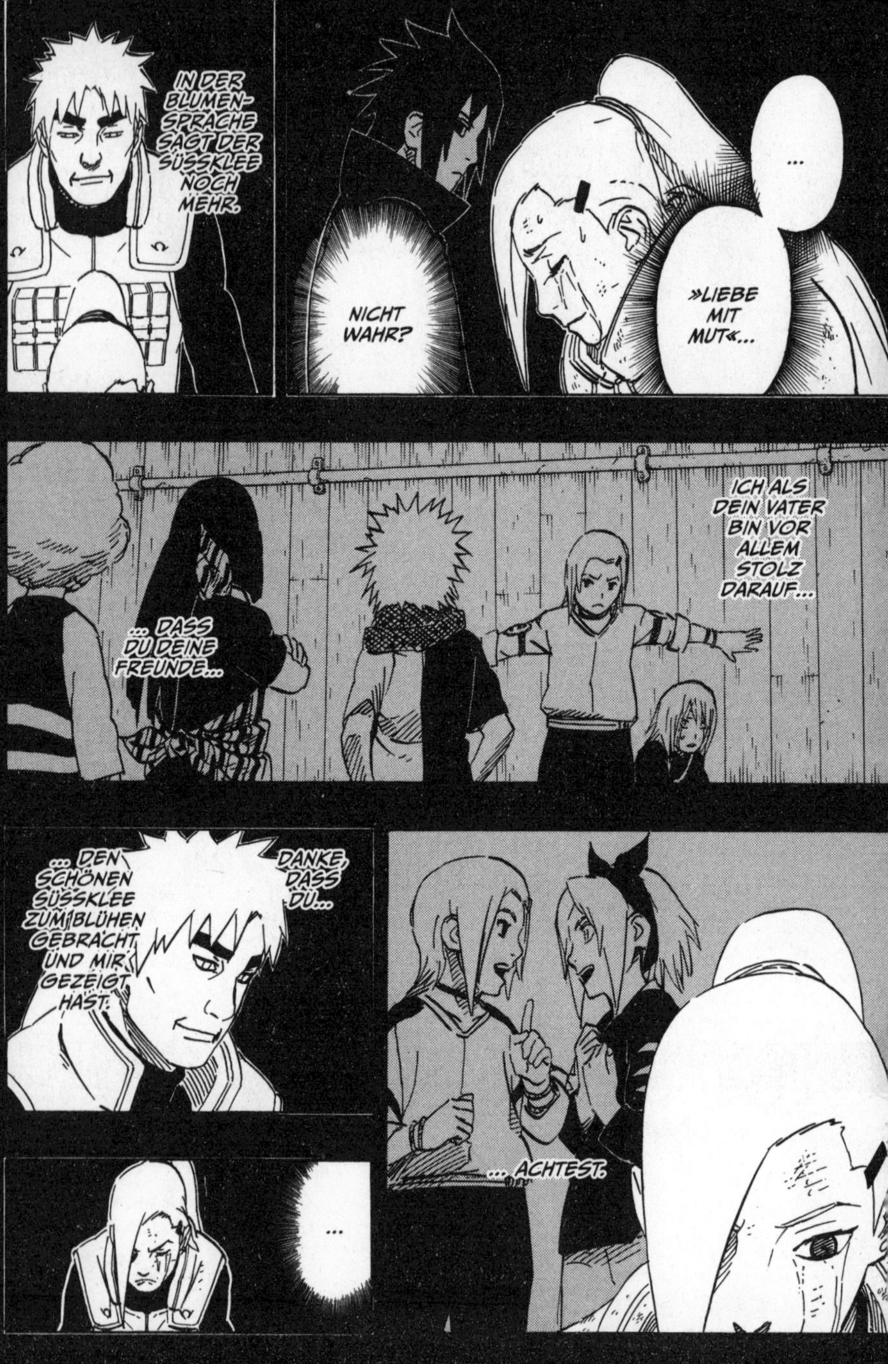
...
»LIEBE MIT MUT«...
NICHT WAHR?
IN DER BLUMEN-SPRACHE SAGT DER SÜSSKLEE NOCH MEHR.
ICH ALS DEIN VATER BIN VOR ALLEM STOLZ DARAUF...
... DASS DU DEINE FREUNDE...
... ACHTEST.
DANKE, DASS DU...
... DEN SCHÖNEN SÜSSKLEE ZUM BLÜHEN GEBRACHT UND MIR GEZEIGT HAST.
...

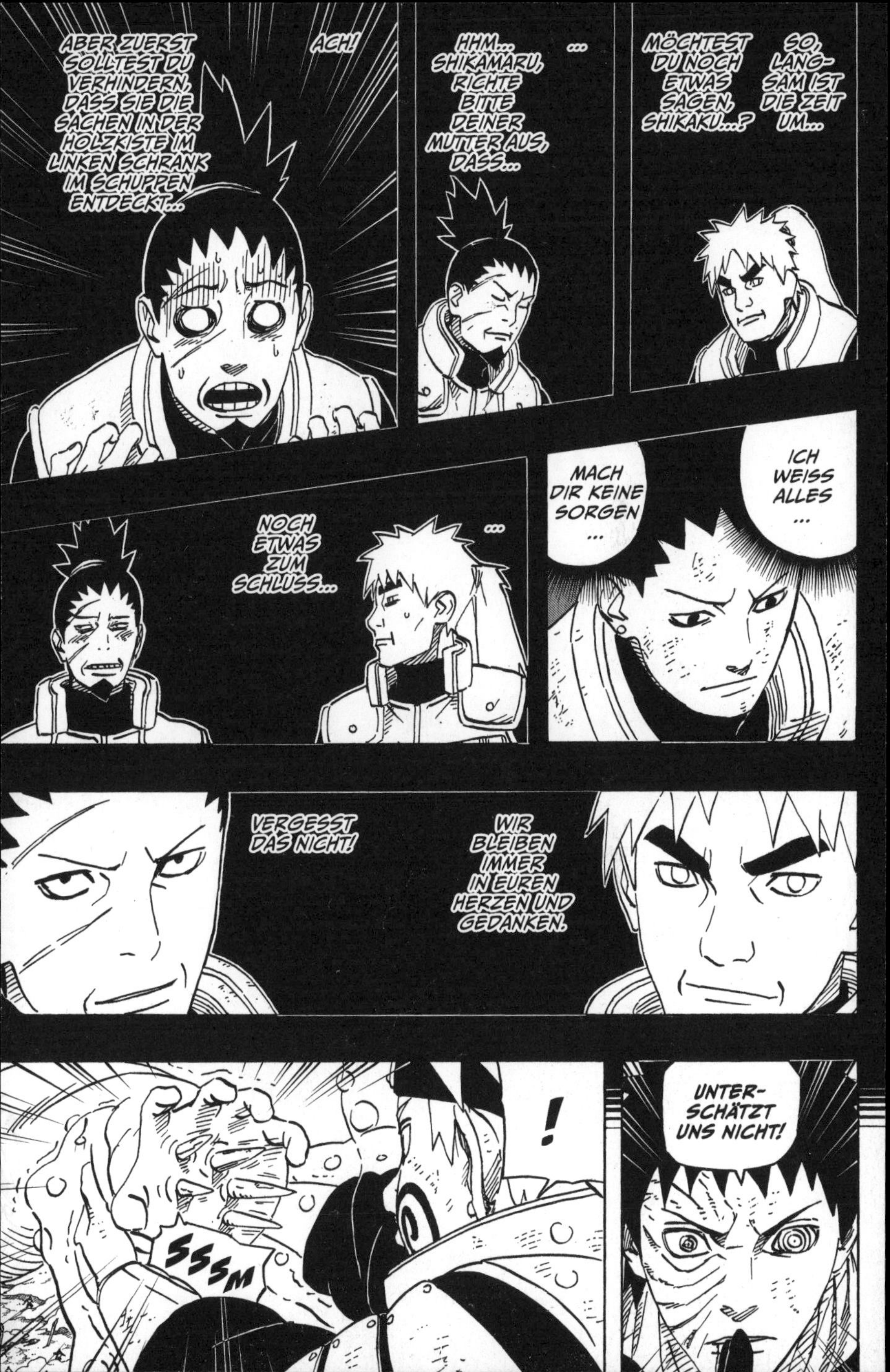
SO, LANGSAM IST DIE ZEIT UM...
MÖCHTEST DU NOCH ETWAS SAGEN, SHIKAKU...?
...
HHM... SHIKAMARU, RICHTE BITTE DEINER MUTTER AUS, DASS...
ACH!
ABER ZUERST SOLLTEST DU VERHINDERN, DASS SIE DIE SACHEN IN DER HOLZKISTE IM LINKEN SCHRANK IM SCHUPPEN ENTDECKT...
ICH WEISS ALLES ...
MACH DIR KEINE SORGEN ...
...
NOCH ETWAS ZUM SCHLUSS...
WIR BLEIBEN IMMER IN EUREN HERZEN UND GEDANKEN.
VERGESST DAS NICHT!
UNTER-SCHÄTZT UNS NICHT!
!
SSSM

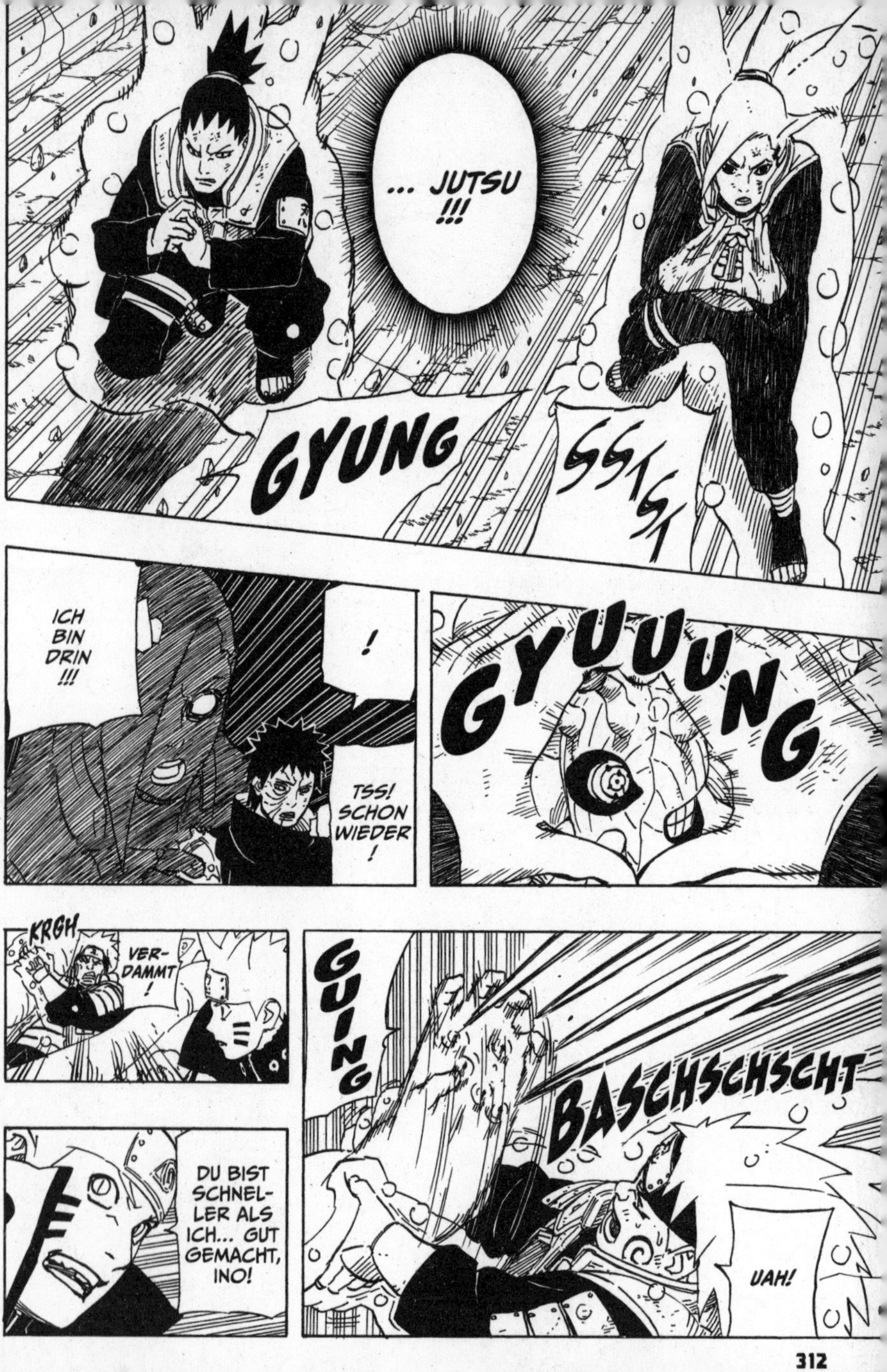
... JUTSU !!!
GYUNG
SSTST
!
ICH BIN DRIN !!!
GYUUUNG
TSS! SCHON WIEDER !
GUING
BASCHSCHSCHT
KRGH
VER-DAMMT !
UAH!
DU BIST SCHNEL-LER ALS ICH... GUT GEMACHT, INO!

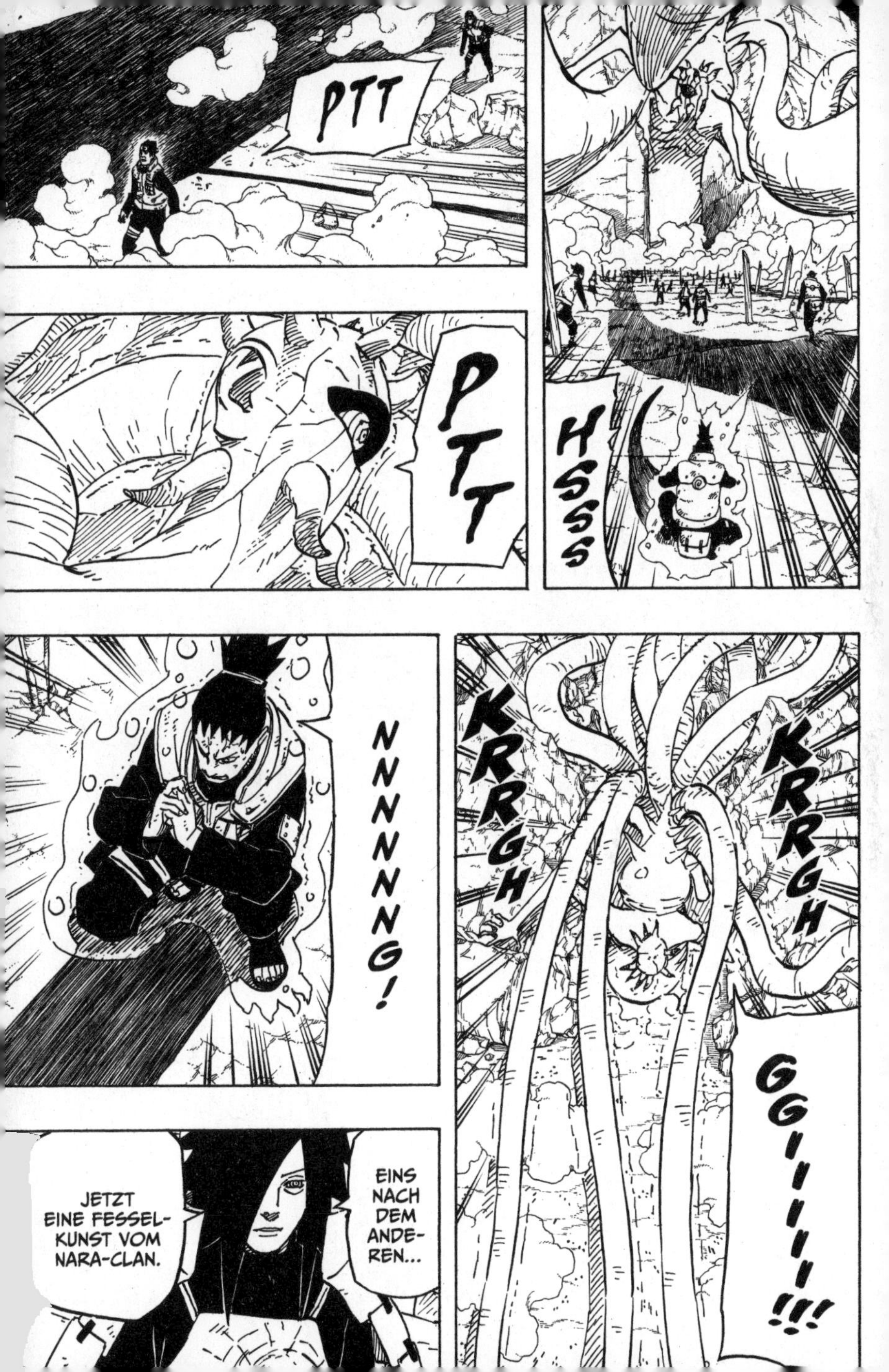
PTT
PTT
HSSS
KRRGH
KRRGH
GGIIIIIII!!!
NNNNNNG!
EINS NACH DEM ANDE-REN...
JETZT EINE FESSEL-KUNST VOM NARA-CLAN.

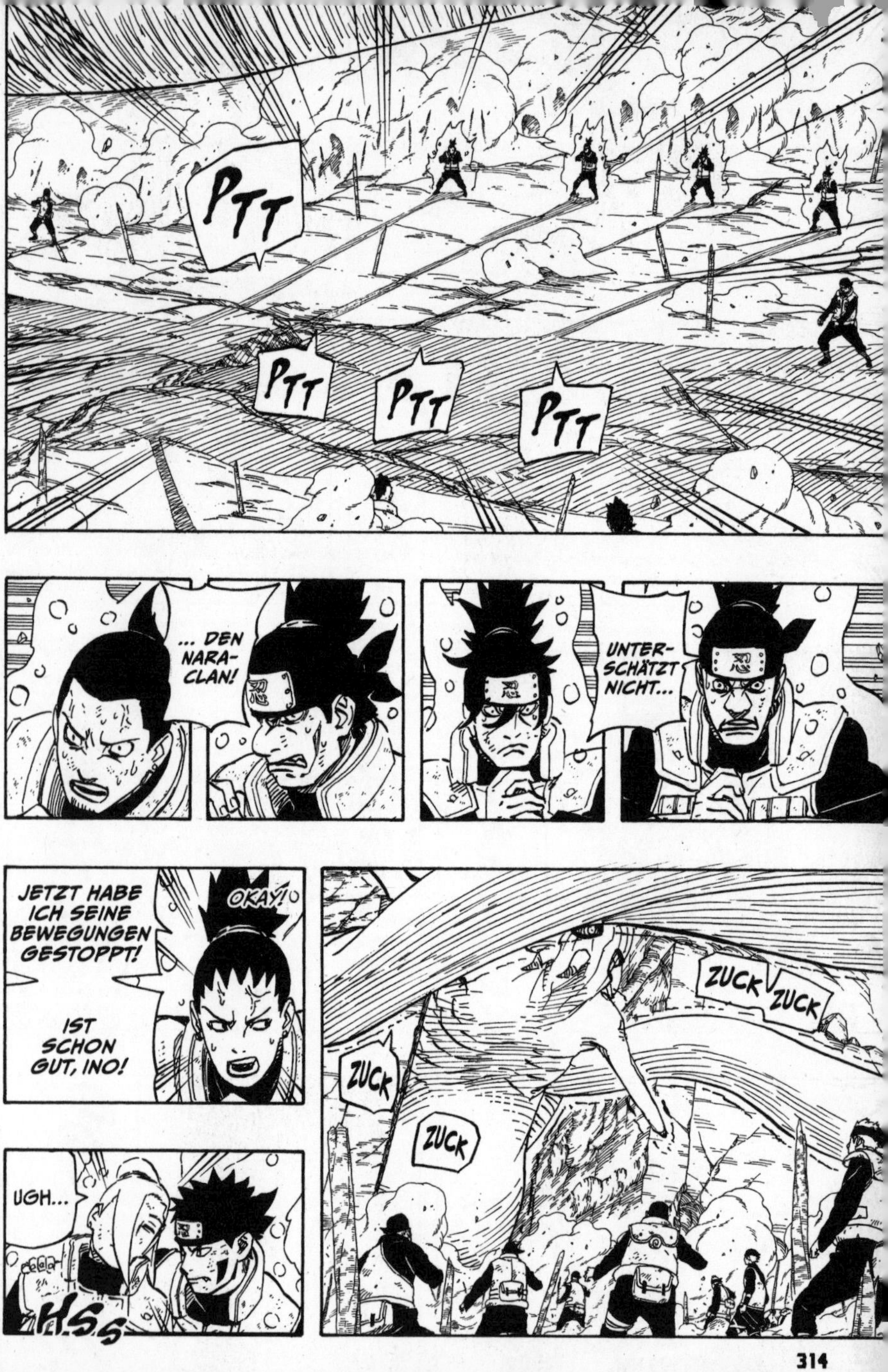
PTT
PTT
PTT
PTT
UNTERSCHÄTZT NICHT...
... DEN NARA-CLAN!
ZUCK
ZUCK
ZUCK
ZUCK
OKAY!
JETZT HABE ICH SEINE BEWEGUNGEN GESTOPPT!
IST SCHON GUT, INO!
UGH...
H.S.S

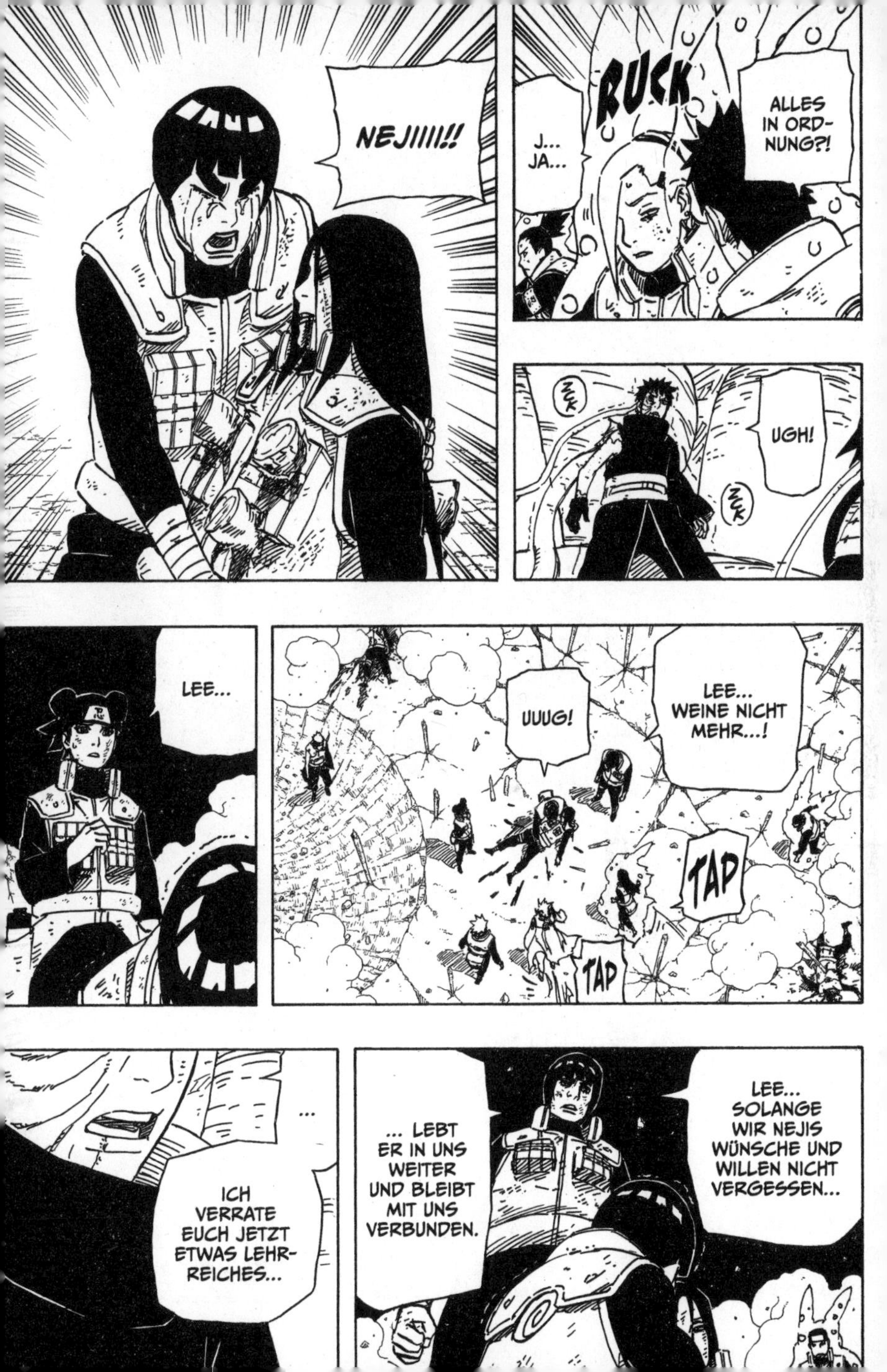
ALLES IN ORDNUNG?!
RUCK
J... JA...
NEJIIIII!!
UGH!
ZCK
ZCK
LEE... WEINE NICHT MEHR...!
UUUG!
TAP
TAP
LEE...
LEE... SOLANGE WIR NEJIS WÜNSCHE UND WILLEN NICHT VERGESSEN...
... LEBT ER IN UNS WEITER UND BLEIBT MIT UNS VERBUNDEN.
...
ICH VERRATE EUCH JETZT ETWAS LEHRREICHES...

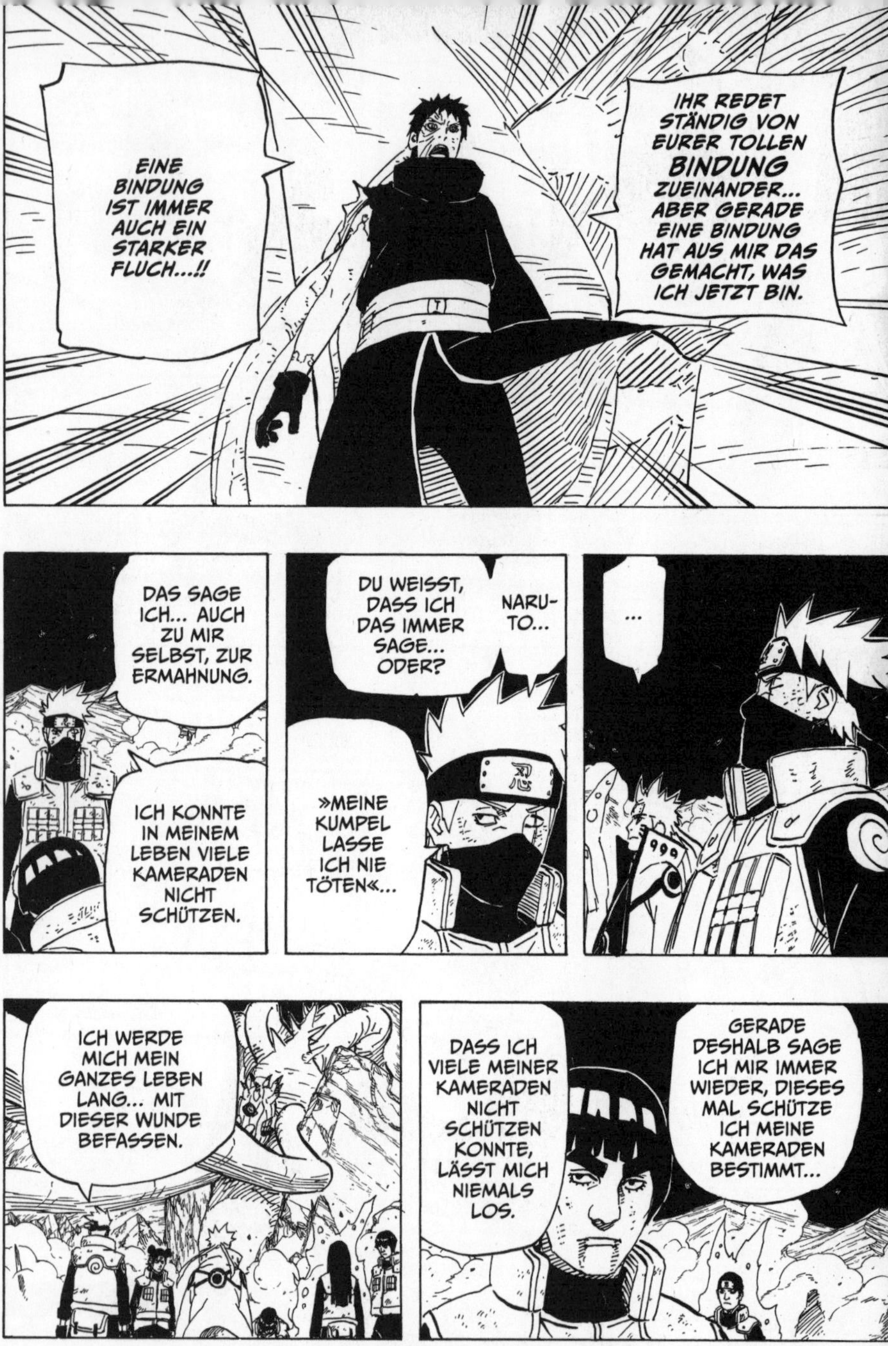
IHR REDET STÄNDIG VON EURER TOLLEN BINDUNG ZUEINANDER... ABER GERADE EINE BINDUNG HAT AUS MIR DAS GEMACHT, WAS ICH JETZT BIN.
EINE BINDUNG IST IMMER AUCH EIN STARKER FLUCH...!!
...
NARU-TO...
DU WEISST, DASS ICH DAS IMMER SAGE... ODER?
»MEINE KUMPEL LASSE ICH NIE TÖTEN«...
DAS SAGE ICH... AUCH ZU MIR SELBST, ZUR ERMAHNUNG.
ICH KONNTE IN MEINEM LEBEN VIELE KAMERADEN NICHT SCHÜTZEN.
GERADE DESHALB SAGE ICH MIR IMMER WIEDER, DIESES MAL SCHÜTZE ICH MEINE KAMERADEN BESTIMMT...
DASS ICH VIELE MEINER KAMERADEN NICHT SCHÜTZEN KONNTE, LÄSST MICH NIEMALS LOS.
ICH WERDE MICH MEIN GANZES LEBEN LANG... MIT DIESER WUNDE BEFASSEN.

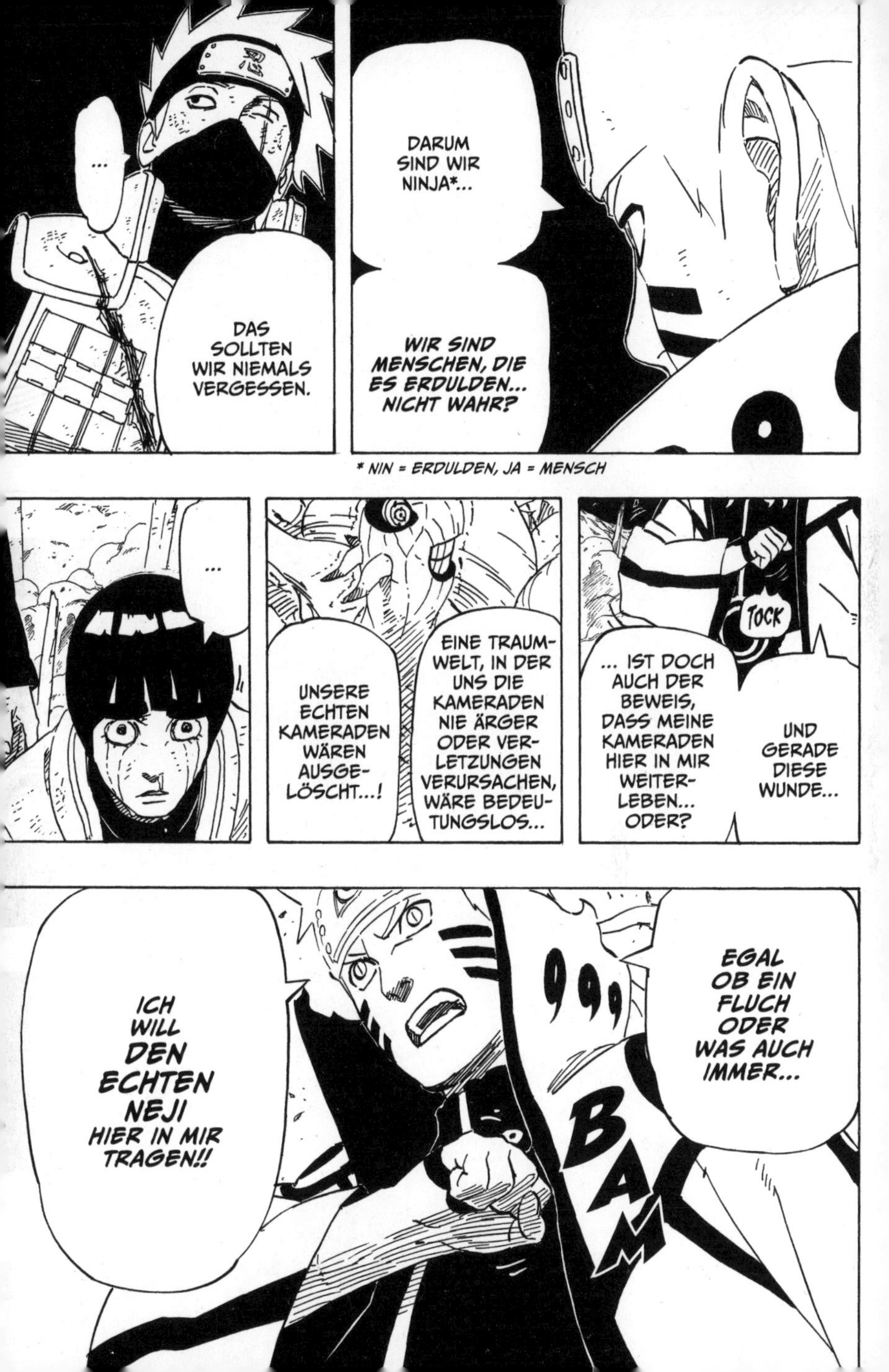
DARUM SIND WIR NINJA*...
WIR SIND MENSCHEN, DIE ES ERDULDEN... NICHT WAHR?
...
DAS SOLLTEN WIR NIEMALS VERGESSEN.
* NIN = ERDULDEN, JA = MENSCH
UND GERADE DIESE WUNDE...
... IST DOCH AUCH DER BEWEIS, DASS MEINE KAMERADEN HIER IN MIR WEITER-LEBEN... ODER?
TOCK
EINE TRAUMWELT, IN DER UNS DIE KAMERADEN NIE ÄRGER ODER VERLETZUNGEN VERURSACHEN, WÄRE BEDEUTUNGSLOS...
UNSERE ECHTEN KAMERADEN WÄREN AUSGELÖSCHT...!
...
EGAL OB EIN FLUCH ODER WAS AUCH IMMER...
BAM
ICH WILL DEN ECHTEN NEJI HIER IN MIR TRAGEN!!

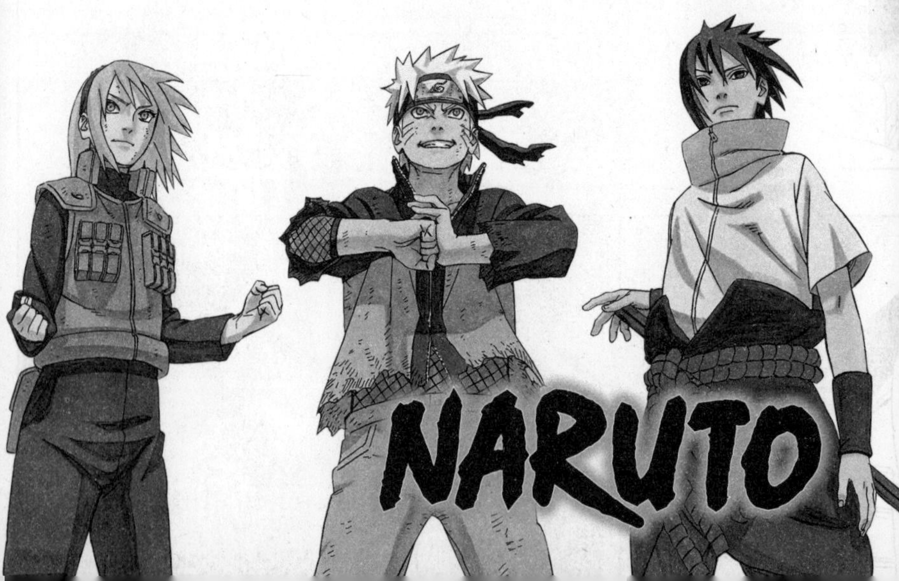
NARUTO

617. Kapitel: Tänzer, die es erdulden - Teil 2

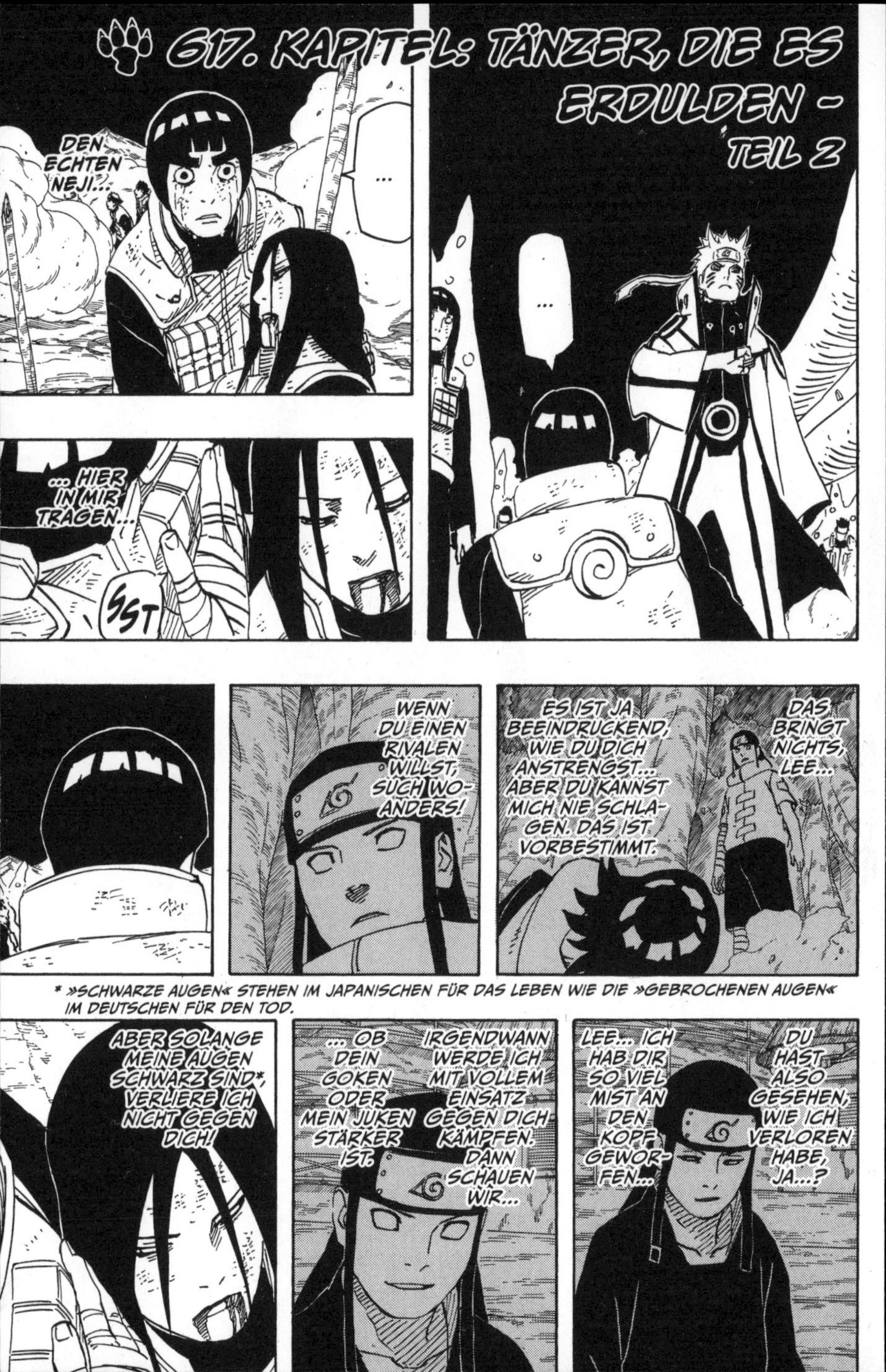

* »Schwarze Augen« stehen im Japanischen für das Leben wie die »gebrochenen Augen« im Deutschen für den Tod.

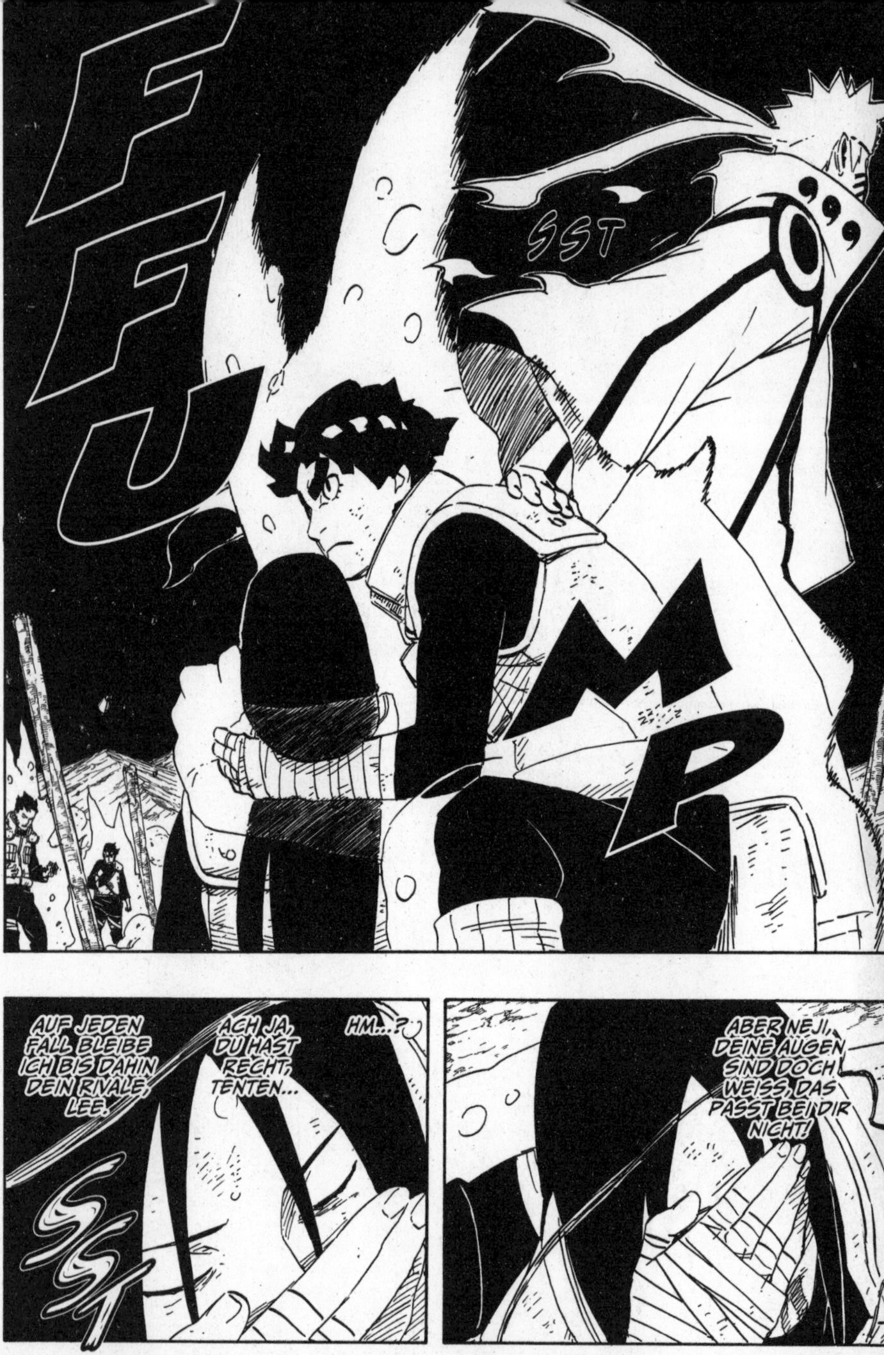
SST
FFUMP
ABER NEJI, DEINE AUGEN SIND DOCH WEISS, DAS PASST BEI DIR NICHT!
HM...?
ACH JA, DU HAST RECHT, TENTEN...
AUF JEDEN FALL BLEIBE ICH BIS DAHIN DEIN RIVALE, LEE.
SST

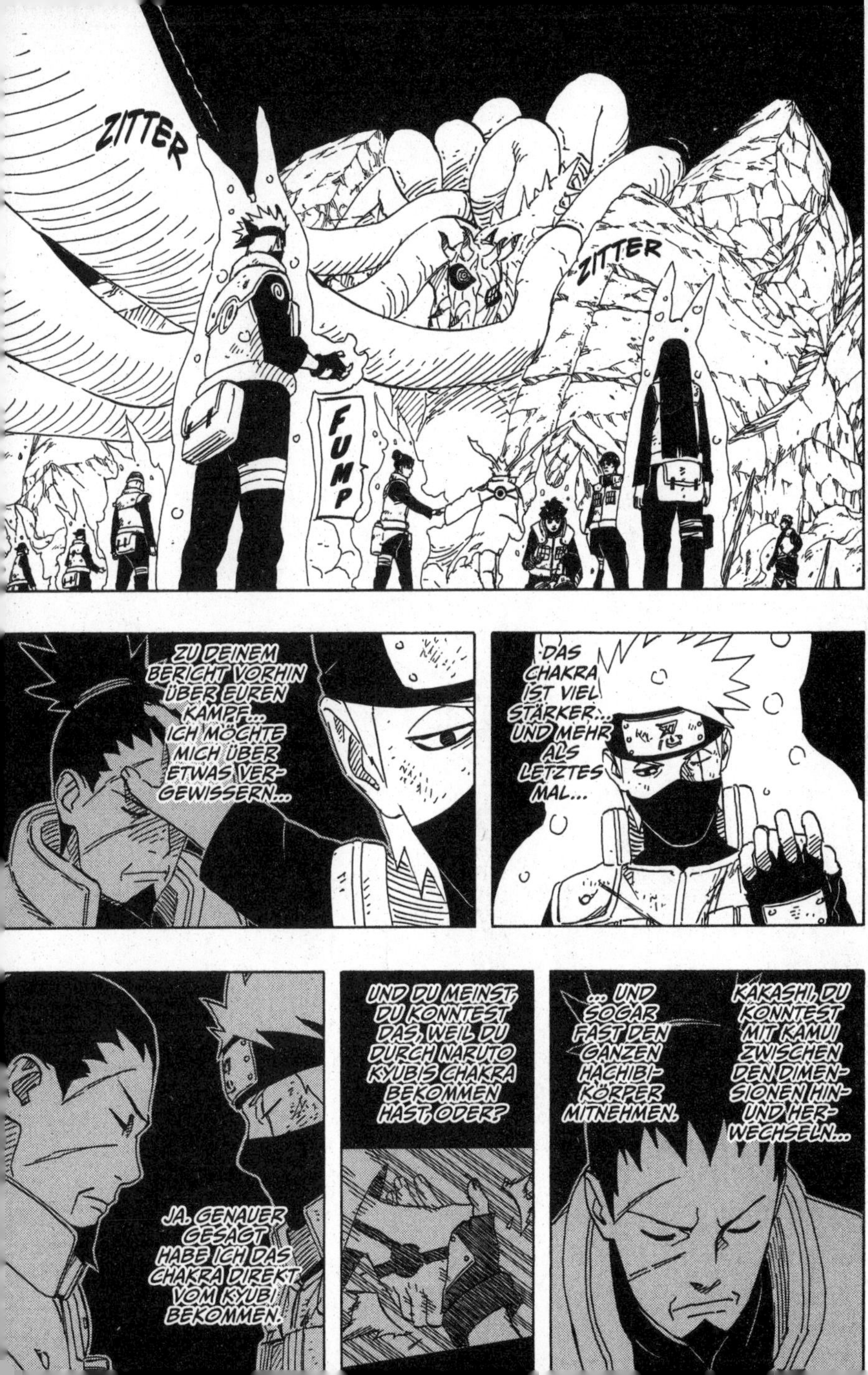
ZITTER
FUMP
ZITTER
DAS CHAKRA IST VIEL STÄRKER... UND MEHR ALS LETZTES MAL...
ZU DEINEM BERICHT VORHIN ÜBER EUREN KAMPF... ICH MÖCHTE MICH ÜBER ETWAS VERGEWISSERN...
KAKASHI, DU KONNTEST MIT KAMUI ZWISCHEN DEN DIMENSIONEN HIN- UND HERWECHSELN...
... UND SOGAR FAST DEN GANZEN HACHIBI-KÖRPER MITNEHMEN.
UND DU MEINST, DU KONNTEST DAS, WEIL DU DURCH NARUTO KYUBIS CHAKRA BEKOMMEN HAST, ODER?
JA. GENAUER GESAGT HABE ICH DAS CHAKRA DIREKT VOM KYUBI BEKOMMEN.

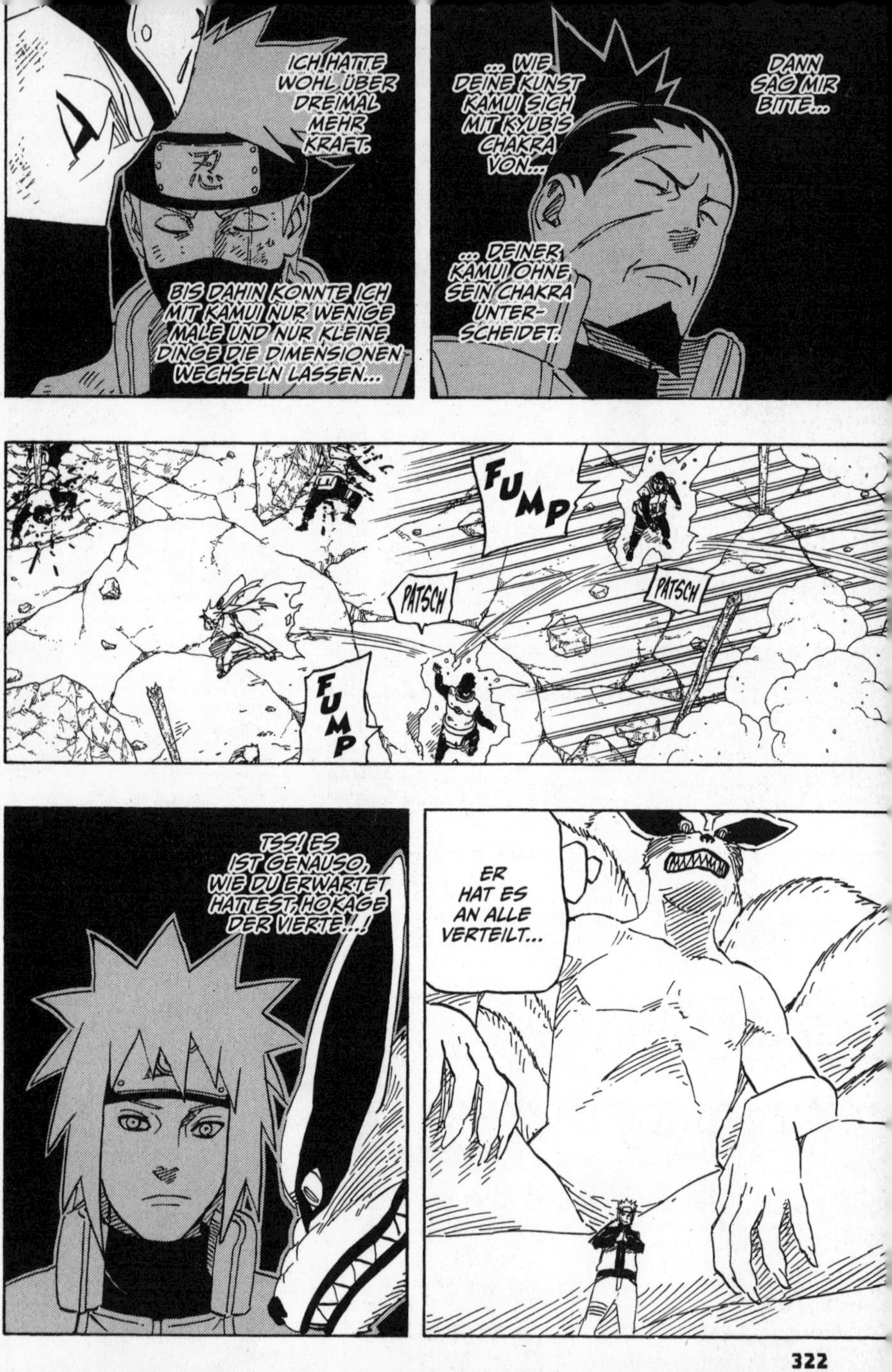
DANN SAG MIR BITTE...
... WIE DEINE KUNST KAMUI SICH MIT KYUBIS CHAKRA VON...
... DEINER KAMUI OHNE SEIN CHAKRA UNTER-SCHEIDET.
ICH HATTE WOHL ÜBER DREIMAL MEHR KRAFT.
BIS DAHIN KONNTE ICH MIT KAMUI NUR WENIGE MALE UND NUR KLEINE DINGE DIE DIMENSIONEN WECHSELN LASSEN...
FUMP
PATSCH
PATSCH
FUMP
ER HAT ES AN ALLE VERTEILT...
TSS! ES IST GENAUSO, WIE DU ERWARTET HATTEST, HOKAGE DER VIERTE...!

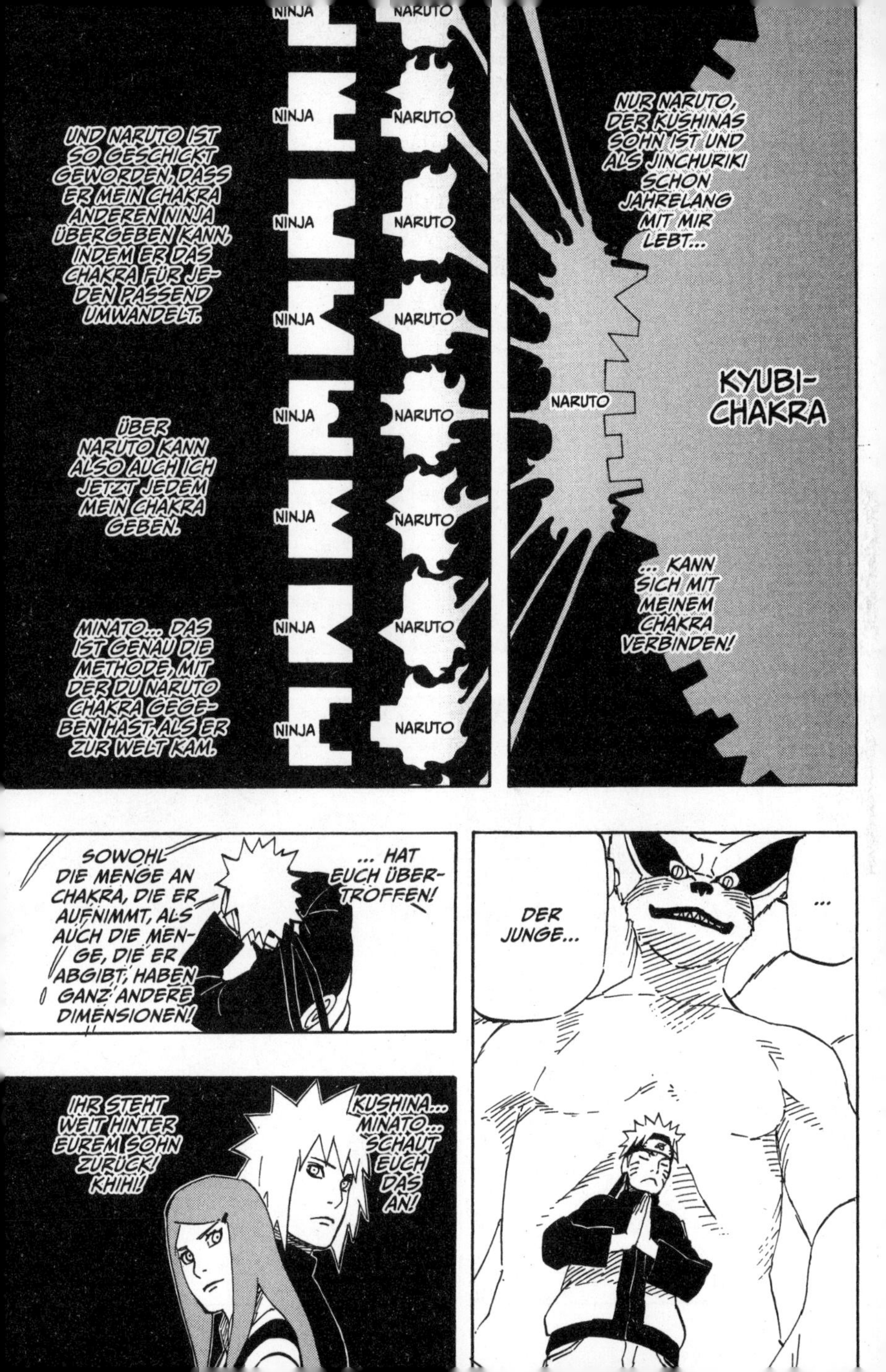
NUR NARUTO, DER KUSHINAS SOHN IST UND ALS JINCHURIKI SCHON JAHRELANG MIT MIR LEBT...
KYUBI-CHAKRA
NARUTO
... KANN SICH MIT MEINEM CHAKRA VERBINDEN!
UND NARUTO IST SO GESCHICKT GEWORDEN, DASS ER MEIN CHAKRA ANDEREN NINJA ÜBERGEBEN KANN, INDEM ER DAS CHAKRA FÜR JEDEN PASSEND UMWANDELT.
NINJA
NARUTO
ÜBER NARUTO KANN ALSO AUCH ICH JETZT JEDEM MEIN CHAKRA GEBEN.
MINATO... DAS IST GENAU DIE METHODE, MIT DER DU NARUTO CHAKRA GEGEBEN HAST, ALS ER ZUR WELT KAM.
...
DER JUNGE...
... HAT EUCH ÜBERTROFFEN!
SOWOHL DIE MENGE AN CHAKRA, DIE ER AUFNIMMT, ALS AUCH DIE MENGE, DIE ER ABGIBT, HABEN GANZ ANDERE DIMENSIONEN!
KUSHINA... MINATO... SCHAUT EUCH DAS AN!
IHR STEHT WEIT HINTER EUREM SOHN ZURÜCK! KHIHI!

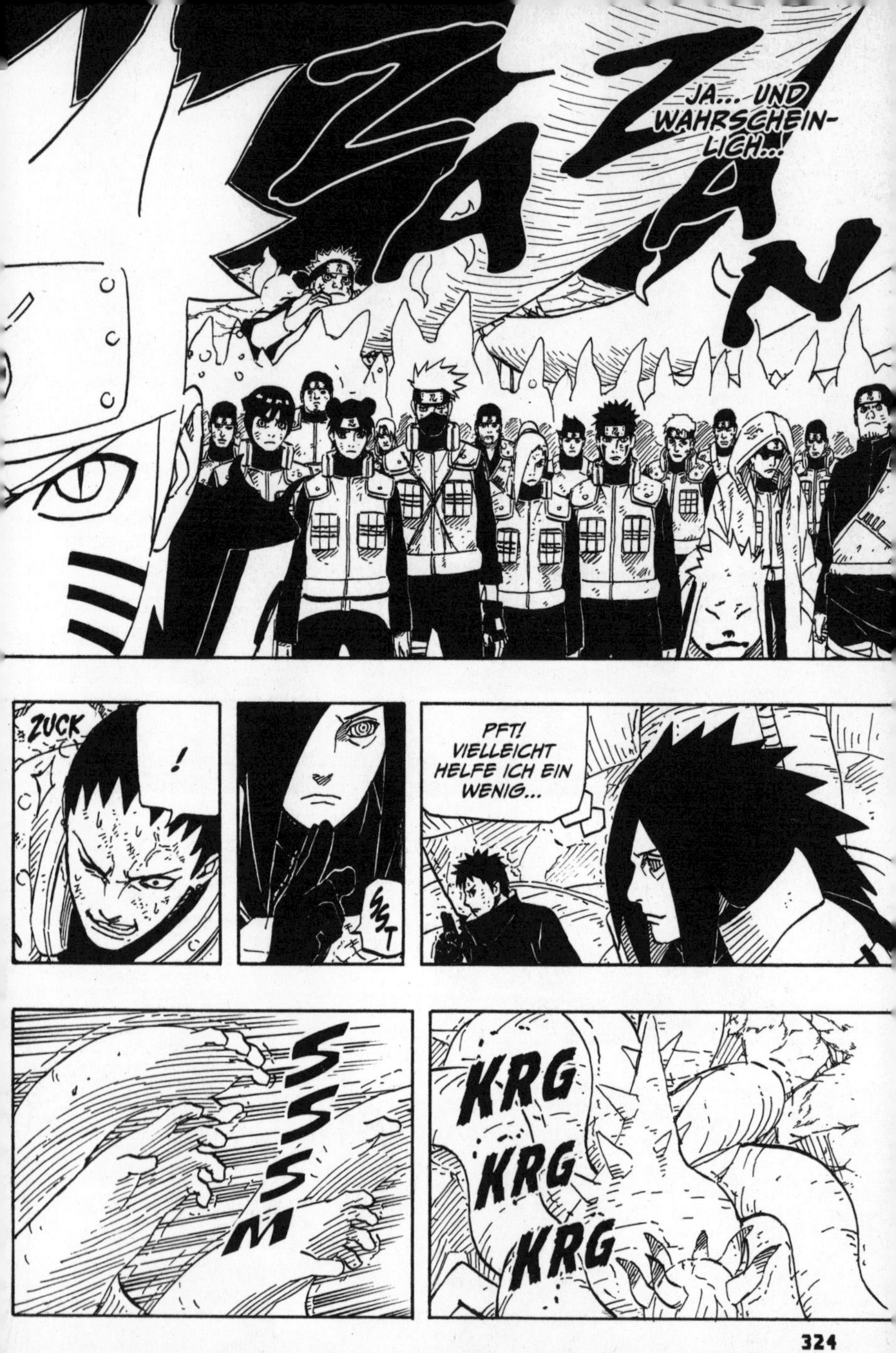
ZZAAAN
JA... UND WAHRSCHEIN-LICH...!
PFT! VIELLEICHT HELFE ICH EIN WENIG...
SST
!
ZUCK
KRG KRG KRG
SSSM

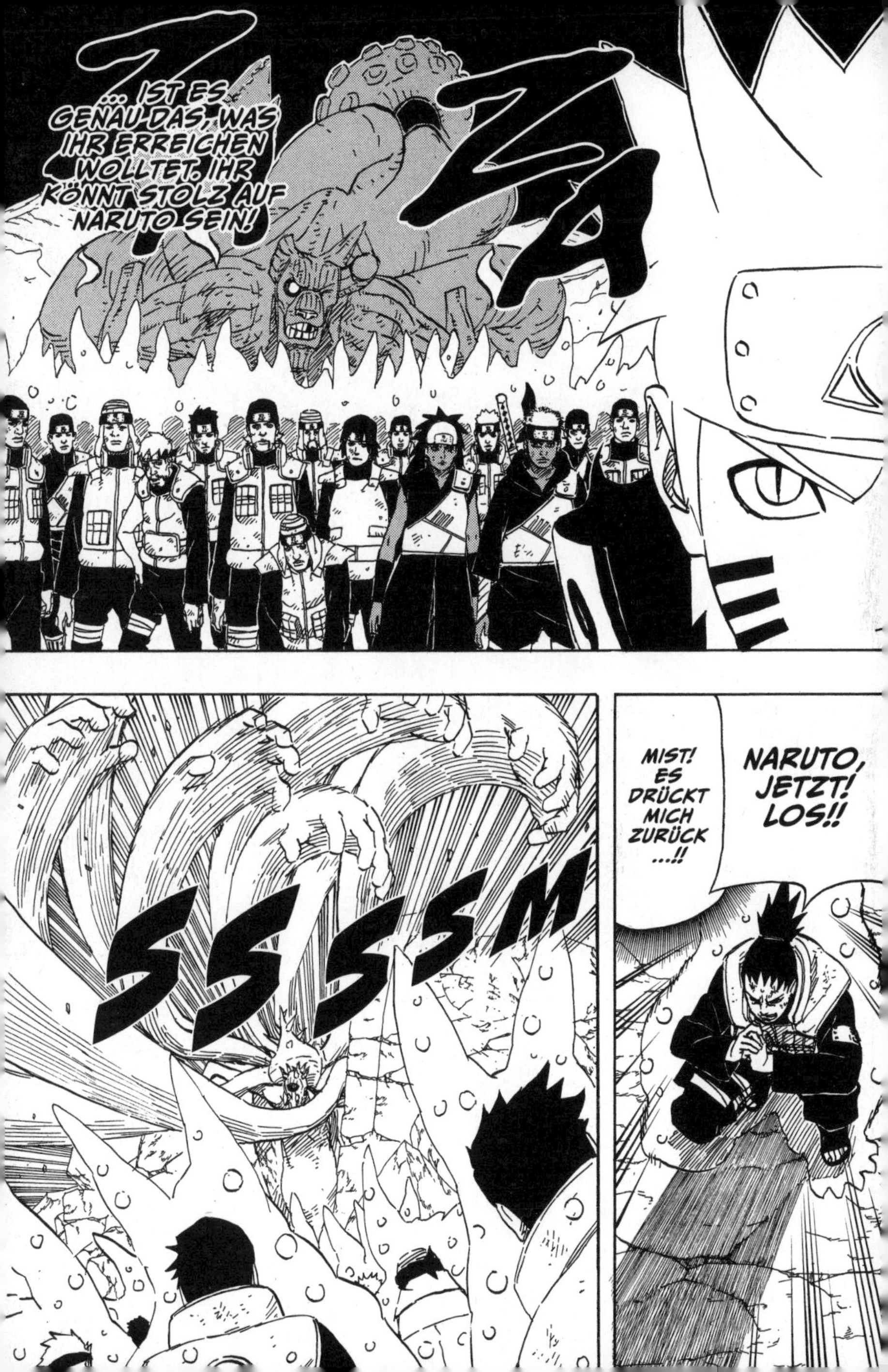
ZA
... IST ES GENAU DAS, WAS IHR ERREICHEN WOLLTET. IHR KÖNNT STOLZ AUF NARUTO SEIN!
NARUTO, JETZT! LOS!!
MIST! ES DRÜCKT MICH ZURÜCK ...!!
SSSSM

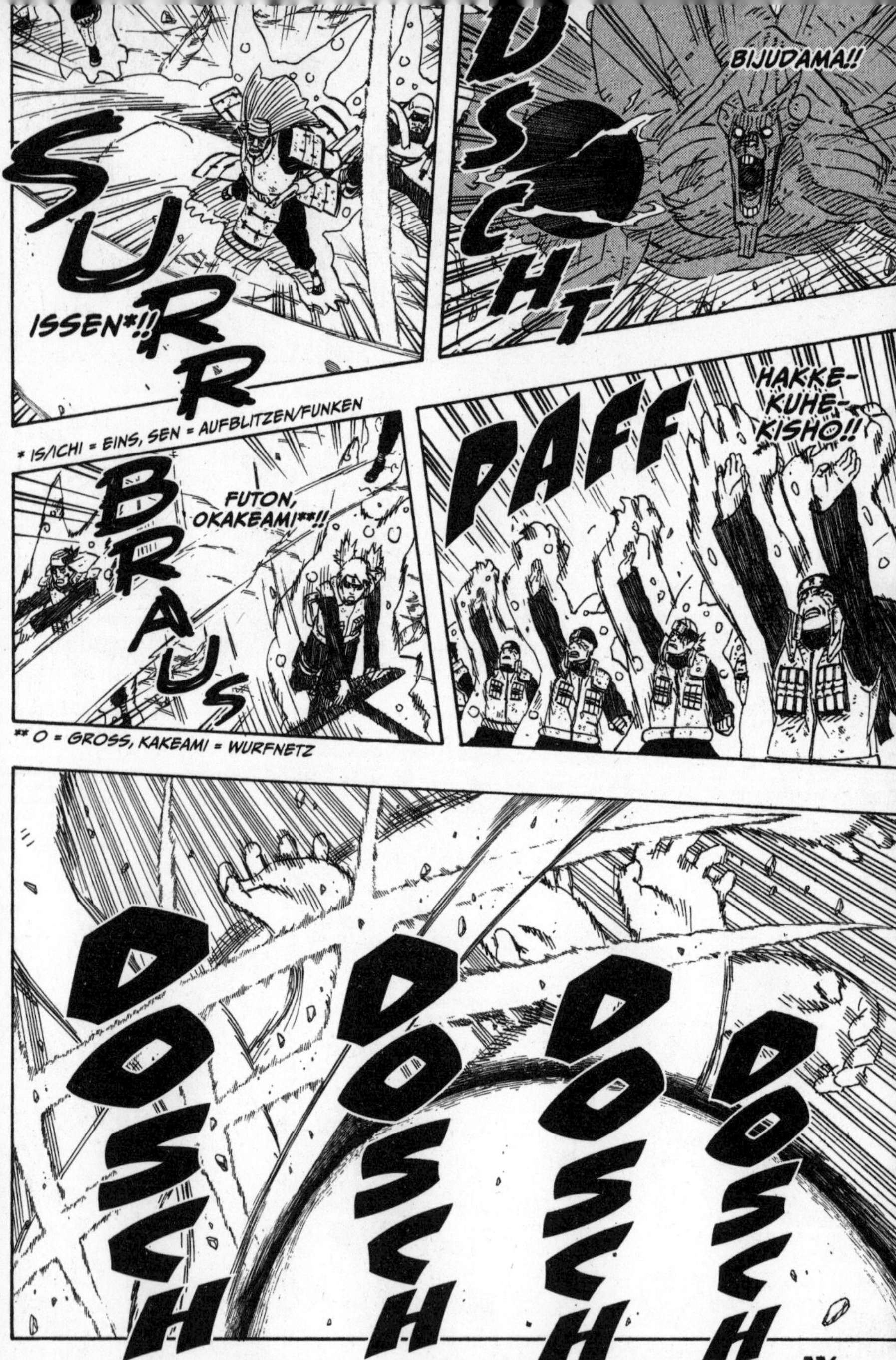

* IS/ICHI = EINS, SEN = AUFBLITZEN/FUNKEN

** O = GROSS, KAKEAMI = WURFNETZ

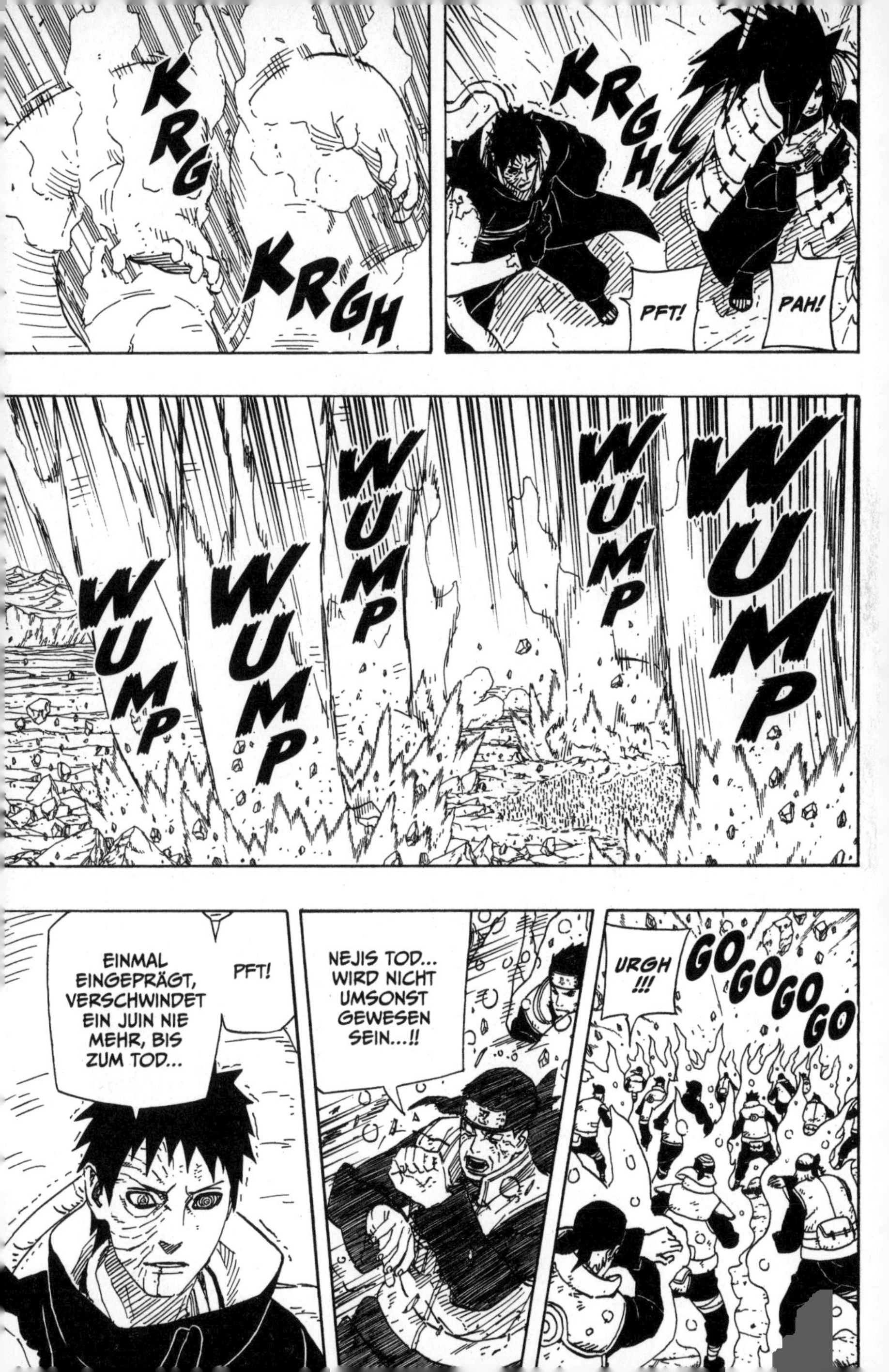
KRGH
PAH!
PFT!
KRGH
KRG
WUMP
WUMP
WUMP
WUMP
WUMP
URGH !!!
GO GO GO GO GO
NEJIS TOD... WIRD NICHT UMSONST GEWESEN SEIN...!!
PFT!
EINMAL EINGEPRÄGT, VERSCHWINDET EIN JUIN NIE MEHR, BIS ZUM TOD...

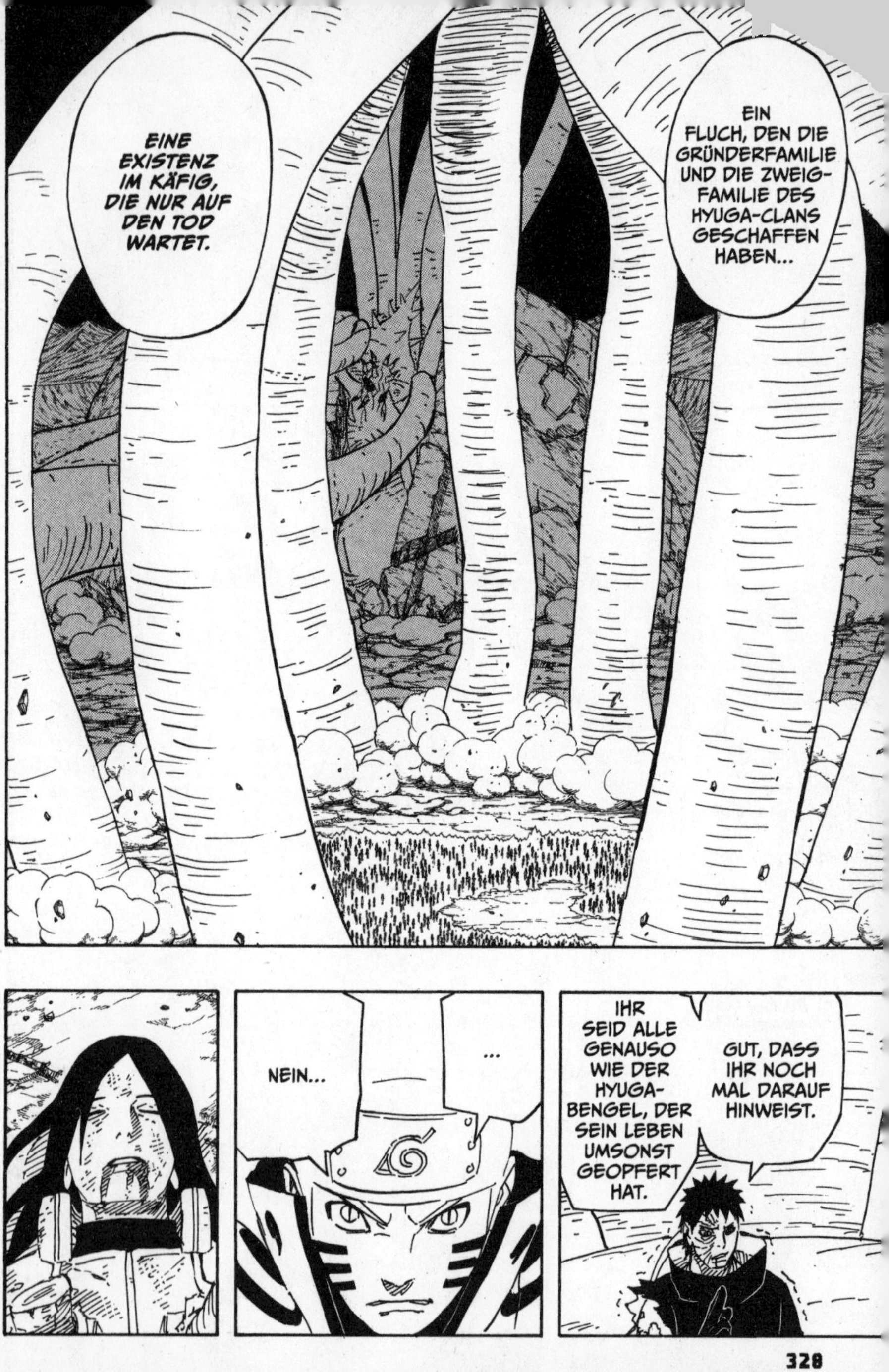
EIN FLUCH, DEN DIE GRÜNDERFAMILIE UND DIE ZWEIG-FAMILIE DES HYUGA-CLANS GESCHAFFEN HABEN...
EINE EXISTENZ IM KÄFIG, DIE NUR AUF DEN TOD WARTET.
GUT, DASS IHR NOCH MAL DARAUF HINWEIST.
IHR SEID ALLE GENAUSO WIE DER HYUGA-BENGEL, DER SEIN LEBEN UMSONST GEOPFERT HAT.
...
NEIN...

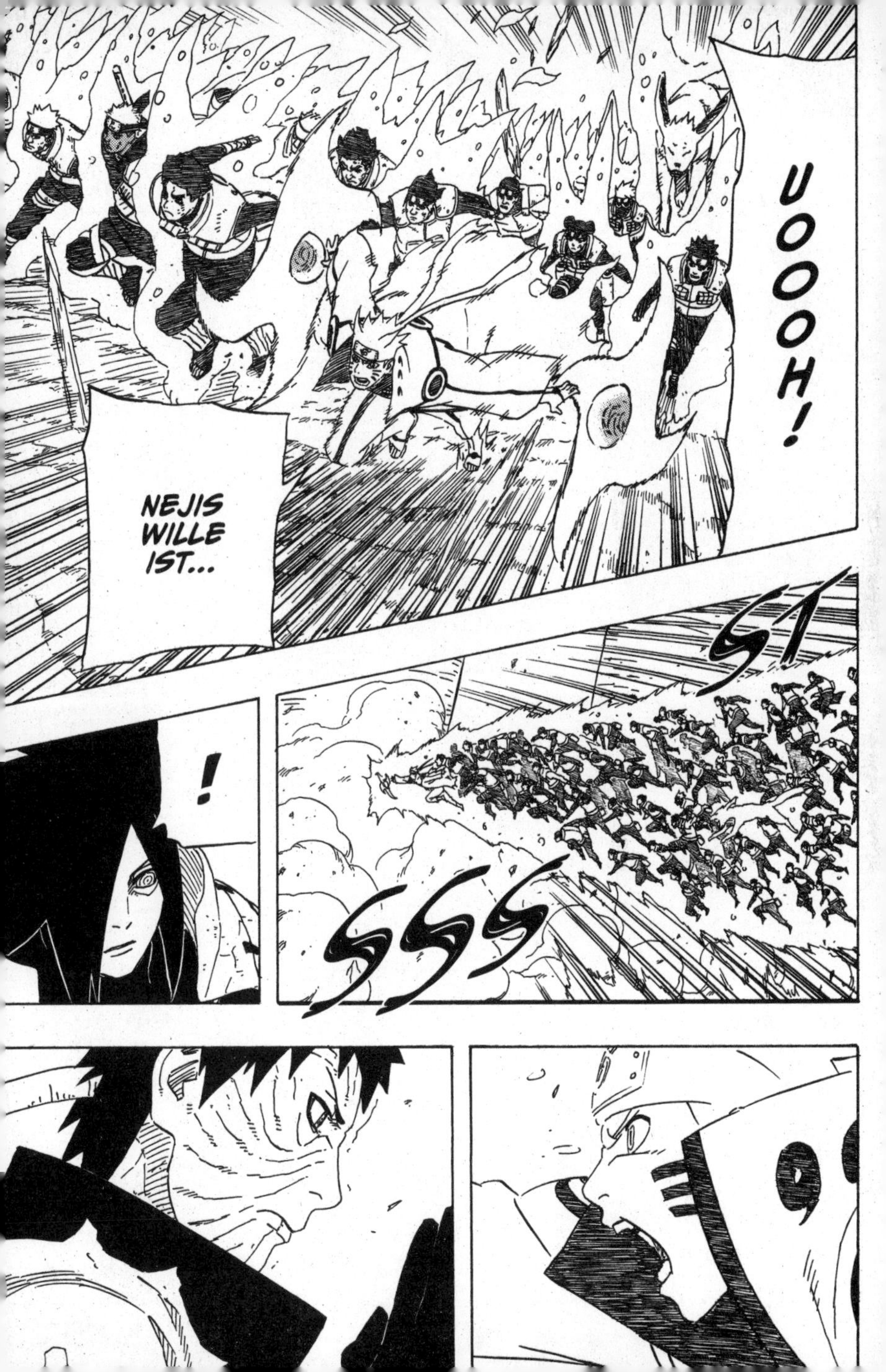
UOOOOH!
NEJIS WILLE IST...
ST
!
SSS

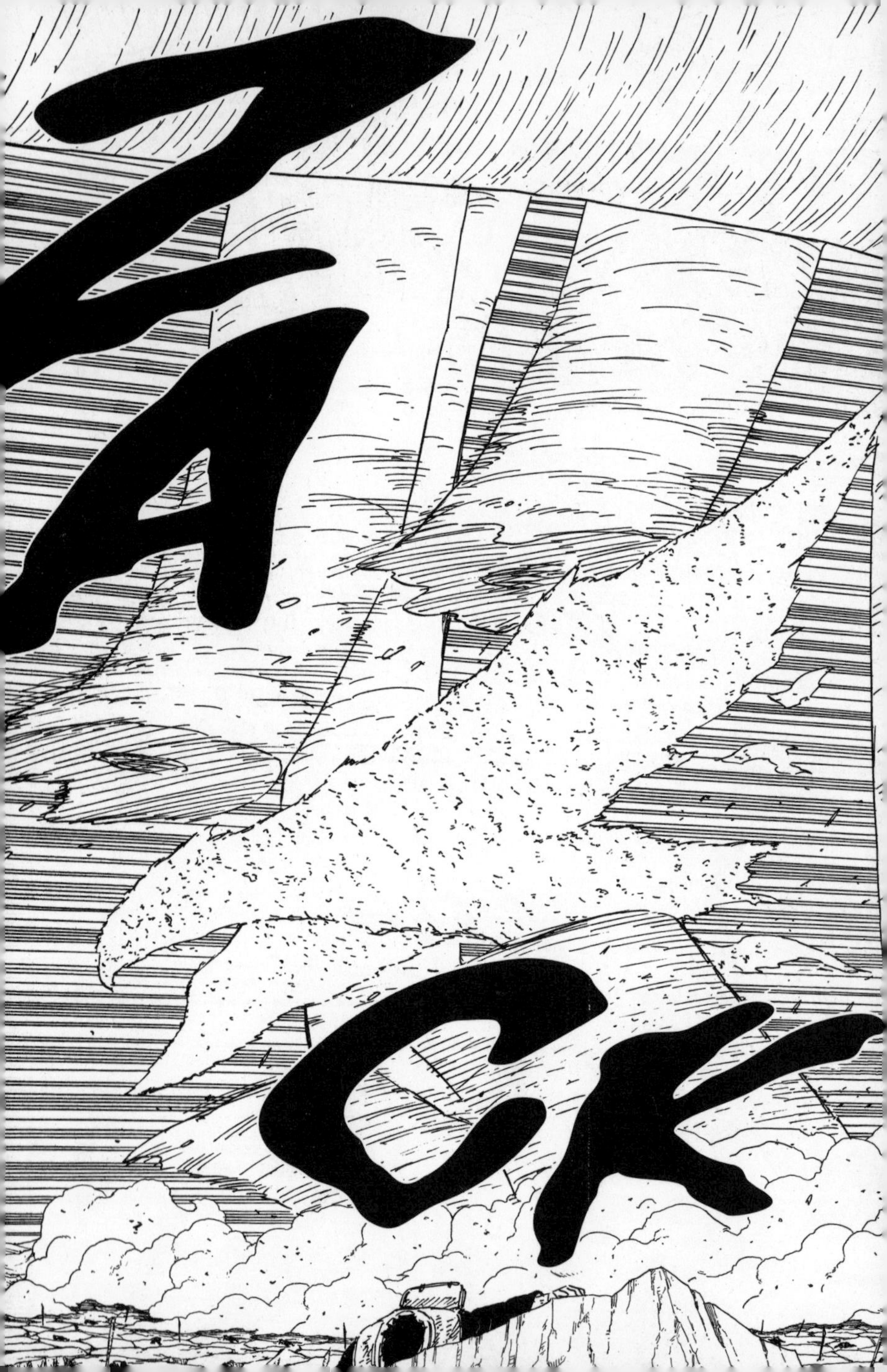
ZACK

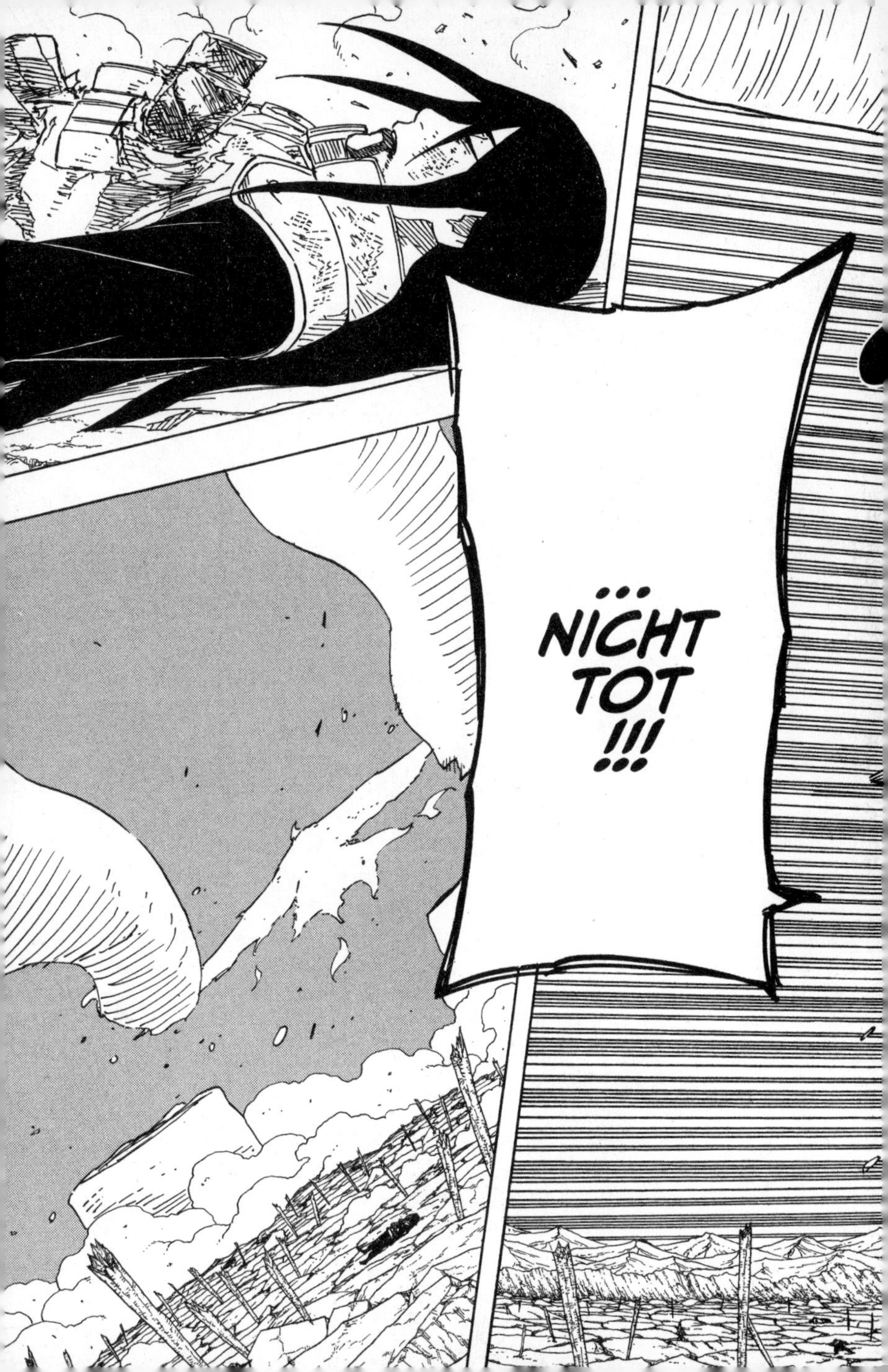
...NICHT TOT!!!

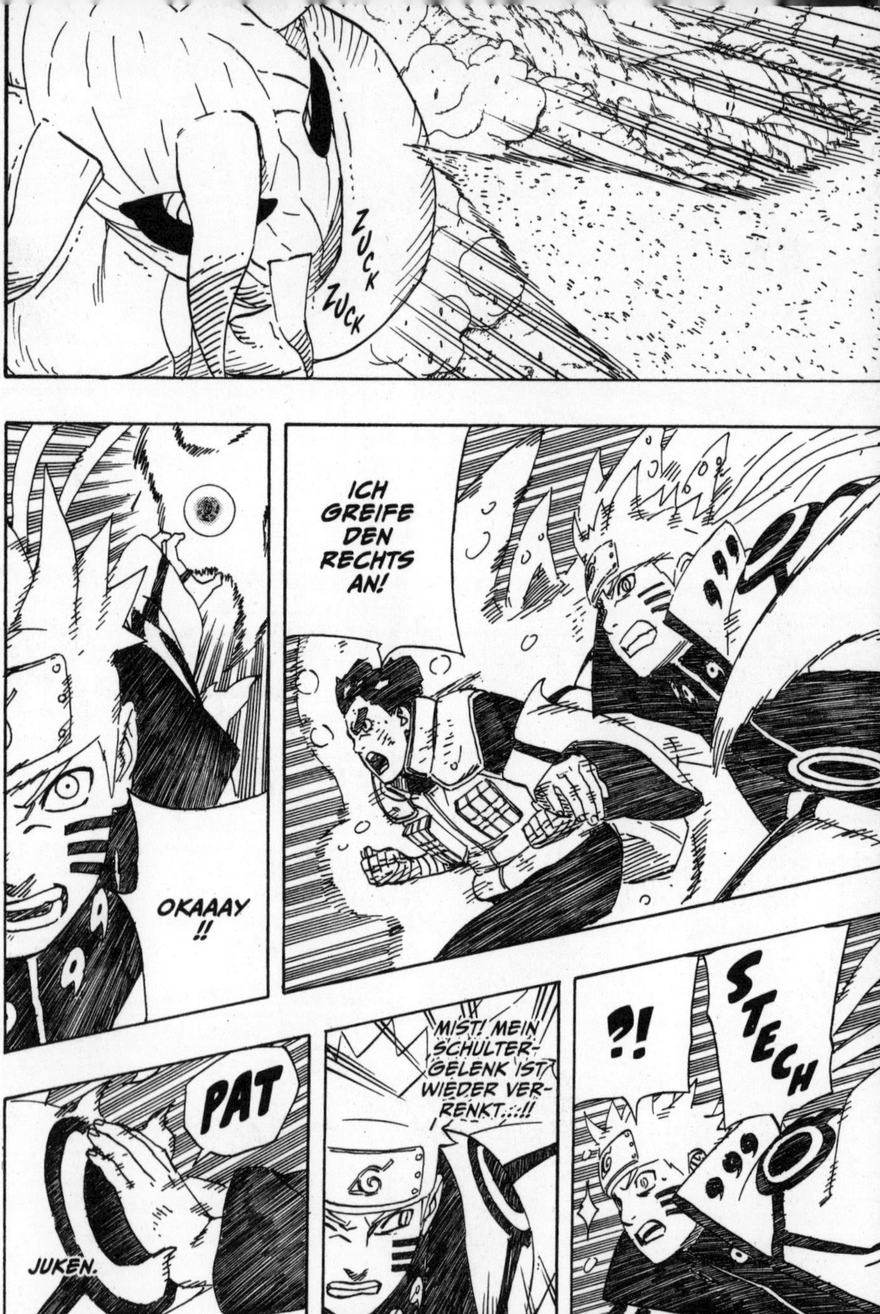
ZUCK ZUCK
ICH GREIFE DEN RECHTS AN!
OKAAAY !!
STECH
?!
MIST! MEIN SCHULTER-GELENK IST WIEDER VER-RENKT...!!
PAT
JUKEN.

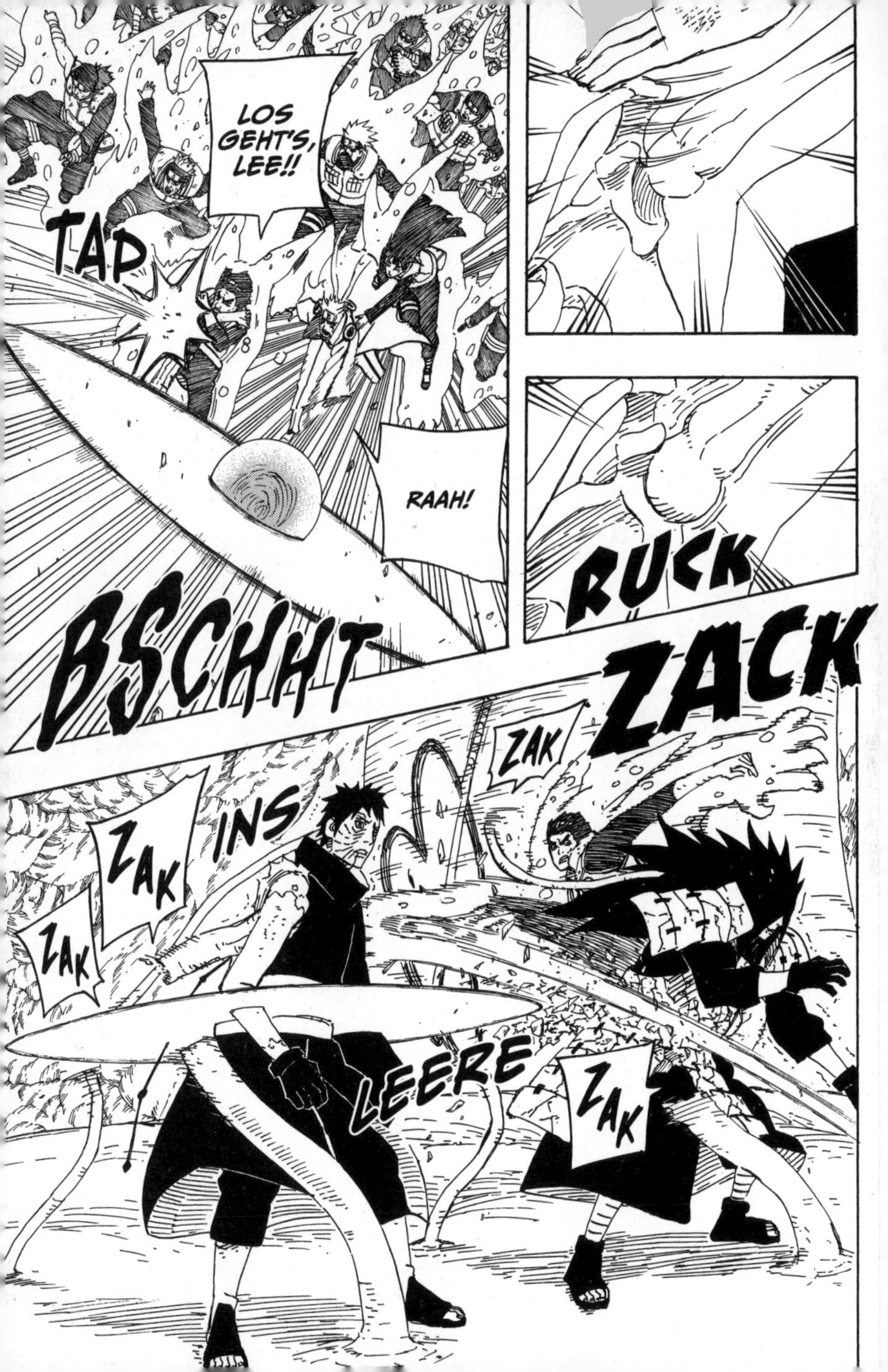
RUCK
LOS GEHT'S, LEE!!
TAP
RAAH!
BSCHHT
ZACK
ZAK
ZAK
INS LEERE
ZAK
ZAK

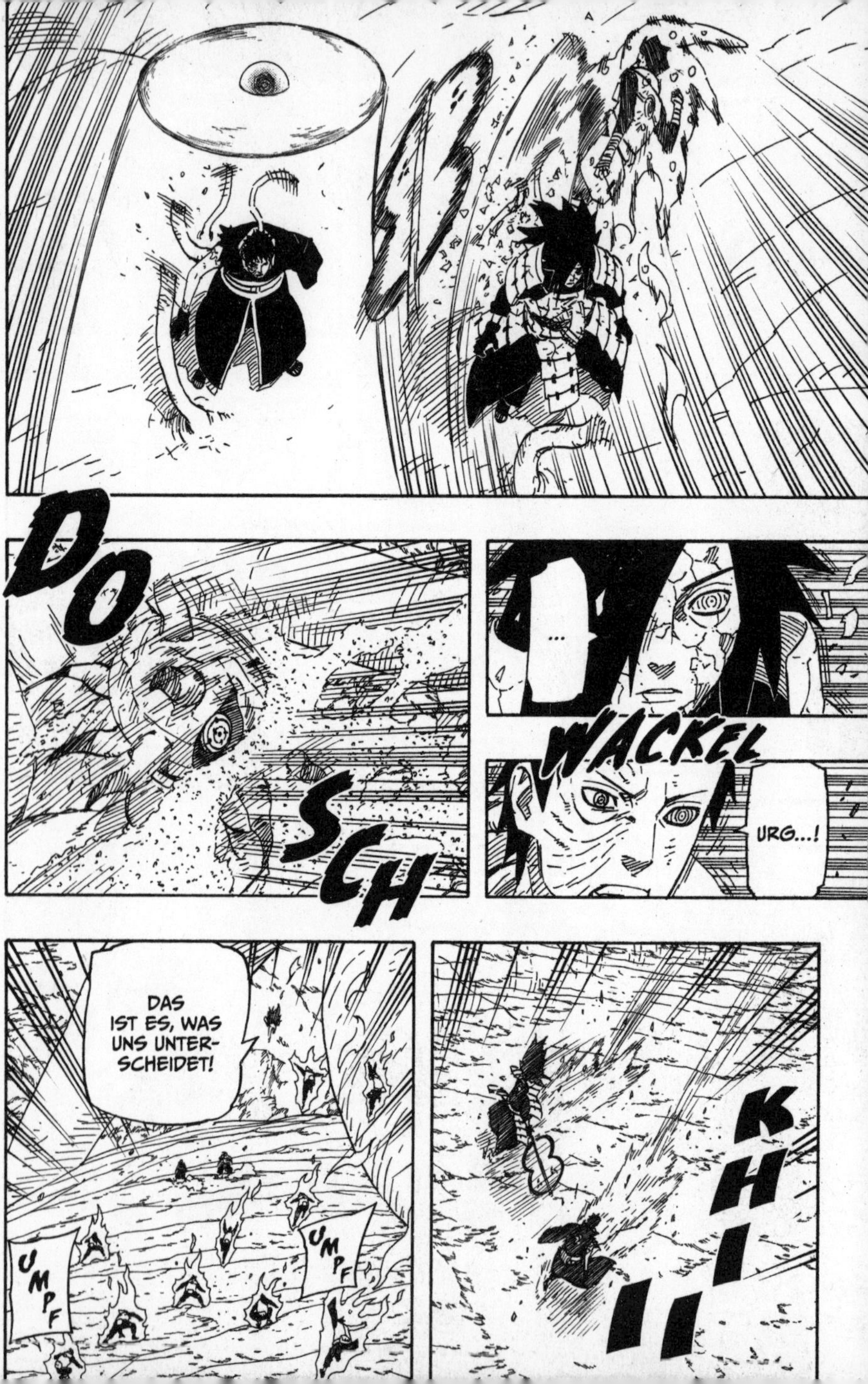

DOSCH
...
WACKEL
URG...!
KHII
DAS IST ES, WAS UNS UNTER-SCHEIDET!
UMPF
UMPF

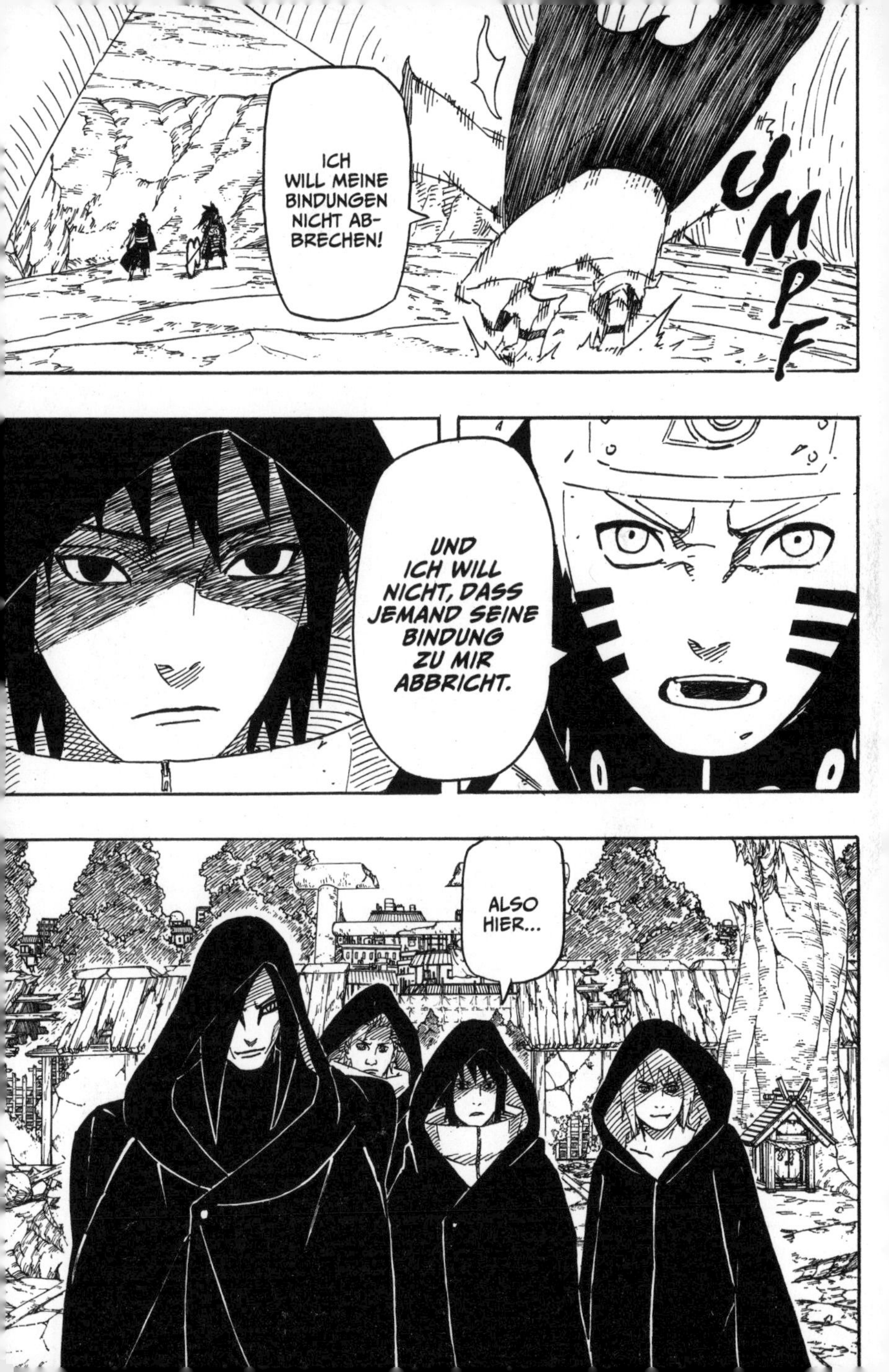
UMPF
ICH WILL MEINE BINDUNGEN NICHT ABBRECHEN!
UND ICH WILL NICHT, DASS JEMAND SEINE BINDUNG ZU MIR ABBRICHT.
ALSO HIER...

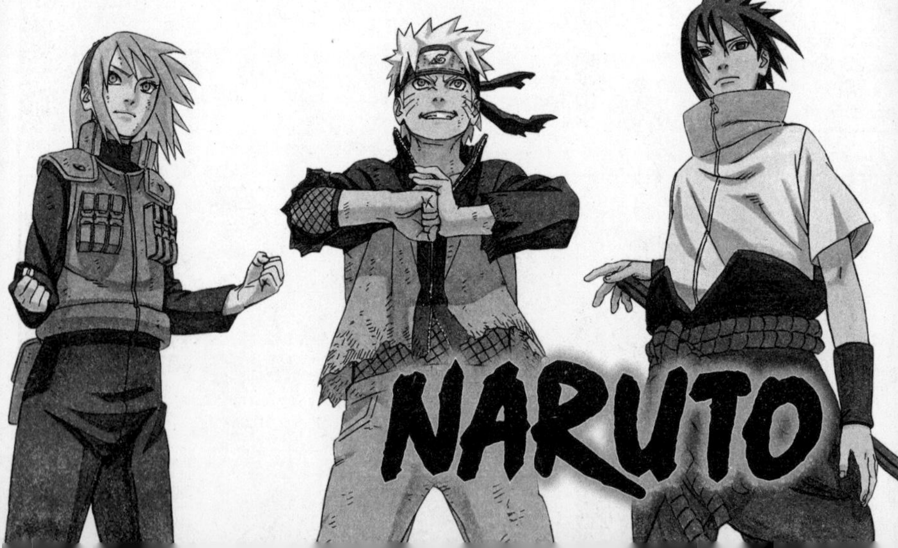
NARUTO

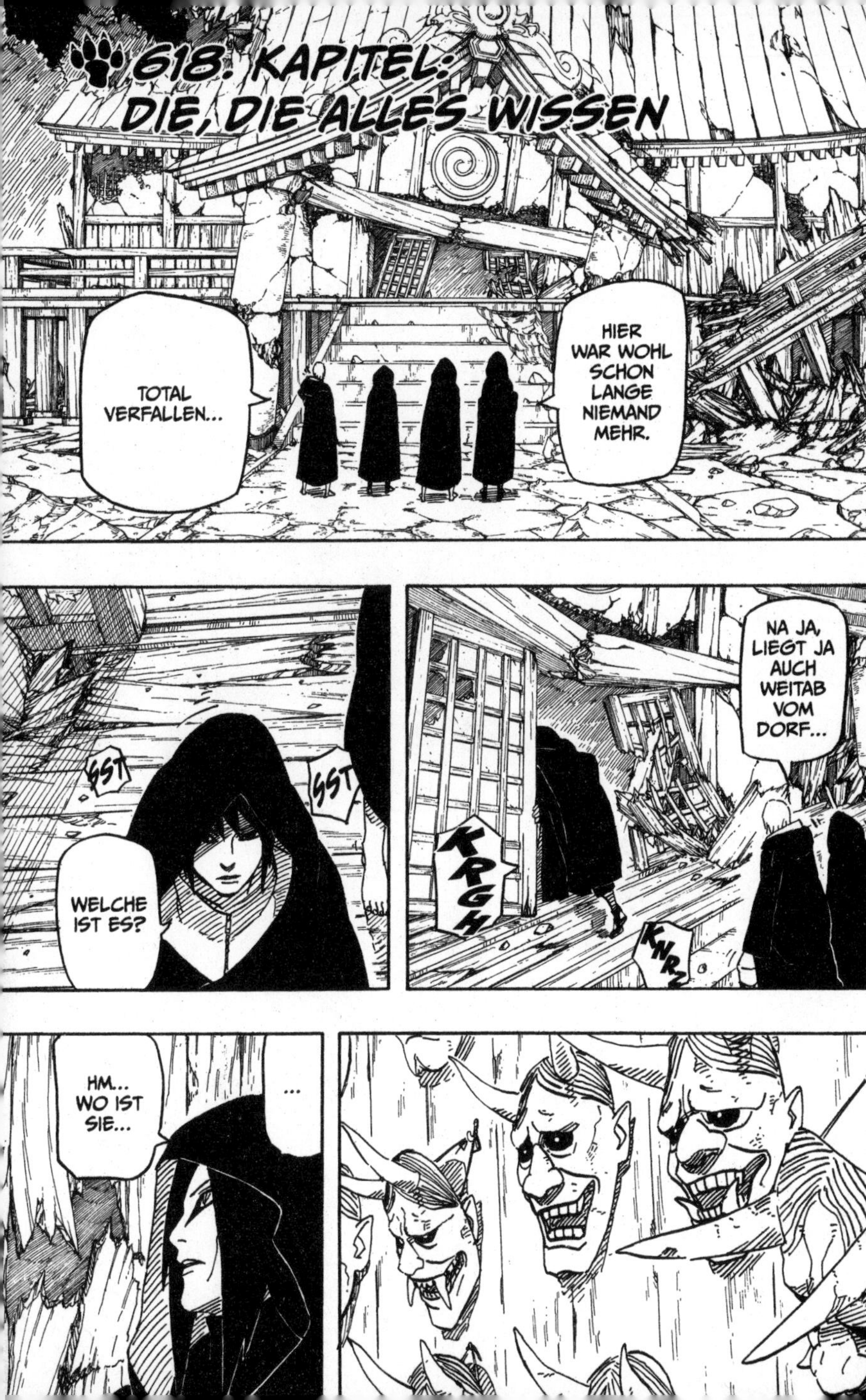
618. KAPITEL: DIE, DIE ALLES WISSEN
HIER WAR WOHL SCHON LANGE NIEMAND MEHR.
TOTAL VERFALLEN...
NA JA, LIEGT JA AUCH WEITAB VOM DORF...
KRGH
KNRZ
SST
SST
WELCHE IST ES?
...
HM... WO IST SIE...

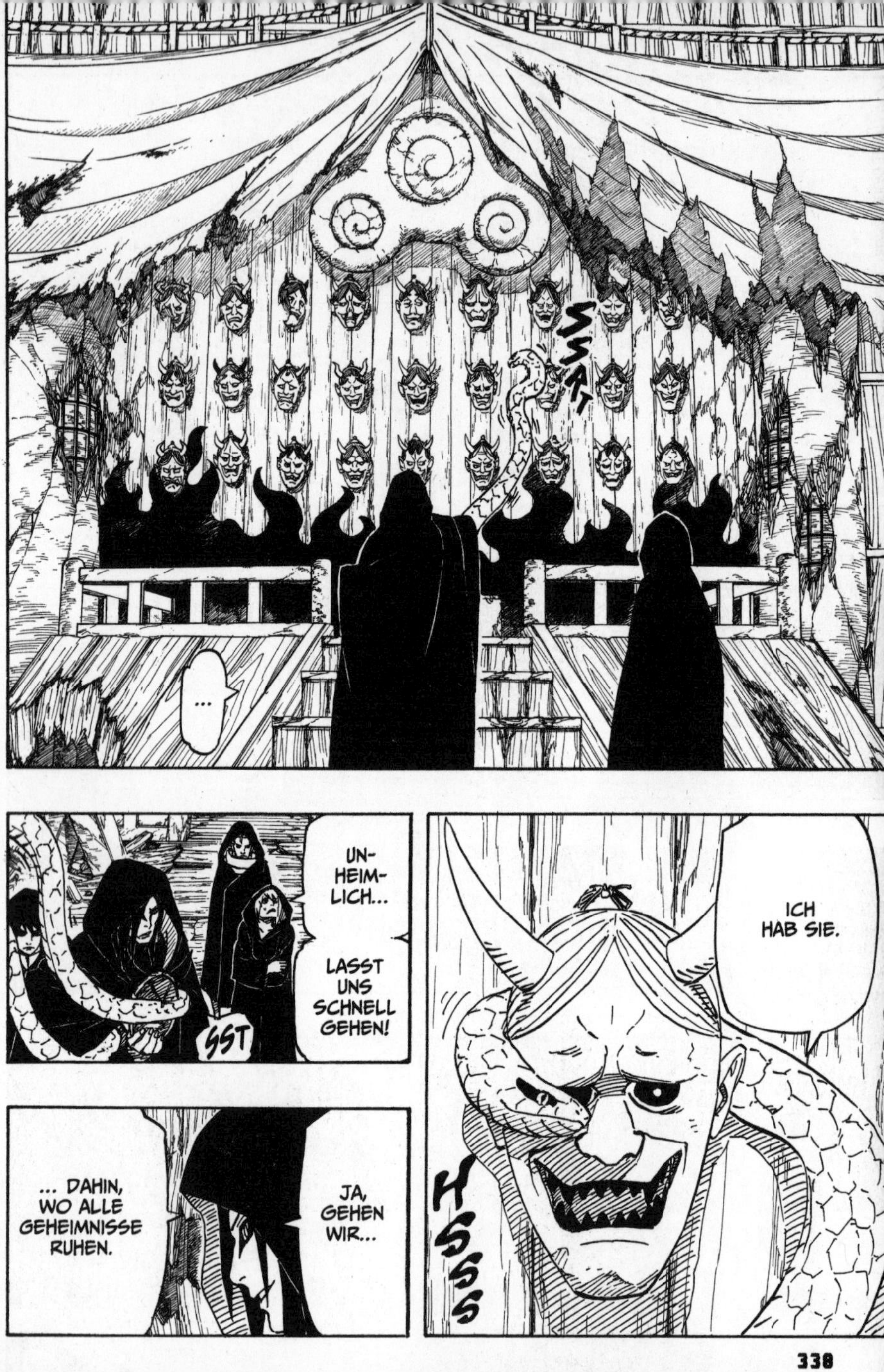
SSAT
...
ICH HAB SIE.
HSSS
UN-HEIMLICH...
LASST UNS SCHNELL GEHEN!
SST
JA, GEHEN WIR...
... DAHIN, WO ALLE GEHEIMNISSE RUHEN.

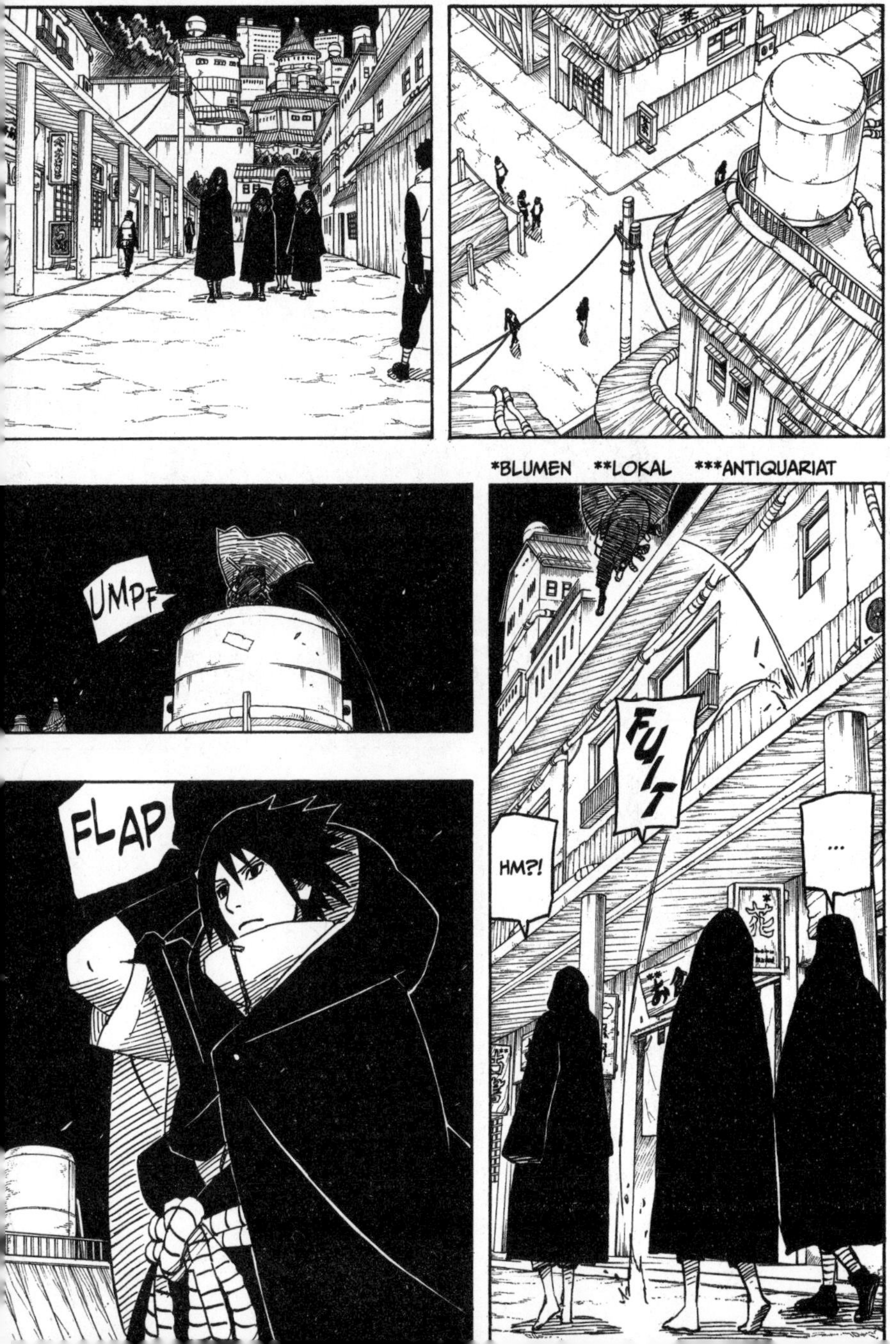

*BLUMEN **LOKAL ***ANTIQUARIAT
FUIT
...
HM?!
UMPF
FLAP

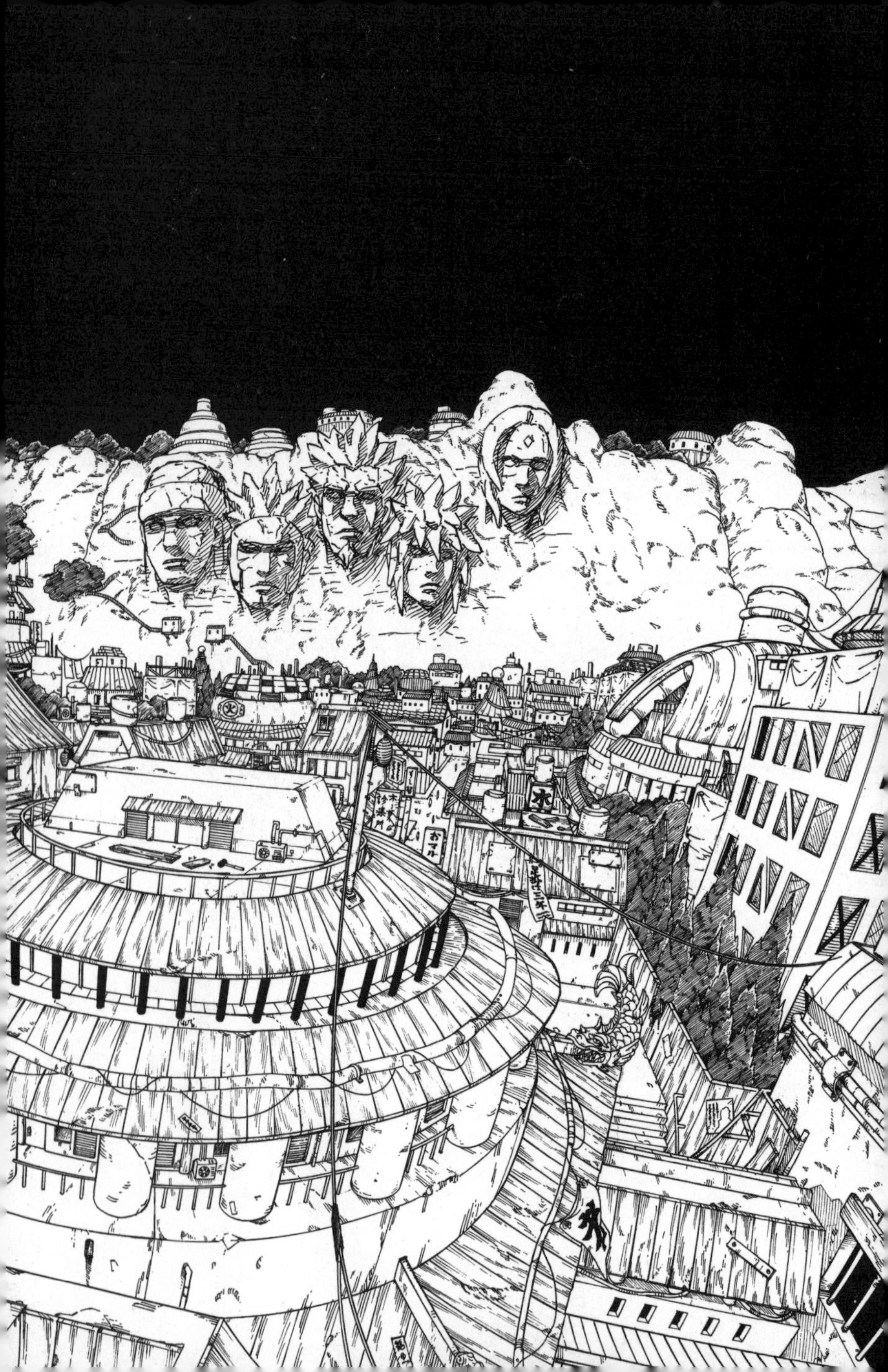
水
おマル

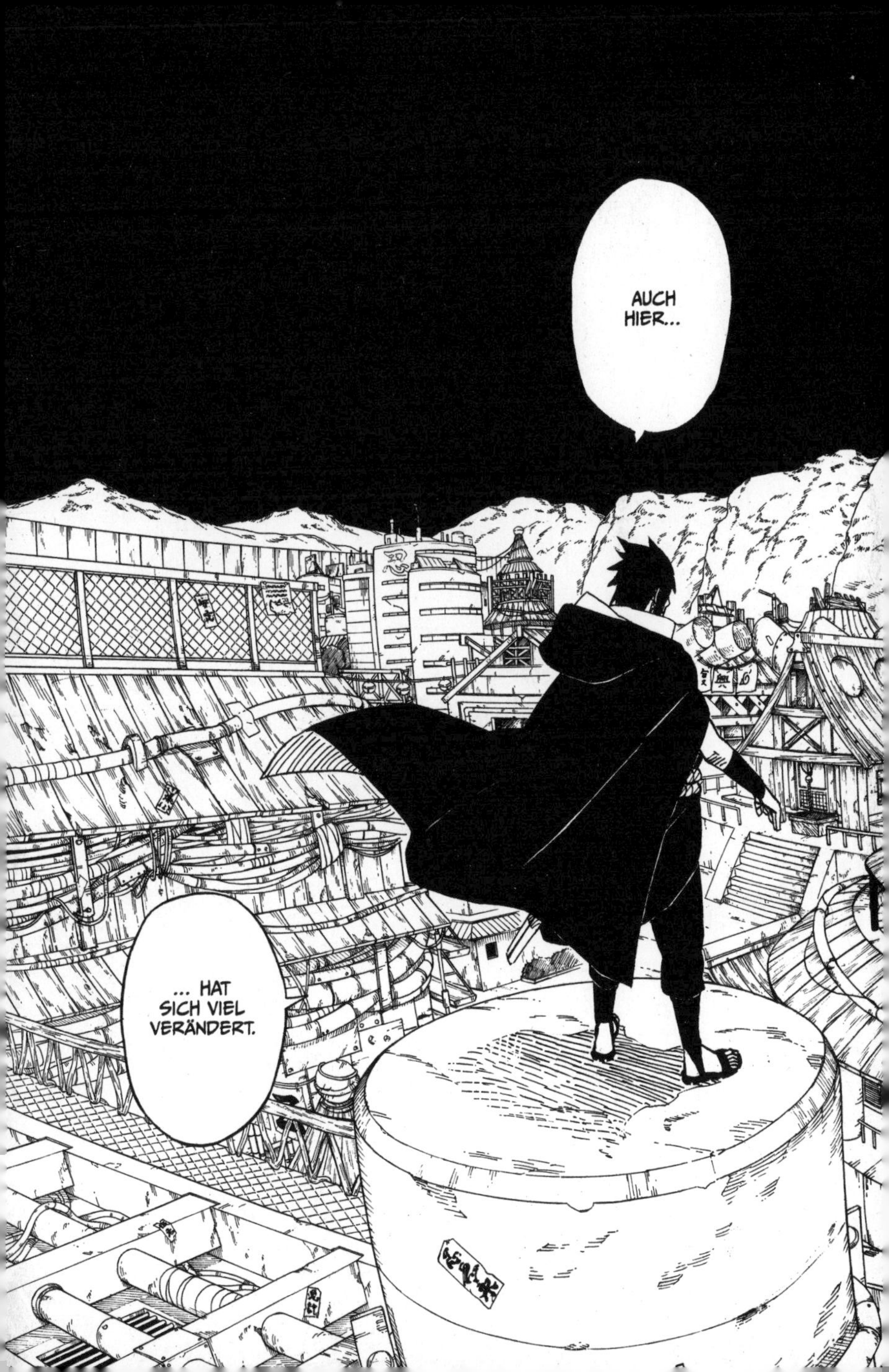
AUCH HIER...
... HAT SICH VIEL VERÄNDERT.

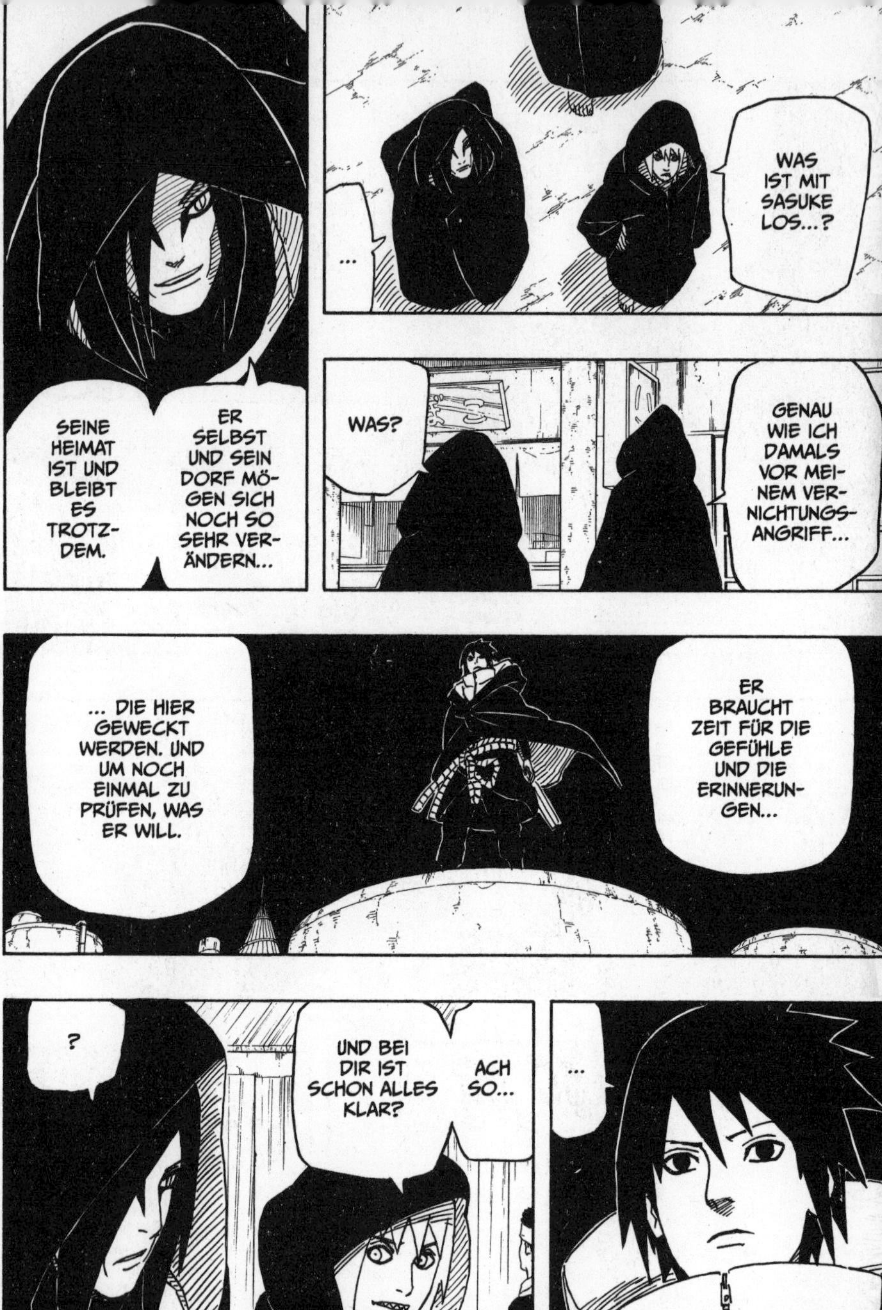
WAS IST MIT SASUKE LOS...?
...
ER SELBST UND SEIN DORF MÖGEN SICH NOCH SO SEHR VERÄNDERN...
SEINE HEIMAT IST UND BLEIBT ES TROTZDEM.
GENAU WIE ICH DAMALS VOR MEINEM VERNICHTUNGSANGRIFF...
WAS?
ER BRAUCHT ZEIT FÜR DIE GEFÜHLE UND DIE ERINNERUNGEN...
... DIE HIER GEWECKT WERDEN. UND UM NOCH EINMAL ZU PRÜFEN, WAS ER WILL.
...
ACH SO...
UND BEI DIR IST SCHON ALLES KLAR?
?

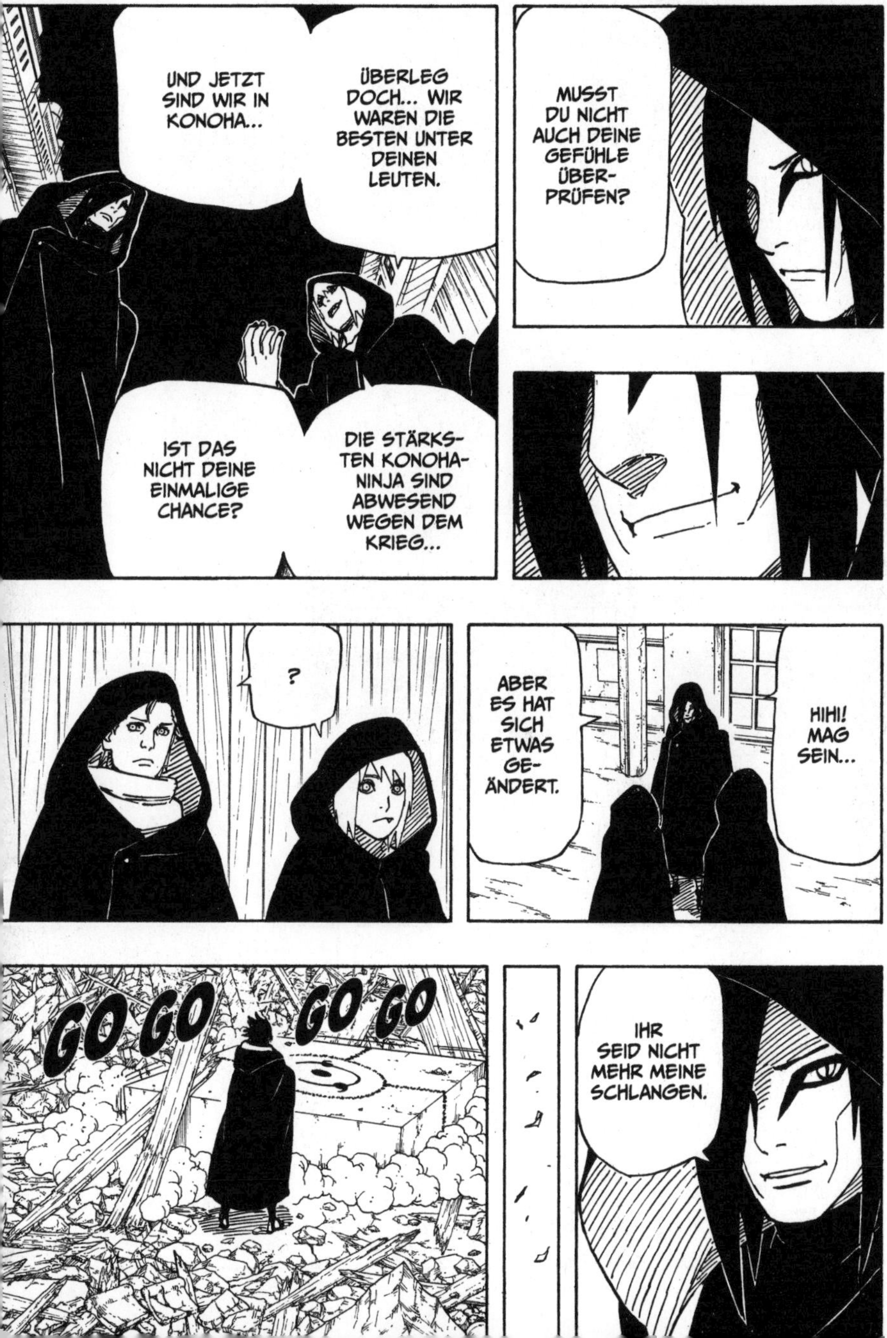
MUSST DU NICHT AUCH DEINE GEFÜHLE ÜBERPRÜFEN?
ÜBERLEG DOCH... WIR WAREN DIE BESTEN UNTER DEINEN LEUTEN.
UND JETZT SIND WIR IN KONOHA...
DIE STÄRKSTEN KONOHA-NINJA SIND ABWESEND WEGEN DEM KRIEG...
IST DAS NICHT DEINE EINMALIGE CHANCE?
HIHI! MAG SEIN...
ABER ES HAT SICH ETWAS GEÄNDERT.
?
IHR SEID NICHT MEHR MEINE SCHLANGEN.
GO GO GO GO

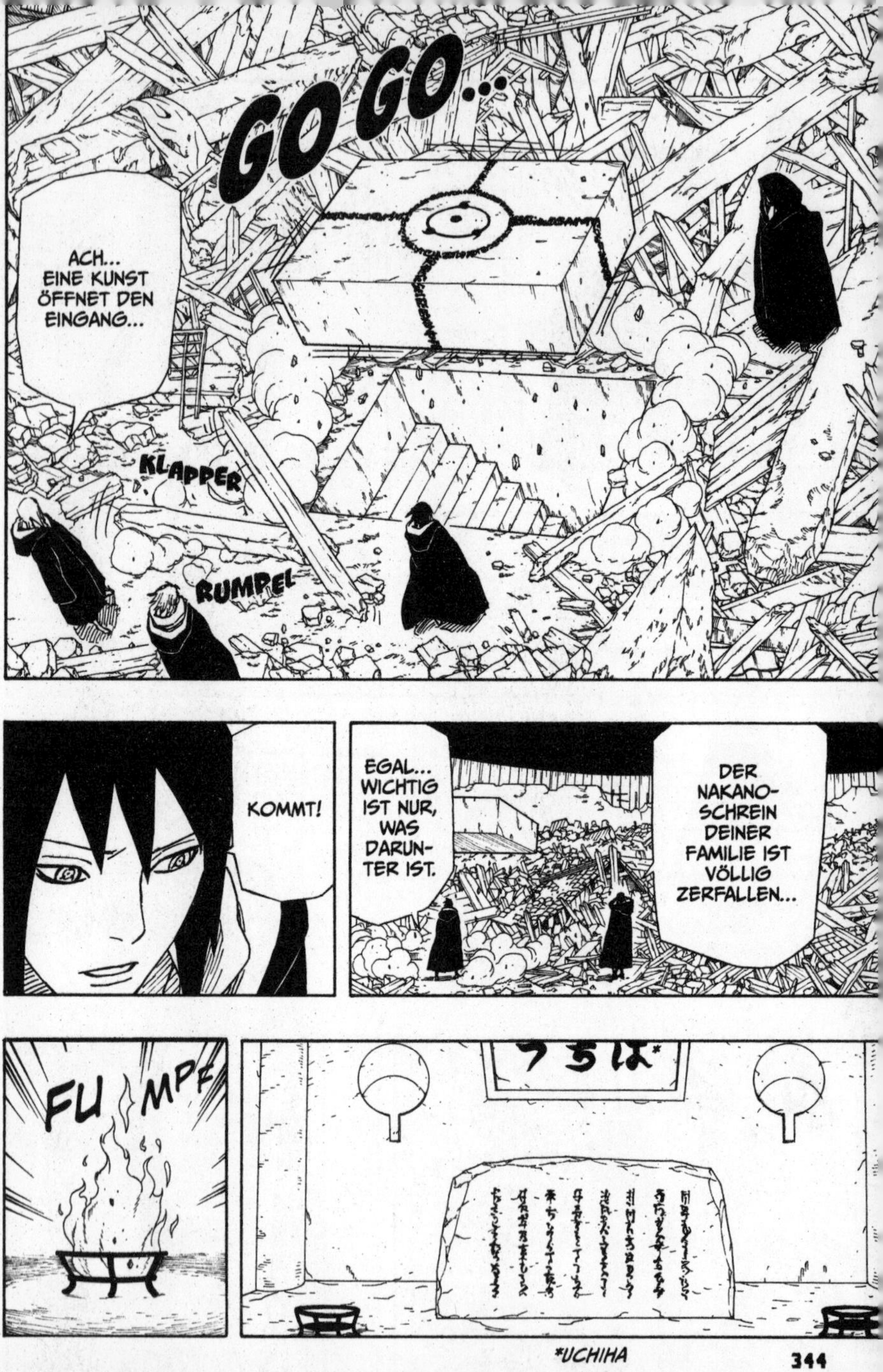
GO GO...
ACH... EINE KUNST ÖFFNET DEN EINGANG...
KLAPPER
RUMPEL
DER NAKANO-SCHREIN DEINER FAMILIE IST VÖLLIG ZERFALLEN...
EGAL... WICHTIG IST NUR, WAS DARUNTER IST.
KOMMT!
うちは*
FUMPF

*UCHIHA

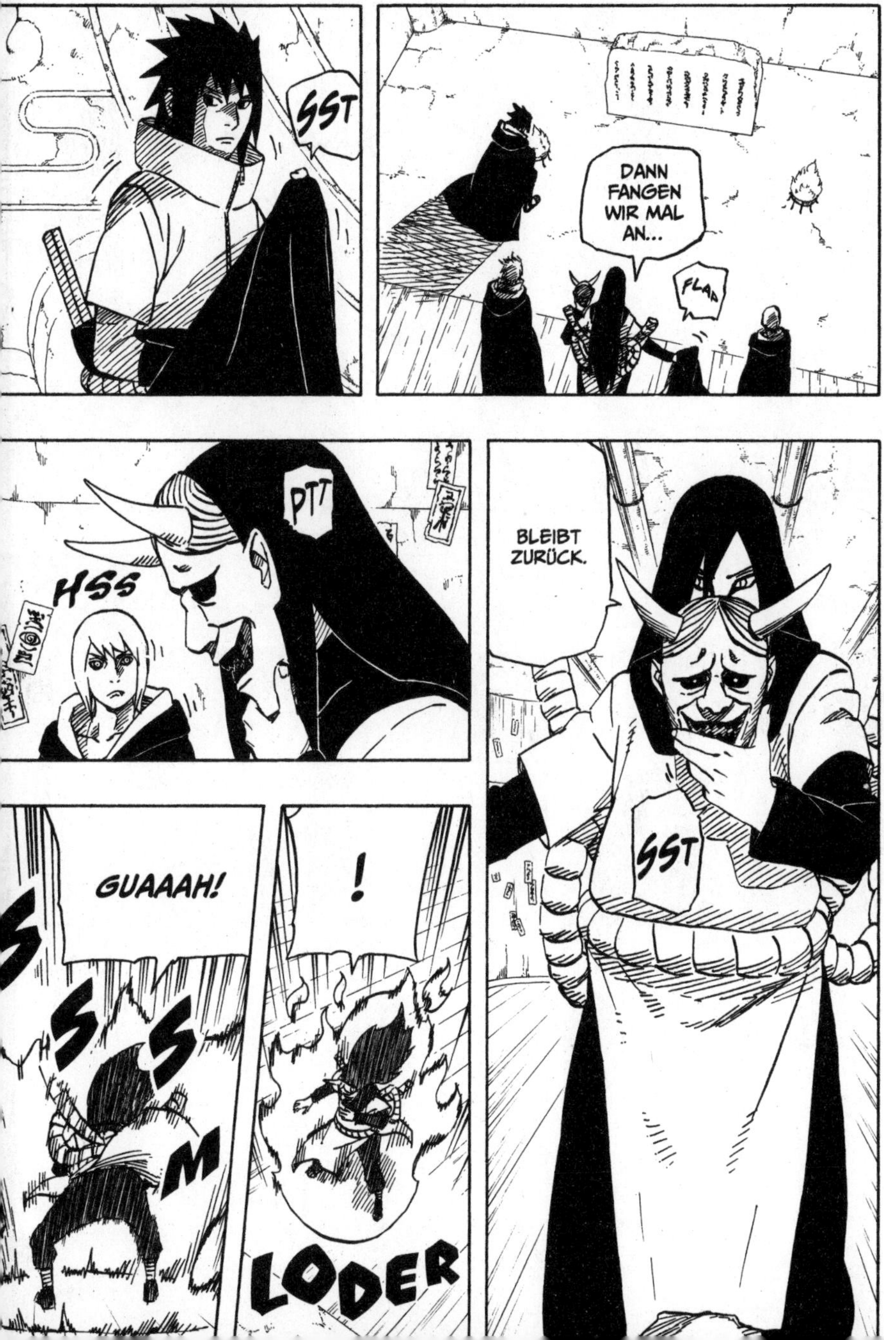
SST
DANN FANGEN WIR MAL AN...
FLAP
BLEIBT ZURÜCK.
SST
PTT
HSS
!
LODER
GUAAAH!
SSSM

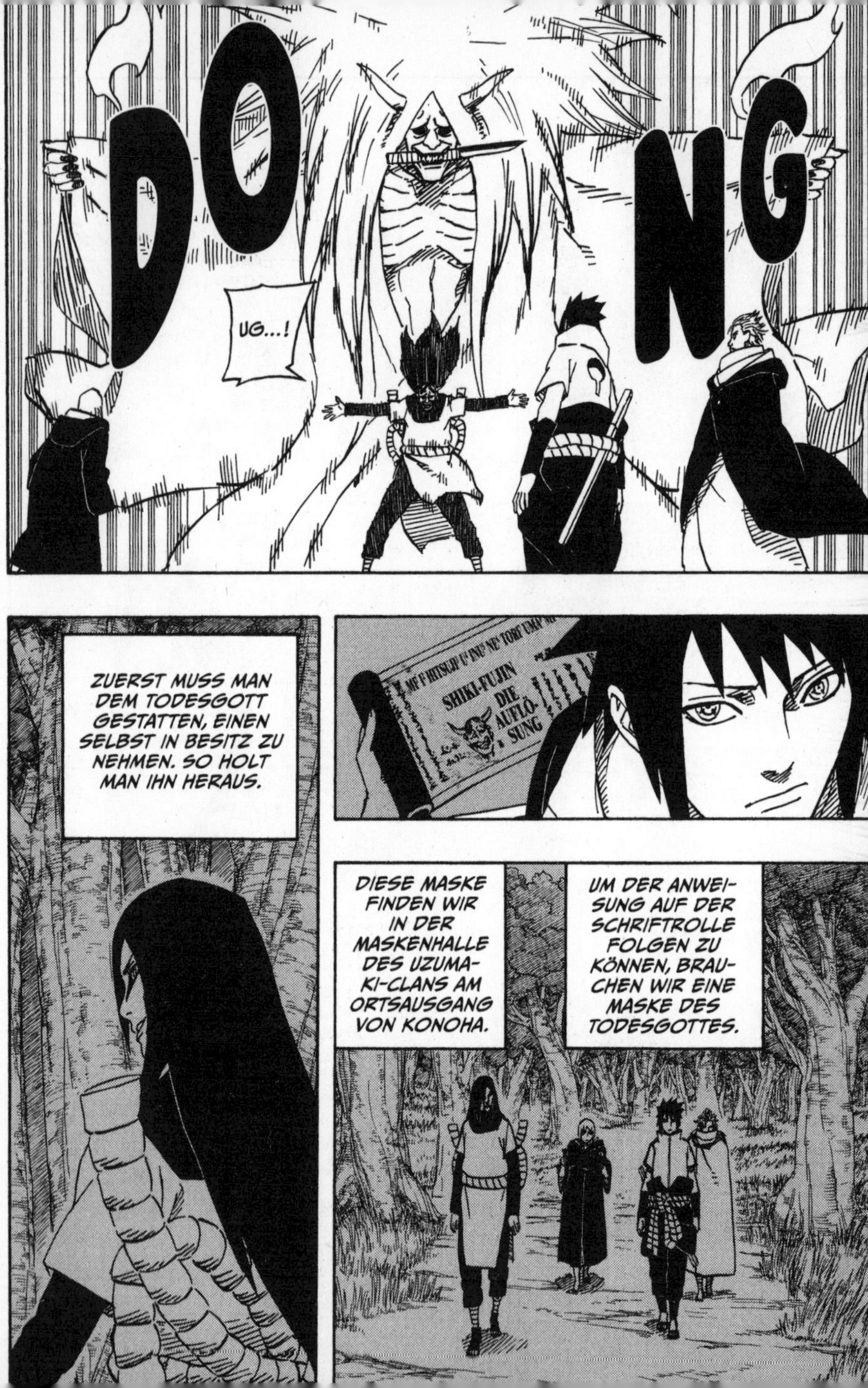
DONG
UG...!
SHIKI-FUJIN
DIE AUFLÖ-SUNG
UM DER ANWEI-SUNG AUF DER SCHRIFTROLLE FOLGEN ZU KÖNNEN, BRAU-CHEN WIR EINE MASKE DES TODESGOTTES.
DIESE MASKE FINDEN WIR IN DER MASKENHALLE DES UZUMA-KI-CLANS AM ORTSAUSGANG VON KONOHA.
ZUERST MUSS MAN DEM TODESGOTT GESTATTEN, EINEN SELBST IN BESITZ ZU NEHMEN. SO HOLT MAN IHN HERAUS.

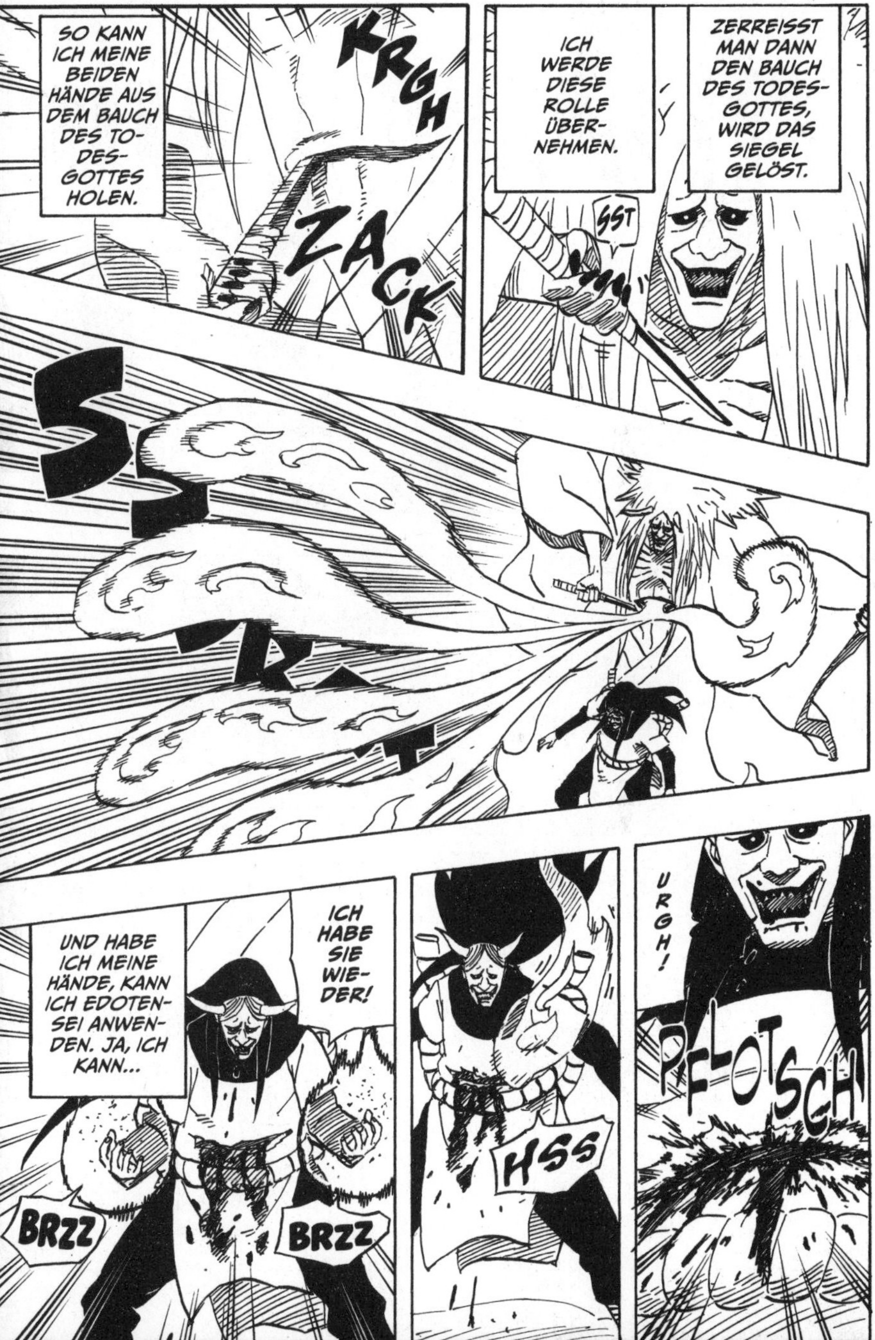
ZERREISST MAN DANN DEN BAUCH DES TODES-GOTTES, WIRD DAS SIEGEL GELÖST.
ICH WERDE DIESE ROLLE ÜBERNEHMEN.
SST
KRGH
SO KANN ICH MEINE BEIDEN HÄNDE AUS DEM BAUCH DES TO-DES-GOTTES HOLEN.
ZACK
URGH!
PFLOTSCH
HSS
ICH HABE SIE WIE-DER!
UND HABE ICH MEINE HÄNDE, KANN ICH EDOTEN-SEI ANWEN-DEN. JA, ICH KANN...
BRZZ
BRZZ

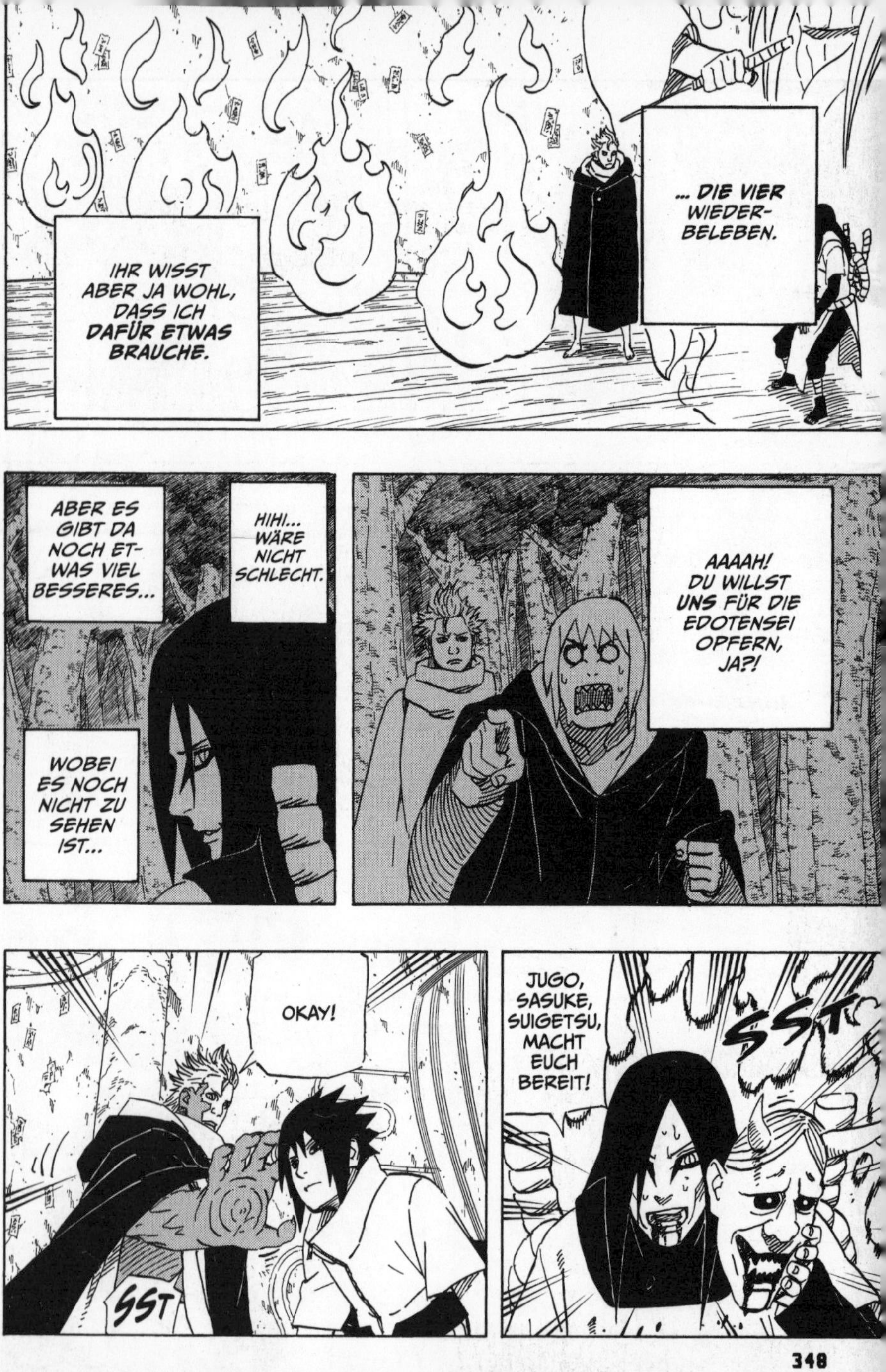

... DIE VIER WIEDER-BELEBEN.
IHR WISST ABER JA WOHL, DASS ICH DAFÜR ETWAS BRAUCHE.
AAAAH! DU WILLST UNS FÜR DIE EDOTENSEI OPFERN, JA?!
HIHI... WÄRE NICHT SCHLECHT.
ABER ES GIBT DA NOCH ET-WAS VIEL BESSERES...
WOBEI ES NOCH NICHT ZU SEHEN IST...
JUGO, SASUKE, SUIGETSU, MACHT EUCH BEREIT!
SST
OKAY!
SST

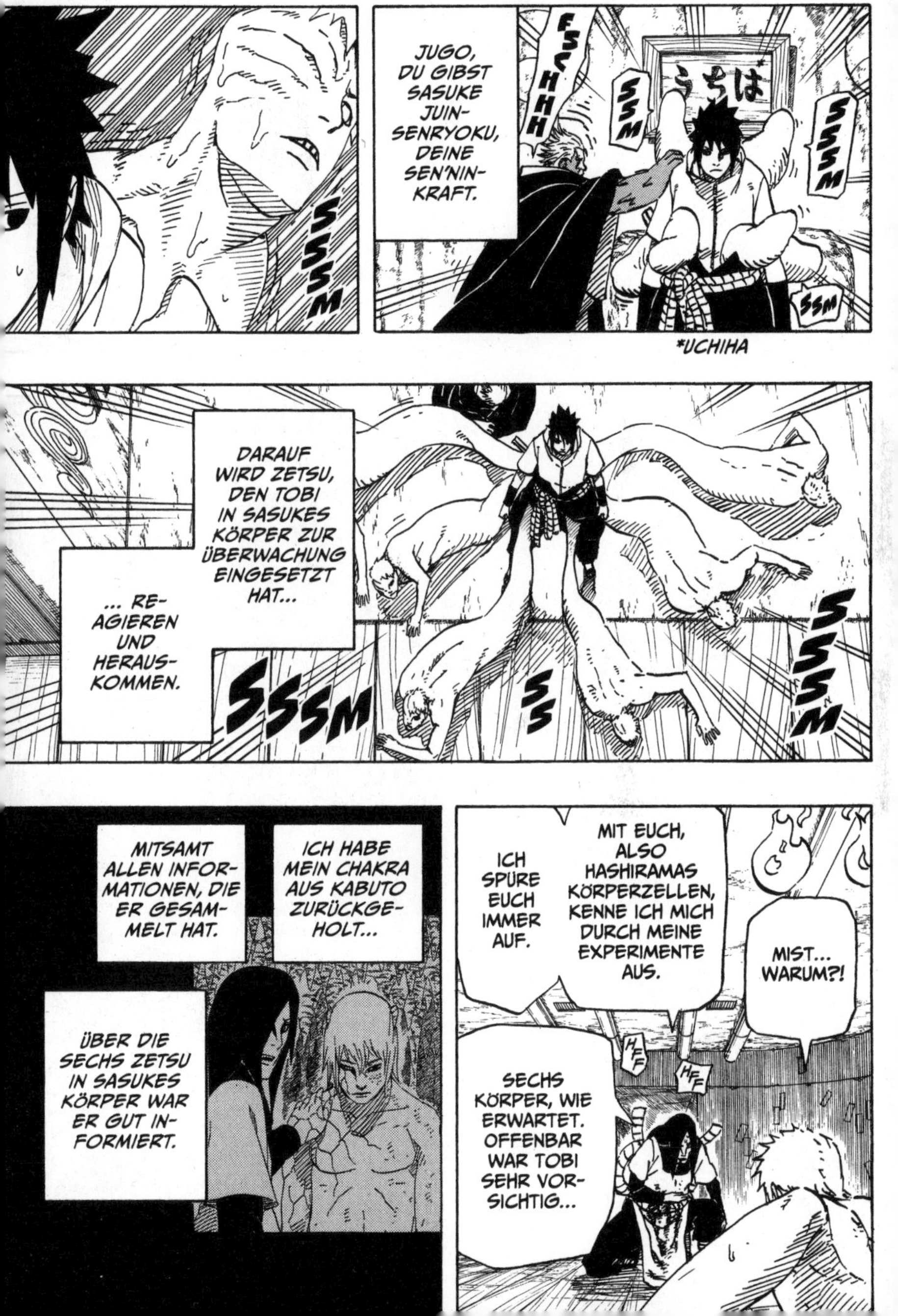
JUGO, DU GIBST SASUKE JUIN-SENRYOKU, DEINE SEN'NIN-KRAFT.
FSCHHHH
SSM
うちは*
SSSM
SSM
SSSM
*UCHIHA
DARAUF WIRD ZETSU, DEN TOBI IN SASUKES KÖRPER ZUR ÜBERWACHUNG EINGESETZT HAT...
... REAGIEREN UND HERAUSKOMMEN.
SSSM
SS
SSSM
MIST... WARUM?!
MIT EUCH, ALSO HASHIRAMAS KÖRPERZELLEN, KENNE ICH MICH DURCH MEINE EXPERIMENTE AUS.
ICH SPÜRE EUCH IMMER AUF.
HFF
HFF
SECHS KÖRPER, WIE ERWARTET. OFFENBAR WAR TOBI SEHR VORSICHTIG...
ICH HABE MEIN CHAKRA AUS KABUTO ZURÜCKGEHOLT...
MITSAMT ALLEN INFORMATIONEN, DIE ER GESAMMELT HAT.
ÜBER DIE SECHS ZETSU IN SASUKES KÖRPER WAR ER GUT INFORMIERT.

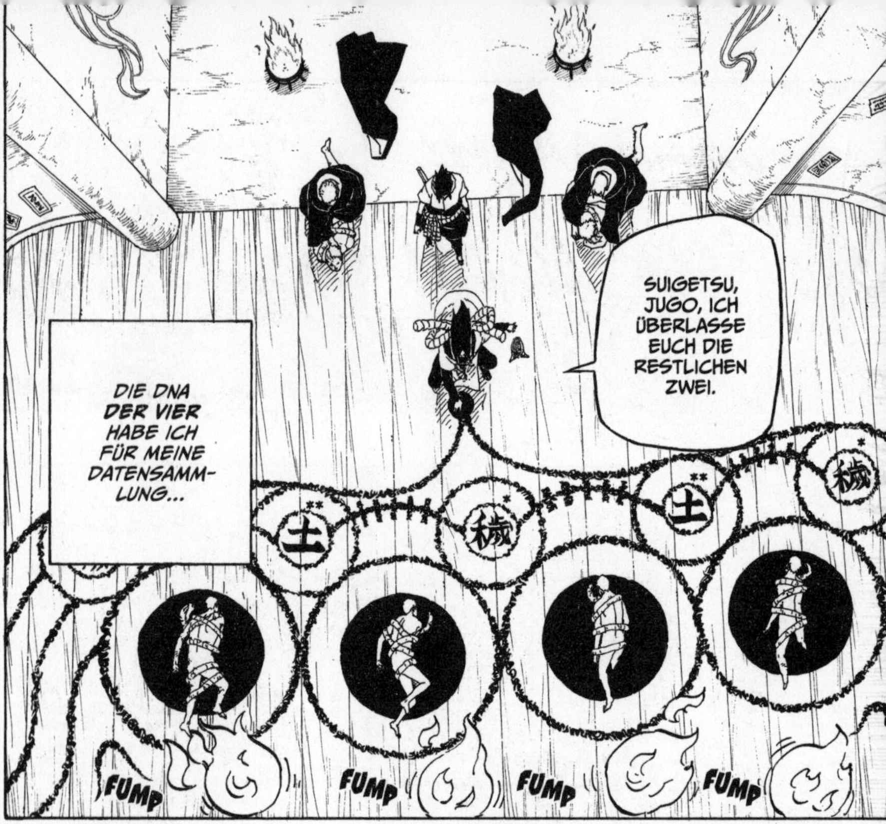

*E (VON EDOTENSEI), **DO (VON EDOTENSEI)

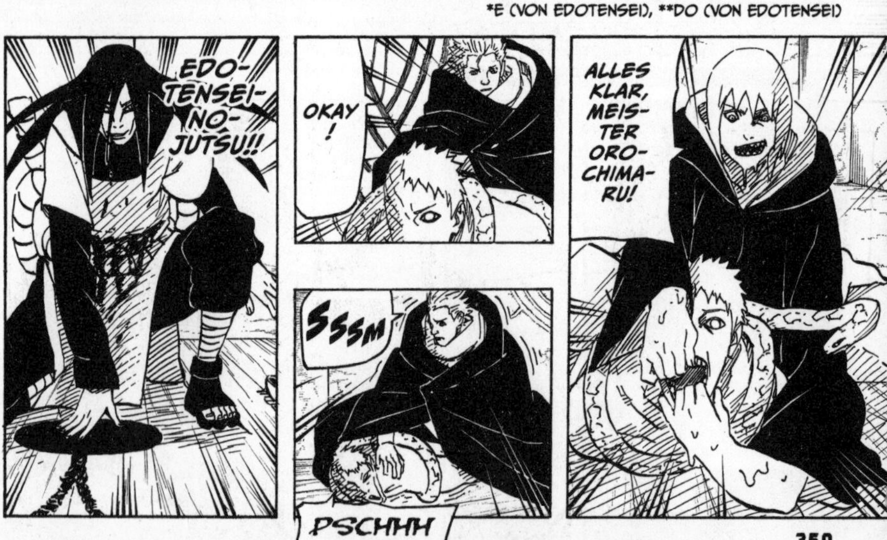

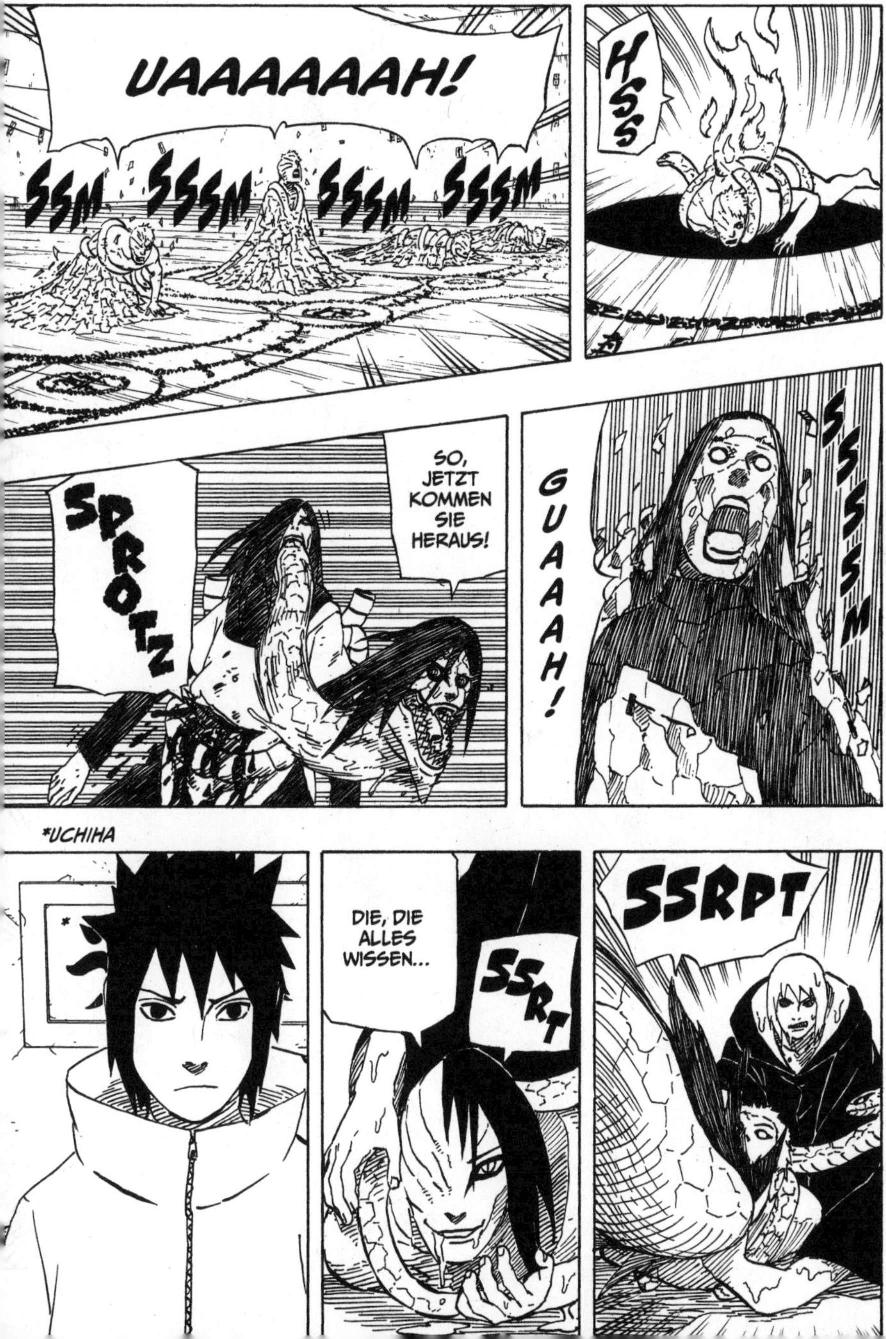
HSS
UAAAAAAH!
SSM SSSM SSSM SSSM
SSSSM
GUAAAAH!
SO, JETZT KOMMEN SIE HERAUS!
SPROTZ
SSRPT
DIE, DIE ALLES WISSEN...
SSRT

*UCHIHA

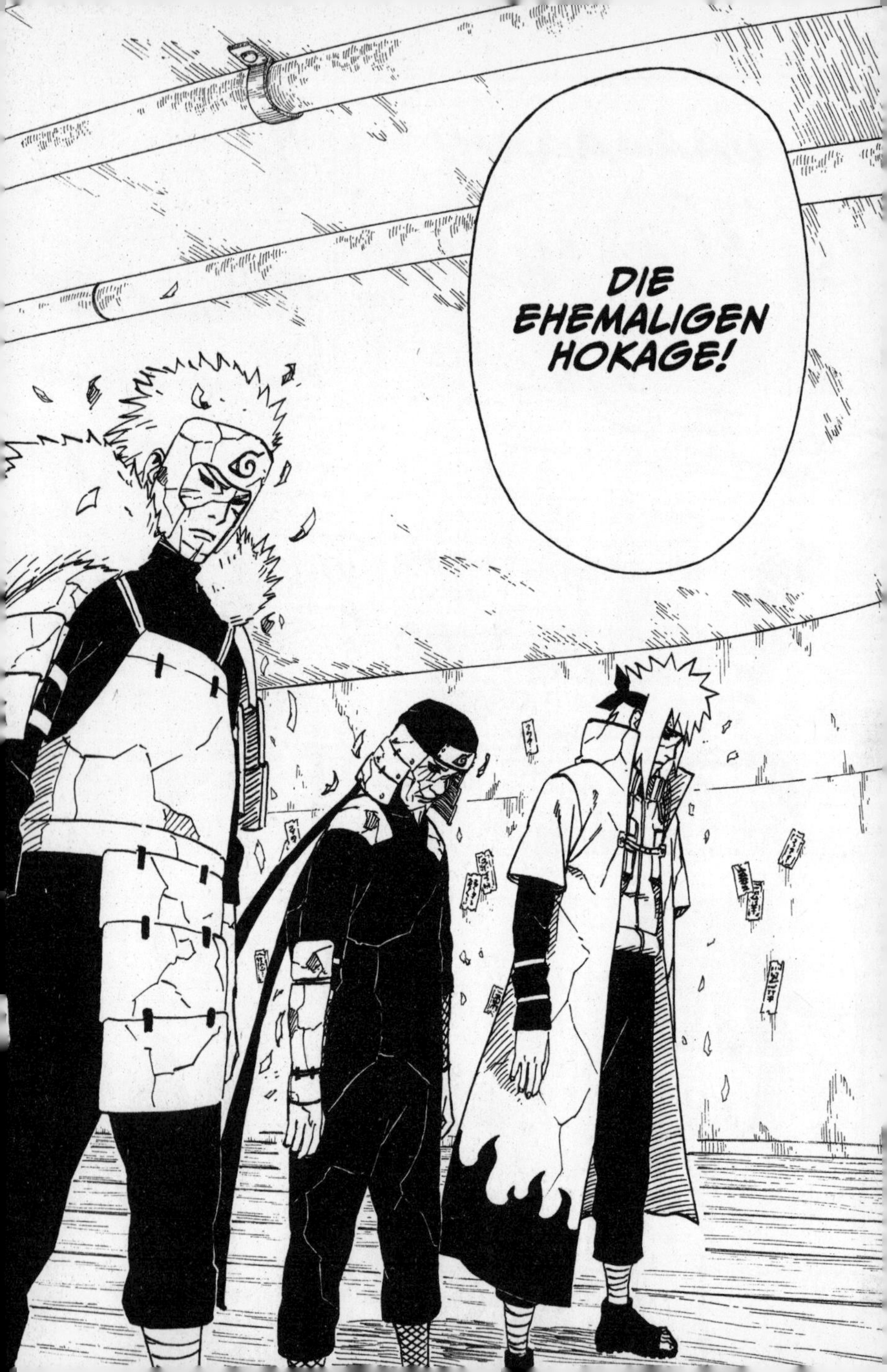
DIE EHEMALIGEN HOKAGE!

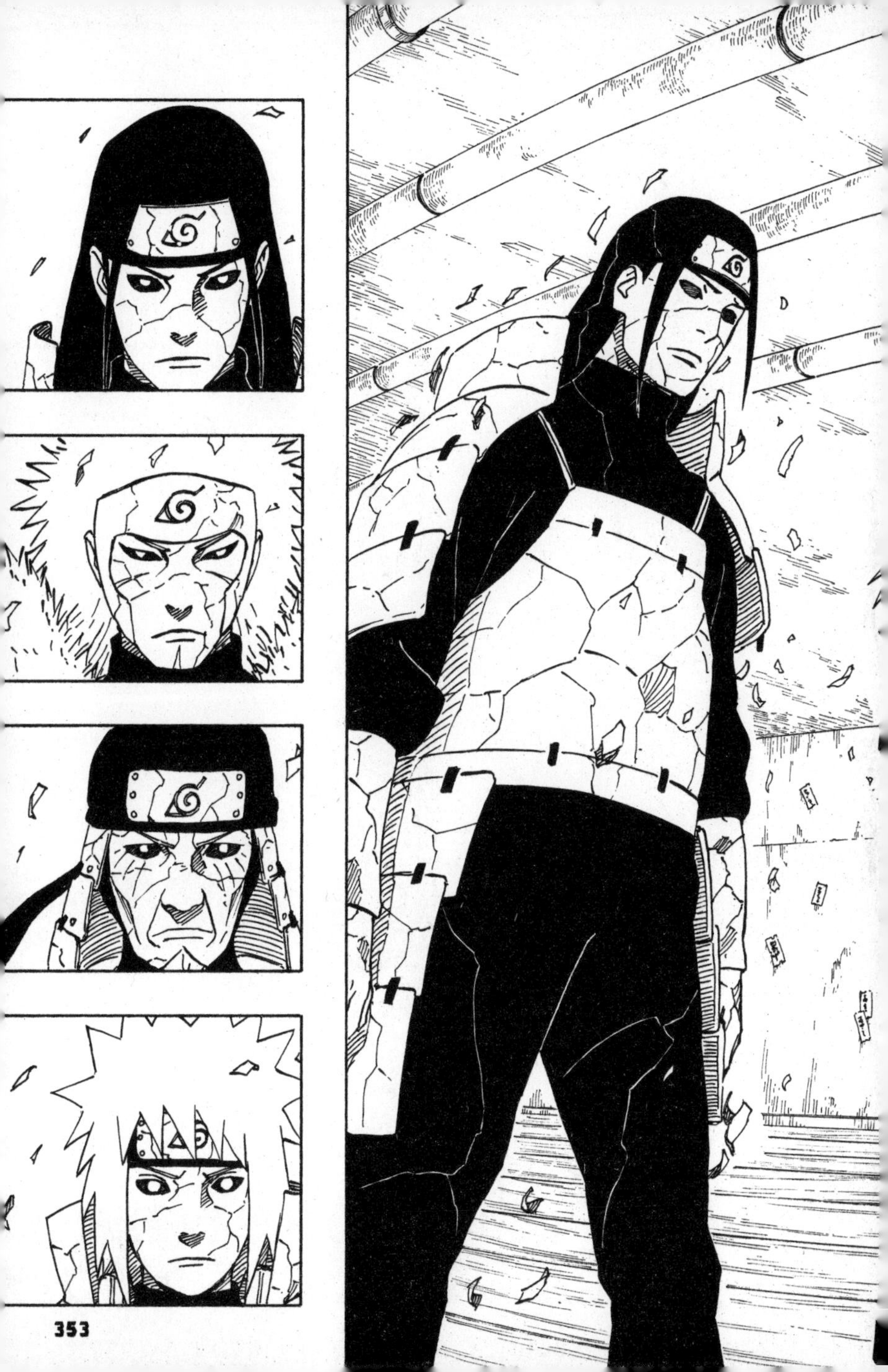

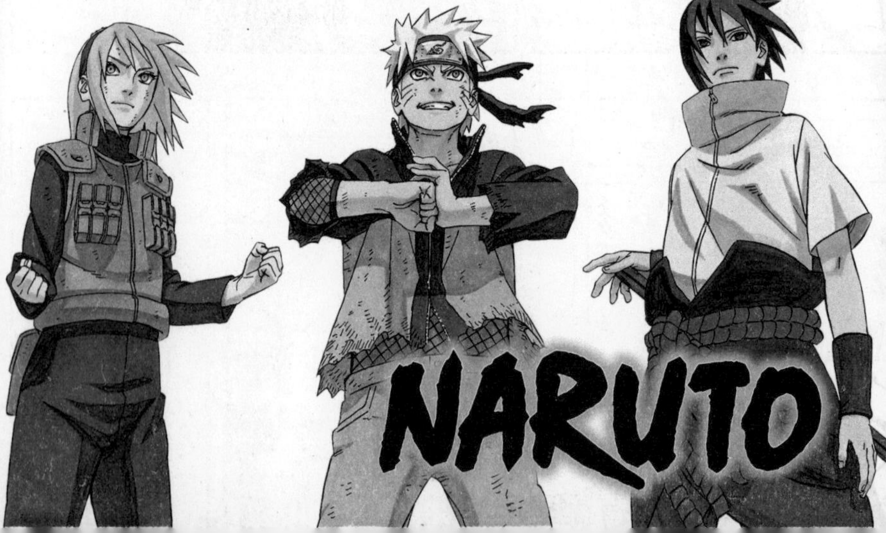
NARUTO

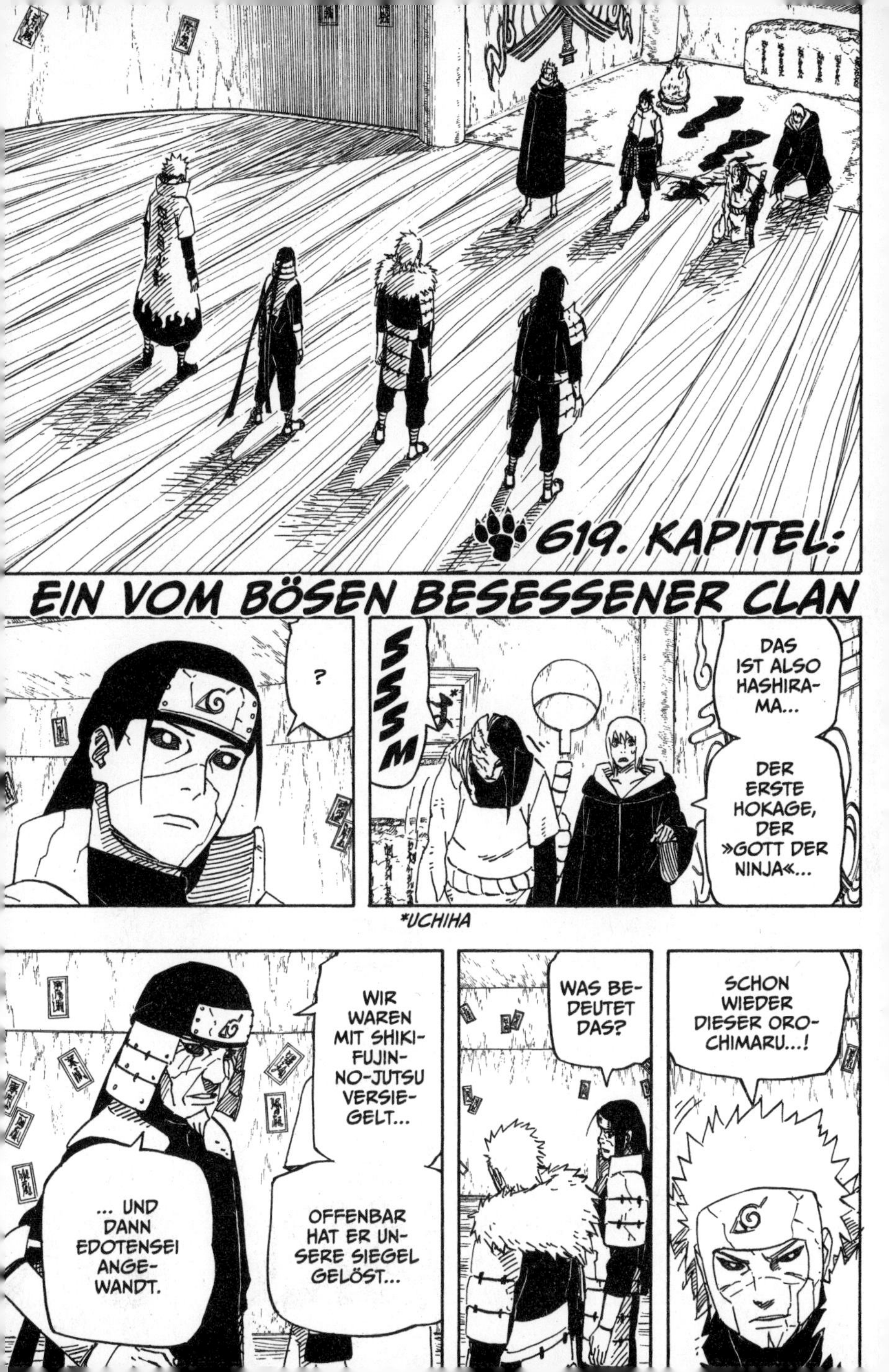
619. KAPITEL:
EIN VOM BÖSEN BESESSENER CLAN
DAS IST ALSO HASHIRAMA...
DER ERSTE HOKAGE, DER »GOTT DER NINJA«...
SSSS
?
*UCHIHA
SCHON WIEDER DIESER OROCHIMARU...!
WAS BEDEUTET DAS?
WIR WAREN MIT SHIKIFUJIN-NO-JUTSU VERSIEGELT...
OFFENBAR HAT ER UNSERE SIEGEL GELÖST...
... UND DANN EDOTENSEI ANGEWANDT.

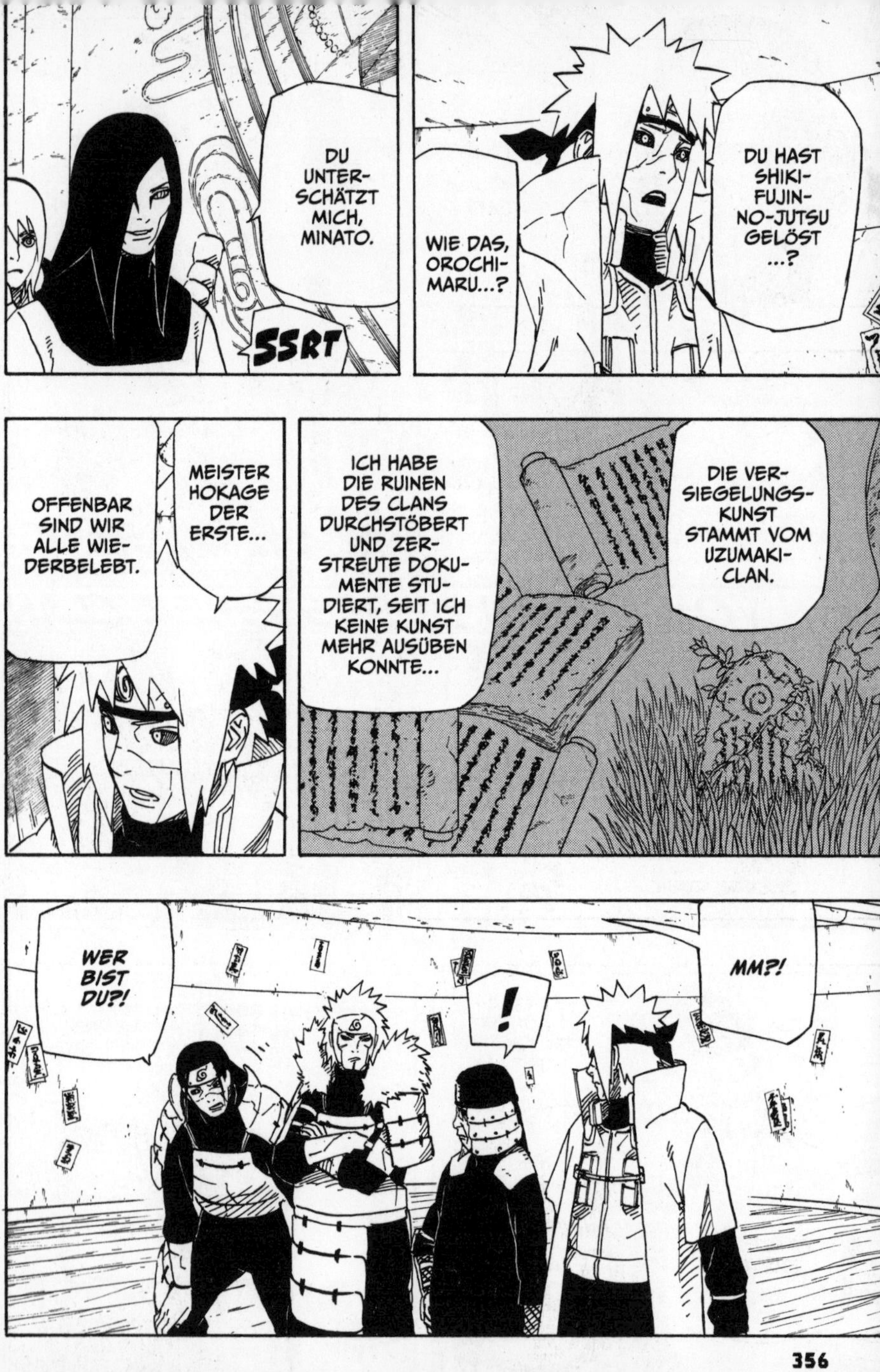

DU HAST SHIKI-FUJIN-NO-JUTSU GELÖST ...?
WIE DAS, OROCHIMARU...?
DU UNTERSCHÄTZT MICH, MINATO.
SSRT
DIE VERSIEGELUNGSKUNST STAMMT VOM UZUMAKI-CLAN.
ICH HABE DIE RUINEN DES CLANS DURCHSTÖBERT UND ZERSTREUTE DOKUMENTE STUDIERT, SEIT ICH KEINE KUNST MEHR AUSÜBEN KONNTE...
MEISTER HOKAGE DER ERSTE...
OFFENBAR SIND WIR ALLE WIEDERBELEBT.
MM?!
!
WER BIST DU?!

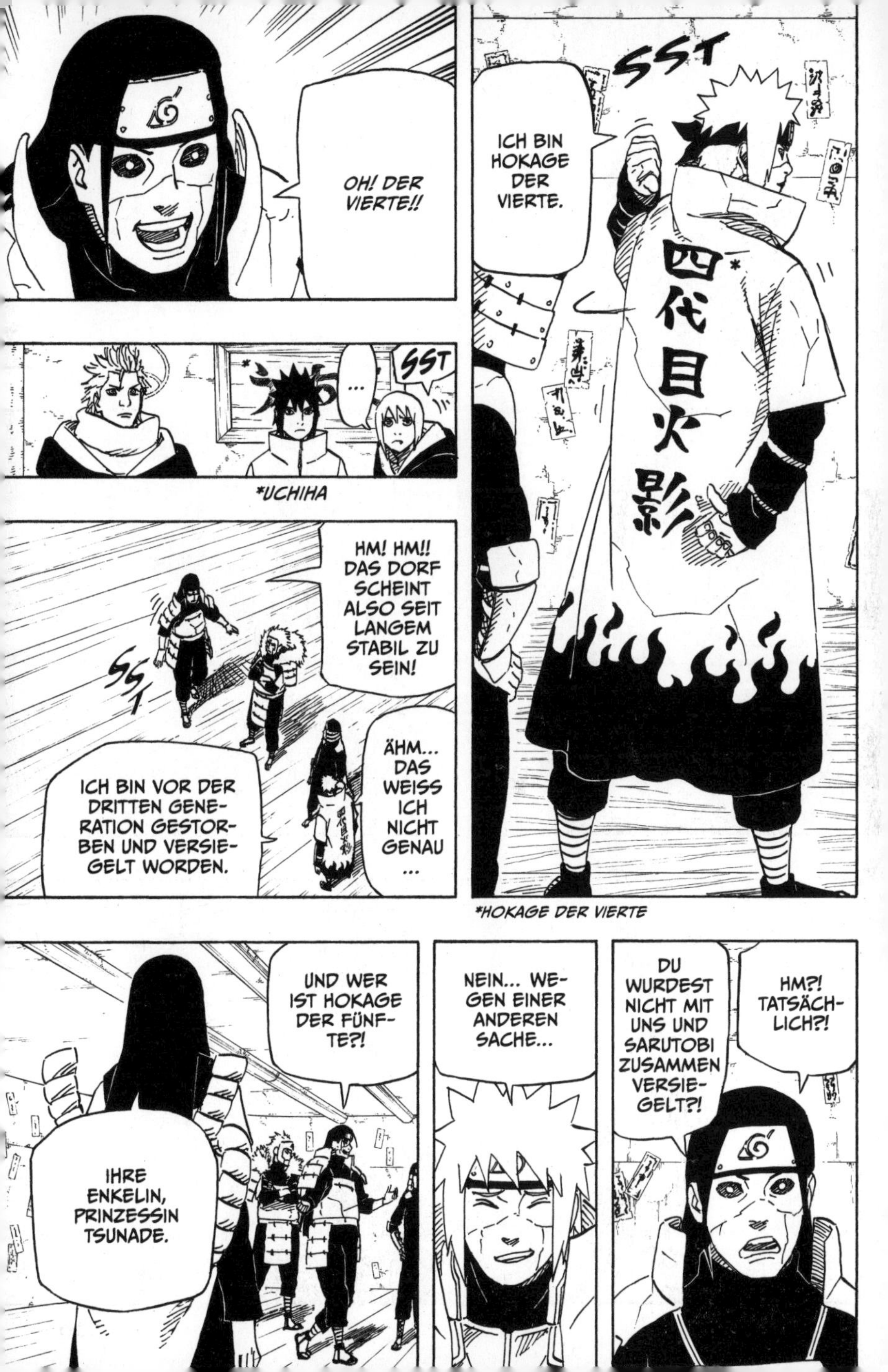
SST
ICH BIN HOKAGE DER VIERTE.
四代目火影
*HOKAGE DER VIERTE
OH! DER VIERTE!!
SST
...
*UCHIHA
HM! HM!! DAS DORF SCHEINT ALSO SEIT LANGEM STABIL ZU SEIN!
SS
ÄHM... DAS WEISS ICH NICHT GENAU ...
ICH BIN VOR DER DRITTEN GENERATION GESTORBEN UND VERSIEGELT WORDEN.
HM?! TATSÄCHLICH?!
DU WURDEST NICHT MIT UNS UND SARUTOBI ZUSAMMEN VERSIEGELT?!
NEIN... WEGEN EINER ANDEREN SACHE...
UND WER IST HOKAGE DER FÜNFTE?!
IHRE ENKELIN, PRINZESSIN TSUNADE.

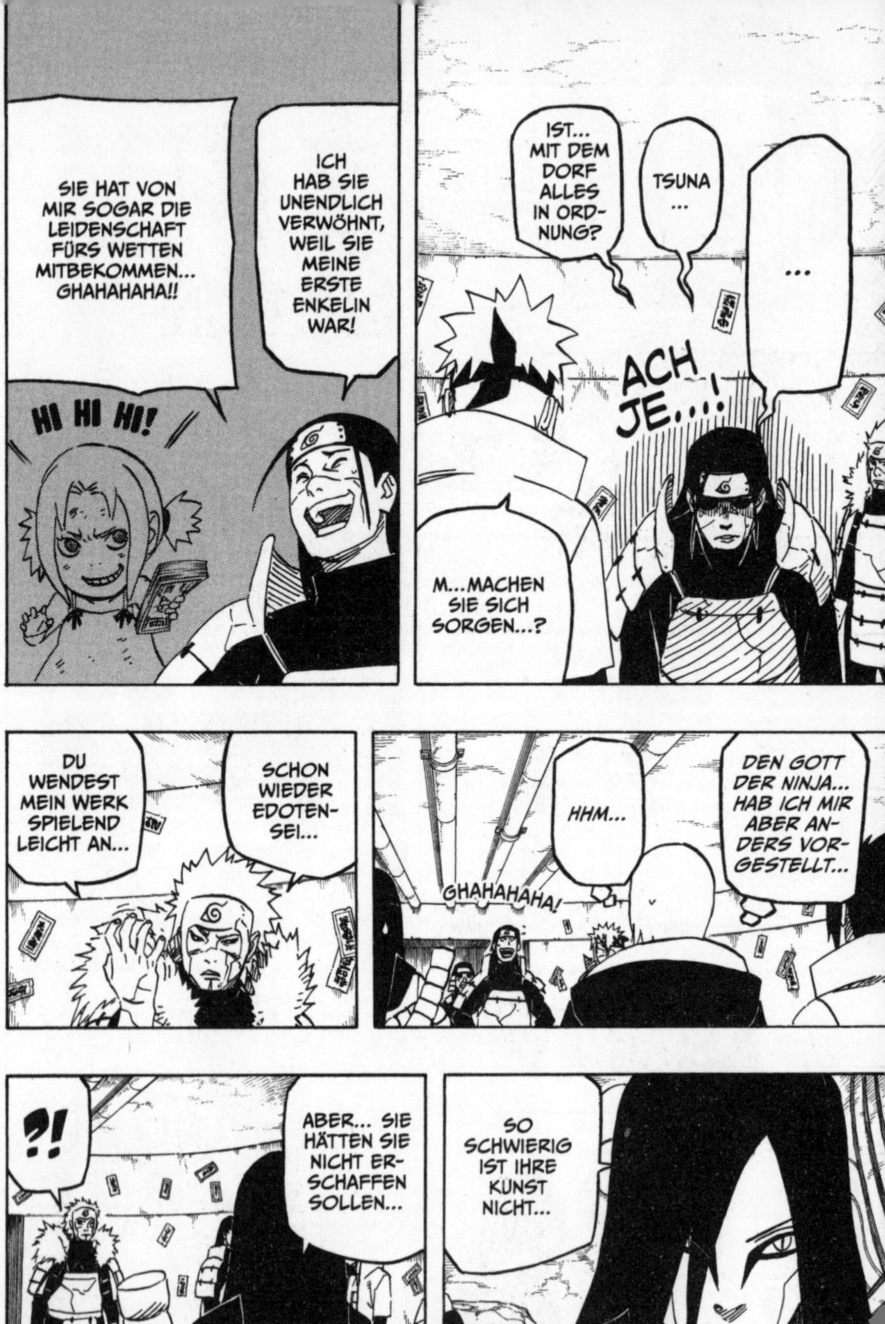
...
TSUNA ...
IST... MIT DEM DORF ALLES IN ORDNUNG?
ACH JE...!
M...MACHEN SIE SICH SORGEN...?
ICH HAB SIE UNENDLICH VERWÖHNT, WEIL SIE MEINE ERSTE ENKELIN WAR!
SIE HAT VON MIR SOGAR DIE LEIDENSCHAFT FÜRS WETTEN MITBEKOMMEN... GHAHAHAHA!!
HI HI HI!
DEN GOTT DER NINJA... HAB ICH MIR ABER ANDERS VORGESTELLT...
HHM...
GHAHAHAHA!
SCHON WIEDER EDOTENSEI...
DU WENDEST MEIN WERK SPIELEND LEICHT AN...
SO SCHWIERIG IST IHRE KUNST NICHT...
ABER... SIE HÄTTEN SIE NICHT ERSCHAFFEN SOLLEN...
?!

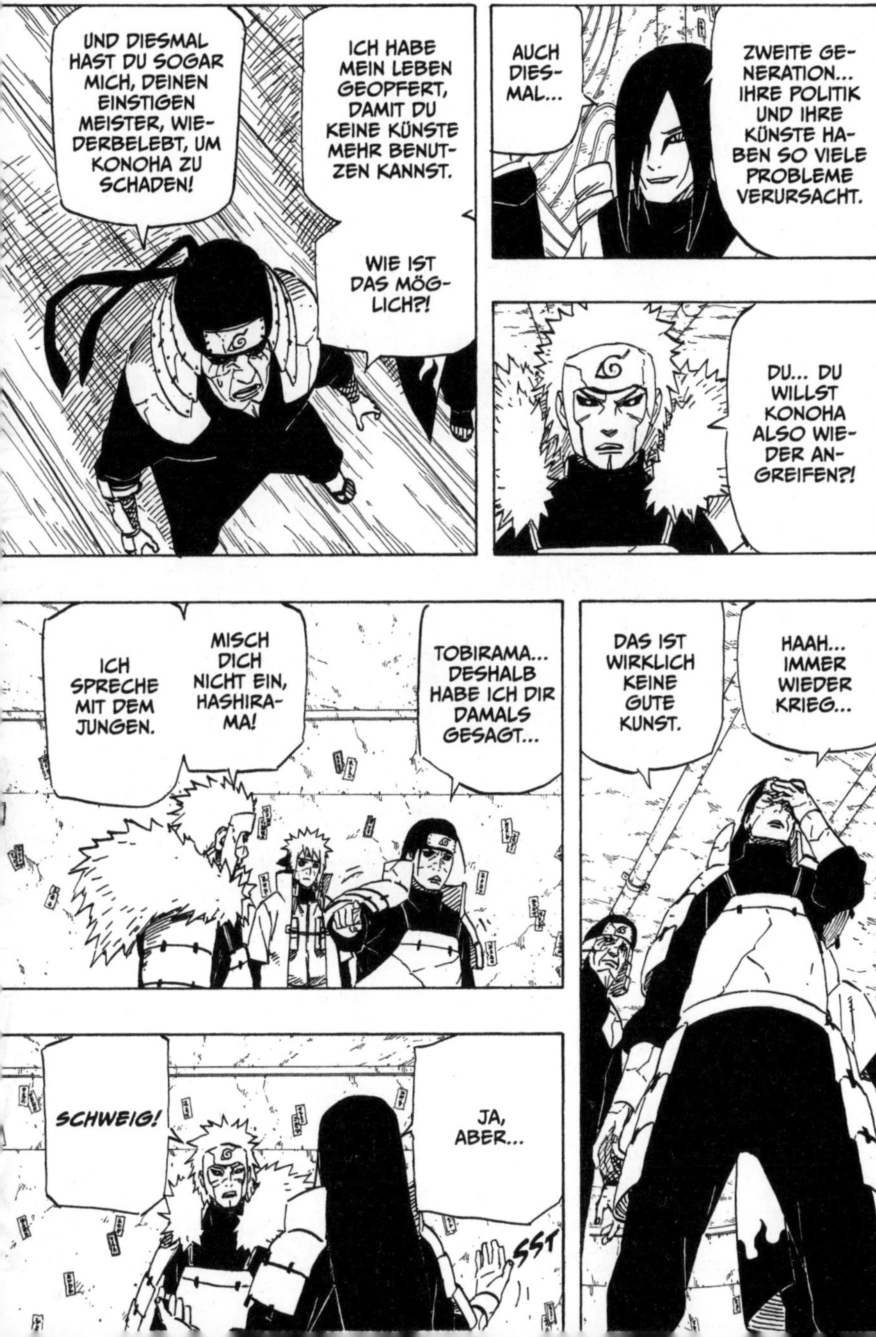
ZWEITE GENERATION... IHRE POLITIK UND IHRE KÜNSTE HABEN SO VIELE PROBLEME VERURSACHT.
AUCH DIESMAL...
ICH HABE MEIN LEBEN GEOPFERT, DAMIT DU KEINE KÜNSTE MEHR BENUTZEN KANNST.
WIE IST DAS MÖGLICH?!
UND DIESMAL HAST DU SOGAR MICH, DEINEN EINSTIGEN MEISTER, WIEDERBELEBT, UM KONOHA ZU SCHADEN!
DU... DU WILLST KONOHA ALSO WIEDER ANGREIFEN?!
HAAH... IMMER WIEDER KRIEG...
DAS IST WIRKLICH KEINE GUTE KUNST.
TOBIRAMA... DESHALB HABE ICH DIR DAMALS GESAGT...
MISCH DICH NICHT EIN, HASHIRAMA!
ICH SPRECHE MIT DEM JUNGEN.
JA, ABER...
SST
SCHWEIG!

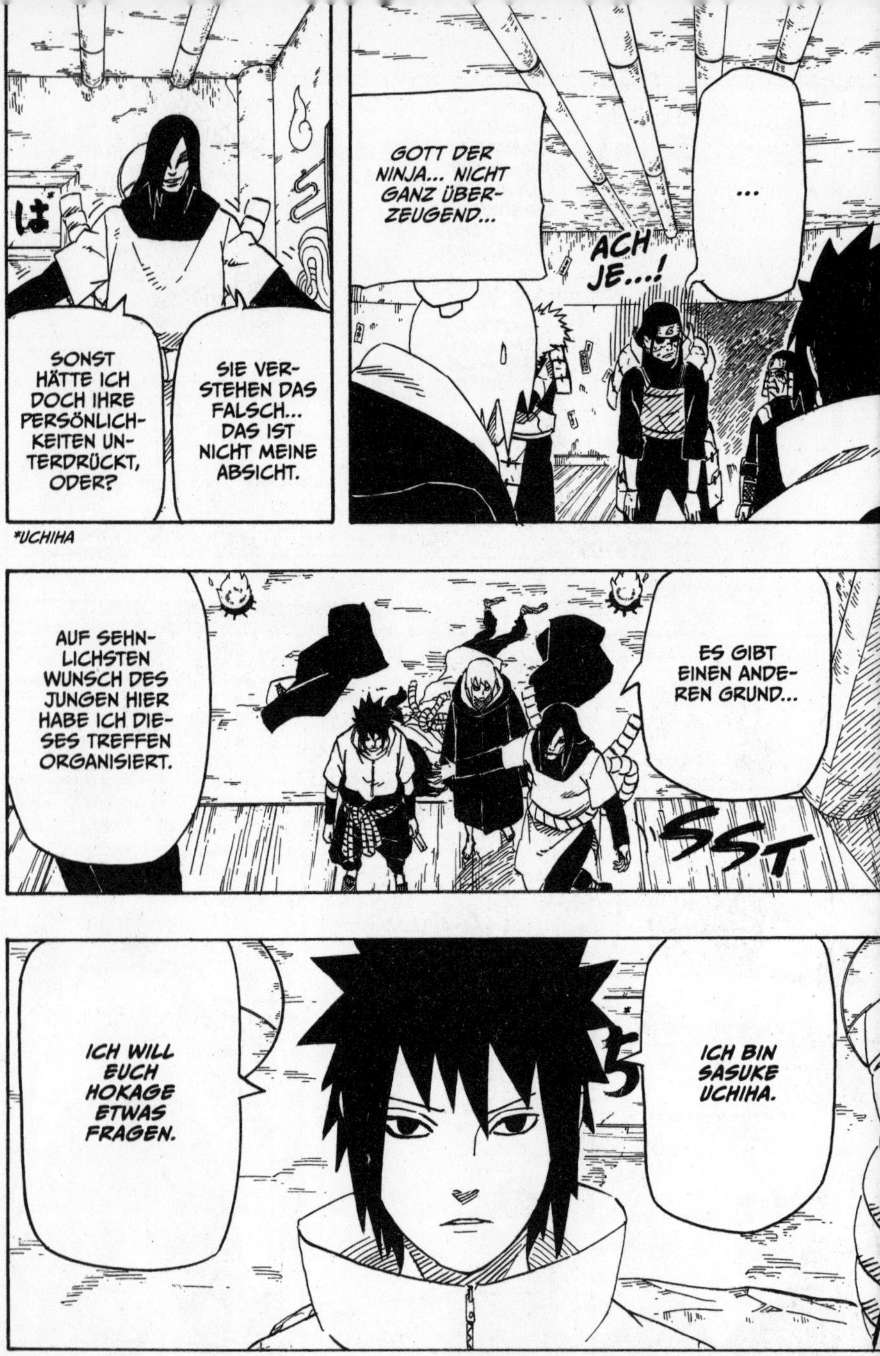

*UCHIHA

*UCHIHA

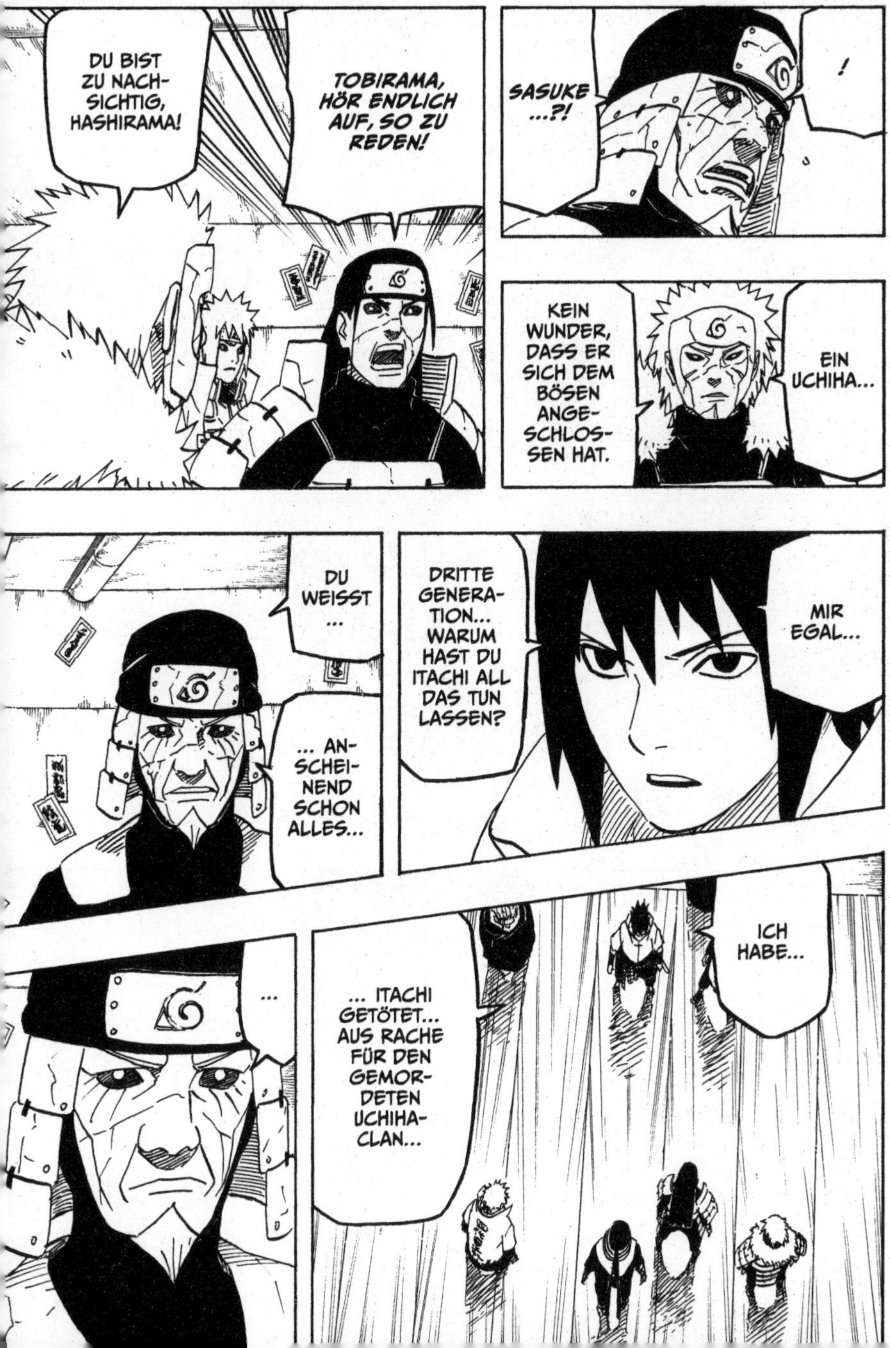
!
SASUKE ...?!
TOBIRAMA, HÖR ENDLICH AUF, SO ZU REDEN!
DU BIST ZU NACH-SICHTIG, HASHIRAMA!
EIN UCHIHA...
KEIN WUNDER, DASS ER SICH DEM BÖSEN ANGE-SCHLOS-SEN HAT.
MIR EGAL...
DRITTE GENERA-TION... WARUM HAST DU ITACHI ALL DAS TUN LASSEN?
DU WEISST ...
... AN-SCHEI-NEND SCHON ALLES...
ICH HABE...
... ITACHI GETÖTET... AUS RACHE FÜR DEN GEMOR-DETEN UCHIHA-CLAN...
...

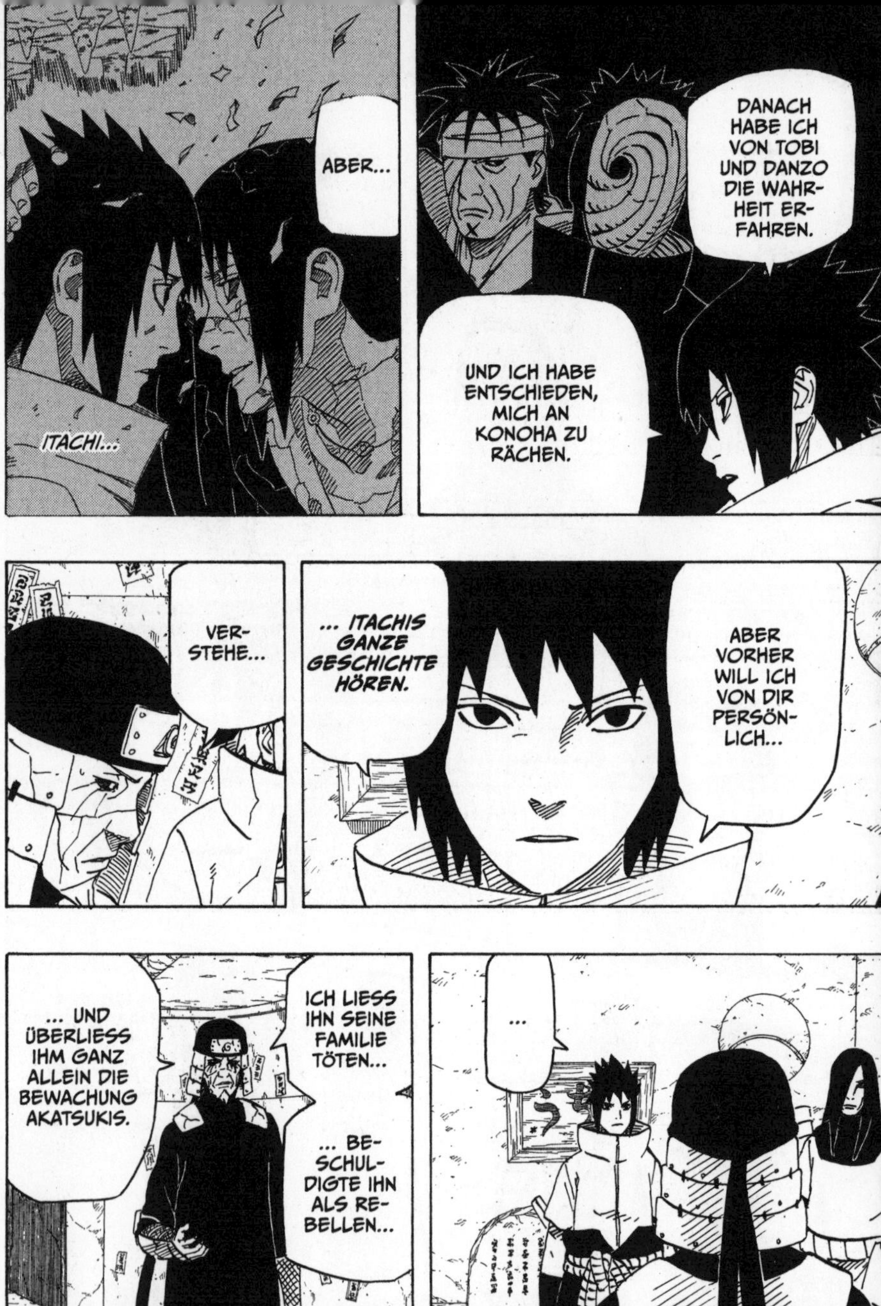
DANACH HABE ICH VON TOBI UND DANZO DIE WAHRHEIT ERFAHREN.
UND ICH HABE ENTSCHIEDEN, MICH AN KONOHA ZU RÄCHEN.
ABER...
ITACHI...
ABER VORHER WILL ICH VON DIR PERSÖNLICH...
... ITACHIS GANZE GESCHICHTE HÖREN.
VERSTEHE...
...
ICH LIESS IHN SEINE FAMILIE TÖTEN...
... BESCHULDIGTE IHN ALS REBELLEN...
... UND ÜBERLIESS IHM GANZ ALLEIN DIE BEWACHUNG AKATSUKIS.

*UCHIHA

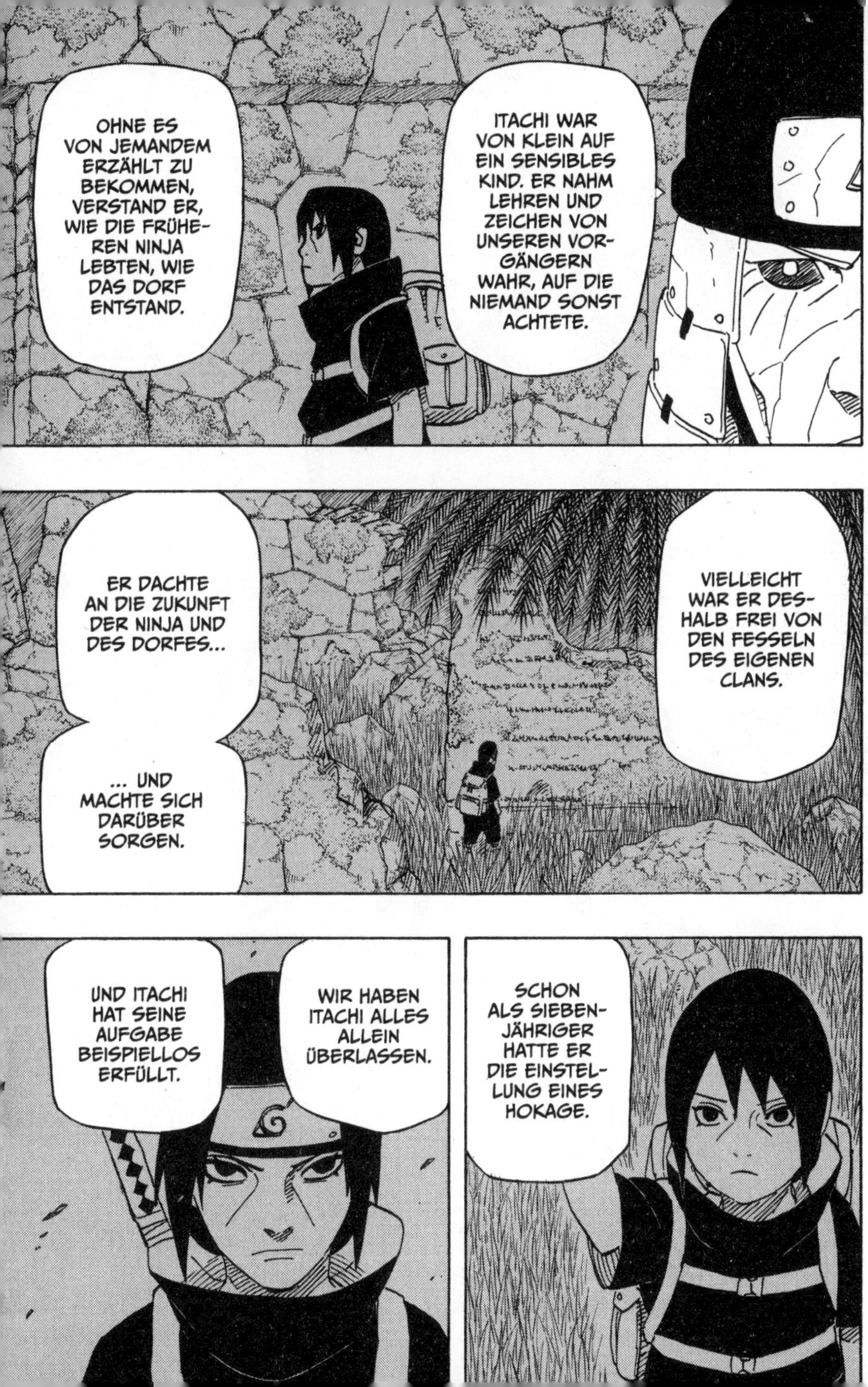
ITACHI WAR VON KLEIN AUF EIN SENSIBLES KIND. ER NAHM LEHREN UND ZEICHEN VON UNSEREN VORGÄNGERN WAHR, AUF DIE NIEMAND SONST ACHTETE.
OHNE ES VON JEMANDEM ERZÄHLT ZU BEKOMMEN, VERSTAND ER, WIE DIE FRÜHEREN NINJA LEBTEN, WIE DAS DORF ENTSTAND.
VIELLEICHT WAR ER DESHALB FREI VON DEN FESSELN DES EIGENEN CLANS.
ER DACHTE AN DIE ZUKUNFT DER NINJA UND DES DORFES...
... UND MACHTE SICH DARÜBER SORGEN.
SCHON ALS SIEBENJÄHRIGER HATTE ER DIE EINSTELLUNG EINES HOKAGE.
WIR HABEN ITACHI ALLES ALLEIN ÜBERLASSEN.
UND ITACHI HAT SEINE AUFGABE BEISPIELLOS ERFÜLLT.

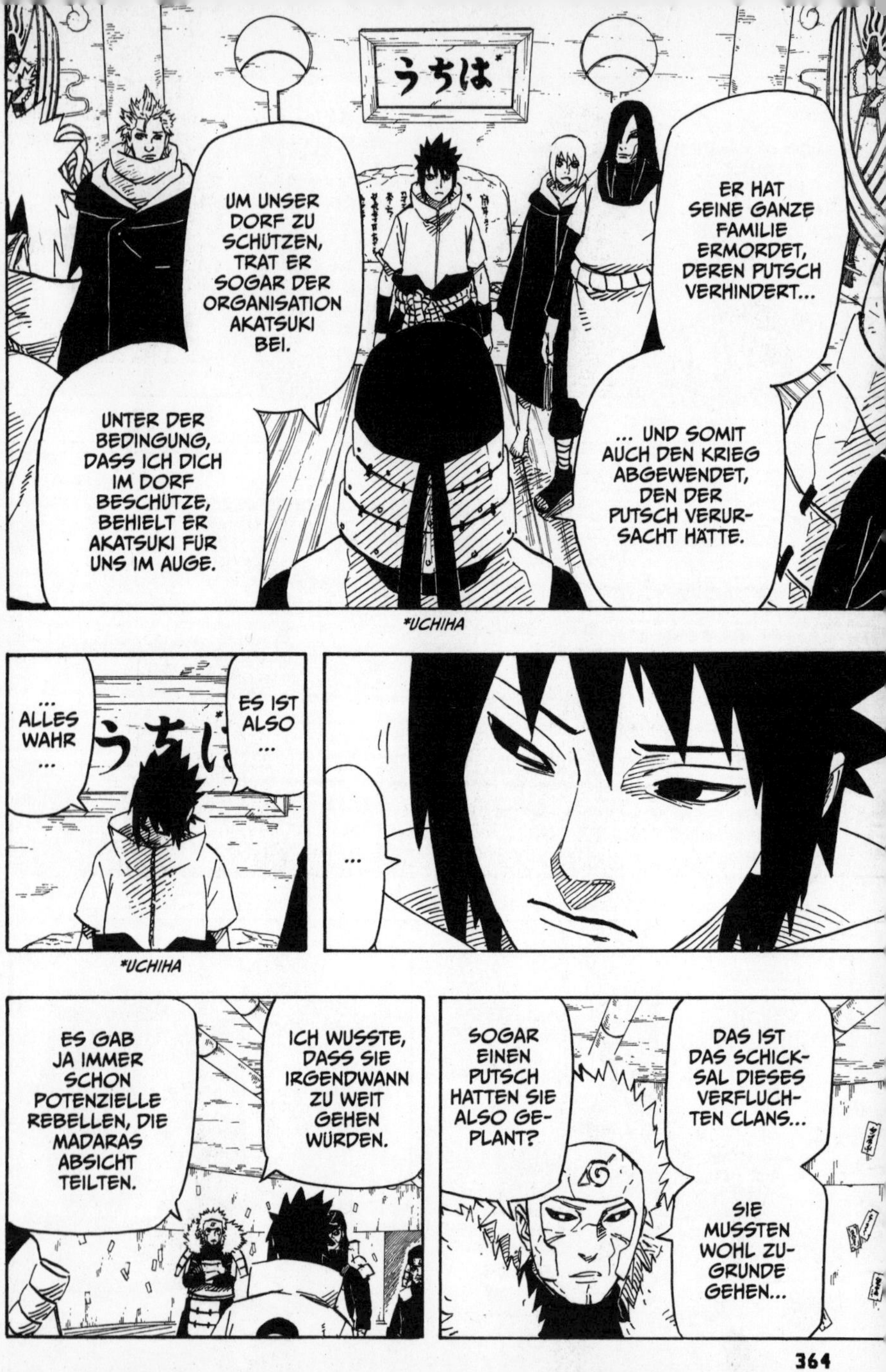
うちは*
ER HAT SEINE GANZE FAMILIE ERMORDET, DEREN PUTSCH VERHINDERT...
... UND SOMIT AUCH DEN KRIEG ABGEWENDET, DEN DER PUTSCH VERURSACHT HÄTTE.
UM UNSER DORF ZU SCHÜTZEN, TRAT ER SOGAR DER ORGANISATION AKATSUKI BEI.
UNTER DER BEDINGUNG, DASS ICH DICH IM DORF BESCHÜTZE, BEHIELT ER AKATSUKI FÜR UNS IM AUGE.
*UCHIHA
...
ES IST ALSO ...
... ALLES WAHR ...
*UCHIHA
DAS IST DAS SCHICKSAL DIESES VERFLUCHTEN CLANS...
SIE MUSSTEN WOHL ZUGRUNDE GEHEN...
SOGAR EINEN PUTSCH HATTEN SIE ALSO GEPLANT?
ICH WUSSTE, DASS SIE IRGENDWANN ZU WEIT GEHEN WÜRDEN.
ES GAB JA IMMER SCHON POTENZIELLE REBELLEN, DIE MADARAS ABSICHT TEILTEN.

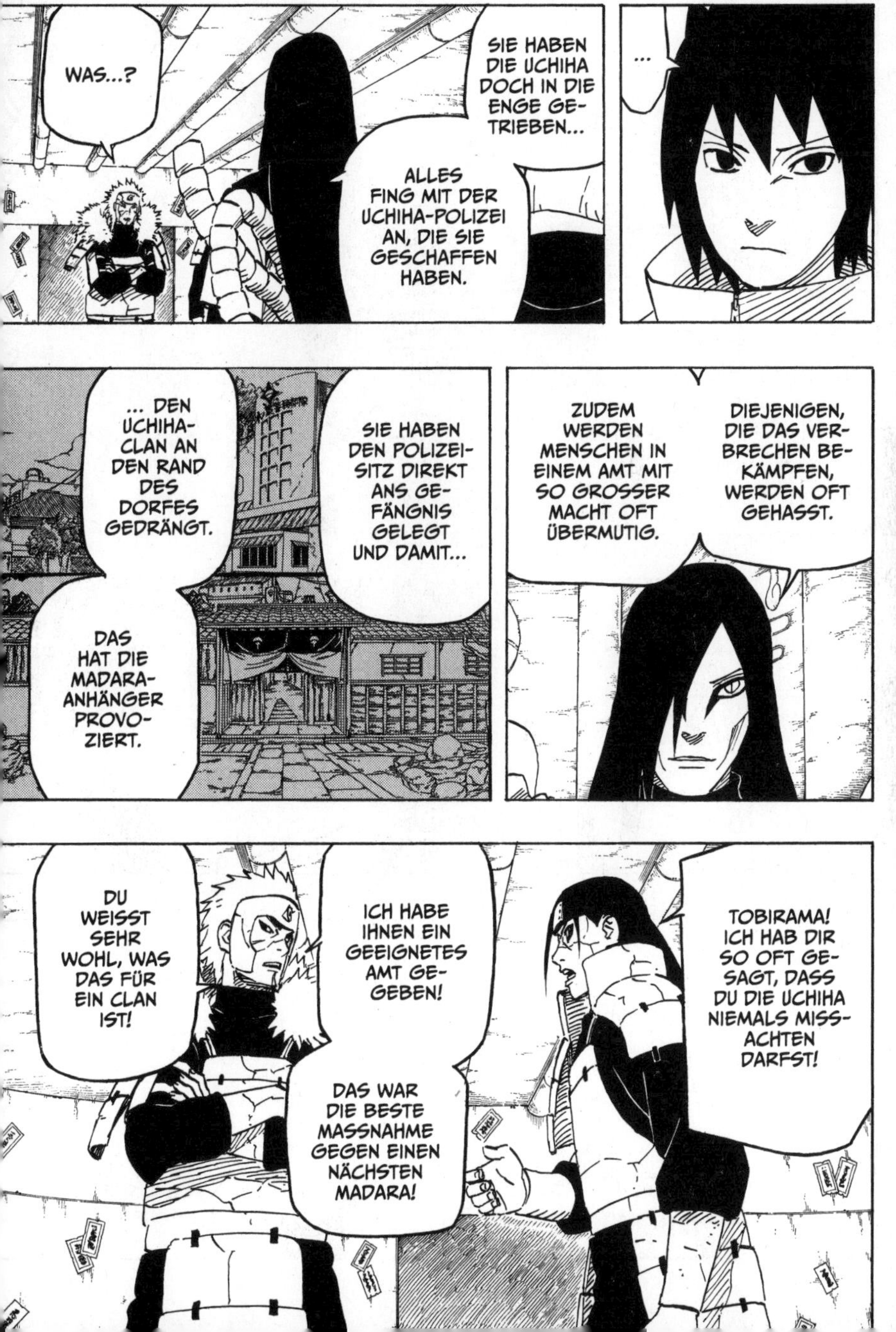
...
SIE HABEN DIE UCHIHA DOCH IN DIE ENGE GETRIEBEN...
ALLES FING MIT DER UCHIHA-POLIZEI AN, DIE SIE GESCHAFFEN HABEN.
WAS...?
DIEJENIGEN, DIE DAS VERBRECHEN BEKÄMPFEN, WERDEN OFT GEHASST.
ZUDEM WERDEN MENSCHEN IN EINEM AMT MIT SO GROSSER MACHT OFT ÜBERMUTIG.
SIE HABEN DEN POLIZEISITZ DIREKT ANS GEFÄNGNIS GELEGT UND DAMIT...
... DEN UCHIHA-CLAN AN DEN RAND DES DORFES GEDRÄNGT.
DAS HAT DIE MADARA-ANHÄNGER PROVOZIERT.
TOBIRAMA! ICH HAB DIR SO OFT GESAGT, DASS DU DIE UCHIHA NIEMALS MISSACHTEN DARFST!
ICH HABE IHNEN EIN GEEIGNETES AMT GEGEBEN!
DAS WAR DIE BESTE MASSNAHME GEGEN EINEN NÄCHSTEN MADARA!
DU WEISST SEHR WOHL, WAS DAS FÜR EIN CLAN IST!

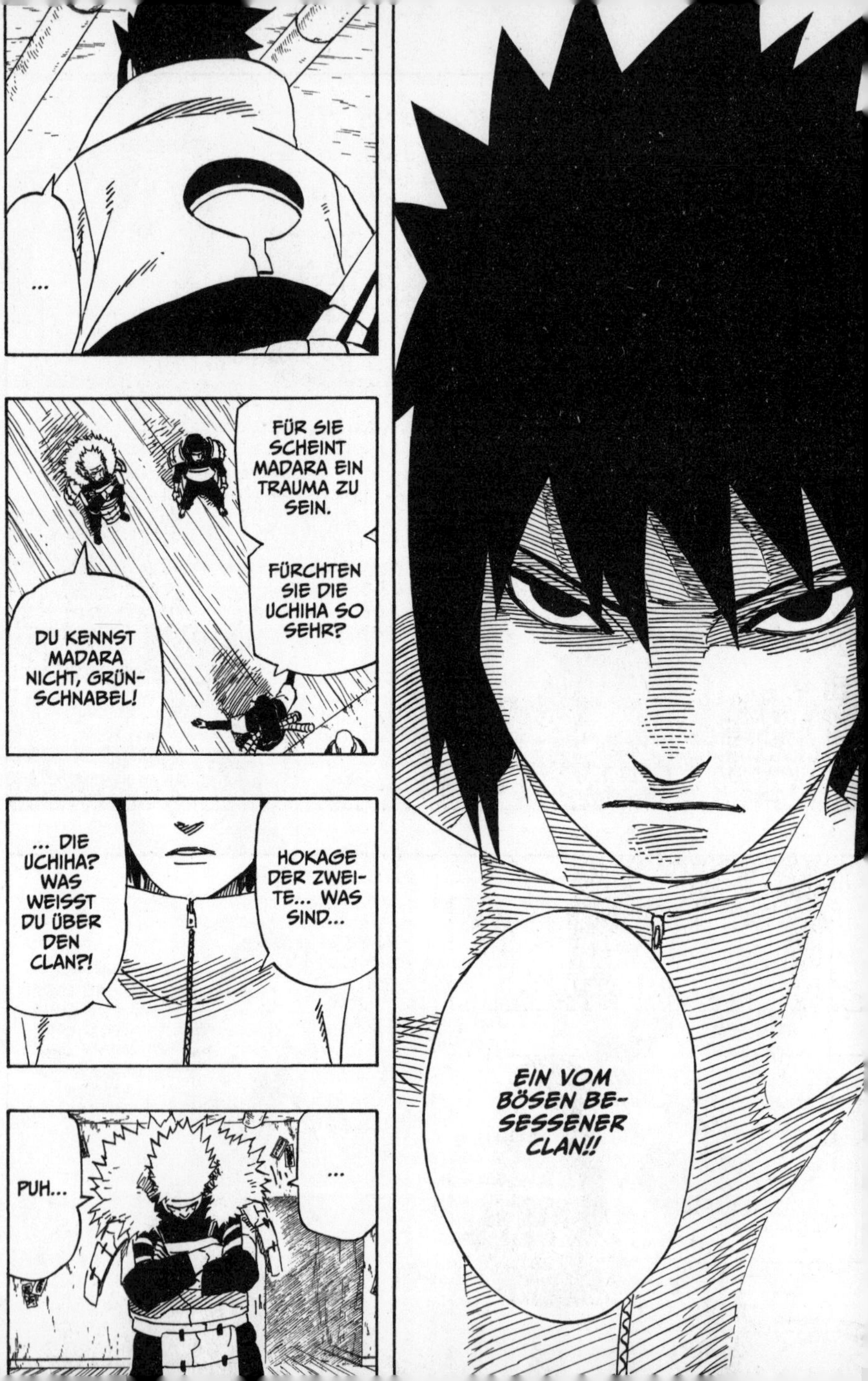
...
FÜR SIE SCHEINT MADARA EIN TRAUMA ZU SEIN.
FÜRCHTEN SIE DIE UCHIHA SO SEHR?
DU KENNST MADARA NICHT, GRÜN-SCHNABEL!
HOKAGE DER ZWEI-TE... WAS SIND...
... DIE UCHIHA? WAS WEISST DU ÜBER DEN CLAN?!
...
PUH...
EIN VOM BÖSEN BE-SESSENER CLAN!!

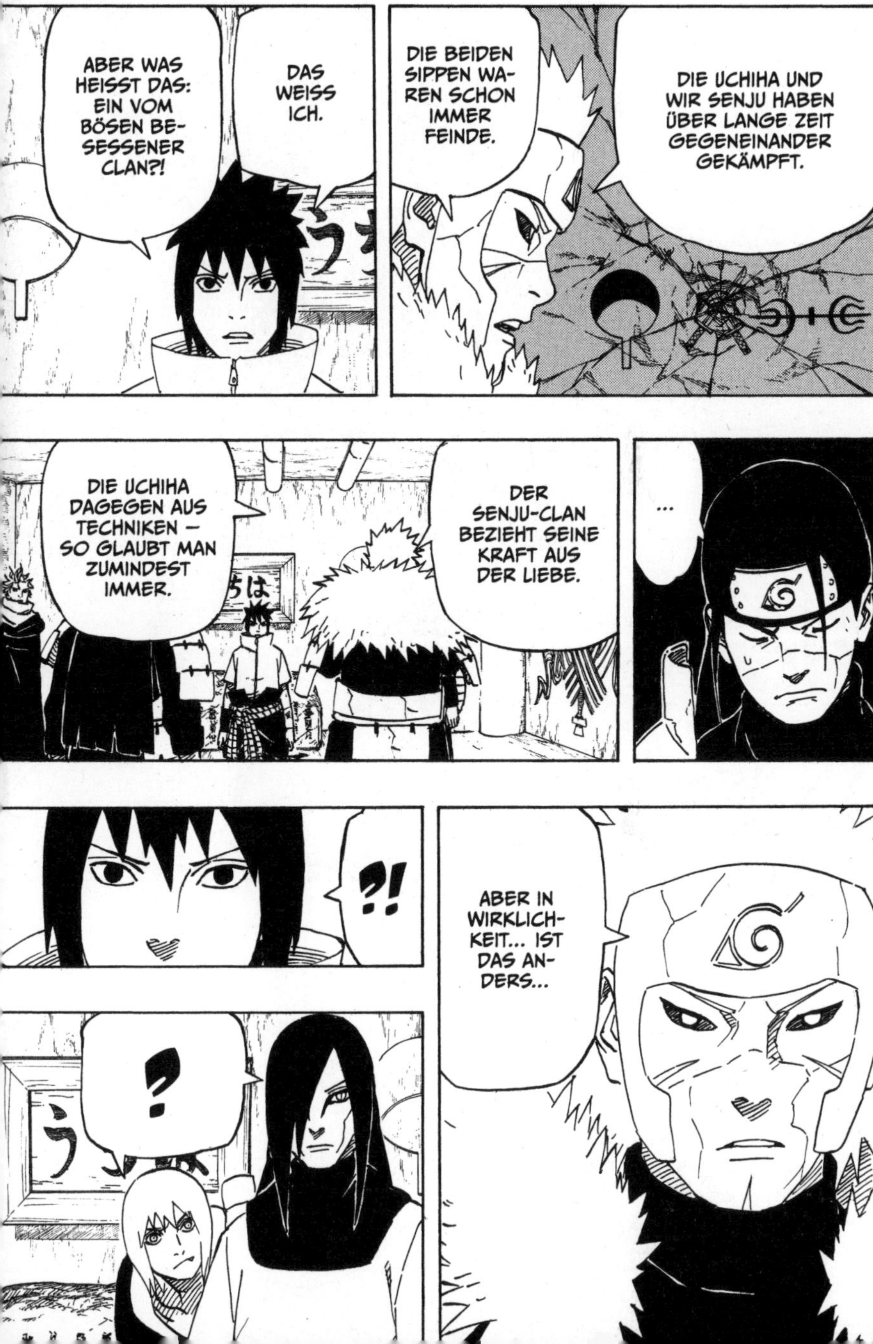
DIE UCHIHA UND WIR SENJU HABEN ÜBER LANGE ZEIT GEGENEINANDER GEKÄMPFT.
DIE BEIDEN SIPPEN WAREN SCHON IMMER FEINDE.
DAS WEISS ICH.
ABER WAS HEISST DAS: EIN VOM BÖSEN BESESSENER CLAN?!
...
DER SENJU-CLAN BEZIEHT SEINE KRAFT AUS DER LIEBE.
DIE UCHIHA DAGEGEN AUS TECHNIKEN – SO GLAUBT MAN ZUMINDEST IMMER.
ABER IN WIRKLICHKEIT... IST DAS ANDERS...
?!
?

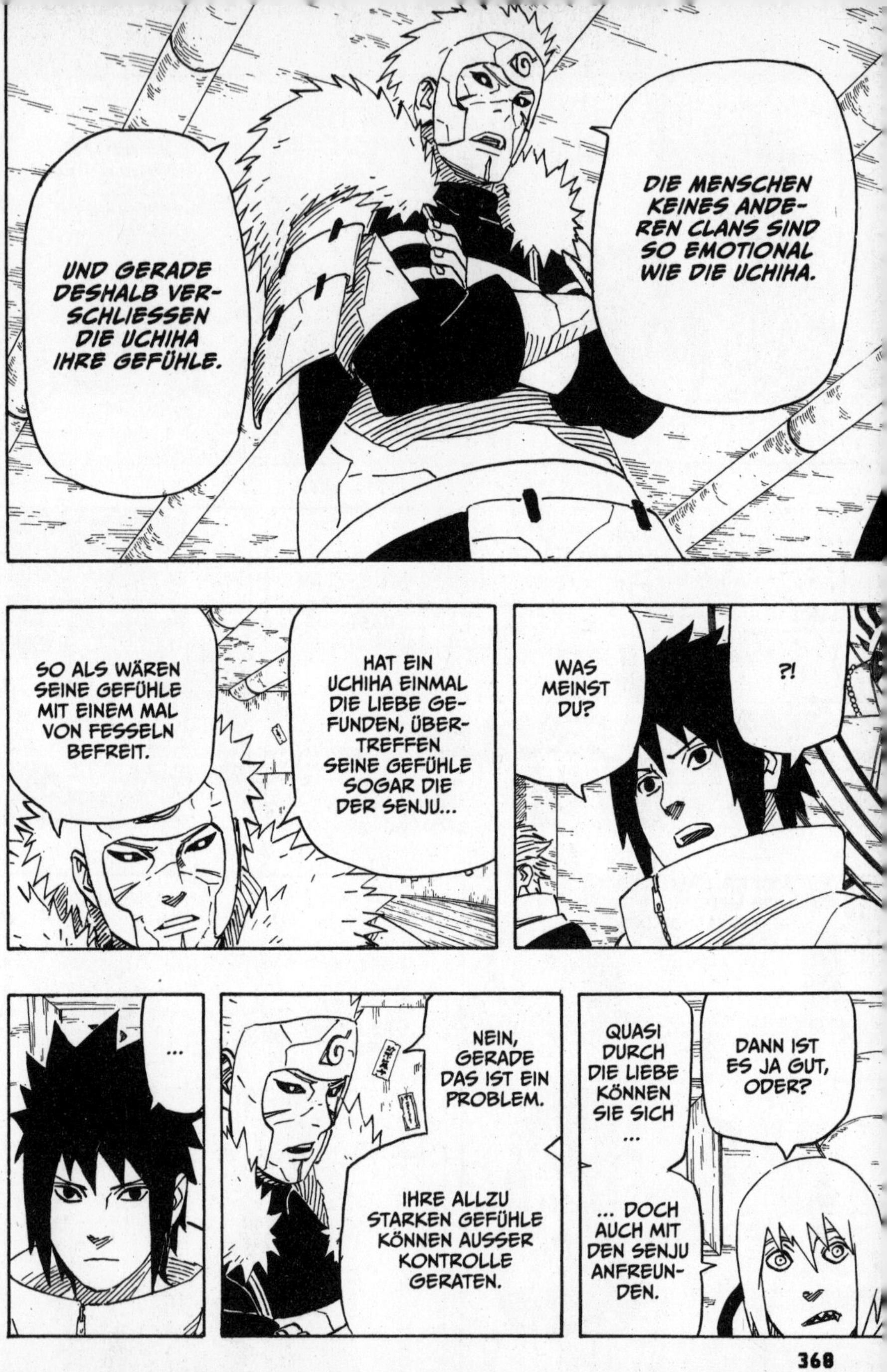
DIE MENSCHEN KEINES ANDEREN CLANS SIND SO EMOTIONAL WIE DIE UCHIHA.
UND GERADE DESHALB VERSCHLIESSEN DIE UCHIHA IHRE GEFÜHLE.
?!
WAS MEINST DU?
HAT EIN UCHIHA EINMAL DIE LIEBE GEFUNDEN, ÜBERTREFFEN SEINE GEFÜHLE SOGAR DIE DER SENJU...
SO ALS WÄREN SEINE GEFÜHLE MIT EINEM MAL VON FESSELN BEFREIT.
DANN IST ES JA GUT, ODER?
QUASI DURCH DIE LIEBE KÖNNEN SIE SICH ...
... DOCH AUCH MIT DEN SENJU ANFREUNDEN.
NEIN, GERADE DAS IST EIN PROBLEM.
IHRE ALLZU STARKEN GEFÜHLE KÖNNEN AUSSER KONTROLLE GERATEN.
...

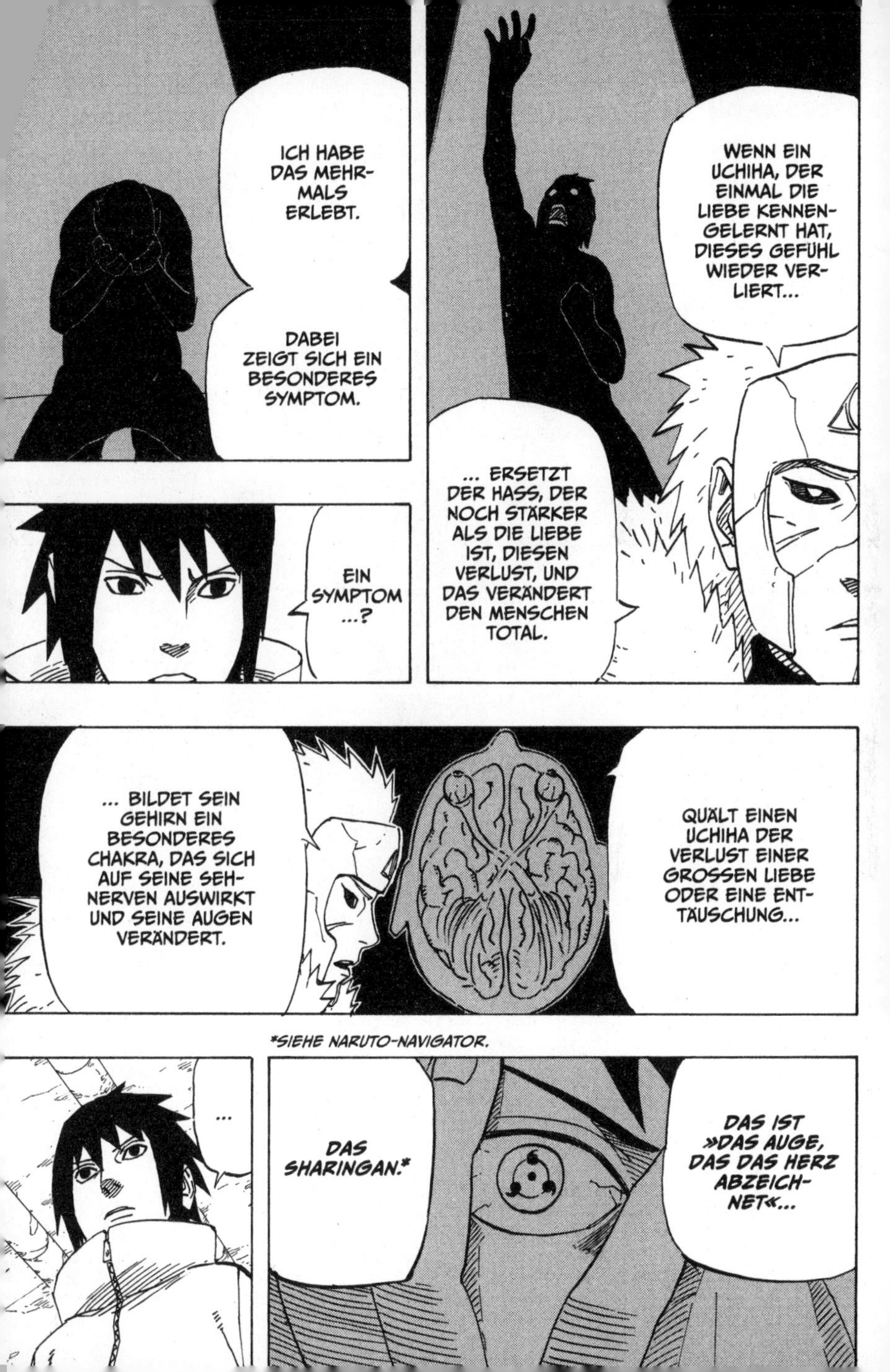

*SIEHE NARUTO-NAVIGATOR.

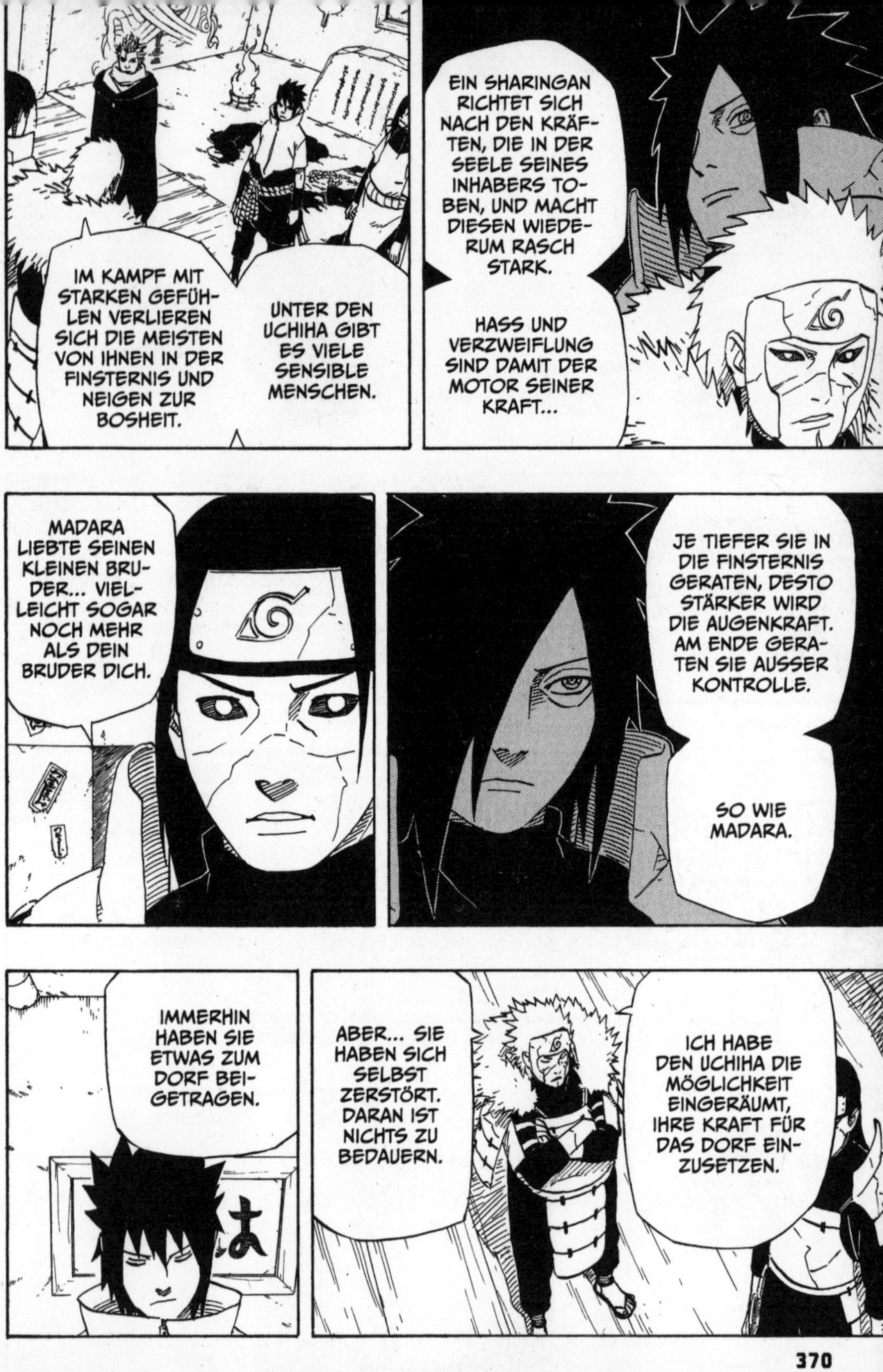
EIN SHARINGAN RICHTET SICH NACH DEN KRÄFTEN, DIE IN DER SEELE SEINES INHABERS TOBEN, UND MACHT DIESEN WIEDERUM RASCH STARK.
HASS UND VERZWEIFLUNG SIND DAMIT DER MOTOR SEINER KRAFT...
UNTER DEN UCHIHA GIBT ES VIELE SENSIBLE MENSCHEN.
IM KAMPF MIT STARKEN GEFÜHLEN VERLIEREN SICH DIE MEISTEN VON IHNEN IN DER FINSTERNIS UND NEIGEN ZUR BOSHEIT.
JE TIEFER SIE IN DIE FINSTERNIS GERATEN, DESTO STÄRKER WIRD DIE AUGENKRAFT. AM ENDE GERATEN SIE AUSSER KONTROLLE.
SO WIE MADARA.
MADARA LIEBTE SEINEN KLEINEN BRUDER... VIELLEICHT SOGAR NOCH MEHR ALS DEIN BRUDER DICH.
ICH HABE DEN UCHIHA DIE MÖGLICHKEIT EINGERÄUMT, IHRE KRAFT FÜR DAS DORF EINZUSETZEN.
ABER... SIE HABEN SICH SELBST ZERSTÖRT. DARAN IST NICHTS ZU BEDAUERN.
IMMERHIN HABEN SIE ETWAS ZUM DORF BEIGETRAGEN.

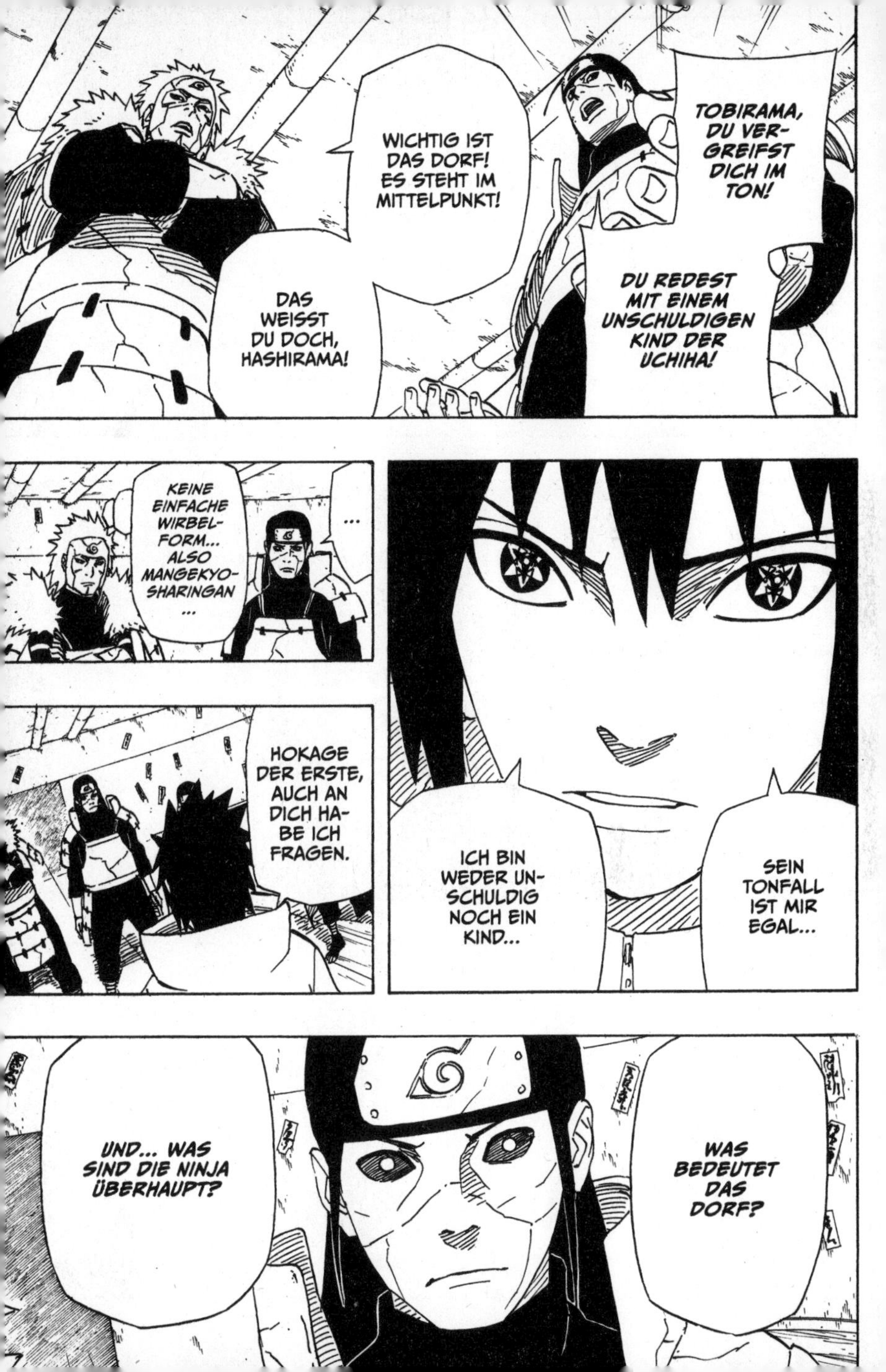
TOBIRAMA, DU VERGREIFST DICH IM TON!
DU REDEST MIT EINEM UNSCHULDIGEN KIND DER UCHIHA!
WICHTIG IST DAS DORF! ES STEHT IM MITTELPUNKT!
DAS WEISST DU DOCH, HASHIRAMA!
SEIN TONFALL IST MIR EGAL...
ICH BIN WEDER UNSCHULDIG NOCH EIN KIND...
...
KEINE EINFACHE WIRBELFORM... ALSO MANGEKYO-SHARINGAN ...
HOKAGE DER ERSTE, AUCH AN DICH HABE ICH FRAGEN.
WAS BEDEUTET DAS DORF?
UND... WAS SIND DIE NINJA ÜBERHAUPT?

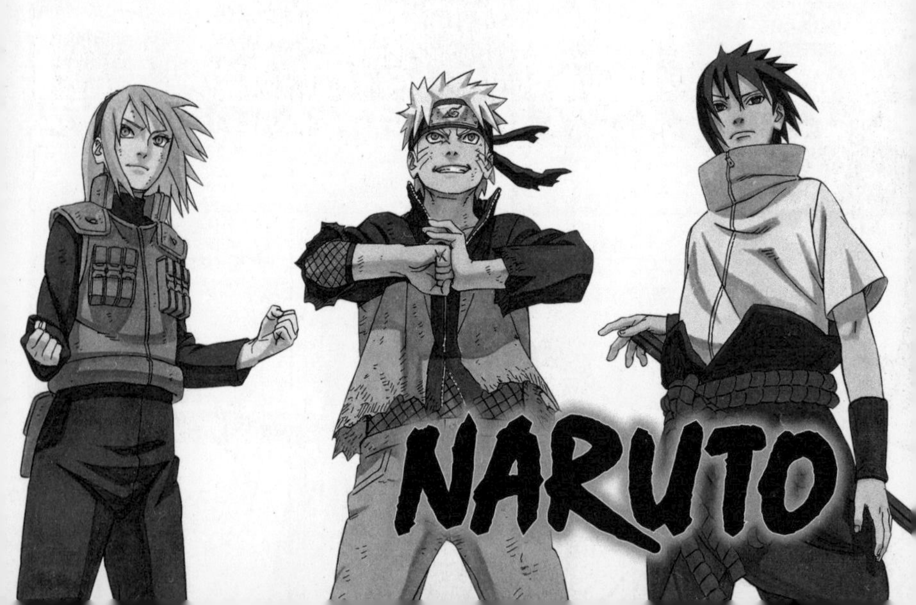
NARUTO

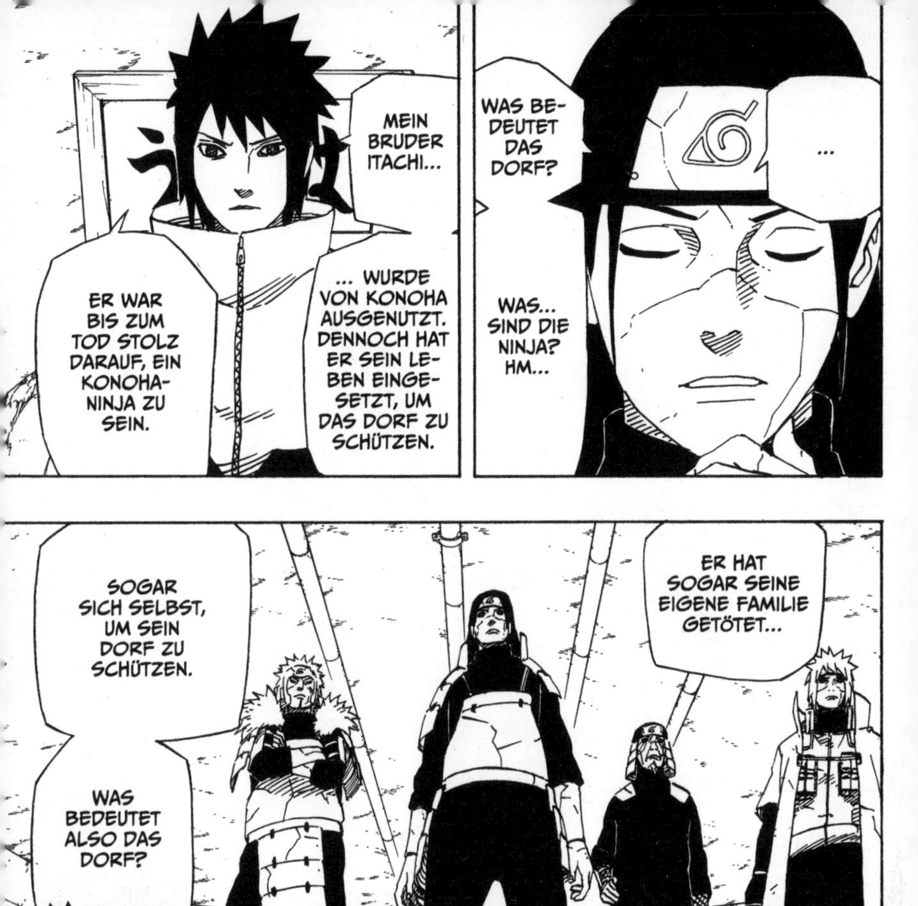

620. KAPITEL: HASHIRAMA SENJU

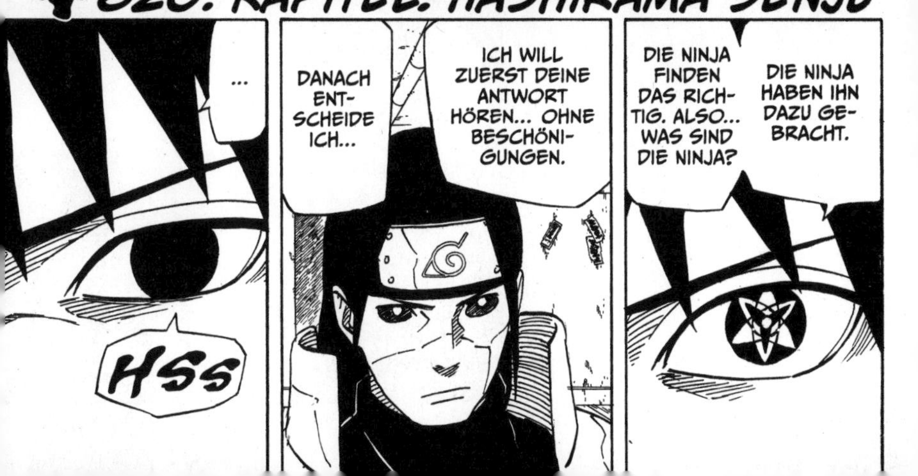

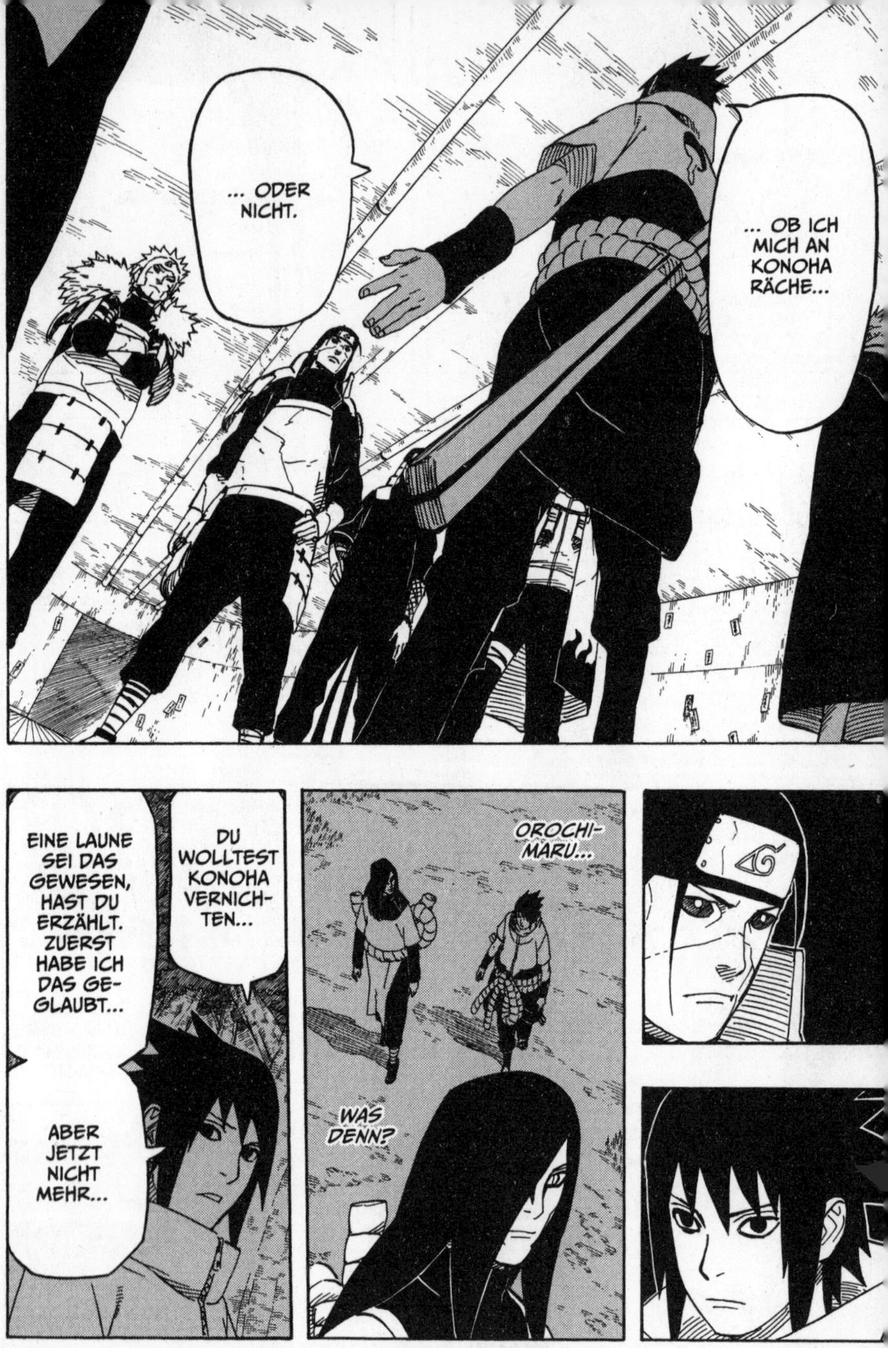
... OB ICH MICH AN KONOHA RÄCHE...
... ODER NICHT.
OROCHI-MARU...
DU WOLLTEST KONOHA VERNICH-TEN...
EINE LAUNE SEI DAS GEWESEN, HAST DU ERZÄHLT. ZUERST HABE ICH DAS GE-GLAUBT...
WAS DENN?
ABER JETZT NICHT MEHR...

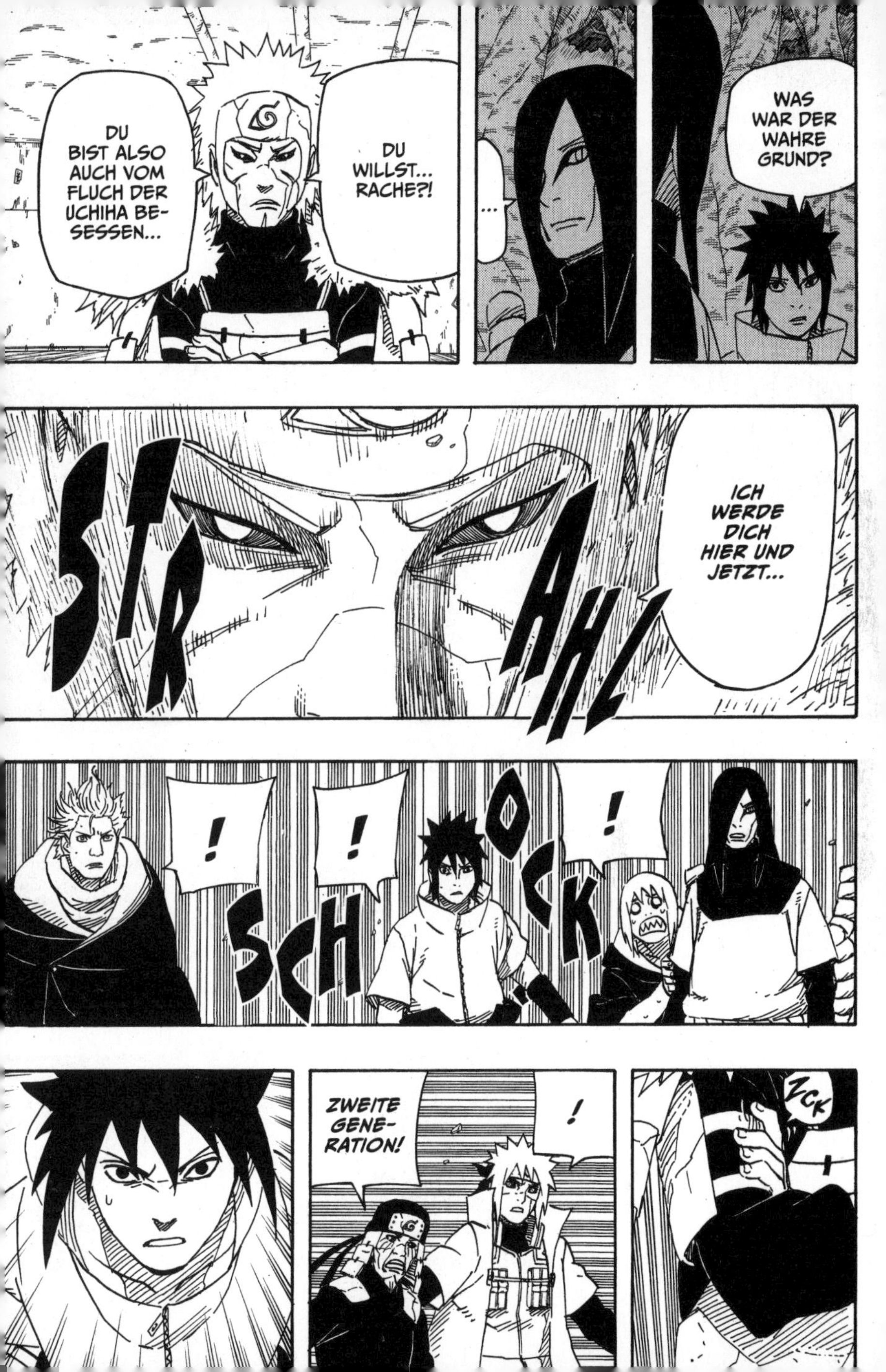
Was war der wahre Grund?
...
Du willst... Rache?!
Du bist also auch vom Fluch der Uchiha besessen...
Ich werde dich hier und jetzt...
STRAHL
!
!
SCHOCK
!
!
Zweite Generation!
ZCK

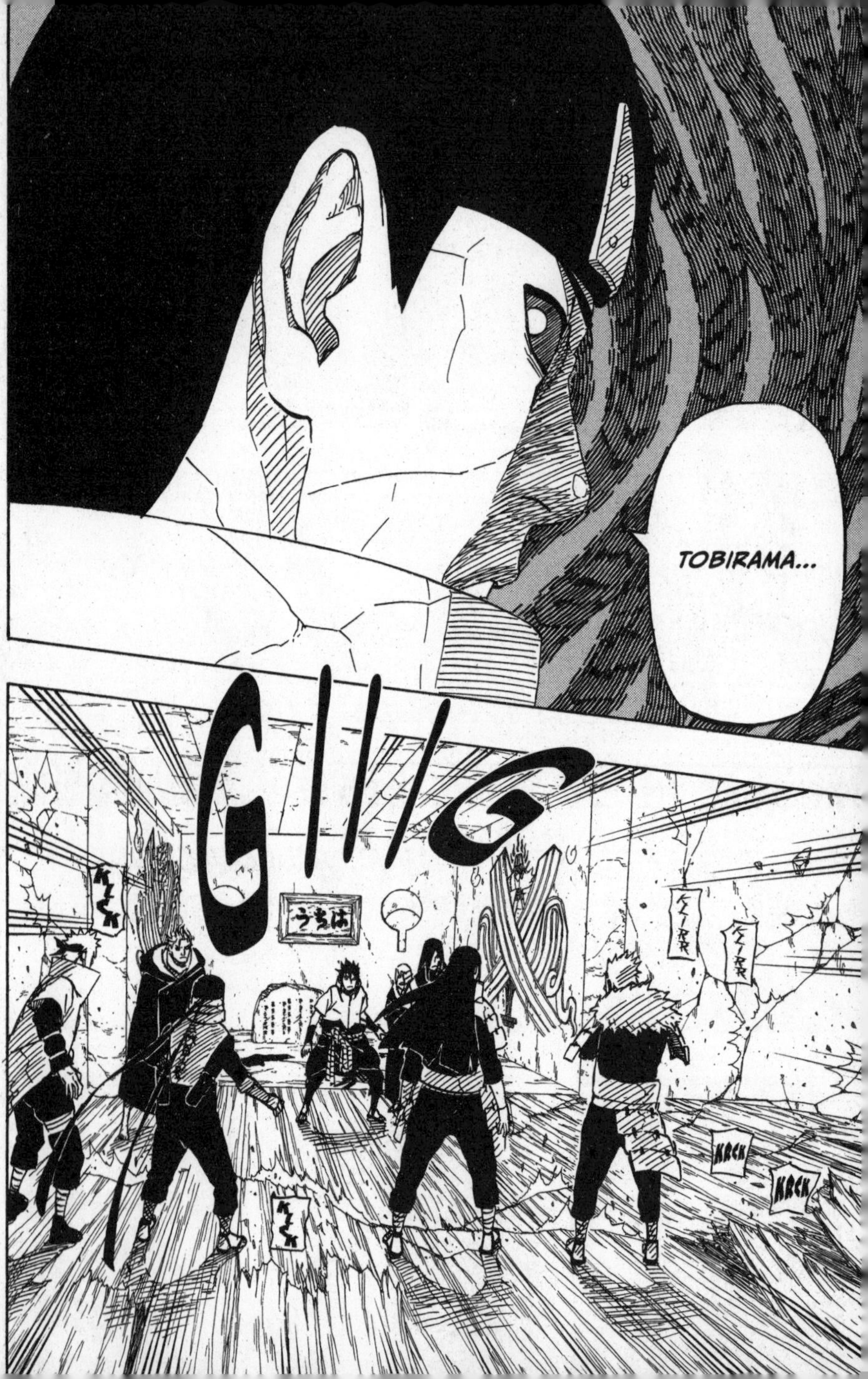
TOBIRAMA...
KLIRR
KLIRR
KRCK
KRCK
うちは
KICK
KICK

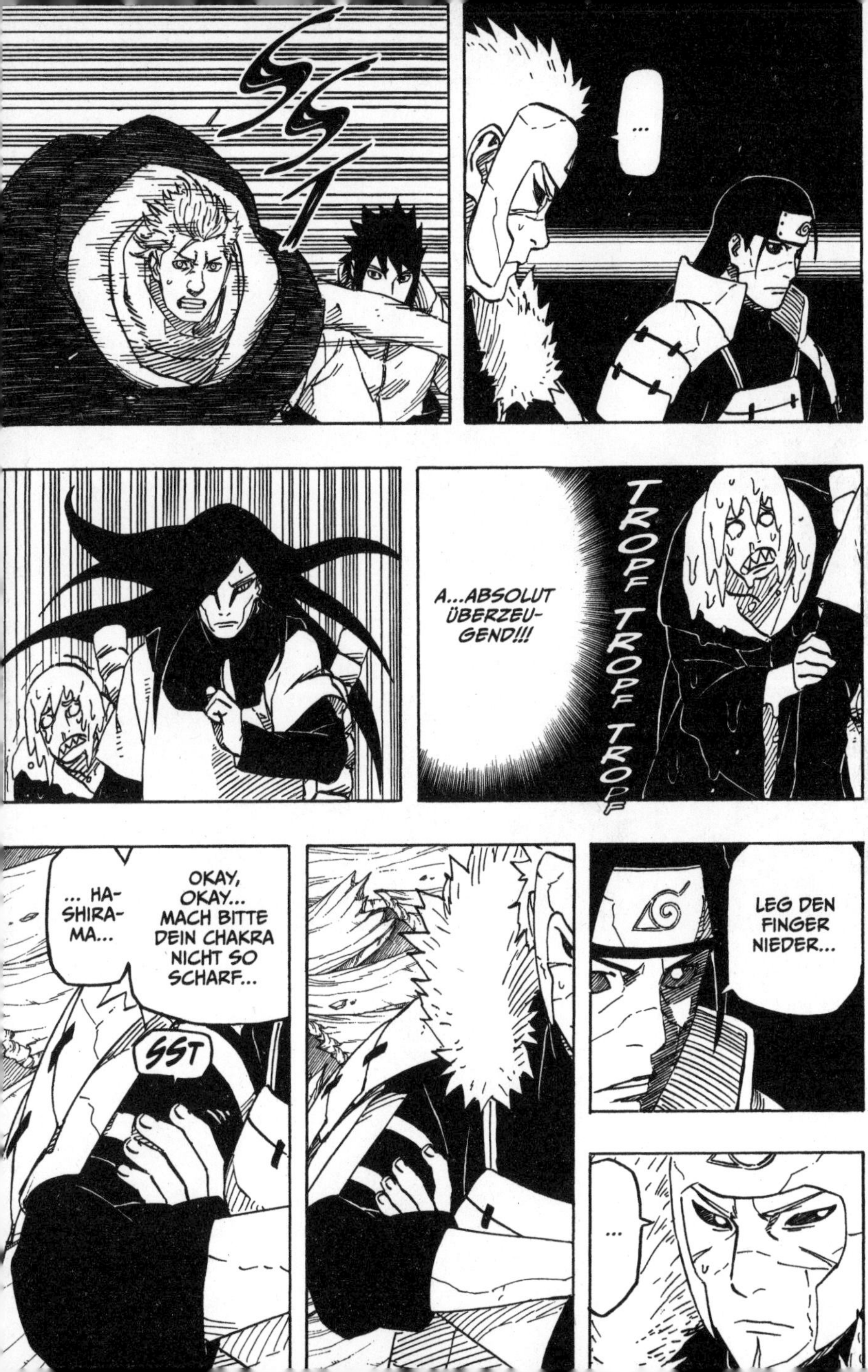
SSST
...
A...ABSOLUT ÜBERZEU-GEND!!!
TROPF TROPF TROPF TROPF
LEG DEN FINGER NIEDER...
OKAY, OKAY... MACH BITTE DEIN CHAKRA NICHT SO SCHARF...
... HA-SHIRA-MA...
SST
...

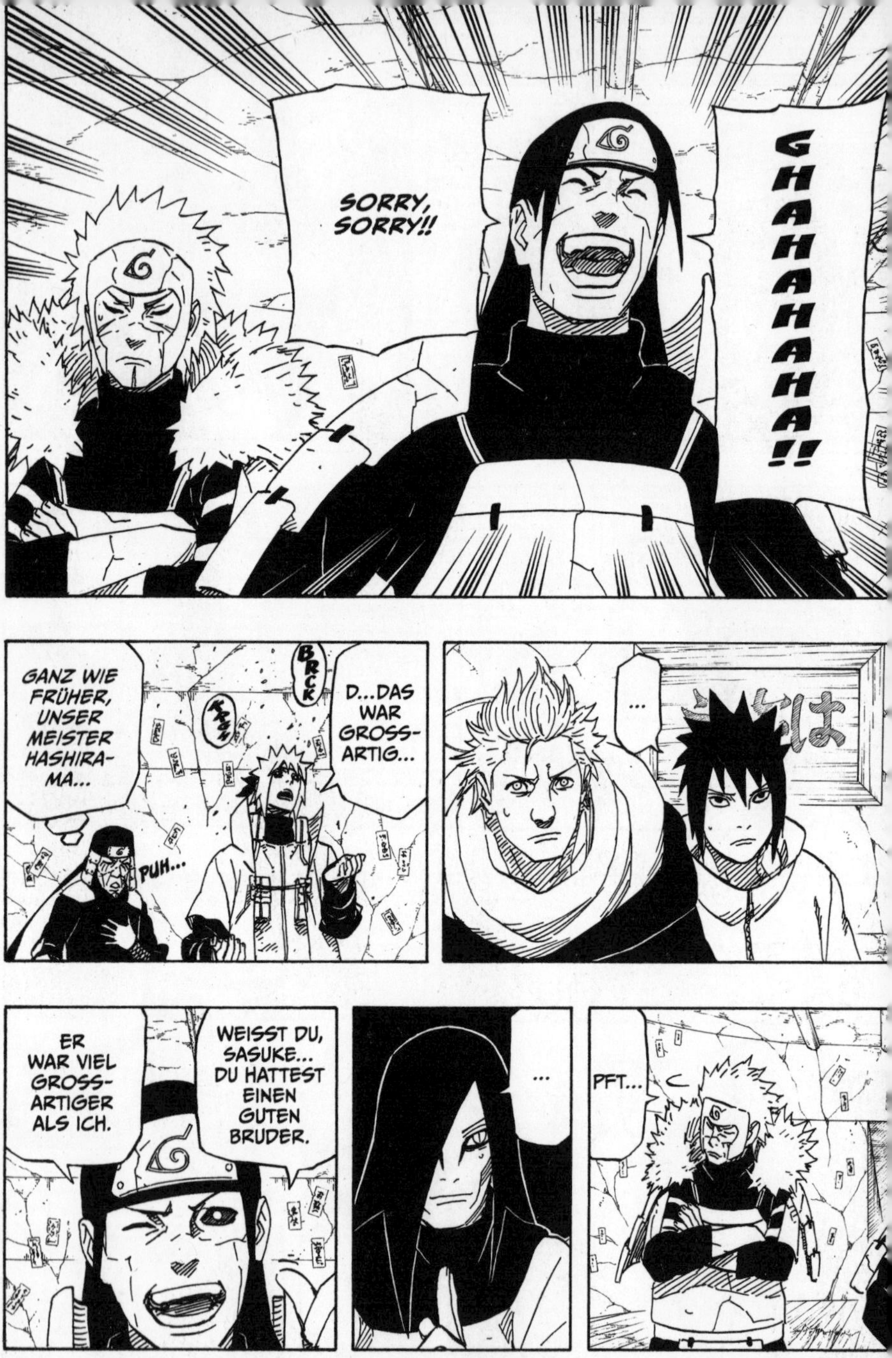
GHAHAHAHA!!
SORRY, SORRY!!
...
D...DAS WAR GROSS-ARTIG...
BRCK
GANZ WIE FRÜHER, UNSER MEISTER HASHIRAMA...
PUH...
PFT...
...
WEISST DU, SASUKE... DU HATTEST EINEN GUTEN BRUDER.
ER WAR VIEL GROSS-ARTIGER ALS ICH.

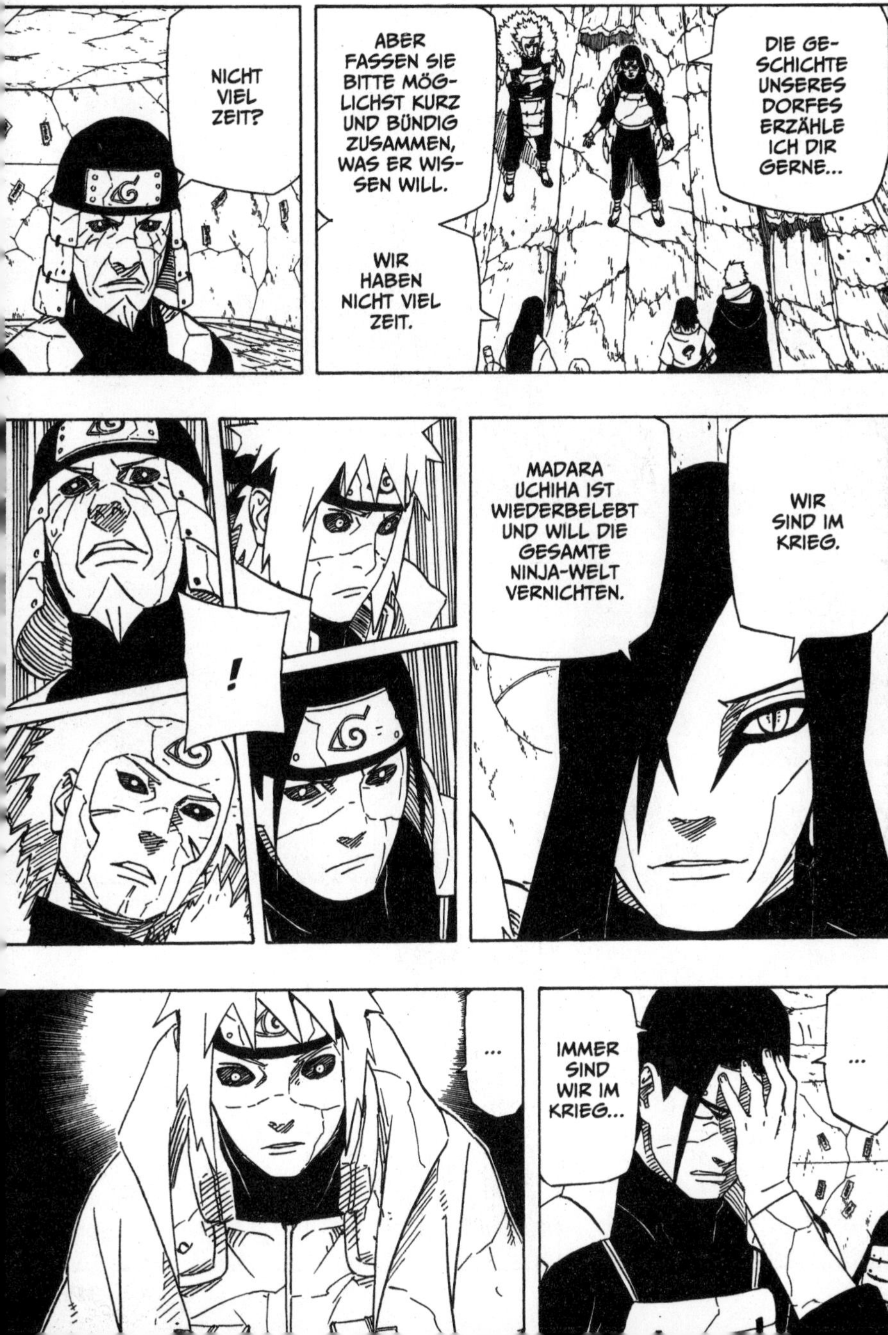
DIE GESCHICHTE UNSERES DORFES ERZÄHLE ICH DIR GERNE...
ABER FASSEN SIE BITTE MÖGLICHST KURZ UND BÜNDIG ZUSAMMEN, WAS ER WISSEN WILL.
WIR HABEN NICHT VIEL ZEIT.
NICHT VIEL ZEIT?
WIR SIND IM KRIEG.
MADARA UCHIHA IST WIEDERBELEBT UND WILL DIE GESAMTE NINJA-WELT VERNICHTEN.
!
...
IMMER SIND WIR IM KRIEG...
...

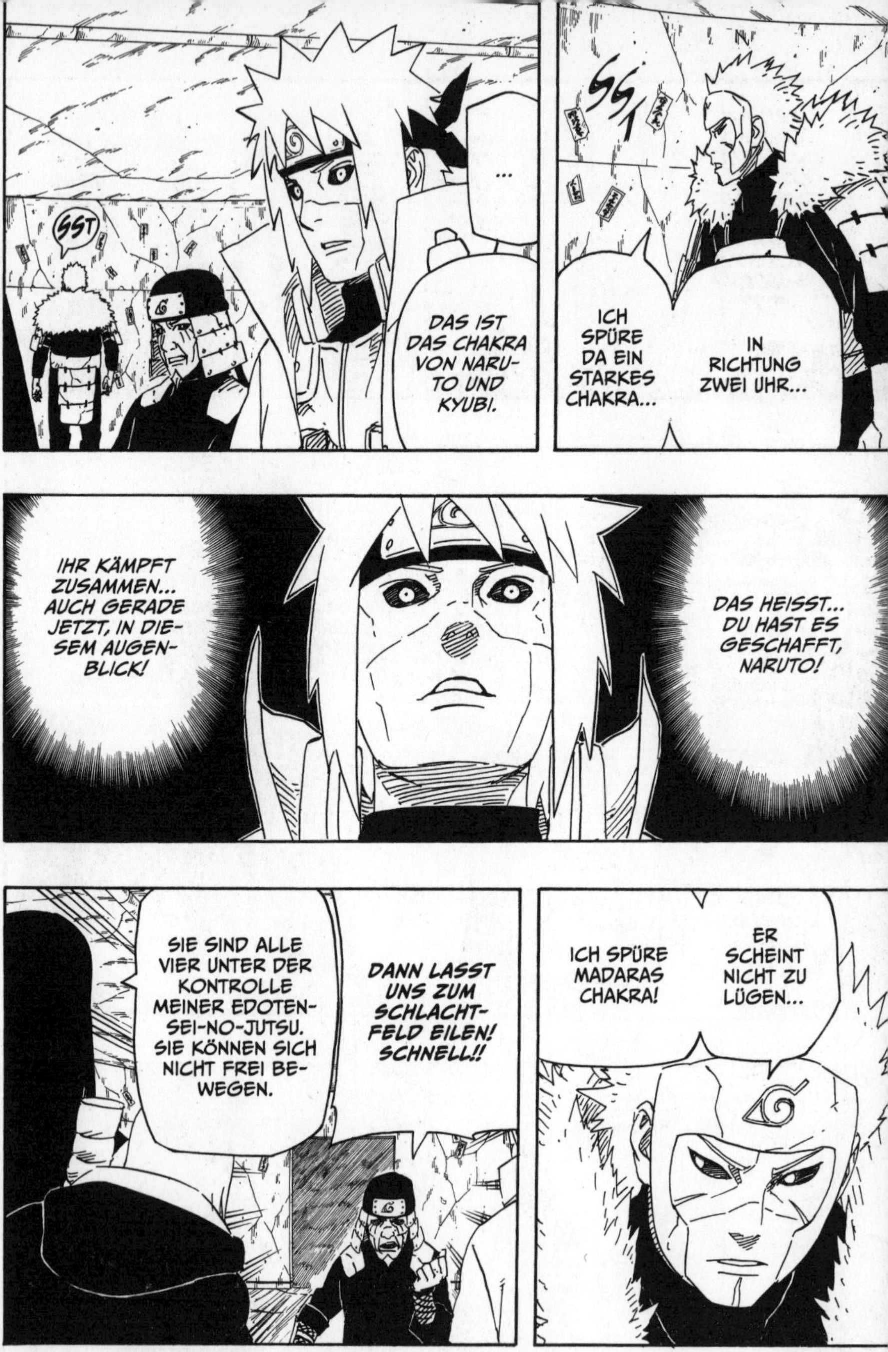
IN RICHTUNG ZWEI UHR...
ICH SPÜRE DA EIN STARKES CHAKRA...
SST
...
DAS IST DAS CHAKRA VON NARU-TO UND KYUBI.
DAS HEISST... DU HAST ES GESCHAFFT, NARUTO!
IHR KÄMPFT ZUSAMMEN... AUCH GERADE JETZT, IN DIE-SEM AUGEN-BLICK!
ER SCHEINT NICHT ZU LÜGEN...
ICH SPÜRE MADARAS CHAKRA!
DANN LASST UNS ZUM SCHLACHT-FELD EILEN! SCHNELL!!
SIE SIND ALLE VIER UNTER DER KONTROLLE MEINER EDOTEN-SEI-NO-JUTSU. SIE KÖNNEN SICH NICHT FREI BE-WEGEN.

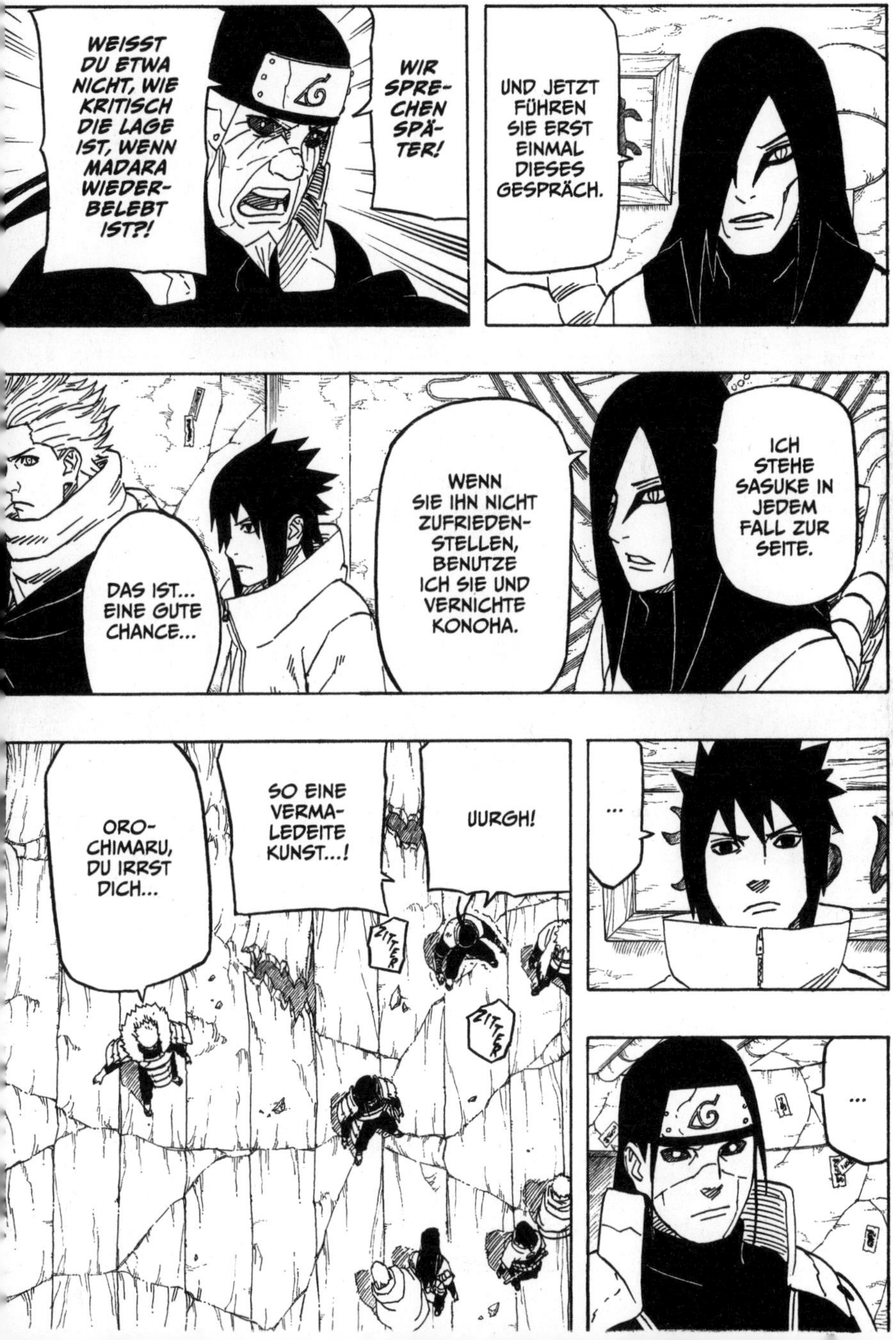
UND JETZT FÜHREN SIE ERST EINMAL DIESES GESPRÄCH.
WIR SPRE-CHEN SPÄ-TER!
WEISST DU ETWA NICHT, WIE KRITISCH DIE LAGE IST, WENN MADARA WIEDER-BELEBT IST?!
ICH STEHE SASUKE IN JEDEM FALL ZUR SEITE.
WENN SIE IHN NICHT ZUFRIEDEN-STELLEN, BENUTZE ICH SIE UND VERNICHTE KONOHA.
DAS IST... EINE GUTE CHANCE...
...
...
UURGH!
SO EINE VERMA-LEDEITE KUNST...!
ZITTER
ZITTER
ORO-CHIMARU, DU IRRST DICH...

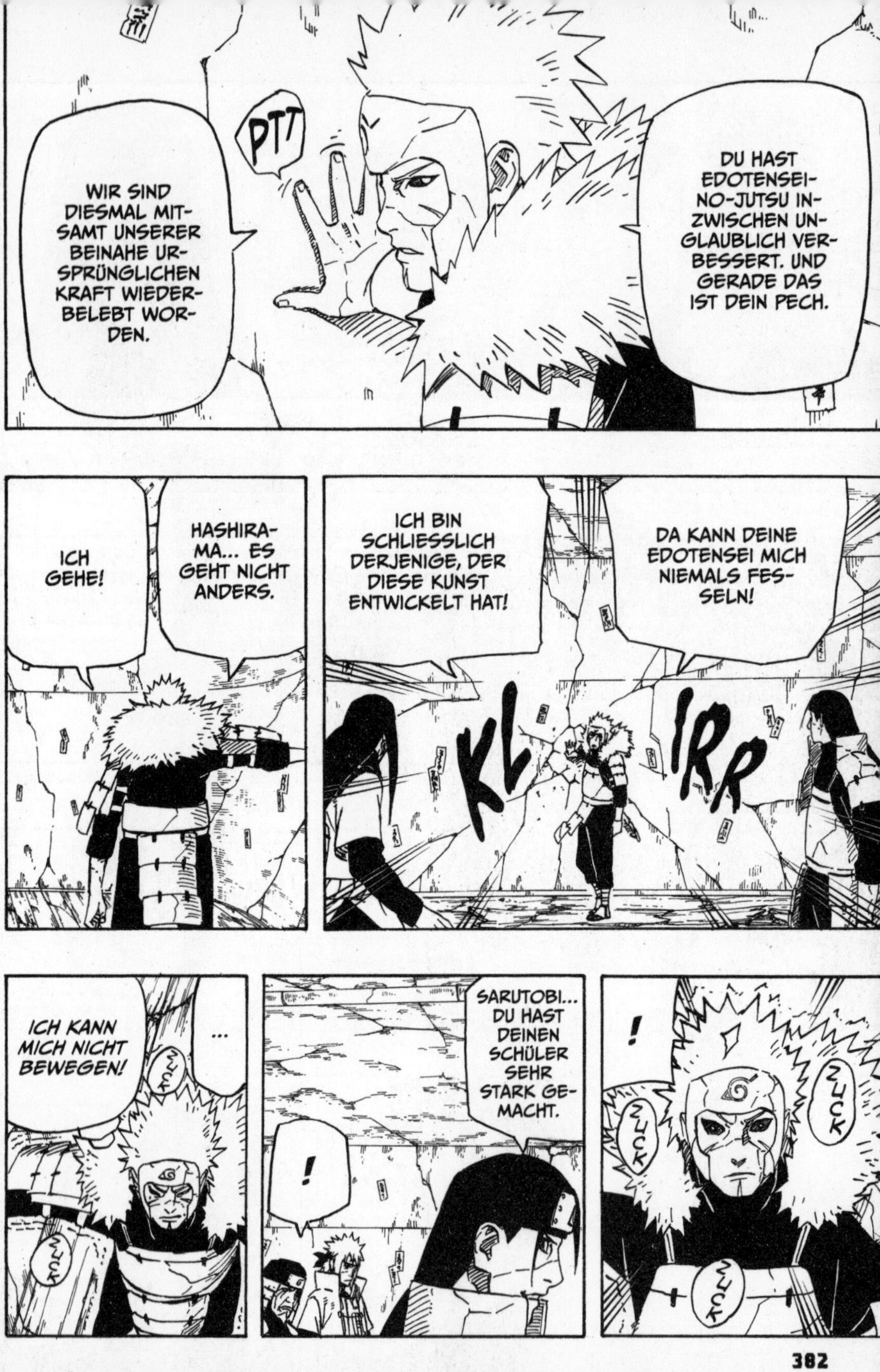
DU HAST EDOTENSEI-NO-JUTSU INZWISCHEN UNGLAUBLICH VERBESSERT. UND GERADE DAS IST DEIN PECH.
PTT
WIR SIND DIESMAL MITSAMT UNSERER BEINAHE URSPRÜNGLICHEN KRAFT WIEDERBELEBT WORDEN.
DA KANN DEINE EDOTENSEI MICH NIEMALS FESSELN!
ICH BIN SCHLIESSLICH DERJENIGE, DER DIESE KUNST ENTWICKELT HAT!
KLIRR
HASHIRAMA... ES GEHT NICHT ANDERS.
ICH GEHE!
!
ZUCK
ZUCK
ZUCK
SARUTOBI... DU HAST DEINEN SCHÜLER SEHR STARK GEMACHT.
!
...
ICH KANN MICH NICHT BEWEGEN!
ZUCK
ZUCK

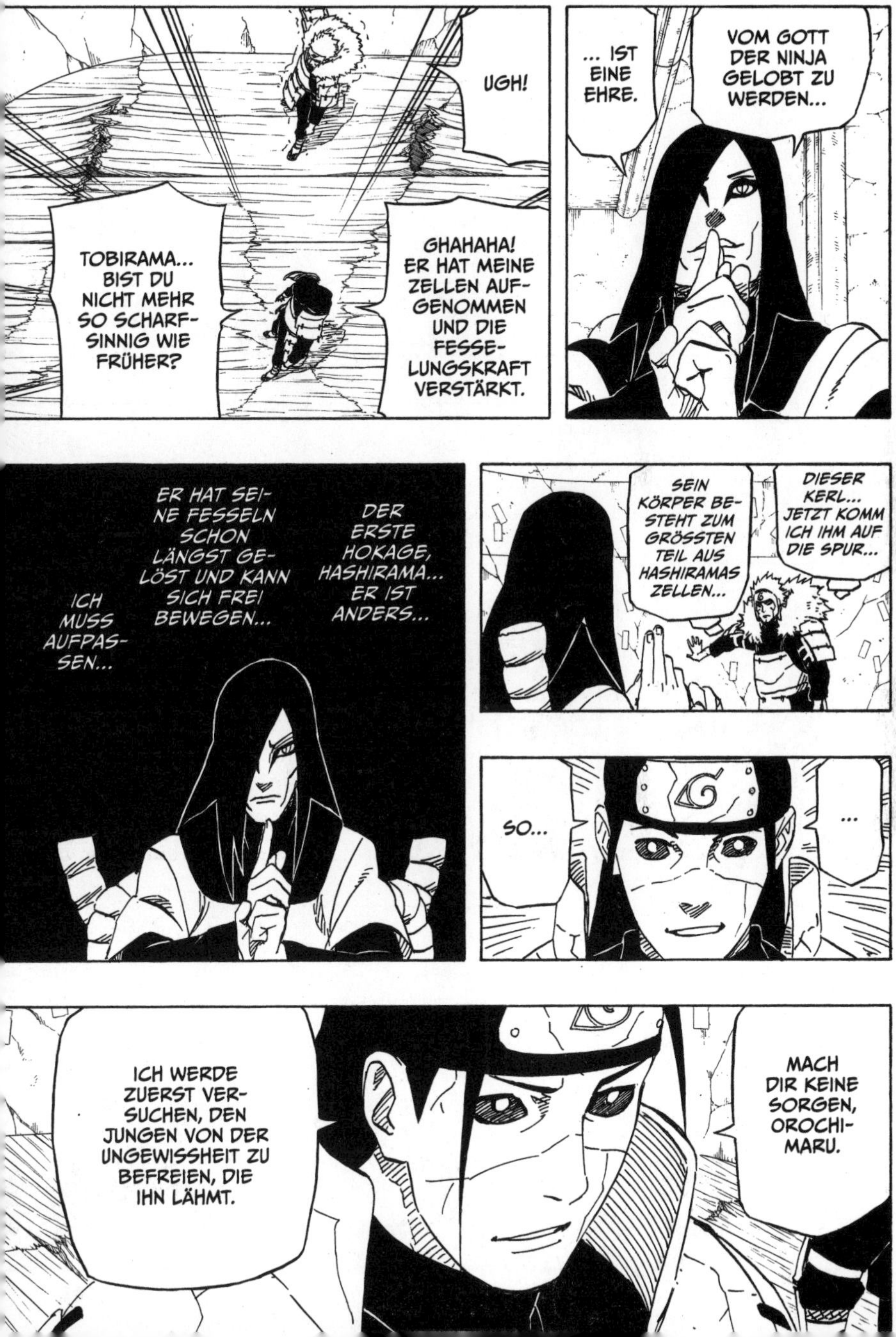
VOM GOTT DER NINJA GELOBT ZU WERDEN...
... IST EINE EHRE.
UGH!
GHAHAHA! ER HAT MEINE ZELLEN AUFGENOMMEN UND DIE FESSELUNGSKRAFT VERSTÄRKT.
TOBIRAMA... BIST DU NICHT MEHR SO SCHARFSINNIG WIE FRÜHER?
DIESER KERL... JETZT KOMM ICH IHM AUF DIE SPUR...
SEIN KÖRPER BESTEHT ZUM GRÖSSTEN TEIL AUS HASHIRAMAS ZELLEN...
...
SO...
DER ERSTE HOKAGE, HASHIRAMA... ER IST ANDERS...
ER HAT SEINE FESSELN SCHON LÄNGST GELÖST UND KANN SICH FREI BEWEGEN...
ICH MUSS AUFPASSEN...
MACH DIR KEINE SORGEN, OROCHIMARU.
ICH WERDE ZUERST VERSUCHEN, DEN JUNGEN VON DER UNGEWISSHEIT ZU BEFREIEN, DIE IHN LÄHMT.

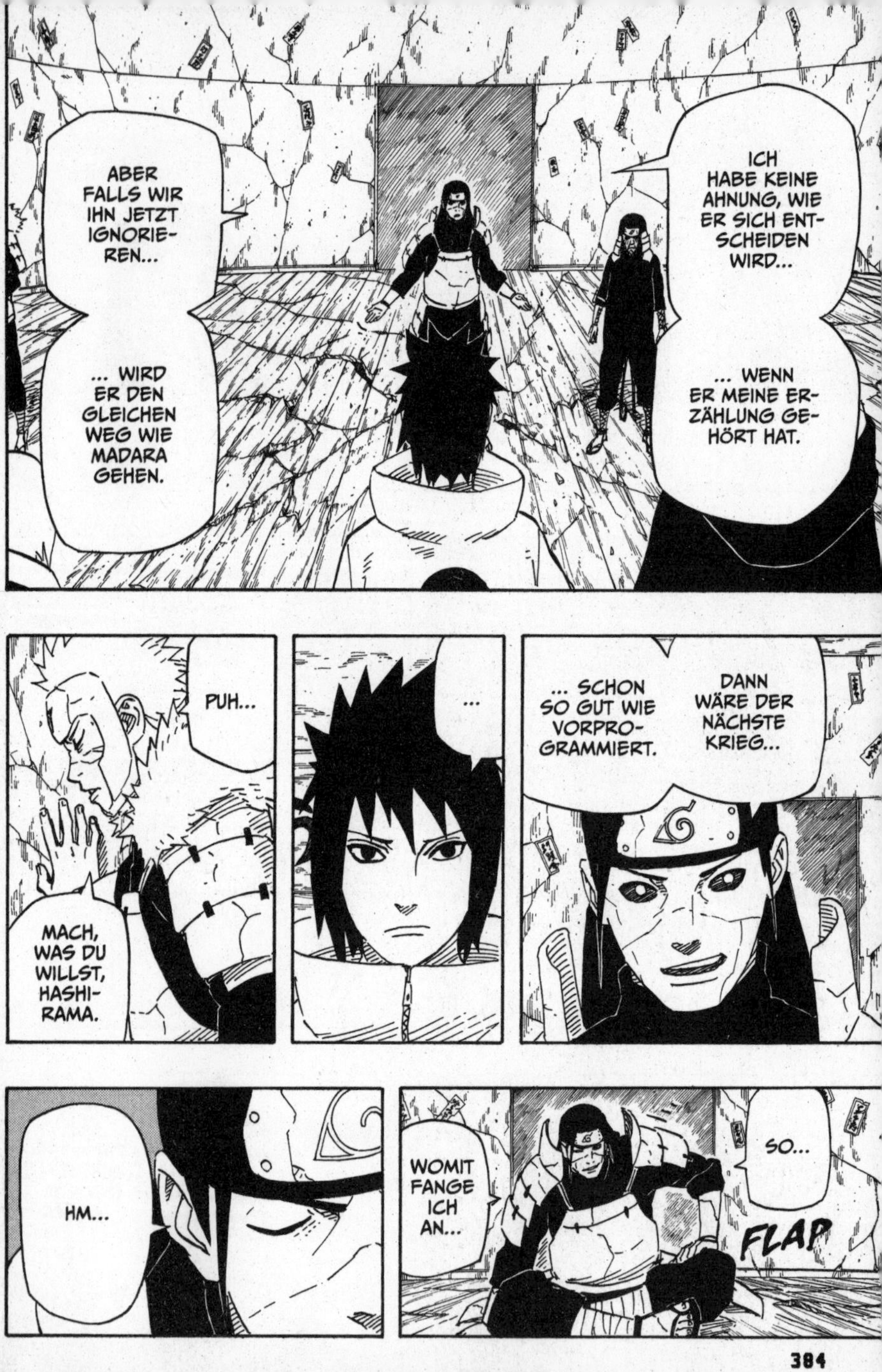
ICH HABE KEINE AHNUNG, WIE ER SICH ENTSCHEIDEN WIRD...
... WENN ER MEINE ERZÄHLUNG GEHÖRT HAT.
ABER FALLS WIR IHN JETZT IGNORIEREN...
... WIRD ER DEN GLEICHEN WEG WIE MADARA GEHEN.
DANN WÄRE DER NÄCHSTE KRIEG...
... SCHON SO GUT WIE VORPROGRAMMIERT.
...
PUH...
MACH, WAS DU WILLST, HASHIRAMA.
SO...
WOMIT FANGE ICH AN...
FLAP
HM...

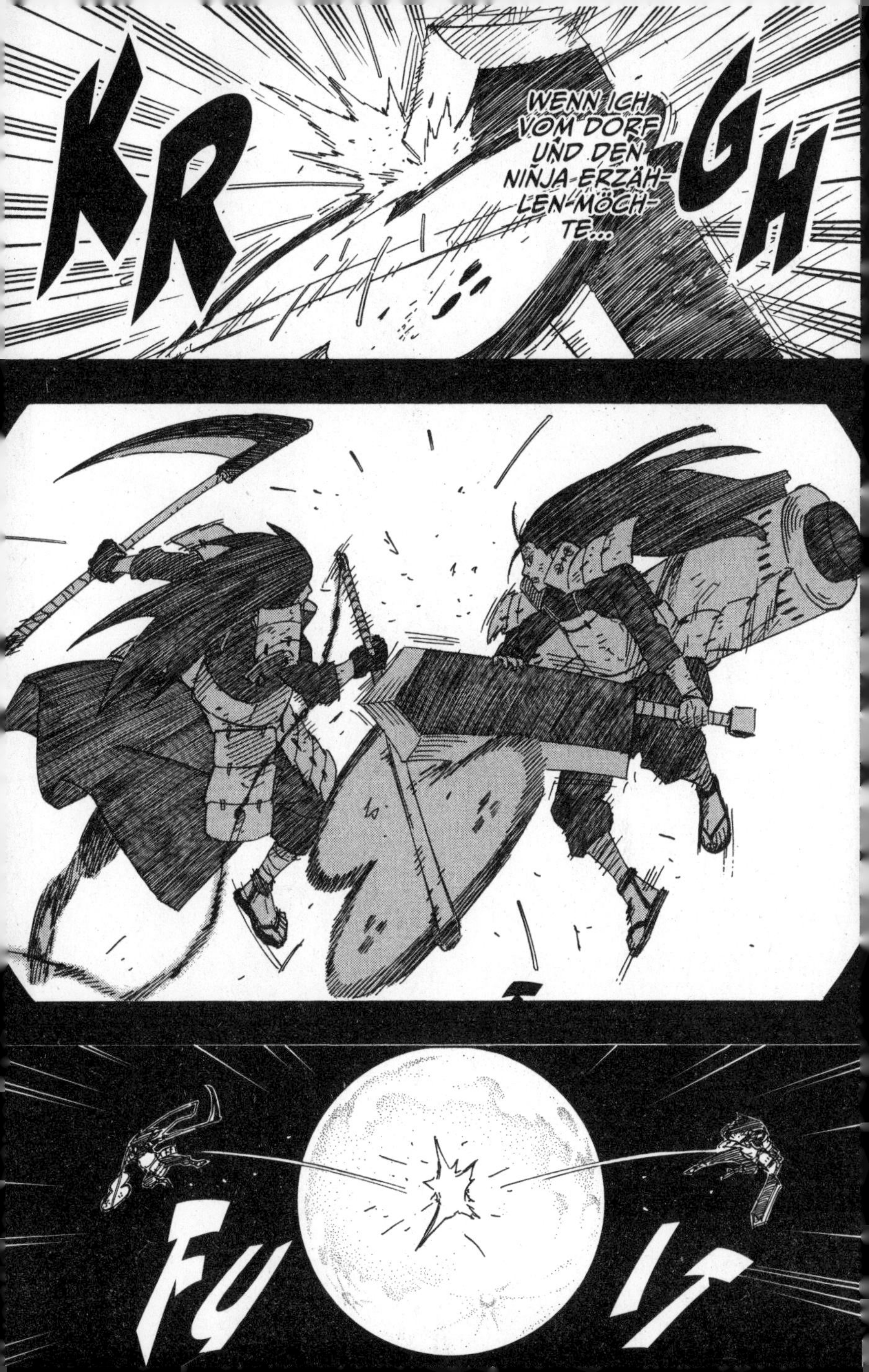
KR
GH
WENN ICH VOM DORF UND DEN NINJA ERZÄHLEN MÖCHTE...
FU
I

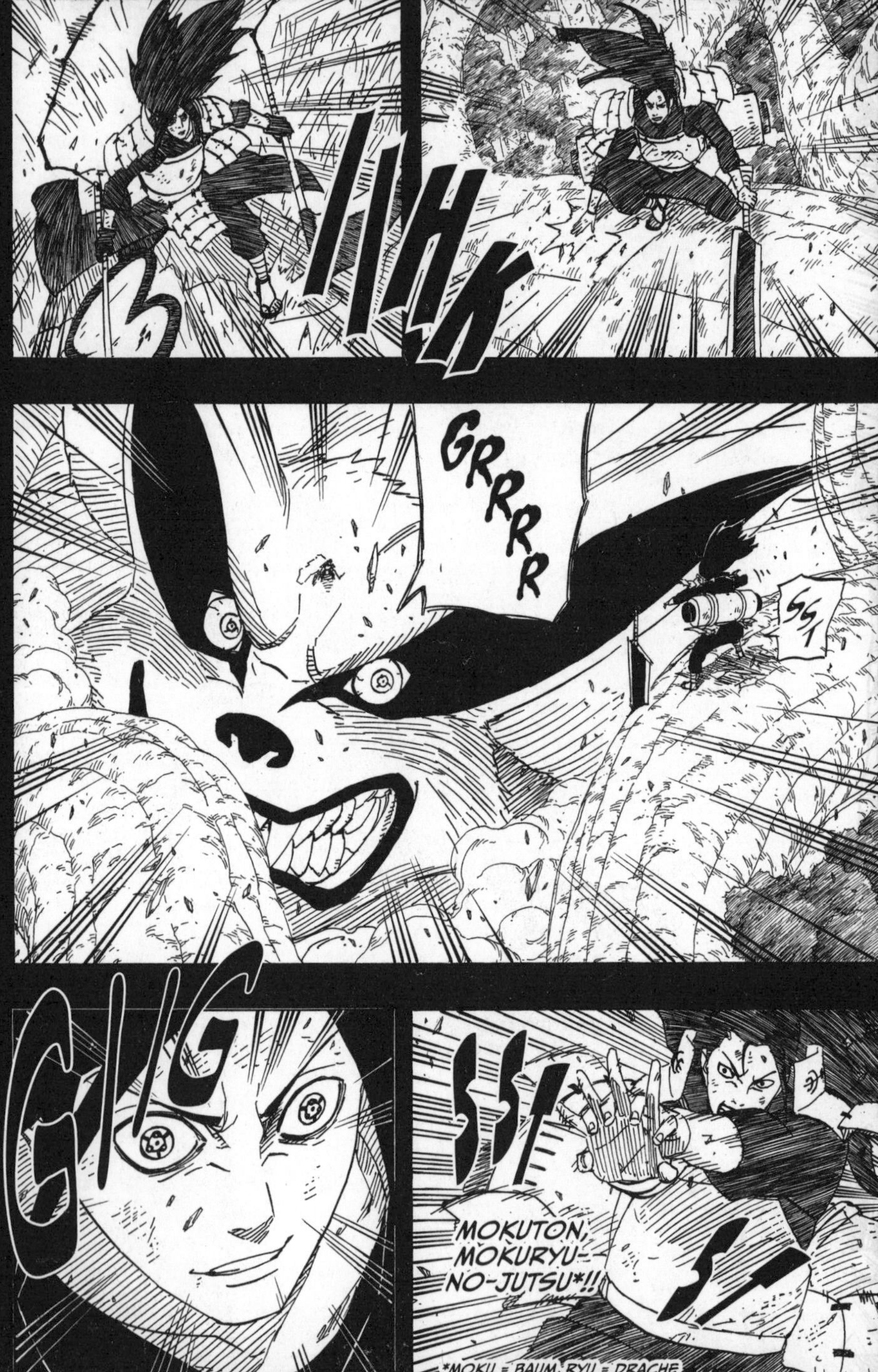

*MOKU = BAUM, RYU = DRACHE

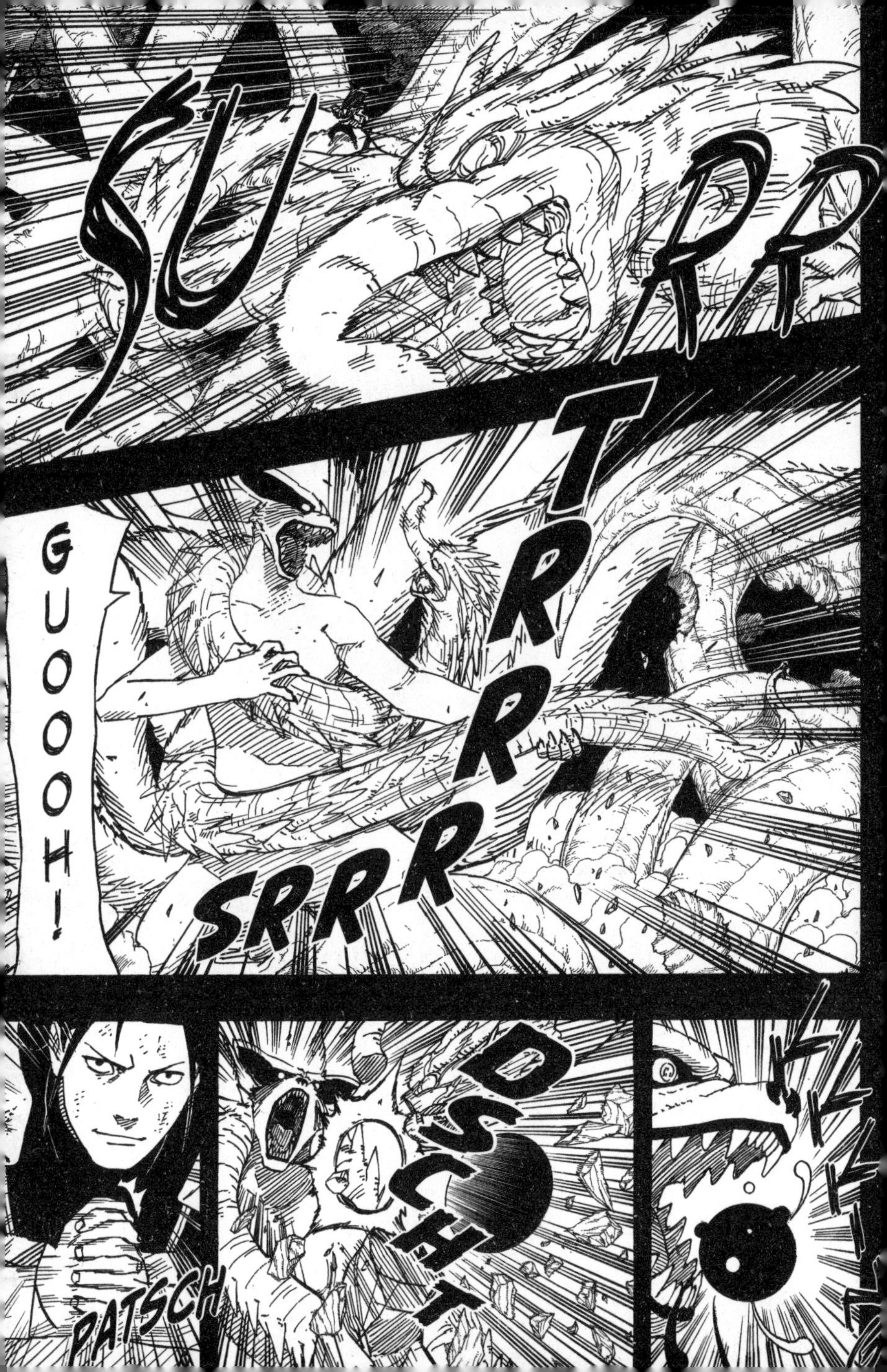

SURRR
TRRR
SRRR
GUOOOOH!
DSCHT
PATSCH

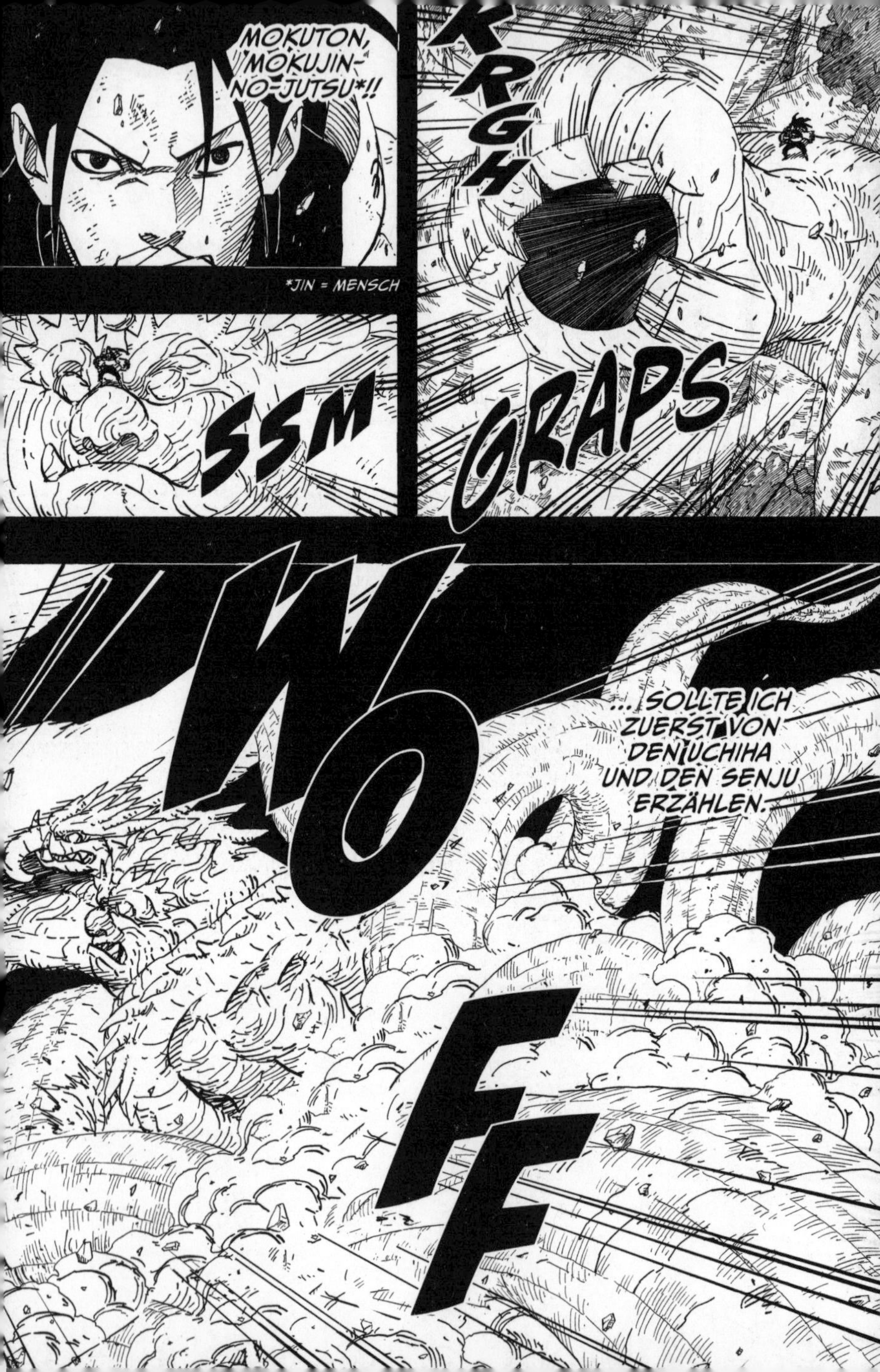
KRGH
GRAPS
MOKUTON, MOKUJIN-NO-JUTSU*!!
*JIN = MENSCH
SSM
WOFF
... SOLLTE ICH ZUERST VON DEN UCHIHA UND DEN SENJU ERZÄHLEN.

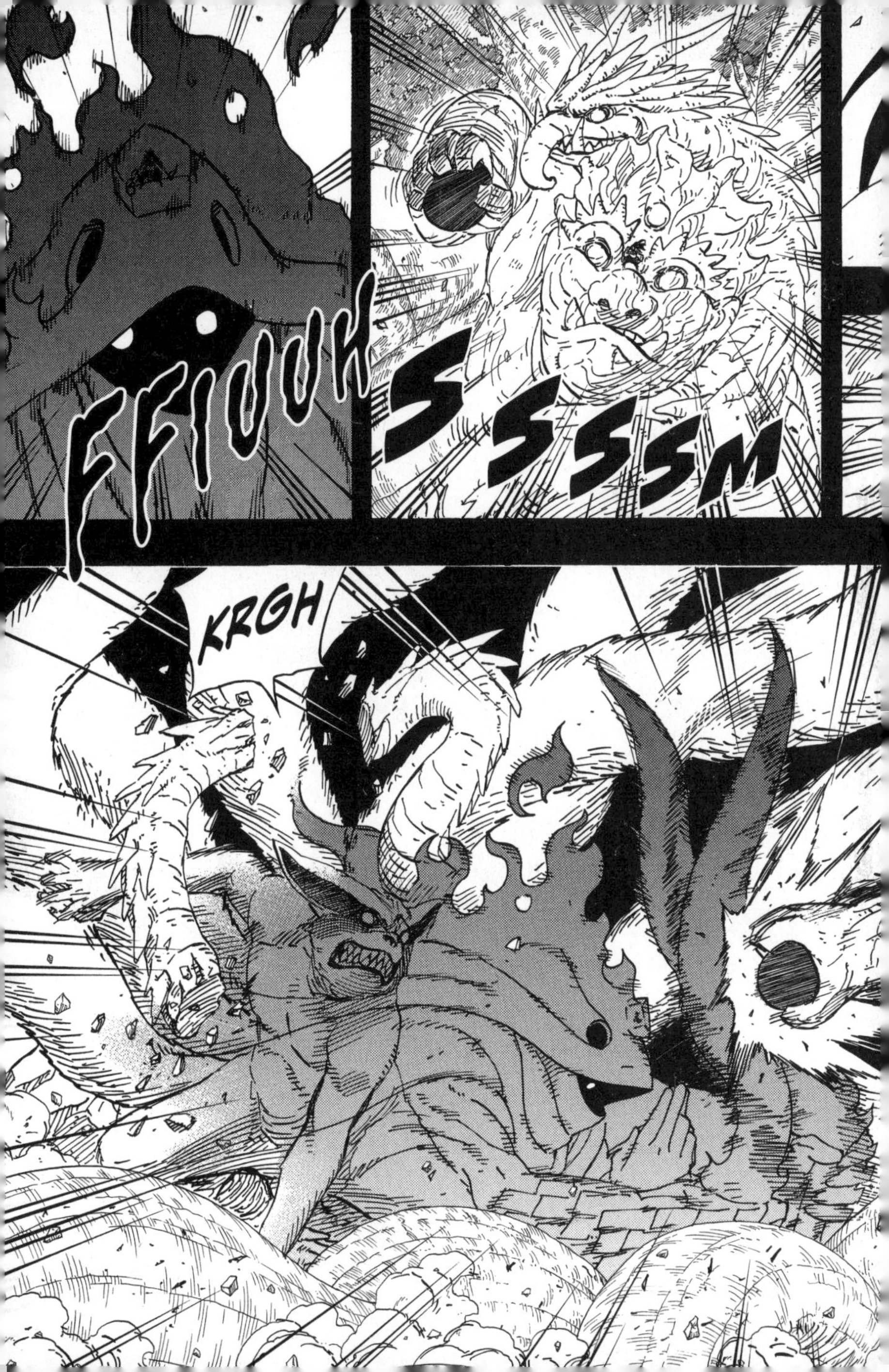

FFIUUH
SSSSM
KRGH

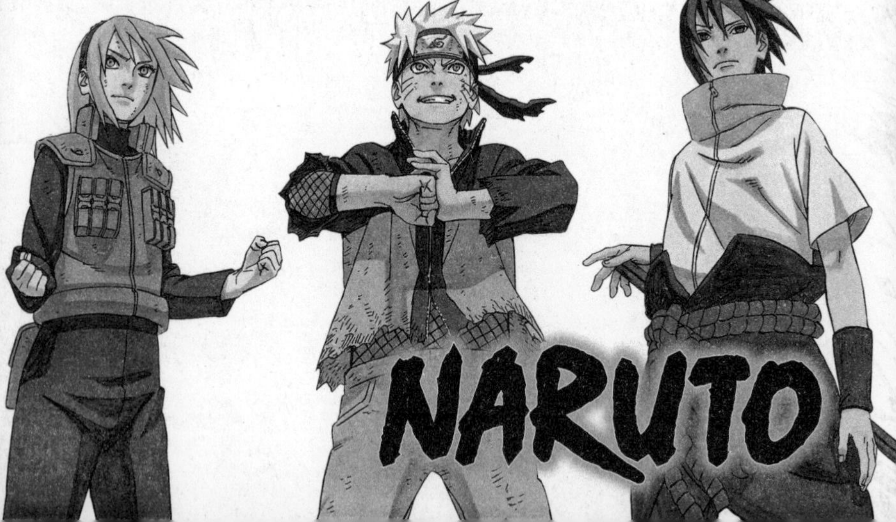
NARUTO

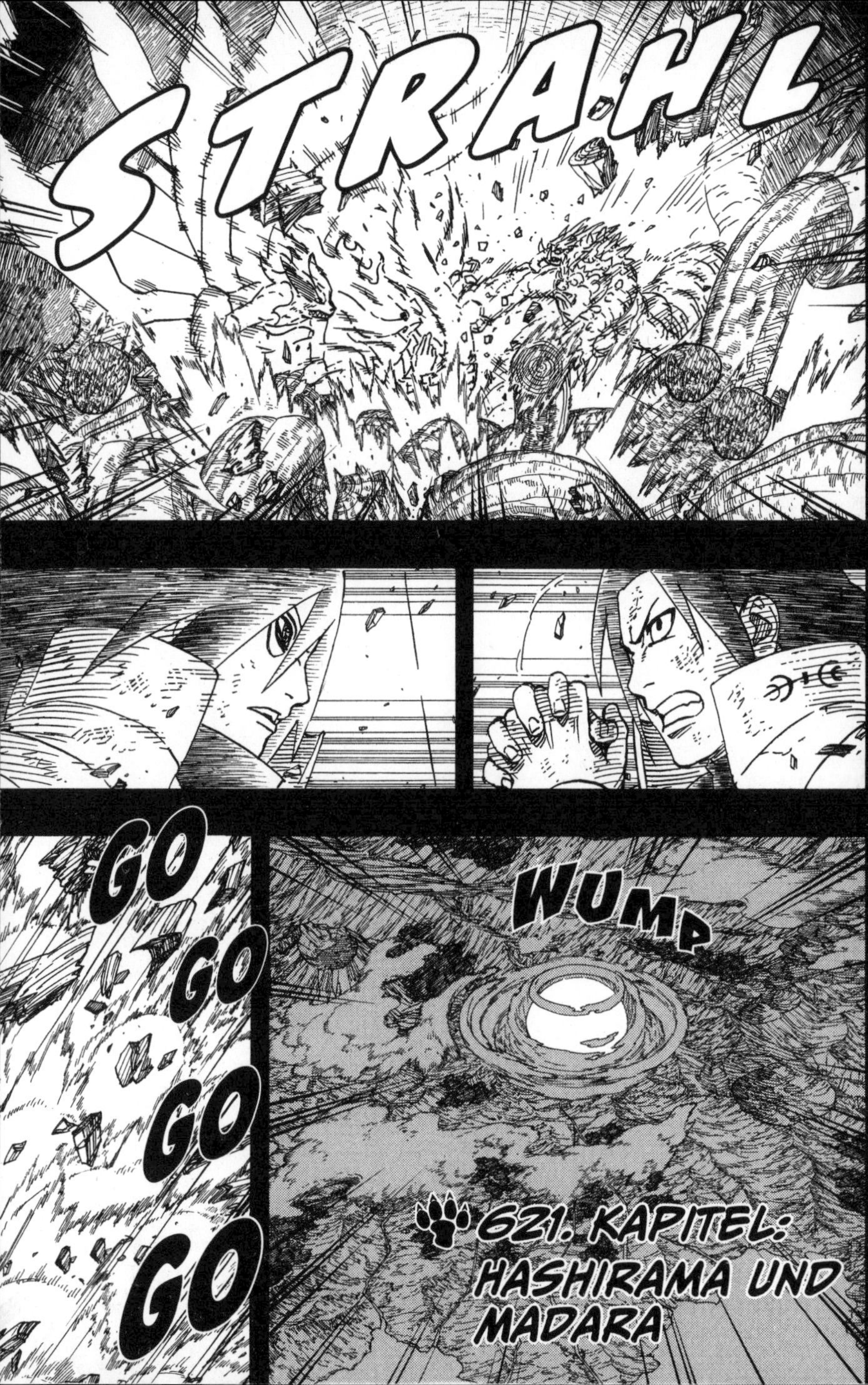
STRAHL
GO GO GO GO
WUMP
621. Kapitel: Hashirama und Madara

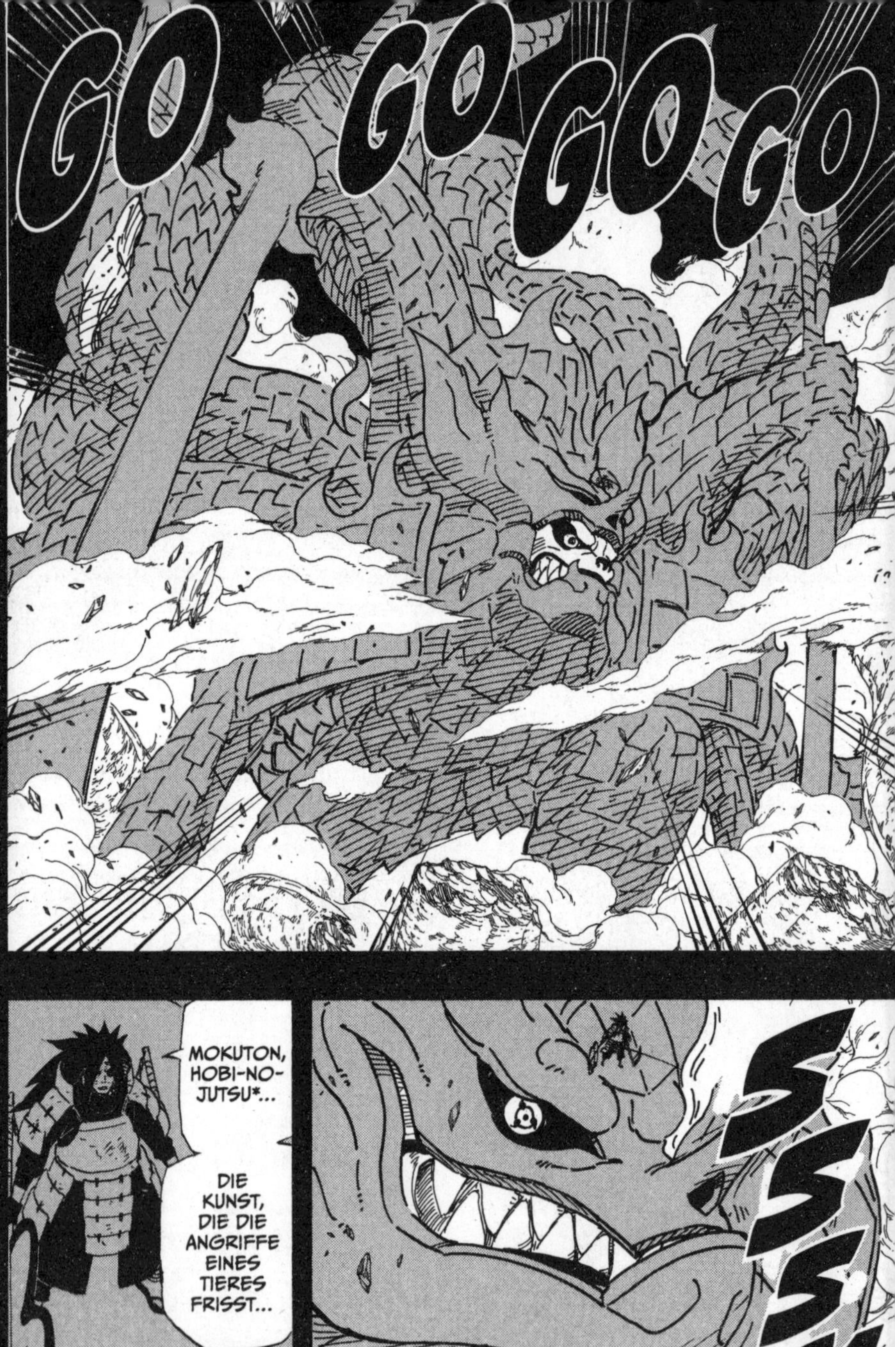

*HOBI = WERKZEUG DER BUDDHISTISCHEN GOTTHEIT BZW. DES BODHISATTWA DES MITGEFÜHLS. IM JAPANISCHEN WIRD DIESE GOTTHEIT UNTER ANDEREM »TAUSENDHÄNDIGE KANNON« (SENJU KANNON) GENANNT.

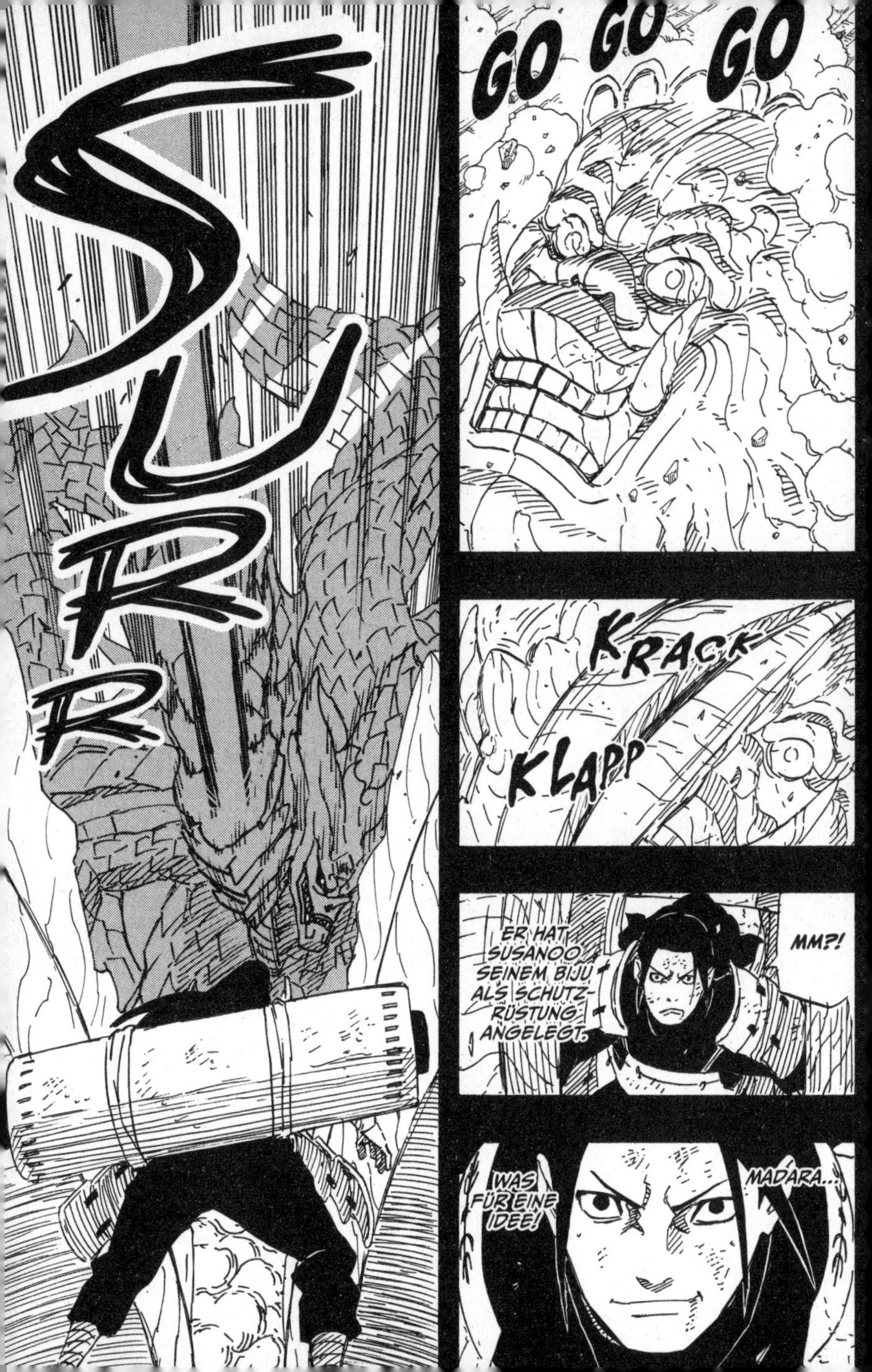
GO GO GO
SURR
KRACK
KLAPP
MM?!
ER HAT SUSANOO SEINEM BIJU ALS SCHUTZ-RÜSTUNG ANGELEGT.
MADARA...
WAS FÜR EINE IDEE!

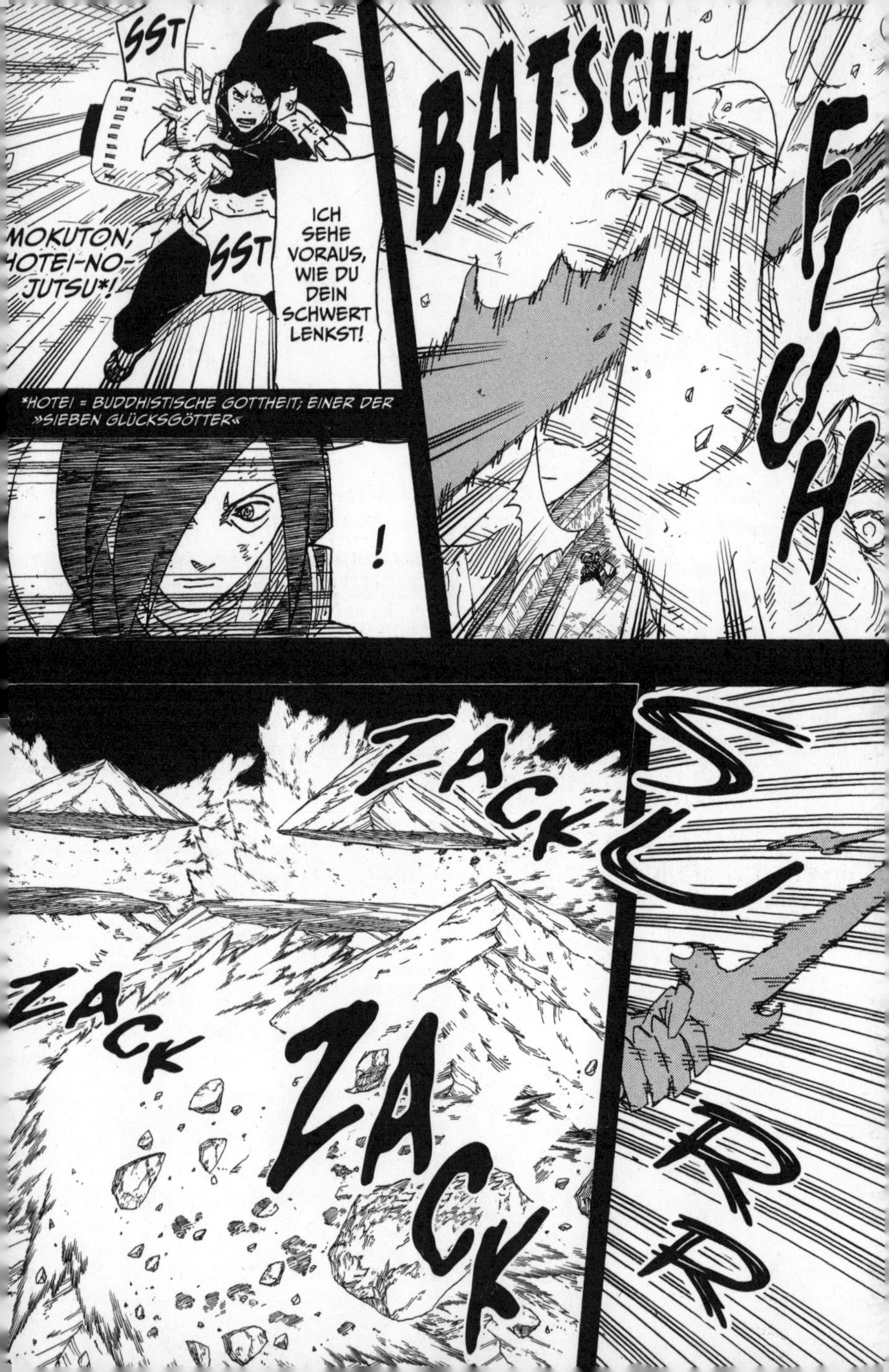
BATSCH
FIUH
SST
ICH SEHE VORAUS, WIE DU DEIN SCHWERT LENKST!
SST
MOKUTON, HOTEI-NO-JUTSU*!
*HOTEI = BUDDHISTISCHE GOTTHEIT; EINER DER »SIEBEN GLÜCKSGÖTTER«
!
SU
SRRR
ZACK
ZACK
ZACK

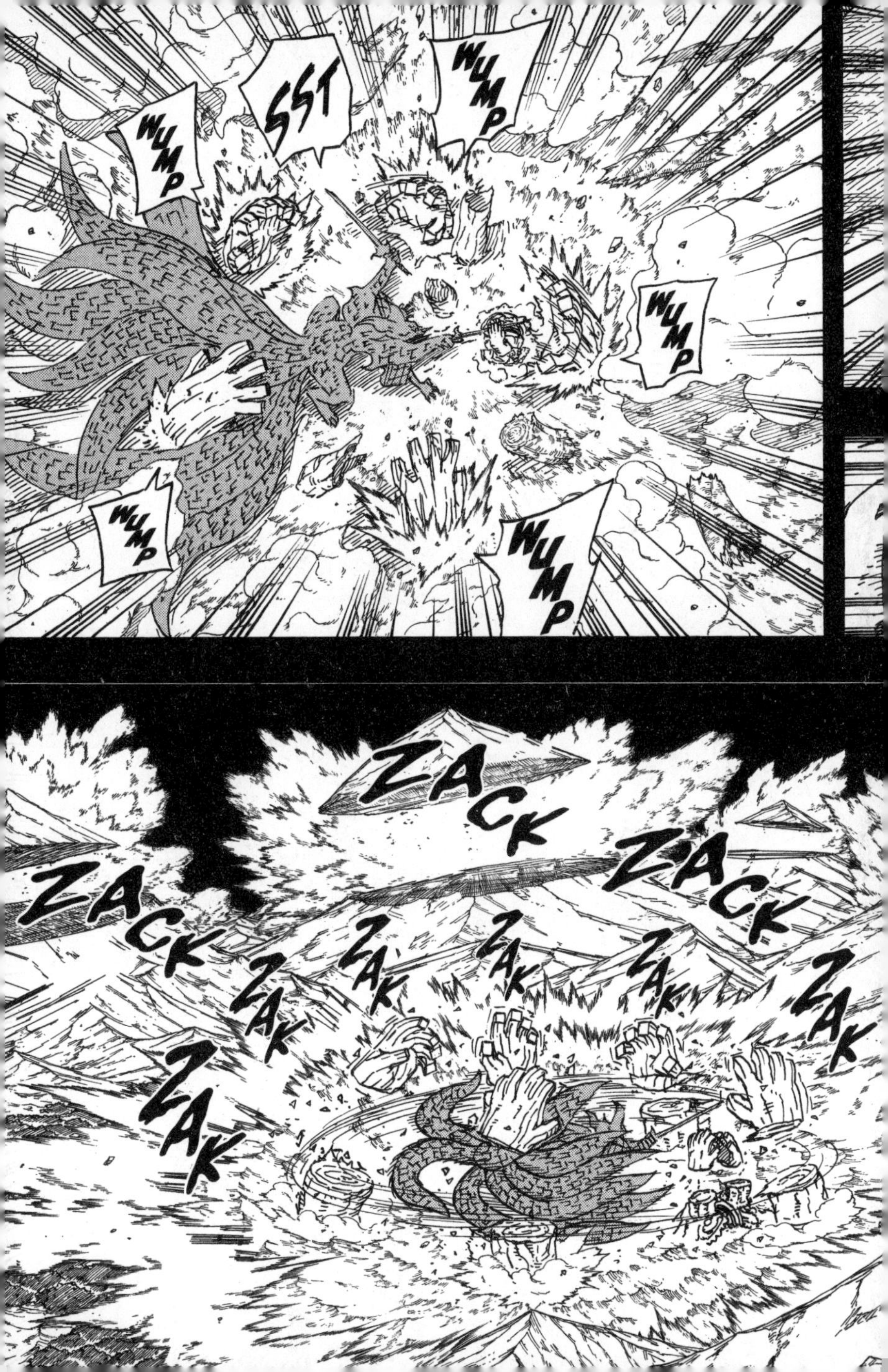
WUMP
SST
WUMP
WUMP
WUMP
WUMP
ZACK
ZACK
ZACK
ZAK
ZAK
ZAK
ZAK
ZAK
ZAK

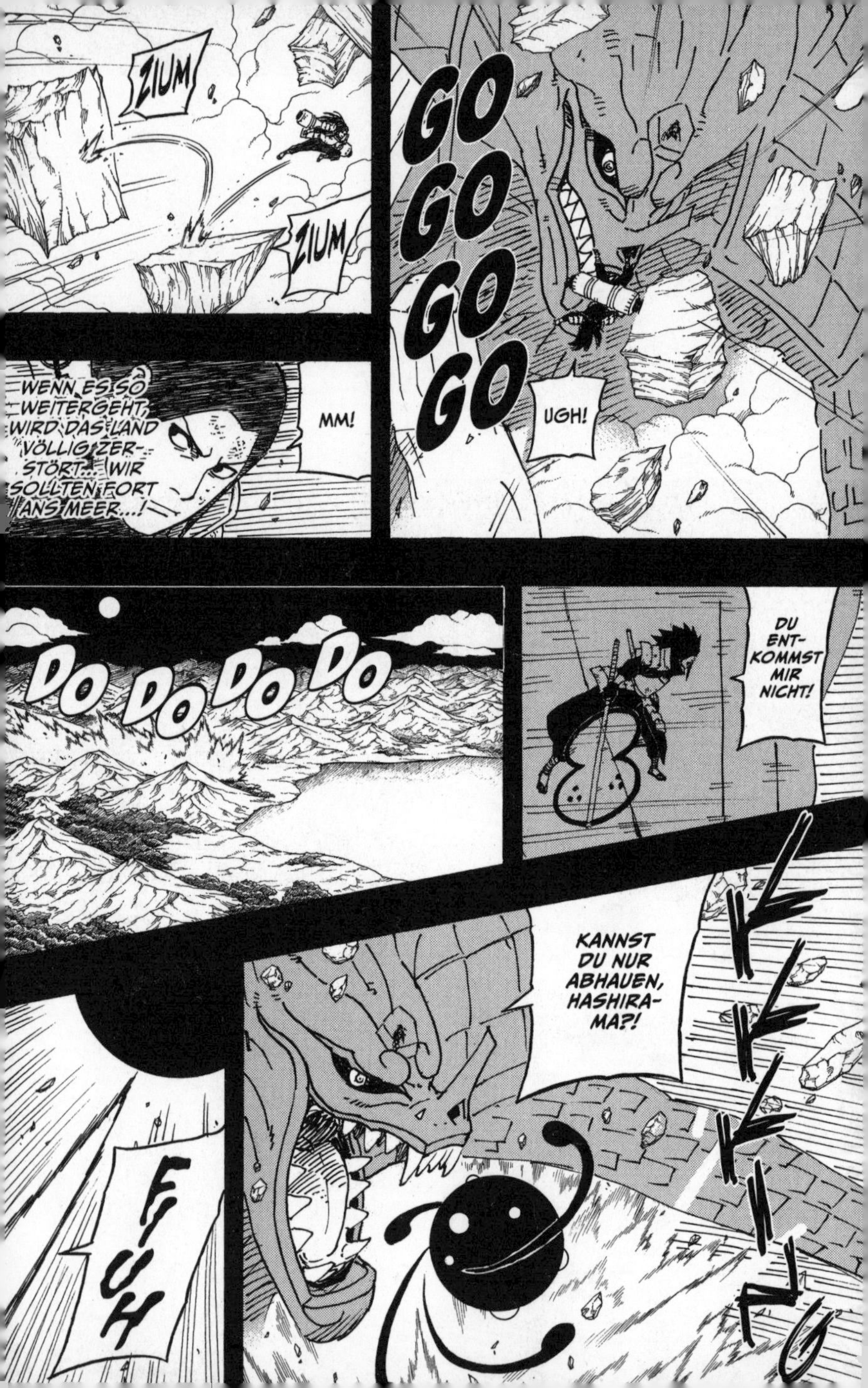

GO GO GO GO GO
UGH!
ZIUM
ZIUM
MM!
WENN ES SO WEITERGEHT, WIRD DAS LAND VÖLLIG ZERSTÖRT... WIR SOLLTEN FORT ANS MEER...!
DU ENTKOMMST MIR NICHT!
DO DO DO DO
KANNST DU NUR ABHAUEN, HASHIRAMA?!
FIUH

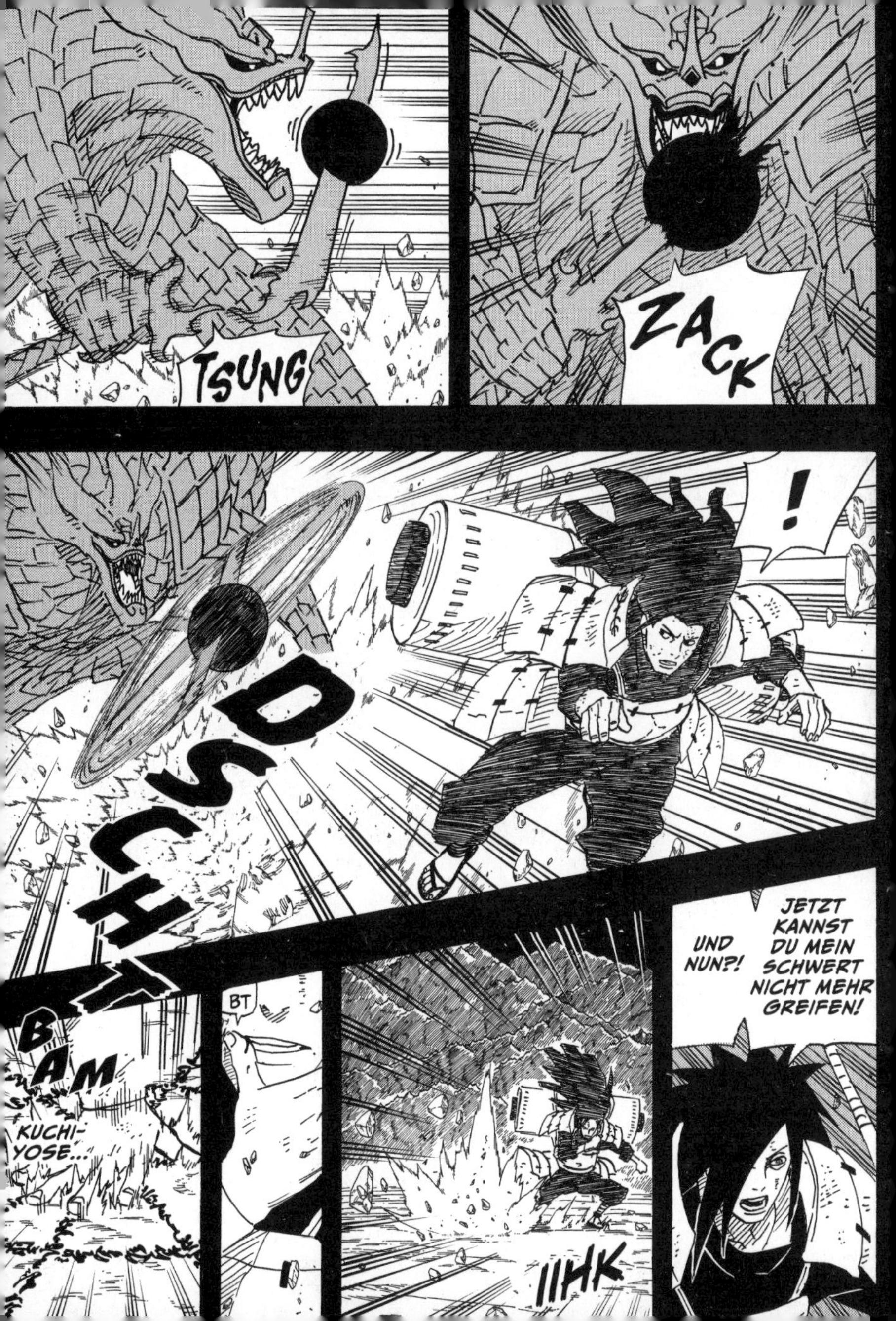

ZACK
TSUNG
!
DSCHT
JETZT KANNST DU MEIN SCHWERT NICHT MEHR GREIFEN!
UND NUN?!
IIHK
BT
BAM
KUCHI-YOSE...

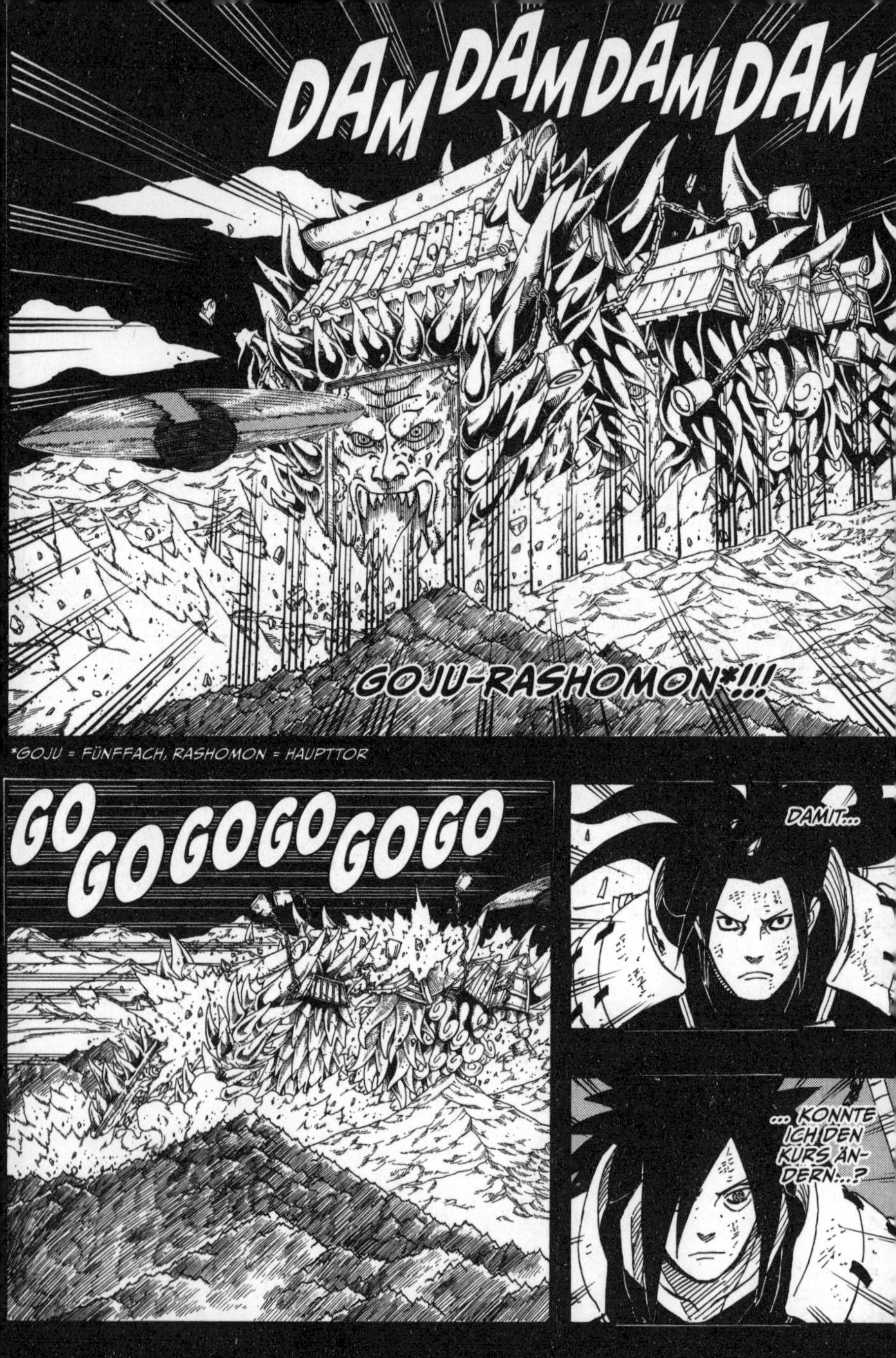
DAM DAM DAM DAM
GOJU-RASHOMON*!!!
*GOJU = FÜNFFACH, RASHOMON = HAUPTTOR
GO GO GO GO GO GO GO
DAMIT...
... KONNTE ICH DEN KURS ÄNDERN...?

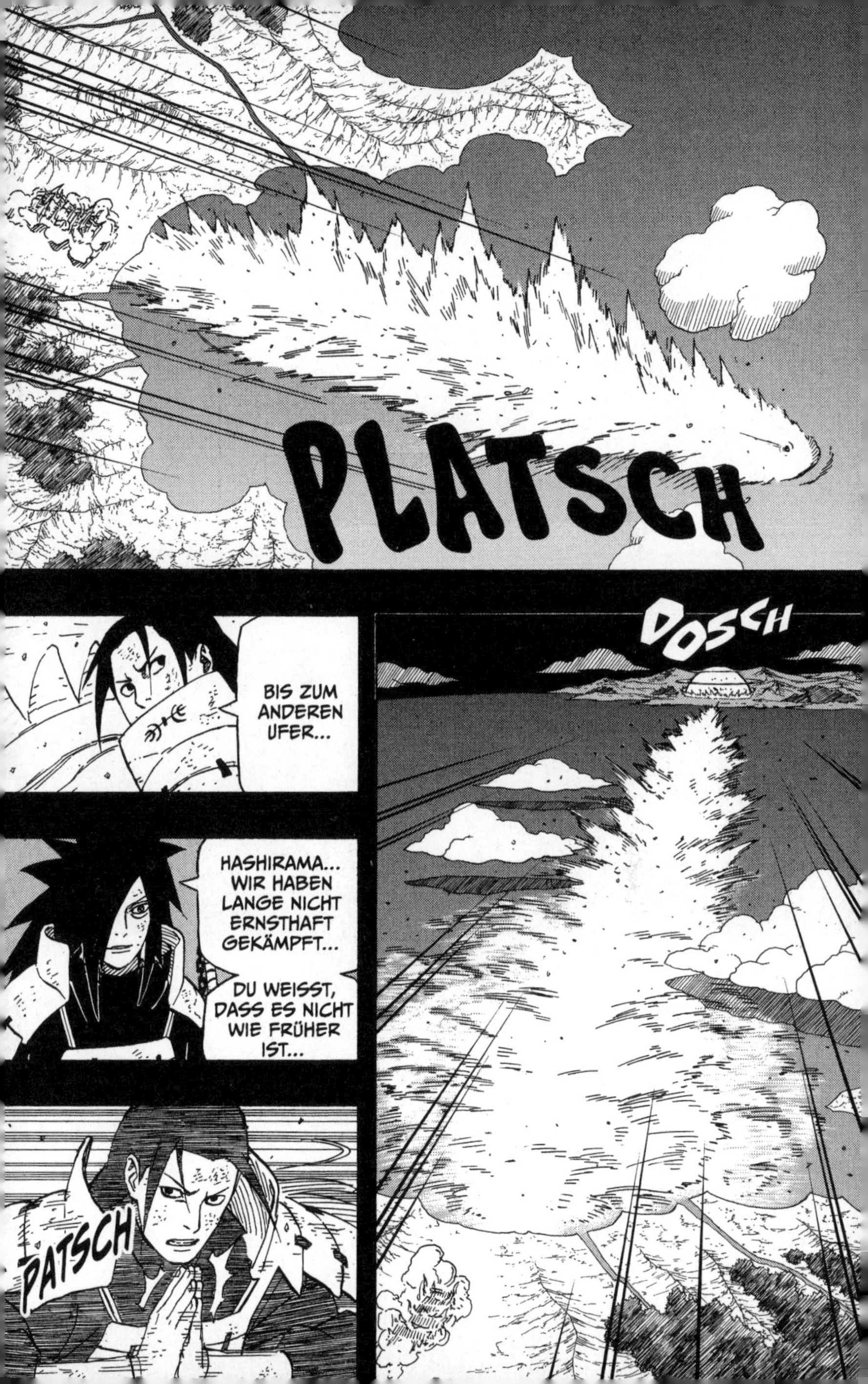
PLATSCH
DOSCH
BIS ZUM ANDEREN UFER...
HASHIRAMA... WIR HABEN LANGE NICHT ERNSTHAFT GEKÄMPFT...
DU WEISST, DASS ES NICHT WIE FRÜHER IST...
PATSCH

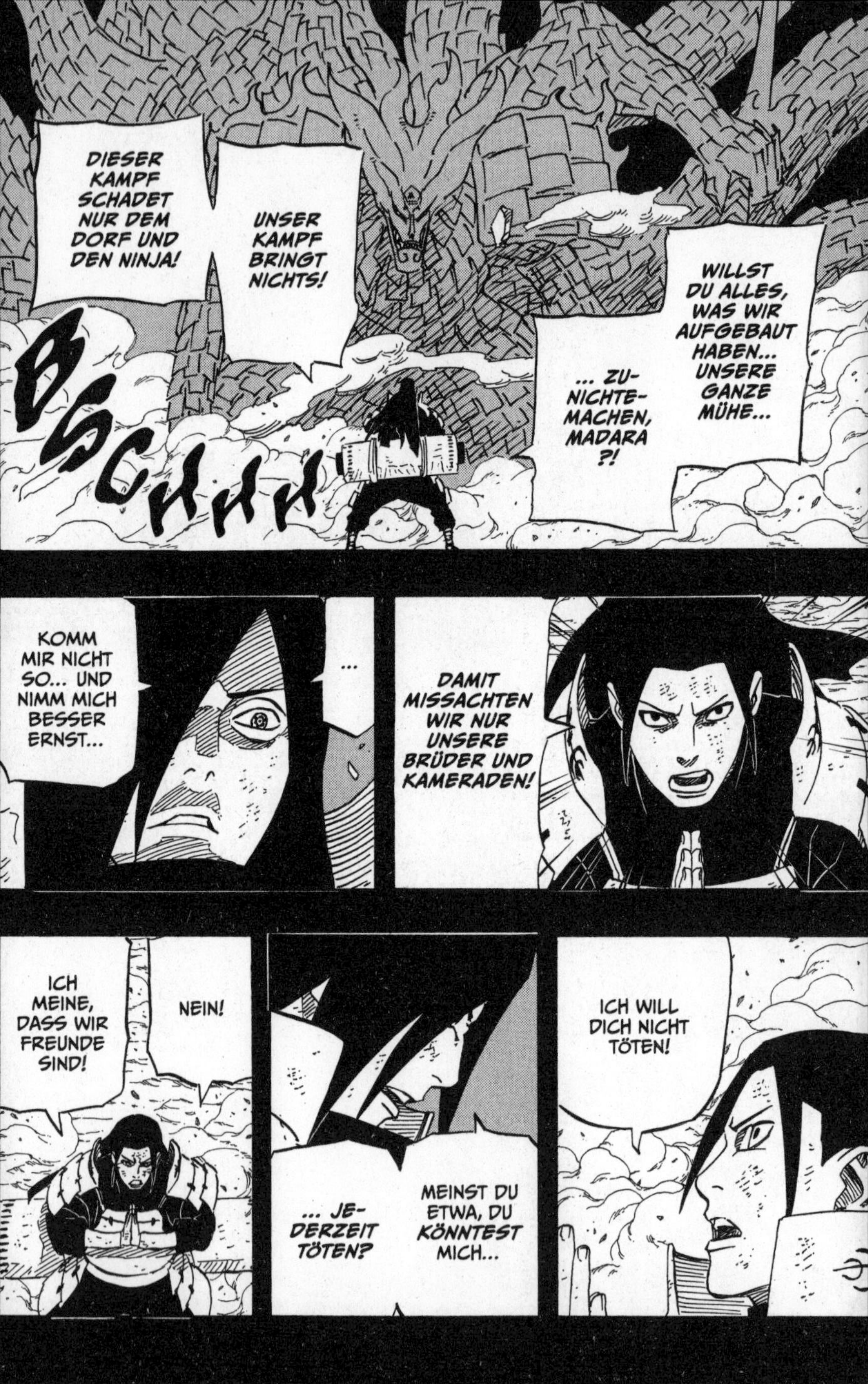
WILLST DU ALLES, WAS WIR AUFGEBAUT HABEN... UNSERE GANZE MÜHE...
... ZU-NICHTE-MACHEN, MADARA ?!
UNSER KAMPF BRINGT NICHTS!
DIESER KAMPF SCHADET NUR DEM DORF UND DEN NINJA!
BSCHHHH
DAMIT MISSACHTEN WIR NUR UNSERE BRÜDER UND KAMERADEN!
...
KOMM MIR NICHT SO... UND NIMM MICH BESSER ERNST...
ICH WILL DICH NICHT TÖTEN!
MEINST DU ETWA, DU KÖNNTEST MICH...
... JE-DERZEIT TÖTEN?
NEIN!
ICH MEINE, DASS WIR FREUNDE SIND!

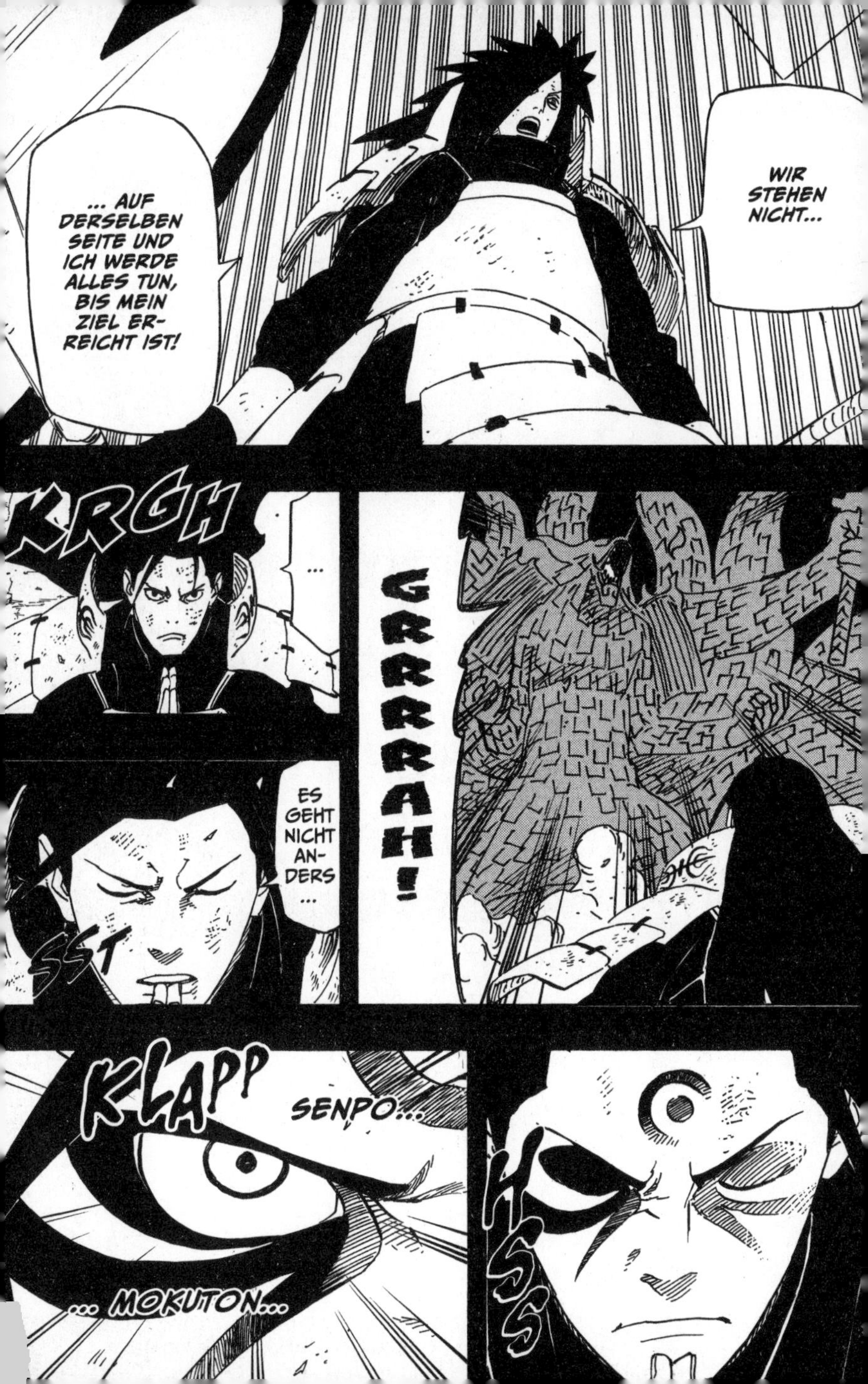
WIR STEHEN NICHT...
... AUF DERSELBEN SEITE UND ICH WERDE ALLES TUN, BIS MEIN ZIEL ER-REICHT IST!
GRRRRAH!
KRGH
...
ES GEHT NICHT AN-DERS ...
SST
HSSS
KLAPP
SENPO...
... MOKUTON...

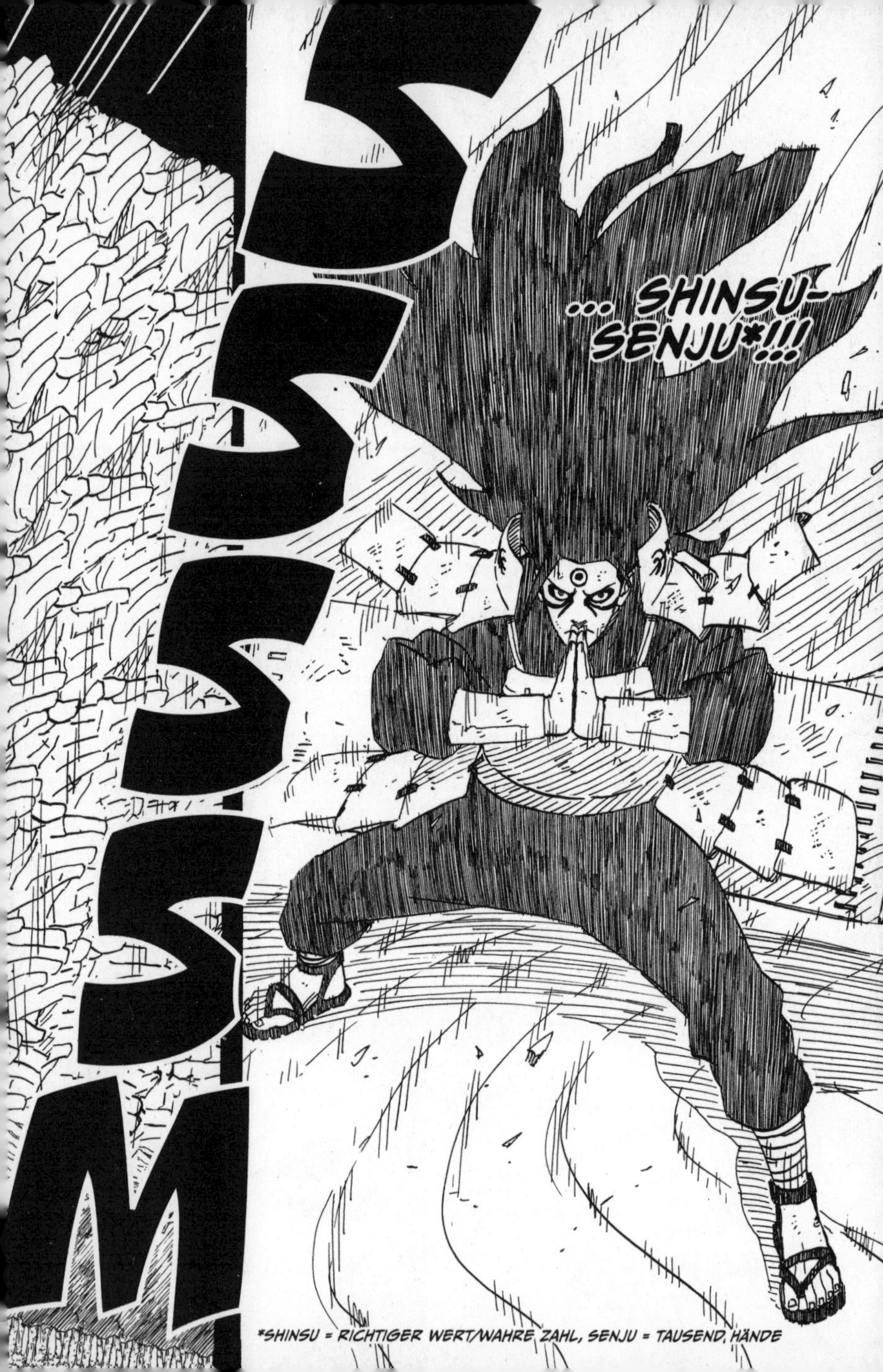

*SHINSU = RICHTIGER WERT/WAHRE ZAHL, SENJU = TAUSEND HÄNDE

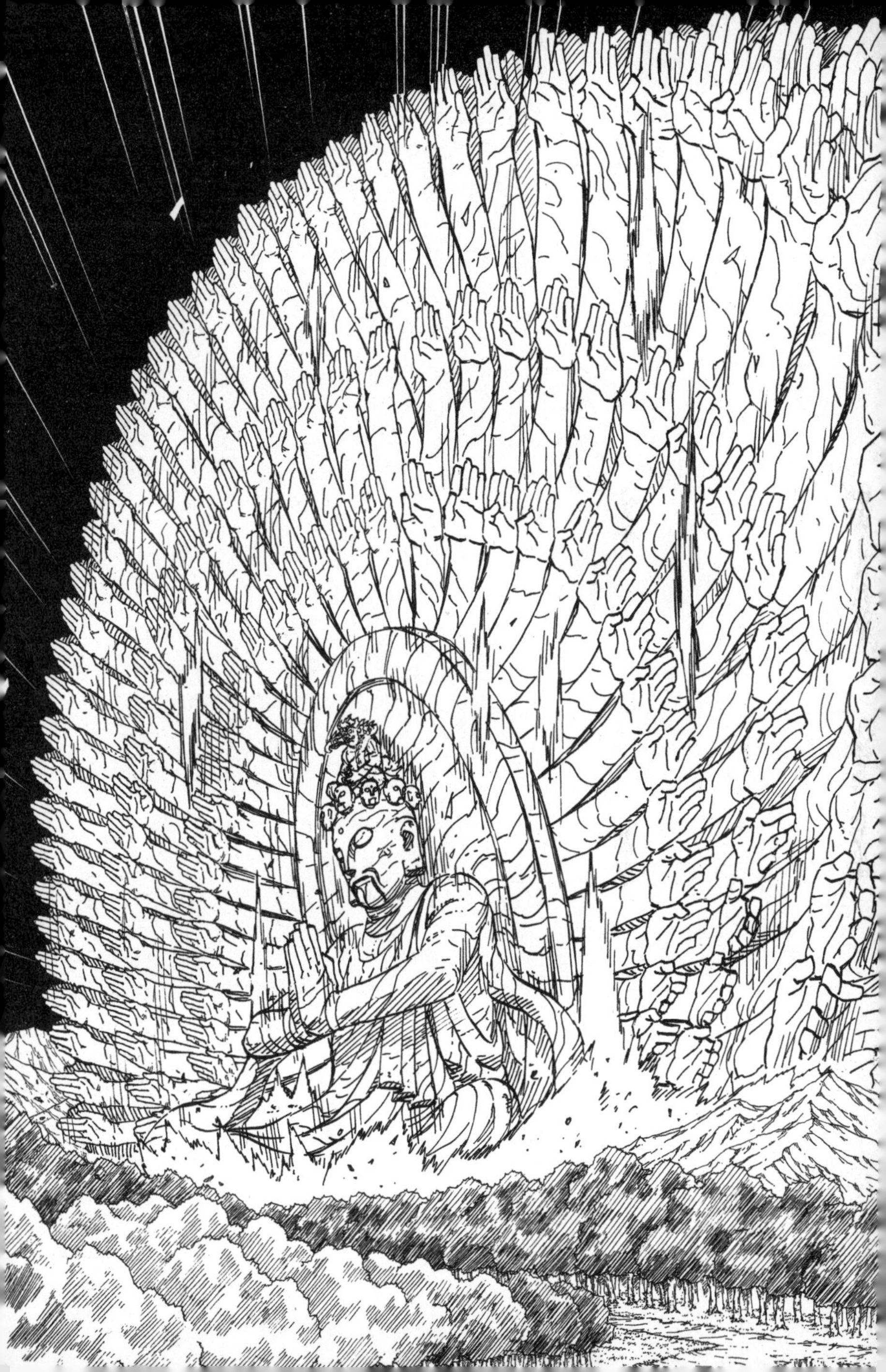

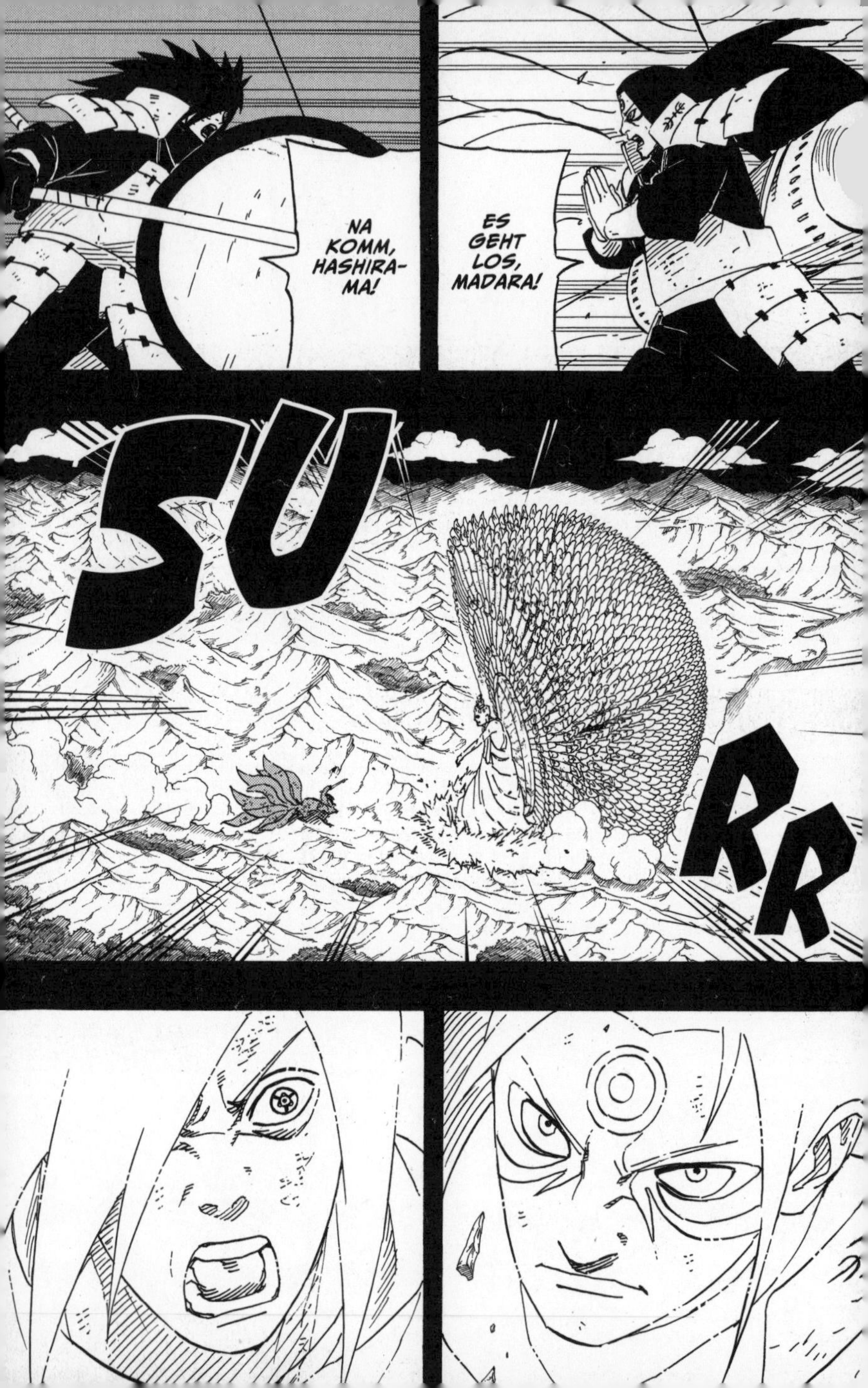
ES GEHT LOS, MADARA!
NA KOMM, HASHIRAMA!
SU
RR

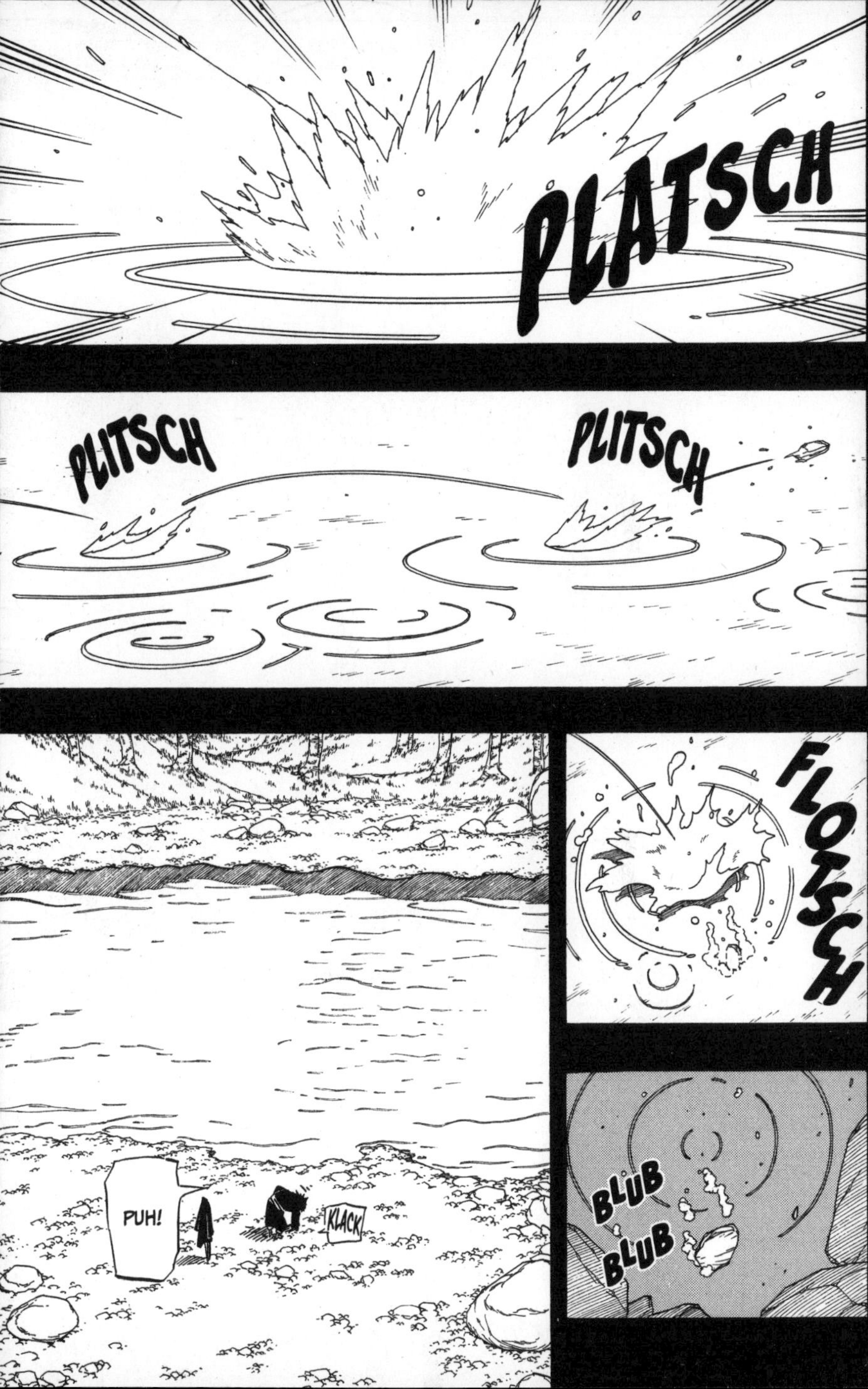
PLATSCH
PLITSCH
PLITSCH
FLOTSCH
BLUB
BLUB
PUH!
KLACK

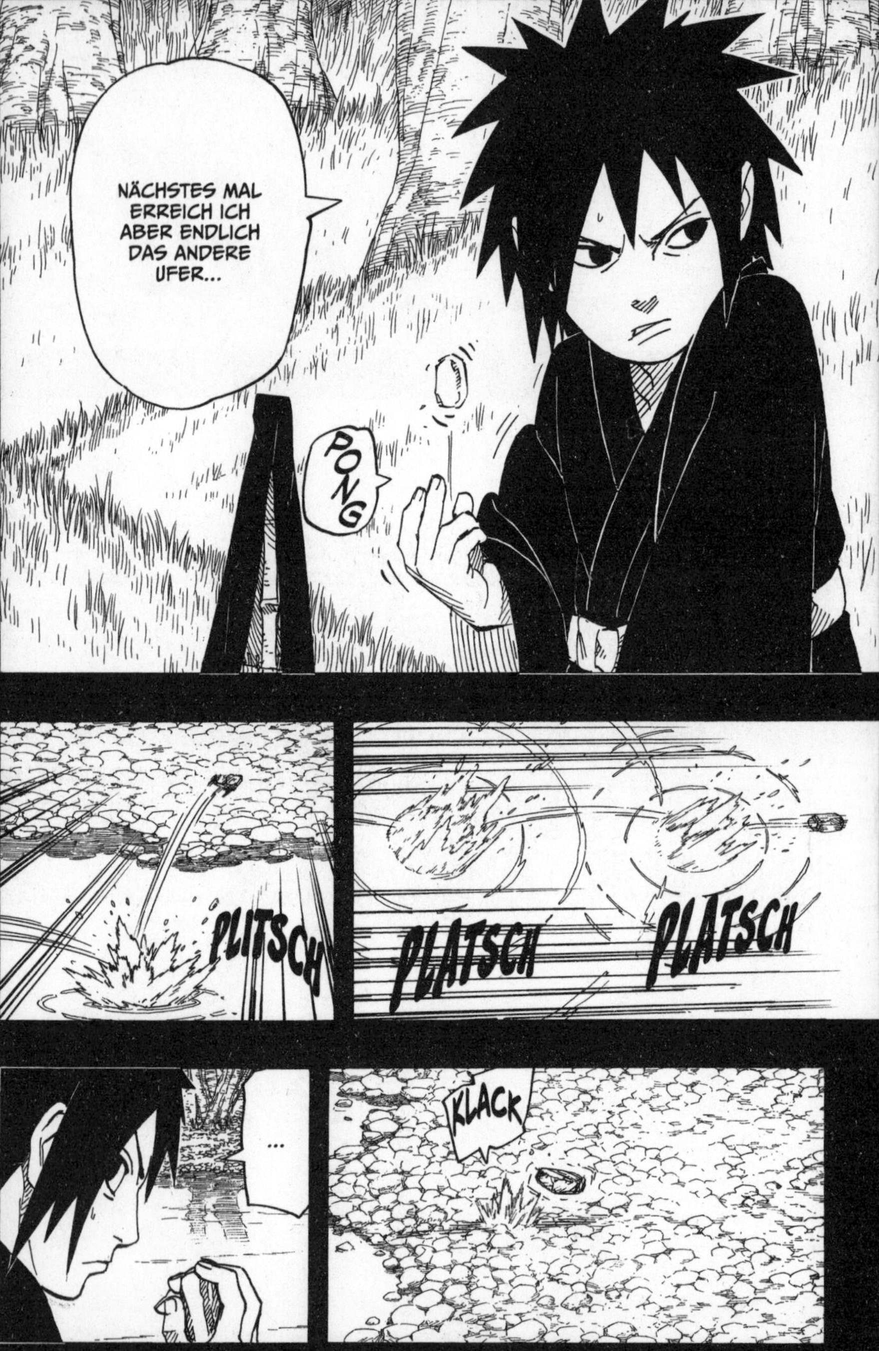
NÄCHSTES MAL ERREICH ICH ABER ENDLICH DAS ANDERE UFER...
PONG
PLATSCH
PLATSCH
PLITSCH
KLACK
...

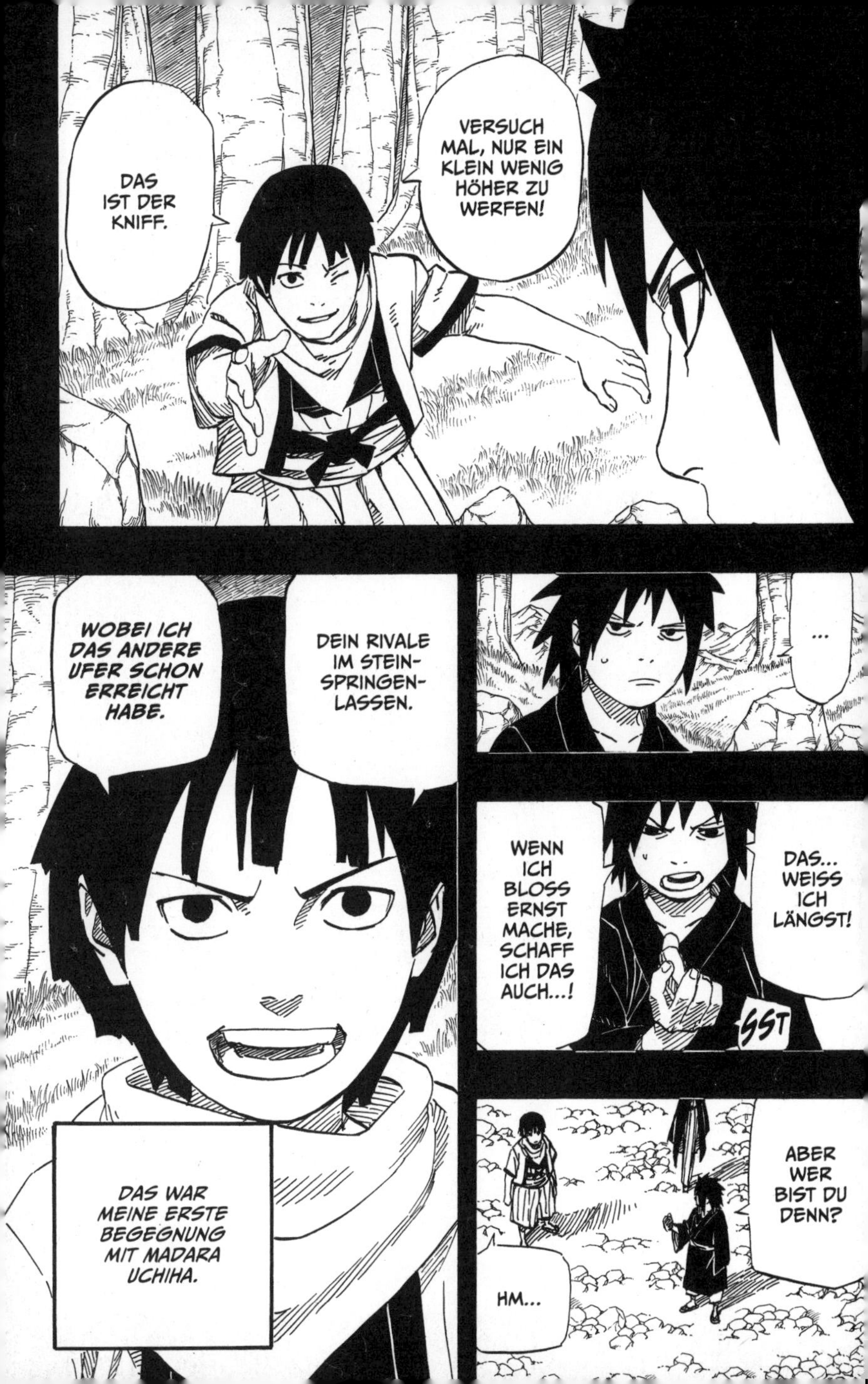
VERSUCH MAL, NUR EIN KLEIN WENIG HÖHER ZU WERFEN!
DAS IST DER KNIFF.
...
DAS... WEISS ICH LÄNGST!
WENN ICH BLOSS ERNST MACHE, SCHAFF ICH DAS AUCH...!
SST
ABER WER BIST DU DENN?
HM...
DEIN RIVALE IM STEIN-SPRINGEN-LASSEN.
WOBEI ICH DAS ANDERE UFER SCHON ERREICHT HABE.
DAS WAR MEINE ERSTE BEGEGNUNG MIT MADARA UCHIHA.

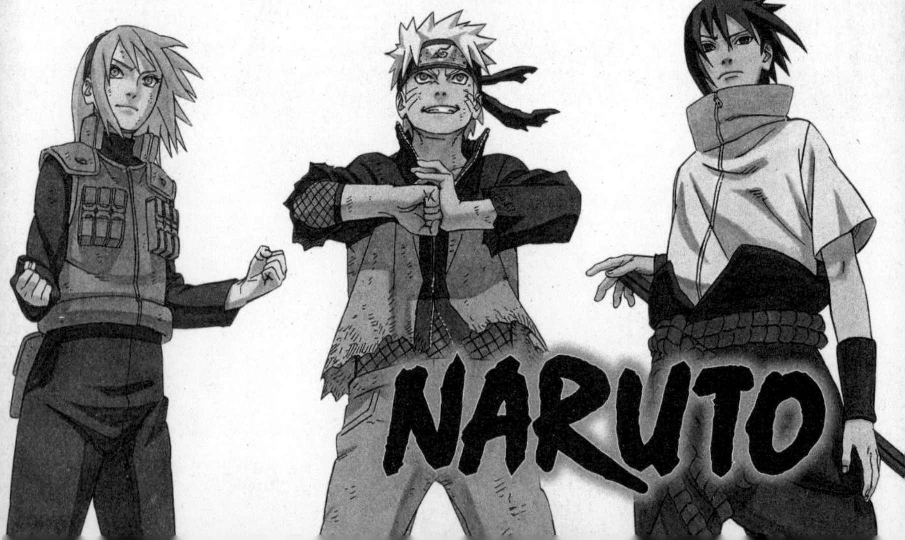
NARUTO

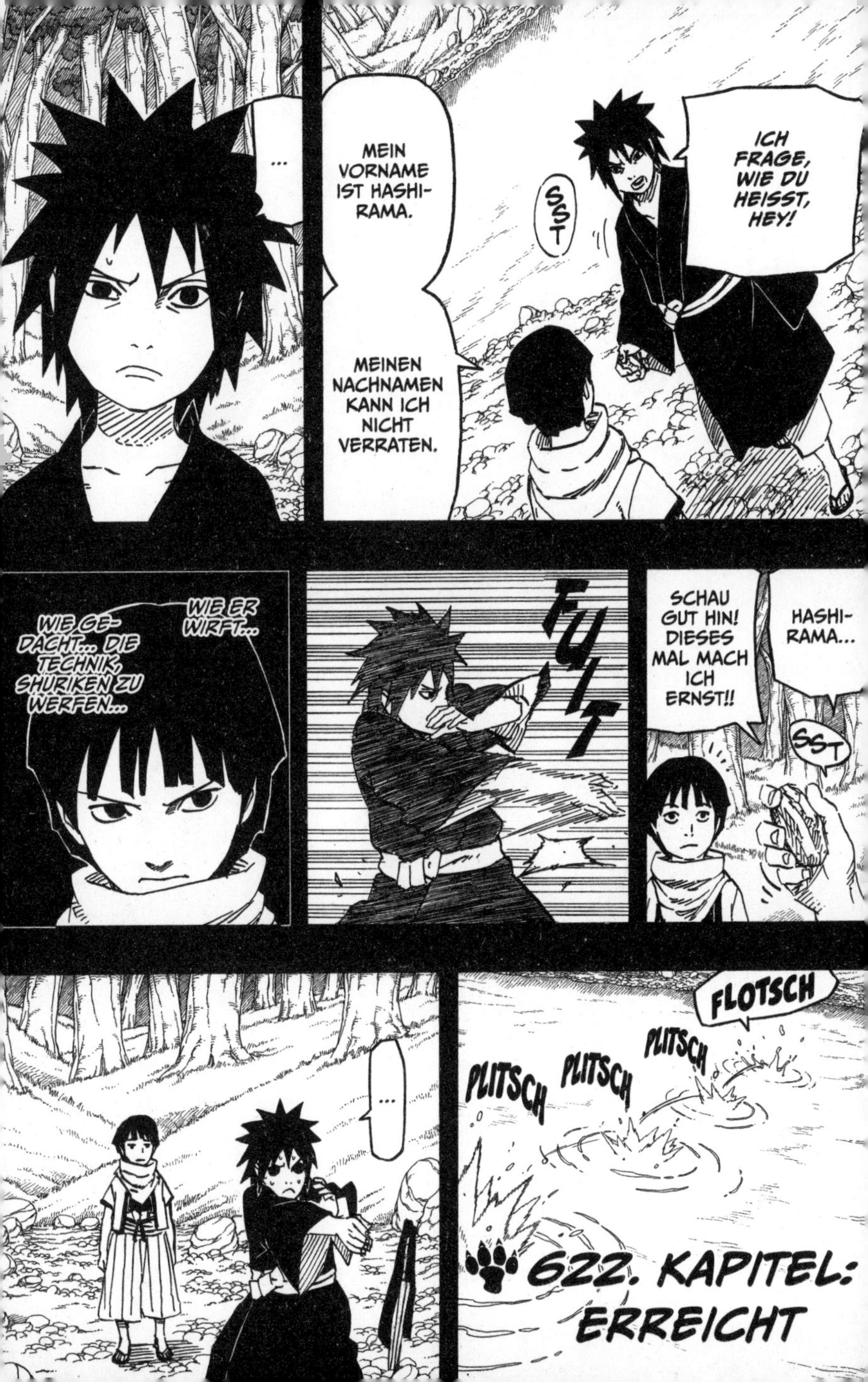
ICH FRAGE, WIE DU HEISST, HEY!
SST
MEIN VORNAME IST HASHI-RAMA.
MEINEN NACHNAMEN KANN ICH NICHT VERRATEN.
...
HASHI-RAMA...
SCHAU GUT HIN! DIESES MAL MACH ICH ERNST!!
SST
WIE ER WIRFT...
WIE GE-DACHT... DIE TECHNIK, SHURIKEN ZU WERFEN...
FLOTSCH
PLITSCH
PLITSCH
PLITSCH
...
622. KAPITEL: ERREICHT

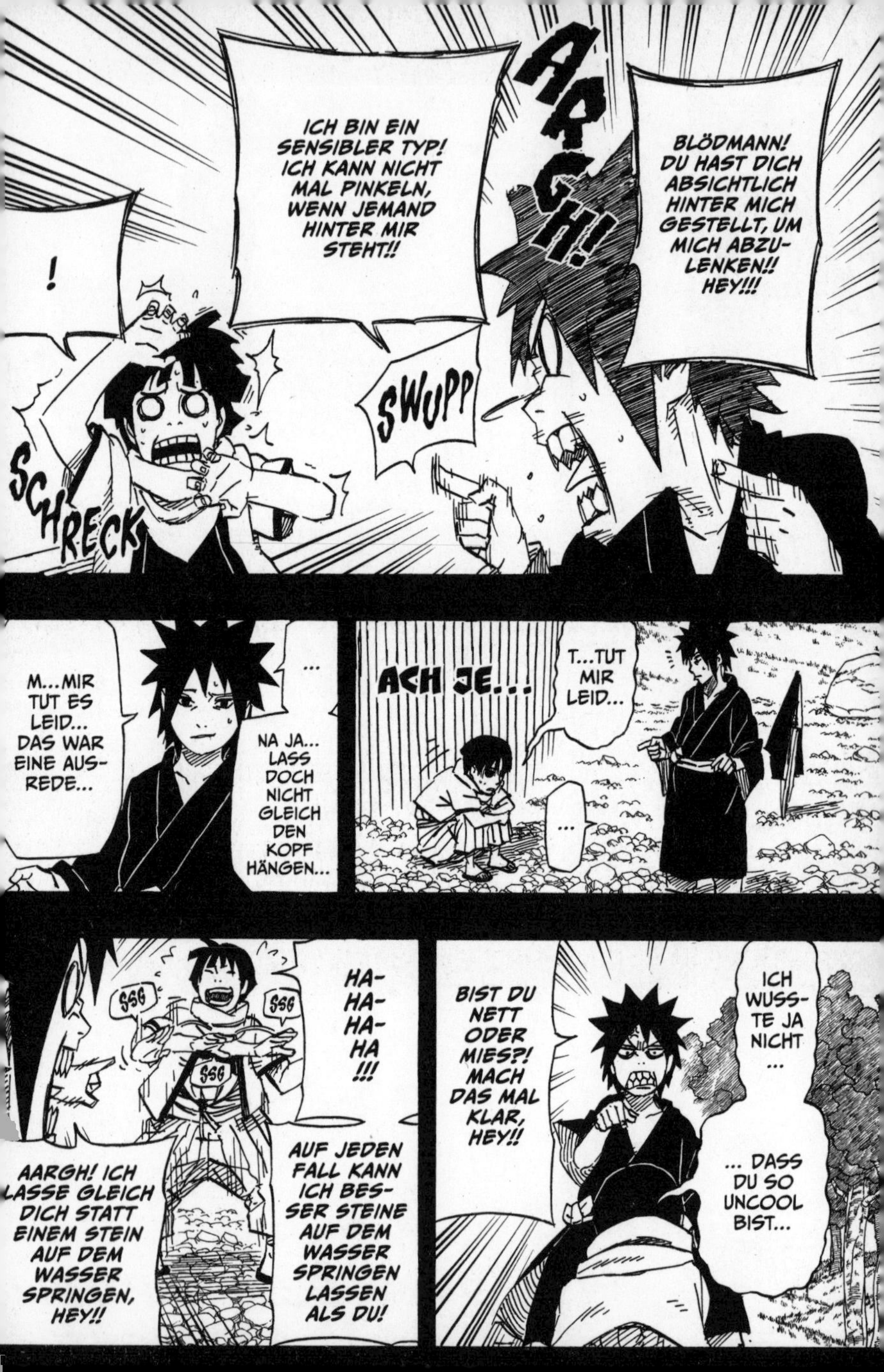
ARGH!
BLÖDMANN! DU HAST DICH ABSICHTLICH HINTER MICH GESTELLT, UM MICH ABZULENKEN!! HEY!!!
SWUPP
ICH BIN EIN SENSIBLER TYP! ICH KANN NICHT MAL PINKELN, WENN JEMAND HINTER MIR STEHT!!
!
SCHRECK
T...TUT MIR LEID...
...
ACH JE...
...
NA JA... LASS DOCH NICHT GLEICH DEN KOPF HÄNGEN...
M...MIR TUT ES LEID... DAS WAR EINE AUSREDE...
ICH WUSSTE JA NICHT...
BIST DU NETT ODER MIES?! MACH DAS MAL KLAR, HEY!!
... DASS DU SO UNCOOL BIST...
HAHAHAHA!!!
SSG
SSG
SSG
AUF JEDEN FALL KANN ICH BESSER STEINE AUF DEM WASSER SPRINGEN LASSEN ALS DU!
AARGH! ICH LASSE GLEICH DICH STATT EINEM STEIN AUF DEM WASSER SPRINGEN, HEY!!

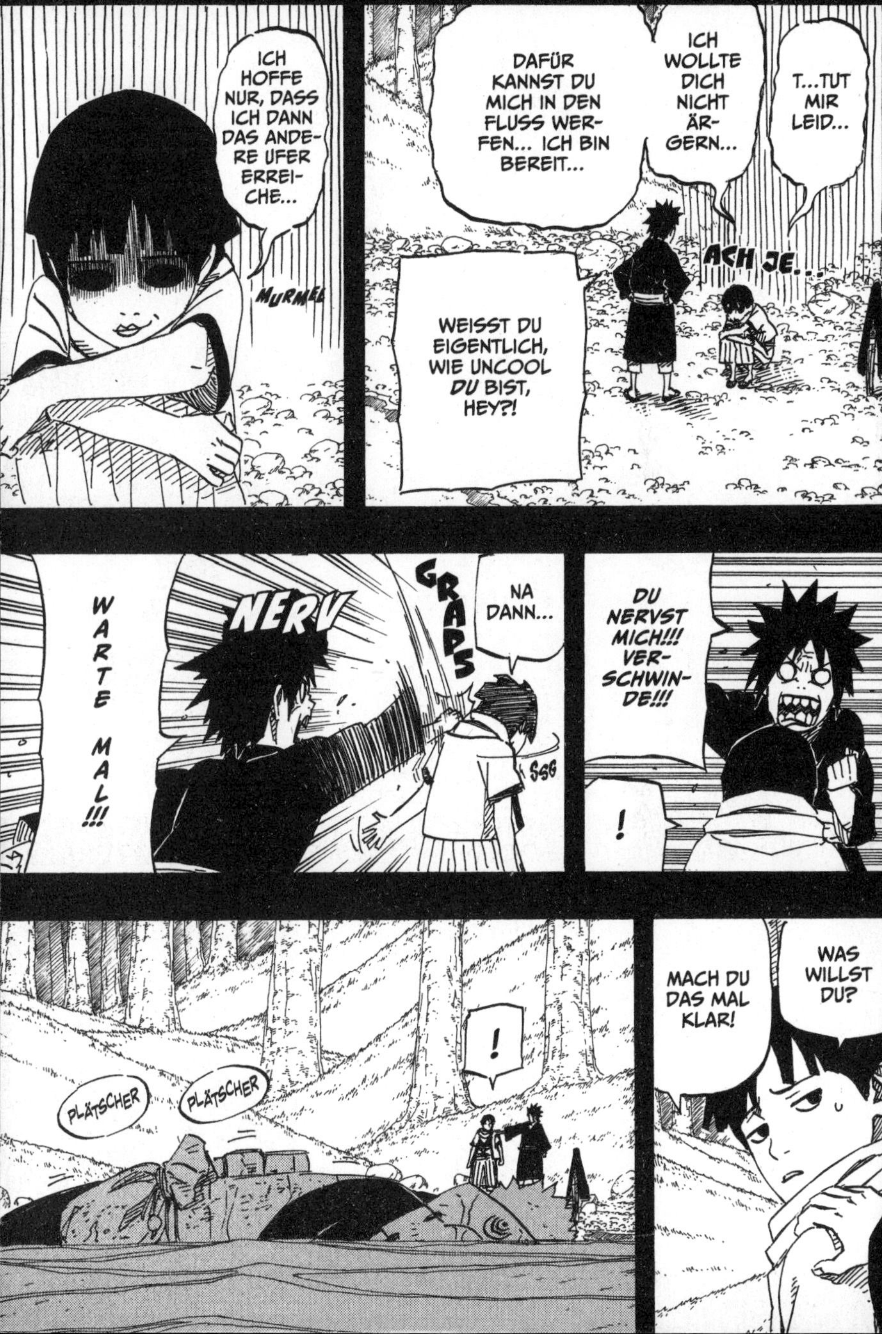
T...TUT MIR LEID...
ICH WOLLTE DICH NICHT ÄRGERN...
DAFÜR KANNST DU MICH IN DEN FLUSS WERFEN... ICH BIN BEREIT...
ACH JE...
WEISST DU EIGENTLICH, WIE UNCOOL DU BIST, HEY?!
ICH HOFFE NUR, DASS ICH DANN DAS ANDERE UFER ERREICHE...
MURMEL
DU NERVST MICH!!! VERSCHWINDE!!!
!
NA DANN...
GRAPS
SSG
NERV
WARTE MAL!!!
WAS WILLST DU?
MACH DU DAS MAL KLAR!
!
PLÄTSCHER
PLÄTSCHER

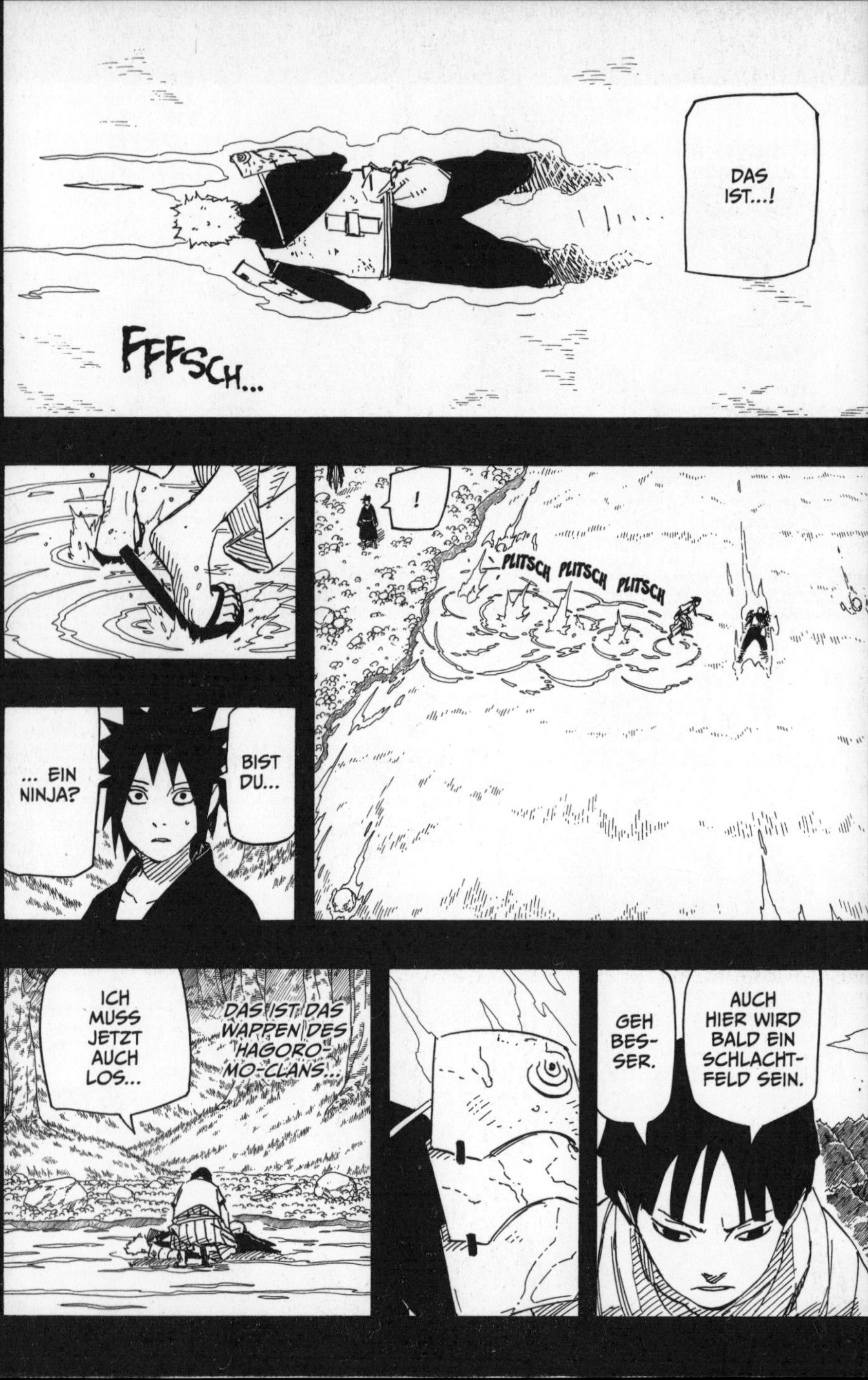
DAS IST...!
FFFSCH...
!
PLITSCH PLITSCH PLITSCH
BIST DU...
... EIN NINJA?
AUCH HIER WIRD BALD EIN SCHLACHTFELD SEIN.
GEH BESSER.
DAS IST DAS WAPPEN DES HAGOROMO-CLANS...
ICH MUSS JETZT AUCH LOS...

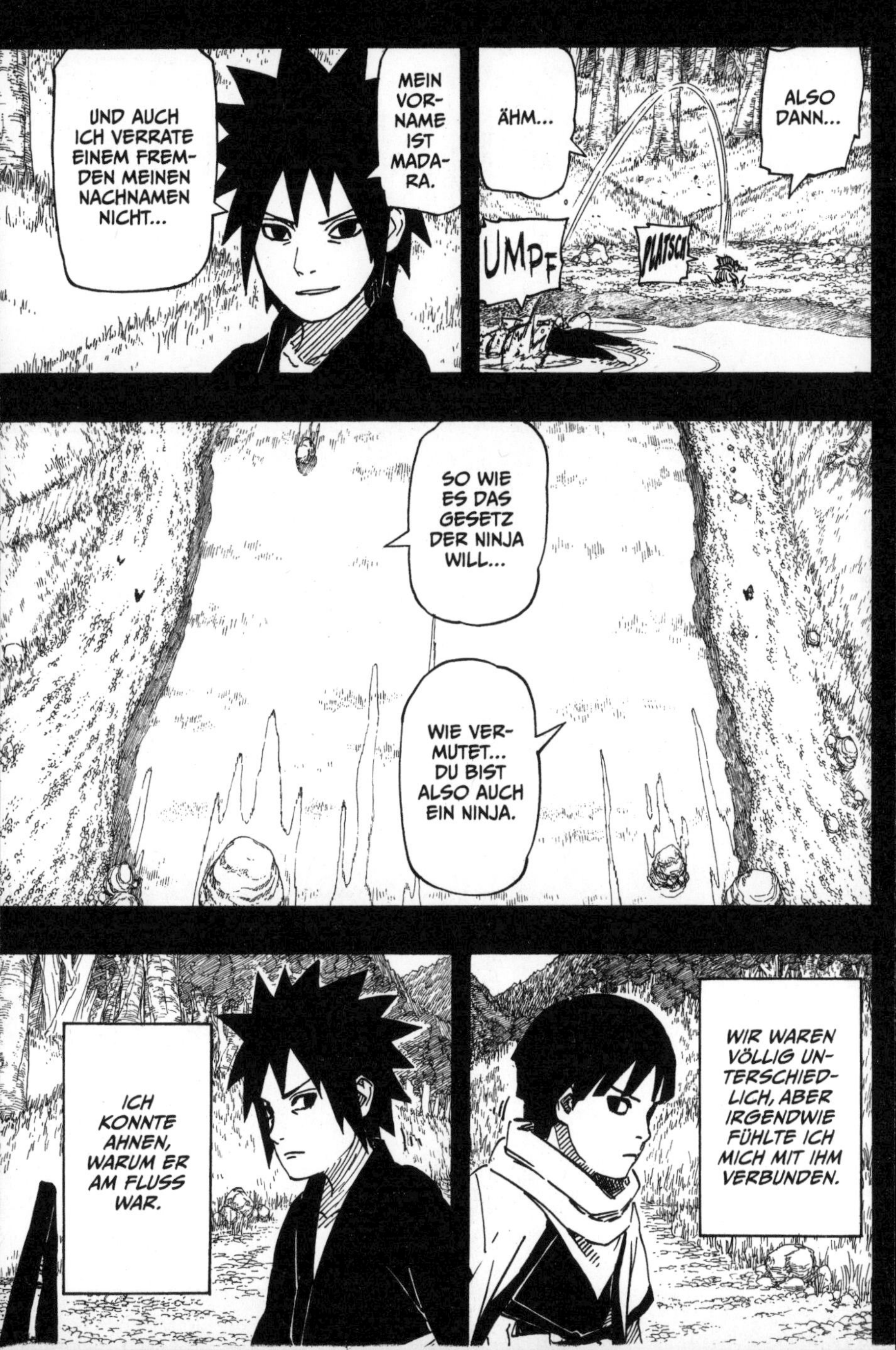
ALSO DANN...
ÄHM...
UMPF
MEIN VOR-NAME IST MADA-RA.
UND AUCH ICH VERRATE EINEM FREM-DEN MEINEN NACHNAMEN NICHT...
SO WIE ES DAS GESETZ DER NINJA WILL...
WIE VER-MUTET... DU BIST ALSO AUCH EIN NINJA.
WIR WAREN VÖLLIG UN-TERSCHIED-LICH, ABER IRGENDWIE FÜHLTE ICH MICH MIT IHM VERBUNDEN.
ICH KONNTE AHNEN, WARUM ER AM FLUSS WAR.

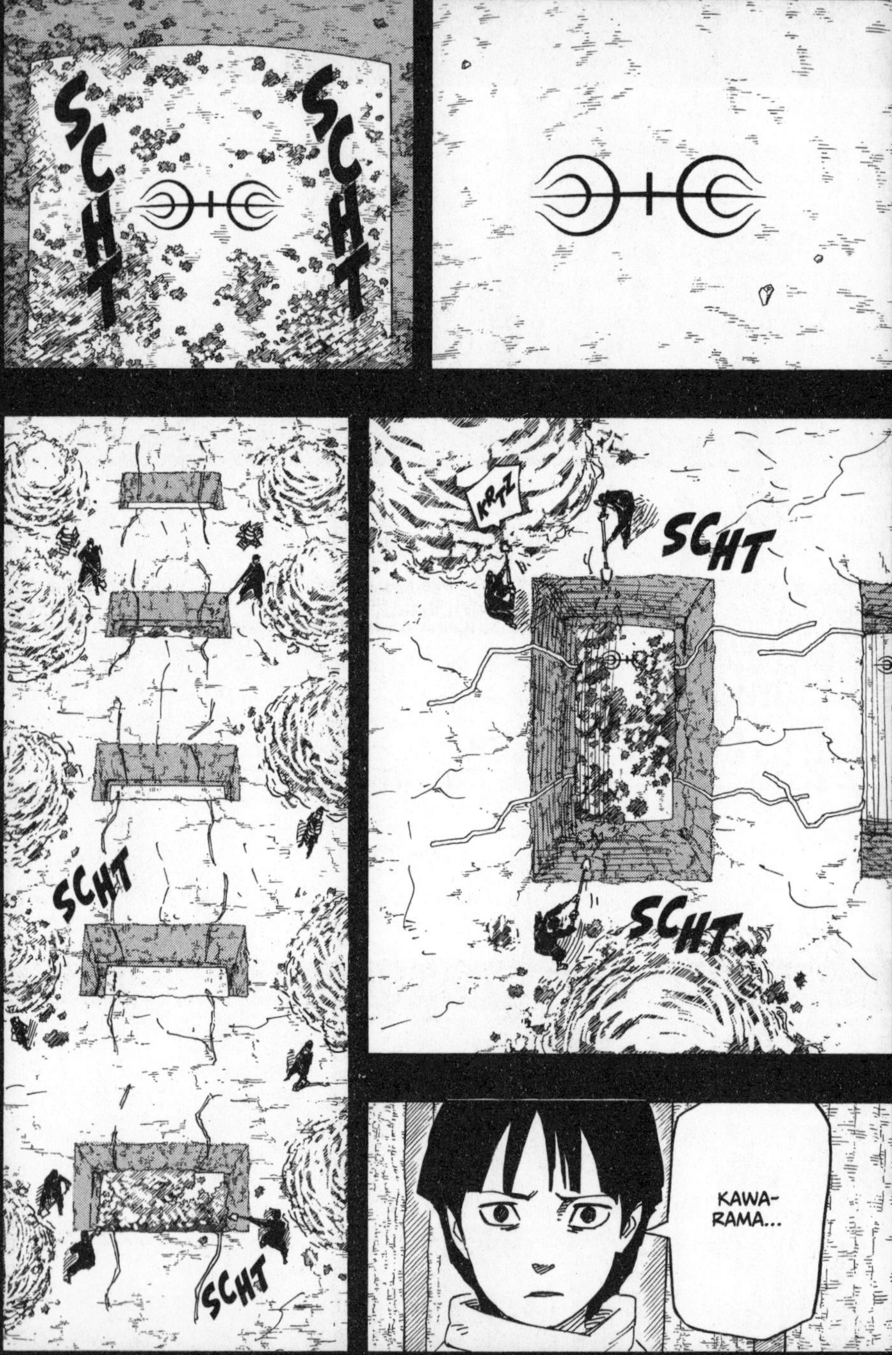

SCHT
SCHT
KRTZZ
SCHT
SCHT
SCHT
SCHT
KAWA-
RAMA...

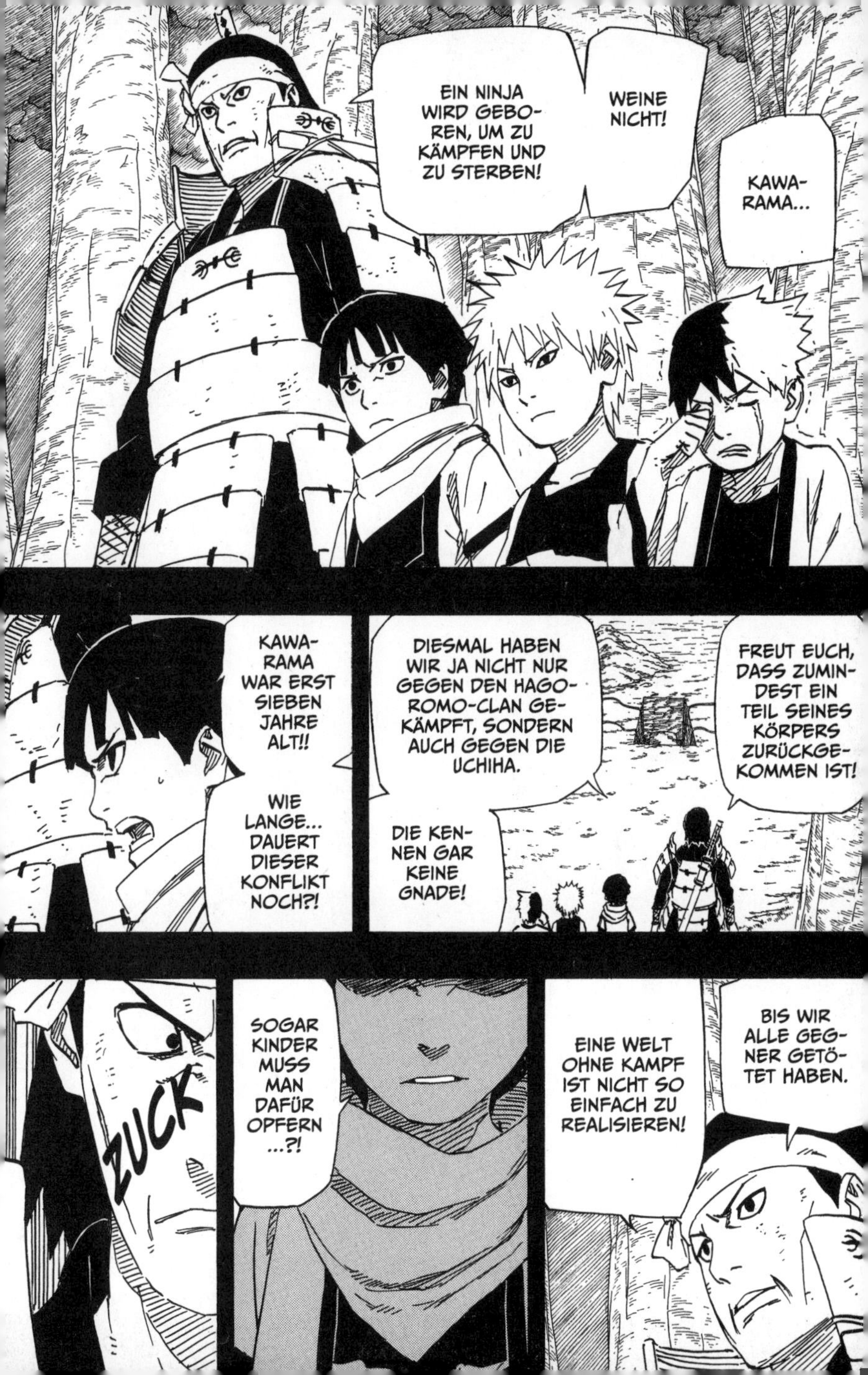
KAWA-RAMA...
WEINE NICHT!
EIN NINJA WIRD GEBOREN, UM ZU KÄMPFEN UND ZU STERBEN!
FREUT EUCH, DASS ZUMINDEST EIN TEIL SEINES KÖRPERS ZURÜCKGEKOMMEN IST!
DIESMAL HABEN WIR JA NICHT NUR GEGEN DEN HAGOROMO-CLAN GEKÄMPFT, SONDERN AUCH GEGEN DIE UCHIHA.
DIE KENNEN GAR KEINE GNADE!
KAWARAMA WAR ERST SIEBEN JAHRE ALT!!
WIE LANGE... DAUERT DIESER KONFLIKT NOCH?!
BIS WIR ALLE GEGNER GETÖTET HABEN.
EINE WELT OHNE KAMPF IST NICHT SO EINFACH ZU REALISIEREN!
SOGAR KINDER MUSS MAN DAFÜR OPFERN ...?!
ZUCK

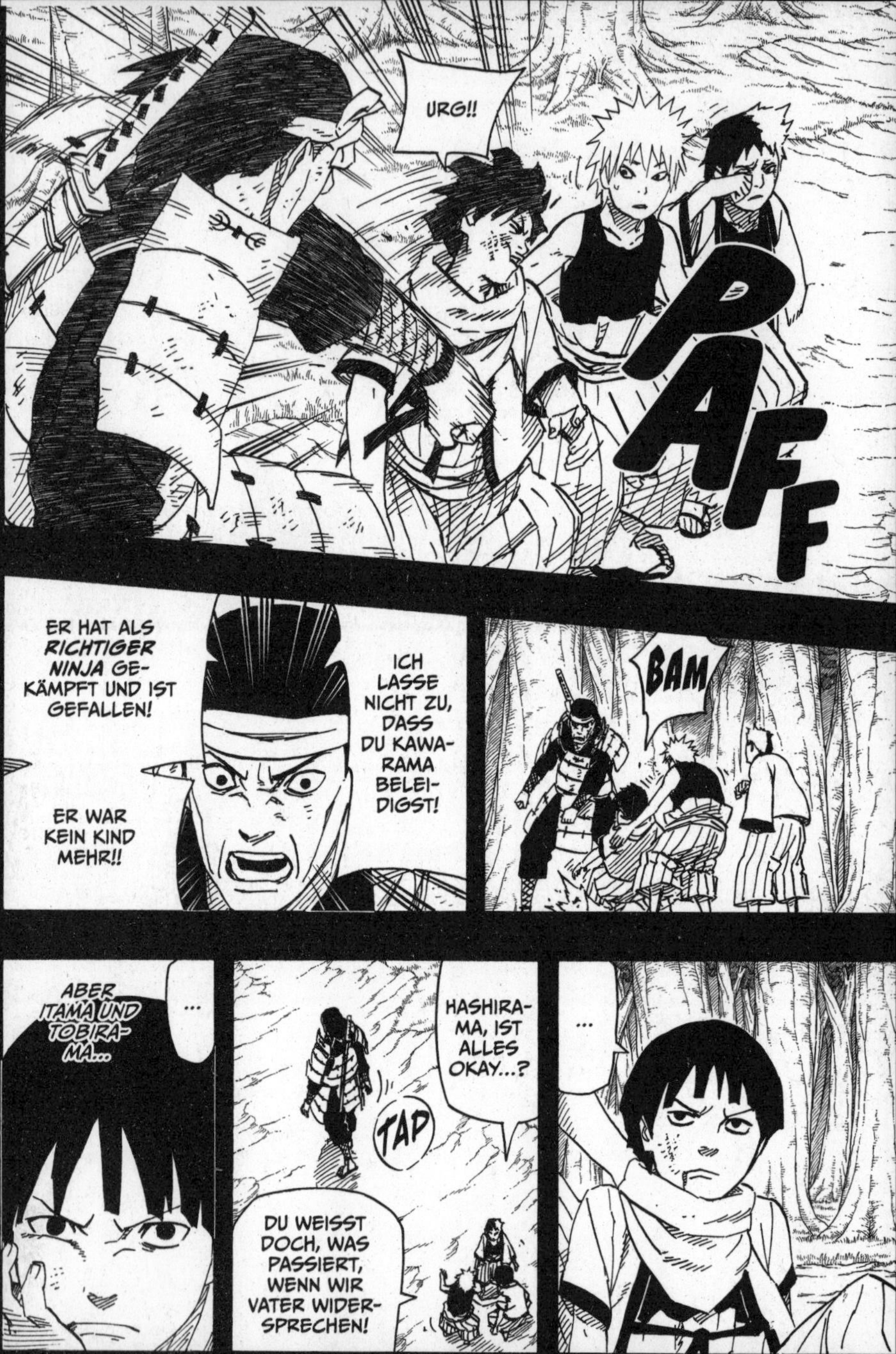
URG!!
PAFF
ICH LASSE NICHT ZU, DASS DU KAWARAMA BELEIDIGST!
ER HAT ALS RICHTIGER NINJA GEKÄMPFT UND IST GEFALLEN!
ER WAR KEIN KIND MEHR!!
BAM
...
HASHIRAMA, IST ALLES OKAY...?
TAP
DU WEISST DOCH, WAS PASSIERT, WENN WIR VATER WIDERSPRECHEN!
...
ABER ITAMA UND TOBIRAMA...

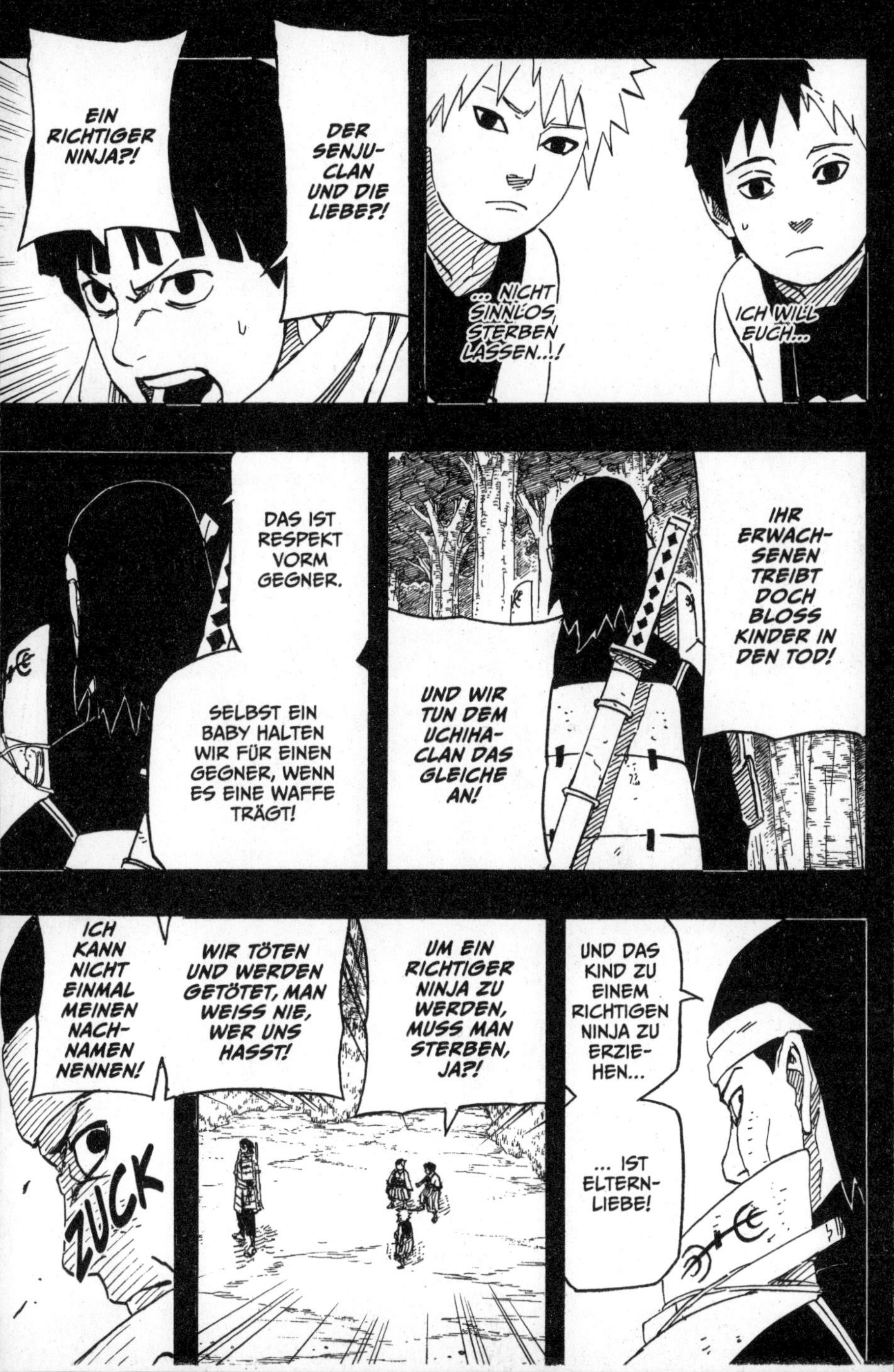
ICH WILL EUCH...
... NICHT SINNLOS STERBEN LASSEN..!
DER SENJU-CLAN UND DIE LIEBE?!
EIN RICHTIGER NINJA?!
IHR ERWACHSENEN TREIBT DOCH BLOSS KINDER IN DEN TOD!
UND WIR TUN DEM UCHIHA-CLAN DAS GLEICHE AN!
DAS IST RESPEKT VORM GEGNER.
SELBST EIN BABY HALTEN WIR FÜR EINEN GEGNER, WENN ES EINE WAFFE TRÄGT!
UND DAS KIND ZU EINEM RICHTIGEN NINJA ZU ERZIEHEN...
... IST ELTERNLIEBE!
UM EIN RICHTIGER NINJA ZU WERDEN, MUSS MAN STERBEN, JA?!
WIR TÖTEN UND WERDEN GETÖTET, MAN WEISS NIE, WER UNS HASST!
ICH KANN NICHT EINMAL MEINEN NACHNAMEN NENNEN!
ZUCK

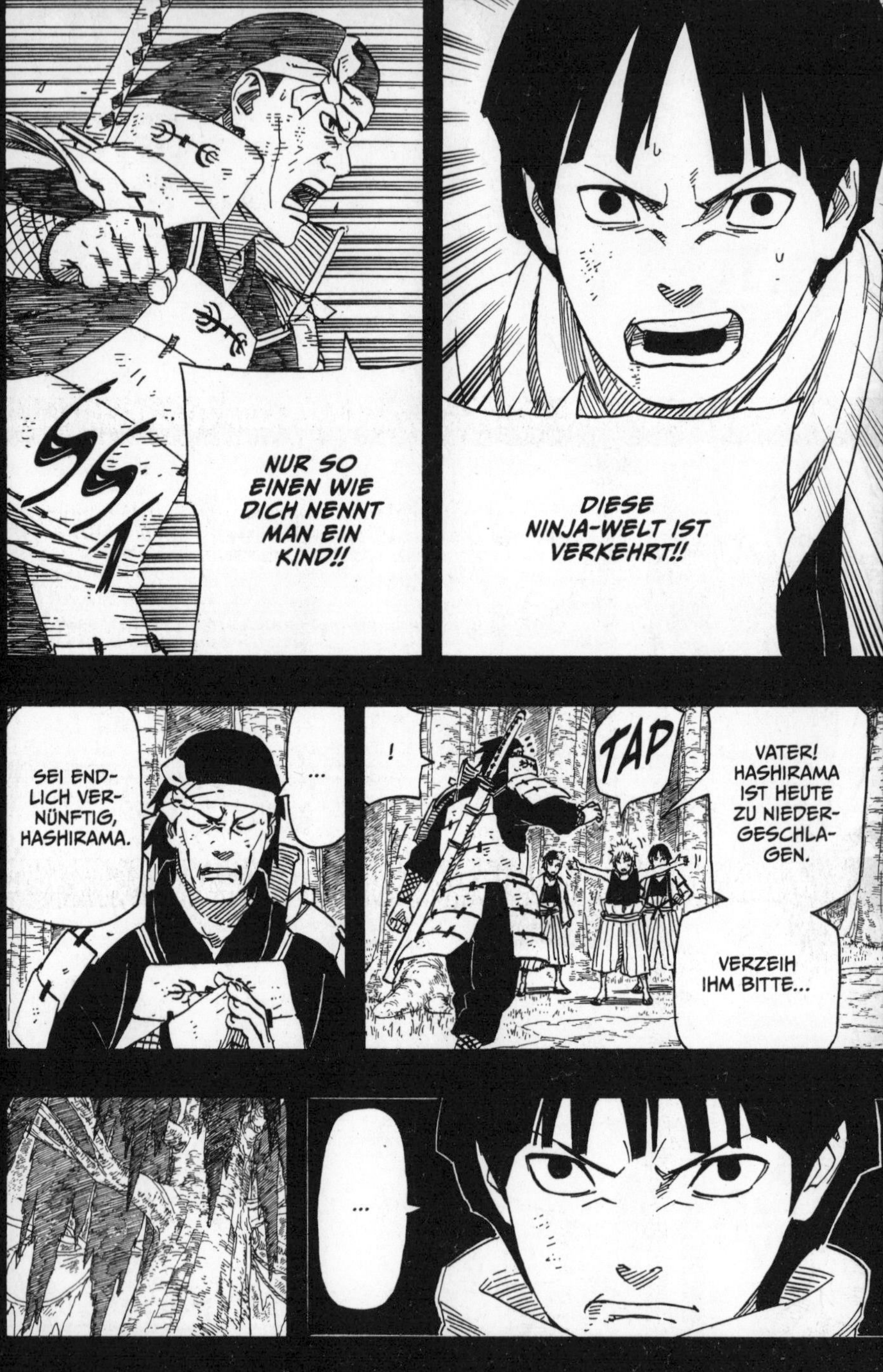
DIESE NINJA-WELT IST VERKEHRT!!
NUR SO EINEN WIE DICH NENNT MAN EIN KIND!!
VATER! HASHIRAMA IST HEUTE ZU NIEDER-GESCHLA-GEN.
VERZEIH IHM BITTE...
TAP
!
...
SEI END-LICH VER-NÜNFTIG, HASHIRAMA.
...

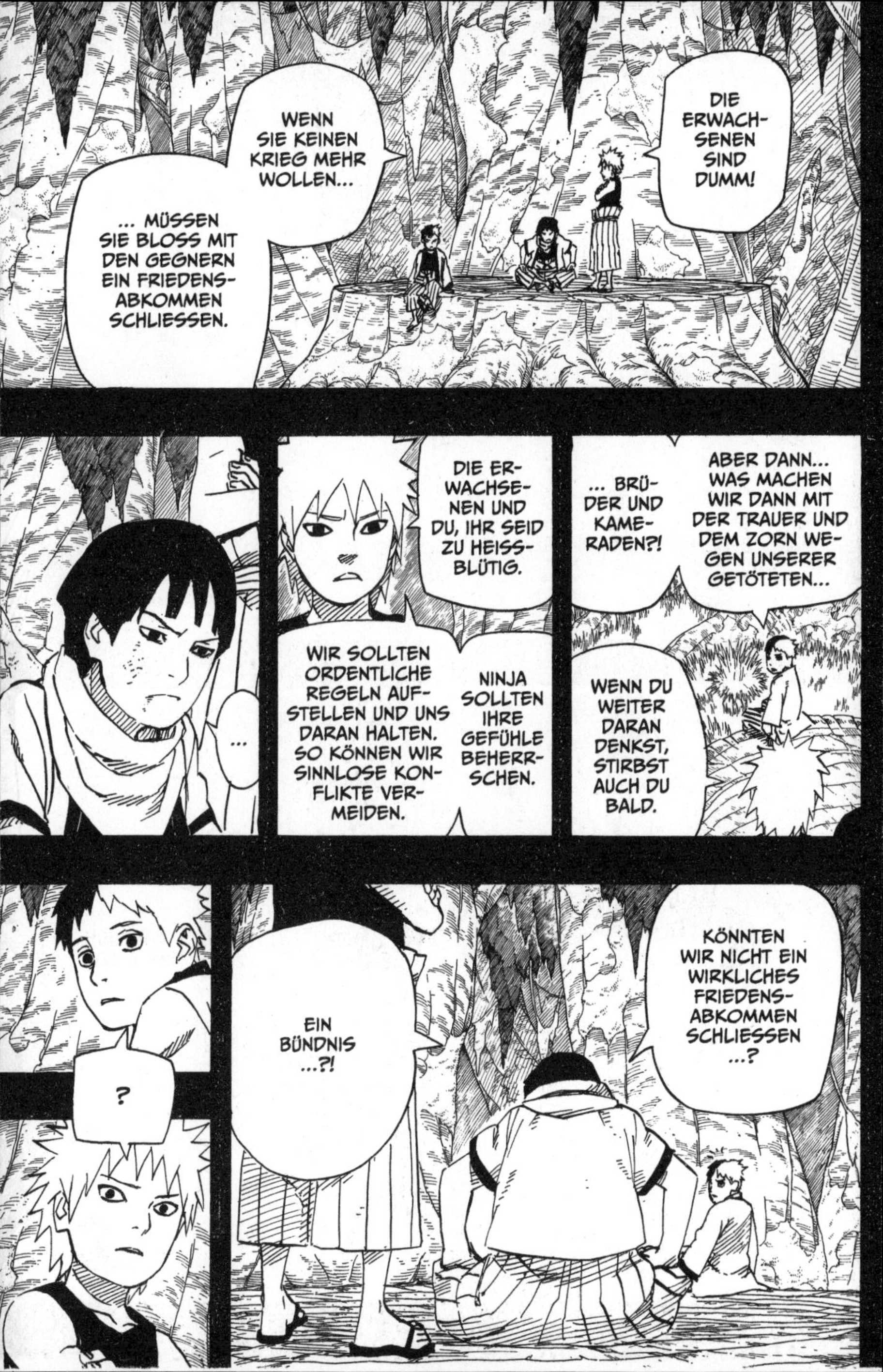
DIE ERWACHSENEN SIND DUMM!
WENN SIE KEINEN KRIEG MEHR WOLLEN...
... MÜSSEN SIE BLOSS MIT DEN GEGNERN EIN FRIEDENSABKOMMEN SCHLIESSEN.
ABER DANN... WAS MACHEN WIR DANN MIT DER TRAUER UND DEM ZORN WEGEN UNSERER GETÖTETEN...
... BRÜDER UND KAMERADEN?!
WENN DU WEITER DARAN DENKST, STIRBST AUCH DU BALD.
DIE ERWACHSENEN UND DU, IHR SEID ZU HEISSBLÜTIG.
NINJA SOLLTEN IHRE GEFÜHLE BEHERRSCHEN.
WIR SOLLTEN ORDENTLICHE REGELN AUFSTELLEN UND UNS DARAN HALTEN. SO KÖNNEN WIR SINNLOSE KONFLIKTE VERMEIDEN.
...
KÖNNTEN WIR NICHT EIN WIRKLICHES FRIEDENSABKOMMEN SCHLIESSEN ...?
EIN BÜNDNIS ...?!
?

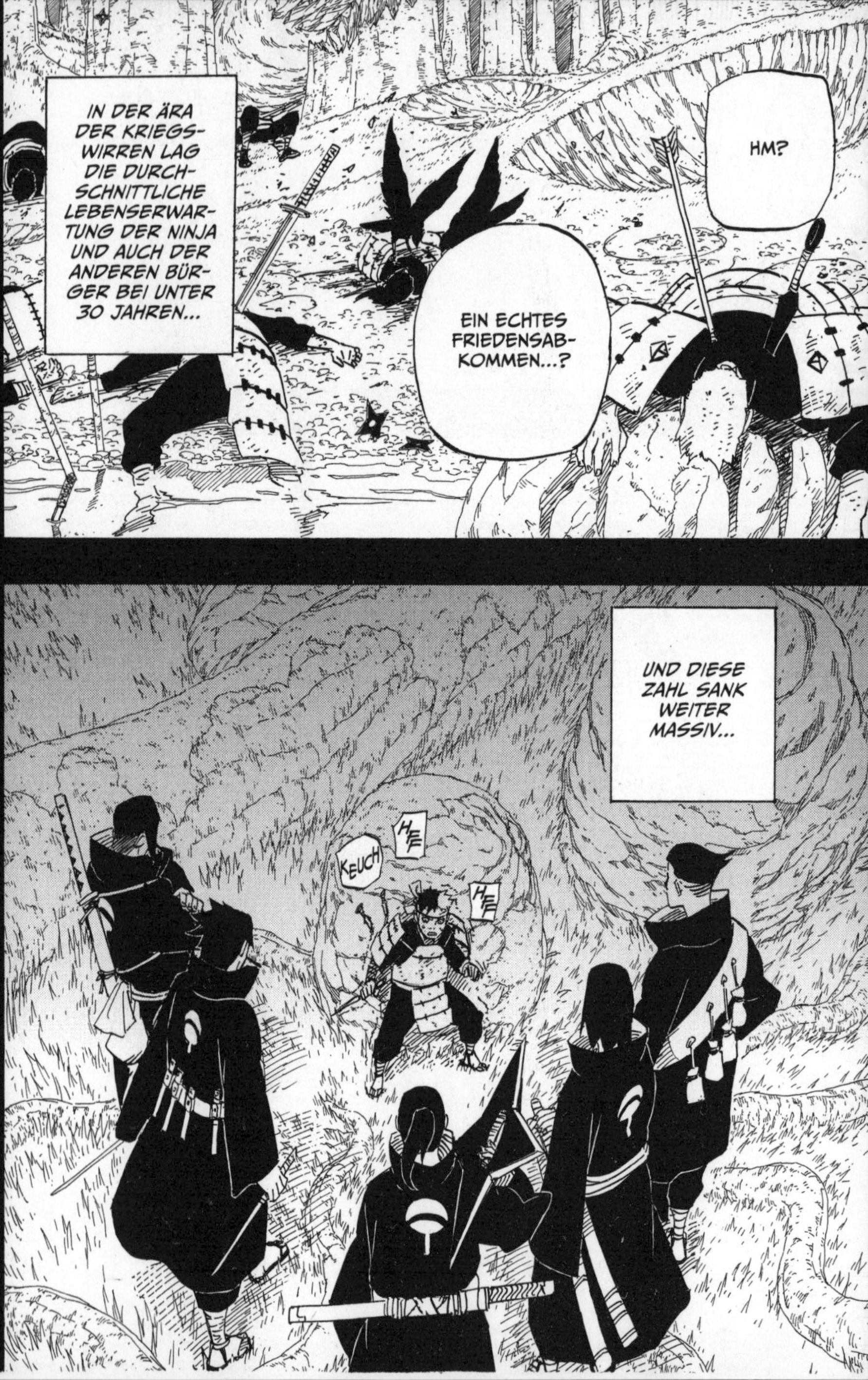

HM?
EIN ECHTES FRIEDENSABKOMMEN...?
IN DER ÄRA DER KRIEGSWIRREN LAG DIE DURCHSCHNITTLICHE LEBENSERWARTUNG DER NINJA UND AUCH DER ANDEREN BÜRGER BEI UNTER 30 JAHREN...
UND DIESE ZAHL SANK WEITER MASSIV...
HEF
HEF
KEUCH

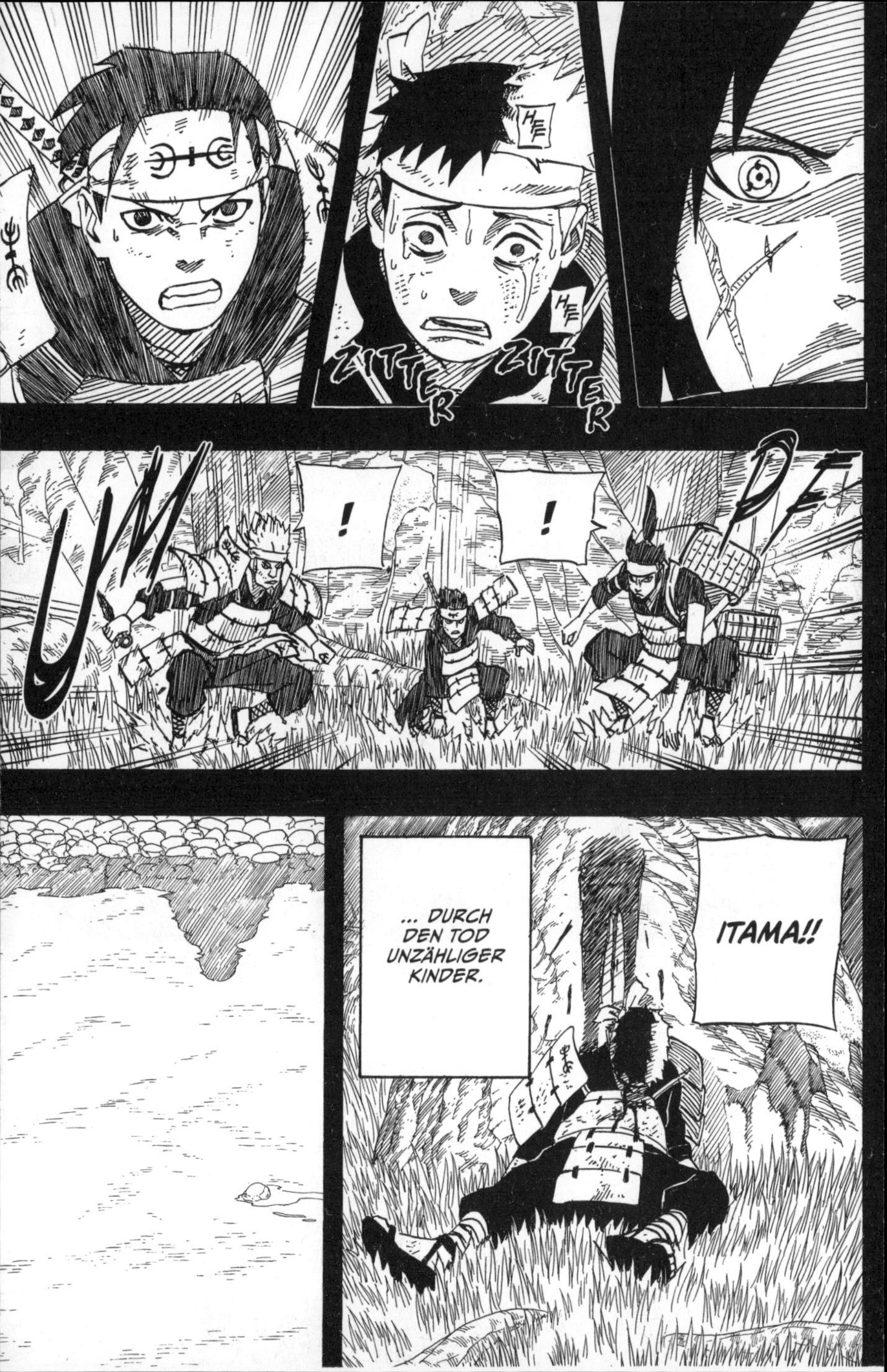
HEF
HEF
ZITTER ZITTER
!
!
UM
ITAMA!!
... DURCH DEN TOD UNZÄHLIGER KINDER.

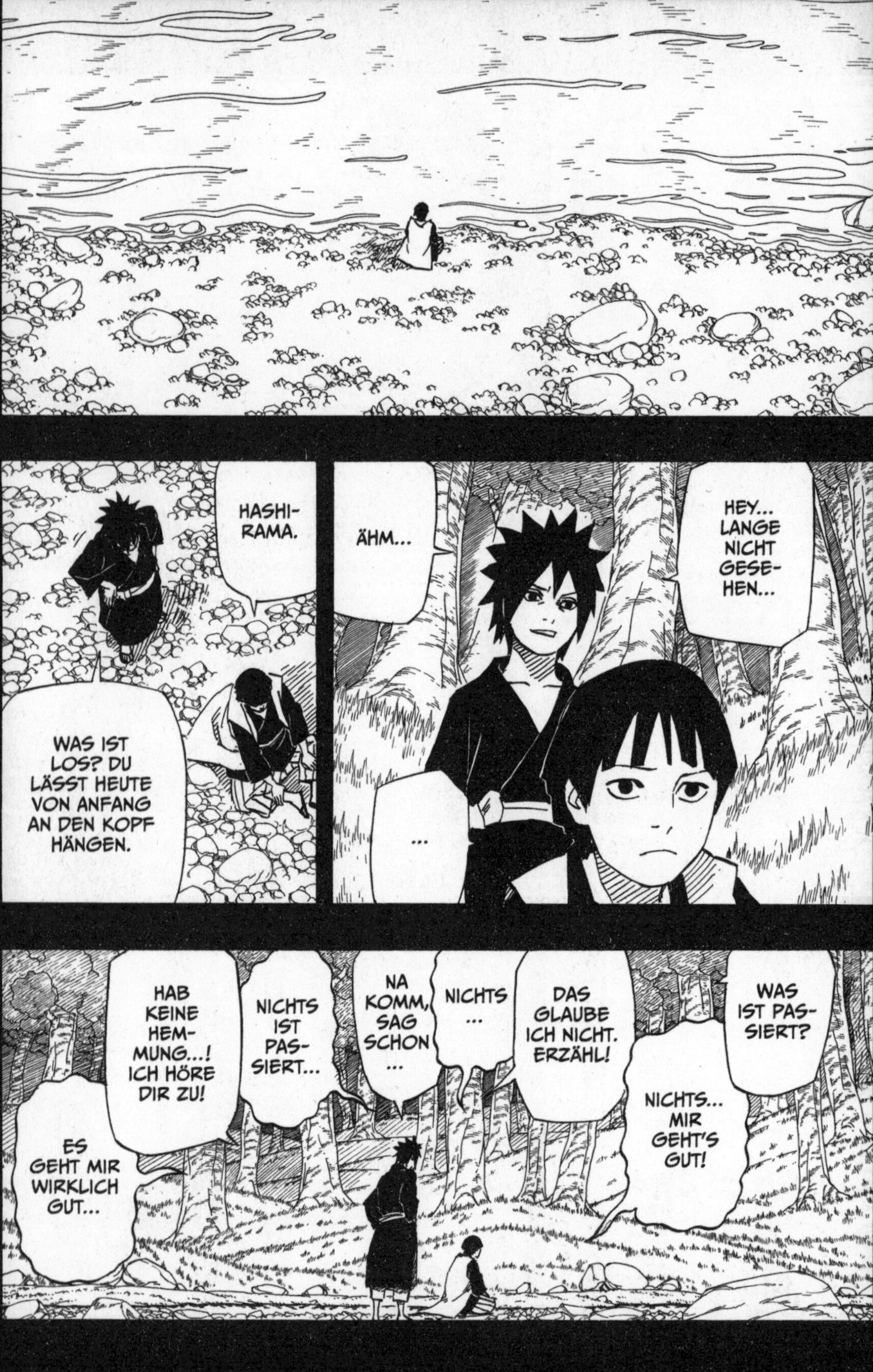
HEY... LANGE NICHT GESE-HEN...
ÄHM...
...
HASHI-RAMA.
WAS IST LOS? DU LÄSST HEUTE VON ANFANG AN DEN KOPF HÄNGEN.
WAS IST PAS-SIERT?
NICHTS... MIR GEHT'S GUT!
DAS GLAUBE ICH NICHT. ERZÄHL!
NICHTS ...
NA KOMM, SAG SCHON ...
NICHTS IST PAS-SIERT...
HAB KEINE HEM-MUNG...! ICH HÖRE DIR ZU!
ES GEHT MIR WIRKLICH GUT...

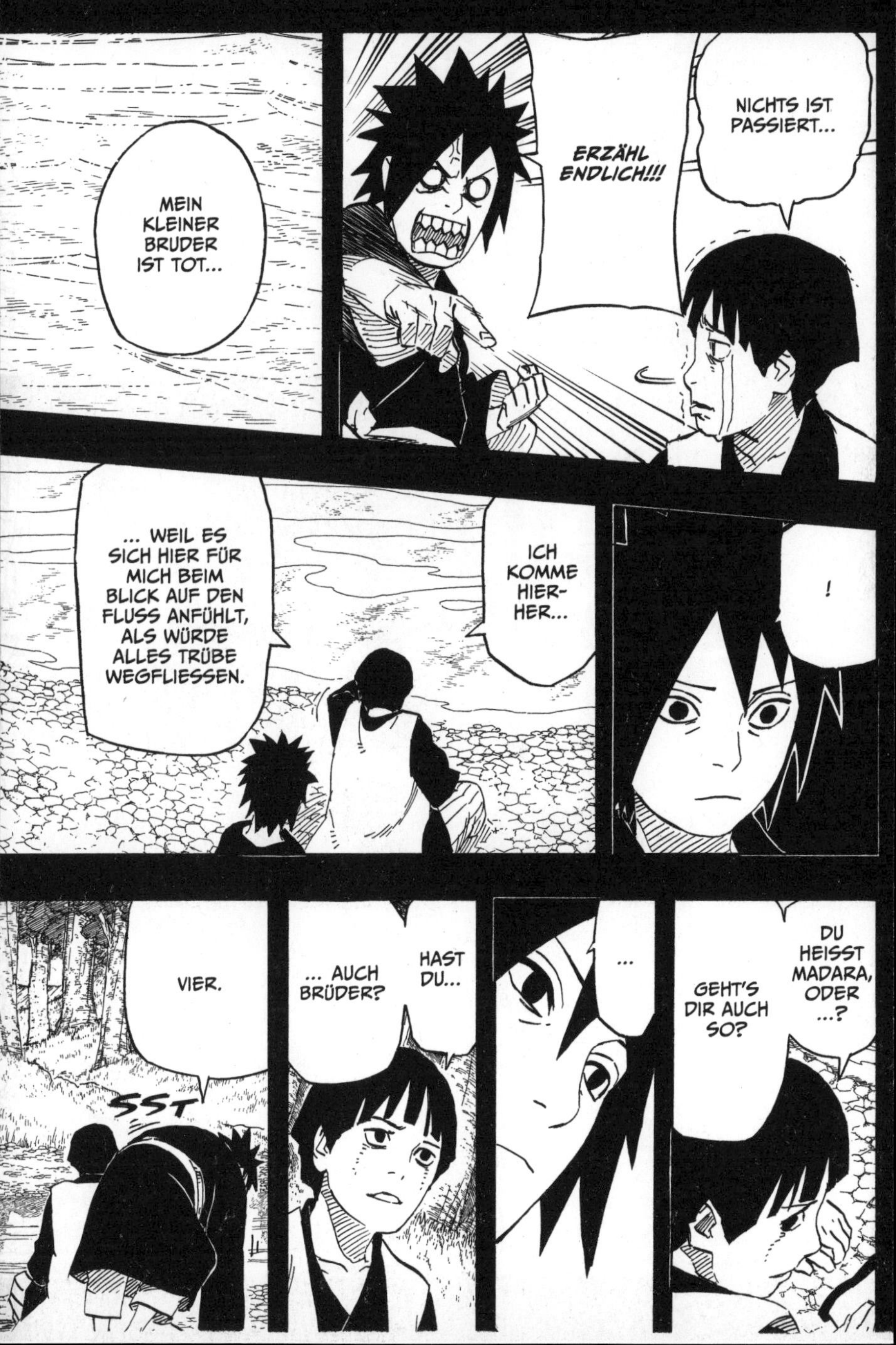
NICHTS IST PASSIERT...
ERZÄHL ENDLICH!!!
MEIN KLEINER BRUDER IST TOT...
!
ICH KOMME HIER-HER...
... WEIL ES SICH HIER FÜR MICH BEIM BLICK AUF DEN FLUSS ANFÜHLT, ALS WÜRDE ALLES TRÜBE WEGFLIESSEN.
DU HEISST MADARA, ODER ...?
GEHT'S DIR AUCH SO?
...
HAST DU...
... AUCH BRÜDER?
VIER.
SST

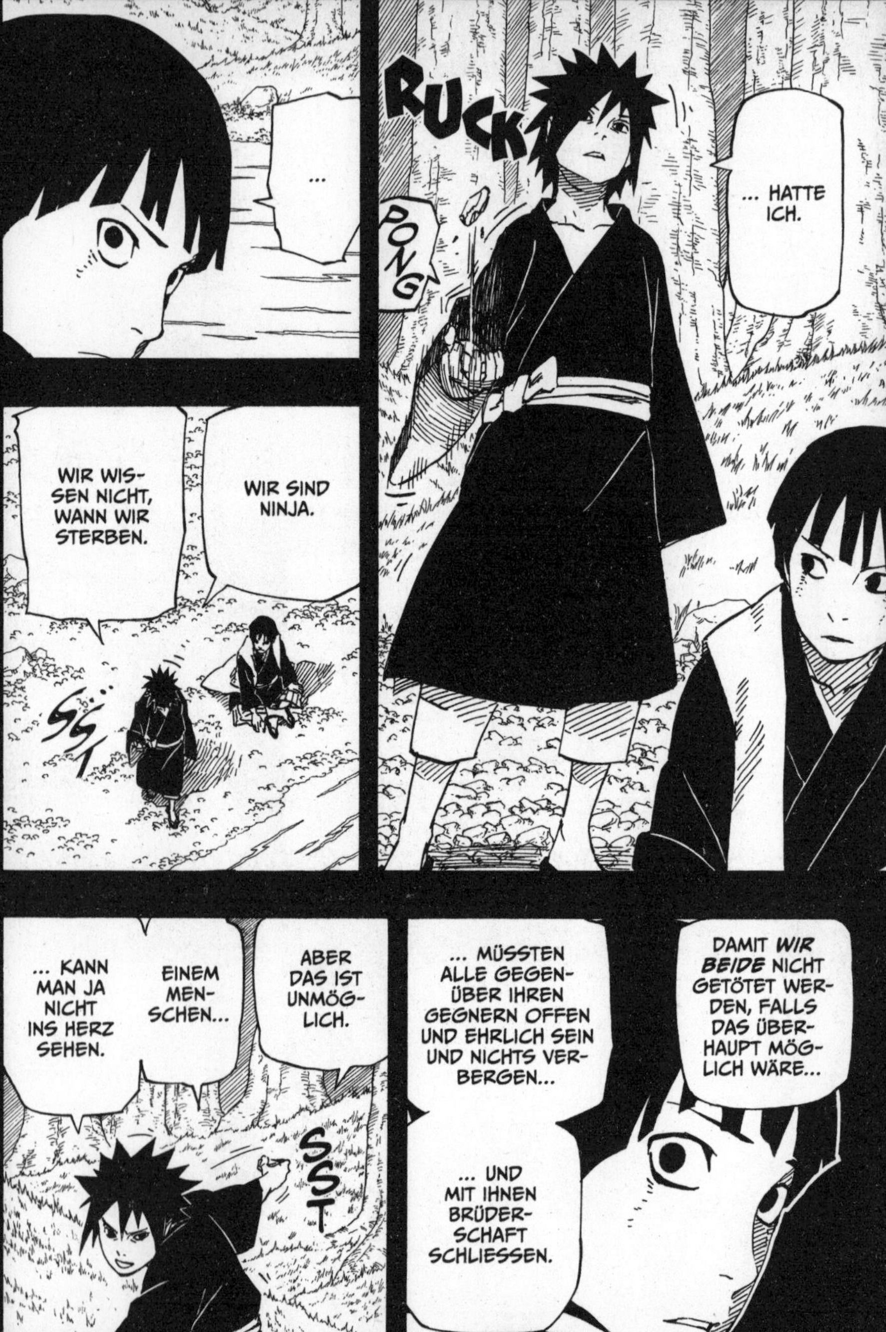
... HATTE ICH.
RUCK
PONG
...
WIR SIND NINJA.
WIR WISSEN NICHT, WANN WIR STERBEN.
DAMIT *WIR BEIDE* NICHT GETÖTET WERDEN, FALLS DAS ÜBERHAUPT MÖGLICH WÄRE...
... MÜSSTEN ALLE GEGENÜBER IHREN GEGNERN OFFEN UND EHRLICH SEIN UND NICHTS VERBERGEN...
... UND MIT IHNEN BRÜDERSCHAFT SCHLIESSEN.
ABER DAS IST UNMÖGLICH.
EINEM MENSCHEN...
... KANN MAN JA NICHT INS HERZ SEHEN.
SST

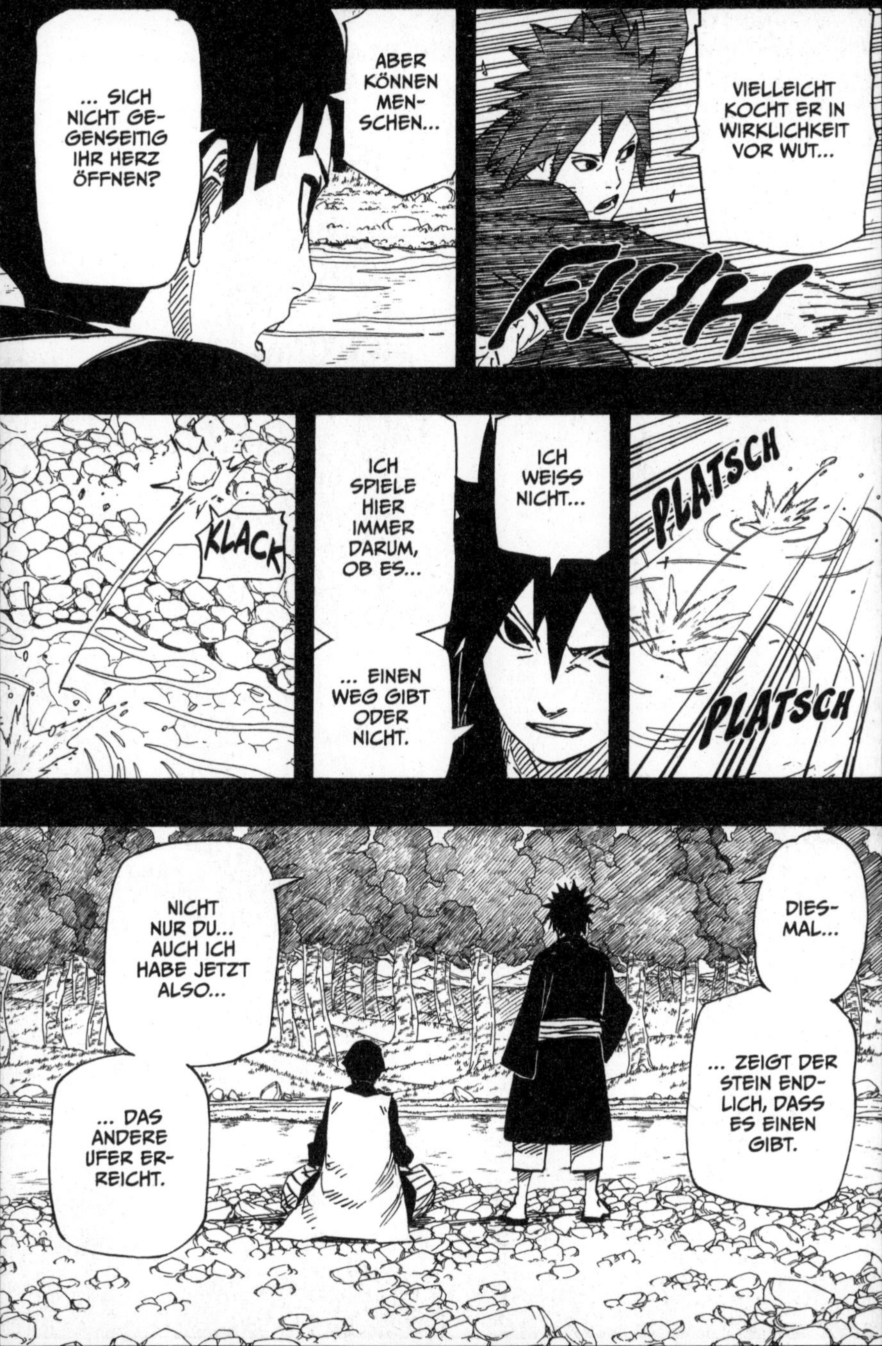
VIELLEICHT KOCHT ER IN WIRKLICHKEIT VOR WUT...
FIUH
ABER KÖNNEN MENSCHEN...
... SICH NICHT GEGENSEITIG IHR HERZ ÖFFNEN?
PLATSCH
PLATSCH
ICH WEISS NICHT...
ICH SPIELE HIER IMMER DARUM, OB ES...
... EINEN WEG GIBT ODER NICHT.
KLACK
DIESMAL...
... ZEIGT DER STEIN ENDLICH, DASS ES EINEN GIBT.
NICHT NUR DU... AUCH ICH HABE JETZT ALSO...
... DAS ANDERE UFER ERREICHT.

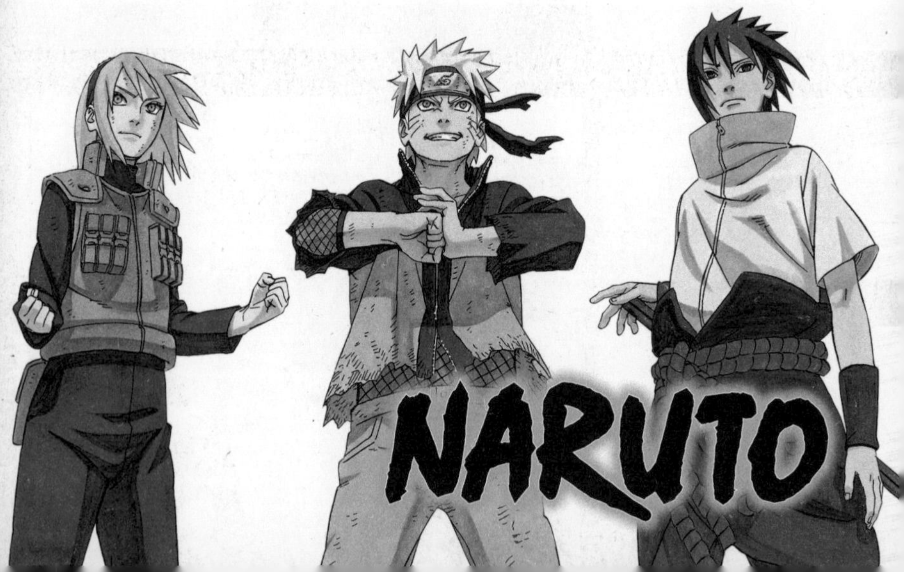
NARUTO

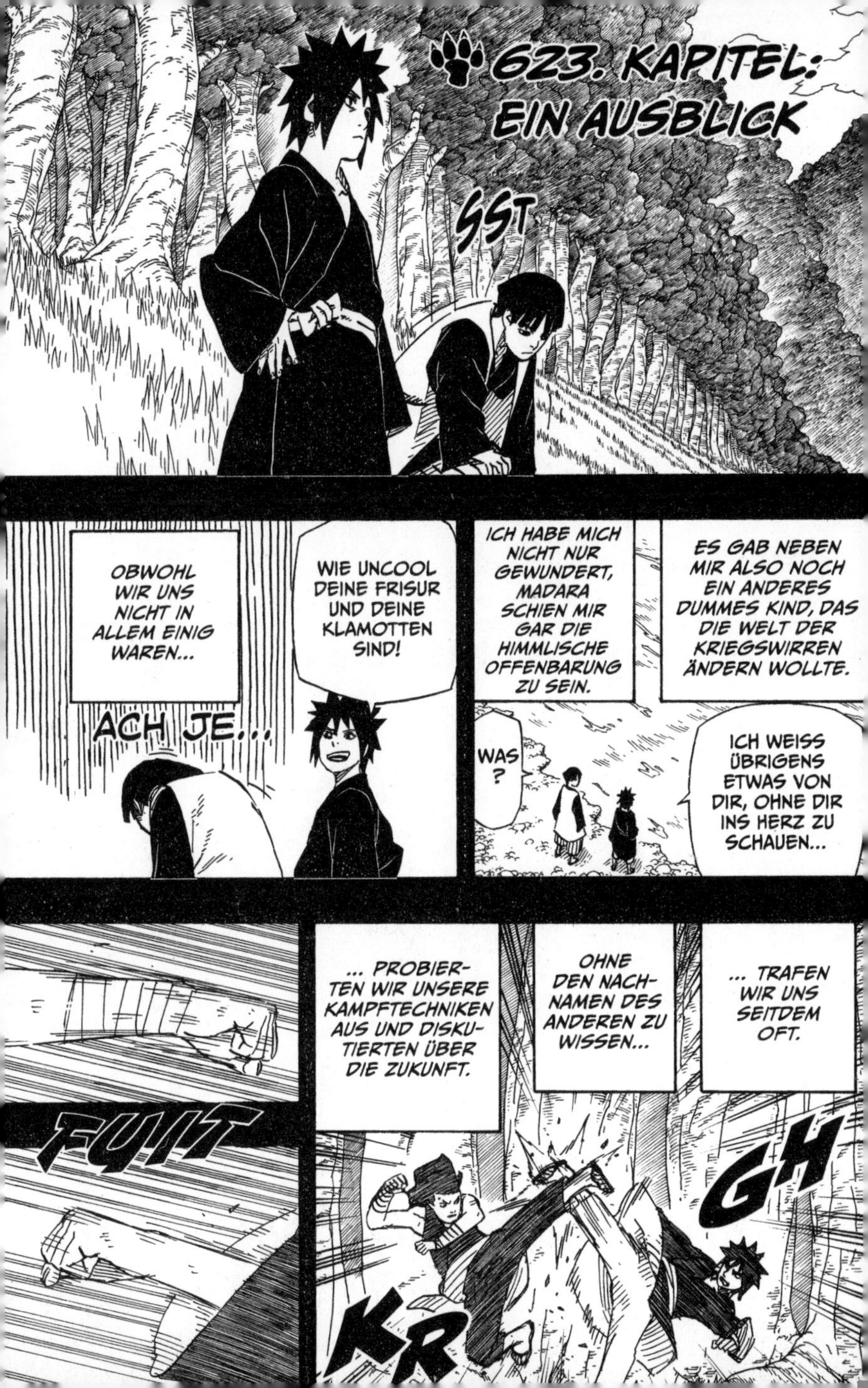
623. KAPITEL: EIN AUSBLICK
SST
ES GAB NEBEN MIR ALSO NOCH EIN ANDERES DUMMES KIND, DAS DIE WELT DER KRIEGSWIRREN ÄNDERN WOLLTE.
ICH HABE MICH NICHT NUR GEWUNDERT, MADARA SCHIEN MIR GAR DIE HIMMLISCHE OFFENBARUNG ZU SEIN.
ICH WEISS ÜBRIGENS ETWAS VON DIR, OHNE DIR INS HERZ ZU SCHAUEN...
WAS?
WIE UNCOOL DEINE FRISUR UND DEINE KLAMOTTEN SIND!
OBWOHL WIR UNS NICHT IN ALLEM EINIG WAREN...
ACH JE...
... TRAFEN WIR UNS SEITDEM OFT.
OHNE DEN NACHNAMEN DES ANDEREN ZU WISSEN...
... PROBIERTEN WIR UNSERE KAMPFTECHNIKEN AUS UND DISKUTIERTEN ÜBER DIE ZUKUNFT.
GH
KR
FUIT

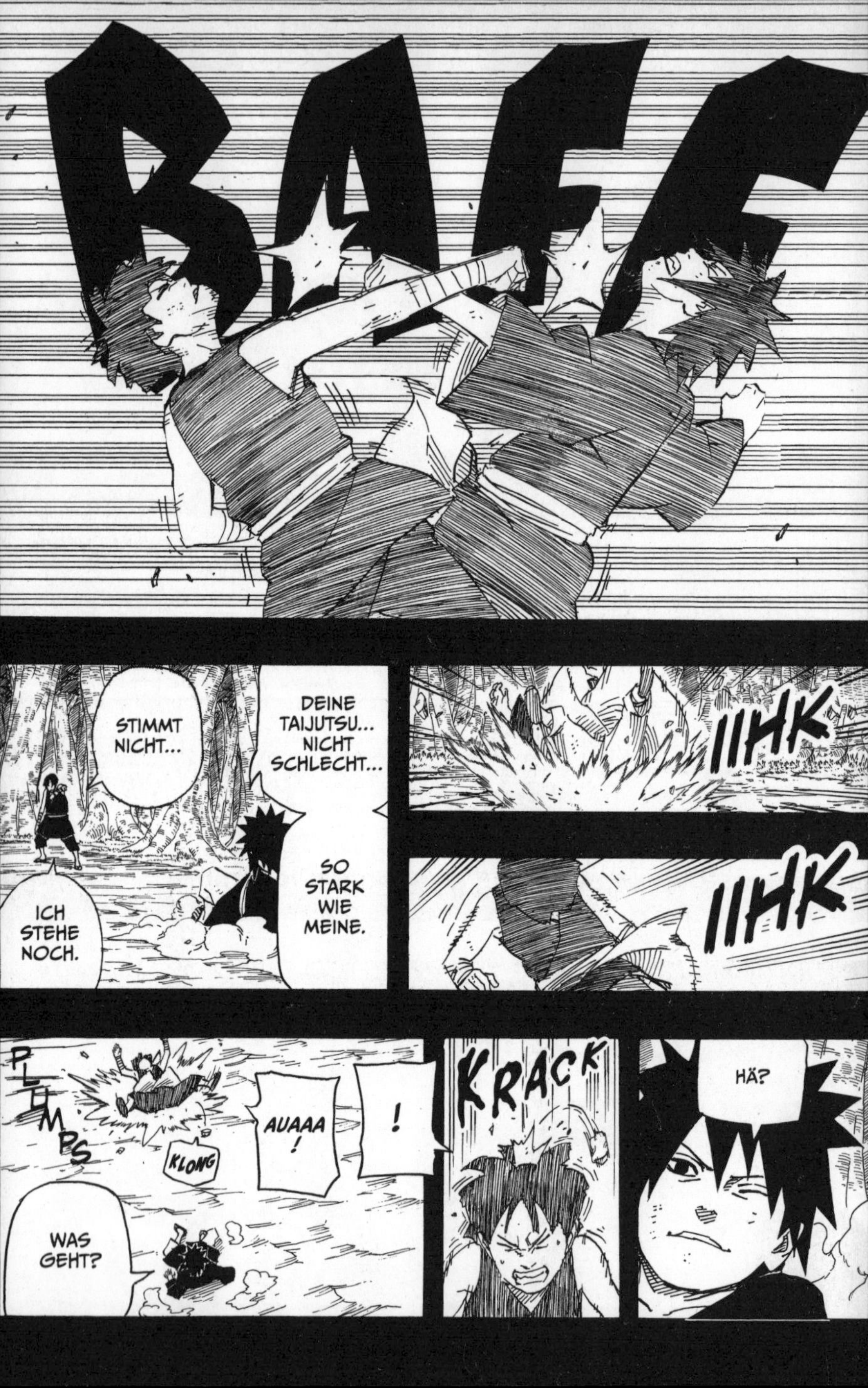
BAFF
IIHK
IIHK
DEINE TAIJUTSU... NICHT SCHLECHT...
SO STARK WIE MEINE.
STIMMT NICHT...
ICH STEHE NOCH.
HÄ?
KRACK
!
AUAAA!
KLONG
PLUMPS
WAS GEHT?

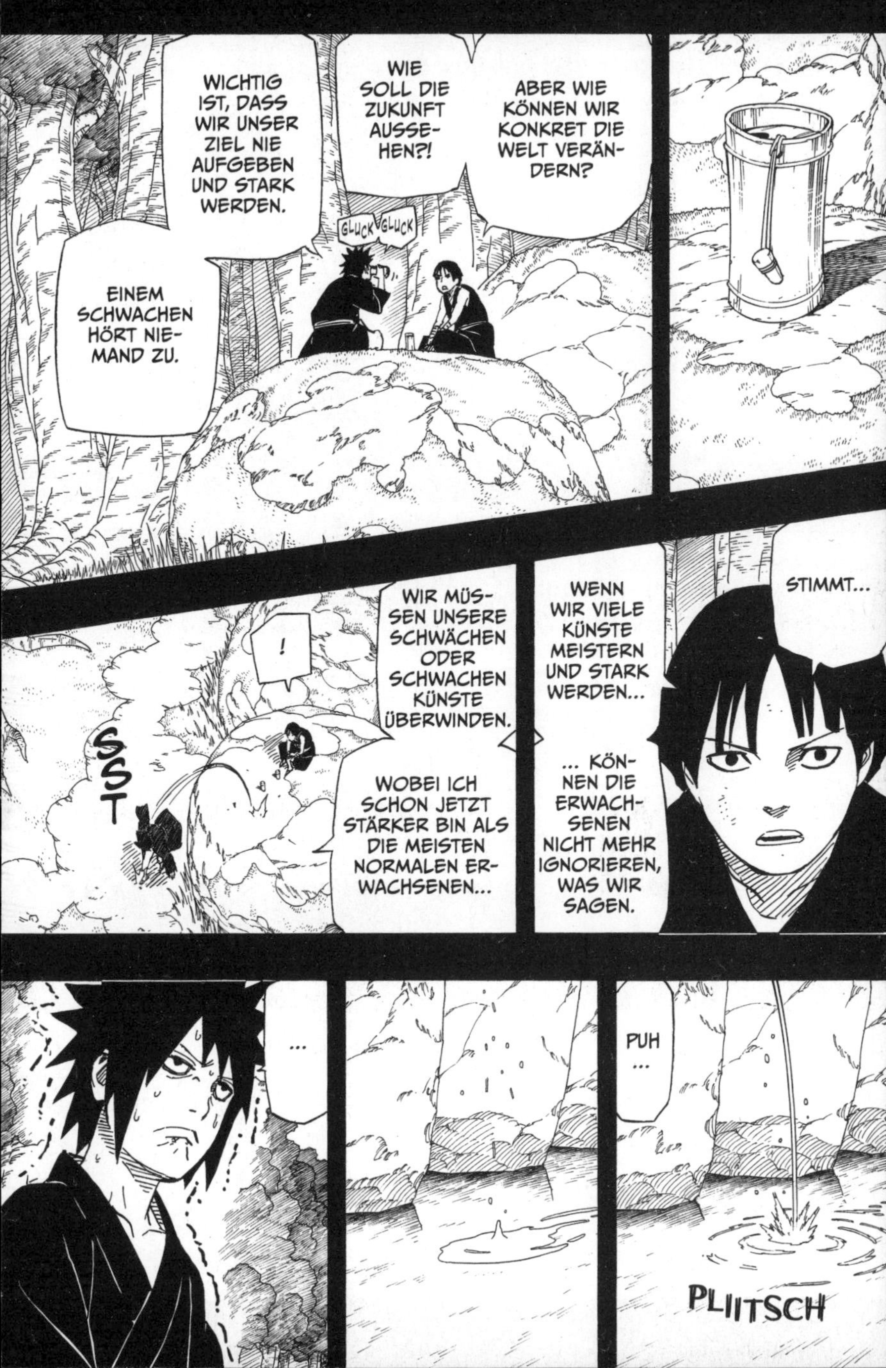
ABER WIE KÖNNEN WIR KONKRET DIE WELT VERÄNDERN?
WIE SOLL DIE ZUKUNFT AUSSEHEN?!
WICHTIG IST, DASS WIR UNSER ZIEL NIE AUFGEBEN UND STARK WERDEN.
GLUCK GLUCK
EINEM SCHWACHEN HÖRT NIEMAND ZU.
STIMMT...
WENN WIR VIELE KÜNSTE MEISTERN UND STARK WERDEN...
... KÖNNEN DIE ERWACHSENEN NICHT MEHR IGNORIEREN, WAS WIR SAGEN.
WIR MÜSSEN UNSERE SCHWÄCHEN ODER SCHWACHEN KÜNSTE ÜBERWINDEN.
WOBEI ICH SCHON JETZT STÄRKER BIN ALS DIE MEISTEN NORMALEN ERWACHSENEN...
!
SST
PUH ...
PLIITSCH
...

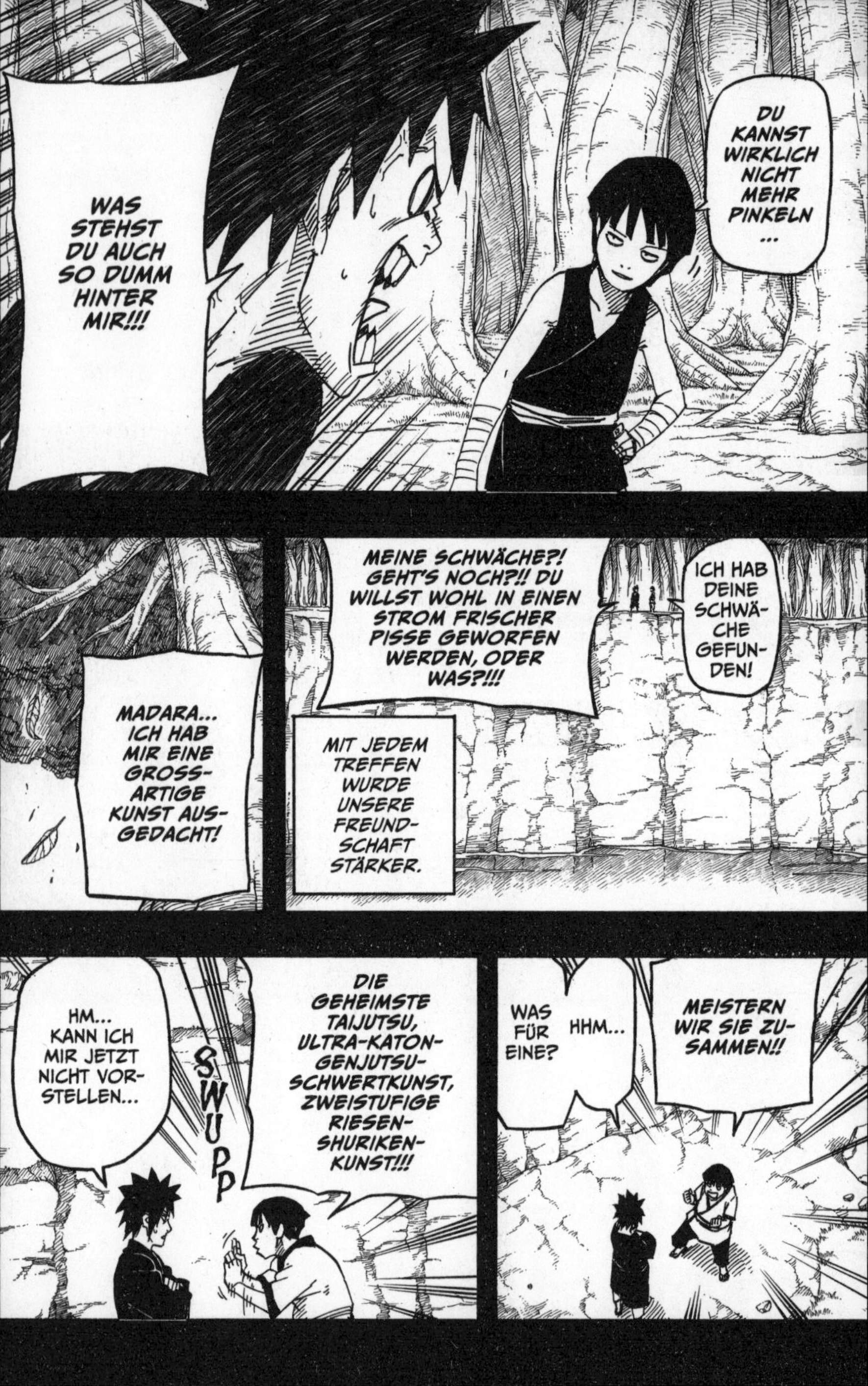
DU KANNST WIRKLICH NICHT MEHR PINKELN ...
WAS STEHST DU AUCH SO DUMM HINTER MIR!!!
ICH HAB DEINE SCHWÄCHE GEFUNDEN!
MEINE SCHWÄCHE?! GEHT'S NOCH?!! DU WILLST WOHL IN EINEN STROM FRISCHER PISSE GEWORFEN WERDEN, ODER WAS?!!!
MIT JEDEM TREFFEN WURDE UNSERE FREUNDSCHAFT STÄRKER.
MADARA... ICH HAB MIR EINE GROSSARTIGE KUNST AUSGEDACHT!
MEISTERN WIR SIE ZUSAMMEN!!
HHM...
WAS FÜR EINE?
DIE GEHEIMSTE TAIJUTSU, ULTRA-KATON-GENJUTSU-SCHWERTKUNST, ZWEISTUFIGE RIESENSHURIKENKUNST!!!
SWUPP
HM... KANN ICH MIR JETZT NICHT VORSTELLEN...

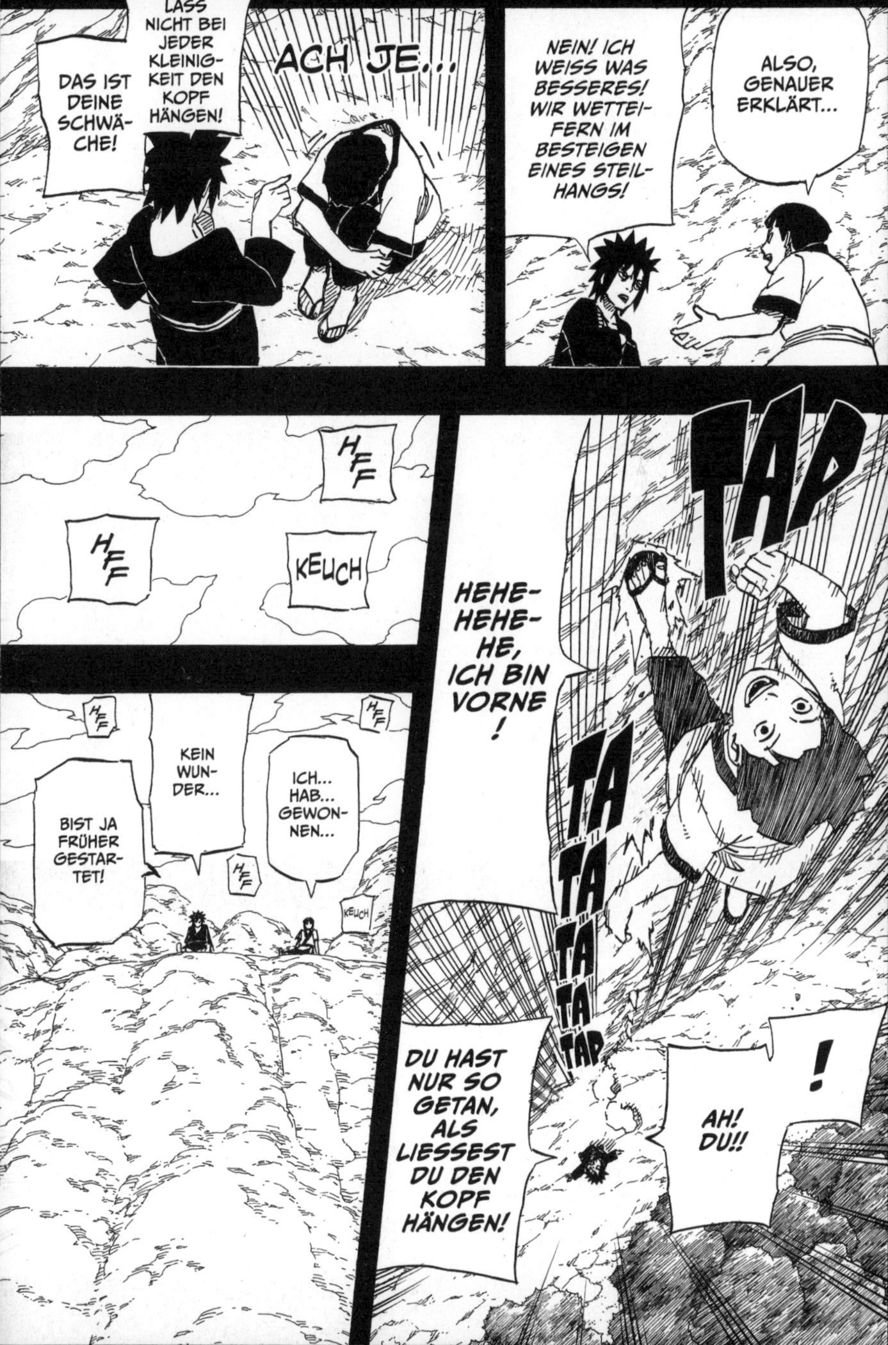
ALSO, GENAUER ERKLÄRT...
NEIN! ICH WEISS WAS BESSERES! WIR WETTEIFERN IM BESTEIGEN EINES STEILHANGS!
ACH JE...
LASS NICHT BEI JEDER KLEINIGKEIT DEN KOPF HÄNGEN!
DAS IST DEINE SCHWÄCHE!
TAP
HEHEHEHEHE, ICH BIN VORNE!
TATATATATATAP
!
AH! DU!!
DU HAST NUR SO GETAN, ALS LIESSEST DU DEN KOPF HÄNGEN!
HFF
HFF
KEUCH
HFF
HFF
ICH... HAB... GEWONNEN...
KEIN WUNDER...
BIST JA FRÜHER GESTARTET!
HFF
KEUCH

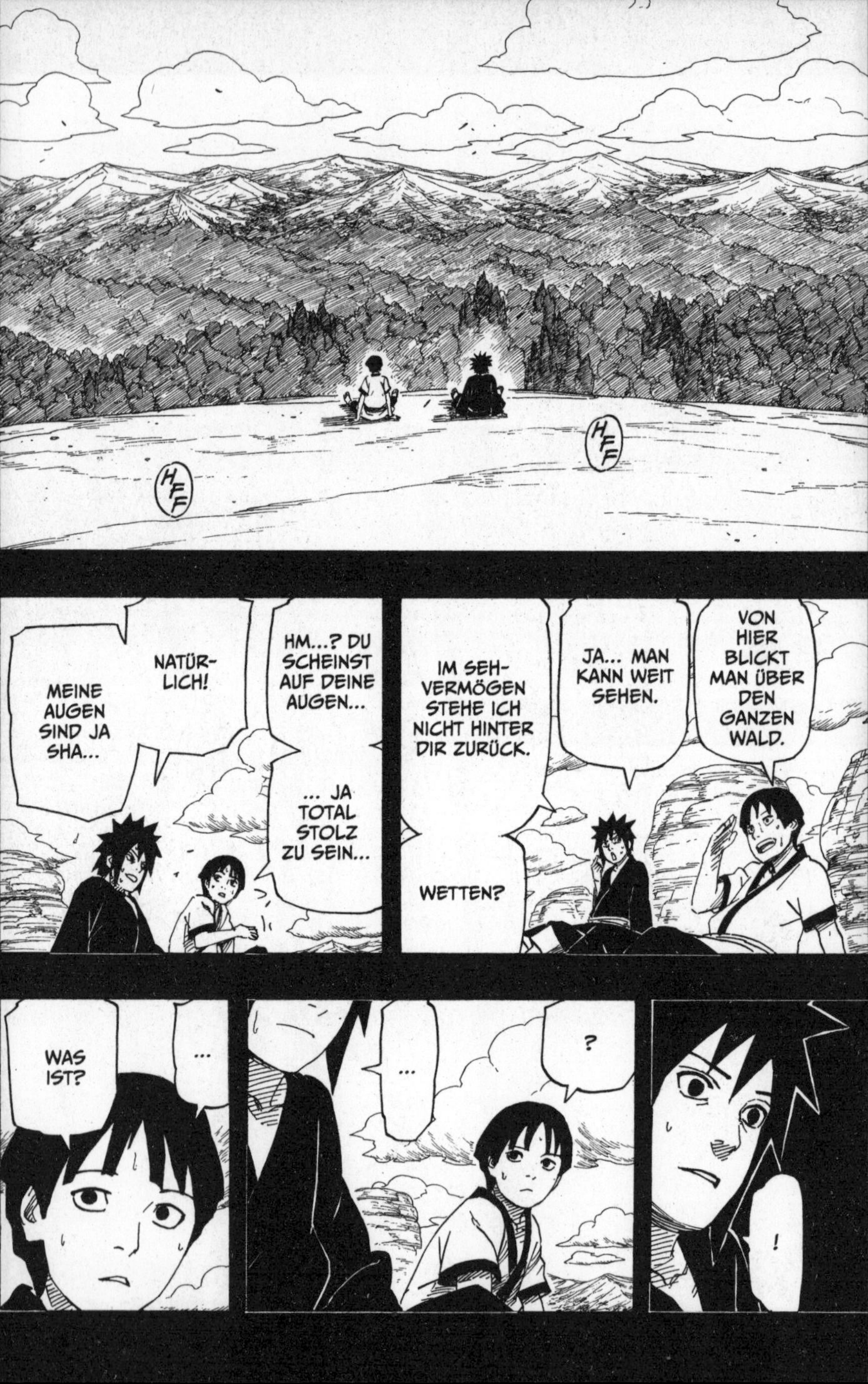
HFF
HFF
VON HIER BLICKT MAN ÜBER DEN GANZEN WALD.
JA... MAN KANN WEIT SEHEN.
IM SEHVERMÖGEN STEHE ICH NICHT HINTER DIR ZURÜCK.
WETTEN?
HM...? DU SCHEINST AUF DEINE AUGEN...
... JA TOTAL STOLZ ZU SEIN...
NATÜRLICH!
MEINE AUGEN SIND JA SHA...
!
?
...
...
WAS IST?

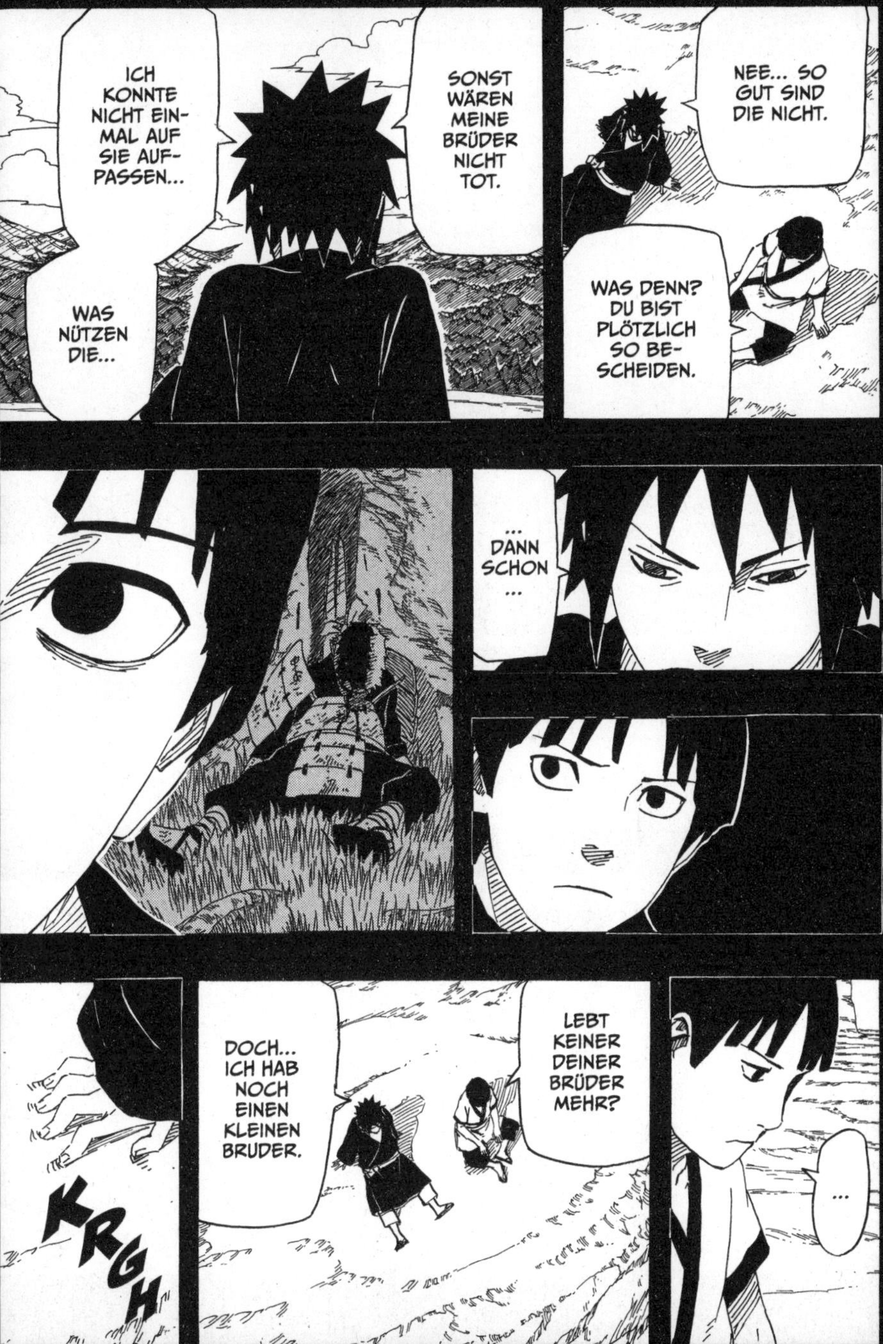
NEE... SO GUT SIND DIE NICHT.
WAS DENN? DU BIST PLÖTZLICH SO BESCHEIDEN.
SONST WÄREN MEINE BRÜDER NICHT TOT.
ICH KONNTE NICHT EINMAL AUF SIE AUFPASSEN...
WAS NÜTZEN DIE...
... DANN SCHON ...
...
LEBT KEINER DEINER BRÜDER MEHR?
DOCH... ICH HAB NOCH EINEN KLEINEN BRUDER.
KRGH

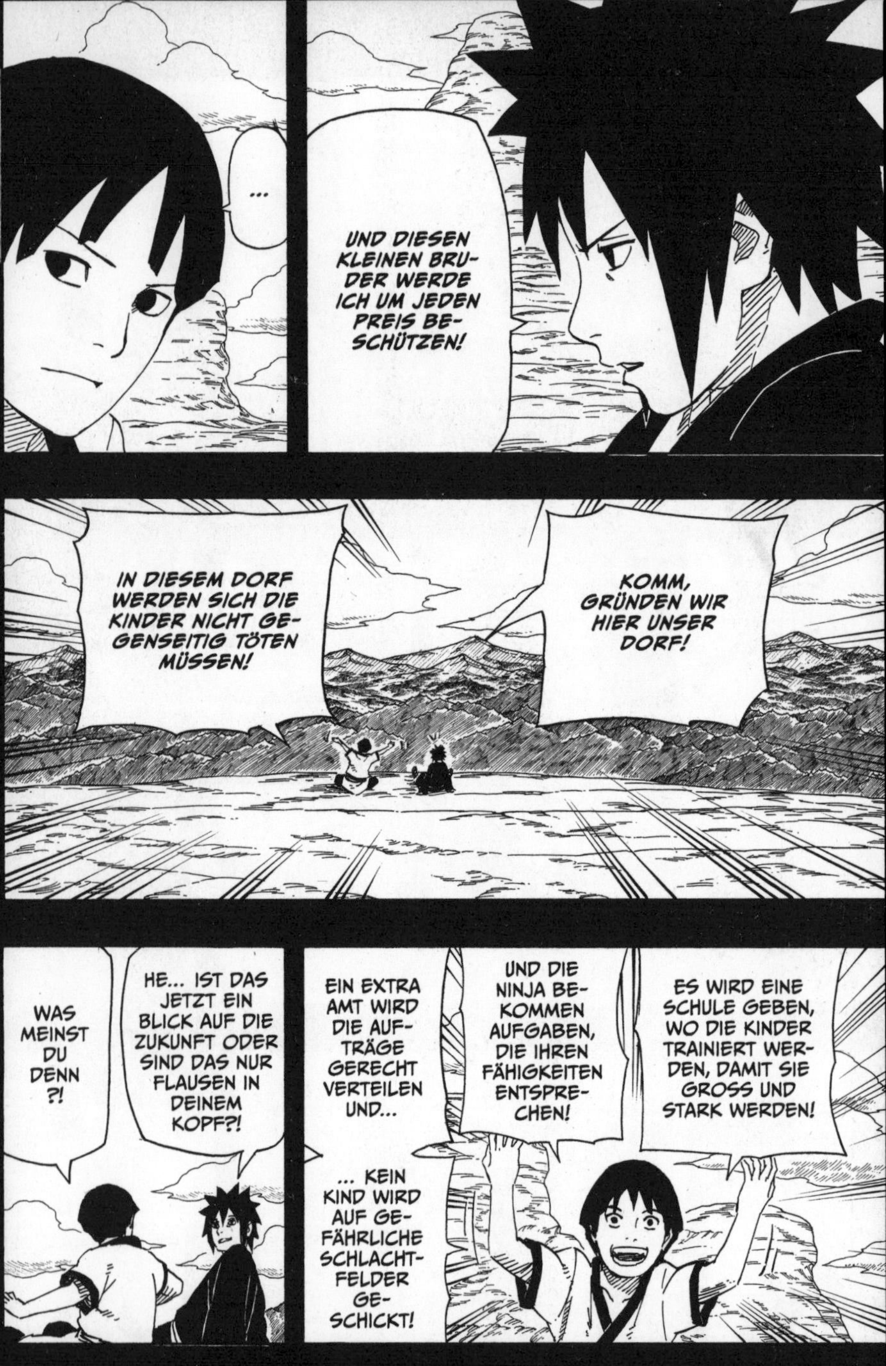

UND DIESEN KLEINEN BRUDER WERDE ICH UM JEDEN PREIS BESCHÜTZEN!
...
KOMM, GRÜNDEN WIR HIER UNSER DORF!
IN DIESEM DORF WERDEN SICH DIE KINDER NICHT GEGENSEITIG TÖTEN MÜSSEN!
ES WIRD EINE SCHULE GEBEN, WO DIE KINDER TRAINIERT WERDEN, DAMIT SIE GROSS UND STARK WERDEN!
UND DIE NINJA BEKOMMEN AUFGABEN, DIE IHREN FÄHIGKEITEN ENTSPRECHEN!
EIN EXTRA AMT WIRD DIE AUFTRÄGE GERECHT VERTEILEN UND...
... KEIN KIND WIRD AUF GEFÄHRLICHE SCHLACHTFELDER GESCHICKT!
HE... IST DAS JETZT EIN BLICK AUF DIE ZUKUNFT ODER SIND DAS NUR FLAUSEN IN DEINEM KOPF?!
WAS MEINST DU DENN ?!

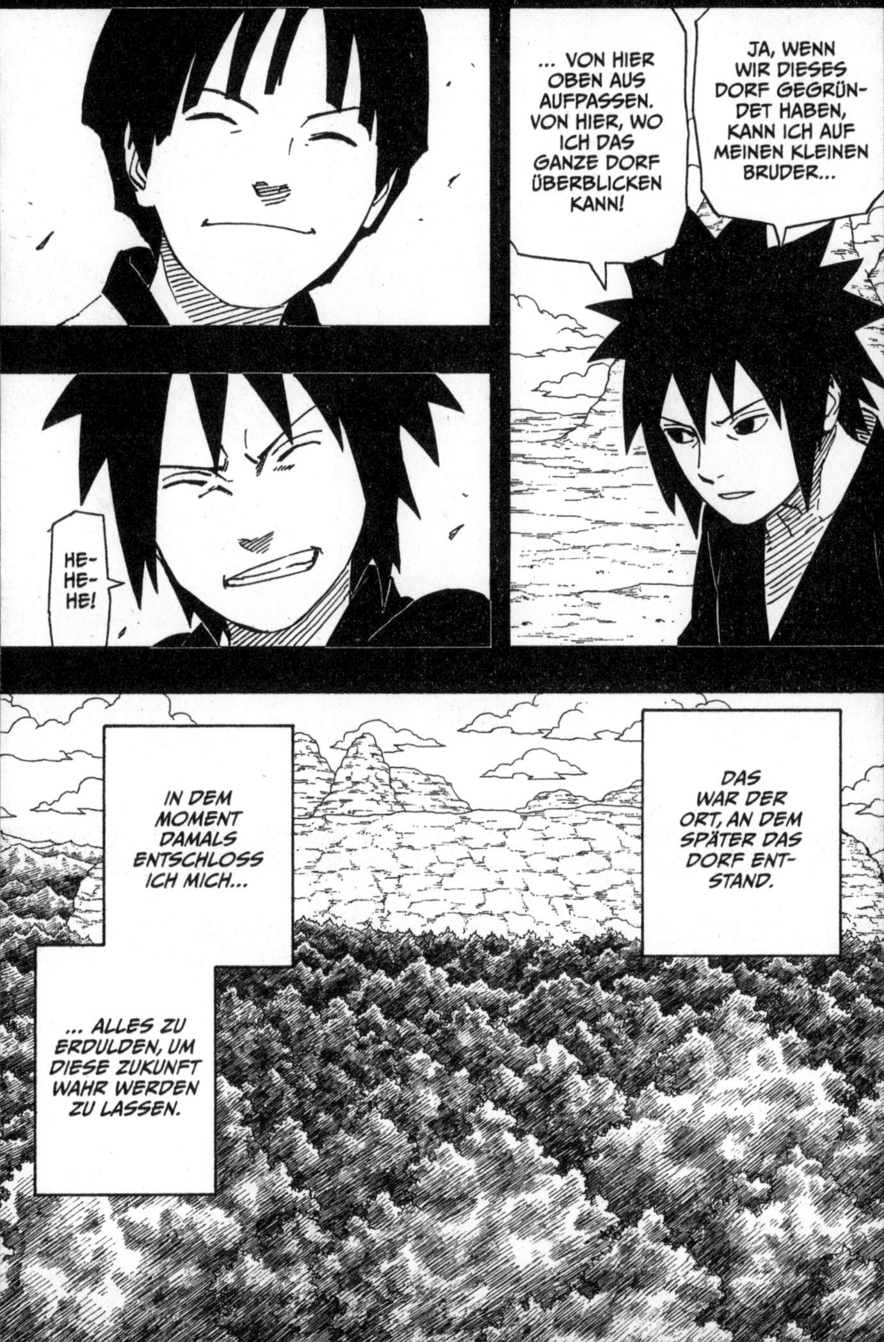
JA, WENN WIR DIESES DORF GEGRÜNDET HABEN, KANN ICH AUF MEINEN KLEINEN BRUDER...
... VON HIER OBEN AUS AUFPASSEN. VON HIER, WO ICH DAS GANZE DORF ÜBERBLICKEN KANN!
HE-HE-HE!
DAS WAR DER ORT, AN DEM SPÄTER DAS DORF ENTSTAND.
IN DEM MOMENT DAMALS ENTSCHLOSS ICH MICH...
... ALLES ZU ERDULDEN, UM DIESE ZUKUNFT WAHR WERDEN ZU LASSEN.

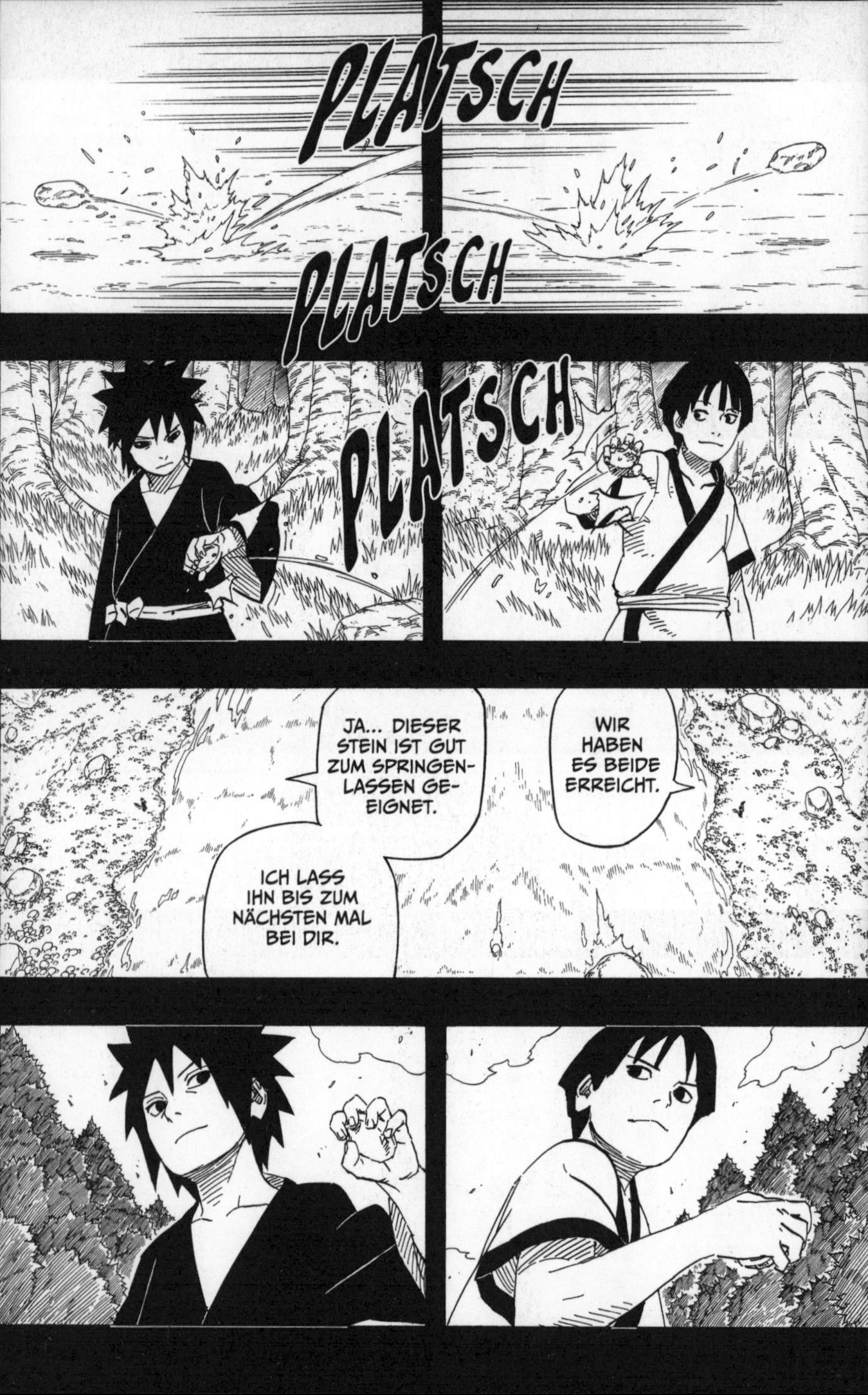
PLATSCH
PLATSCH
PLATSCH
WIR HABEN ES BEIDE ERREICHT.
JA... DIESER STEIN IST GUT ZUM SPRINGEN-LASSEN GE-EIGNET.
ICH LASS IHN BIS ZUM NÄCHSTEN MAL BEI DIR.

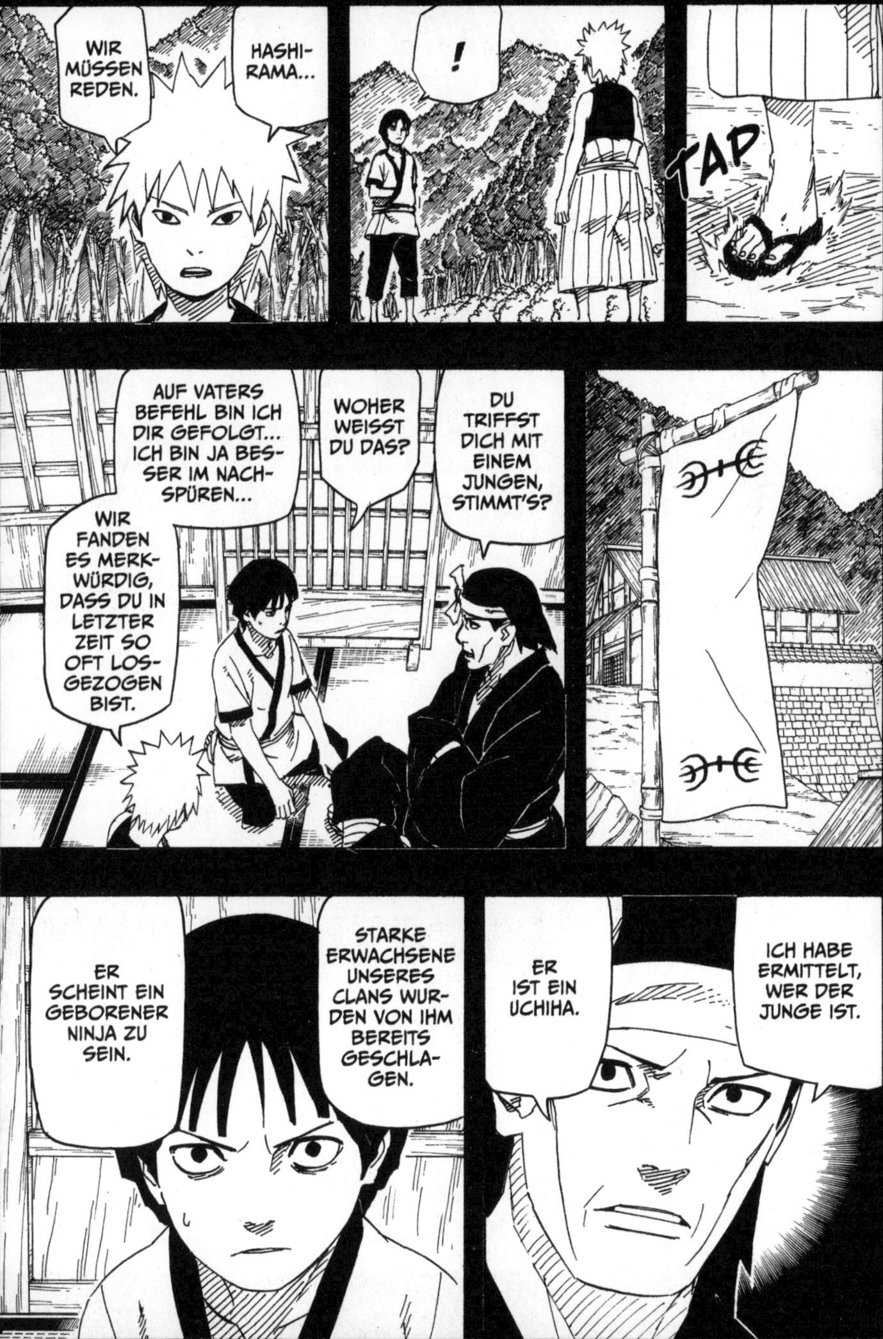
TAP
!
HASHIRAMA...
WIR MÜSSEN REDEN.
DU TRIFFST DICH MIT EINEM JUNGEN, STIMMT'S?
WOHER WEISST DU DAS?
AUF VATERS BEFEHL BIN ICH DIR GEFOLGT... ICH BIN JA BESSER IM NACHSPÜREN...
WIR FANDEN ES MERKWÜRDIG, DASS DU IN LETZTER ZEIT SO OFT LOSGEZOGEN BIST.
ICH HABE ERMITTELT, WER DER JUNGE IST.
ER IST EIN UCHIHA.
STARKE ERWACHSENE UNSERES CLANS WURDEN VON IHM BEREITS GESCHLAGEN.
ER SCHEINT EIN GEBORENER NINJA ZU SEIN.

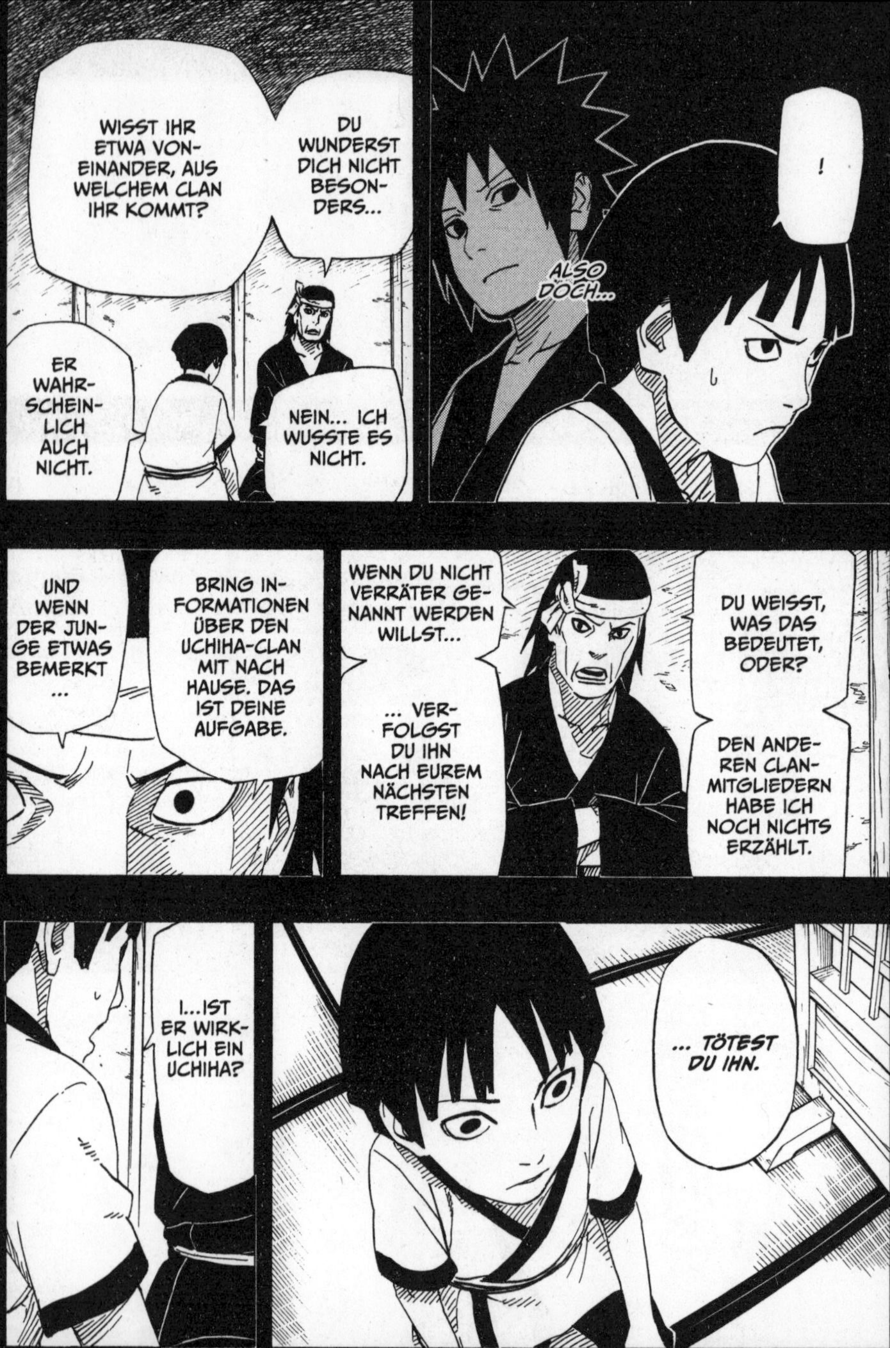
!
ALSO DOCH...
DU WUNDERST DICH NICHT BESONDERS...
WISST IHR ETWA VONEINANDER, AUS WELCHEM CLAN IHR KOMMT?
NEIN... ICH WUSSTE ES NICHT.
ER WAHRSCHEINLICH AUCH NICHT.
DU WEISST, WAS DAS BEDEUTET, ODER?
DEN ANDEREN CLANMITGLIEDERN HABE ICH NOCH NICHTS ERZÄHLT.
WENN DU NICHT VERRÄTER GENANNT WERDEN WILLST...
... VERFOLGST DU IHN NACH EUREM NÄCHSTEN TREFFEN!
BRING INFORMATIONEN ÜBER DEN UCHIHA-CLAN MIT NACH HAUSE. DAS IST DEINE AUFGABE.
UND WENN DER JUNGE ETWAS BEMERKT ...
... TÖTEST DU IHN.
I...IST ER WIRKLICH EIN UCHIHA?

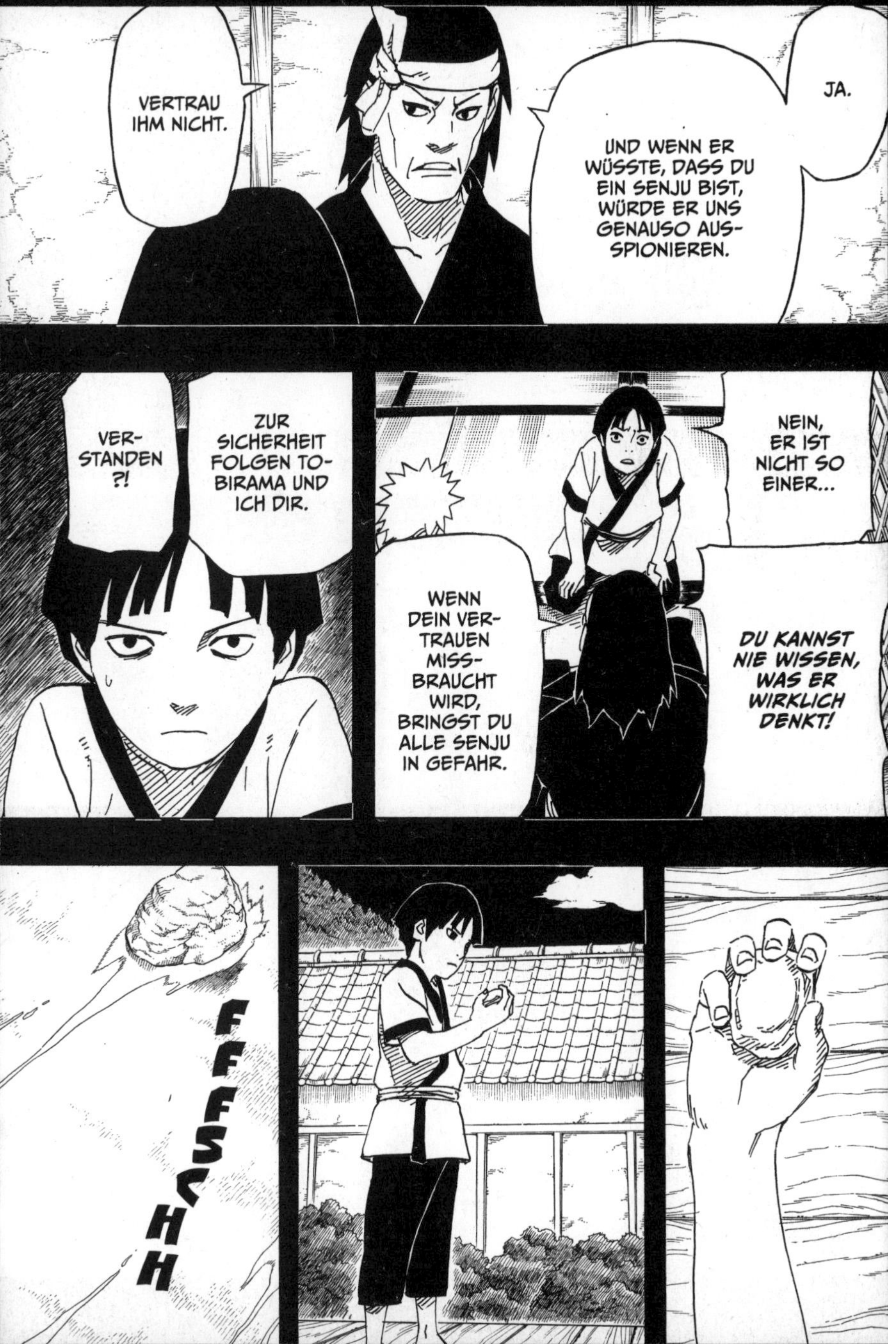
JA.
UND WENN ER WÜSSTE, DASS DU EIN SENJU BIST, WÜRDE ER UNS GENAUSO AUS-SPIONIEREN.
VERTRAU IHM NICHT.
NEIN, ER IST NICHT SO EINER...
DU KANNST NIE WISSEN, WAS ER WIRKLICH DENKT!
WENN DEIN VER-TRAUEN MISS-BRAUCHT WIRD, BRINGST DU ALLE SENJU IN GEFAHR.
ZUR SICHERHEIT FOLGEN TO-BIRAMA UND ICH DIR.
VER-STANDEN ?!
FFFSCHH

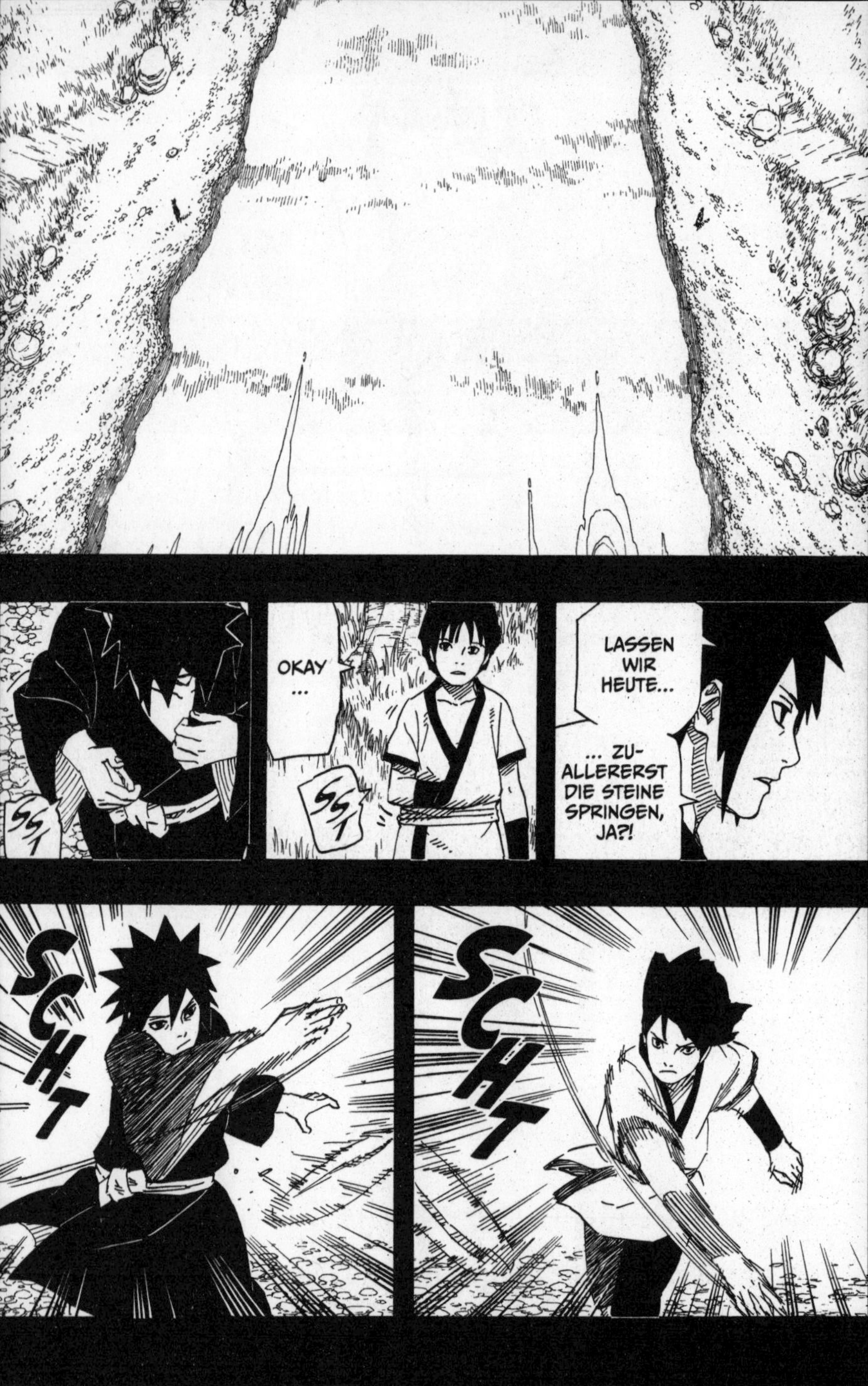

LASSEN WIR HEUTE...
... ZUALLERERST DIE STEINE SPRINGEN, JA?!
OKAY ...
SS
SS
SCHT
SCHT

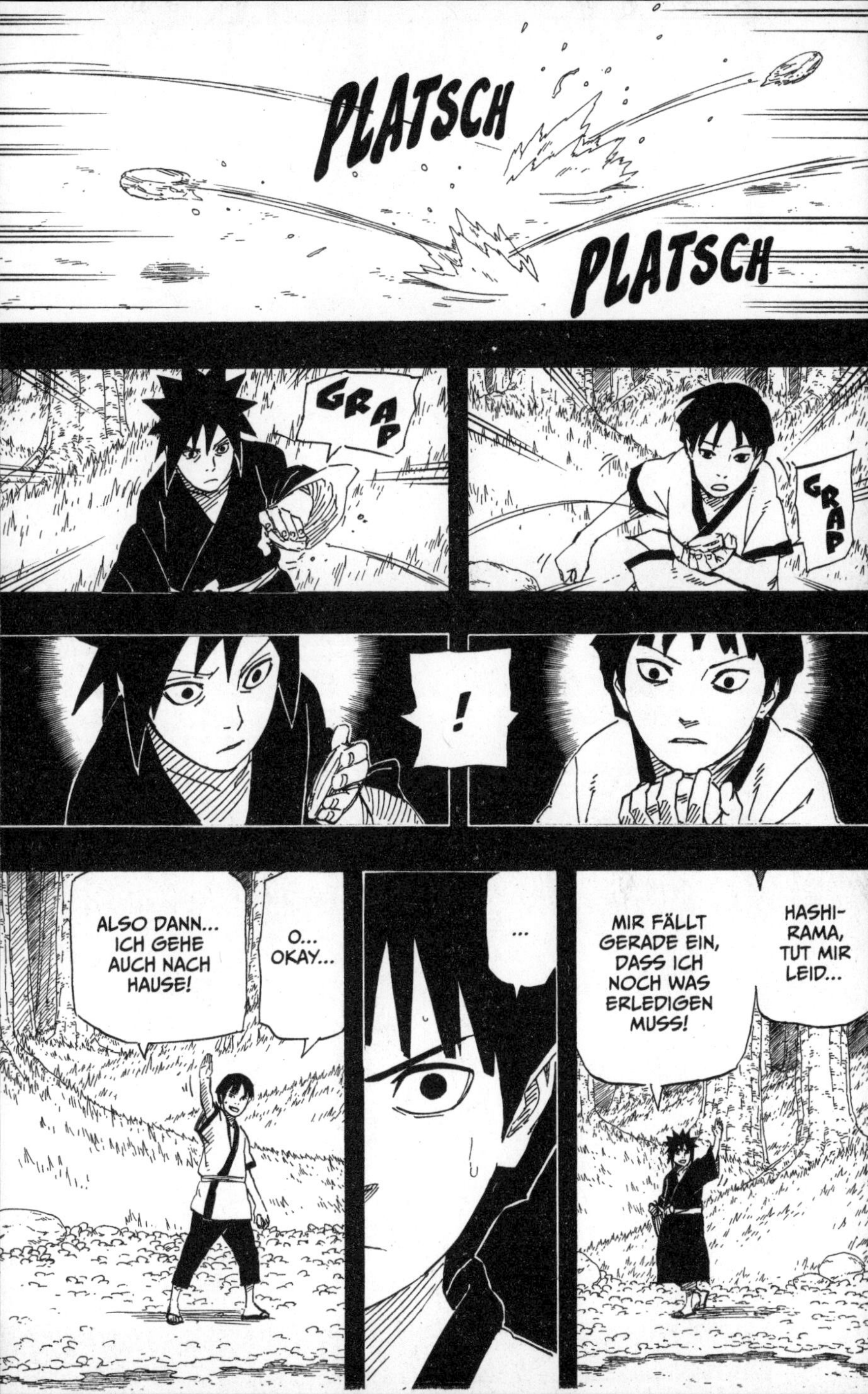
PLATSCH
PLATSCH
GRAP
GRAP
!
HASHIRAMA, TUT MIR LEID…
MIR FÄLLT GERADE EIN, DASS ICH NOCH WAS ERLEDIGEN MUSS!
…
O… OKAY…
ALSO DANN… ICH GEHE AUCH NACH HAUSE!

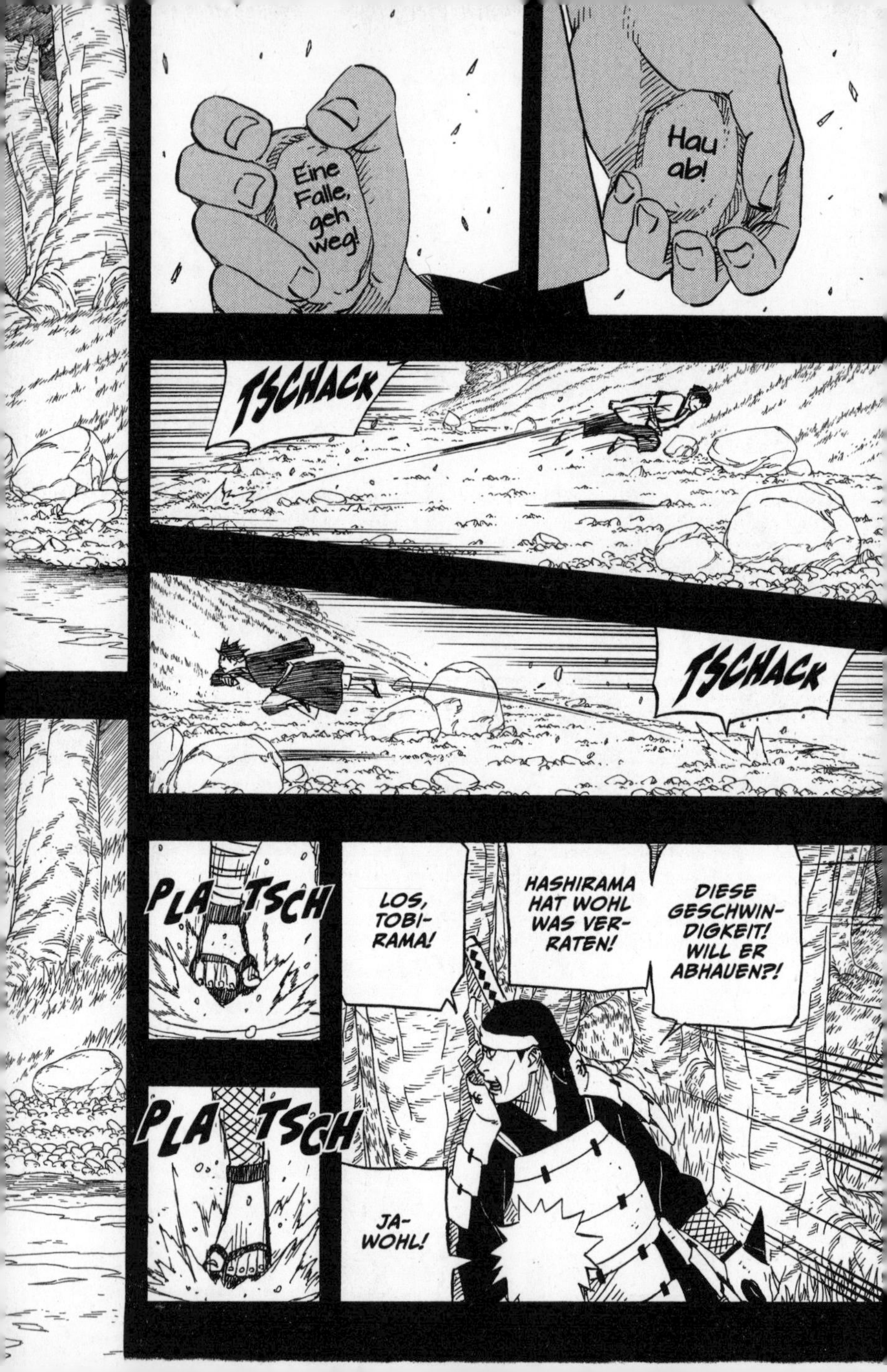

Hau ab!
Eine Falle, geh weg!
TSCHACK
TSCHACK
DIESE GESCHWINDIGKEIT! WILL ER ABHAUEN?!
HASHIRAMA HAT WOHL WAS VERRATEN!
LOS, TOBIRAMA!
PLATSCH
JAWOHL!
PLATSCH

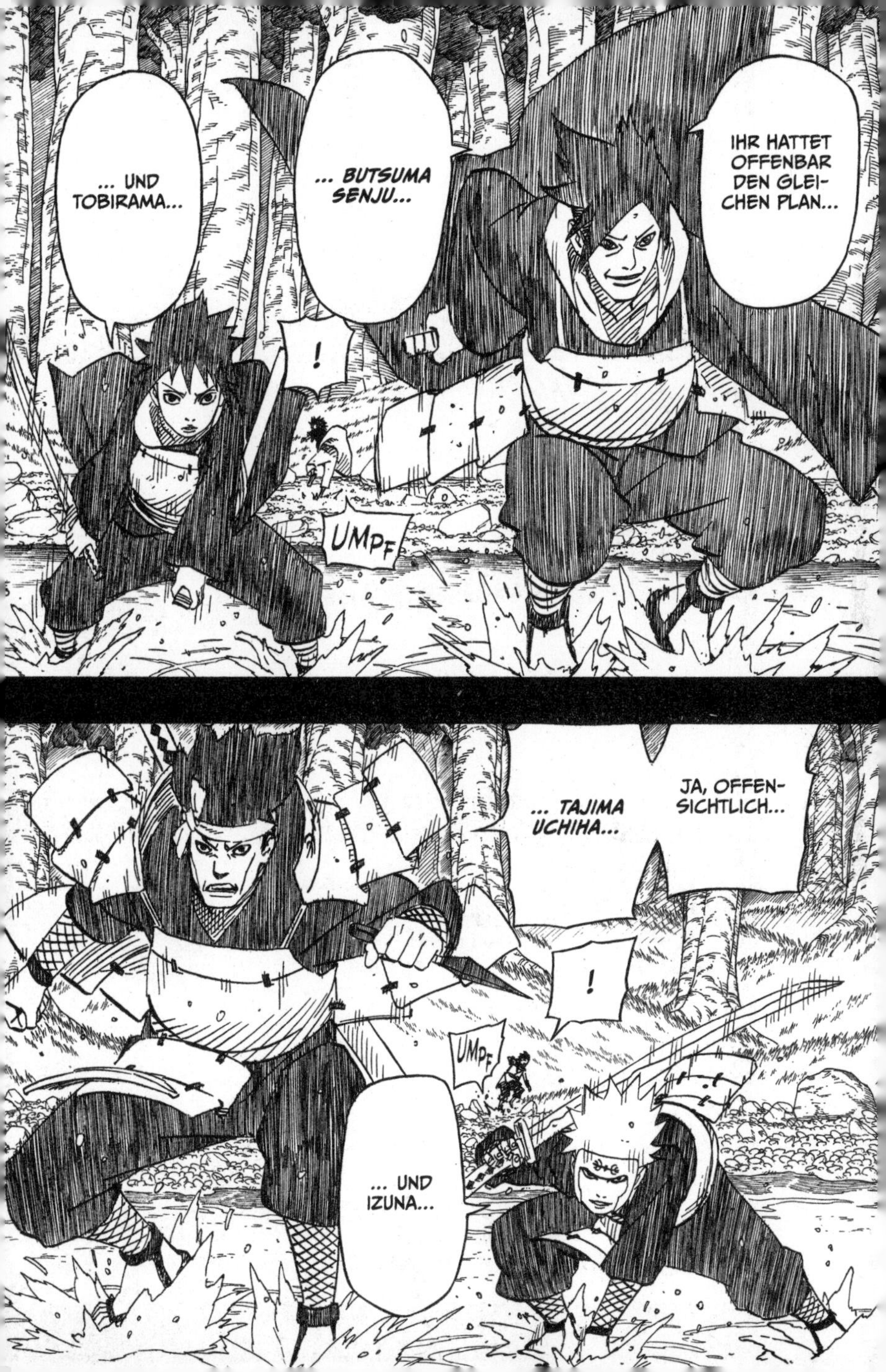
IHR HATTET OFFENBAR DEN GLEICHEN PLAN...
... BUTSUMA SENJU...
... UND TOBIRAMA...
!
UMPF
JA, OFFENSICHTLICH...
... TAJIMA UCHIHA...
!
UMPF
... UND IZUNA...

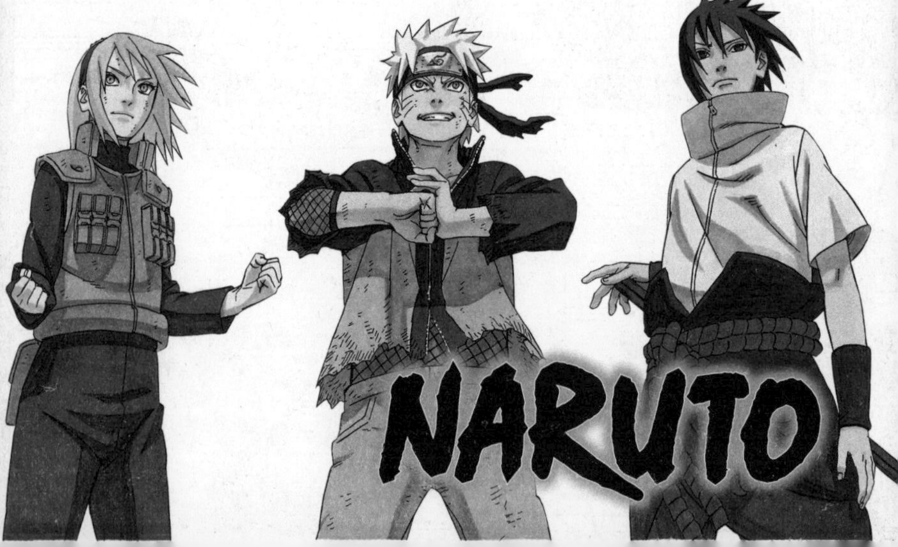
NARUTO

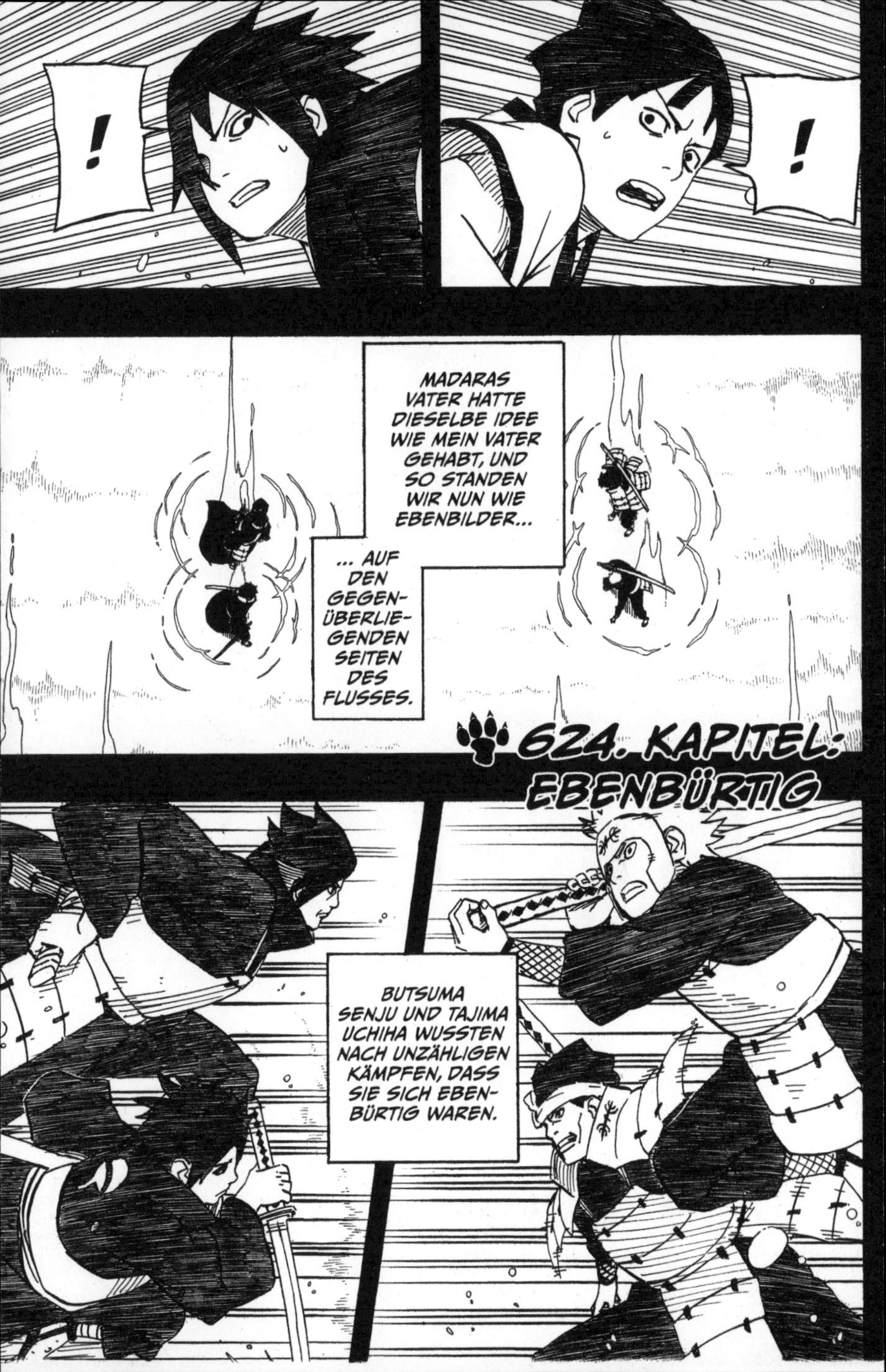
!
!
MADARAS VATER HATTE DIESELBE IDEE WIE MEIN VATER GEHABT, UND SO STANDEN WIR NUN WIE EBENBILDER...
... AUF DEN GEGENÜBERLIEGENDEN SEITEN DES FLUSSES.
624. KAPITEL: EBENBÜRTIG
BUTSUMA SENJU UND TAJIMA UCHIHA WUSSTEN NACH UNZÄHLIGEN KÄMPFEN, DASS SIE SICH EBENBÜRTIG WAREN.

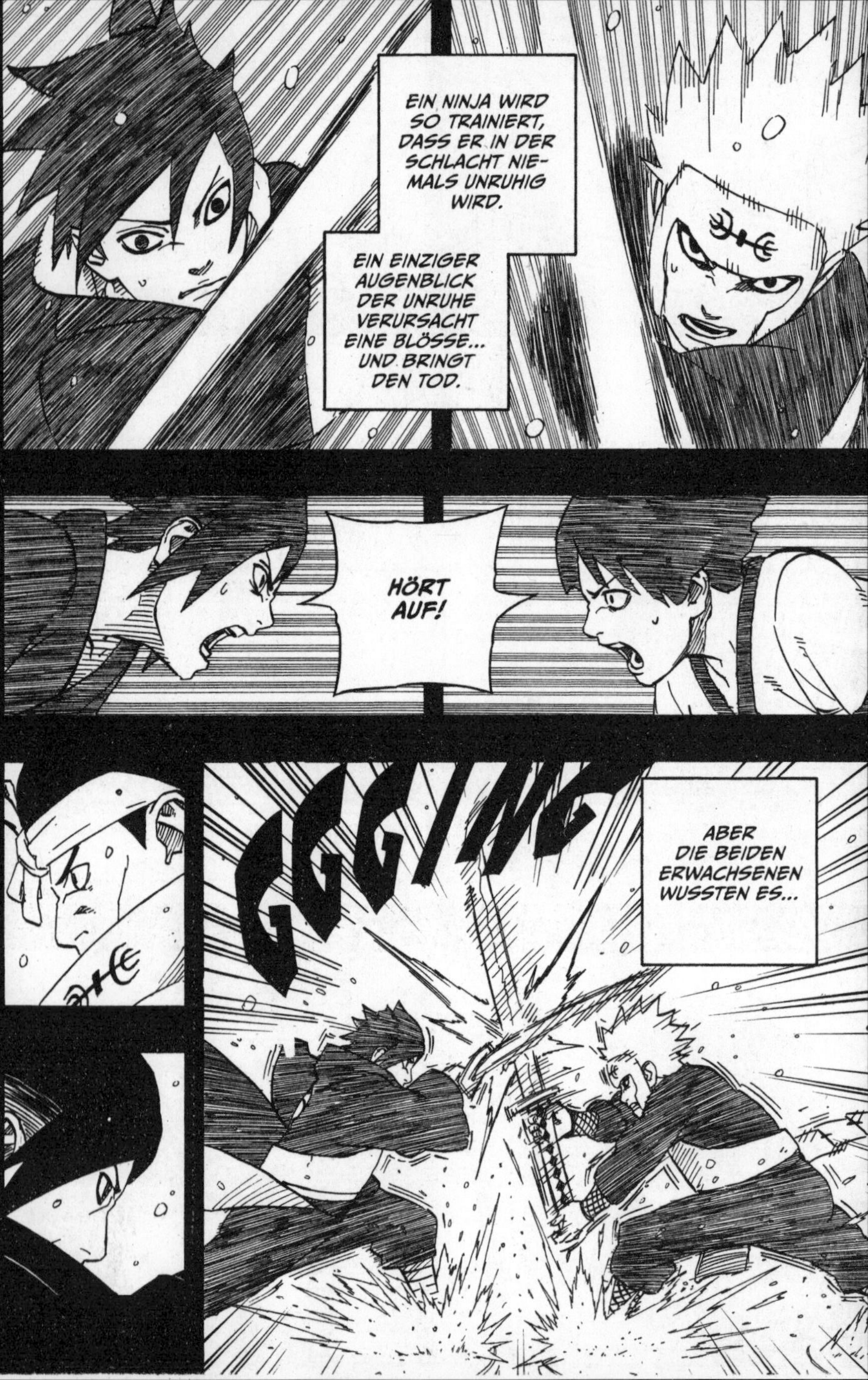

EIN NINJA WIRD SO TRAINIERT, DASS ER IN DER SCHLACHT NIE-MALS UNRUHIG WIRD.
EIN EINZIGER AUGENBLICK DER UNRUHE VERURSACHT EINE BLÖSSE... UND BRINGT DEN TOD.
HÖRT AUF!
ABER DIE BEIDEN ERWACHSENEN WUSSTEN ES...
GGGING

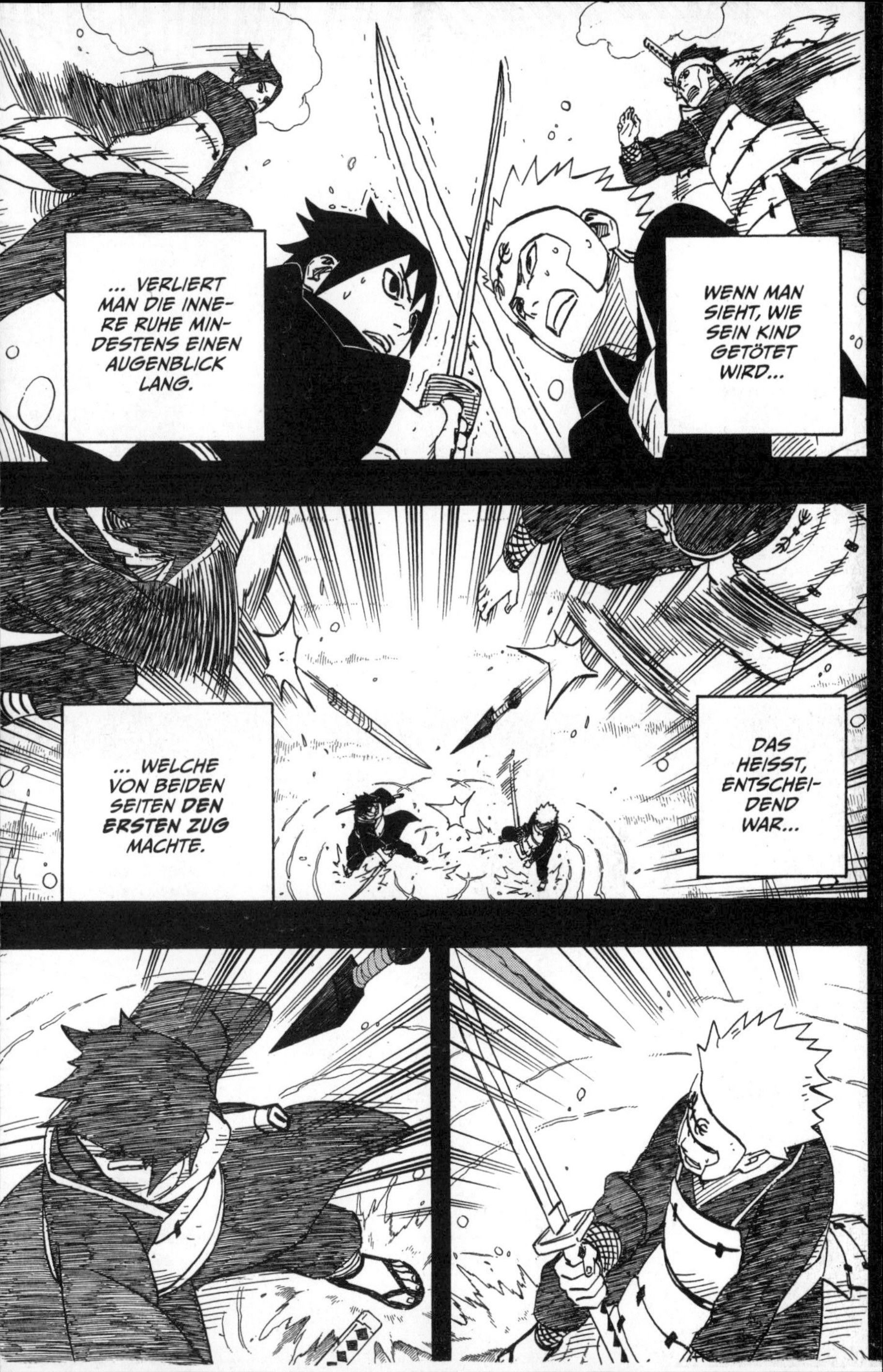
WENN MAN SIEHT, WIE SEIN KIND GETÖTET WIRD...
... VERLIERT MAN DIE INNERE RUHE MINDESTENS EINEN AUGENBLICK LANG.
DAS HEISST, ENTSCHEIDEND WAR...
... WELCHE VON BEIDEN SEITEN DEN ERSTEN ZUG MACHTE.

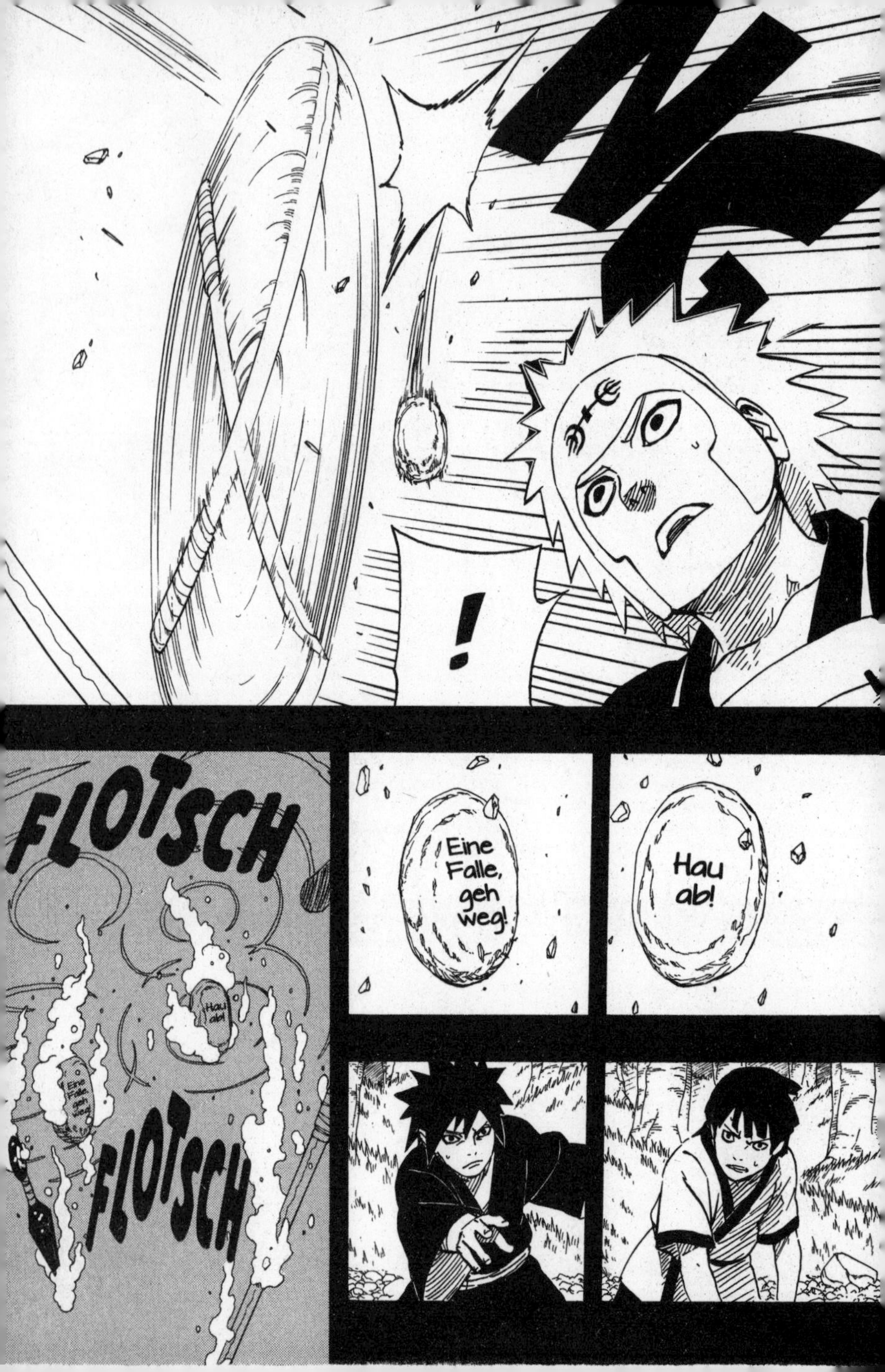
!
Hau ab!
Eine Falle, geh weg!
FLOTSCH
FLOTSCH

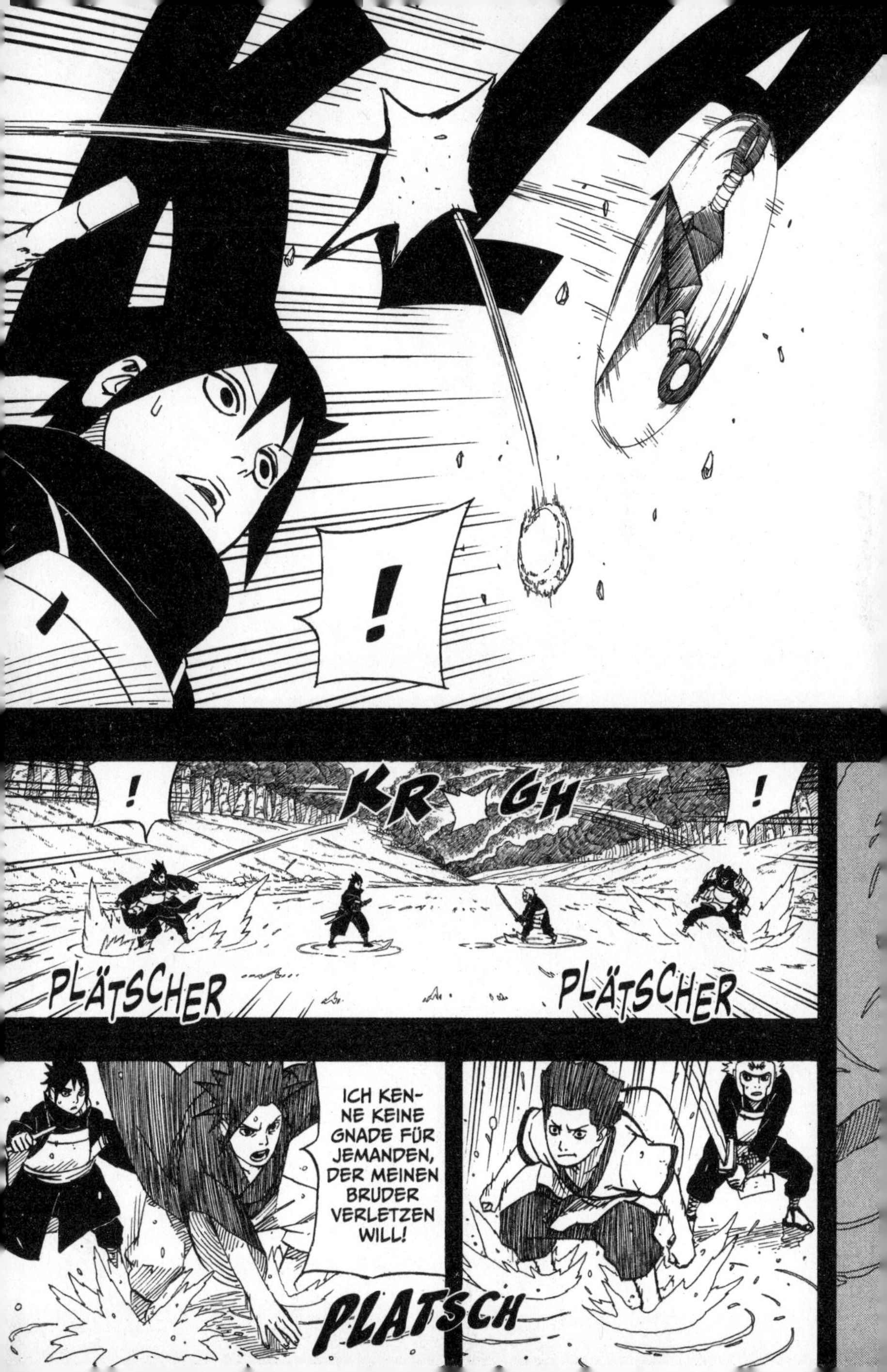
!
KR GH
!
!
PLÄTSCHER
PLÄTSCHER
ICH KENNE KEINE GNADE FÜR JEMANDEN, DER MEINEN BRUDER VERLETZEN WILL!
PLATSCH

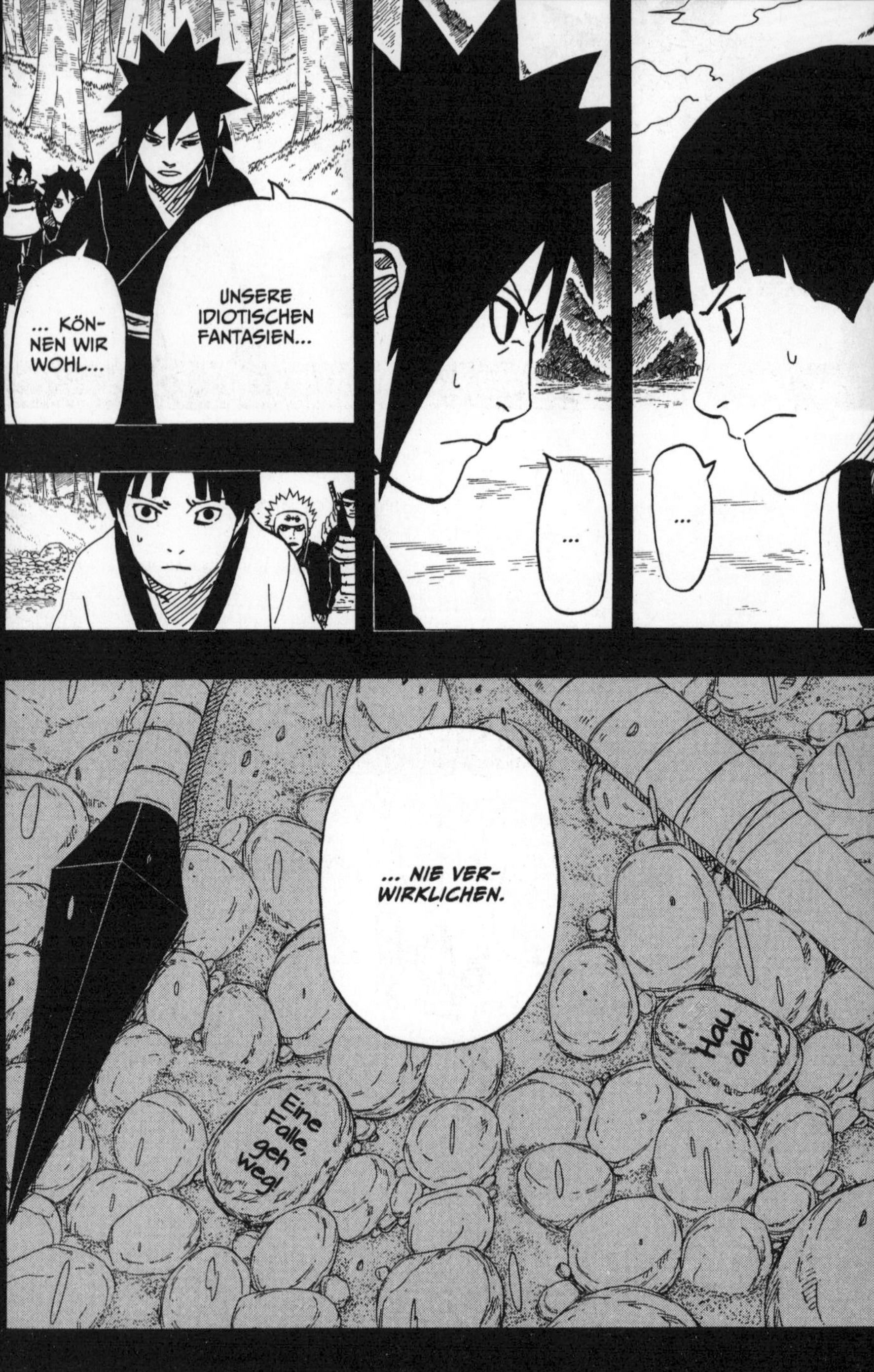

... UND
UNSERE IDIOTISCHEN FANTASIEN...
... KÖN-NEN WIR WOHL...
...
...
... NIE VER-WIRKLICHEN.
Hau ab!
Eine Falle, geh weg!

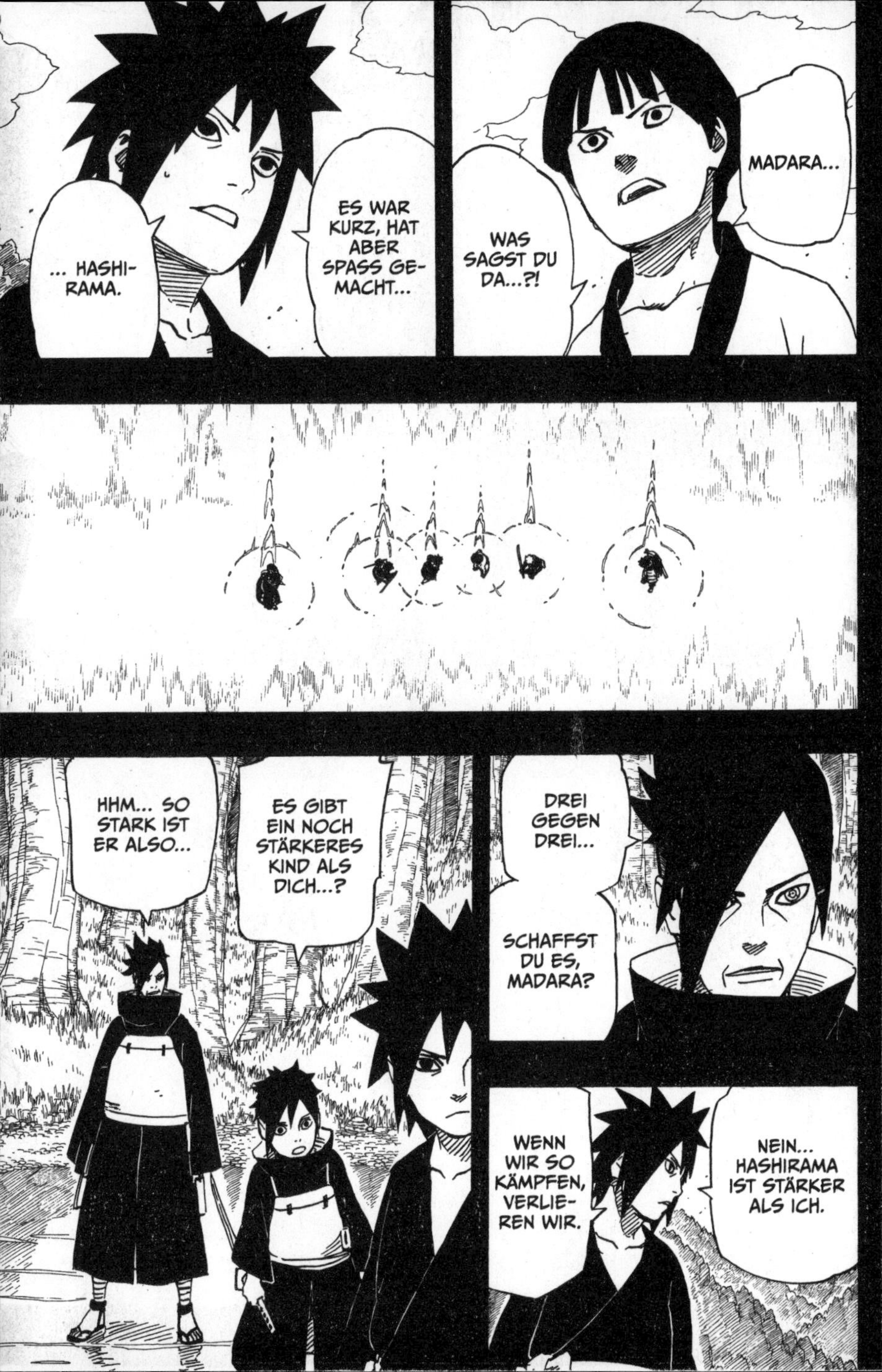
MADARA...
WAS SAGST DU DA...?!
ES WAR KURZ, HAT ABER SPASS GEMACHT...
... HASHIRAMA.
DREI GEGEN DREI...
SCHAFFST DU ES, MADARA?
NEIN... HASHIRAMA IST STÄRKER ALS ICH.
WENN WIR SO KÄMPFEN, VERLIEREN WIR.
ES GIBT EIN NOCH STÄRKERES KIND ALS DICH...?
HHM... SO STARK IST ER ALSO...

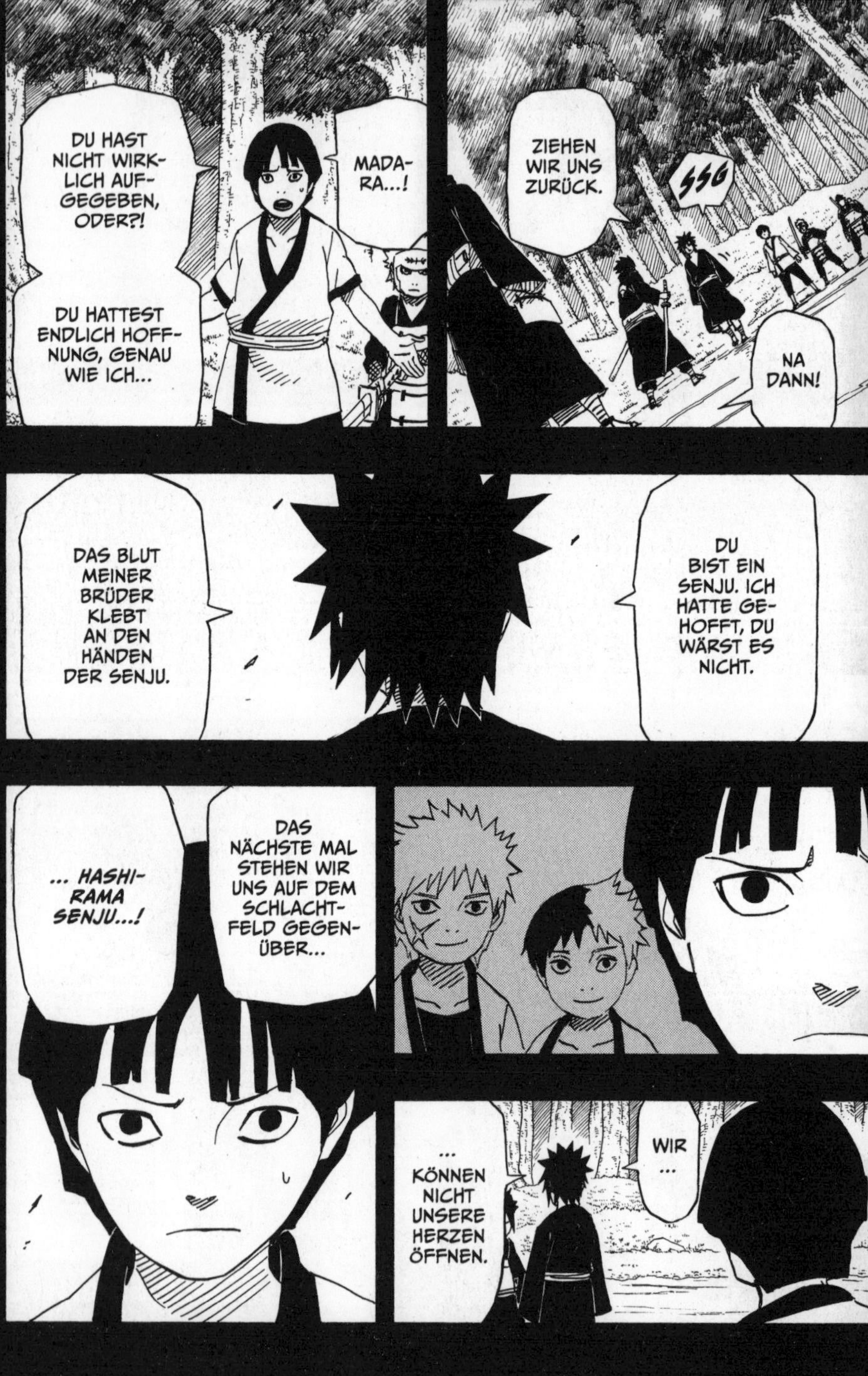

ZIEHEN WIR UNS ZURÜCK.
SSG
NA DANN!
MADARA...!
DU HAST NICHT WIRKLICH AUFGEGEBEN, ODER?!
DU HATTEST ENDLICH HOFFNUNG, GENAU WIE ICH...
DU BIST EIN SENJU. ICH HATTE GEHOFFT, DU WÄRST ES NICHT.
DAS BLUT MEINER BRÜDER KLEBT AN DEN HÄNDEN DER SENJU.
WIR ...
... KÖNNEN NICHT UNSERE HERZEN ÖFFNEN.
DAS NÄCHSTE MAL STEHEN WIR UNS AUF DEM SCHLACHTFELD GEGENÜBER...
... HASHIRAMA SENJU...!

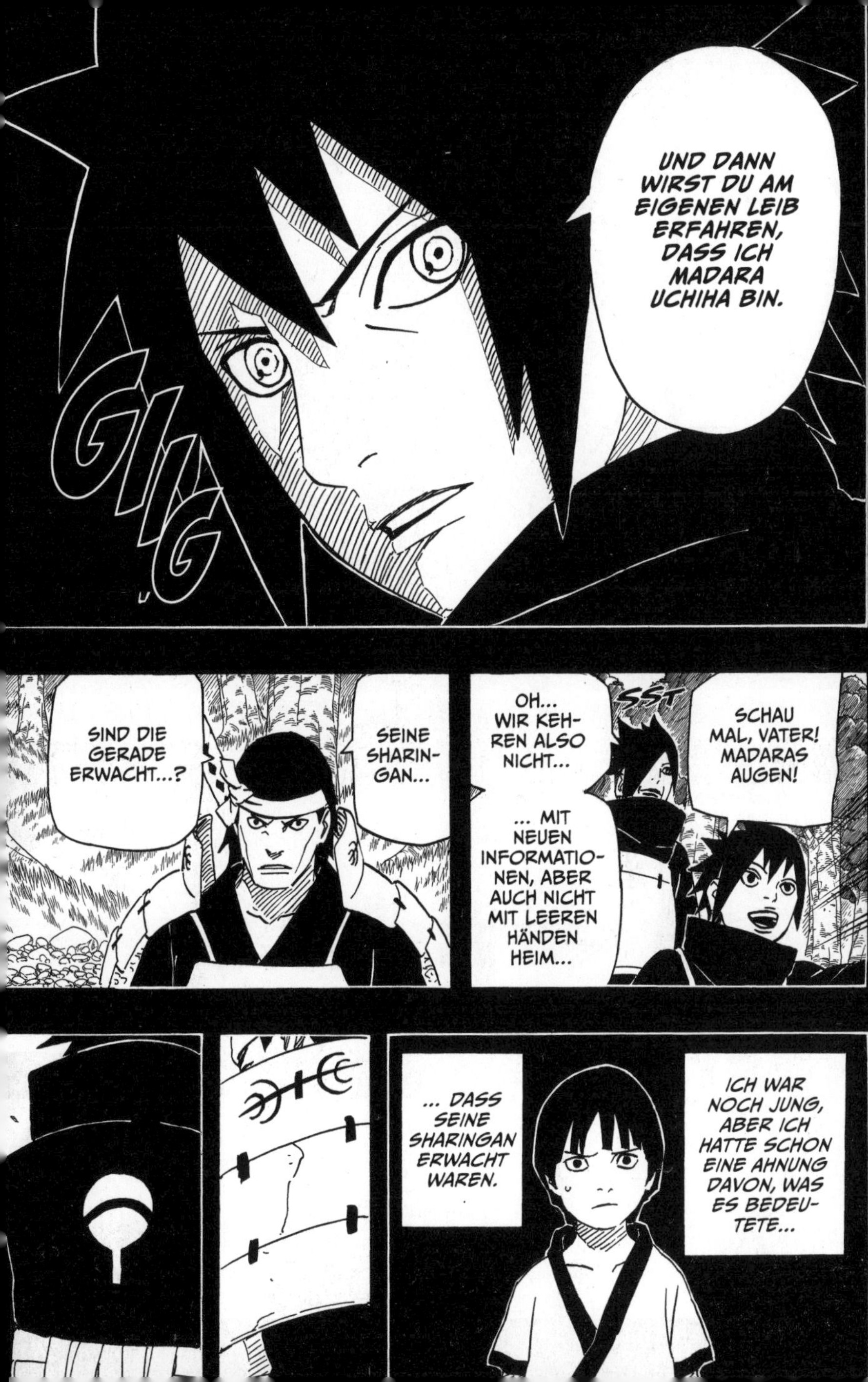
UND DANN WIRST DU AM EIGENEN LEIB ERFAHREN, DASS ICH MADARA UCHIHA BIN.
GIIIG
SSST
SCHAU MAL, VATER! MADARAS AUGEN!
OH... WIR KEHREN ALSO NICHT...
... MIT NEUEN INFORMATIONEN, ABER AUCH NICHT MIT LEEREN HÄNDEN HEIM...
SEINE SHARINGAN...
SIND DIE GERADE ERWACHT...?
ICH WAR NOCH JUNG, ABER ICH HATTE SCHON EINE AHNUNG DAVON, WAS ES BEDEUTETE...
... DASS SEINE SHARINGAN ERWACHT WAREN.

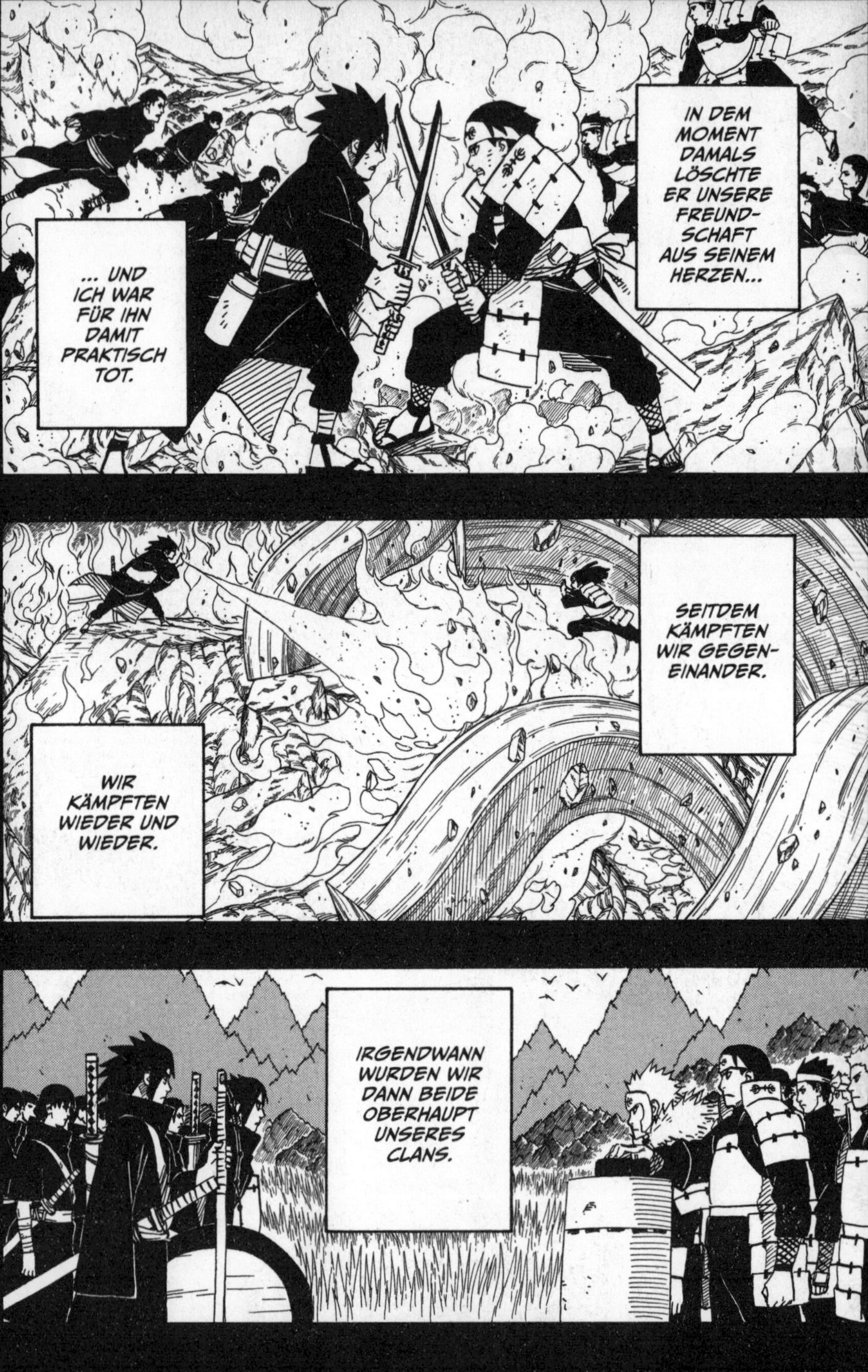

IN DEM MOMENT DAMALS LÖSCHTE ER UNSERE FREUND-SCHAFT AUS SEINEM HERZEN...
... UND ICH WAR FÜR IHN DAMIT PRAKTISCH TOT.
SEITDEM KÄMPFTEN WIR GEGEN-EINANDER.
WIR KÄMPFTEN WIEDER UND WIEDER.
IRGENDWANN WURDEN WIR DANN BEIDE OBERHAUPT UNSERES CLANS.

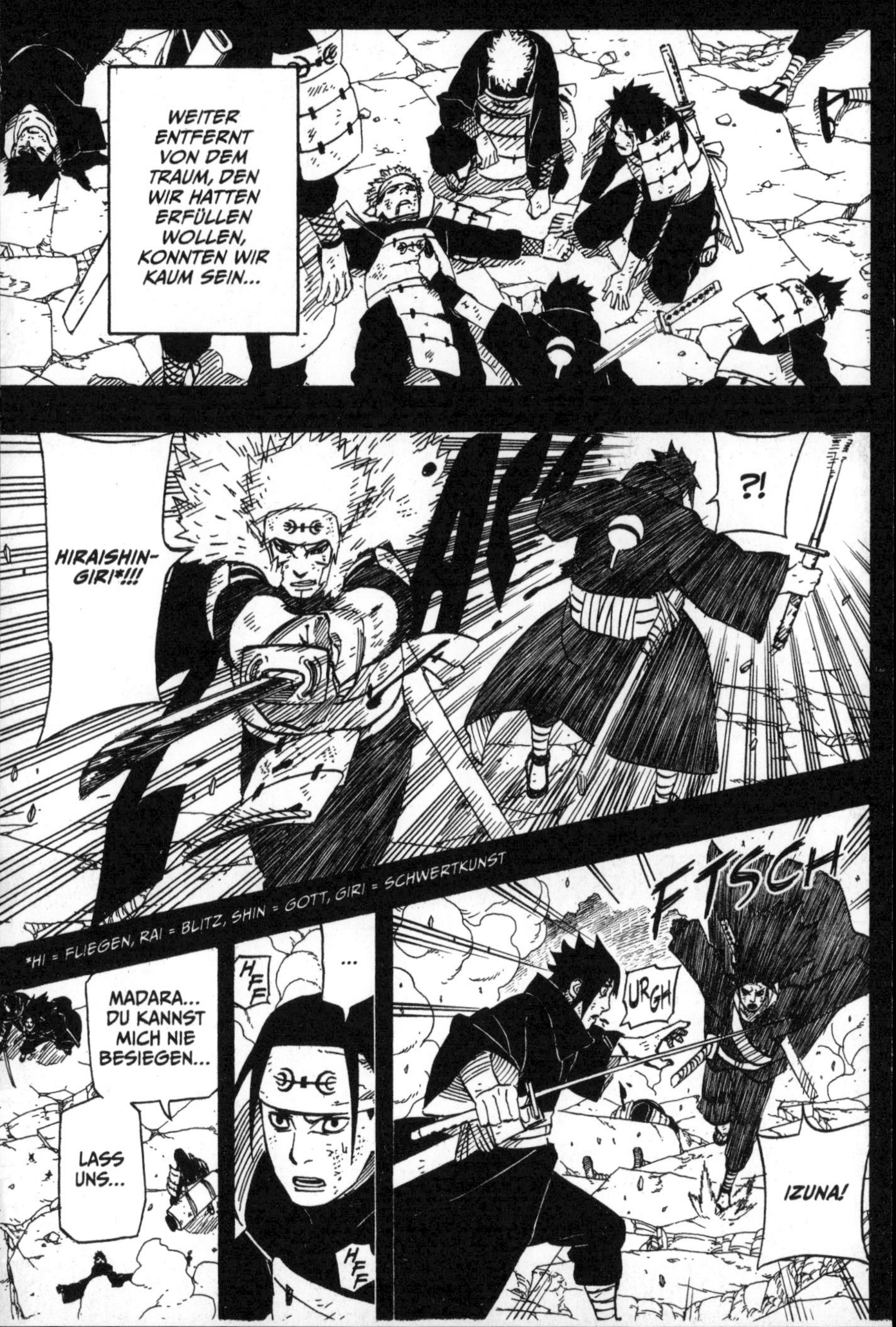
WEITER ENTFERNT VON DEM TRAUM, DEN WIR HATTEN ERFÜLLEN WOLLEN, KONNTEN WIR KAUM SEIN...
?!
HIRAISHIN-GIRI*!!!
*HI = FLIEGEN, RAI = BLITZ, SHIN = GOTT, GIRI = SCHWERTKUNST
FTSCH
URGH
IZUNA!
HFF
...
MADARA... DU KANNST MICH NIE BESIEGEN...
LASS UNS...
HFF

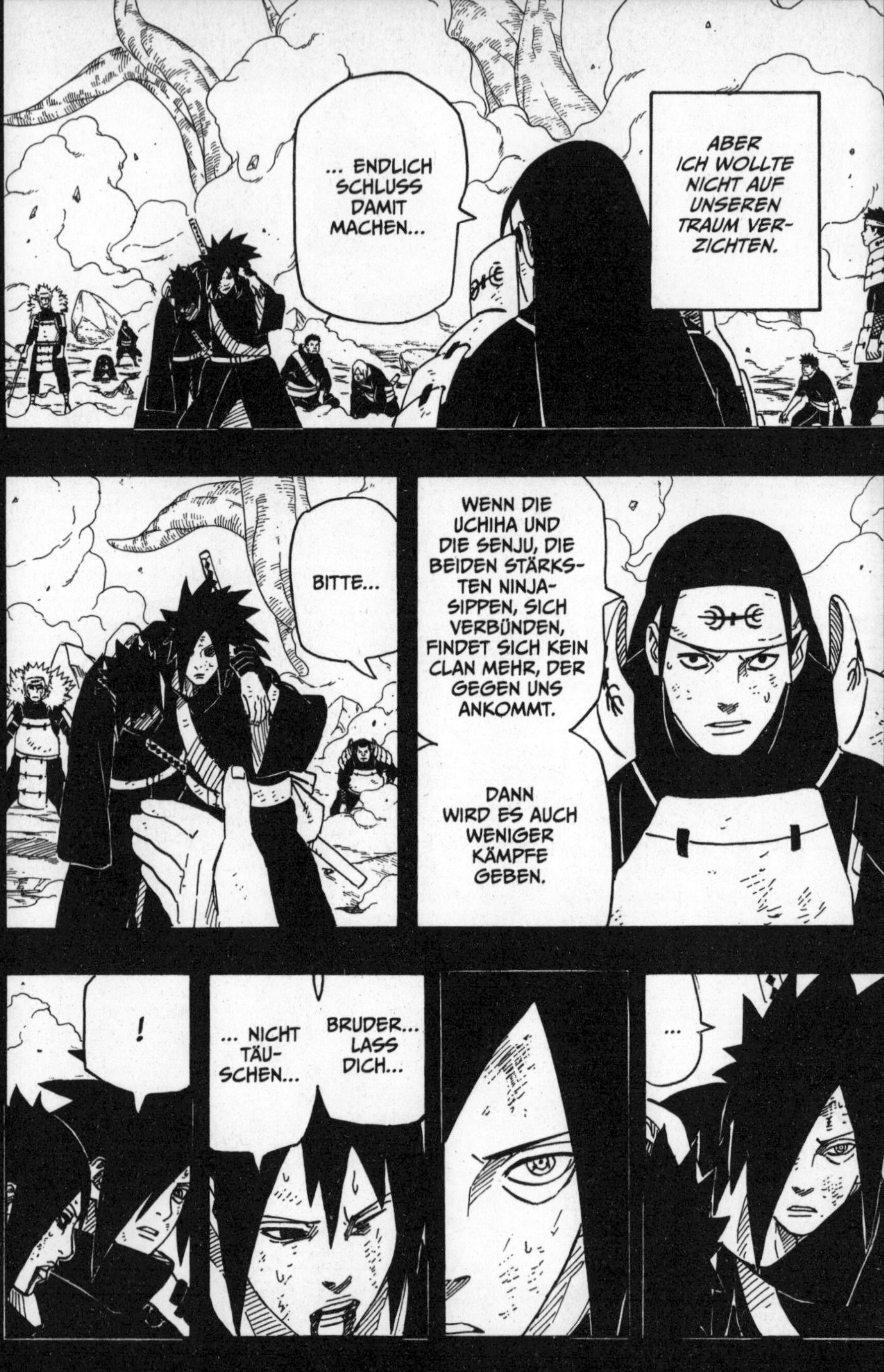

ABER ICH WOLLTE NICHT AUF UNSEREN TRAUM VERZICHTEN.
... ENDLICH SCHLUSS DAMIT MACHEN...
WENN DIE UCHIHA UND DIE SENJU, DIE BEIDEN STÄRKSTEN NINJASIPPEN, SICH VERBÜNDEN, FINDET SICH KEIN CLAN MEHR, DER GEGEN UNS ANKOMMT.
DANN WIRD ES AUCH WENIGER KÄMPFE GEBEN.
BITTE...
...
BRUDER... LASS DICH...
... NICHT TÄUSCHEN...
!

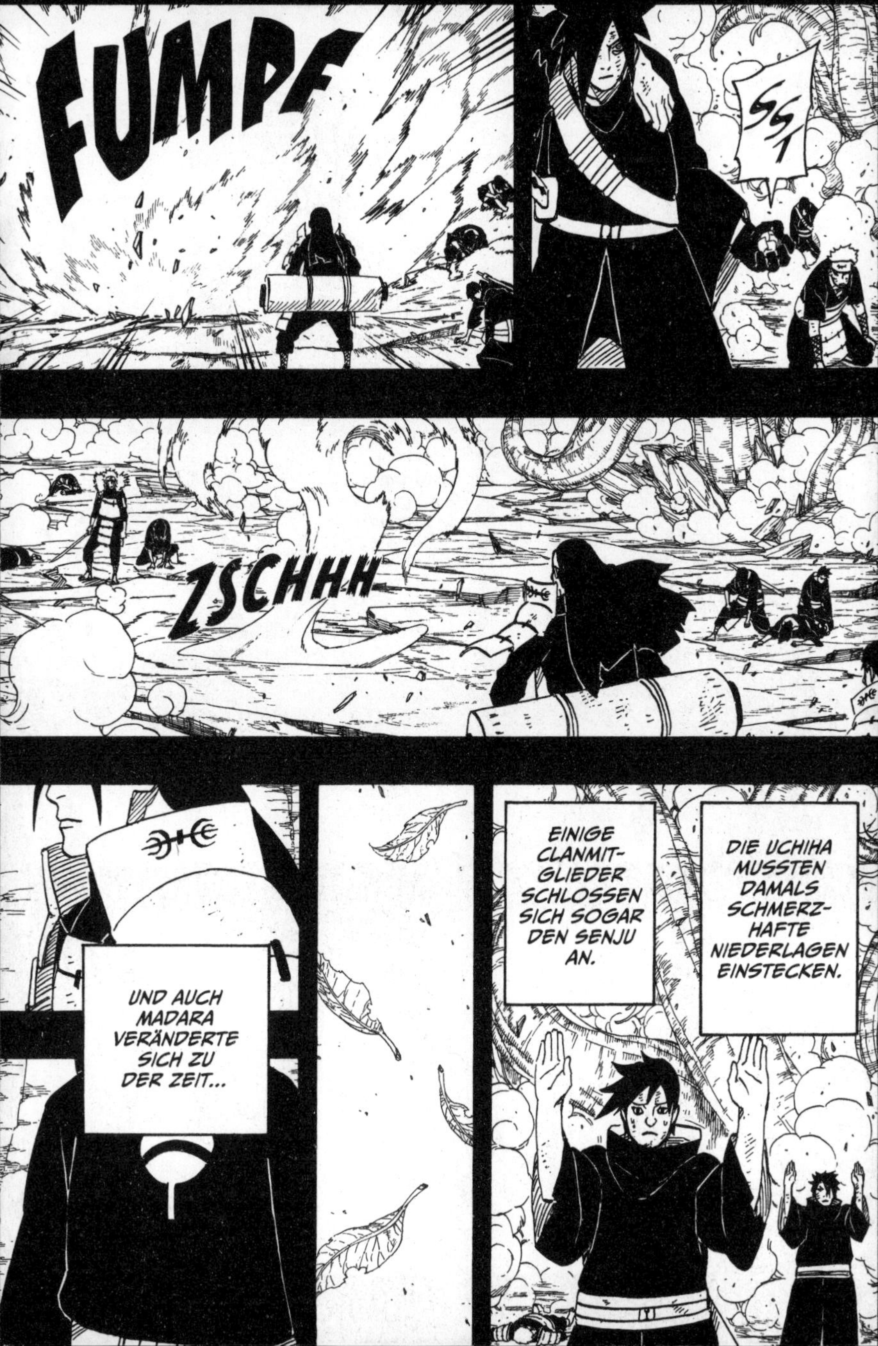

SS!
FUMPF
ZSCHHH
DIE UCHIHA MUSSTEN DAMALS SCHMERZHAFTE NIEDERLAGEN EINSTECKEN.
EINIGE CLANMITGLIEDER SCHLOSSEN SICH SOGAR DEN SENJU AN.
UND AUCH MADARA VERÄNDERTE SICH ZU DER ZEIT...

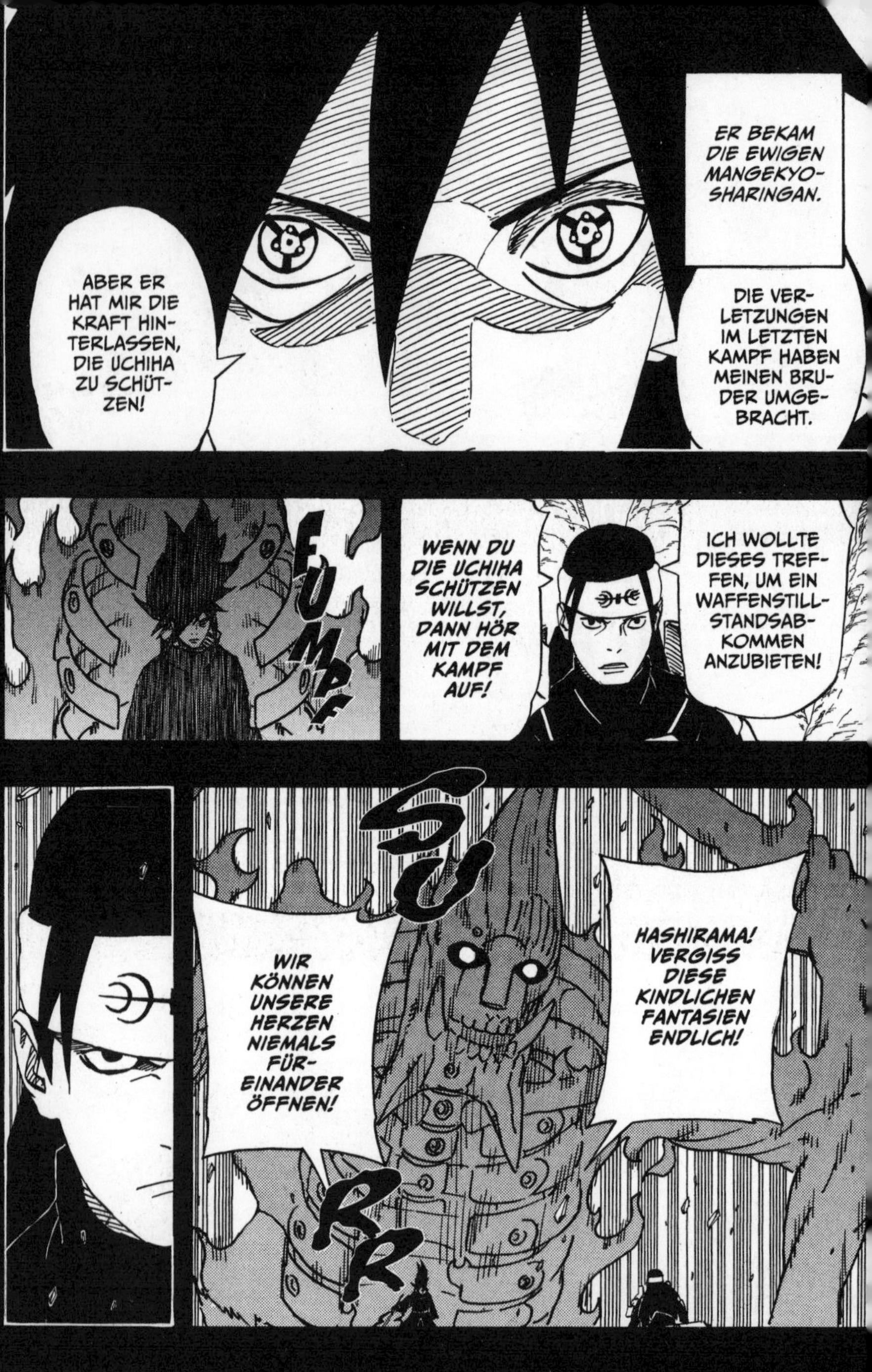

ER BEKAM DIE EWIGEN MANGEKYO-SHARINGAN.
DIE VERLETZUNGEN IM LETZTEN KAMPF HABEN MEINEN BRUDER UMGEBRACHT.
ABER ER HAT MIR DIE KRAFT HINTERLASSEN, DIE UCHIHA ZU SCHÜTZEN!
ICH WOLLTE DIESES TREFFEN, UM EIN WAFFENSTILLSTANDSABKOMMEN ANZUBIETEN!
WENN DU DIE UCHIHA SCHÜTZEN WILLST, DANN HÖR MIT DEM KAMPF AUF!
FUMPF
SU
HASHIRAMA! VERGISS DIESE KINDLICHEN FANTASIEN ENDLICH!
WIR KÖNNEN UNSERE HERZEN NIEMALS FÜREINANDER ÖFFNEN!
RR

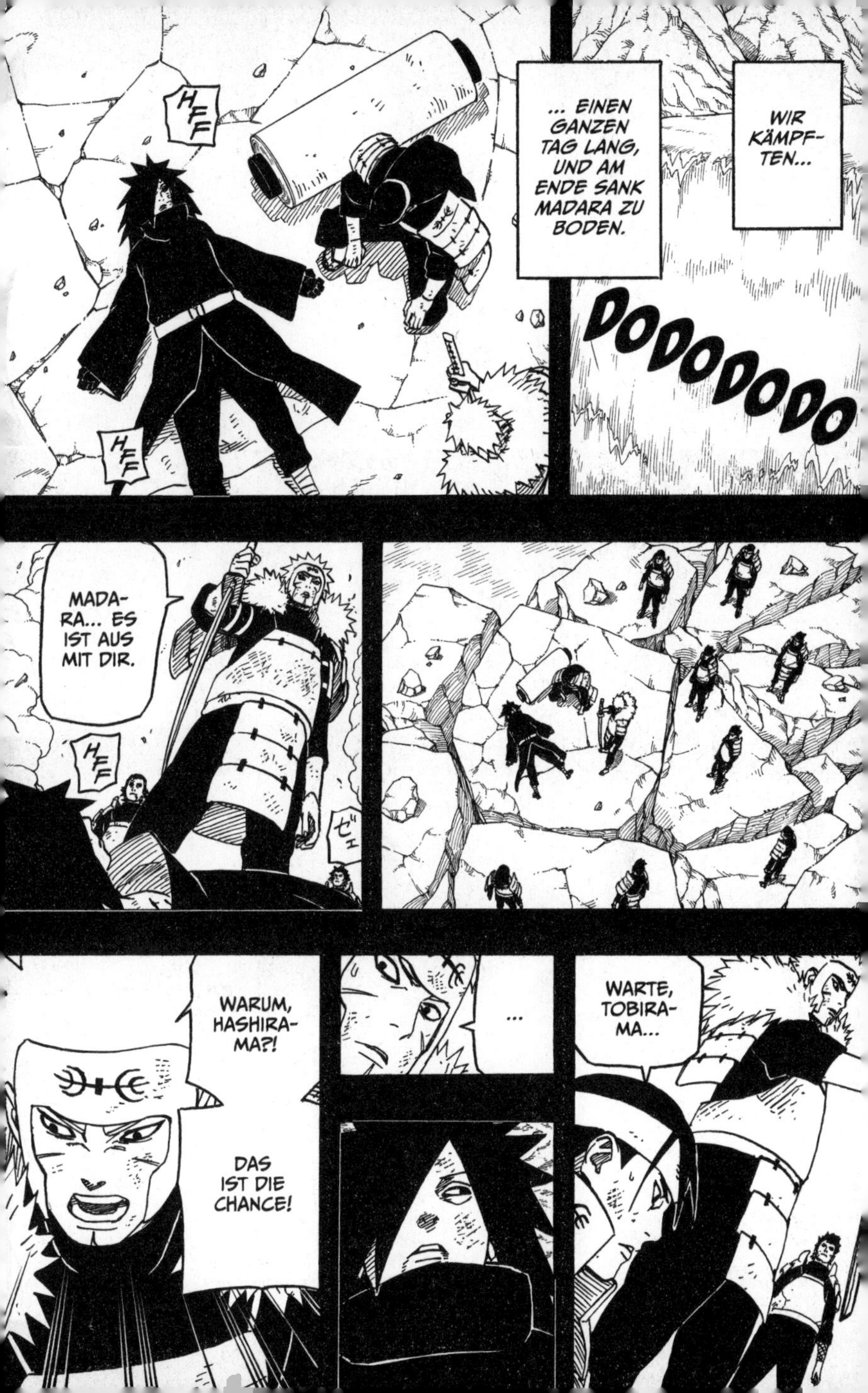
WIR KÄMPF-TEN...
DODODODO
... EINEN GANZEN TAG LANG, UND AM ENDE SANK MADARA ZU BODEN.
HFF
HFF
MADA-RA... ES IST AUS MIT DIR.
HFF
ゼェ
WARTE, TOBIRA-MA...
...
WARUM, HASHIRA-MA?!
DAS IST DIE CHANCE!

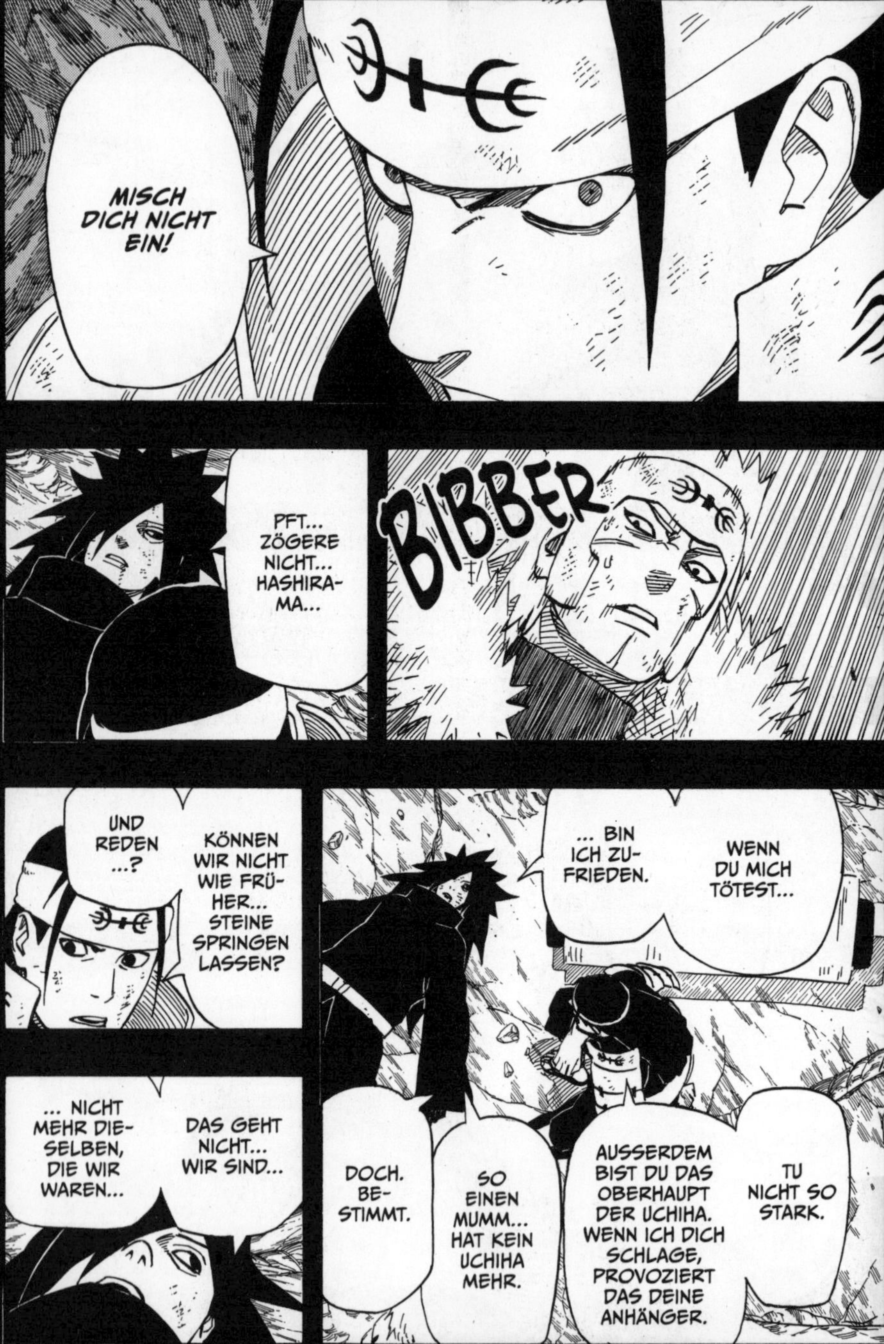
MISCH DICH NICHT EIN!
BIBBER
PFT... ZÖGERE NICHT... HASHIRAMA...
WENN DU MICH TÖTEST...
... BIN ICH ZUFRIEDEN.
KÖNNEN WIR NICHT WIE FRÜHER... STEINE SPRINGEN LASSEN?
UND REDEN ...?
TU NICHT SO STARK.
AUSSERDEM BIST DU DAS OBERHAUPT DER UCHIHA. WENN ICH DICH SCHLAGE, PROVOZIERT DAS DEINE ANHÄNGER.
SO EINEN MUMM... HAT KEIN UCHIHA MEHR.
DOCH. BESTIMMT.
DAS GEHT NICHT... WIR SIND...
... NICHT MEHR DIESELBEN, DIE WIR WAREN...

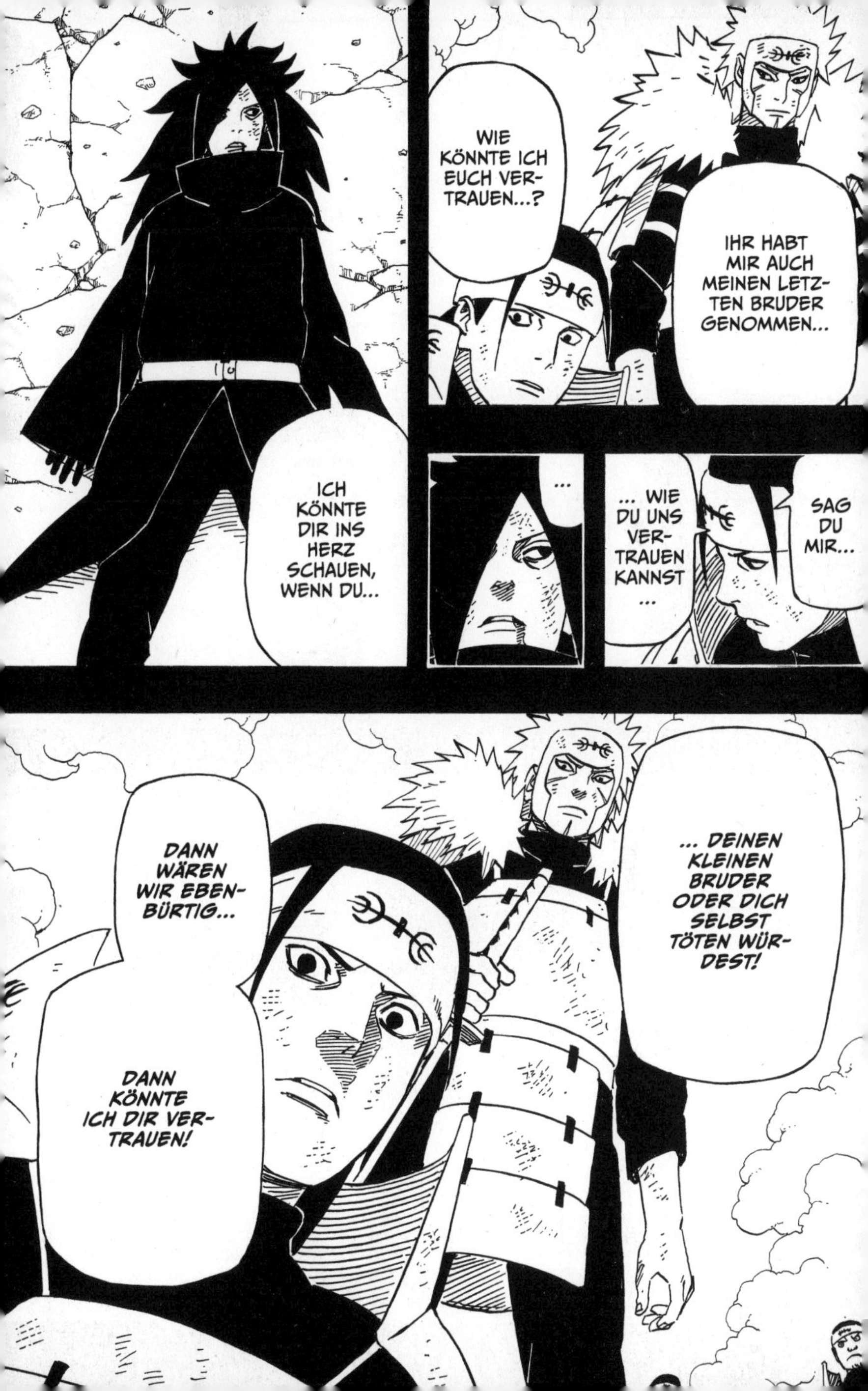
IHR HABT MIR AUCH MEINEN LETZTEN BRUDER GENOMMEN...
WIE KÖNNTE ICH EUCH VERTRAUEN...?
SAG DU MIR...
... WIE DU UNS VERTRAUEN KANNST ...
...
ICH KÖNNTE DIR INS HERZ SCHAUEN, WENN DU...
... DEINEN KLEINEN BRUDER ODER DICH SELBST TÖTEN WÜRDEST!
DANN WÄREN WIR EBENBÜRTIG...
DANN KÖNNTE ICH DIR VERTRAUEN!

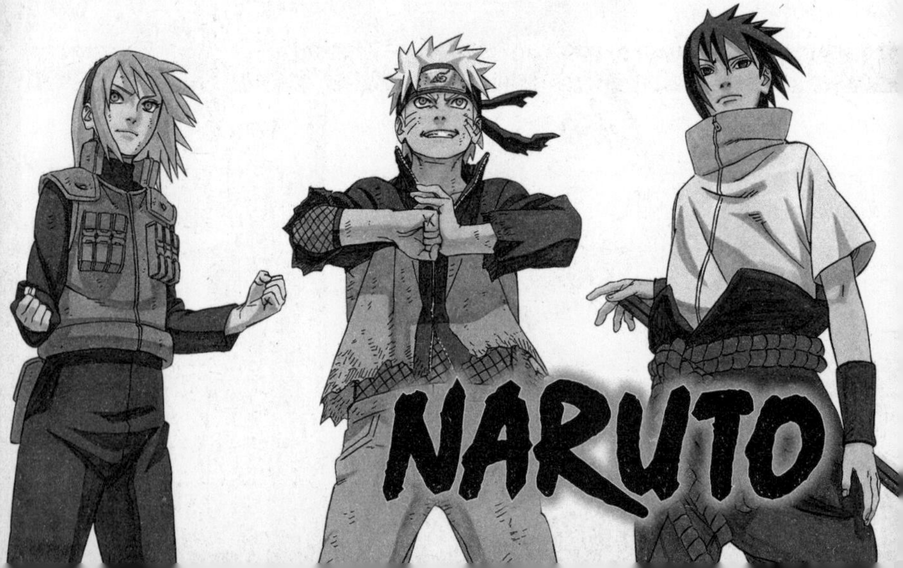
NARUTO

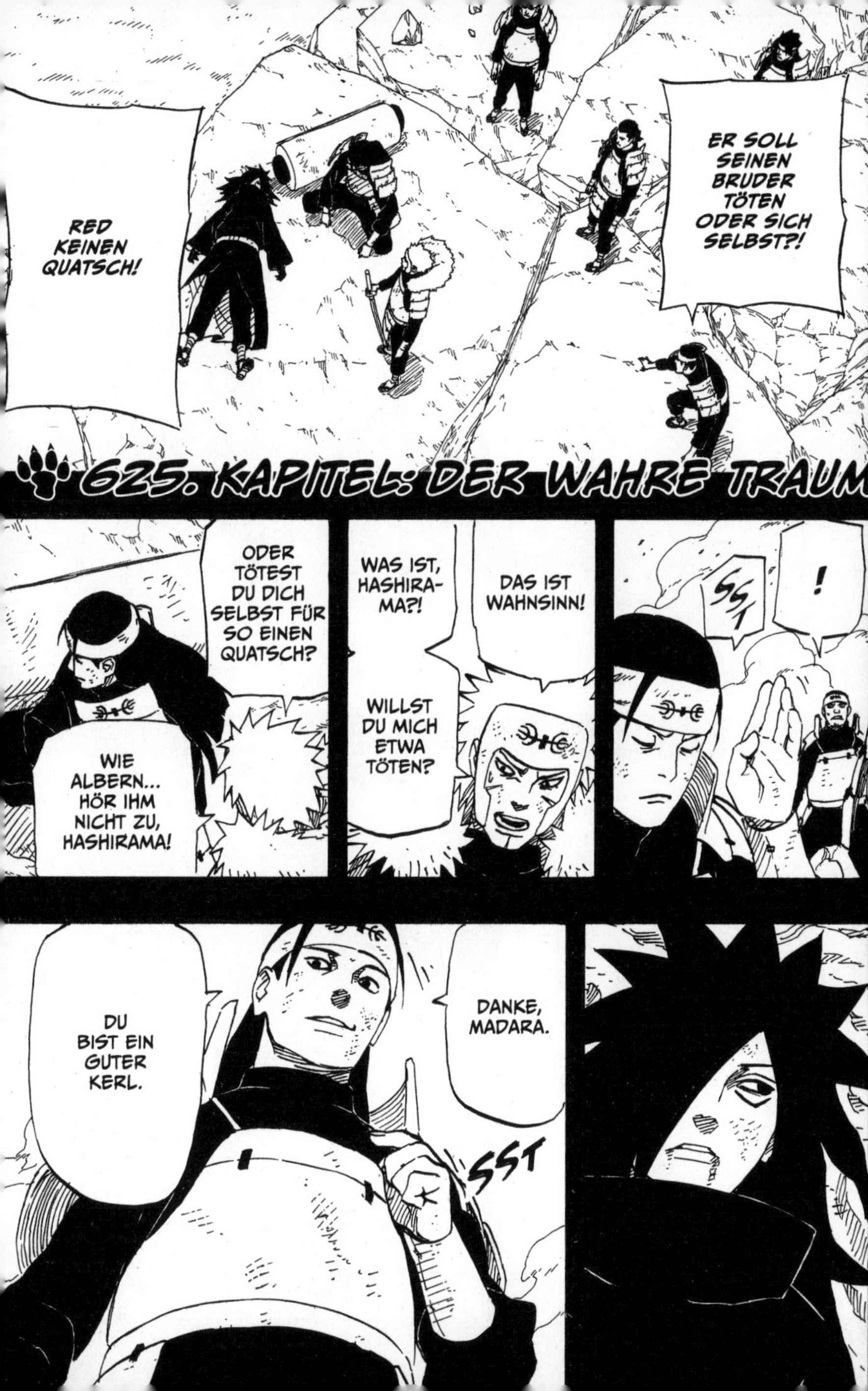

ER SOLL SEINEN BRUDER TÖTEN ODER SICH SELBST?!
RED KEINEN QUATSCH!
625. KAPITEL: DER WAHRE TRAUM
!
SS
DAS IST WAHNSINN!
WAS IST, HASHIRAMA?!
WILLST DU MICH ETWA TÖTEN?
ODER TÖTEST DU DICH SELBST FÜR SO EINEN QUATSCH?
WIE ALBERN… HÖR IHM NICHT ZU, HASHIRAMA!
DANKE, MADARA.
DU BIST EIN GUTER KERL.
SST

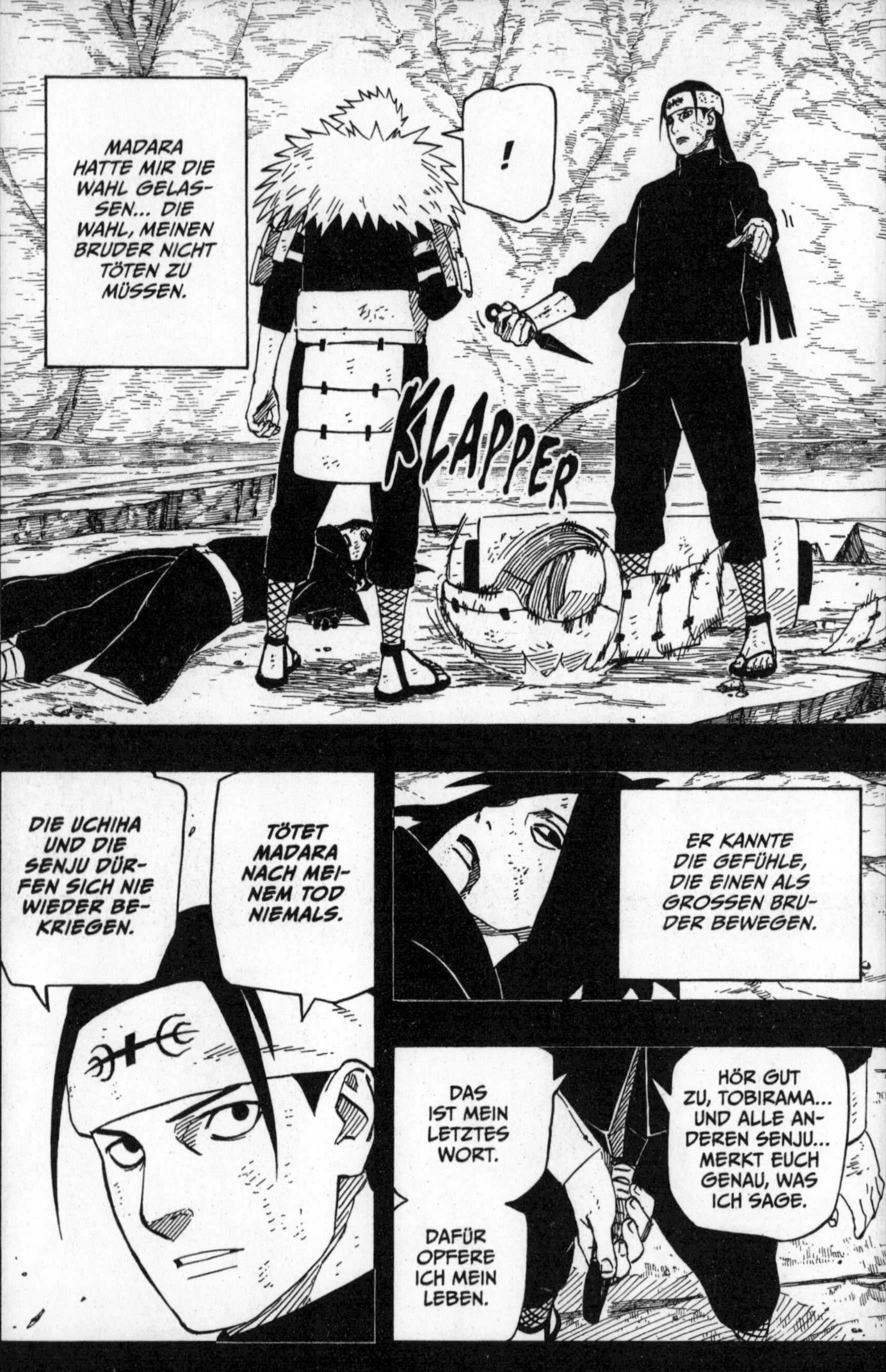
!
MADARA HATTE MIR DIE WAHL GELASSEN... DIE WAHL, MEINEN BRUDER NICHT TÖTEN ZU MÜSSEN.
KLAPPER
ER KANNTE DIE GEFÜHLE, DIE EINEN ALS GROSSEN BRUDER BEWEGEN.
HÖR GUT ZU, TOBIRAMA... UND ALLE ANDEREN SENJU... MERKT EUCH GENAU, WAS ICH SAGE.
DAS IST MEIN LETZTES WORT.
DAFÜR OPFERE ICH MEIN LEBEN.
TÖTET MADARA NACH MEINEM TOD NIEMALS.
DIE UCHIHA UND DIE SENJU DÜRFEN SICH NIE WIEDER BEKRIEGEN.

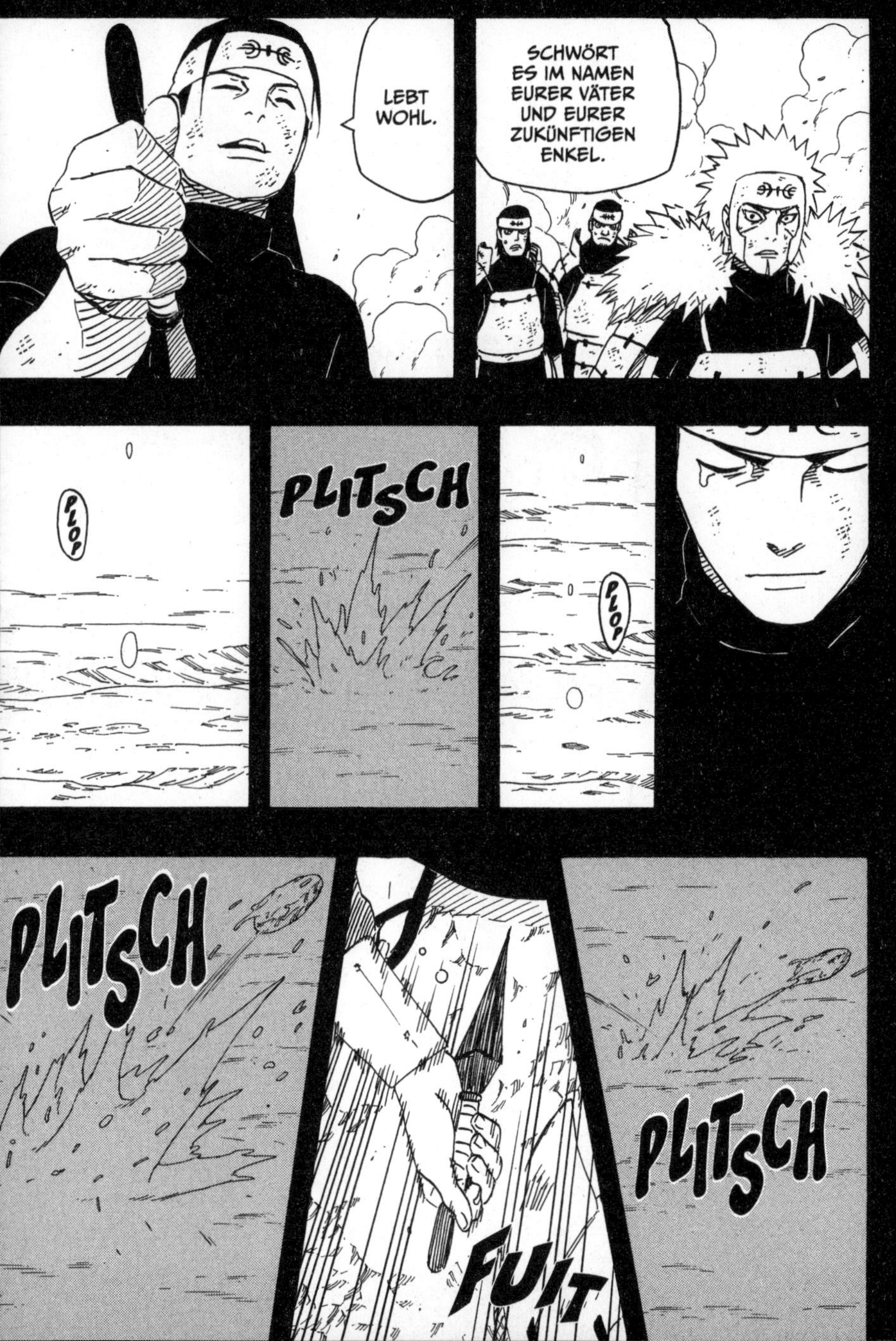
SCHWÖRT ES IM NAMEN EURER VÄTER UND EURER ZUKÜNFTIGEN ENKEL.
LEBT WOHL.
PLOP
PLITSCH
PLOP
PLITSCH
FUIT
PLITSCH

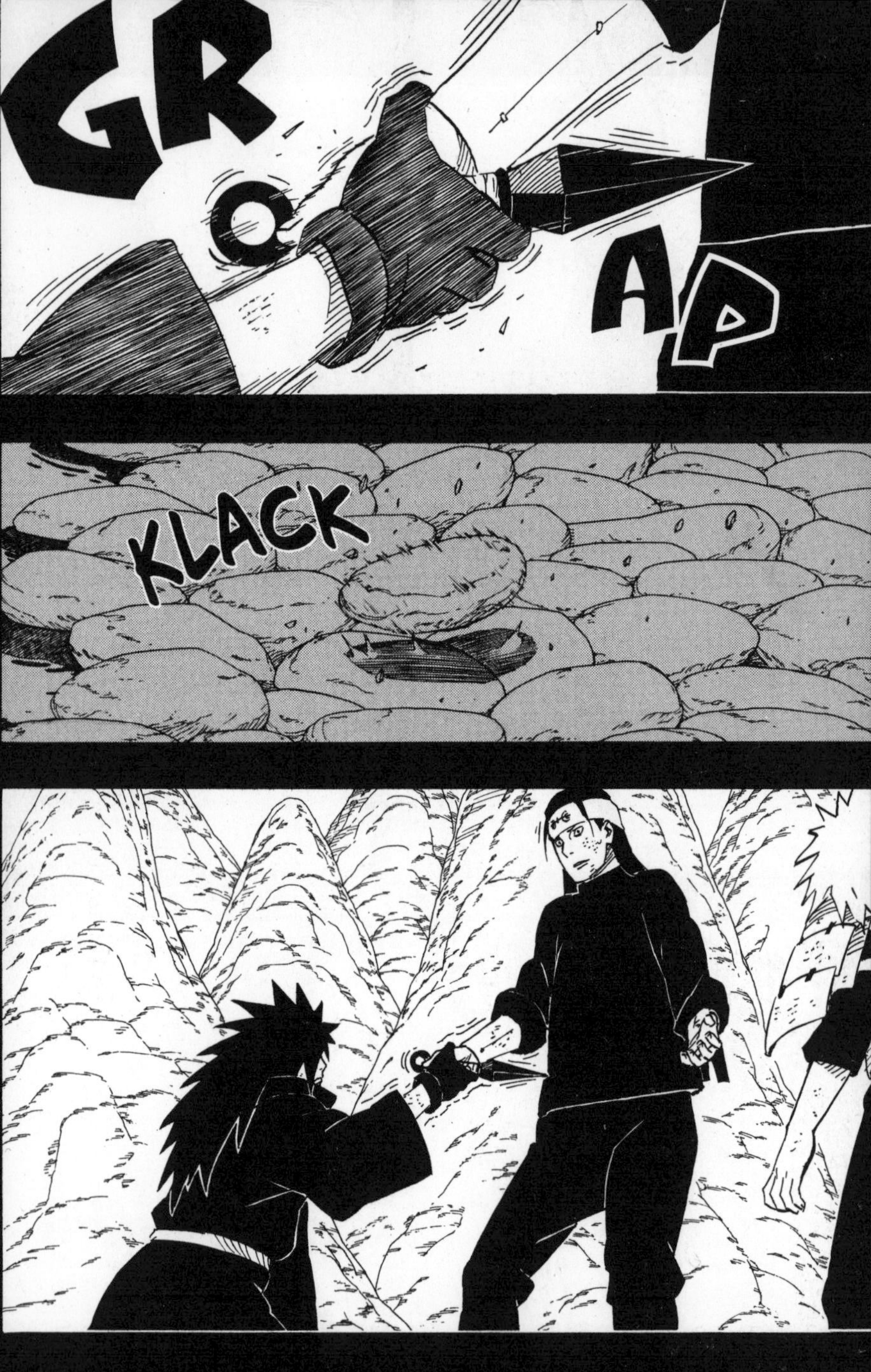
GRAP
KLACK

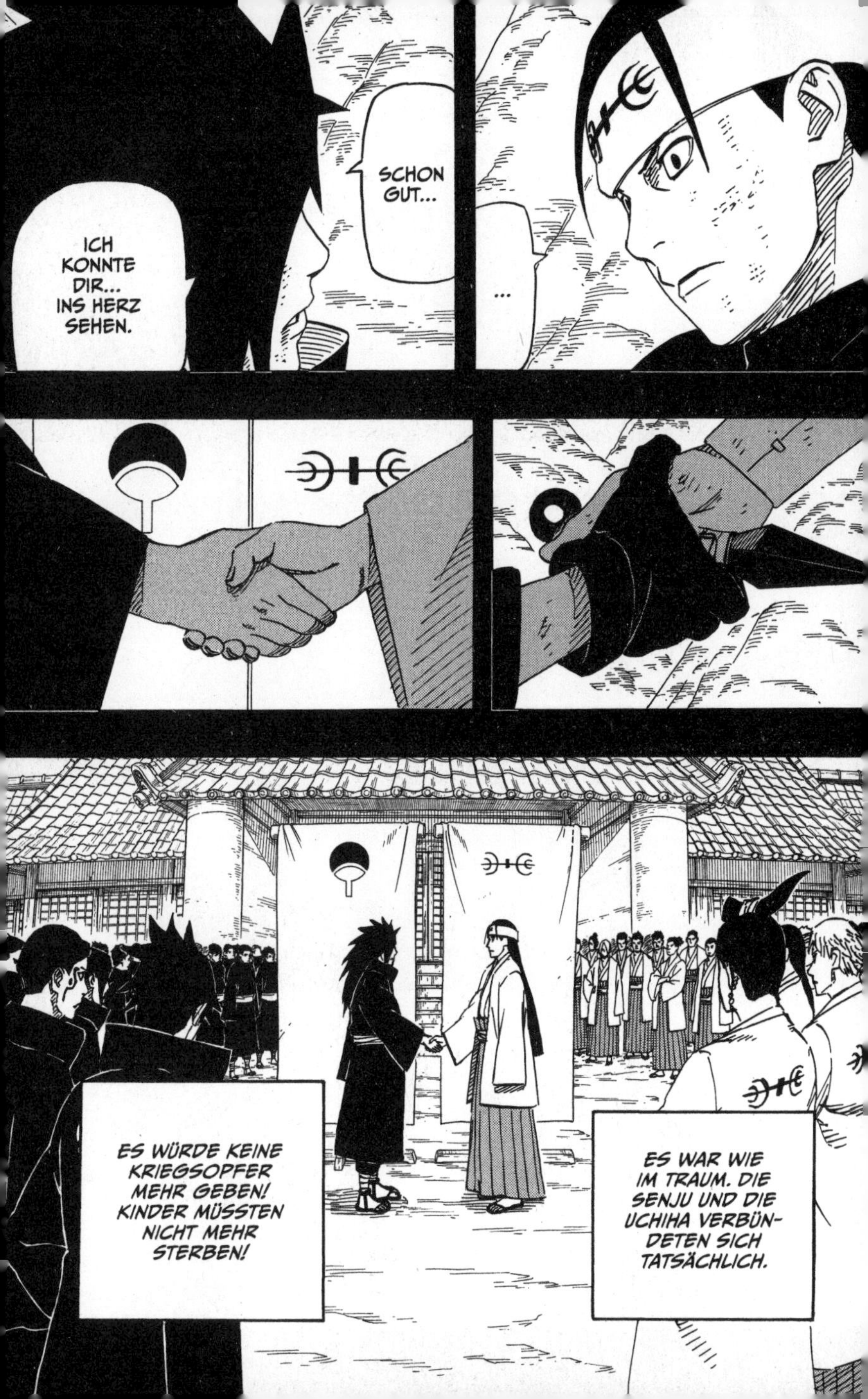
...
SCHON GUT...
ICH KONNTE DIR... INS HERZ SEHEN.
ES WAR WIE IM TRAUM. DIE SENJU UND DIE UCHIHA VERBÜN-DETEN SICH TATSÄCHLICH.
ES WÜRDE KEINE KRIEGSOPFER MEHR GEBEN! KINDER MÜSSTEN NICHT MEHR STERBEN!

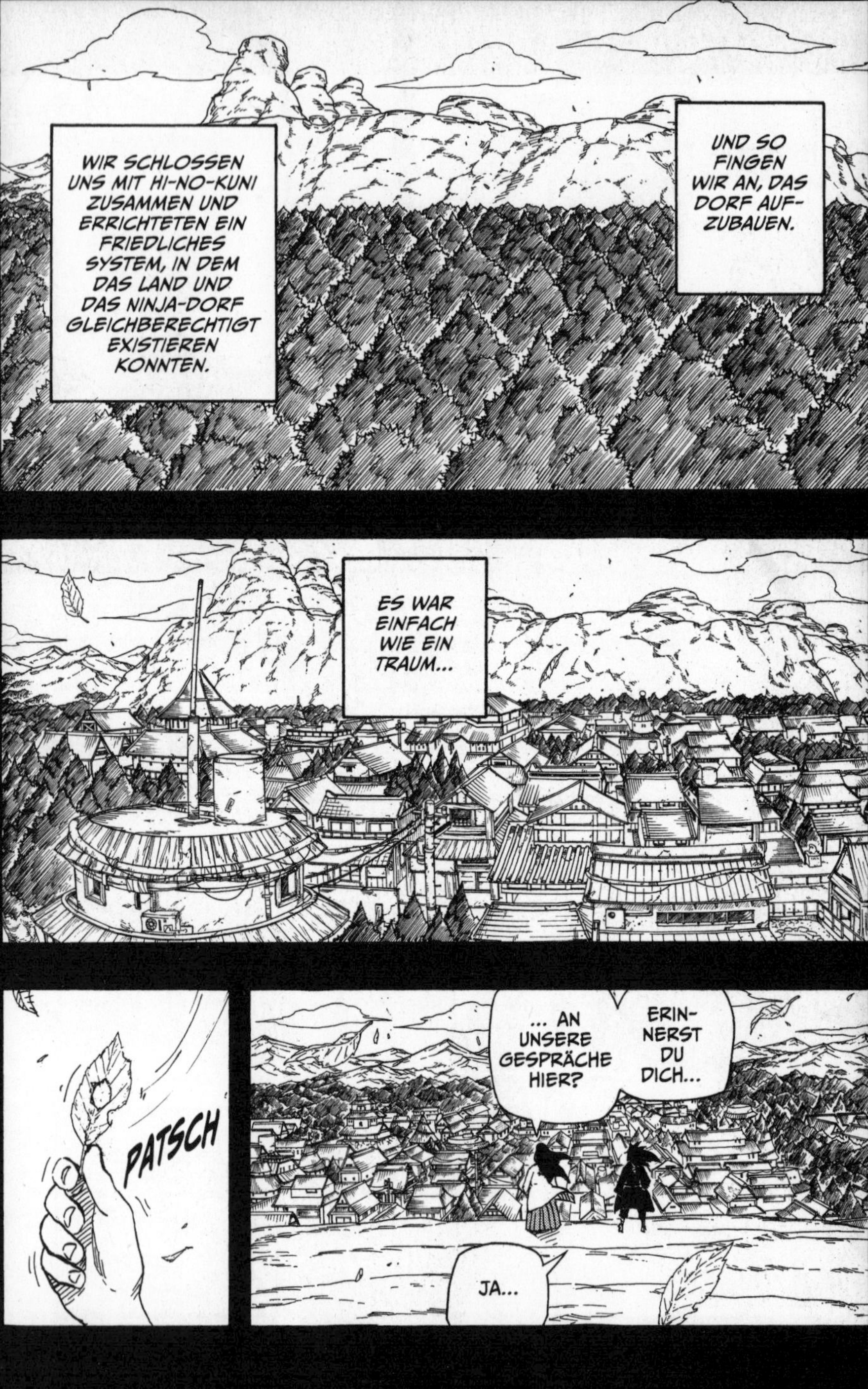

WIR SCHLOSSEN UNS MIT HI-NO-KUNI ZUSAMMEN UND ERRICHTETEN EIN FRIEDLICHES SYSTEM, IN DEM DAS LAND UND DAS NINJA-DORF GLEICHBERECHTIGT EXISTIEREN KONNTEN.
UND SO FINGEN WIR AN, DAS DORF AUF-ZUBAUEN.
ES WAR EINFACH WIE EIN TRAUM...
ERIN-NERST DU DICH...
... AN UNSERE GESPRÄCHE HIER?
JA...
PATSCH

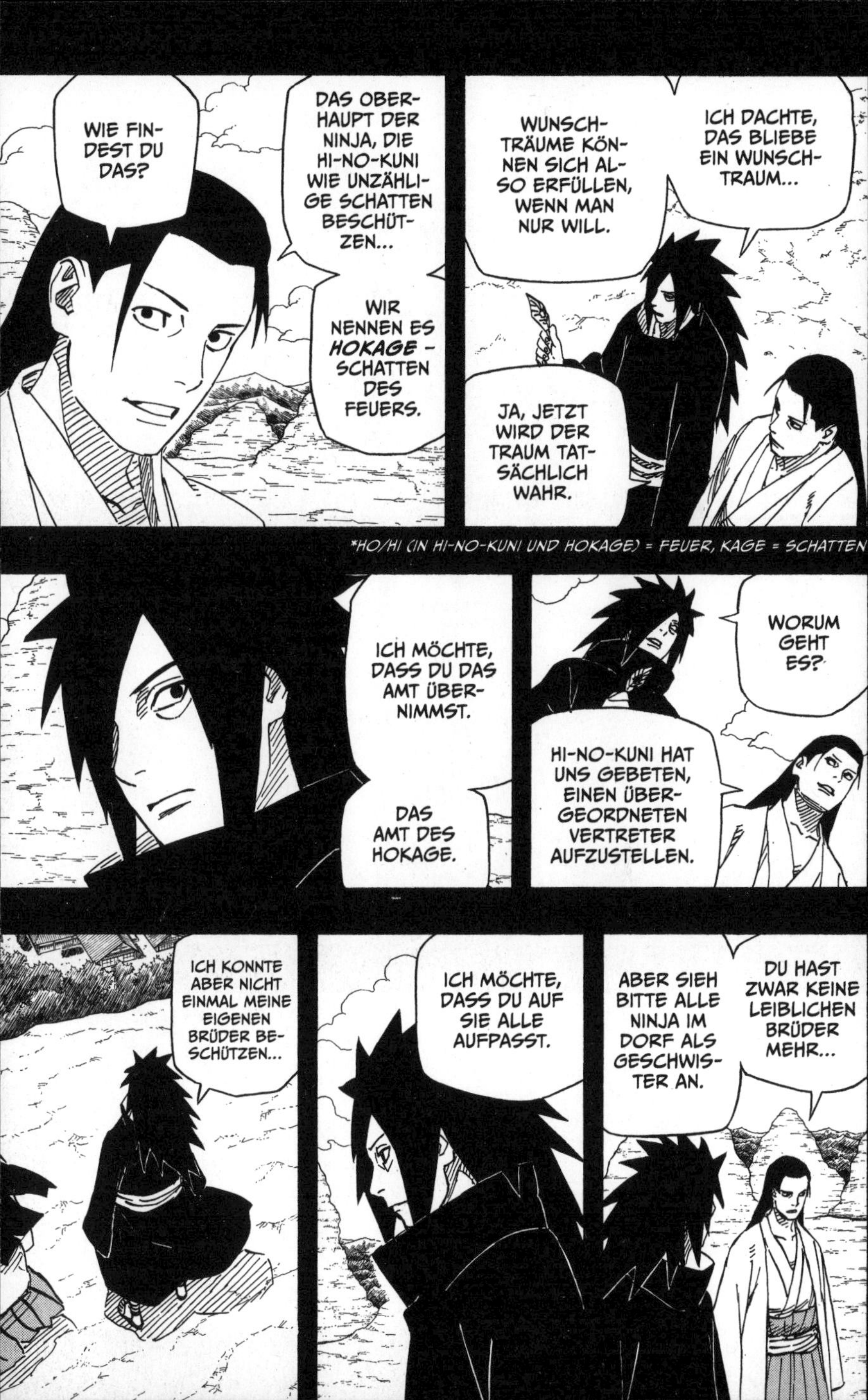
ICH DACHTE, DAS BLIEBE EIN WUNSCHTRAUM...
WUNSCHTRÄUME KÖNNEN SICH ALSO ERFÜLLEN, WENN MAN NUR WILL.
JA, JETZT WIRD DER TRAUM TATSÄCHLICH WAHR.
DAS OBERHAUPT DER NINJA, DIE HI-NO-KUNI WIE UNZÄHLIGE SCHATTEN BESCHÜTZEN...
WIR NENNEN ES ***HOKAGE*** – SCHATTEN DES FEUERS.
WIE FINDEST DU DAS?
*HO/HI (IN HI-NO-KUNI UND HOKAGE) = FEUER, KAGE = SCHATTEN
WORUM GEHT ES?
HI-NO-KUNI HAT UNS GEBETEN, EINEN ÜBERGEORDNETEN VERTRETER AUFZUSTELLEN.
ICH MÖCHTE, DASS DU DAS AMT ÜBERNIMMST.
DAS AMT DES HOKAGE.
DU HAST ZWAR KEINE LEIBLICHEN BRÜDER MEHR...
ABER SIEH BITTE ALLE NINJA IM DORF ALS GESCHWISTER AN.
ICH MÖCHTE, DASS DU AUF SIE ALLE AUFPASST.
ICH KONNTE ABER NICHT EINMAL MEINE EIGENEN BRÜDER BESCHÜTZEN...

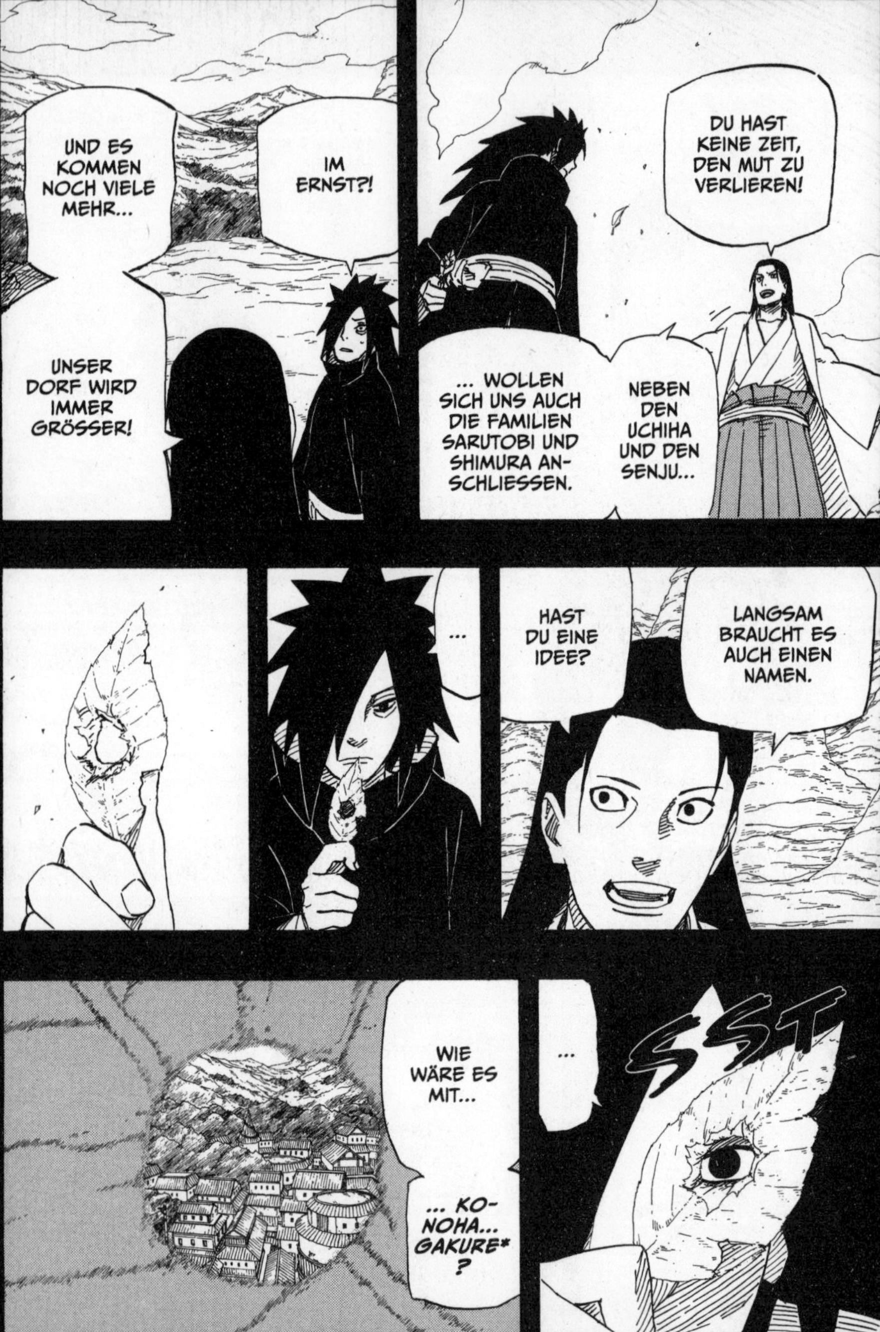

*KONOHA = BLATT/LAUB, GAKURE/KAKURE = HINTER
(DAS DORF KONOHAGAKURE = DAS DORF HINTERBLATT ^_^)

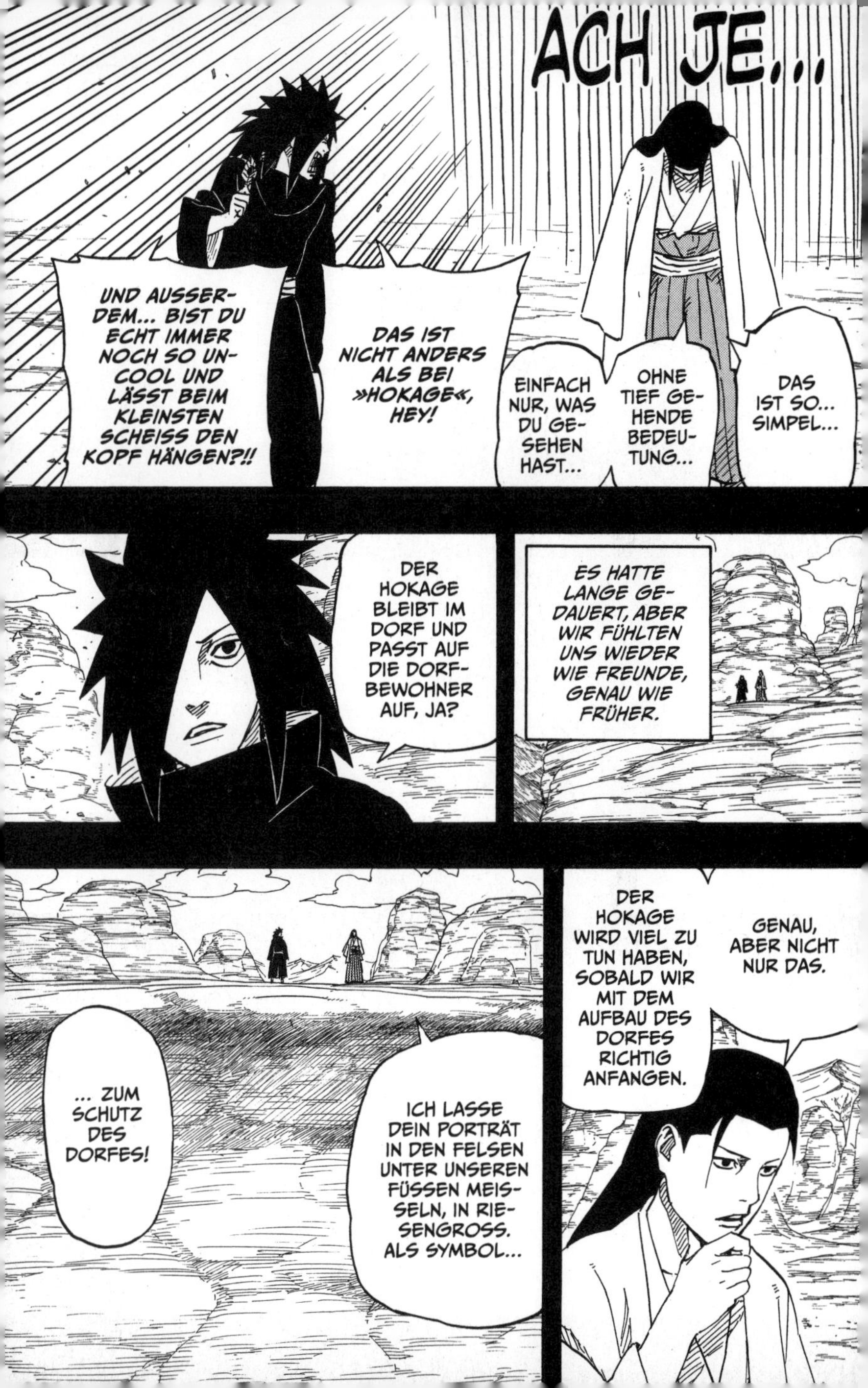
ACH JE...
DAS IST SO... SIMPEL...
OHNE TIEF GEHENDE BEDEUTUNG...
EINFACH NUR, WAS DU GESEHEN HAST...
DAS IST NICHT ANDERS ALS BEI »HOKAGE«, HEY!
UND AUSSERDEM... BIST DU ECHT IMMER NOCH SO UNCOOL UND LÄSST BEIM KLEINSTEN SCHEISS DEN KOPF HÄNGEN?!!
ES HATTE LANGE GEDAUERT, ABER WIR FÜHLTEN UNS WIEDER WIE FREUNDE, GENAU WIE FRÜHER.
DER HOKAGE BLEIBT IM DORF UND PASST AUF DIE DORFBEWOHNER AUF, JA?
GENAU, ABER NICHT NUR DAS.
DER HOKAGE WIRD VIEL ZU TUN HABEN, SOBALD WIR MIT DEM AUFBAU DES DORFES RICHTIG ANFANGEN.
ICH LASSE DEIN PORTRÄT IN DEN FELSEN UNTER UNSEREN FÜSSEN MEISSELN, IN RIESENGROSS. ALS SYMBOL...
... ZUM SCHUTZ DES DORFES!

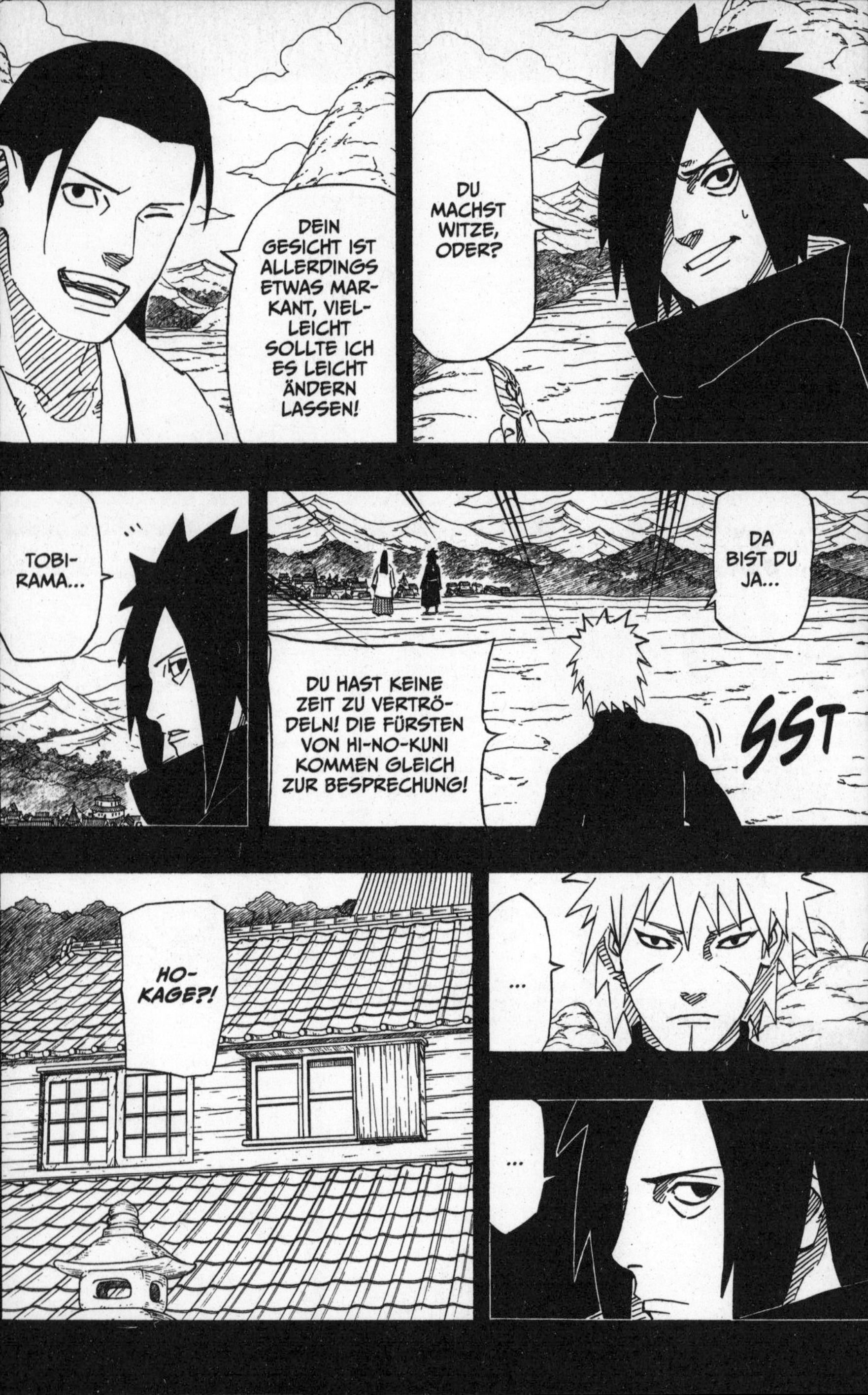
DU MACHST WITZE, ODER?
DEIN GESICHT IST ALLERDINGS ETWAS MAR-KANT, VIEL-LEICHT SOLLTE ICH ES LEICHT ÄNDERN LASSEN!
DA BIST DU JA...
DU HAST KEINE ZEIT ZU VERTRÖ-DELN! DIE FÜRSTEN VON HI-NO-KUNI KOMMEN GLEICH ZUR BESPRECHUNG!
SST
TOBI-RAMA...
...
...
HO-KAGE?!

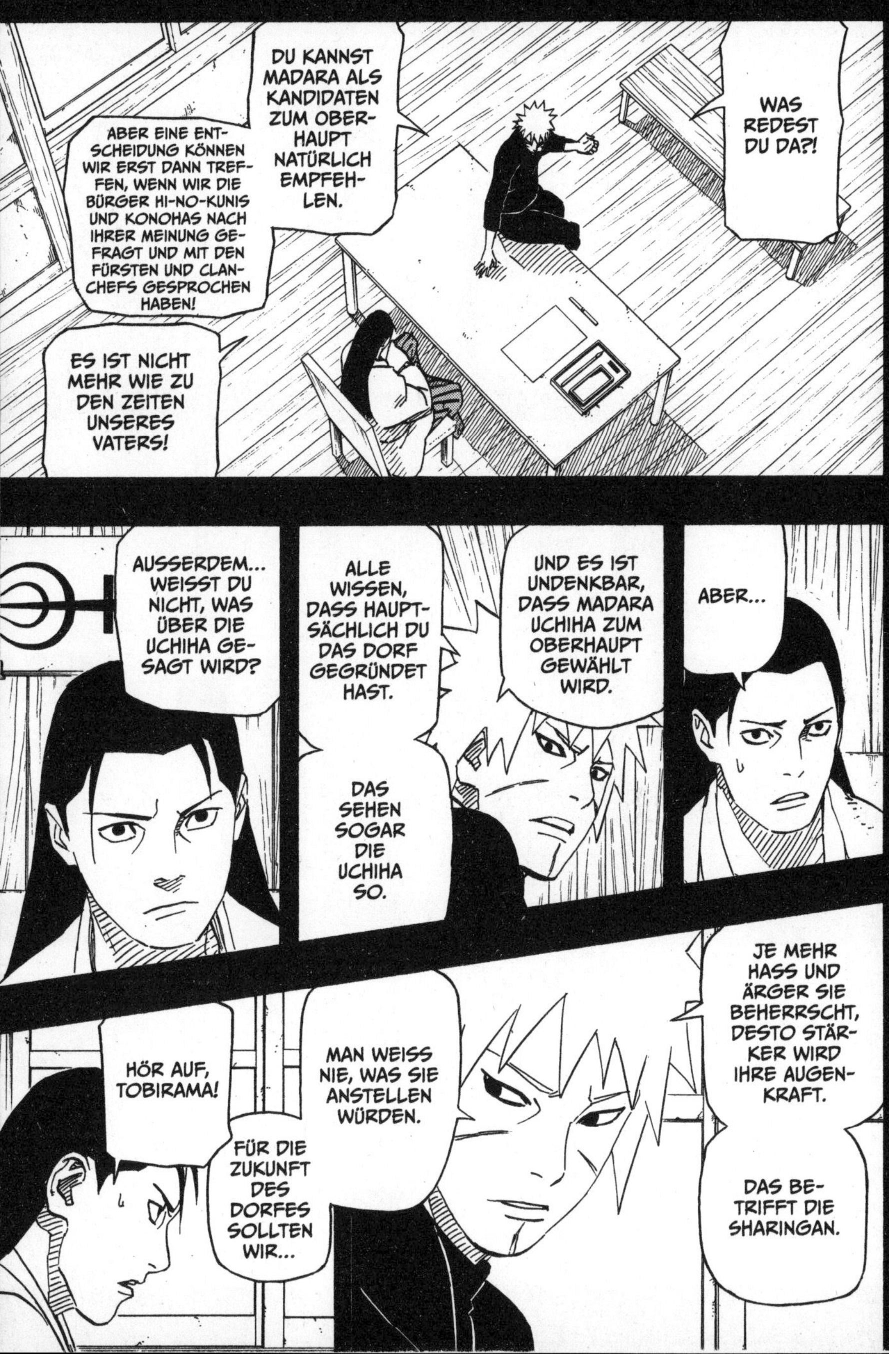
WAS REDEST DU DA?!
DU KANNST MADARA ALS KANDIDATEN ZUM OBERHAUPT NATÜRLICH EMPFEHLEN.
ABER EINE ENTSCHEIDUNG KÖNNEN WIR ERST DANN TREFFEN, WENN WIR DIE BÜRGER HI-NO-KUNIS UND KONOHAS NACH IHRER MEINUNG GEFRAGT UND MIT DEN FÜRSTEN UND CLANCHEFS GESPROCHEN HABEN!
ES IST NICHT MEHR WIE ZU DEN ZEITEN UNSERES VATERS!
ABER...
UND ES IST UNDENKBAR, DASS MADARA UCHIHA ZUM OBERHAUPT GEWÄHLT WIRD.
ALLE WISSEN, DASS HAUPTSÄCHLICH DU DAS DORF GEGRÜNDET HAST.
DAS SEHEN SOGAR DIE UCHIHA SO.
AUSSERDEM... WEISST DU NICHT, WAS ÜBER DIE UCHIHA GESAGT WIRD?
JE MEHR HASS UND ÄRGER SIE BEHERRSCHT, DESTO STÄRKER WIRD IHRE AUGENKRAFT.
DAS BETRIFFT DIE SHARINGAN.
MAN WEISS NIE, WAS SIE ANSTELLEN WÜRDEN.
FÜR DIE ZUKUNFT DES DORFES SOLLTEN WIR...
HÖR AUF, TOBIRAMA!

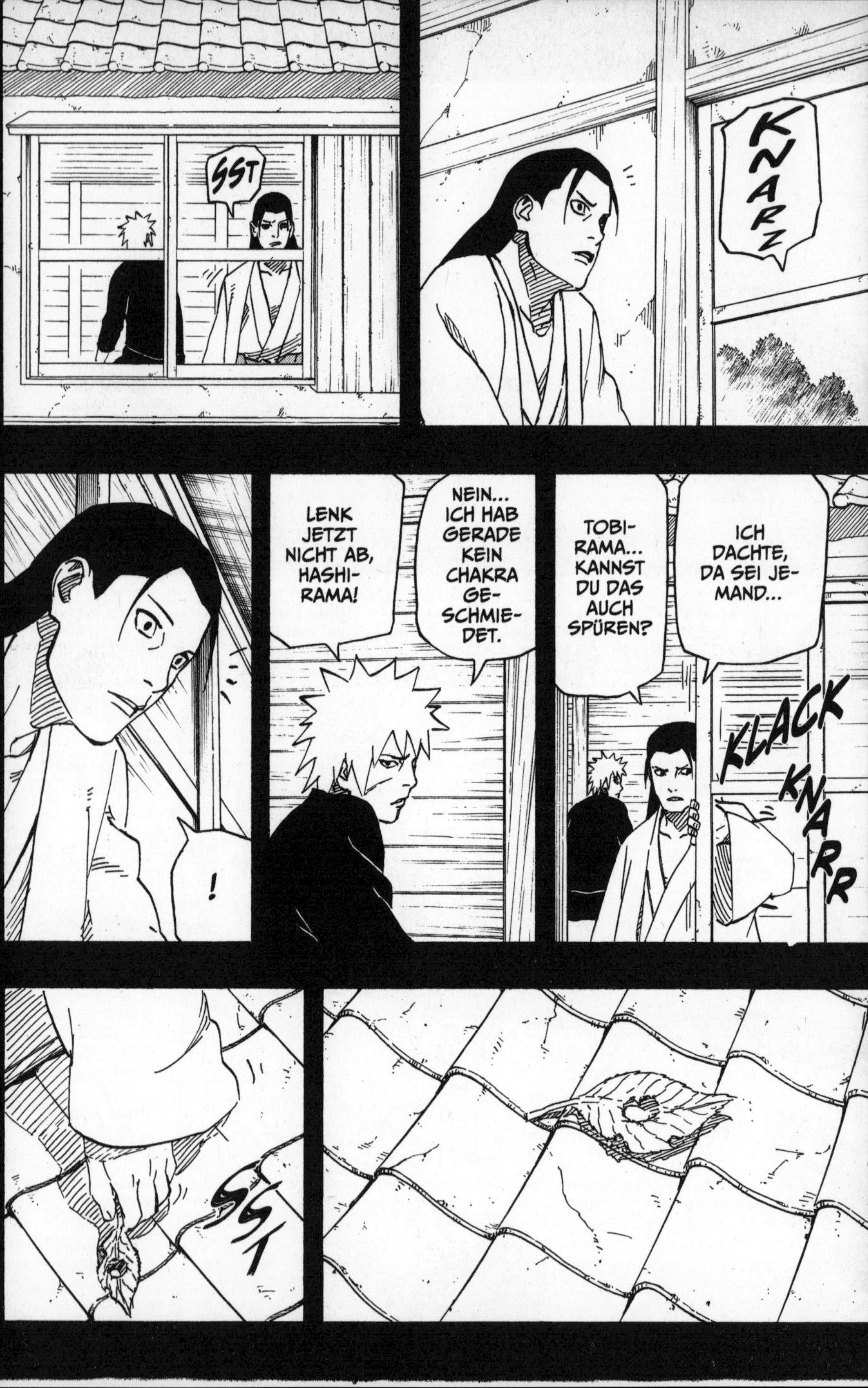
KNARZ
SST
ICH DACHTE, DA SEI JEMAND...
TOBI-RAMA... KANNST DU DAS AUCH SPÜREN?
KLACK
KNARR
NEIN... ICH HAB GERADE KEIN CHAKRA GE-SCHMIE-DET.
LENK JETZT NICHT AB, HASHI-RAMA!
!
SSI

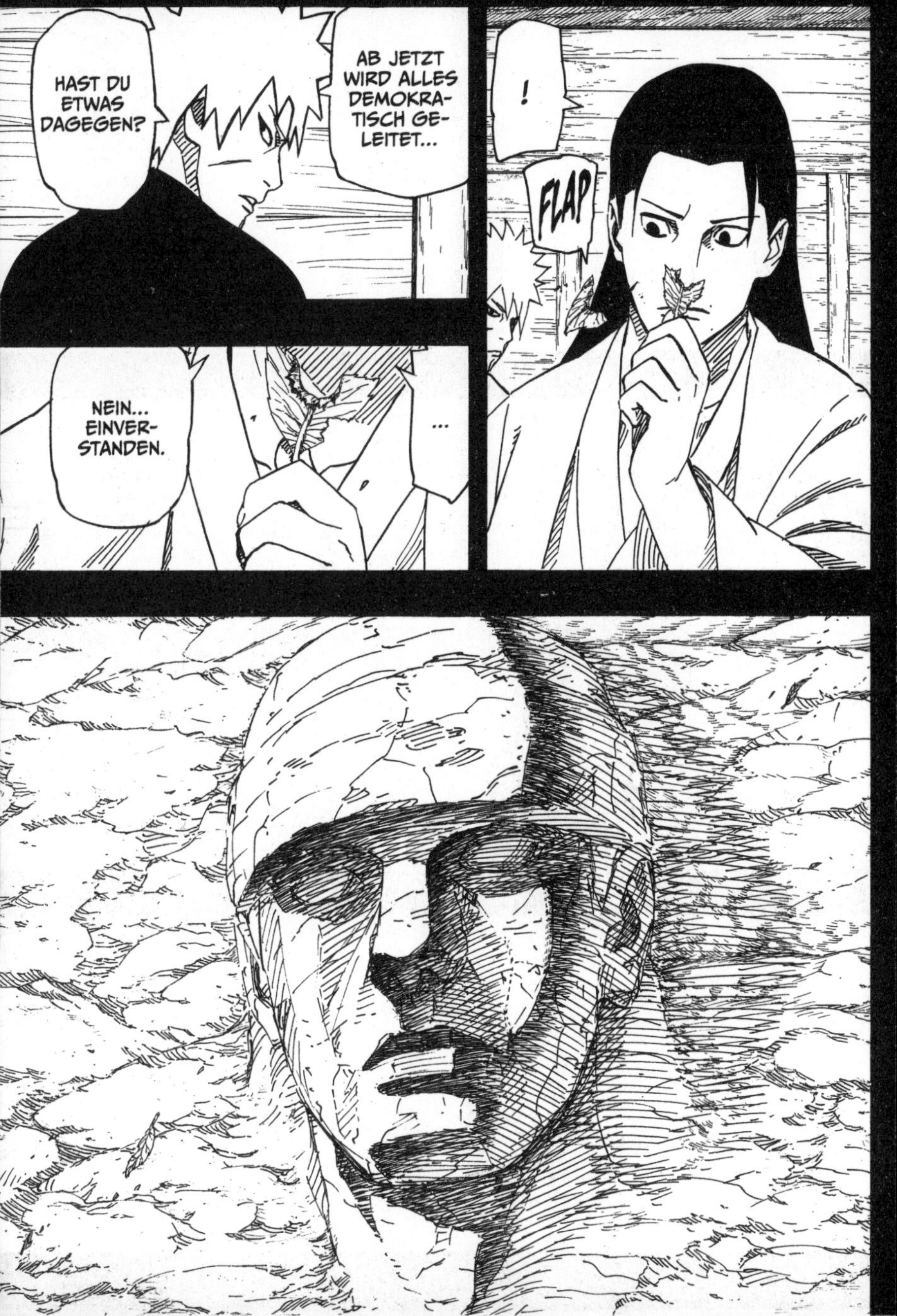
AB JETZT WIRD ALLES DEMOKRATISCH GELEITET...
HAST DU ETWAS DAGEGEN?
!
FLAP
...
NEIN... EINVERSTANDEN.

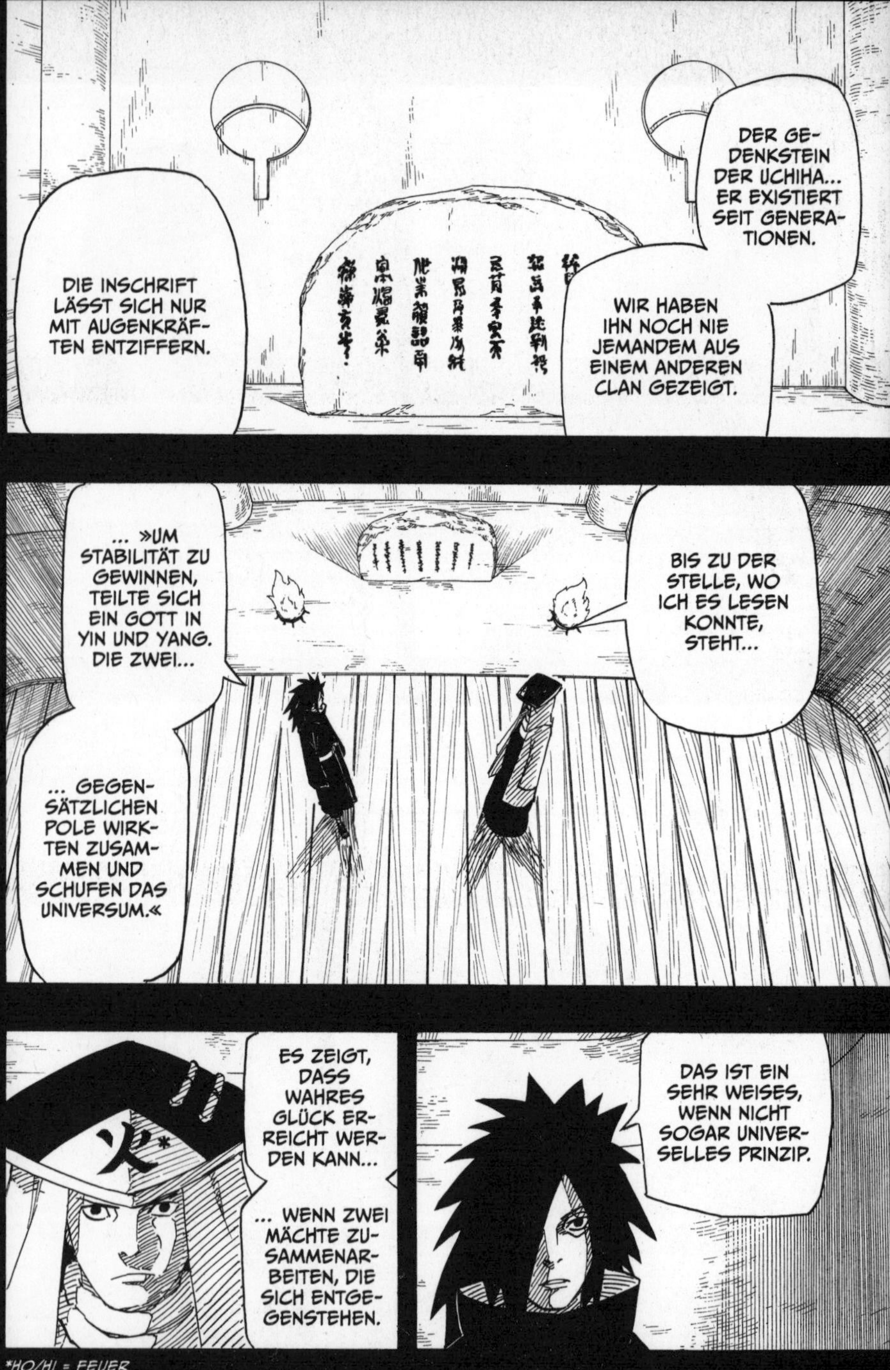
DER GEDENKSTEIN DER UCHIHA... ER EXISTIERT SEIT GENERATIONEN.
WIR HABEN IHN NOCH NIE JEMANDEM AUS EINEM ANDEREN CLAN GEZEIGT.
DIE INSCHRIFT LÄSST SICH NUR MIT AUGENKRÄFTEN ENTZIFFERN.
BIS ZU DER STELLE, WO ICH ES LESEN KONNTE, STEHT...
... »UM STABILITÄT ZU GEWINNEN, TEILTE SICH EIN GOTT IN YIN UND YANG. DIE ZWEI...
... GEGENSÄTZLICHEN POLE WIRKTEN ZUSAMMEN UND SCHUFEN DAS UNIVERSUM.«
DAS IST EIN SEHR WEISES, WENN NICHT SOGAR UNIVERSELLES PRINZIP.
ES ZEIGT, DASS WAHRES GLÜCK ERREICHT WERDEN KANN...
... WENN ZWEI MÄCHTE ZUSAMMENARBEITEN, DIE SICH ENTGEGENSTEHEN.
火*

*HO/HI = FEUER

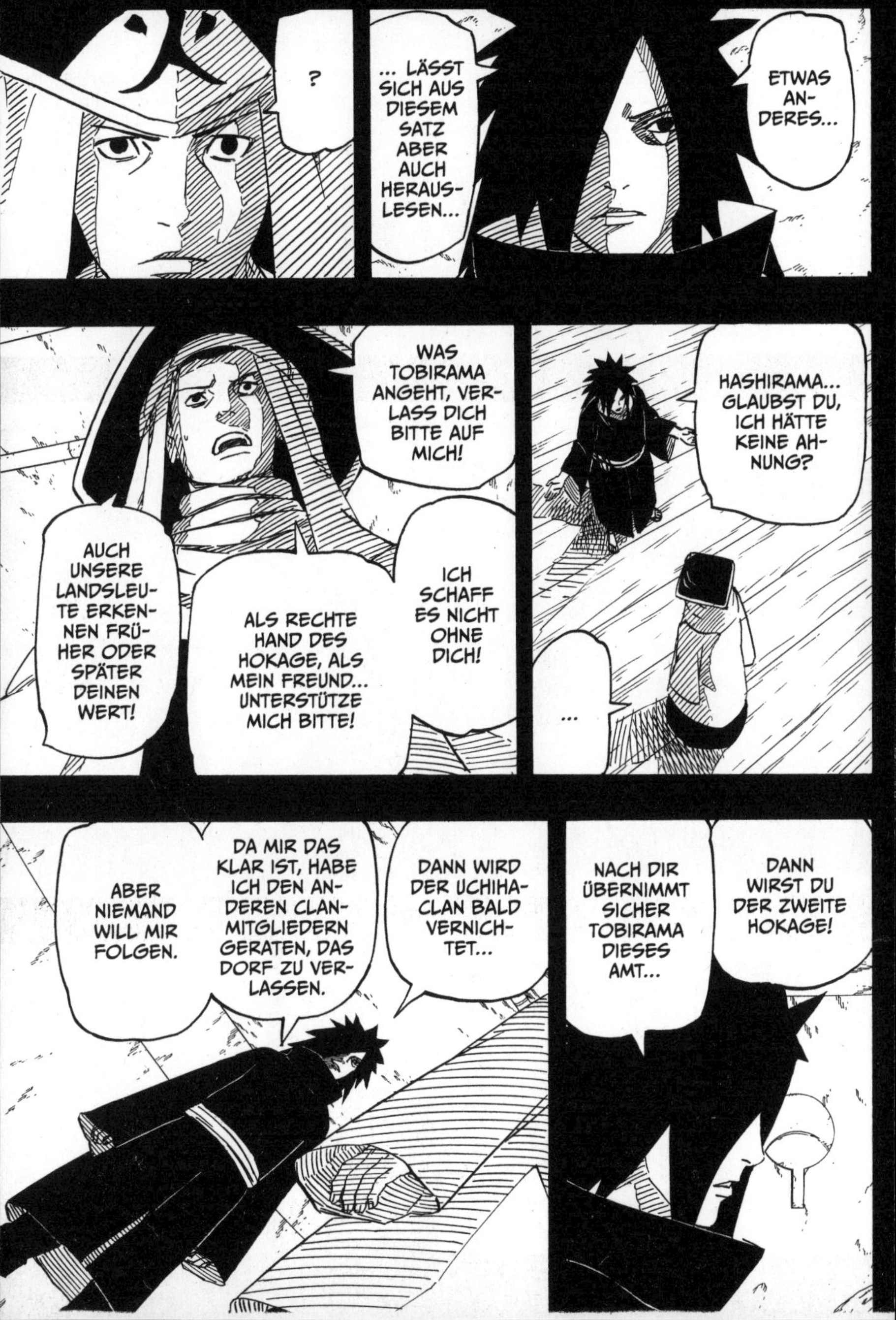
ETWAS ANDERES...
... LÄSST SICH AUS DIESEM SATZ ABER AUCH HERAUSLESEN...
?
HASHIRAMA... GLAUBST DU, ICH HÄTTE KEINE AHNUNG?
...
WAS TOBIRAMA ANGEHT, VERLASS DICH BITTE AUF MICH!
ICH SCHAFF ES NICHT OHNE DICH!
ALS RECHTE HAND DES HOKAGE, ALS MEIN FREUND... UNTERSTÜTZE MICH BITTE!
AUCH UNSERE LANDSLEUTE ERKENNEN FRÜHER ODER SPÄTER DEINEN WERT!
DANN WIRST DU DER ZWEITE HOKAGE!
NACH DIR ÜBERNIMMT SICHER TOBIRAMA DIESES AMT...
DANN WIRD DER UCHIHA-CLAN BALD VERNICHTET...
DA MIR DAS KLAR IST, HABE ICH DEN ANDEREN CLANMITGLIEDERN GERATEN, DAS DORF ZU VERLASSEN.
ABER NIEMAND WILL MIR FOLGEN.

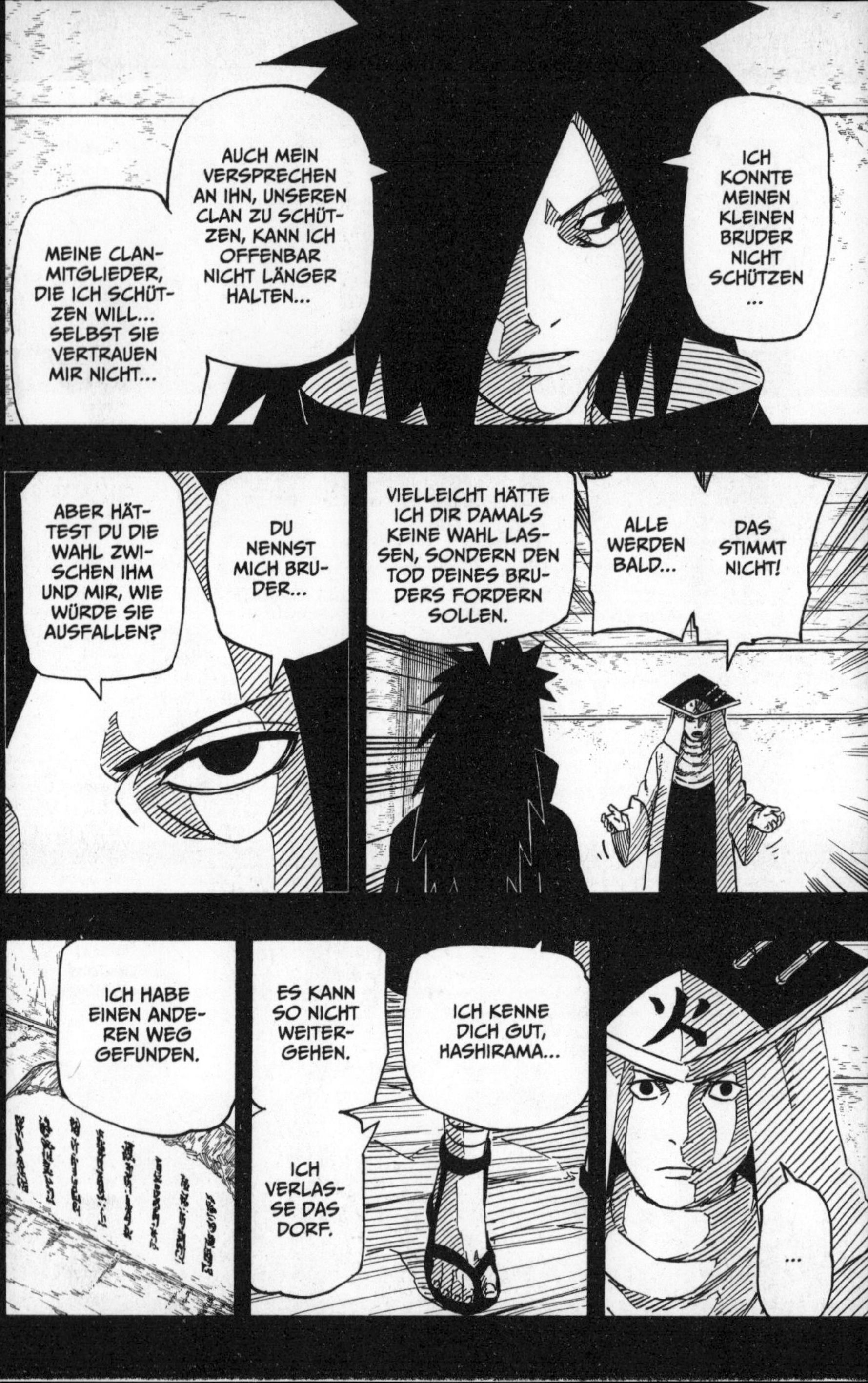
ICH KONNTE MEINEN KLEINEN BRUDER NICHT SCHÜTZEN ...
AUCH MEIN VERSPRECHEN AN IHN, UNSEREN CLAN ZU SCHÜTZEN, KANN ICH OFFENBAR NICHT LÄNGER HALTEN...
MEINE CLANMITGLIEDER, DIE ICH SCHÜTZEN WILL... SELBST SIE VERTRAUEN MIR NICHT...
DAS STIMMT NICHT!
ALLE WERDEN BALD...
VIELLEICHT HÄTTE ICH DIR DAMALS KEINE WAHL LASSEN, SONDERN DEN TOD DEINES BRUDERS FORDERN SOLLEN.
DU NENNST MICH BRUDER...
ABER HÄTTEST DU DIE WAHL ZWISCHEN IHM UND MIR, WIE WÜRDE SIE AUSFALLEN?
ICH KENNE DICH GUT, HASHIRAMA...
...
ES KANN SO NICHT WEITERGEHEN.
ICH VERLASSE DAS DORF.
ICH HABE EINEN ANDEREN WEG GEFUNDEN.

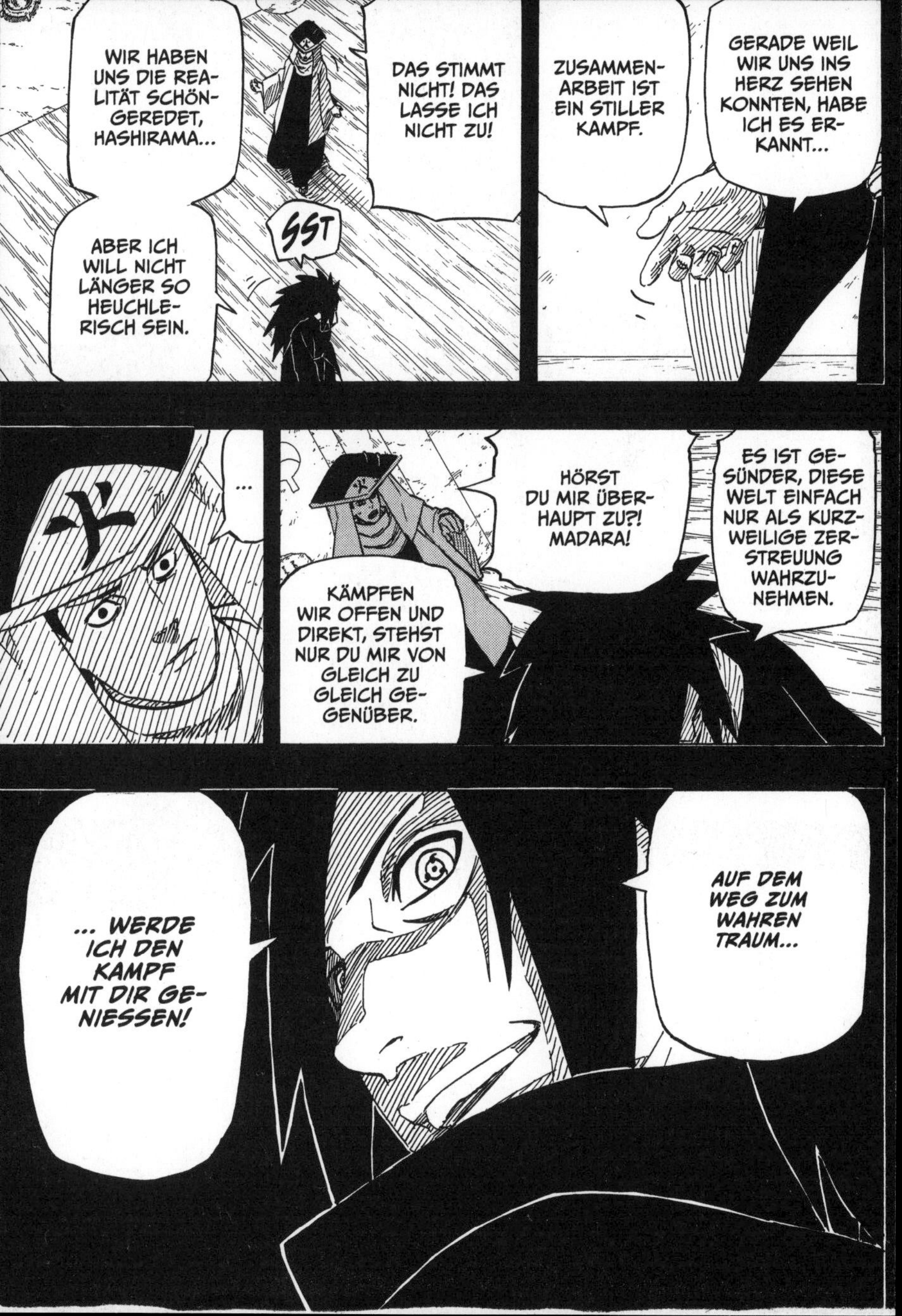
GERADE WEIL WIR UNS INS HERZ SEHEN KONNTEN, HABE ICH ES ERKANNT...
ZUSAMMENARBEIT IST EIN STILLER KAMPF.
WIR HABEN UNS DIE REALITÄT SCHÖNGEREDET, HASHIRAMA...
DAS STIMMT NICHT! DAS LASSE ICH NICHT ZU!
SST
ABER ICH WILL NICHT LÄNGER SO HEUCHLERISCH SEIN.
ES IST GESÜNDER, DIESE WELT EINFACH NUR ALS KURZWEILIGE ZERSTREUUNG WAHRZUNEHMEN.
HÖRST DU MIR ÜBERHAUPT ZU?! MADARA!
KÄMPFEN WIR OFFEN UND DIREKT, STEHST NUR DU MIR VON GLEICH ZU GLEICH GEGENÜBER.
...
AUF DEM WEG ZUM WAHREN TRAUM...
... WERDE ICH DEN KAMPF MIT DIR GENIESSEN!

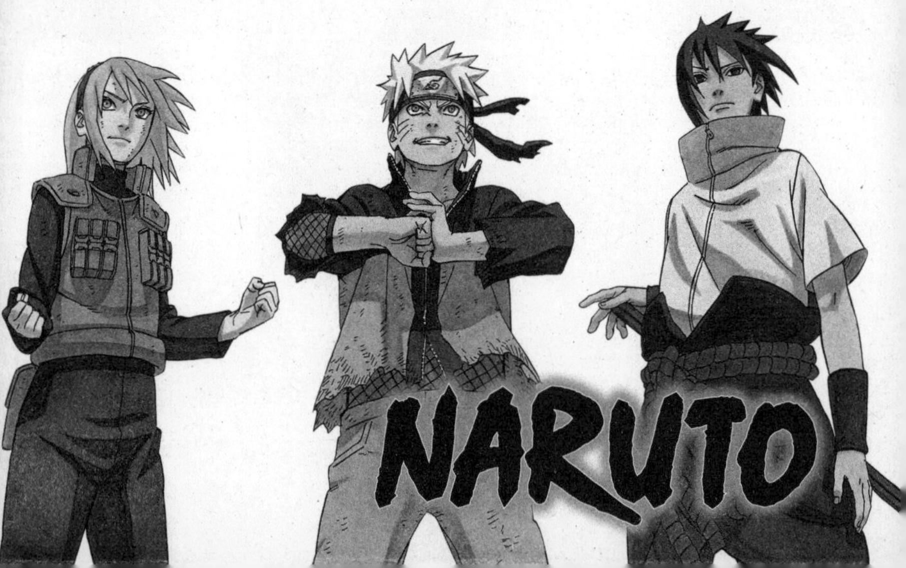
NARUTO

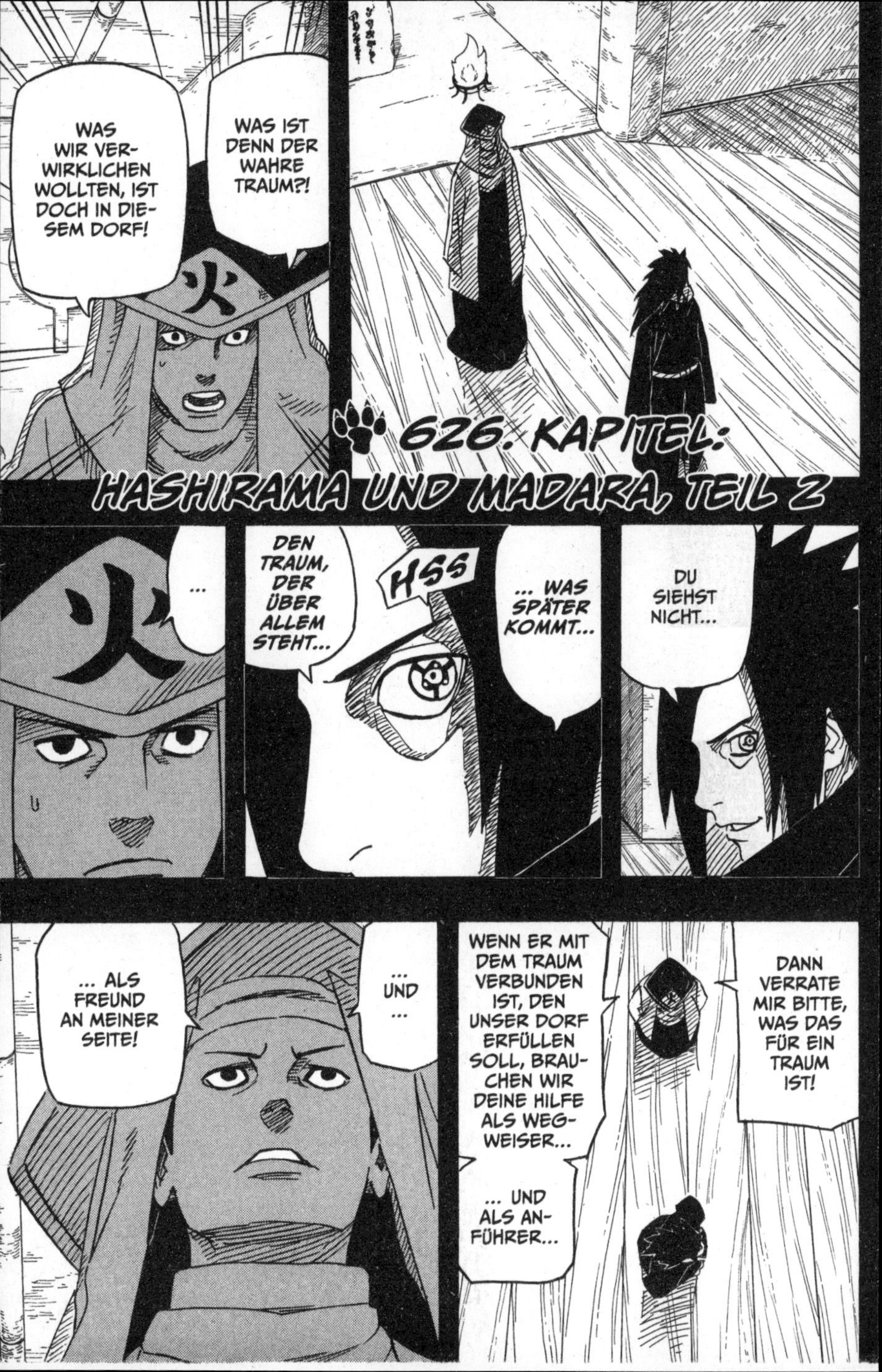

WAS IST DENN DER WAHRE TRAUM?!
WAS WIR VERWIRKLICHEN WOLLTEN, IST DOCH IN DIESEM DORF!
626. KAPITEL: HASHIRAMA UND MADARA, TEIL 2
DU SIEHST NICHT…
… WAS SPÄTER KOMMT…
DEN TRAUM, DER ÜBER ALLEM STEHT…
HSS
…
DANN VERRATE MIR BITTE, WAS DAS FÜR EIN TRAUM IST!
WENN ER MIT DEM TRAUM VERBUNDEN IST, DEN UNSER DORF ERFÜLLEN SOLL, BRAUCHEN WIR DEINE HILFE ALS WEGWEISER…
… UND ALS ANFÜHRER…
… UND …
… ALS FREUND AN MEINER SEITE!

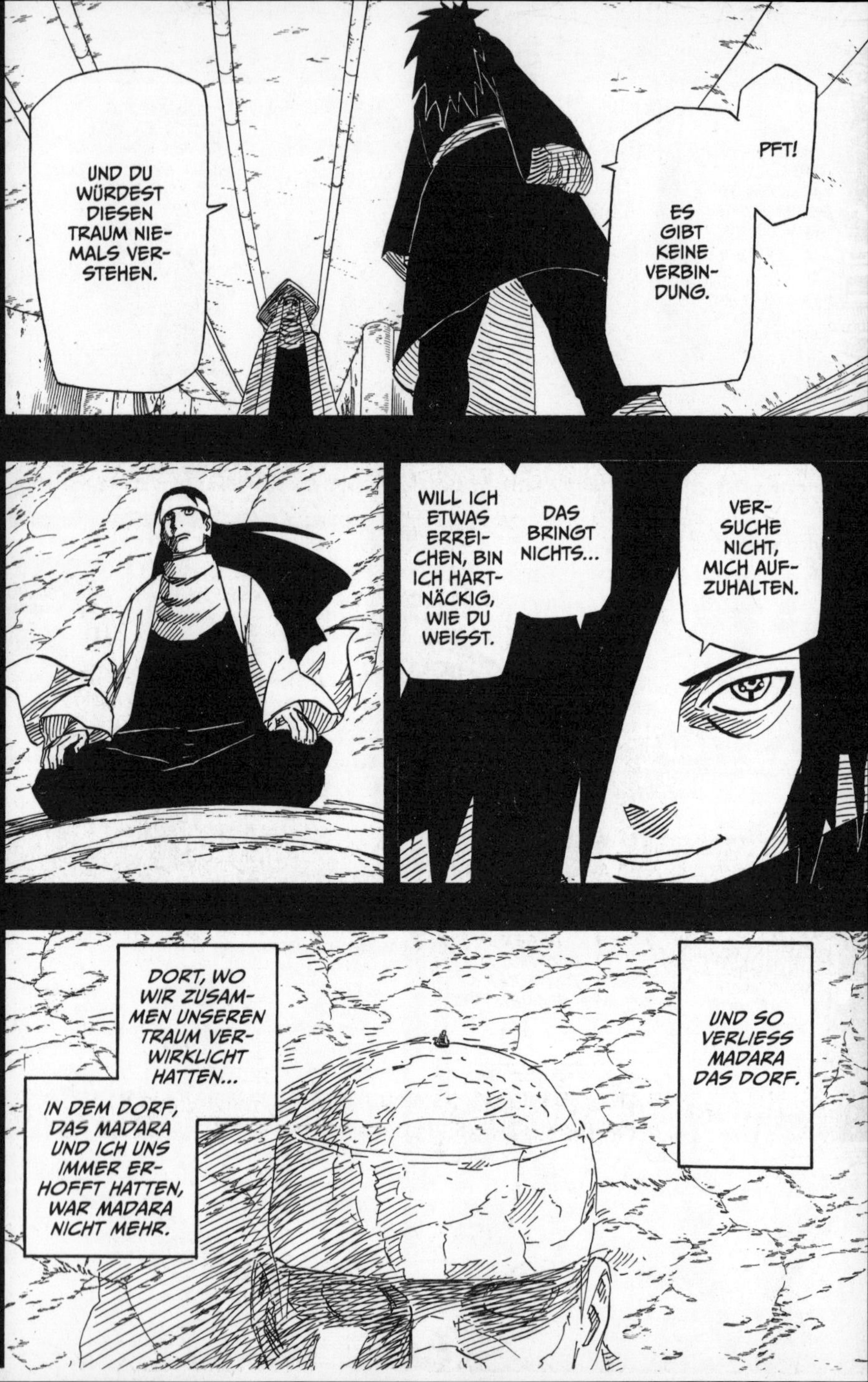
PFT!
ES GIBT KEINE VERBINDUNG.
UND DU WÜRDEST DIESEN TRAUM NIEMALS VERSTEHEN.
VERSUCHE NICHT, MICH AUFZUHALTEN.
DAS BRINGT NICHTS...
WILL ICH ETWAS ERREICHEN, BIN ICH HARTNÄCKIG, WIE DU WEISST.
UND SO VERLIESS MADARA DAS DORF.
DORT, WO WIR ZUSAMMEN UNSEREN TRAUM VERWIRKLICHT HATTEN...
IN DEM DORF, DAS MADARA UND ICH UNS IMMER ERHOFFT HATTEN, WAR MADARA NICHT MEHR.

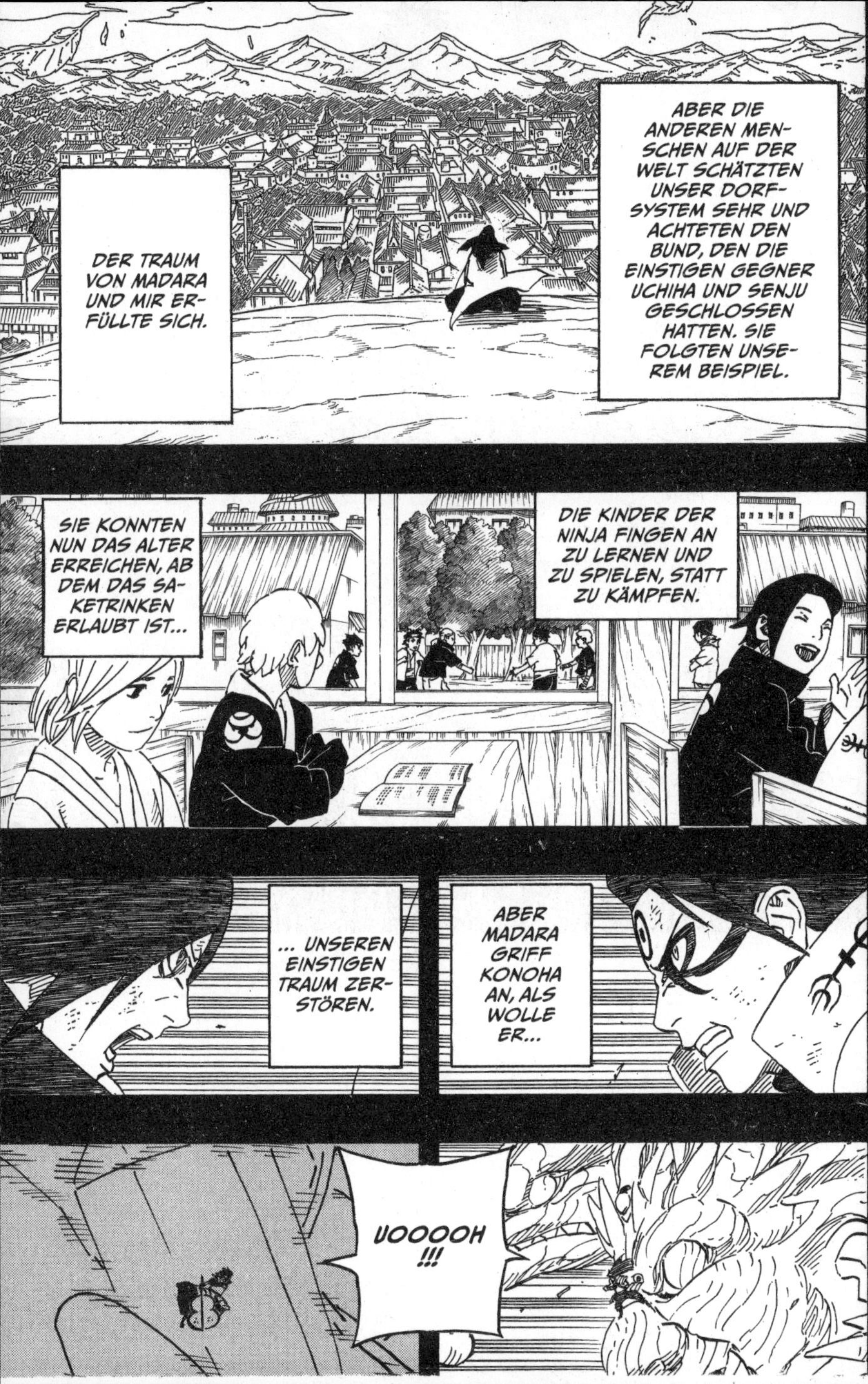
ABER DIE ANDEREN MENSCHEN AUF DER WELT SCHÄTZTEN UNSER DORFSYSTEM SEHR UND ACHTETEN DEN BUND, DEN DIE EINSTIGEN GEGNER UCHIHA UND SENJU GESCHLOSSEN HATTEN. SIE FOLGTEN UNSEREM BEISPIEL.
DER TRAUM VON MADARA UND MIR ERFÜLLTE SICH.
DIE KINDER DER NINJA FINGEN AN ZU LERNEN UND ZU SPIELEN, STATT ZU KÄMPFEN.
SIE KONNTEN NUN DAS ALTER ERREICHEN, AB DEM DAS SAKETRINKEN ERLAUBT IST…
ABER MADARA GRIFF KONOHA AN, ALS WOLLE ER…
… UNSEREN EINSTIGEN TRAUM ZERSTÖREN.
UOOOOH!!!

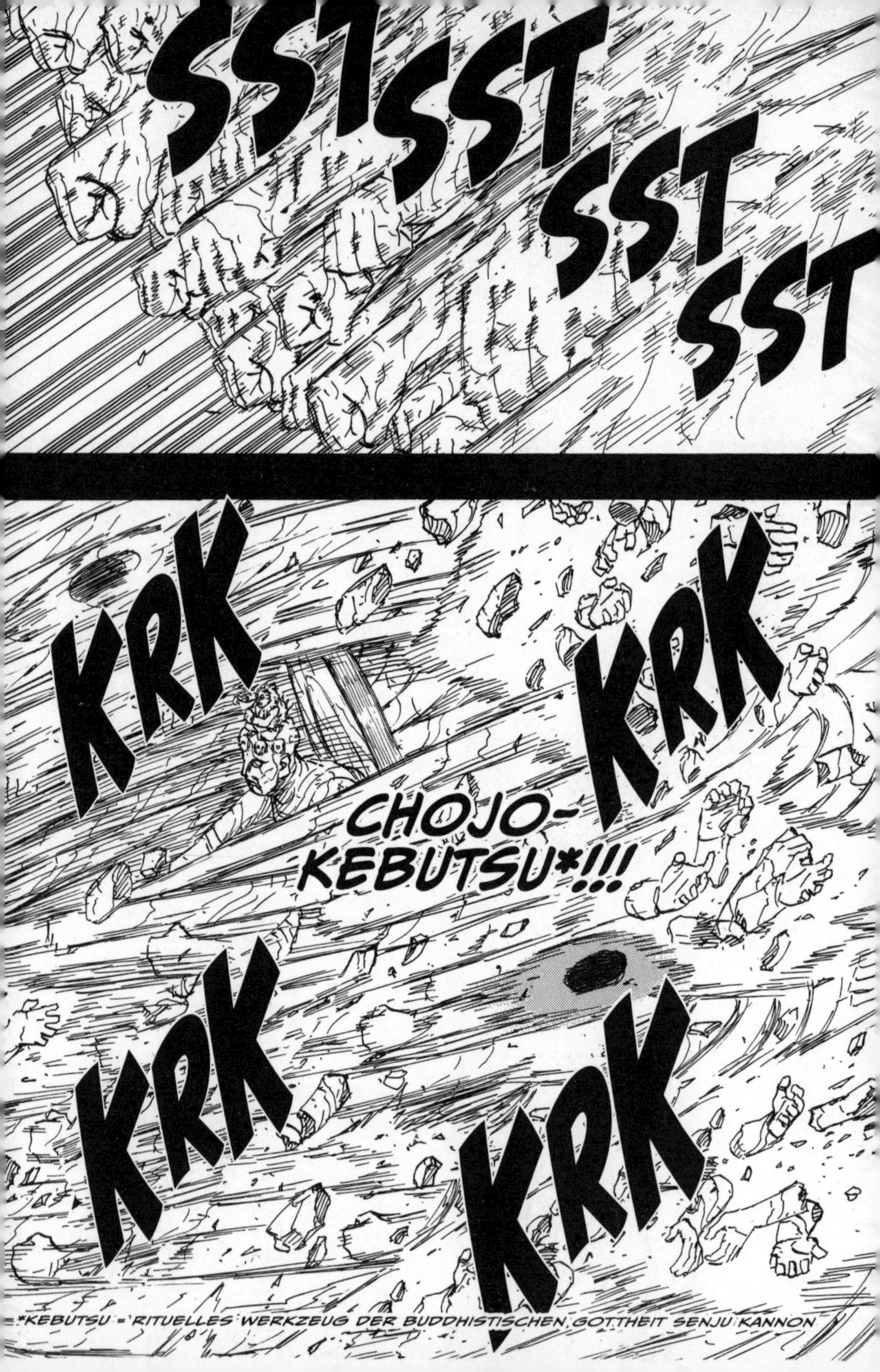
SSTSST
SST
SST
KRK
KRK
CHOJO-KEBUTSU*!!!
KRK
KRK
*KEBUTSU = RITUELLES WERKZEUG DER BUDDHISTISCHEN GOTTHEIT SENJU KANNON

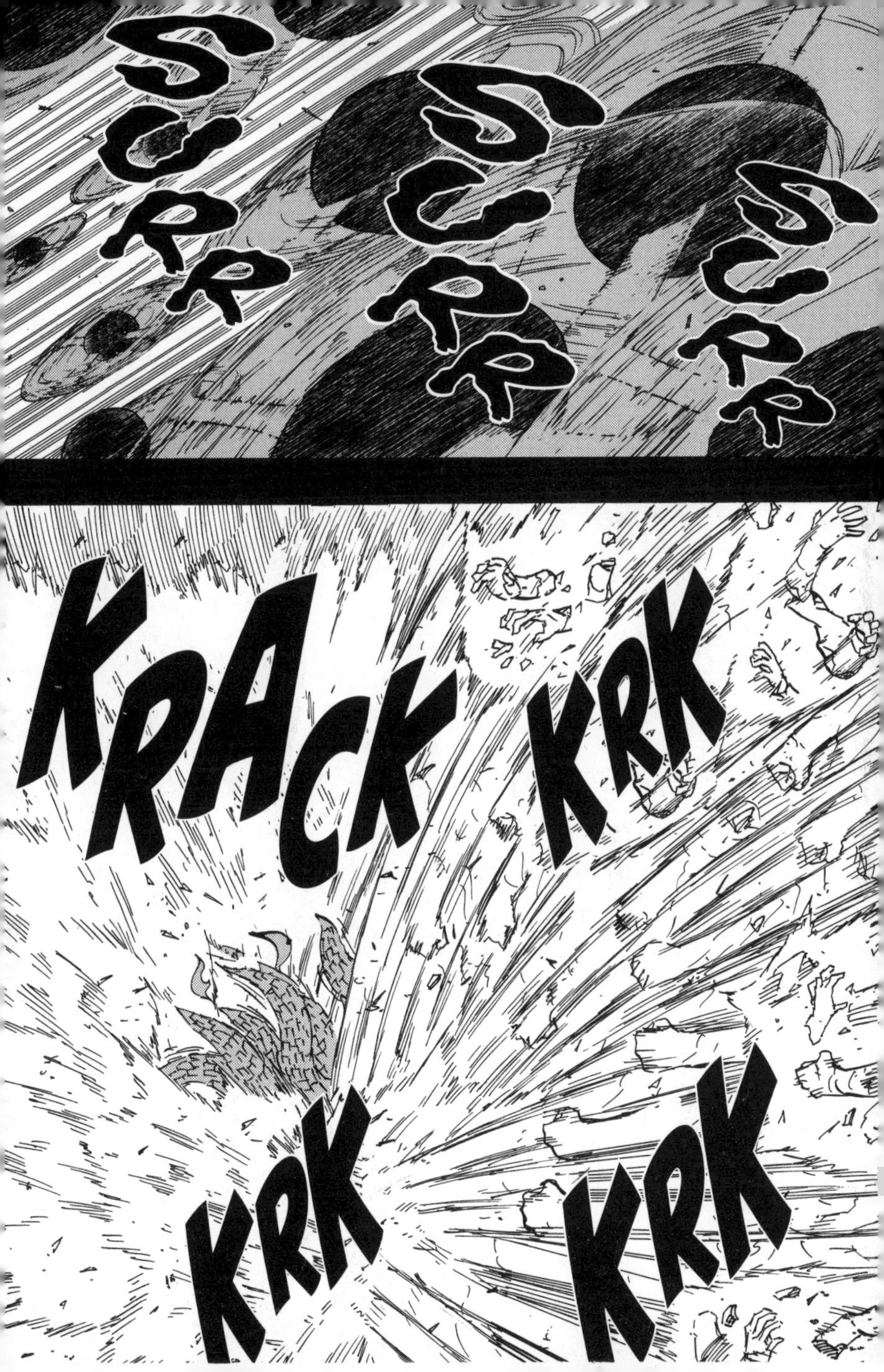
SURR
SURR
SURR
KRACK KRK
KRK
KRK

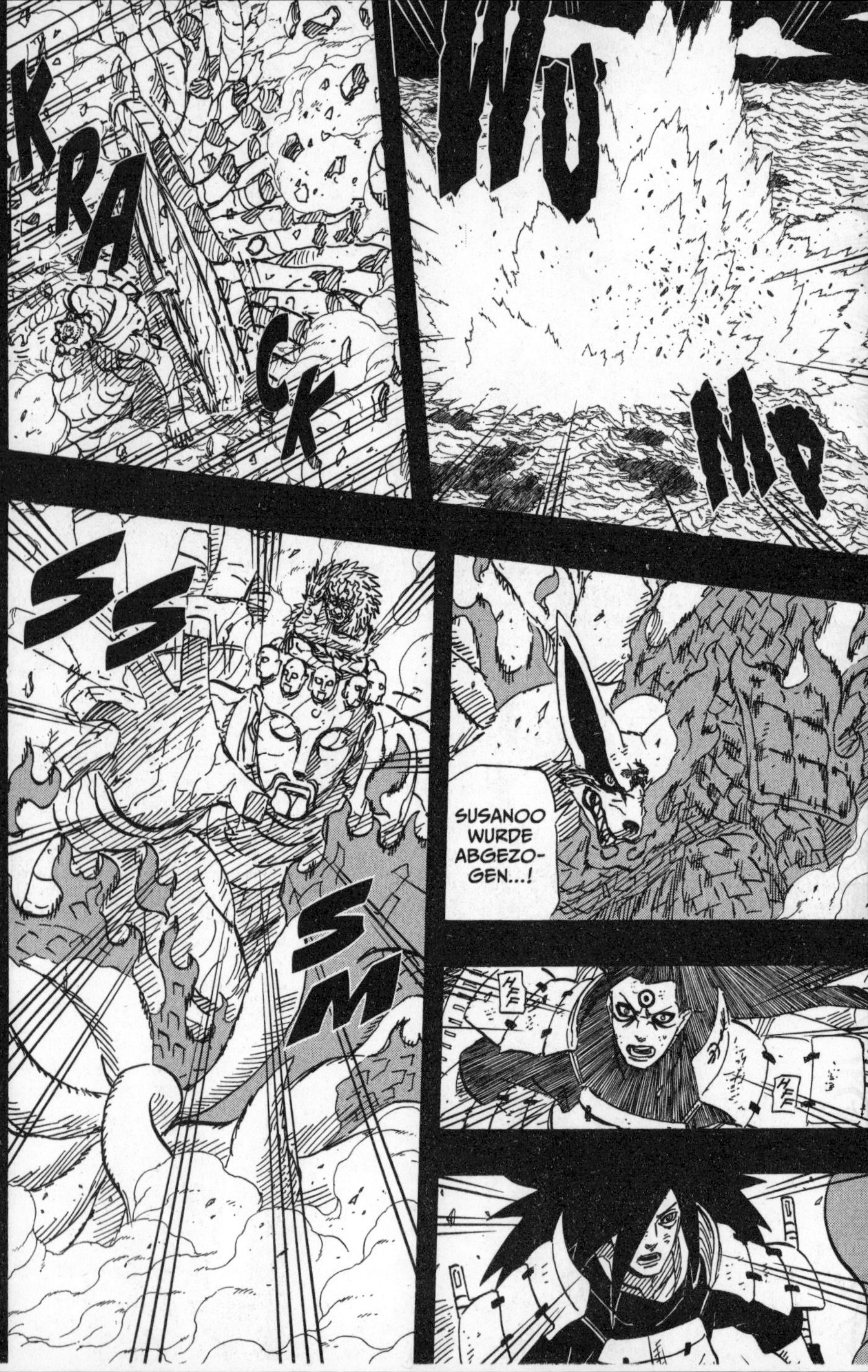
WOMP
KRACK
SUSANOO WURDE ABGEZOGEN...!
HEF
HEF
SSSM

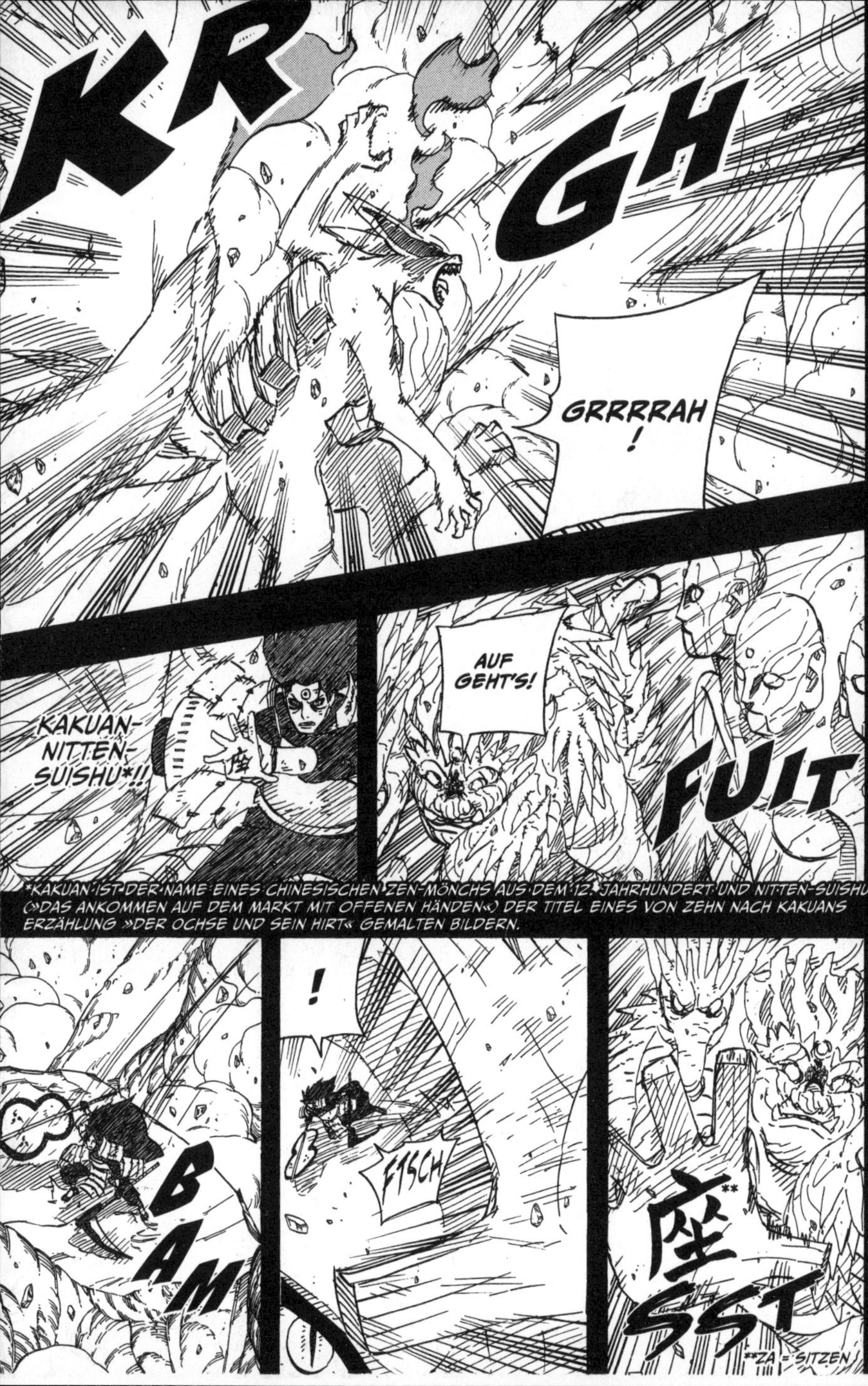

*KAKUAN IST DER NAME EINES CHINESISCHEN ZEN-MÖNCHS AUS DEM 12. JAHRHUNDERT UND NITTEN-SUISHU (»DAS ANKOMMEN AUF DEM MARKT MIT OFFENEN HÄNDEN«) DER TITEL EINES VON ZEHN NACH KAKUANS ERZÄHLUNG »DER OCHSE UND SEIN HIRT« GEMALTEN BILDERN.

**ZA = SITZEN

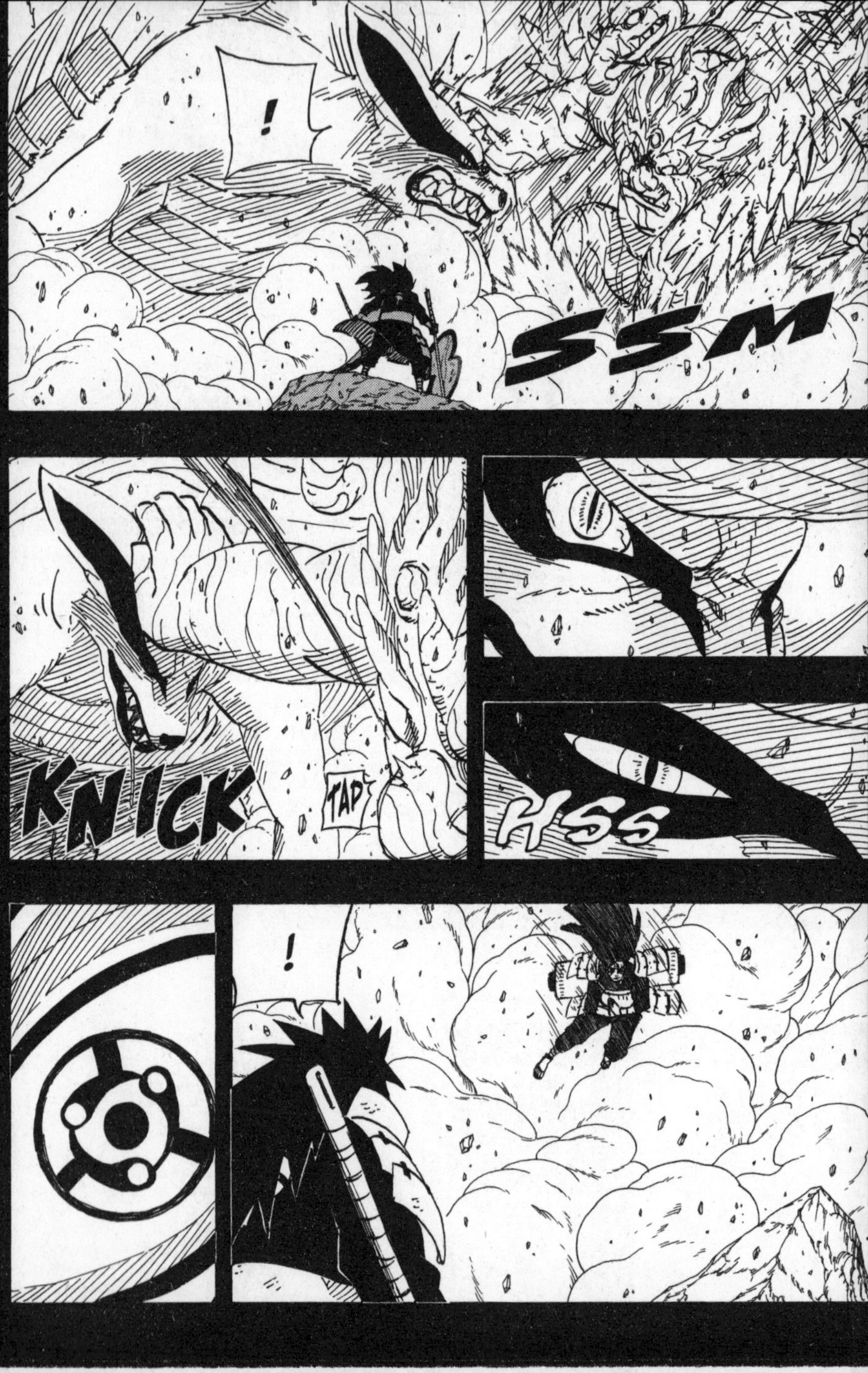
!
SSM
HSS
TAP
KNICK
!

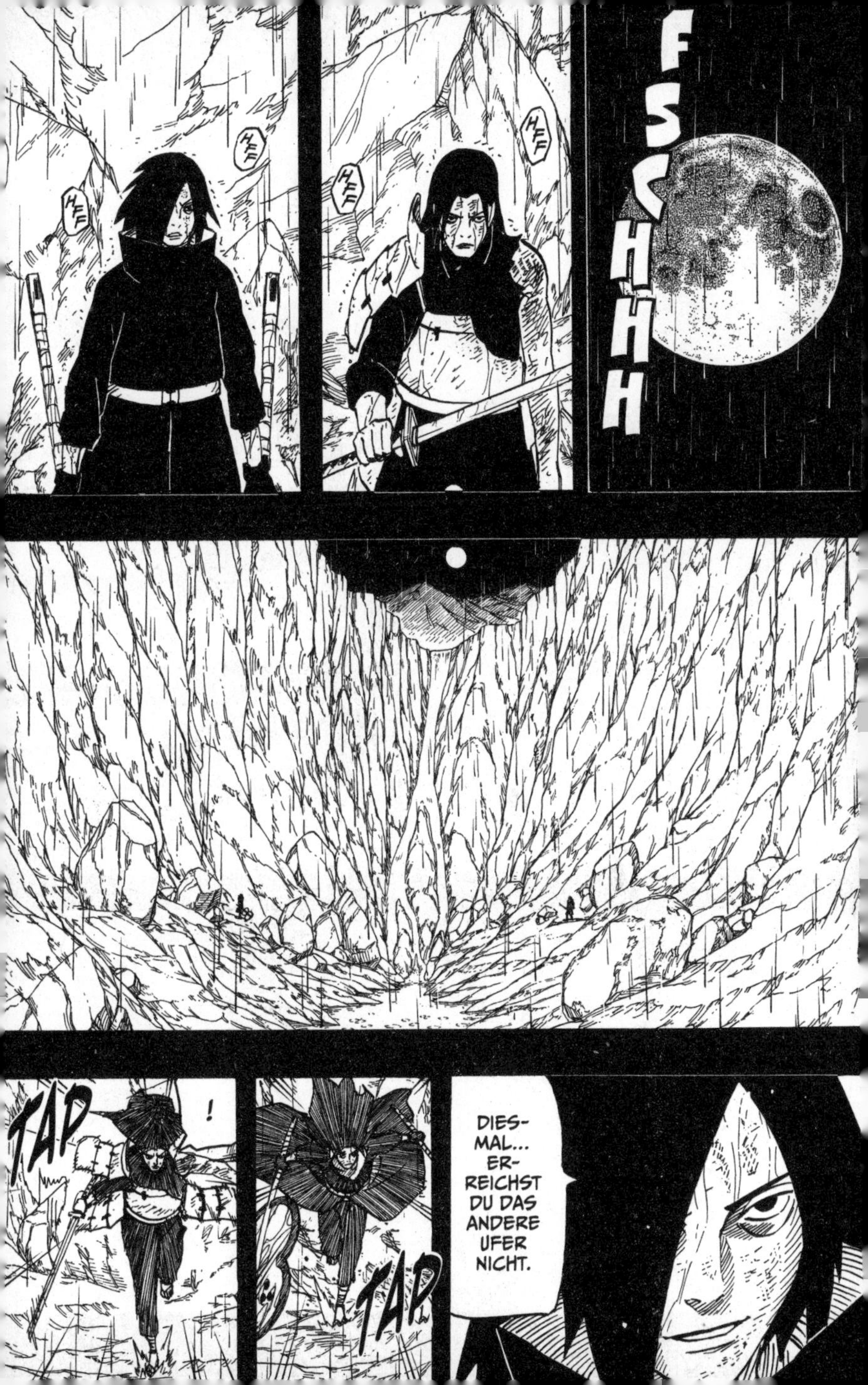
FSCHHHH
HFF
HFF
HFF
HFF
DIESMAL… ERREICHST DU DAS ANDERE UFER NICHT.
TAP
TAP
!

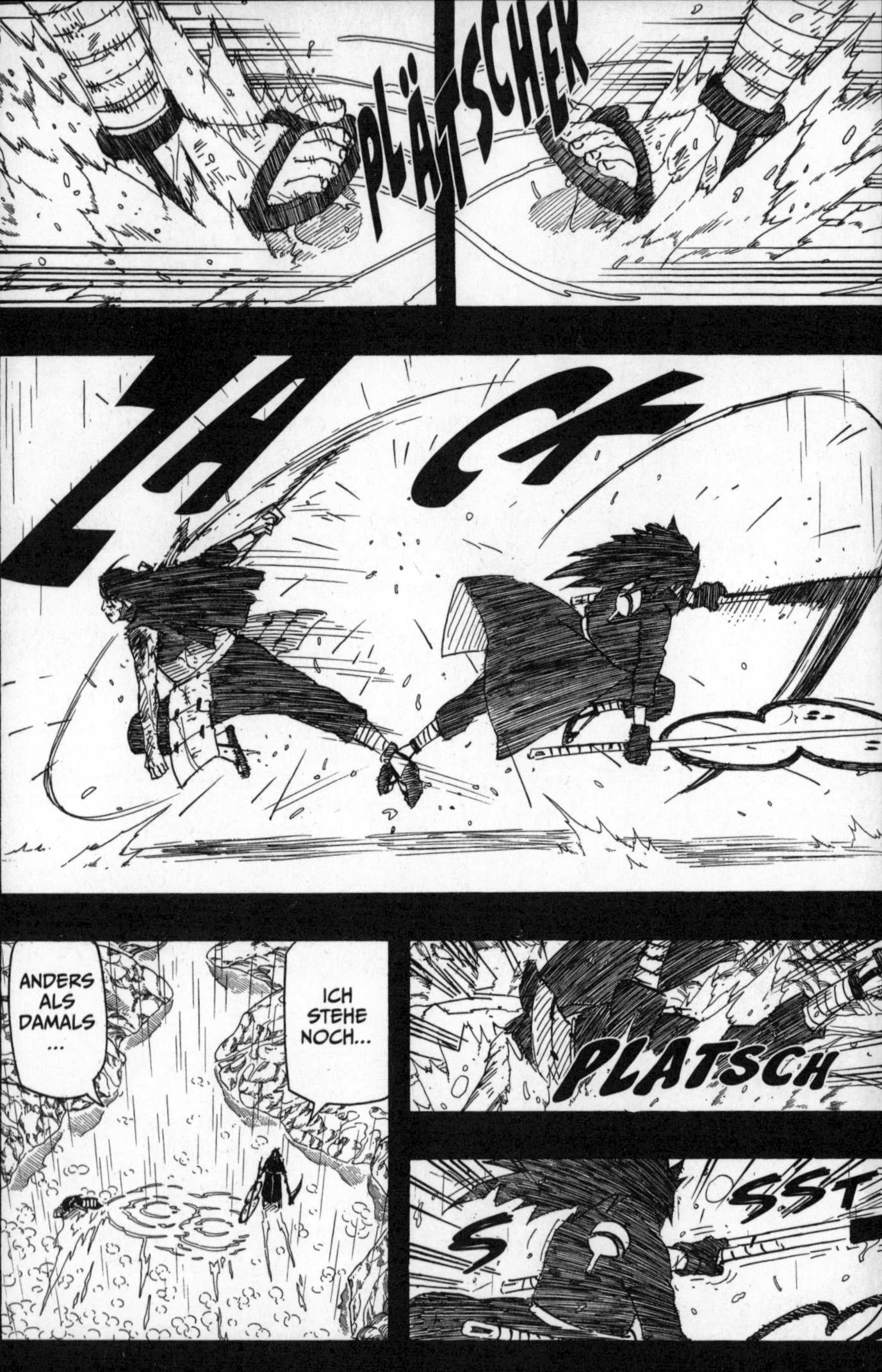

PLÄTSCHER
ZACK
ICH STEHE NOCH...
ANDERS ALS DAMALS ...
PLATSCH
SSST

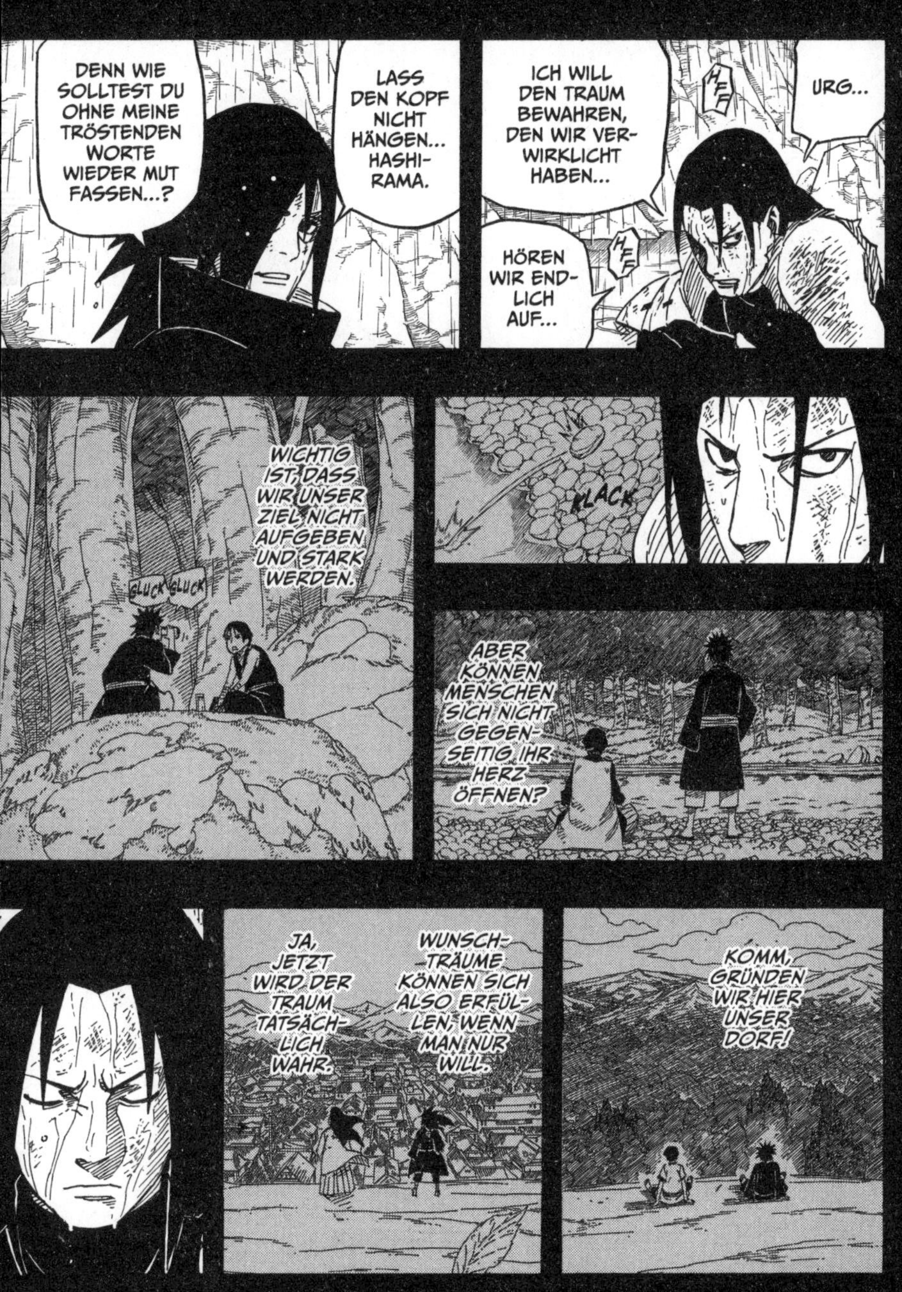
URG...
HFF
ICH WILL DEN TRAUM BEWAHREN, DEN WIR VERWIRKLICHT HABEN...
HFF
HÖREN WIR ENDLICH AUF...
LASS DEN KOPF NICHT HÄNGEN... HASHIRAMA.
DENN WIE SOLLTEST DU OHNE MEINE TRÖSTENDEN WORTE WIEDER MUT FASSEN...?
KLACK
WICHTIG IST, DASS WIR UNSER ZIEL NICHT AUFGEBEN UND STARK WERDEN.
GLUCK GLUCK
ABER KÖNNEN MENSCHEN SICH NICHT GEGENSEITIG IHR HERZ ÖFFNEN?
KOMM, GRÜNDEN WIR HIER UNSER DORF!
WUNSCHTRÄUME KÖNNEN SICH ALSO ERFÜLLEN, WENN MAN NUR WILL.
JA, JETZT WIRD DER TRAUM TATSÄCHLICH WAHR.

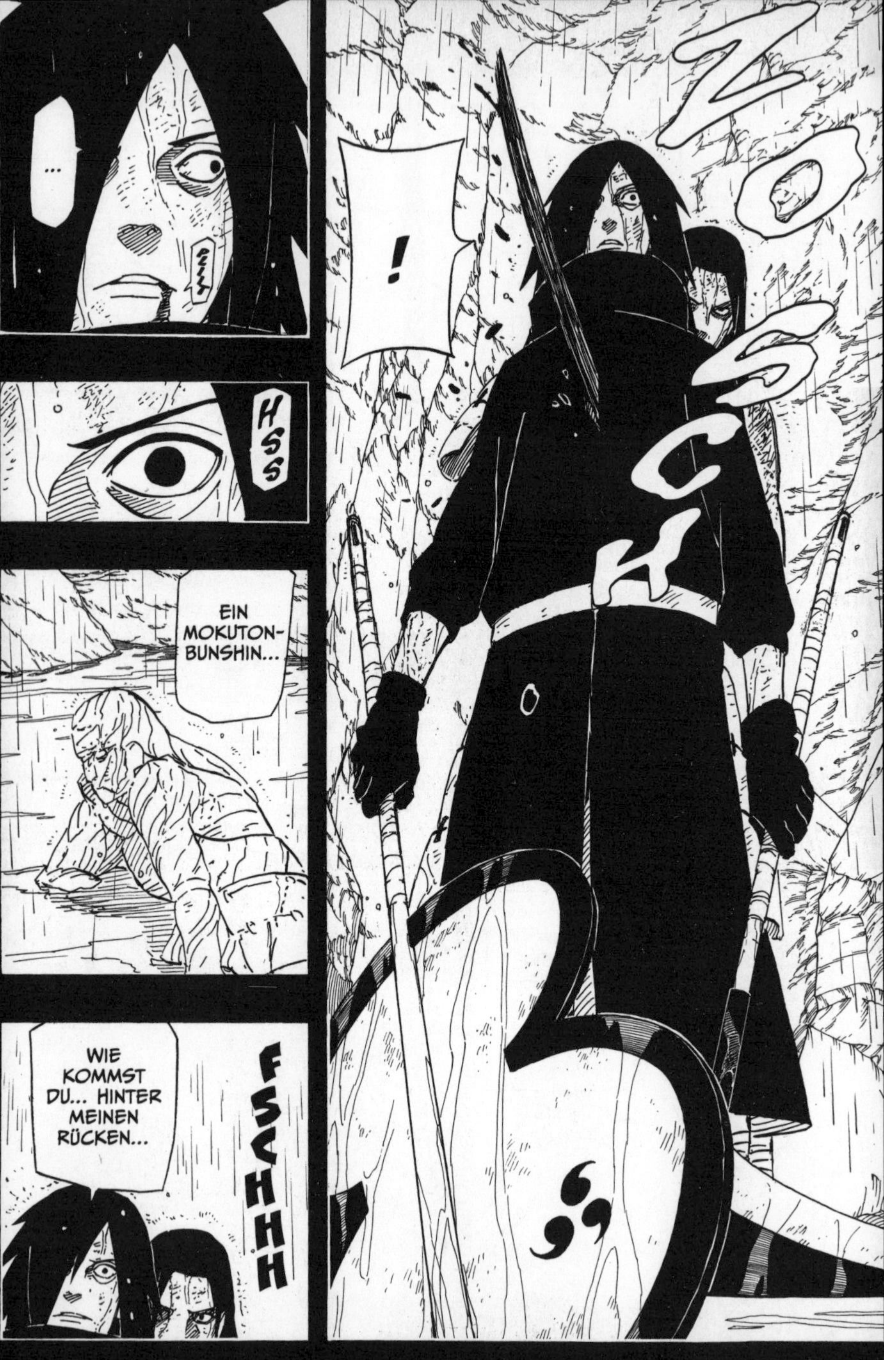
ZOSCH
!
...
HSS
EIN MOKUTON-BUNSHIN...
WIE KOMMST DU... HINTER MEINEN RÜCKEN...
FSCHHH

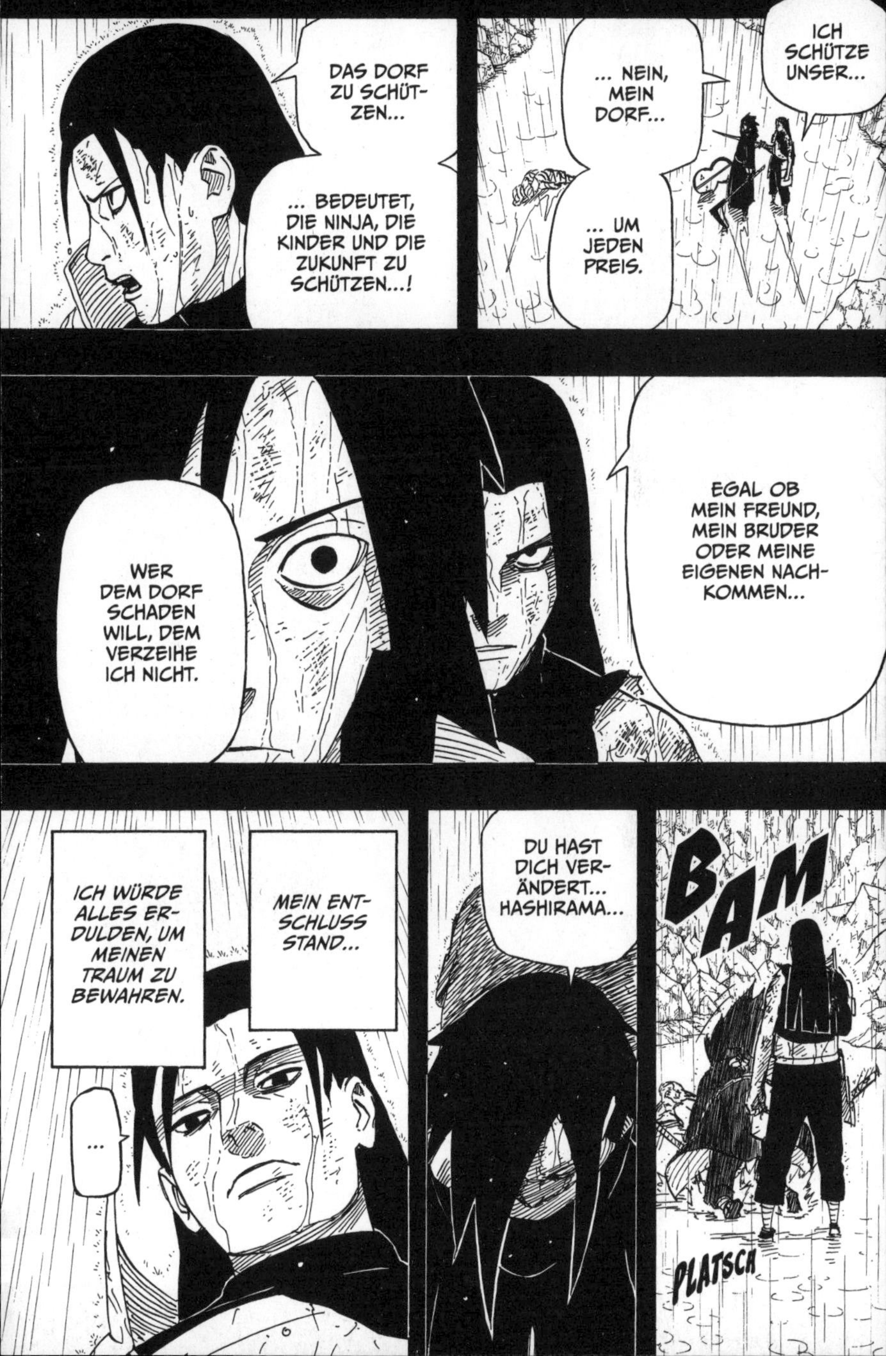
ICH SCHÜTZE UNSER...
... NEIN, MEIN DORF...
... UM JEDEN PREIS.
DAS DORF ZU SCHÜTZEN...
... BEDEUTET, DIE NINJA, DIE KINDER UND DIE ZUKUNFT ZU SCHÜTZEN...!
EGAL OB MEIN FREUND, MEIN BRUDER ODER MEINE EIGENEN NACHKOMMEN...
WER DEM DORF SCHADEN WILL, DEM VERZEIHE ICH NICHT.
BAM
PLATSCH
DU HAST DICH VERÄNDERT... HASHIRAMA...
MEIN ENTSCHLUSS STAND...
ICH WÜRDE ALLES ERDULDEN, UM MEINEN TRAUM ZU BEWAHREN.
...

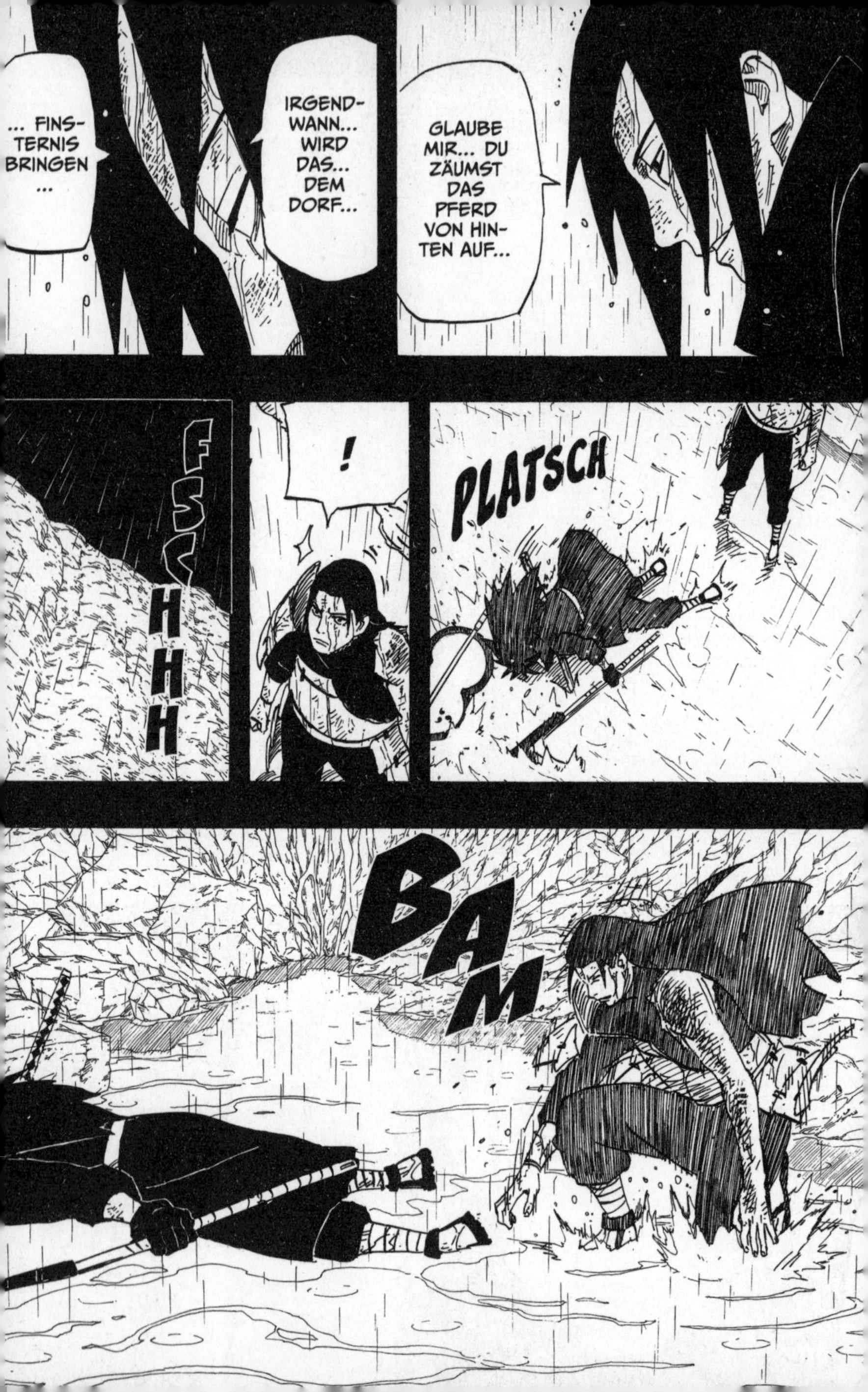
GLAUBE MIR... DU ZÄUMST DAS PFERD VON HINTEN AUF...
IRGENDWANN... WIRD DAS... DEM DORF...
... FINSTERNIS BRINGEN ...
PLATSCH
!
FSCHHHH
BAM

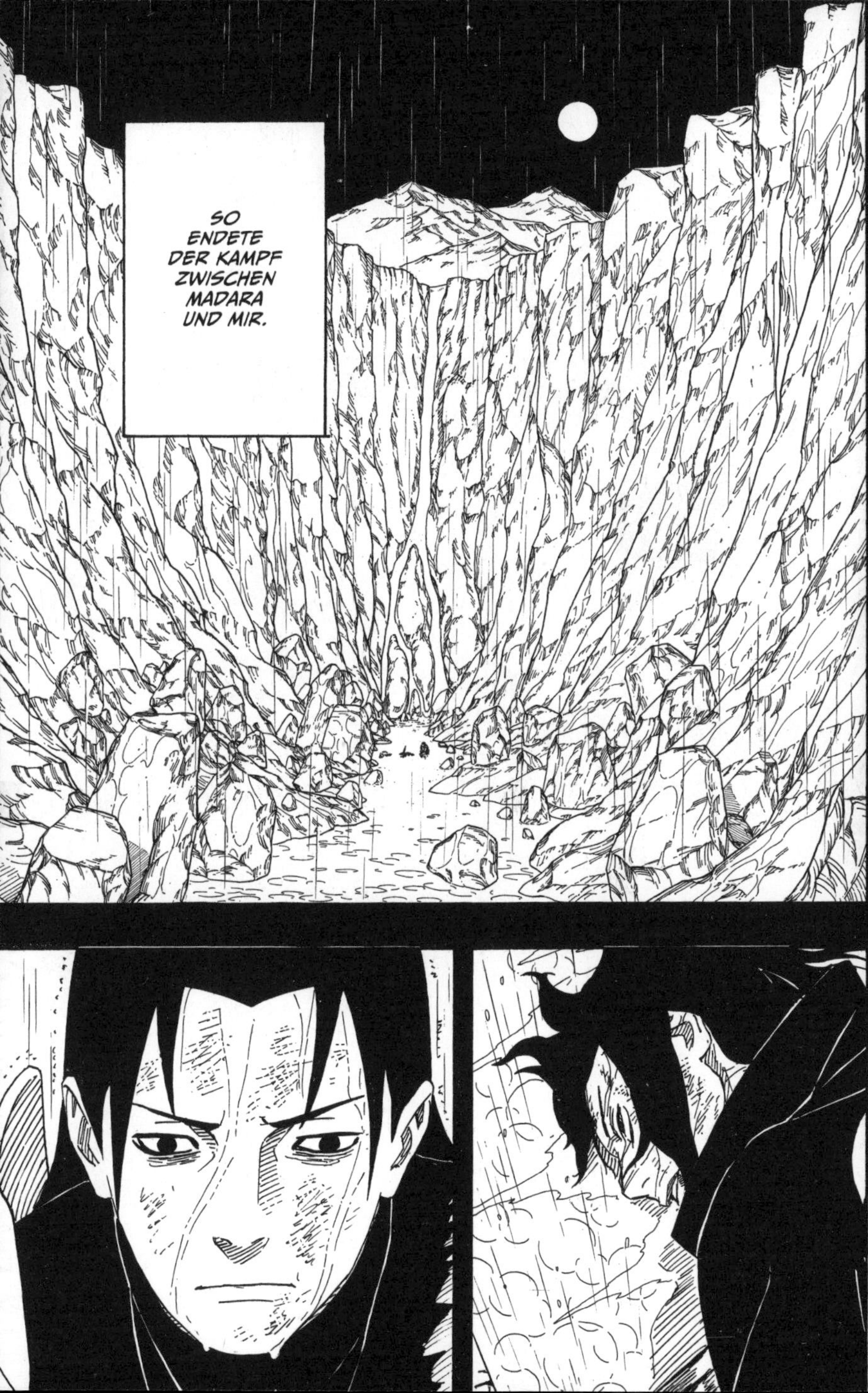
SO ENDETE DER KAMPF ZWISCHEN MADARA UND MIR.

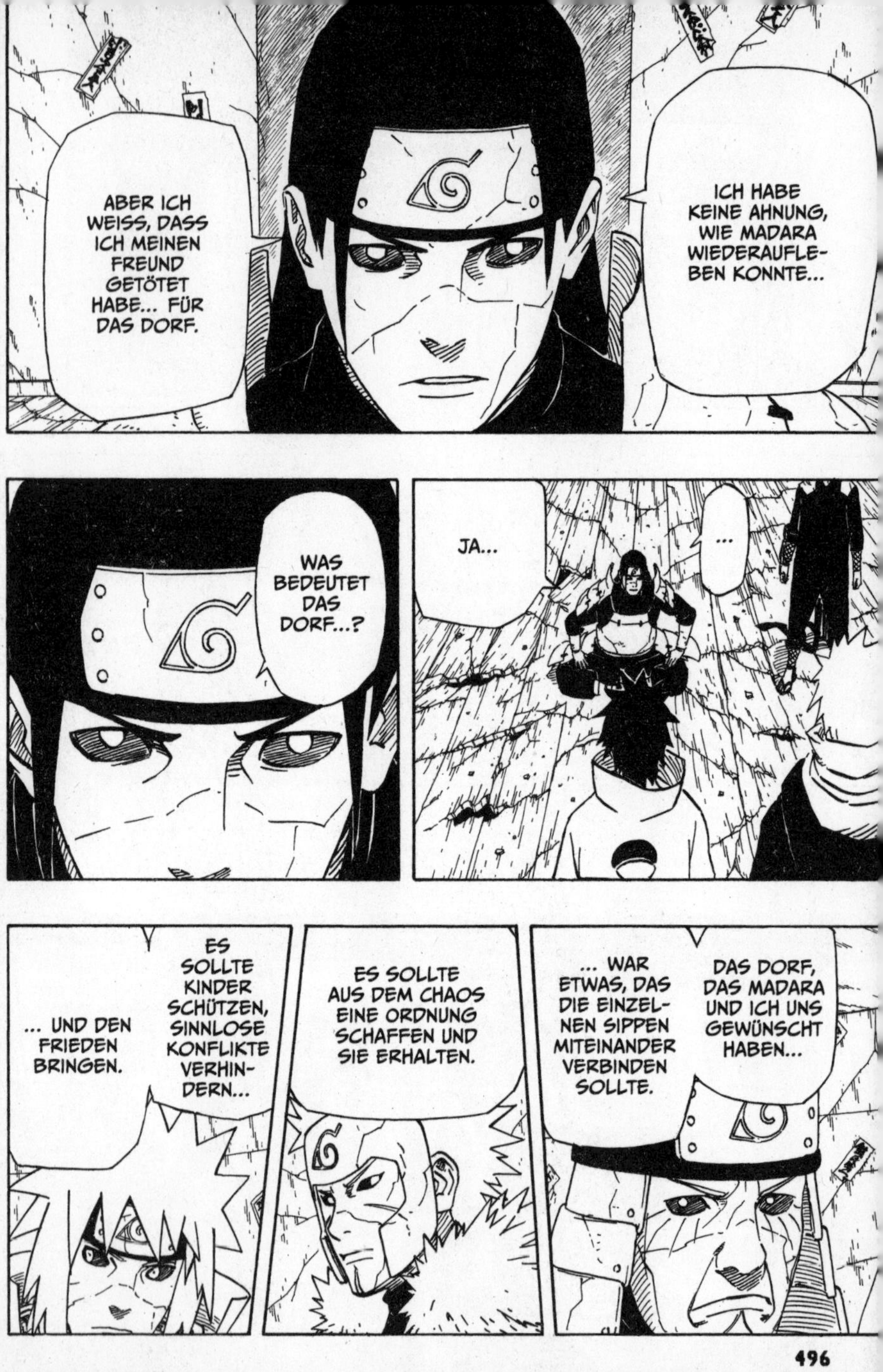
ICH HABE KEINE AHNUNG, WIE MADARA WIEDERAUFLEBEN KONNTE...
ABER ICH WEISS, DASS ICH MEINEN FREUND GETÖTET HABE... FÜR DAS DORF.
...
JA...
WAS BEDEUTET DAS DORF...?
DAS DORF, DAS MADARA UND ICH UNS GEWÜNSCHT HABEN...
... WAR ETWAS, DAS DIE EINZELNEN SIPPEN MITEINANDER VERBINDEN SOLLTE.
ES SOLLTE AUS DEM CHAOS EINE ORDNUNG SCHAFFEN UND SIE ERHALTEN.
ES SOLLTE KINDER SCHÜTZEN, SINNLOSE KONFLIKTE VERHINDERN...
... UND DEN FRIEDEN BRINGEN.

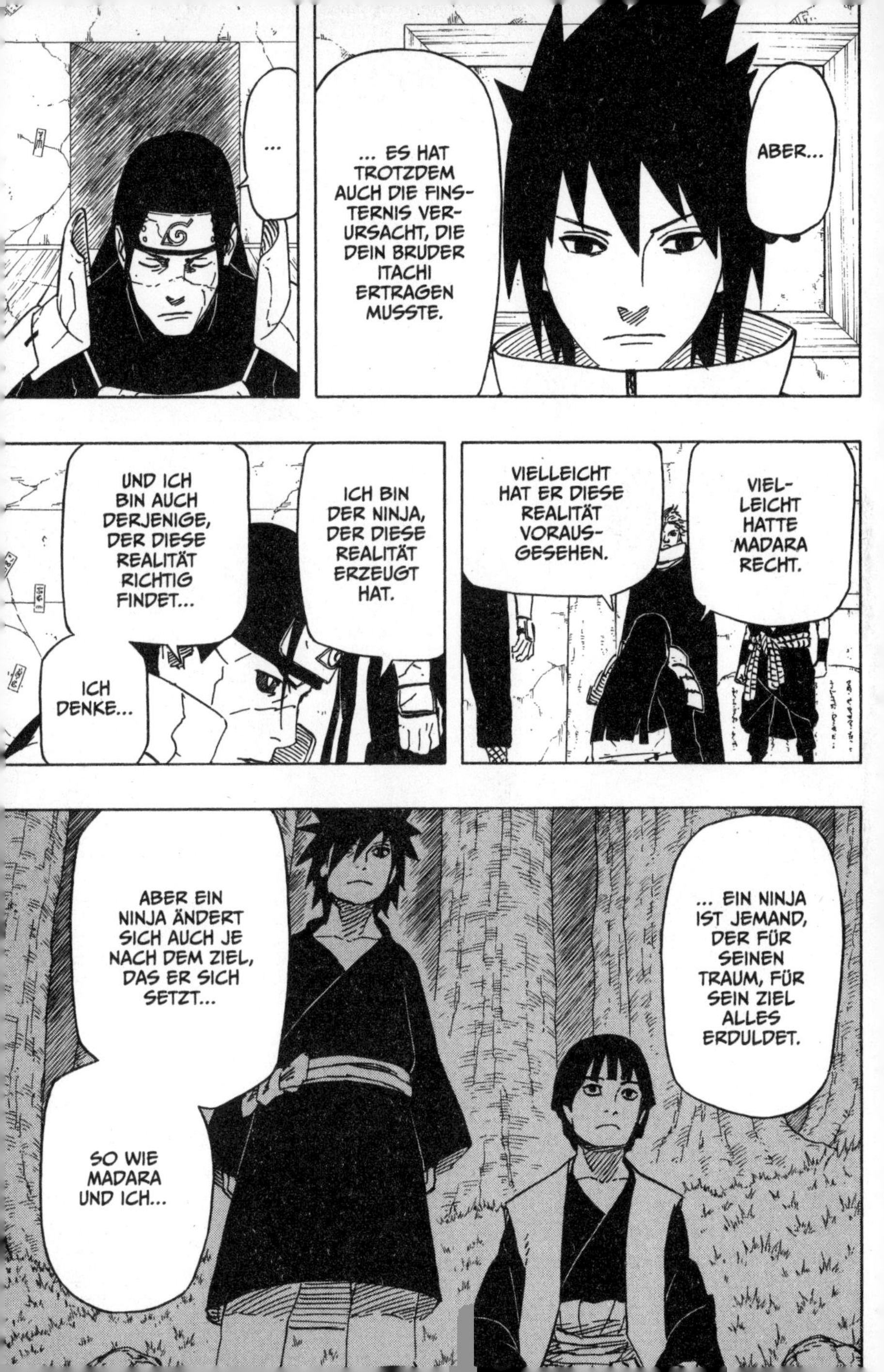
ABER...
... ES HAT TROTZDEM AUCH DIE FINSTERNIS VERURSACHT, DIE DEIN BRUDER ITACHI ERTRAGEN MUSSTE.
...
VIELLEICHT HATTE MADARA RECHT.
VIELLEICHT HAT ER DIESE REALITÄT VORAUSGESEHEN.
ICH BIN DER NINJA, DER DIESE REALITÄT ERZEUGT HAT.
UND ICH BIN AUCH DERJENIGE, DER DIESE REALITÄT RICHTIG FINDET...
ICH DENKE...
... EIN NINJA IST JEMAND, DER FÜR SEINEN TRAUM, FÜR SEIN ZIEL ALLES ERDULDET.
ABER EIN NINJA ÄNDERT SICH AUCH JE NACH DEM ZIEL, DAS ER SICH SETZT...
SO WIE MADARA UND ICH...

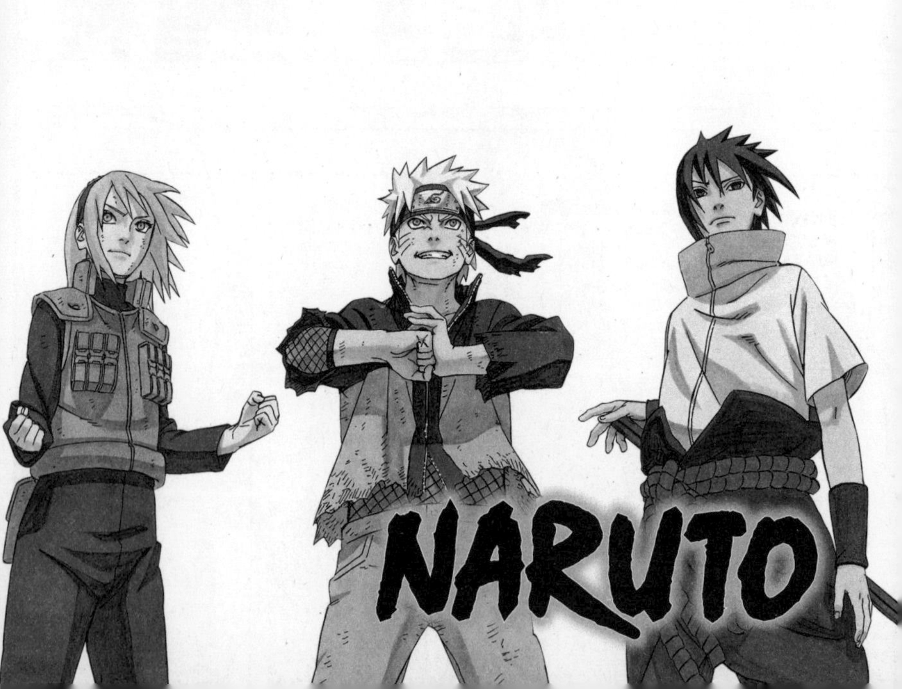
NARUTO

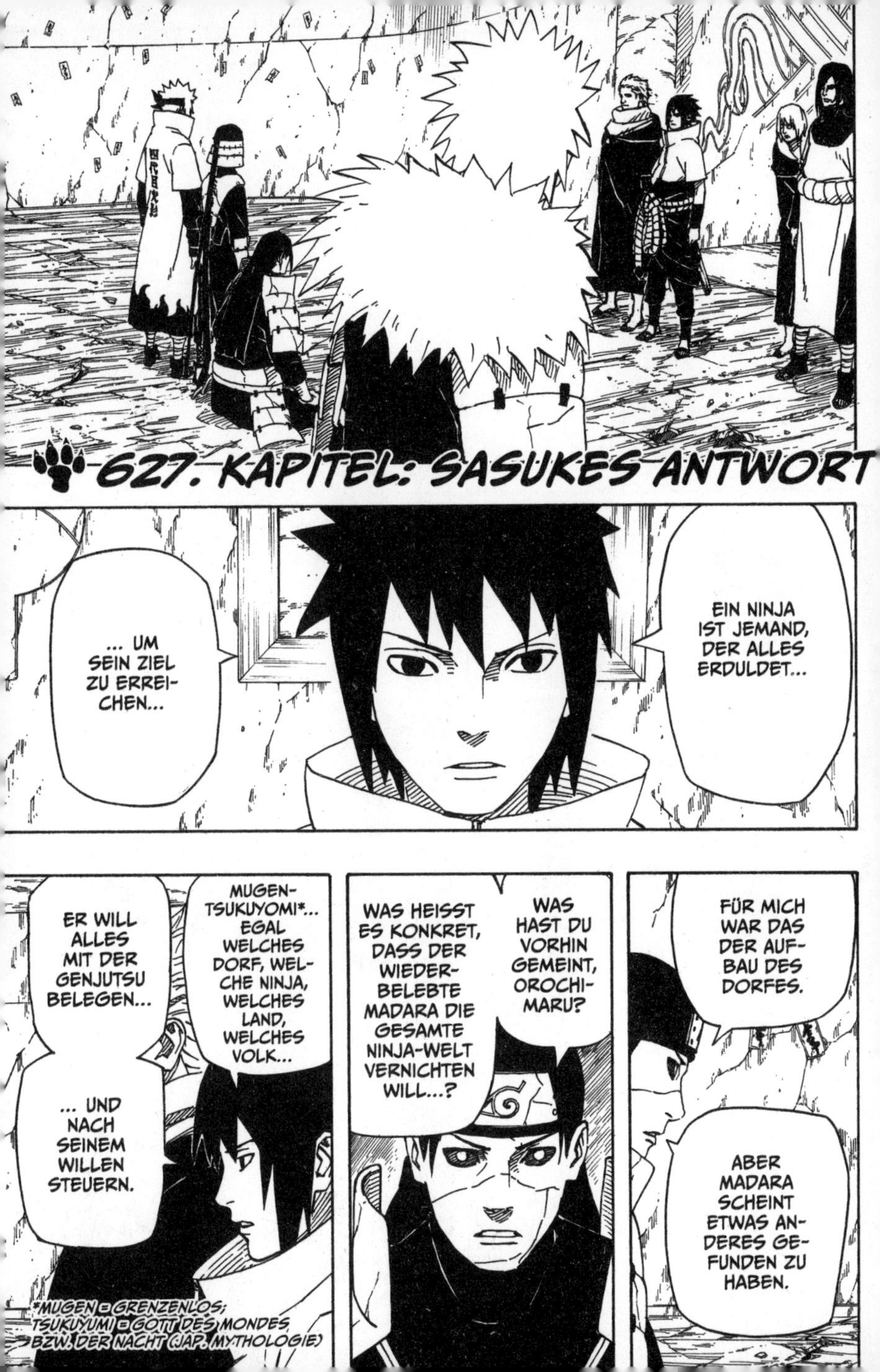

*MUGEN = GRENZENLOS; TSUKUYOMI = GOTT DES MONDES BZW. DER NACHT (JAP. MYTHOLOGIE)

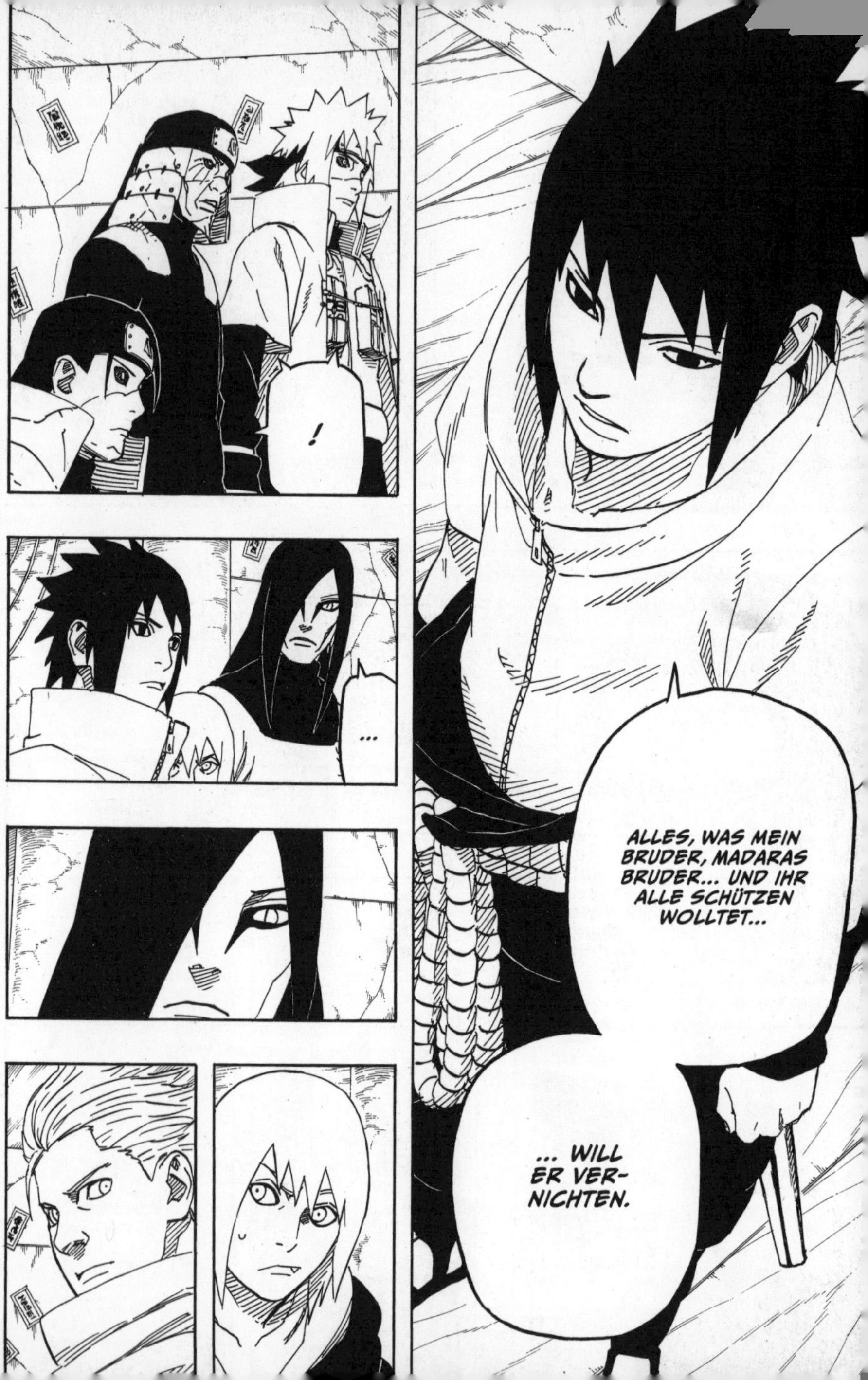

ALLES, WAS MEIN BRUDER, MADARAS BRUDER... UND IHR ALLE SCHÜTZEN WOLLTET...
... WILL ER VER-NICHTEN.
!
...

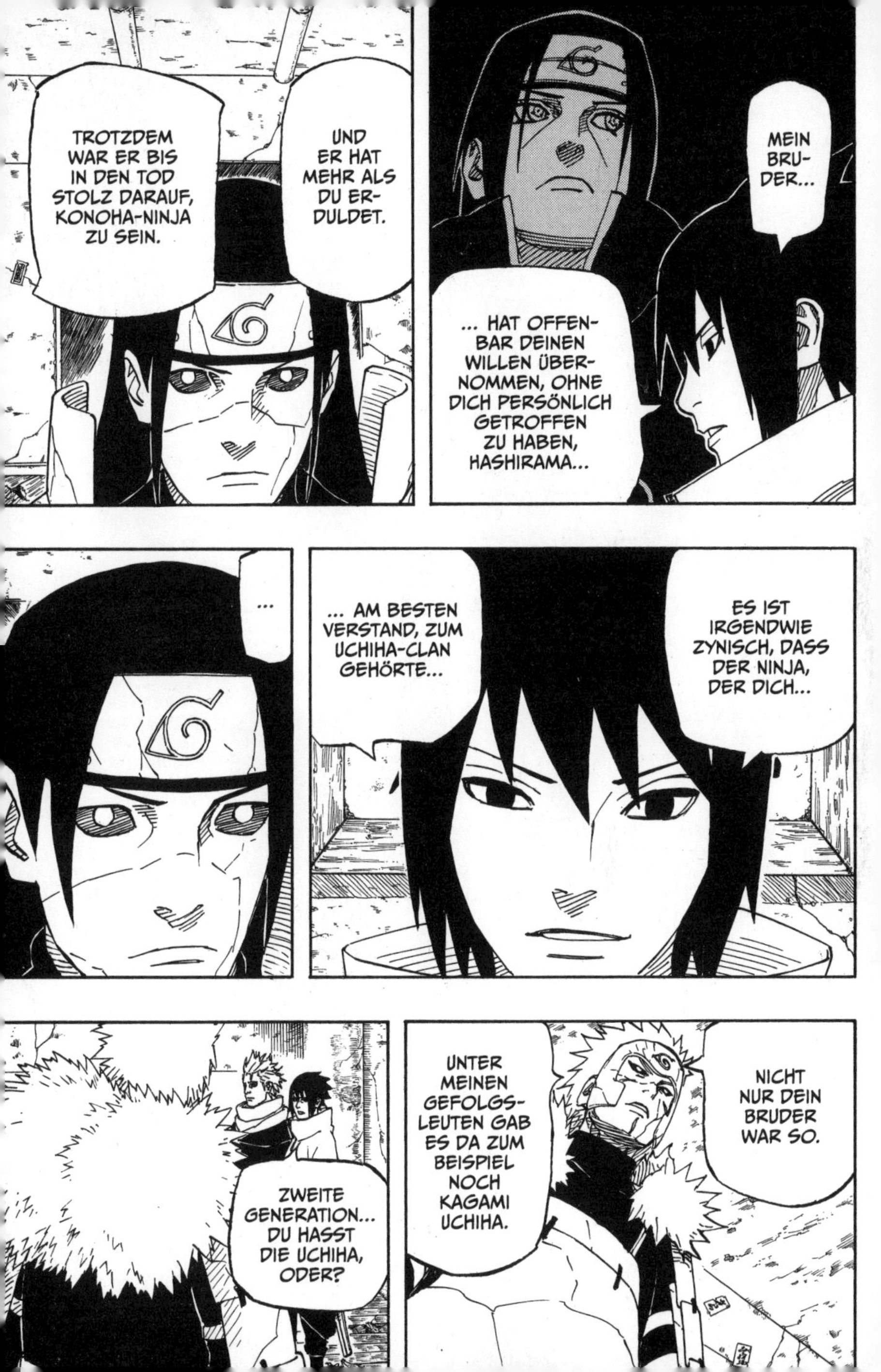
MEIN BRUDER...
... HAT OFFENBAR DEINEN WILLEN ÜBERNOMMEN, OHNE DICH PERSÖNLICH GETROFFEN ZU HABEN, HASHIRAMA...
UND ER HAT MEHR ALS DU ERDULDET.
TROTZDEM WAR ER BIS IN DEN TOD STOLZ DARAUF, KONOHA-NINJA ZU SEIN.
ES IST IRGENDWIE ZYNISCH, DASS DER NINJA, DER DICH...
... AM BESTEN VERSTAND, ZUM UCHIHA-CLAN GEHÖRTE...
...
NICHT NUR DEIN BRUDER WAR SO.
UNTER MEINEN GEFOLGSLEUTEN GAB ES DA ZUM BEISPIEL NOCH KAGAMI UCHIHA.
ZWEITE GENERATION... DU HASST DIE UCHIHA, ODER?

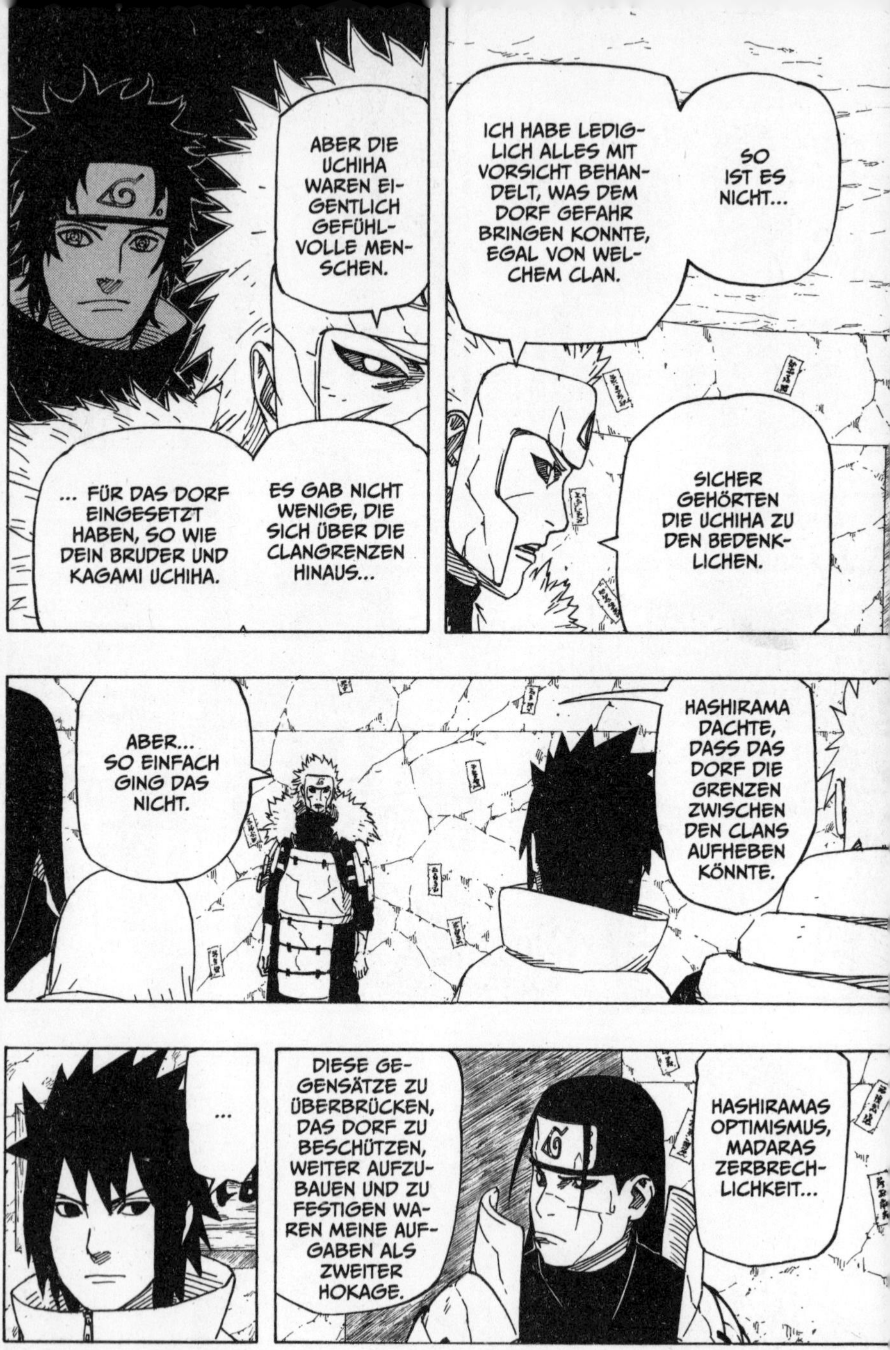
SO IST ES NICHT…
ICH HABE LEDIGLICH ALLES MIT VORSICHT BEHANDELT, WAS DEM DORF GEFAHR BRINGEN KONNTE, EGAL VON WELCHEM CLAN.
SICHER GEHÖRTEN DIE UCHIHA ZU DEN BEDENKLICHEN.
ABER DIE UCHIHA WAREN EIGENTLICH GEFÜHLVOLLE MENSCHEN.
ES GAB NICHT WENIGE, DIE SICH ÜBER DIE CLANGRENZEN HINAUS…
… FÜR DAS DORF EINGESETZT HABEN, SO WIE DEIN BRUDER UND KAGAMI UCHIHA.
HASHIRAMA DACHTE, DASS DAS DORF DIE GRENZEN ZWISCHEN DEN CLANS AUFHEBEN KÖNNTE.
ABER… SO EINFACH GING DAS NICHT.
HASHIRAMAS OPTIMISMUS, MADARAS ZERBRECHLICHKEIT…
DIESE GEGENSÄTZE ZU ÜBERBRÜCKEN, DAS DORF ZU BESCHÜTZEN, WEITER AUFZUBAUEN UND ZU FESTIGEN WAREN MEINE AUFGABEN ALS ZWEITER HOKAGE.
…

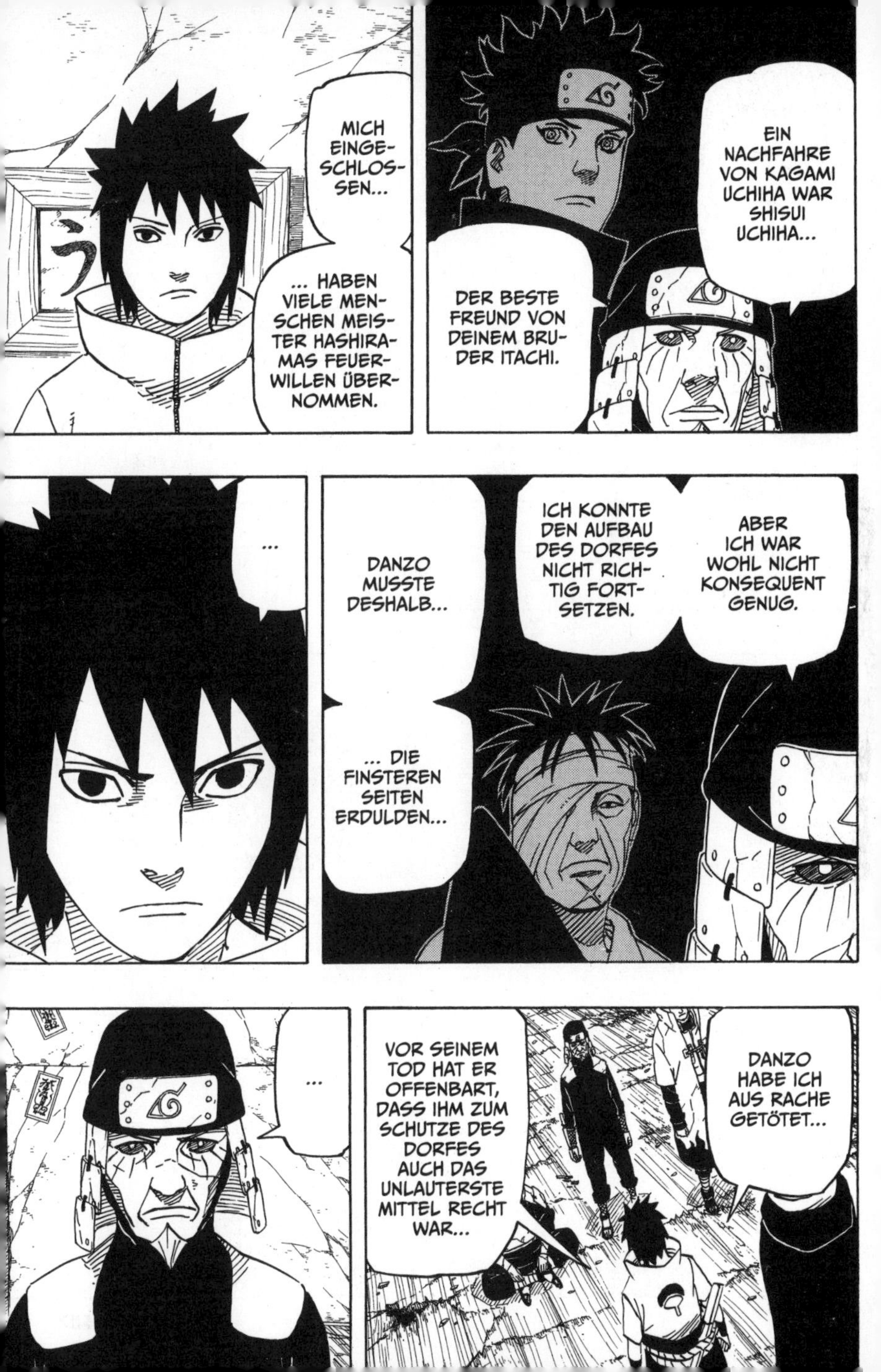
EIN NACHFAHRE VON KAGAMI UCHIHA WAR SHISUI UCHIHA...
DER BESTE FREUND VON DEINEM BRUDER ITACHI.
MICH EINGESCHLOSSEN...
... HABEN VIELE MENSCHEN MEISTER HASHIRAMAS FEUERWILLEN ÜBERNOMMEN.
ABER ICH WAR WOHL NICHT KONSEQUENT GENUG.
ICH KONNTE DEN AUFBAU DES DORFES NICHT RICHTIG FORTSETZEN.
DANZO MUSSTE DESHALB...
... DIE FINSTEREN SEITEN ERDULDEN...
...
DANZO HABE ICH AUS RACHE GETÖTET...
VOR SEINEM TOD HAT ER OFFENBART, DASS IHM ZUM SCHUTZE DES DORFES AUCH DAS UNLAUTERSTE MITTEL RECHT WAR...
...

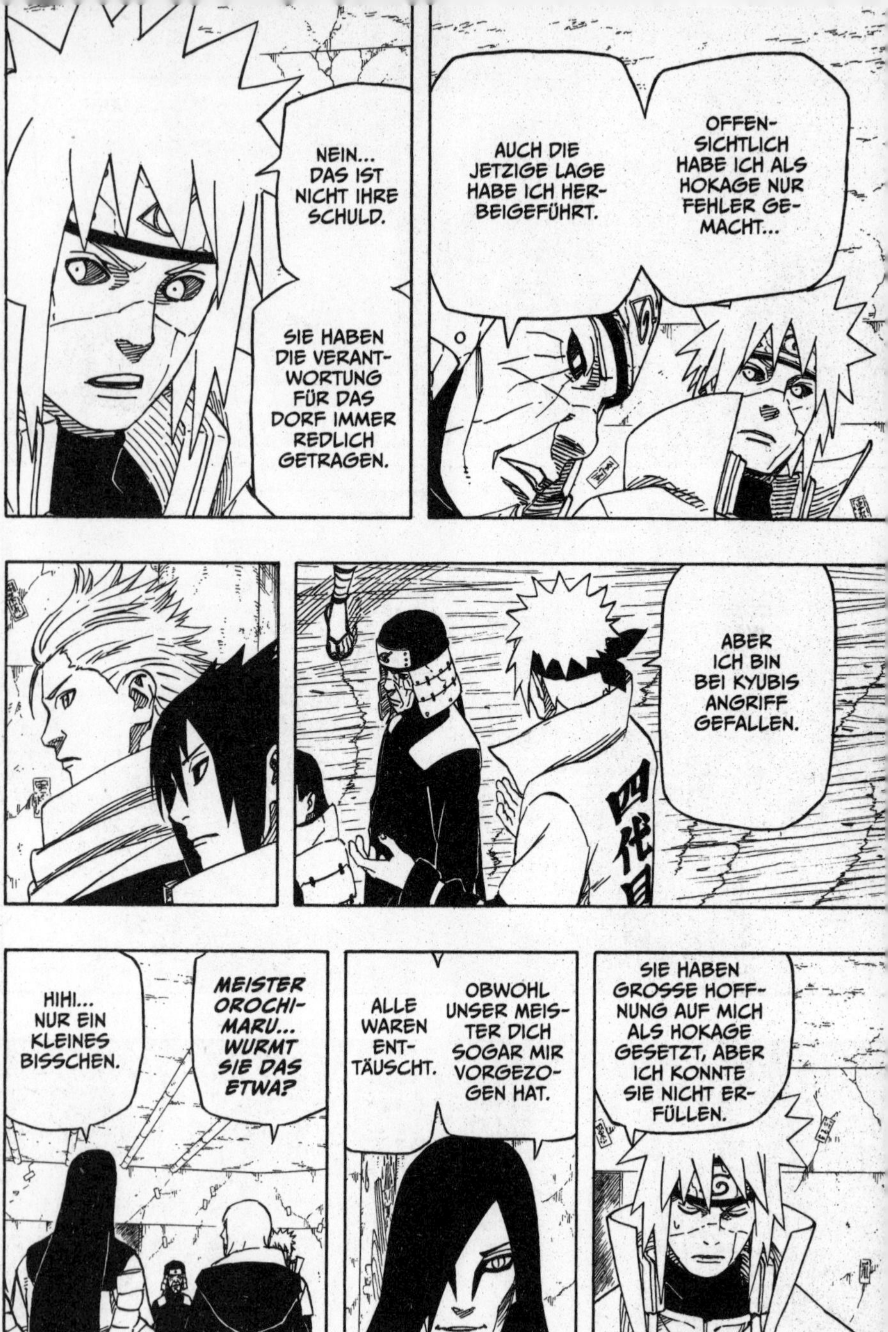
OFFEN-SICHTLICH HABE ICH ALS HOKAGE NUR FEHLER GE-MACHT...
AUCH DIE JETZIGE LAGE HABE ICH HER-BEIGEFÜHRT.
NEIN... DAS IST NICHT IHRE SCHULD.
SIE HABEN DIE VERANT-WORTUNG FÜR DAS DORF IMMER REDLICH GETRAGEN.
ABER ICH BIN BEI KYUBIS ANGRIFF GEFALLEN.
四代目
SIE HABEN GROSSE HOFF-NUNG AUF MICH ALS HOKAGE GESETZT, ABER ICH KONNTE SIE NICHT ER-FÜLLEN.
OBWOHL UNSER MEIS-TER DICH SOGAR MIR VORGEZO-GEN HAT.
ALLE WAREN ENT-TÄUSCHT.
MEISTER OROCHI-MARU... WURMT SIE DAS ETWA?
HIHI... NUR EIN KLEINES BISSCHEN.

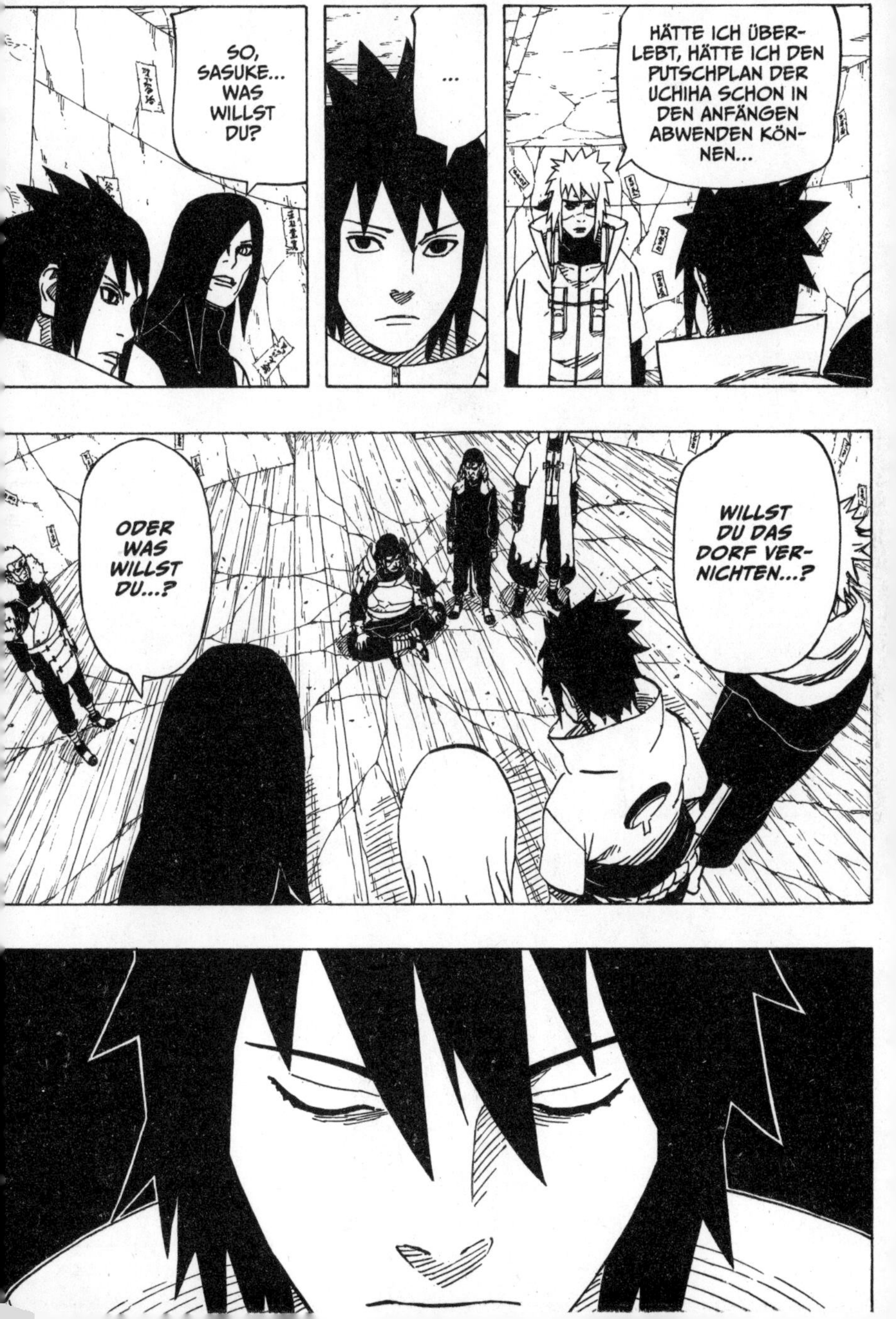
HÄTTE ICH ÜBERLEBT, HÄTTE ICH DEN PUTSCHPLAN DER UCHIHA SCHON IN DEN ANFÄNGEN ABWENDEN KÖNNEN...
...
SO, SASUKE... WAS WILLST DU?
WILLST DU DAS DORF VERNICHTEN...?
ODER WAS WILLST DU...?

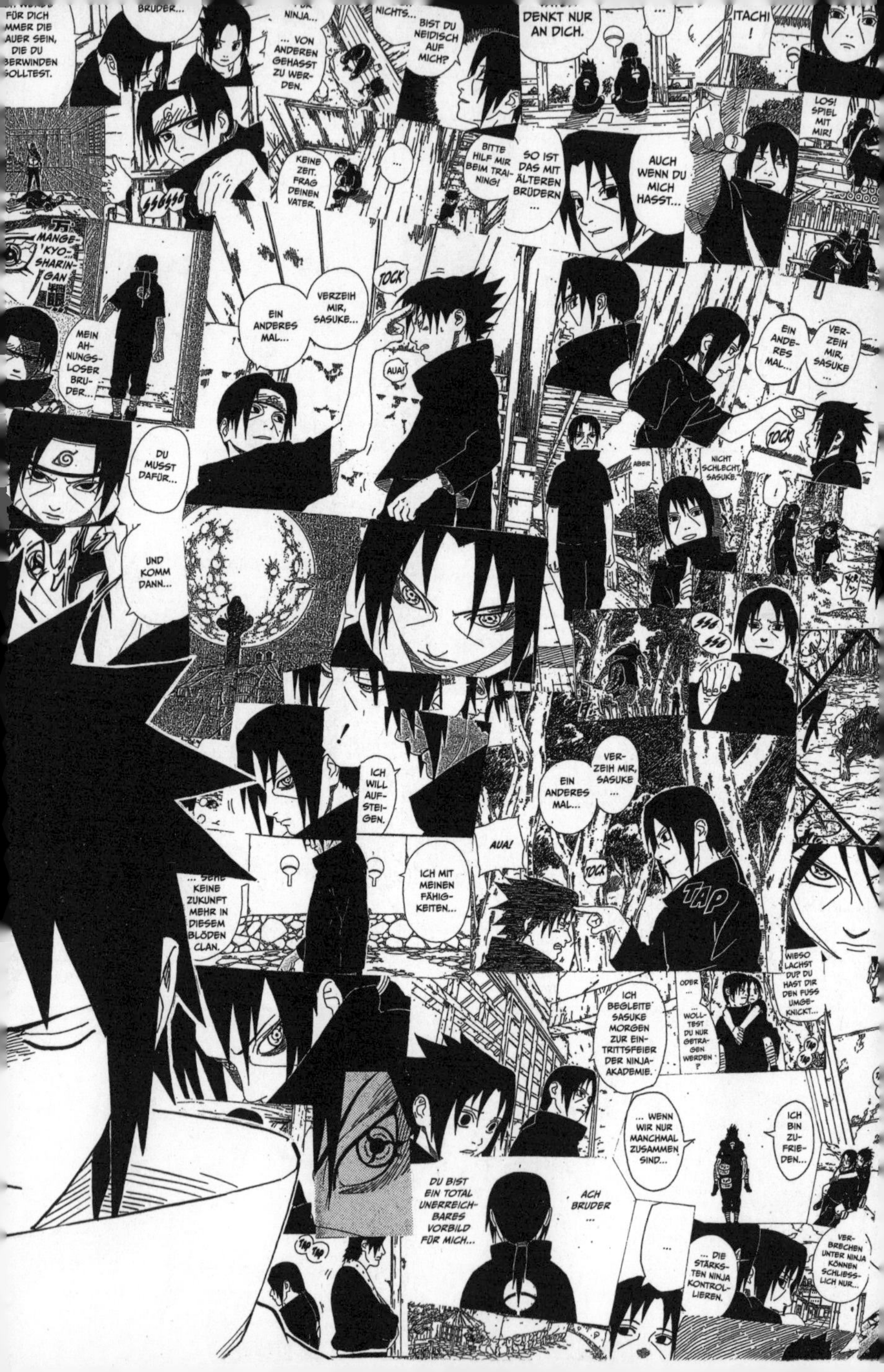

ITACHI!
...
DENKT NUR AN DICH.
BIST DU NEIDISCH AUF MICH?
NICHTS...
... VON ANDEREN GEHASST ZU WERDEN.
NINJA...
BRUDER...
FÜR DICH
MMER DIE
AUER SEIN,
DIE DU
BERWINDEN
SOLLTEST.
LOS! SPIEL MIT MIR!
AUCH WENN DU MICH HASST...
SO IST DAS MIT ÄLTEREN BRÜDERN ...
BITTE HILF MIR BEIM TRAINING!
...
KEINE ZEIT. FRAG DEINEN VATER.
MANGE-KYO-SHARIN-GAN
VERZEIH MIR, SASUKE ...
EIN ANDERES MAL...
TOCK
VERZEIH MIR, SASUKE...
EIN ANDERES MAL...
MEIN AHNUNGSLOSER BRUDER...
AUA!
TOCK
!
NICHT SCHLECHT, SASUKE.
ABER ...
DU MUSST DAFÜR...
UND KOMM DANN...
VERZEIH MIR, SASUKE ...
EIN ANDERES MAL...
!
ICH WILL AUFSTEIGEN.
AUA!
TOCK
TAP
ICH MIT MEINEN FÄHIGKEITEN...
... SEHE KEINE ZUKUNFT MEHR IN DIESEM BLÖDEN CLAN.
WIESO LACHST DU? DU HAST DIR DEN FUSS UMGEKNICKT...
ODER ...
... WOLLTEST DU NUR GETRAGEN WERDEN ?
ICH BEGLEITE SASUKE MORGEN ZUR EINTRITTSFEIER DER NINJA-AKADEMIE.
TAP TAP
ICH BIN ZUFRIEDEN...
... WENN WIR NUR MANCHMAL ZUSAMMEN SIND...
VERBRECHEN UNTER NINJA KÖNNEN SCHLIESSLICH NUR...
... DIE STÄRKSTEN NINJA KONTROLLIEREN.
...
ACH BRUDER ...
DU BIST EIN TOTAL UNERREICHBARES VORBILD FÜR MICH...
TAP TAP

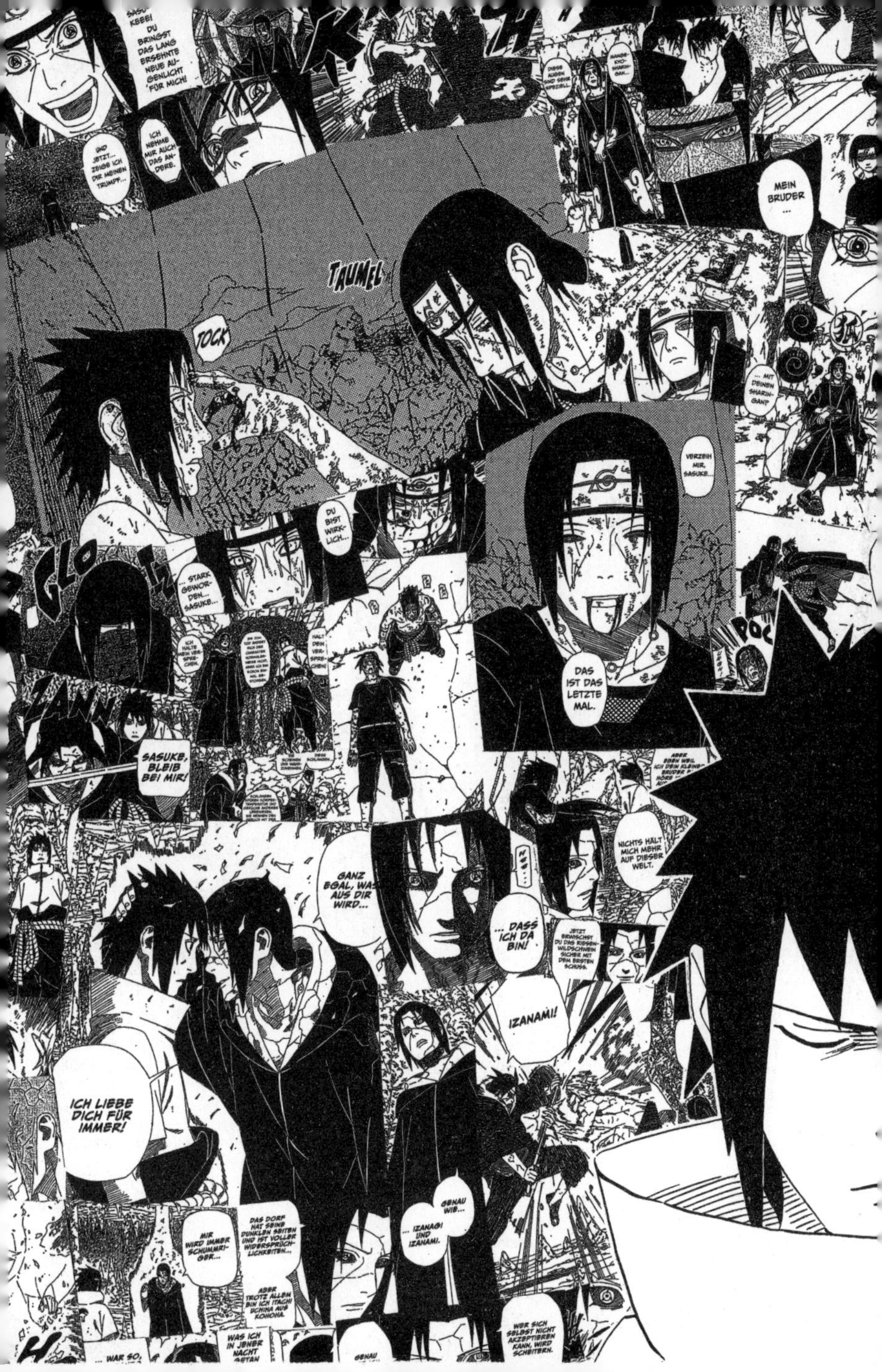
SASUKEEE! DU BRINGST DAS LANG ERSEHNTE NEUE AUGENLICHT FÜR MICH!
ICH NEHME MIR AUCH DAS ANDERE.
UND JETZT... ZEIGE ICH DIR MEINEN TRUMPF...
MEIN BRUDER ...
TAUMEL
TOCK
... MIT DEINEN SHARINGAN?
VERZEIH MIR, SASUKE.
DU BIST WIRKLICH...
... STARK GEWORDEN, SASUKE...
DAS IST DAS LETZTE MAL.
SASUKE, BLEIB BEI MIR!
NICHTS HÄLT MICH MEHR AUF DIESER WELT.
GANZ EGAL, WAS AUS DIR WIRD...
... DASS ICH DA BIN!
IZANAMI!
ICH LIEBE DICH FÜR IMMER!
GENAU WIE...
... IZANAGI UND IZANAMI.
MIR WIRD IMMER SCHWUMMRIGER...
DAS DORF HAT SEINE DUNKLEN SEITEN UND SEINE WIDERSPRÜCHLICHKEITEN...
ABER TROTZ ALLEM BIN ICH ITACHI UCHIHA AUS KONOHA
WER SICH SELBST NICHT AKZEPTIEREN KANN, WIRD SCHEITERN.
WAS ICH IN JENER NACHT GETAN
... WAR SO.

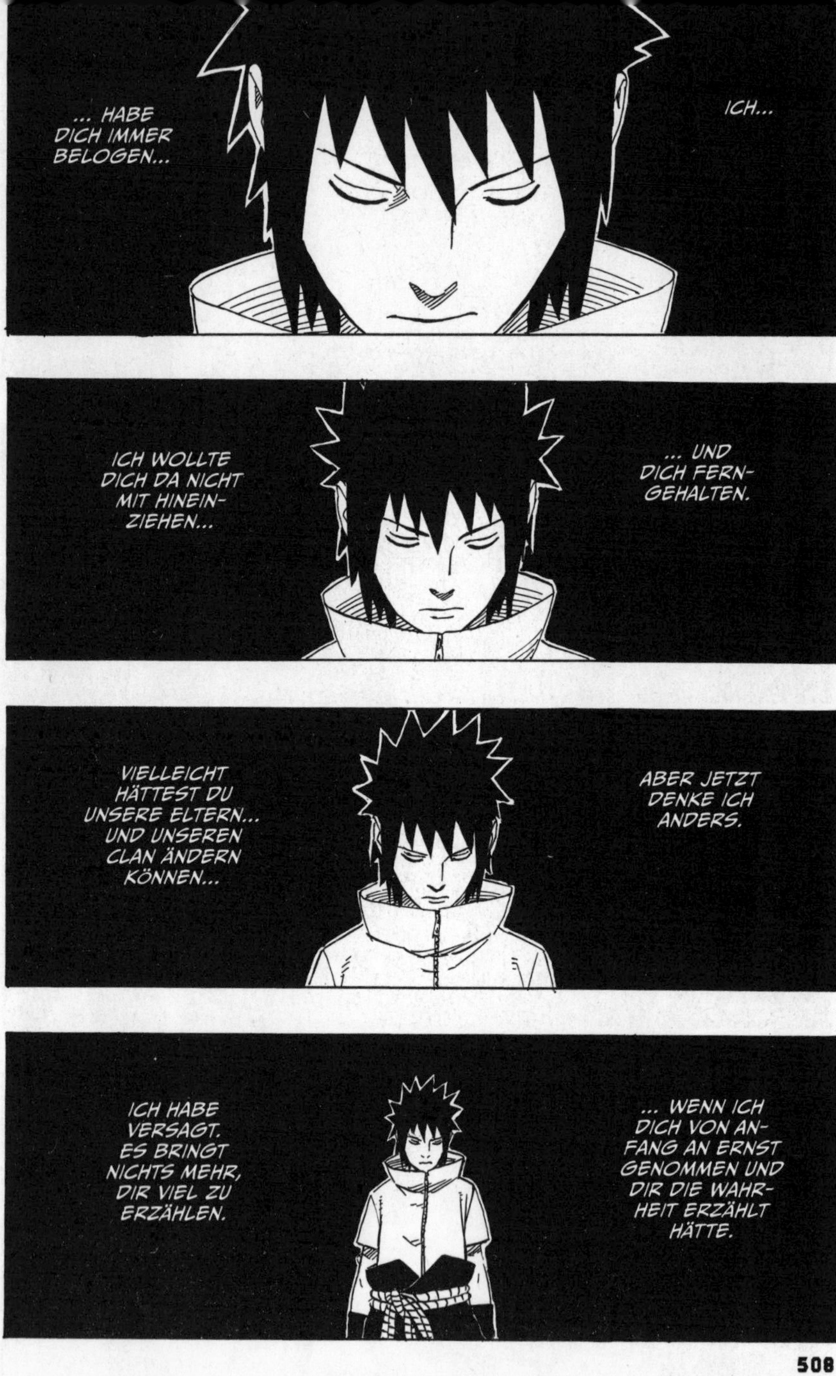
ICH...
... HABE DICH IMMER BELOGEN...
... UND DICH FERN-GEHALTEN.
ICH WOLLTE DICH DA NICHT MIT HINEIN-ZIEHEN...
ABER JETZT DENKE ICH ANDERS.
VIELLEICHT HÄTTEST DU UNSERE ELTERN... UND UNSEREN CLAN ÄNDERN KÖNNEN...
... WENN ICH DICH VON AN-FANG AN ERNST GENOMMEN UND DIR DIE WAHR-HEIT ERZÄHLT HÄTTE.
ICH HABE VERSAGT. ES BRINGT NICHTS MEHR, DIR VIEL ZU ERZÄHLEN.

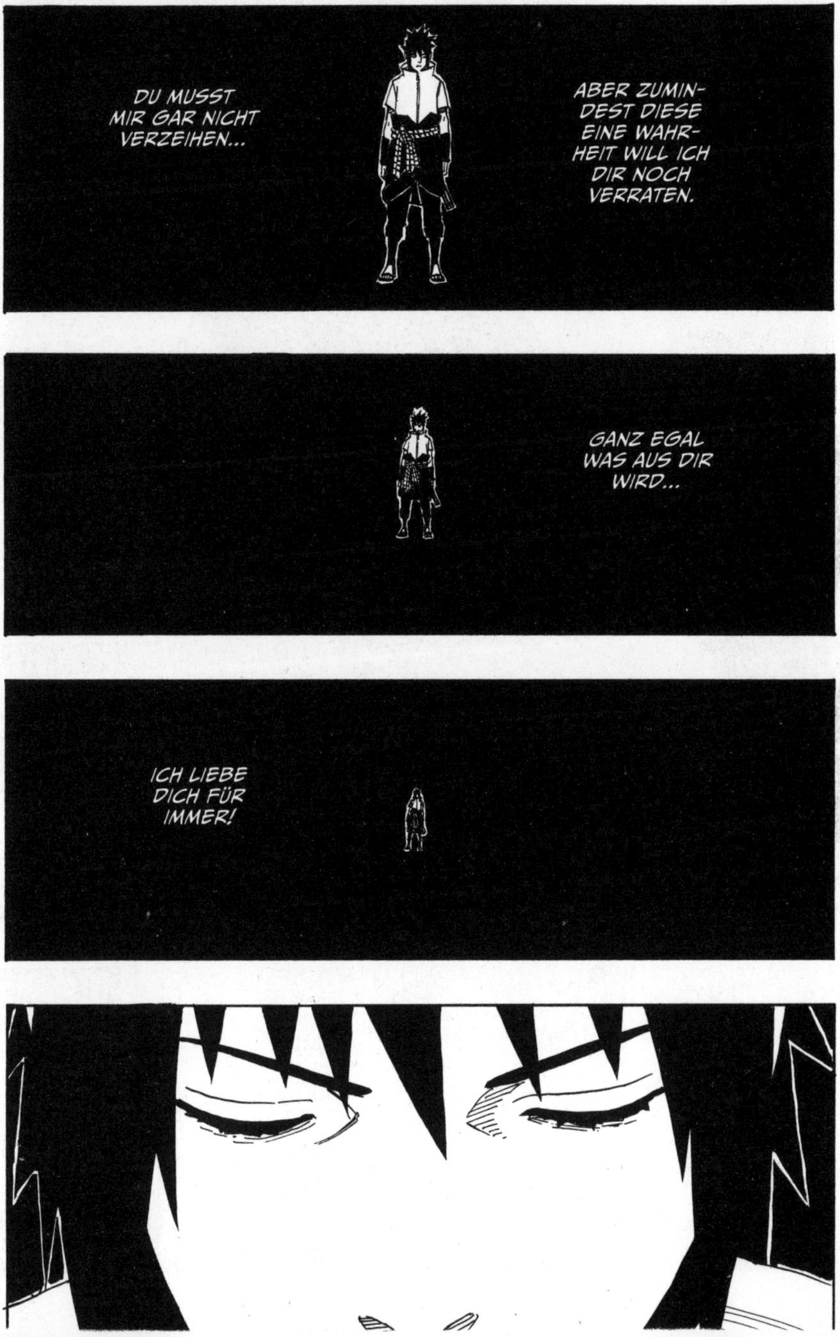

DU MUSST MIR GAR NICHT VERZEIHEN...
ABER ZUMINDEST DIESE EINE WAHRHEIT WILL ICH DIR NOCH VERRATEN.
GANZ EGAL WAS AUS DIR WIRD...
ICH LIEBE DICH FÜR IMMER!

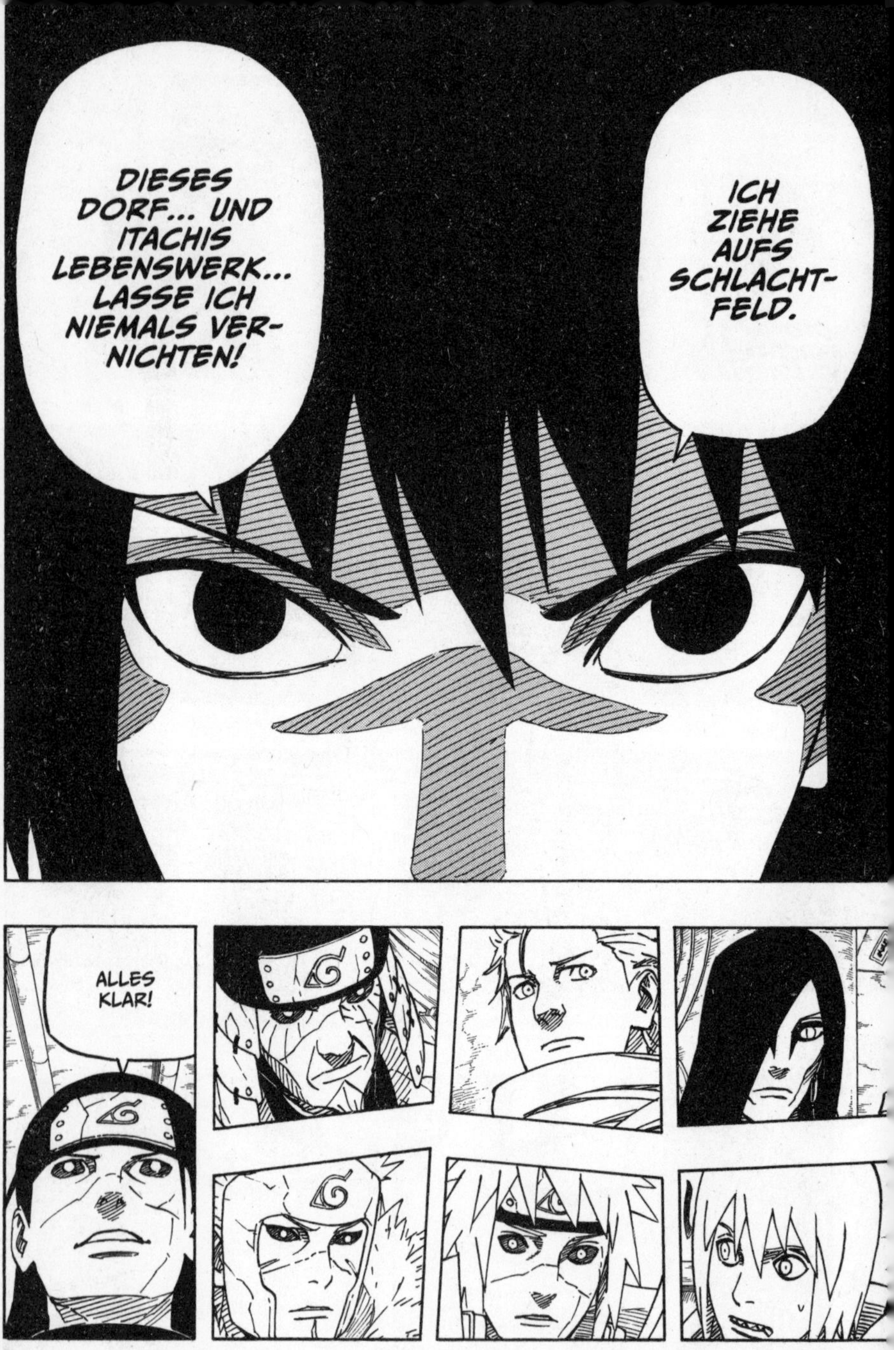
ICH ZIEHE AUFS SCHLACHT-FELD.
DIESES DORF... UND ITACHIS LEBENSWERK... LASSE ICH NIEMALS VER-NICHTEN!
ALLES KLAR!

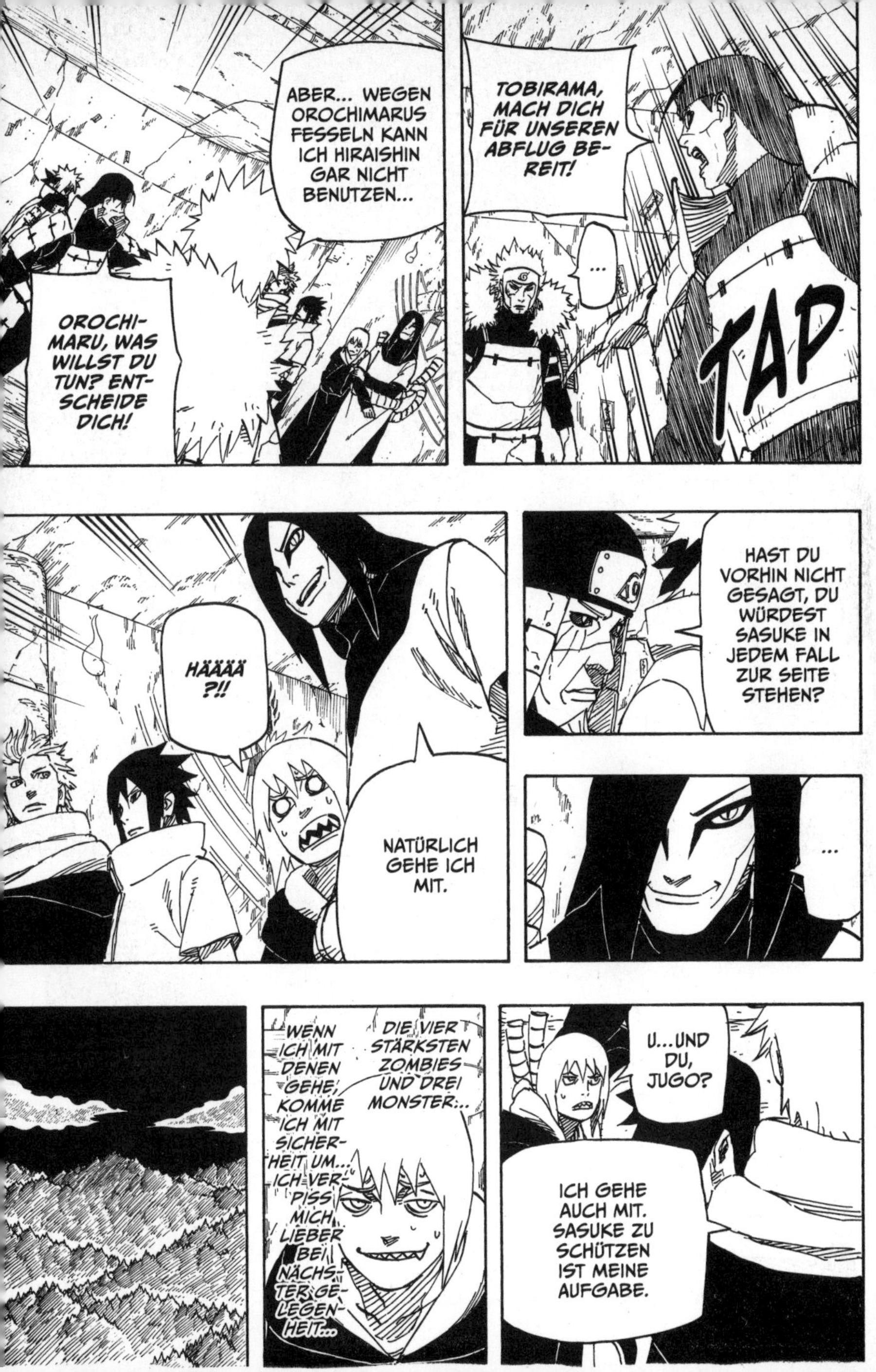
TOBIRAMA, MACH DICH FÜR UNSEREN ABFLUG BE-REIT!
...
TAP
ABER... WEGEN OROCHIMARUS FESSELN KANN ICH HIRAISHIN GAR NICHT BENUTZEN...
OROCHI-MARU, WAS WILLST DU TUN? ENT-SCHEIDE DICH!
HAST DU VORHIN NICHT GESAGT, DU WÜRDEST SASUKE IN JEDEM FALL ZUR SEITE STEHEN?
...
NATÜRLICH GEHE ICH MIT.
HÄÄÄÄ?!!
U...UND DU, JUGO?
ICH GEHE AUCH MIT. SASUKE ZU SCHÜTZEN IST MEINE AUFGABE.
DIE VIER STÄRKSTEN ZOMBIES UND DREI MONSTER:...
WENN ICH MIT DENEN GEHE, KOMME ICH MIT SICHER-HEIT UM... ICH VER-PISS MICH LIEBER BEI NÄCHS-TER GE-LEGEN-HEIT...

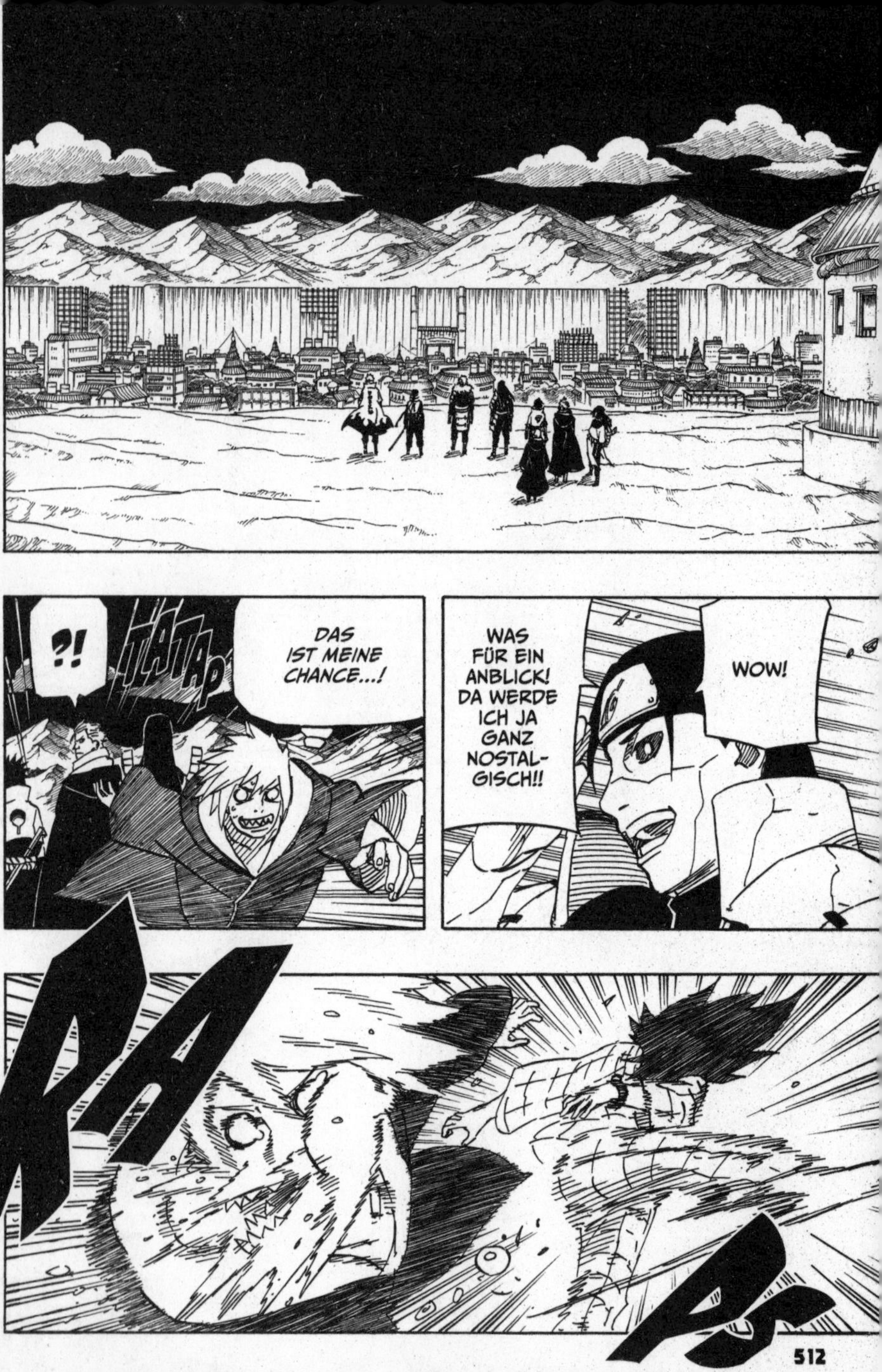
WOW!
WAS FÜR EIN ANBLICK! DA WERDE ICH JA GANZ NOSTALGISCH!!
DAS IST MEINE CHANCE...!
TATAP
?!

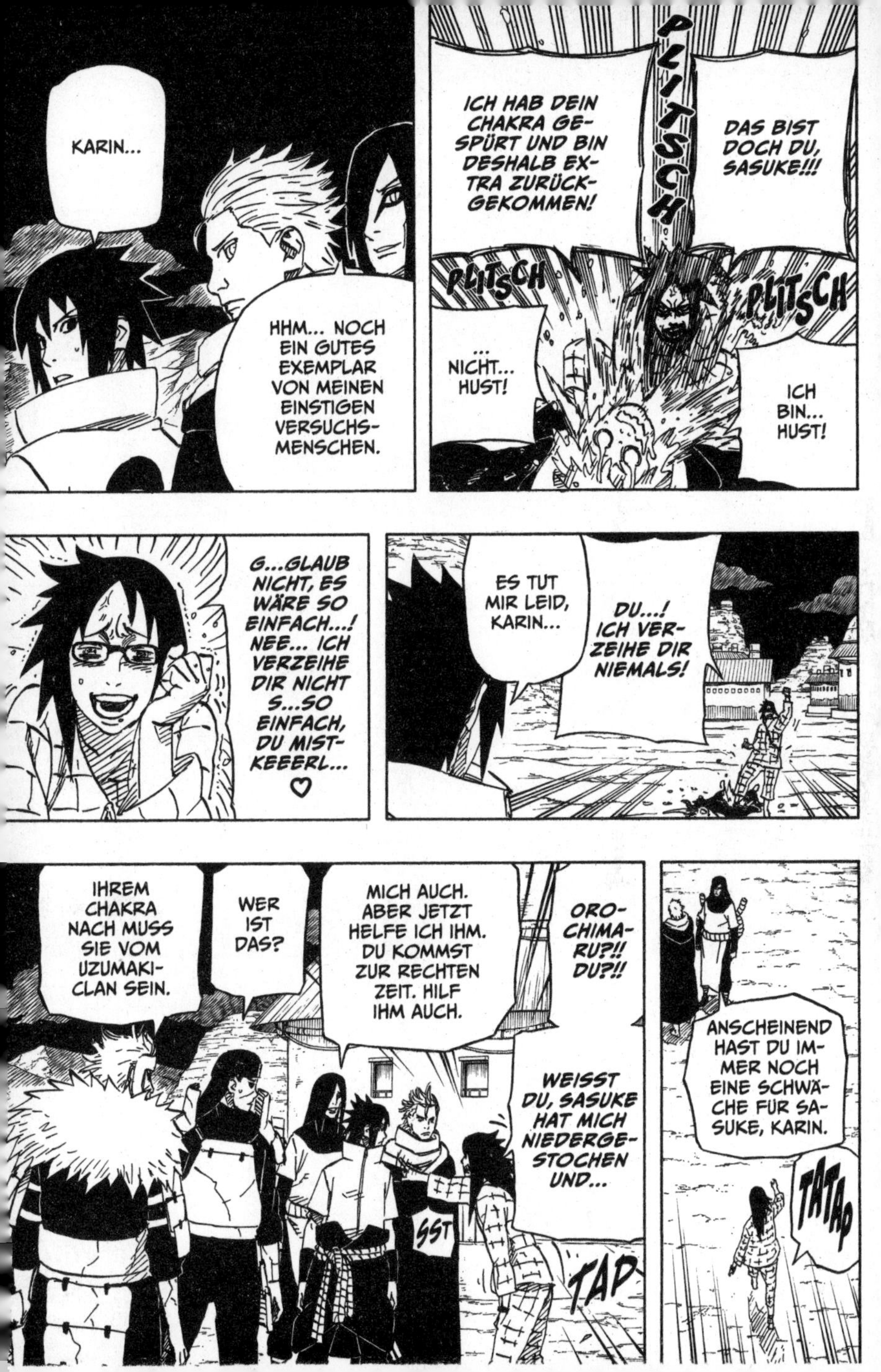
DAS BIST DOCH DU, SASUKE!!!
ICH HAB DEIN CHAKRA GESPÜRT UND BIN DESHALB EXTRA ZURÜCKGEKOMMEN!
PLITSCH
PLITSCH
PLITSCH
ICH BIN... HUST!
... NICHT... HUST!
KARIN...
HHM... NOCH EIN GUTES EXEMPLAR VON MEINEN EINSTIGEN VERSUCHSMENSCHEN.
DU...! ICH VERZEIHE DIR NIEMALS!
ES TUT MIR LEID, KARIN...
G...GLAUB NICHT, ES WÄRE SO EINFACH...! NEE... ICH VERZEIHE DIR NICHT S...SO EINFACH, DU MISTKEEERL... ♡
ANSCHEINEND HAST DU IMMER NOCH EINE SCHWÄCHE FÜR SASUKE, KARIN.
TATAP
OROCHIMARU?!! DU?!!
WEISST DU, SASUKE HAT MICH NIEDERGESTOCHEN UND...
TAP
SST
MICH AUCH. ABER JETZT HELFE ICH IHM. DU KOMMST ZUR RECHTEN ZEIT. HILF IHM AUCH.
WER IST DAS?
IHREM CHAKRA NACH MUSS SIE VOM UZUMAKI-CLAN SEIN.

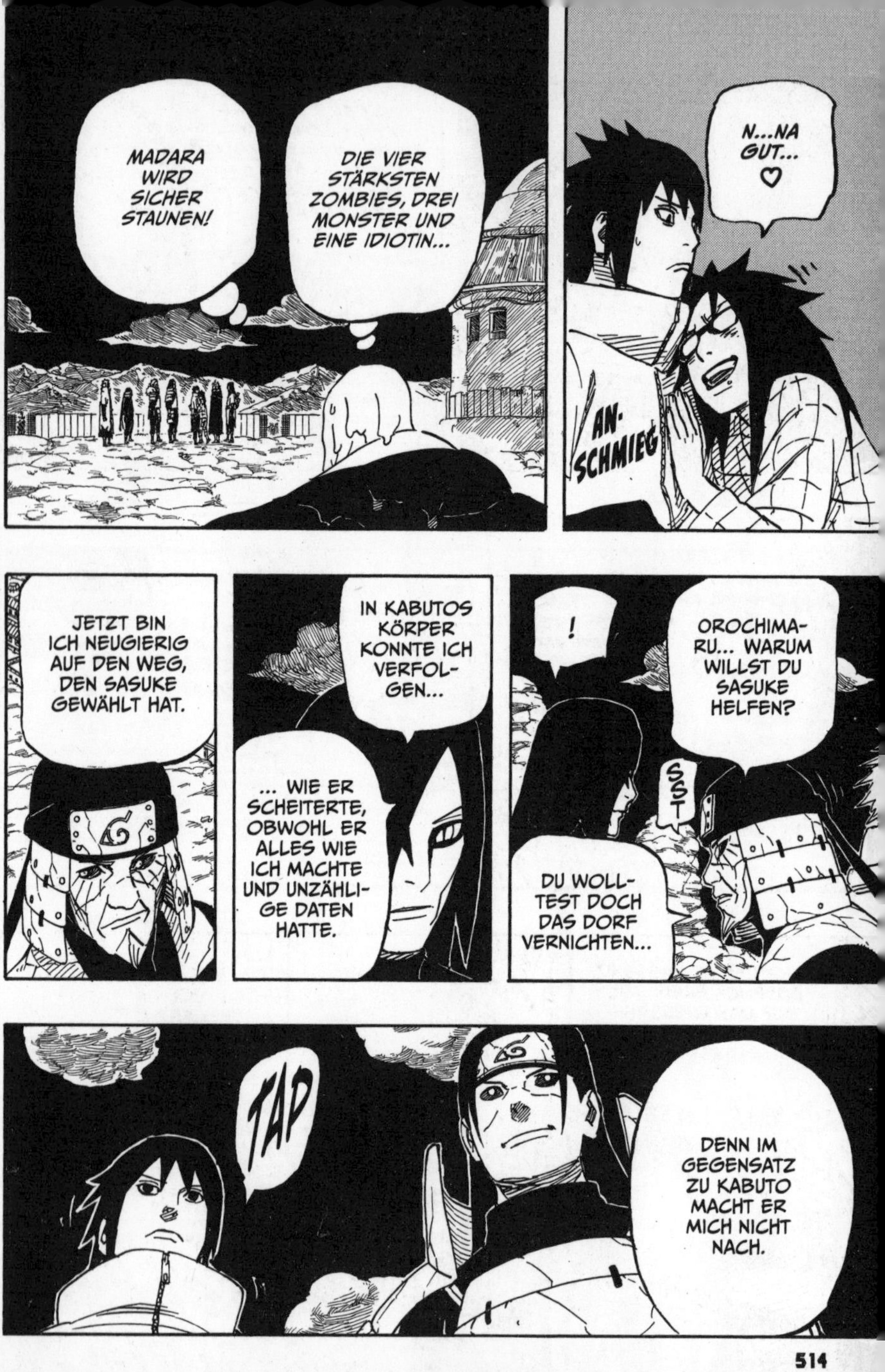
N...NA GUT... ♡
AN-SCHMIEG
MADARA WIRD SICHER STAUNEN!
DIE VIER STÄRKSTEN ZOMBIES, DREI MONSTER UND EINE IDIOTIN...
OROCHIMARU... WARUM WILLST DU SASUKE HELFEN?
!
SST
DU WOLLTEST DOCH DAS DORF VERNICHTEN...
IN KABUTOS KÖRPER KONNTE ICH VERFOLGEN...
... WIE ER SCHEITERTE, OBWOHL ER ALLES WIE ICH MACHTE UND UNZÄHLIGE DATEN HATTE.
JETZT BIN ICH NEUGIERIG AUF DEN WEG, DEN SASUKE GEWÄHLT HAT.
DENN IM GEGENSATZ ZU KABUTO MACHT ER MICH NICHT NACH.
TAP

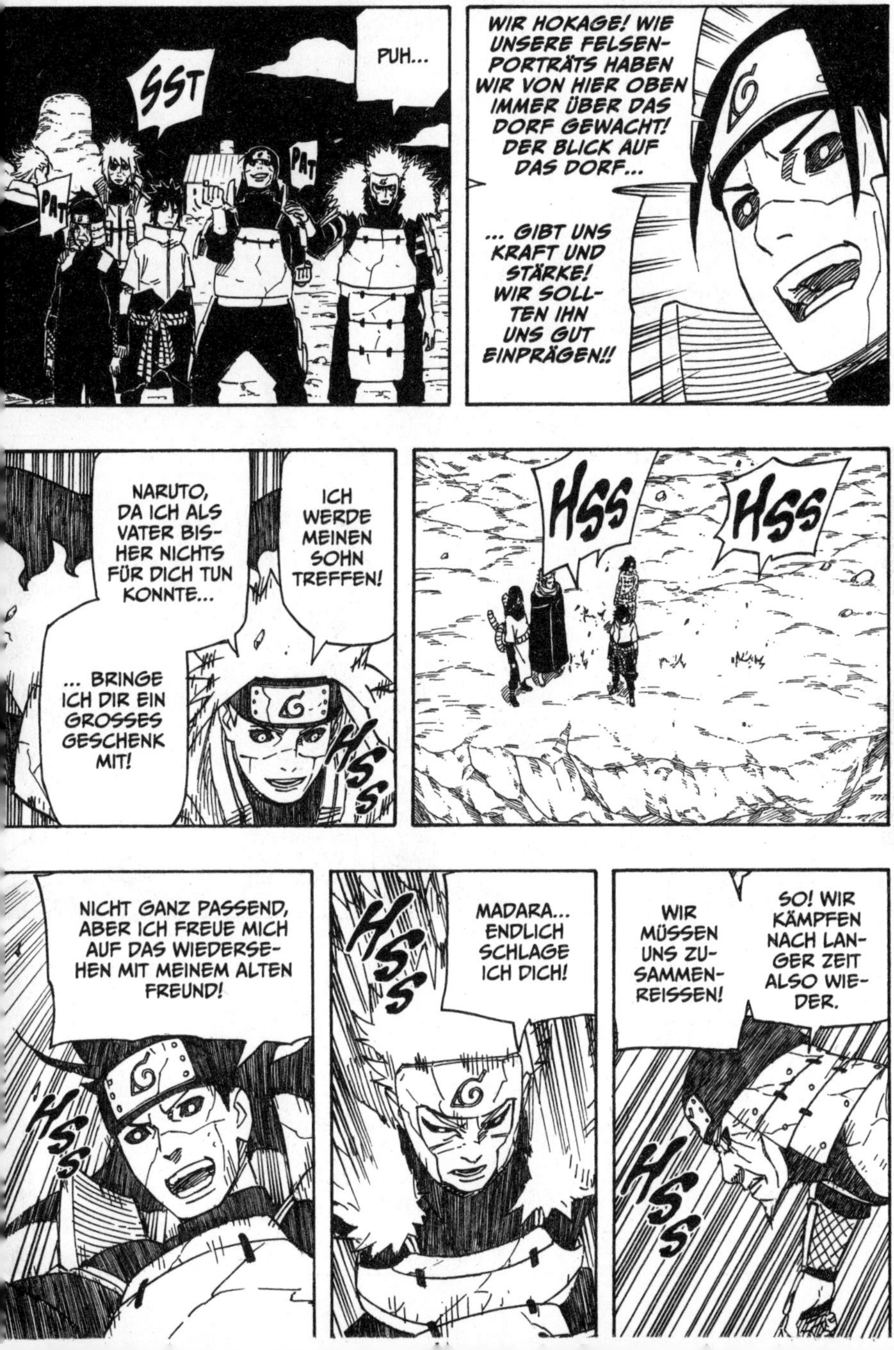

WIR HOKAGE! WIE UNSERE FELSEN-PORTRÄTS HABEN WIR VON HIER OBEN IMMER ÜBER DAS DORF GEWACHT! DER BLICK AUF DAS DORF...
... GIBT UNS KRAFT UND STÄRKE! WIR SOLL-TEN IHN UNS GUT EINPRÄGEN!!
PUH...
SST
PAT
PAT
HSS
HSS
ICH WERDE MEINEN SOHN TREFFEN!
NARUTO, DA ICH ALS VATER BIS-HER NICHTS FÜR DICH TUN KONNTE...
... BRINGE ICH DIR EIN GROSSES GESCHENK MIT!
HSS
SO! WIR KÄMPFEN NACH LAN-GER ZEIT ALSO WIE-DER.
WIR MÜSSEN UNS ZU-SAMMEN-REISSEN!
HSS
MADARA... ENDLICH SCHLAGE ICH DICH!
HSS
NICHT GANZ PASSEND, ABER ICH FREUE MICH AUF DAS WIEDERSE-HEN MIT MEINEM ALTEN FREUND!
HSS

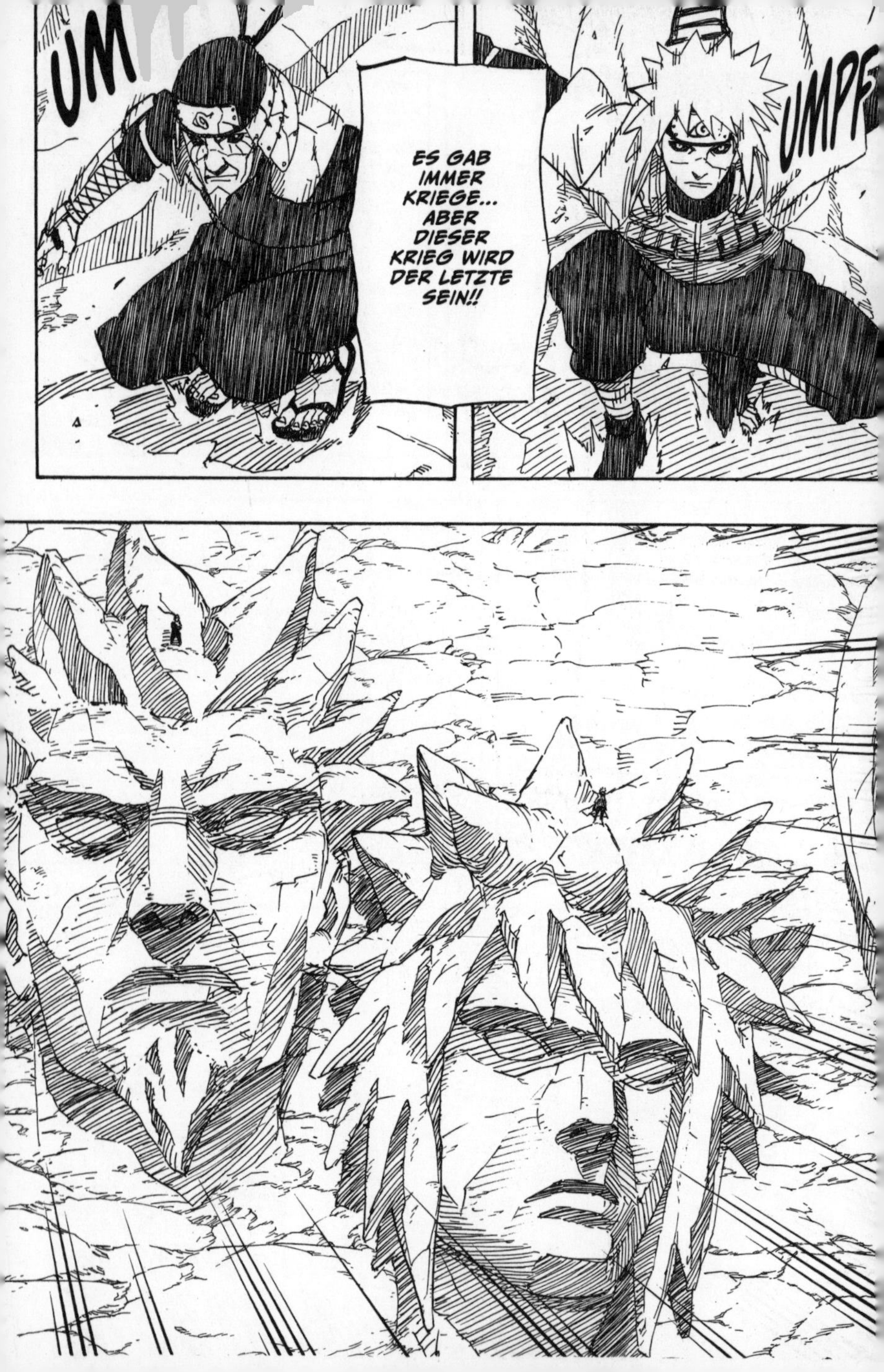
UMPF
ES GAB IMMER KRIEGE... ABER DIESER KRIEG WIRD DER LETZTE SEIN!!
UM

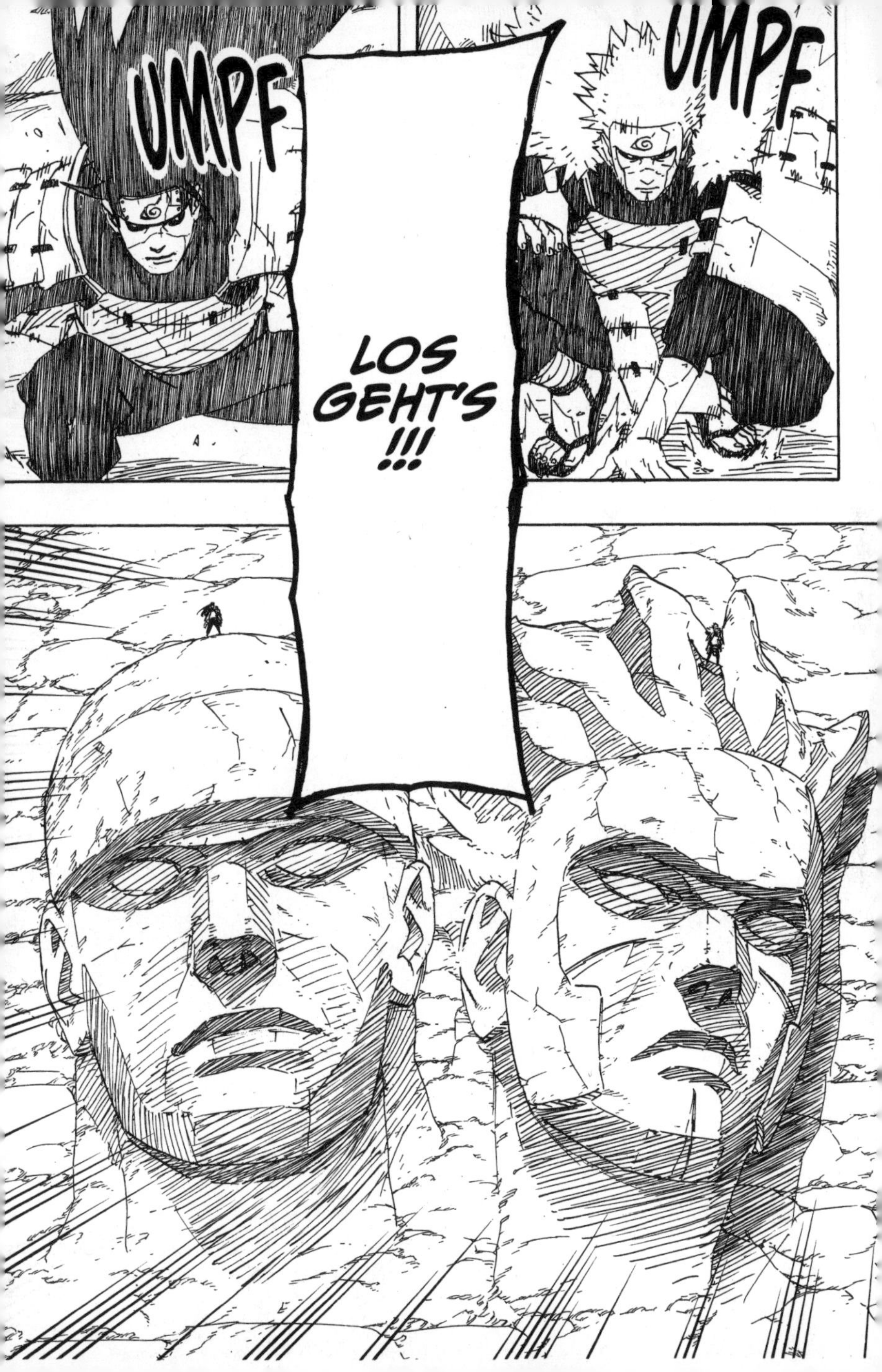
UMPF
UMPF
LOS GEHT'S !!!

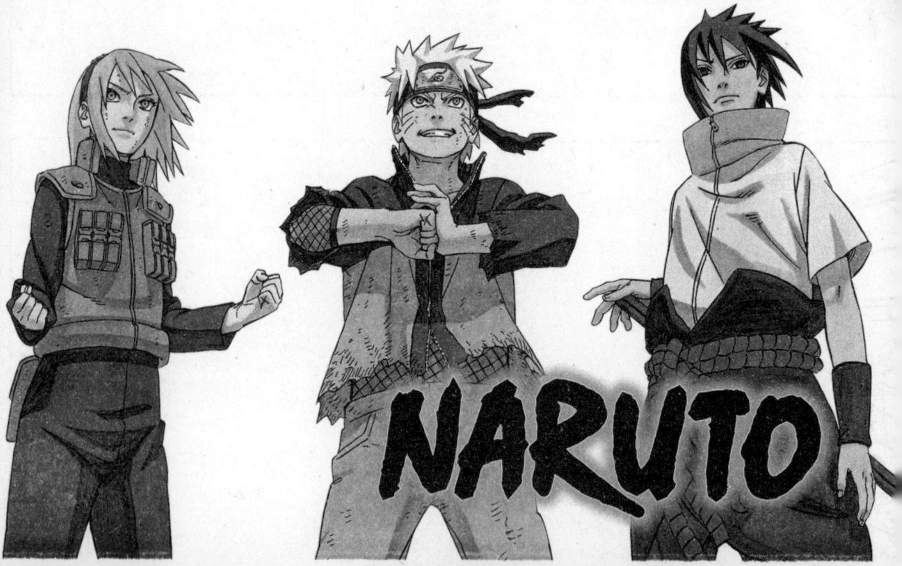
NARUTO

628. Kapitel: Hier und ab jetzt

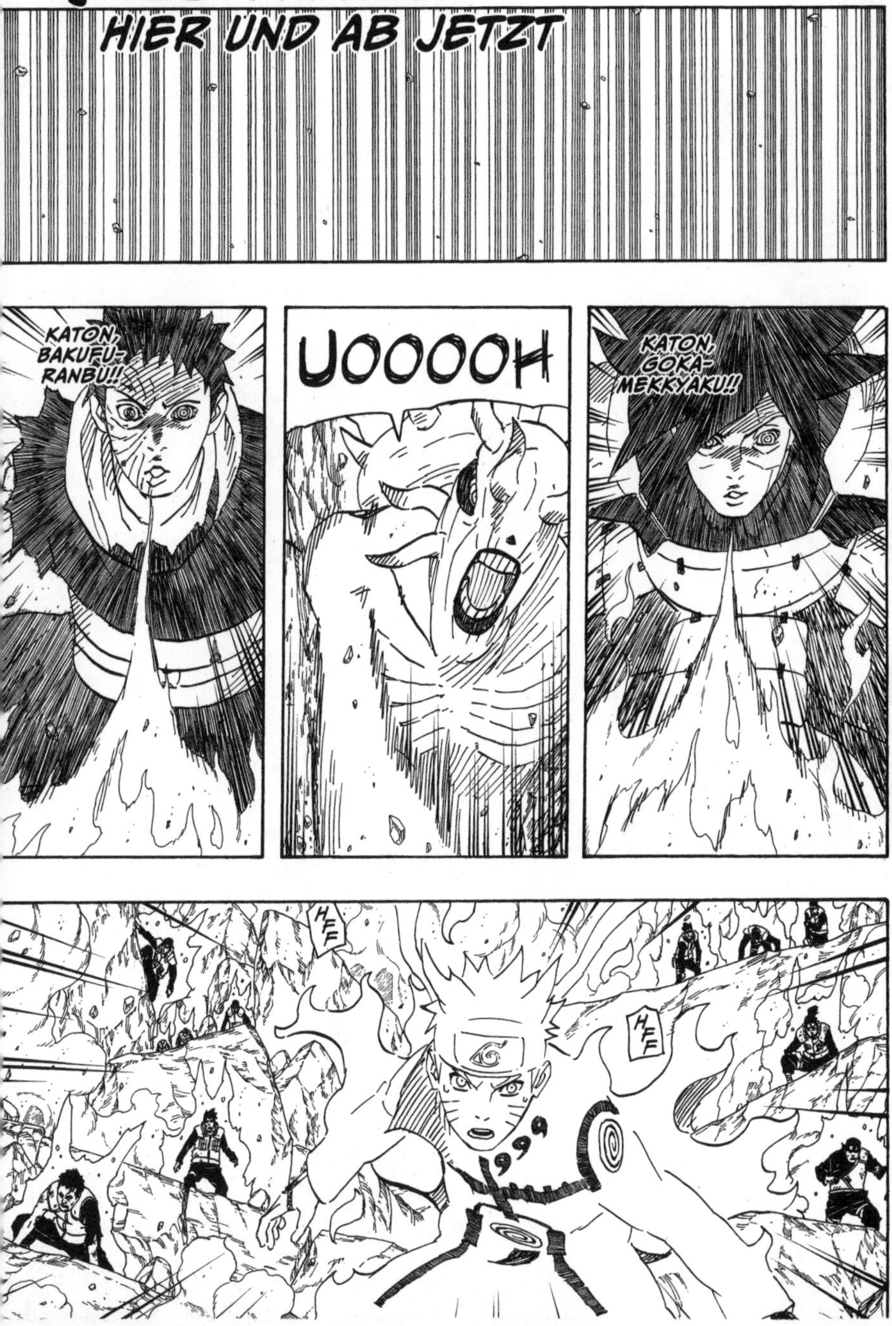

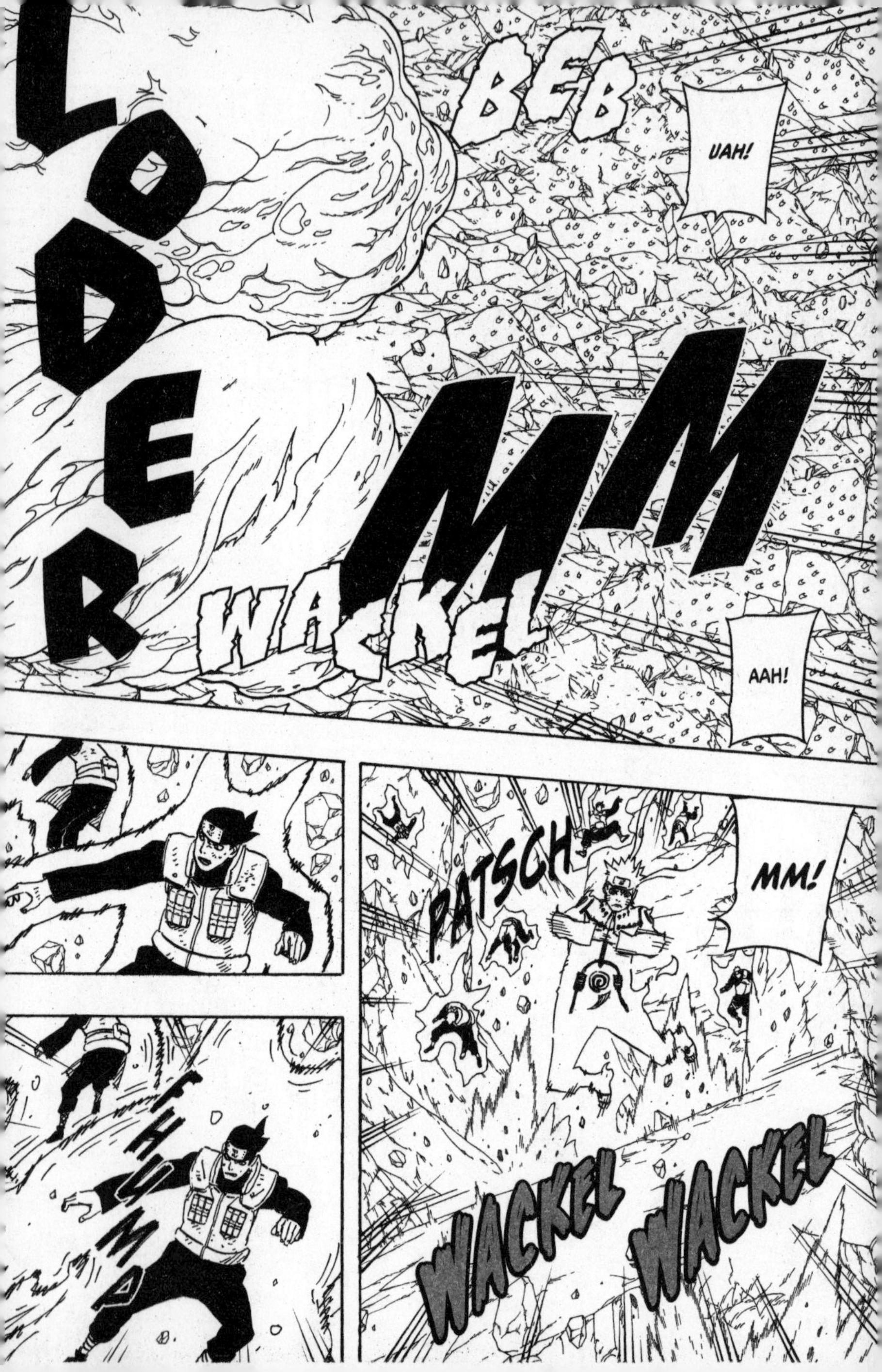
BEB
UAH!
LODER
MM
WACKEL
AAH!
MM!
PATSCH
WACKEL WACKEL
THUMP

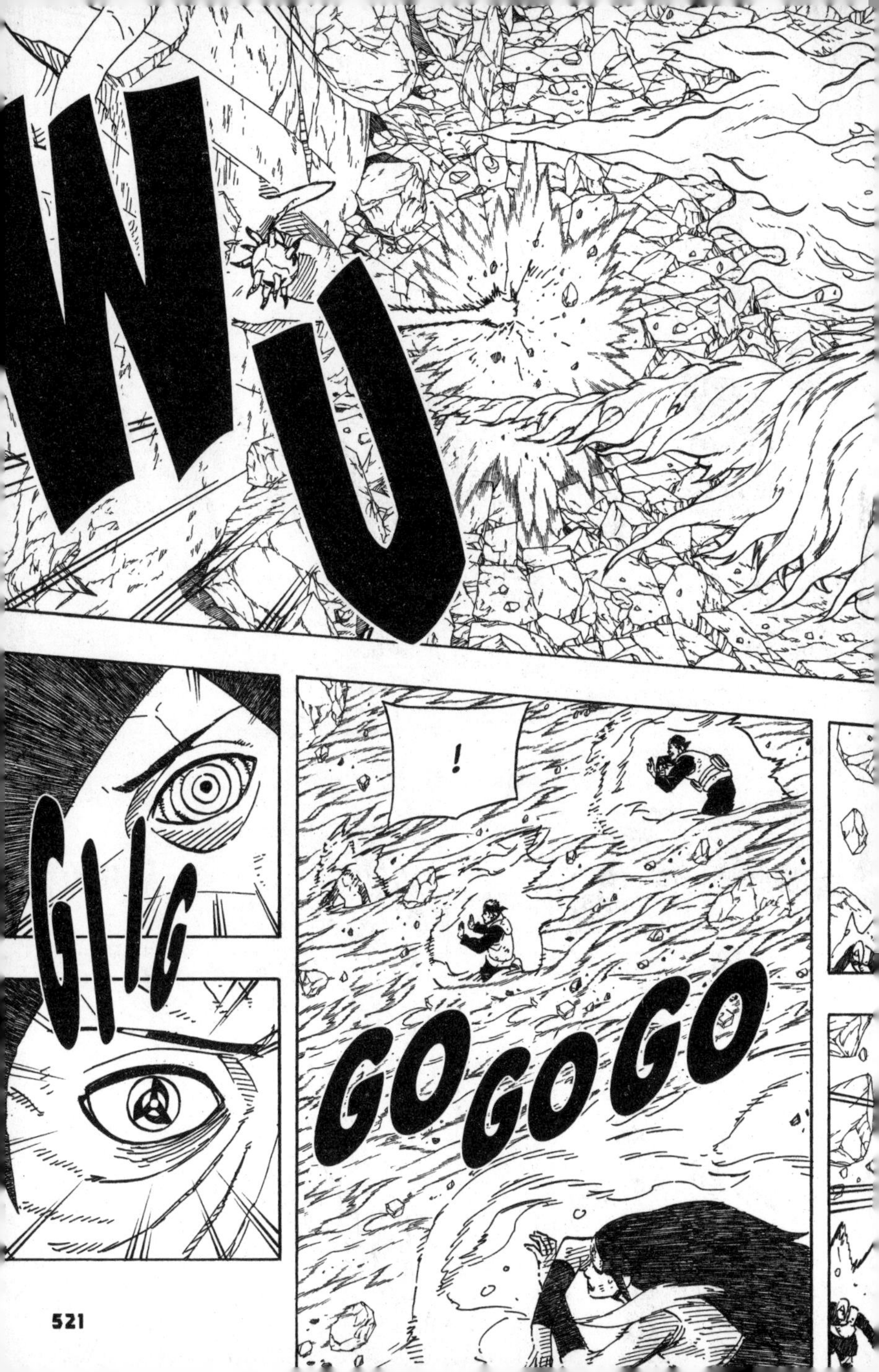
WU
!
GOGOGO
GIIG

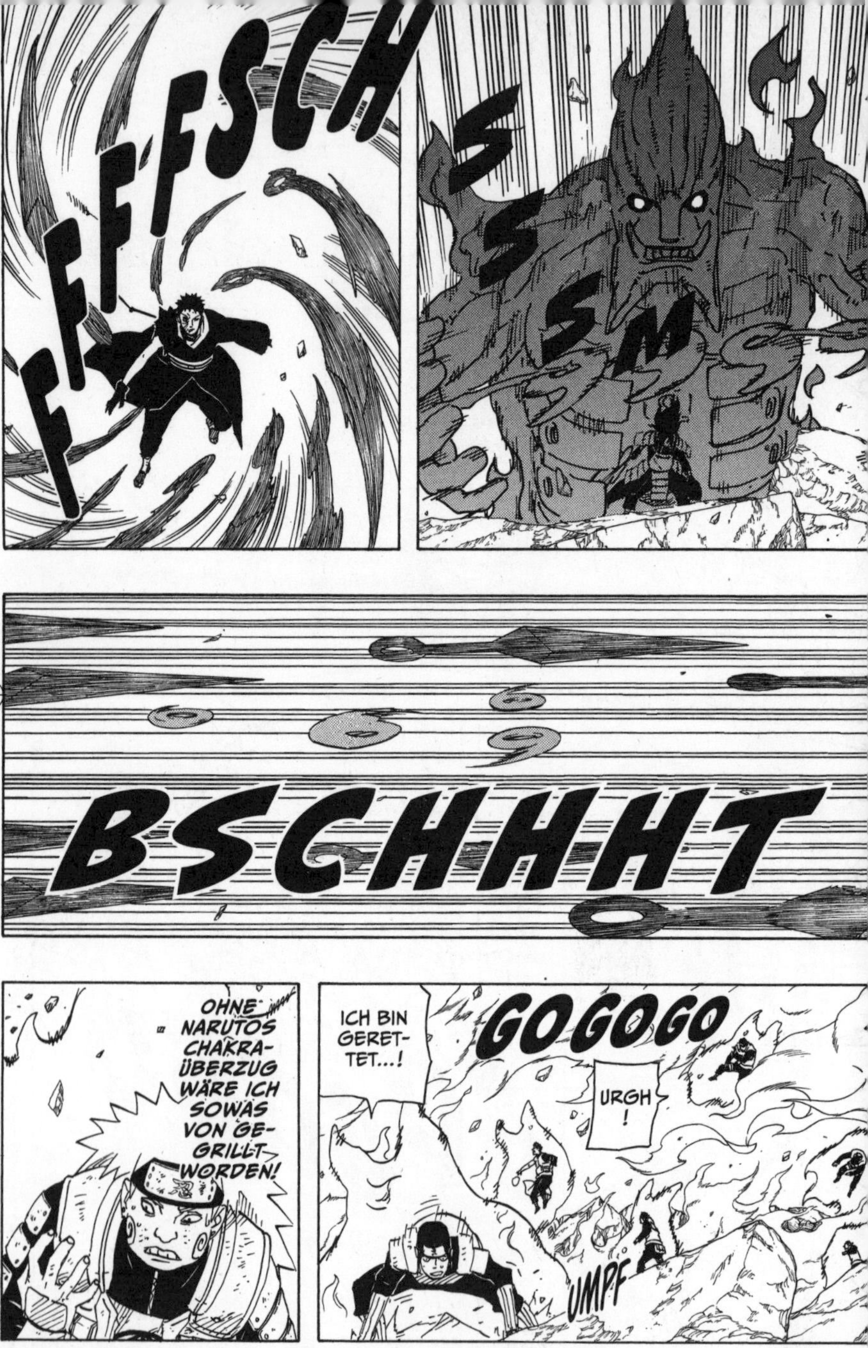

SSSM
FFFFSCH
BSCHHHT
GOGOGO
URGH!
ICH BIN GERETTET...!
UMPF
OHNE NARUTOS CHAKRAÜBERZUG WÄRE ICH SOWAS VON GEGRILLT WORDEN!

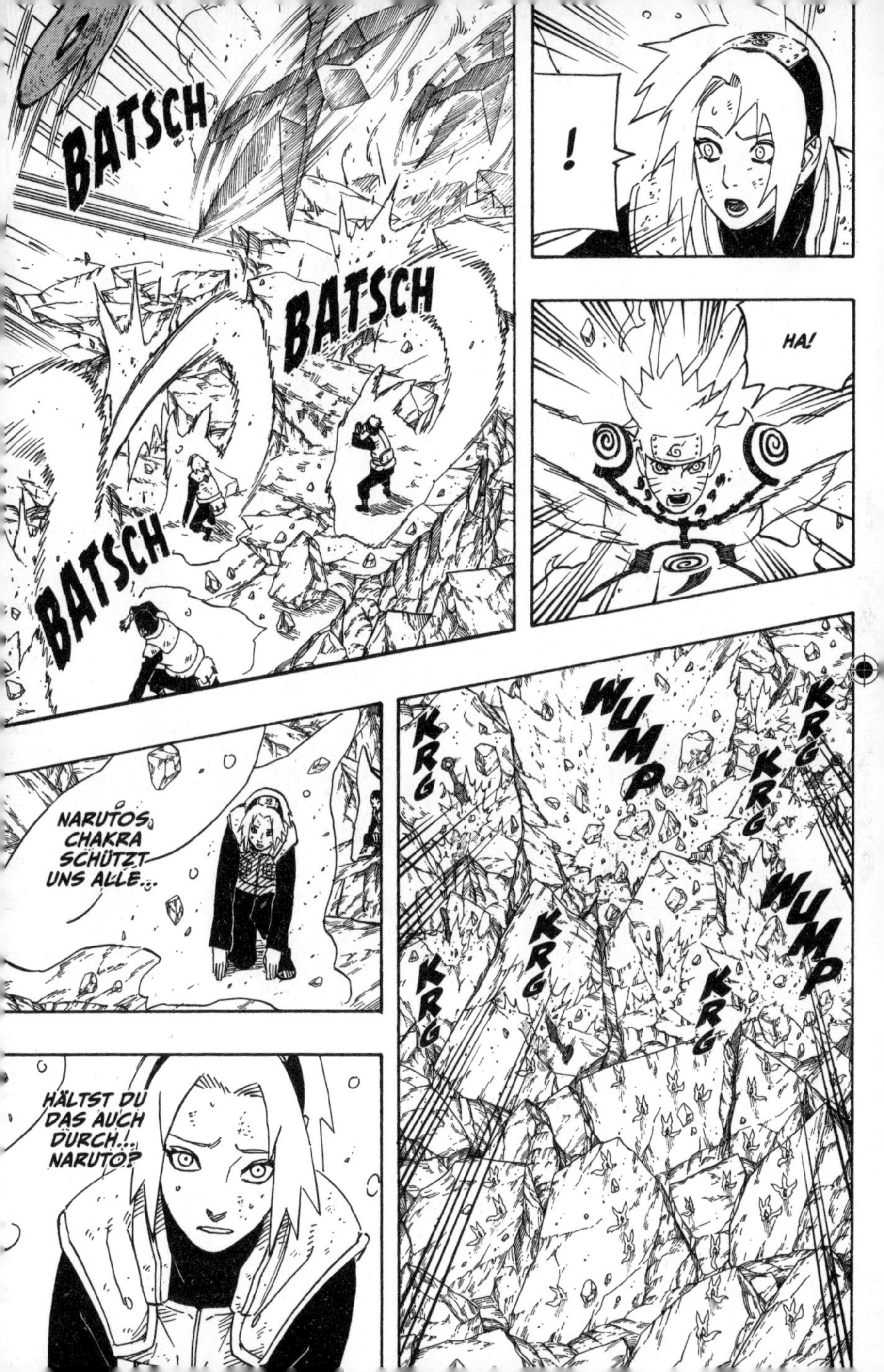
!
HA!
BATSCH
BATSCH
BATSCH
KRG
KRG
KRG
WUMP
WUMP
KRG
KRG
KRG
KRG
NARUTOS CHAKRA SCHÜTZT UNS ALLE...
HÄLTST DU DAS AUCH DURCH...
NARUTO?

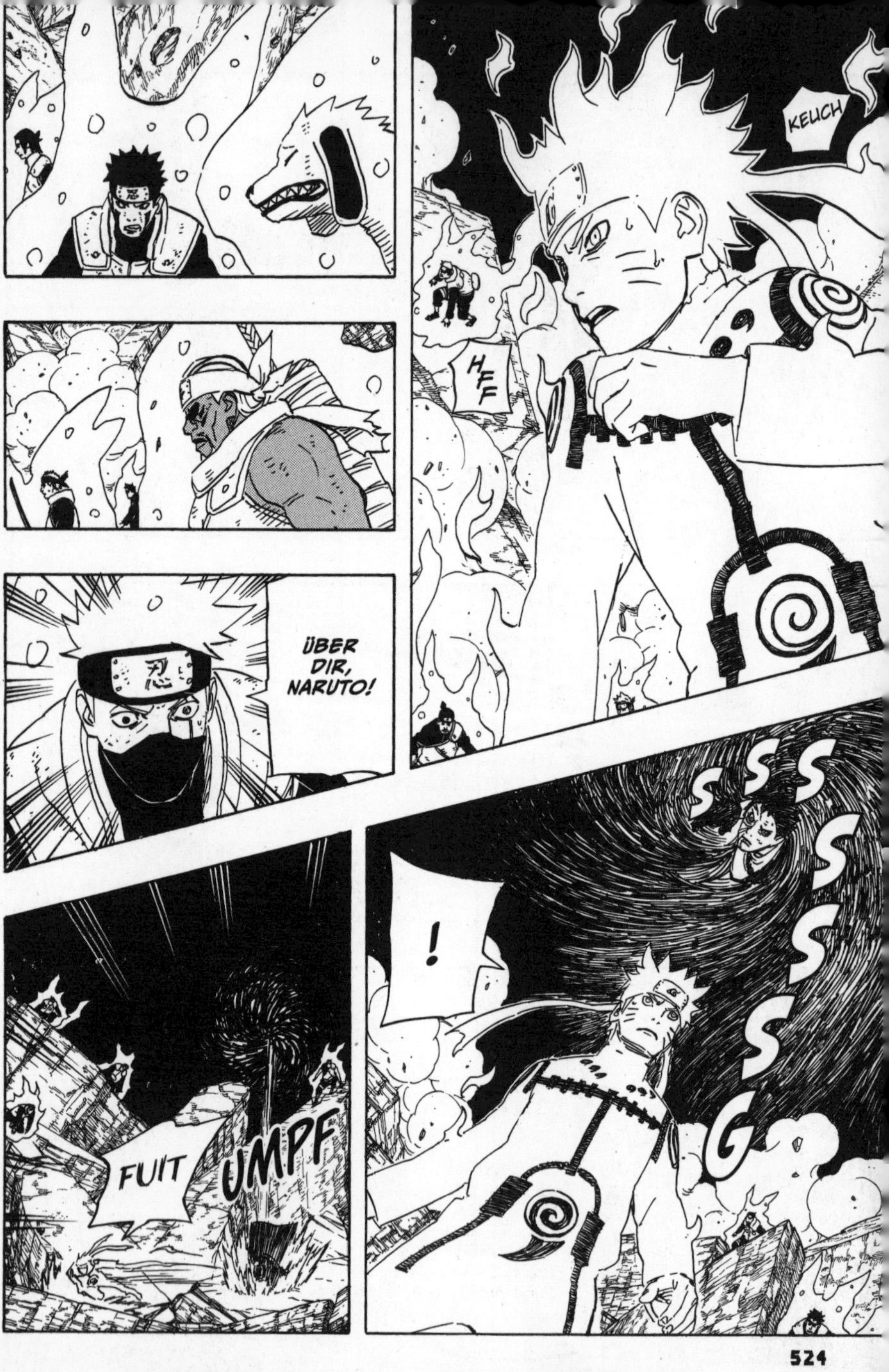
KEUCH
HFF
ÜBER DIR, NARUTO!
SSSSSSSG
!
UMPF
FUIT

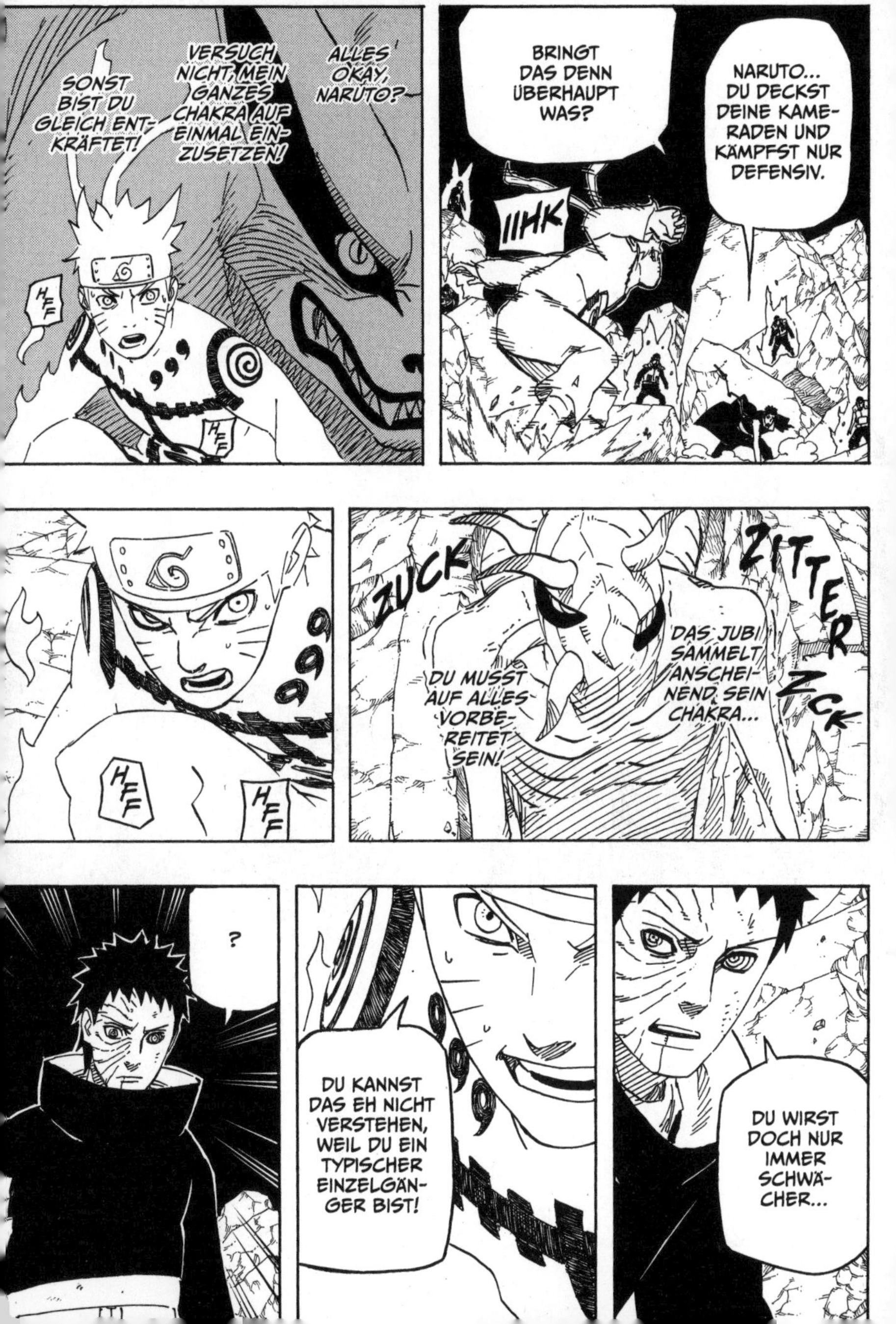
NARUTO... DU DECKST DEINE KAMERADEN UND KÄMPFST NUR DEFENSIV.
BRINGT DAS DENN ÜBERHAUPT WAS?
IIHK
ALLES OKAY, NARUTO?
VERSUCH NICHT, MEIN GANZES CHAKRA AUF EINMAL EINZUSETZEN!
SONST BIST DU GLEICH ENTKRÄFTET!
HFF
HFF
ZITTER
ZUCK
DAS JUBI SAMMELT ANSCHEINEND SEIN CHAKRA...
DU MUSST AUF ALLES VORBEREITET SEIN!
ZCK
HFF
HFF
DU WIRST DOCH NUR IMMER SCHWÄCHER...
DU KANNST DAS EH NICHT VERSTEHEN, WEIL DU EIN TYPISCHER EINZELGÄNGER BIST!
?

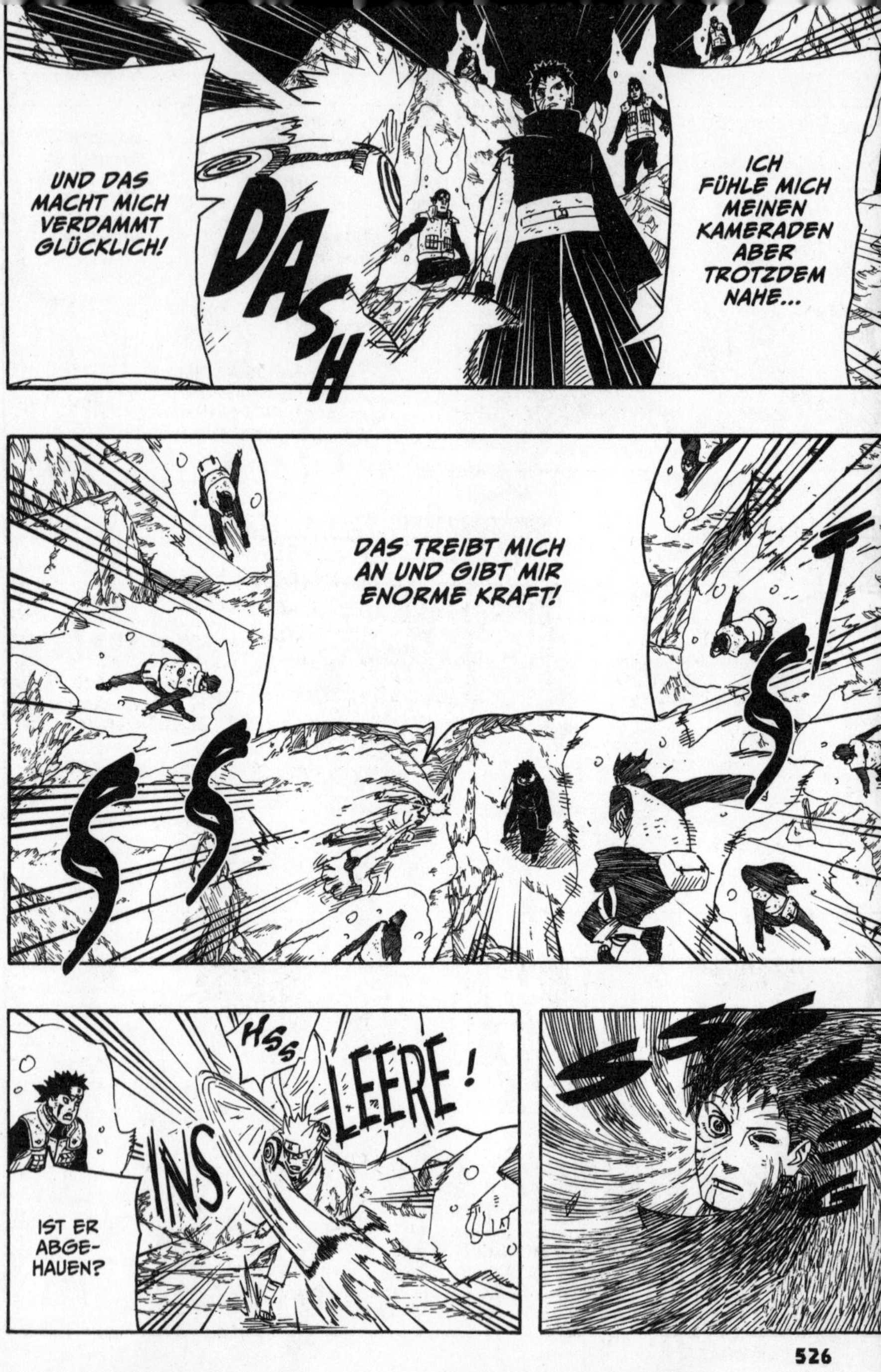
ICH FÜHLE MICH MEINEN KAMERADEN ABER TROTZDEM NAHE...
UND DAS MACHT MICH VERDAMMT GLÜCKLICH!
DASH
DAS TREIBT MICH AN UND GIBT MIR ENORME KRAFT!
HSS
INS LEERE!
IST ER ABGE-HAUEN?

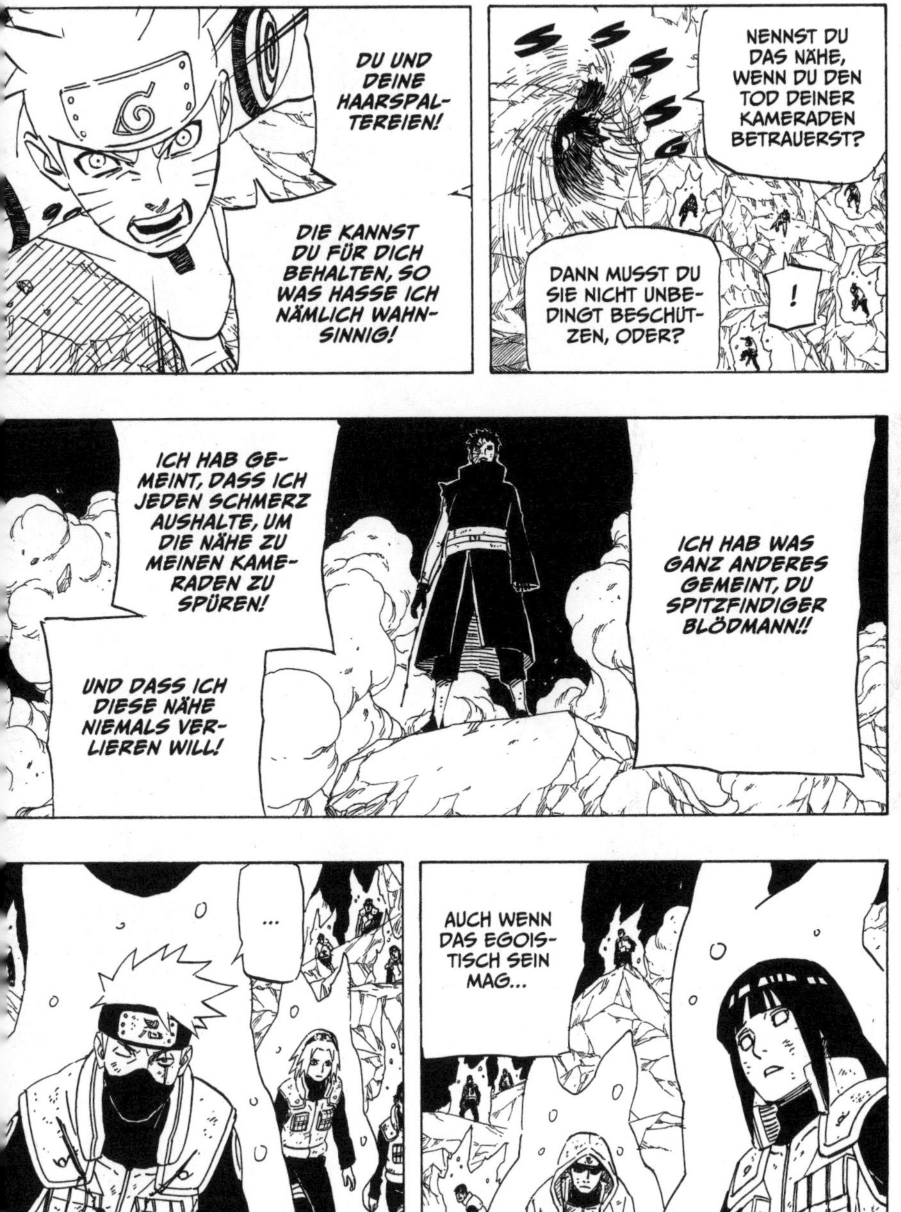
NENNST DU DAS NÄHE, WENN DU DEN TOD DEINER KAMERADEN BETRAUERST?
DANN MUSST DU SIE NICHT UNBEDINGT BESCHÜTZEN, ODER?
!
DU UND DEINE HAARSPALTEREIEN!
DIE KANNST DU FÜR DICH BEHALTEN, SO WAS HASSE ICH NÄMLICH WAHNSINNIG!
ICH HAB WAS GANZ ANDERES GEMEINT, DU SPITZFINDIGER BLÖDMANN!!
ICH HAB GEMEINT, DASS ICH JEDEN SCHMERZ AUSHALTE, UM DIE NÄHE ZU MEINEN KAMERADEN ZU SPÜREN!
UND DASS ICH DIESE NÄHE NIEMALS VERLIEREN WILL!
AUCH WENN DAS EGOISTISCH SEIN MAG...
...

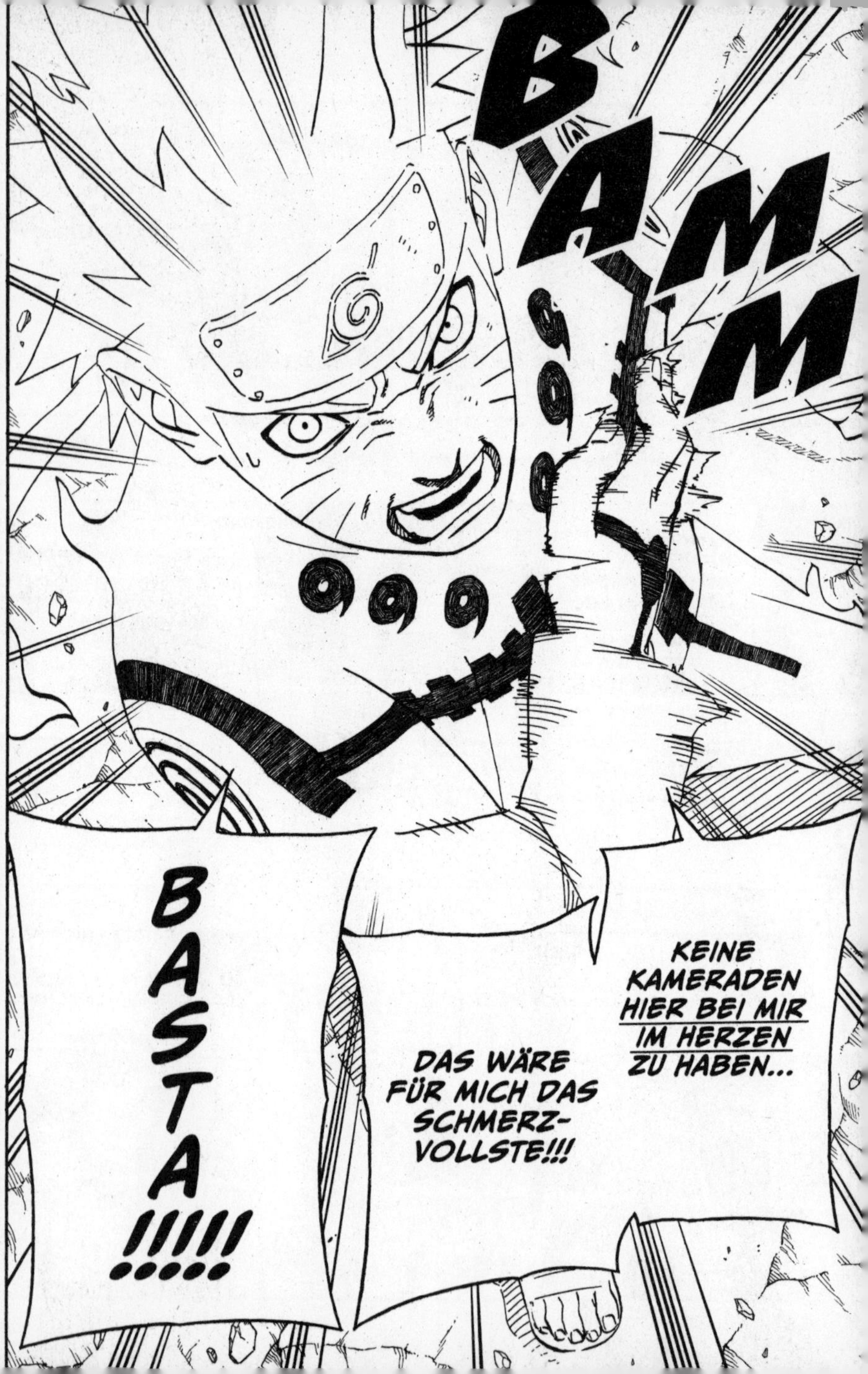
BAMM
KEINE KAMERADEN HIER BEI MIR IM HERZEN ZU HABEN...
DAS WÄRE FÜR MICH DAS SCHMERZ-VOLLSTE!!!
BASTA!!!!!

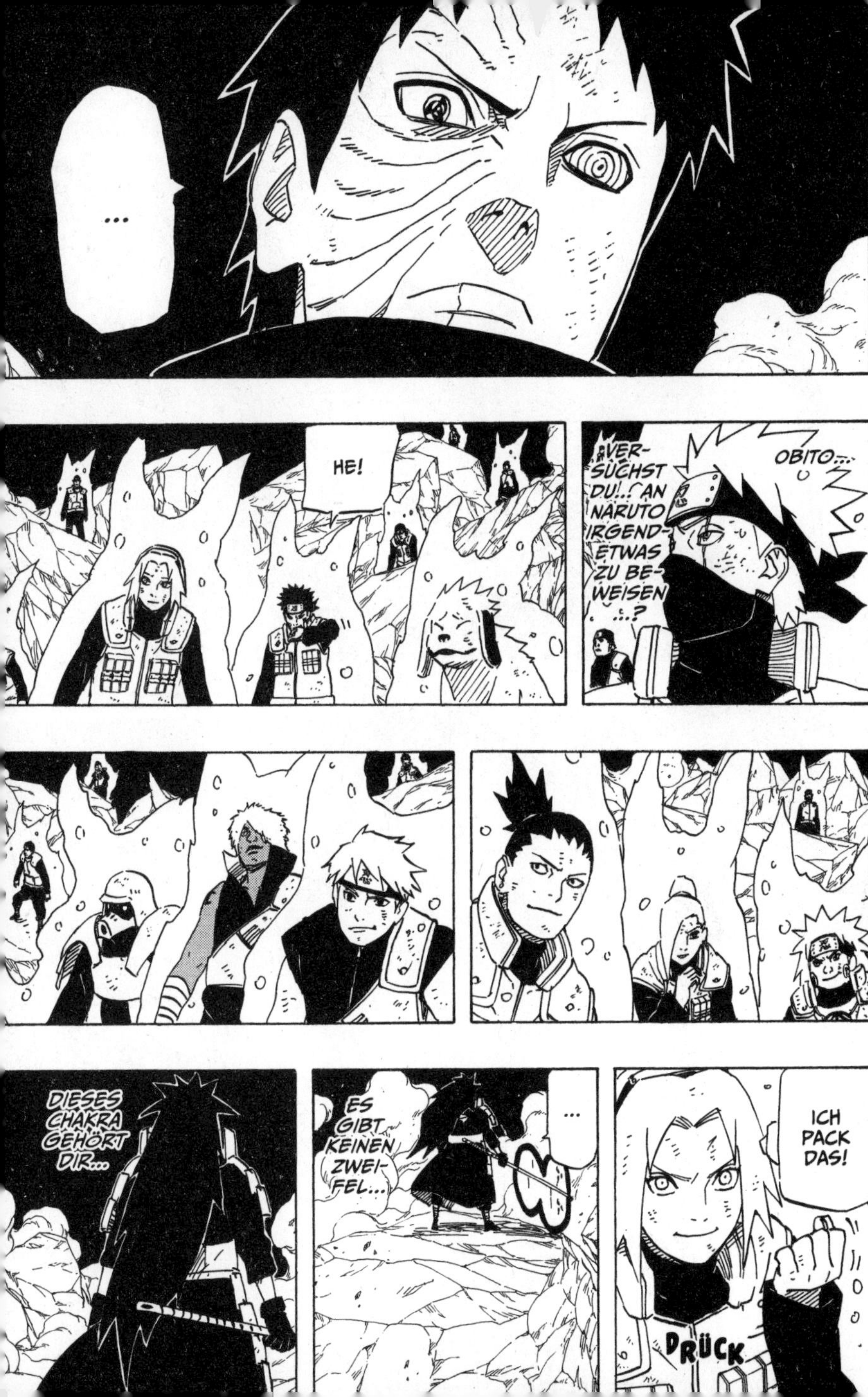
...
OBITO...
VERSUCHST DU... AN NARUTO IRGENDETWAS ZU BEWEISEN...?
HE!
ICH PACK DAS!
DRÜCK
...
ES GIBT KEINEN ZWEIFEL...
DIESES CHAKRA GEHÖRT DIR...

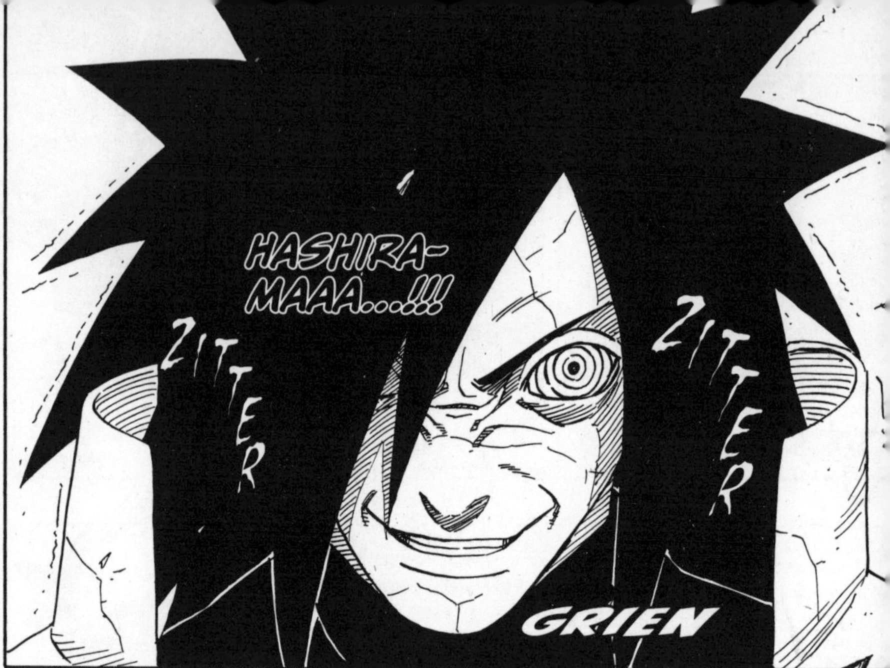
HASHIRA-
MAAA...!!!
ZITTER
ZITTER
GRIEN

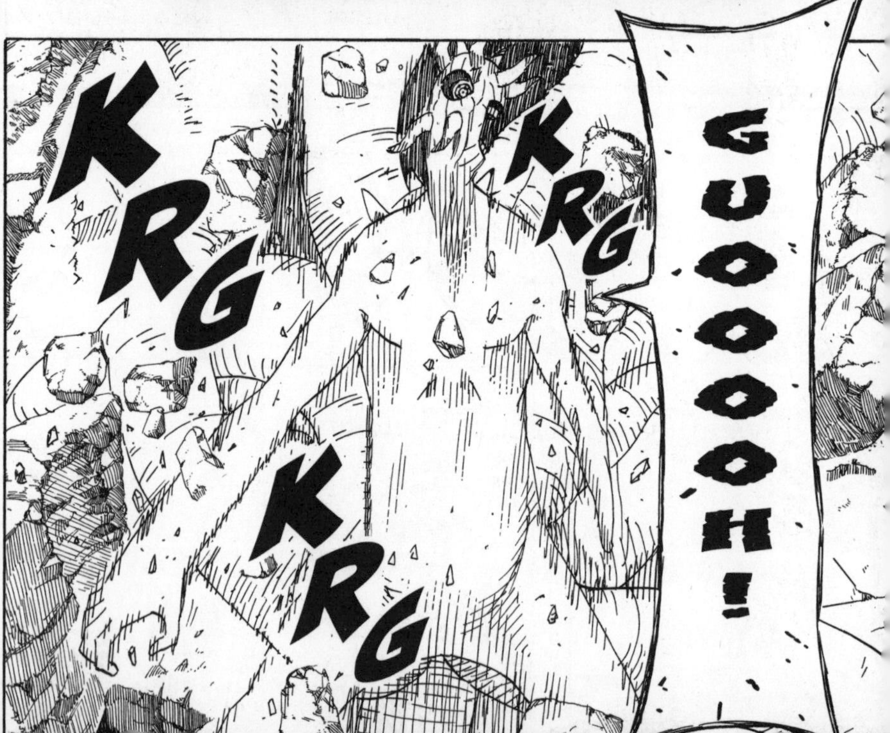
GUOOOOOH!
KRG
KRG
KRG

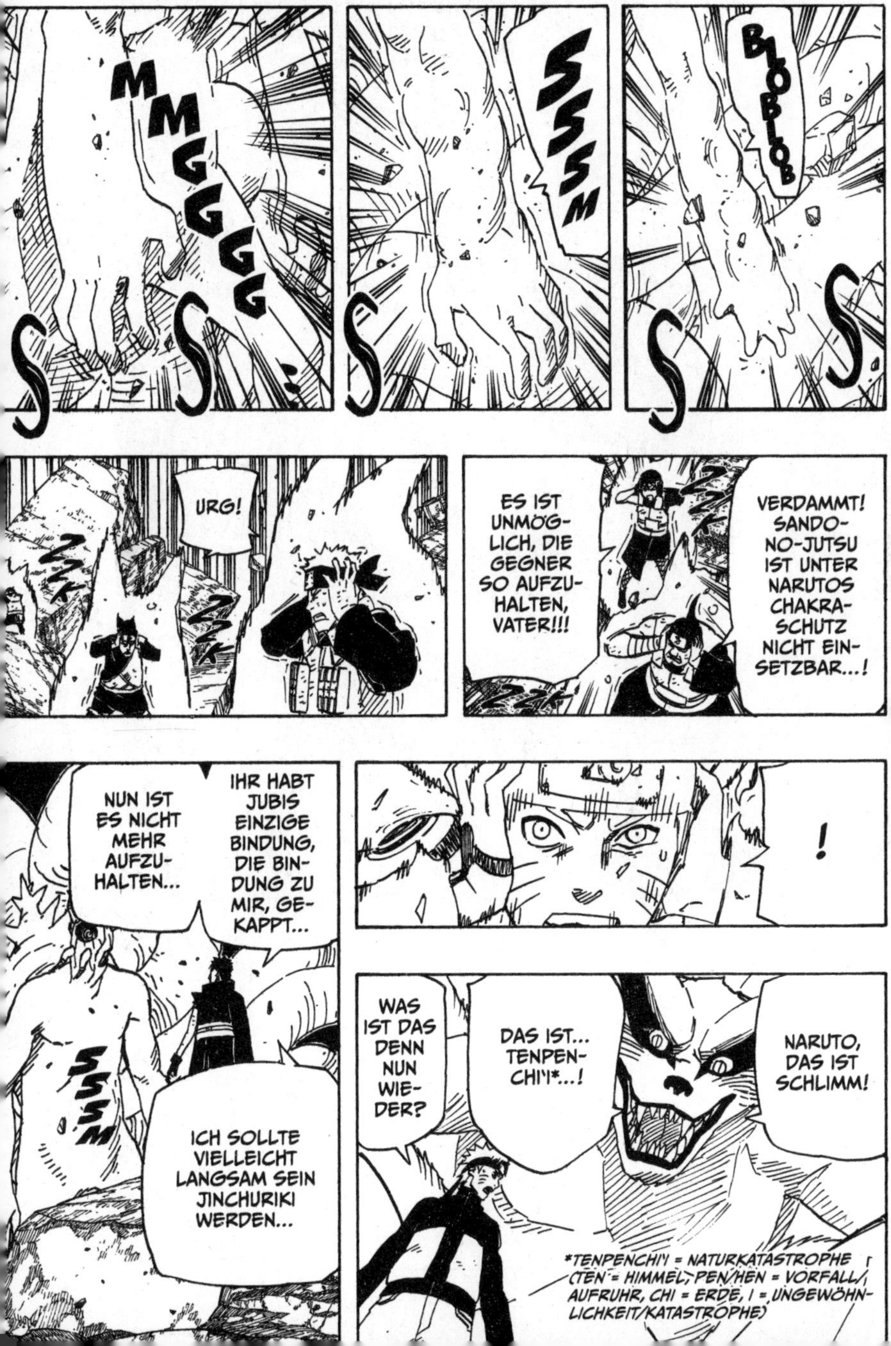

BLOBLOB
SSSM
MMGGGG
VERDAMMT! SANDO-NO-JUTSU IST UNTER NARUTOS CHAKRA-SCHUTZ NICHT EINSETZBAR...!
ES IST UNMÖGLICH, DIE GEGNER SO AUFZUHALTEN, VATER!!!
URG!
!
NARUTO, DAS IST SCHLIMM!
DAS IST... TENPENCHI'I*...!
WAS IST DAS DENN NUN WIEDER?
IHR HABT JUBIS EINZIGE BINDUNG, DIE BINDUNG ZU MIR, GEKAPPT...
NUN IST ES NICHT MEHR AUFZUHALTEN...
ICH SOLLTE VIELLEICHT LANGSAM SEIN JINCHURIKI WERDEN...
SSSM
*TENPENCHI'I = NATURKATASTROPHE (TEN = HIMMEL, PEN/HEN = VORFALL/AUFRUHR, CHI = ERDE, I = UNGEWÖHNLICHKEIT/KATASTROPHE)

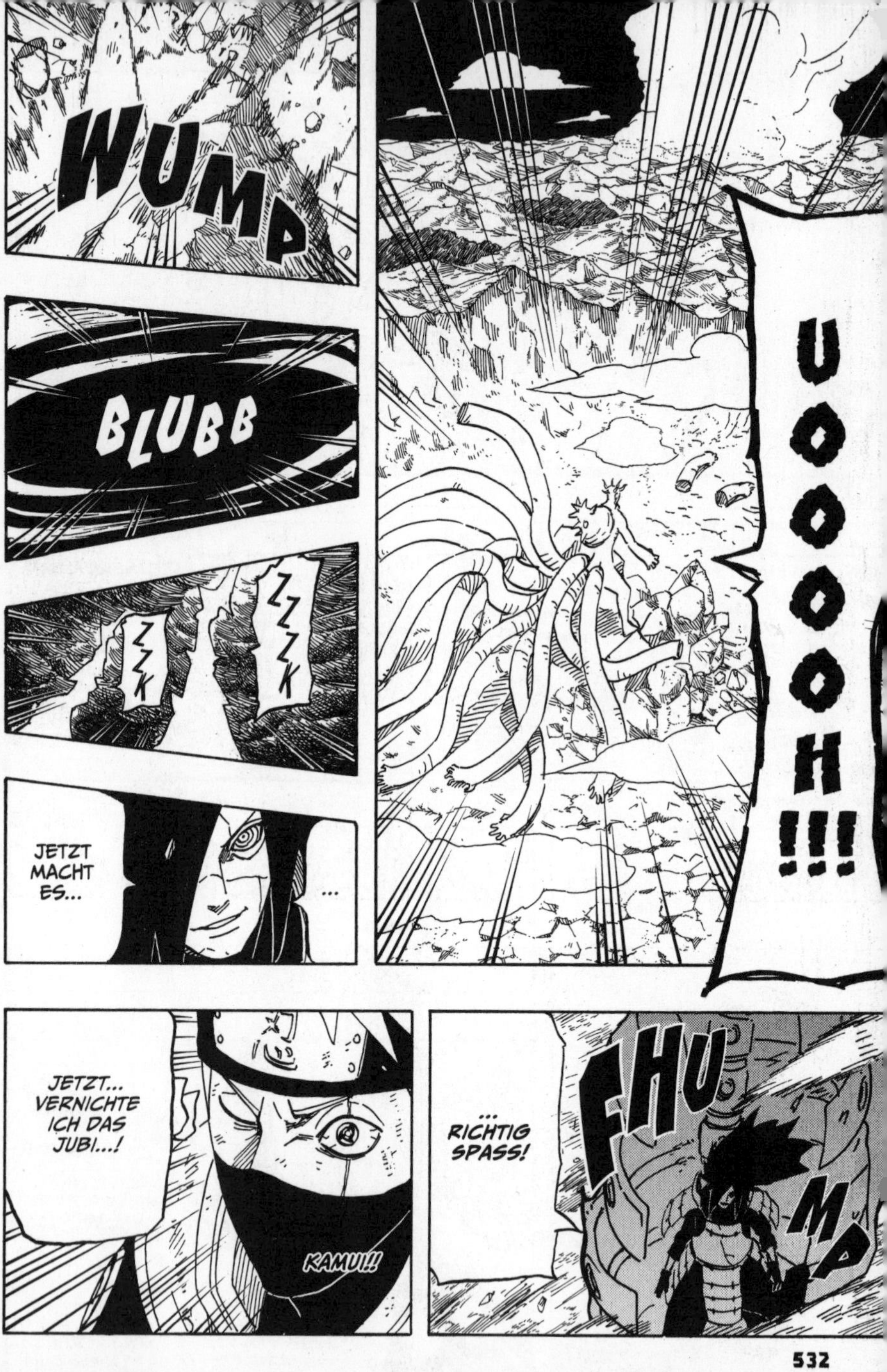

UOOOOOH!!!
WUMP
BLUBB
ZZZK
ZZK
JETZT MACHT ES...
...
... RICHTIG SPASS!
FHUMP
JETZT... VERNICHTE ICH DAS JUBI...!
KAMUI!!

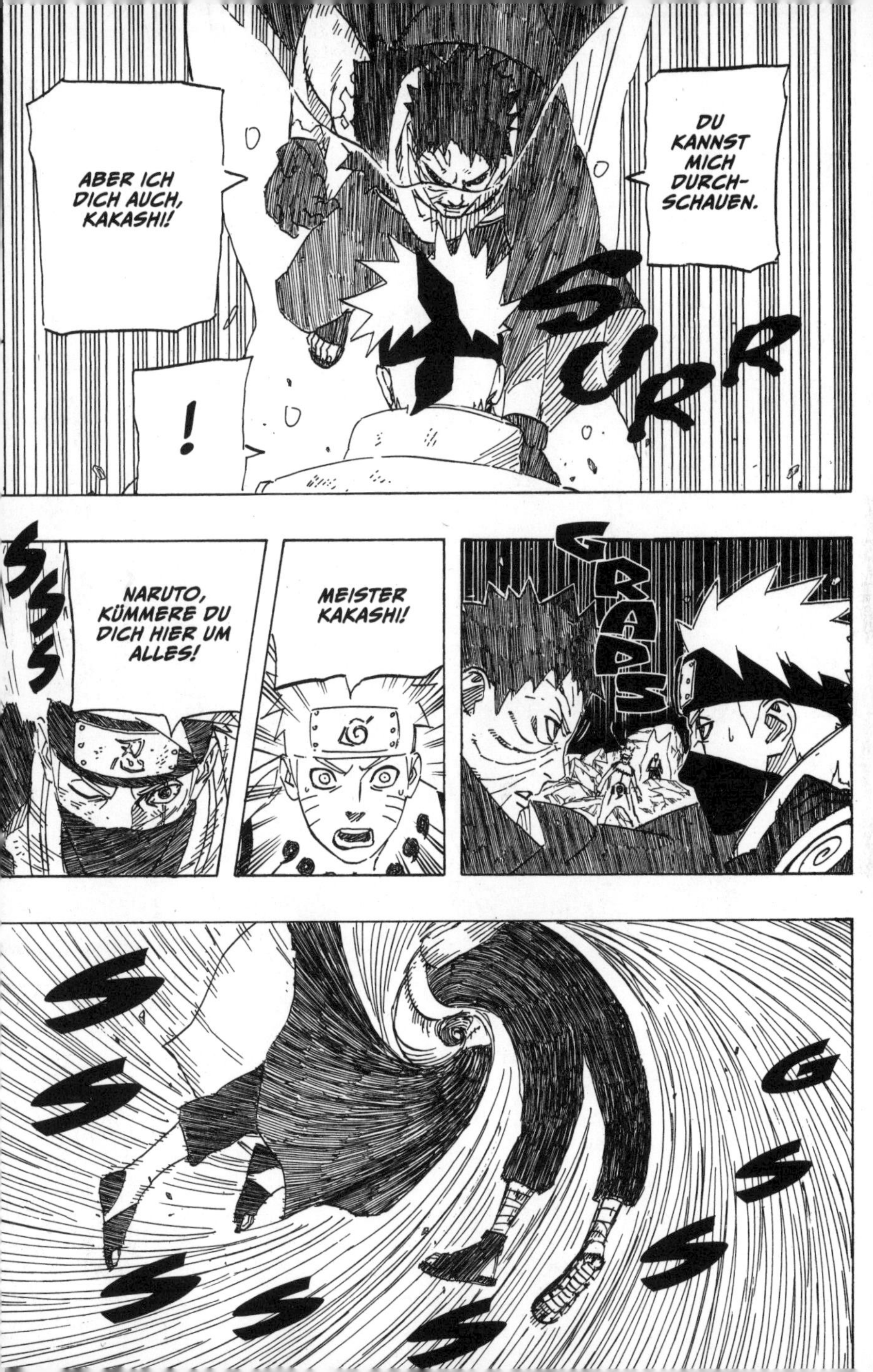
DU KANNST MICH DURCH-SCHAUEN.
ABER ICH DICH AUCH, KAKASHI!
!
SURR
MEISTER KAKASHI!
NARUTO, KÜMMERE DU DICH HIER UM ALLES!

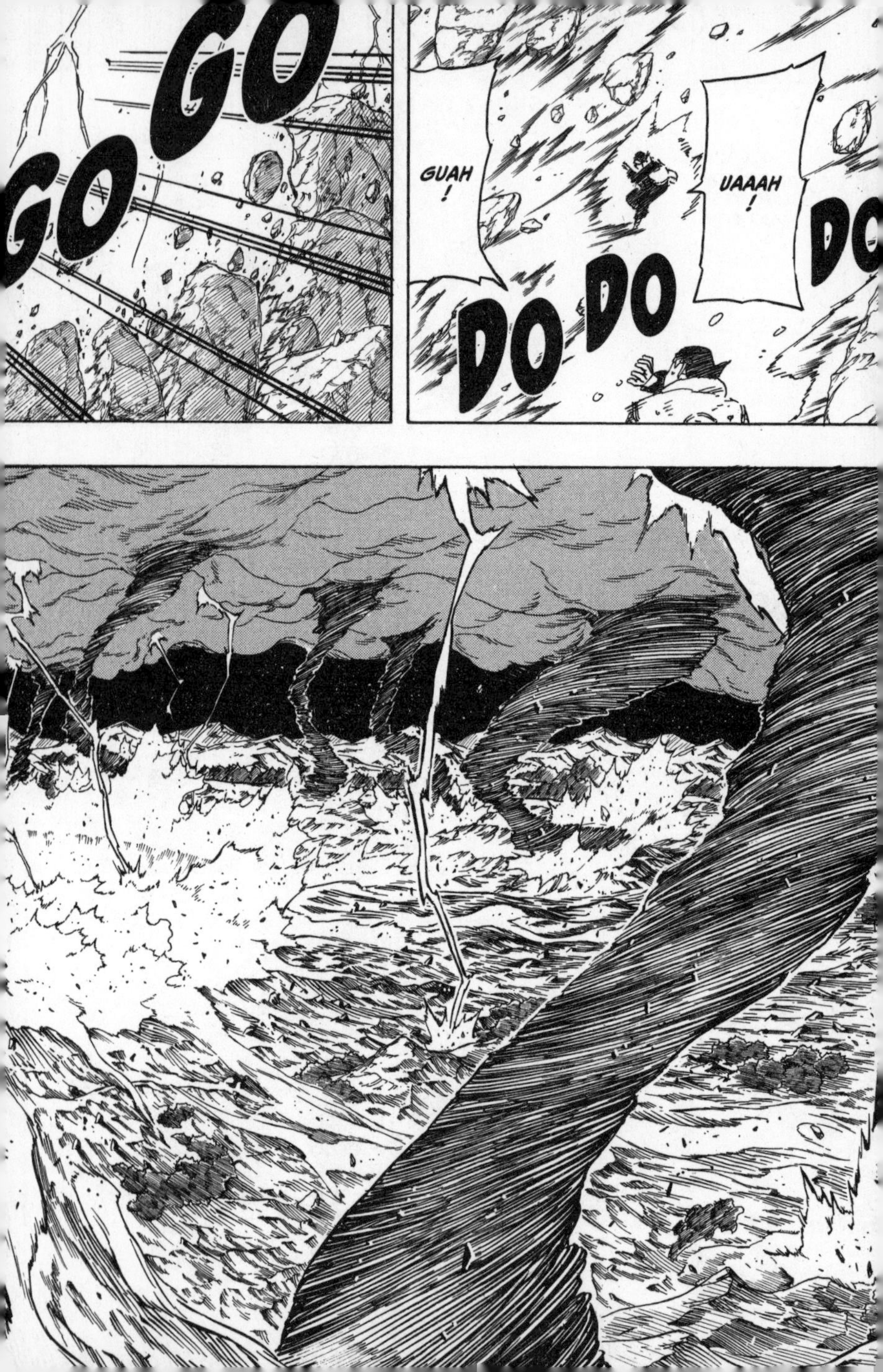
UAAAH!
GUAH!
DO DO DO DO
GO GO GO

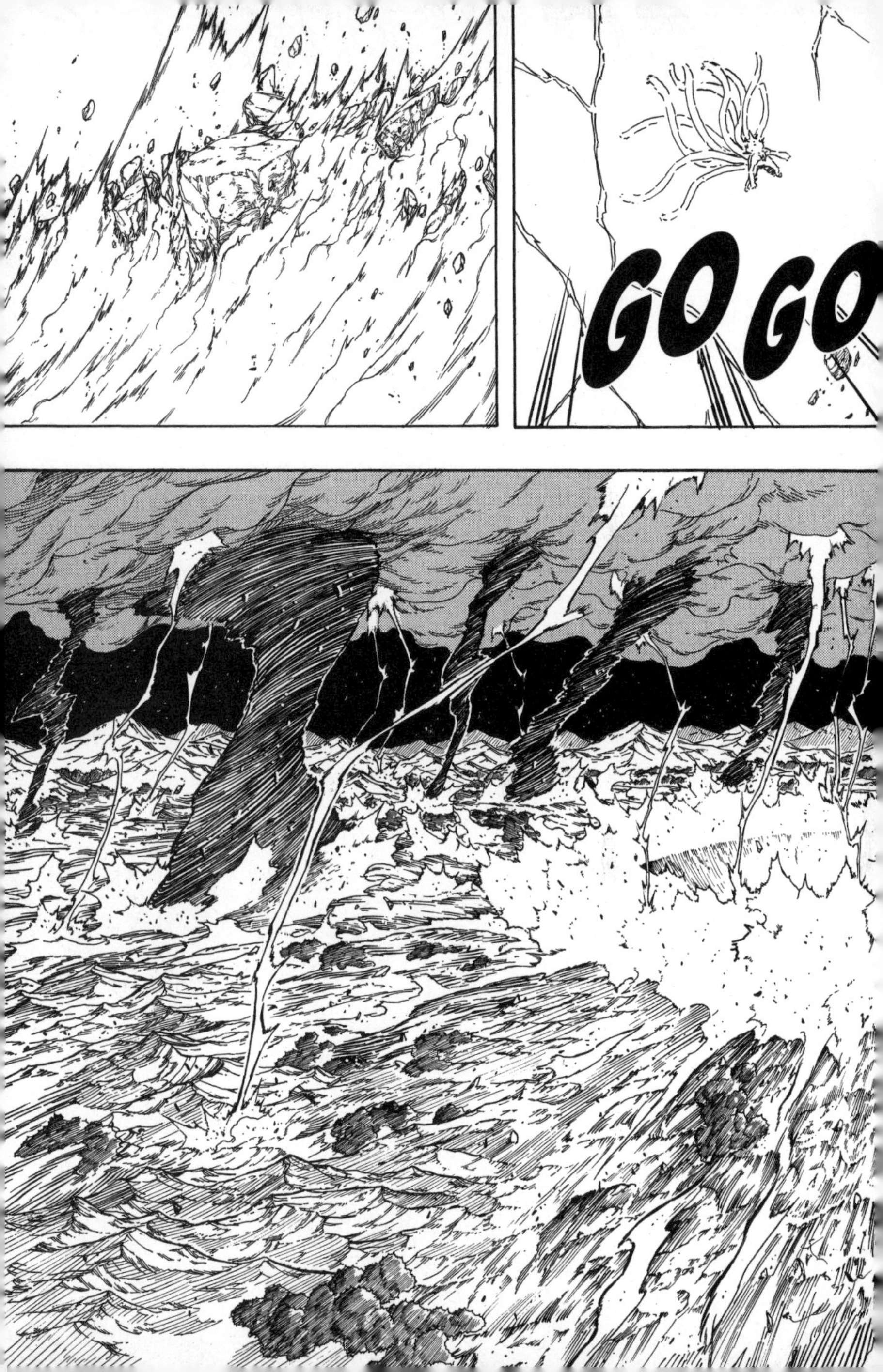
GO GO

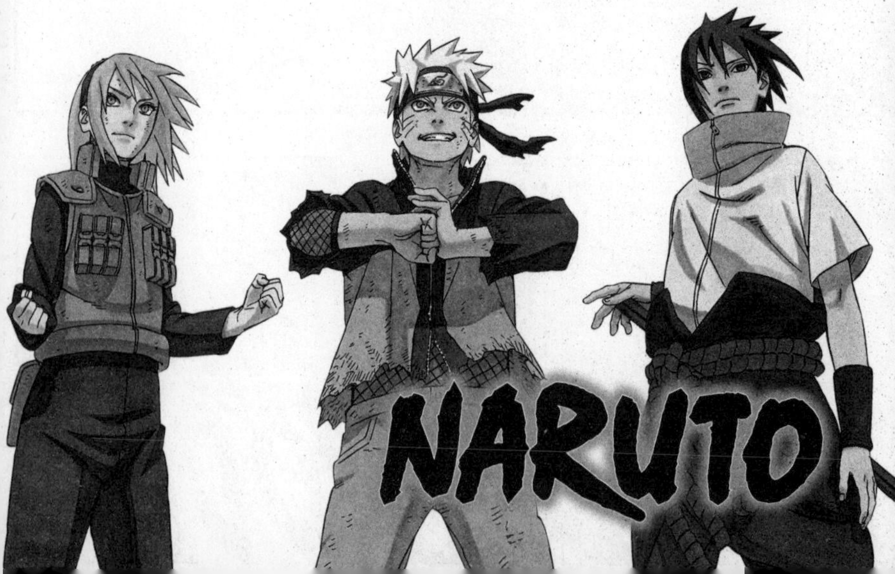
NARUTO

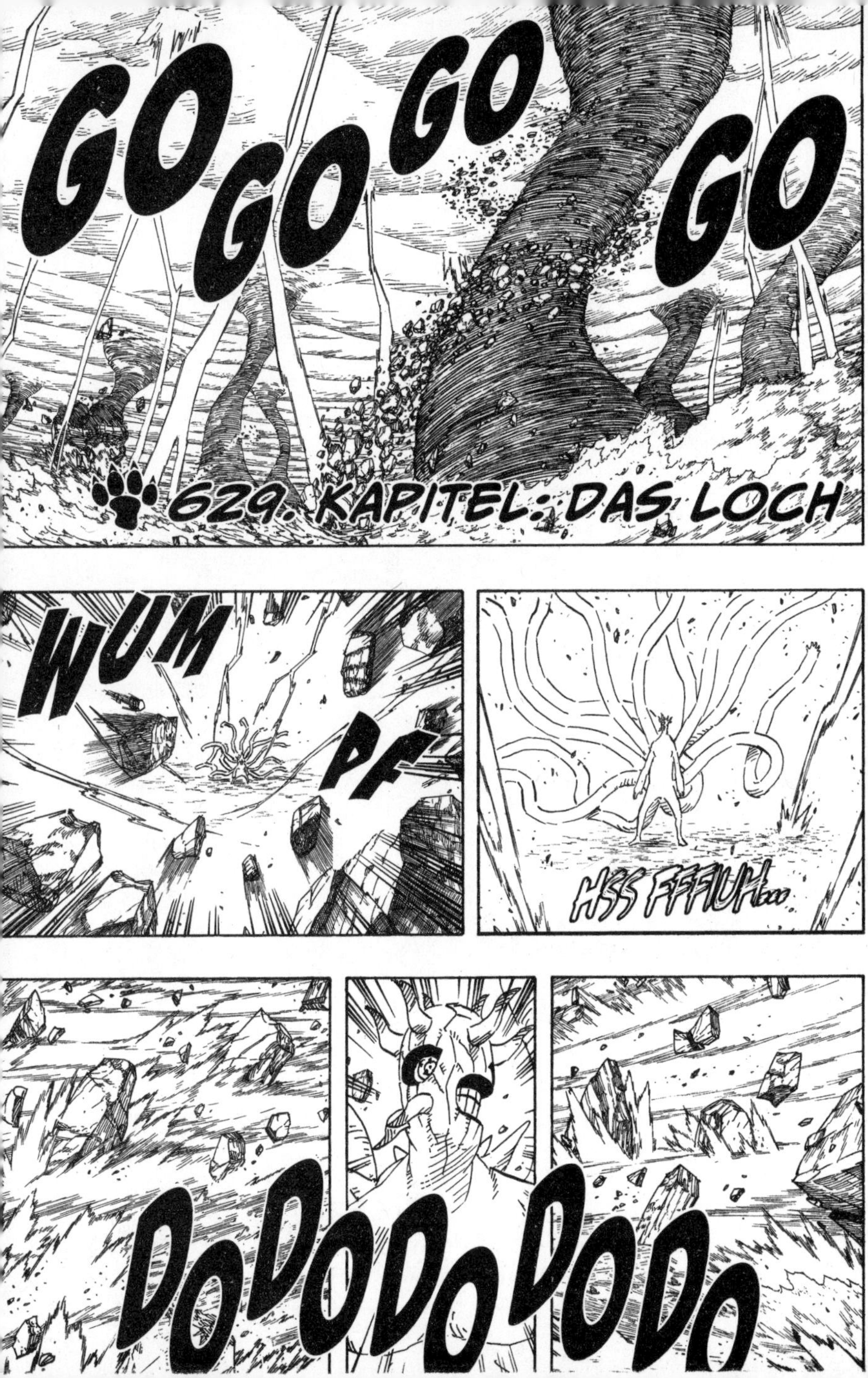
GO GO GO GO GO
629. KAPITEL: DAS LOCH
HSS FFFIUH...
WUM PF
DODODODODODODO

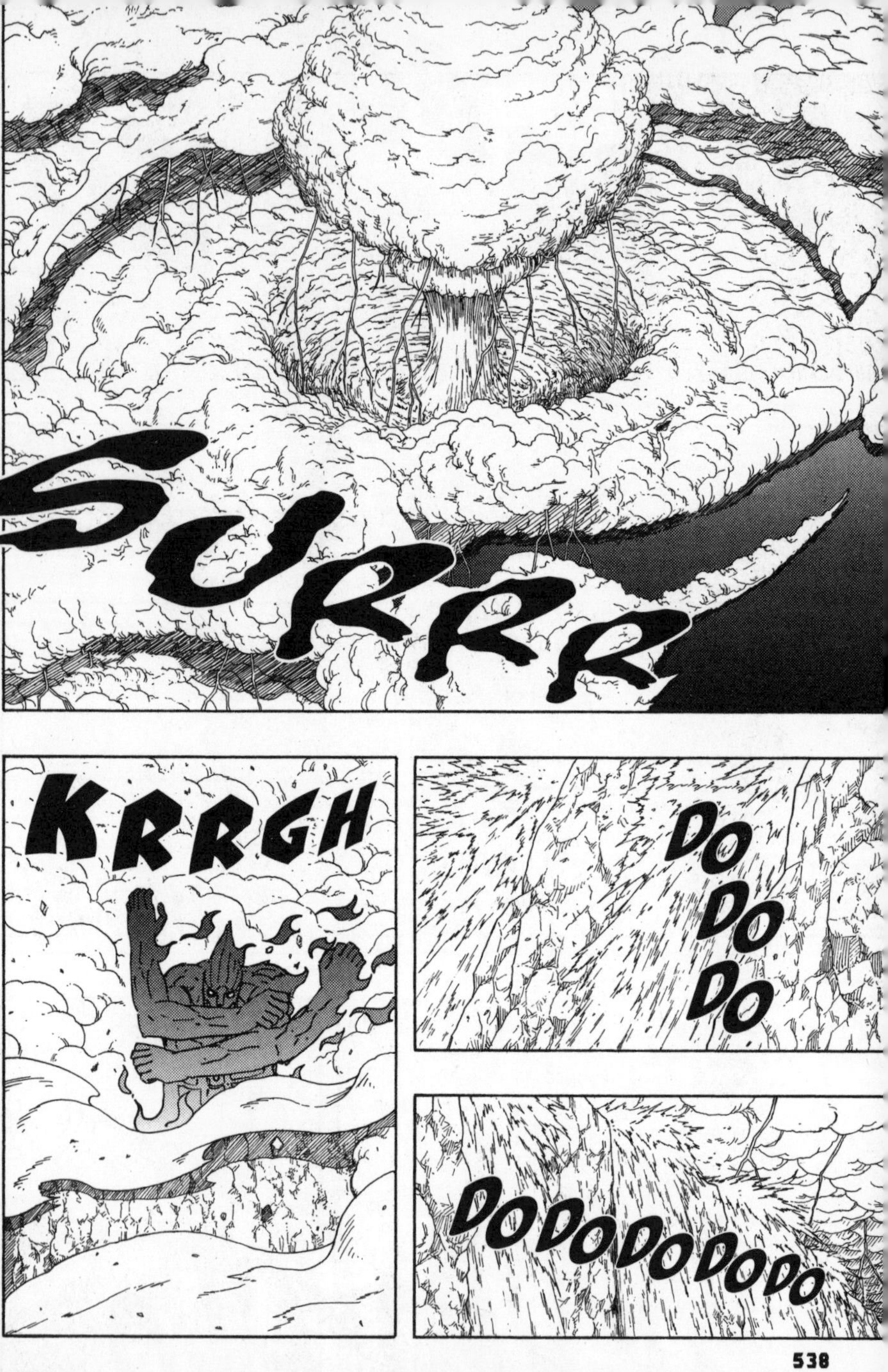
SURRR
KRRGH
DODODODODO
DODODODODODODO

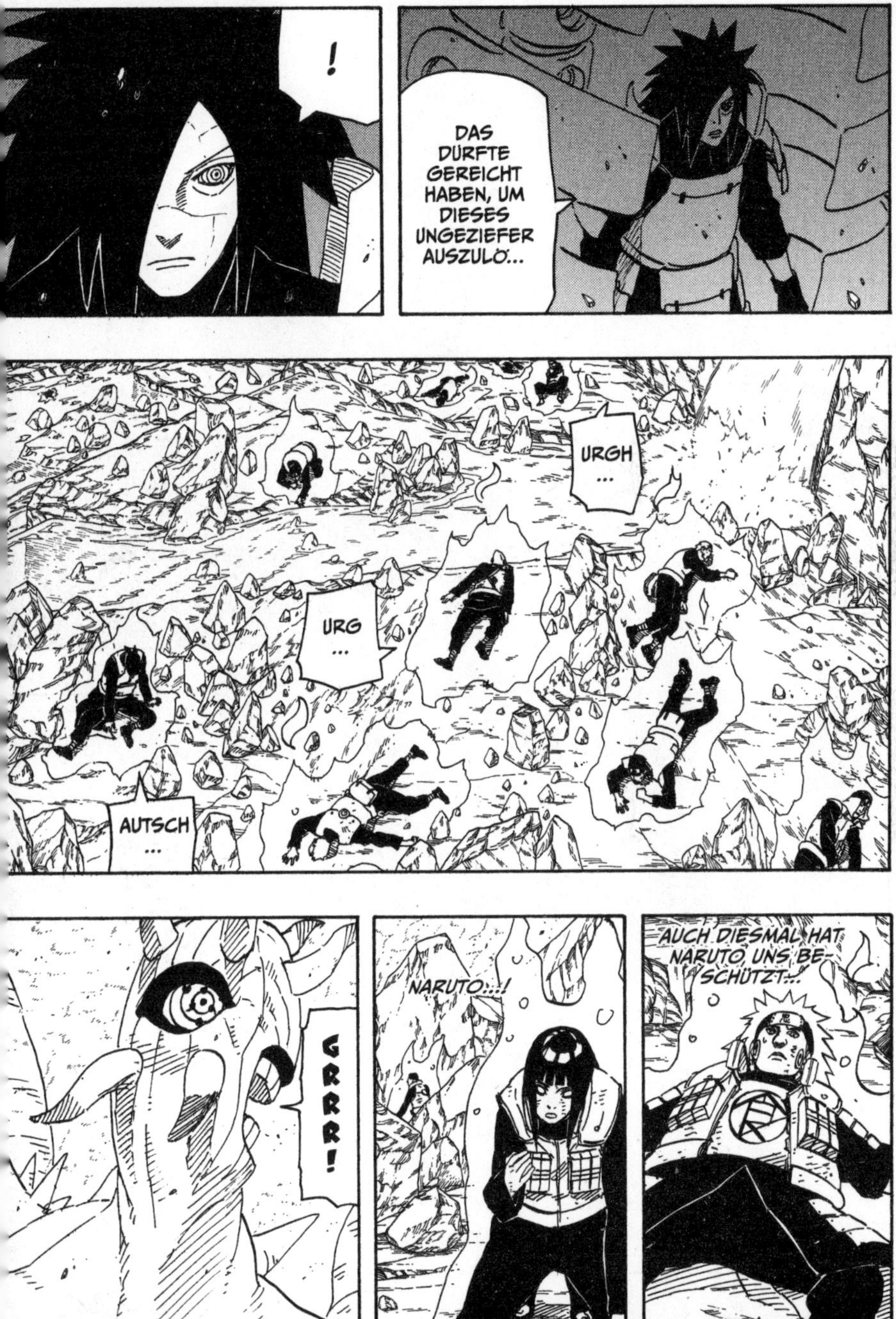
DAS DÜRFTE GEREICHT HABEN, UM DIESES UNGEZIEFER AUSZULÖ...
!
URGH ...
URG ...
AUTSCH ...
AUCH DIESMAL HAT NARUTO UNS BESCHÜTZT ...
NARUTO ...!
GRRRR!

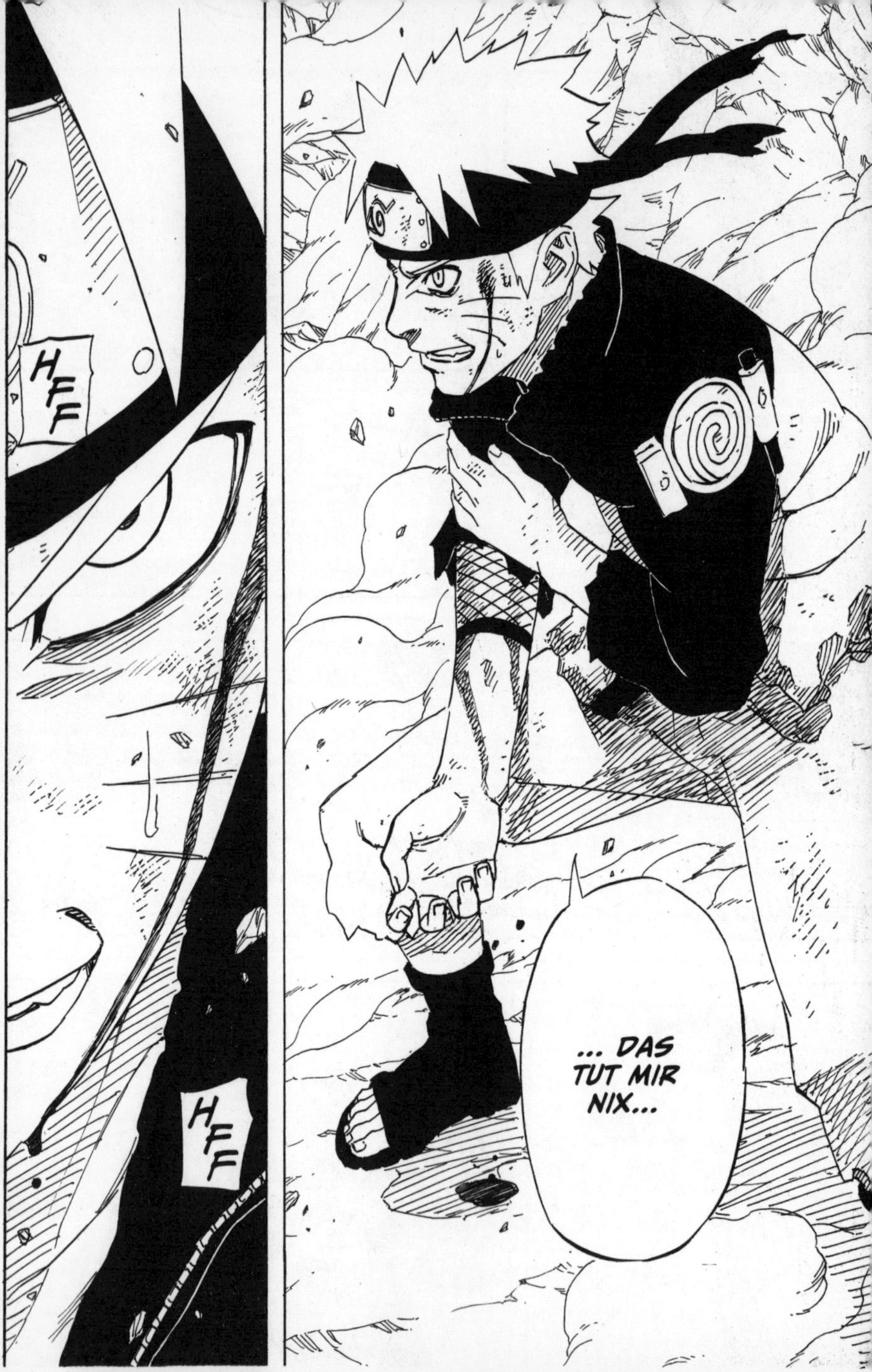
... DAS TUT MIR NIX...
HFF
HFF

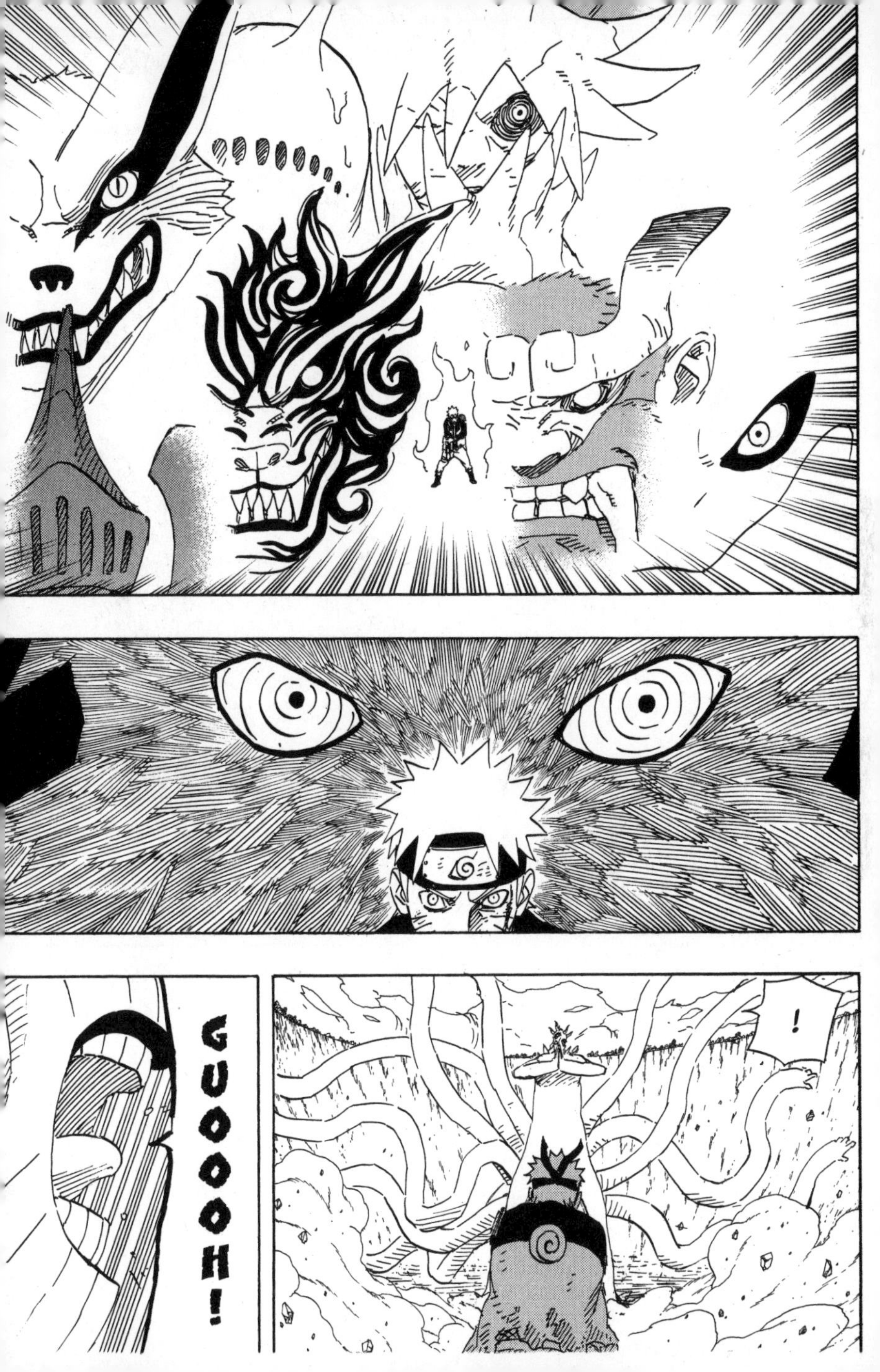
GUOOOOH!!
!

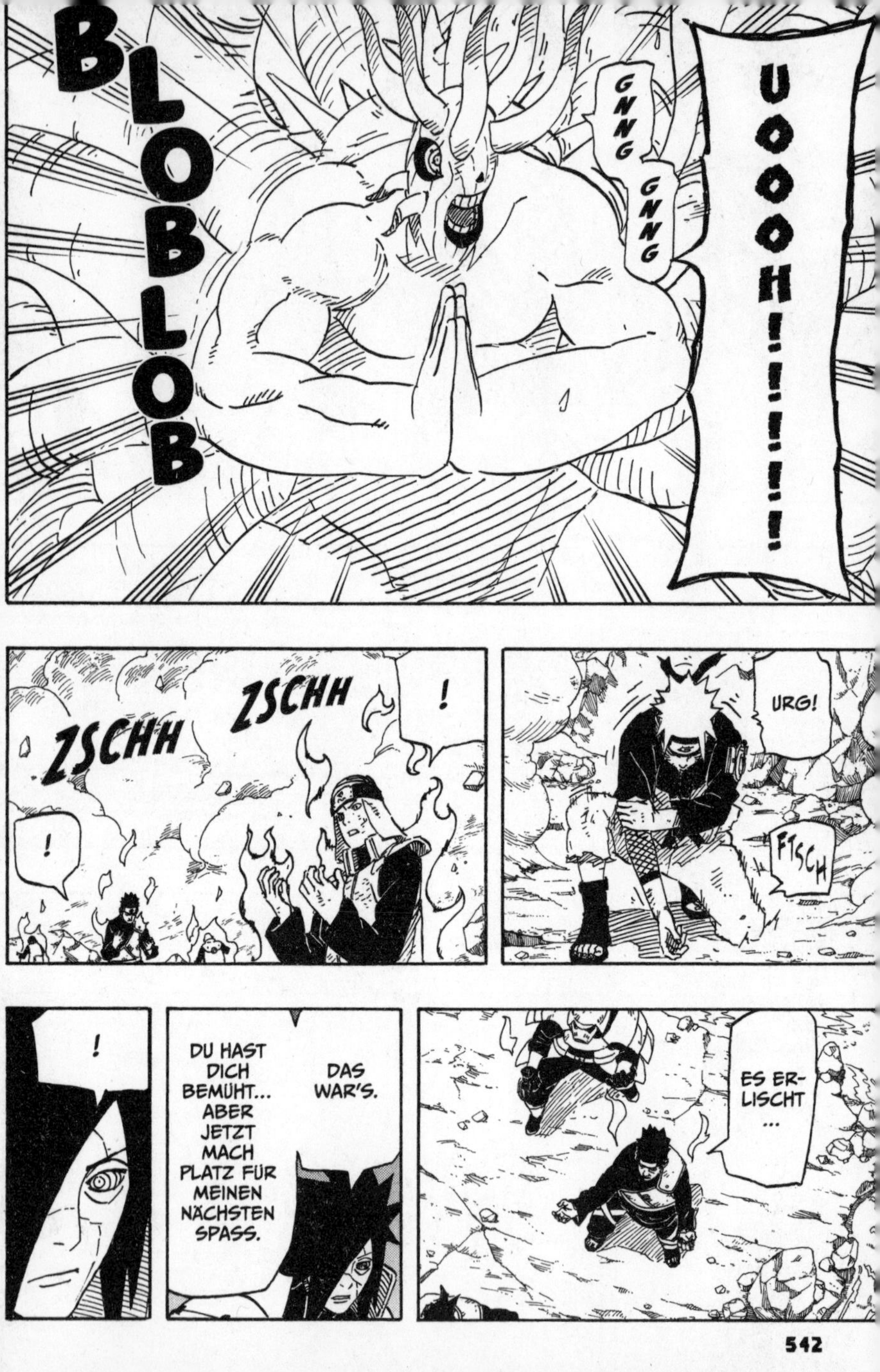

UOOOH!!!!!!!
GNNG GNNG GNNG
BLOBLOB
URG!
FTSCH
!
ZSCHH
ZSCHH
!
ES ER-LISCHT ...
DAS WAR'S.
DU HAST DICH BEMÜHT... ABER JETZT MACH PLATZ FÜR MEINEN NÄCHSTEN SPASS.
!

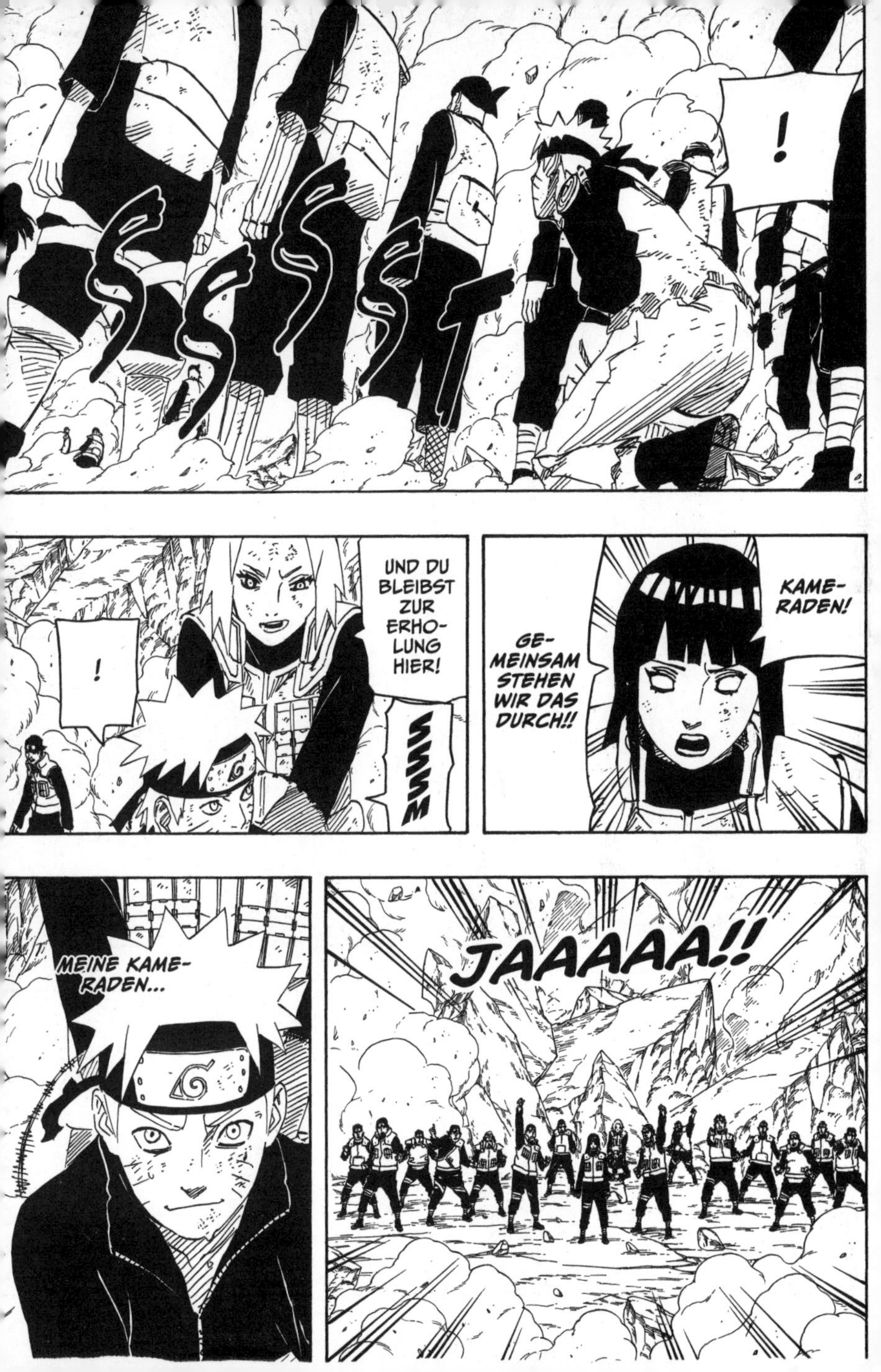
!
SSSST
KAME-RADEN!
GE-MEINSAM STEHEN WIR DAS DURCH!!
UND DU BLEIBST ZUR ERHO-LUNG HIER!
SSSSM
!
JAAAAA!!
MEINE KAME-RADEN...

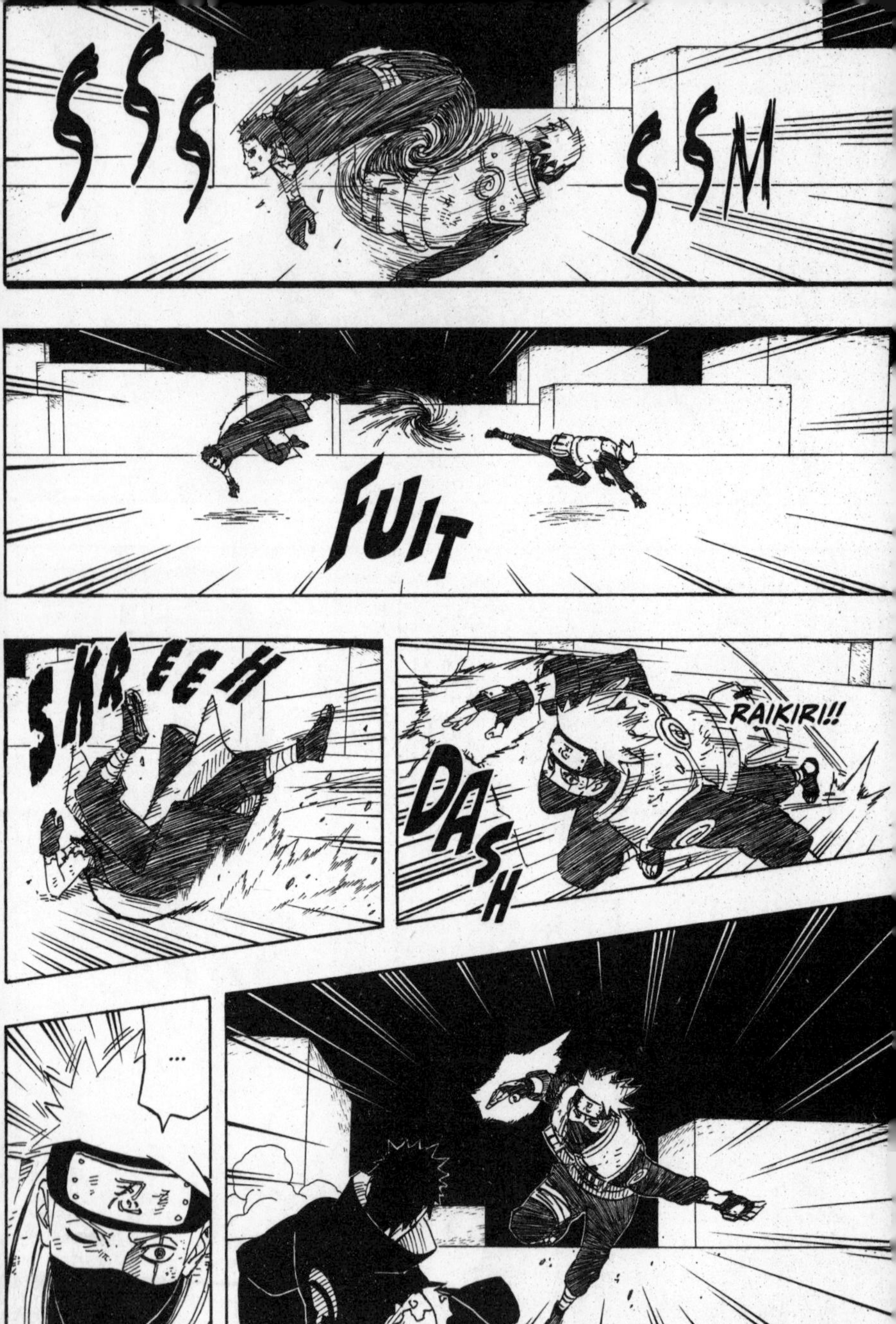
SSM
SSS
FUIT
RAIKIRI!!
DASH
SKREEH
...

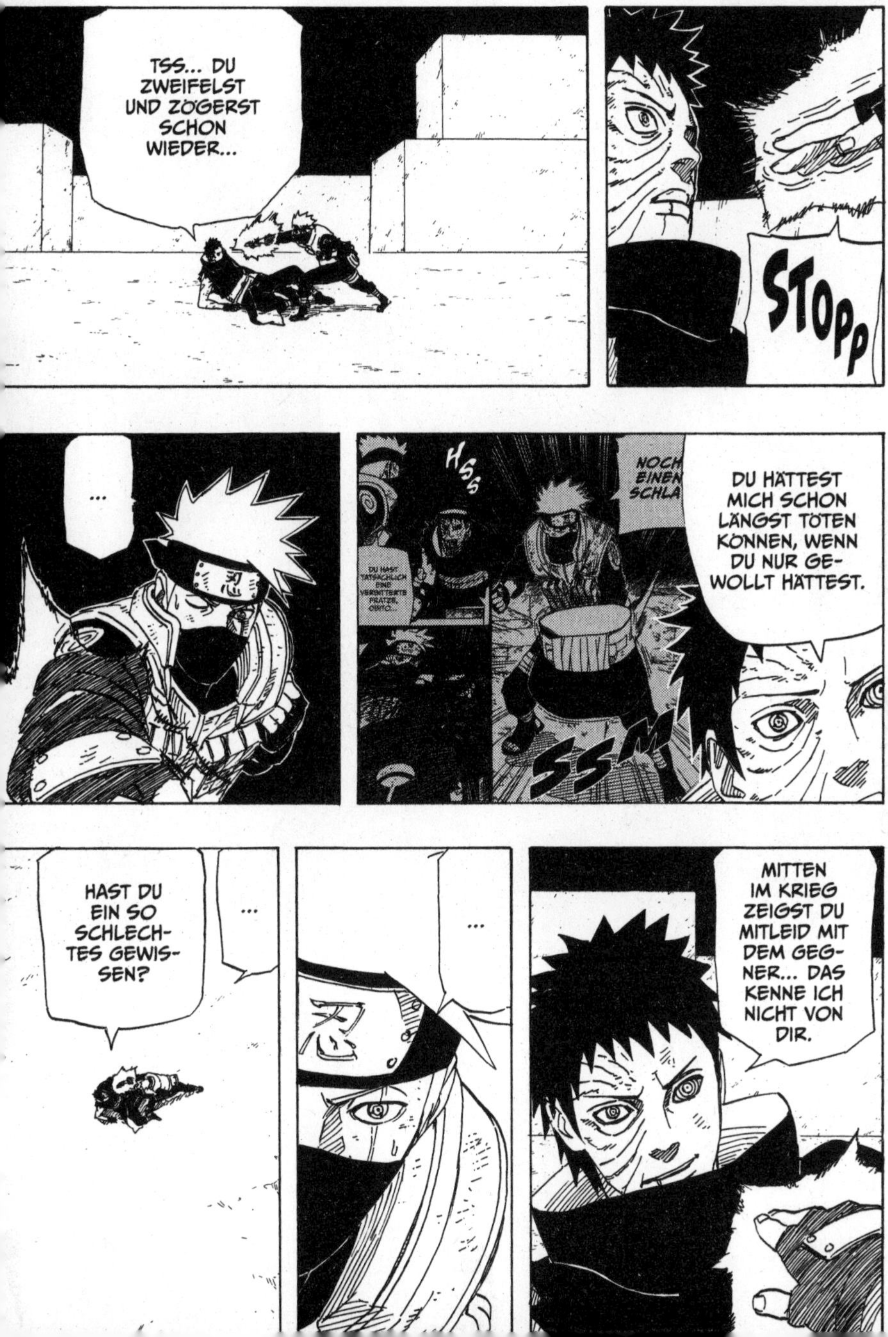
STOPP
TSS... DU ZWEIFELST UND ZÖGERST SCHON WIEDER...
DU HÄTTEST MICH SCHON LÄNGST TÖTEN KÖNNEN, WENN DU NUR GE-WOLLT HÄTTEST.
NOCH EINEN SCHLA
HSS
DU HAST TATSÄCHLICH EINE VERBITTERTE FRATZE, OBITO...
SSM
...
MITTEN IM KRIEG ZEIGST DU MITLEID MIT DEM GEG-NER... DAS KENNE ICH NICHT VON DIR.
...
...
HAST DU EIN SO SCHLECH-TES GEWIS-SEN?

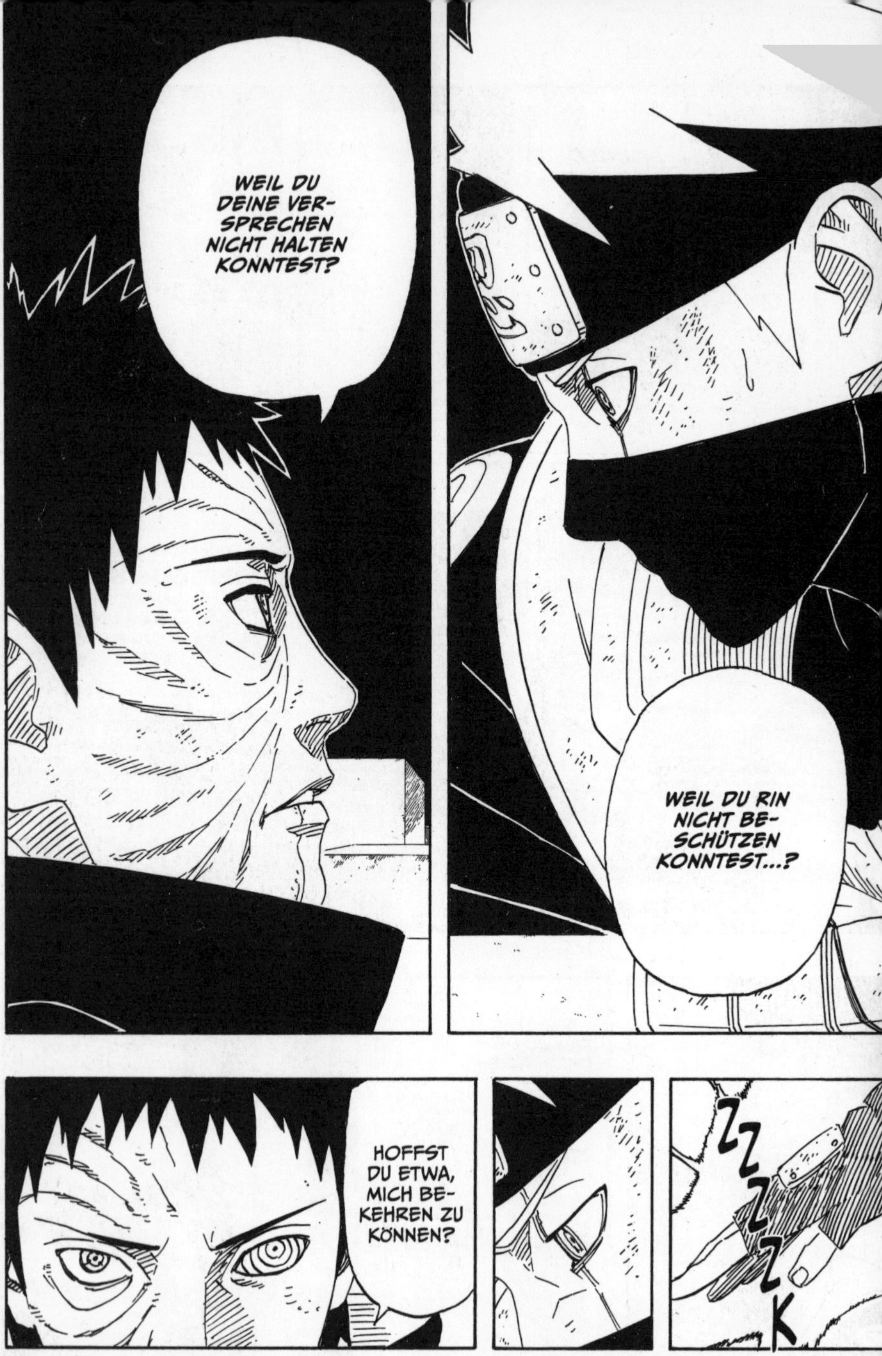
WEIL DU RIN NICHT BE-SCHÜTZEN KONNTEST...?
WEIL DU DEINE VER-SPRECHEN NICHT HALTEN KONNTEST?
ZZZZK
HOFFST DU ETWA, MICH BE-KEHREN ZU KÖNNEN?

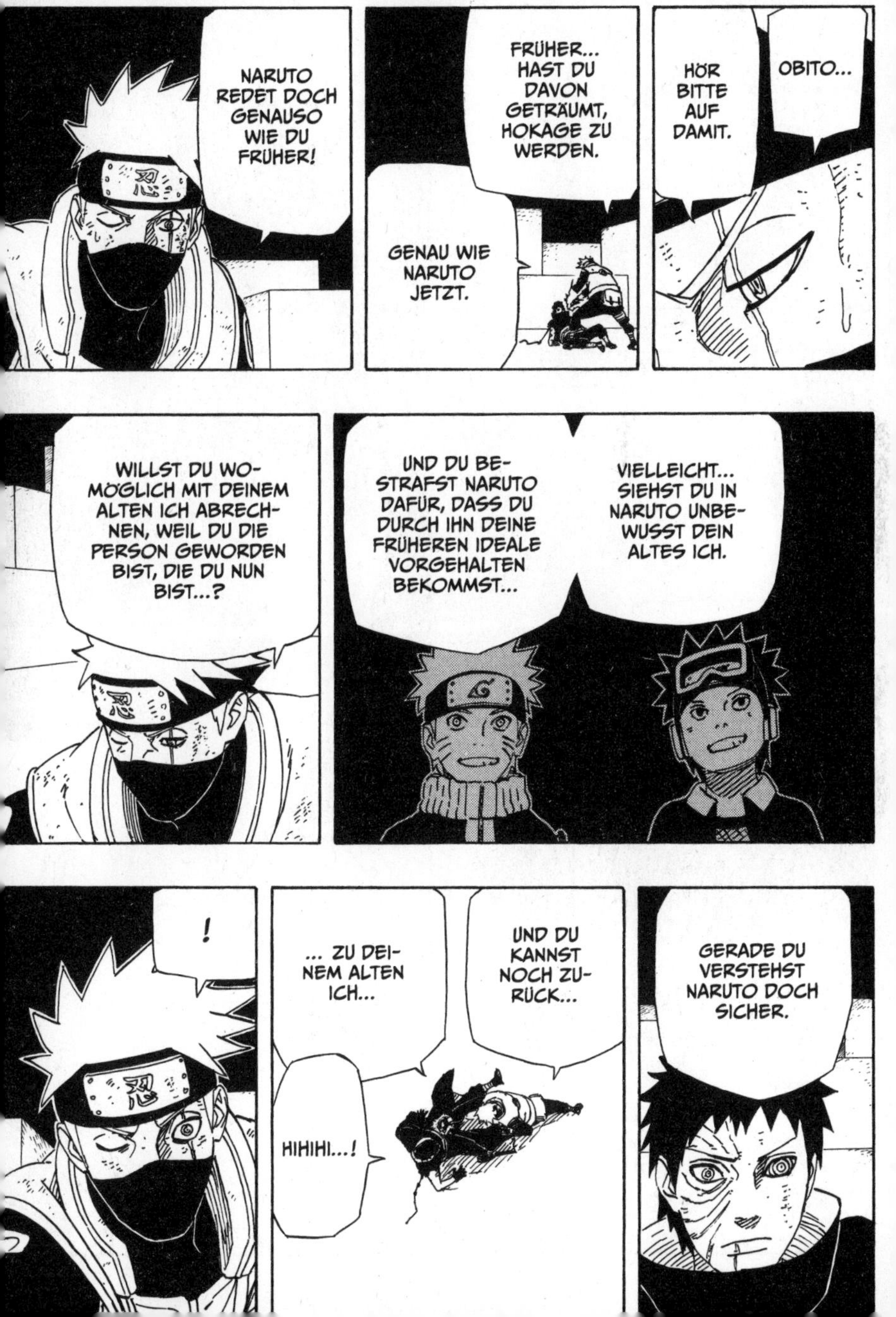
OBITO...
HÖR BITTE AUF DAMIT.
FRÜHER... HAST DU DAVON GETRÄUMT, HOKAGE ZU WERDEN.
GENAU WIE NARUTO JETZT.
NARUTO REDET DOCH GENAUSO WIE DU FRÜHER!
VIELLEICHT... SIEHST DU IN NARUTO UNBEWUSST DEIN ALTES ICH.
UND DU BESTRAFST NARUTO DAFÜR, DASS DU DURCH IHN DEINE FRÜHEREN IDEALE VORGEHALTEN BEKOMMST...
WILLST DU WOMÖGLICH MIT DEINEM ALTEN ICH ABRECHNEN, WEIL DU DIE PERSON GEWORDEN BIST, DIE DU NUN BIST...?
GERADE DU VERSTEHST NARUTO DOCH SICHER.
UND DU KANNST NOCH ZURÜCK...
... ZU DEINEM ALTEN ICH...
HIHIHI...!
!

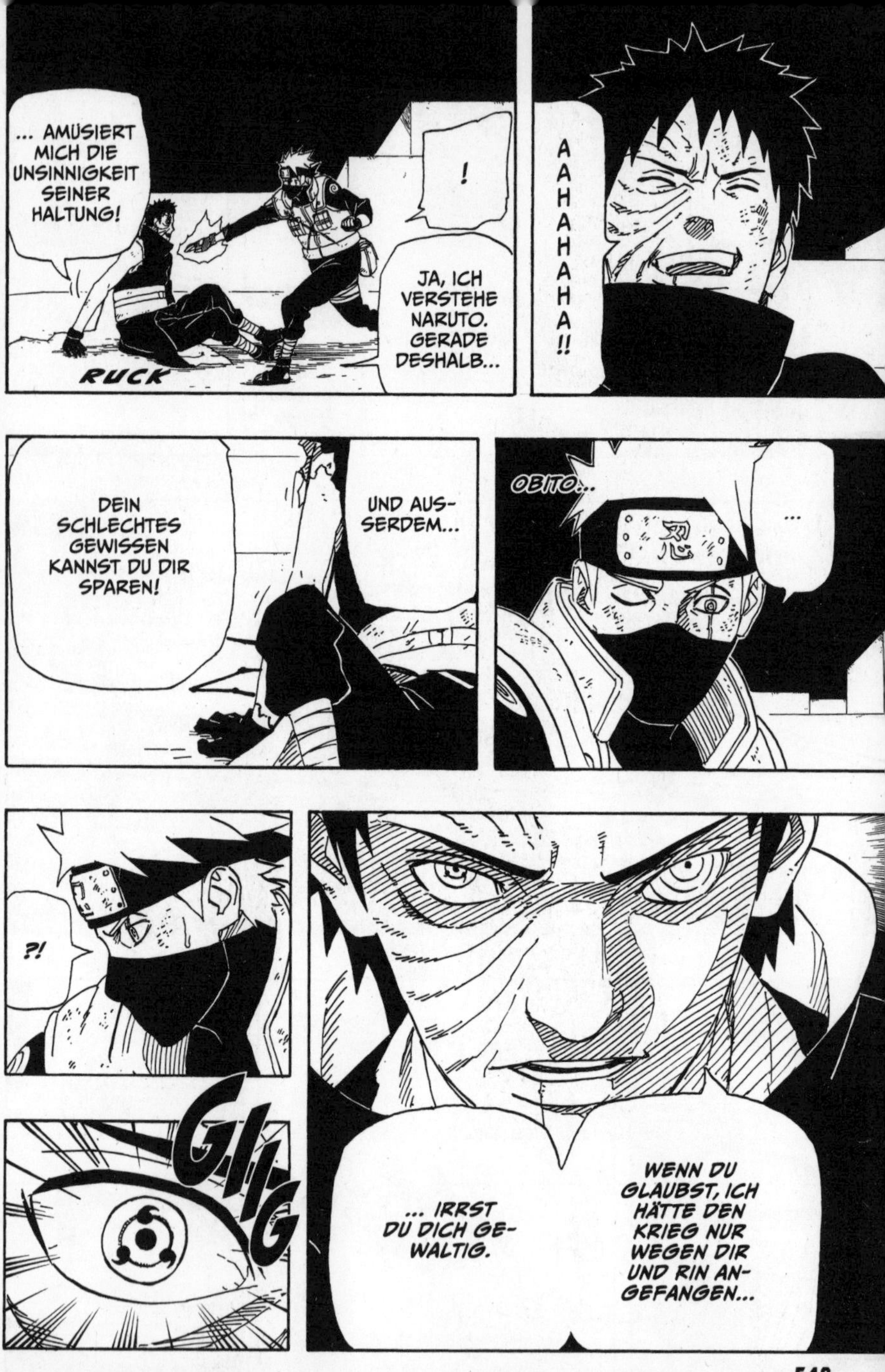
AAHAHAHAHA!!
JA, ICH VERSTEHE NARUTO. GERADE DESHALB...
!
... AMÜSIERT MICH DIE UNSINNIGKEIT SEINER HALTUNG!
RUCK
OBITO...
...
UND AUS-SERDEM...
DEIN SCHLECHTES GEWISSEN KANNST DU DIR SPAREN!
WENN DU GLAUBST, ICH HÄTTE DEN KRIEG NUR WEGEN DIR UND RIN AN-GEFANGEN...
... IRRST DU DICH GE-WALTIG.
?!
GIIG

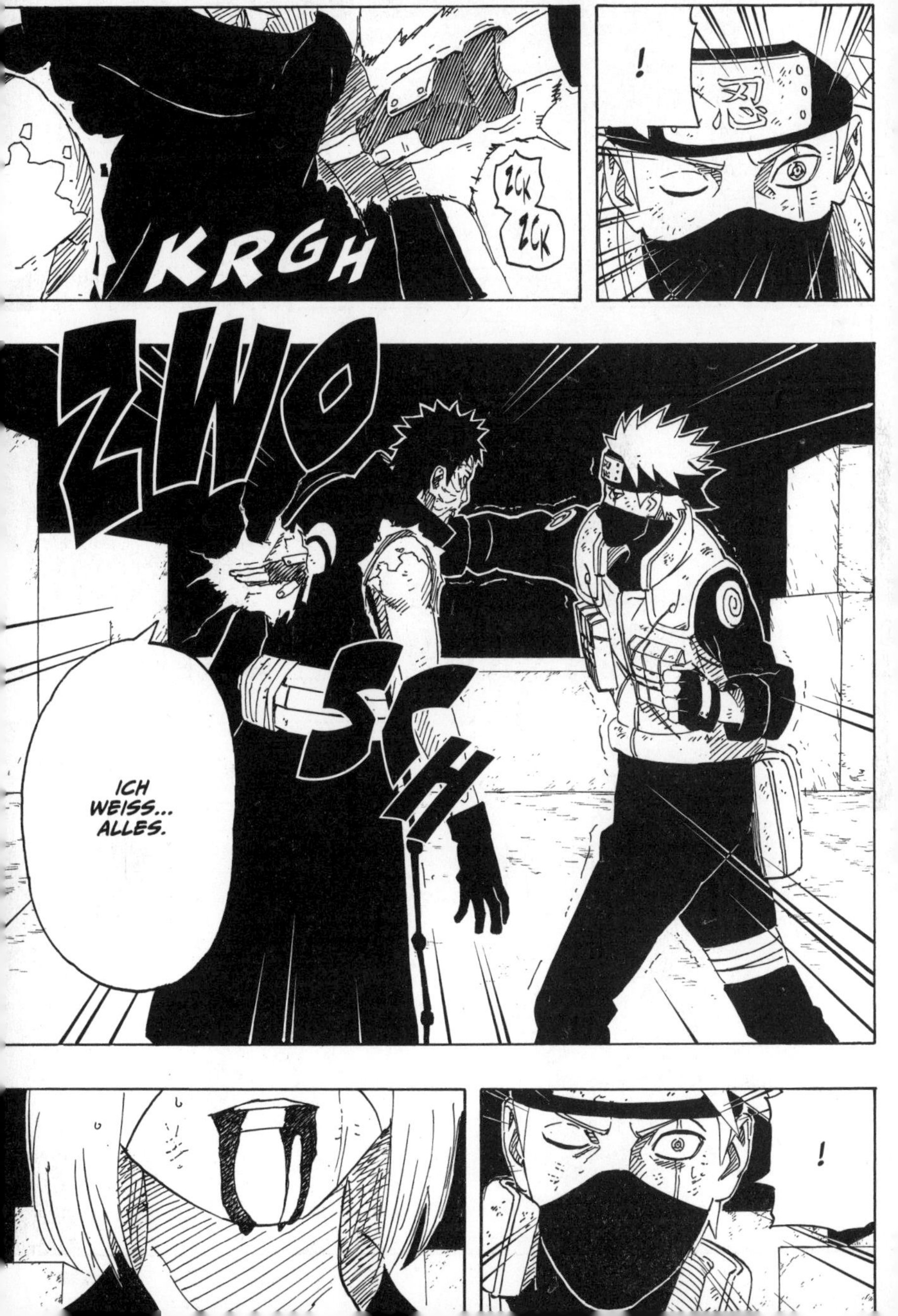
!
ZCK
ZCK
KRGH
ZWO
ICH WEISS... ALLES.
SCH
!

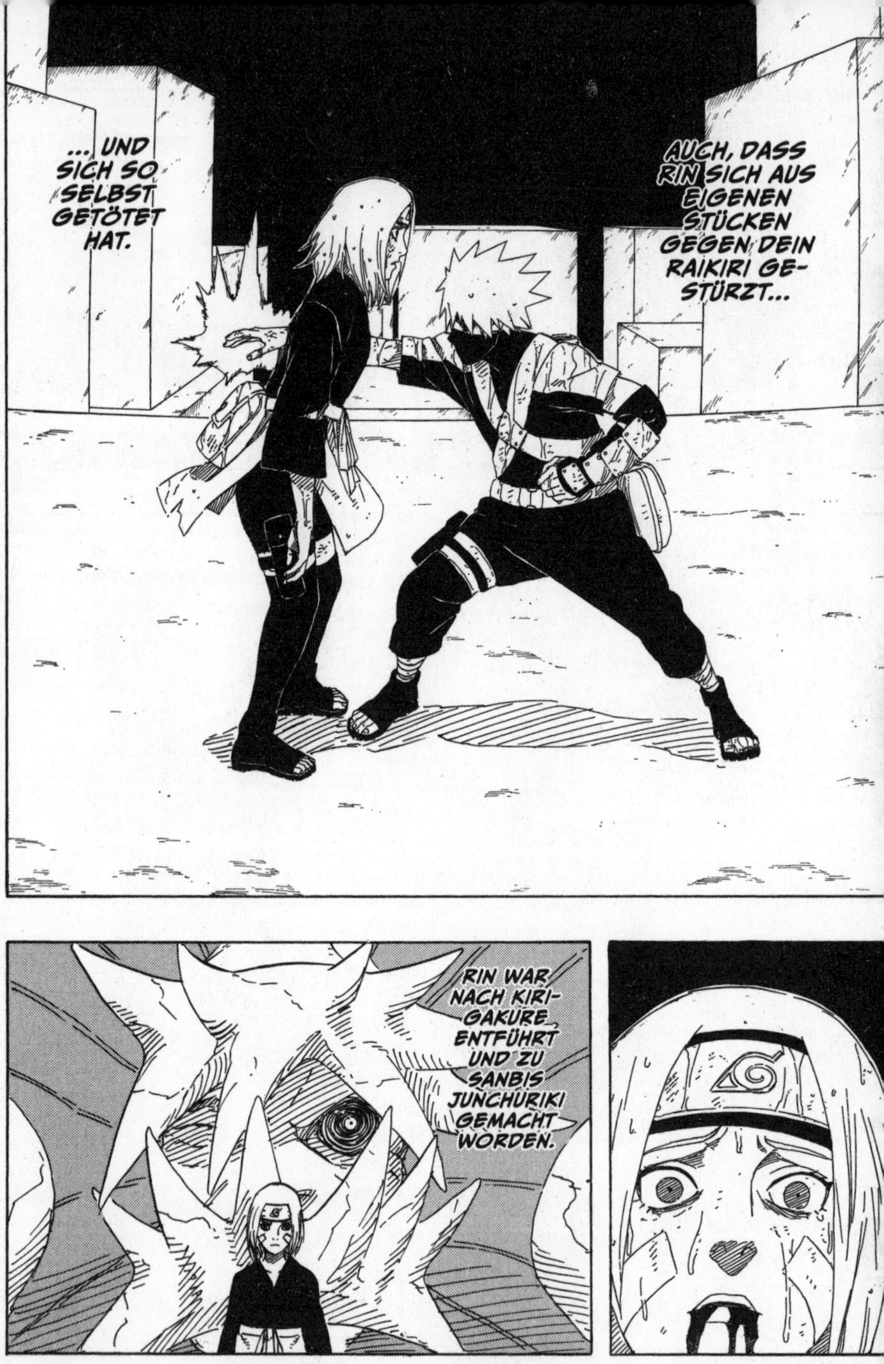
AUCH, DASS RIN SICH AUS EIGENEN STÜCKEN GEGEN DEIN RAIKIRI GESTÜRZT...
... UND SICH SO SELBST GETÖTET HAT.
RIN WAR NACH KIRIGAKURE ENTFÜHRT UND ZU SANBIS JUNCHURIKI GEMACHT WORDEN.

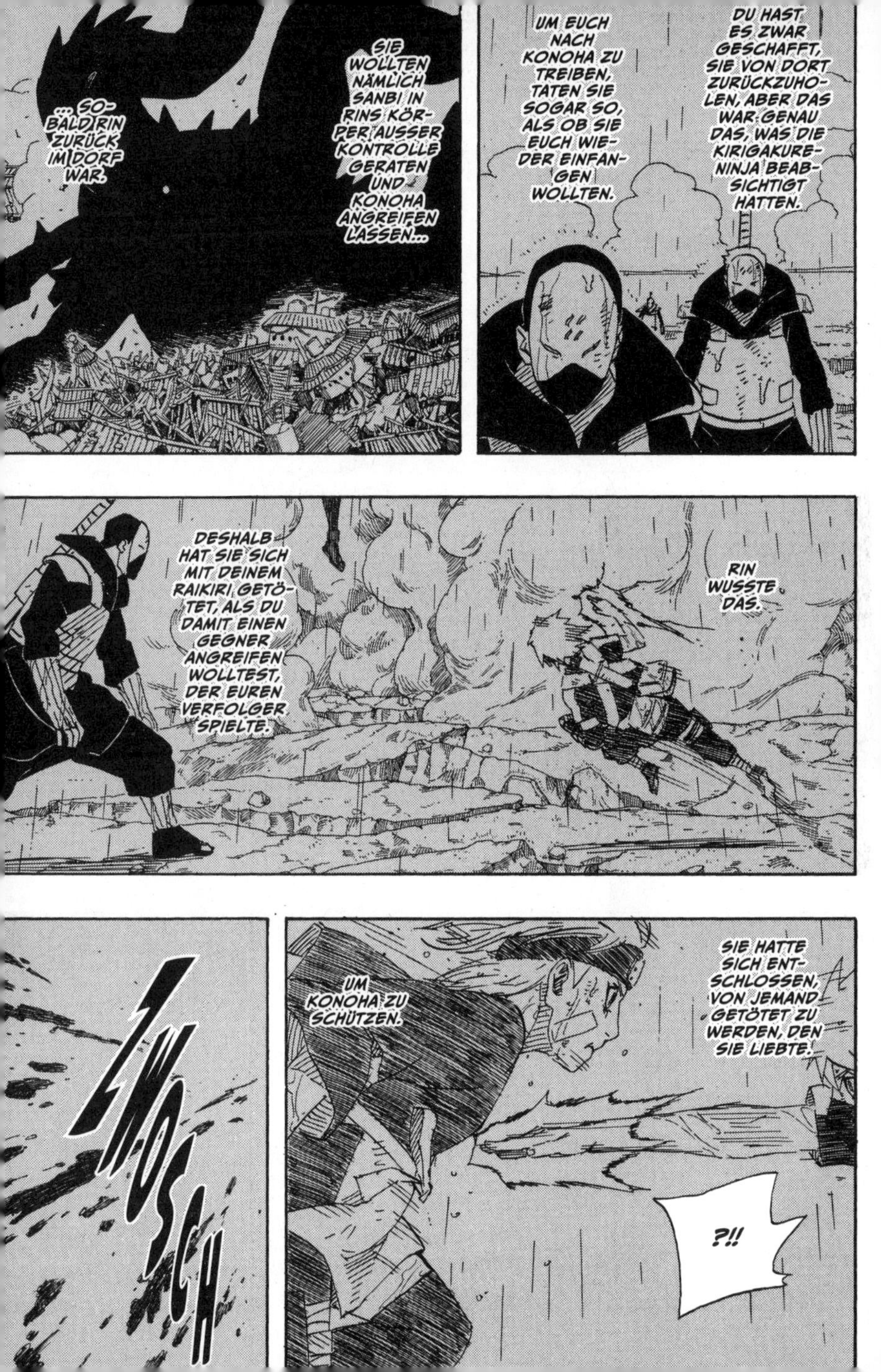

DU HAST ES ZWAR GESCHAFFT, SIE VON DORT ZURÜCKZUHOLEN, ABER DAS WAR GENAU DAS, WAS DIE KIRIGAKURE-NINJA BEABSICHTIGT HATTEN.
UM EUCH NACH KONOHA ZU TREIBEN, TATEN SIE SOGAR SO, ALS OB SIE EUCH WIEDER EINFANGEN WOLLTEN.
SIE WOLLTEN NÄMLICH SANBI IN RINS KÖRPER AUSSER KONTROLLE GERATEN UND KONOHA ANGREIFEN LASSEN...
... SOBALD RIN ZURÜCK IM DORF WAR.
RIN WUSSTE DAS.
DESHALB HAT SIE SICH MIT DEINEM RAIKIRI GETÖTET, ALS DU DAMIT EINEN GEGNER ANGREIFEN WOLLTEST, DER EUREN VERFOLGER SPIELTE.
SIE HATTE SICH ENTSCHLOSSEN, VON JEMAND GETÖTET ZU WERDEN, DEN SIE LIEBTE.
UM KONOHA ZU SCHÜTZEN.
?!!
ZWOSCH

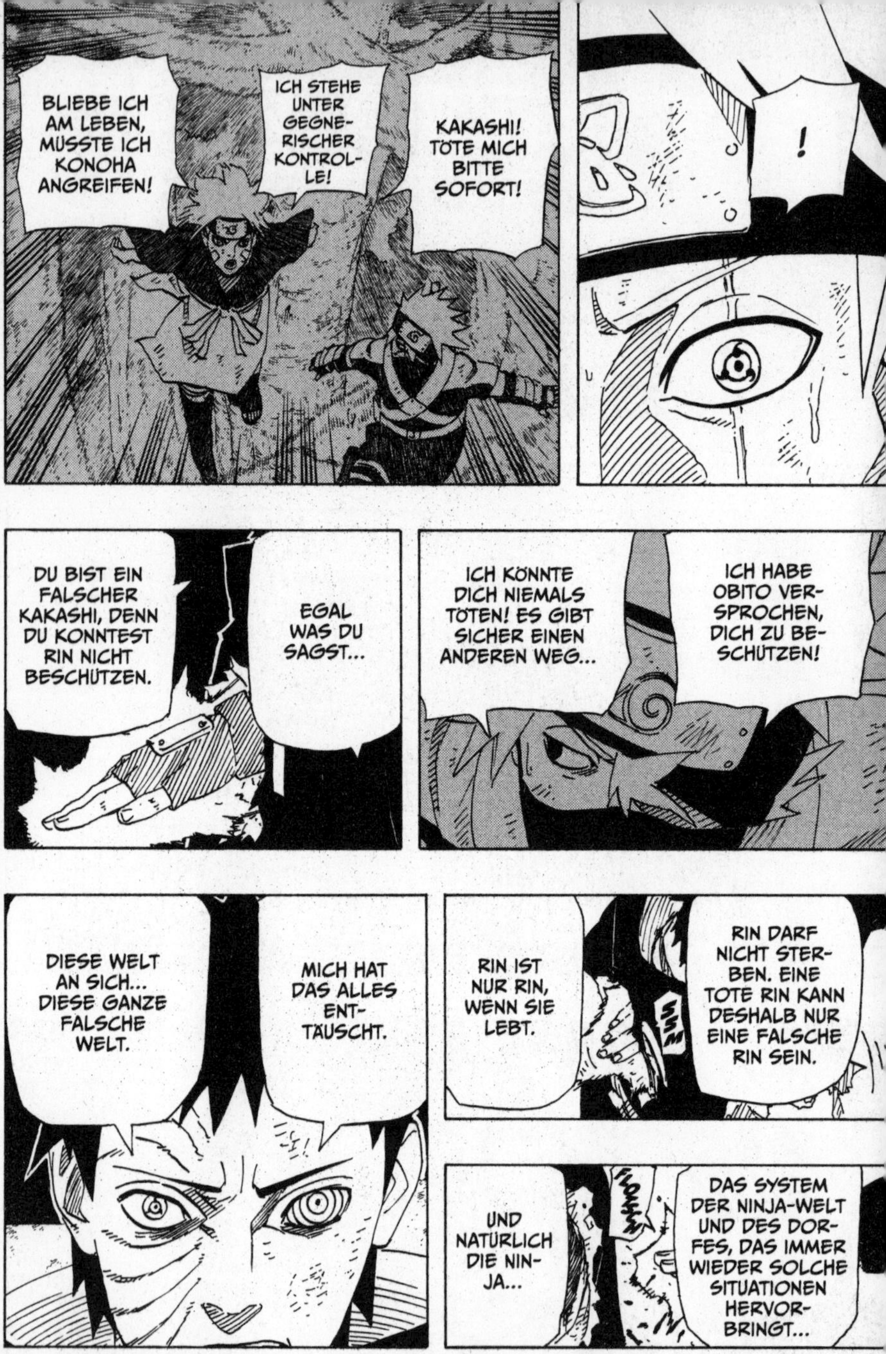
KAKASHI! TÖTE MICH BITTE SOFORT!
ICH STEHE UNTER GEGNERISCHER KONTROLLE!
BLIEBE ICH AM LEBEN, MÜSSTE ICH KONOHA ANGREIFEN!
!
ICH HABE OBITO VERSPROCHEN, DICH ZU BESCHÜTZEN!
ICH KÖNNTE DICH NIEMALS TÖTEN! ES GIBT SICHER EINEN ANDEREN WEG...
EGAL WAS DU SAGST...
DU BIST EIN FALSCHER KAKASHI, DENN DU KONNTEST RIN NICHT BESCHÜTZEN.
RIN DARF NICHT STERBEN. EINE TOTE RIN KANN DESHALB NUR EINE FALSCHE RIN SEIN.
RIN IST NUR RIN, WENN SIE LEBT.
DAS SYSTEM DER NINJA-WELT UND DES DORFES, DAS IMMER WIEDER SOLCHE SITUATIONEN HERVORBRINGT...
UND NATÜRLICH DIE NINJA...
MICH HAT DAS ALLES ENTTÄUSCHT.
DIESE WELT AN SICH... DIESE GANZE FALSCHE WELT.

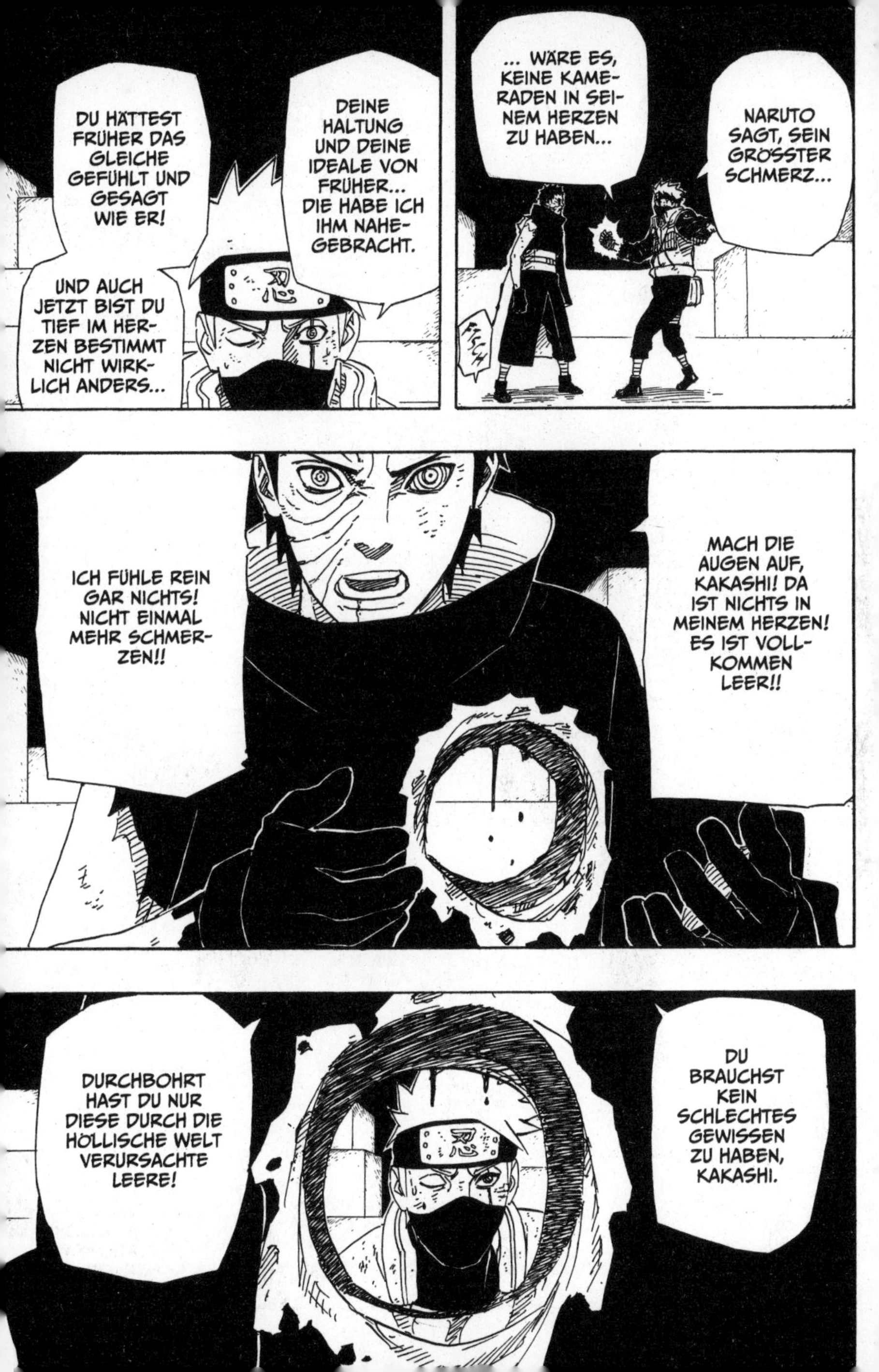
NARUTO SAGT, SEIN GRÖSSTER SCHMERZ...
... WÄRE ES, KEINE KAMERADEN IN SEINEM HERZEN ZU HABEN...
DEINE HALTUNG UND DEINE IDEALE VON FRÜHER... DIE HABE ICH IHM NAHEGEBRACHT.
DU HÄTTEST FRÜHER DAS GLEICHE GEFÜHLT UND GESAGT WIE ER!
UND AUCH JETZT BIST DU TIEF IM HERZEN BESTIMMT NICHT WIRKLICH ANDERS...
MACH DIE AUGEN AUF, KAKASHI! DA IST NICHTS IN MEINEM HERZEN! ES IST VOLLKOMMEN LEER!!
ICH FÜHLE REIN GAR NICHTS! NICHT EINMAL MEHR SCHMERZEN!!
DU BRAUCHST KEIN SCHLECHTES GEWISSEN ZU HABEN, KAKASHI.
DURCHBOHRT HAST DU NUR DIESE DURCH DIE HÖLLISCHE WELT VERURSACHTE LEERE!

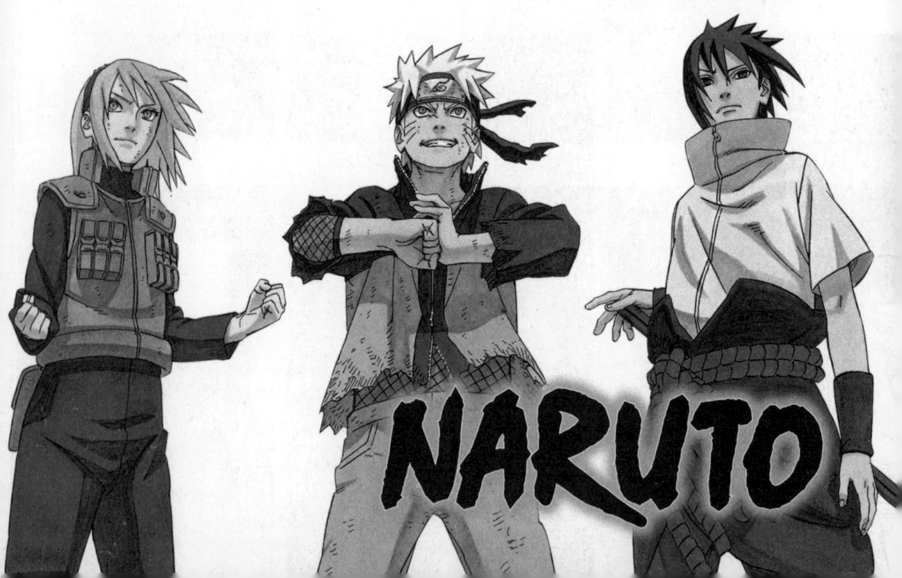
NARUTO

630. Kapitel: Was es füllt

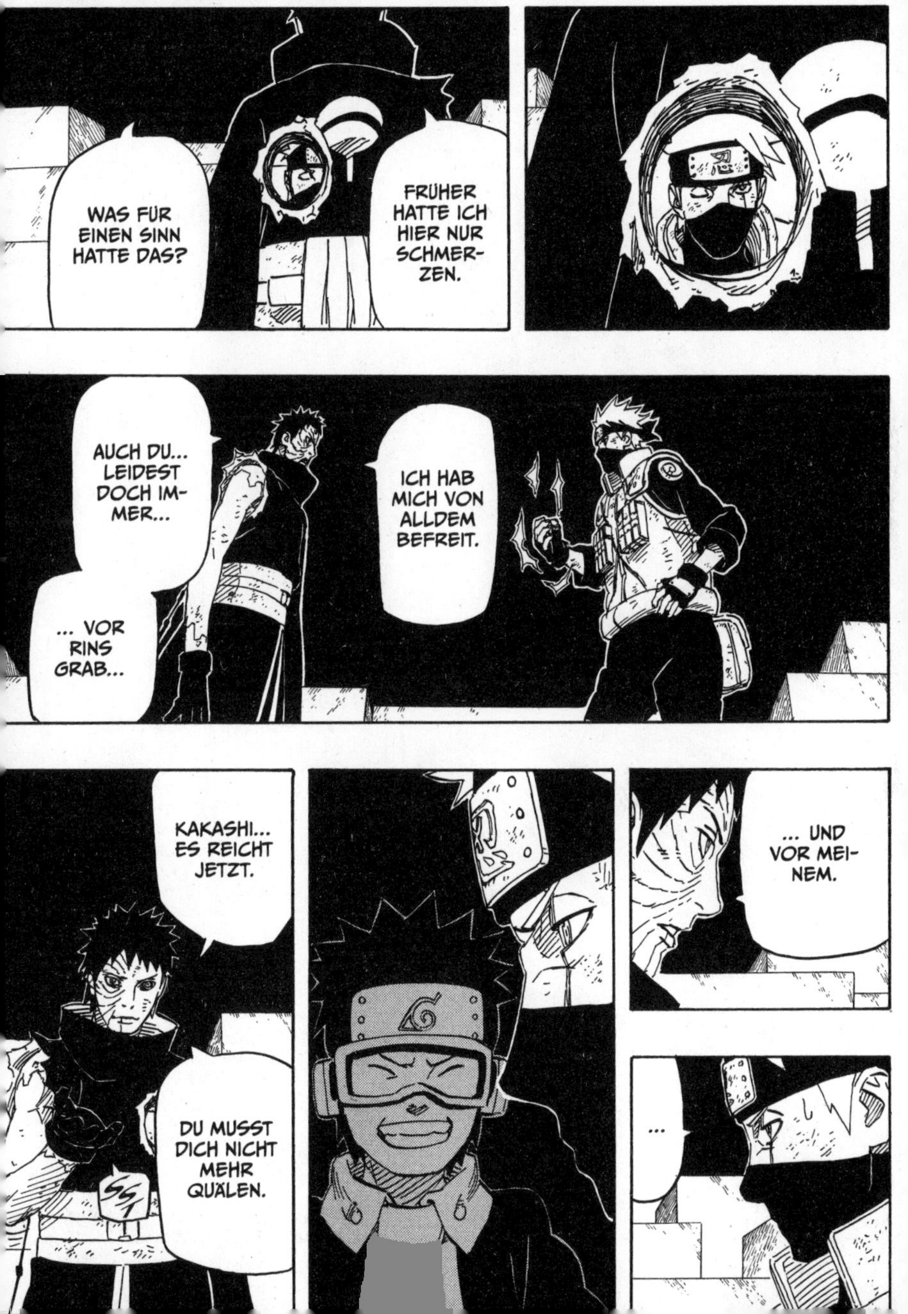

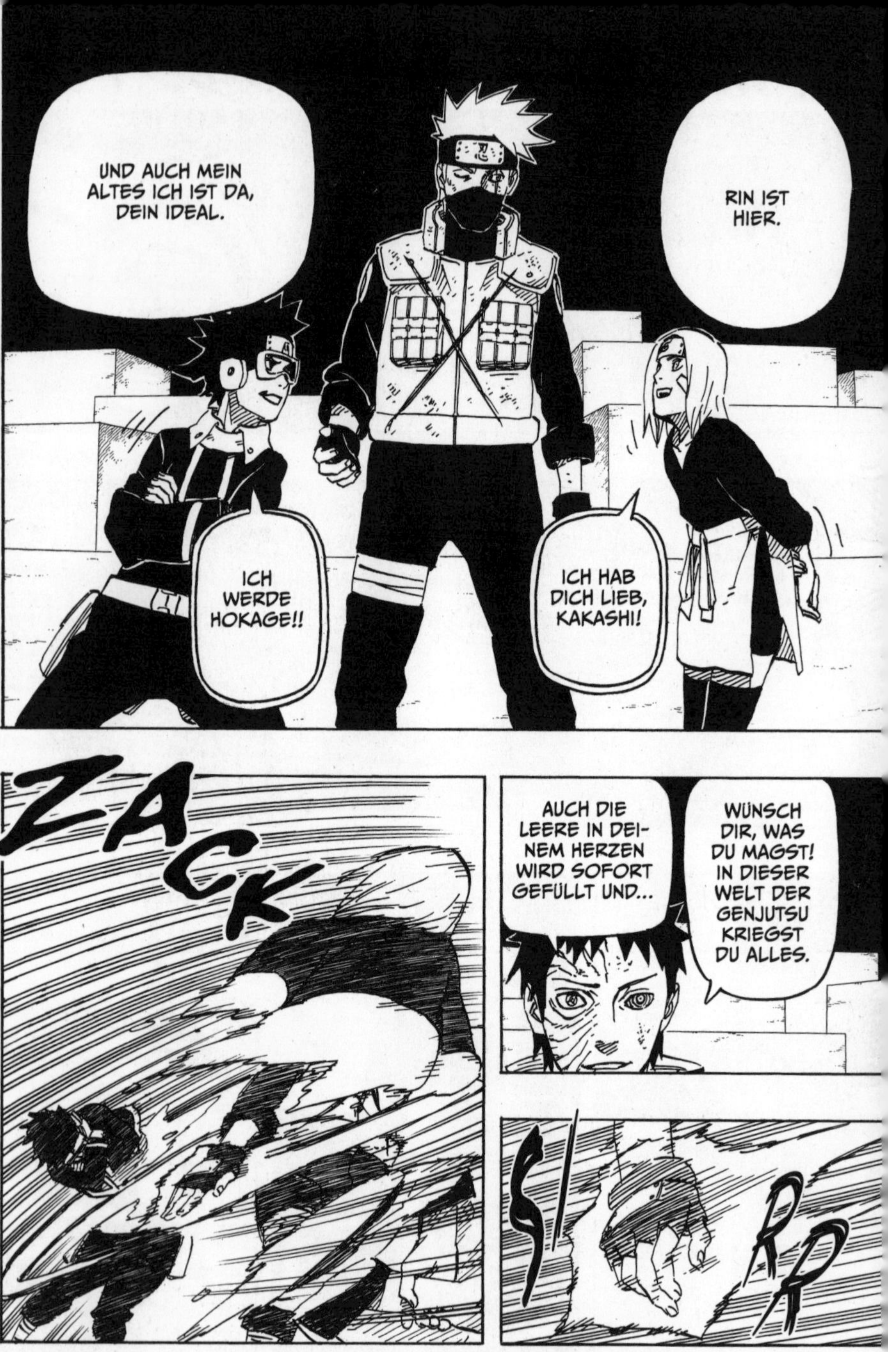
RIN IST HIER.
UND AUCH MEIN ALTES ICH IST DA, DEIN IDEAL.
ICH HAB DICH LIEB, KAKASHI!
ICH WERDE HOKAGE!!
WÜNSCH DIR, WAS DU MAGST! IN DIESER WELT DER GENJUTSU KRIEGST DU ALLES.
AUCH DIE LEERE IN DEINEM HERZEN WIRD SOFORT GEFÜLLT UND...
ZACK

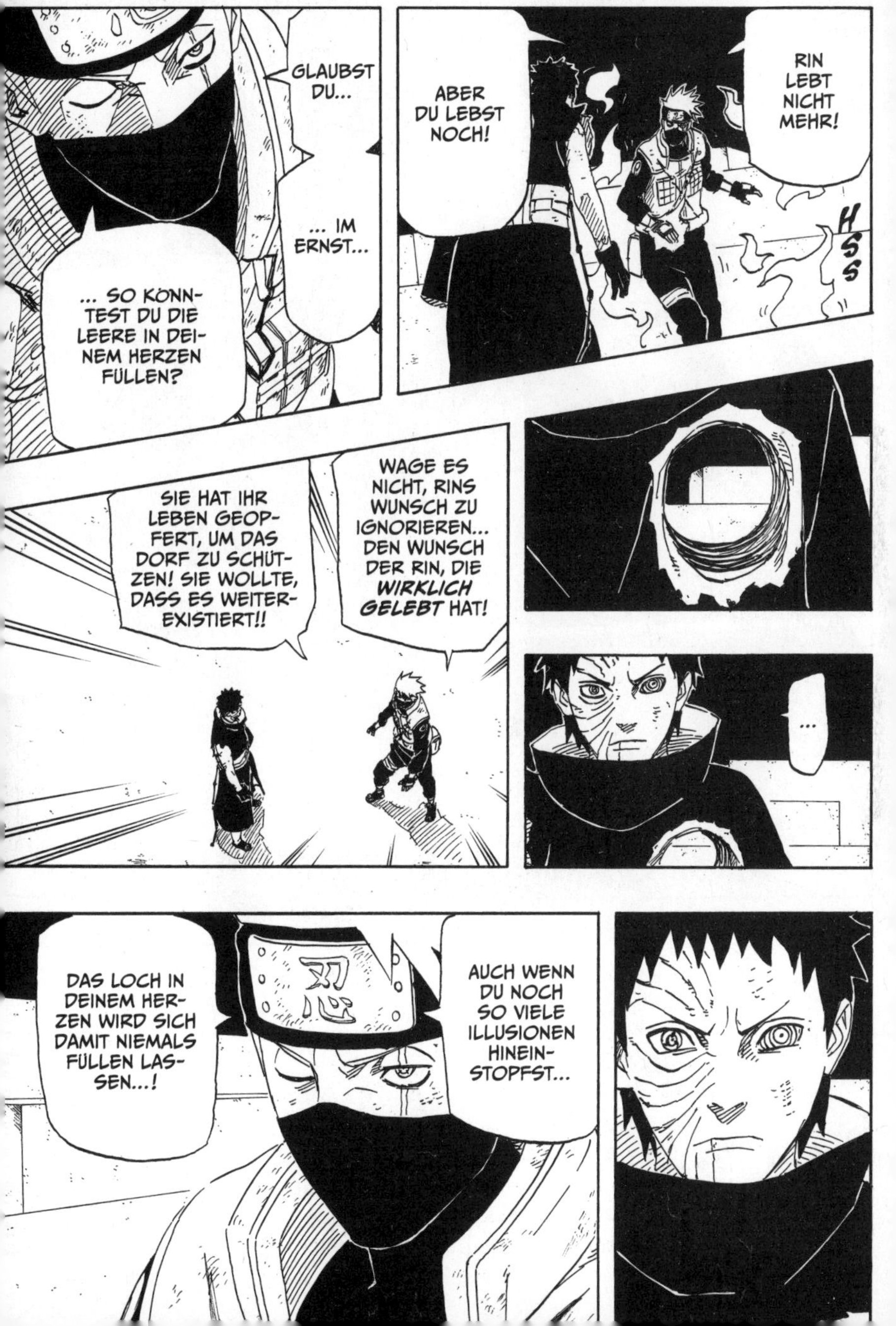
RIN LEBT NICHT MEHR!
HSS
ABER DU LEBST NOCH!
GLAUBST DU...
... IM ERNST...
... SO KÖNNTEST DU DIE LEERE IN DEINEM HERZEN FÜLLEN?
...
WAGE ES NICHT, RINS WUNSCH ZU IGNORIEREN... DEN WUNSCH DER RIN, DIE *WIRKLICH GELEBT* HAT!
SIE HAT IHR LEBEN GEOPFERT, UM DAS DORF ZU SCHÜTZEN! SIE WOLLTE, DASS ES WEITEREXISTIERT!!
AUCH WENN DU NOCH SO VIELE ILLUSIONEN HINEINSTOPFST...
DAS LOCH IN DEINEM HERZEN WIRD SICH DAMIT NIEMALS FÜLLEN LASSEN...!

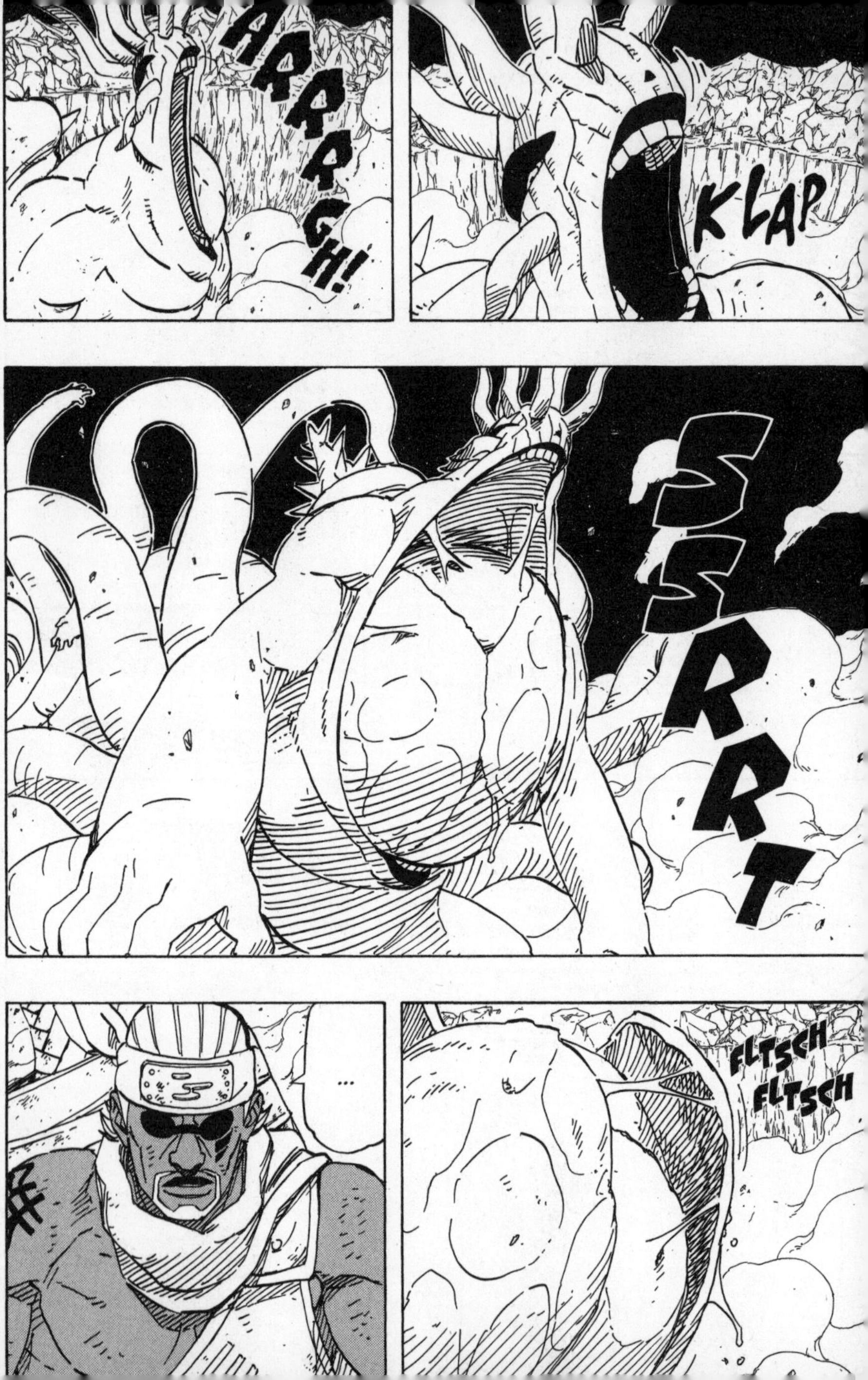
ARRARGH!
KLAP
SSRRT
...
FLTSCH
FLTSCH

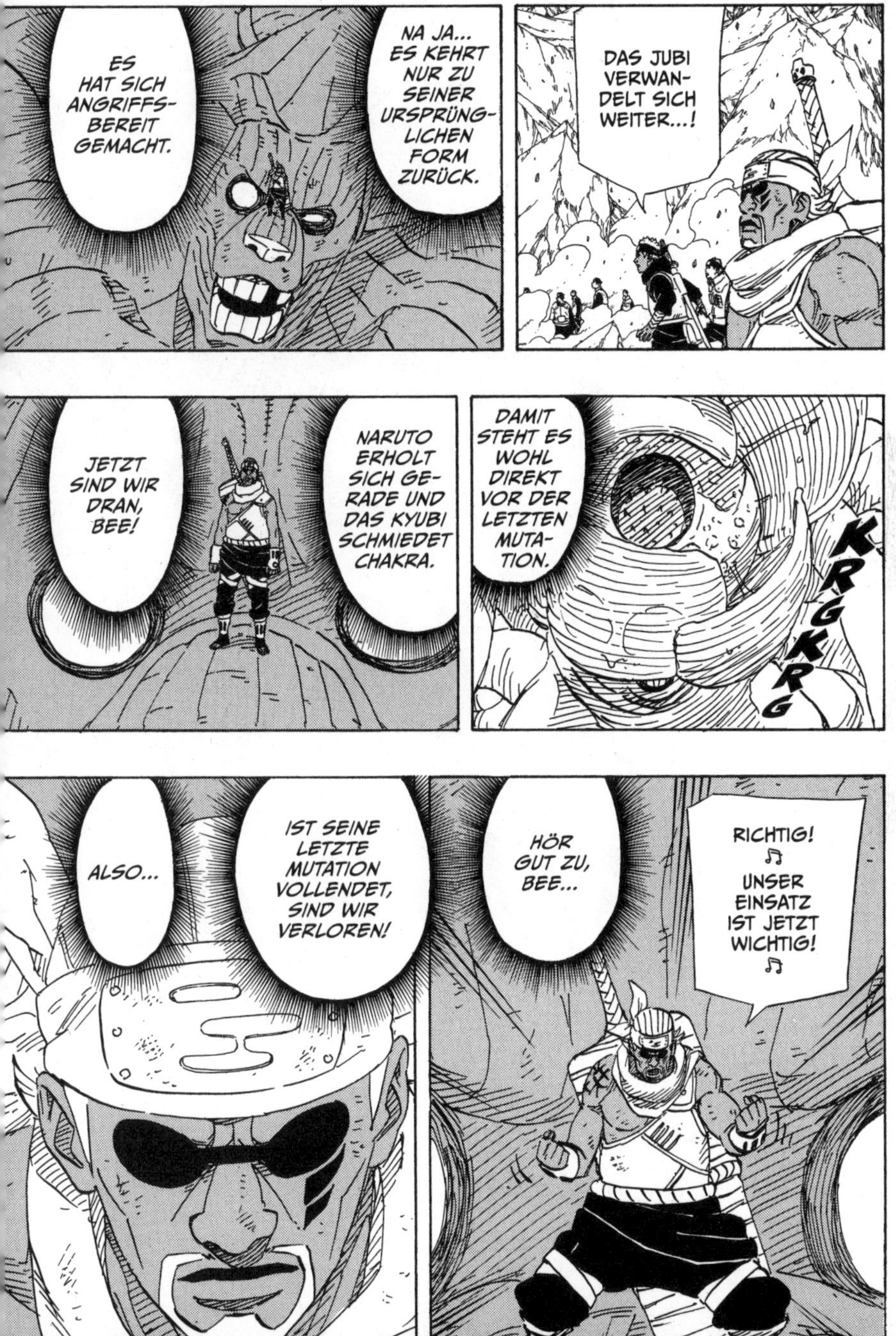
DAS JUBI VERWANDELT SICH WEITER...!
NA JA... ES KEHRT NUR ZU SEINER URSPRÜNGLICHEN FORM ZURÜCK.
ES HAT SICH ANGRIFFSBEREIT GEMACHT.
DAMIT STEHT ES WOHL DIREKT VOR DER LETZTEN MUTATION.
KRGKRG
NARUTO ERHOLT SICH GERADE UND DAS KYUBI SCHMIEDET CHAKRA.
JETZT SIND WIR DRAN, BEE!
RICHTIG! ♫ UNSER EINSATZ IST JETZT WICHTIG! ♫
HÖR GUT ZU, BEE...
IST SEINE LETZTE MUTATION VOLLENDET, SIND WIR VERLOREN!
ALSO...

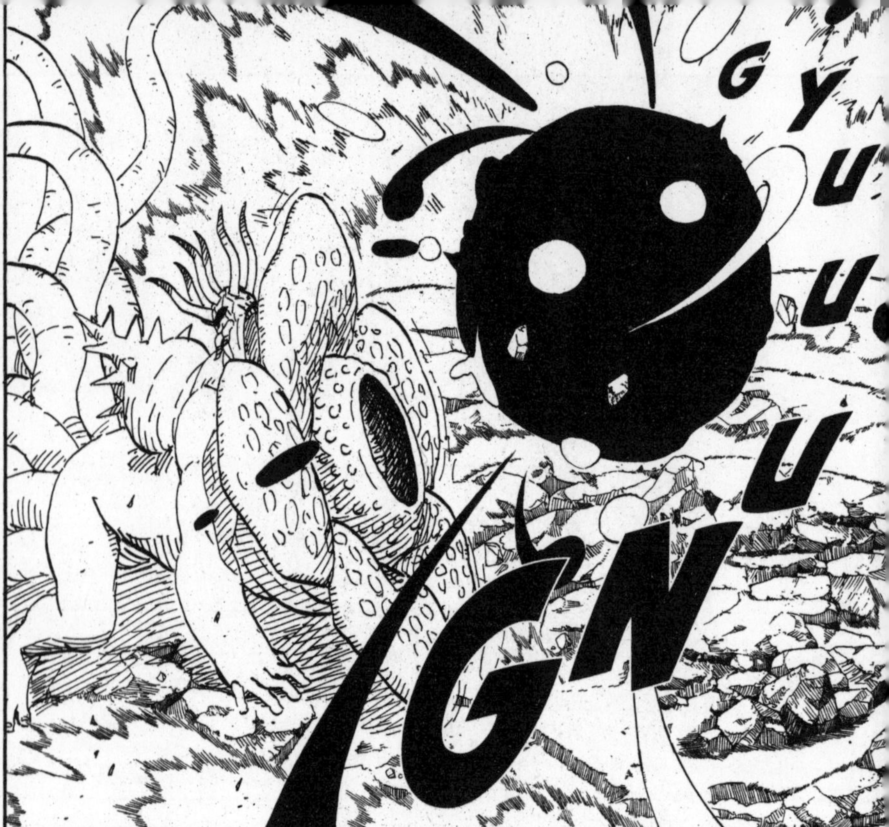
GYUU.
GNUU

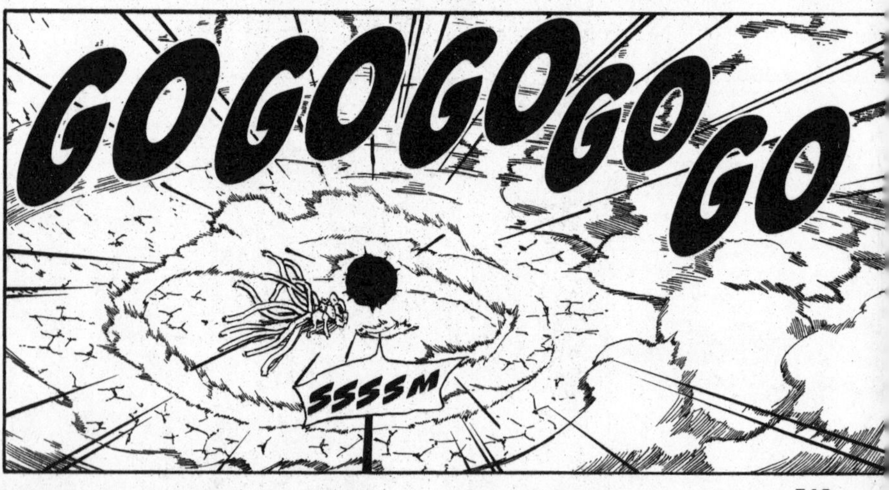
GOGOGOGOGOGOGOGO
SSSSM

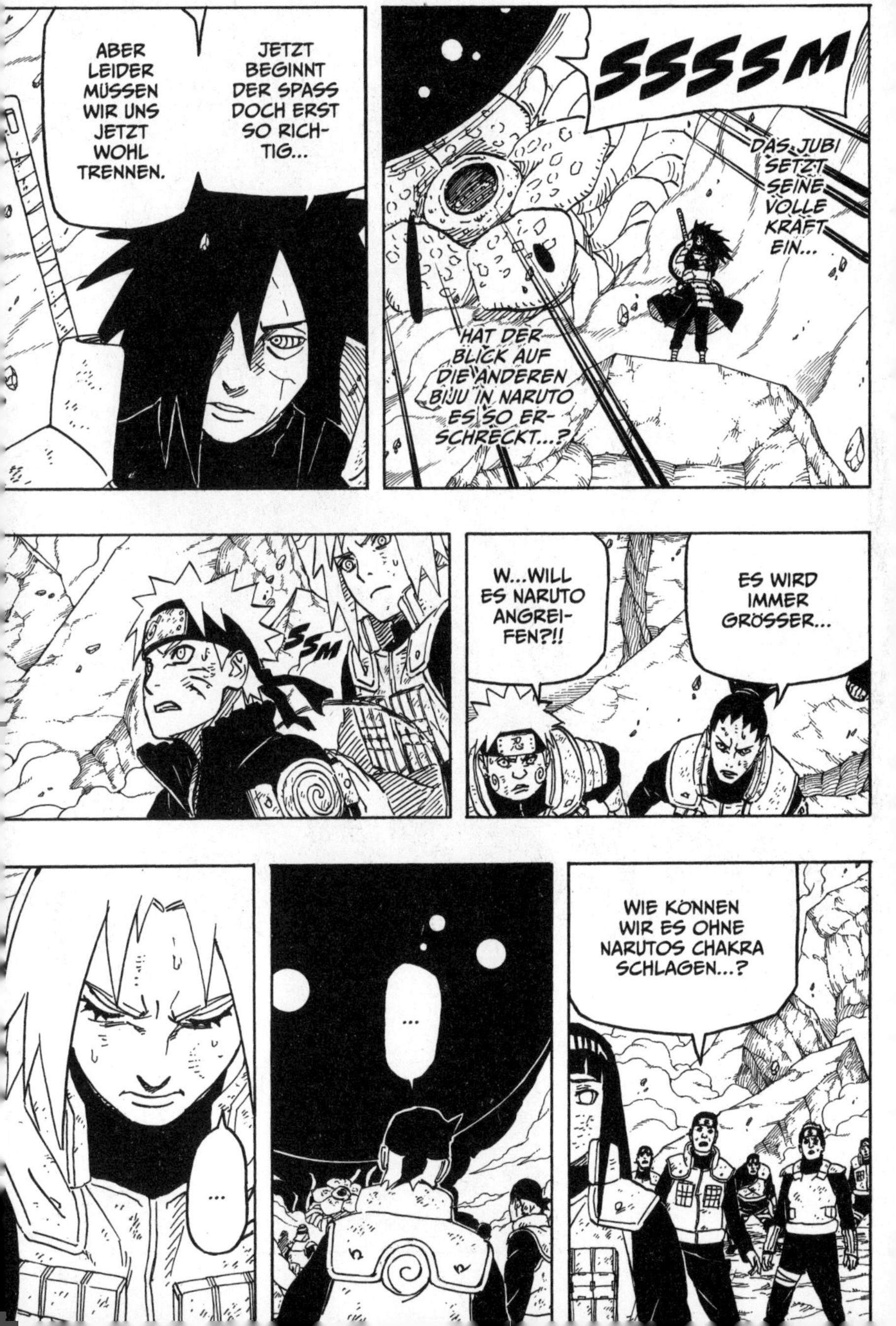
SSSSM
DAS JUBI SETZT SEINE VOLLE KRAFT EIN...
HAT DER BLICK AUF DIE ANDEREN BIJU IN NARUTO ES SO ERSCHRECKT...?
JETZT BEGINNT DER SPASS DOCH ERST SO RICHTIG...
ABER LEIDER MÜSSEN WIR UNS JETZT WOHL TRENNEN.
ES WIRD IMMER GRÖSSER...
W...WILL ES NARUTO ANGREIFEN?!!
SSM
WIE KÖNNEN WIR ES OHNE NARUTOS CHAKRA SCHLAGEN...?
...
...

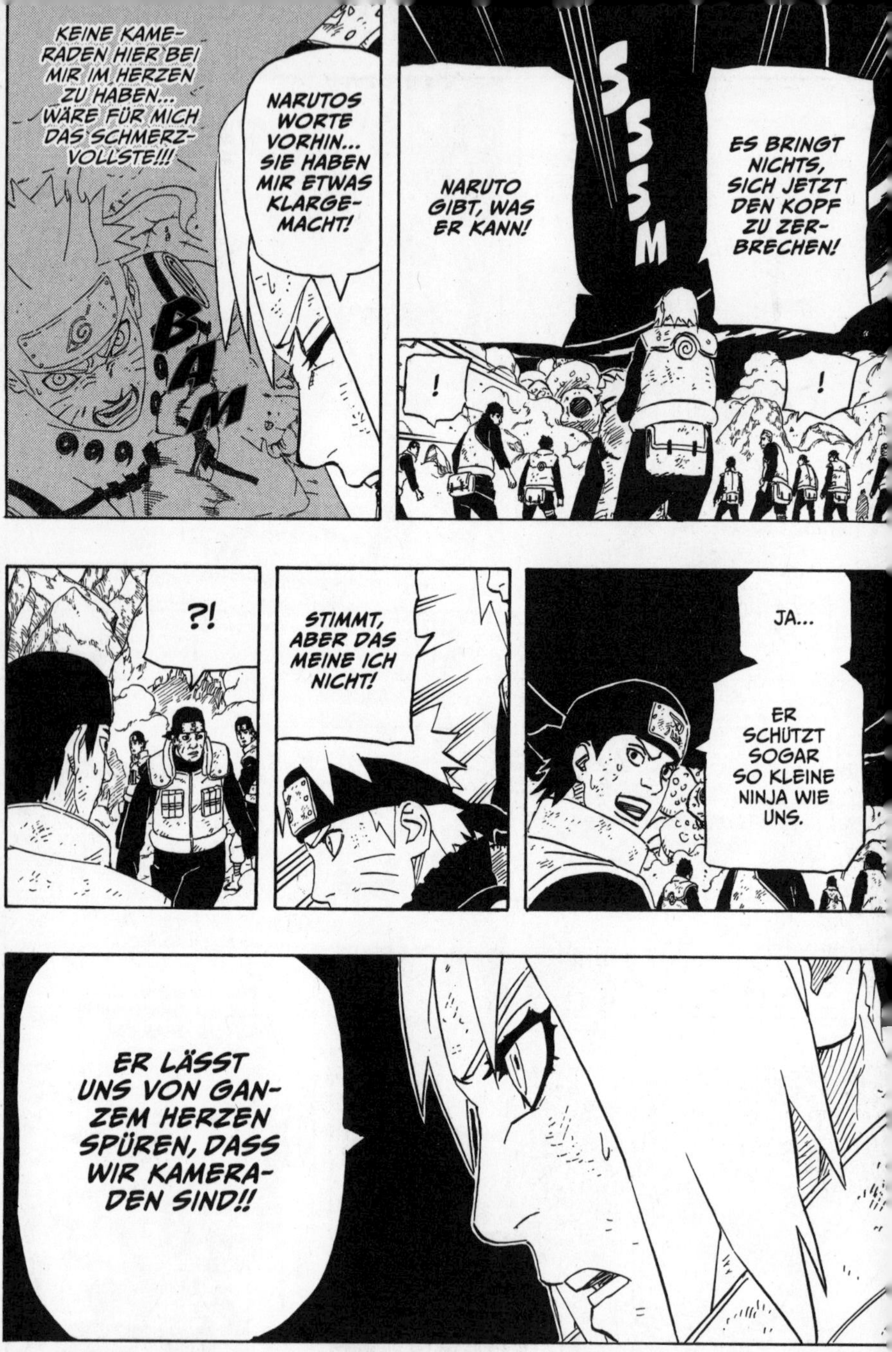
ES BRINGT NICHTS, SICH JETZT DEN KOPF ZU ZERBRECHEN!
NARUTO GIBT, WAS ER KANN!
SSSM
!
!
NARUTOS WORTE VORHIN... SIE HABEN MIR ETWAS KLARGE-MACHT!
KEINE KAME-RADEN HIER BEI MIR IM HERZEN ZU HABEN... WÄRE FÜR MICH DAS SCHMERZ-VOLLSTE!!!
BAM
JA...
ER SCHÜTZT SOGAR SO KLEINE NINJA WIE UNS.
STIMMT, ABER DAS MEINE ICH NICHT!
?!
ER LÄSST UNS VON GAN-ZEM HERZEN SPÜREN, DASS WIR KAMERA-DEN SIND!!

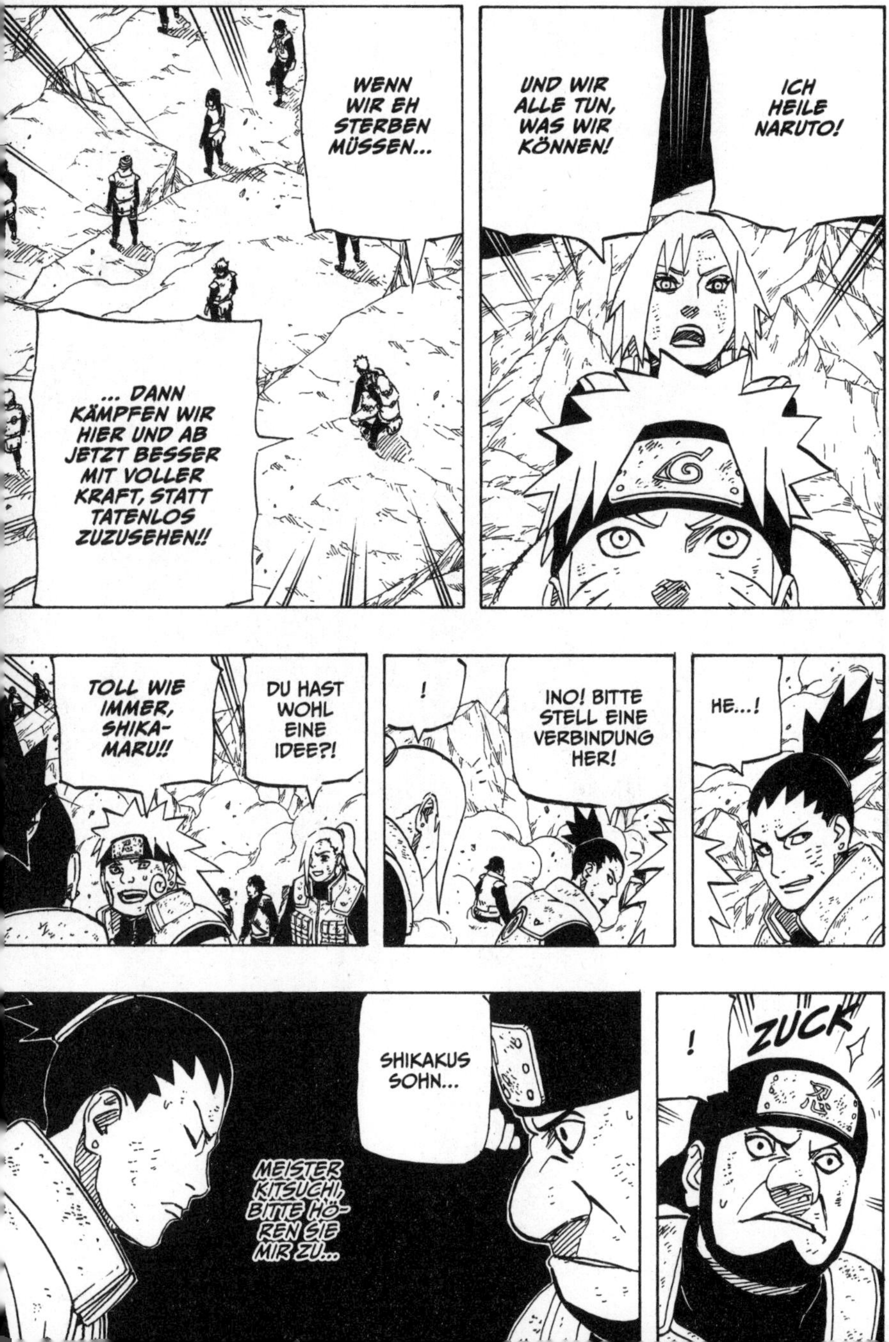
ICH HEILE NARUTO!
UND WIR ALLE TUN, WAS WIR KÖNNEN!
WENN WIR EH STERBEN MÜSSEN...
... DANN KÄMPFEN WIR HIER UND AB JETZT BESSER MIT VOLLER KRAFT, STATT TATENLOS ZUZUSEHEN!!
HE...!
INO! BITTE STELL EINE VERBINDUNG HER!
!
DU HAST WOHL EINE IDEE?!
TOLL WIE IMMER, SHIKA-MARU!!
ZUCK
!
SHIKAKUS SOHN...
MEISTER KITSUCHI, BITTE HÖREN SIE MIR ZU...

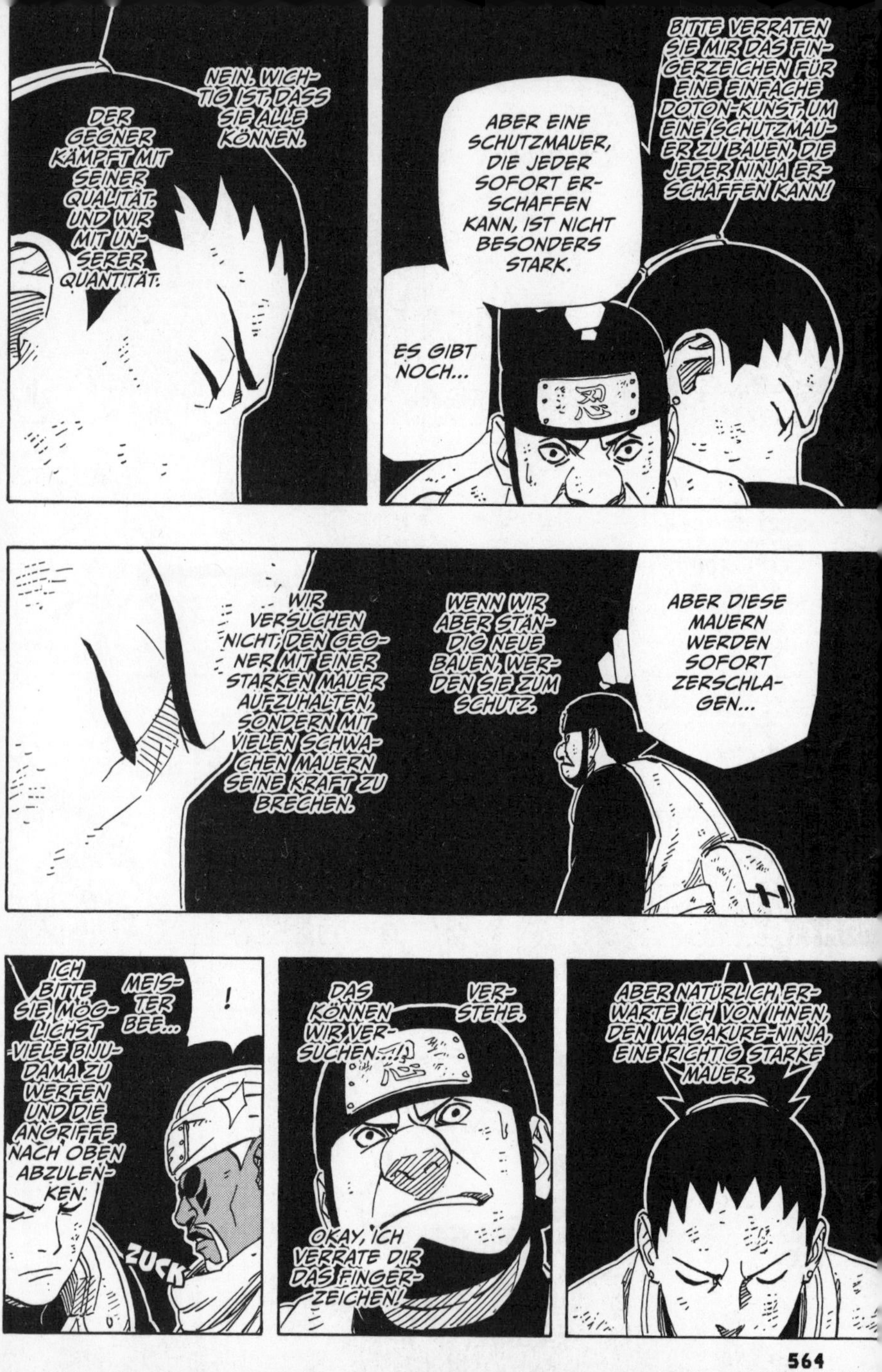
BITTE VERRATEN SIE MIR DAS FINGERZEICHEN FÜR EINE EINFACHE DOTON-KUNST, UM EINE SCHUTZMAUER ZU BAUEN, DIE JEDER NINJA ERSCHAFFEN KANN!
ABER EINE SCHUTZMAUER, DIE JEDER SOFORT ERSCHAFFEN KANN, IST NICHT BESONDERS STARK.
ES GIBT NOCH...
NEIN. WICHTIG IST, DASS SIE ALLE KÖNNEN.
DER GEGNER KÄMPFT MIT SEINER QUALITÄT. UND WIR MIT UNSERER QUANTITÄT.
ABER DIESE MAUERN WERDEN SOFORT ZERSCHLAGEN...
WENN WIR ABER STÄNDIG NEUE BAUEN, WERDEN SIE ZUM SCHUTZ.
WIR VERSUCHEN NICHT, DEN GEGNER MIT EINER STARKEN MAUER AUFZUHALTEN, SONDERN MIT VIELEN SCHWACHEN MAUERN SEINE KRAFT ZU BRECHEN.
ABER NATÜRLICH ERWARTE ICH VON IHNEN, DEN IWAGAKURE-NINJA, EINE RICHTIG STARKE MAUER.
VERSTEHE.
DAS KÖNNEN WIR VERSUCHEN...
OKAY, ICH VERRATE DIR DAS FINGERZEICHEN!
!
MEISTER BEE...
ICH BITTE SIE, MÖGLICHST VIELE BIJUDAMA ZU WERFEN UND DIE ANGRIFFE NACH OBEN ABZULENKEN.
ZUCK

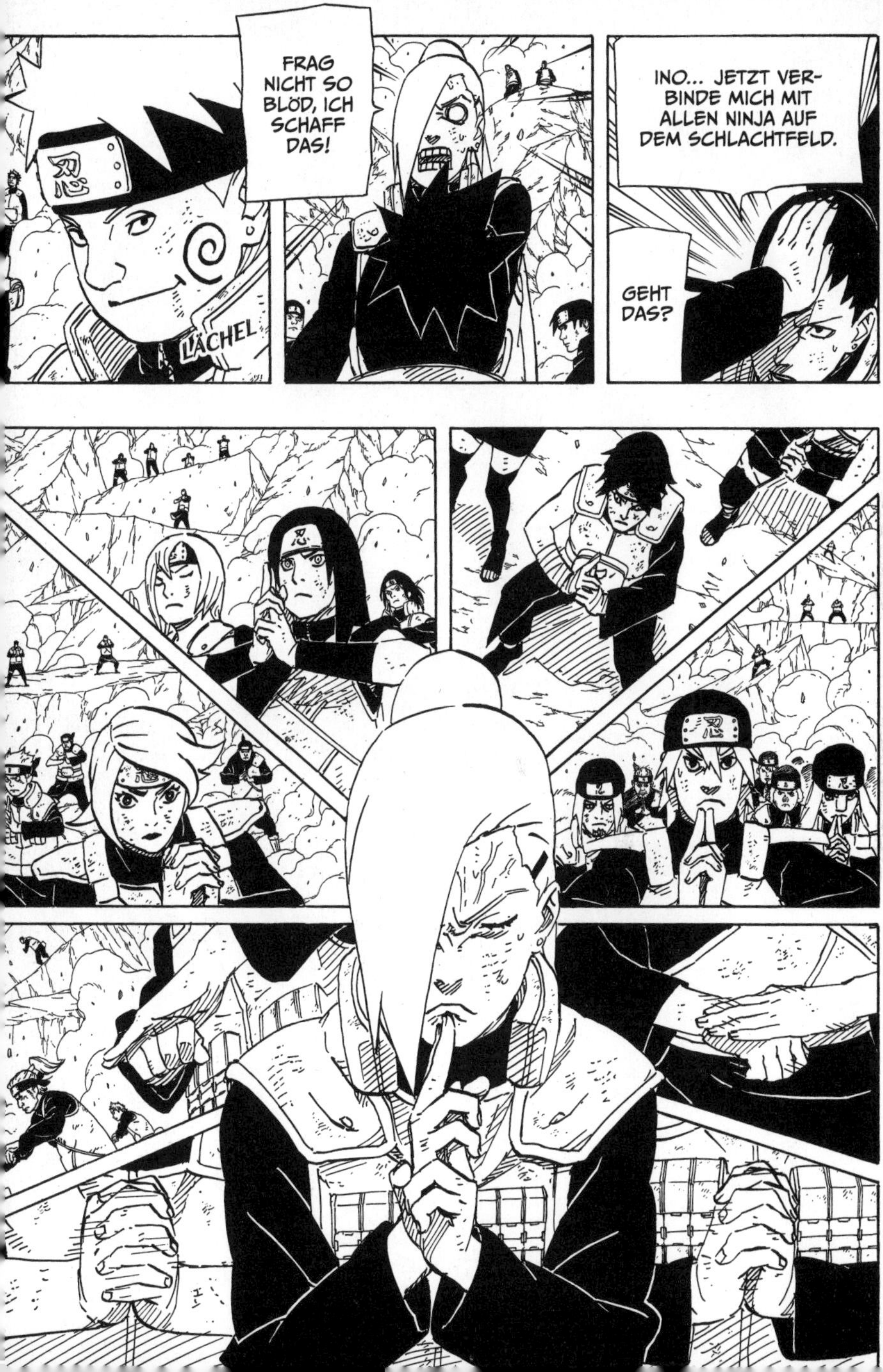
INO... JETZT VERBINDE MICH MIT ALLEN NINJA AUF DEM SCHLACHTFELD.
GEHT DAS?
FRAG NICHT SO BLÖD, ICH SCHAFF DAS!
LÄCHEL

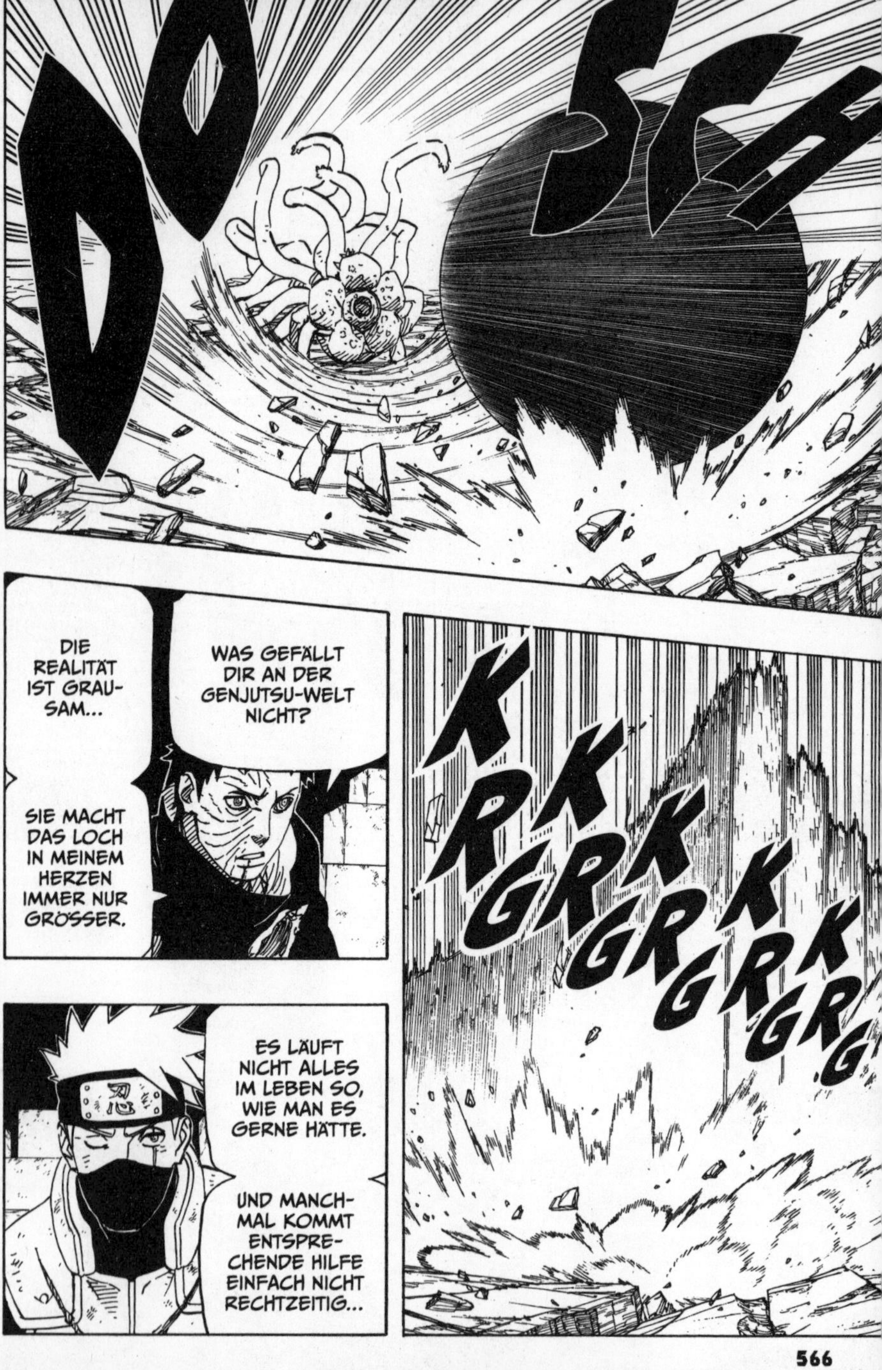
DOSCH
DIE REALITÄT IST GRAUSAM...
WAS GEFÄLLT DIR AN DER GENJUTSU-WELT NICHT?
SIE MACHT DAS LOCH IN MEINEM HERZEN IMMER NUR GRÖSSER.
KRKGRKGRKGRKGRG
ES LÄUFT NICHT ALLES IM LEBEN SO, WIE MAN ES GERNE HÄTTE.
UND MANCHMAL KOMMT ENTSPRECHENDE HILFE EINFACH NICHT RECHTZEITIG...

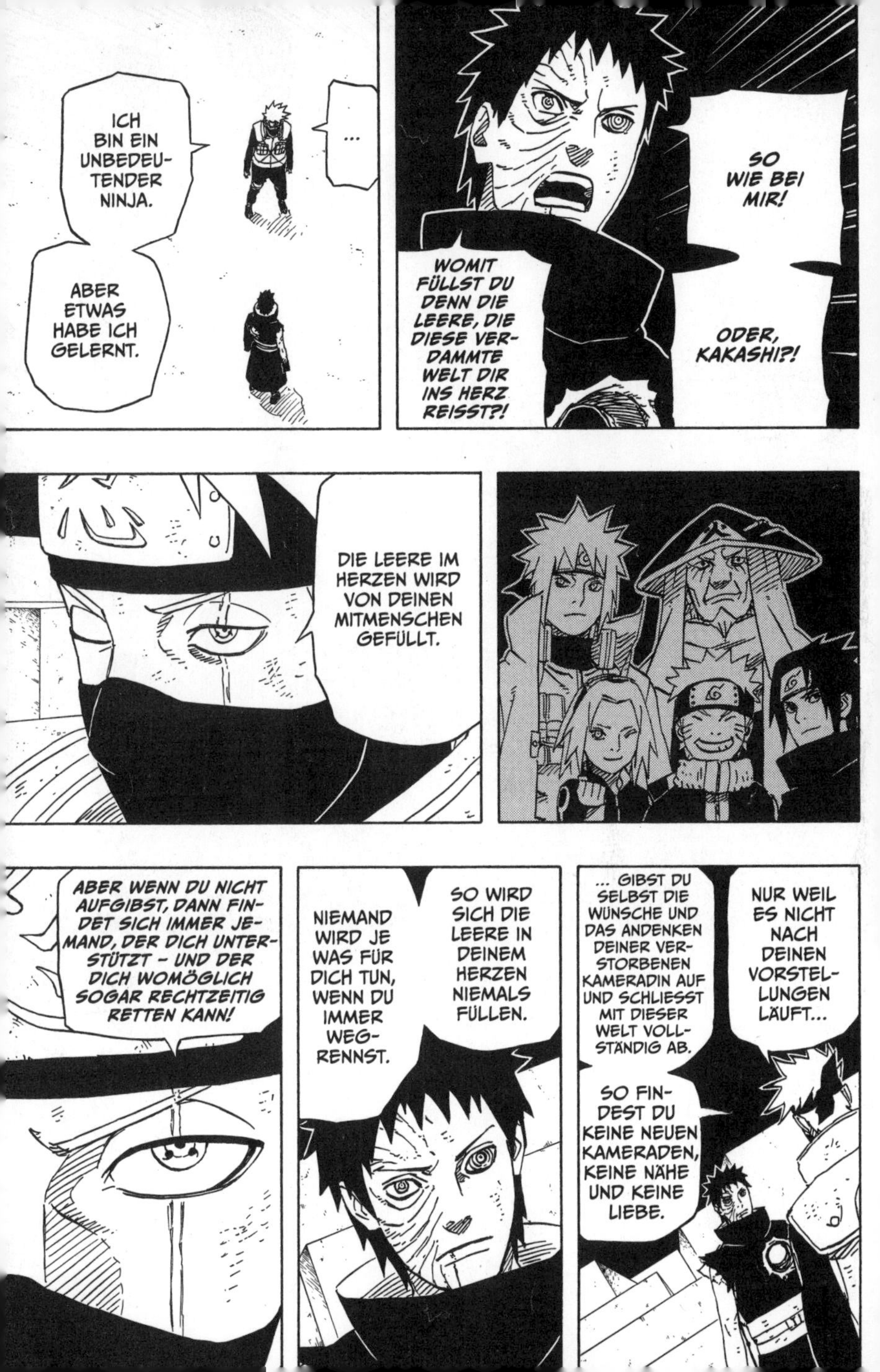

SO WIE BEI MIR!
WOMIT FÜLLST DU DENN DIE LEERE, DIE DIESE VERDAMMTE WELT DIR INS HERZ REISST?!
ODER, KAKASHI?!
...
ICH BIN EIN UNBEDEUTENDER NINJA.
ABER ETWAS HABE ICH GELERNT.
DIE LEERE IM HERZEN WIRD VON DEINEN MITMENSCHEN GEFÜLLT.
NUR WEIL ES NICHT NACH DEINEN VORSTELLUNGEN LÄUFT...
... GIBST DU SELBST DIE WÜNSCHE UND DAS ANDENKEN DEINER VERSTORBENEN KAMERADIN AUF UND SCHLIESST MIT DIESER WELT VOLLSTÄNDIG AB.
SO FINDEST DU KEINE NEUEN KAMERADEN, KEINE NÄHE UND KEINE LIEBE.
SO WIRD SICH DIE LEERE IN DEINEM HERZEN NIEMALS FÜLLEN.
NIEMAND WIRD JE WAS FÜR DICH TUN, WENN DU IMMER WEGRENNST.
ABER WENN DU NICHT AUFGIBST, DANN FINDET SICH IMMER JEMAND, DER DICH UNTERSTÜTZT – UND DER DICH WOMÖGLICH SOGAR RECHTZEITIG RETTEN KANN!

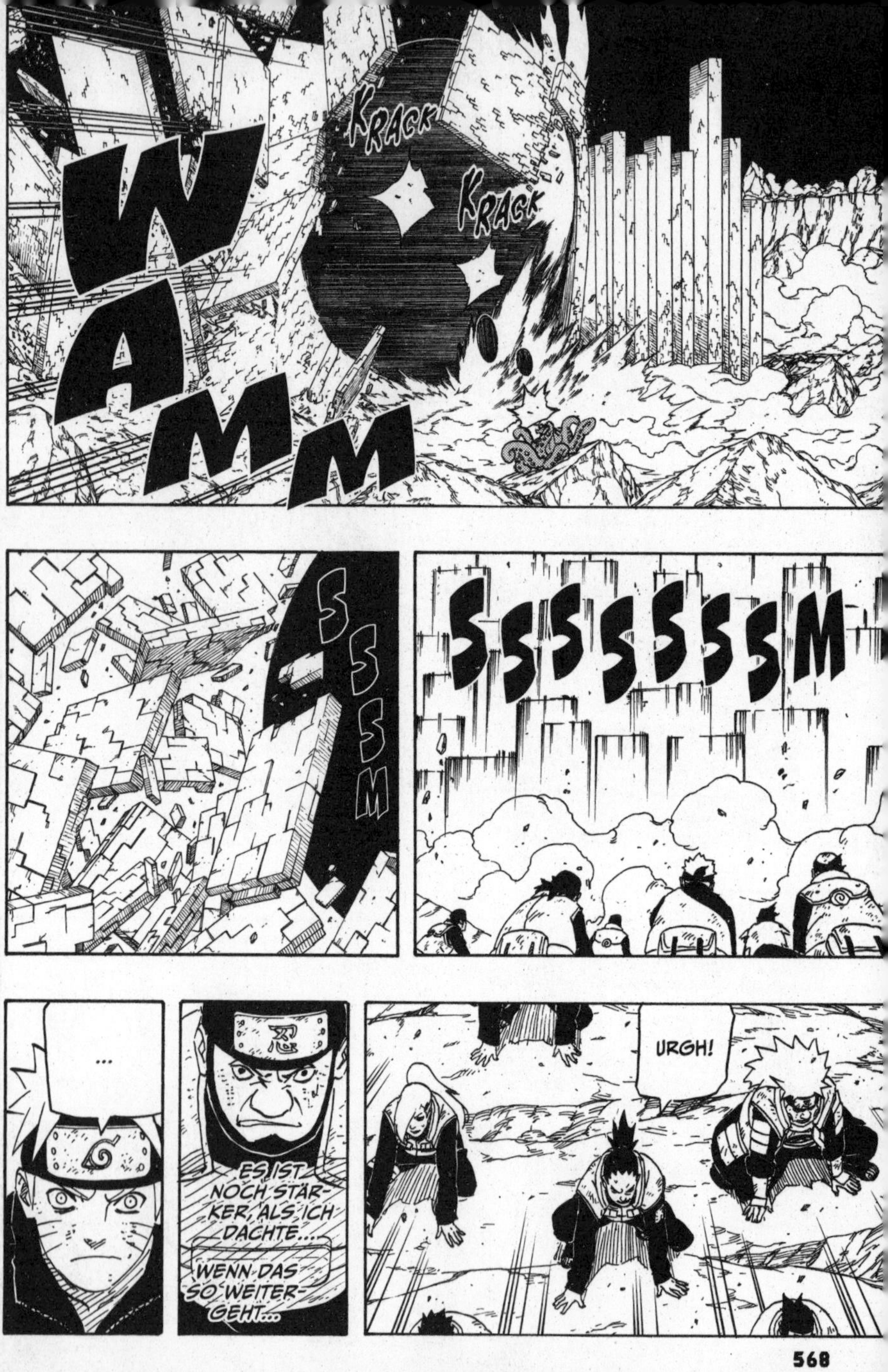
WAMM
KRACK
KRACK
SSSSSSM
SSSM
URGH!
ES IST NOCH STÄRKER, ALS ICH DACHTE ...
WENN DAS SO WEITERGEHT ...
...

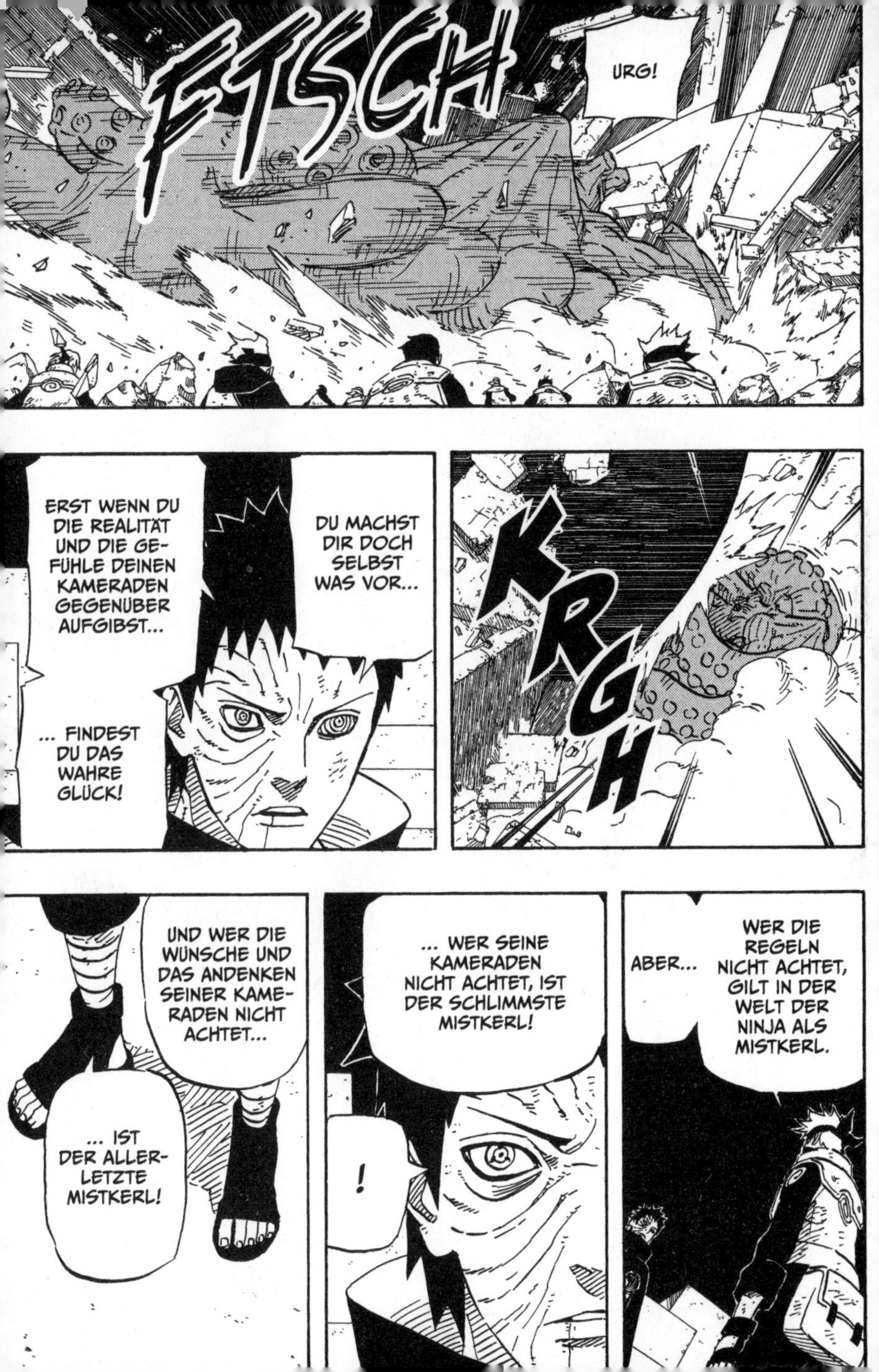
FTSCH
URG!
KRGH
DU MACHST DIR DOCH SELBST WAS VOR...
ERST WENN DU DIE REALITÄT UND DIE GEFÜHLE DEINEN KAMERADEN GEGENÜBER AUFGIBST...
... FINDEST DU DAS WAHRE GLÜCK!
WER DIE REGELN NICHT ACHTET, GILT IN DER WELT DER NINJA ALS MISTKERL.
ABER...
... WER SEINE KAMERADEN NICHT ACHTET, IST DER SCHLIMMSTE MISTKERL!
!
UND WER DIE WÜNSCHE UND DAS ANDENKEN SEINER KAMERADEN NICHT ACHTET...
... IST DER ALLERLETZTE MISTKERL!

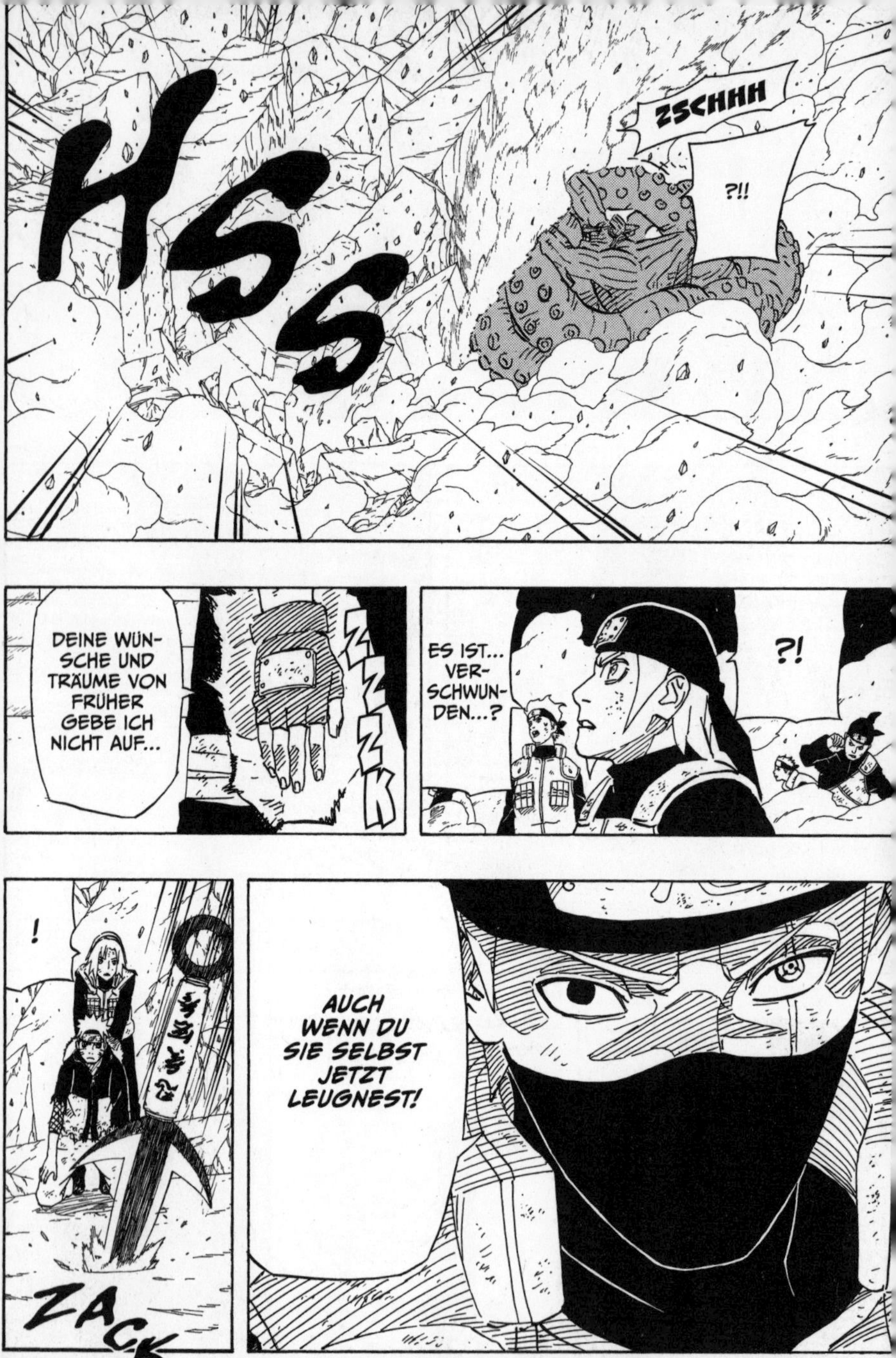
ZSCHHH
?!!
HSS
?!
ES IST... VER-SCHWUN-DEN...?
ZZZZK
DEINE WÜN-SCHE UND TRÄUME VON FRÜHER GEBE ICH NICHT AUF...
AUCH WENN DU SIE SELBST JETZT LEUGNEST!
!
ZACK

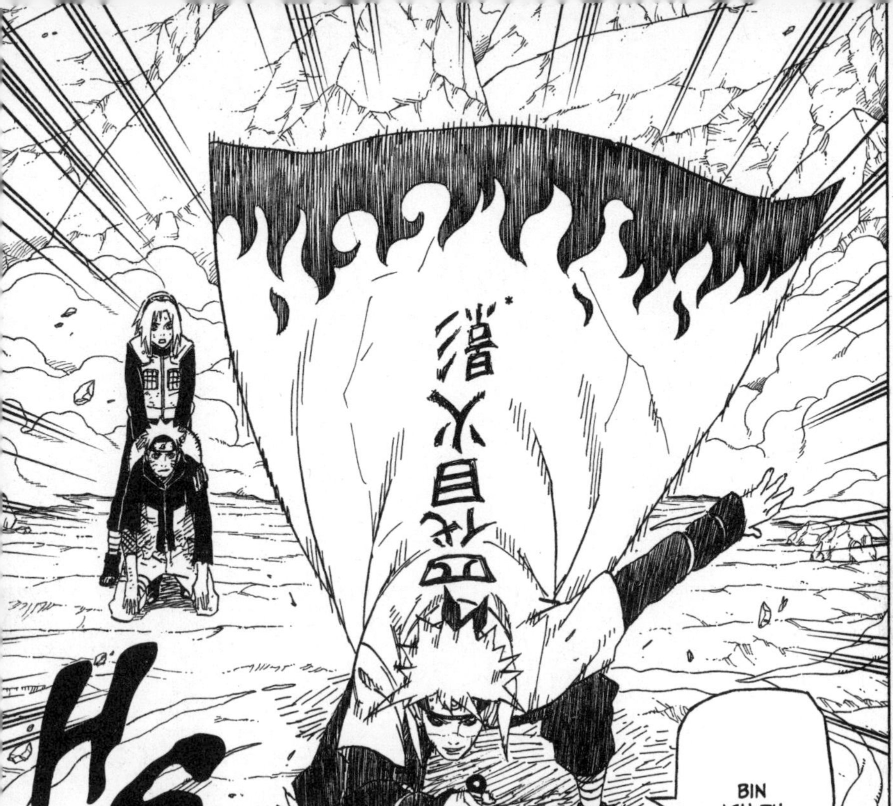

*HOKAGE DER VIERTE

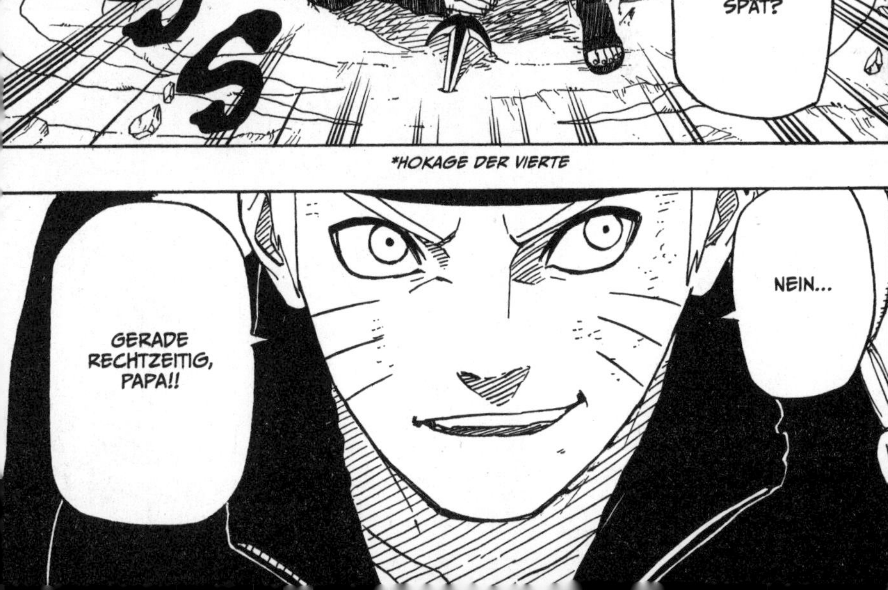

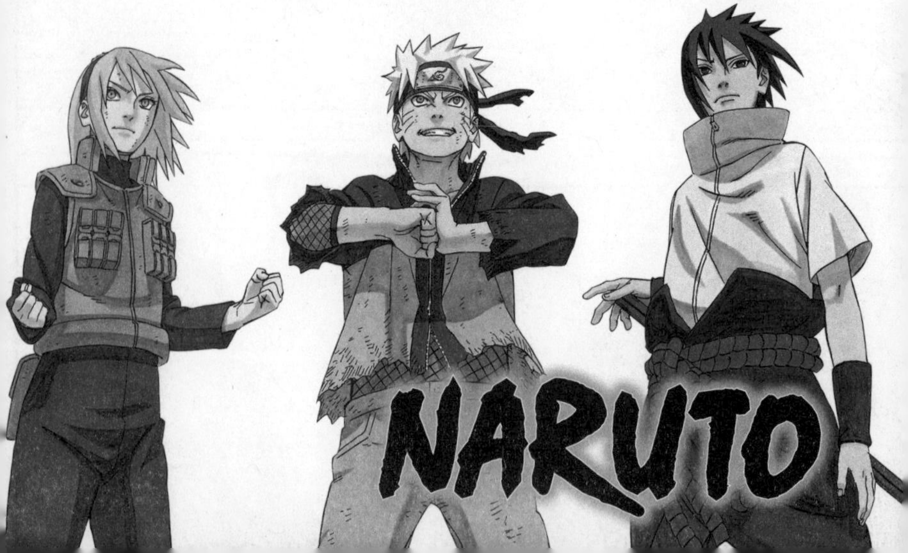
NARUTO

631. Kapitel: Die 7. Gruppe

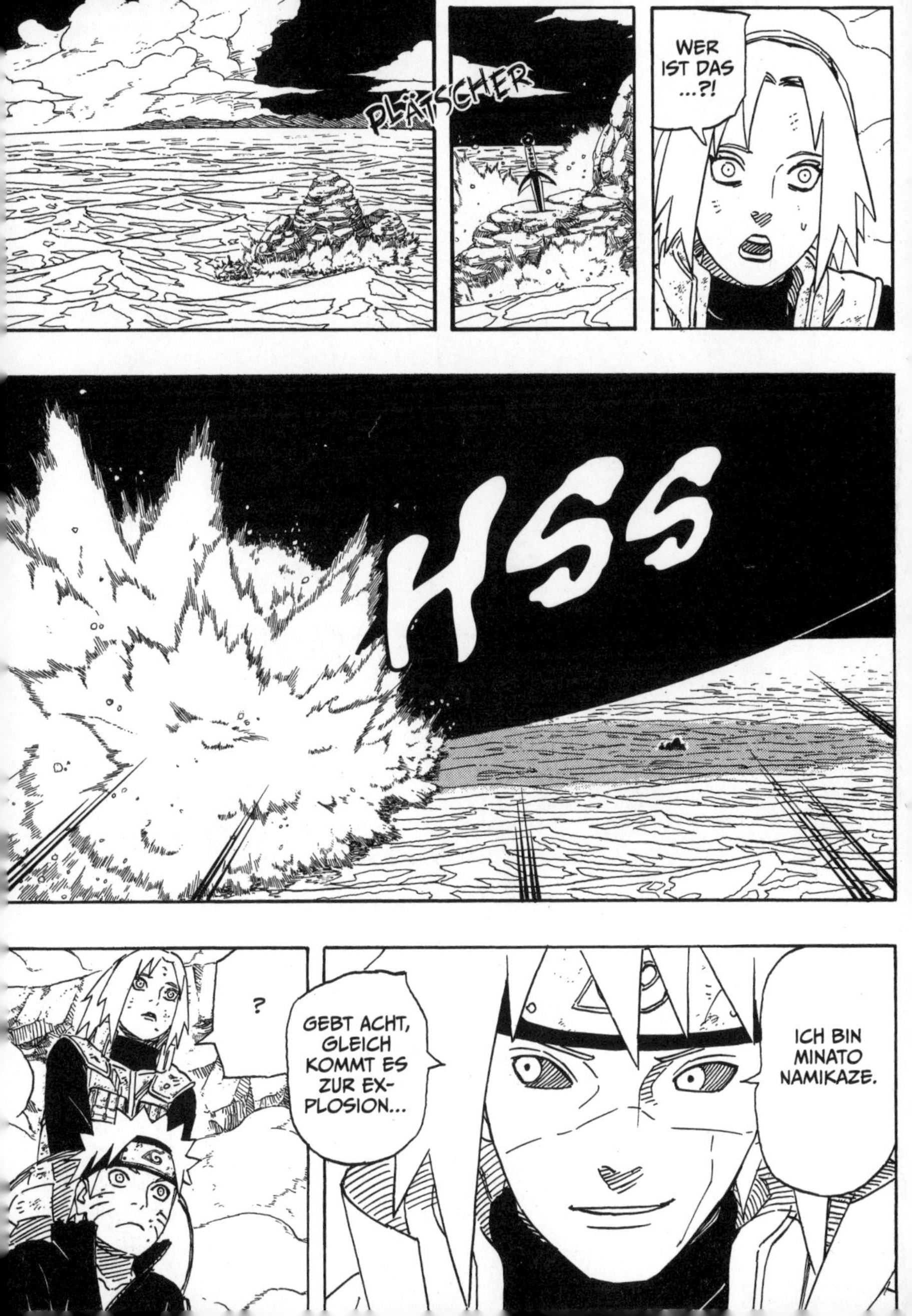

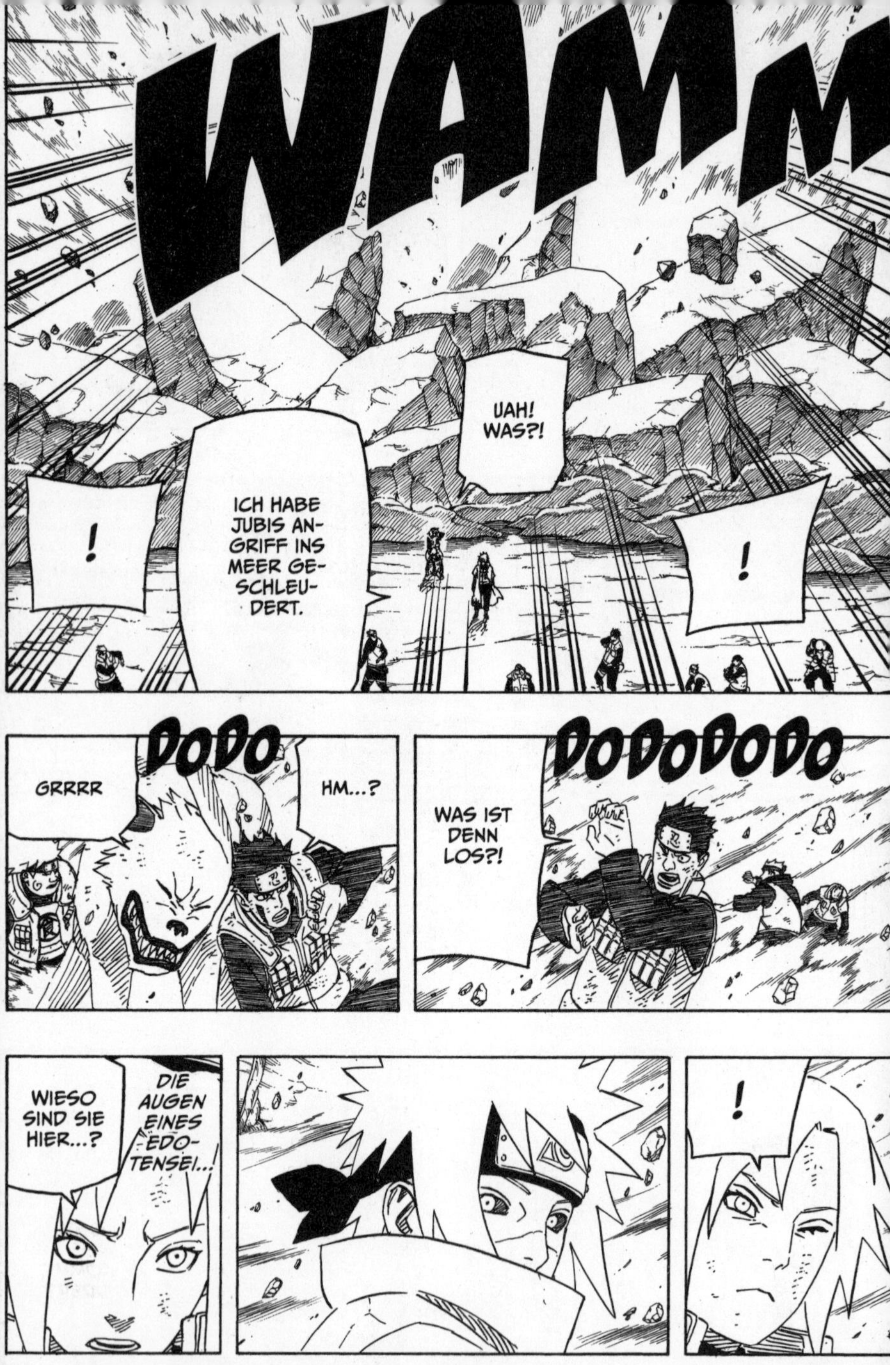
WAMM
!
UAH! WAS?!
ICH HABE JUBIS ANGRIFF INS MEER GESCHLEUDERT.
!
DODODODO
WAS IST DENN LOS?!
DODO
HM...?
GRRRR
!
DIE AUGEN EINES EDO-TENSEI...
WIESO SIND SIE HIER...?

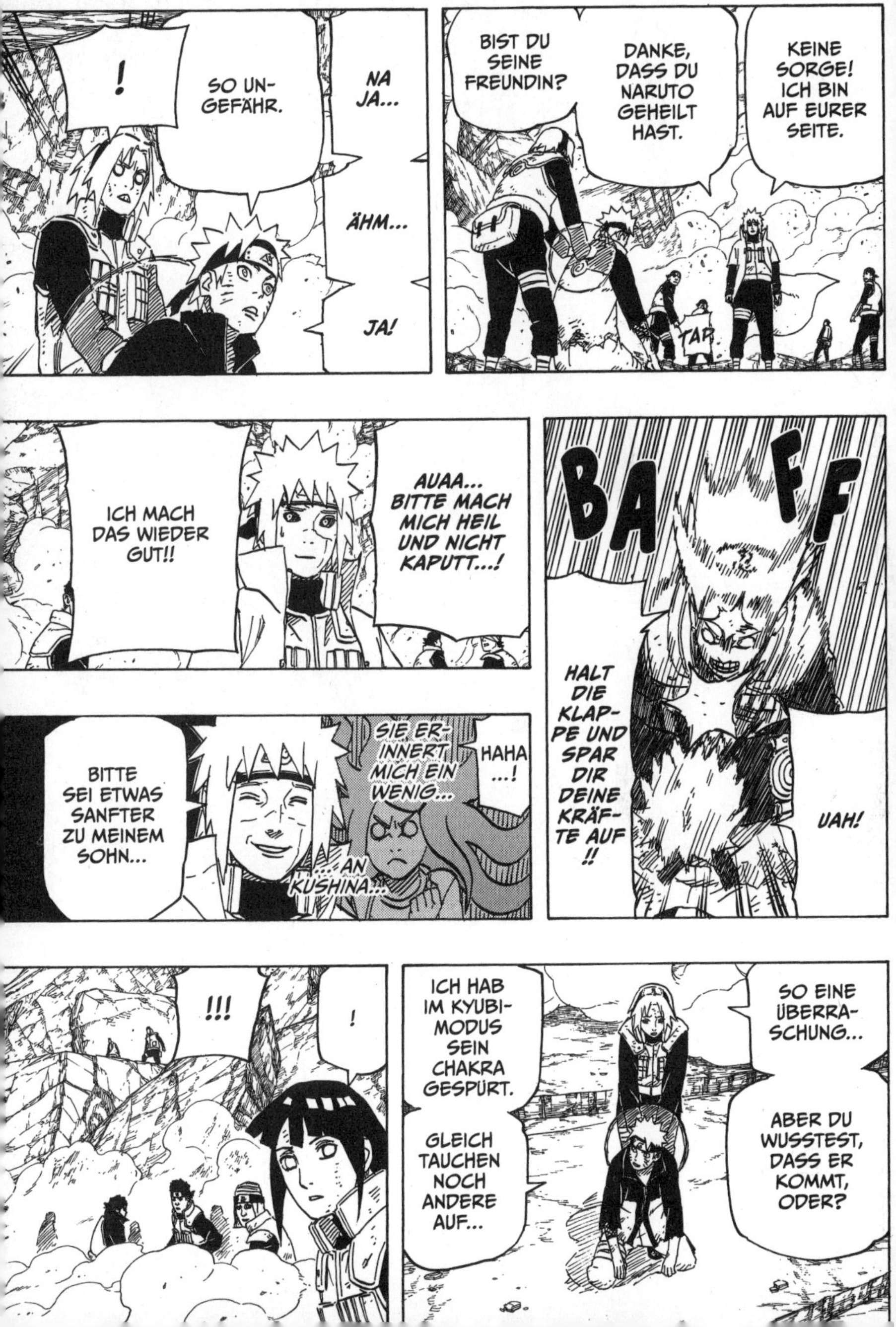
KEINE SORGE! ICH BIN AUF EURER SEITE.
DANKE, DASS DU NARUTO GEHEILT HAST.
BIST DU SEINE FREUNDIN?
TAP
NA JA...
ÄHM...
JA!
SO UN-GEFÄHR.
!
BAFF
UAH!
HALT DIE KLAP-PE UND SPAR DIR DEINE KRÄF-TE AUF!!
AUAA... BITTE MACH MICH HEIL UND NICHT KAPUTT...!
ICH MACH DAS WIEDER GUT!!
HAHA...!
SIE ER-INNERT MICH EIN WENIG...
...AN KUSHINA...!
BITTE SEI ETWAS SANFTER ZU MEINEM SOHN...
SO EINE ÜBERRA-SCHUNG...
ABER DU WUSSTEST, DASS ER KOMMT, ODER?
ICH HAB IM KYUBI-MODUS SEIN CHAKRA GESPÜRT.
GLEICH TAUCHEN NOCH ANDERE AUF...
!
!!!

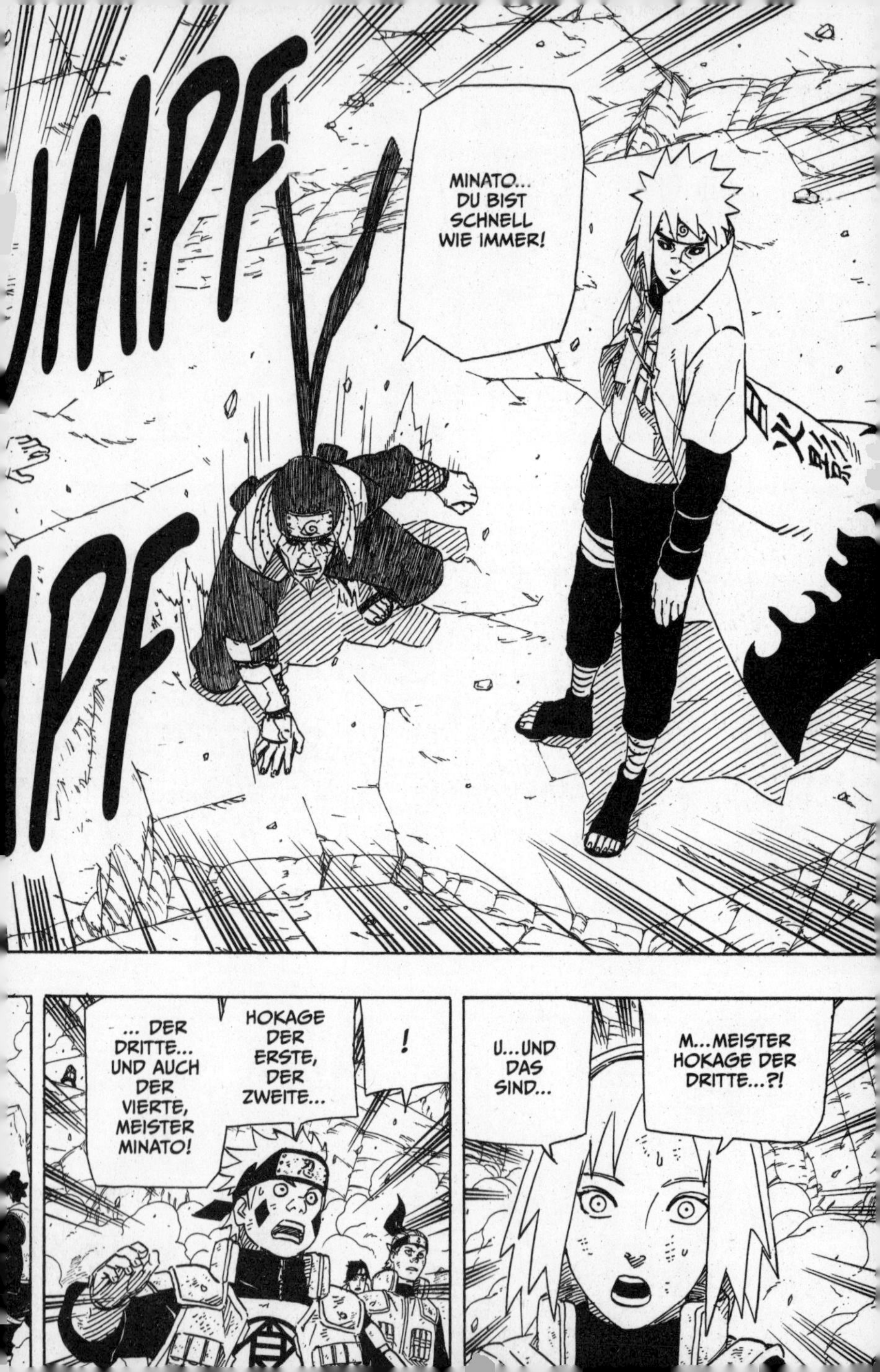
MINATO... DU BIST SCHNELL WIE IMMER!
M...MEISTER HOKAGE DER DRITTE...?!
U...UND DAS SIND...
!
HOKAGE DER ERSTE, DER ZWEITE...
... DER DRITTE... UND AUCH DER VIERTE, MEISTER MINATO!

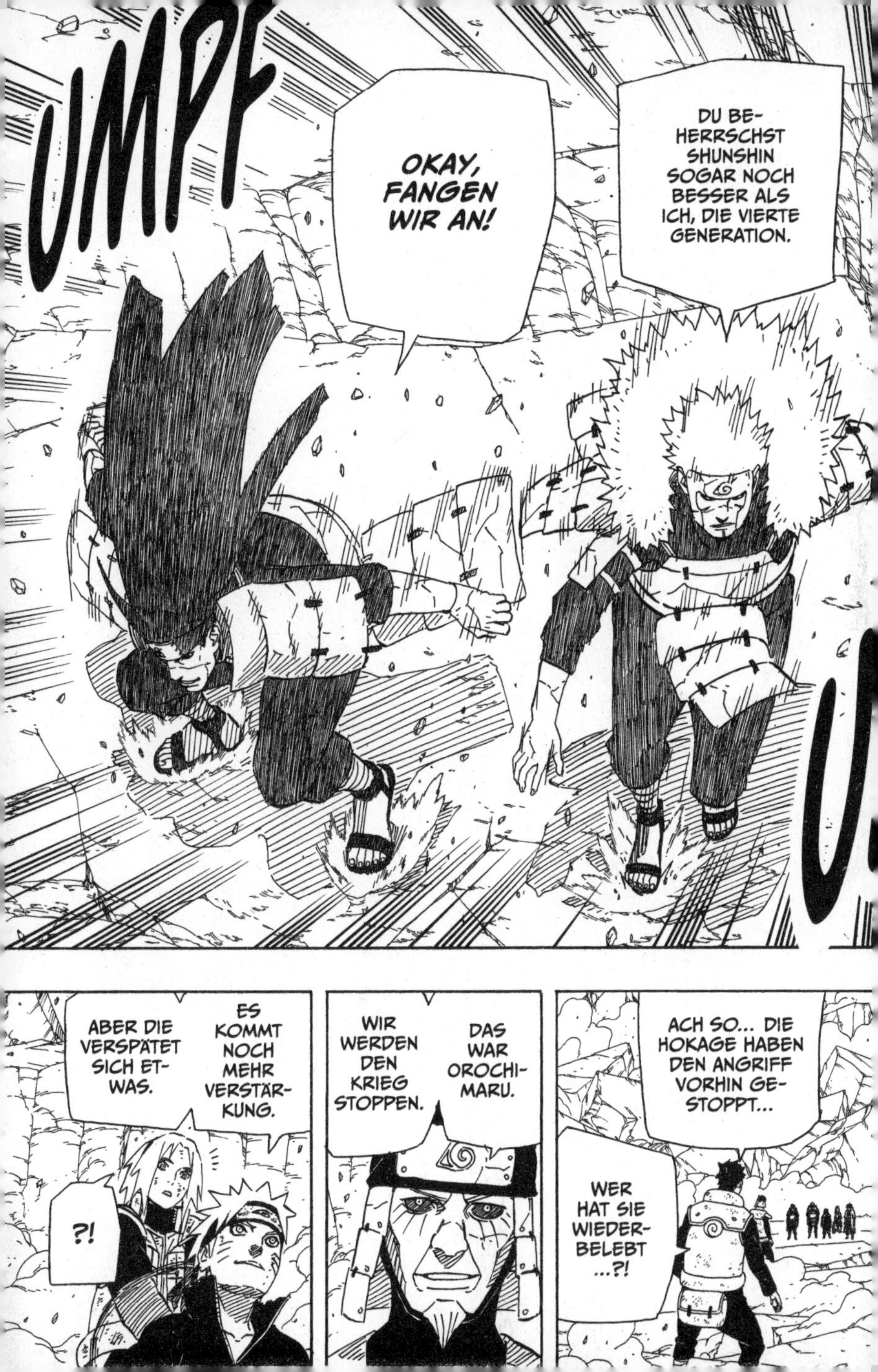
UMPF
DU BEHERRSCHST SHUNSHIN SOGAR NOCH BESSER ALS ICH, DIE VIERTE GENERATION.
OKAY, FANGEN WIR AN!
ACH SO... DIE HOKAGE HABEN DEN ANGRIFF VORHIN GESTOPPT...
WER HAT SIE WIEDERBELEBT ...?!
DAS WAR OROCHIMARU.
WIR WERDEN DEN KRIEG STOPPEN.
ES KOMMT NOCH MEHR VERSTÄRKUNG.
ABER DIE VERSPÄTET SICH ETWAS.
?!

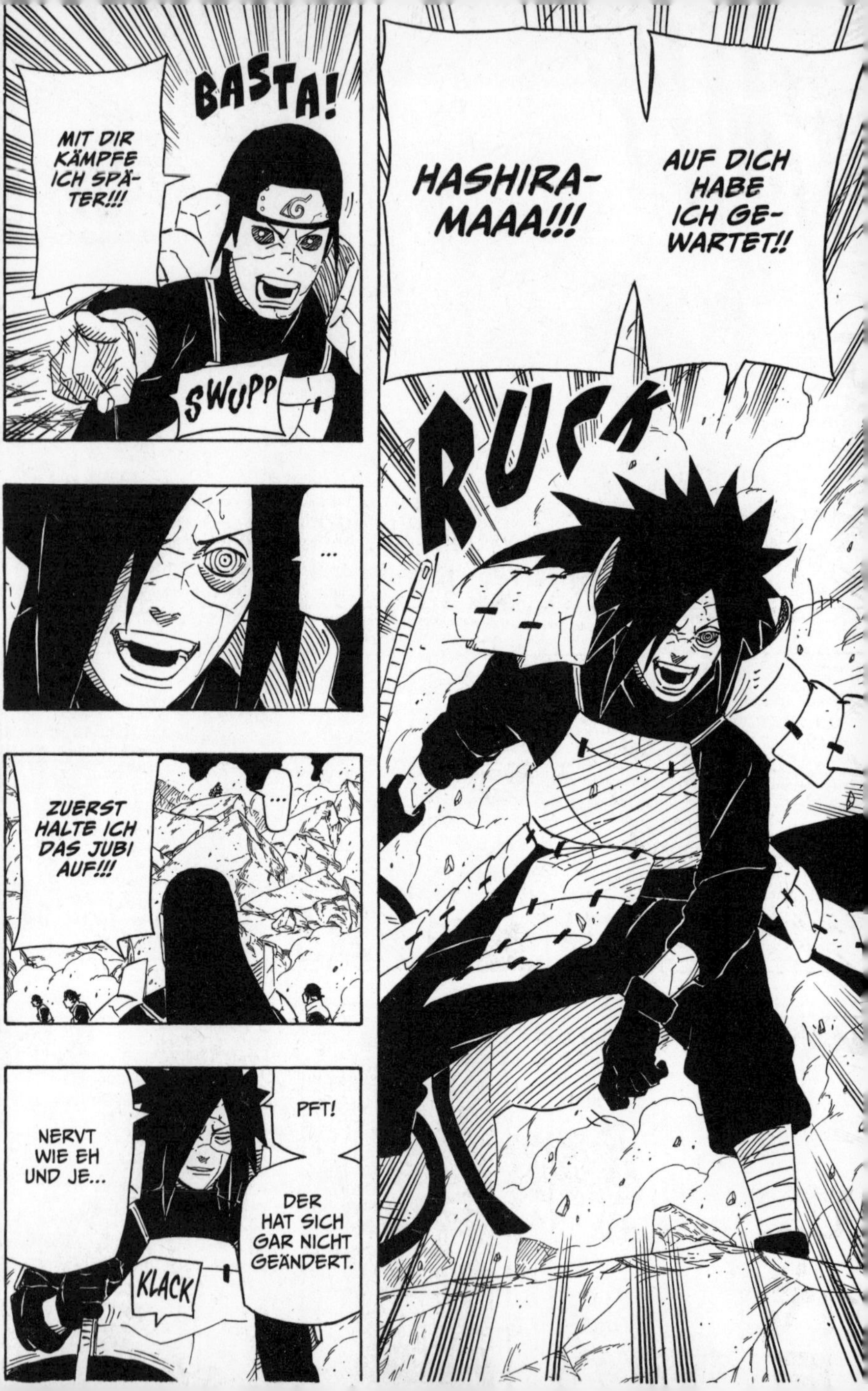
AUF DICH HABE ICH GE-WARTET!!
HASHIRA-MAAA!!!
RUCK
BASTA!
MIT DIR KÄMPFE ICH SPÄ-TER!!!
SWUPP
...
...
ZUERST HALTE ICH DAS JUBI AUF!!!
PFT!
DER HAT SICH GAR NICHT GEÄNDERT.
NERVT WIE EH UND JE...
KLACK

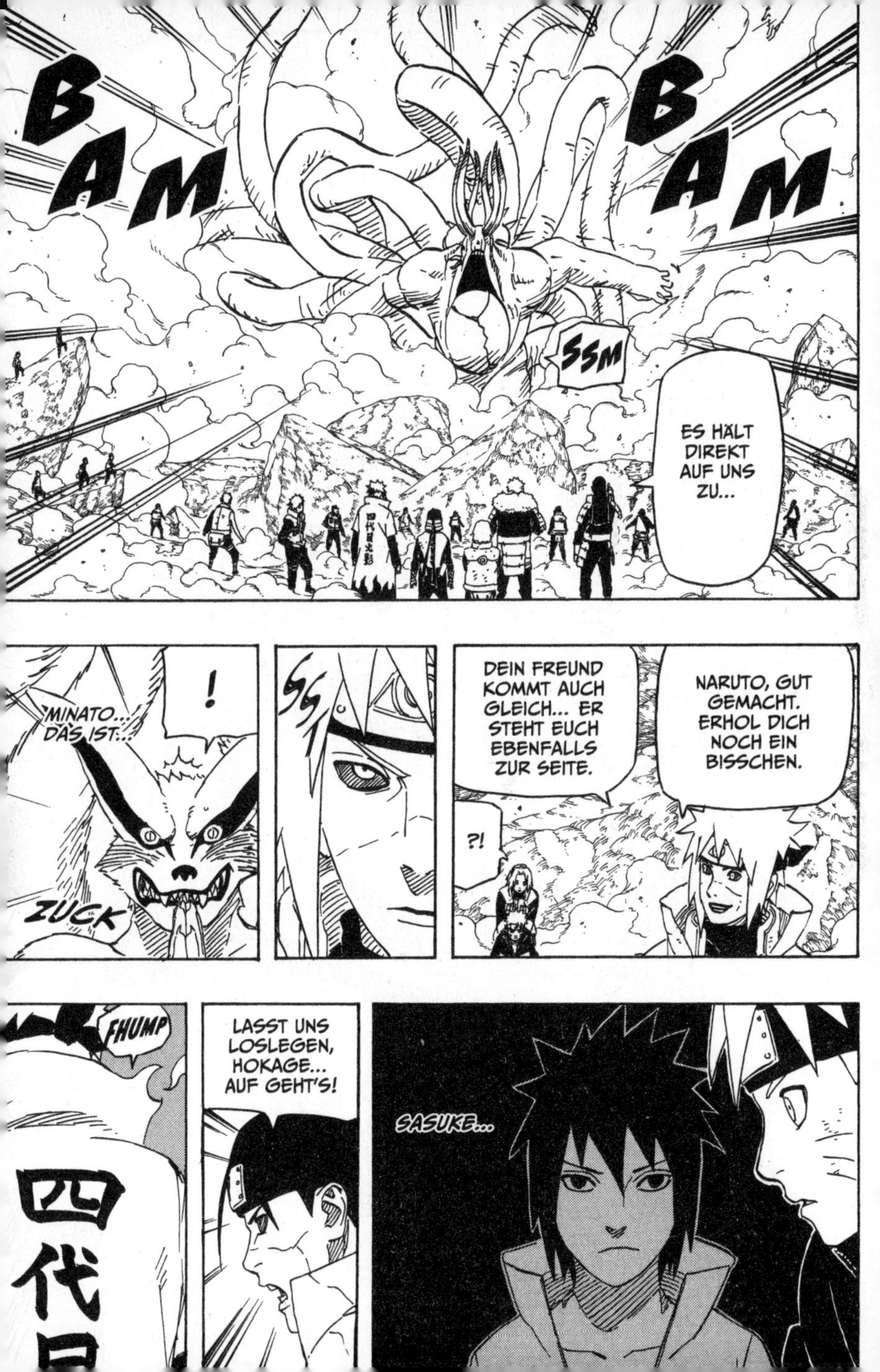
BAM
BAM
SSM
ES HÄLT DIREKT AUF UNS ZU...
NARUTO, GUT GEMACHT. ERHOL DICH NOCH EIN BISSCHEN.
DEIN FREUND KOMMT AUCH GLEICH... ER STEHT EUCH EBENFALLS ZUR SEITE.
?!
!
MINATO... DAS IST...
ZUCK
SASUKE...
LASST UNS LOSLEGEN, HOKAGE... AUF GEHT'S!
FHUMP
四代目

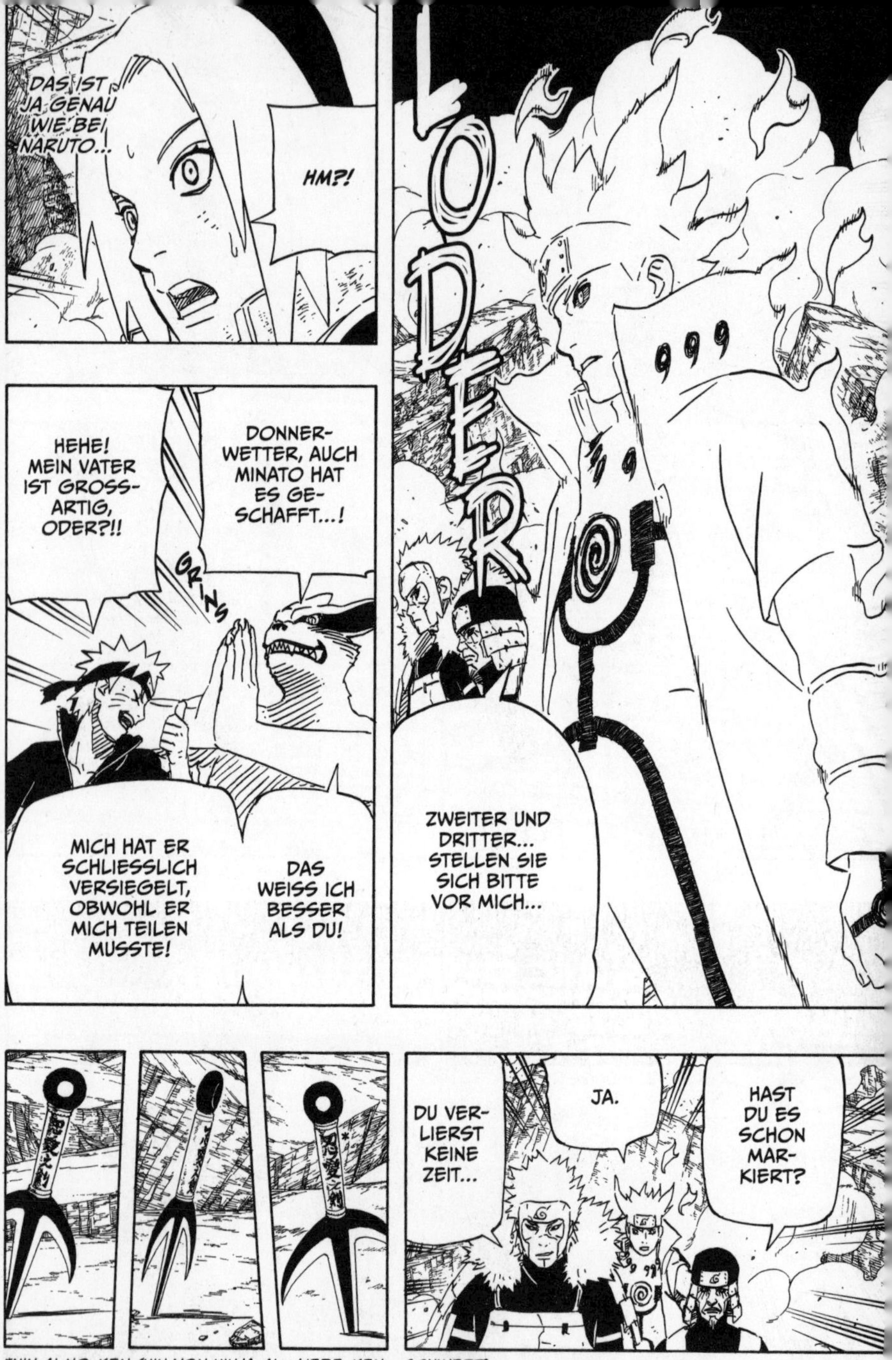

*NIN-AI-NO-KEN (NIN VON NINJA, AI = LIEBE, KEN = SCHWERT)

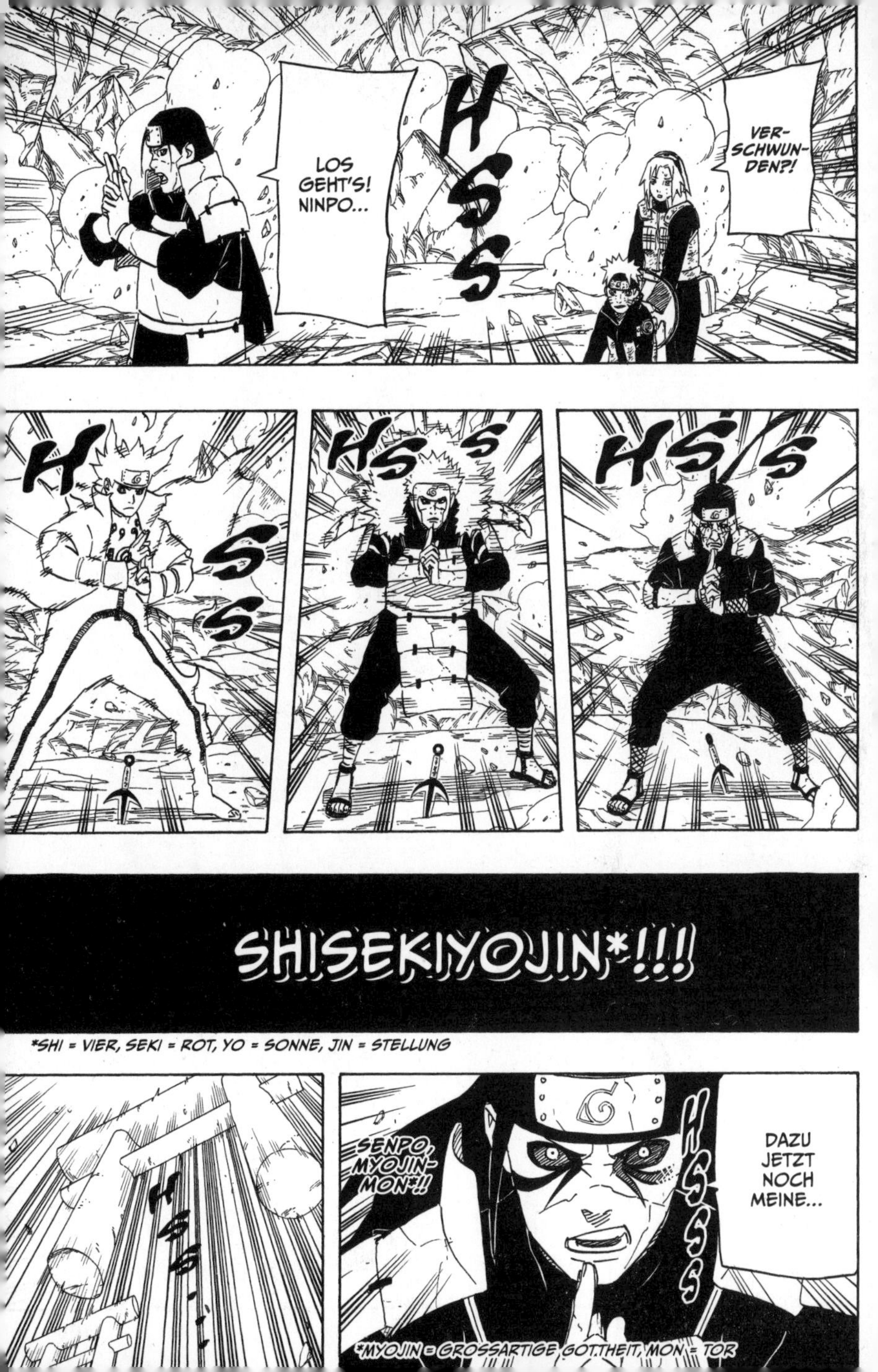

VER-SCHWUN-DEN?!
HSS
LOS GEHT'S! NINPO...
HSS
HSS
HSS
SHISEKIYOJIN*!!!
*SHI = VIER, SEKI = ROT, YO = SONNE, JIN = STELLUNG
DAZU JETZT NOCH MEINE...
HSSS
SENPO, MYOJIN-MON*!!
*MYOJIN = GROSSARTIGE GOTTHEIT, MON = TOR
HSS

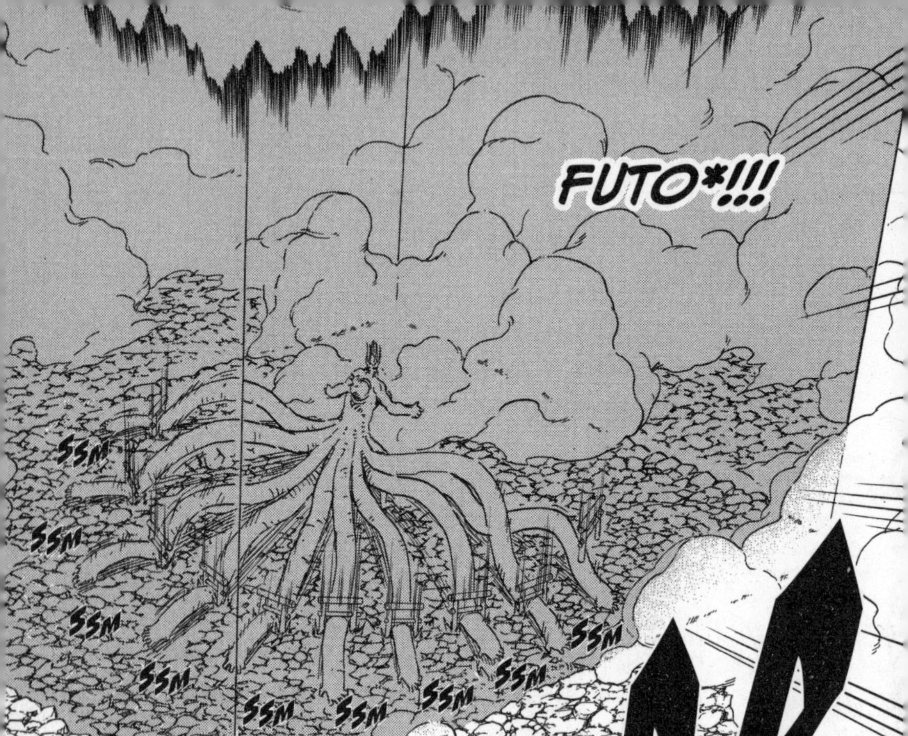

*FU = VERSIEGELN, TO = ZEHN

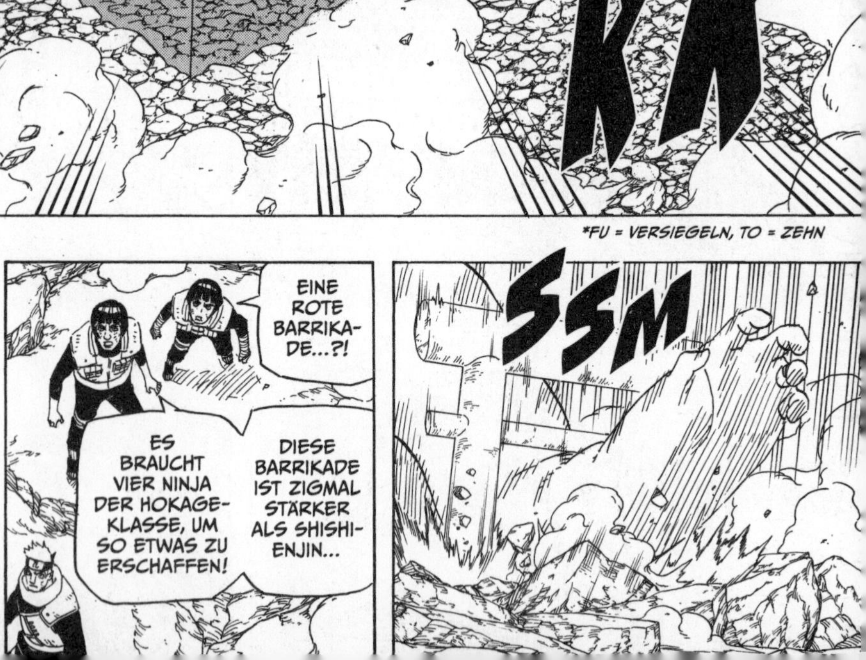

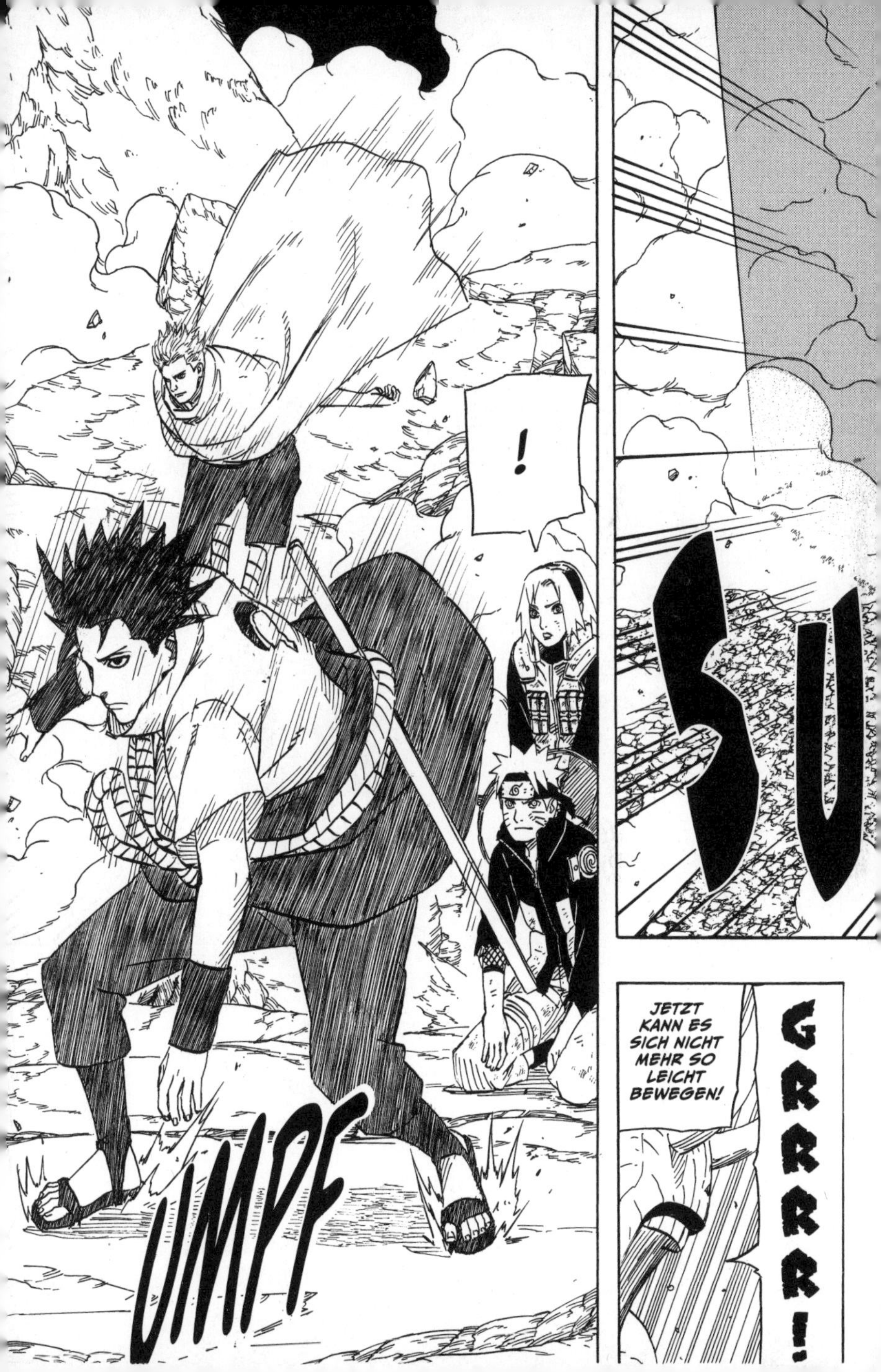
SU
JETZT KANN ES SICH NICHT MEHR SO LEICHT BEWEGEN!
GRRRR!
!
UMPF

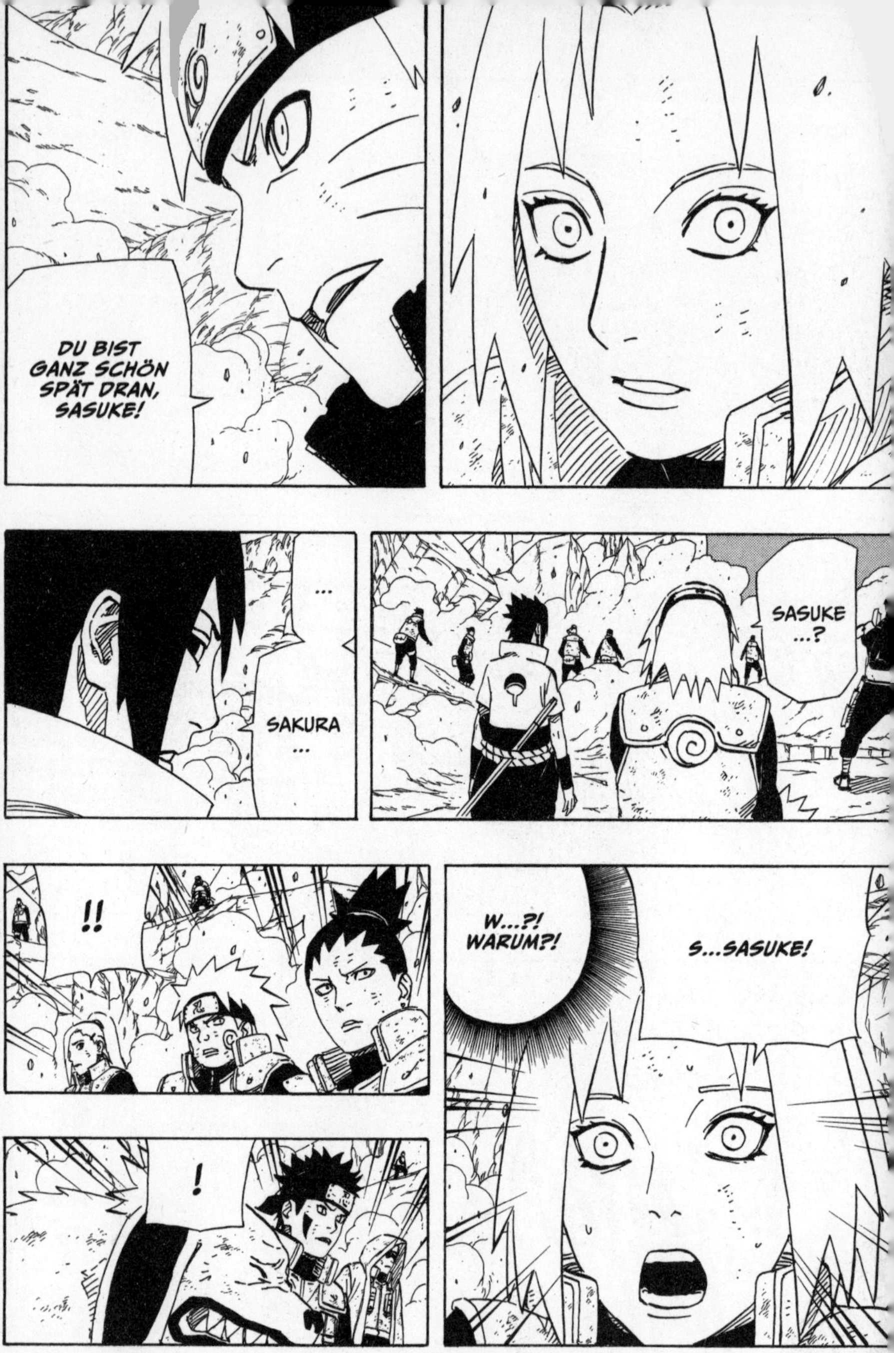
DU BIST GANZ SCHÖN SPÄT DRAN, SASUKE!
SASUKE ...?
...
SAKURA ...
S...SASUKE!
W...?! WARUM?!
!!
!

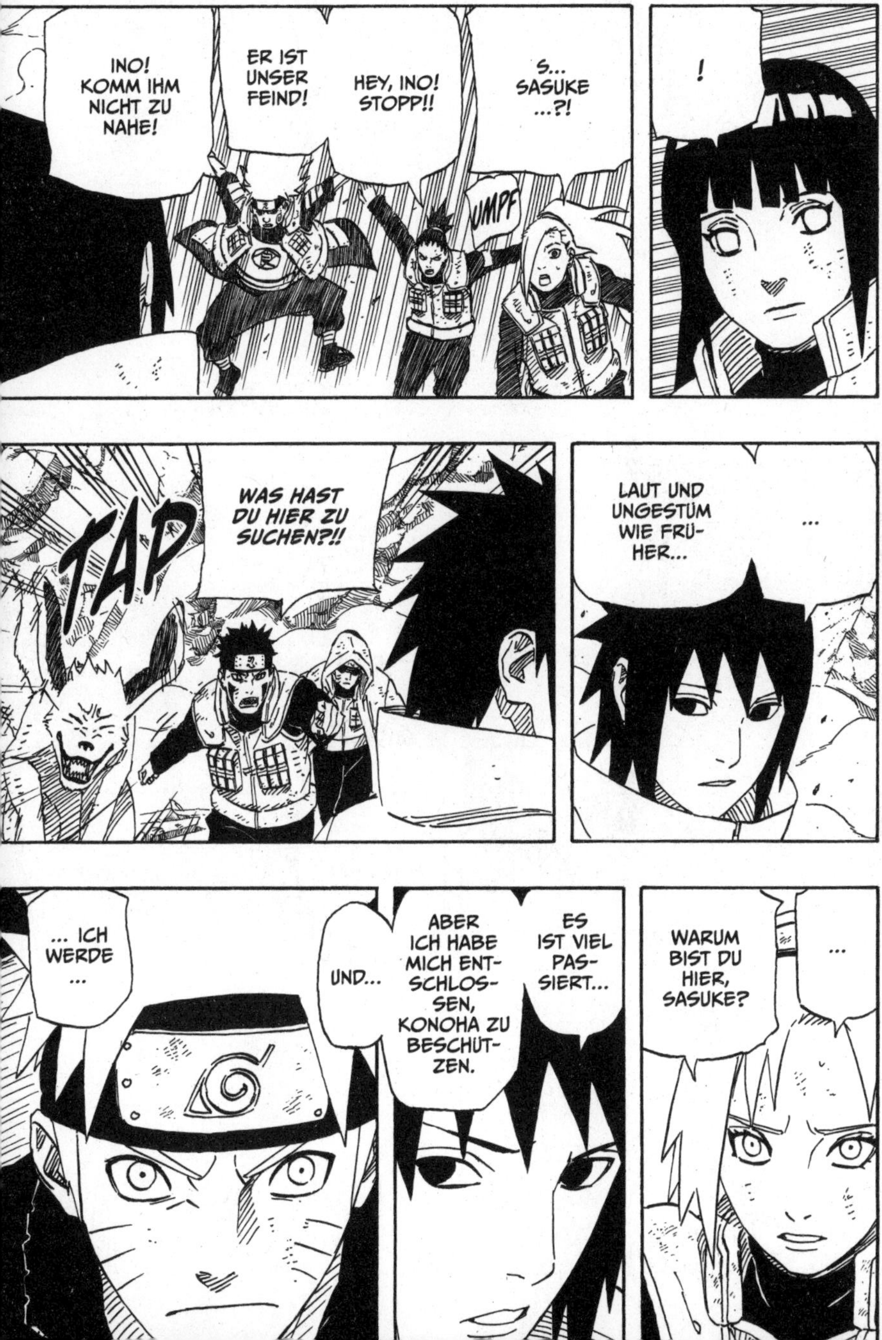
!
S... SASUKE ...?!
HEY, INO! STOPP!!
ER IST UNSER FEIND!
INO! KOMM IHM NICHT ZU NAHE!
UMPF
...
LAUT UND UNGESTÜM WIE FRÜHER...
WAS HAST DU HIER ZU SUCHEN?!!
TAP
...
WARUM BIST DU HIER, SASUKE?
ES IST VIEL PASSIERT...
ABER ICH HABE MICH ENTSCHLOSSEN, KONOHA ZU BESCHÜTZEN.
UND...
... ICH WERDE ...

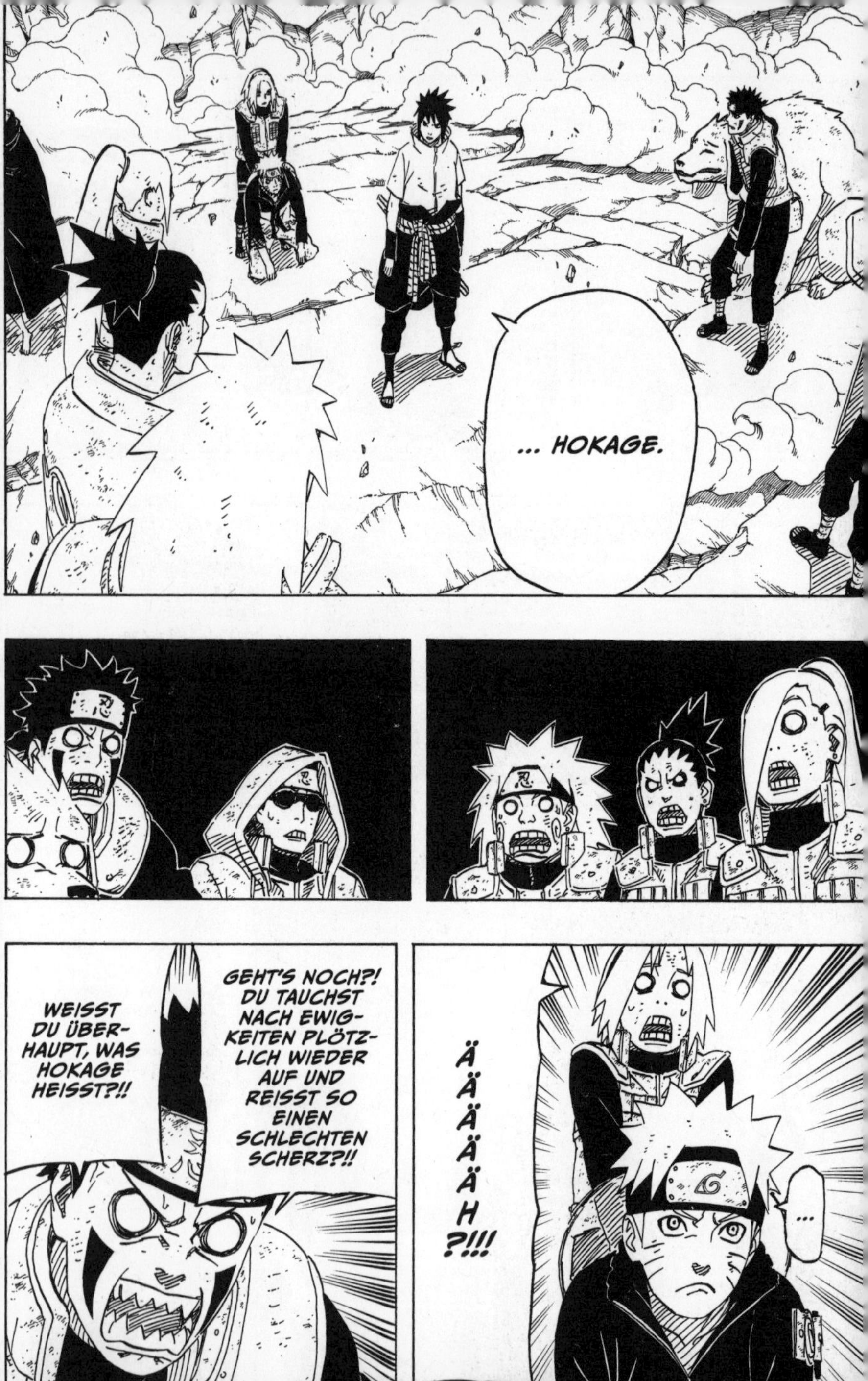
... HOKAGE.
GEHT'S NOCH?! DU TAUCHST NACH EWIG-KEITEN PLÖTZ-LICH WIEDER AUF UND REISST SO EINEN SCHLECHTEN SCHERZ?!!
WEISST DU ÜBER-HAUPT, WAS HOKAGE HEISST?!!
ÄÄÄÄÄH?!!!
...

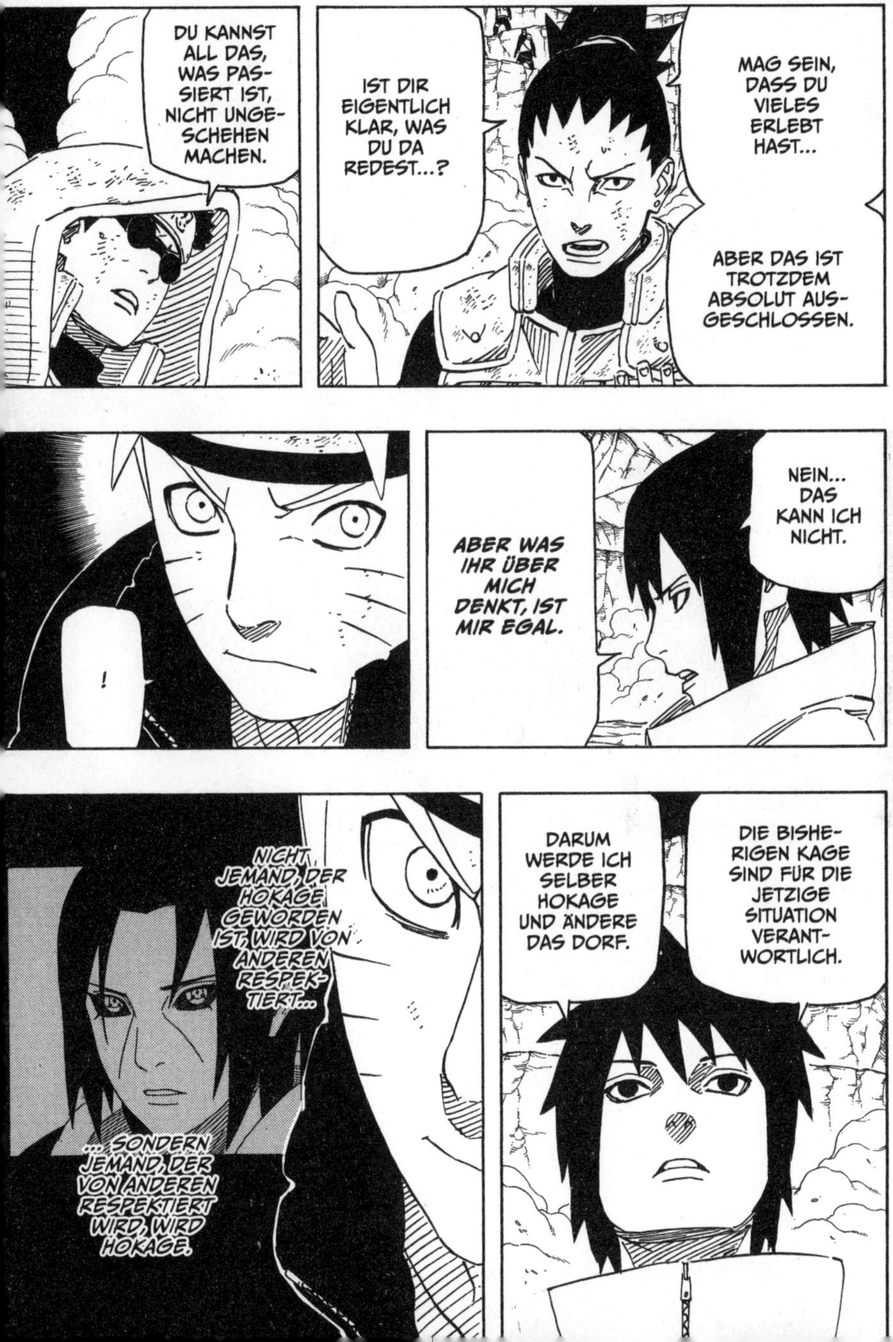
MAG SEIN, DASS DU VIELES ERLEBT HAST...
ABER DAS IST TROTZDEM ABSOLUT AUSGESCHLOSSEN.
IST DIR EIGENTLICH KLAR, WAS DU DA REDEST...?
DU KANNST ALL DAS, WAS PASSIERT IST, NICHT UNGESCHEHEN MACHEN.
NEIN... DAS KANN ICH NICHT.
ABER WAS IHR ÜBER MICH DENKT, IST MIR EGAL.
!
DIE BISHERIGEN KAGE SIND FÜR DIE JETZIGE SITUATION VERANTWORTLICH.
DARUM WERDE ICH SELBER HOKAGE UND ÄNDERE DAS DORF.
NICHT JEMAND, DER HOKAGE GEWORDEN IST, WIRD VON ANDEREN RESPEKTIERT...
... SONDERN JEMAND, DER VON ANDEREN RESPEKTIERT WIRD, WIRD HOKAGE.

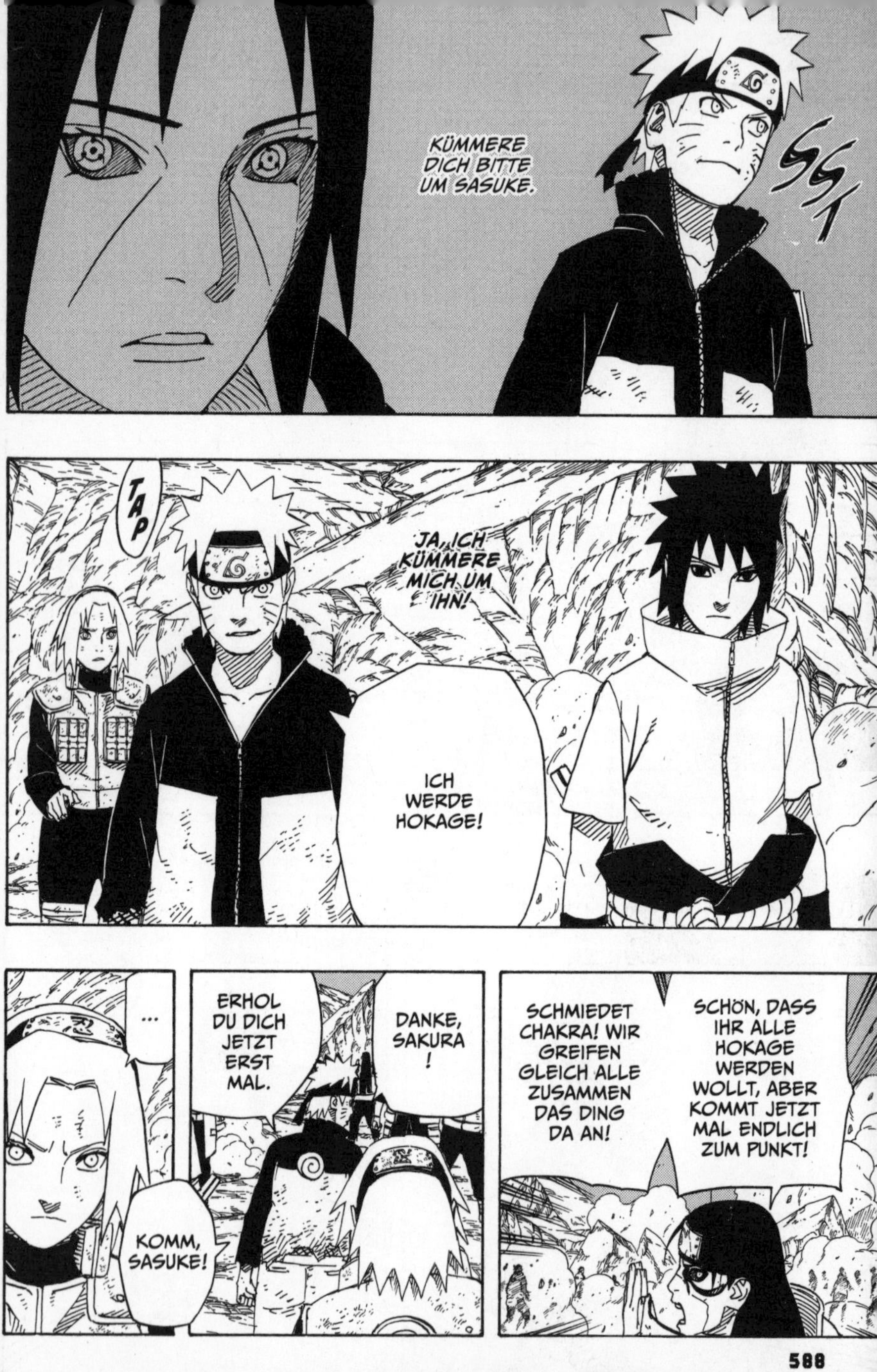
KÜMMERE DICH BITTE UM SASUKE.
TAP
JA, ICH KÜMMERE MICH UM IHN!
ICH WERDE HOKAGE!
SCHÖN, DASS IHR ALLE HOKAGE WERDEN WOLLT, ABER KOMMT JETZT MAL ENDLICH ZUM PUNKT!
SCHMIEDET CHAKRA! WIR GREIFEN GLEICH ALLE ZUSAMMEN DAS DING DA AN!
DANKE, SAKURA!
ERHOL DU DICH JETZT ERST MAL.
...
KOMM, SASUKE!

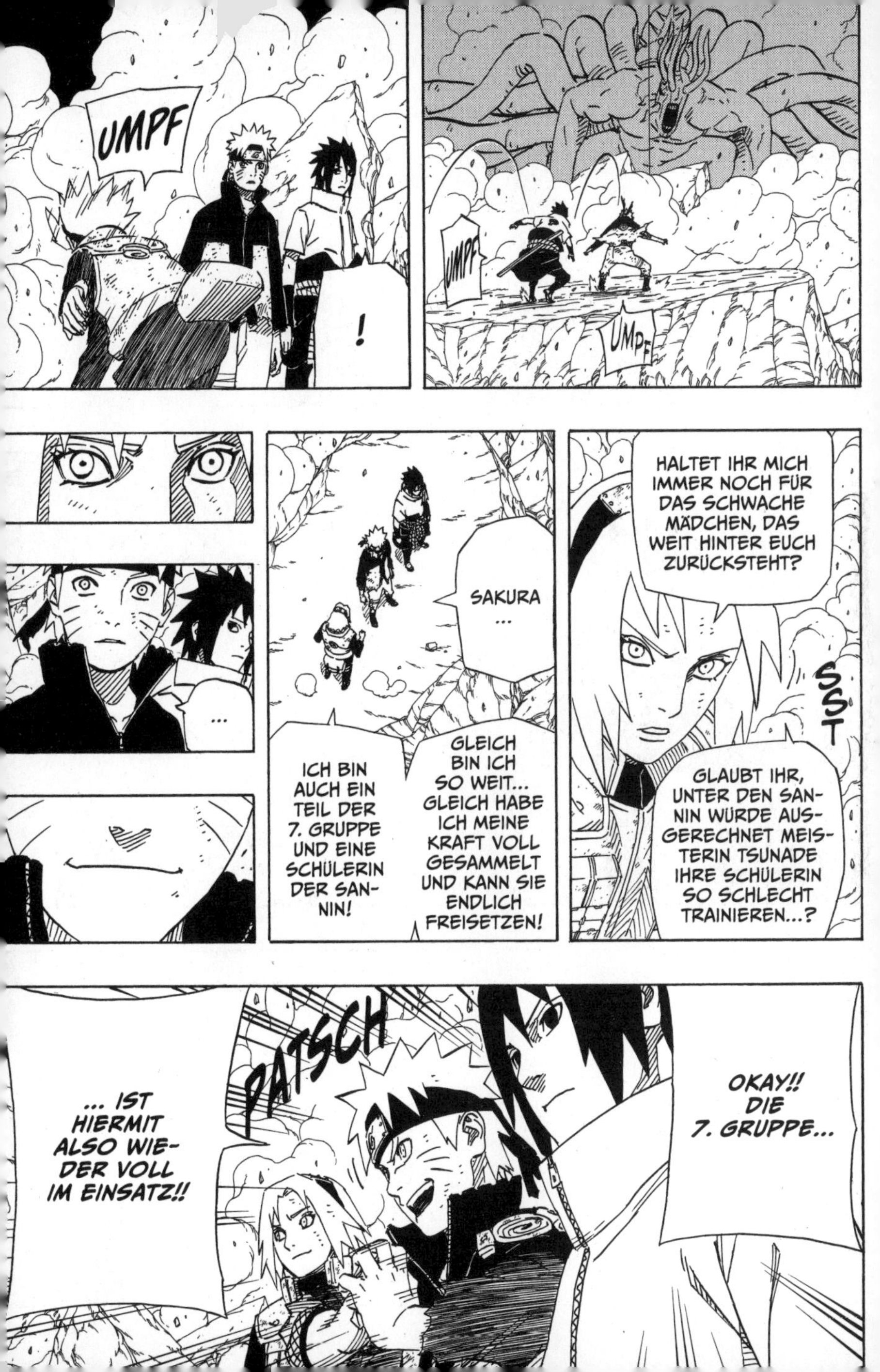

UMPF
UMPF
UMPF
!
UMPF
HALTET IHR MICH IMMER NOCH FÜR DAS SCHWACHE MÄDCHEN, DAS WEIT HINTER EUCH ZURÜCKSTEHT?
SST
GLAUBT IHR, UNTER DEN SAN-NIN WÜRDE AUS-GERECHNET MEIS-TERIN TSUNADE IHRE SCHÜLERIN SO SCHLECHT TRAINIEREN...?
SAKURA ...
GLEICH BIN ICH SO WEIT... GLEICH HABE ICH MEINE KRAFT VOLL GESAMMELT UND KANN SIE ENDLICH FREISETZEN!
ICH BIN AUCH EIN TEIL DER 7. GRUPPE UND EINE SCHÜLERIN DER SAN-NIN!
...
PATSCH
OKAY!! DIE 7. GRUPPE...
... IST HIERMIT ALSO WIE-DER VOLL IM EINSATZ!!

KAMPF

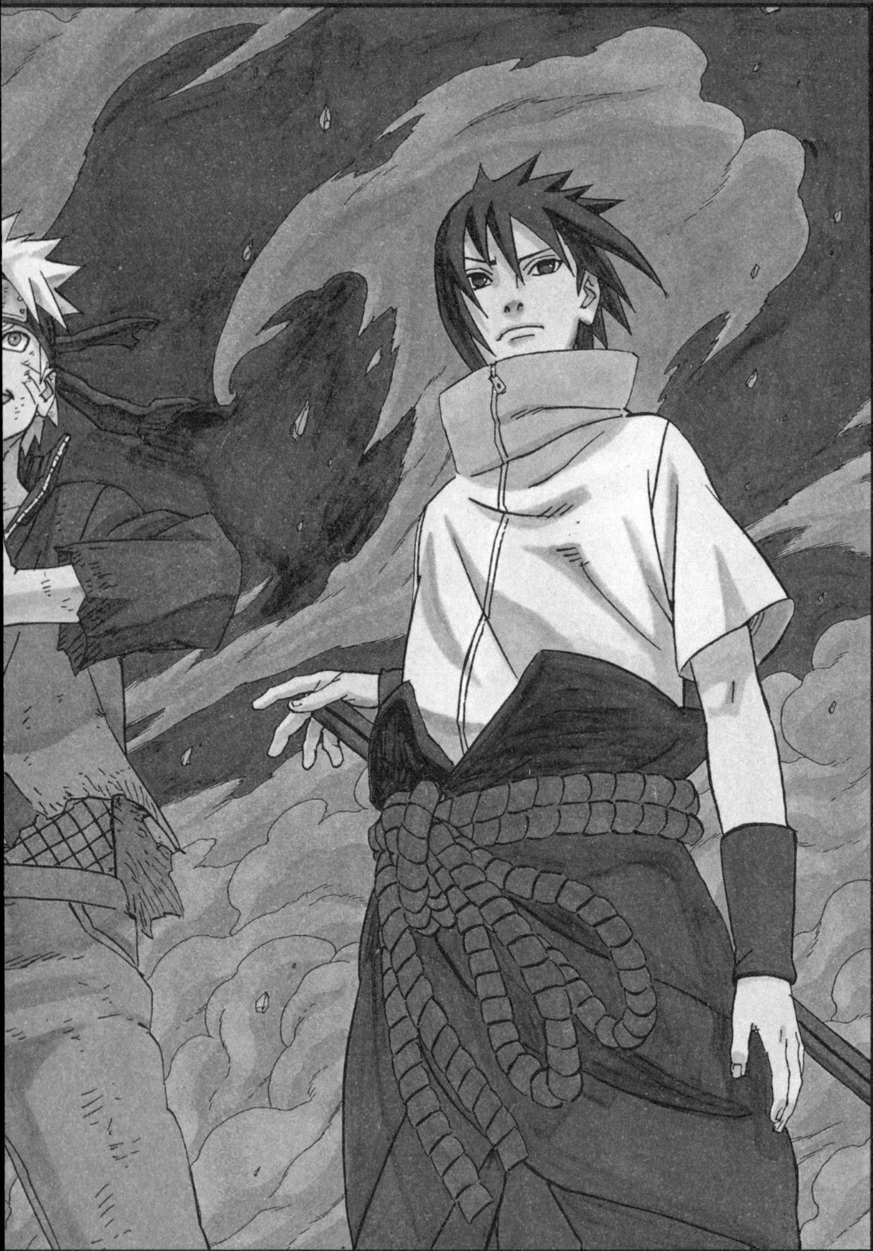

632. Kapitel: Der gemeinsame

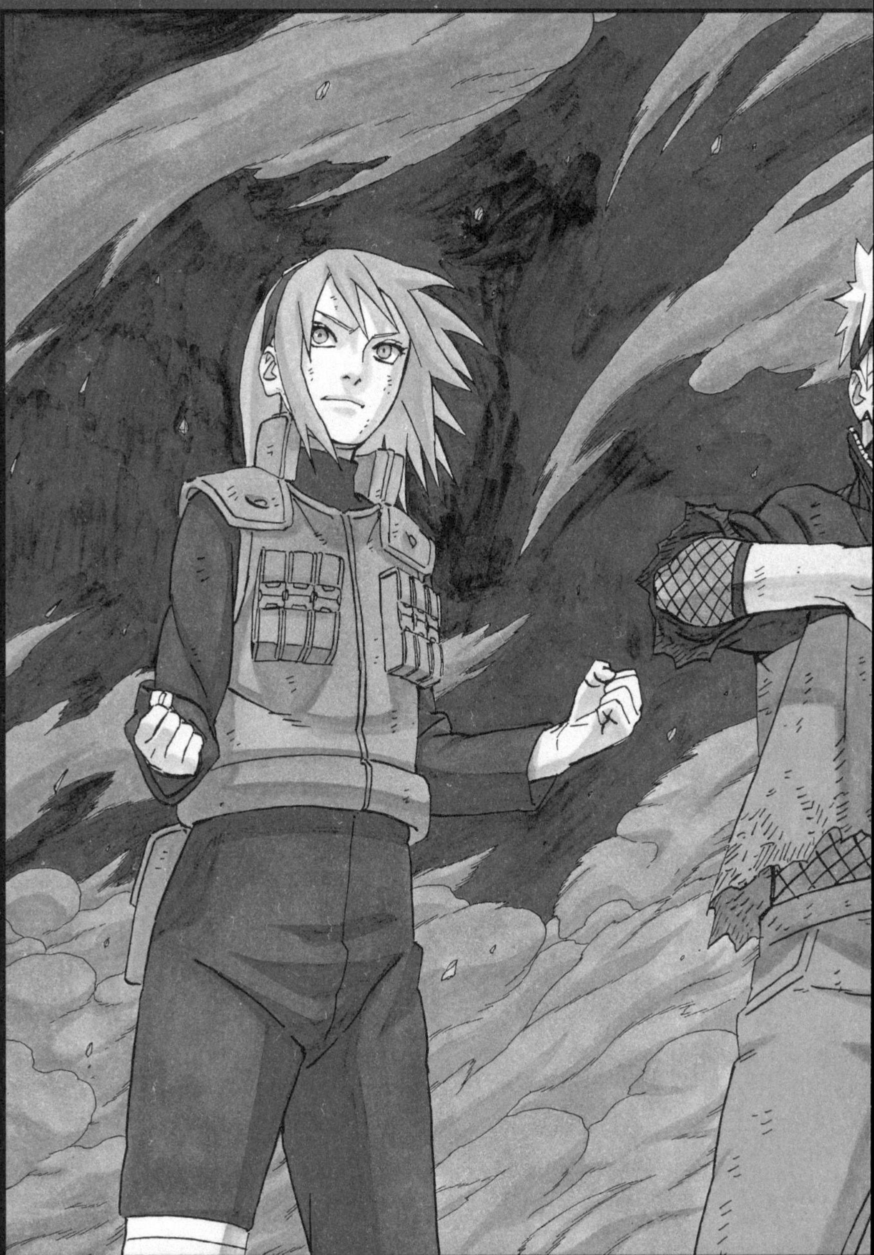

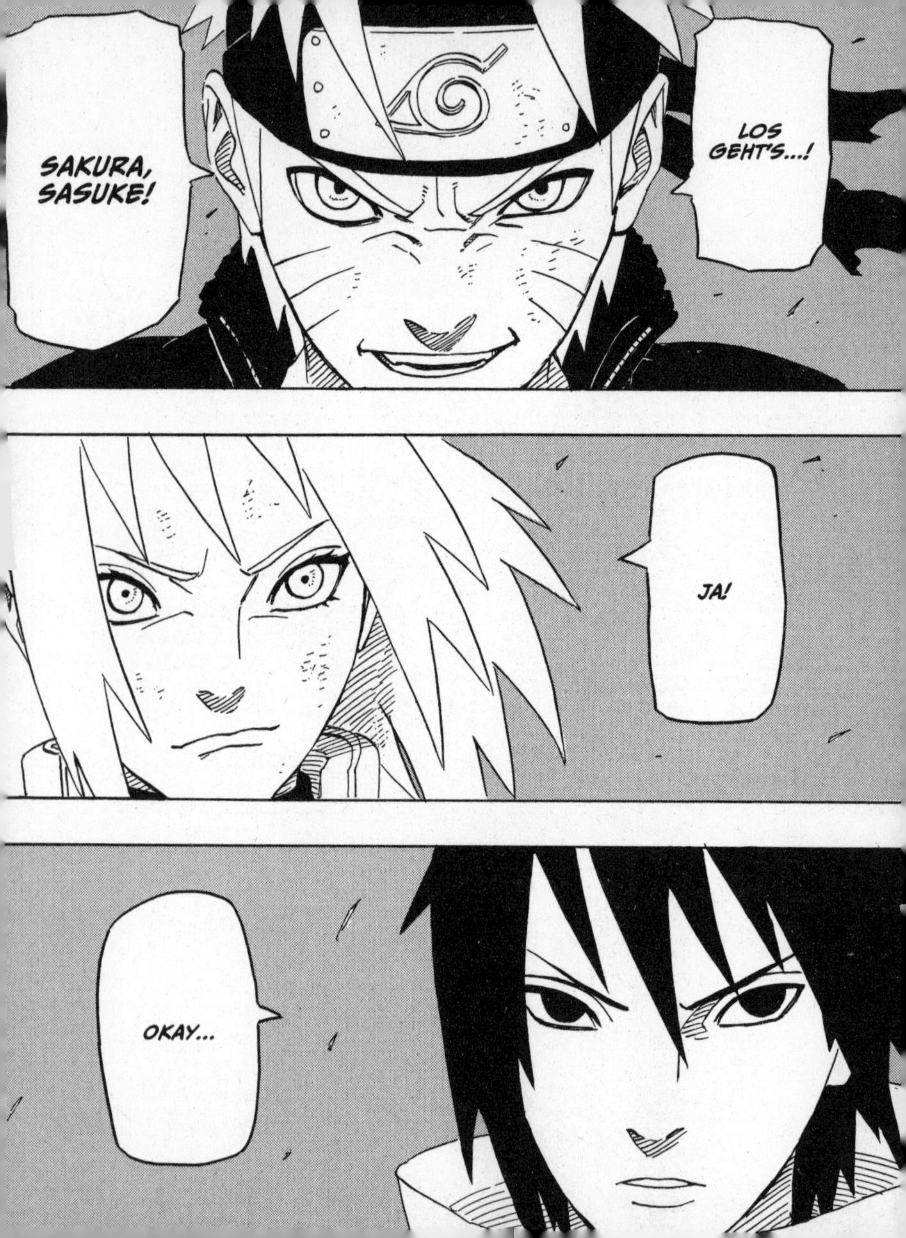
LOS GEHT'S...!
SAKURA, SASUKE!
JA!
OKAY...

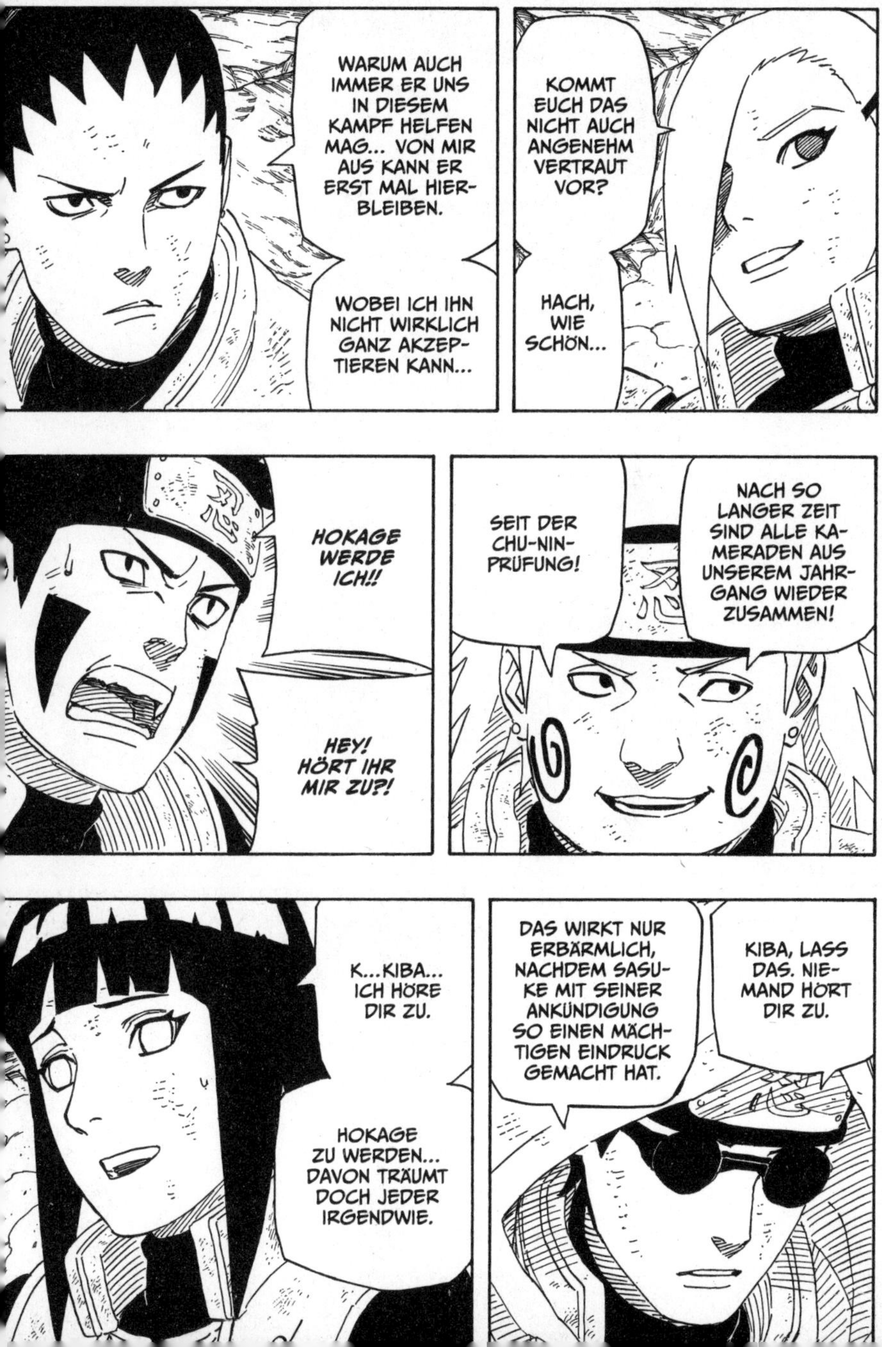
KOMMT EUCH DAS NICHT AUCH ANGENEHM VERTRAUT VOR?
HACH, WIE SCHÖN...
WARUM AUCH IMMER ER UNS IN DIESEM KAMPF HELFEN MAG... VON MIR AUS KANN ER ERST MAL HIERBLEIBEN.
WOBEI ICH IHN NICHT WIRKLICH GANZ AKZEPTIEREN KANN...
NACH SO LANGER ZEIT SIND ALLE KAMERADEN AUS UNSEREM JAHRGANG WIEDER ZUSAMMEN!
SEIT DER CHU-NIN-PRÜFUNG!
HOKAGE WERDE ICH!!
HEY! HÖRT IHR MIR ZU?!
KIBA, LASS DAS. NIEMAND HÖRT DIR ZU.
DAS WIRKT NUR ERBÄRMLICH, NACHDEM SASUKE MIT SEINER ANKÜNDIGUNG SO EINEN MÄCHTIGEN EINDRUCK GEMACHT HAT.
K...KIBA... ICH HÖRE DIR ZU.
HOKAGE ZU WERDEN... DAVON TRÄUMT DOCH JEDER IRGENDWIE.

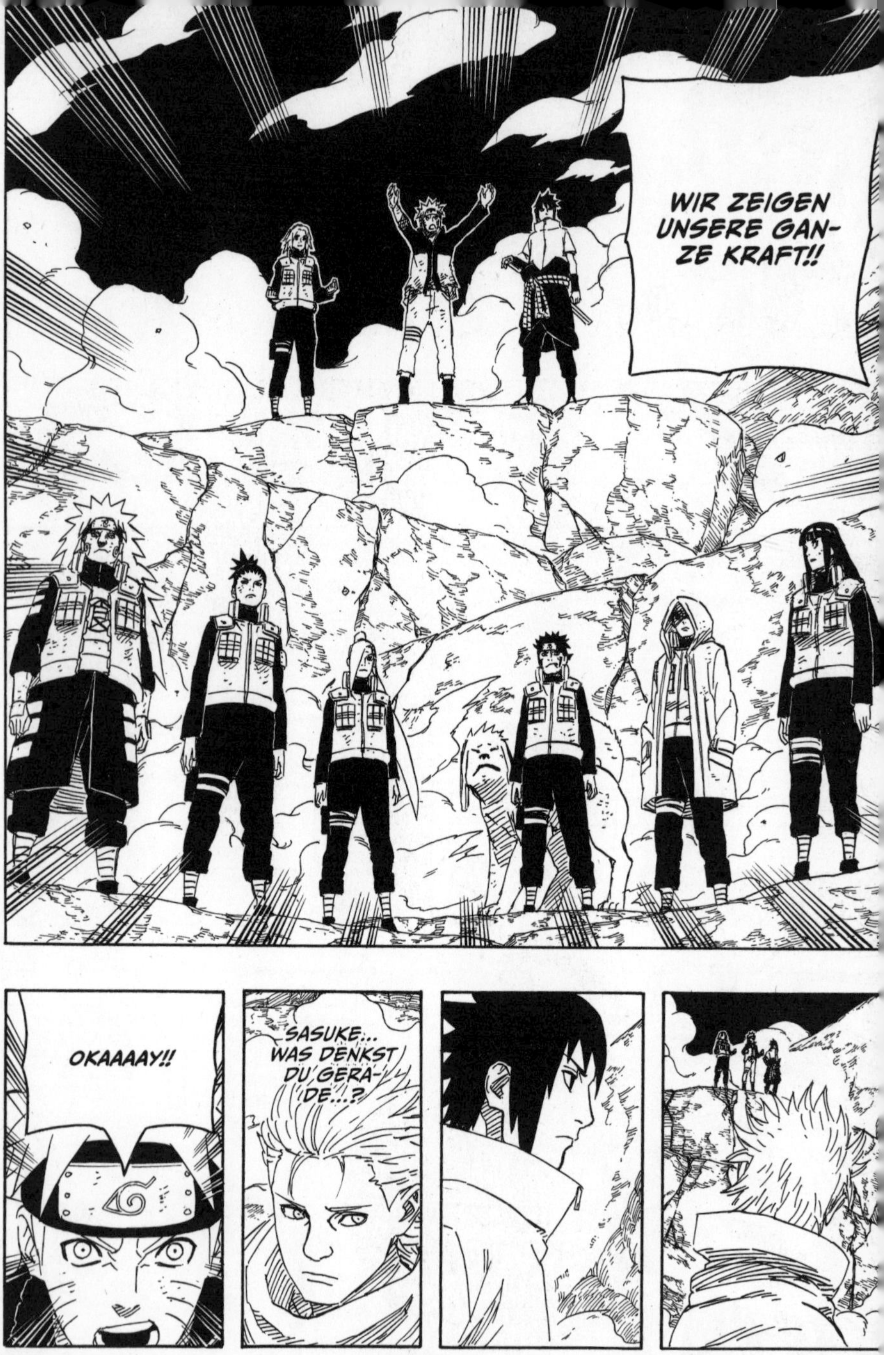
WIR ZEIGEN UNSERE GAN-ZE KRAFT!!
OKAAAAY!!
SASUKE... WAS DENKST DU GERA-DE...?

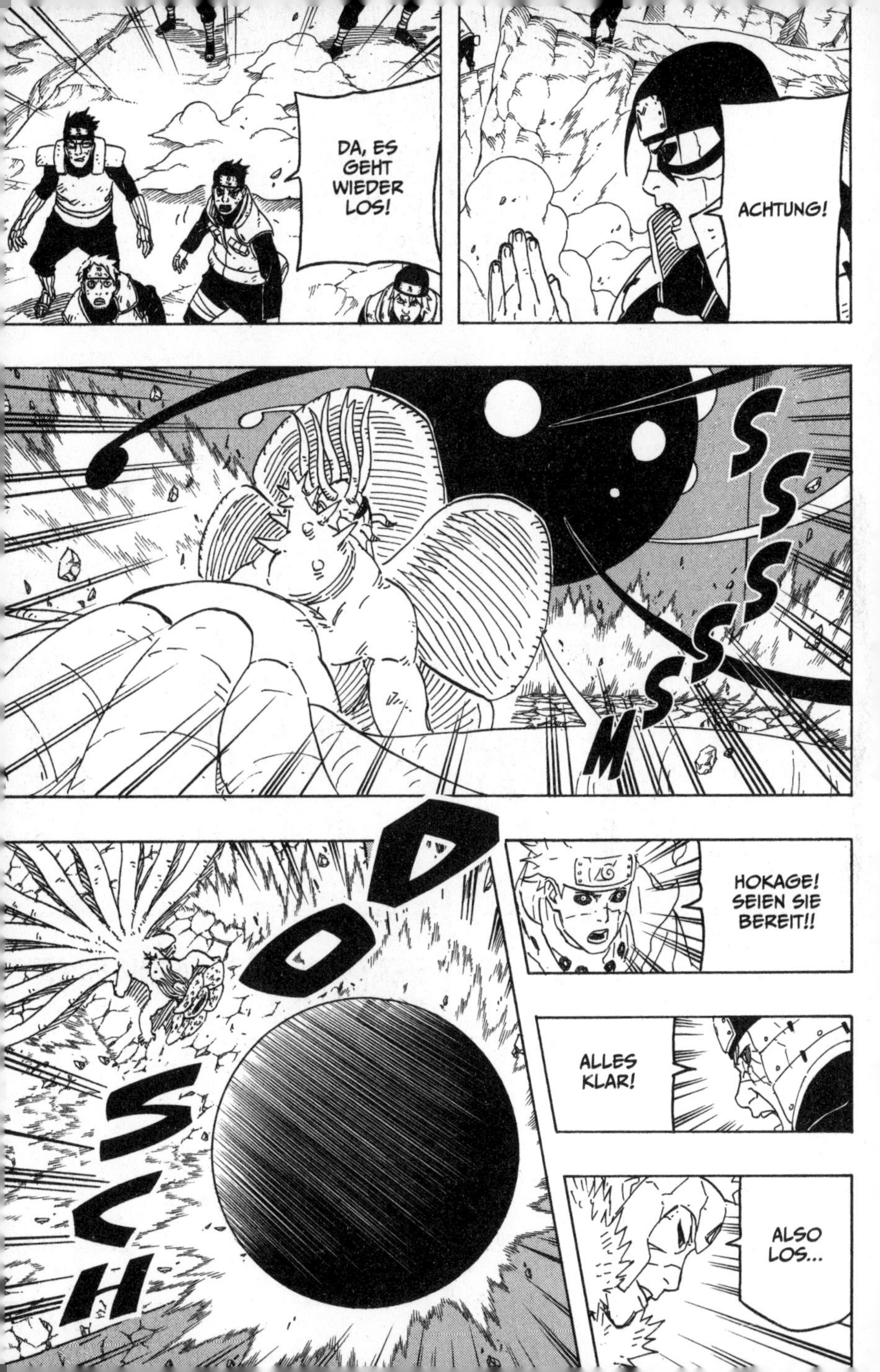
ACHTUNG!
DA, ES GEHT WIEDER LOS!
SSSSSSM
HOKAGE! SEIEN SIE BEREIT!!
ALLES KLAR!
ALSO LOS...
DOSUH

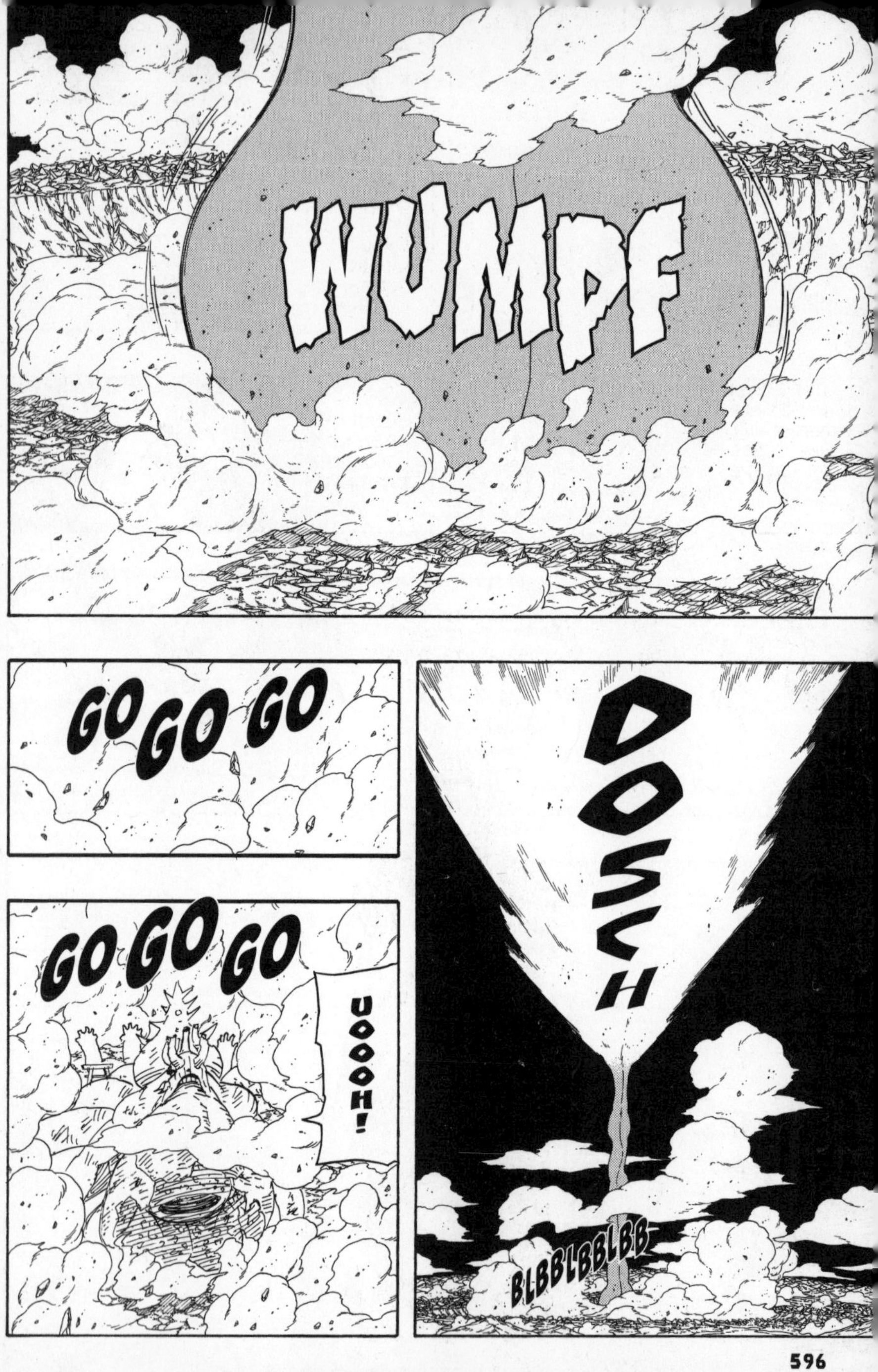
WUMPF
DOSCH
BLBBLBBLBB
GO GO GO
GO GO GO
UOOOOH!

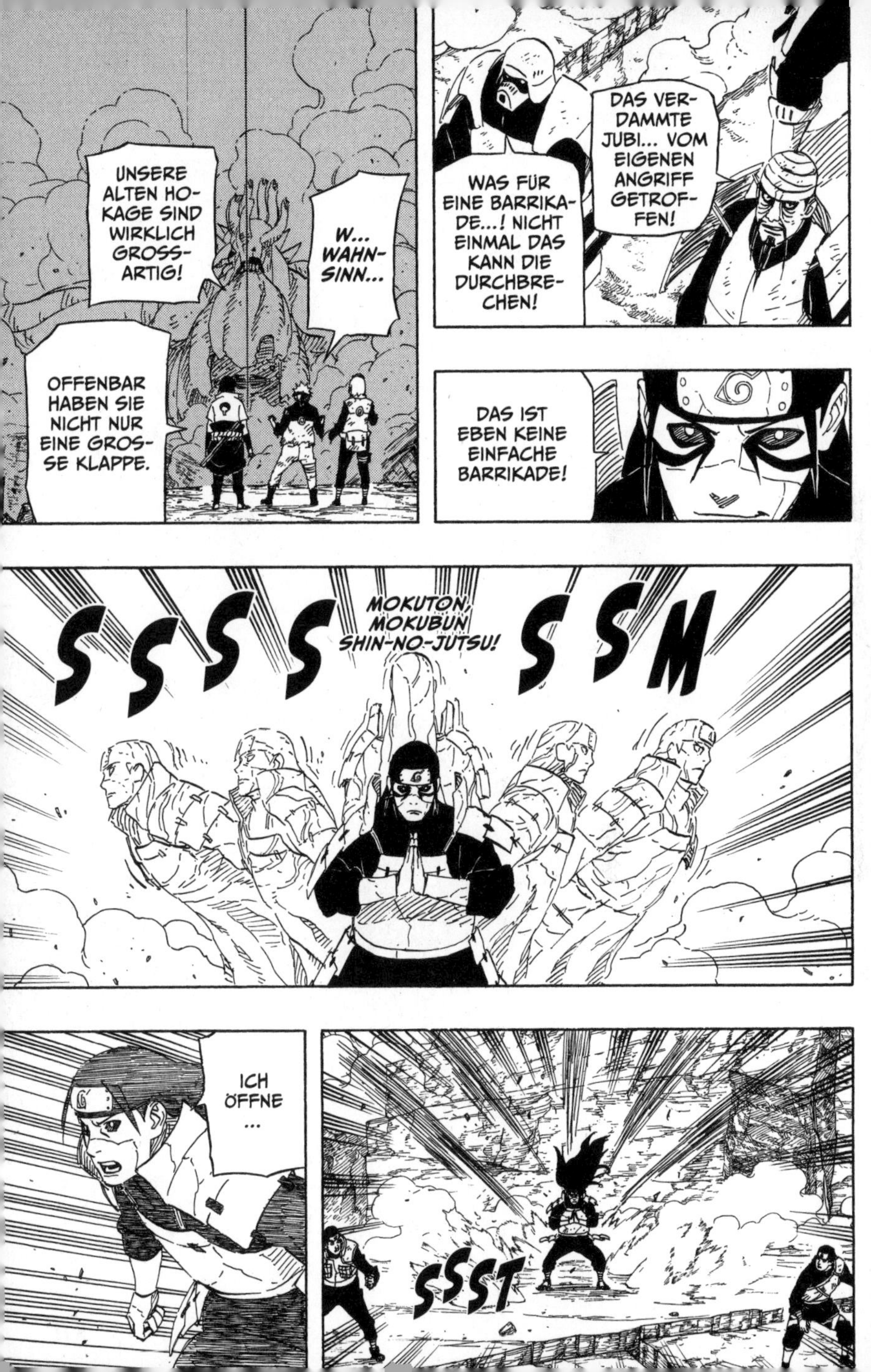

DAS VERDAMMTE JUBI... VOM EIGENEN ANGRIFF GETROFFEN!
WAS FÜR EINE BARRIKADE...! NICHT EINMAL DAS KANN DIE DURCHBRECHEN!
DAS IST EBEN KEINE EINFACHE BARRIKADE!
W... WAHNSINN...
UNSERE ALTEN HOKAGE SIND WIRKLICH GROSSARTIG!
OFFENBAR HABEN SIE NICHT NUR EINE GROSSE KLAPPE.
SSSSSSM
MOKUTON, MOKUBUN SHIN-NO-JUTSU!
SSST
ICH ÖFFNE ...

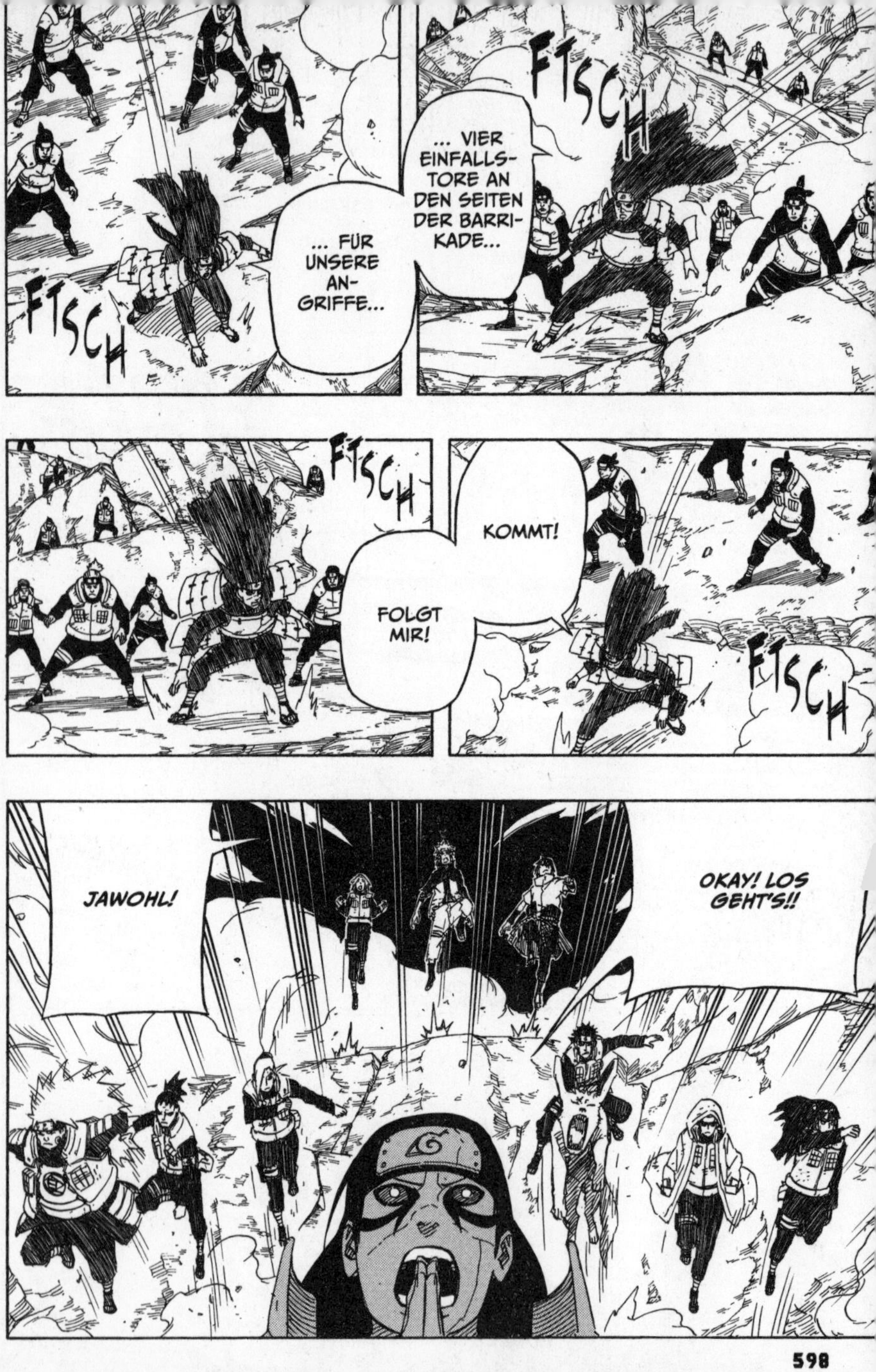
FTSCH
... VIER EINFALLS-TORE AN DEN SEITEN DER BARRI-KADE...
... FÜR UNSERE AN-GRIFFE...
FTSCH
FTSCH
KOMMT!
FOLGT MIR!
FTSCH
OKAY! LOS GEHT'S!!
JAWOHL!

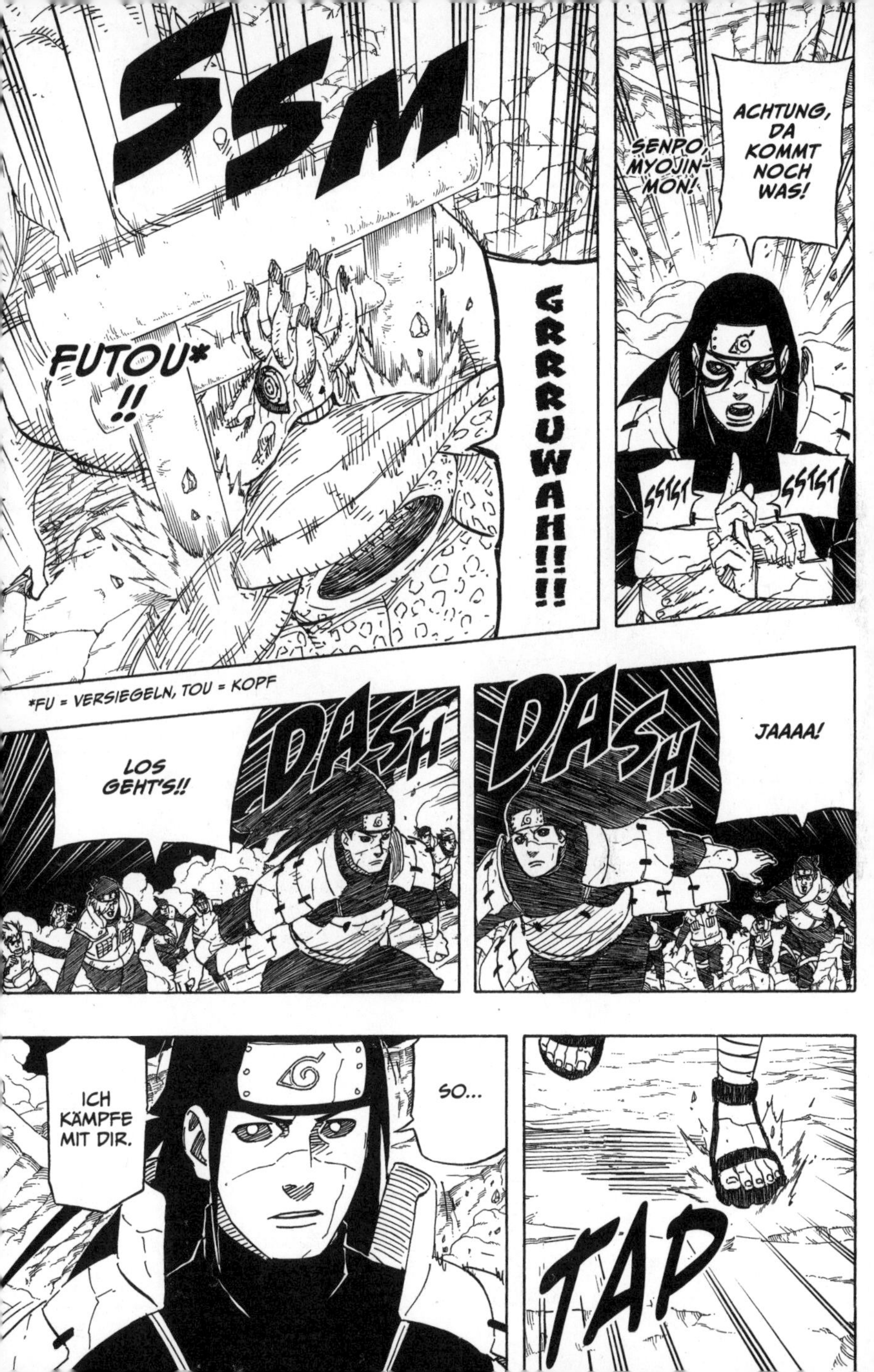

*FU = VERSIEGELN, TOU = KOPF

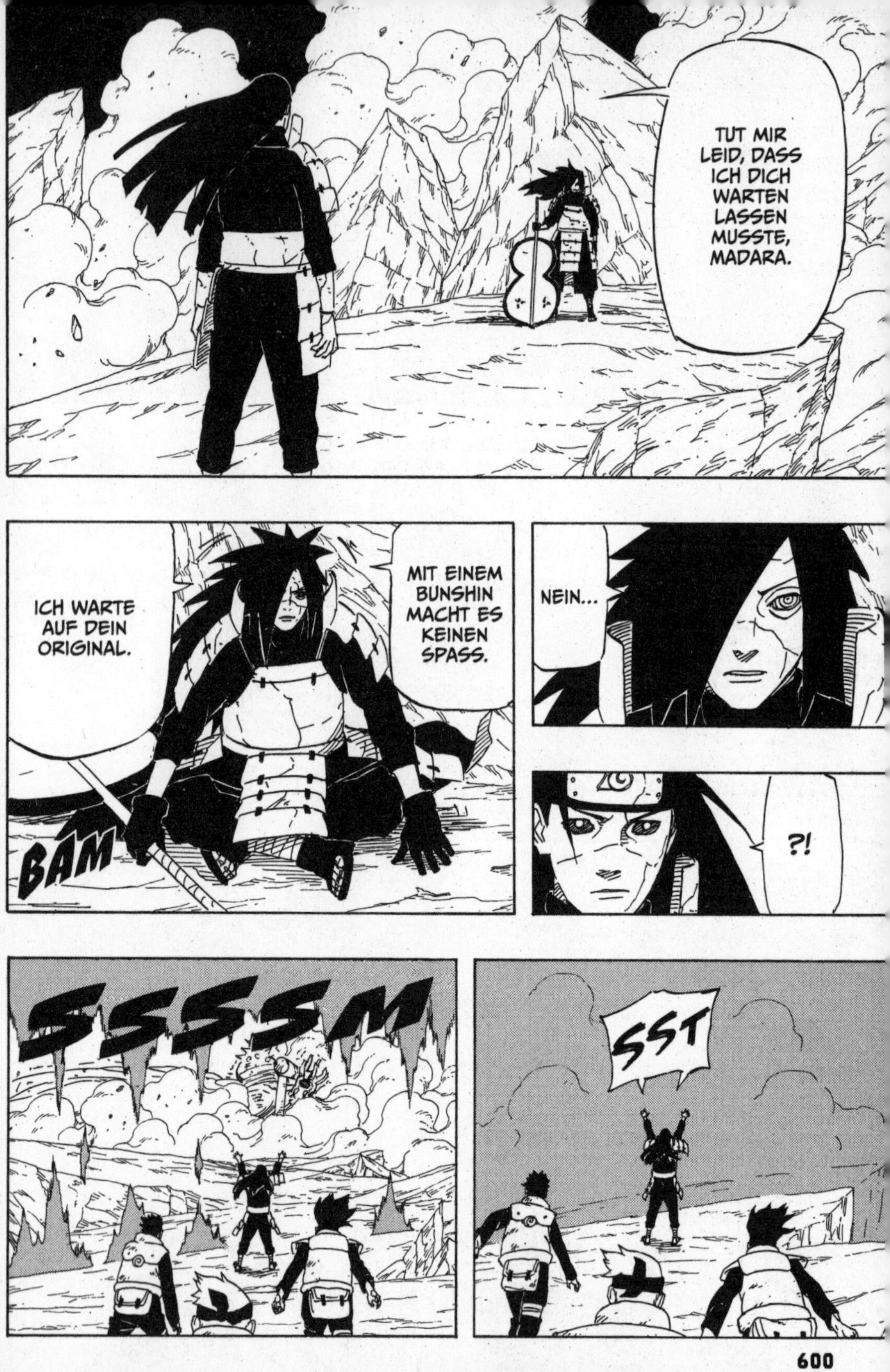
TUT MIR LEID, DASS ICH DICH WARTEN LASSEN MUSSTE, MADARA.
NEIN…
MIT EINEM BUNSHIN MACHT ES KEINEN SPASS.
ICH WARTE AUF DEIN ORIGINAL.
BAM
?!
SST
SSSSM

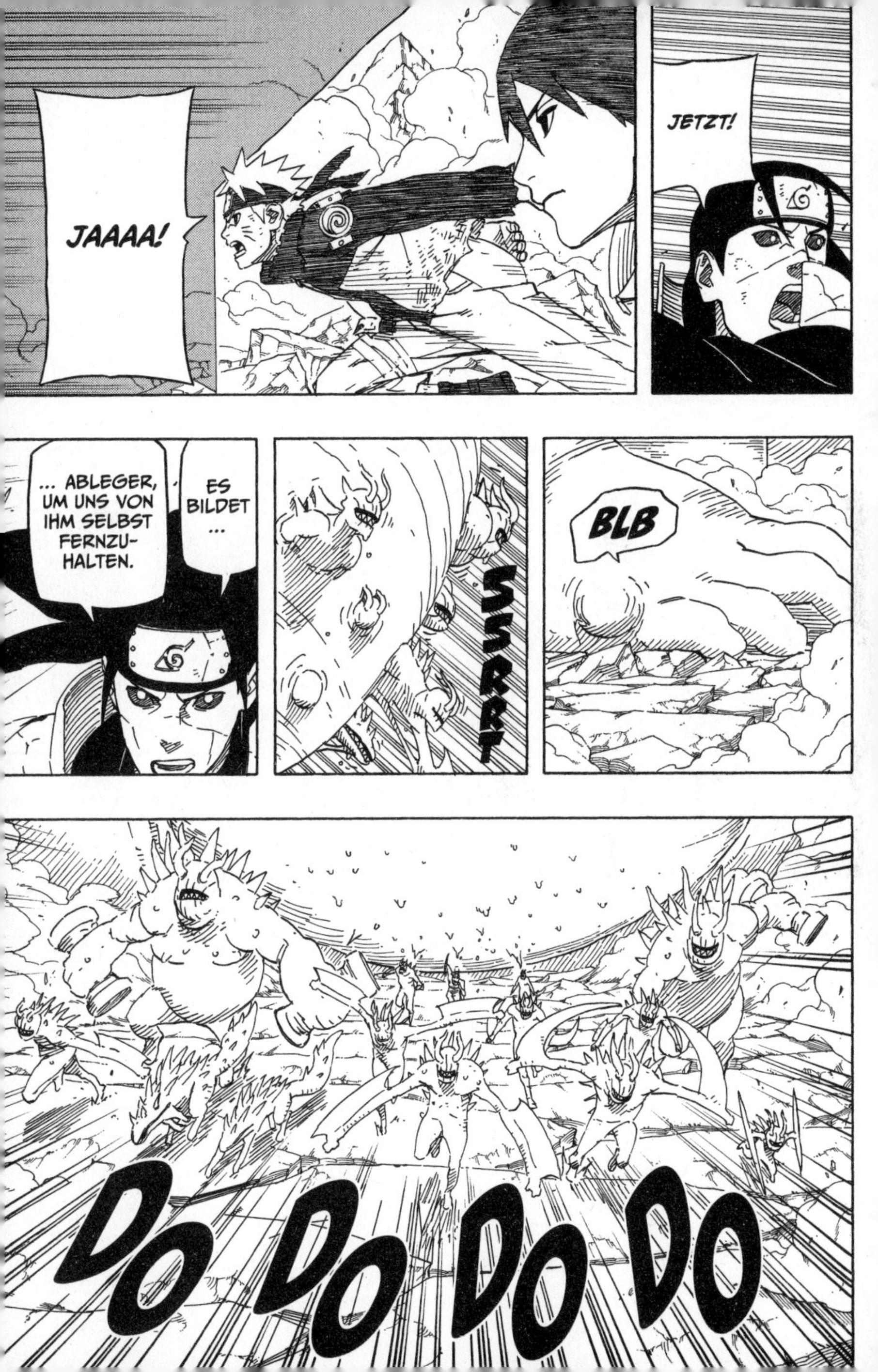
JETZT!
JAAAA!
BLB
SSRRT
ES BILDET ...
... ABLEGER, UM UNS VON IHM SELBST FERNZU-HALTEN.
DO DO DO DO DO

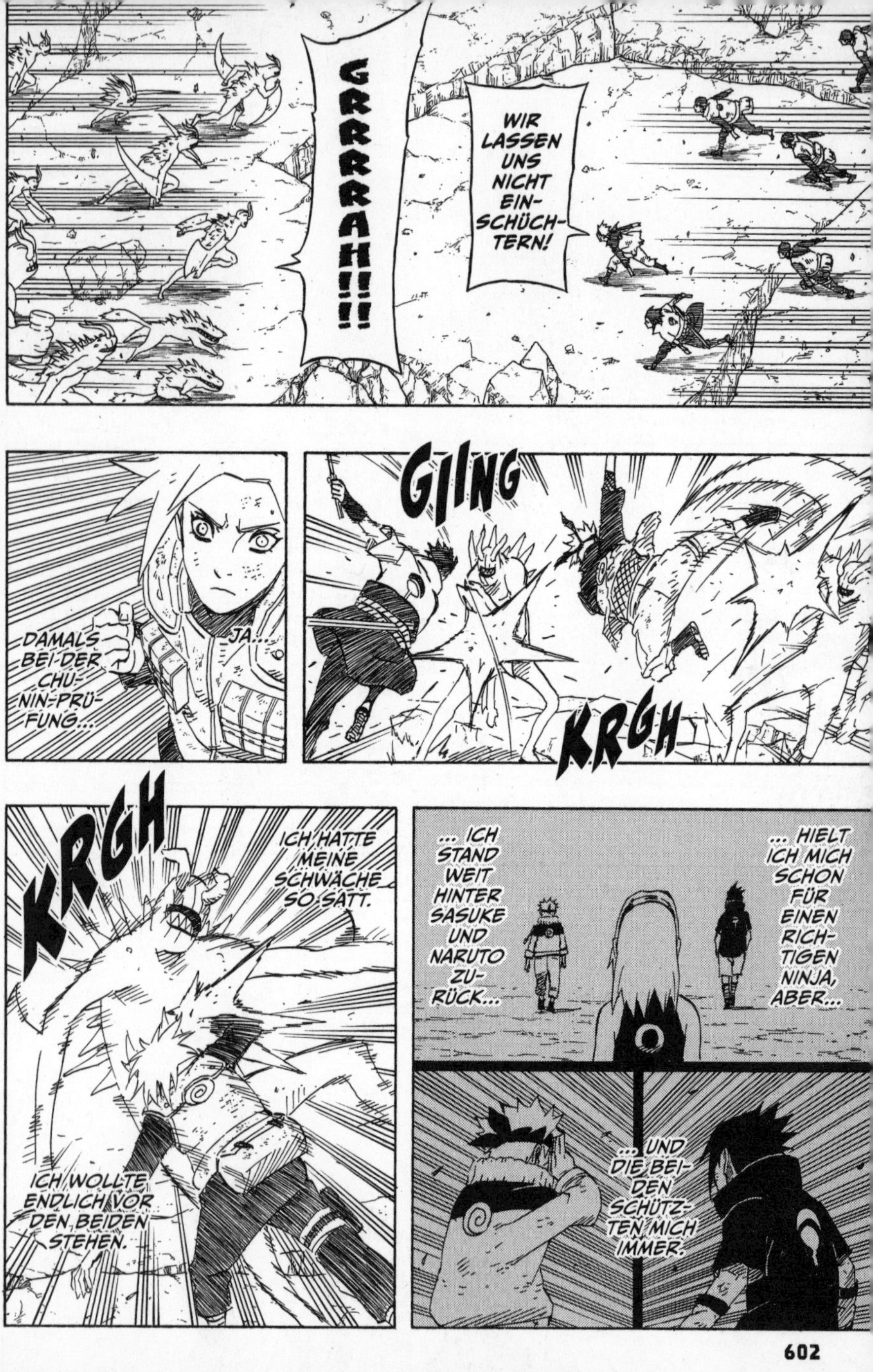
WIR LASSEN UNS NICHT EINSCHÜCHTERN!
GRRRRAH!!!!
GIING
KRGH
JA...
DAMALS BEI DER CHUNIN-PRÜFUNG...
... HIELT ICH MICH SCHON FÜR EINEN RICHTIGEN NINJA, ABER...
... ICH STAND WEIT HINTER SASUKE UND NARUTO ZURÜCK...
... UND DIE BEIDEN SCHÜTZTEN MICH IMMER.
KRGH
ICH HATTE MEINE SCHWÄCHE SO SATT.
ICH WOLLTE ENDLICH VOR DEN BEIDEN STEHEN.

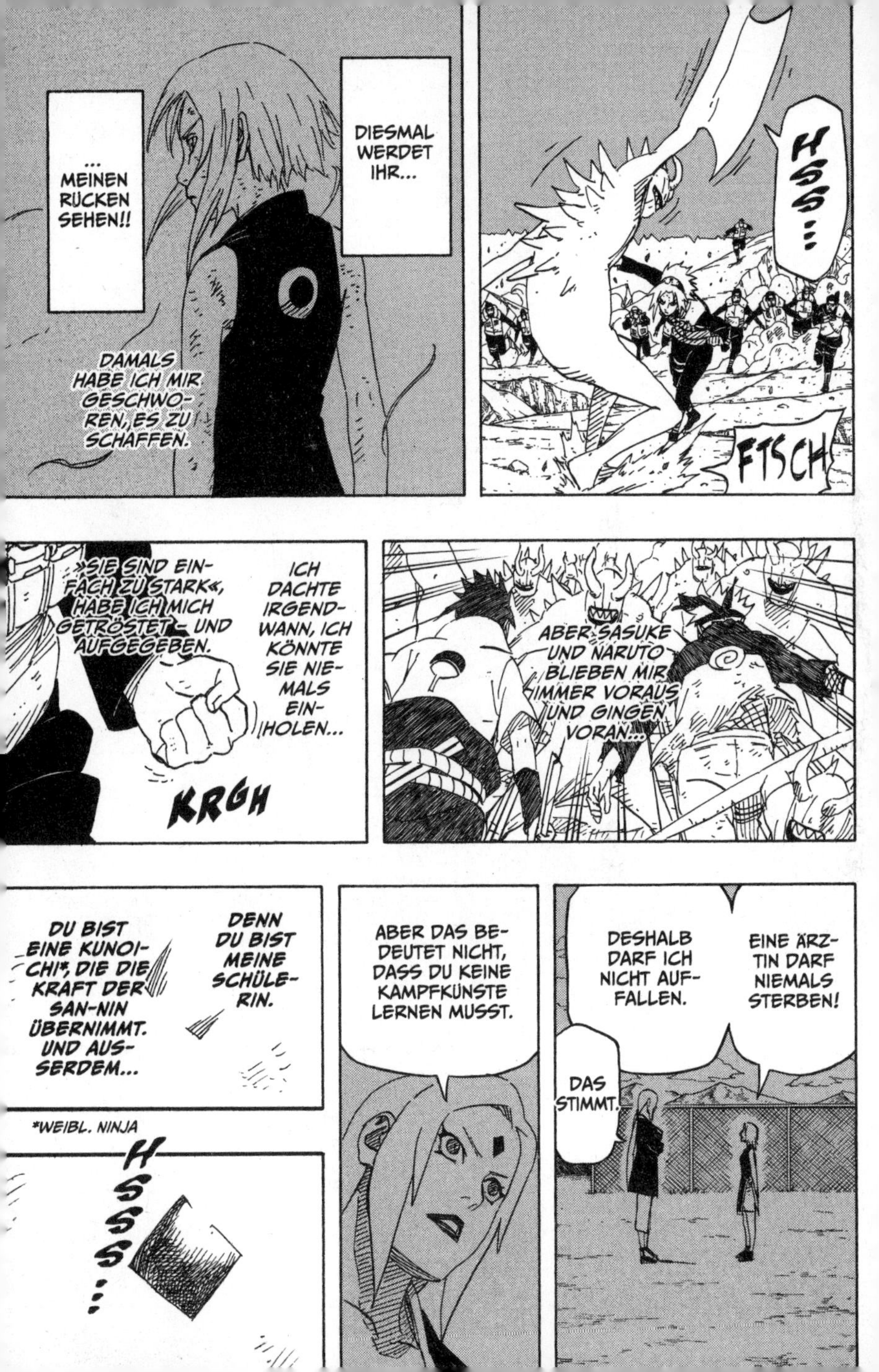
HSS...
FTSCH
DIESMAL WERDET IHR...
... MEINEN RÜCKEN SEHEN!!
DAMALS HABE ICH MIR GESCHWOREN, ES ZU SCHAFFEN.
ABER SASUKE UND NARUTO BLIEBEN MIR IMMER VORAUS UND GINGEN VORAN...
ICH DACHTE IRGENDWANN, ICH KÖNNTE SIE NIEMALS EINHOLEN...
»SIE SIND EINFACH ZU STARK«, HABE ICH MICH GETRÖSTET – UND AUFGEGEBEN.
KRGH
EINE ÄRZTIN DARF NIEMALS STERBEN!
DESHALB DARF ICH NICHT AUFFALLEN.
DAS STIMMT.
ABER DAS BEDEUTET NICHT, DASS DU KEINE KAMPFKÜNSTE LERNEN MUSST.
DENN DU BIST MEINE SCHÜLERIN.
DU BIST EINE KUNOICHI*, DIE DIE KRAFT DER SAN-NIN ÜBERNIMMT. UND AUSSERDEM...
*WEIBL. NINJA
HSSS...

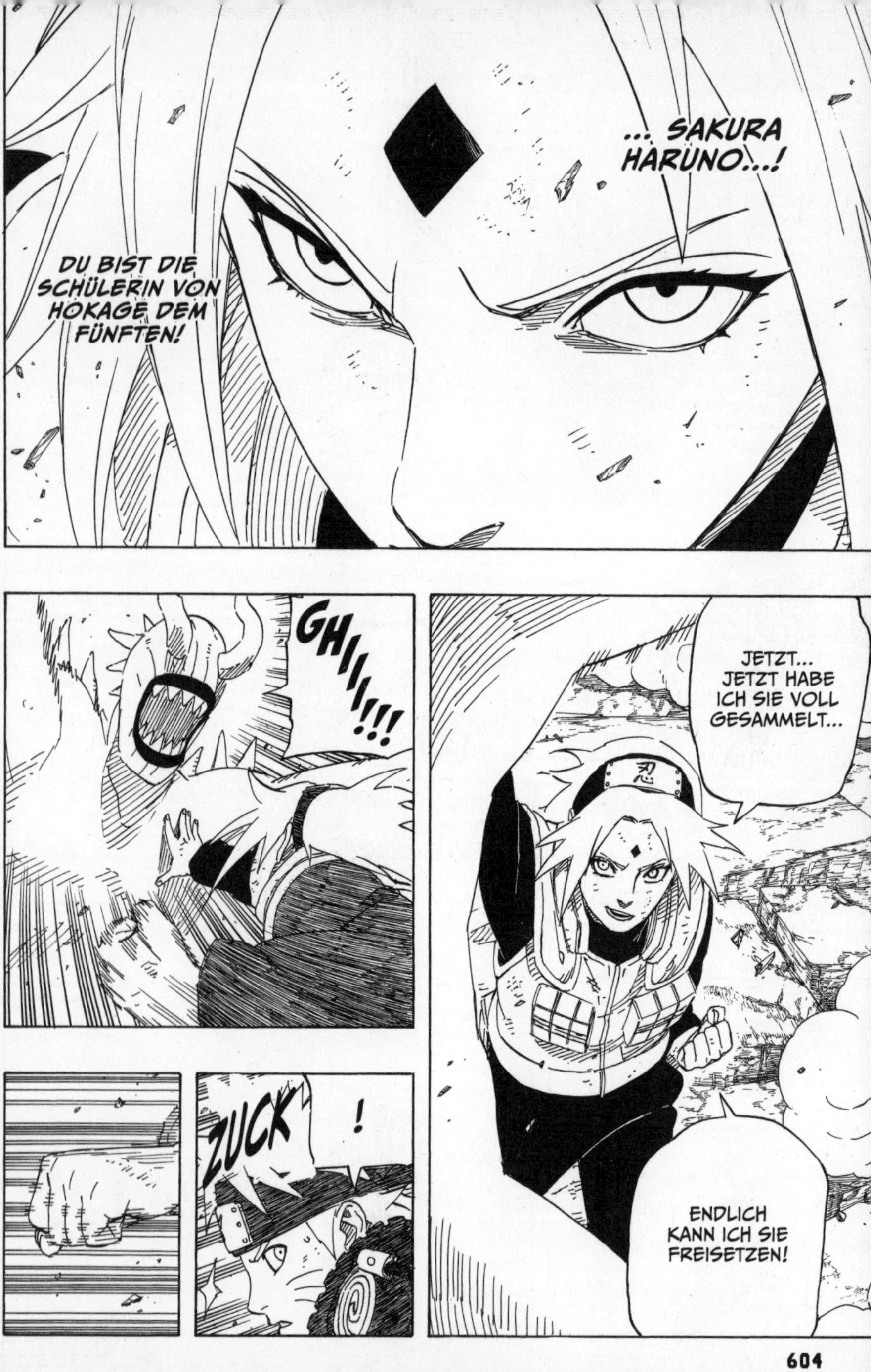
... SAKURA HARUNO...!
DU BIST DIE SCHÜLERIN VON HOKAGE DEM FÜNFTEN!
JETZT... JETZT HABE ICH SIE VOLL GESAMMELT...
ENDLICH KANN ICH SIE FREISETZEN!
GHIIII!!!
ZUCK
!

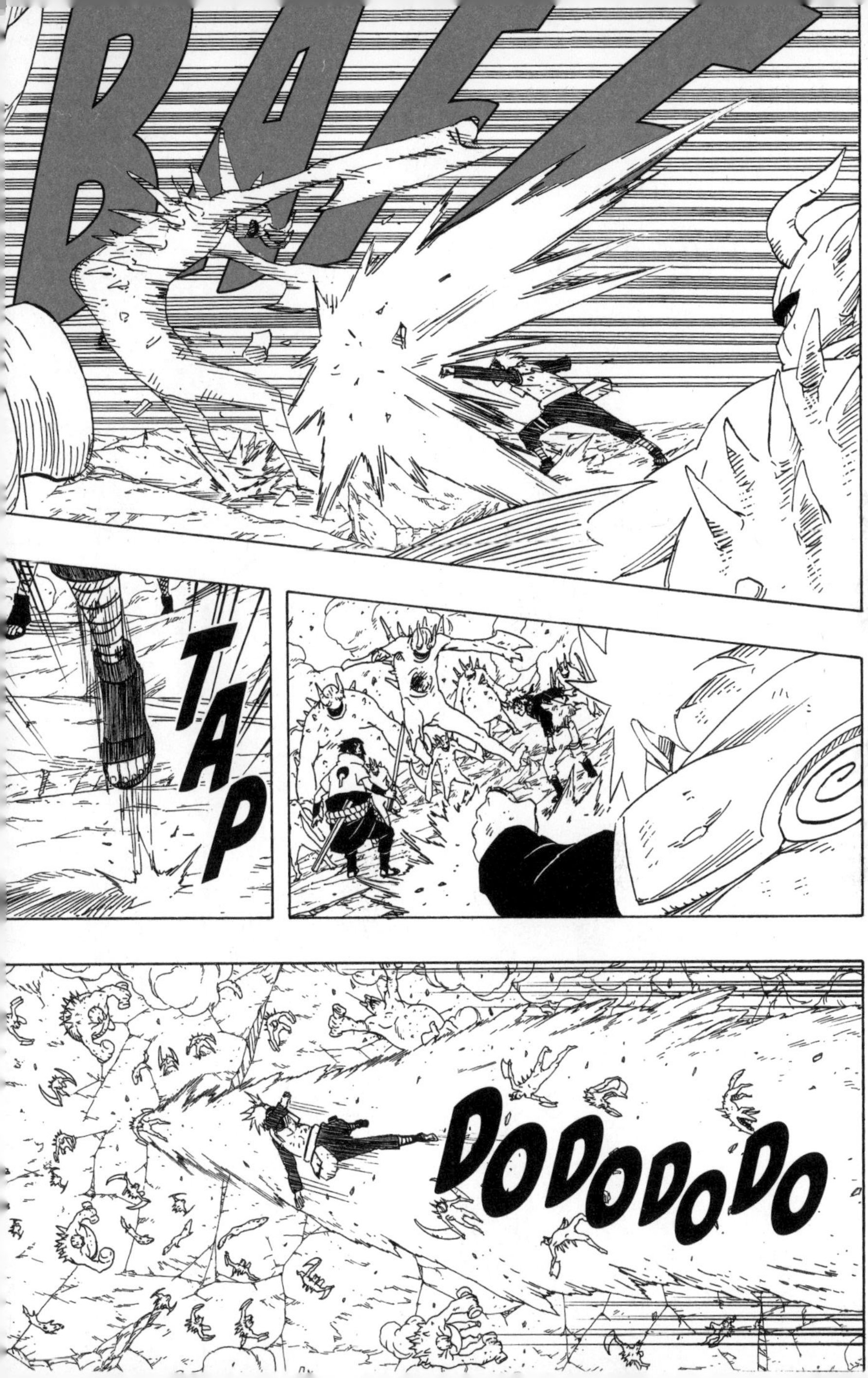
TAP
DODODODO

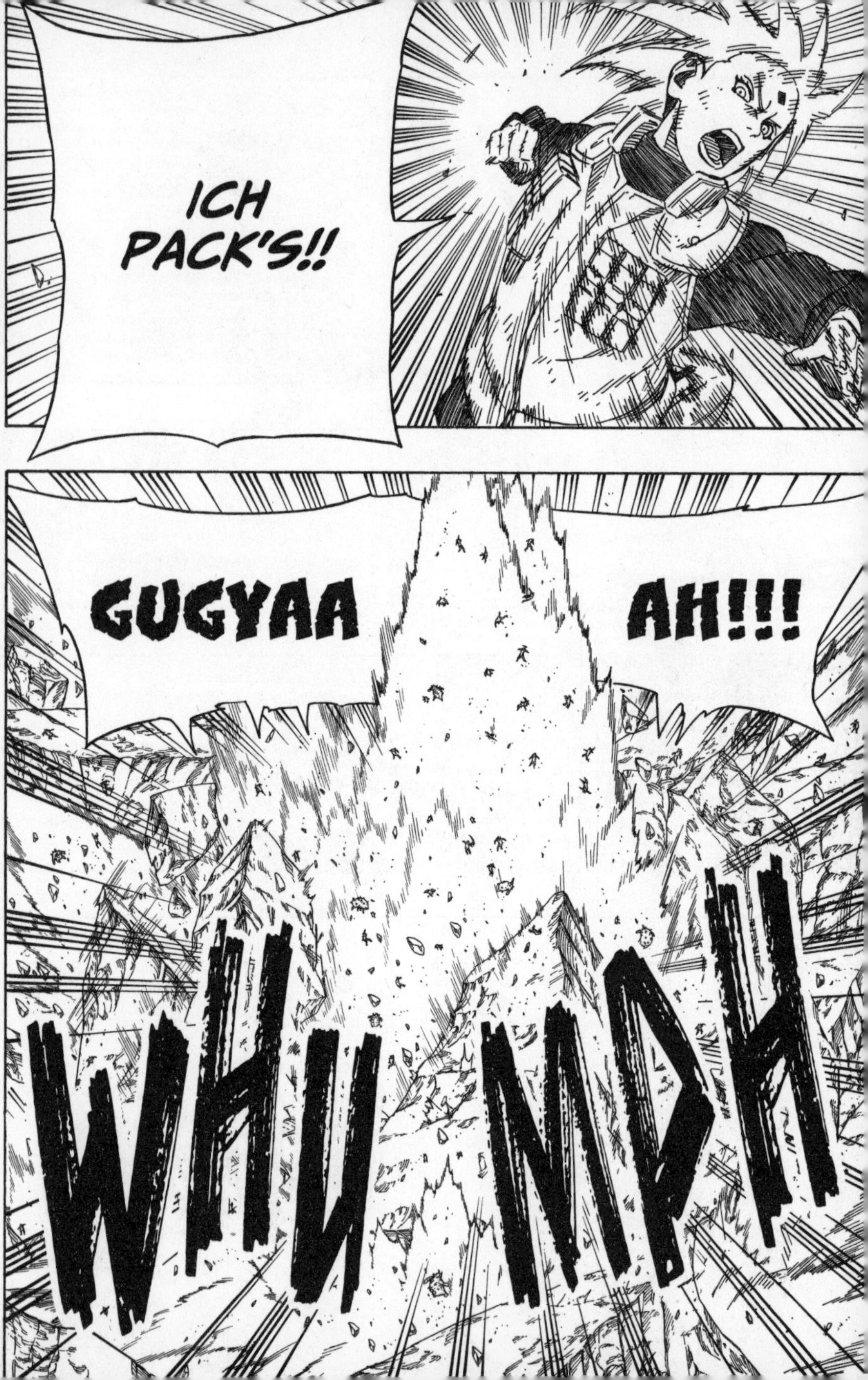
ICH PACK'S!!
GUGYAA AH!!!
WHUMPH

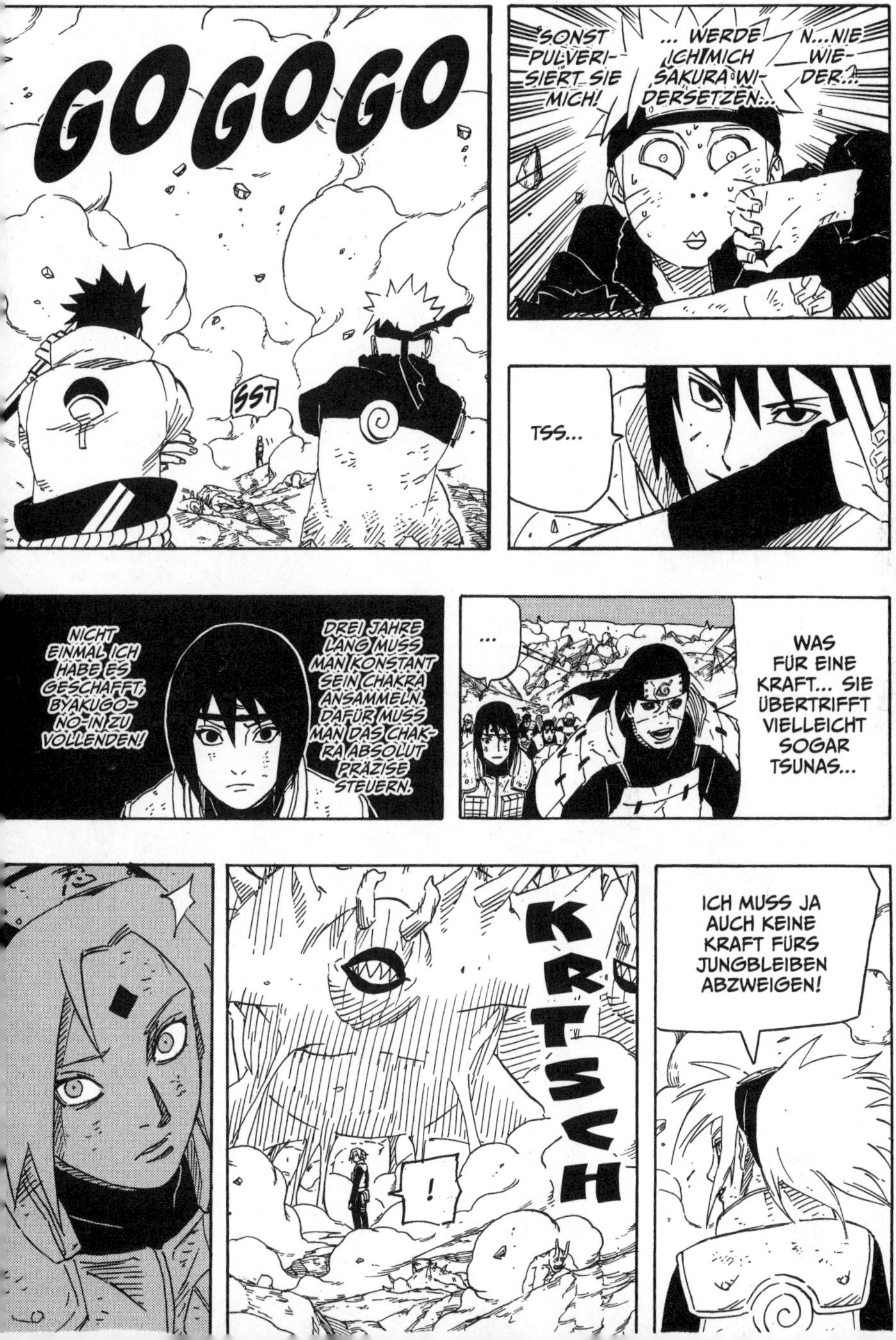
N... NIE WIEDER...!
... WERDE ICH MICH SAKURA WIDERSETZEN...
SONST PULVERISIERT SIE MICH!
GO GO GO GO
SST
TSS...
WAS FÜR EINE KRAFT... SIE ÜBERTRIFFT VIELLEICHT SOGAR TSUNAS...
...
DREI JAHRE LANG MUSS MAN KONSTANT SEIN CHAKRA ANSAMMELN. DAFÜR MUSS MAN DAS CHAKRA ABSOLUT PRÄZISE STEUERN.
NICHT EINMAL ICH HABE ES GESCHAFFT, BYAKUGO-NO-IN ZU VOLLENDEN!
ICH MUSS JA AUCH KEINE KRAFT FÜRS JUNGBLEIBEN ABZWEIGEN!
KRTSCH
!

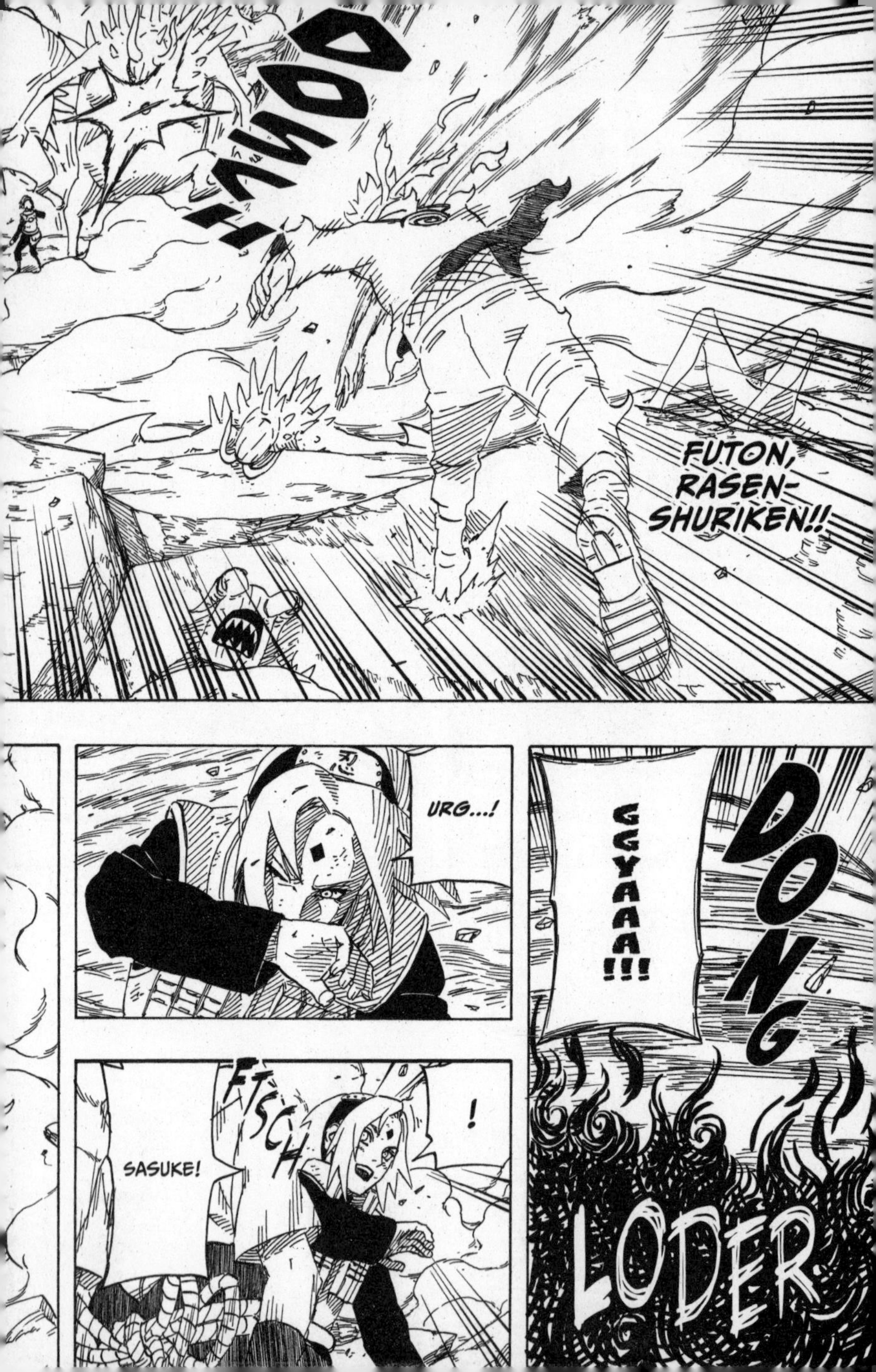
DONSH!
FUTON, RASEN-SHURIKEN!!
DONG
GGYAAA!!!
LODER
URG...!
FTSCH
!
SASUKE!

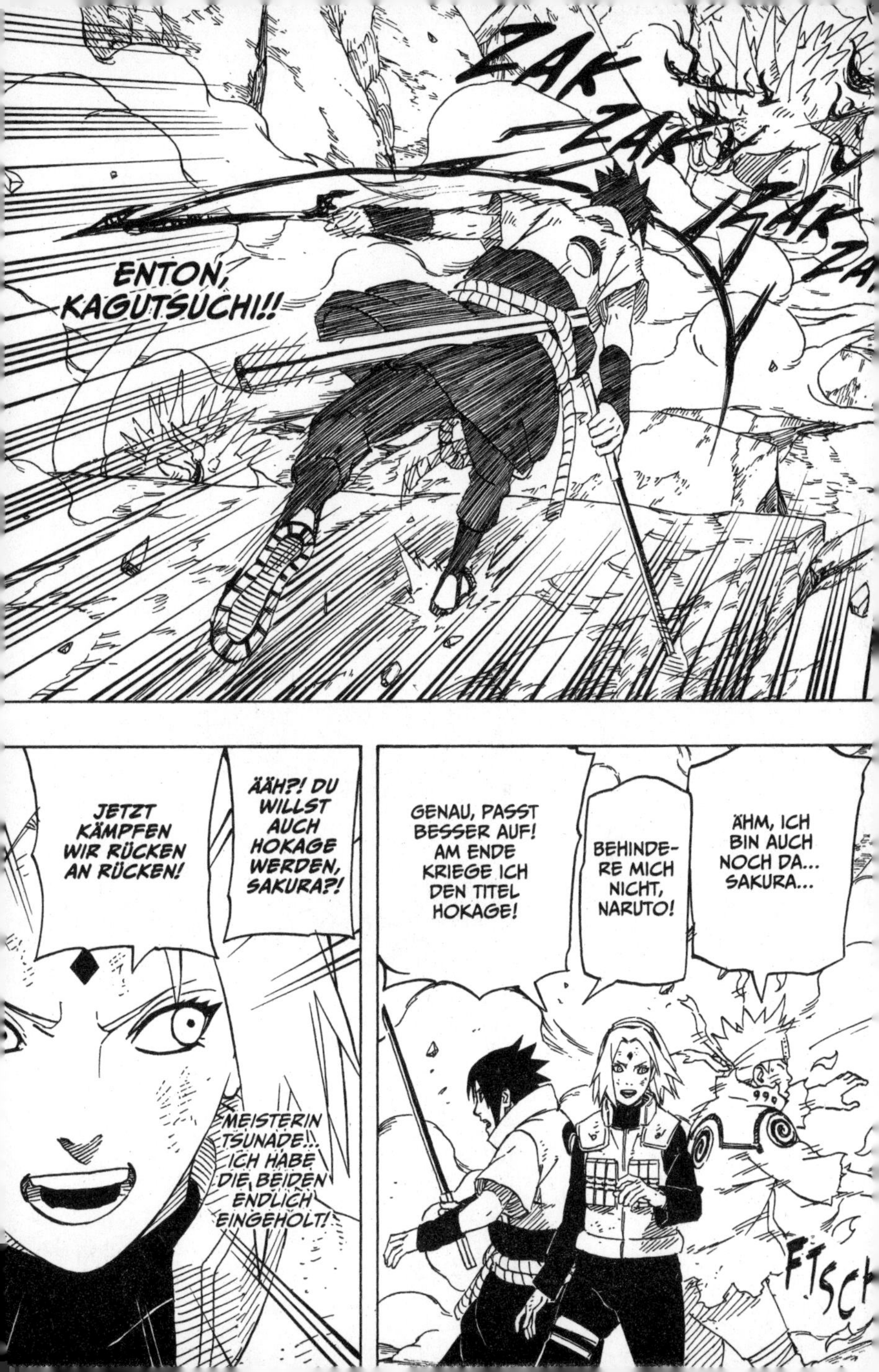
ZAK
ZAK
ZAK
ZAK
ENTON, KAGUTSUCHI!!
ÄHM, ICH BIN AUCH NOCH DA... SAKURA...
BEHINDERE MICH NICHT, NARUTO!
GENAU, PASST BESSER AUF! AM ENDE KRIEGE ICH DEN TITEL HOKAGE!
FTSCH
ÄÄH?! DU WILLST AUCH HOKAGE WERDEN, SAKURA?!
JETZT KÄMPFEN WIR RÜCKEN AN RÜCKEN!
MEISTERIN TSUNADE... ICH HABE DIE BEIDEN ENDLICH EINGEHOLT!

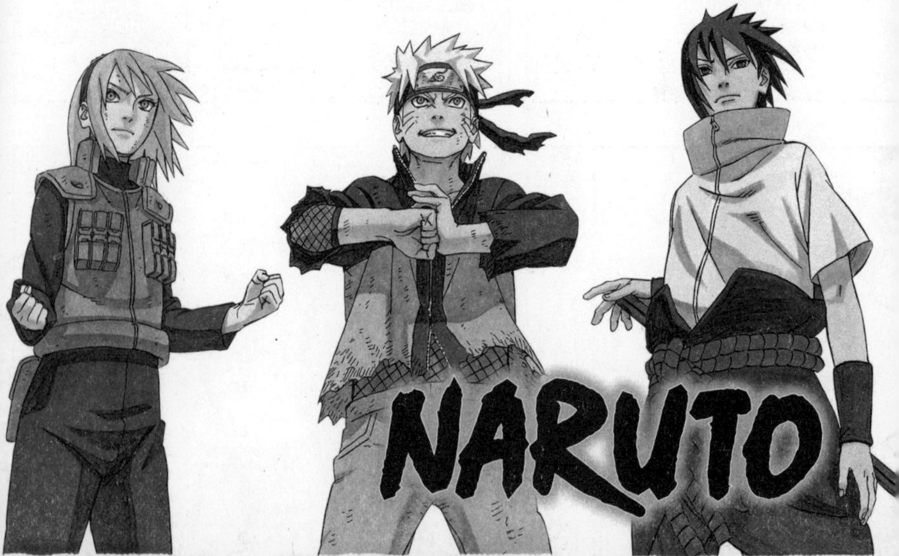
NARUTO

633. KAPITEL: VORWÄRTS

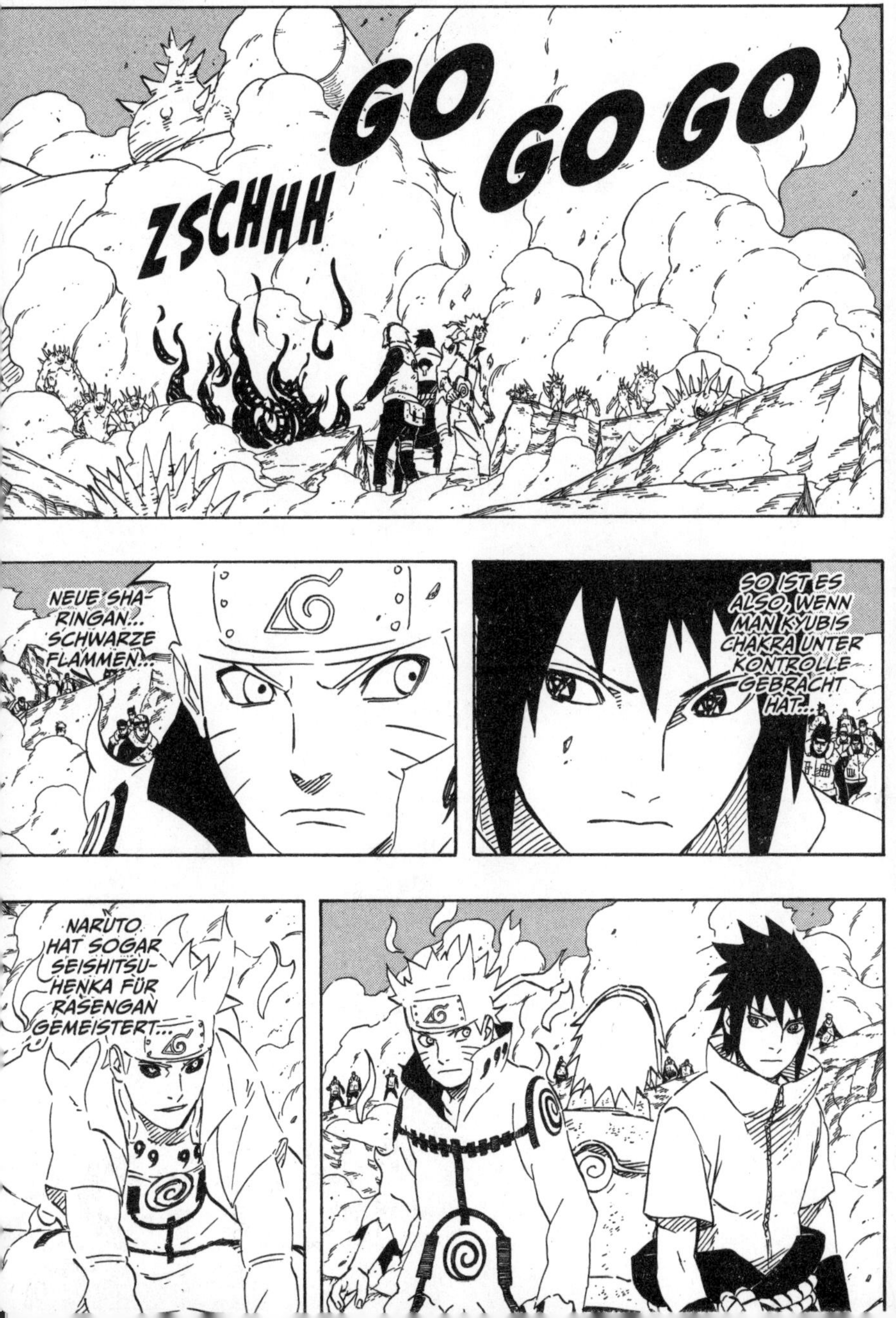

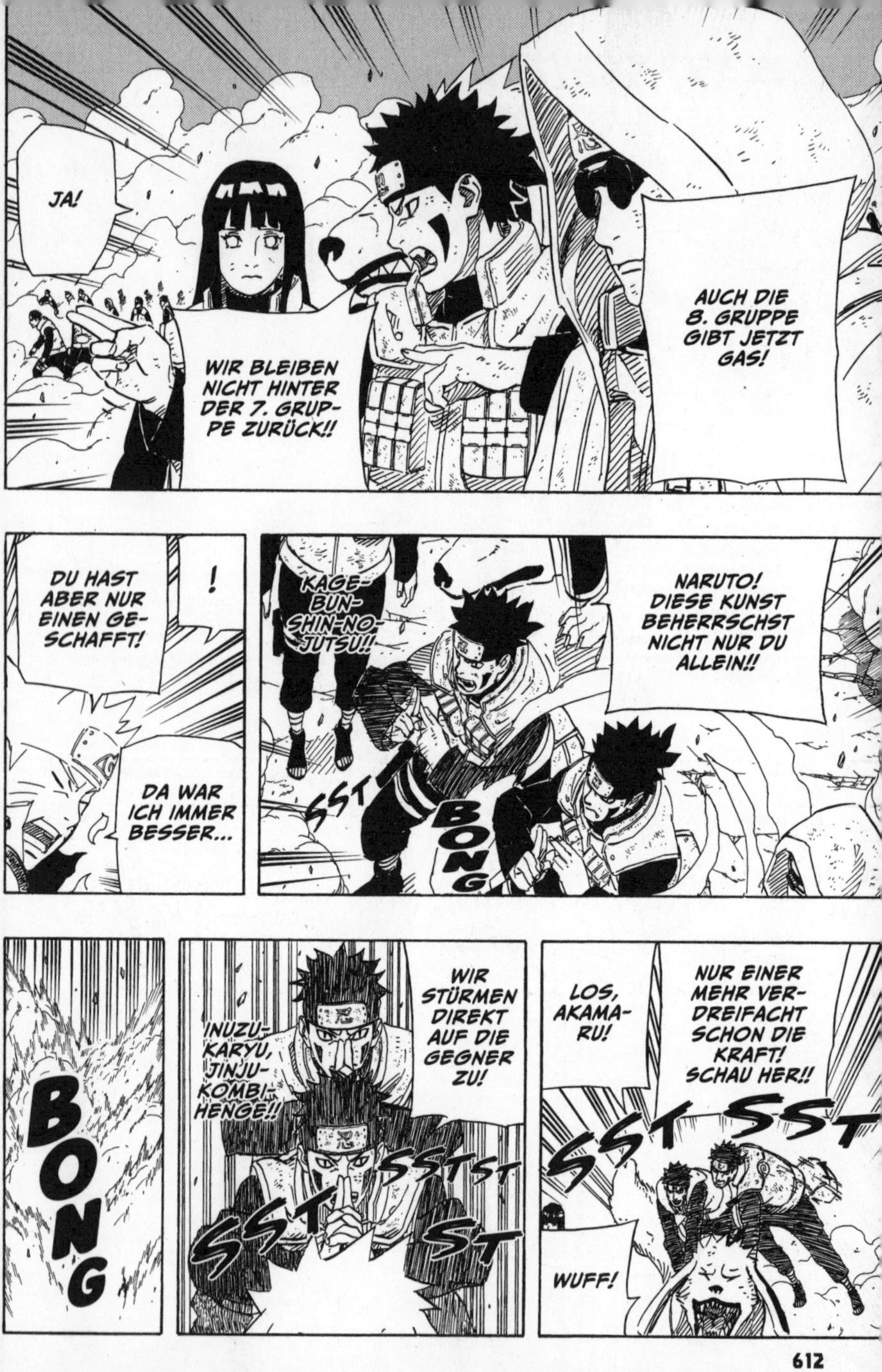
AUCH DIE 8. GRUPPE GIBT JETZT GAS!
WIR BLEIBEN NICHT HINTER DER 7. GRUPPE ZURÜCK!!
JA!
NARUTO! DIESE KUNST BEHERRSCHST NICHT NUR DU ALLEIN!!
KAGE-BUN-SHIN-NO-JUTSU!!
SST
BONG
!
DU HAST ABER NUR EINEN GESCHAFFT!
DA WAR ICH IMMER BESSER...
NUR EINER MEHR VERDREIFACHT SCHON DIE KRAFT! SCHAU HER!!
LOS, AKAMARU!
SSST SST
WUFF!
WIR STÜRMEN DIREKT AUF DIE GEGNER ZU!
INUZUKARYU, JINJU-KOMBI-HENGE!!
SSTST
SST
ST
BONG

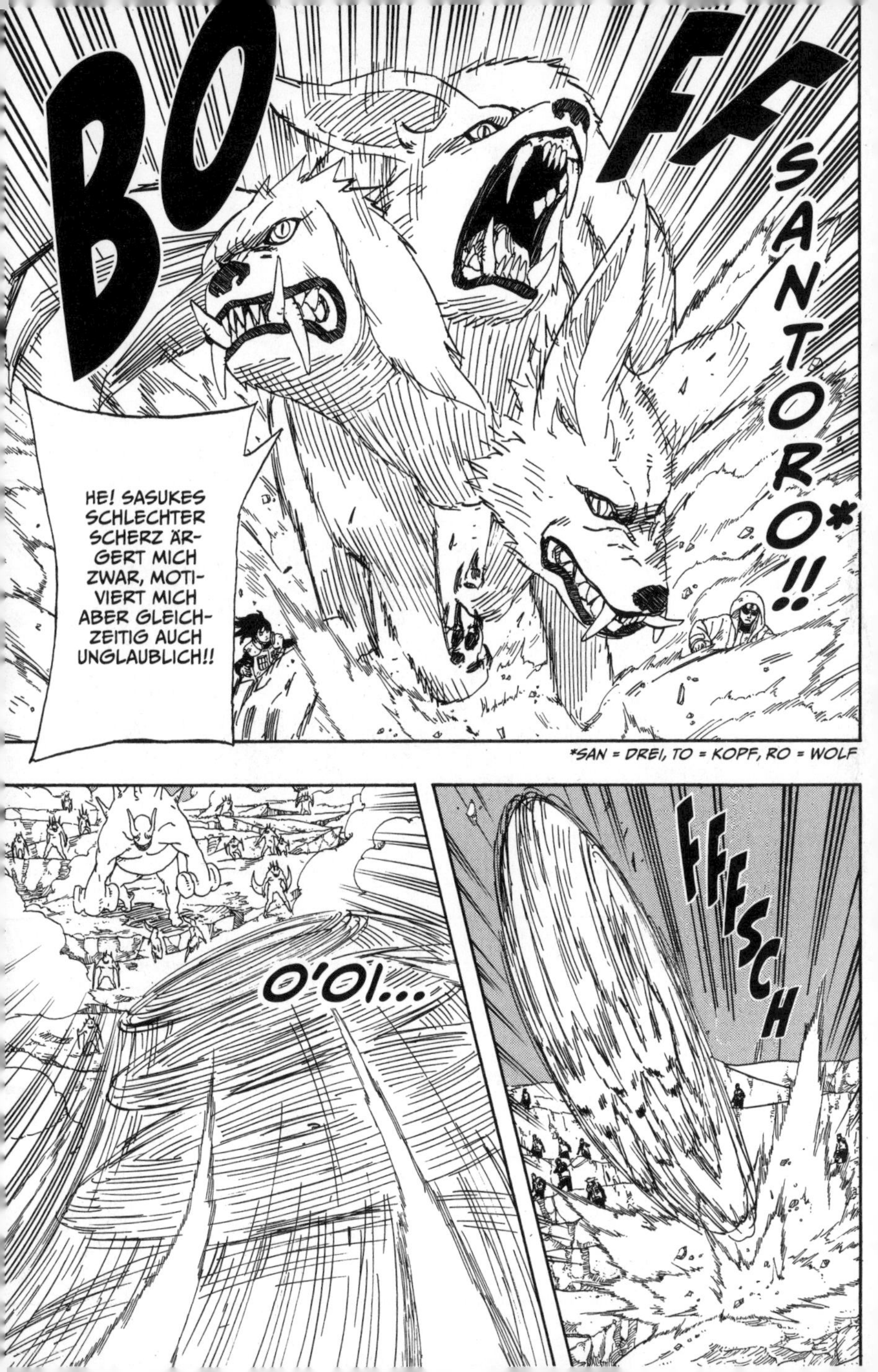
BOFF
SANTORO*!!
HE! SASUKES SCHLECHTER SCHERZ ÄRGERT MICH ZWAR, MOTIVIERT MICH ABER GLEICHZEITIG AUCH UNGLAUBLICH!!
*SAN = DREI, TO = KOPF, RO = WOLF
FFFSCH
O'OI...

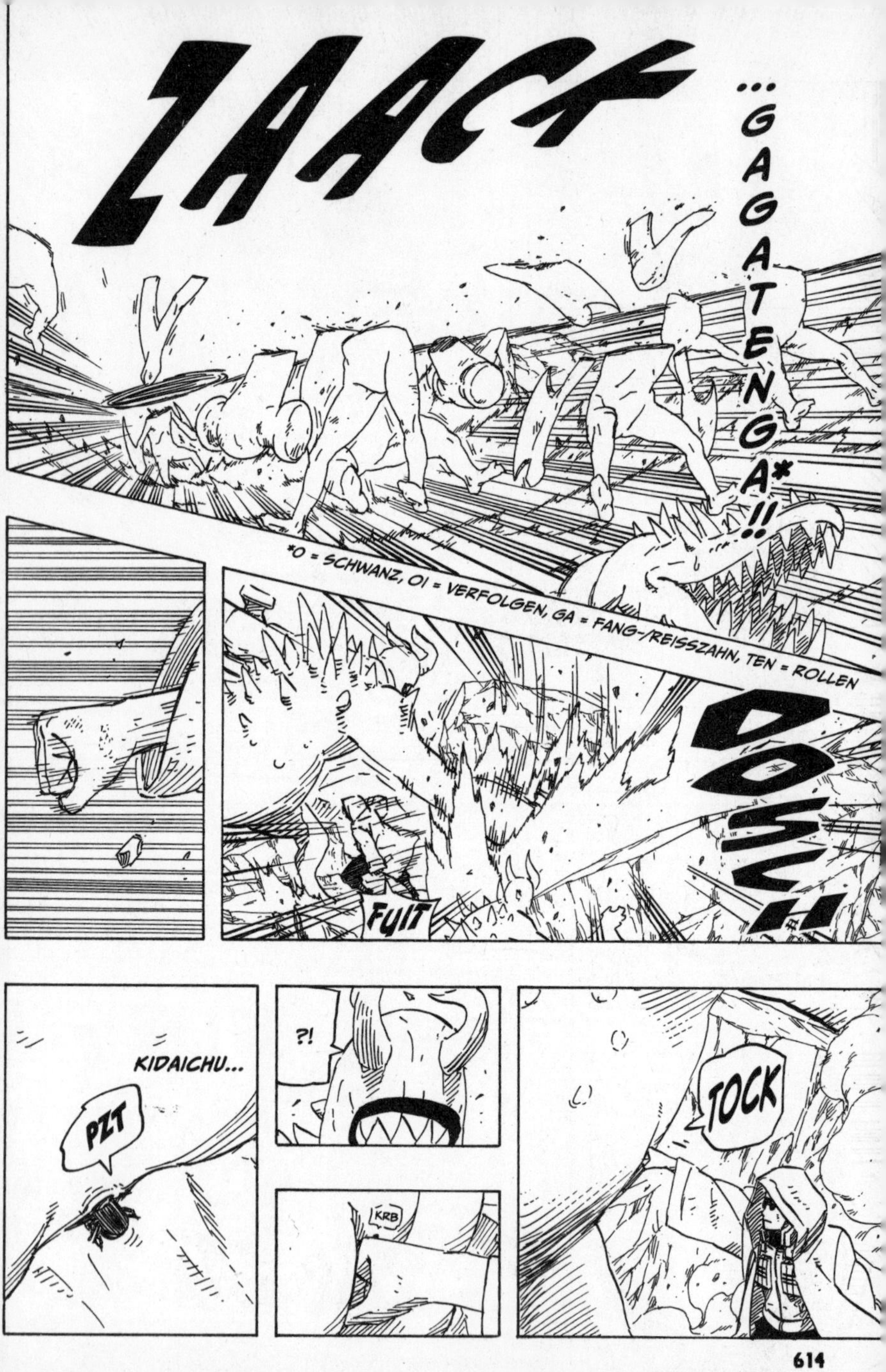
ZAACK
...GAGATENGA*!!
*O = SCHWANZ, OI = VERFOLGEN, GA = FANG-/REISSZAHN, TEN = ROLLEN
DOSH!!
FUIT
TOCK
?!
KRB
KIDAICHU...
PZT

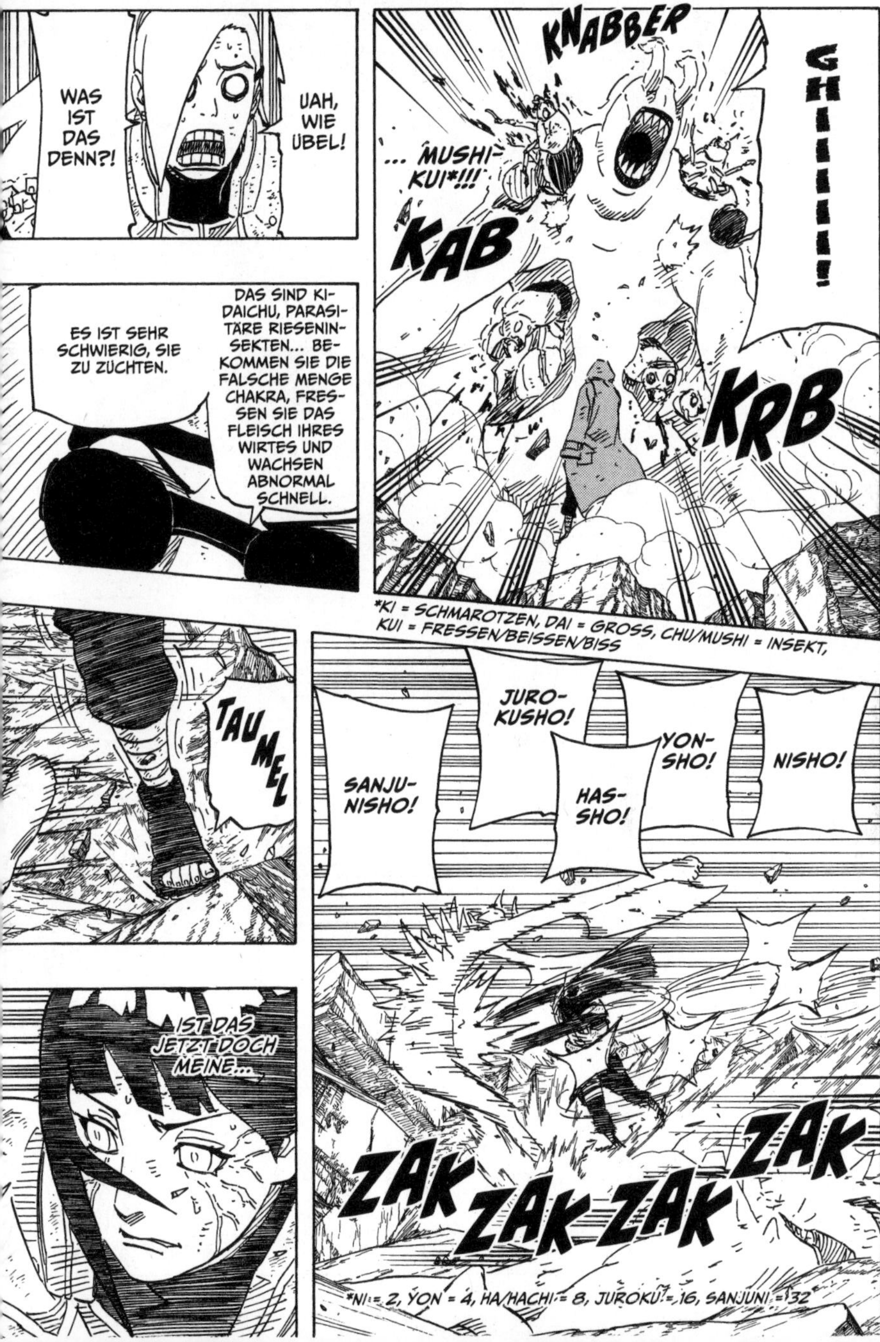
KNABBER
GHIIIIIII!
... MUSHI-KUI*!!!
KAB
KRB
*KI = SCHMAROTZEN, DAI = GROSS, CHU/MUSHI = INSEKT,
KUI = FRESSEN/BEISSEN/BISS
UAH, WIE ÜBEL!
WAS IST DAS DENN?!
DAS SIND KI-DAICHU, PARASITÄRE RIESENINSEKTEN... BEKOMMEN SIE DIE FALSCHE MENGE CHAKRA, FRESSEN SIE DAS FLEISCH IHRES WIRTES UND WACHSEN ABNORMAL SCHNELL.
ES IST SEHR SCHWIERIG, SIE ZU ZÜCHTEN.
NISHO!
YONSHO!
JUROKUSHO!
HASSHO!
SANJUNISHO!
ZAK ZAK ZAK ZAK
*NI = 2, YON = 4, HA/HACHI = 8, JUROKU = 16, SANJUNI = 32
TAUMEL
IST DAS JETZT DOCH MEINE...

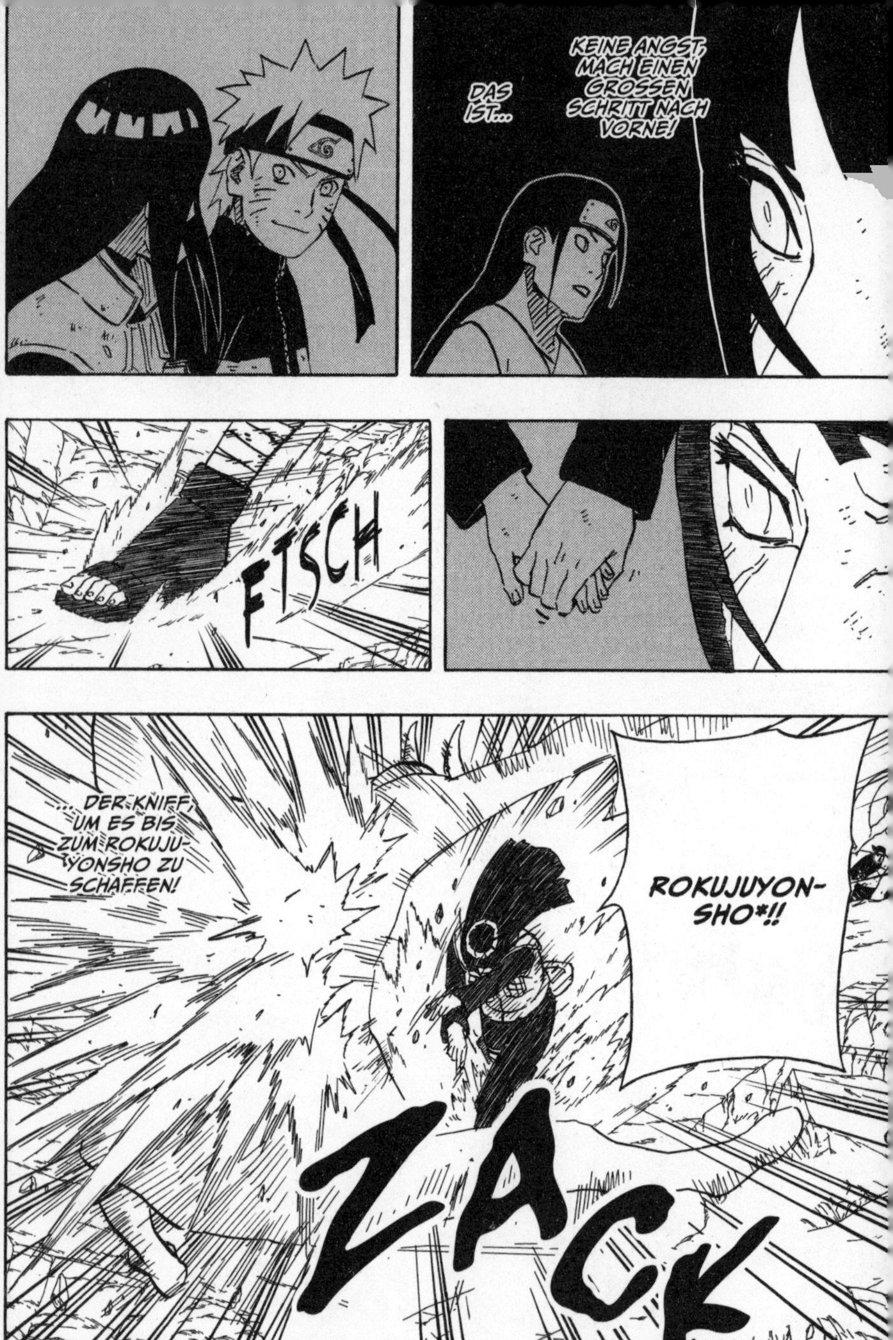

*ROKUJUYON = 64

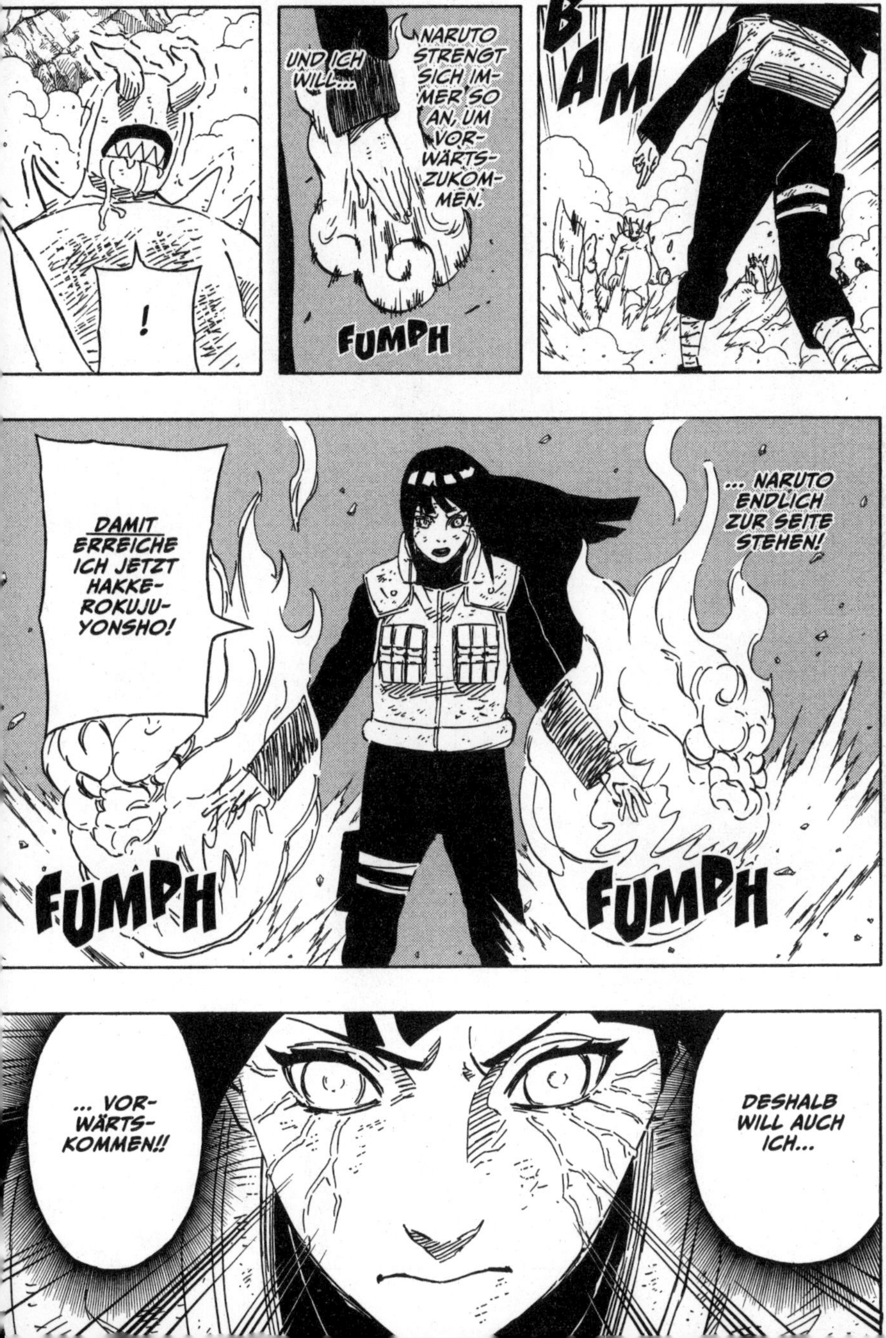
BAM
NARUTO STRENGT SICH IMMER SO AN, UM VORWÄRTSZUKOMMEN.
UND ICH WILL...
FUMPH
!
... NARUTO ENDLICH ZUR SEITE STEHEN!
DAMIT ERREICHE ICH JETZT HAKKE-ROKUJUYONSHO!
FUMPH
FUMPH
DESHALB WILL AUCH ICH...
... VORWÄRTSKOMMEN!!

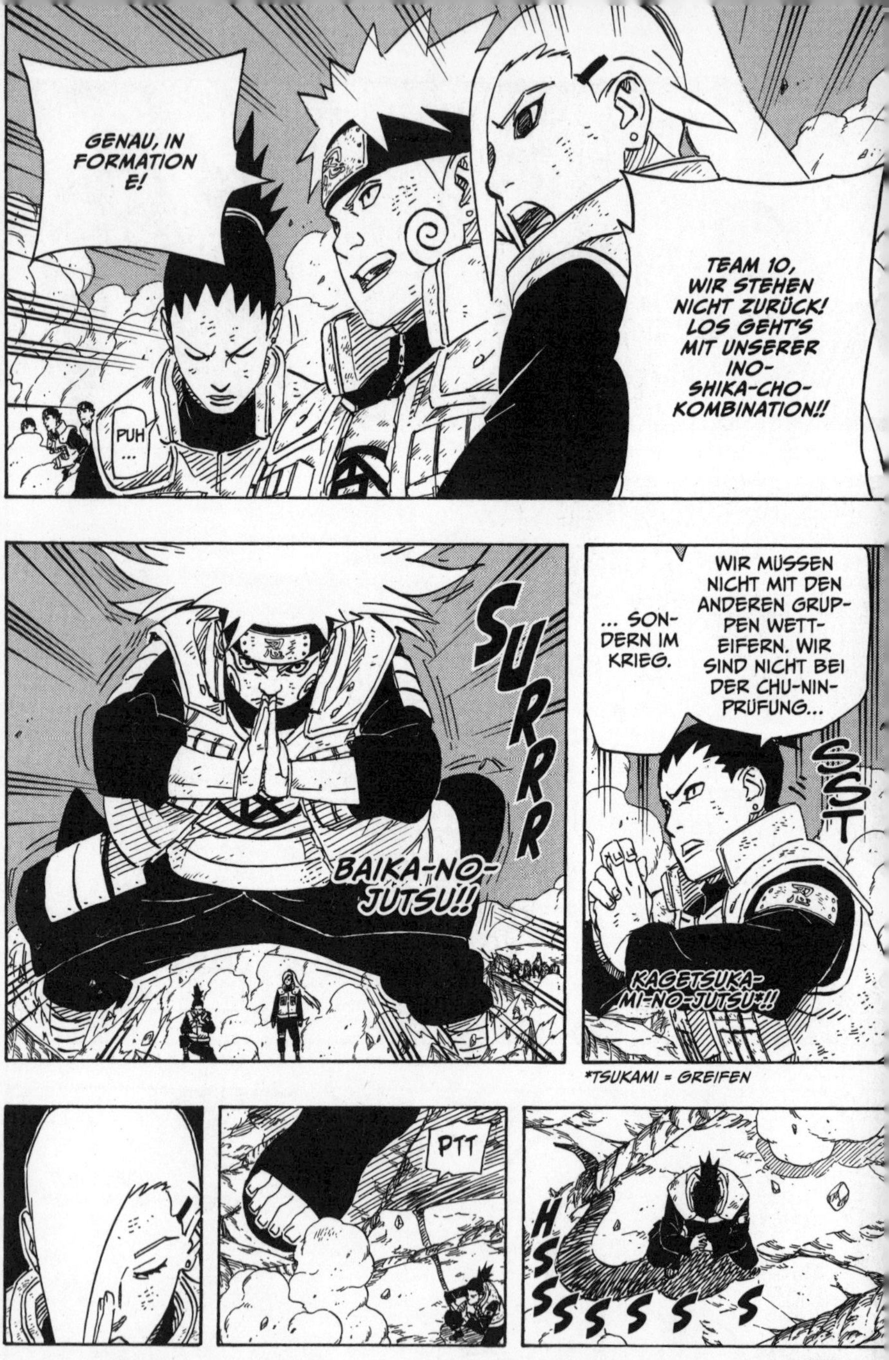

*TSUKAMI = GREIFEN

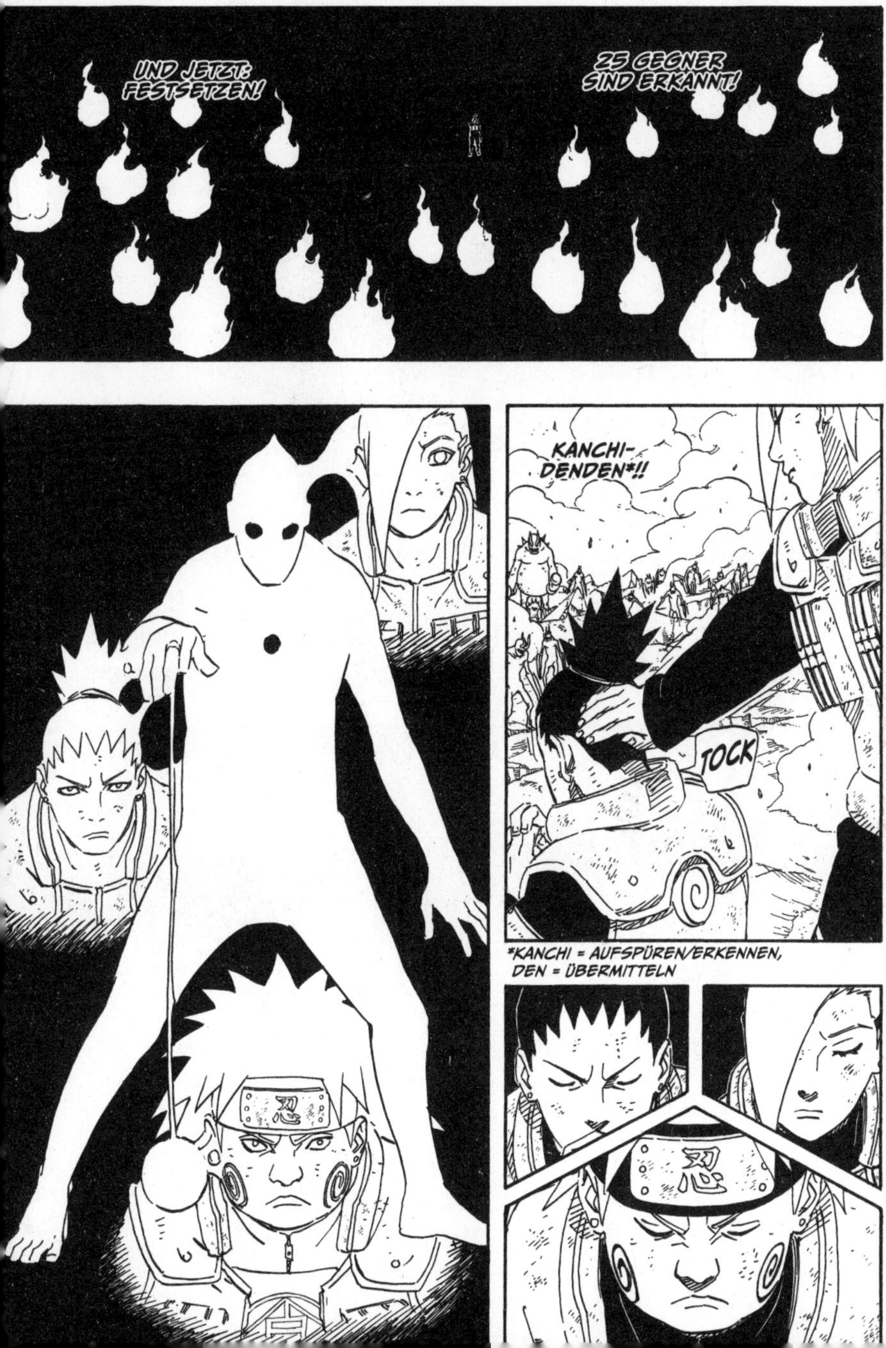
25 GEGNER SIND ERKANNT!
UND JETZT: FESTSETZEN!
KANCHI-DENDEN*!!
TOCK
*KANCHI = AUFSPÜREN/ERKENNEN, DEN = ÜBERMITTELN

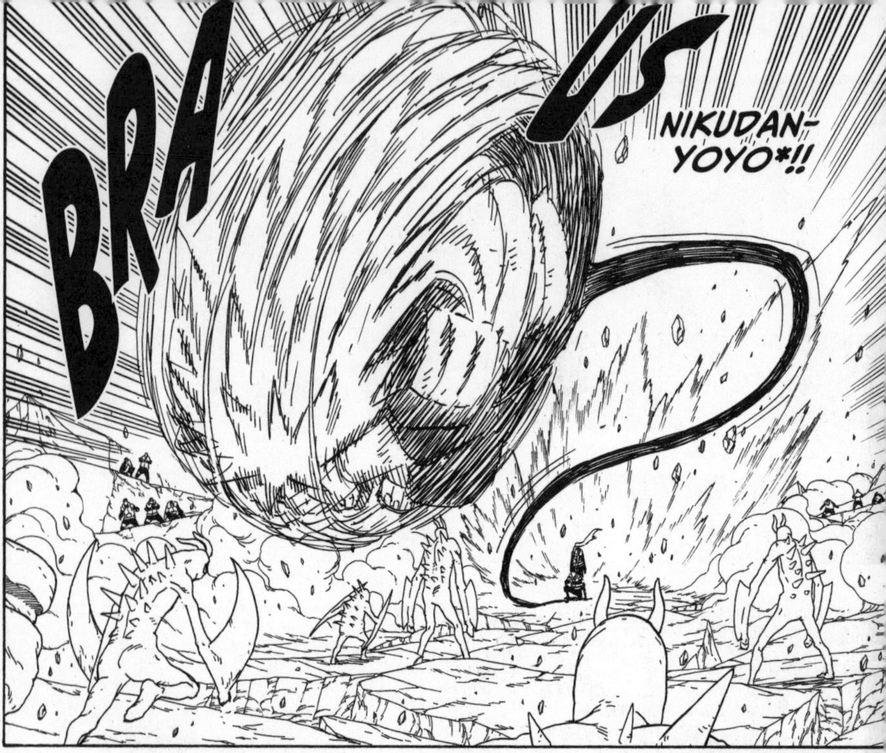

*YOYO = JO-JO

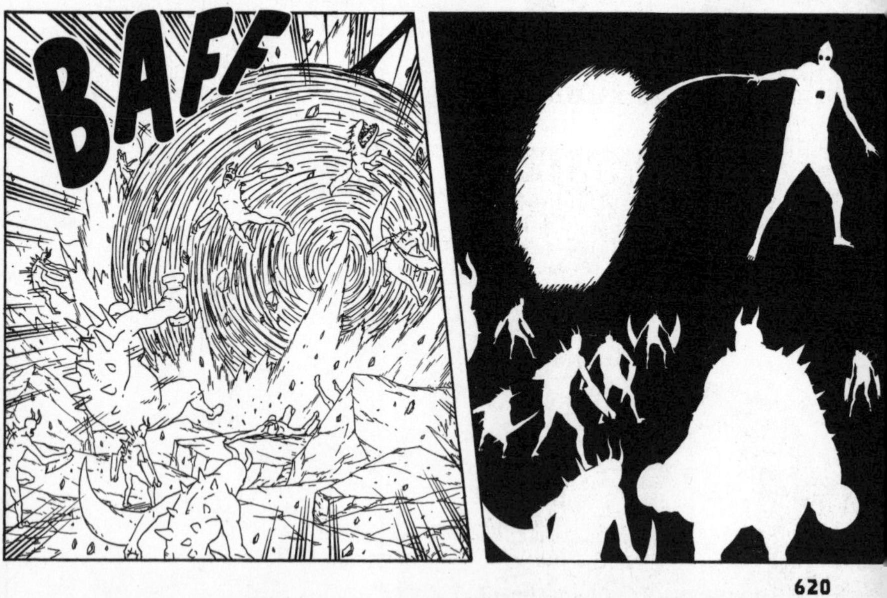

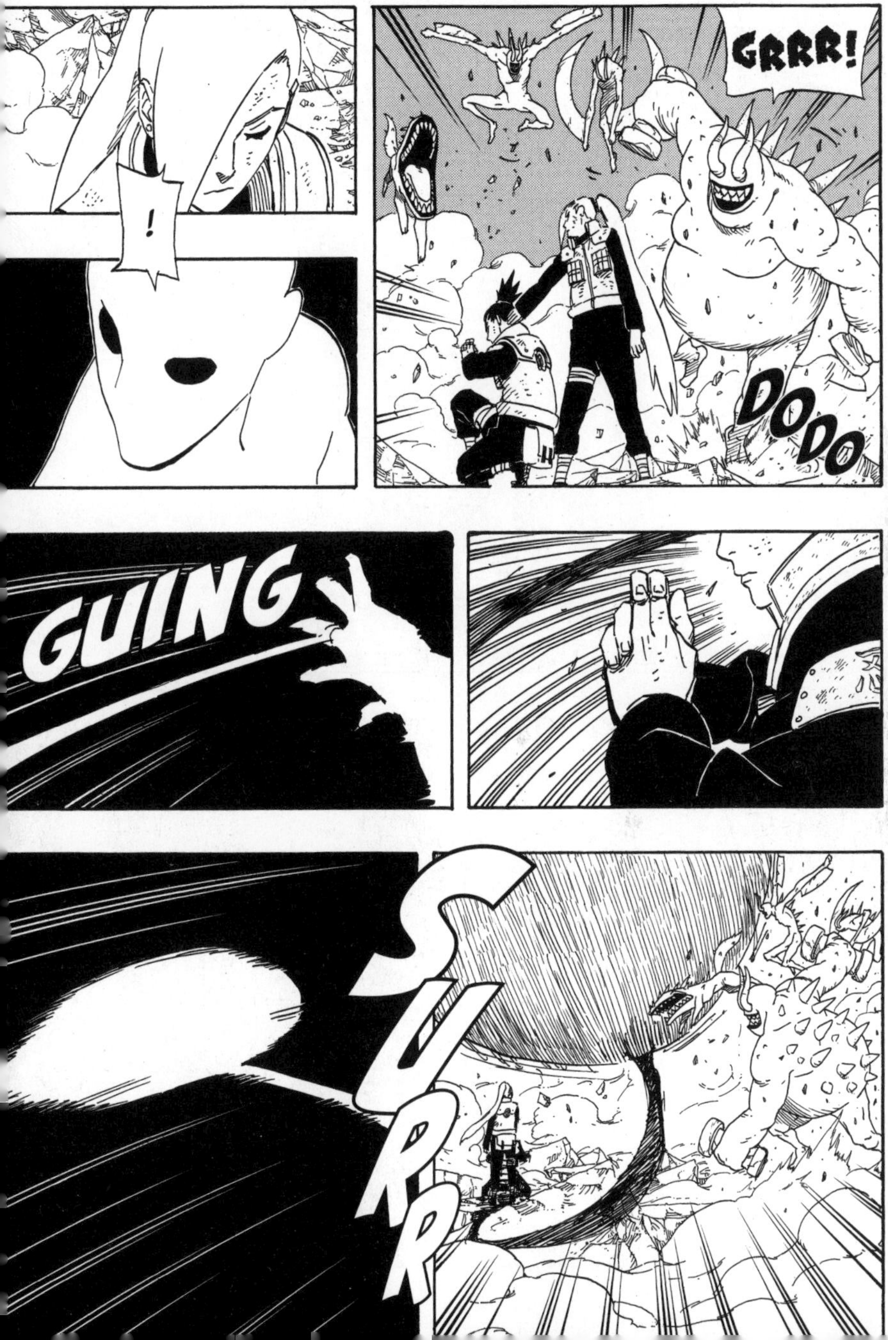
GRRR!
!
DODO
GUING
SURR

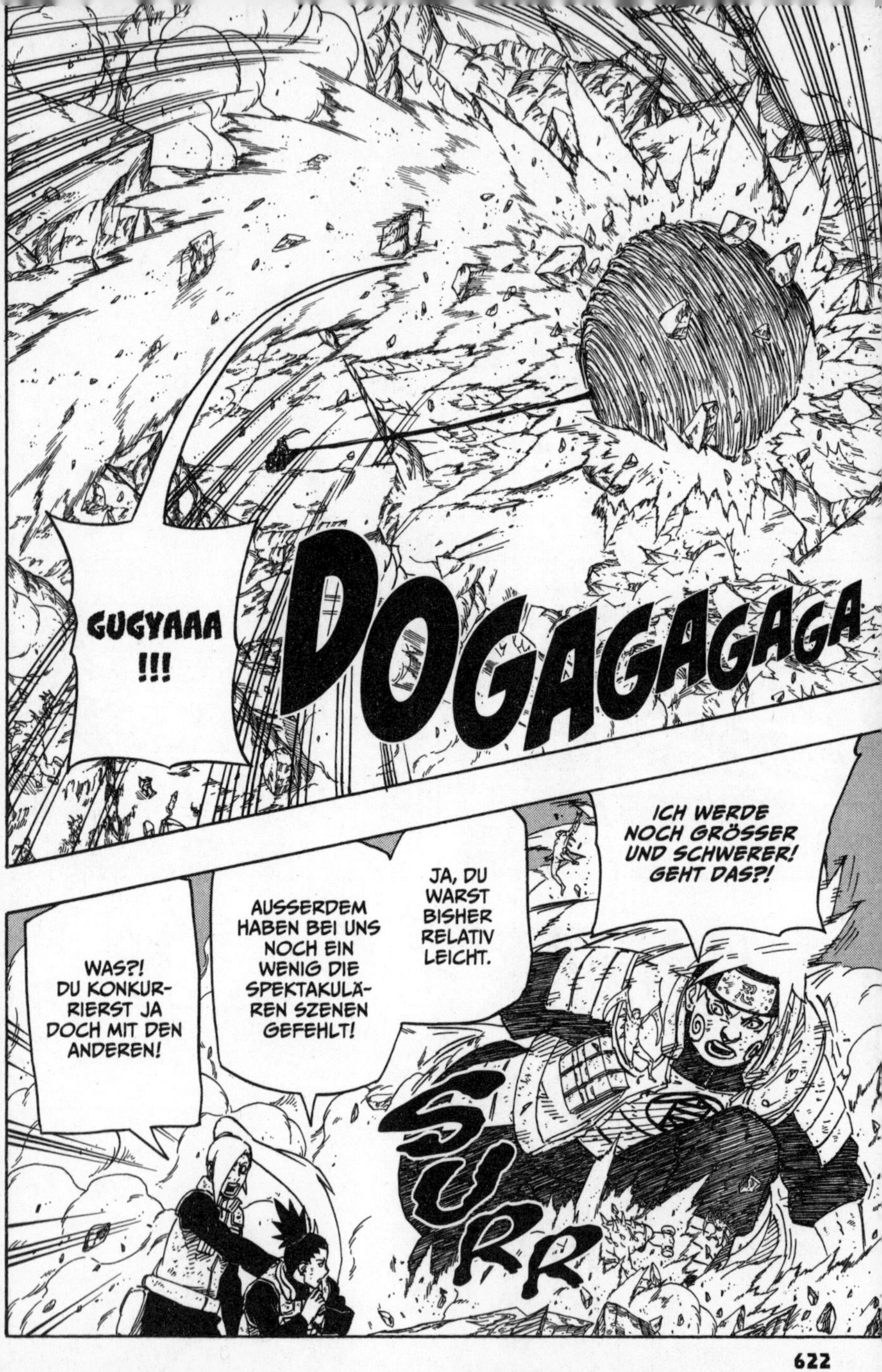
DOGAGAGAGA
GUGYAAA !!!
ICH WERDE NOCH GRÖSSER UND SCHWERER! GEHT DAS?!
JA, DU WARST BISHER RELATIV LEICHT.
AUSSERDEM HABEN BEI UNS NOCH EIN WENIG DIE SPEKTAKULÄREN SZENEN GEFEHLT!
WAS?! DU KONKURRIERST JA DOCH MIT DEN ANDEREN!
SURR

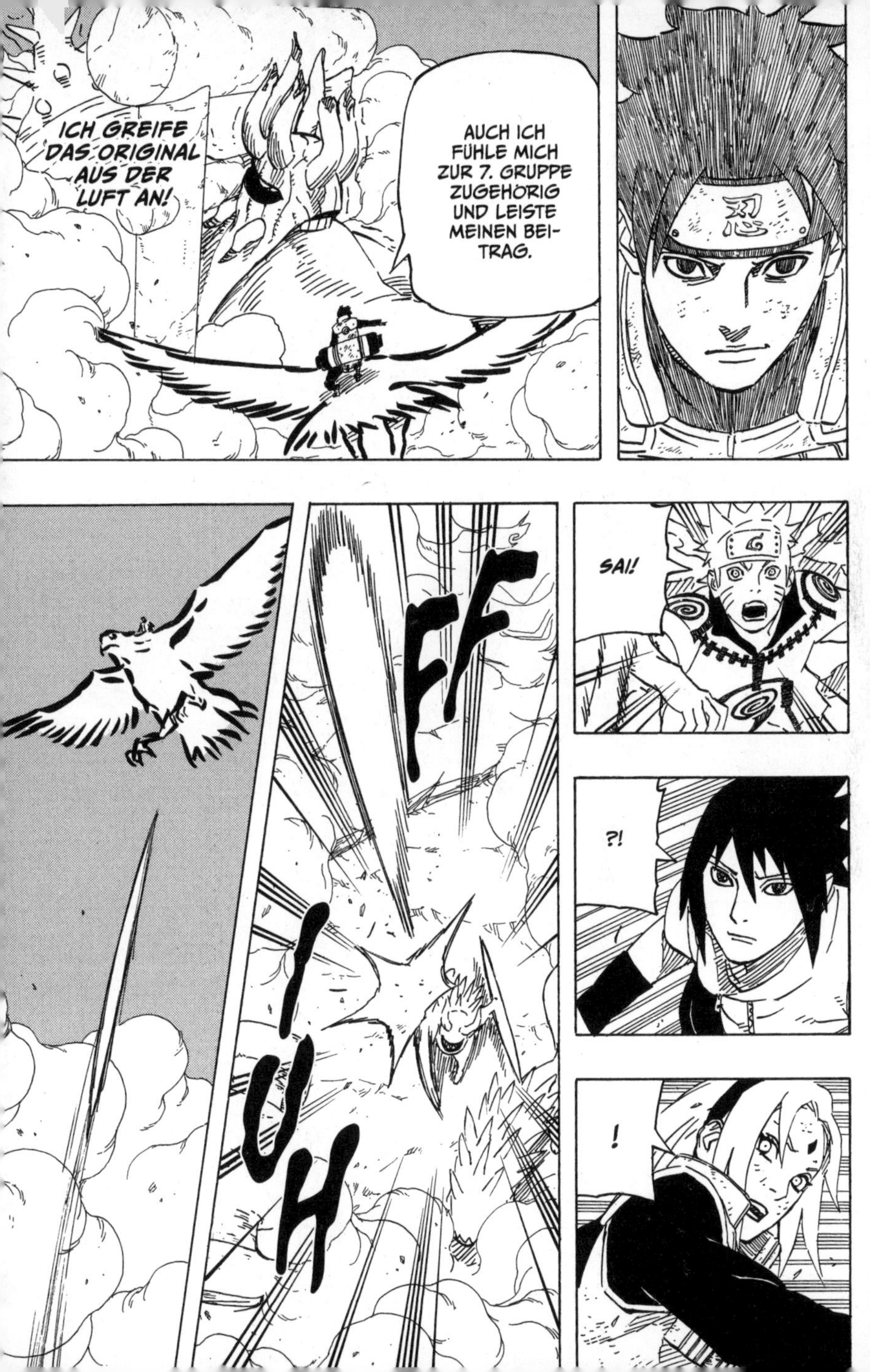
AUCH ICH FÜHLE MICH ZUR 7. GRUPPE ZUGEHÖRIG UND LEISTE MEINEN BEI-TRAG.
ICH GREIFE DAS ORIGINAL AUS DER LUFT AN!
SAI!
?!
!
FFIUUH

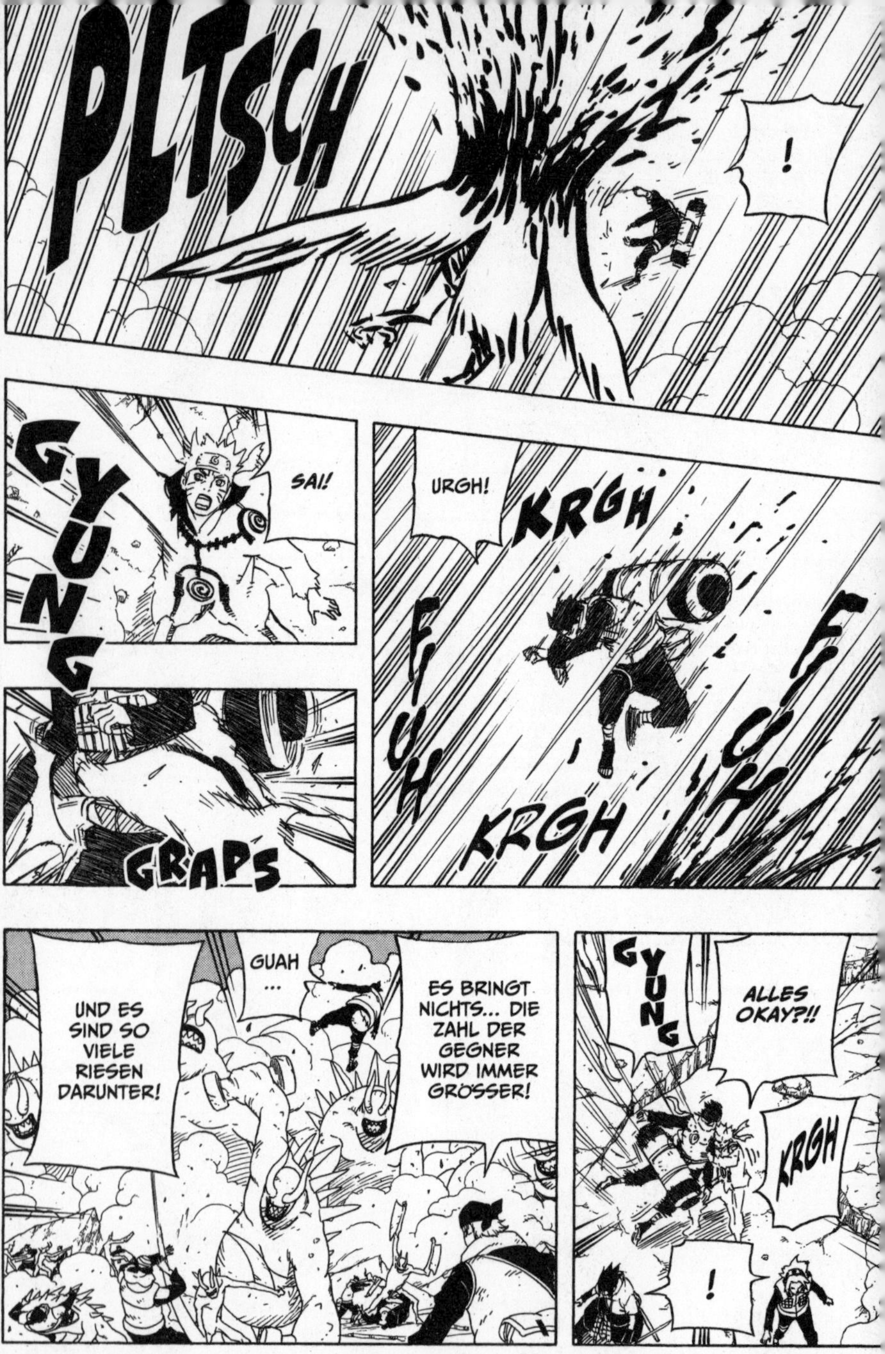
PLTSCH
!
URGH!
KRGH
FFUH
FFUH
KRGH
SAI!
GYUNG
GRAPS
GYUNG
ALLES OKAY?!!
KRGH
!
ES BRINGT NICHTS... DIE ZAHL DER GEGNER WIRD IMMER GRÖSSER!
GUAH ...
UND ES SIND SO VIELE RIESEN DARUNTER!

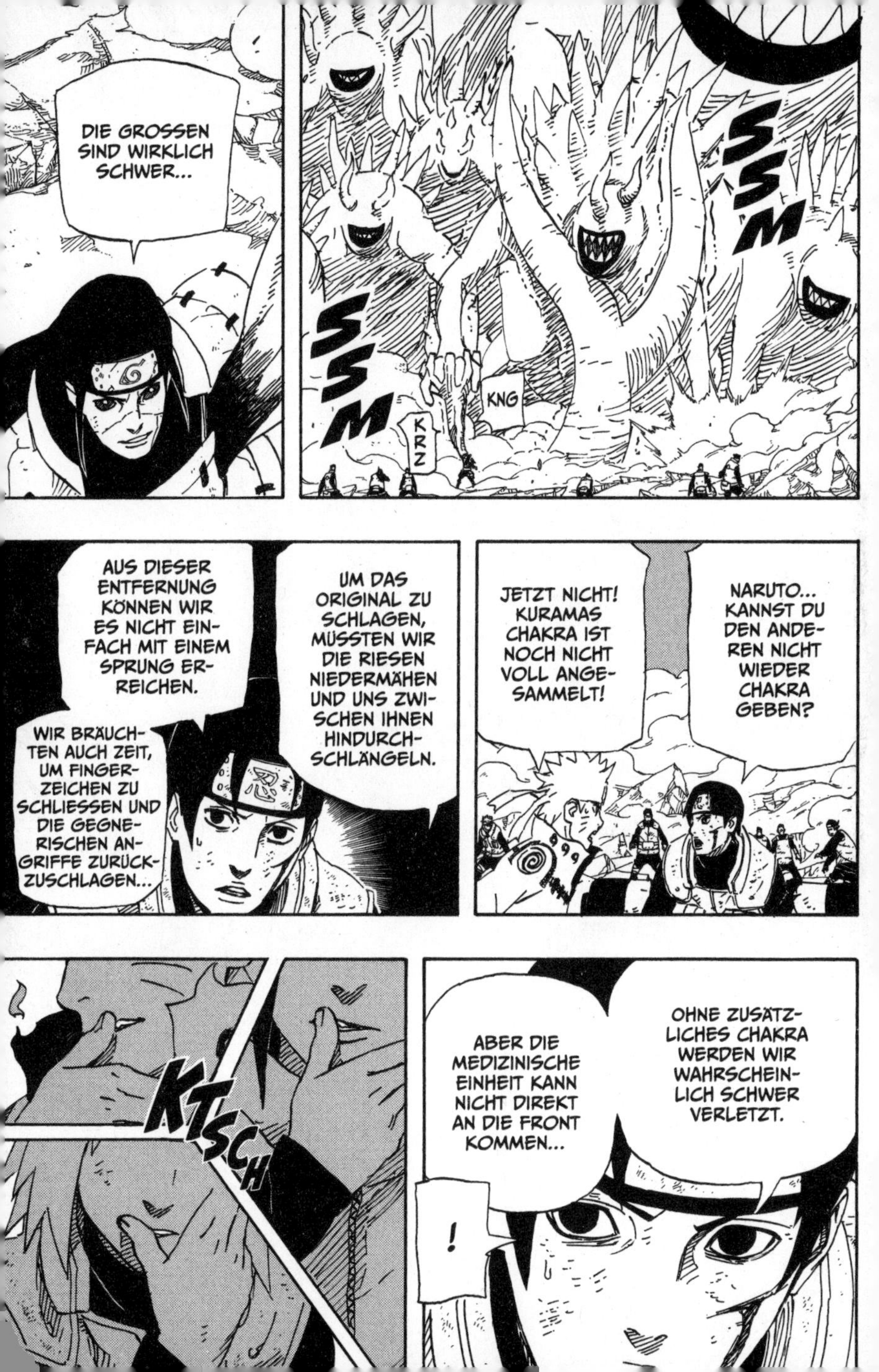

SSM
SSM
KNG
KRZ
DIE GROSSEN SIND WIRKLICH SCHWER...
NARUTO... KANNST DU DEN ANDEREN NICHT WIEDER CHAKRA GEBEN?
JETZT NICHT! KURAMAS CHAKRA IST NOCH NICHT VOLL ANGESAMMELT!
UM DAS ORIGINAL ZU SCHLAGEN, MÜSSTEN WIR DIE RIESEN NIEDERMÄHEN UND UNS ZWISCHEN IHNEN HINDURCHSCHLÄNGELN.
AUS DIESER ENTFERNUNG KÖNNEN WIR ES NICHT EINFACH MIT EINEM SPRUNG ERREICHEN.
WIR BRÄUCHTEN AUCH ZEIT, UM FINGERZEICHEN ZU SCHLIESSEN UND DIE GEGNERISCHEN ANGRIFFE ZURÜCKZUSCHLAGEN...
OHNE ZUSÄTZLICHES CHAKRA WERDEN WIR WAHRSCHEINLICH SCHWER VERLETZT.
ABER DIE MEDIZINISCHE EINHEIT KANN NICHT DIREKT AN DIE FRONT KOMMEN...
!
KTSCH

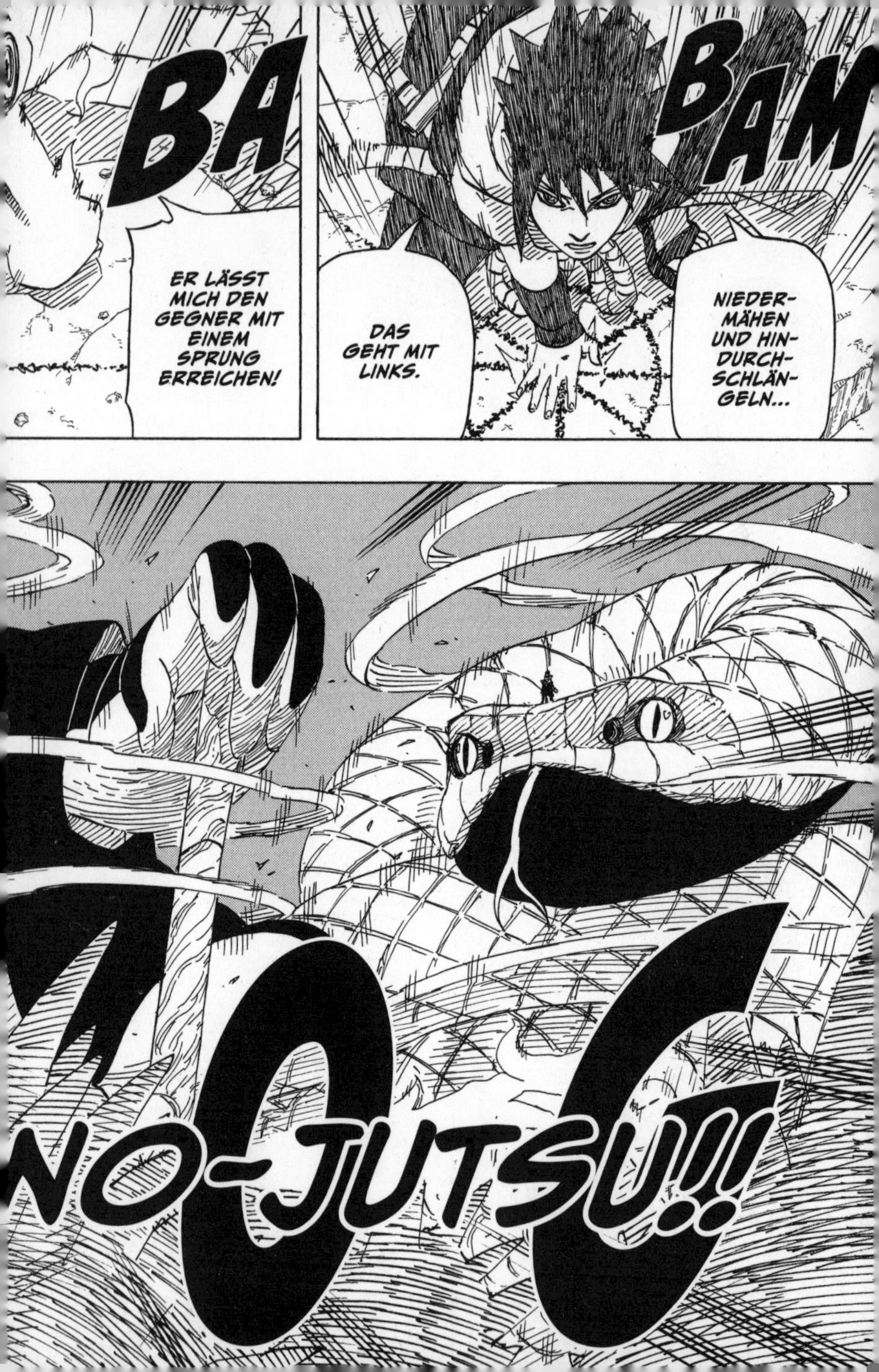
BAM
NIEDER-MÄHEN UND HINDURCH-SCHLÄNGELN...
DAS GEHT MIT LINKS.
BA
ER LÄSST MICH DEN GEGNER MIT EINEM SPRUNG ERREICHEN!
NO-JUTSU!!

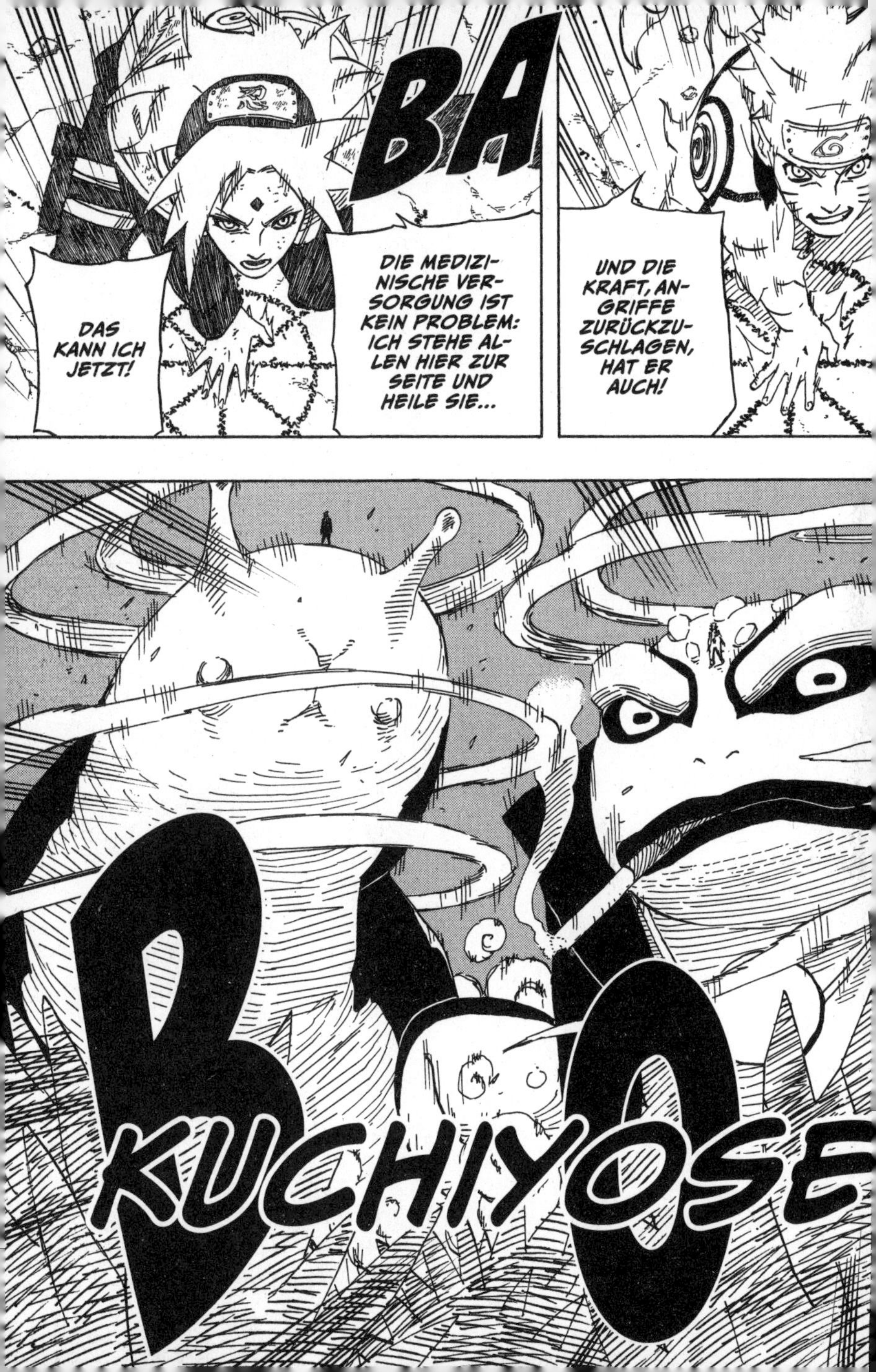
UND DIE KRAFT, ANGRIFFE ZURÜCKZUSCHLAGEN, HAT ER AUCH!
BA
DIE MEDIZINISCHE VERSORGUNG IST KEIN PROBLEM: ICH STEHE ALLEN HIER ZUR SEITE UND HEILE SIE...
DAS KANN ICH JETZT!
BO
KUCHIYOSE

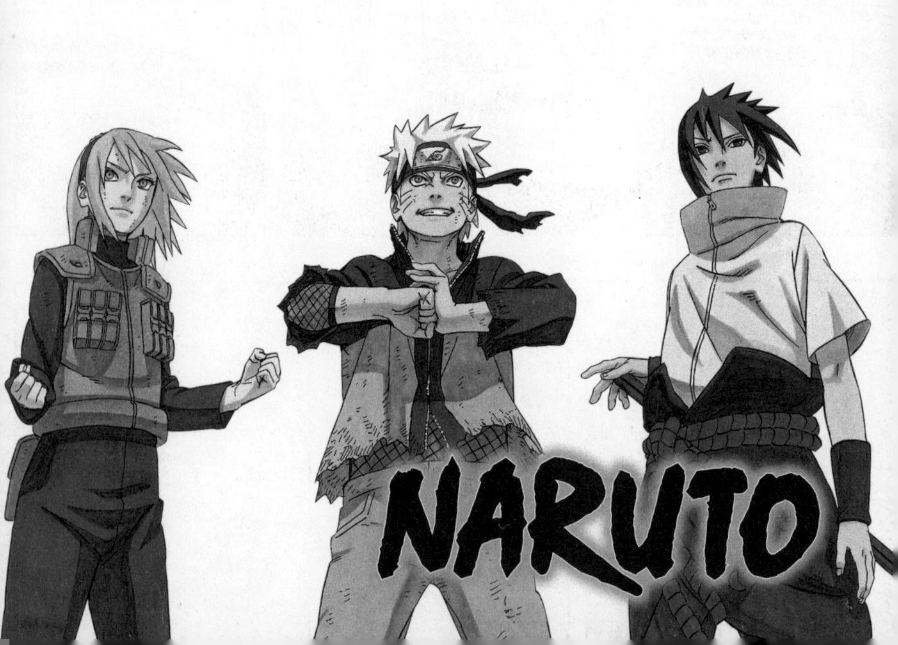
NARUTO

634. Kapitel: Das neue Trilemma*

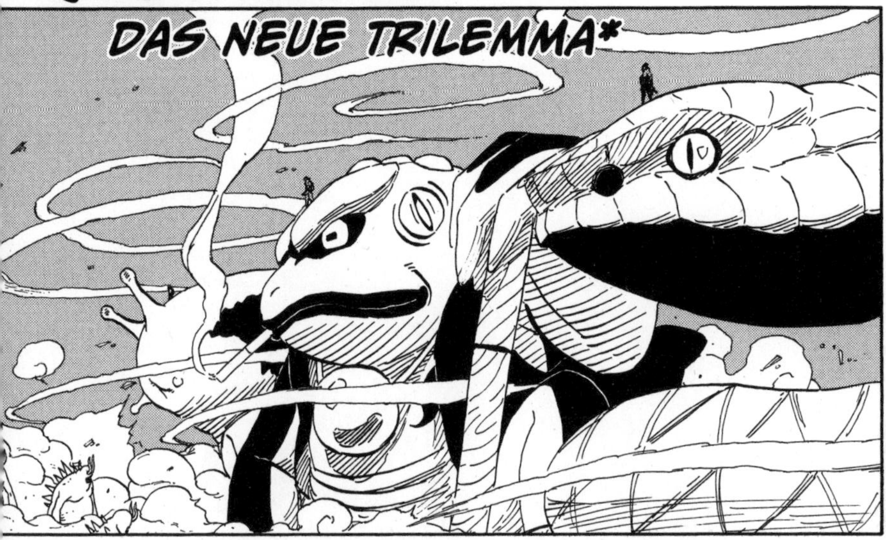

*Trilemma = Sansukumi (San = drei, Sukumi/Sukumu = vor Angst oder Schrecken wie gelähmt sein)

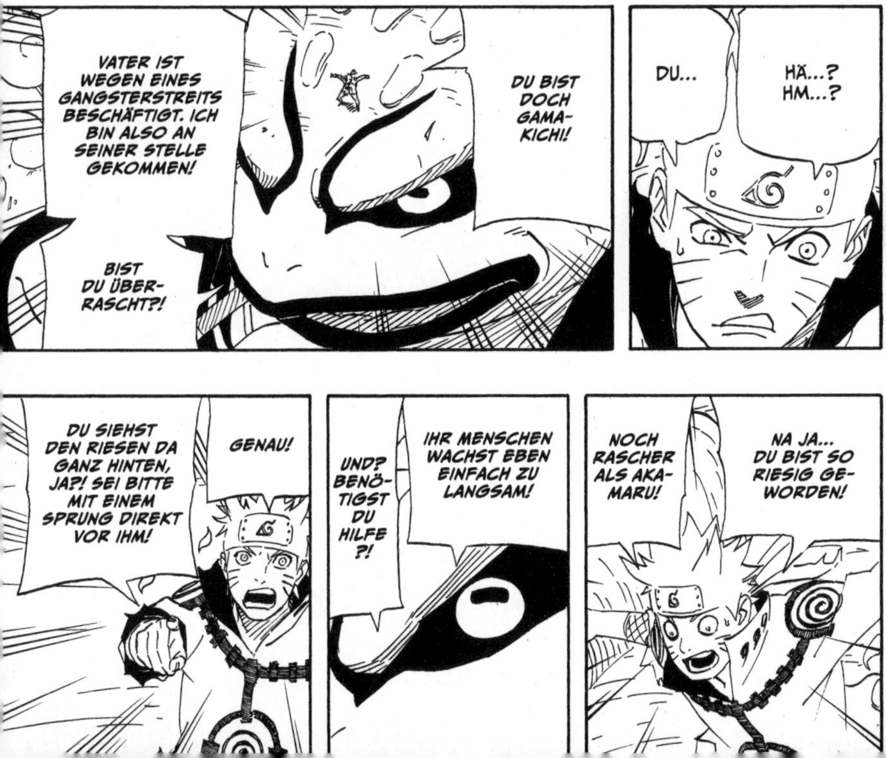

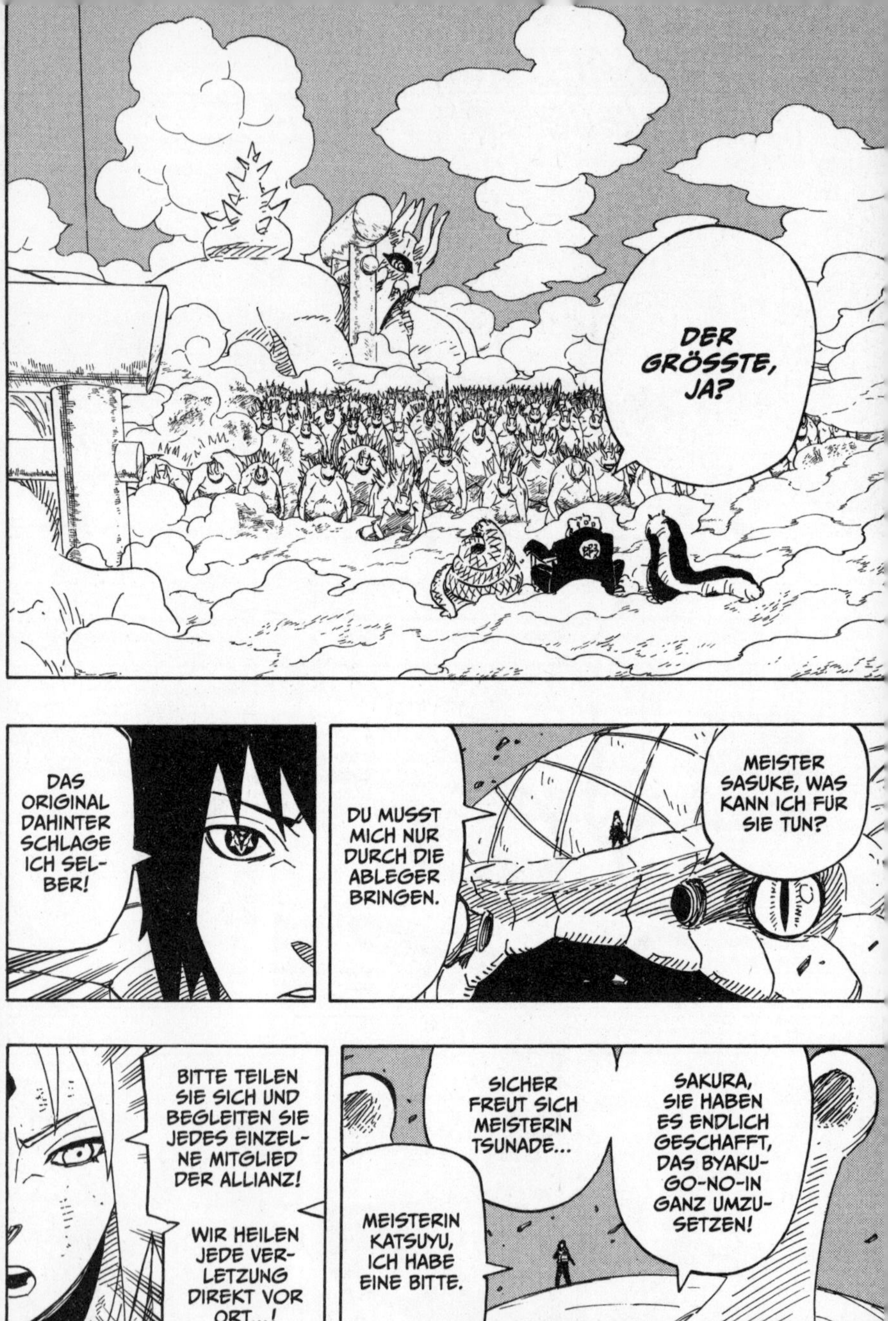
DER GRÖSSTE, JA?
MEISTER SASUKE, WAS KANN ICH FÜR SIE TUN?
DU MUSST MICH NUR DURCH DIE ABLEGER BRINGEN.
DAS ORIGINAL DAHINTER SCHLAGE ICH SELBER!
SAKURA, SIE HABEN ES ENDLICH GESCHAFFT, DAS BYAKUGO-NO-IN GANZ UMZUSETZEN!
SICHER FREUT SICH MEISTERIN TSUNADE...
MEISTERIN KATSUYU, ICH HABE EINE BITTE.
BITTE TEILEN SIE SICH UND BEGLEITEN SIE JEDES EINZELNE MITGLIED DER ALLIANZ!
WIR HEILEN JEDE VERLETZUNG DIREKT VOR ORT...!

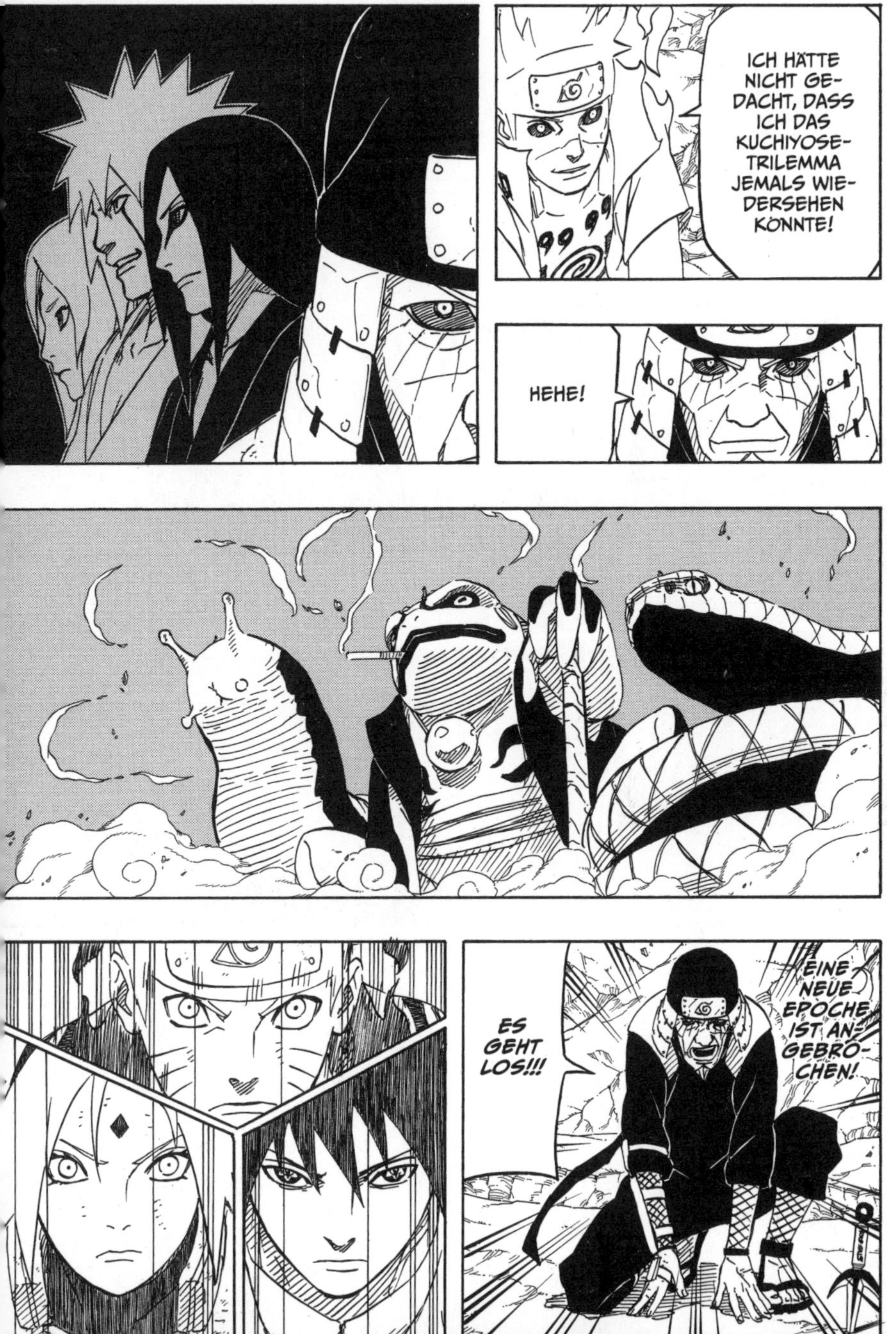
ICH HÄTTE NICHT GEDACHT, DASS ICH DAS KUCHIYOSE-TRILEMMA JEMALS WIEDERSEHEN KÖNNTE!
HEHE!
EINE NEUE EPOCHE IST ANGEBROCHEN!
ES GEHT LOS!!!

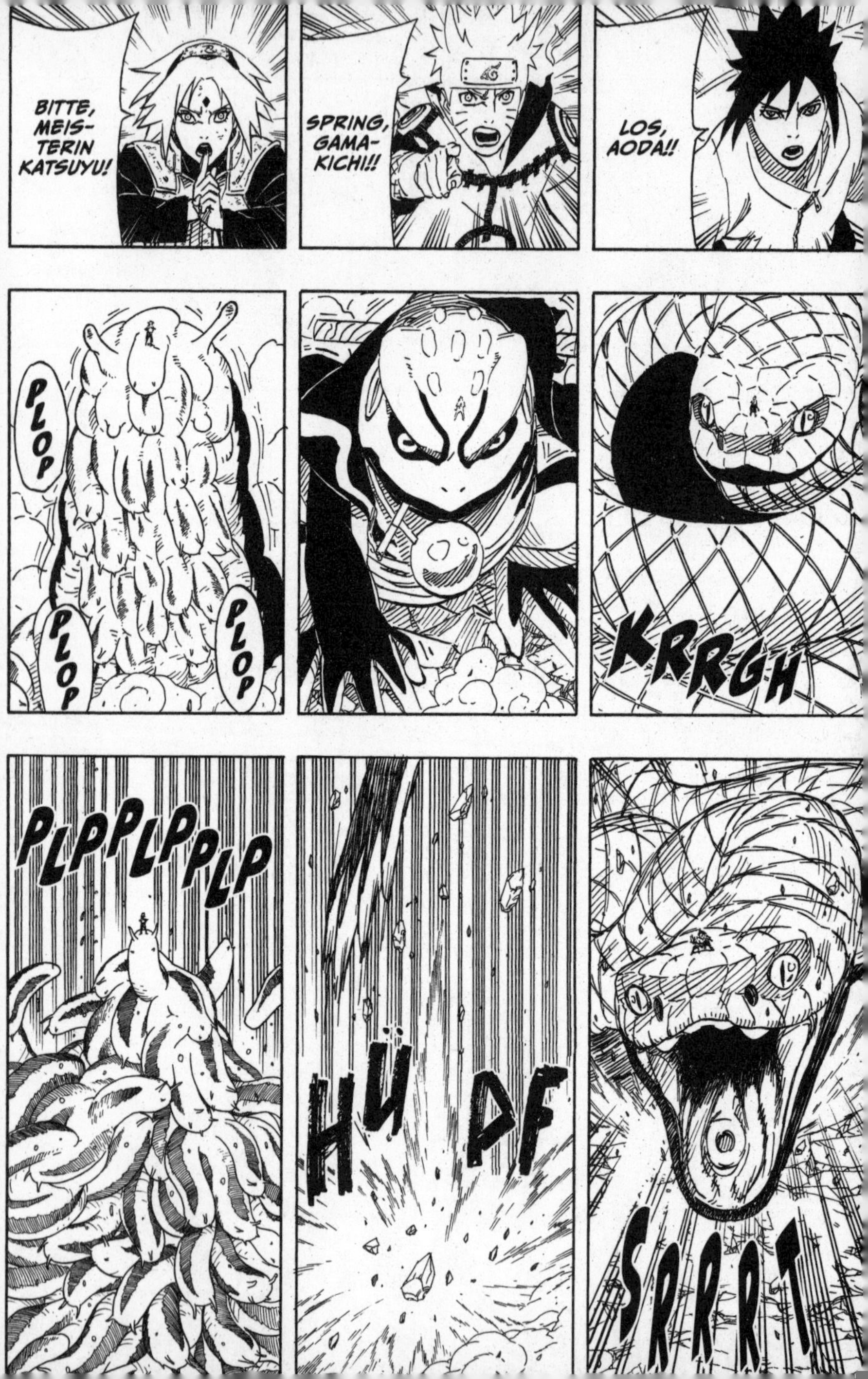

LOS, AODA!!
SPRING, GAMA-KICHI!!
BITTE, MEIS-TERIN KATSUYU!
KRRGH
PLOP
PLOP
PLOP
SRRRT
HÜDF
PLPPLPPLP

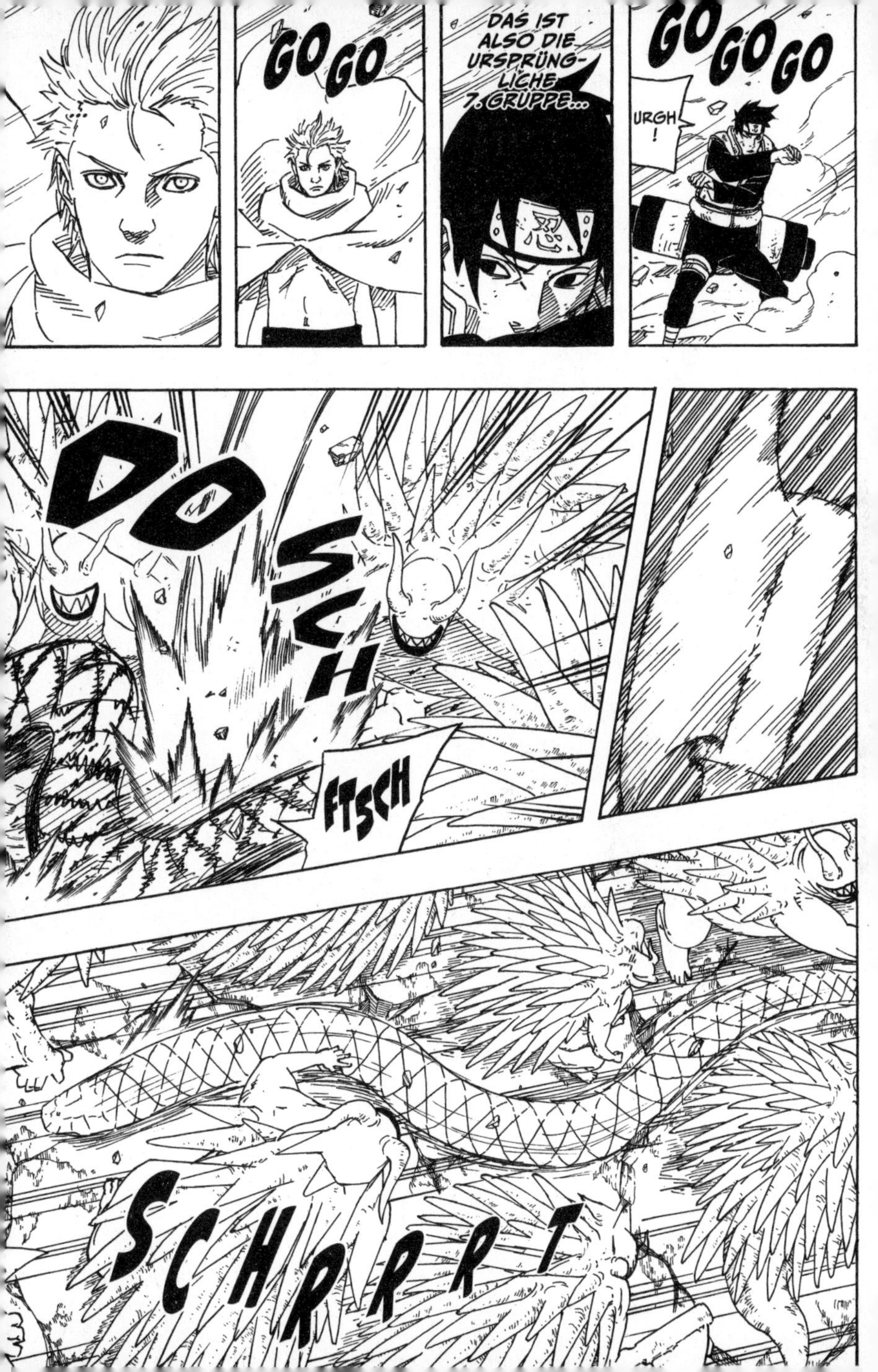
GO GO GO
URGH!
DAS IST ALSO DIE URSPRÜNG-LICHE 7. GRUPPE...
GO GO
DOSCH
FTSCH
SCHRRRT

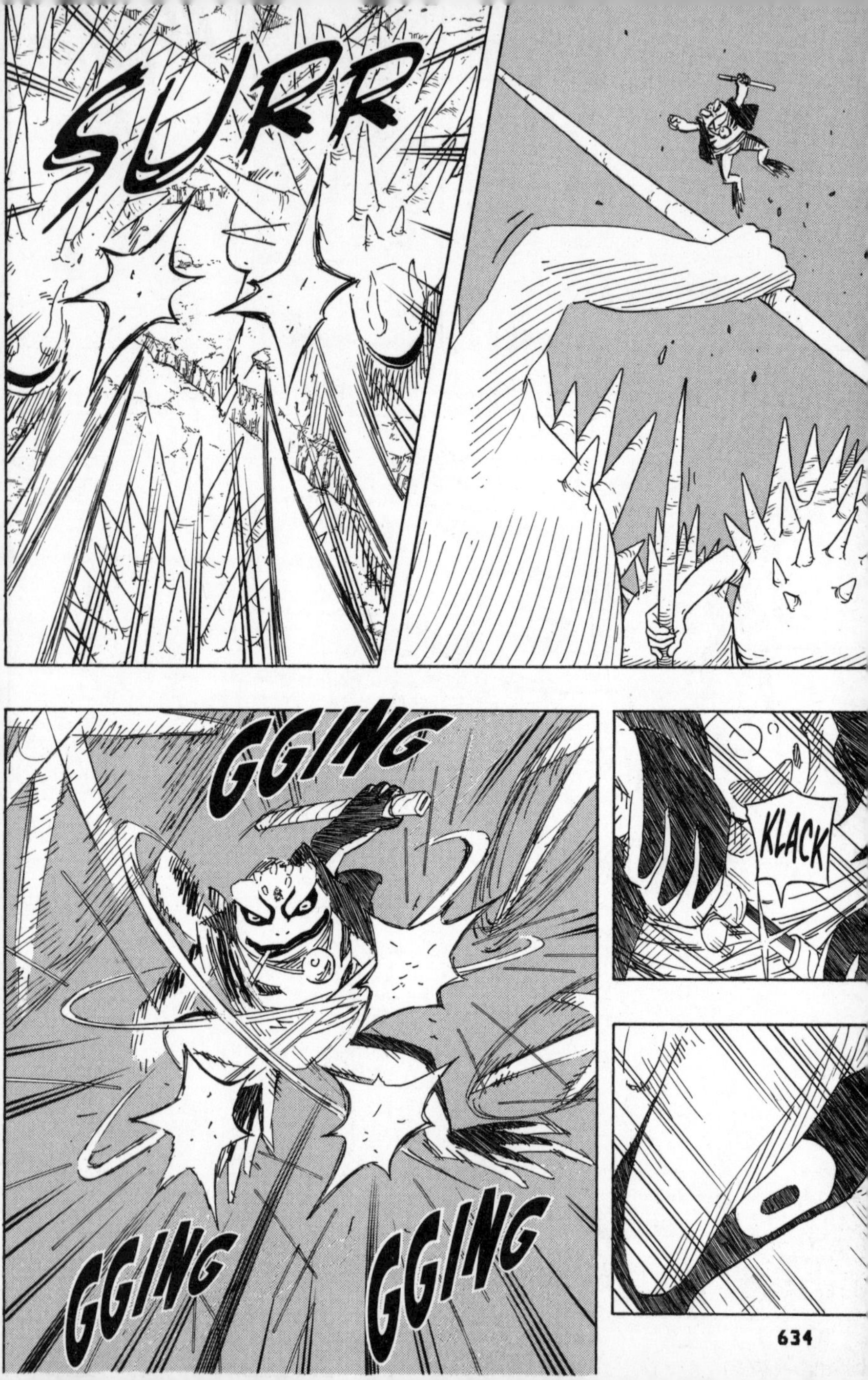
SURR
GGING
KLACK
GGING
GGING

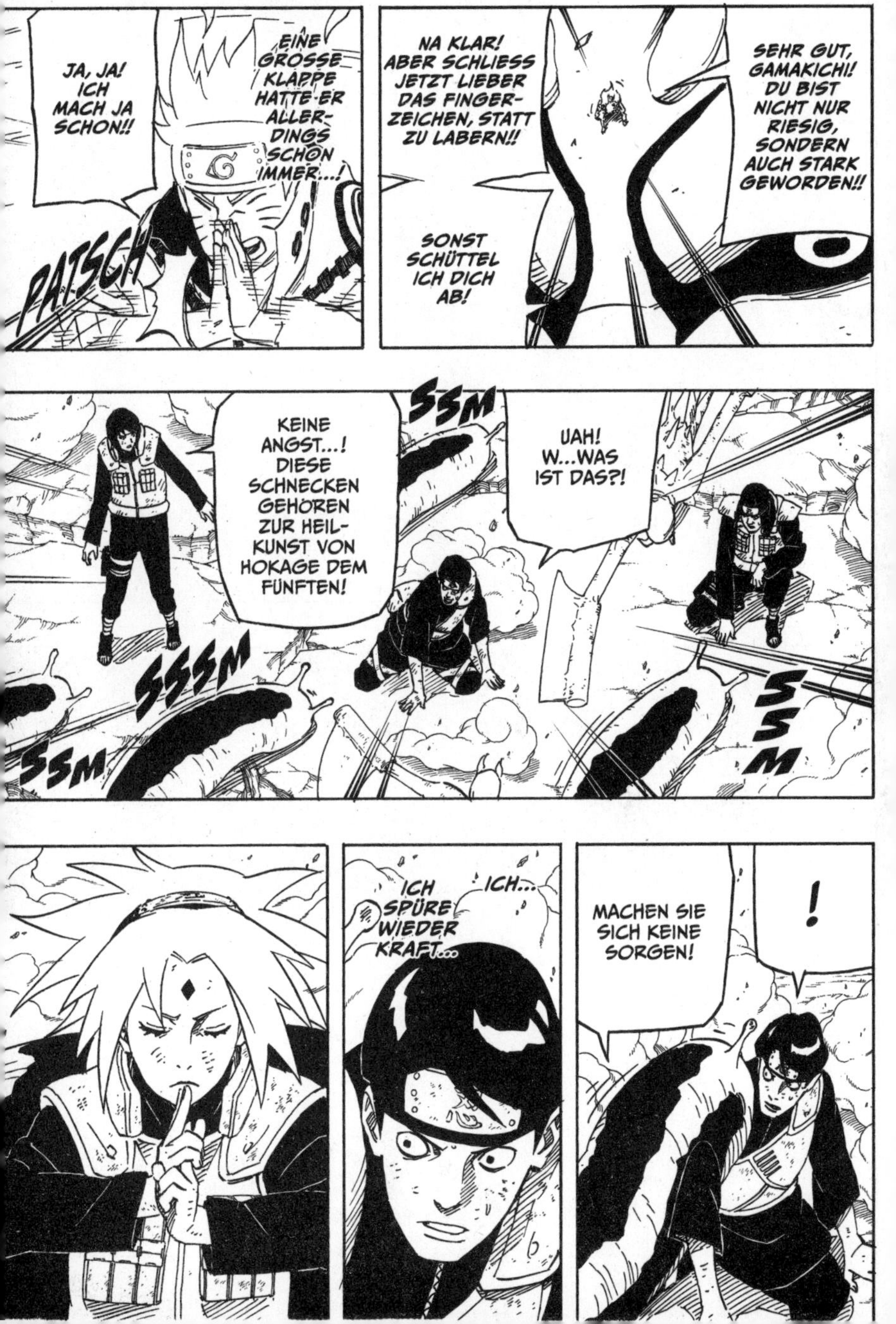
SEHR GUT, GAMAKICHI! DU BIST NICHT NUR RIESIG, SONDERN AUCH STARK GEWORDEN!!
NA KLAR! ABER SCHLIESS JETZT LIEBER DAS FINGER-ZEICHEN, STATT ZU LABERN!!
SONST SCHÜTTEL ICH DICH AB!
EINE GROSSE KLAPPE HATTE ER ALLER-DINGS SCHON IMMER...!
JA, JA! ICH MACH JA SCHON!!
PATSCH
UAH! W...WAS IST DAS?!
SSM
KEINE ANGST...! DIESE SCHNECKEN GEHÖREN ZUR HEIL-KUNST VON HOKAGE DEM FÜNFTEN!
SSM
SSSM
SSM
!
MACHEN SIE SICH KEINE SORGEN!
ICH...
ICH SPÜRE WIEDER KRAFT...

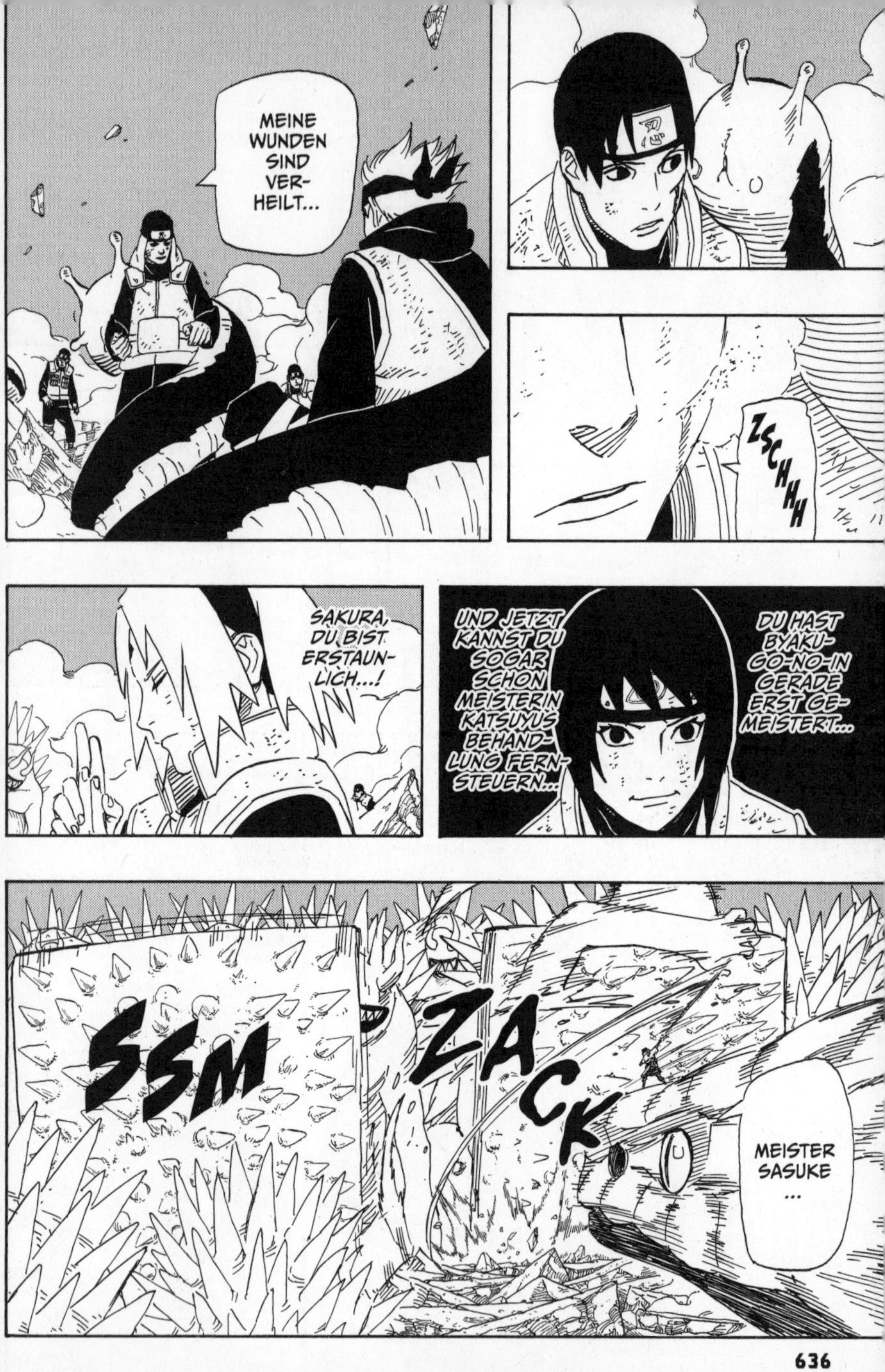
MEINE WUNDEN SIND VER-HEILT...
ZSCHHH
DU HAST BYAKU-GO-NO-IN GERADE ERST GE-MEISTERT...
UND JETZT KANNST DU SOGAR SCHON MEISTERIN KATSUYUS BEHAND-LUNG FERN-STEUERN...
SAKURA, DU BIST ERSTAUN-LICH...!
MEISTER SASUKE ...
ZACK
SSM

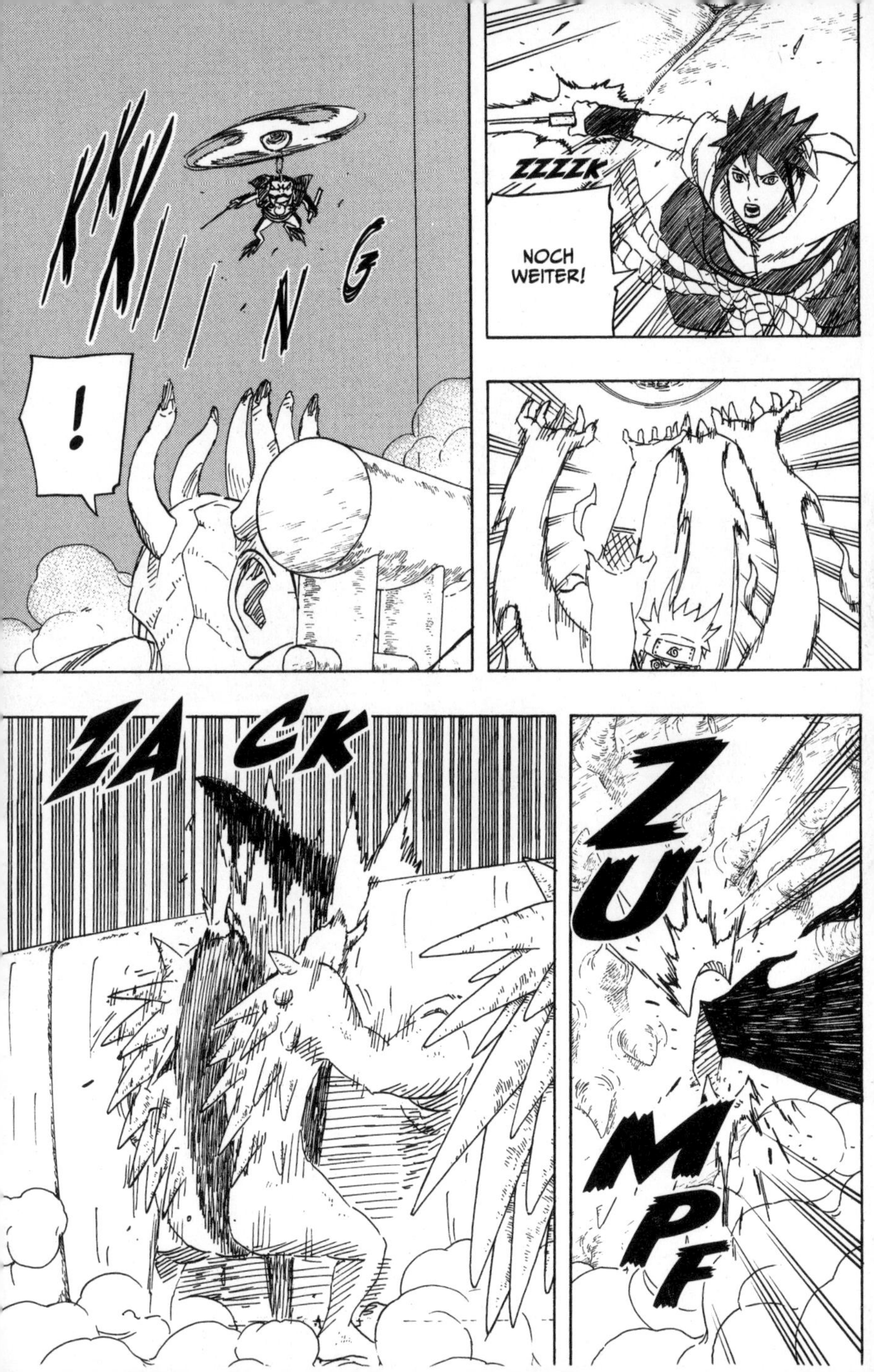
ZZZZK
NOCH WEITER!
KKKIIING
!
ZUMPF
ZACK

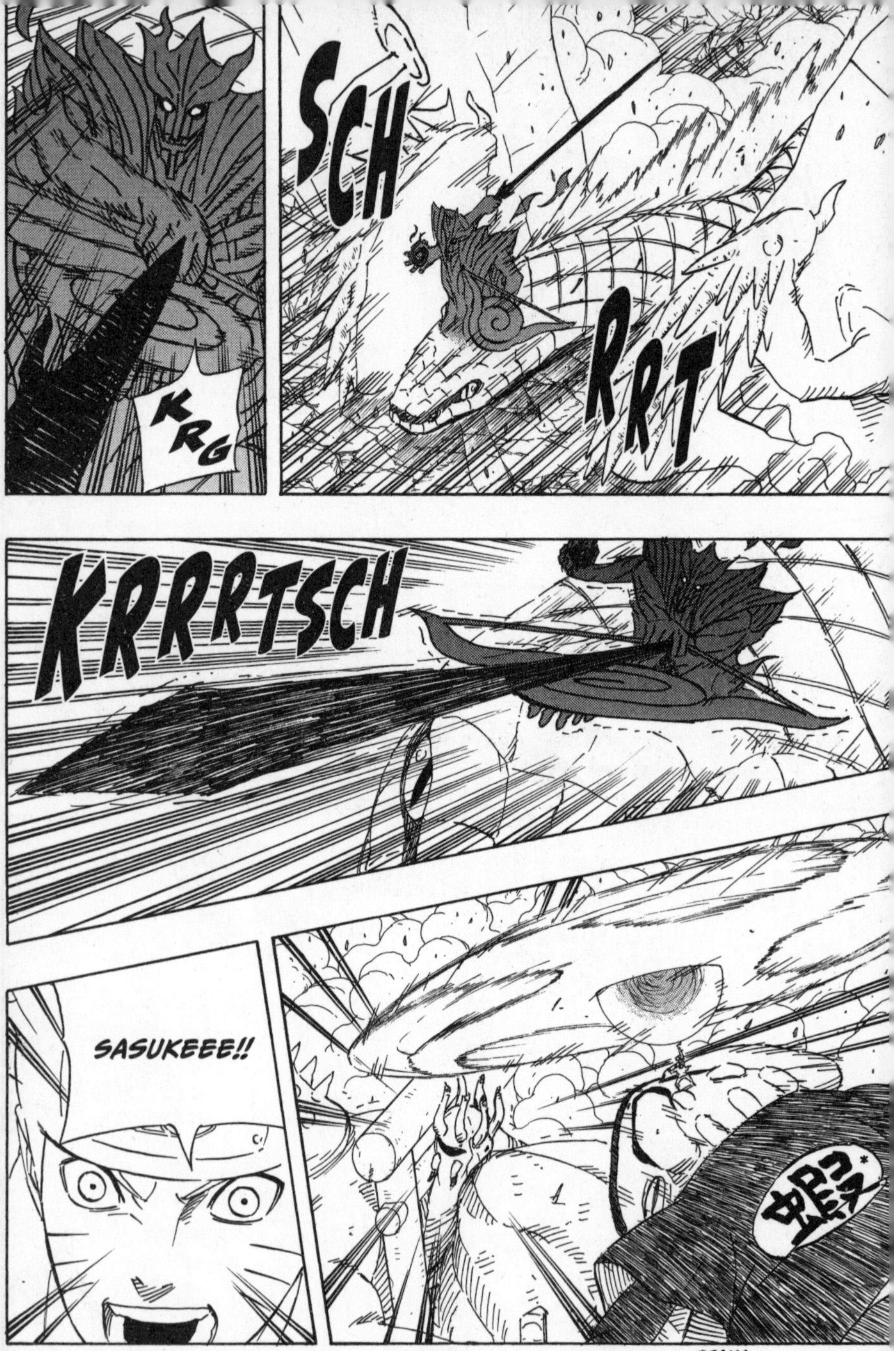

*GAMA

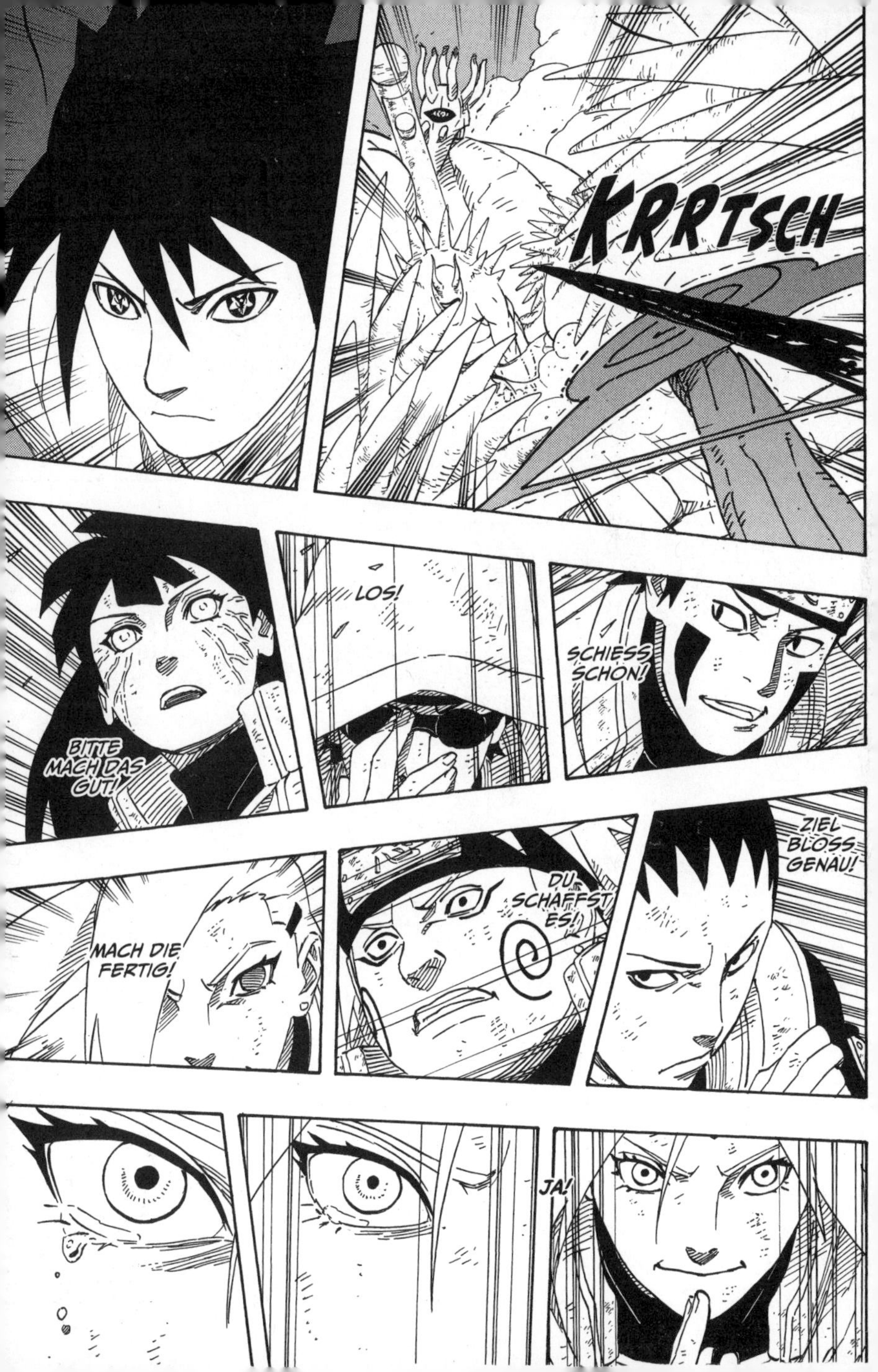
KRRTSCH
SCHIESS SCHON!
LOS!
BITTE MACH DAS GUT!
ZIEL BLOSS GENAU!
DU SCHAFFST ES!
MACH DIE FERTIG!
JA!

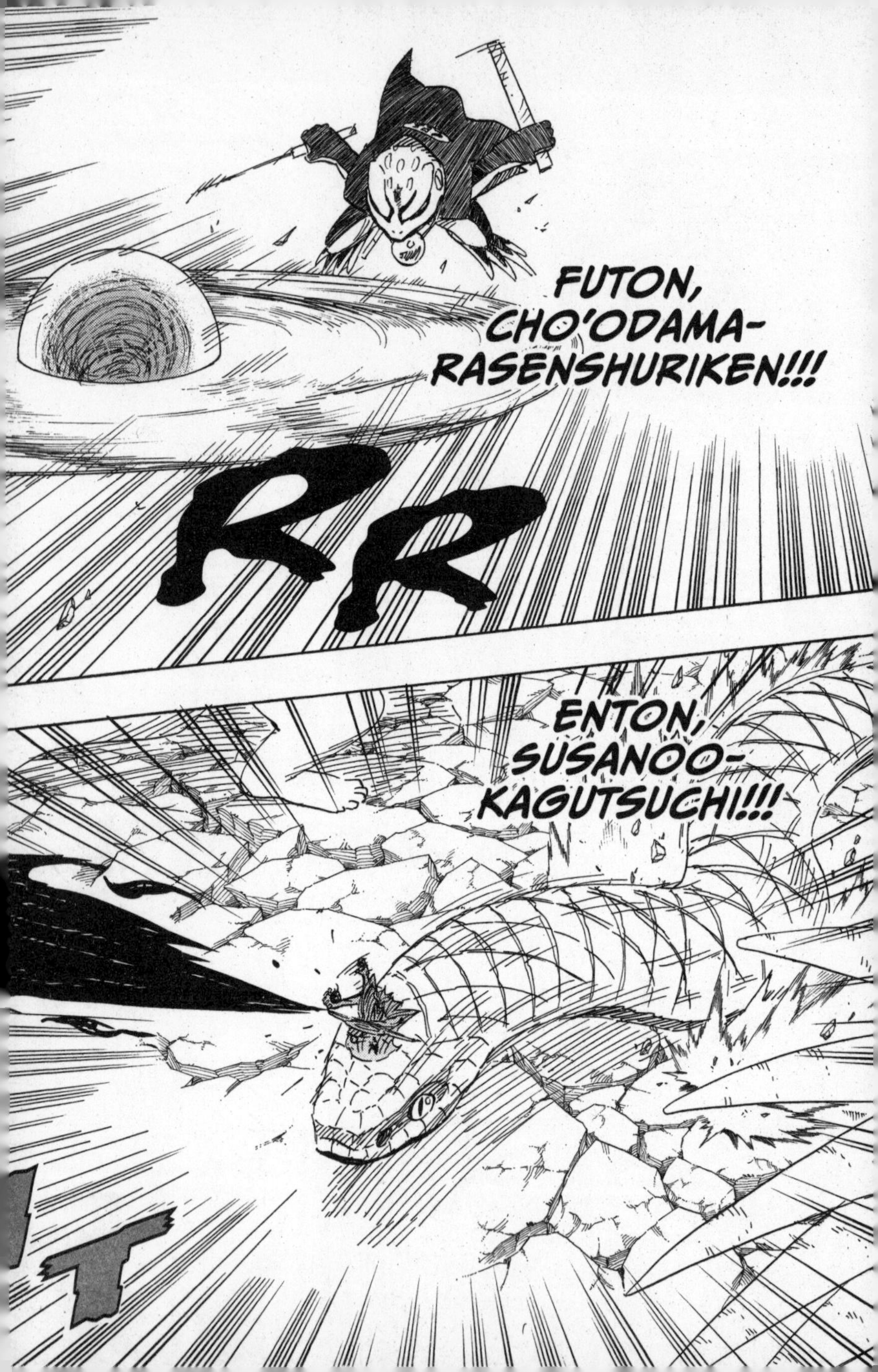
FUTON, CHO'ODAMA-RASENSHURIKEN!!!
RR
ENTON, SUSANOO-KAGUTSUCHI!!!

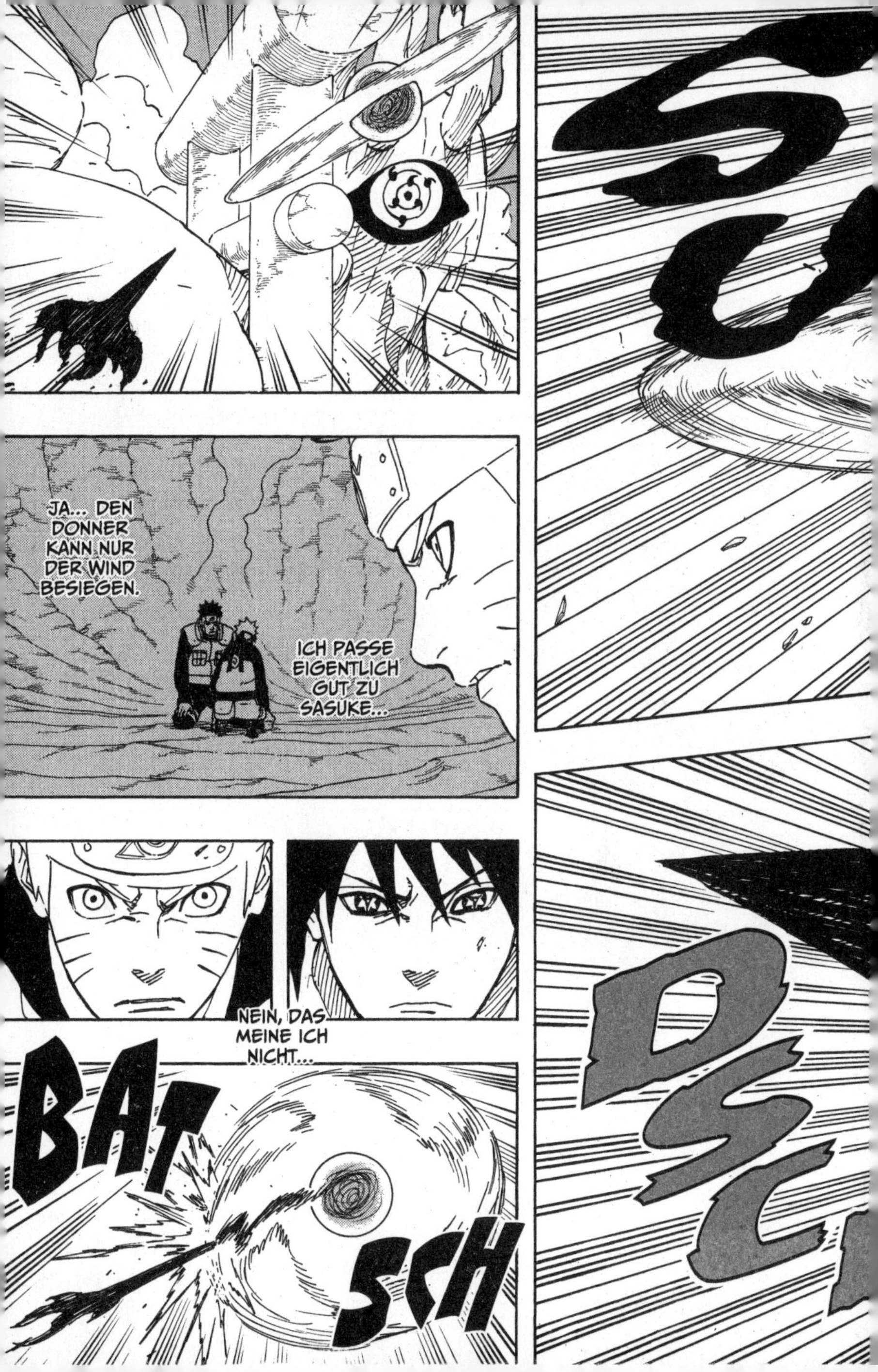
ICH PASSE EIGENTLICH GUT ZU SASUKE...
JA... DEN DONNER KANN NUR DER WIND BESIEGEN.
NEIN, DAS MEINE ICH NICHT...
BATSCH

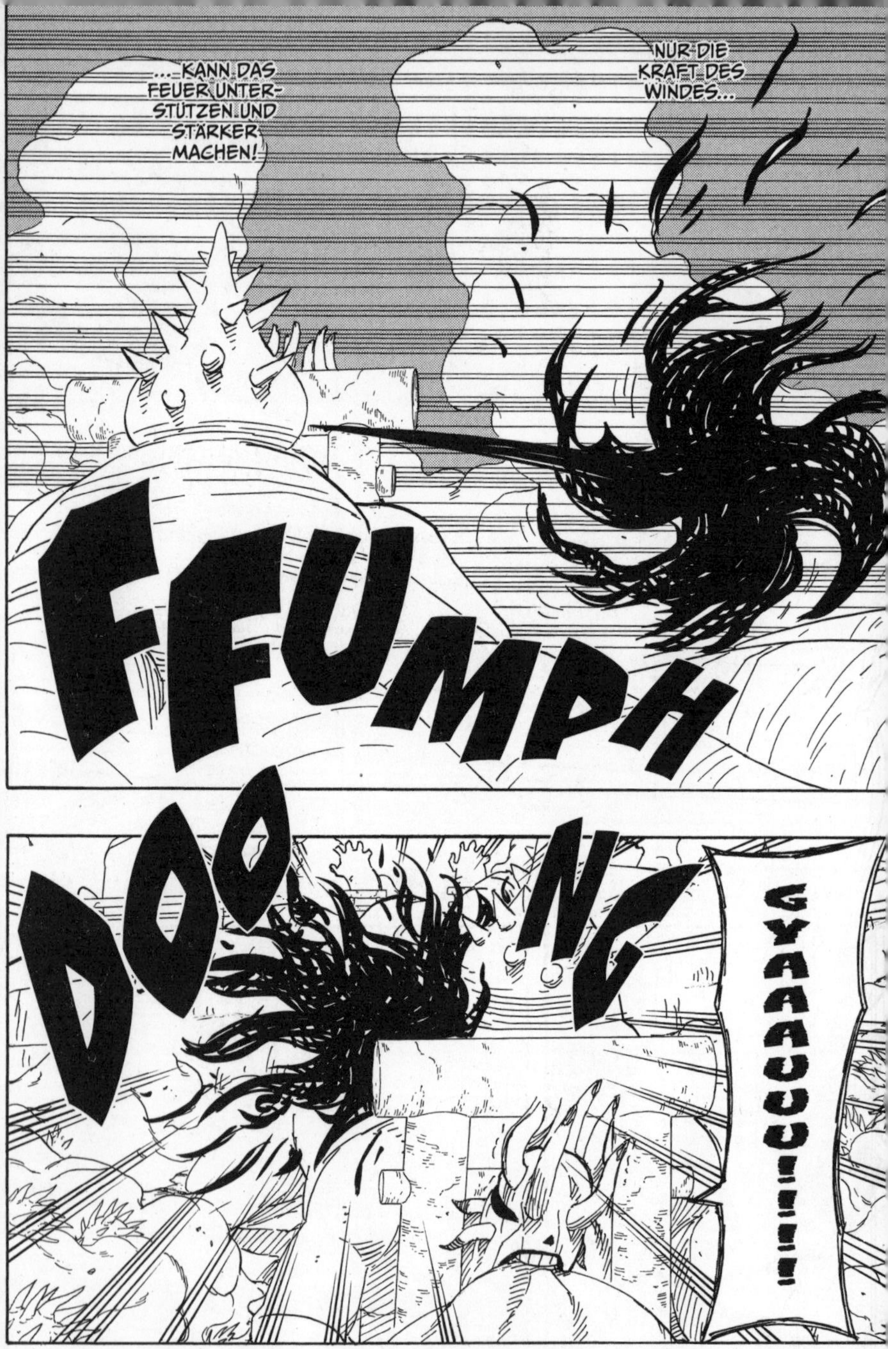
NUR DIE KRAFT DES WINDES...
...KANN DAS FEUER UNTERSTÜTZEN UND STÄRKER MACHEN!
FFUMPH
DOOONG
GYAAAUUU!!!!!!!

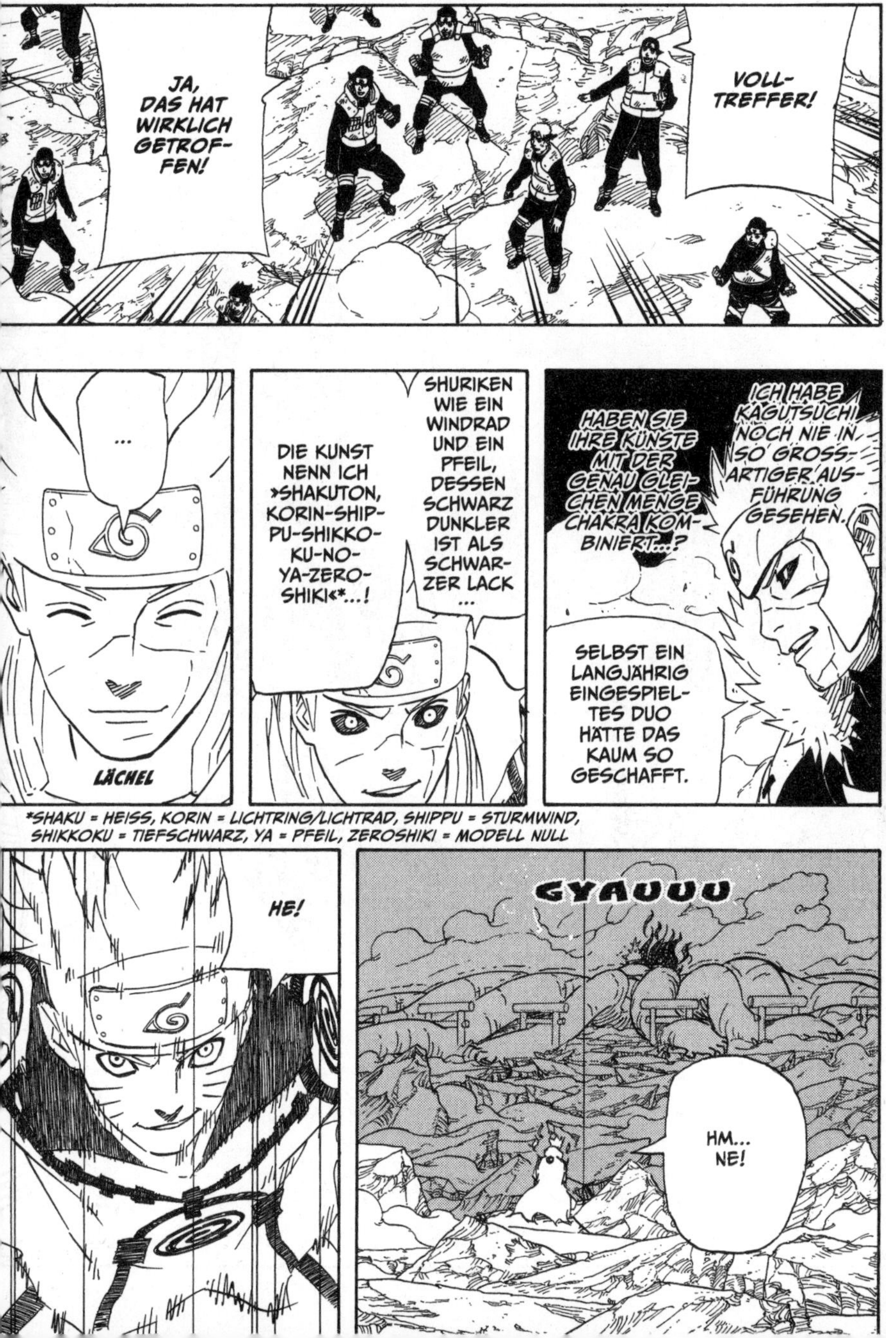

*SHAKU = HEISS, KORIN = LICHTRING/LICHTRAD, SHIPPU = STURMWIND, SHIKKOKU = TIEFSCHWARZ, YA = PFEIL, ZEROSHIKI = MODELL NULL

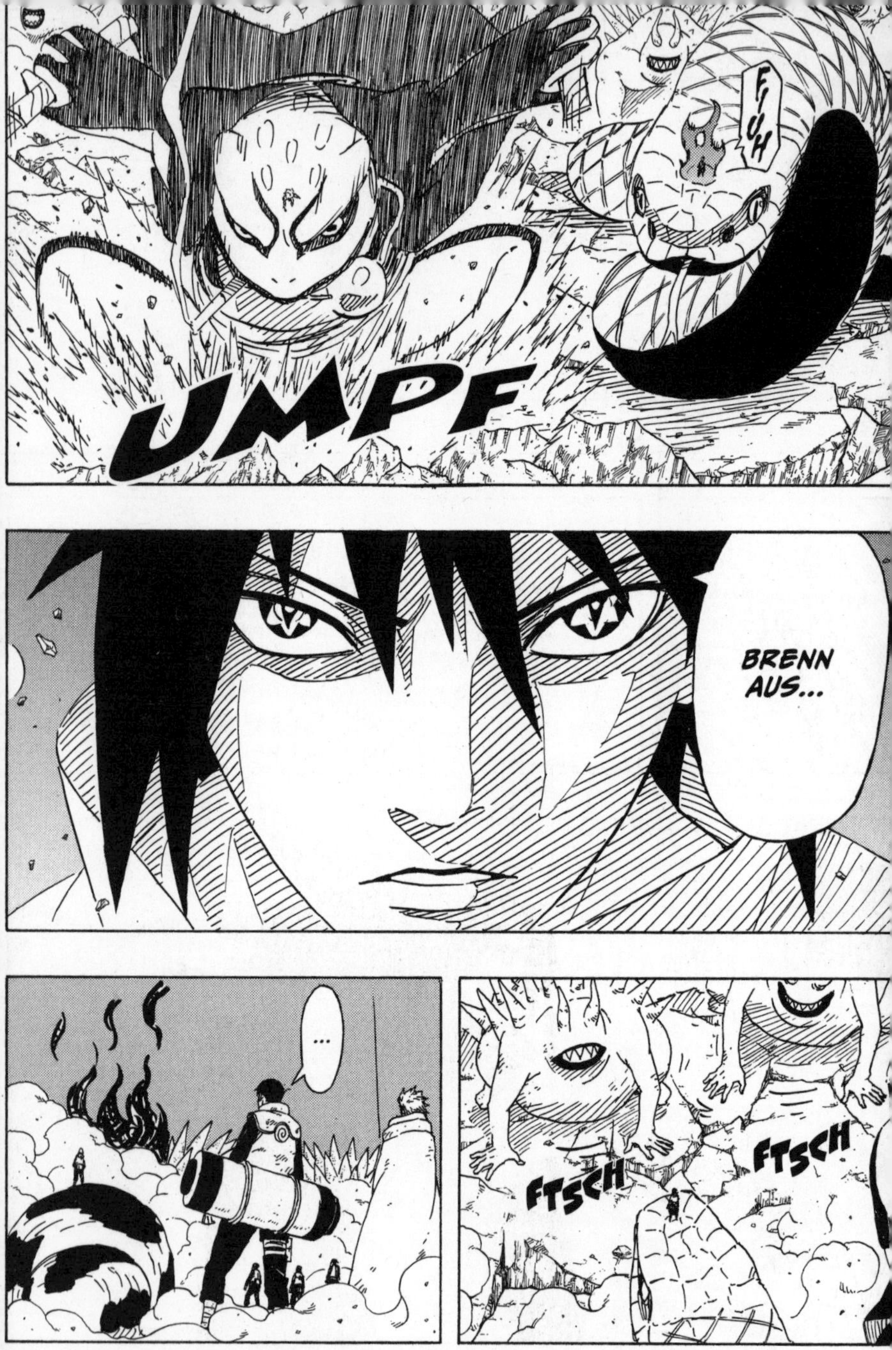
FIUH
UMPF
BRENN AUS...
FTSCH
FTSCH
...

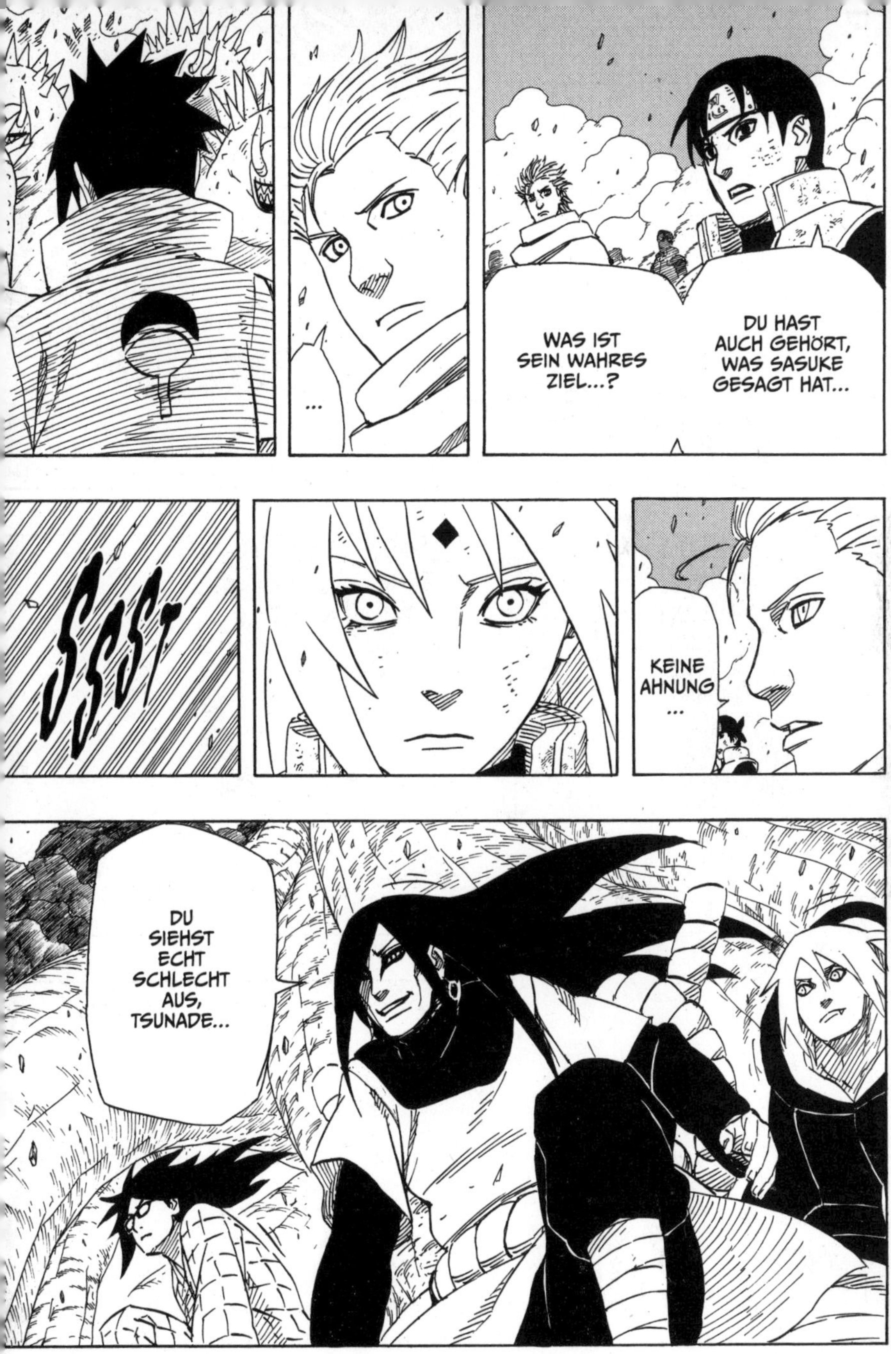
DU HAST AUCH GEHÖRT, WAS SASUKE GESAGT HAT...
WAS IST SEIN WAHRES ZIEL...?
...
KEINE AHNUNG ...
SSST
DU SIEHST ECHT SCHLECHT AUS, TSUNADE...

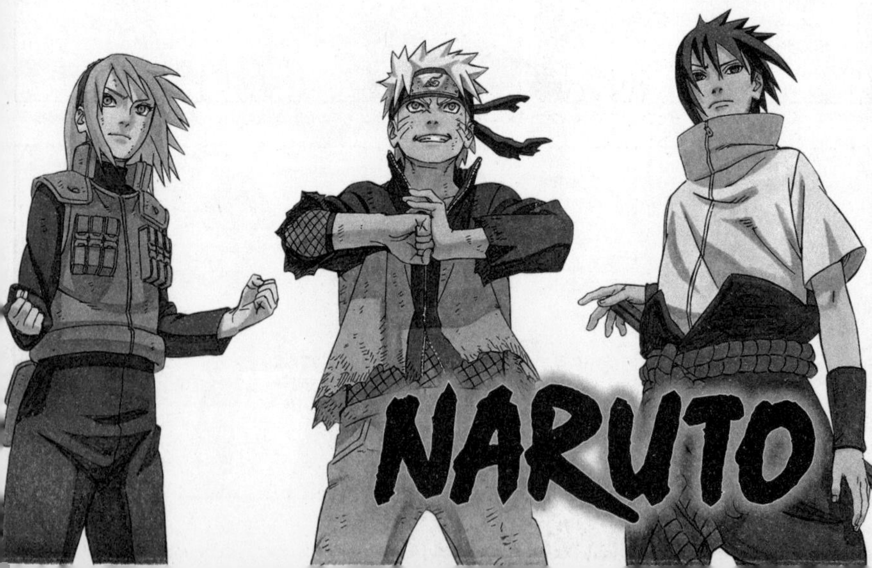
NARUTO

635. Kapitel: Ein frischer Wind

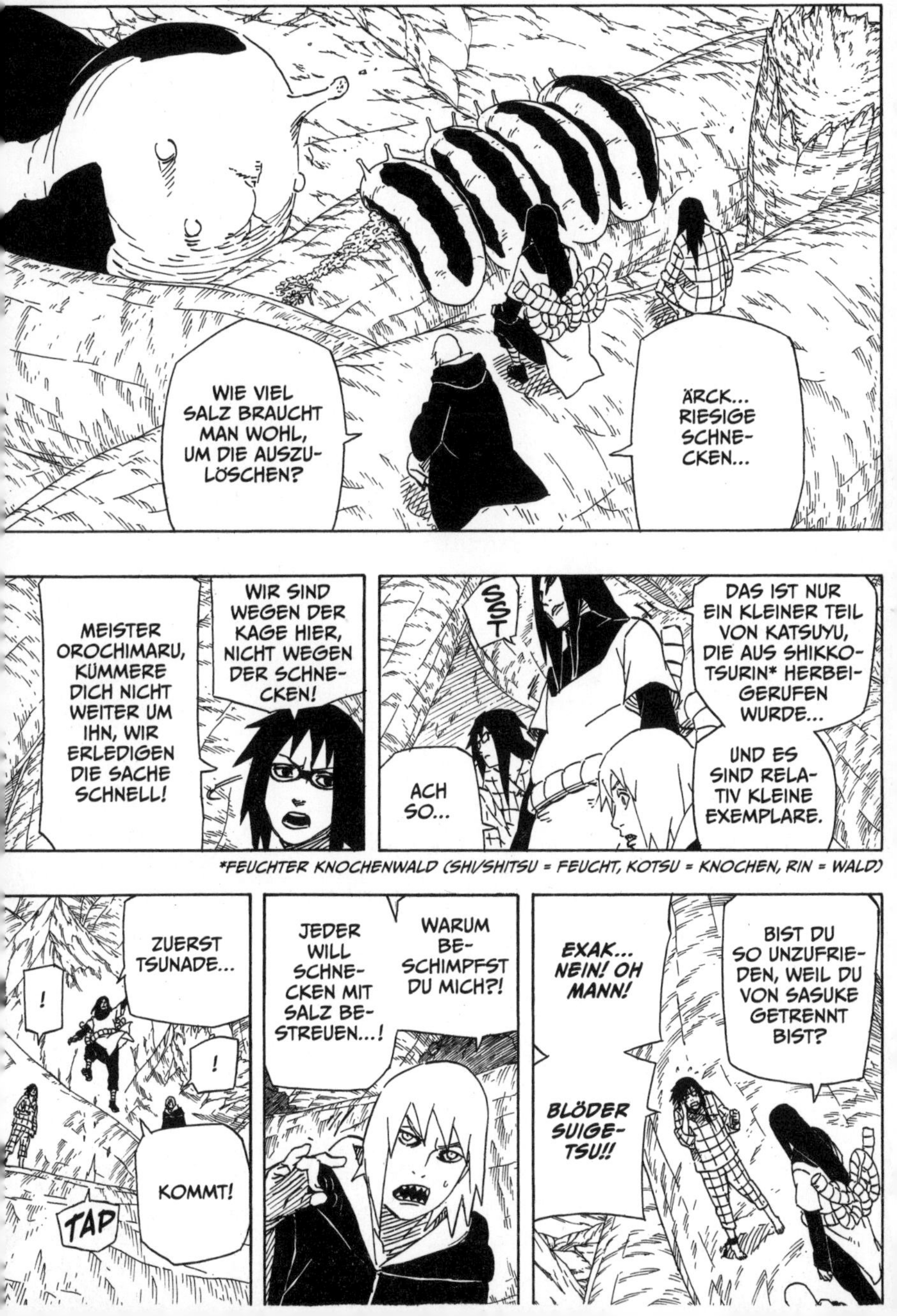

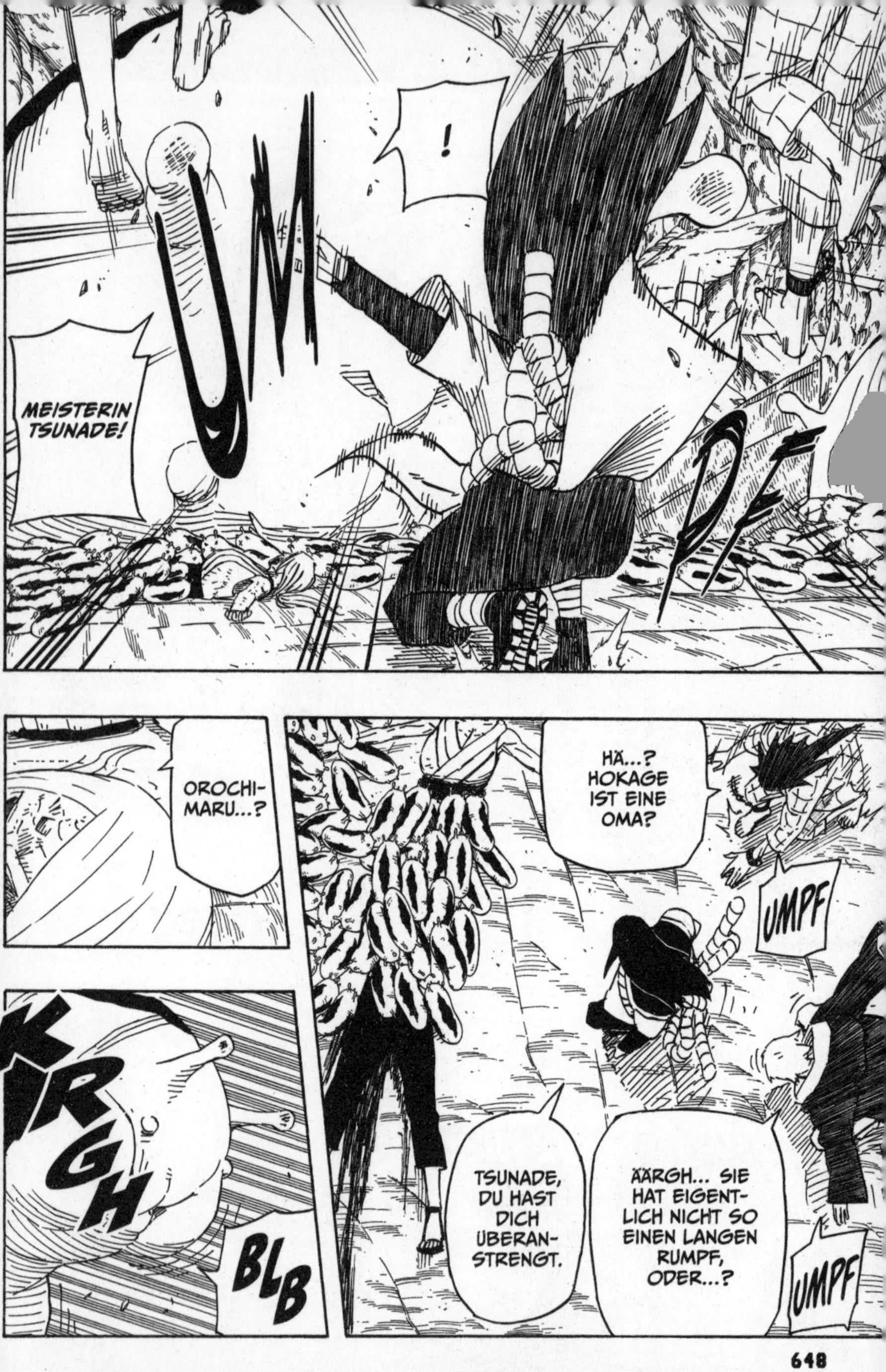
!
MEISTERIN TSUNADE!
HÄ...? HOKAGE IST EINE OMA?
UMPF
ÄÄRGH... SIE HAT EIGENT-LICH NICHT SO EINEN LANGEN RUMPF, ODER...?
UMPF
TSUNADE, DU HAST DICH ÜBERAN-STRENGT.
OROCHI-MARU...?
KRGH
BLB

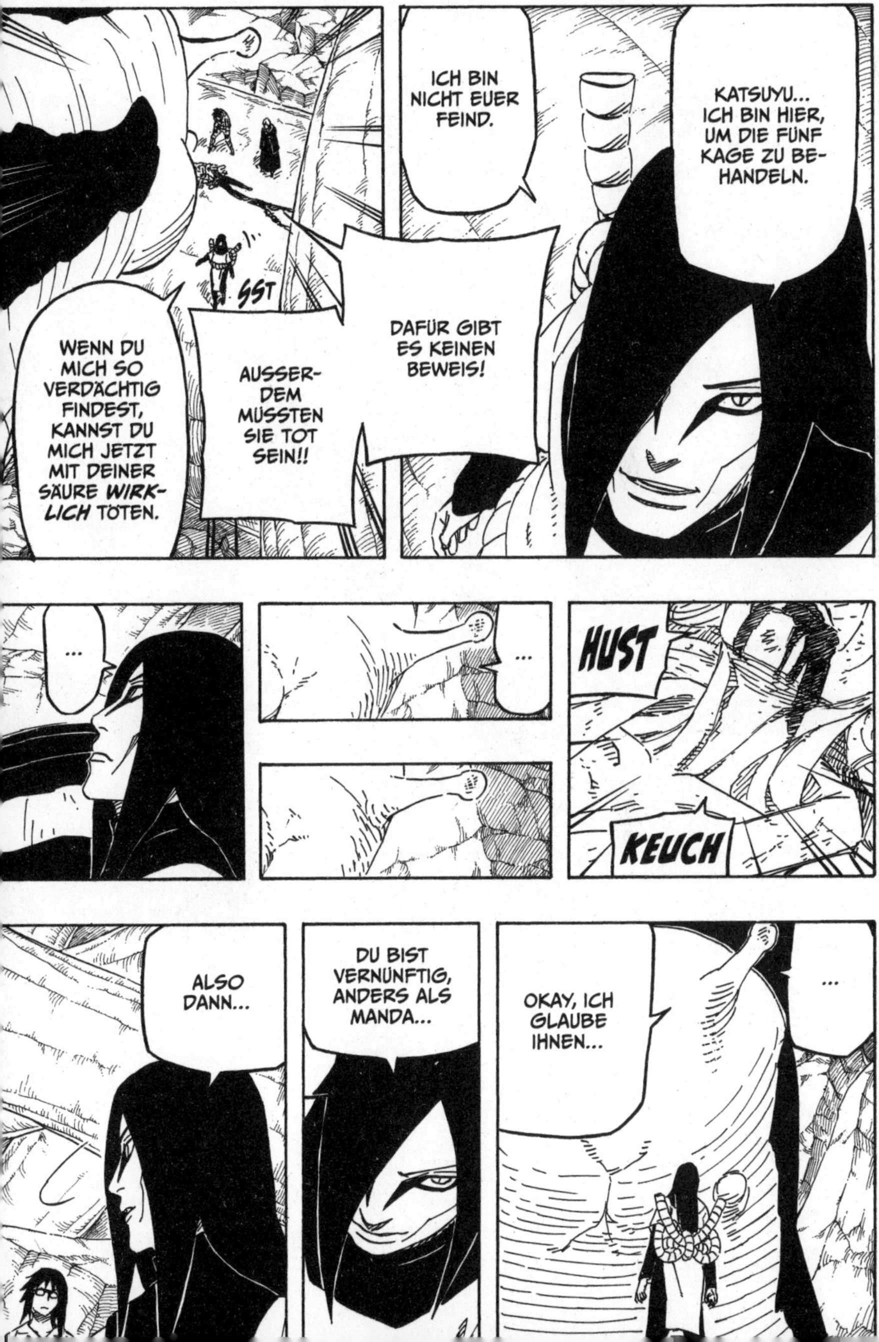
KATSUYU... ICH BIN HIER, UM DIE FÜNF KAGE ZU BEHANDELN.
ICH BIN NICHT EUER FEIND.
DAFÜR GIBT ES KEINEN BEWEIS!
AUSSERDEM MÜSSTEN SIE TOT SEIN!!
SST
WENN DU MICH SO VERDÄCHTIG FINDEST, KANNST DU MICH JETZT MIT DEINER SÄURE *WIRKLICH* TÖTEN.
HUST
KEUCH
...
...
...
OKAY, ICH GLAUBE IHNEN...
DU BIST VERNÜNFTIG, ANDERS ALS MANDA...
ALSO DANN...

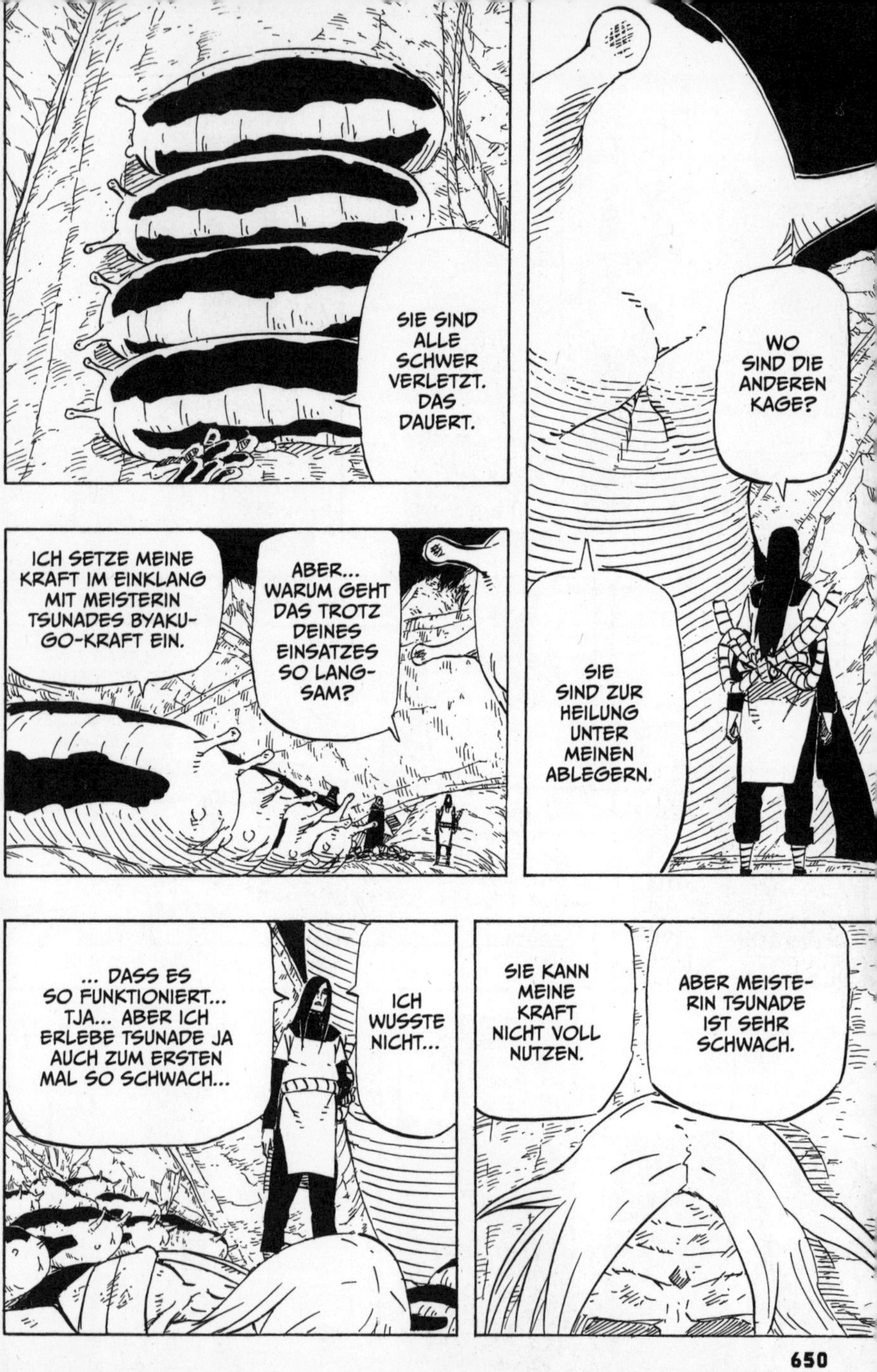
WO SIND DIE ANDEREN KAGE?
SIE SIND ZUR HEILUNG UNTER MEINEN ABLEGERN.
SIE SIND ALLE SCHWER VERLETZT. DAS DAUERT.
ABER... WARUM GEHT DAS TROTZ DEINES EINSATZES SO LANGSAM?
ICH SETZE MEINE KRAFT IM EINKLANG MIT MEISTERIN TSUNADES BYAKUGO-KRAFT EIN.
ABER MEISTERIN TSUNADE IST SEHR SCHWACH.
SIE KANN MEINE KRAFT NICHT VOLL NUTZEN.
ICH WUSSTE NICHT...
... DASS ES SO FUNKTIONIERT... TJA... ABER ICH ERLEBE TSUNADE JA AUCH ZUM ERSTEN MAL SO SCHWACH...

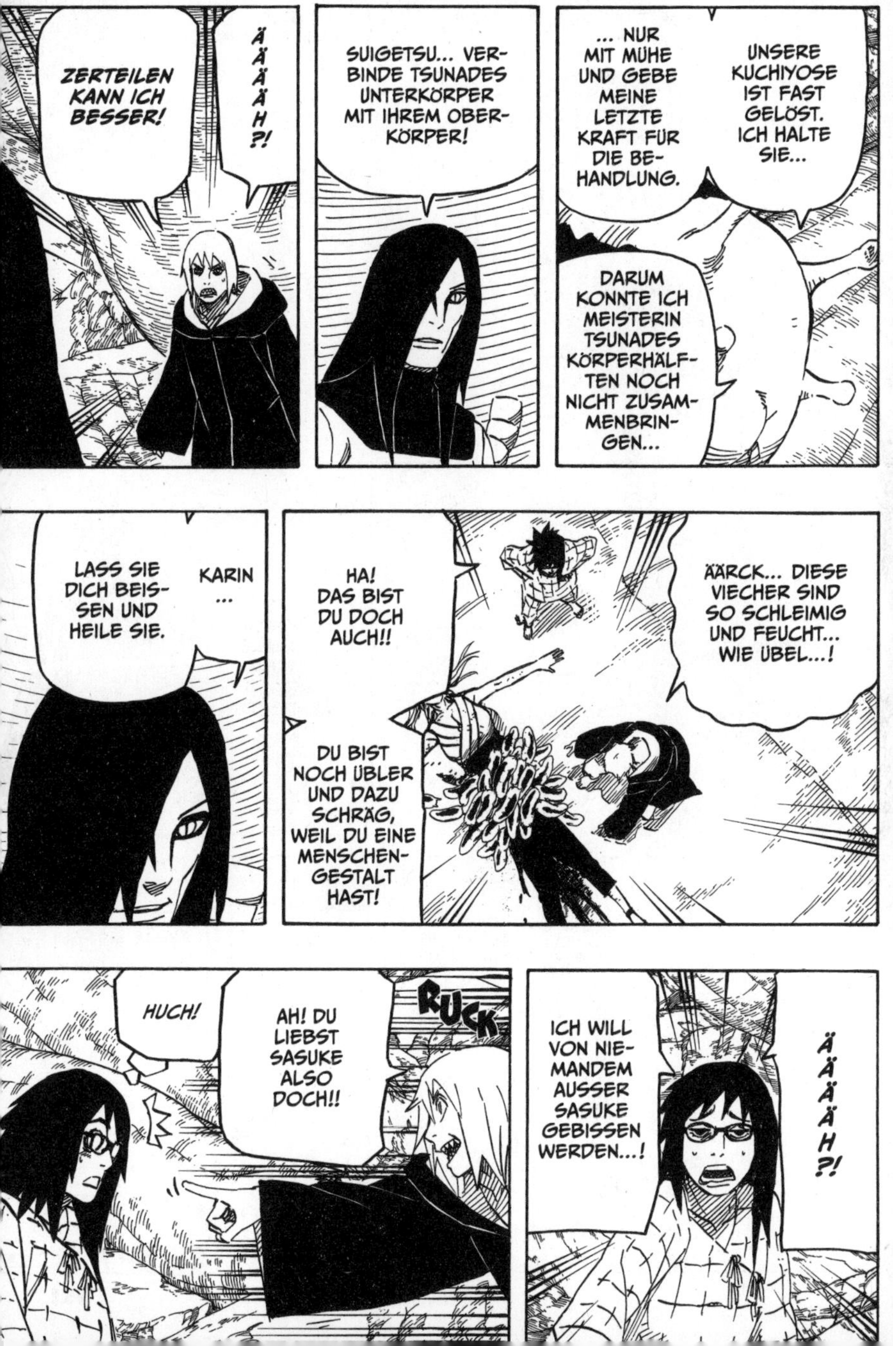
UNSERE KUCHIYOSE IST FAST GELÖST. ICH HALTE SIE...
... NUR MIT MÜHE UND GEBE MEINE LETZTE KRAFT FÜR DIE BEHANDLUNG.
DARUM KONNTE ICH MEISTERIN TSUNADES KÖRPERHÄLFTEN NOCH NICHT ZUSAMMENBRINGEN...
SUIGETSU... VERBINDE TSUNADES UNTERKÖRPER MIT IHREM OBERKÖRPER!
ÄÄÄÄH?!
ZERTEILEN KANN ICH BESSER!
ÄÄRCK... DIESE VIECHER SIND SO SCHLEIMIG UND FEUCHT... WIE ÜBEL...!
HA! DAS BIST DU DOCH AUCH!!
DU BIST NOCH ÜBLER UND DAZU SCHRÄG, WEIL DU EINE MENSCHENGESTALT HAST!
KARIN ...
LASS SIE DICH BEISSEN UND HEILE SIE.
ÄÄÄÄH?!
ICH WILL VON NIEMANDEM AUSSER SASUKE GEBISSEN WERDEN...!
RUCK
AH! DU LIEBST SASUKE ALSO DOCH!!
HUCH!

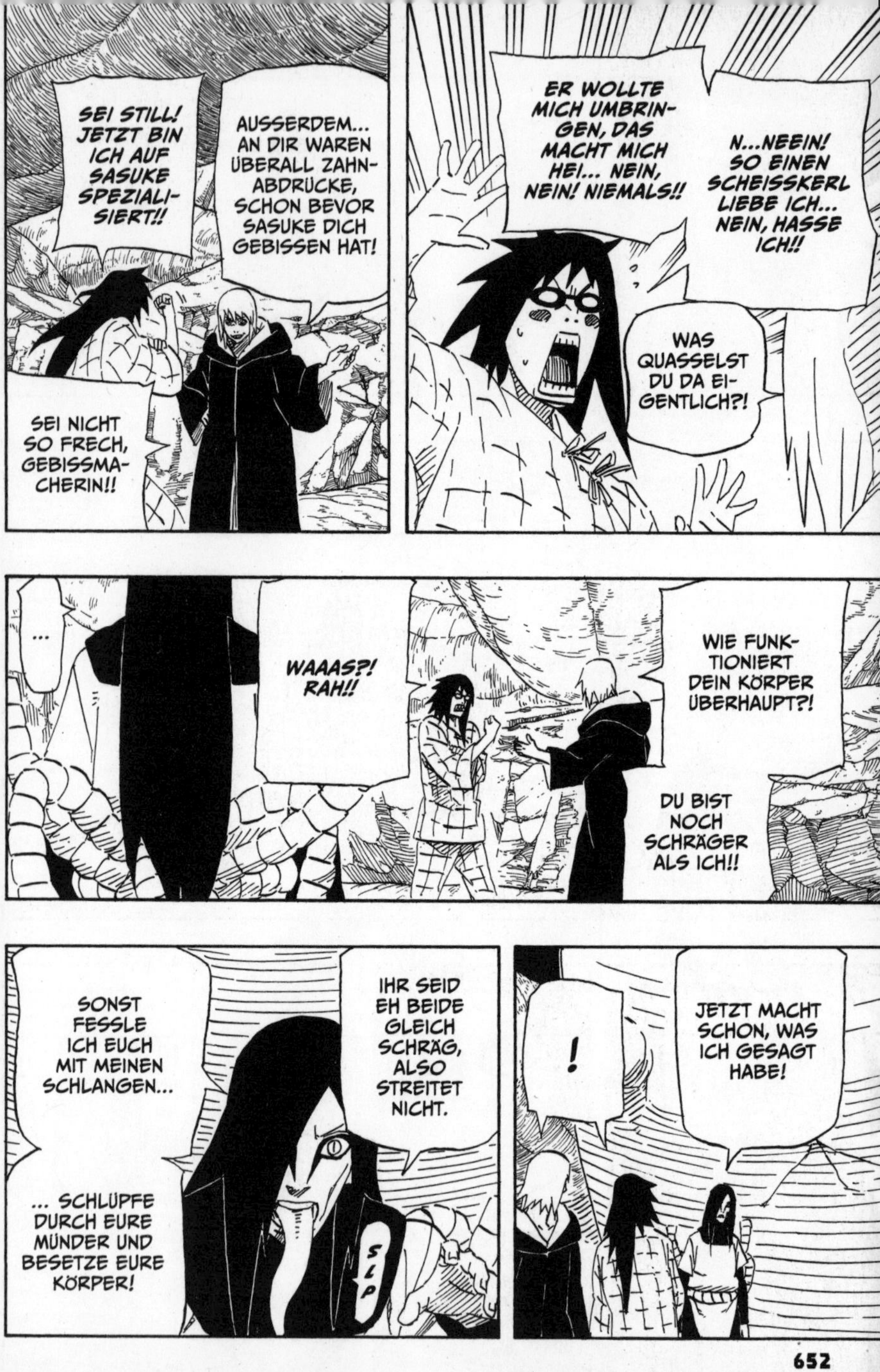
N...NEEIN! SO EINEN SCHEISSKERL LIEBE ICH... NEIN, HASSE ICH!!
ER WOLLTE MICH UMBRINGEN, DAS MACHT MICH HEI... NEIN, NEIN! NIEMALS!!
WAS QUASSELST DU DA EIGENTLICH?!
AUSSERDEM... AN DIR WAREN ÜBERALL ZAHNABDRÜCKE, SCHON BEVOR SASUKE DICH GEBISSEN HAT!
SEI STILL! JETZT BIN ICH AUF SASUKE SPEZIALISIERT!!
SEI NICHT SO FRECH, GEBISSMACHERIN!!
WIE FUNKTIONIERT DEIN KÖRPER ÜBERHAUPT?!
DU BIST NOCH SCHRÄGER ALS ICH!!
WAAAS?! RAH!!
...
JETZT MACHT SCHON, WAS ICH GESAGT HABE!
!
IHR SEID EH BEIDE GLEICH SCHRÄG, ALSO STREITET NICHT.
SONST FESSLE ICH EUCH MIT MEINEN SCHLANGEN...
... SCHLÜPFE DURCH EURE MÜNDER UND BESETZE EURE KÖRPER!
SLP

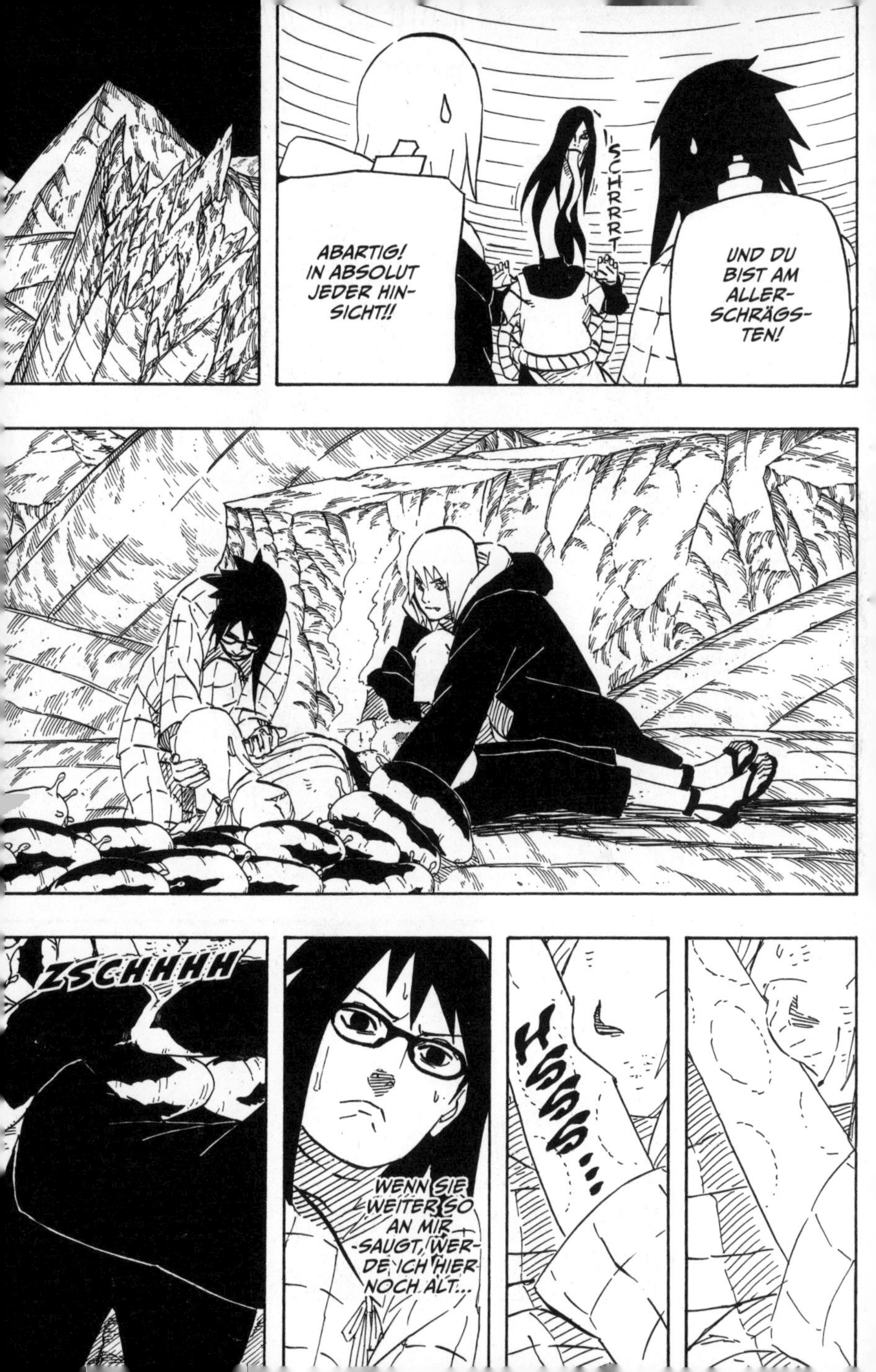
UND DU BIST AM ALLER-SCHRÄGS-TEN!
SCHRRRT
ABARTIG! IN ABSOLUT JEDER HIN-SICHT!!
HSSS...
WENN SIE WEITER SO AN MIR SAUGT, WERDE ICH HIER NOCH ALT...
ZSCHHHH

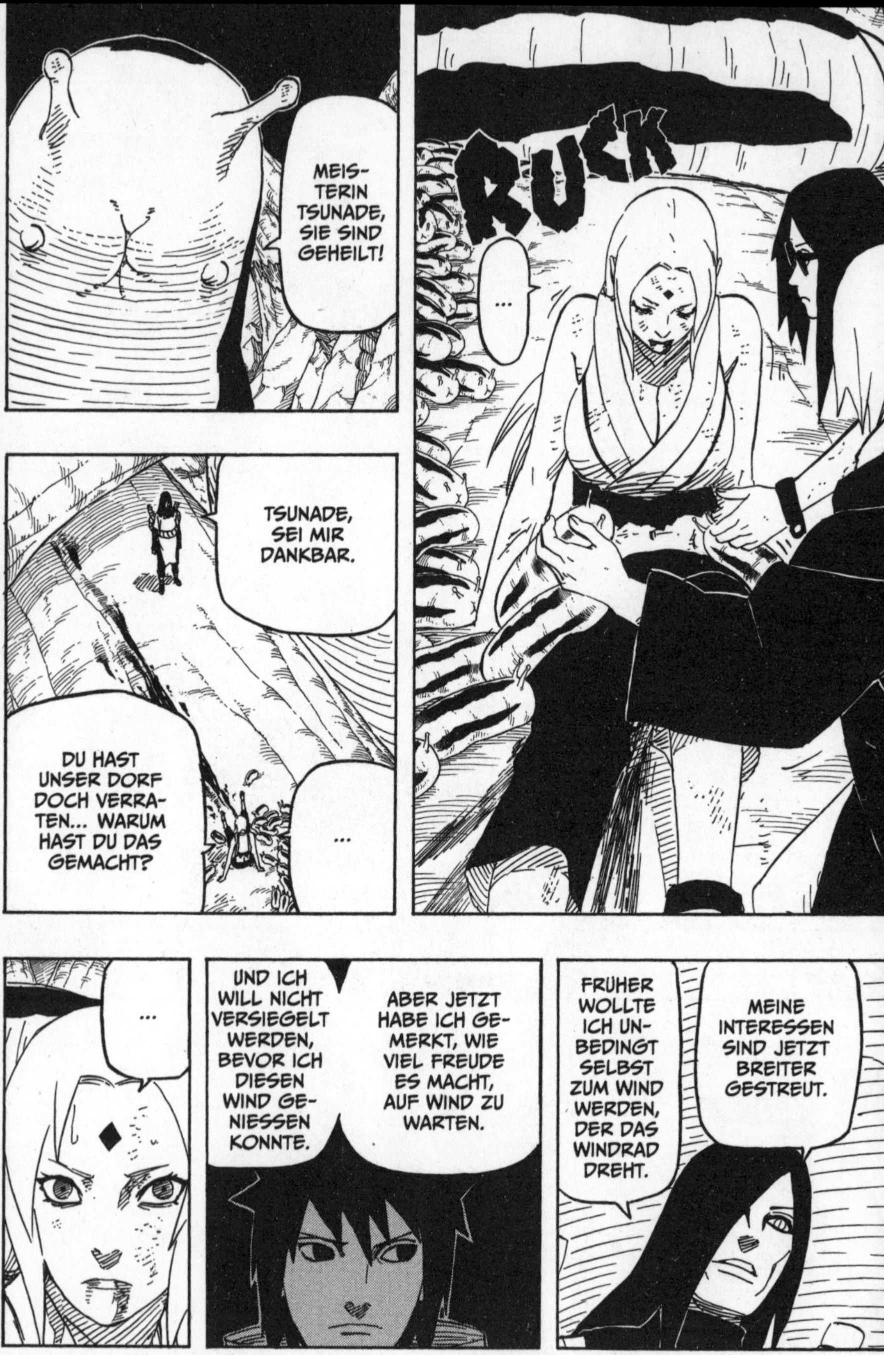
RUCK
...
MEISTERIN TSUNADE, SIE SIND GEHEILT!
TSUNADE, SEI MIR DANKBAR.
...
DU HAST UNSER DORF DOCH VERRATEN... WARUM HAST DU DAS GEMACHT?
MEINE INTERESSEN SIND JETZT BREITER GESTREUT.
FRÜHER WOLLTE ICH UNBEDINGT SELBST ZUM WIND WERDEN, DER DAS WINDRAD DREHT.
ABER JETZT HABE ICH GEMERKT, WIE VIEL FREUDE ES MACHT, AUF WIND ZU WARTEN.
UND ICH WILL NICHT VERSIEGELT WERDEN, BEVOR ICH DIESEN WIND GENIESSEN KONNTE.
...

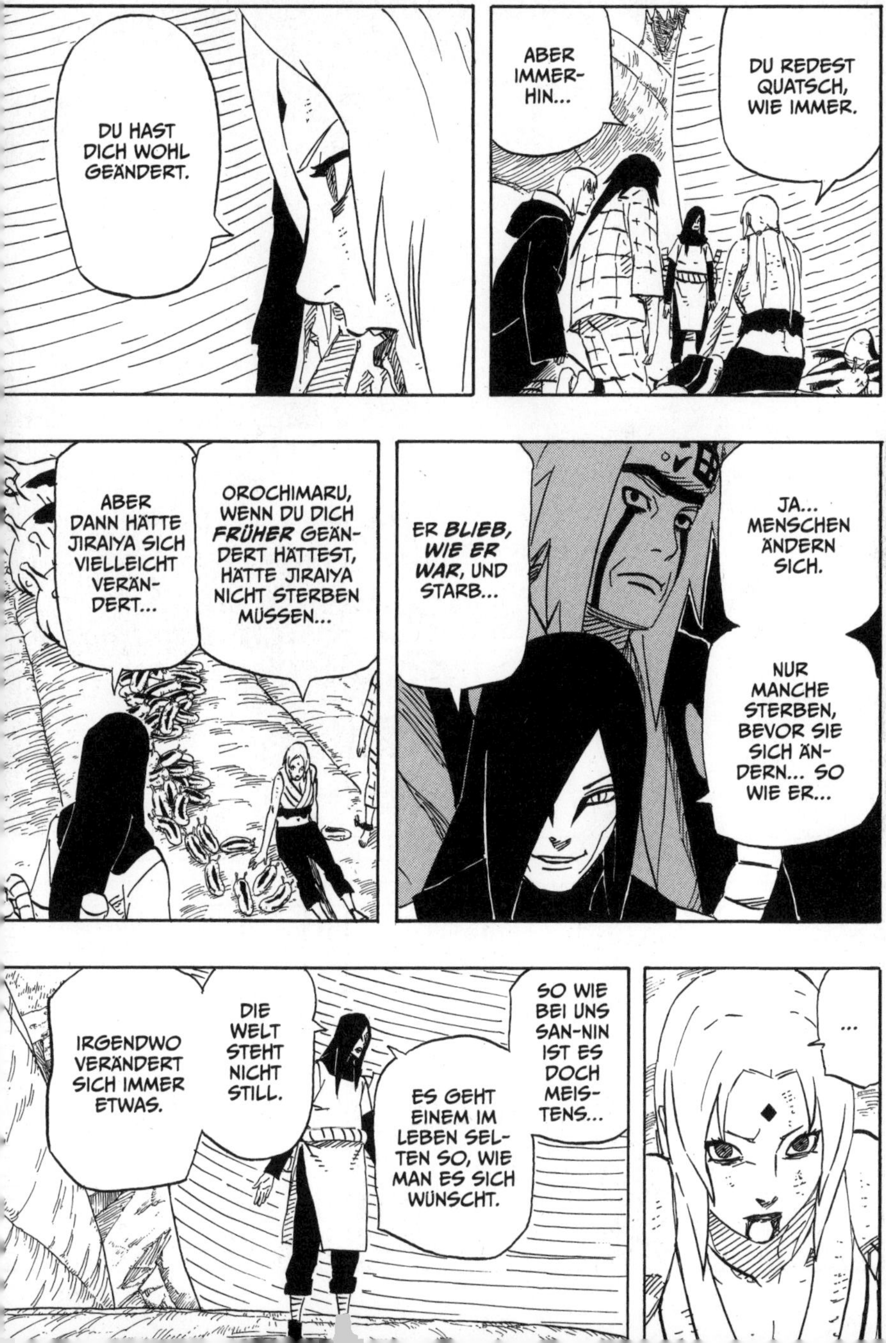
DU REDEST QUATSCH, WIE IMMER.
ABER IMMERHIN...
DU HAST DICH WOHL GEÄNDERT.
JA... MENSCHEN ÄNDERN SICH.
NUR MANCHE STERBEN, BEVOR SIE SICH ÄNDERN... SO WIE ER...
ER *BLIEB, WIE ER WAR*, UND STARB...
OROCHIMARU, WENN DU DICH *FRÜHER* GEÄNDERT HÄTTEST, HÄTTE JIRAIYA NICHT STERBEN MÜSSEN...
ABER DANN HÄTTE JIRAIYA SICH VIELLEICHT VERÄNDERT...
...
SO WIE BEI UNS SAN-NIN IST ES DOCH MEISTENS...
ES GEHT EINEM IM LEBEN SELTEN SO, WIE MAN ES SICH WÜNSCHT.
DIE WELT STEHT NICHT STILL.
IRGENDWO VERÄNDERT SICH IMMER ETWAS.

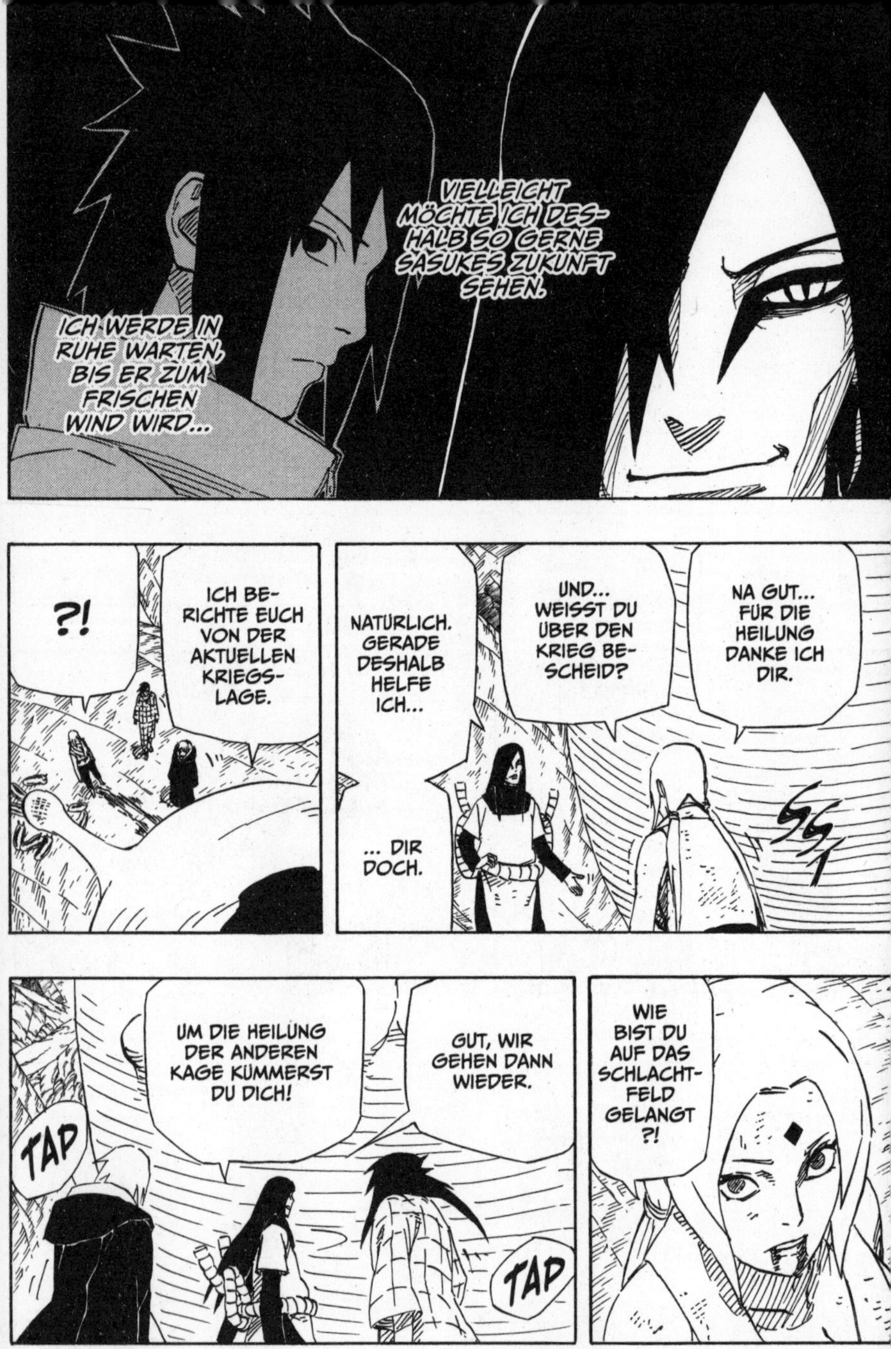
VIELLEICHT MÖCHTE ICH DESHALB SO GERNE SASUKES ZUKUNFT SEHEN.
ICH WERDE IN RUHE WARTEN, BIS ER ZUM FRISCHEN WIND WIRD...
NA GUT... FÜR DIE HEILUNG DANKE ICH DIR.
UND... WEISST DU ÜBER DEN KRIEG BESCHEID?
NATÜRLICH. GERADE DESHALB HELFE ICH...
... DIR DOCH.
ICH BERICHTE EUCH VON DER AKTUELLEN KRIEGSLAGE.
?!
WIE BIST DU AUF DAS SCHLACHTFELD GELANGT?!
GUT, WIR GEHEN DANN WIEDER.
UM DIE HEILUNG DER ANDEREN KAGE KÜMMERST DU DICH!
TAP
TAP

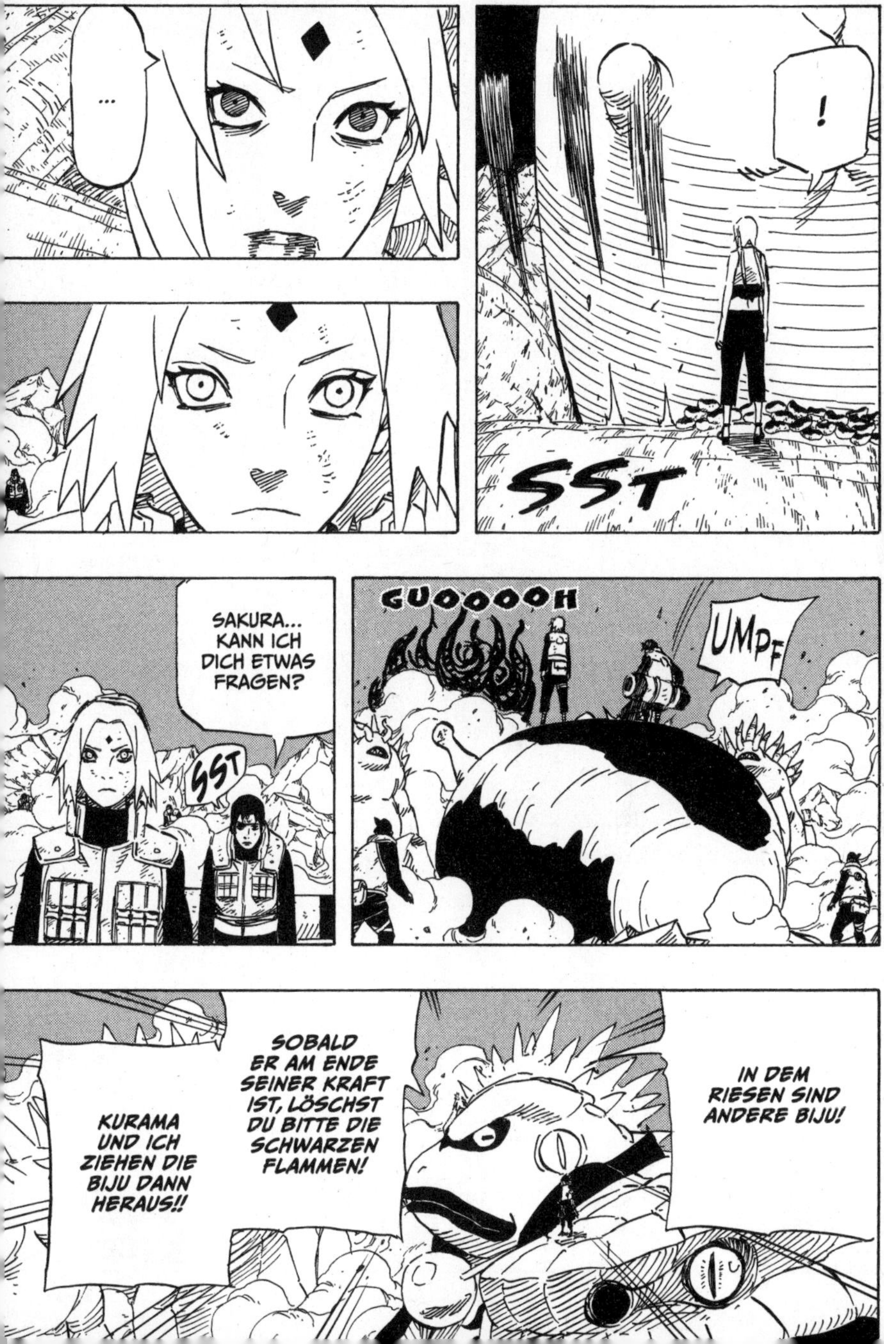
...
!
SST
SAKURA... KANN ICH DICH ETWAS FRAGEN?
SST
UMPF
GUOOOOOH
IN DEM RIESEN SIND ANDERE BIJU!
SOBALD ER AM ENDE SEINER KRAFT IST, LÖSCHST DU BITTE DIE SCHWARZEN FLAMMEN!
KURAMA UND ICH ZIEHEN DIE BIJU DANN HERAUS!!

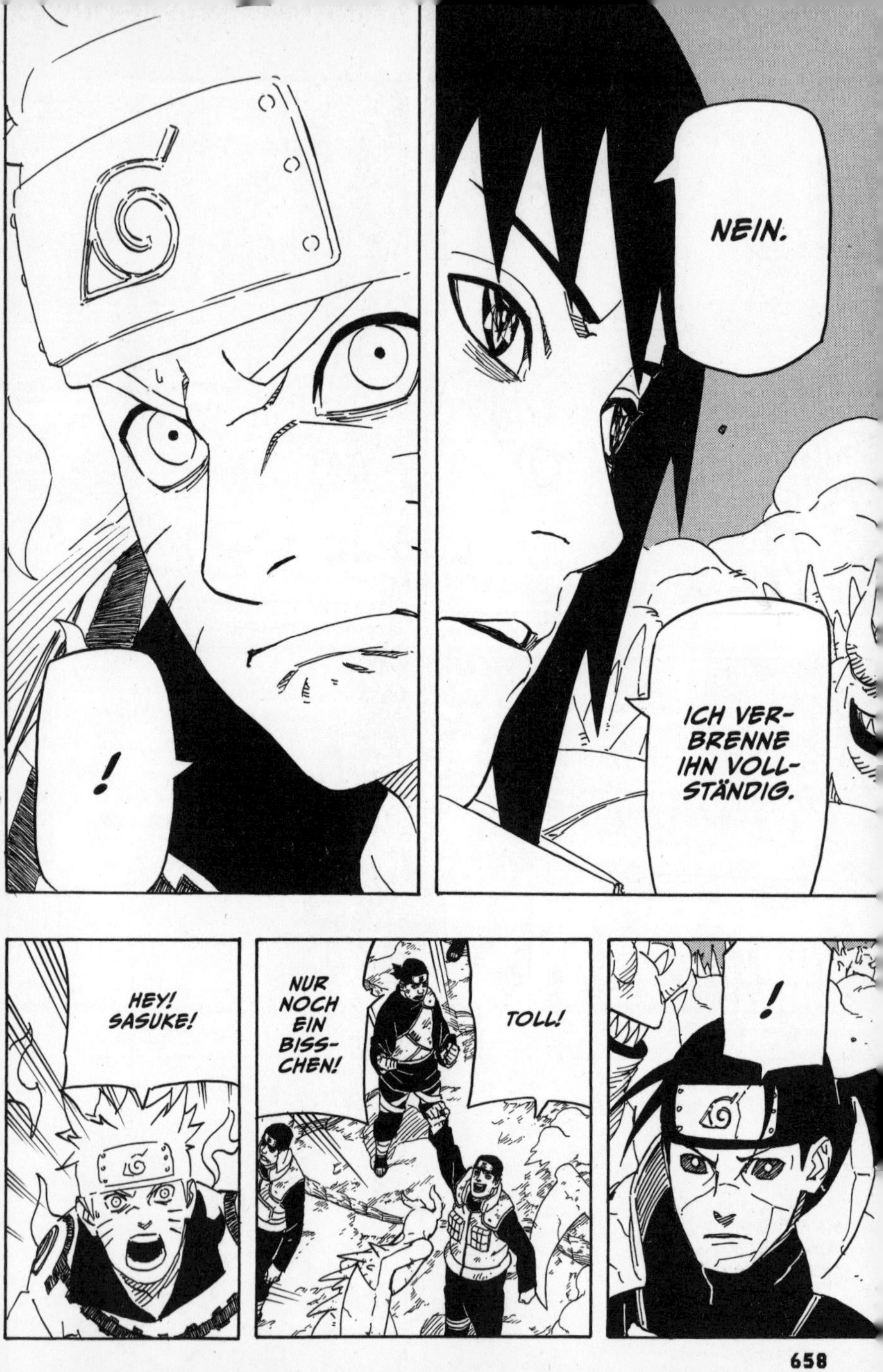
NEIN.
!
ICH VERBRENNE IHN VOLLSTÄNDIG.
!
TOLL!
NUR NOCH EIN BISSCHEN!
HEY! SASUKE!

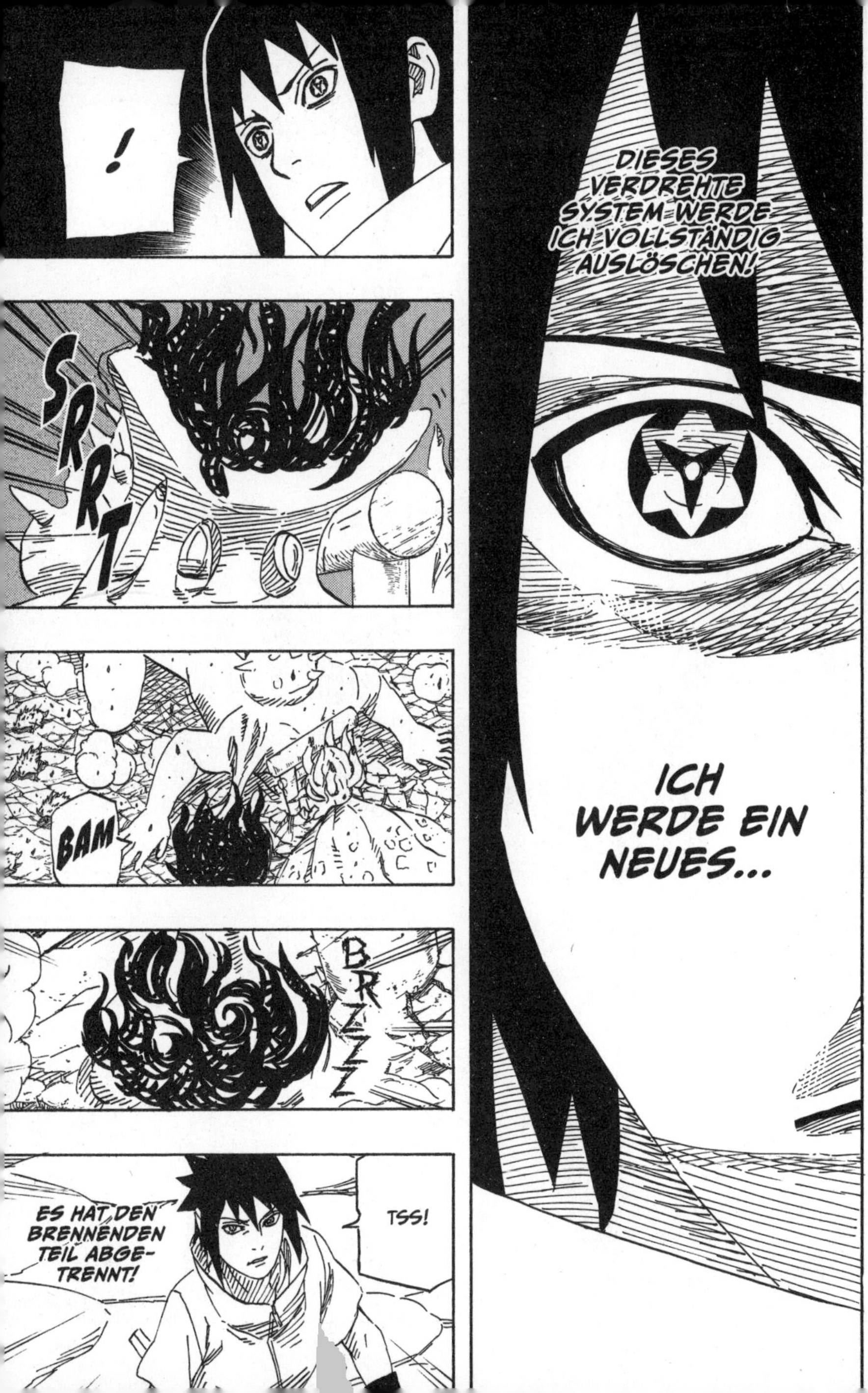
DIESES VERDREHTE SYSTEM WERDE ICH VOLLSTÄNDIG AUSLÖSCHEN!
ICH WERDE EIN NEUES...
!
SRRT
BAM
BRZZZ
TSS!
ES HAT DEN BRENNENDEN TEIL ABGE-TRENNT!

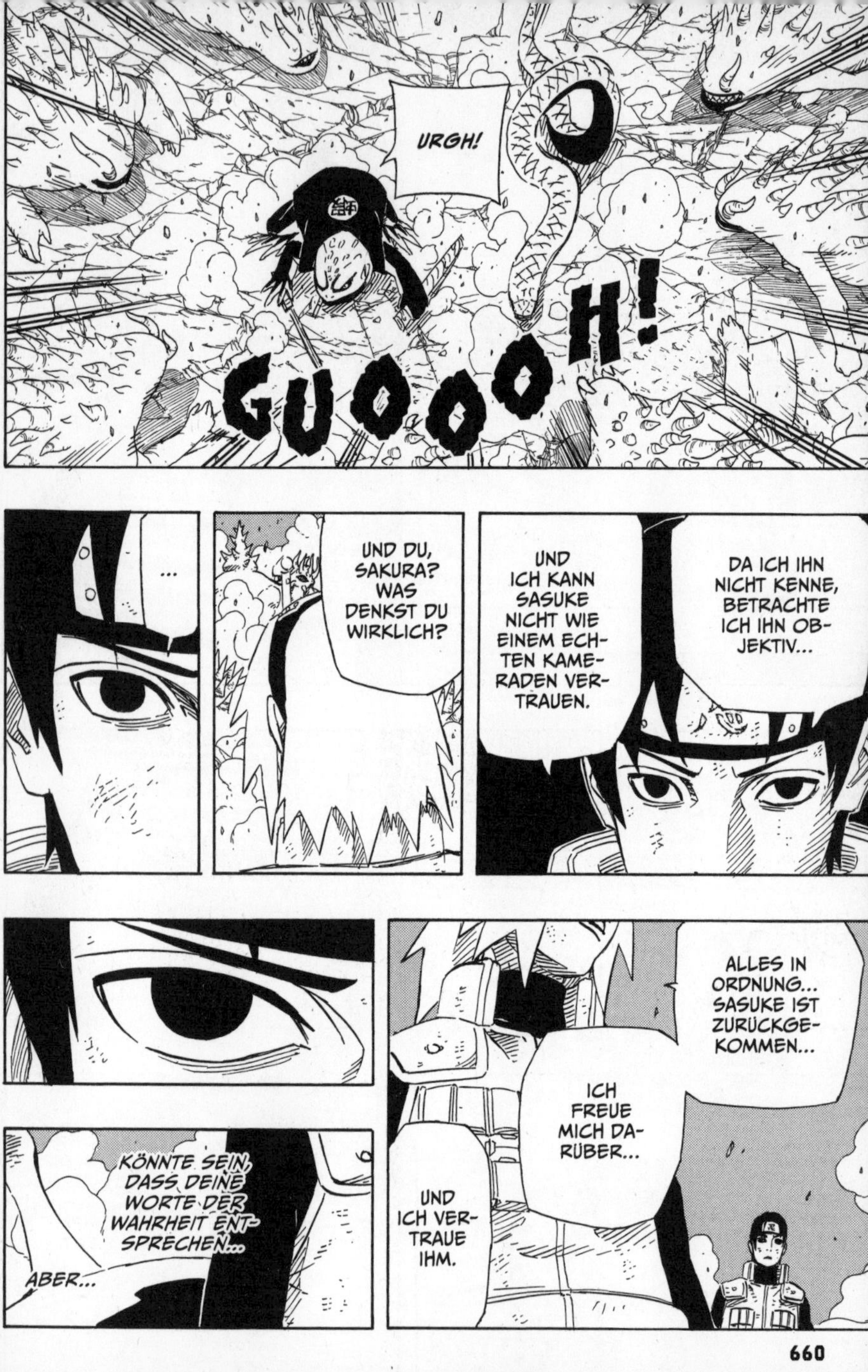
URGH!
GUOOOOH!
DA ICH IHN NICHT KENNE, BETRACHTE ICH IHN OBJEKTIV...
UND ICH KANN SASUKE NICHT WIE EINEM ECHTEN KAMERADEN VERTRAUEN.
UND DU, SAKURA? WAS DENKST DU WIRKLICH?
...
ALLES IN ORDNUNG... SASUKE IST ZURÜCKGEKOMMEN...
ICH FREUE MICH DARÜBER...
UND ICH VERTRAUE IHM.
KÖNNTE SEIN, DASS DEINE WORTE DER WAHRHEIT ENTSPRECHEN...
ABER...

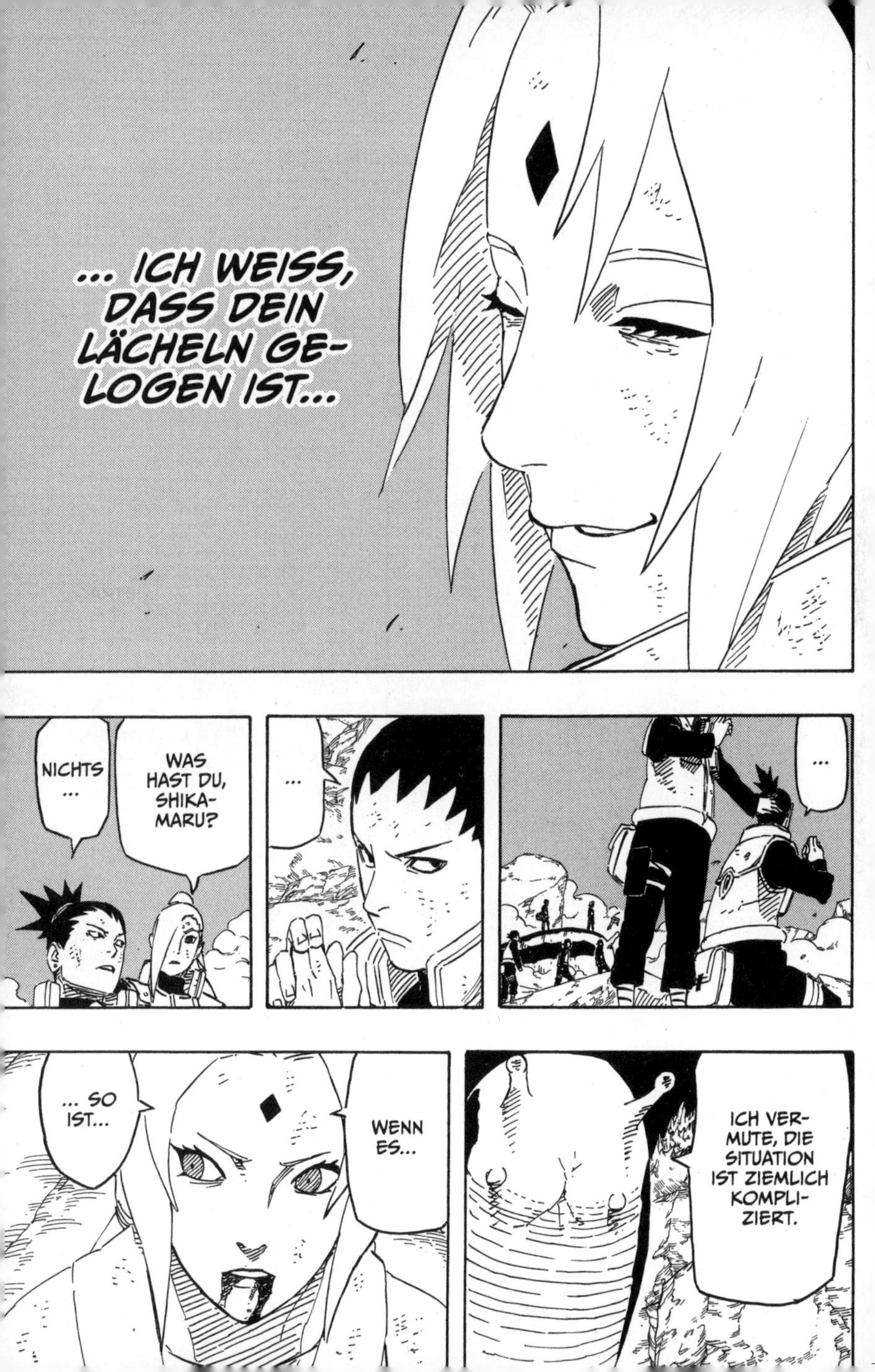
... ICH WEISS, DASS DEIN LÄCHELN GELOGEN IST...
...
...
WAS HAST DU, SHIKAMARU?
NICHTS ...
ICH VERMUTE, DIE SITUATION IST ZIEMLICH KOMPLIZIERT.
WENN ES...
... SO IST...

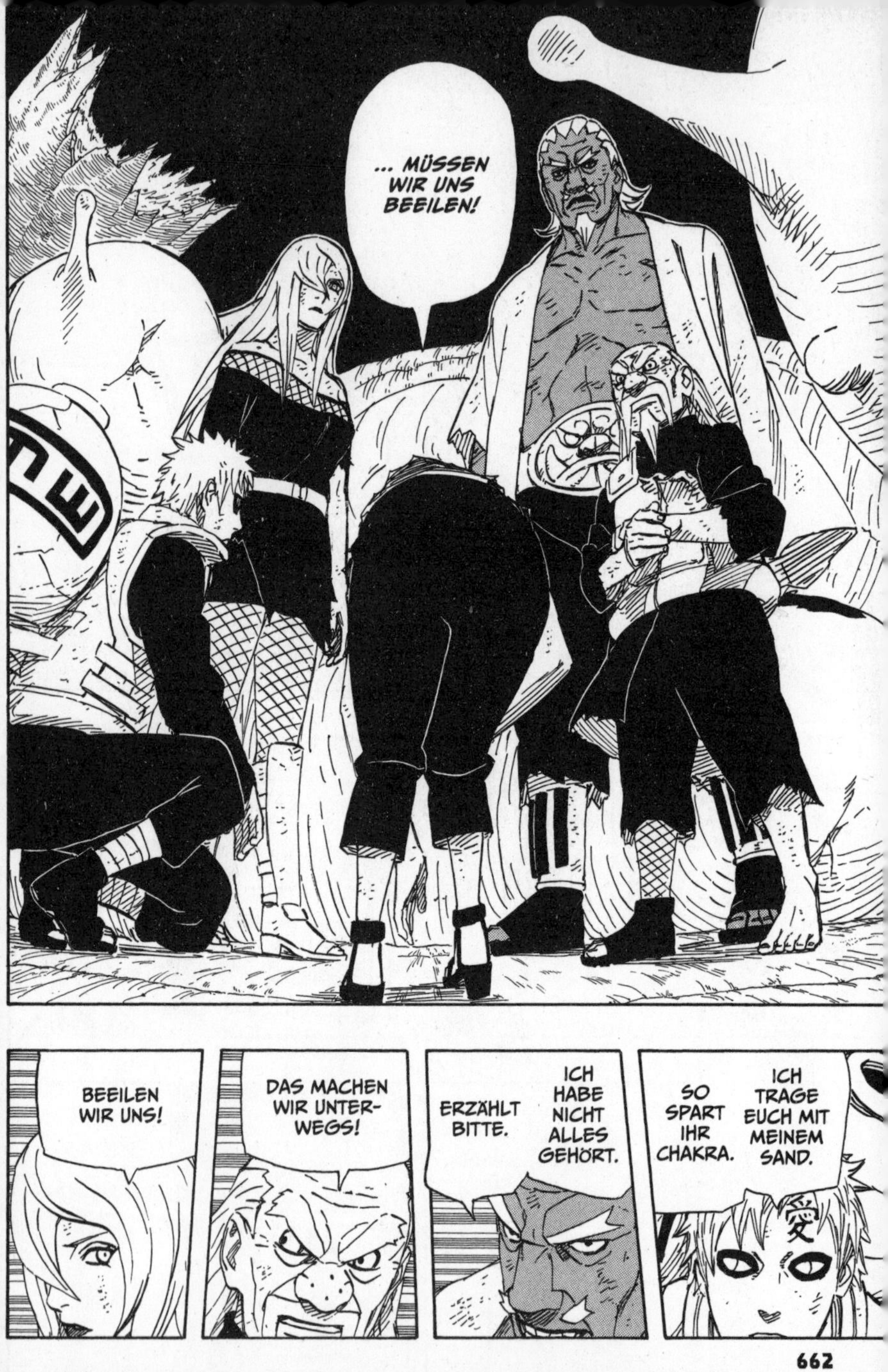
... MÜSSEN WIR UNS BEEILEN!
ICH TRAGE EUCH MIT MEINEM SAND.
SO SPART IHR CHAKRA.
ICH HABE NICHT ALLES GEHÖRT.
ERZÄHLT BITTE.
DAS MACHEN WIR UNTERWEGS!
BEEILEN WIR UNS!

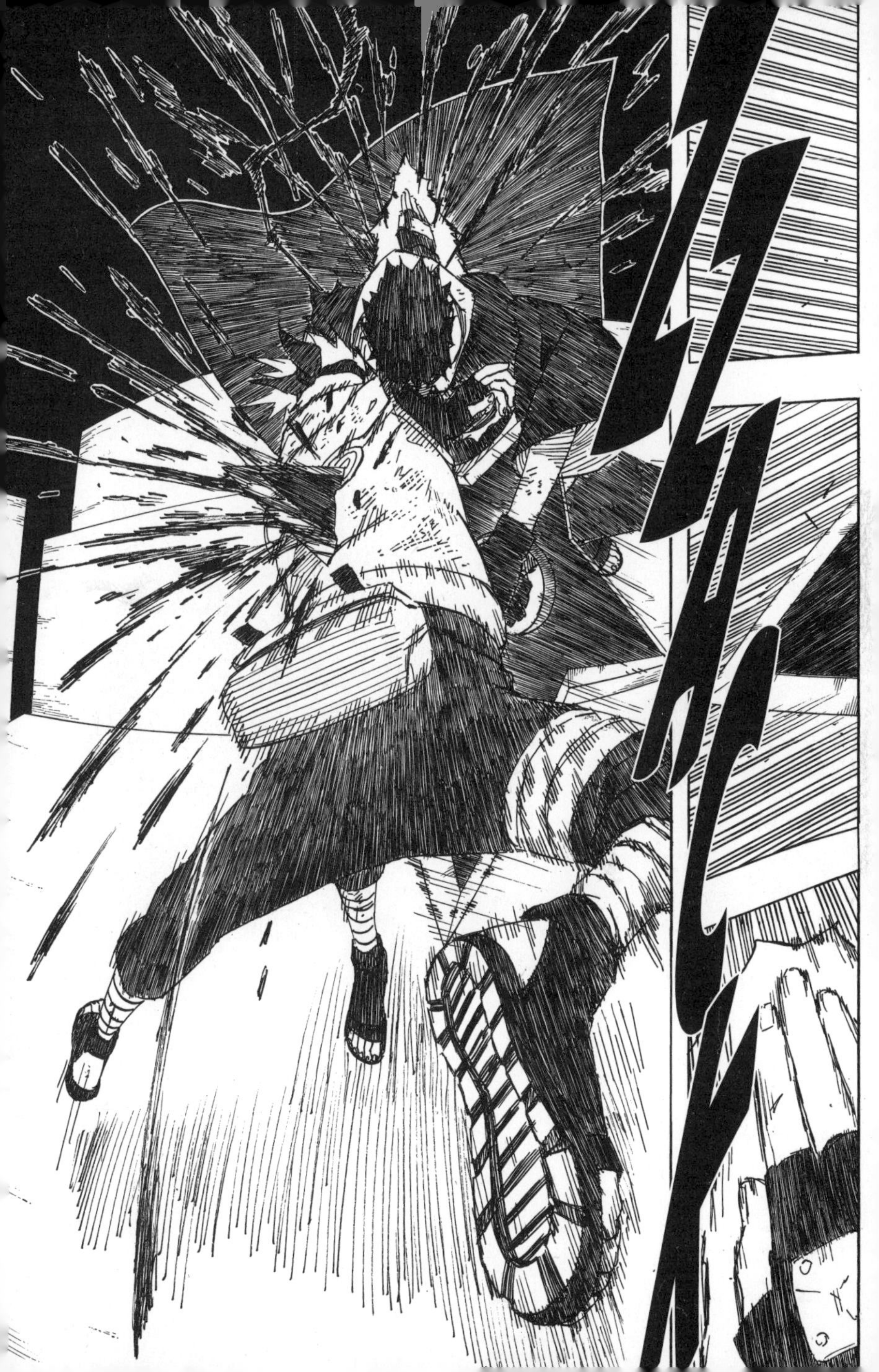

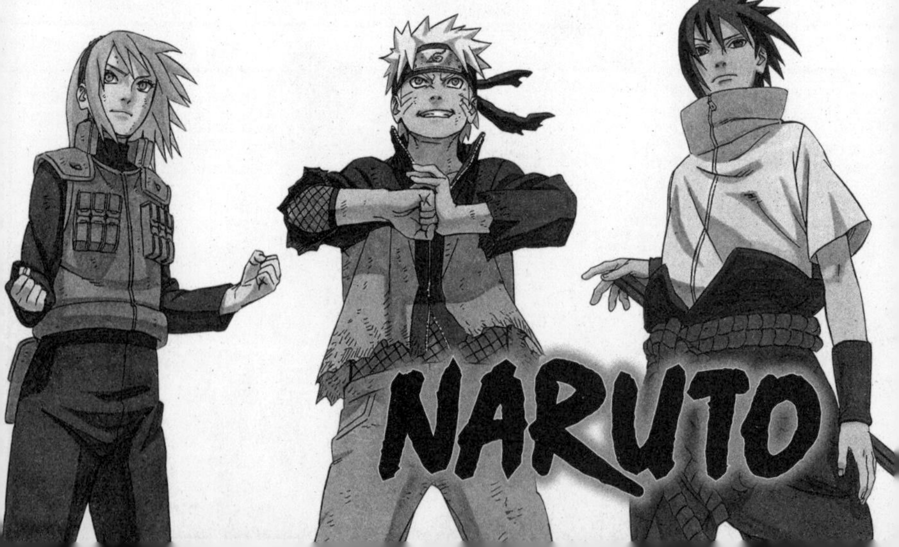
NARUTO

636. Kapitel: Den jetzigen Obito

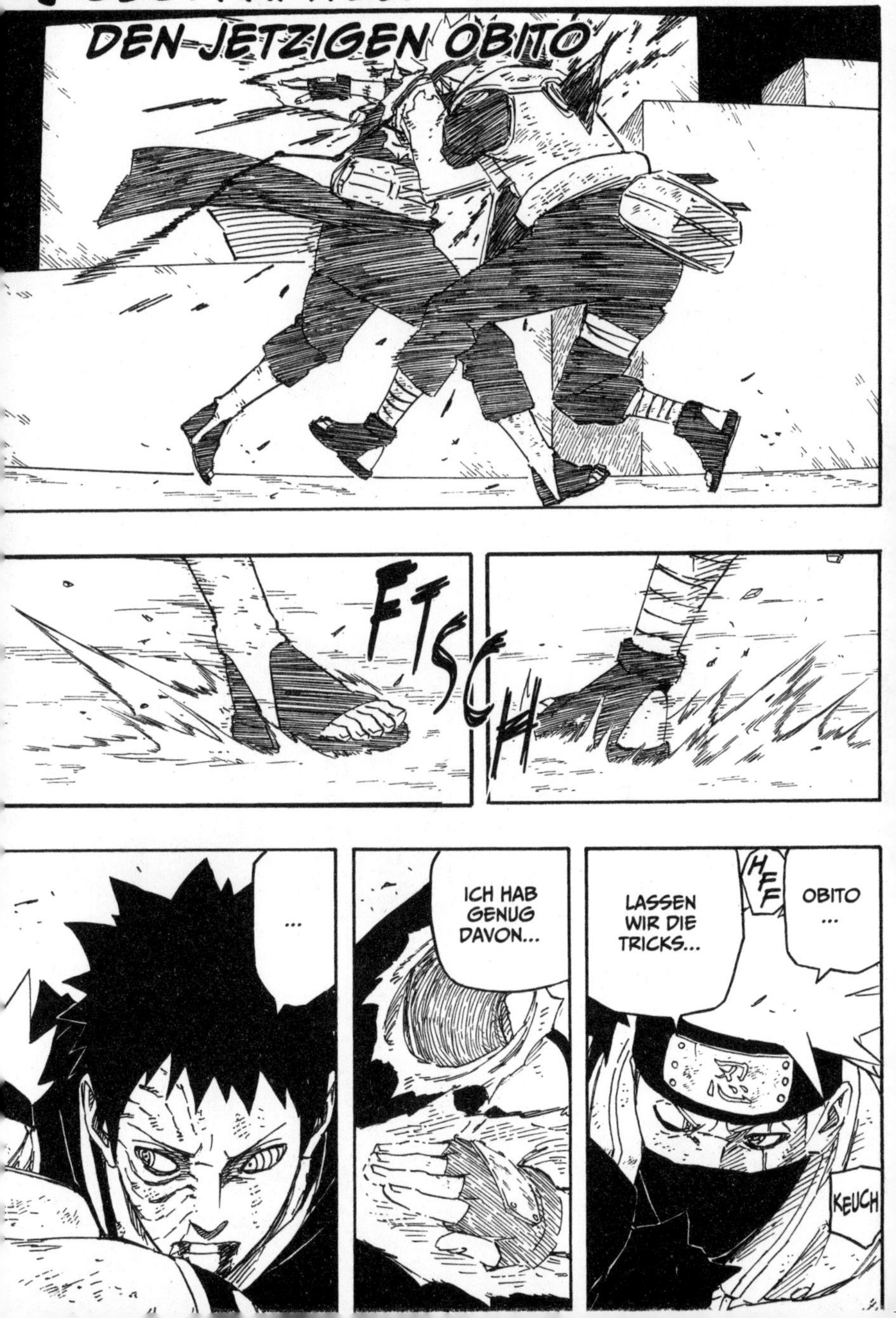

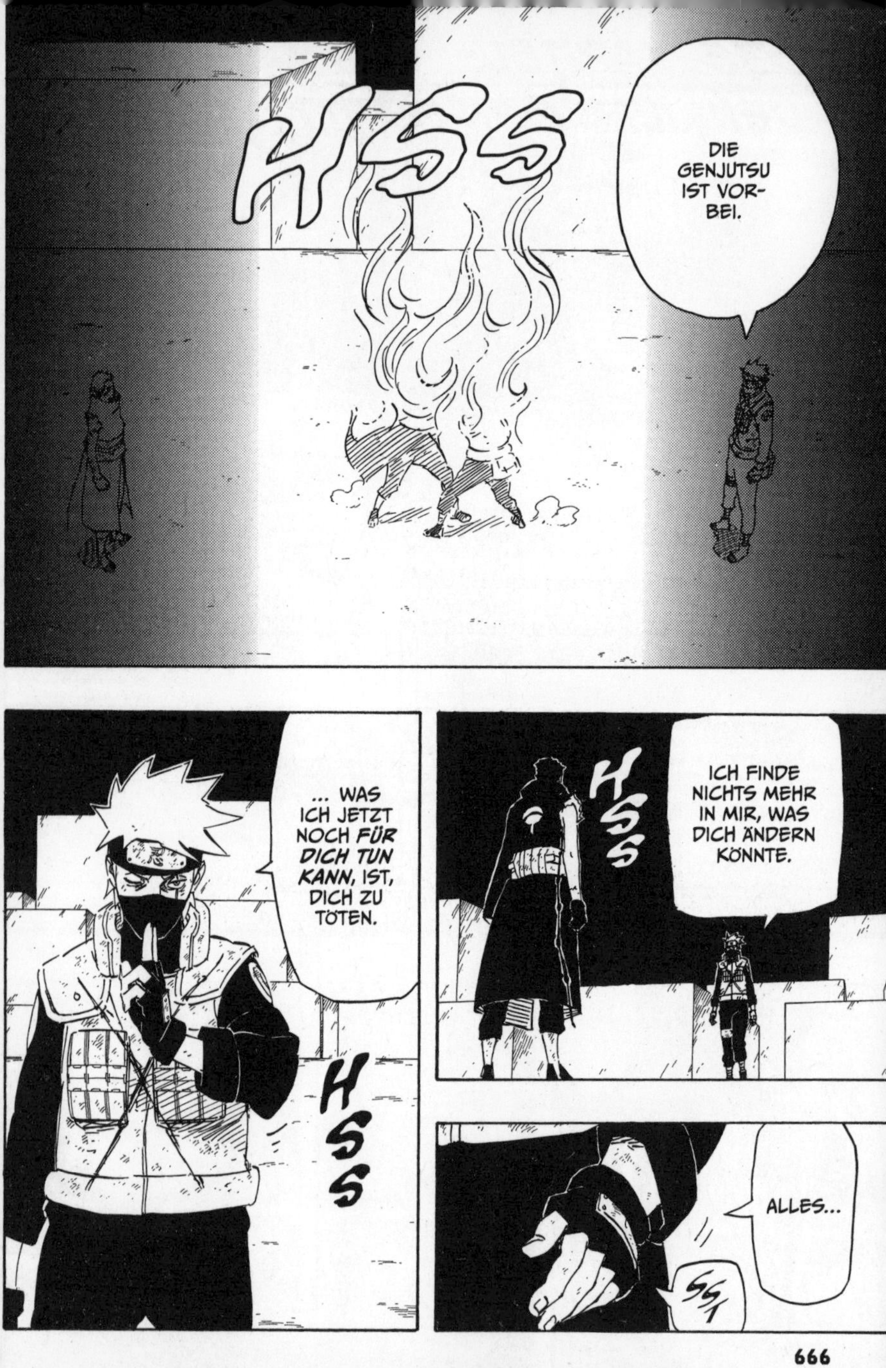
DIE GENJUTSU IST VORBEI.
HSS
ICH FINDE NICHTS MEHR IN MIR, WAS DICH ÄNDERN KÖNNTE.
HSS
... WAS ICH JETZT NOCH FÜR DICH TUN KANN, IST, DICH ZU TÖTEN.
HSS
ALLES...
SST

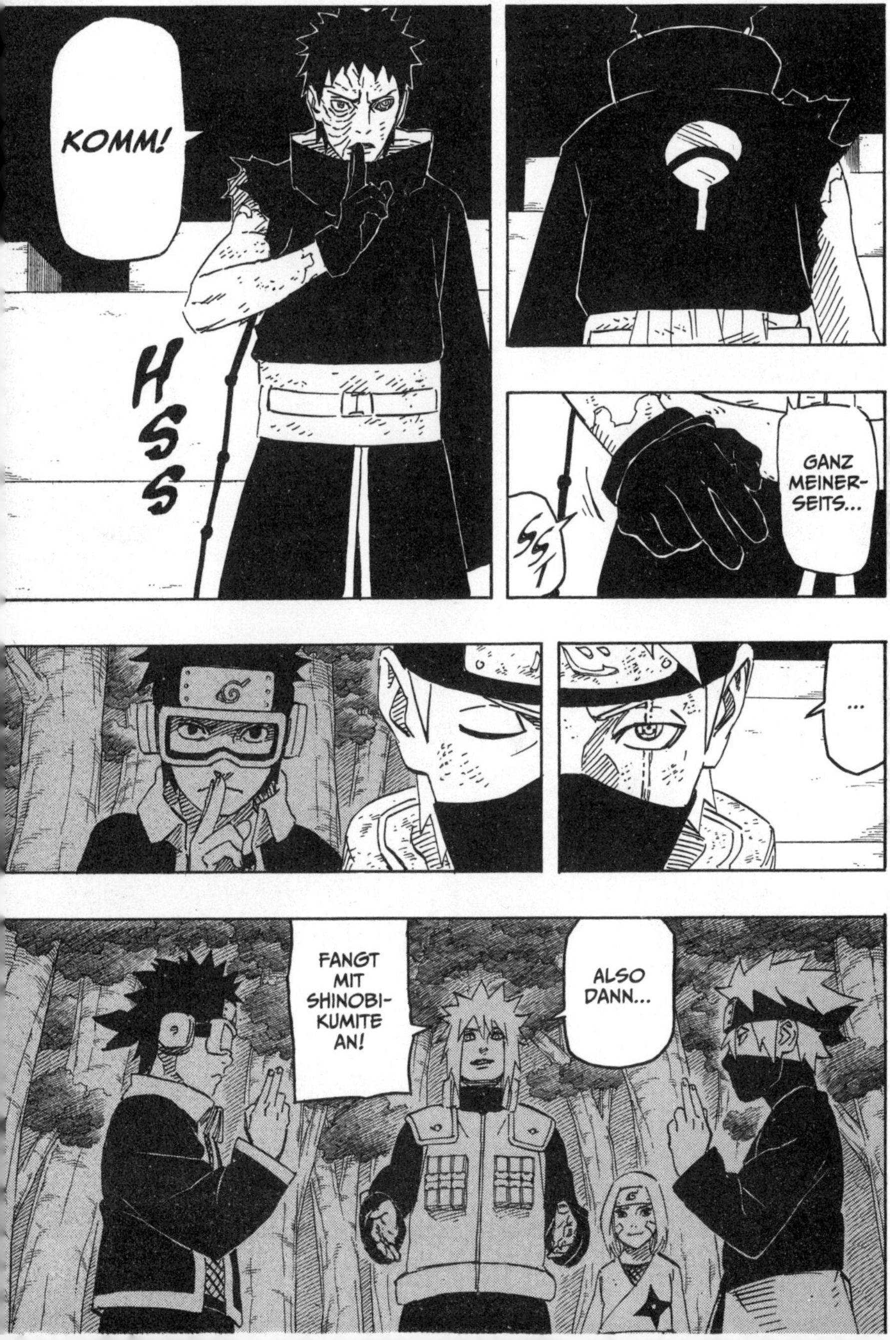
KOMM!
HSS
GANZ MEINERSEITS...
SS
...
ALSO DANN...
FANGT MIT SHINOBI-KUMITE AN!

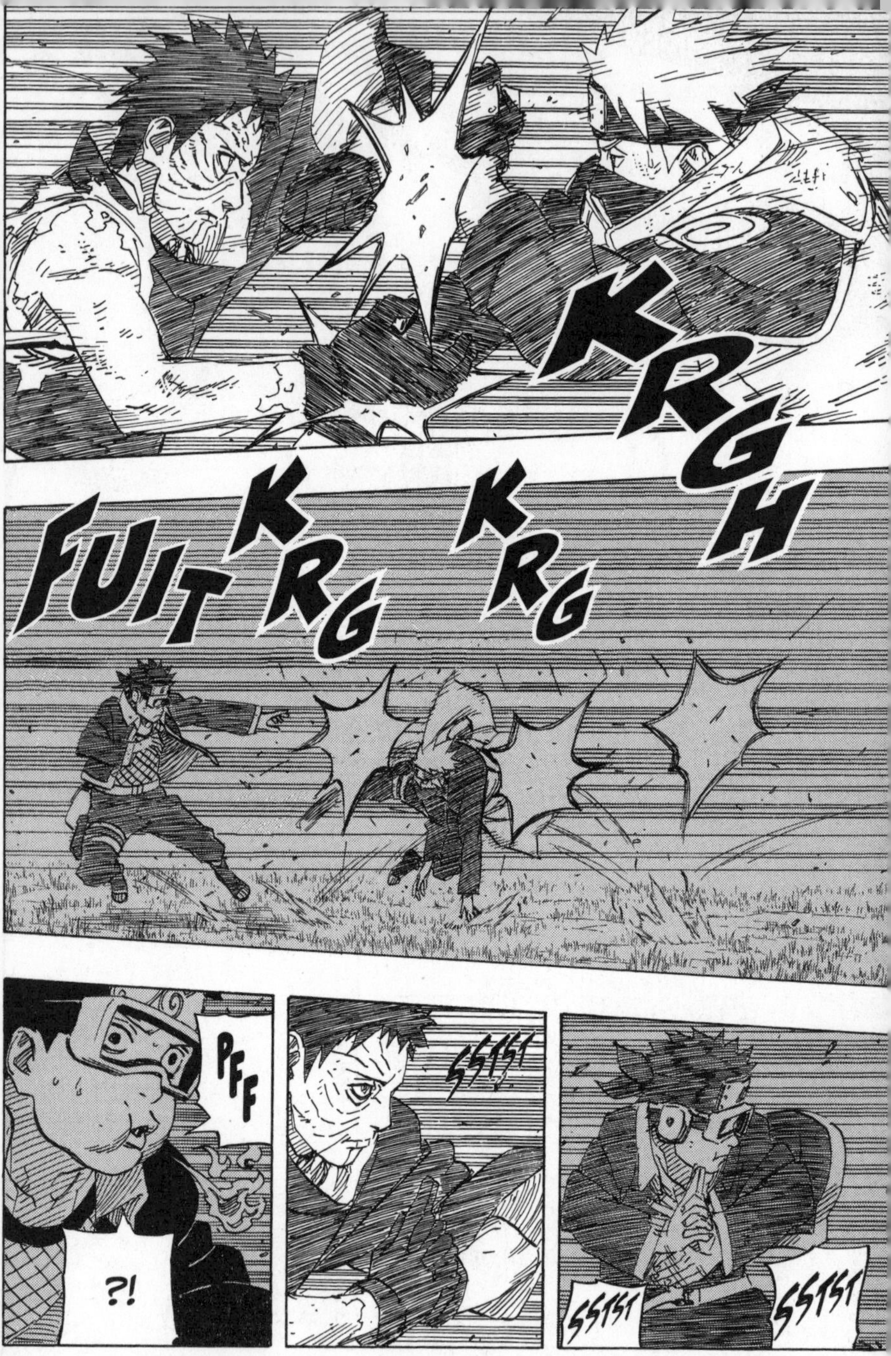
KRGH
KRG
KRG
FUIT
SSTST
SSTST
SSTST
PFF
?!

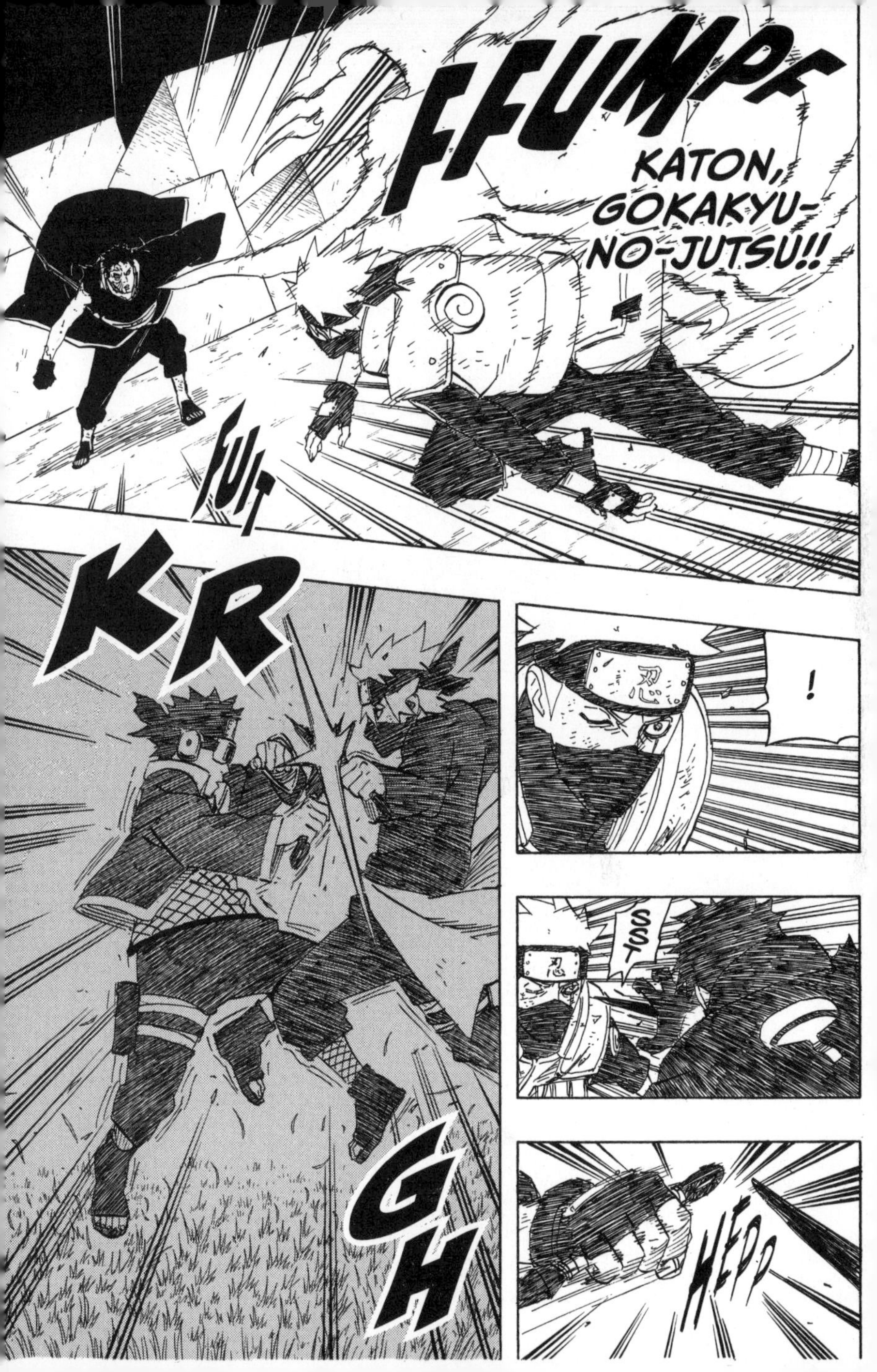
FFUMPF
KATON, GOKAKYU-NO-JUTSU!!
FUIT
!
SSST
HEDD
KR
GH

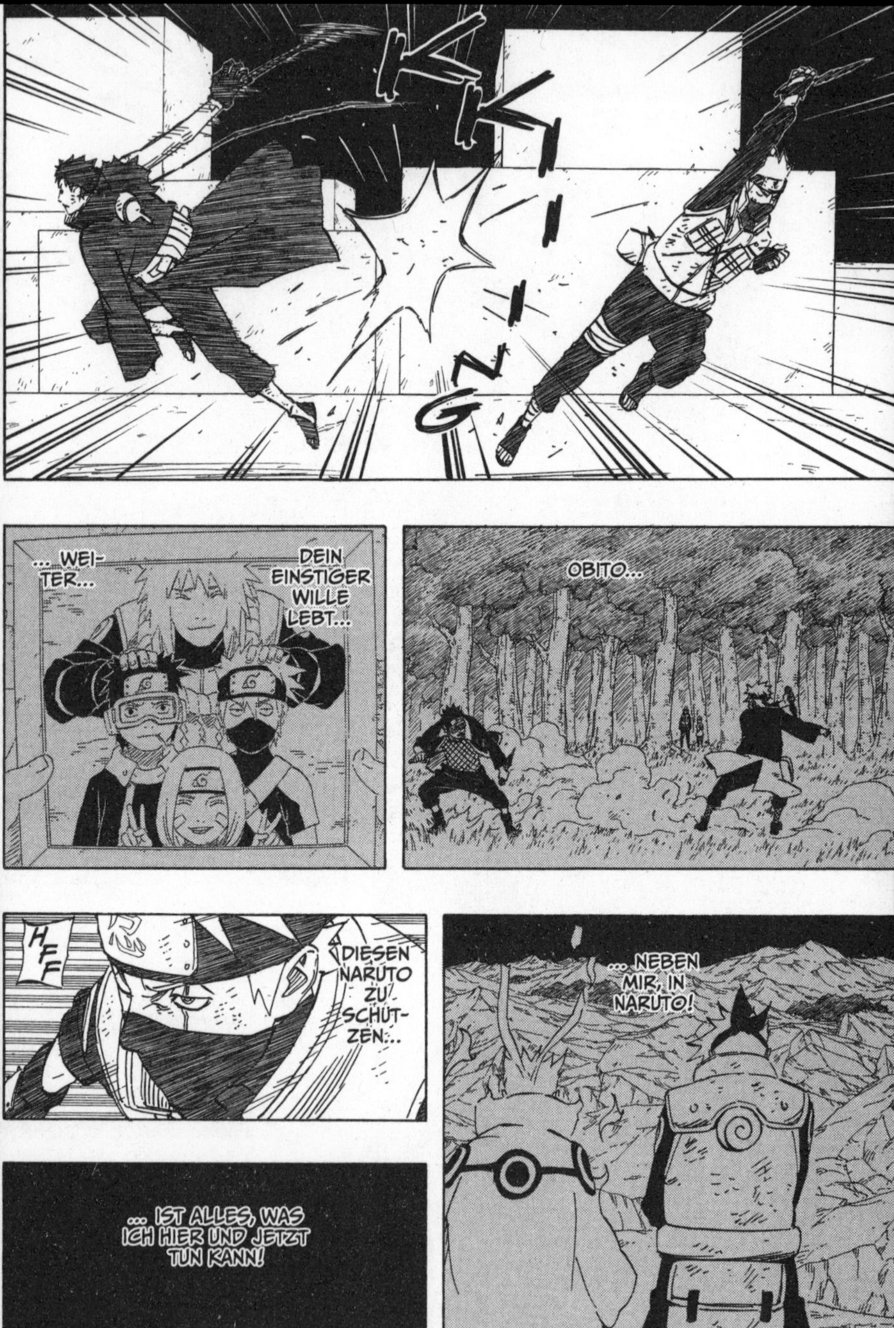
KKIIING
OBITO ...
DEIN EINSTIGER WILLE LEBT ...
... WEITER ...
... NEBEN MIR, IN NARUTO!
HFF
DIESEN NARUTO ZU SCHÜTZEN ...
... IST ALLES, WAS ICH HIER UND JETZT TUN KANN!

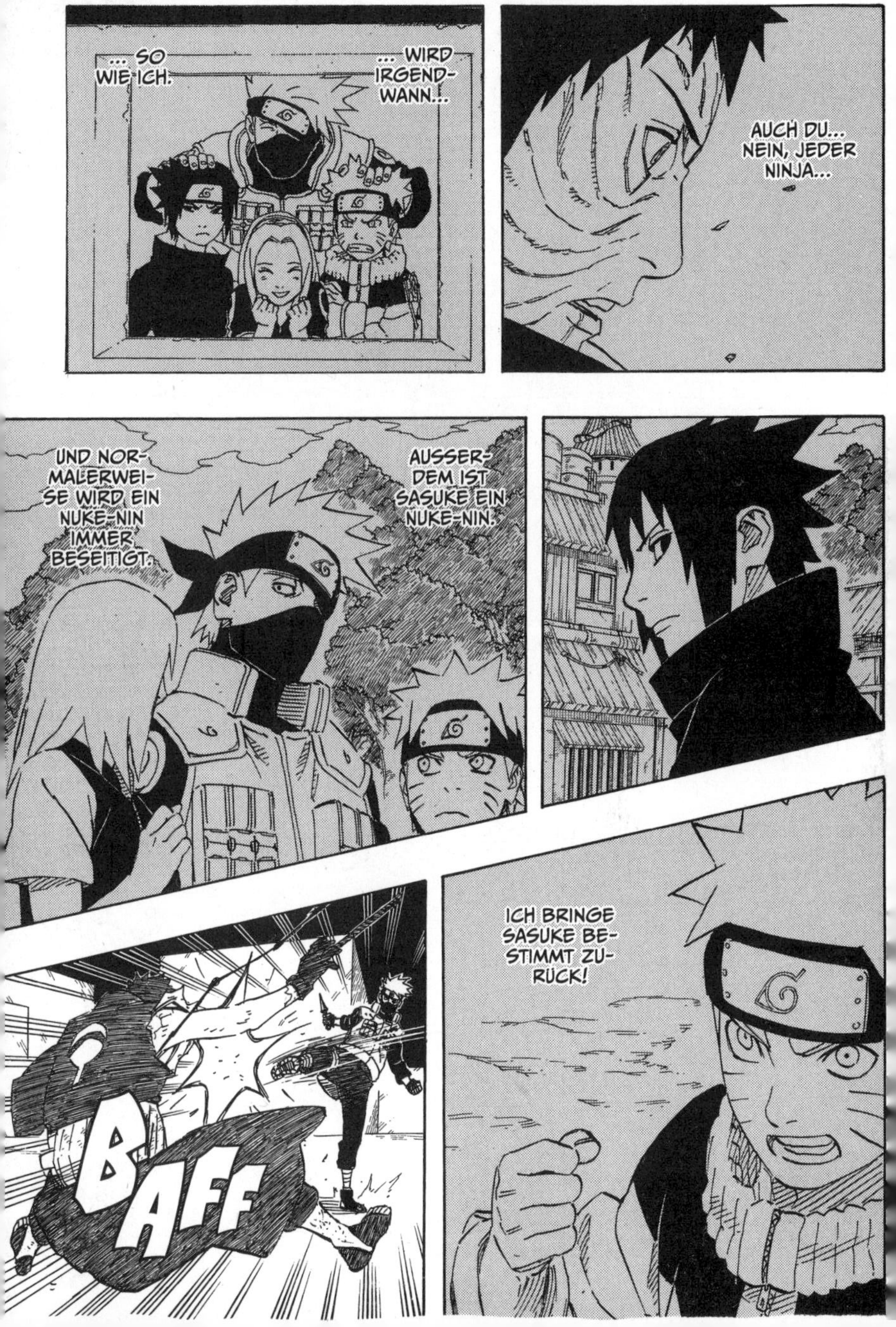
AUCH DU... NEIN, JEDER NINJA...
... WIRD IRGEND-WANN...
... SO WIE ICH.
AUSSER-DEM IST SASUKE EIN NUKE-NIN.
UND NOR-MALERWEI-SE WIRD EIN NUKE-NIN IMMER BESEITIGT.
ICH BRINGE SASUKE BE-STIMMT ZU-RÜCK!
BAFF

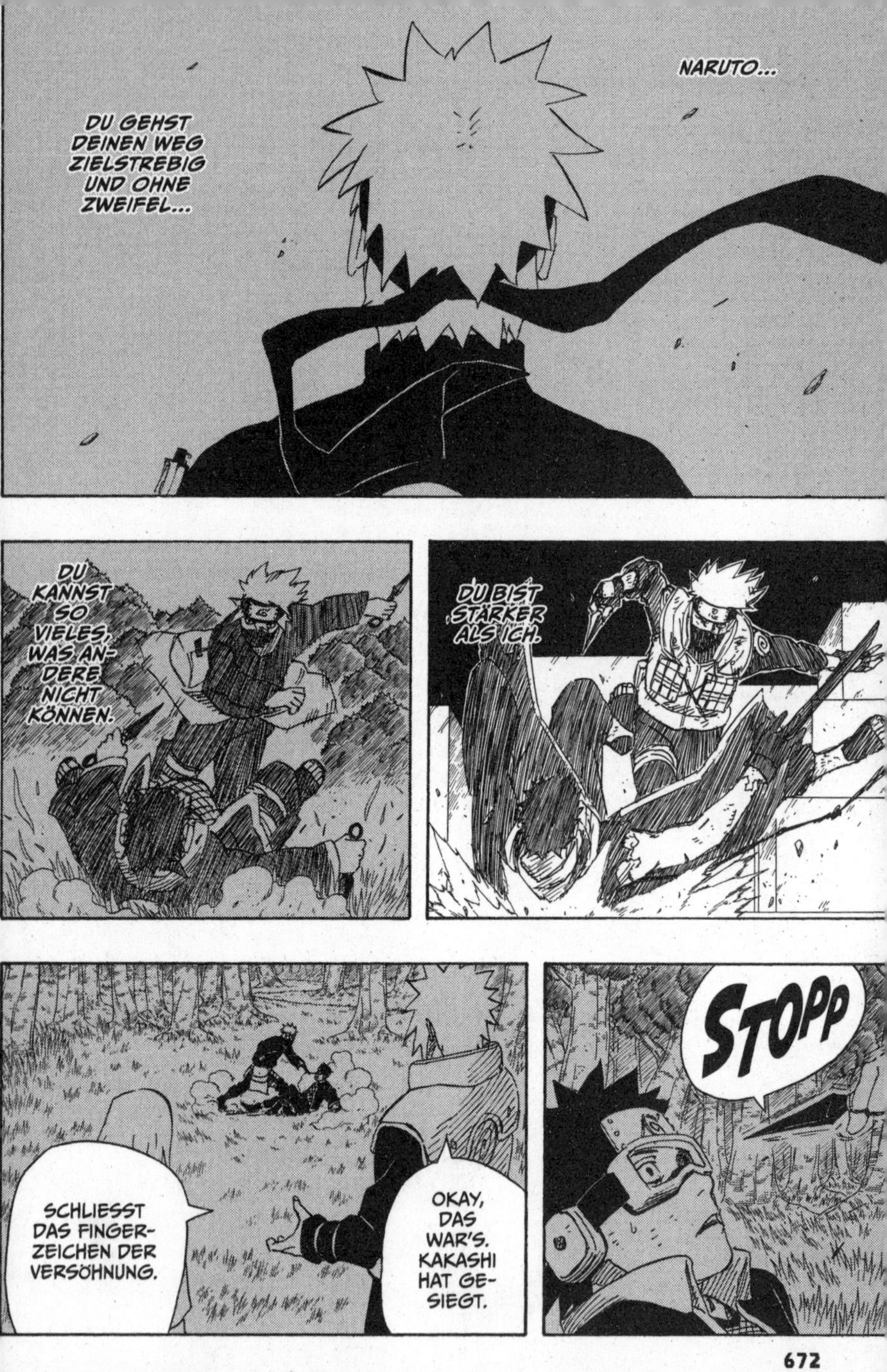
NARUTO...
DU GEHST DEINEN WEG ZIELSTREBIG UND OHNE ZWEIFEL...
DU BIST STÄRKER ALS ICH.
DU KANNST SO VIELES, WAS ANDERE NICHT KÖNNEN.
STOPP
OKAY, DAS WAR'S. KAKASHI HAT GESIEGT.
SCHLIESST DAS FINGERZEICHEN DER VERSÖHNUNG.

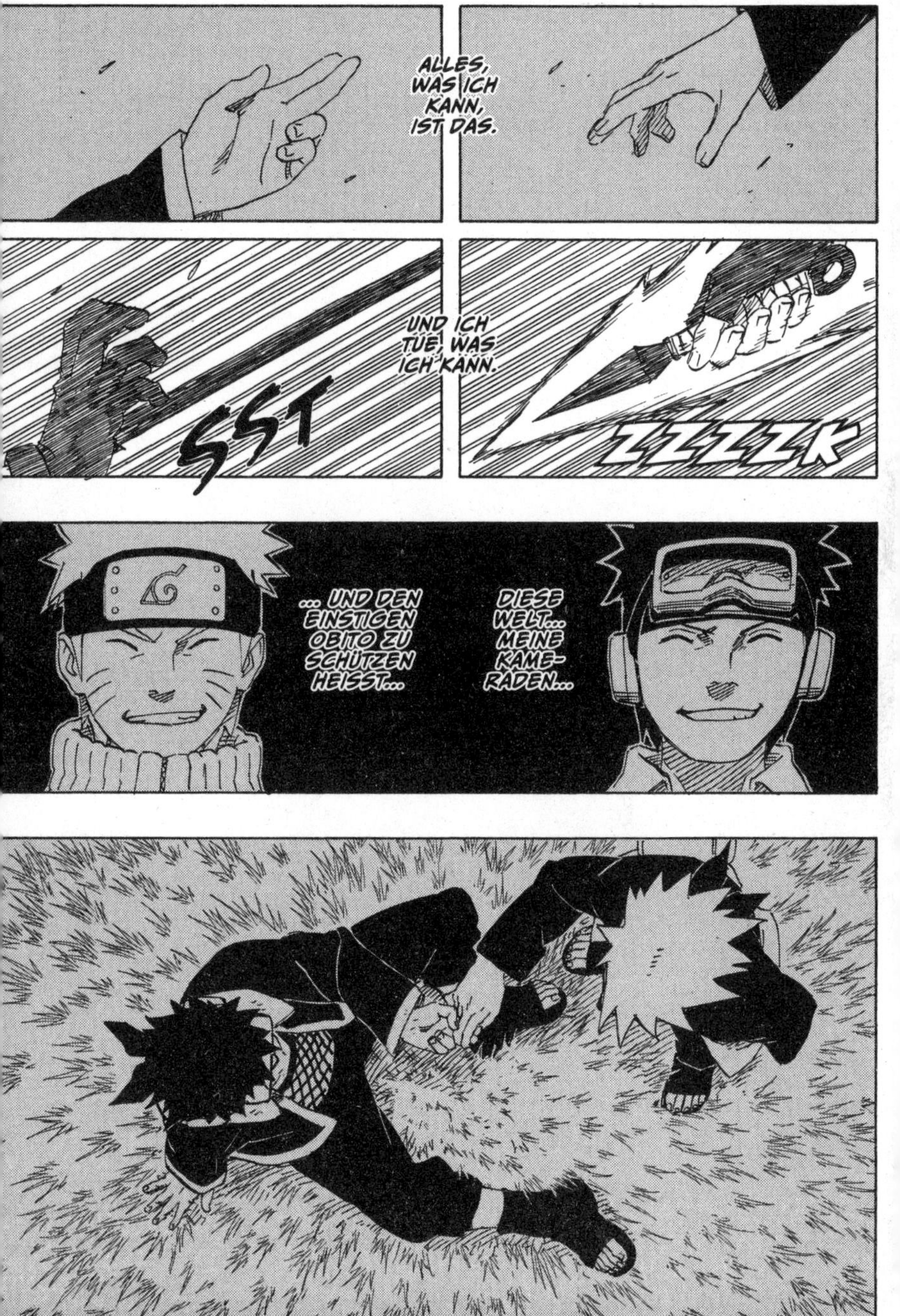
ALLES, WAS ICH KANN, IST DAS.
UND ICH TUE, WAS ICH KANN.
ZZZZK
SST
DIESE WELT... MEINE KAME-RADEN...
... UND DEN EINSTIGEN OBITO ZU SCHÜTZEN HEISST...

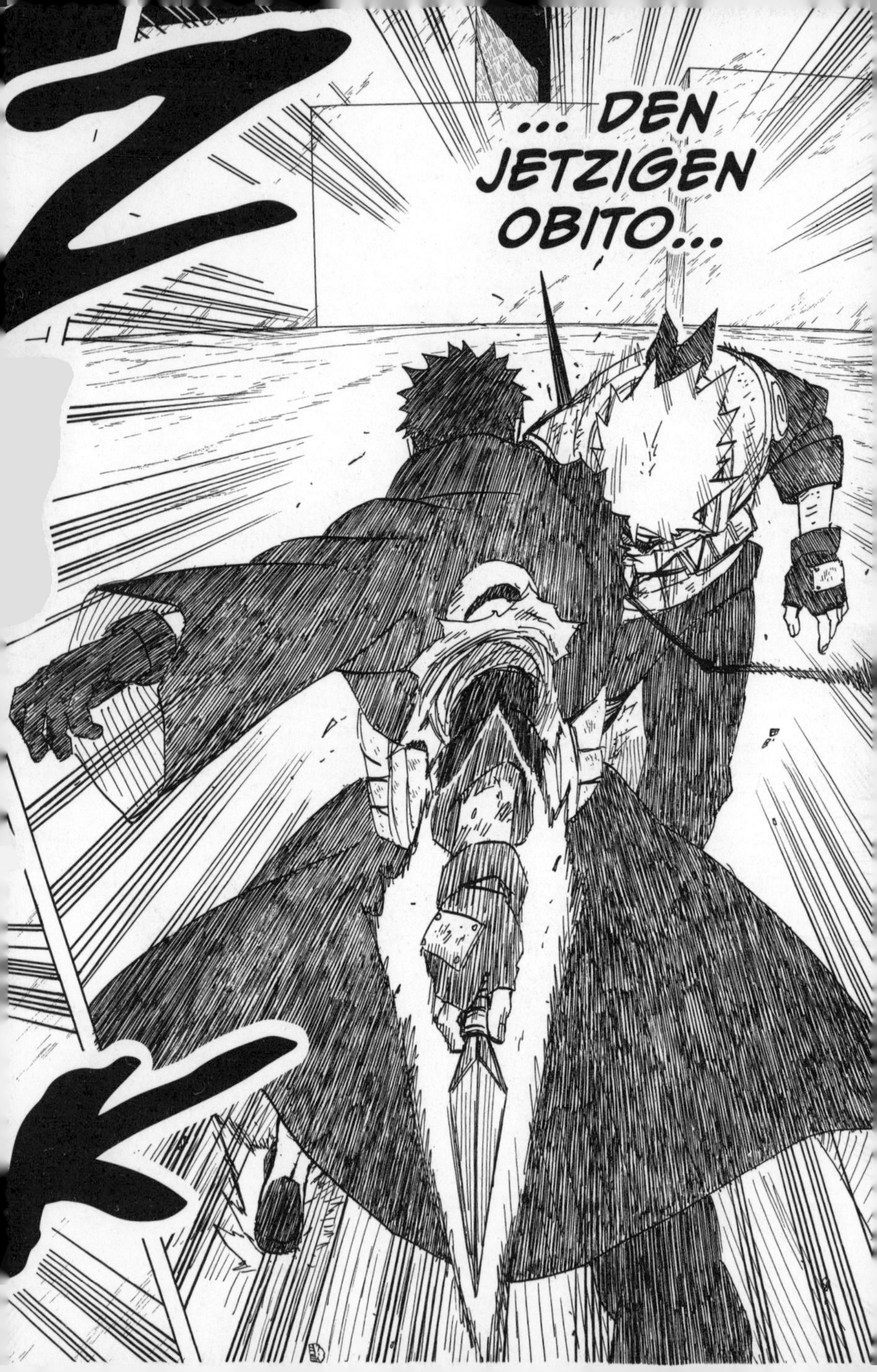
... DEN JETZIGEN OBITO...

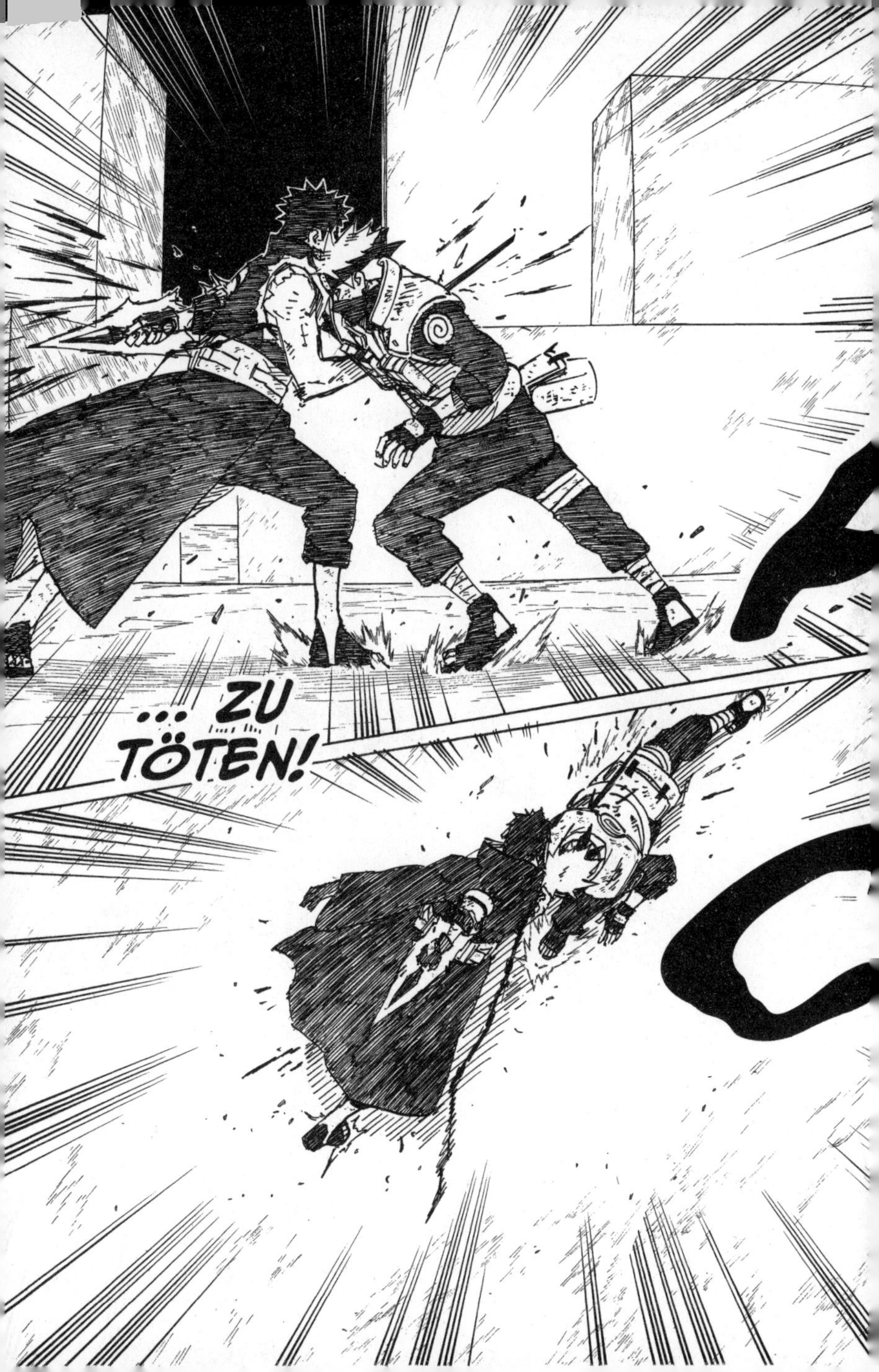
... ZU TÖTEN!

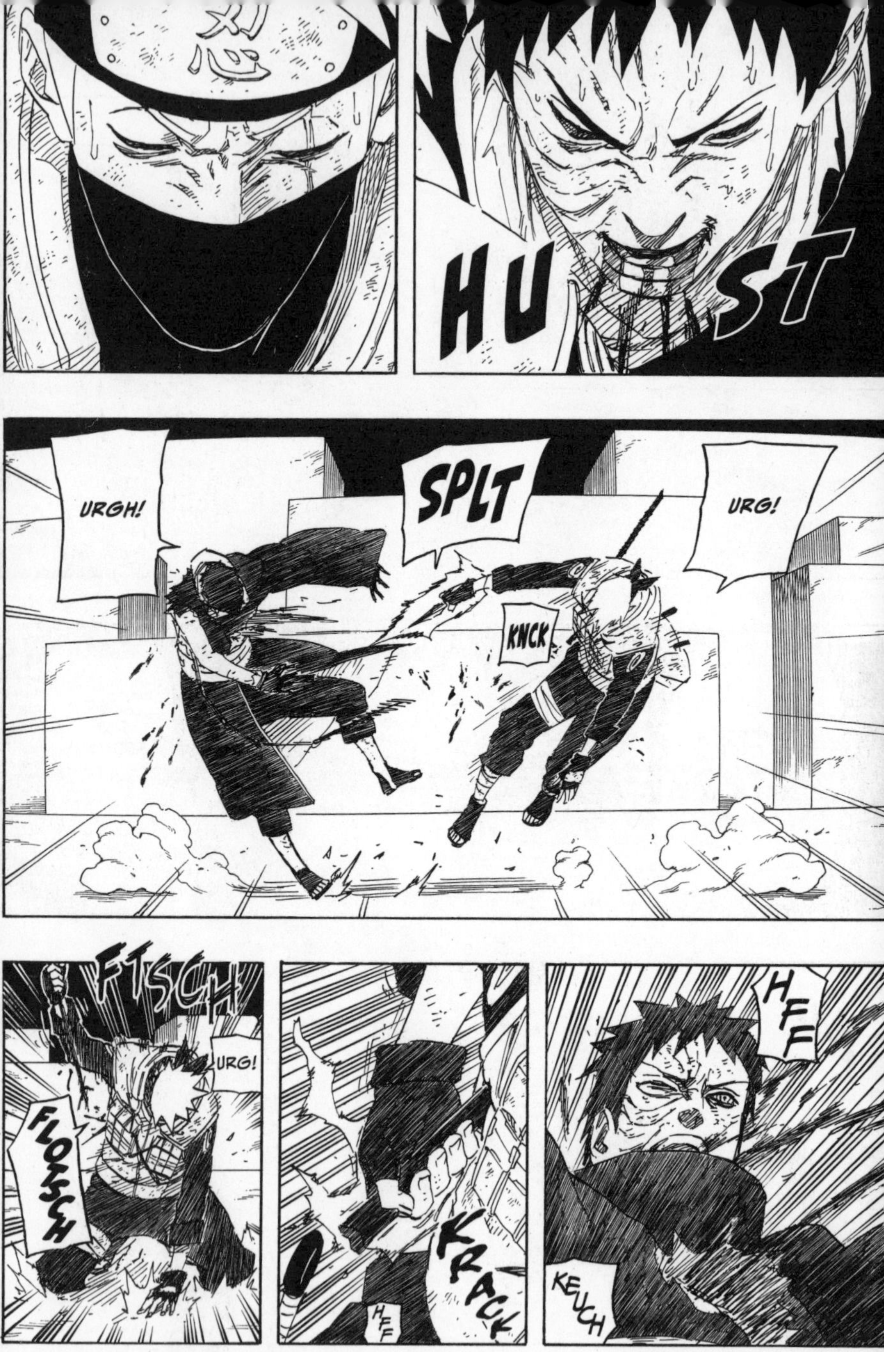
HUST
URG!
SPLT
KNCK
URGH!
HFF
KEUCH
KRACK
HFF
FTSCH
URG!
FLOSCH

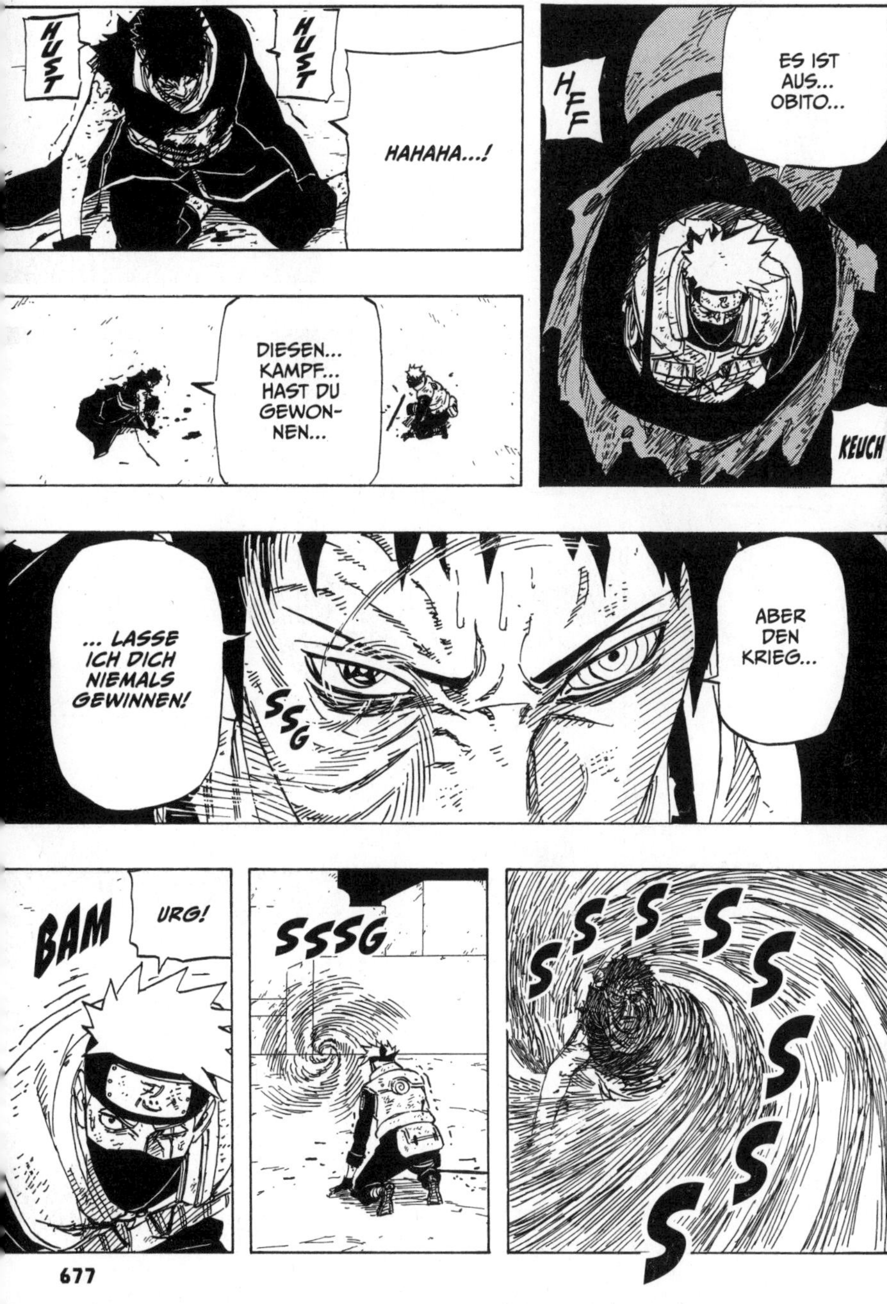
ES IST AUS... OBITO...
HFF
KEUCH
HUST
HUST
HAHAHA...!
DIESEN... KAMPF... HAST DU GEWONNEN...
ABER DEN KRIEG...
... LASSE ICH DICH NIEMALS GEWINNEN!
SSG
SSSSSSSSSSS
SSSG
URG!
BAM

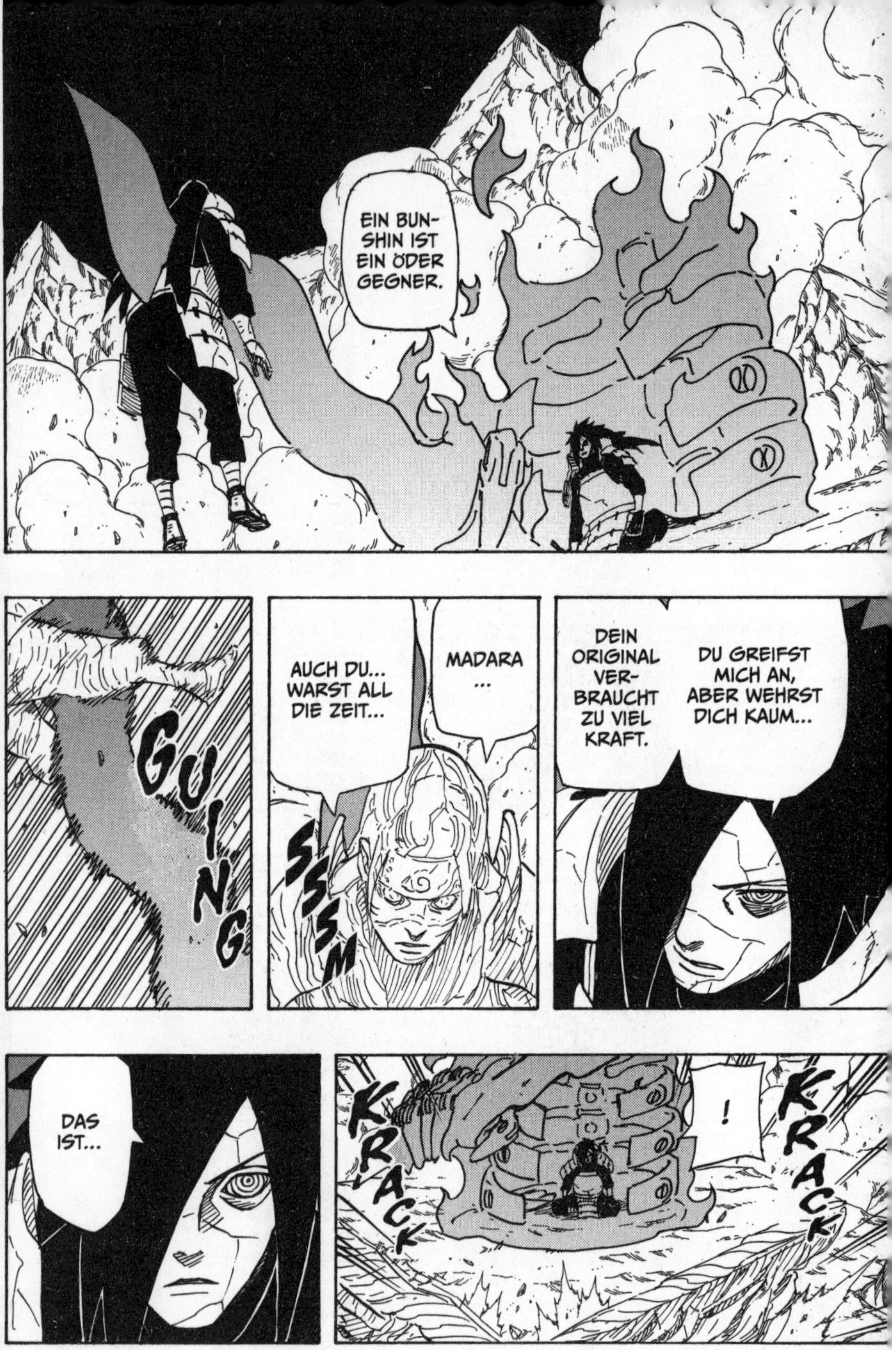
EIN BUN-
SHIN IST
EIN ÖDER
GEGNER.
DU GREIFST
MICH AN,
ABER WEHRST
DICH KAUM...
DEIN
ORIGINAL
VER-
BRAUCHT
ZU VIEL
KRAFT.
MADARA
...
AUCH DU...
WARST ALL
DIE ZEIT...
SSSM
GUING
!
KRACK
KRACK
DAS
IST...

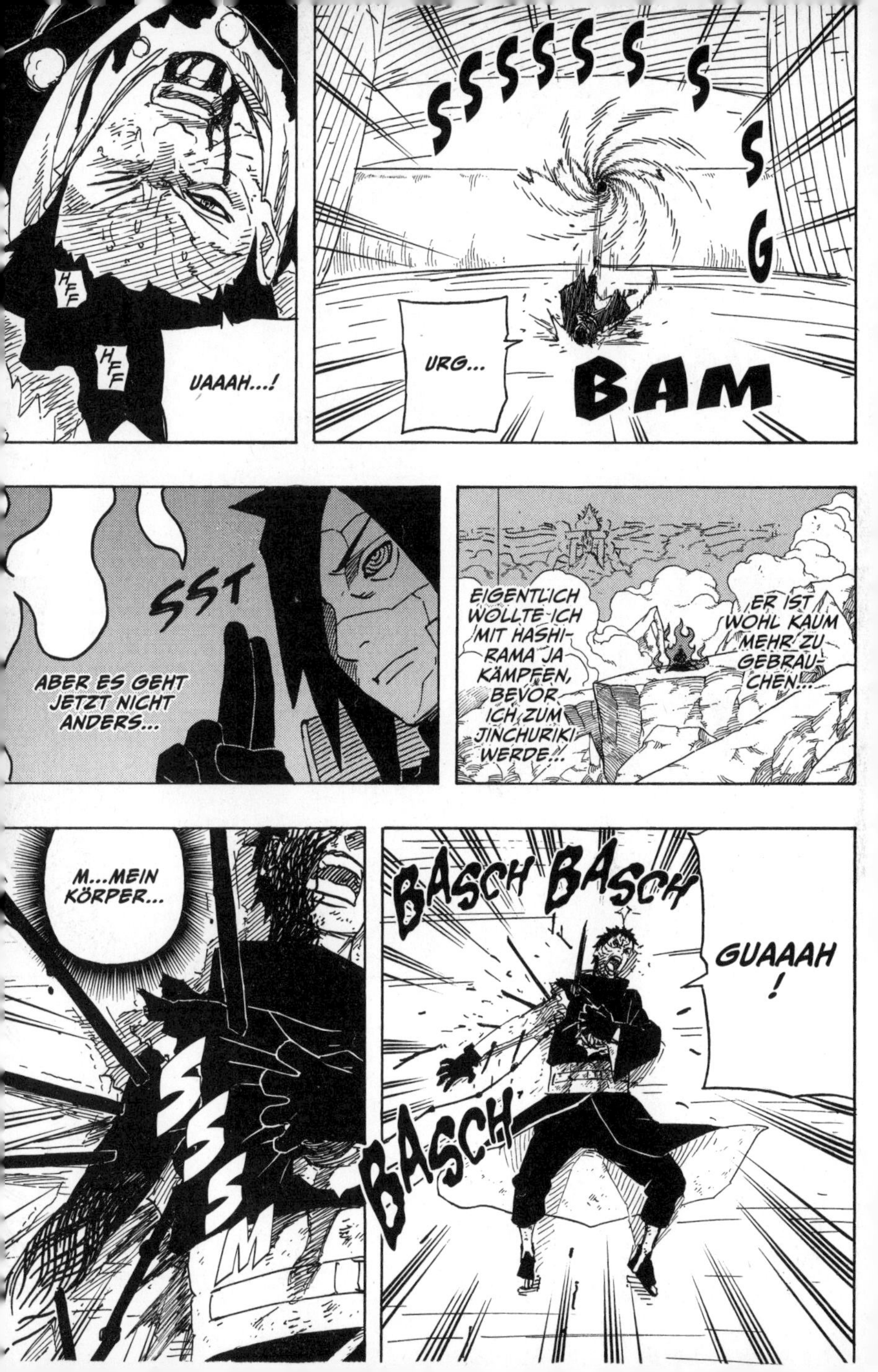
SSSSSSSSG
URG...
BAM
HFF
HFF
UAAAH...!
ER IST WOHL KAUM MEHR ZU GEBRAUCHEN...
EIGENTLICH WOLLTE ICH MIT HASHIRAMA JA KÄMPFEN, BEVOR ICH ZUM JINCHURIKI WERDE...
SST
ABER ES GEHT JETZT NICHT ANDERS...
BASCH BASCH
GUAAAH!
BASCH
M...MEIN KÖRPER...
SSSM

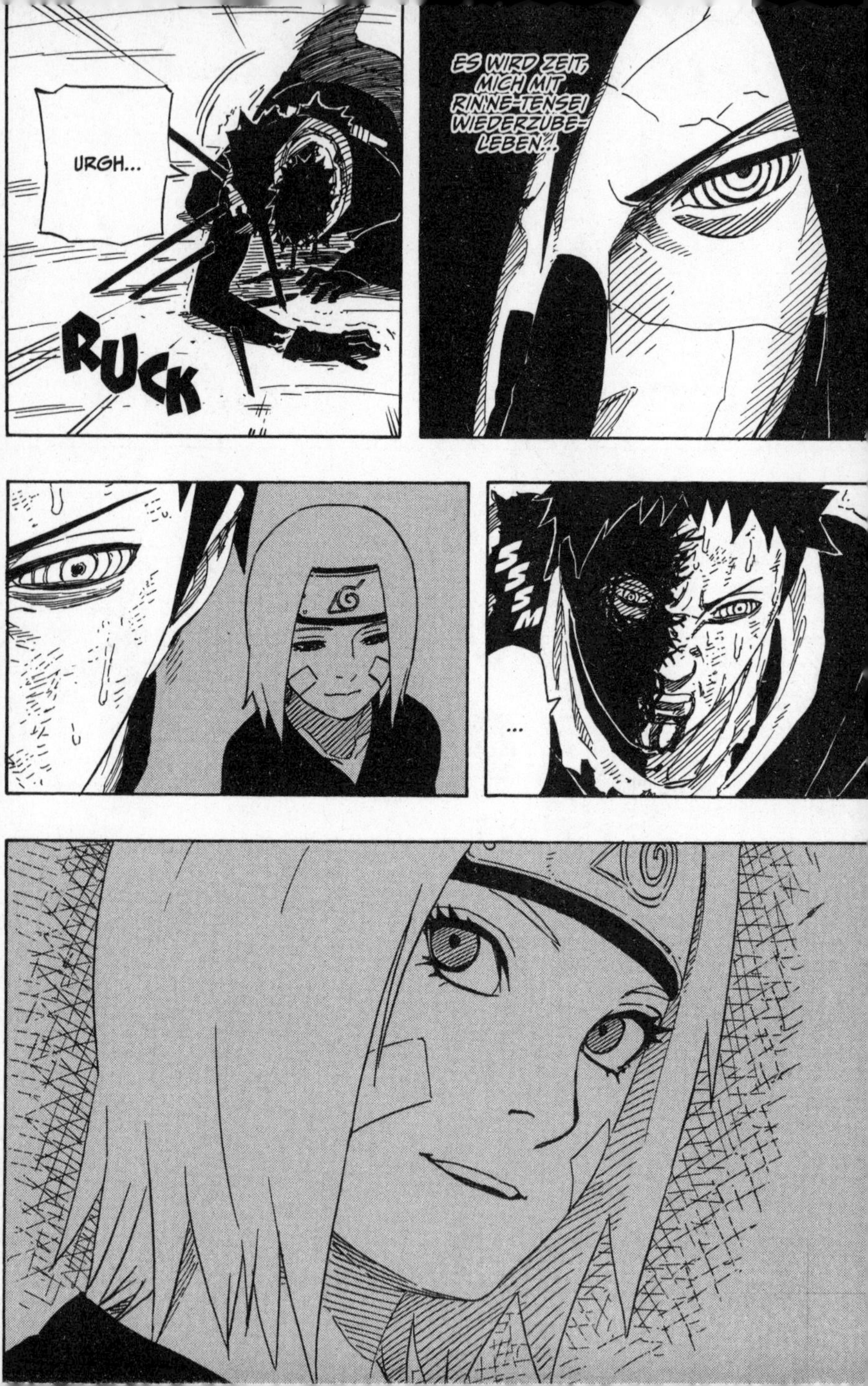
ES WIRD ZEIT, MICH MIT RIN'NE-TENSEI WIEDERZUBE-LEBEN...
URGH...
RUCK
SSSM
...

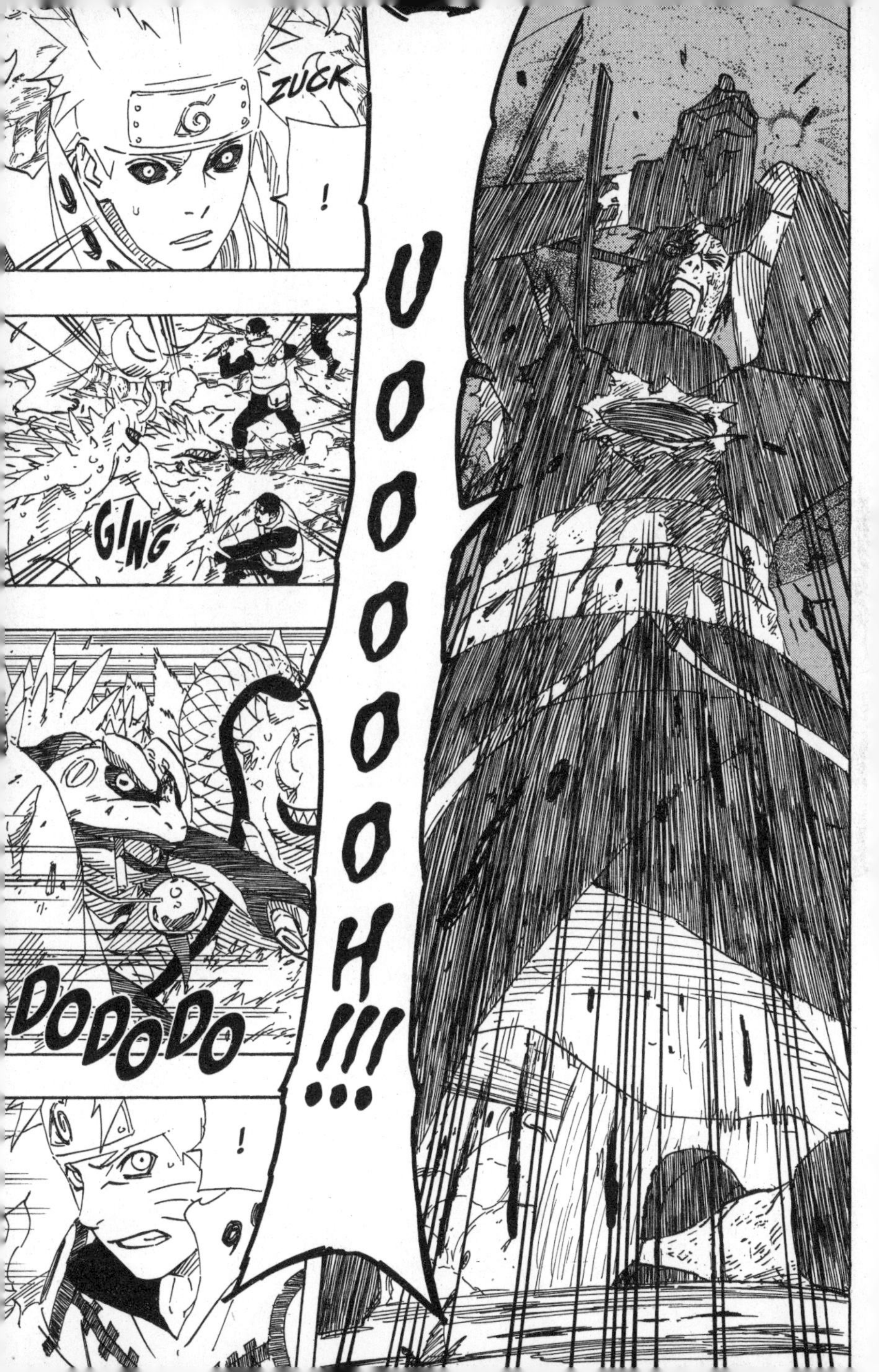

ZUCK
!
GING
UOOOOOOOH!!!...
DODODO
!

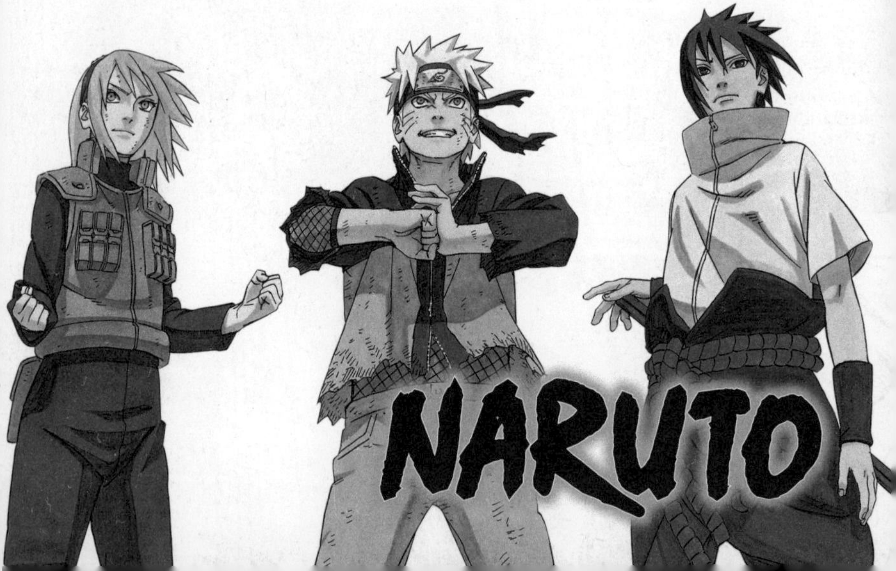
NARUTO

637. Kapitel: Jubis Jinchuriki

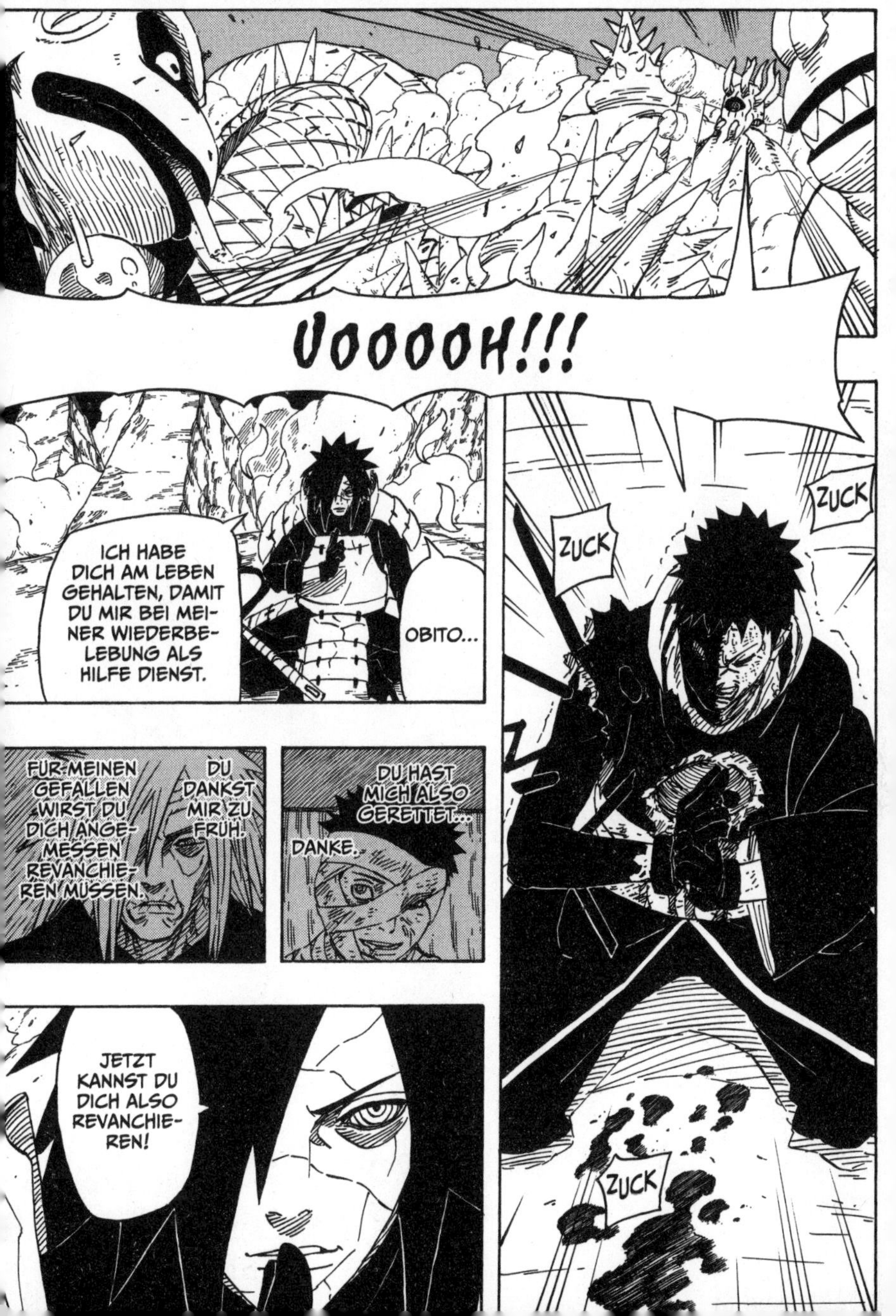

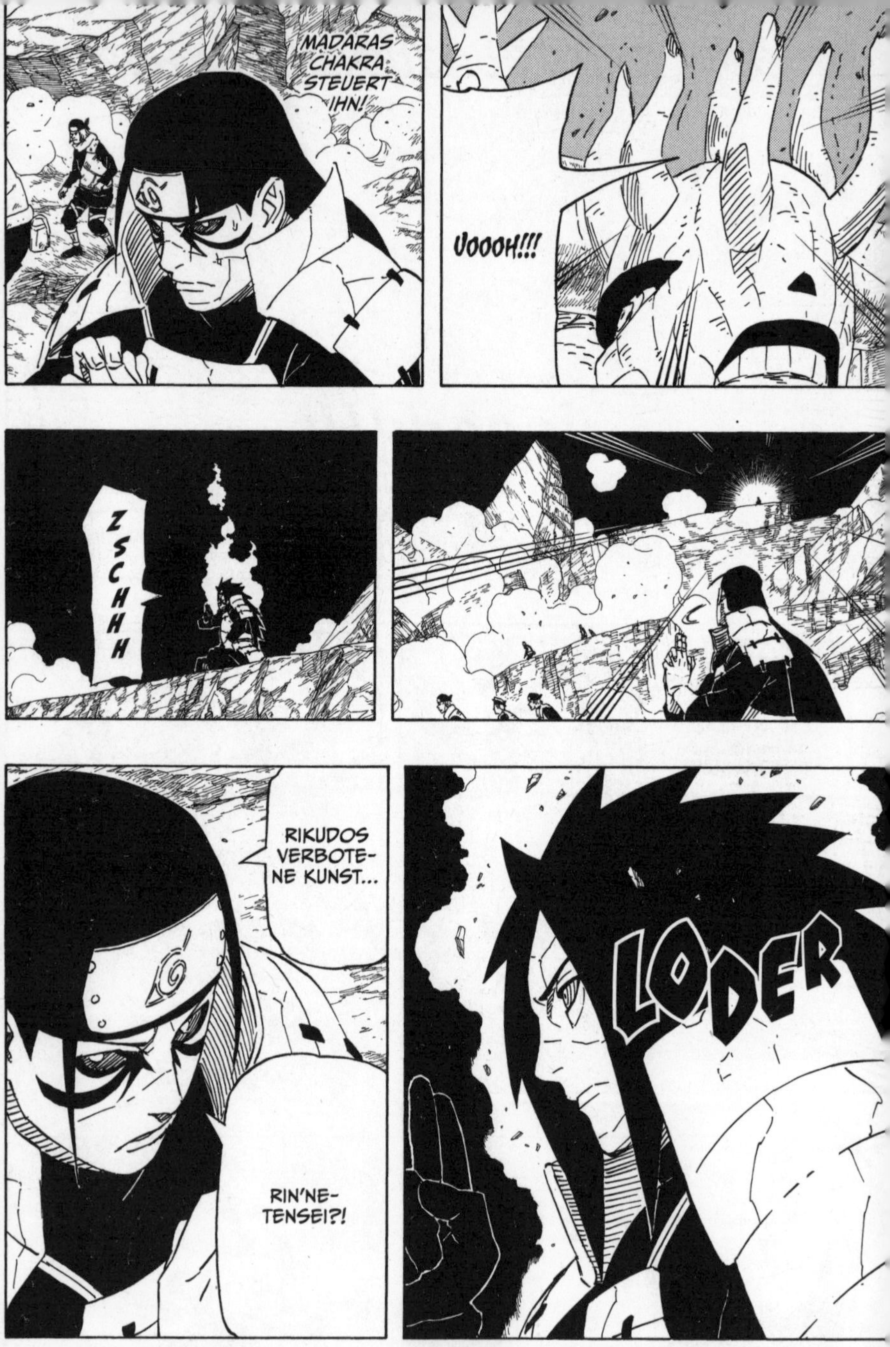
VOOOH!!!
MADARAS CHAKRA STEUERT IHN!
ZSCHHH
RIKUDOS VERBOTENE KUNST...
RIN'NE-TENSEI?!
LODER

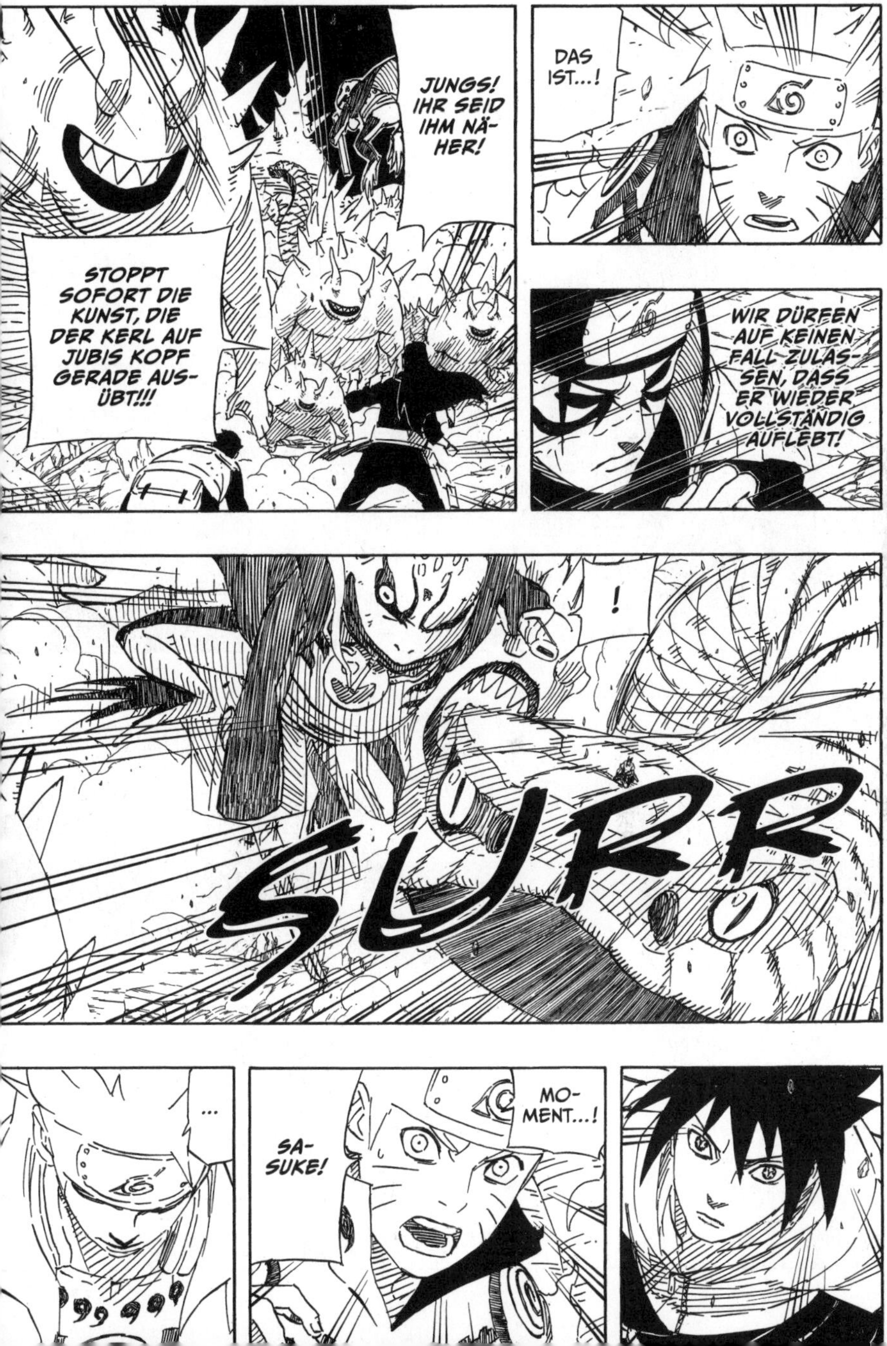
DAS IST...!
JUNGS! IHR SEID IHM NÄHER!
STOPPT SOFORT DIE KUNST, DIE DER KERL AUF JUBIS KOPF GERADE AUS-ÜBT!!!
WIR DÜRFEN AUF KEINEN FALL ZULAS-SEN, DASS ER WIEDER VOLLSTÄNDIG AUFLEBT!
!
SURR
MO-MENT...!
SA-SUKE!
...

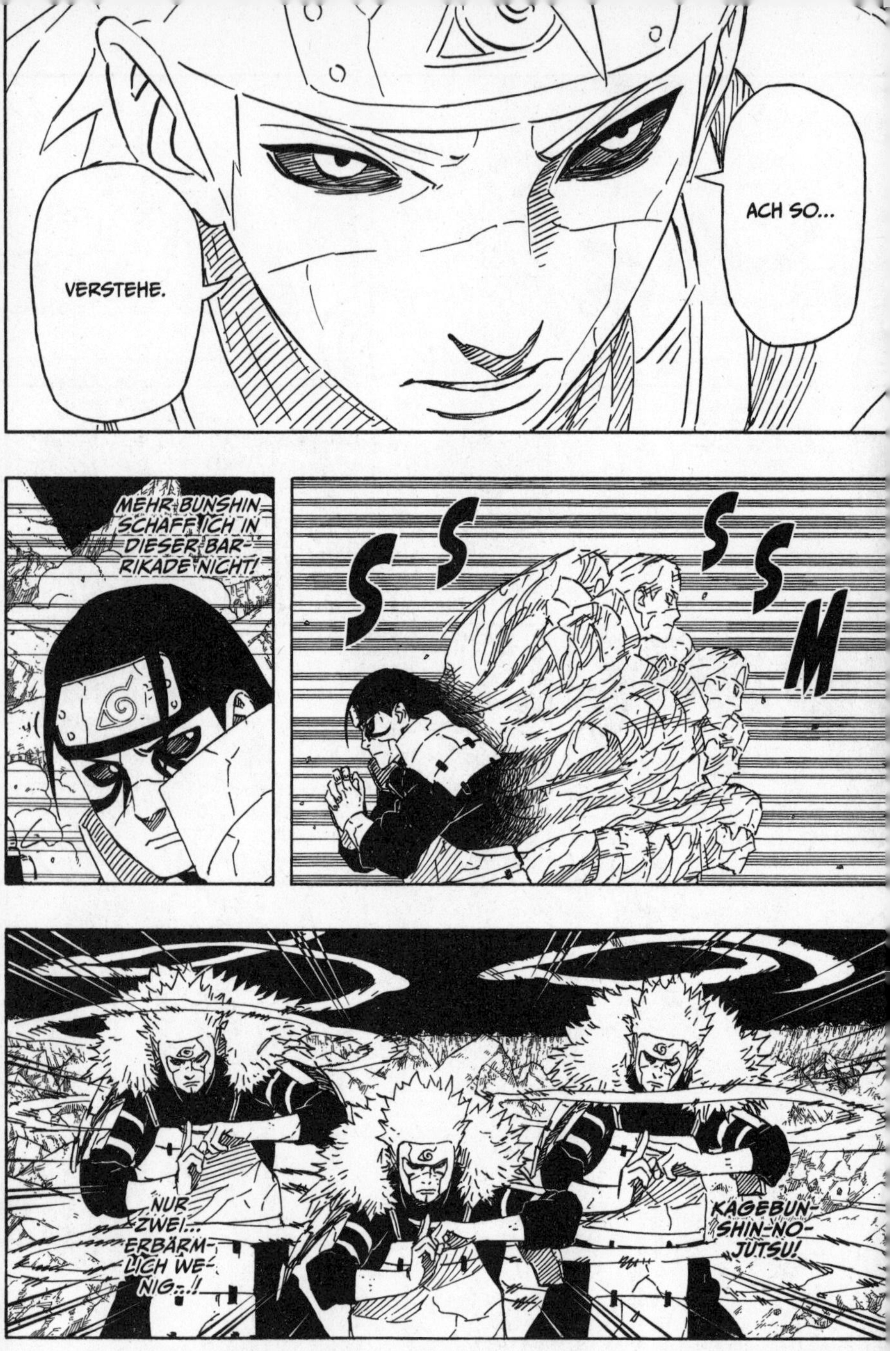
ACH SO...
VERSTEHE.
MEHR BUNSHIN SCHAFF ICH IN DIESER BAR-RIKADE NICHT!
SSSSM
KAGEBUN-SHIN-NO-JUTSU!
NUR ZWEI... ERBÄRM-LICH WE-NIG...!!

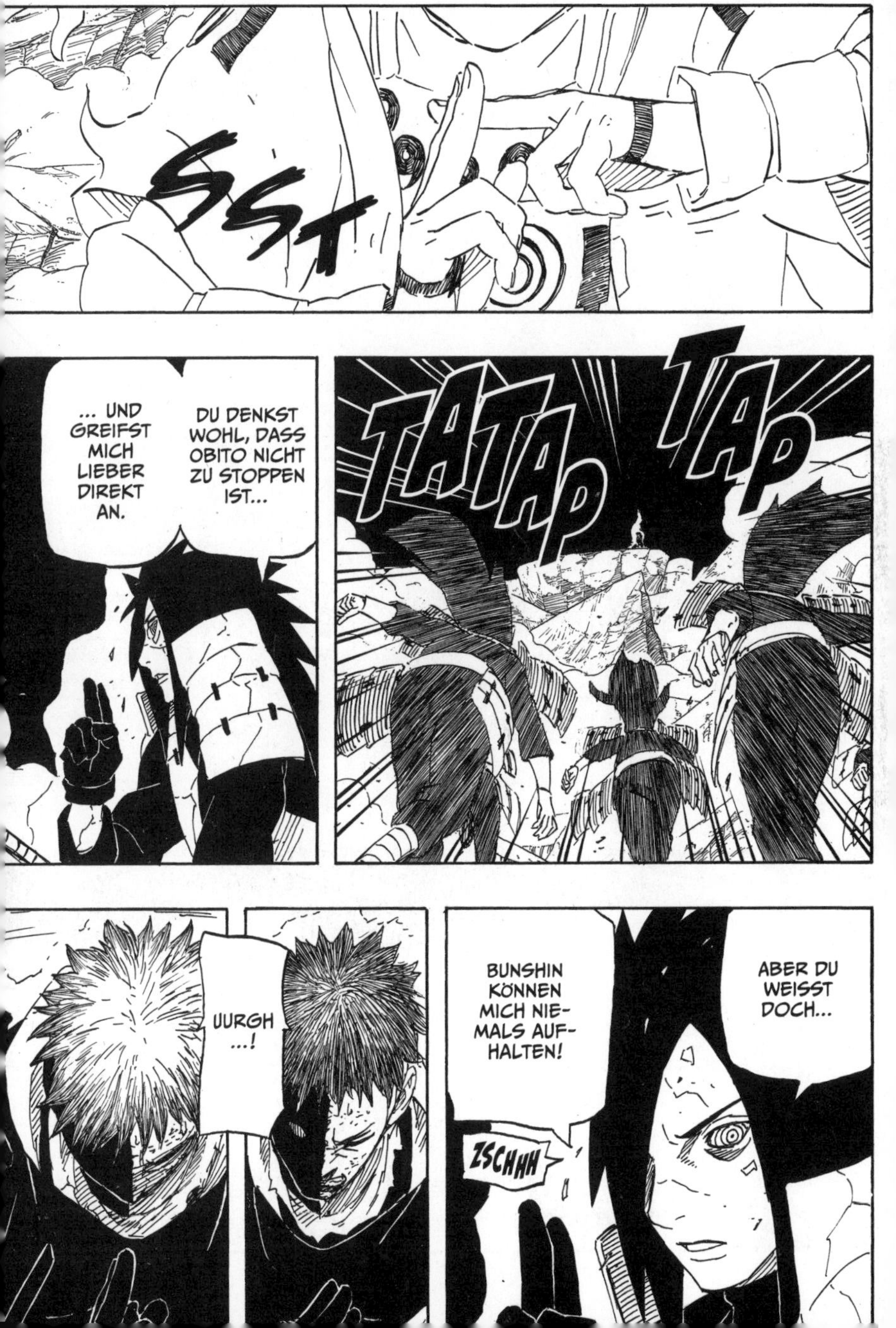
SST
TATAP
TAP
DU DENKST WOHL, DASS OBITO NICHT ZU STOPPEN IST...
... UND GREIFST MICH LIEBER DIREKT AN.
ABER DU WEISST DOCH...
BUNSHIN KÖNNEN MICH NIE-MALS AUF-HALTEN!
ZSCHHH
UURGH ...!

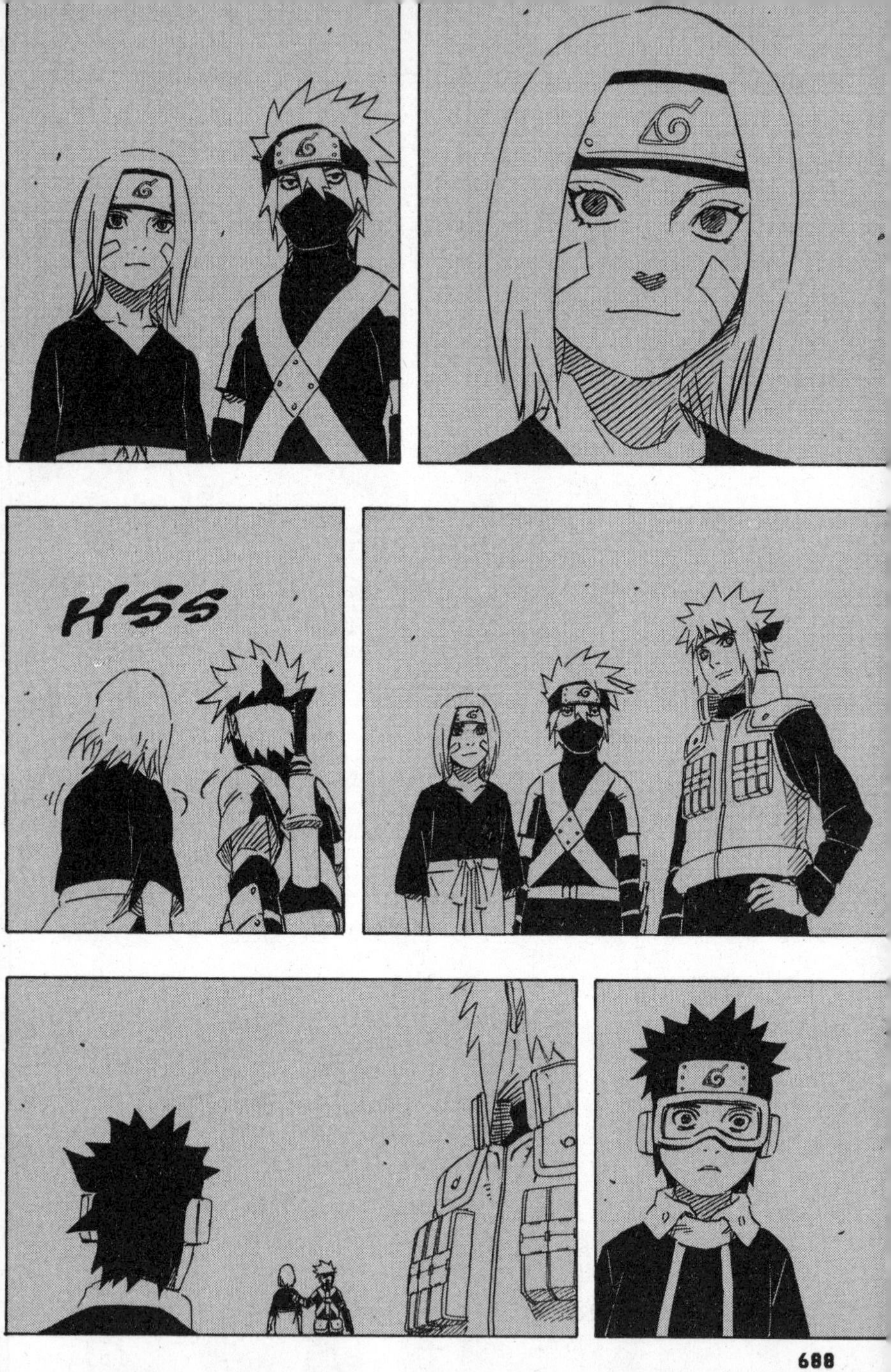
HSS

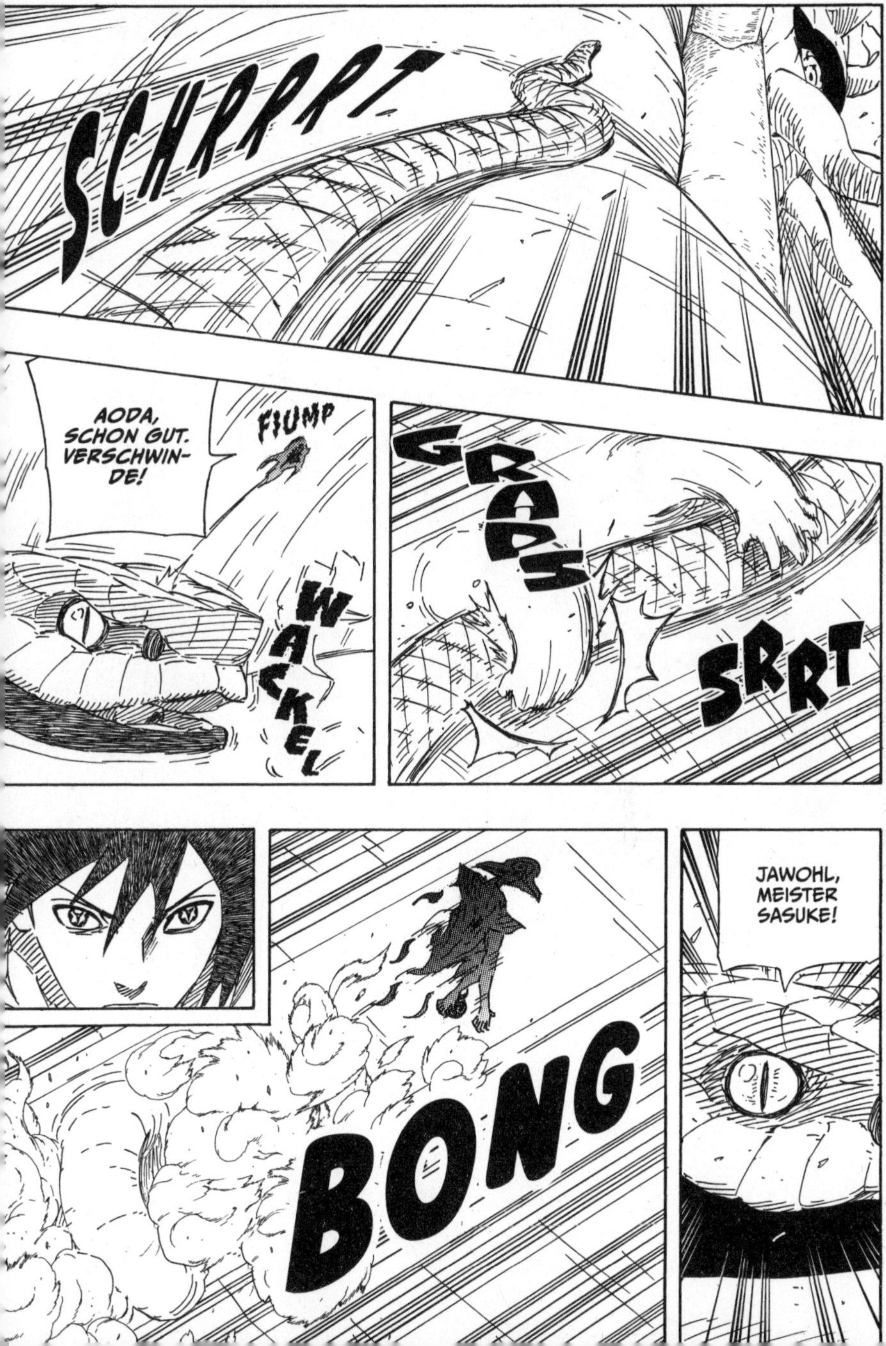
SCHRRRT
GRAPS
SRRT
AODA, SCHON GUT. VERSCHWIN-DE!
FIUMP
WACKEL
JAWOHL, MEISTER SASUKE!
BONG

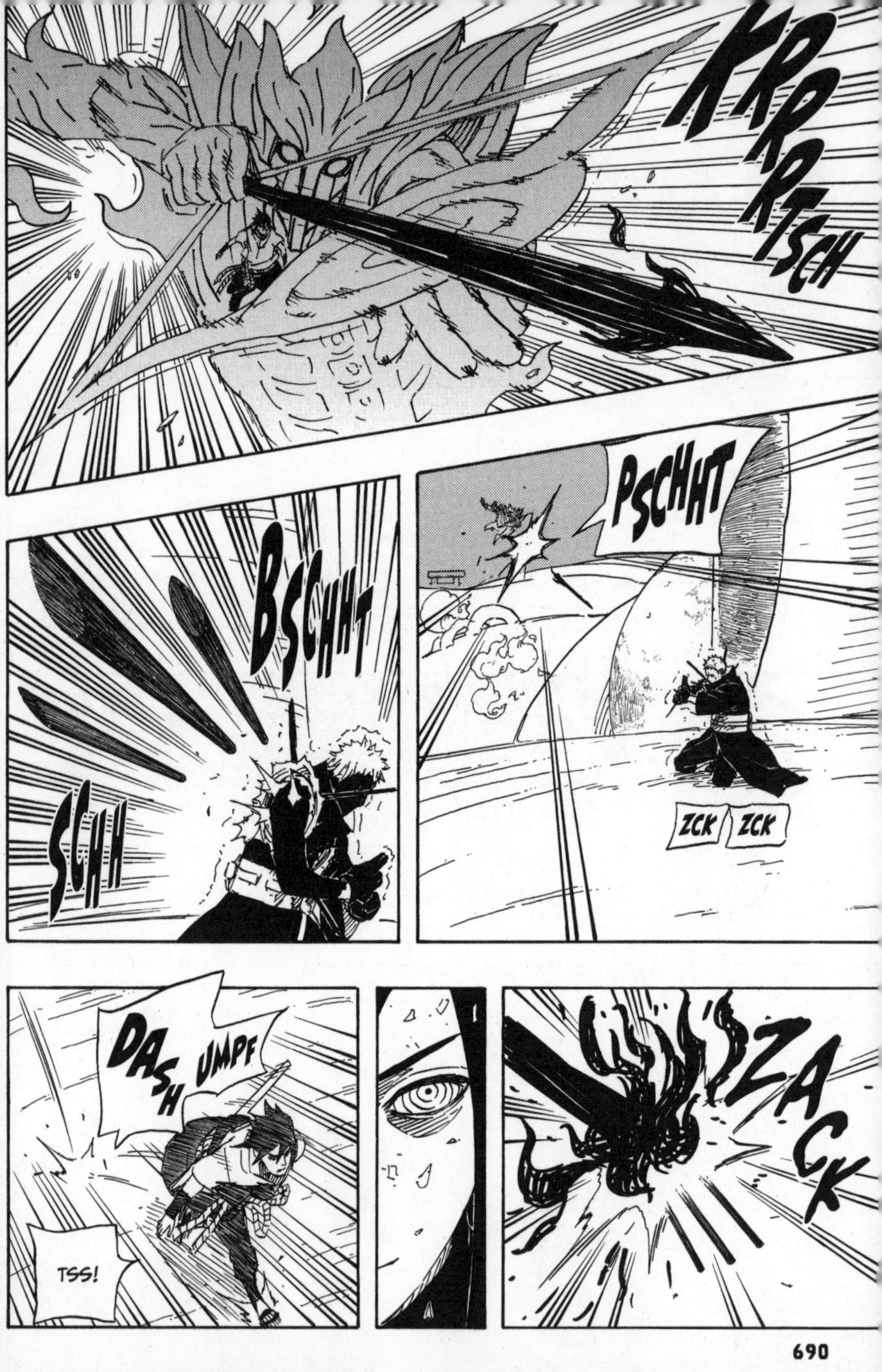
KRRRTSCH
PSCHHT
ZCK ZCK
BSCHHT
SCHH
ZACK
DASH
UMPF
TSS!

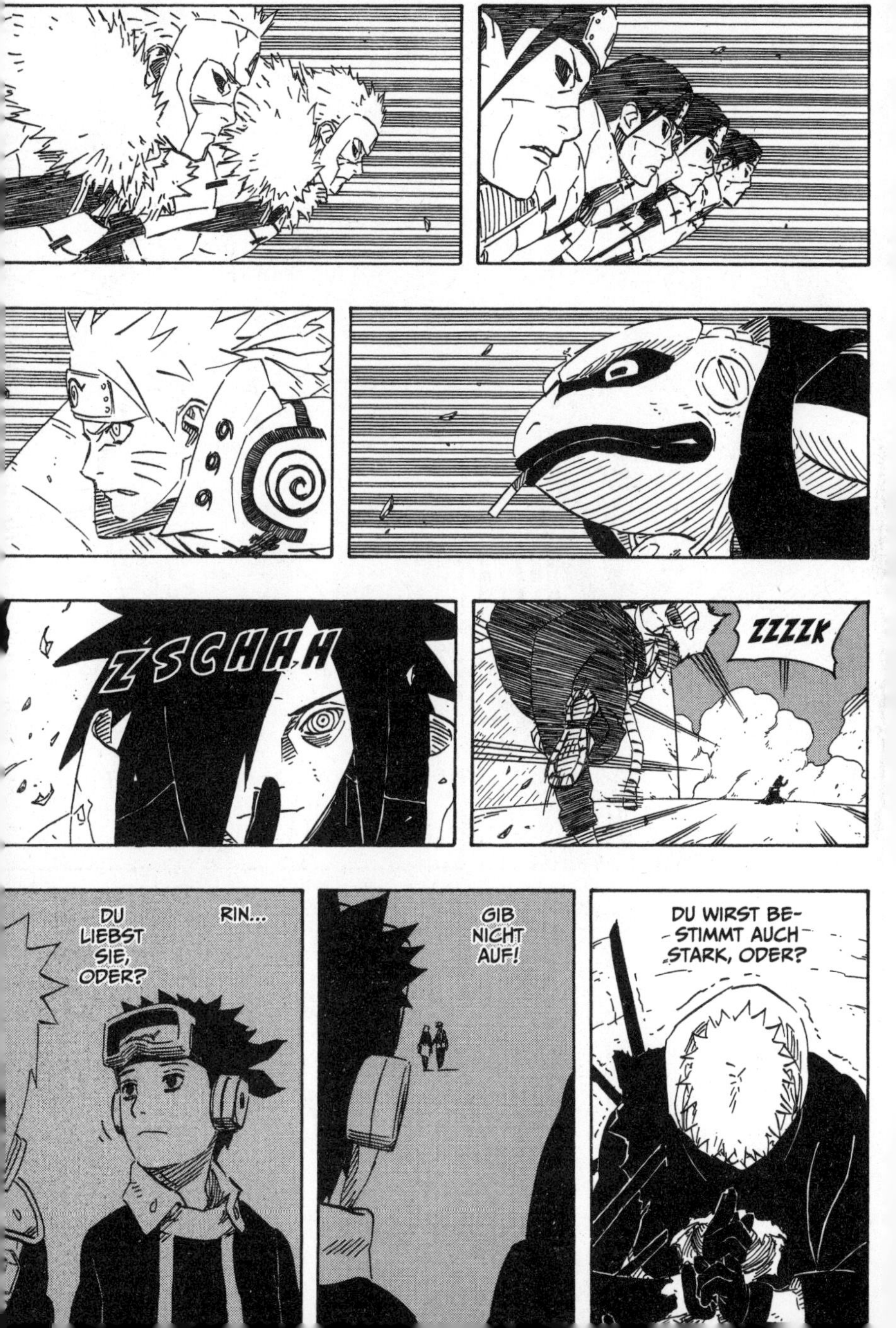

ZZZZK
ZSCHHH
DU WIRST BE-STIMMT AUCH STARK, ODER?
GIB NICHT AUF!
RIN...
DU LIEBST SIE, ODER?

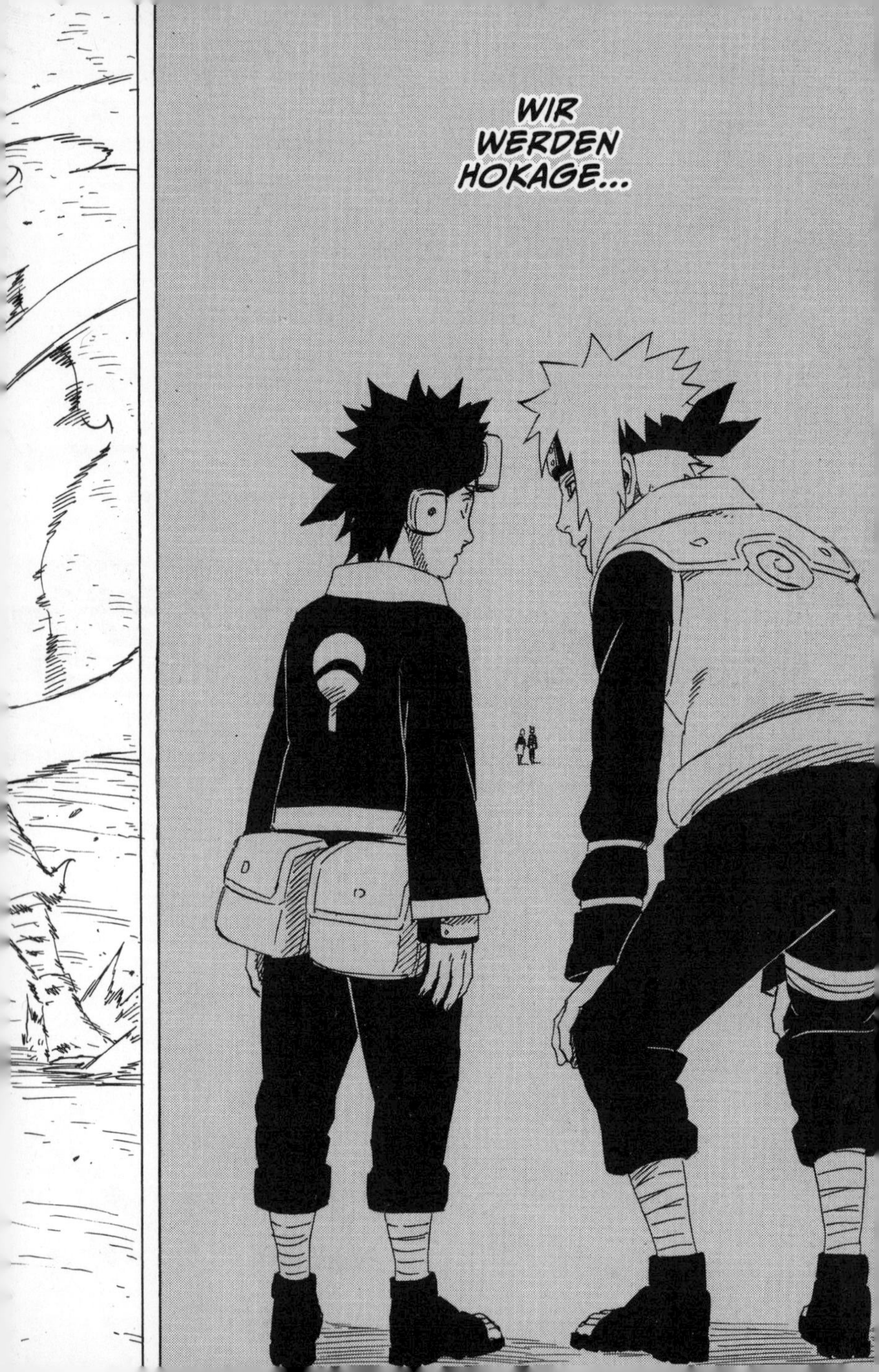
WIR WERDEN HOKAGE...

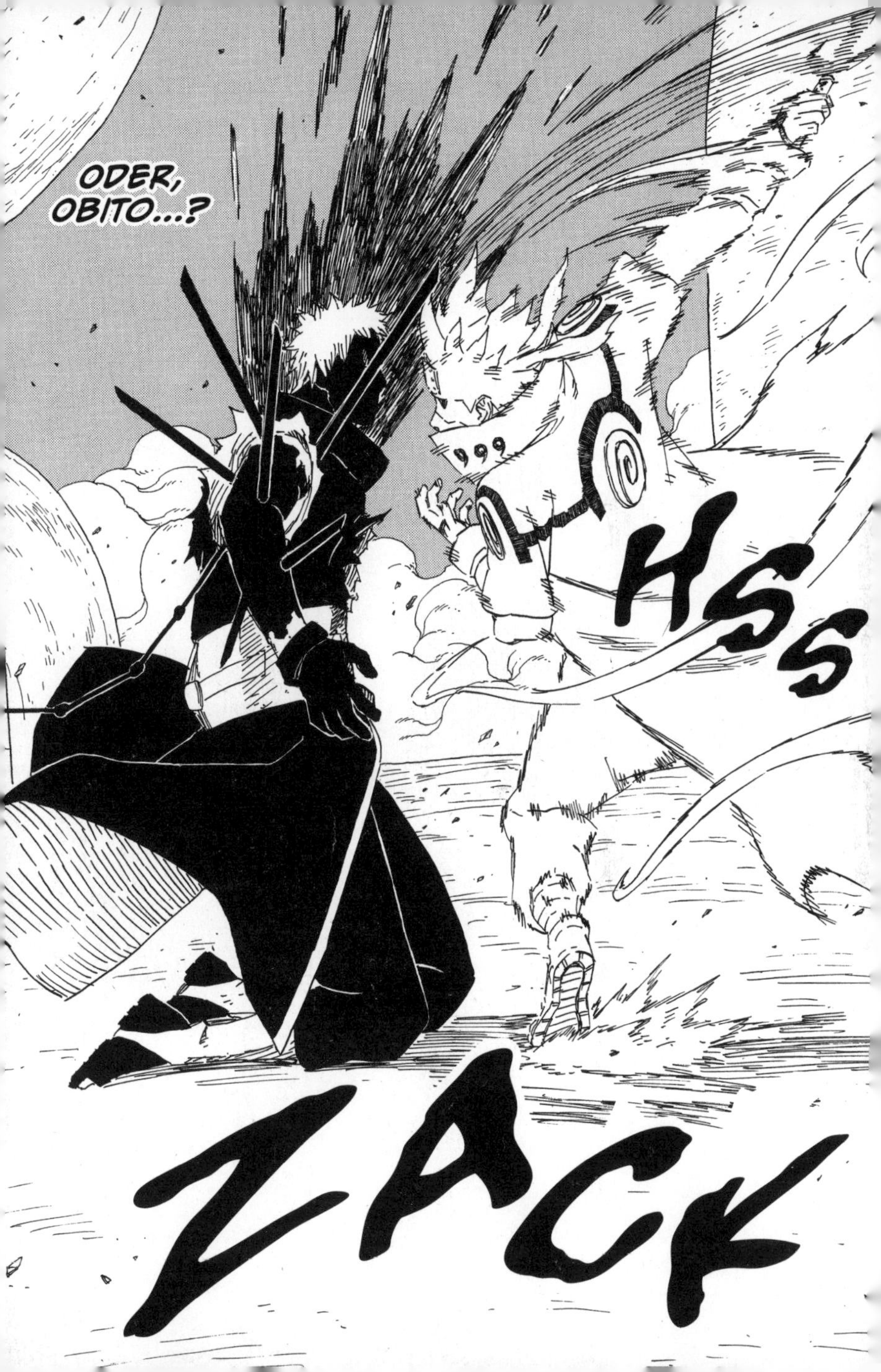
ODER, OBITO...?
HSS
ZACK

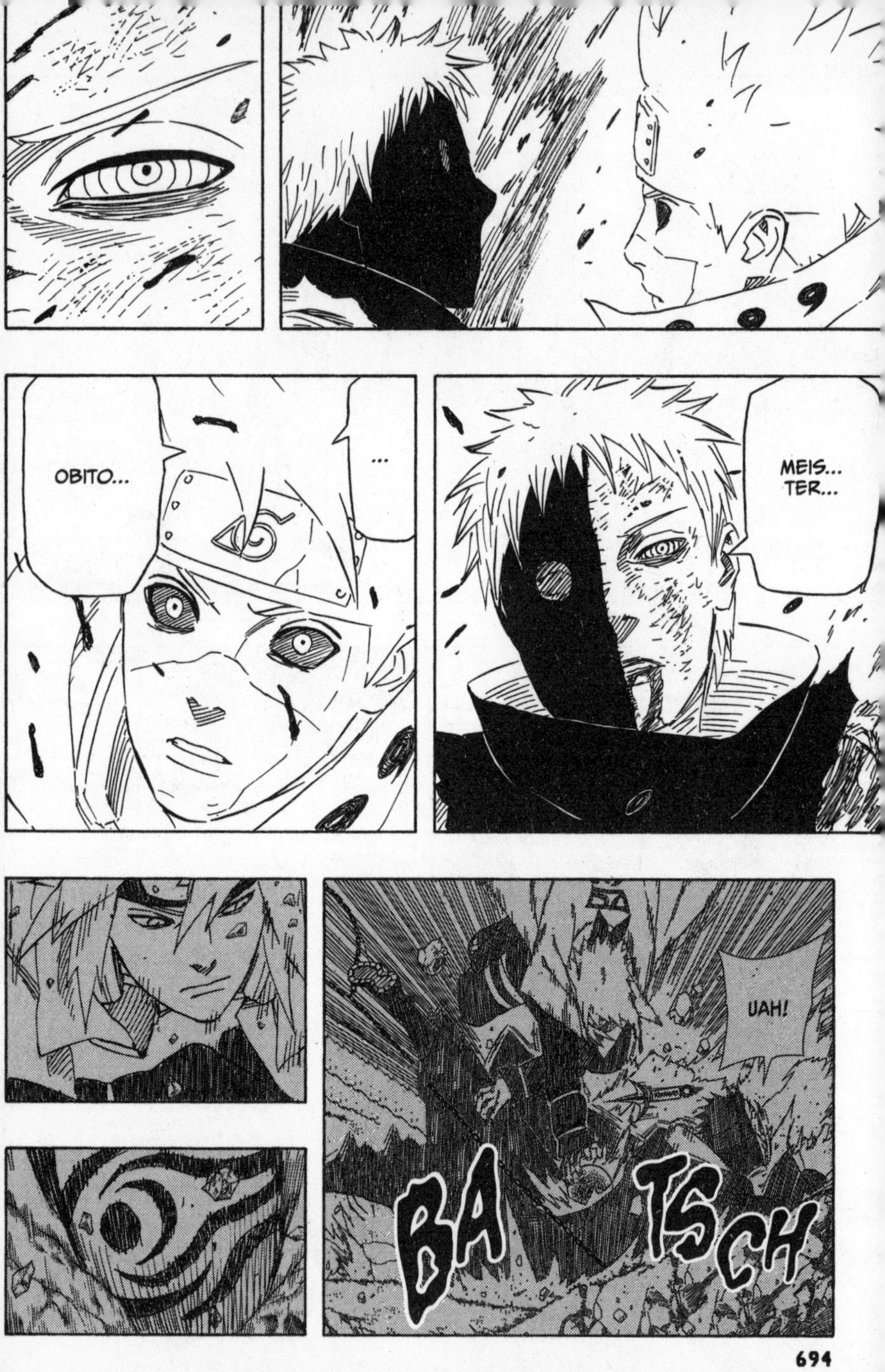
MEIS...
TER...
...
OBITO...
UAH!
BA TSCH

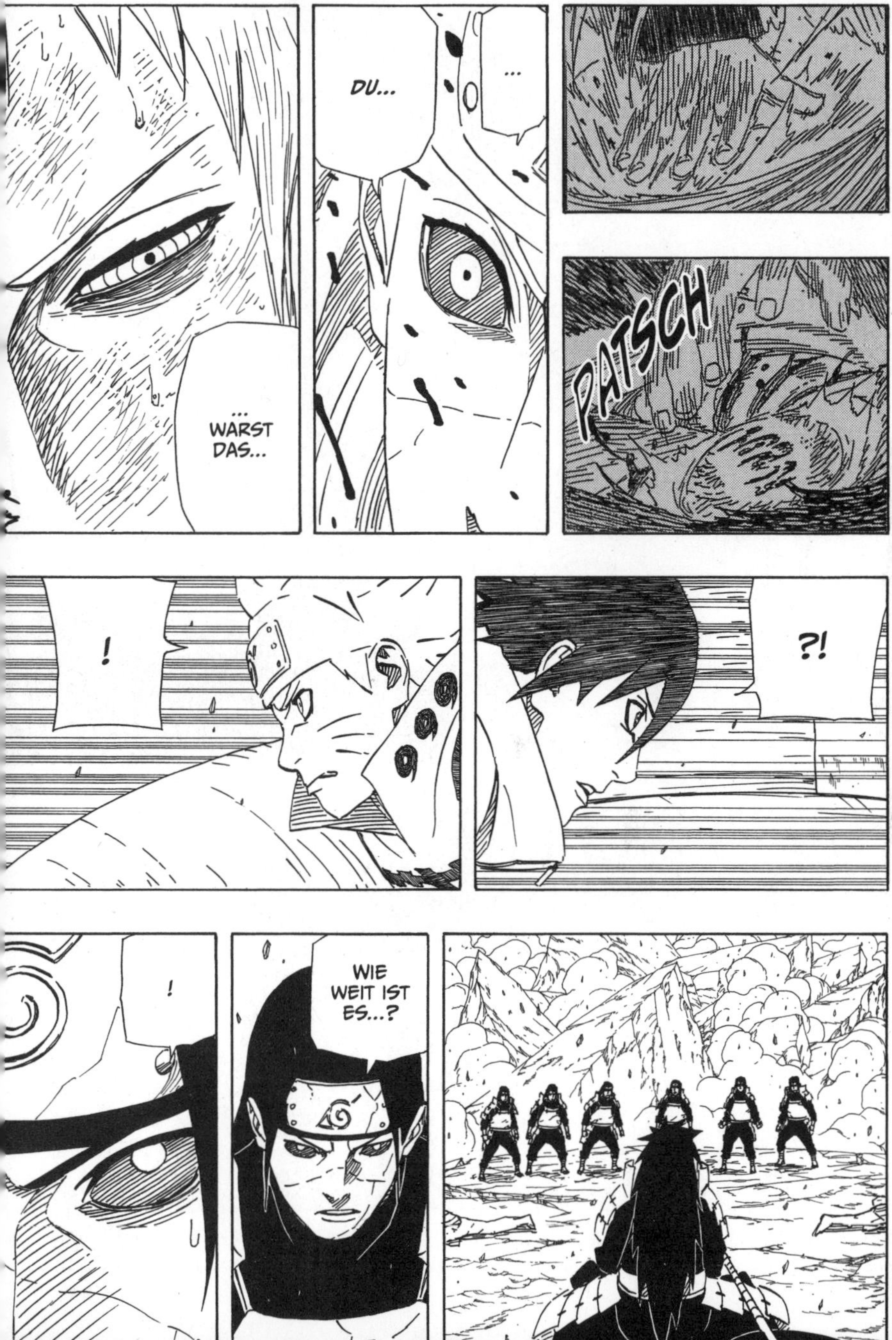
PATSCH
...
DU...
... WARST DAS...
?!
!
WIE WEIT IST ES...?
!

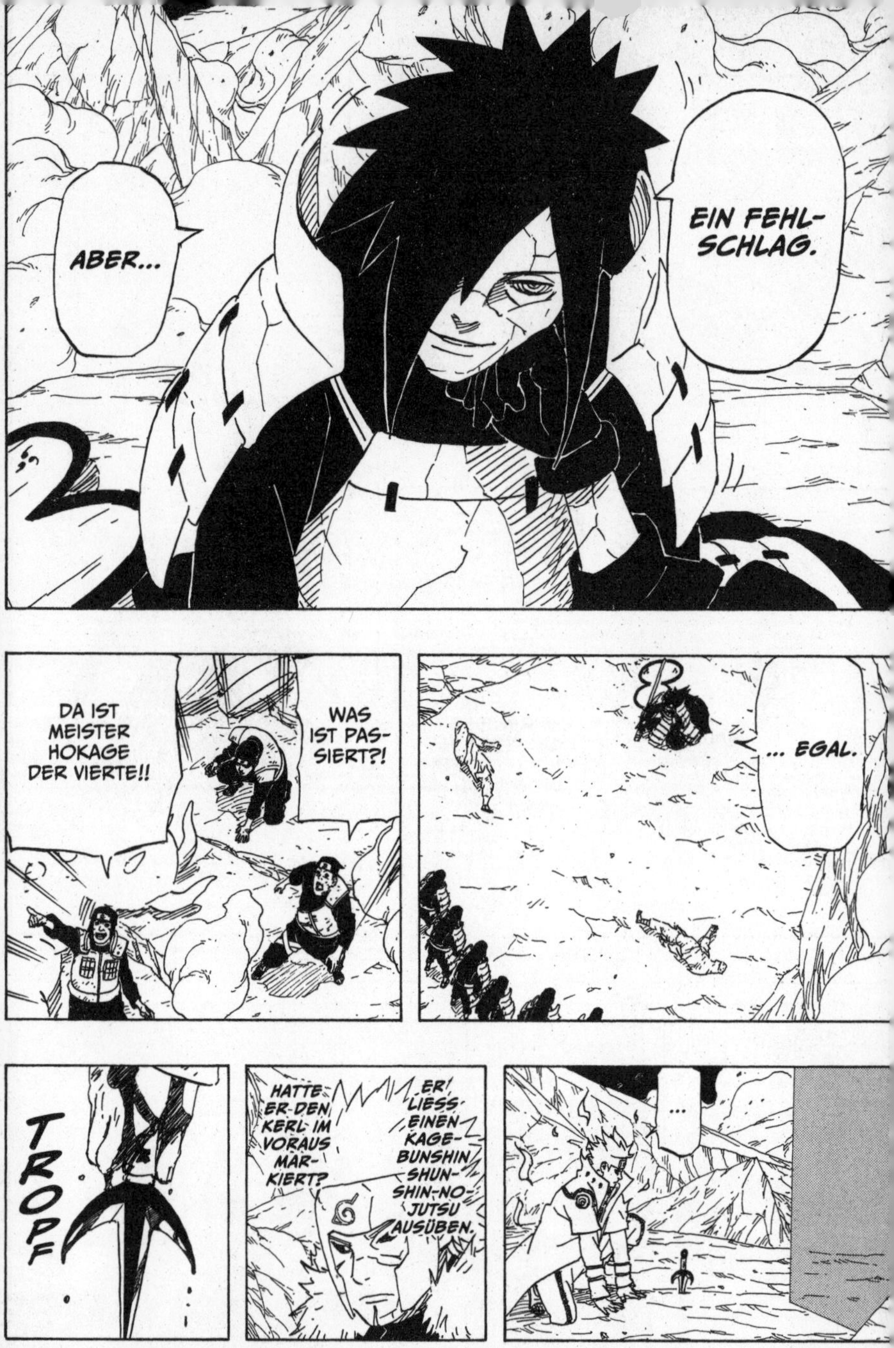
EIN FEHL-
SCHLAG.
ABER...
... EGAL.
WAS IST PAS-
SIERT?!
DA IST MEISTER HOKAGE DER VIERTE!!
...
ER LIESS EINEN KAGE-BUNSHIN SHUN-SHIN-NO-JUTSU AUSÜBEN.
HATTE ER DEN KERL IM VORAUS MAR-
KIERT?
TROPF

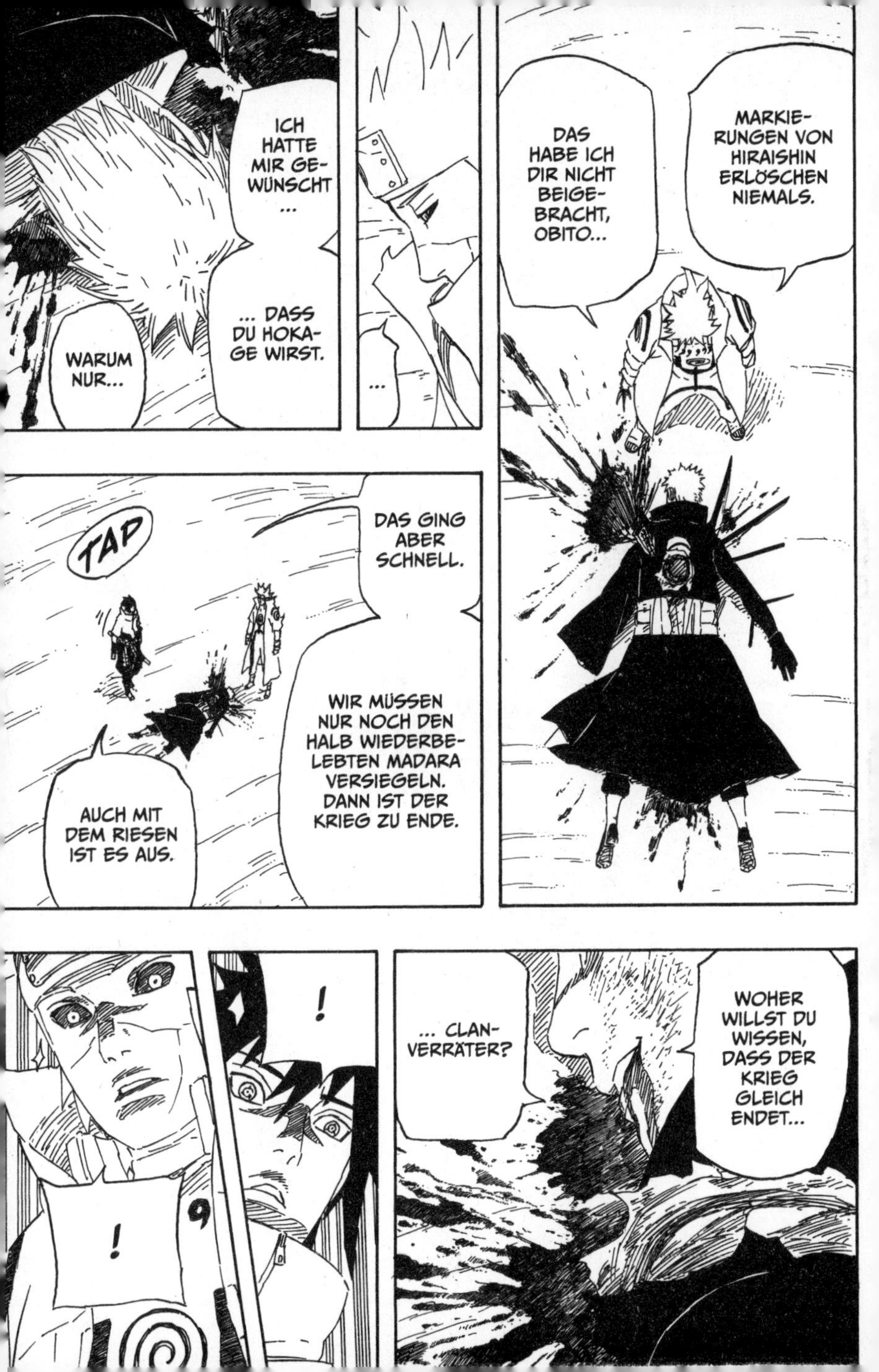

MARKIERUNGEN VON HIRAISHIN ERLÖSCHEN NIEMALS.
DAS HABE ICH DIR NICHT BEIGEBRACHT, OBITO...
...
ICH HATTE MIR GEWÜNSCHT ...
... DASS DU HOKAGE WIRST.
WARUM NUR...
DAS GING ABER SCHNELL.
WIR MÜSSEN NUR NOCH DEN HALB WIEDERBELEBTEN MADARA VERSIEGELN. DANN IST DER KRIEG ZU ENDE.
TAP
AUCH MIT DEM RIESEN IST ES AUS.
WOHER WILLST DU WISSEN, DASS DER KRIEG GLEICH ENDET...
... CLANVERRÄTER?
!
!

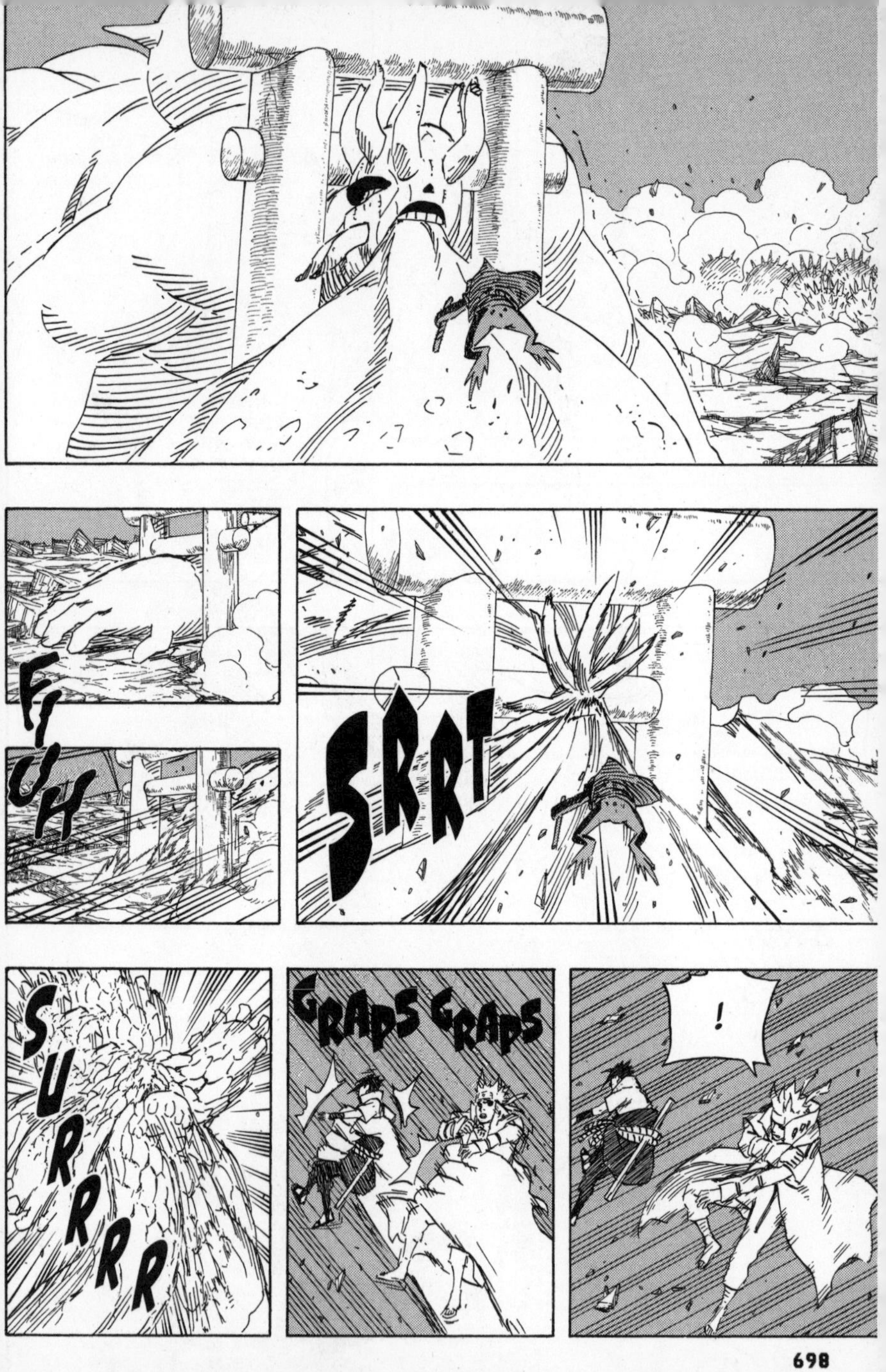
FIUH
SRRT
SURRRR
GRAPS GRAPS
!

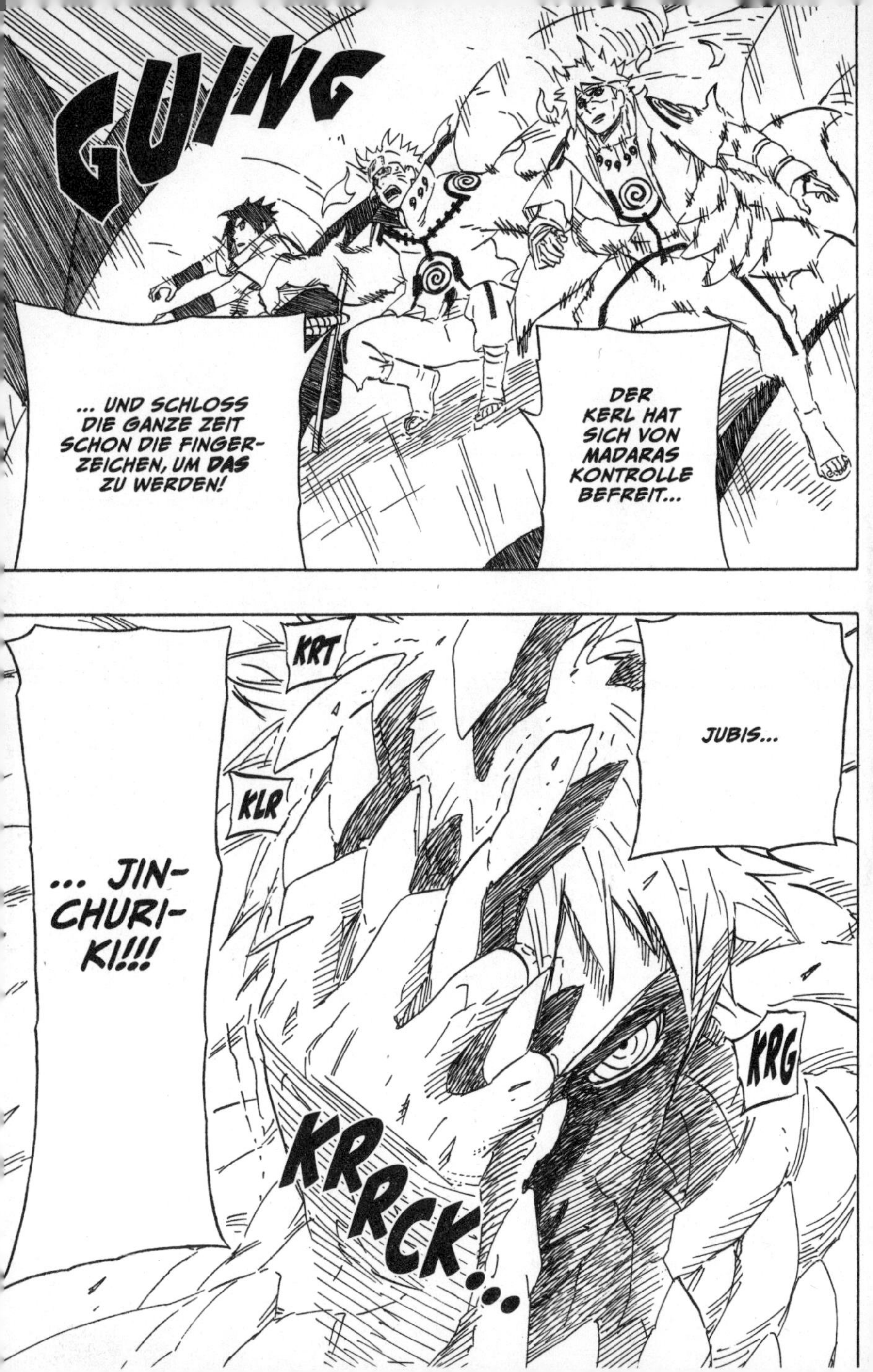
GUING
DER KERL HAT SICH VON MADARAS KONTROLLE BEFREIT...
... UND SCHLOSS DIE GANZE ZEIT SCHON DIE FINGER-ZEICHEN, UM DAS ZU WERDEN!
JUBIS...
KRT
KLR
KRG
KRRCK...
... JIN-CHURI-KI!!!

GLOSSAR

268
Bis dat Kyubi sek betemt het, wehr ik den Angrep mit Sando-no-Jutsu af..!!
Bis das Kyubi sich erholt, wehre ich den Angriff mit Sando-no-Jutsu ab…!!

Mar dat duert, Chakra so smeden…! Wie schöll dat bis dorhen goahn…?!
Aber es dauert, Chakra zu schmieden…! Wie soll es bis dahin gehen…?!

273
Uooohh!
Uoooh!

Doton, Sando-no-Jutsu
Doton, Sando-no-Jutsu

Nu!!!!
Jetzt!!

220
Dat tweite Batallion ok!!
Das 2. Bataillon ebenso!!

234
Allns Kloar!!
Alles klar!!

248
Smedet Chakra statt bang to sien!
Schmiedet Chakra statt euch zu fürchten!

Aehr schöllt praat wern, dormit aehr handeln kunnt, sograat von Hauptquartier eene Anwiesung kummt!!
Seid bereit, damit ihr handeln könnt, sobald vom Hauptquartier eine Anweisung kommt!!

251
Jawoll!
Jawohl!!

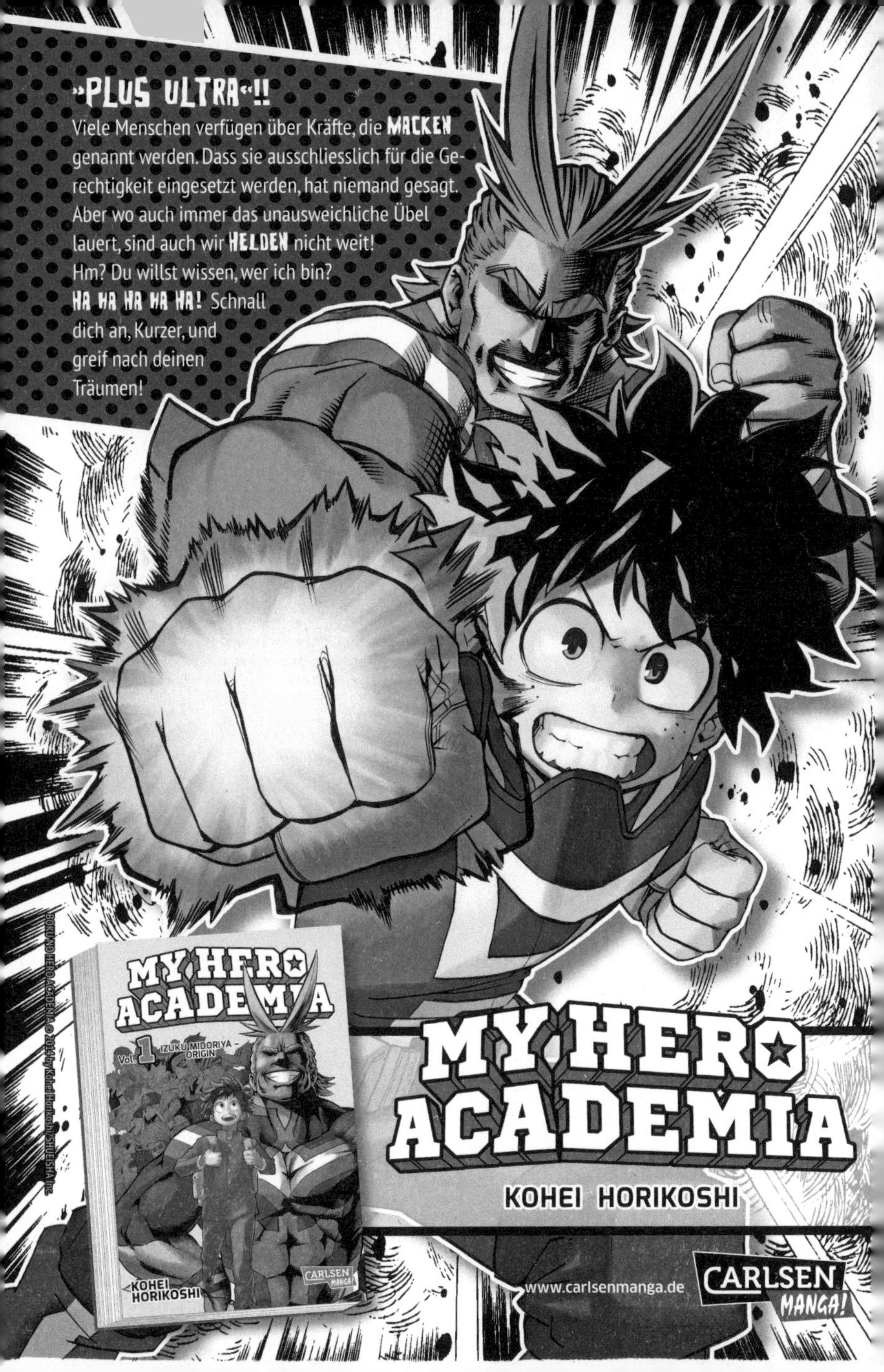
»PLUS ULTRA«!!
Viele Menschen verfügen über Kräfte, die MACKEN genannt werden. Dass sie ausschliesslich für die Gerechtigkeit eingesetzt werden, hat niemand gesagt. Aber wo auch immer das unausweichliche Übel lauert, sind auch wir HELDEN nicht weit! Hm? Du willst wissen, wer ich bin? HA HA HA HA HA! Schnall dich an, Kurzer, und greif nach deinen Träumen!
MY HERO ACADEMIA
Vol. 1 IZUKU MIDORIYA – ORIGIN
KOHEI HORIKOSHI
CARLSEN MANGA!
MY HERO ACADEMIA
KOHEI HORIKOSHI
www.carlsenmanga.de
CARLSEN MANGA!
BOKU NO HERO ACADEMIA © 2014 by Kohei Horikoshi/SHUEISHA Inc.

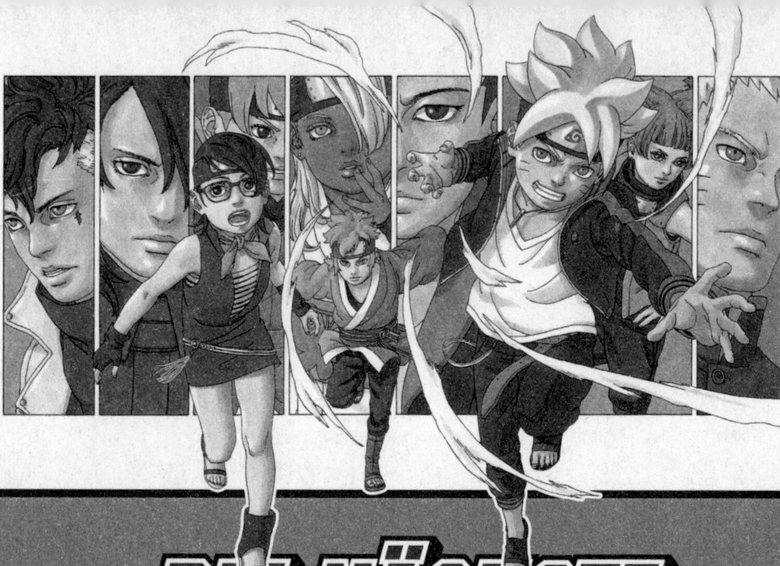

DIE NÄCHSTE NINJA-GENERATION!

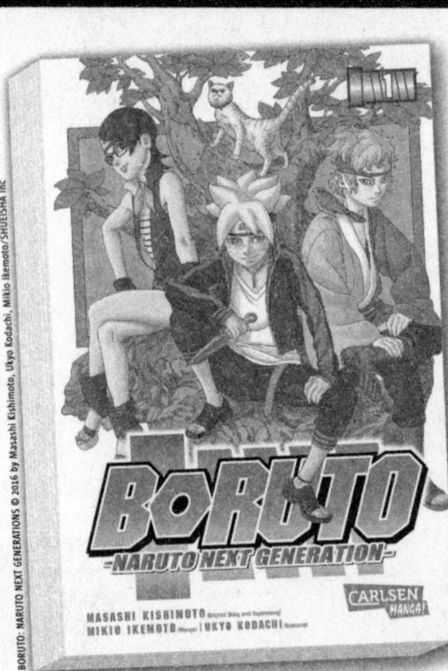

Naruto Uzumaki ist endlich Hokage und stolzer Vater von zwei Kindern. Sein Sohn Boruto gilt als Wunderkind und ist genauso rebellisch wie einst sein Vater. Boruto ist total genervt von seinem Vater, der nichts außer die Arbeit zu kennen scheint.
Er beschließt gegen die veraltete Denkweise der Ninja zu rebellieren und bittet Sasuke ihn zu trainieren, um ein besserer Ninja als Naruto zu werden …

CARLSEN MANGA!

www.carlsenmanga.de

CARLSEN MANGA! NEWS
jeden Monat neu per E-Mail
www.carlsenmanga.de
www.carlsen.de

CARLSEN MANGA
Deutsche Ausgabe/German Edition

Völckersstraße 14-20, 22765 Hamburg
Aus dem Japanischen von Miyuki Tsuji

First published in Japan in 1999 by SHUEISHA Inc., Tokyo.
German translation rights in Germany, Austria, Luxembourg and German-speaking Switzerland
arranged by SHUEISHA Inc. through VME PLB SAS, France.
Redaktion: Anne Berling, Jonas Blaumann
Textbearbeitung: Ina Schiele
Herstellung: Derya Yildirim, Ronny Willisch

Bei Fragen zum Produkt: carlsen.de/kontakt
ISBN 978-3-551-79548-9

HALT!

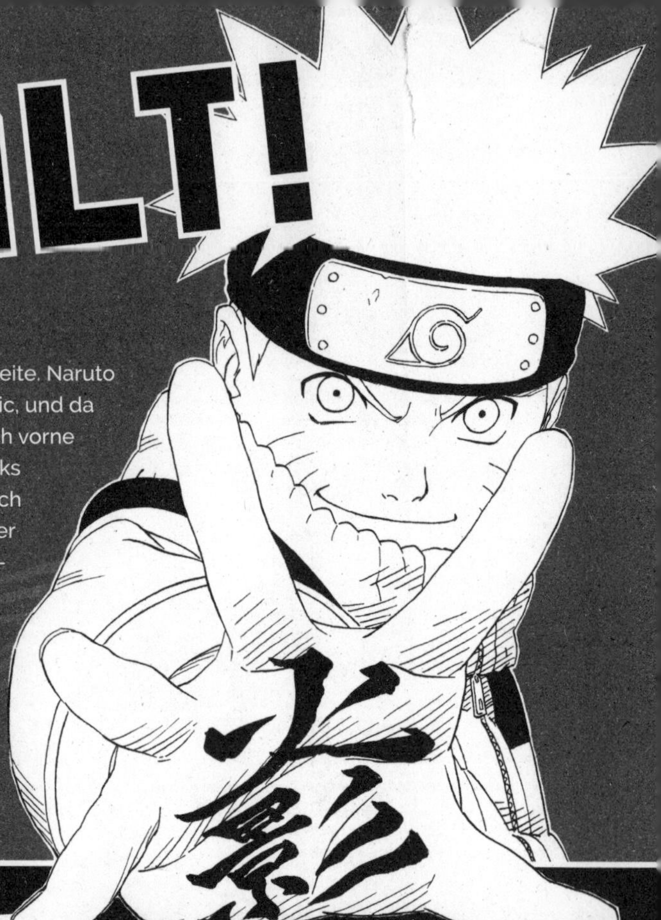

Das ist nicht die erste Seite. Naruto ist ein japanischer Comic, und da in Japan von hinten nach vorne und von rechts nach links gelesen wird, musst auch du diesen Comic von der anderen Seite aufschlagen und von hinten nach vorne lesen.

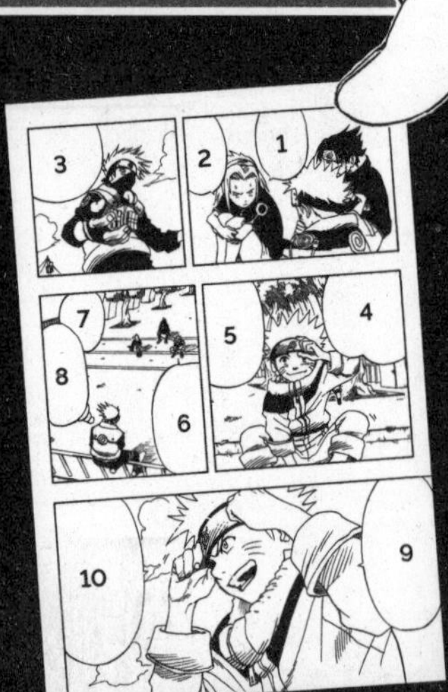

Auch die Bilder und Sprechblasen werden von rechts oben nach links unten gelesen, so wie es die Grafik hier zeigt. Schwer? Zuerst ungewohnt, doch es bringt richtig Spaß. Probiert es aus!

Viel Vergnügen mit **NARUTO** und der ganzen Ninja-Bande!